DIREITO TRIBUTÁRIO: FUNDAMENTOS JURÍDICOS DA INCIDÊNCIA

CIP-BRASIL. CATALOGAÇÃO NA PUBLICAÇÃO
SINDICATO NACIONAL DOS EDITORES DE LIVROS, RJ

V73

XX Congresso Nacional de Estudos Tributários : direito tributário fundamentos jurídicos da incidência / coordenação Paulo de Barros Carvalho ; organização Priscila de Souza. - 1. ed. - São Paulo : Noeses : IBET, 2023.

1412 p. ; 23 cm.
Inclui bibliografia
ISBN 978-85-8310-174-1

1. Direito tributário - Brasil - Congressos. I. Carvalho, Paulo de Barros. II. Souza, Priscila de. III. Instituto Brasileiro de Estudos Tributários.

23-86983 CDU: 34:351.713(81)

Meri Gleice Rodrigues de Souza - Bibliotecária - CRB-7/6439

DIREITO TRIBUTÁRIO: FUNDAMENTOS JURÍDICOS DA INCIDÊNCIA

Coordenação: Paulo de Barros Carvalho

Organização: Priscila de Souza

IBET

Copyright 2023 © By Editora Noeses
Fundador e Editor-chefe: Paulo de Barros Carvalho
Gerente de Produção Editorial: Rosangela Santos
Arte e Diagramação: Renato Castro
Designer de Capa: Aliá3 - Marcos Duarte

2023

editora e livraria
NOESES

Editora Noeses Ltda.

Tel/fax: 55 11 3666 6055

www.editoranoeses.com.br

APRESENTAÇÃO

Chega o fim do ano! Vêm as festas natalinas e as comemorações cheias de esperança! É a hora dos planos, dos projetos, da renovação dos ideais e dos propósitos, sobretudo, das grandes celebrações. O calor aumenta, a vibração ressurge e a euforia toma conta daqueles que lutaram intensamente para cumprir seus quefazeres no ano da graça de 2023.

Os integrantes do IBET (Instituto Brasileiro de Estudos Tributários) não deixam passar a oportunidade e realizam, com todo o empenho, seu tradicional Encontro de Fim de Ano, momento em que o congraçamento acadêmico e profissional se sobrepõe a todo o cansaço porventura existente e os desgastes pessoais e intelectuais cedem espaço a calorosas expressões de sentimentos de respeito e amizade. Trata-se do XX Congresso de Estudos Tributários, daquele mesmo Instituto que fora criado por Rubens Gomes de Sousa, Antônio Roberto Sampaio Dória e Fabio Fanucchi, nos albores dos anos setenta, do século passado.

Nele, Congresso, estarão presentes os mais celebrados doutrinadores, técnicos e conhecedores da matéria, além de reunir os professores, seminaristas e participantes das 31 (trinta e uma) unidades esparramadas pelo território desse Brasil imenso.

É justamente nesse clima todo especial, banhado pelo efusivo entusiasmo dessa comunidade de especialistas, que serão debatidos os assuntos mais relevantes da política tributária nacional, com acento específico, como não poderia deixar de ser, nas reformas que a sociedade brasileira pretende realizar.

Que Deus nos abençoe a todos!

Paulo de Barros Carvalho
Professor Emérito e Titular de Direito da PUC/SP e da USP
Membro Titular da Academia Brasileira de Filosofia
Presidente do IBET

NSC

SUMÁRIO

A COBRANÇA DO ICMS SOBRE QUEBRA E RETENÇÃO TÉCNICA DE GRÃOS NA EXPORTAÇÃO

Alessandra Okuma[1]

1. INTRODUÇÃO

Sabemos que o Brasil é o maior exportador mundial de grãos de soja e milho e que essas commodities são, em sua esmagadora maioria, destinadas à exportação.

As operações de exportação são **imunes à incidência do imposto sobre a circulação de mercadorias**, nos termos do art. 155, §2º, X, 'a' da Constituição Federal.

Por questões geográficas e de infraestrutura, no Brasil, durante a cadeia logística de exportação, há perda e quebra de grãos e esse fenômeno natural e inevitável tem repercussão tributária aos produtores e exportadores. Vejamos:

1. Doutora e Mestre em Direito Tributário pela PUC/SP, professora do IBDT, da ABDF e da APET, sócia de Okuma Law.

2. AS PERDAS E RETENÇÕES TÉCNICAS DE GRÃOS DESTINADOS À EXPORTAÇÃO

Após a colheita, a soja passa por secagem, armazenamento, acondicionamento, transporte, distribuição e exportação. Nessa cadeia logística há perdas de grãos, isto é, a quantidade de soja que sai do estabelecimento produtor não é igual àquela efetivamente exportada.

Por suas proporções continentais, no Brasil, o caminho dos grãos do produtor ao porto de exportação costuma ser longo. Por exemplo, do maior Município produtor de soja, Sorriso – MT até o Porto de Santos, temos mais de dois mil quilômetros de distância. Nesse trajeto, a soja sai do produtor, **é transportada por caminhões** durante todo trajeto, ou há o transbordo para a rodoferrovia em Rondonópolis. As rodovias não são todas pavimentadas e muitas delas estão em más condições.

Outra possibilidade é o uso de transporte rodoviário e hidroviário, pelos rios Tapajós e Amazonas. Os grãos saem do Mato Grosso e são transportados por caminhões pela BR- 230 até Miritubа, onde existem estações de transbordo de cargas. Essas estações, que recebem a soja dos caminhões e despejam nas barcaças que seguem pelo rio Tapajós até Santarém. No Porto de Santarém inicia-se a exportação por navegação marítima de longo curso.

Durante toda a cadeia logística há perda de grãos, pela armazenagem, pela má qualidade de rodovias e pelo transbordo.

Um estudo do Grupo de Pesquisa e Extensão em Logística Agroindustrial da Escola Superior de Agricultura Luiz de Queiroz ESALQ-LOG[2], coordenado pelo Thiago Guilherme Pera, em 2018, apontou que os índices de perda **físicas** podem atingir **2,316%** dos grãos. Em 2020 as perdas foram estimadas

2.https://esalqlog.esalq.usp.br/upload/kceditor/files/2017/SILA15/7%20-%20THIAGO%20P%C3%89RA%20-%20Perdas%20na%20log%C3%ADstica%20de%20gran%C3%A9is%20s%C3%B3lidos.pdf

em **1,58 milhão** de toneladas de soja e **1,34 milhão** de toneladas de milho, segundo levantamento do pesquisador[3].

PERDAS/QUEBRAS SOJA

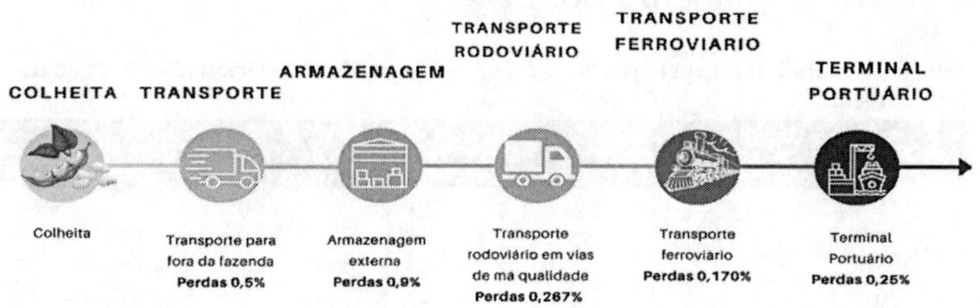

Fontes: ESALQ-LOG (2018).

Além das perdas físicas, há percentuais de *retenção técnica* pelos terminais de transporte das commodities ou sobretaxa de armazenagem. Por força de disposição contratual, os armazéns ou terminais têm direito a reter um percentual dos grãos enviados pelo produtor ou exportador, justamente para fazer frente às potenciais perdas que ocorrem na armazenagem por insetos, fungos, roedores e outros.

PERDAS/RETENÇÕES TÉCNICAS

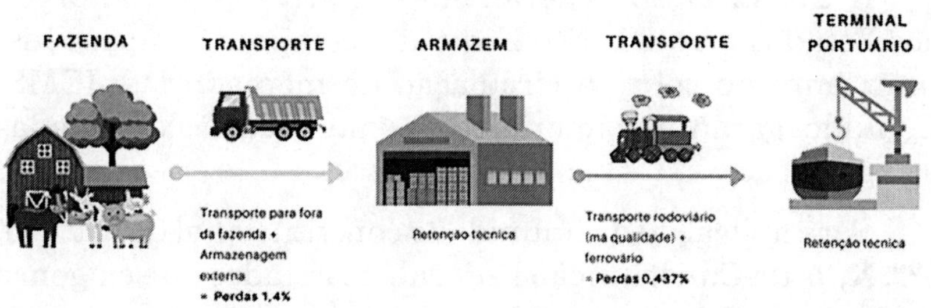

3.https://www.udop.com.br/noticia/2021/04/15/perda-de-graos-segue-expressiva-no-brasil.html

Em 2021, no artigo "O custo do desperdício na logística do agronegócio no Brasil", os pesquisadores da ESALQ-LOG José Vicente Caixeta Filho e Thiago Guilherme Péra apresentaram uma estimativa das perdas conforme o tempo de armazenagem[4]. Confira-se:

Tabela 1 – Indicadores de perdas de pós-colheita para produtos selecionados (% da quantidade inicial)

Produto	Tempo de armazenagem (meses)	Indicador de Perda de Pós-Colheita (%)			
		Estrada Vicinal	Armazenagem	Rodovia	Perda Total
Milho	um	0,500%	0,299%	0,131%	0,929%
Milho	dois	0,500%	0,597%	0,131%	1,228%
Milho	três	0,500%	0,896%	0,130%	1,526%
Soja	um	0,500%	0,299%	0,131%	0,929%
Soja	dois	0,500%	0,597%	0,131%	1,228%
Soja	três	0,500%	0,896%	0,130%	1,526%

Com base nos índices de 2021 acima, temos, portanto, que a *média* do percentual de perda de grãos de soja seria 1,227%.

Passaremos, então, à análise das consequências tributárias das quebras/perdas de grãos na cadeia de exportação.

3. A COBRANÇA DO ICMS PELO ESTADO DO MATO GROSSO

A Constituição Federal, em seu art. 155, II, outorgou aos Estados e ao Distrito Federal a competência para instituir imposto sobre a circulação de mercadorias -ICMS. Contudo, garantiu a imunidade às mercadorias destinadas à exportação.

Para aplicação da imunidade constitucional do art. 155, **§2º, X, 'a' da Constituição Federal,** os Estados que exigem a comprovação da exportação dos grãos, com a identificação

4. CONAB - COMPANHIA NACIONAL DE ABASTECIMENTO. Perdas em transporte e armazenagem de grãos: panorama atual e perspectivas. Brasília, DF: Conab, 2021. 197 p. Organizadores: MACHADO JÚNIOR, Paulo Cláudio; REIS NETO, Stelito Assis dos.

das Declaração Única de Exportação – DUE, nos termos das cláusulas 6ª e 7ª-A do Convenio ICMS 84/2009, a saber:

> "**Cláusula sexta: O estabelecimento remetente ficará obrigado ao recolhimento do imposto devido**, inclusive o relativo à prestação de serviço de transporte quando for o caso, monetariamente atualizado, sujeitando-se aos acréscimos legais, inclusive multa, segundo a respectiva legislação estadual, **em qualquer dos seguintes casos em que não se efetivar a exportação:**
>
> I - no prazo de **180 (cento e oitenta) dias**, contado da data da saída da mercadoria do seu estabelecimento;
>
> (....)
>
> **Cláusula sétima-A** : Nas operações de que trata este convênio, **o exportador deve informar na Declaração Única de Exportação - DU-E,** nos campos específicos:
>
> I - a chave de acesso da(s) nota(s) fiscal(is) eletrônica(s) ou os dados relativos à Nota Fiscal Formulário correspondentes à remessa com fim específico de exportação;
>
> II - a quantidade na unidade de medida tributável do item efetivamente exportado."

Nesse contexto, por não conseguirem comprovar que ***cem por cento*** dos grãos que saíram de seu estabelecimento foram efetivamente exportados, em muitos Estados os produtores **são cobrados do ICMS** sobre as perdas e quebras técnicas inevitáveis durante a cadeia logística de grãos.

O Estado do Mato Grosso, o principal produtor de soja no Brasil, tem uma legislação rígida quanto às quebras de grãos. Exige o ICMS sobre a soja transportada a granel quando há uma diferença superior a **0,1% da quantidade total transportada por** mês.

Confira-se o artigo 352 do Decreto nº 2.212/2014, Regulamento do ICMS ("RICMS"), verbis:

> "Art. 352. Na hipótese do inciso II do caput do artigo 350, fica **dispensada** a emissão de documento fiscal para complementação da **diferença positiva de grãos transportados a granel**, verificada

> entre a quantidade consignada no documento fiscal que acobertou a respectiva operação e a efetivamente entregue no estabelecimento do destinatário ou, quando admitido na legislação, em local por ele indicado, desde que, **cumulativamente:**
>
> – a diferença verificada em relação a cada operação **não seja superior a 1% (um por cento)** da quantidade de cada espécie de mercadoria, discriminada no documento fiscal correspondente;
>
> – o total da diferença obtido em cada **mês-calendário**, em relação a cada espécie de mercadoria, por remetente, não seja superior **a 0,1%** (um décimo por cento) **do total das quantidades**, por espécie e por remetente, consignadas nos documentos fiscais que acobertaram as respectivas operações de remessa, no referido mês-calendário.
>
> Parágrafo único: **Não serão, igualmente, consideradas como diferença, as variações negativas de grãos transportados a granel, respeitadas as mesmas condições e limites fixados no caput deste artigo e nos respectivos incisos;"**

A emissão de nota-fiscal complementar somente é dispensada quando a diferença na quantidade dos grãos transportados a granel é, *cumulativamente*, (a) inferior a 1% a cada operação e (b) inferior a 0,1% da quantidade total do mês. Obedecidas ambas as condições, fica afastada a cobrança de ICMS.

E, por força do parágrafo único acima, a variação negativa dos grãos transportados a granel será desconsiderada, se *cumulativamente*, for inferior a 1% a cada operação e a 0,1% da quantidade total do mês.

Ou seja, diferenças superiores a **0,1% da quantidade total de grãos transportados a granel no mês** serão consideradas para fins de cobrança do ICMS. E, nessas circunstâncias, em decorrência da perda/quebra inerente e natural na logística de exportação de grãos, o exportador não poderá comprovar a exportação do total da soja e estará sujeito à cobrança do ICMS *como se tivesse feito uma venda interna.*

Não são raros os autos de infração lavrados contra produtores e exportadores de soja para cobrança do ICMS pela Secretaria da Fazenda do Estado do Mato Grosso, justamente pela diferença entre a quantidade de soja que consta nota-fiscal de remessa para exportação e aquela registrada na Declaração Única de Exportação – DUE. Embora sejam imateriais e inferiores ao percentual de quebra dos grãos durante a cadeia logística, diferenças superiores a 0,1% não são toleradas e ensejam a cobrança de imposto.

Por outro lado, a legislação federal prevê a tolerância de diferenças quantitativas de até 1% (um por cento) na importação de mercadorias a granel não implicarão exigência de imposto de importação (art. 72, §3 do Regulamento Aduaneiro), de IPI (art. 237, §3 do Regulamento Aduaneiro), nem de PIS e COFINS (art. 3º,§§ 2º, II e 3º da Lei 10.865/2004).

A tolerância de variação de 1% no peso das mercadorias transportadas a granel é foi inclusive objeto da **Súmula 186** do Supremo Tribunal Federal, que preconiza: *"Não infringe a lei a tolerância da quebra de 1% no transporte por estrada de ferro, prevista no regulamento de transportes."*

Muitos Estados admitem a existência das quebras e retenções técnicas de grãos transportados a granel, destinados à exportação. e dispensam a emissão de nota-fiscal complementar e a consequente cobrança do ICMS.

O percentual de quebra/retenção técnica admitido pelo Estado do Mato Grosso, **de 0,1% (um décimo porcento)** é inferior àquele da legislação federal (**1%**) e ao percentual de **2,316% às perdas físicas atestado pelo laudo da ESALQ-LOG.**

Isso significa que muitos os produtores de soja do Estado do Mato Grosso serão cobrados do ICMS na **exportação de grãos**, em consequência da perda inerente e inevitável na cadeia logística e na **ausência** de uma "operação de circulação de mercadoria", que é o fato gerador desse imposto.

4. A REGRA MATRIZ DE INCIDÊNCIA DO ICMS

A Constituição Federal, em seu art. 155, II, outorgou aos Estados e ao Distrito Federal a competência para instituir imposto sobre a circulação de mercadorias -ICMS.

Como sabemos, a regra-matriz do imposto sobre operações de circulação de mercadorias e serviços – ICMS tem como *critério material* o fato "circular mercadorias". E circulação pressupõe a transferência de titularidade de uma determinada mercadoria mediante uma operação, um ato comercial ou civil, como apontou a clássica doutrina de Geraldo Ataliba:

> "A sua perfeita compreensão e a exegese dos textos normativos a ele referentes evidencia prontamente que toda a ênfase deve ser posta no termo 'operação' mais do que no termo 'circulação'. A incidência é sobre operações e não sobre o fenômeno da circulação.
>
> O fato gerador do tributo é a operação que causa a circulação e não esta".[5]

Mercadoria é a coisa objeto do comércio, o bem tangível cuja propriedade é transferida. E a circulação é a operação comercial ou o ato de direito privado que o transfere. O fato jurídico tributário circular mercadorias, é um negócio jurídico, um fato econômico que seja presuntivo de riqueza, como bem denominou Alfredo Augusto Becker[6]. Essa lição foi encampada por Misabel Derzi e Sacha Calmon Navarro Coelho, que concluíram:

> "... *operação, circulação e mercadorias* são conceitos profundamente interligados e complementares, que não podem ser analisados em separado, sem que o intérprete se dê conta de suas profundas interrelações. Não interessa para delimitação

---

5. *Sistema Constitucional Tributário Brasileiro*, 1ª ed., São Paulo, Ed. RT, 1966, p. 246.

6. BECKER, ALFREDO AUGUSTO. Teoria Geral do Direito Tributário. São Paulo: Editora Lejus, 1998.

da hipótese de incidência tributária nem a operação que seja inábil à transferência do domínio (como locação, comodato, arrendamento mercantil, consignação mercantil etc.); nem tampouco o contrato de compra e venda em si, isoladamente, que embora perfeito, não transfere o domínio quer no Direito Civil, quer no Direito Comercial, sem a tradição; assim, a **circulação de mercadoria é conceito complementar importante porque representa a tradição da coisa, execução de um contrato translativo, movimentação que faz a transferência do domínio e configura circulação jurídica, marcada pelo 'animus' de alterar a titularidade"**.[7]

Ao analisar o critério material da regra-matriz de incidência do ICMS, na Ação Direta de Constitucionalidade – ADC 49, o Supremo Tribunal Federal – STF consolidou seu entendimento de que o mero deslocamento físico, sem a transferência de titularidade, não configura o fato gerador do ICMS:

> "DIREITO CONSTITUCIONAL E TRIBUTÁRIO. AÇÃO DECLARATÓRIA DE CONSTITUCIONALIDADE. ICMS. DESLOCAMENTO FÍSICO DE BENS DE UM ESTABELECIMENTO PARA OUTRO DE MESMA TITULARIDADE. INEXISTÊNCIA DE FATO GERADOR. PRECEDENTES DA CORTE. NECESSIDADE DE OPERAÇÃO JURÍDICA COM TRAMITAÇÃO DE POSSE E PROPRIDADE DE BENS. AÇÃO JULGADA IMPROCEDENTE".
>
> 1. Enquanto o diploma em análise dispõe que incide o ICMS na saída de mercadoria **para estabelecimento localizado em outro Estado, pertencente ao mesmo titular, o Judiciário possui entendimento no sentido de não incidência, situação** esta que exemplifica, de pronto, evidente insegurança jurídica na seara tributária. Estão cumpridas, portanto, as exigências previstas pela Lei n. 9.868/1999 para processamento e julgamento da presente ADC.
>
> 2. **O deslocamento de mercadorias entre estabelecimentos do mesmo titular não configura fato gerador da incidência de ICMS**, ainda que se trate de circulação **interestadual. Precedentes.**

---

7. *"A Hipótese de Incidência do ICMS: Irrelevância dos Contratos de Compra e Venda, sem Tradição ou Entrega das Mercadorias"*, in *Direito Tributário Aplicado – Estudos e Pareceres*, Livraria Del Rey, Belo Horizonte, 1997, p. 168 (os grifos estão no original.

> 3. A hipótese de incidência do tributo é a operação jurídica praticada por comerciante que acarrete circulação de mercadoria **e transmissão de sua** titularidade **ao consumidor final.**
> 4. **Ação declaratória julgada improcedente, declarando a inconstitucionalidade dos artigos 11, §3º, II, 12, I, no trecho "ainda que para outro estabelecimento do mesmo titular", e 13, §4º, da Lei Complementar Federal n. 87, de 13 de setembro de 1996.**" (STF, ADC 49, Tribunal Pleno, Rel. Min. Edson Fachin, j. 19.04.2021, DJ 04.05.2021)

O Superior Tribunal de Justiça também já tinha pacificado seu entendimento na Sumula 166: "Não constitui fato gerador de ICMS o simples deslocamento de mercadoria de um para outro estabelecimento do mesmo contribuinte". E reafirmado suas conclusões sede de recurso repetitivo, no REsp 1.125.133/SP, cuja ementa segue transcrita:

> "PROCESSUAL CIVIL. TRIBUTÁRIO. RECURSO ESPECIAL REPRESENTATIVO DE CONTROVÉRSIA. ART. 543-C, DO CPC. ICMS. TRANSFERÊNCIA DE MERCADORIA ENTRE ESTABELECIMENTOS DE UMA MESMA EMPRESA. INOCORRÊNCIA DO FATO GERADOR PELA INEXISTÊNCIA DE ATO DE MERCANCIA. SÚMULA 166/STJ. DESLOCAMENTO DE BENS DO ATIVO FIXO. UBI EADEM RATIO, IBI EADEM LEGIS DISPOSITIO. VIOLAÇÃO DO ART. 535 DO CPC NÃO CONFIGURADA".
>
> 1. O deslocamento de bens ou mercadorias entre estabelecimentos de uma mesma empresa, por si, não se subsume à hipótese de incidência do ICMS, porquanto, **para a ocorrência do fato imponível é imprescindível a circulação jurídica da mercadoria com a transferência da propriedade**. (Precedentes do STF: AI 618947 AgR, Relator(a): Min. CELSO DE MELLO, Segunda Turma, julgado em 02/03/2010, DJe-055 DIVULG 25-03-2010 PUBLIC 26-03-2010 EMENT VOL-02395-07 PP-01589; AI 693714 AgR, Relator(a): Min. RICARDO LEWANDOWSKI, Primeira Turma, julgado em 30/06/2009, DJe-157 DIVULG 20-08-2009 PUBLIC 21-08-2009 EMENT VOL-02370-13 PP-02783. Precedentes do STJ: AgRg nos EDcl no REsp 1127106/RJ, Rel. Ministro HUMBERTO MARTINS, SEGUNDA TURMA, julgado em 06/05/2010, DJe 17/05/2010; AgRg no Ag 1068651/SC, Rel. Ministra ELIANA CALMON, SEGUNDA TURMA, julgado em 05/03/2009, DJe 02/04/2009; AgRg no AgRg no Ag 992.603/RJ,

Rel. Ministro BENEDITO GONÇALVES, PRIMEIRA TURMA, julgado em 17/02/2009, DJe 04/03/2009; AgRg no REsp 809.752/RJ, Rel. Ministro MAURO CAMPBELL MARQUES, SEGUNDA TURMA, julgado em 04/09/2008, DJe 06/10/2008; REsp 919.363/DF, Rel. Ministro LUIZ FUX, PRIMEIRA TURMA, julgado em 19/06/2008, DJe 07/08/2008)

2. "Não constitui fato gerador de ICMS o simples deslocamento de mercadoria de um para outro estabelecimento do mesmo contribuinte." (Súmula 166 do STJ).

3. A regra-matriz do ICMS sobre as operações mercantis encontra-se insculpida na Constituição Federal de 1988, in verbis: "Art. 155. Compete aos Estados e ao Distrito Federal instituir impostos sobre: (...) Documento: 11739381 - EMENTA / ACORDÃO - Site certificado - DJe: 10/09/2010 Página 1 de 3 Superior Tribunal de Justiça II - operações relativas à circulação de mercadorias e sobre prestações de serviços de transporte interestadual e intermunicipal e de comunicação, ainda que as operações e as prestações se iniciem no exterior;"

4. A circulação de mercadorias versada no dispositivo constitucional refere-se à circulação jurídica, que pressupõe **efetivo ato de mercancia**, para o qual concorrem **a finalidade de obtenção de lucro e a transferência de titularidade.**

5. "Este tributo, como vemos, incide sobre a realização de operações relativas à circulação de mercadorias. A lei que veicular sua hipótese de incidência só será válida se descrever uma operação relativa à circulação de mercadorias. É bom esclarecermos, desde logo, que tal circulação só pode ser jurídica (e não meramente física). A circulação jurídica pressupõe a transferência (de uma pessoa para outra) da posse ou da propriedade da mercadoria. Sem mudança de titularidade da mercadoria, não há falar em tributação por meio de ICMS. (...) O ICMS só pode incidir sobre operações que conduzem mercadorias, mediante sucessivos contratos mercantis, dos produtores originários aos consumidores finais." (Roque Antonio Carrazza, in ICMS, 10ª ed., Ed. Malheiros, p.36/37)

6. In casu, consoante assentado no voto condutor do acórdão recorrido, houve remessa de bens de ativo imobilizado da fábrica da recorrente, em Sumaré para outro estabelecimento seu situado em estado diverso, devendo-se-lhe aplicar o mesmo regime jurídico da transferência de mercadorias entre estabelecimentos do mesmo titular, *porquanto ubi eadem ratio, ibi eadem legis dispositio*. (Precedentes: REsp 77048/SP, Rel. Ministro MILTON LUIZ PEREIRA, PRIMEIRA TURMA, julgado em 04/12/1995, DJ 11/03/1996; REsp 43057/SP, Rel. Ministro DEMÓCRITO

> REINALDO, PRIMEIRA TURMA, julgado em 08/06/1994, DJ 27/06/1994)
>
> 7. O art. 535 do CPC resta incólume se o Tribunal de origem, embora sucintamente, pronuncia-se de forma clara e suficiente sobre a questão posta nos autos. Ademais, o magistrado não está obrigado a rebater, um a um, os argumentos trazidos pela parte, desde que os fundamentos utilizados tenham sido suficientes para embasar a decisão.
>
> 8. Recurso especial provido. Acórdão submetido ao regime do art. 543-C do CPC e da Resolução STJ 08/2008." (STJ, REsp 1.125.133/SP, Rel. Min. Luiz Fux, DJ 10.09.2010 - grifamos)

Importante observar aqui que, além da transferência de titularidade, o Superior Tribunal de Justiça destacou a necessidade de um **efetivo ato de mercancia**, que tenha **finalidade de obtenção de lucro.**

Os conceitos de direito privado utilizados para definir as competências tributárias não podem ser alterados, como determina artigo 110 do Código Tributário Nacional:

> "Art. 110 – A lei tributária não pode alterar a definição, o conteúdo e o alcance de institutos, conceitos e formas de direito privado, utilizados expressa ou implicitamente, pela Constituição Federal, pelas Constituições dos Estados ou pelas leis orgânicas do Distrito Federal ou dos Municípios, para definir ou limitar competências tributárias." (grifos nossos)

O conceito de "operação de circulação de mercadorias", que é fato gerador do ICMS, não pode distorcido por leis estaduais, para admitir a cobrança de imposto sobre a quebra de grãos durante o transporte com destino à exportação.

O Poder de tributar dos Estados está limitado à existência de uma operação de circulação de mercadorias. E, por isso, ao analisar variações volumétricas de combustíveis, o C. Superior Tribunal de Justiça afastou cobranças de diferenças do ICMS decorrentes da quebra por evaporação e da dilatação:

"TRIBUTÁRIO E PROCESSUAL CIVIL. RECURSO ESPECIAL. ICMS. INCIDÊNCIA. CANA-DE-AÇÚCAR. DIFERIMENTO. QUEBRA POR EVAPORAÇÃO. PRECEDENTES. SUMULA 83 DO STJ.

1. **A quebra por evaporação do produto não tem o condão de repercutir na incidência do ICMS a ser recolhido,** nem mesmo de afetar o diferimento, pois o tributo deve recair sobre a quantidade de cana-de-açúcar que ingressou na usina, sem levar em consideração o álcool produzido.

2. "Não se conhece do recurso especial pela divergência, quando a orientação do Tribunal se firmou no mesmo sentido da decisão recorrida" Súmula n. 83 do STJ.

3. Recurso conhecido pela alínea "a" do permissivo constitucional e não provido." (STJ, RESP 135.699-SP, Rel. João Otávio de Noronha, j. 07.12.2004, DJ 21.03.2005, p. 299).

"PROCESSUAL CIVIL E TRIBUTÁRIO. RECURSO ESPECIAL. MANDADO DE SEGURANÇA COLETIVO. ICMS. COMÉRCIO VAREJISTA DE COMBUSTÍVEIS. SUBSTITUIÇÃO TRIBUTÁRIA E DIFERIMENTO. PEDIDO DECLARATÓRIO DO DIREITO AO CREDITAMENTO. SÚMULA 213/STJ. APONTADAS IRREGULARIDADES NA BASE DE CÁLCULO DO ICMS/ST. PEDIDO DE EXCLUSÃO DO VALOR DO FRETE COM BASE NO ART. 13, § 1º, INCISO II, B, DA LC 87/96. DISPOSITIVO LEGAL NÃO PREQUESTIONADO. SÚMULA 211/STJ. VENDA INFERIOR AO VALOR DA PAUTA FISCAL. DEVOLUÇÃO DESCABIDA. ADI 1.851/AL. CREDITAMENTO EM DECORRÊNCIA DA EVAPORAÇÃO DA GASOLINA. IMPOSSIBILIDADE. FENÔMENO NATURAL. RISCO INERENTE AO NEGÓCIO. INEXIGIBILIDADE DO PAGAMENTO DO TRIBUTO INCIDENTE SOBRE O ÁLCOOL ANIDRO POR DIFERIMENTO. OFENSA AO ART. 128 DO CTN E CREDITAMENTO DO ICMS INCIDENTE NA CADEIA DE PRODUÇÃO DO ÁLCOOL (PRINCÍPIO DA NÃO CUMULATIVIDADE). FALTA DE PREQUESTIONAMENTO". SÚMULA 211/STJ. (...)

5. **Não procede o reclamo de creditamento de ICMS em razão da evaporação do combustível, pois a sua volatilização constitui elemento intrínseco desse comércio, a ser, portanto, considerado pelos seus agentes para fins de composição do preço final do produto.** Esse fenômeno natural e previsível difere, em muito, das situações em que a venda não ocorre em razão de circunstâncias inesperadas e alheias à vontade do substituído.

Ademais, o STJ, analisando questão análoga, concernente à entrada de cana-de-açúcar na usina para produção de álcool, já se pronunciou no sentido de que a quebra decorrente da evaporação é irrelevante para fins de tributação do ICMS. Precedentes: EDcl no RMS 12.779/GO, Rel. Ministro José Delgado, Primeira Turma, DJ 31/3/2003; REsp 152.258/SP, Rel. Ministro Francisco Peçanha Martins, Segunda Turma, DJ 29/5/2000.

6. Recurso especial parcialmente conhecido e, nessa extensão, provido em parte." (STJ, REsp 1.122.126-RS, Rel. Benedito Gonçalves, j. 22.06.2010, DJe 01.07.2010)

"PROCESSO CIVIL. TRIBUTÁRIO. VIOLAÇÃO DO ART. 1.022 DO CPC/2015. NÃO OCORRÊNCIA. ICMS. COMBUSTÍVEIS. VARIAÇÃO DE TEMPERATURA DE CARREGAMENTO E DESCARREGAMENTO. DILATAÇÃO VOLUMÉTRICA DE COMBUSTÍVEL. FENÔMENO FÍSICO. INEXISTÊNCIA DE FATO GERADOR TRIBUTÁRIO. NÃO INCIDÊNCIA DE ICMS SOBRE A DILATAÇÃO VOLUMÉTRICA. PREJUDICADA A ANÁLISE DA DECADÊNCIA".

1. Afasta-se a alegada violação do artigo 1.022 do CPC/2015, porquanto o acórdão recorrido manifestou-se de maneira clara e fundamentada a respeito das questões relevantes para a solução da controvérsia.

2. **A entrada a maior do combustível, em razão da variação da temperatura ambiente de carregamento e descarregamento se constitui em um fenômeno físico de dilatação volumétrica.**

3. **A fenomenologia física de dilatação volumétrica do combustível não se amolda à descrição normativa hipotética que constitui o fato gerador do ICMS.**

4. Na hipótese, se o volume de combustível se dilatou ou se retraiu, não há se falar em estorno ou cobrança a maior do ICMS, uma vez que, na hipótese, não há que se qualificar juridicamente um fenômeno da física, por escapar da hipótese de incidência tributária do imposto.

Nesse sentido: "Não procede o reclamo de creditamento de ICMS em razão da evaporação do combustível, pois a sua volatilização constitui elemento intrínseco desse comércio, a ser, portanto, considerado pelos seus agentes para fins de composição do preço final do produto. Esse fenômeno natural e previsível difere, em muito, das situações em que a venda não ocorre em razão de circunstâncias inesperadas e alheias à vontade do substituído.

> Ademais, o STJ, analisando questão análoga, concernente à entrada de cana-de-açúcar na usina para produção de álcool, já se pronunciou no sentido de que a quebra decorrente da evaporação é irrelevante para fins de tributação do ICMS" (REsp 1.122.126/RS, Rel. Ministro Benedito Gonçalves, PRIMEIRA TURMA, julgado em 22/6/2010, DJe 1/7/2010).
>
> 5. **Não há novo fato gerador ocorrido com a variação volumétrica de combustíveis líquidos, uma vez que não se está diante de uma nova entrada ou saída intermediária não considerada para o cálculo do imposto antecipado, mas de mera expansão física de uma mercadoria volátil por natureza.**
>
> 6. Recurso especial não provido. (STJ, REsp 1.884.431-PB, Rel. Min. Benedito Gonçalves, j. 08.09.2020 e DJe 11.09.2020)

Como vimos, a dilatação dos combustíveis é fenômeno natural e não implica incidência do ICMS como decidiu o C. Superior Tribunal de Justiça. A perda e a retenção técnica de grãos também são inerentes e inevitáveis na cadeia logística da exportação. Por isso, as premissas que nortearam as decisões do STJ levam à conclusão de que os Estados devem prever uma **margem de tolerância adequada ao percentual de quebra e a retenção técnica de grãos durante a cadeia logística na exportação.**

As perdas e quebras técnicas de soja durante a cadeia de exportação não **são atos de mercancia e** não implicam a transferência de titularidade das mercadorias. Desta forma, o percentual de tolerância de 1% de perdas durante a cadeia logística previsto nas leis federais deve ser o parâmetro para as leis estaduais, para que os exportadores não sofram a cobrança ilegal e inconstitucional de ICMS.

O STF JULGOU A (IN)CONSTITUCIONALIDADE DO IO-CRÉDITO EM CONTRATOS DE CONTA CORRENTE AO JULGAR O RE 590.186-RS, TEMA 104 EM REPERCUSSÃO GERAL?

Ana Paula da Costa Herrera[1]

Resumo: Este artigo objetiva investigar se o RE 590.186-RS, afetado para julgamento em repercussão geral, tema 104, pode ou não ser entendido como encerramento da discussão sobre a incidência ou não do Imposto sobre Operação de Crédito (IOF/IO-Crédito) em contratos específicos de conta corrente. Trata-se de análise crítica de caso em que será efetuada a averiguação da *ratio decidendi* do Supremo Tribunal Federal (STF). Com base no método do construtivismo lógico-semântico, efetuaremos a análise sistemática das normas de direito privado, doutrina e contexto histórico para avaliarmos a razão de existir do "IOF", as naturezas jurídicas do mútuo e do contrato de conta corrente, com destaque para as competências legislativa e regulatória da União, com lançamento de opinião crítica sobre a conclusão do Plenário no tema 104 e análise sobre a não incidência do IO-Crédito em contratos de conta corrente.

Palavras-chaves: IOF – MÚTUO – CONTRATO DE CONTA CORRENTE

---

1. Advogada, Professora nos cursos de Pós-Graduação em Direito Tributário no IBET, na PUC/SP-Cogeae, APET, EBRADI e na EPD. É Mestre em Direito Tributário pela Pontifícia Universidade Católica de São Paulo (PUC-SP), Especialista em Direito Tributário pela PUC-SP e Bacharel em Ciências Contábeis na FIPECAFI. E-mail: anapaula@costaherrera.com.br

Summary: *This article aims to investigate whether RE 590.186-RS, allocated for judgment in general repercussion, topic 104, can or cannot be understood as closing the discussion on the incidence or not of the Tax on Credit Operations (IOF/ IO-Credit) in specific current account contracts. This is a critical analysis of a case in which the ratio decidendi of the Federal Supreme Court will be investigated. Based on the method of logical-semantic constructivism, we will carry out a systematic analysis of the norms of private law, docrine and historical context to evaluate the reason for the existence of the "IOF", the legal natures of the loan and the current account contract, with emphasis on the legislative and regulatory powers of the Union, with the release of a critical opinion on the conclusion of the Plenary on topic 104 and analysis of the non-incidence of IO-Credit in current account contracts.*

Key words: *IOF. Loan. Current Account Contract*

1. INTRODUÇÃO

O presente artigo tem como objetivo fazer uma breve análise do caso avaliado pelo Supremo Tribunal Federal (STF) no recurso extraordinário (RE) nº 590.186-RS, julgado sob o rito da repercussão geral, tema 104, com julgamento virtual que ocorreu entre os dias 29/09/23 e 06/10/2023, em que a Corte Suprema, por unanimidade de votos, fixou a seguinte tese: "É constitucional a incidência do IOF sobre operações de crédito correspondentes a mútuo de recursos financeiros entre pessoas jurídicas ou entre pessoa jurídica e pessoa física, não se restringindo às operações realizadas por instituições financeiras".

De início é importante ressaltar que já nos manifestamos em outros artigos no sentido de que a sigla comumente utilizada par indicar Imposto sobre Operações de Crédito, Câmbio e Seguros ou relativas a Títulos ou Valores Mobiliários "IOF" é criticada por vários autores por ser imprópria, em razão da insuficiência de sua denominação. Já nos manifestamos em estudo anterior sobre o tema que em realidade, esta sigla traz uma carga que pode levar o intérprete a erro, já que este tributo não se trata apenas de um "Imposto sobre Operações Financeiras", mas de um imposto cuja incidência se dá sobre operações. E a curta sigla em realidade alberga cinco impostos, os quais recaem sobre operações de crédito, câmbio, seguro, relativas à títulos ou valores mobiliários. Assim, preferimos guardar coerência com o quanto já vimos estudando sobre o tema, e, a partir deste momento, passaremos a indicar o imposto ora em análise, que possui relação com a operação de crédito, com a sigla IO-Crédito.[2]

Com o presente estudo, queremos responder às seguintes questões: (i) o julgamento deste RE 590.186, em sede de repercussão geral, tema 104, encerra de uma vez por todas a discussão sobre a (in)constitucionalidade da incidência do IO-Crédito sobre operações ocorridas também em contratos de conta corrente? (ii) contrato de conta corrente é hipótese de não incidência de IO-Crédito?

2. DA ANÁLISE DO CASO DO RE 590.186-RS – TEMA 104

2.1 Das razões da empresa recorrente

A questão central do recurso apresentado pela empresa Fras-le S.A é checar se o art. 13 da Lei nº 9.779/99, que impõe a tributação por IO-Crédito em contratos de mútuo entre empresas pertencentes ao mesmo grupo, em que não há participação de instituições financeiras, é constitucional ou não. Importante esclarecer desde o início, que a empresa Fras-Le S.A. esclarece que efetuou mútuo com cobrança de juros nesta relação com empresa do mesmo grupo.

---

2. HERRERA, Ana Paula da Costa. Inconstitucionalidade, Ilegalidade, Ilogicidade e Imoralidade do aumento do IO-Crédito previsto no Decreto nº 10.797/2021 em plena pandemia COVID-19. In XVIII Congresso Nacional de Estudos Tributários: meio século de tradição. Coordenação Paulo de Barros Carvalho; organização Priscila de Souza. 1ª ed. – São Paulo: Noeses, IBET, 2021, páginas 23 a 41.

Restou demonstrada a repercussão geral, pois o caso não se trata apenas de interesses subjetivos das partes, mas de todo o setor econômico que possa sofrer com a incidência do IO-Crédito.

O Tribunal Regional Federal da 4ª Região (TRF4), ao avaliar a apelação da empresa contribuinte, indicou que a Constituição Federal (CF) não exige que o contrato de mútuo seja celebrado com instituição financeira, e que inclusive, o STF quando, inobstante entendimentos doutrinários em contrário, apontou, ainda que em sede cautelar na ADIN 1763/DF, que haveria a constitucionalidade da incidência do IO-Crédito sobre operações de *factoring*. O TRF4 teria entendido que a primeira lei instituidora do então "IOF" limitara o âmbito de incidência às operações praticadas por operações financeiras, o que não restou estabelecido constitucionalmente, tampouco no Código Tributário Nacional (CTN), de modo que não haveria o mesmo impedimento a que o legislador ordinário faça incidir sobre operações de crédito entre outras pessoas.

A empresa recorrente alegou que ao assim julgar, o TRF4 teria violado o artigo 153, V, da CF. Para a recorrente o entendimento do TRF 4 não pode prosperar, eis que o Tribunal entende que a Lei 9779/99, em seu art. 13, não criou imposto novo, apenas aumentou o seu alcance subjetivo para possibilitar a tributação de transações que forem efetuadas por pessoas jurídicas que não pertencem ao sistema financeiro.

A recorrente indica que a questão dos autos se refere à exigência do IO-Crédito nos contratos de mútuo entre empresas pertencentes ao mesmo grupo empresarial, sendo que no caso dos autos, ocorreu incidência de juros entre as partes, mas não houve participação de Instituição Financeira.

A recorrente alega que é manifesta a intenção do legislador ordinário para alargar a base de cálculo do IO-Crédito, de forma que o imposto passe a incidir sobre operações de mútuo entre pessoa jurídica (PJ) ou entre PJ e pessoa física (PF), igualando, como se isso fosse possível, às operações de crédito efetivas por instituições financeiras. Alega que faltam subsídios para a incidência do IO-Crédito nas relações particulares.

Para a recorrente o contrato de mútuo, previsto nos artigos 586 a 592, do Código Civil (CC), não há concessão de crédito, mas sim, torna-se o mutuante obrigado a restituir ao mutuário o que dele recebeu. Então não seria possível ser aplicado ao contrato de mútuo os termos do §1º do artigo 13 da Lei 9779/99, pois o dispositivo prevê a ocorrência do fato gerador do IO-Crédito na data da concessão do crédito, e em não sendo próprio do contrato de mútuo a concessão de crédito, aqueles em que não há interveniência de instituição financeira – tem-se como inexistente ou inocorrida a hipótese de incidência do IO-Crédito para tais contratos.

Assim, para a recorrente, não se insere no conceito de operação de crédito o contrato de mútuo realizado entre PJ e entre estas e PF, pois o mútuo realizado entre PJ e entre PJ e PF não se constitui como operação de crédito.

Para a empresa recorrente há afronta ao princípio da legalidade da tributação, pois o contrato de mútuo firmado entre PJ e entre PJ e PF não se constitui como operação de crédito. E tendo a CF previsto no art. 153, V, a competência para a União instituir imposto sobre operações de crédito, câmbio e seguros, ou relativas a títulos ou valores mobiliários, impossível, sob pena de inconstitucionalidade, o legislador da União prever a tributação de operação de mútuo entre pessoas jurídicas e pessoa jurídica e pessoa física, uma vez que não se enquadra em nenhuma das hipóteses previstas constitucionalmente.

A empresa contribuinte ainda indica a necessidade da análise do termo jurídico "operação", com o intuito de demonstrar a natureza mercantil, ocasionando a inconstitucionalidade da incidência do imposto nos mútuos não mercantis, como são os realizados, em regra, entre empresas não financeiras e do mesmo grupo empresarial, de acordo com o que se verifica neste caso.

Portanto, em resumo, alega a empresa recorrente, a necessidade de reforma da decisão em razão da inexistência de fato imponível do IO-Crédito quando o mútuo não for mercantil, em razão dos efeitos da natureza do termo jurídico operação – núcleo da hipótese de incidência do imposto, nos termos do art. 153, V, CF, o que acarreta a inconstitucionalidade do art. 13 da Lei 9779/99 para os mútuos não mercantis, tais como os que são realizados por exemplo entre as empresas não financeiras e do mesmo grupo empresarial.

2.2 Das contrarrazões da Procuradoria-Geral da Fazenda Nacional (PGFN)

Em contrarrazões ao recurso extraordinário, em singelíssima peça, a PGFN alega que a incidência do IO-Crédito sobre contratos de mútuo onde nenhuma das partes é instituição financeira é prevista no art. 13 da Lei 9779/99 e que tal norma é plena, legal e constitucional.

Aduz de maneira simples que "o contrato de mútuo se enquadra, sim, como uma operação de crédito." E que a CF não restringiu o conceito àquelas operações efetivadas com instituições financeiras e que tampouco opera a restrição conceitual o art. 63, I, CTN.

Alega que o STF já teria fixado a legitimidade do dispositivo ao analisar em sede cautelar a ADIN 1763-8.

2.3 Da análise crítica ao acórdão do STF

Já o STF, em acórdão, sob a relatoria do recém empossado, Ministro (Min.) Cristiano Zanin, à unanimidade de votos, em sessão virtual do Plenário, ao apreciar o tema 104 da repercussão geral, entendeu por bem negar provimento ao recurso extraordinário do contribuinte e fixar a seguinte tese: "É constitucional a incidência do IOF sobre operações de crédito correspondentes a mútuo de recursos financeiros entre pessoas jurídicas ou entre pessoa jurídica e pessoa física, não se restringindo às operações realizadas por instituições financeiras".

O julgamento teve início em 29/09/23 e foi finalizado em 06/10/23.

Teve como *Amicus Curiae a* Associação Brasileira do Agronegócio (ABAG) e a Associação Brasileira de Advocacia Tributária (ABAT).

O Min. Relator pautou seu julgamento na decisão da ADI 1763/DF- MC, cujo relator foi o Min. Sepúlveda Pertence, por entender que o caso atual possui situação análoga. E indicou a ementa daquele julgado.

Também baseou seu entendimento na decisão mais recente dada pelo Plenário do STF, que em 16/06/20 decidiu, à unanimidade, que "[...] nada há na Constituição Federal, ou no próprio Código Tributário Nacional, que restrinja a incidência do IOF sobre operações de crédito realizadas por instituições financeiras."

O Min. Cristiano Zanin, Relator do RE 590.186-RS indica que os argumentos rechaçados pela Suprema Corte no julgamento da ADI 1763/DF são muito semelhantes aos do recurso extraordinário do caso do afetado ao tema 104, mas faz pontuações importantes (i) que teria a recorrente do RE atual indicado: "a discussão dos autos versa sobre a exigência de IOF nos contratos de mútuo entre empresas pertencentes ao mesmo grupo empresarial", e (ii) que "faltam subsídios para a incidência do IOF nas relações entre particulares" e (iii) cita ainda o Min. Zanin que a empresa contribuinte alegou que "no contrato de mútuo não há concessão de crédito, mas sim, torna-se o mutuante obrigado a restituir ao mutuário o que dele recebeu", sendo "incontestável que não se insere no conceito de operação de crédito o contrato de mútuo realizado entre pessoas jurídicas e entre estas e pessoas físicas".

O Min. Relator indica que tais argumentos foram todos bem endereçados nas razões de decidir da ADI 1763/DF, seguidas à unanimidade pelo Plenário. E faz indicação do voto condutor, exarado pelo Min. Dias Toffoli com a indicação peculiar de que "as empresas de *factoring* não necessitam ser instituições financeiras e, por isso, independem de autorização prévia do Banco Central para se constituir e financiar, essa não parece uma razão suficiente para inquinar de inconstitucional a norma impugnada, ao contrário do que pareceu à requerente. E isso porque nada há na Constituição Federal, ou no próprio Código Tributário Nacional, que restrinja a incidência do IOF sobre as operações de crédito realizadas por instituições financeiras. A expressão contida no texto da Constituição é simplesmente "operações de crédito", não havendo qualquer qualificação relativa à operação realizada por este ou por aquele tipo de pessoa."

E para avaliar a caracterização do mútuo enquanto operação de crédito, o Min. Zanin também trouxe destaques do voto de Dias Toffoli na ADI 1763/DF:

> "A expressão "operação de crédito" não apresenta um conceito unívoco, e a doutrina jurídica parece não haver dedicado muito esforço para a definir, contentando-se com sua noção econômica, que é a mais difundida.
>
> Percebe-se, desde logo, que o vocábulo "operação" nem sequer é comum na linguagem jurídica – muito mais afeta às noções de negócio jurídico e contrato. Diz-se, habitualmente, que a concepção de "operação" é dinâmica, por envolver um "conjunto de meios convencionais ou usuais, empregados para atingir um resultado comercial, ou financeiro, com ou sem objetivo de lucro" (Pedro Numes. Dicionário de Tecnologia Jurídica. 13ª ed, 1999, Rio de Janeiro: Renovar. p. 780).

Por sua vez, no direito das obrigações, "crédito" não é mais do que o direito correspondente ao dever que assumiu o devedor na relação obrigacional. Não é, contudo, nessa acepção, rigorosamente jurídica, que o conceito deve ser entendido para a correta circunscrição da hipótese de incidência do IOF. Há, também, que se atentar para a noção econômica de crédito."

Com base nestas considerações, o Min. Zanin houve por bem entender que o STF já havia orientado no julgamento da ADI 1763/DF que "não há como fugir à compreensão de que o mútuo de recursos financeiros de que trata o art. 13 da Lei 9779/99 – ainda que considerado empréstimo da coisa fungível "dinheiro" (art. 568 do Código Civil) e ainda que realizado entre particulares – se insere no tipo "operações de crédito", sobre o qual a Constituição autoriza a instituição do IOF (art. 153, V), já que se trata de negócio jurídico realizado com a finalidade de se obter, junto a terceiro e sob liame de confiança, a disponibilidade de recursos que deverão ser restituídos após determinado lapso temporal, sujeitando-se aos riscos inerentes.

Com isso, o Min. Zanin indica que rejeita os argumentos suscitados no recurso extraordinário pelo contribuinte, com fundamento na doutrina e no precedente do próprio STF.

Mas o Min. Zanin fez menção que a ABAT, como amicus curiae, trouxe à discussão "argumentos relevantes e inéditos."

Indicou que a Associação alegou que o IOF surgiu na EC 18/65 à Constituição de 1946 como instrumento da União para o exercício da competência privativa de dispor sobre política cambial e monetária e que esta competência foi mantida na atual Constituição da República, no artigo 22, incisos VI e VII). E que a ABAT alegou que a incidência sobre operações entre empresas não financeiras ou que exerçam atividades análogas, como o *factoring* extrapola a função regulatória do imposto, sendo que "é apenas a função regulatória/extrafiscal do IOF que justifica [...] a mitigação do princípio da legalidade (art. 153, §1º) e a não incidência das anterioridades constitucionais (art. 150, §1º).

O Min Relator consentiu "que o IOF foi gestado como importante instrumento de regulação do mercado financeiro e da política monetária – e ainda o é". Aduz que "Sua função precipuamente regulatória e extrafiscal justificam a excepcionalidade (mitigação) aos princípios da legalidade e da anterioridade, exposta nos artigos 150, § 1º e 153, § 1º da Constituição Federal."

Mas conclui de forma não condizente com a premissa que adotou, quando diz que "Entretanto, é igualmente correto afirmar que a Constituição não impõe, como elemento legitimador do imposto em si, sua função extrafiscal. Pelo contrário, a doutrina reconhece que a classificação dos tributos em extrafiscais ou arrecadatórios se dá pela preponderância da função, não pela exclusividade."

Ora, se é assim, então será que o STF também permite que os tributos extrafiscais possuam suas alíquotas aumentadas ao bel-prazer do Chefe do Executivo? Ou ainda está chancelando o STF aumentos de alíquotas em tributos tidos como de função precípua extrafiscais para compensar perdas arrecadatórias? Ou será que o STF permite que uma lei ordinária possa alargar as competências dadas à União para tributar de forma interventiva determinados setores da economia?

Nos parece que o direcionamento da doutrina que o Senhor Ministro utiliza para embasar seu raciocínio não conduz a este caminho. Muito pelo contrário, dado que as lições do Prof. Hugo de Brito Machado[3], citadas pelo i. Min. Zanin e que aqui são indicadas nos fazem pensar exatamente o oposto:

---

3. MACHADO, Hugo de Brito. Curso de direito tributário. 24ª ed. 2004, São Paulo: Malheiros. Pp. 75 e 320.

> "Assim, quanto a seu objetivo, o tributo é: a) Fiscal, quando seu principal objetivo é a arrecadação de recursos financeiros para o Estado. b) Extrafiscal, quando seu objetivo principal é a interferência no domínio econômico, buscando um efeito diverso da simples arrecadação de recursos financeiros.
>
> [...]
>
> O imposto sobre operações de crédito, câmbio e seguro ou relativas a título e valores mobiliários, ou, na forma resumida, como é mais conhecido, imposto sobre operações financeiras – IOF, tem função predominantemente extrafiscal.
>
> Efetivamente, o IOF é muito mais m instrumento de manipulação da política de crédito, câmbio e seguro, assim como de títulos e valores mobiliários, do que um simples meio de obtenção de receitas, embora seja bastante significativa a sua função fiscal, porque enseja a arrecadação de somas consideráveis."

O ponto é, não é possível com base nesta afirmação, chegar na conclusão a que o Min. Zanin alcançou no sentido de que "não se há de falar em exclusividade da função regulatória do IOF, de modo que sua incidência seja restrita a operações atinentes ao mercado financeiro, como aliás já decidiu esta Suprema Corte ao julgar o Tema 102 da repercussão geral (RE 583.712-SP, rel. Min. Edson Fachin, Tribunal Pleno, Dje 2/3/2016).

Isso porque, no julgamento do RE 583.712-SP, tema 102, foi tratada a discussão da inconstitucionalidade ou não do IOF que incide sobre transmissão de ações de companhias abertas e das bonificações que resultam dessas operações. O ponto fulcral é que no tema 102 a avaliação feita foi de caso que estava no campo regulatório da União, quer seja, discussão de operação de títulos que são realizadas por pessoas que são submetidas à regulação da Comissão de Valores Mobiliários (CVM).

Importante ressaltar que a CVM é agente que supervisiona o Conselho Monetário Nacional (CMN) e, tal como o Banco Central (BC) é vinculado ao Sistema Financeiro Nacional, que por sua vez, é regulado pela União Federal.

Assim, a linha de raciocínio utilizada para a análise do RE 583.712, tema 102, é diversa do caso do contribuinte PJ que se relaciona com outra PJ ou ainda PF, em que não há atividade regulada pela União Federal.

Logo, nos parece que a premissa usada pelo Min. Zanin não nos conduz para a afirmativa que o STF já teria avaliado o campo de regulação da União pois os casos do RE 590.186-RS (tema 104) e o RE 583.712/SP (tema 102) são diversos, o que não permite a conclusão que o Senhor Min. alcançou.

E, sobre a questão da extrafiscalidade, como muitíssimo bem explicam os Professores Luís Eduardo Schoueri e Guilherme Galdino[4]:

> "É evidente que toda tributação implica alguma intervenção econômica (ao que se chama de função extrafiscal). Daí a doutrina, unanimemente, reconhecer que todo tributo tem função arrecadatória. Contudo, alguns impostos como o IOF foram *vocacionados* a veicular normas tributárias indutoras. Nesse caso, o exercício de sua competência é subordinado ao campo regulatório. Por isso, o constituinte dotou o Executivo da possibilidade de, dentro de certos limites, interferir no processo econômico (Estado-agente).
>
> Não se deve confundir *função extrafiscal com vocação extrafiscal*. Enquanto a primeira demarca qualquer efeito indutor gerado por uma norma tributária, a vocação extrafiscal revela uma exigência constitucional. Trata-se, no caso da vocação extrafiscal, da própria delimitação da competência tributária.
>
> No caso do IOF, essa vocação é clara, seja historicamente, seja sob a perspectiva das competências legislativa/regulatória, seja ainda por conta das mitigações aos Princípios da Anterioridade e da Legalidade.
>
> Historicamente, o IOF foi concebido para atuar como um instrumento de política extrafiscal, qual seja, dotar o Executivo federal de um meio para intervir em determinados mercados,

4. SCHOUERI, Luis Eduardo; GALDINO, Guilherme. O IOF sobre operações de crédito de pessoas não reguladas. Entre a interpretação literal e a vocação extrafiscal. Jota Opinião & Análise. Publicado em 04/10/2023. Acesso em 03/11/2023. Disponível em: https://www.jota.info/opiniao-e-analise/artigos/o-iof-sobre-operacoes-de--credito-de-pessoas-nao-reguladas-04102023 .Acesso em 03/11/2023.

como o monetário, de crédito, câmbio, seguros e transferência de valores.

Diferentemente do seu antecessor (Imposto do Sêlo), o IOF foi criado como um imposto de "uso flexível" para que o CMN pudesse utilizá-lo como instrumento extrafiscal. A esse respeito, o ex-ministro do STF Aliomar Baleeiro já afirmou que o IOF possui um "caráter excepcional e extrafiscal", não devendo ser utilizado para se obter "receita fiscal propriamente dita" [6].

Por isso que, desde a sua concepção, seja por uma destinação específica de seus recursos (prevista até 1969), seja por sua flexibilidade, o IOF possui evidente vocação extrafiscal, não podendo ser utilizado meramente para fins arrecadatórios.

Essa vocação extrafiscal é comprovada também pela vinculação da competência tributária com as competências legislativas e regulatória. As materialidades do IOF não foram escolhidas à toa. Cada uma delas indica mercados sobre os quais o Executivo Federal pode intervir."

Ora, nos parece que os Professores Schoueri e Galdino tocaram em ponto extremamente sensível no trecho acima colacionado, eis que sem sombra de dúvidas, o constituinte foi claro ao indicar quais os mercados que o Poder Executivo poderia intervir e não fez isso à toa, exatamente para que a União tivesse limitação circunscrita já ao seu amplo poder de tributar, mas poder este que não é para ser utilizado ao seu bel-prazer.

É de grande importância esclarecer que desde o momento em que o Imposto sobre Operações de Crédito, Câmbio e Seguros ou relativas a Títulos ou Valores Mobiliários foi projetado, toda sua estruturação, já na sua instituição, teve como objetivo que o Poder Executivo da União tivesse em suas mãos a intervenção em determinados setores da economia e por isso o imposto foi gestado com o intuito de ser um instrumento de intervenção da União sobre o domínio econômico.

Esse foi o mote da exposição de motivos do anteprojeto da Emenda Constitucional nº 18/1965 preparada pelo então

Ministério da Fazenda, representado pelo Ministro da Fazenda, Octávio Gouveia de Bulhões[5], que indicou precisamente que o Imposto sobre Operações de Crédito, Câmbio e Seguros ou relativas a Títulos ou Valores Mobiliários seria um imposto de uso flexível para que o CMN o utilizasse como "instrumento de política monetária", mas que seu uso, para fins arrecadatórios deveria ser "condenável" e ainda indica o uso do imposto para o desestímulo de movimentos altistas em Bolsas de valores, conforme trecho abaixo:

> "O imposto de exportação e o imposto sobre transações financeiras - o denominado imposto de sêlo - **são condenáveis se exigidos com a finalidade de suprir recursos de tesouraria, porque recaem sobre valores que, de forma alguma, expressam a capacidade de contribuir para os cofres públicos.** Por outro lado, são excelentes meios de formação de reservas. Mostra a experiência a inegável vantagem de uma reserva monetária oriunda da retenção de parte do acréscimo de receita proveniente do aumento de preços internacionais dos produtos de exportação, como meio de compensar essa exportação em fase subsequente de baixa dos preços. **É, igualmente, recomendável o desestímulo a movimentos altistas em Bolsa, mediante a adoção de um tributo sobre tais transações**, cuja receita pode ser empregada na formação de reservas que se destinem a financiar as compras de títulos em caso de especulação baixista. Idêntico processo fiscal compensatório pode ser adotado no mercado cambial." (grifos nossos)

Então, fazendo esta brevíssima análise do contexto histórico da criação da exação, é possível verificar que o Imposto sobre Operações de Crédito, Câmbio e Seguros ou relativas a Títulos ou Valores Mobiliários foi criado com a claríssima intenção de ser um instrumento de regulação de setores da economia, em que a União deve se imiscuir para fazer o gerenciamento dos mercados, seja para estimular ou desestimular condutas tidas nestes ambientes.

---

5. FAZENDA, Comissão da Reforma do Ministério da. Reforma da Discriminação Constitucional de Rendas (Anteprojeto). Fundação Getúlio Vargas/Comissão de Reforma do Ministério da Fazenda, 1965. Disponível em: http://bibliotecadigital.fgv.br/dspace/handle/10438/12424. Acesso em: 03/11/2023.

Verifica-se que já na idealização do imposto o objetivo foi que ele não fosse utilizado para fins de suprir recursos de tesouraria da União, ou seja, que não fosse usado com o fim precípuo da simples arrecadação.

Nos parece que faltou ao Min. Zanin notar a importância do argumento trazido aos autos pelos *amicus curiae* ABAT e verificar que, há uma delimitação muito precisa sobre a competência da União no artigo 21, inciso VIII, que prescreve:

> "Art. 21 Compete à União:
>
> (...)
>
> VIII – administrar as reservas cambiais do País e fiscalizar as operações de natureza financeira, especialmente as de crédito, câmbio e capitalização, bem como as de seguros e de previdência privada."

E que no artigo 22, VII, o Constituinte indica a competência privativa da União para legislar, senão vejamos:

> "Art. 22 Compete privativamente à União legislar sobre:
>
> (...)
>
> VII – política de crédito, câmbio, seguros e transferência de valores;"

Ora, verifica-se que essas competências têm estrita relação com o disposto no art. 153, V, da CF, quando o constituinte trouxe a competência tributária para a instituição de imposto para a União, no que tange exatamente às operações de crédito, câmbio e seguros, ou relativas a títulos ou valores mobiliários, sendo que posteriormente, o legislador, via Emenda Constitucional nº 3, de 1993, ainda aumentou esta competência, incluindo a competência para a União para a tributação do ouro, quando definido em lei como ativo financeiro ou instrumento cambial, para a sujeição exclusiva ao IOF, devido na origem, com a alíquota mínima de um por cento, assegurada a transferência do montante da arrecadação.

Então, não nos parece mera similaridade que o Constituinte fizesse a previsão de competências exclusivas à União em assuntos em que, dada a relevância, apenas caberia à União efetuar administrações e fiscalizações e, também legislar sobre as políticas, como em situações tão específicas, que lhe foi dada a competência tributária exclusiva com imposto com orientação específica ou como ensinou os autores Schoueri e Galdino, com "vocação para a extrafiscalidade".

Já nos manifestamos anteriormente no sentido de que a extrafiscalidade é um instrumento poderosíssimo que foi dado pelo Constituinte ao Chefe do Poder Executivo da União para que este possa exercer as competências privativas para regular condutas. Contudo, o Poder Executivo da União não possui o pleno e irrestrito direito[6].

A Constituição Federal de 1988 trouxe relevantes modificações no Imposto sobre Operações de Crédito, Câmbio e Seguros ou relativas a Títulos ou Valores Mobiliários e estabeleceu a competência ao Poder Executivo para que este possa alterar as alíquotas do tributo via Decreto, com a restrição precisa de que sejam seguidos os critérios e os limites que forem estabelecidos em lei. Portanto, não pode o Poder Executivo modificar as bases de cálculo do Imposto sobre Operações de Crédito, Câmbio e Seguros ou relativas a Títulos ou Valores Mobiliários.

É tão importante ainda notarmos que a Constituição Federal delega ao legislador infraconstitucional o poder

---

6. HERRERA, Ana Paula da Costa. Inconstitucionalidade, Ilegalidade, Ilogicidade e Imoralidade do aumento do IO-Crédito previsto no Decreto nº 10.797/2021 em plena pandemia COVID-19. In XVIII Congresso Nacional de Estudos Tributários: meio século de tradição. Coordenação Paulo de Barros Carvalho; organização Priscila de Souza. 1ª ed. – São Paulo: Noeses, IBET, 2021, páginas 23 a 41.

para estabelecer as condições e os limites que o Poder Executivo deverá seguir para efetuar as alterações do tributo e que deu ainda a liberdade para que esta alteração pudesse ter efeito inclusive no mesmo dia em que publicado o Decreto. Mas isso não significa também uma liberdade irrestrita.

Mas daí surge novamente uma inquietação que nos parece que o STF deixou de analisar quando do julgamento ora em análise. O Min. Zanin se ateve em efetuar uma interpretação simplesmente gramatical para o conceito de operação de crédito, para avaliar se o art. 13 da Lei 9779/99 estaria ou não em conformidade com a Constituição Federal.

Confessamos que nos sentimos um tanto quanto surpresos com esta análise tão simplória para um caso de tão extrema relevância, que, com todas as devidas vênias ao Nobre Ministro Relator recém empossado ao cargo de Ministro do STF, nos parece que faltou avaliar de forma mais cuidadosa os argumentos acrescentados ao caso de repercussão geral pelos Amigos da Corte, principalmente quando traçam de forma cuidadosa todo o histórico, contexto da criação e a razão para a existência específica do Imposto.

E o mais grave, nos parece que o Ministro Zanin não avaliou o fato de que o alargamento da base de cálculo jamais poderia ocorrer pois viola competências singulares que são dadas às regulações com campo de circunscrição para a União, sendo que apenas de forma estritamente residual a União Federal poderia ultrapassar esta limitação através de lei complementar, como prevê expressamente o artigo 154, I, da Constituição Federal, abaixo transcrito:

> "Art. 154. A União poderá instituir:
>
> I - Mediante lei complementar, impostos não previstos no artigo anterior, desde que sejam não-cumulativos e não tenham fato gerador ou base de cálculo próprios dos discriminados nesta Constituição;

(...)"

Nos parece que o STF ao assegurar a constitucionalidade ao artigo 13, da Lei 9779/99 e entender que o IO-Crédito pode ser cobrado em relação jurídica em que não há a participação da Instituição Financeira desvirtuou a estrutura do IOF, que claramente foi criado com a intenção de ser instrumento de intervenção da União em setores econômicos que o Poder Público e mais precisamente a União deve regular, nos termos do disposto no artigo 21, VIII e 22, VII, ambos da CF e simplesmente tornou o tributo como mais um instrumento de simples arrecadação tributária.

De forma bastante singela, o Min. Relator Zanin, entendeu que, embora considerasse relevante o argumento levantado pelas duas Associações, ABAG e ABAT, enquanto Amigas da Corte, no sentido de que o IOF não poderia incidir sobre contratos de conta corrente entre empresas do mesmo grupo econômico em razão da reunião de caixas individuais em caixa único por se diferenciarem do contrato de mútuo, não avaliou a matéria.

O Relator Zanin entendeu que este debate não poderia ser enfrentado nos autos do RE 590186 – Tema 104, pois a recorrente do RE reconheceu que o objeto da controvérsia são contratos de mútuo entre empresas do grupo e foi assim também a interpretação do TRF4, de forma que na avaliação do Min. Zanin, tal questão não foi prequestionada nos autos e, para ele, avaliar a natureza destes "contratos demandaria revolvimento de matéria fático-probatório incontroversa nos autos."

Também esclareceu o Min. que a definição a respeito do contrato de conta corrente caracterizar, ou não, uma operação de mútuo compete às instâncias ordinárias, à luz das cláusulas contratuais e das provas, e em face da legislação infraconstitucional."

Com isso, o Min. Zanin negou provimento ao recurso extraordinário da empresa recorrente e propôs a seguinte tese: "É inconstitucional a incidência do IOF sobre operações de crédito correspondentes a mútuo de recursos financeiros entre pessoas jurídicas ou entre pessoa jurídica e pessoa física, não se restringindo às operações realizadas por instituições financeiras."

Assim, em 06.10.2023, o Plenário do STF, por unanimidade, acolheu o voto do Min. Relator, negou o provimento ao recurso extraordinário e acatou a tese acima, sem, contudo, avaliar se é ou não constitucional a incidência do IO-Crédito sobre operações de contratos de conta corrente, como questionaram as Associações Amigas da Corte.

3. CONTRATO DE CONTA CORRENTE É HIPÓTESE DE NÃO INCIDÊNCIA DE IO-CRÉDITO?

O contrato de conta corrente é acordo tácito ou expresso que se dá entre sociedade integrante do mesmo grupo econômico. É instrumento de gestão financeira entre empresas do mesmo grupo, cujo objetivo é viabilização de trânsito de valores entre as pessoas jurídicas que estão sob o mesmo controle acionário, visando assim, facilitar o dia a dia empresarial.

É denominado de conta corrente pois é feito um registro específico na contabilidade das empresas, comumente denominado conta corrente e apenas é possível falar em eventual dívida entre as empresas quando ocorrer o encerramento desta conta.

Este tipo de instrumento vem sendo muito utilizado em razão da vantagem de que as empresas que possuem compartilhamento de ativos, que necessitam efetuar transferências, remessas para gestão de caixas, adiantamentos comerciais, reembolsos de despesas e de dívidas gerais não precisam recorrer ao mercado financeiro.

Outro ponto de grande relevância negocial é que com este tipo de relacionamento o grupo econômico passa a ter melhores condições de negociação no mercado financeiro, já que passa a ter maior e melhores acessos a linhas de créditos, menores taxas de juros, maior prazo para pagamento e ainda formas diversas de captação de recursos no mercado mobiliário, conforme o porte da companhia.

Verifica-se, assim, que com as melhores captações, os recursos podem ser geridos em caixa único e, assim, serem utilizados pelas diversas empresas do grupo, através deste tipo de contrato de conta corrente ou de "caixa único", como alguns também o denominam.

Assim, os grupos de empresas que utilizam do "caixa único" efetuam entradas e saídas para as empresas do grupo econômico e o controle destes recursos são efetuados por conta corrente com registros de obrigações entre as partes. Este tipo de estratégia empresarial condiz com o objetivo e unidade estratégica de negócio geral, com objetivo de suporte financeiro e maior liquidez entre as empresas que participam do mesmo "guarda-chuva" empresarial.

E quando uma empresa do grupo tiver alguma sobra de caixa e outra estiver sem caixa para fazer pagamento de determinada obrigação, obviamente que por fazerem parte de um mesmo grupo econômico, não faria sentido expor a empresa que precisa às altas taxas do mercado financeiro, sendo de forma muito mais simples e acessível, que a empresa utilize da estrutura negocial da conta corrente para que o caixa único seja utilizado.

E geralmente cabe à holding, embora não seja obrigatório, por deter o controle das empresas do grupo, ser a responsável por gerir e administrar o fluxo do caixa.

Verifica-se de forma tão simples a ideia de caixa único entre as empresas do grupo econômico e que não há um relacionamento de operação de mútuo, mas apenas uma maneira estratégica para que as empresas do grupo econômico possuam maior eficiência para a gestão financeira do orçamento do grupo, de forma que a falta de caixa de um integrante da família de empresa possa ser guarnecida com o excedente de caixa de outro membro.

O contrato de conta corrente já vem sendo utilizado pelas empresas brasileiras há muitos anos e o saudoso Professor Pontes de Miranda[7] já sustentava que neste tipo de contrato há unicamente o lançamento de débitos e créditos entre os correntistas, não havendo o nascimento de relações creditícias:

> "pelo contrato de conta corrente nenhum dos figurantes se vincula a prestar dinheiro, ou outro bem. Apenas se promete a escriturar os créditos decorrentes de operações em que os figurantes sejam titulares" (...) pelo contrato de conta corrente não se mútua, nem se abre crédito. (...) "o contrato pelo qual os figurantes se vinculam a que se lancem e se anotem, em conta, os créditos e débitos de cada um para com o outro, só se podendo exigir o saldo ao se fechar a conta."

Inobstante as lições de Pontes de Miranda, o fato é que a Receita Federal do Brasil, através de atos infralegais, vem equiparando os contratos de conta corrente às operações de mútuo, em claríssima interpretação inconstitucional do artigo 13, da Lei 9.779/99 e com isso, vem autuando as empresas por entender que há incidência de IO-Crédito nestas operações.

À exemplo destes atos infralegais, os Auditores Federais se embasam na Instrução Normativa RFB nº 1069, de

7. MIRANDA, Pontes. Tratado de Direito Privado: parte especial. Tomo XLII. Direito das obrigações: mútuo. Mútuo a risco. Contrato de conta corrente. Abertura de Crédito. Assinação e acredito. Depósito. 1ª ed. Atualizado por Bruno Miragem. São Paulo: RT, 2012, p. 177.

28/07/2020 e na Solução de Consulta COSIT nº 50/2015, publicada em 18/03/15, que traz o seguinte entendimento da RFB:

> "Depreende-se que a sistemática de conta corrente de forma alguma se mostra como algo incompatível com uma operação de mútuo, tendo o condão de descaracterizá-la por si só. Aliás, pelo contrário. Essa sistemática se amolda com perfeição ao fim de instrumentalizar operações de mútuo financeiro haja vista a facilidade que representa (principalmente quando envolvidas pessoas vinculadas), no que tange ao empréstimo do recurso, por uma das partes, e a posterior restituição, pela outra parte, por intermédio da mera sistemática de débitos e créditos em conta corrente. (...) Dessa forma, uma vez identificados os atributos inerentes a essa espécie de empréstimo (art. 586 do CC), a operação deve sujeitar-se a incidência do imposto, independentemente de o crédito estar sendo entregue ou disponibilizado por meio de conta corrente ou por qualquer outra forma." (...) Conclusão Tendo em vista o entendimento aqui fundamentado, propõe-se que seja a consulta solucionada, declarando-se à consulente que o imposto previsto no art. 13 da Lei 9779, de 1999, incide sobre as operações de mútuo que tenham por objeto recursos financeiros, independentemente da forma pela qual estes sejam entregues ou disponibilizados. Dessa forma, ocorre o fato gerador do imposto nas operações de crédito dessa natureza realizadas por meio de conta corrente, sendo irrelevante ainda a relação de controle ou coligação entre as pessoas jurídicas envolvidas."

Ocorre que, conforme prevê o artigo 586 do Código Civil, o mútuo é acordo de vontades para empréstimo de bem fungível (geralmente dinheiro), em que o mutuário tem a obrigação de restituição de coisa da mesma espécie, qualidade e quantidade. No mútuo há pactuação de juros remuneratórios e quando não há cláusula expressa neste sentido, o mútuo que é destinado para fins negociais e não por laços de amizade ou solidariedade se presume oneroso. Há também estabelecida uma relação de temporariedade e se não há prazo contratual definido, o prazo é de 30 dias.

Note que há uma grande diferença de finalidade entre o contrato de mútuo e o contrato de conta corrente, eis que no contrato de conta corrente o objetivo é o trânsito de valores entre as pessoas integrantes da relação, para pagamento de obrigações entre as empresas do grupo econômico. Não há, como existe no contrato de mútuo, a obrigação de restituição do recurso, mas o que há é a obrigação do controle contábil das movimentações financeiras, de forma que somente há que se falar em crédito se e quando ocorrer o encerramento da relação, pois somente aí é que se poderá falar em eventual diferença a ser requisitada de uma parte para a outra.

Assim, tem-se que a interpretação feita pela RFB ao artigo 13 da Lei 9779/99 recai em patente afronta à legalidade tributária prevista no artigo 150, I, da CF, eis que o contrato de conta corrente em nada pode ser confundido com o mútuo previsto no artigo 586 do Código Civil, de forma que não há que se falar em operação de crédito e sequer em trânsito de recursos com objetivo de lucratividade ou ainda com natureza mercantil.

Além disso, a interpretação errônea da RFB também macula a capacidade contributiva, prevista no artigo 145, §1º, da CF, pois tributar a movimentação dos saldos das contas correntes não tem qualquer fundamento nas materialidades previstas no art. 153, V, da CF e a simples transferência de recursos no conta corrente não implica em qualquer manifestação de riqueza.

Por isso que Pontes de Miranda nos ensinou que "no contrato de conta corrente os pelo contrato de conta corrente nenhum dos figurantes se vincula a prestar dinheiro, ou outro bem. Apenas se promete a escriturar os créditos decorrentes de operações em que os figurantes sejam titulares".[8]

Portanto, ao contrário do que dispõe a legislação do IOF, com o contrato de conta corrente não ocorre a entrega

8. MIRANDA, Pontes. Tratado de Direito Privado: parte especial. Tomo XLII. Direito das obrigações: mútuo. Mútuo a risco. Contrato de conta corrente. Abertura de Crédito. Assinação e acreditivo. Depósito. 1ª ed. Atualizado por Bruno Miragem. São Paulo: RT, 2012, p. 177.

de recursos ou ainda a colocação de valores à disposição do interessado, o que por tudo, denota que não há o preenchimento de elementos que poderiam qualificar a concessão de crédito para fins de incidência do IO-Crédito.

Seguindo esta linha de raciocínio, o então Conselheiro Carlos Augusto Daniel Neto, ao se manifestar no Conselho Administrativo de Recursos Fiscais – CARF, no AC nº 3402-005.232[9], houve por bem entender que seria impossível "aproximar o conceito de mútuo e de operação de crédito ao de conta corrente: basta verificar que as remessas feitas na conta corrente não caracterizam um ou outro contratante como credor e devedor, o que é essencial às operações de crédito".

No contrato de conta corrente as partes são credoras e devedoras entre si durante todo o tempo do contrato, de modo que não há remessas de pagamentos, mas um fluxo financeiro de partidas de créditos e débitos.

Ora, o mútuo é diferente desta situação, pois na relação de empréstimo há de forma predeterminada o estabelecimento de credor e devedor, bem como o valor a restituir e o tempo.

Assim, resta urgente a análise da Corte Suprema sobre este tema, pois, embora restou claríssimo que o Min. Zanin entendeu que o contrato de conta corrente não foi objeto de julgamento por ser situação diversa da questão afeta no RE 590.186/RS - tema 104, o fato é que a Receita Federal do Brasil vem lavrando há alguns anos pesadíssimos autos de infrações em situações específicas em que os contribuintes não efetuam mútuo, mas contrato de conta corrente.

É comum os Senhores Auditores da RFB simplesmente autuarem as empresas, com aplicação de multa de ofício de 75%, sem sequer efetuar a análise da real situação, sem avaliar as provas demonstradas durante a fiscalização

9. CARF, no AC nº 3402-005.232, na 4ª Câmera, 2ª Turma Ordinária, em julgamento de 22 de maio de 2018.

tributária, pois simplesmente encaixam fato que não se subsume ao artigo 13 da Lei 9779/99, como se fosse possível interpretar o conta corrente como se mútuo fosse.

Mais uma vez esta atitude da RFB além de inconstitucional ainda é ilegal, pois afronta ao disposto no art. 110 do CTN, pois de forma alguma a lei tributária pode alterar a definição, o conteúdo e o alcance de institutos, conceitos e formas de direito privado relacionados ao mútuo e ao contrato de conta corrente.

Por tudo o quanto exposto, nos parece que é urgentíssimo que seja escolhido um caso representativo da controvérsia específico em que há uma real discussão de conta corrente para que seja efetuada a análise detida pelo Superior Tribunal de Justiça e pelo Supremo Tribunal Federal, entre o contrato de mútuo (empréstimo) e o contrato de conta corrente, para que haja de uma vez a solução desta controvérsia em sede de recurso repetitivo e repercussão geral, posto que esta interpretação equivocada da RFB custa muitíssimo caro para os empreendimentos dos contribuintes, que vivem em momento de soerguimento financeiro e acabam por não terem segurança jurídica em suas atuações, são autuados pela RFB com altíssimas multas, precisam retirar de seus caixas recursos financeiros para garantirem processos via depósitos judiciais ou ainda fianças bancárias e seguros, para que possam garantir seu direito de livre gestão de seus negócios.

Por fim, sem dúvida nos parece que está claro que a RFB não poderá utilizar da decisão dada no RE 590.186-RS – tema 104 – para continuar a autuar os contribuintes, dado que o Senhor Min. Zanin foi específico em pontuar que o tema prescinde de análise específica da natureza dos contratos e o revolvimento de matéria fático-probatória.

4. CONCLUSÕES

Considerando que o objetivo que nos propusemos com este estudo foi o de avaliar pontualmente a discussão tida no RE 590.186-RS, afetado em repercussão geral, tema 104 e efetuar análise crítica do Acórdão do STF, podemos chegar as seguintes conclusões:

(i) O caso da empresa contribuinte Fras-Le S.A. houve cobrança de juros entre as empresas do mesmo grupo e tratou-se de mútuo, mas que há inexistência de fato imponível do IO-Crédito quando o mútuo não for mercantil, em razão dos efeitos da natureza do termo jurídico operação – núcleo da hipótese de incidência do imposto, nos termos do art. 153, V, CF, o que acarreta a inconstitucionalidade do art. 13 da Lei 9779/99 para os mútuos não mercantis, tais como os que são realizados por exemplo entre as empresas não financeiras e do mesmo grupo empresarial.

(ii) A PGFN alega que a incidência do IO-Crédito sobre contratos de mútuo onde nenhuma das partes é instituição financeira é prevista no art. 13 da Lei 9779/99 e que tal norma é plena, legal e constitucional.

(iii) O Plenário do STF seguiu o entendimento já exposto na ADIN 1763/DF e entendeu ser desnecessária a participação de Instituição Financeira na relação jurídica contratual entre as partes e com isso falhou ao (i) desconsiderou o arquétipo do Imposto e os deveres constitucionais de competência regulatória direcionados exclusivamente à União, de modo a perpetrar violações aos princípios da legalidade e capacidade contributiva e (ii) viola a estrutura do imposto por desconsiderar a vocação da extrafiscalidade;

(iv) O Plenário do STF não avaliou a natureza jurídica do contrato de conta corrente por entender que esta competência deve inicialmente ser realizada pelas instâncias ordinárias e por envolver revolvimento fático-probatório e legislação infraconstitucional.

(v) Que a decisão do RE 590.186 – tema 104 não pode ser utilizada como fundamento para autuação da RFB ou ainda razão de decidir do CARF e do Poder Judiciário, dado que o STF não avaliou a controversa relativa à não incidência do IO-Crédito em contrato de conta corrente.

(vi) Que a natureza jurídica do contrato de conta corrente em nada se confunde com o contrato de mútuo e que o simples fato de não ter Instituição Financeira na relação não aproxima os dois tipos de negócios jurídicos.

(vii) É urgente que seja efetuado a escolha de novo recurso que represente a controvérsia específica para que tanto o STJ como o STF avaliem que o caso do contrato de conta corrente se trata de hipótese de não incidência do IO-Crédito, pois a Constituição Federal de 1988 impede a tributação do IO-Crédito para operações em que não há operações de mútuo, tal como definido no Código Civil.

5. REFERÊNCIAS BIBLIOGRÁFICAS

CARVALHO, Paulo de Barros. *Direito Tributário, Linguagem e Método*. 1ª Edição. São Paulo: Noeses, 2008.

FAZENDA, Comissão da Reforma do Ministério da. Reforma da Discriminação Constitucional de Rendas (Anteprojeto). Fundação Getúlio Vargas/Comissão de Reforma do Ministério da Fazenda, 1965. Disponível em: http://bibliotecadigital.fgv.br/dspace/handle/10438/12424. Acesso em: 03/11/2023.

HERRERA, Ana Paula da Costa. Imposto sobre Operações Financeiras e Operações de Cessão de Crédito e Desconto. In: Instituto Brasileiro de Estudos Tributários, et al. (Org.). PRODIRIEITO: Direito Tributário: Programa de Atualização em Direito: Ciclo 3. Porto Alegre: Artmed Panamericana; 2017. p. 125-166. (Sistema de Educação Continuada a Distância, v.1).

___________, Ana Paula da Costa. Inconstitucionalidade, Ilegalidade, Ilogicidade e Imoralidade do aumento do IO-Crédito previsto no Decreto nº 10.797/2021 em plena pandemia COVID-19. In XVIII Congresso Nacional de Estudos Tributários: meio século de tradição. Coordenação Paulo de Barros Carvalho; organização Priscila de Souza. 1ª ed. – São Paulo: Noeses, IBET, 2021, páginas 23 a 41.

MACHADO, Hugo de Brito. Curso de direito tributário. 24ª ed. 2004, São Paulo: Malheiros. Pp. 75 e 320.

SCHOUERI, Luís Eduardo; GALDINO, Guilherme. IOF sobre Mútuo de Recursos Financeiros abrange Contratos de Conta Corrente? Revista Direito Tributário Atual nº 53. Ano 41, p. 261-302. São Paulo: IBDT, 1º quadrimestre 2023.

___________, Luis Eduardo; GALDINO, Guilherme. O IOF sobre operações de crédito de pessoas não reguladas. Entre a interpretação literal e a vocação extrafiscal. Jota Opinião & Análise. Publicado em 04/10/2023. Acesso em 03/11/2023. Disponível em: https://www.jota.info/opiniao-e-analise/artigos/o-iof-sobre-operacoes-de-credito-de-pessoas-nao-reguladas-04102023 .Acesso em 03/11/2023.

ACUSAÇÃO DE CRÉDITO INDEVIDO DE ICMS SEM UTILIZAÇÃO DO CRÉDITO

André Felix Ricotta de Oliveira[1]

1. INTRODUÇÃO

As Secretarias das Fazendas Públicas dos Estados ao fiscalizarem os contribuintes e perceberem que estes simplesmente escrituram notas fiscais de entradas de mercadorias ou prestações de serviços sujeitos ao ICMS que entendem que não poderiam ser escrituradas no livro de apuração, autuam os contribuintes por crédito indevido do imposto, independentemente se o contribuinte utilizou ou não o crédito do imposto para abater do seu débito de ICMS.

---

1. Doutor, Mestre e Especialista em Direito Tributário pela Pontifícia Universidade Católica de São Paulo (PUC-SP); Master of Business Administration (MBA) em Direito Empresarial pela Fundação Getúlio Vargas – FG-V-RJ; Ex-Juiz Contribuinte do Tribunal de Impostos e Taxas da Secretaria da Fazenda do Estado de São Paulo; Coordenador do IBET de SJC; Coordenador do Curso Tributação sobre o Consumo do IBET; Coordenador da ESA da OAB/SP, subseção Pinheiros; Presidente da Comissão de Direito Tributário e Constitucional da OAB/SP, subseção Pinheiros; Professor de diversos cursos de Pós-graduação; Advogado.

Se o contribuinte não utilizou o crédito de ICMS para abater de seu débito não trouxe prejuízo ao Erário Público. Ocorreu apenas mera escrituração indevida de documentos fiscais. Porém as Secretarias de Fazenda dos Estados autuam por crédito indevido por entenderem que não existe previsão legal para glosa dos créditos nessa situação. Assim, consideram que, o contribuinte, que autuando o crédito indevido exigindo o valor correspondente, pode o contribuinte mantê-lo e sua escrita fiscal; o Fisco "esquenta" o crédito de ICMS através do recebimento dos valores exigidos na autuação e o contribuinte pode utilizá-lo no futuro.

Desse modo, a natureza jurídica da autuação por crédito indevido de ICMS, seria de manter algo que não vale nada na escrita fiscal do contribuinte, esquentar esse crédito ilegal, (ilegal pode ser por questões meramente formais), com o pagamento dos valores escritos na contabilidade, mais multas aos cofres públicos, e em troca o contribuinte pode utilizar somente os valores correspondentes ao crédito indevido para compensar com seus débitos de ICMS.

Causa me estranheza autuar contribuinte por se creditar indevidamente, sendo que este apenas apurou o crédito em sua escrita fiscal, não se creditou efetivamente ou no sentido semântico da palavra, na sistemática crédito e débito, conforme determina o princípio da não cumulatividade do ICMS previsto no art. 155, § 2º, inc. I, da Constituição Federal.

Portanto, exigir valores de créditos considerados indevidos que não foram utilizados pelo Contribuinte, que não trouxeram prejuízo algum ao erário público, aparenta ser ilegal e imoral. Desrespeitando os princípios e normas que regem a tributação.

Passamos a explicar melhor:

2. QUANDO OCORRE O EFETIVO CREDITAMENTO DO CRÉDITO DO ICMS

O princípio da não cumulatividade previsto na Constituição Federal como vetor influente no subsistema do ICMS, ao estabelecer a compensação, através do crédito e débito, possibilita ao contribuinte o direito subjetivo de pagar o ICMS apenas sobre a diferença entre seus créditos e débitos, ou somente com seus créditos do imposto, caso estes sejam maiores que os débitos.

Conforme já estabelecido, a regra-matriz do direito ao crédito de ICMS, estabelece o método de apuração do imposto a pagar, (o débito), em determinado período de apuração, (geralmente mensal), concedendo ao contribuinte o direito de compensar o crédito advindo da entrada de mercadorias e serviços com o débito, sendo oponível ao fisco, quando apresentada esta sistemática pelo contribuinte nos termos da lei, quais seja, através dos devidos registros contábeis, lançamento em GIA – Guia de Informação e Apuração do ICMS e o recolhimento da diferença apurada no prazo correspondente.

O princípio da não cumulatividade somente opera e influencia o subsistema do ICMS, no momento em que o contribuinte tem o direito subjetivo de lançar o crédito em sua escrita fiscal e o opor contra o Estado, surgindo uma nova relação jurídica em que o contribuinte passa a ser o sujeito ativo que tem o direito subjetivo de abater do imposto devido, o montante do ICMS que incidiu na aquisição de mercadorias e serviços tributáveis pelo imposto e, de outro lado, o Estado passa a ser o sujeito passivo, que tem o dever de acatar o abatimento, e este momento ocorre na apuração do tributo.

O creditamento do ICMS previsto na regra-matriz do direito ao crédito do imposto é uma faculdade do contribuinte e que somente é realizada no momento de apuração e extinção do imposto, e quando contribuinte exerce este direito constitucional para ser obrigatório ao Estado observar os créditos opostos para pagamento do tributo.

Importante ressaltar que existem três momentos distintos na sistemática do ICMS: o primeiro refere-se à incidência do imposto, quando ocorre operação mercantil ou prestação de serviço tributável pelo tributo em comento; o segundo momento refere-se ao surgimento do crédito de ICMS, que ocorre quando o contribuinte adquire mercadoria ou prestação de serviço, com a incidência do imposto, devidamente vertido em linguagem competente; e, por fim, o terceiro momento, é o direito ao crédito de ICMS da efetivação do encontro de contas entre crédito e débito do imposto, que ocorre no momento de apuração e extinção do imposto devido, sendo o pleno exercício do direito de crédito ou direito de creditamento.

Assim, no primeiro momento, temos a regra-matriz de incidência do ICMS, no segundo, a regra-matriz do crédito de ICMS e no terceiro, a regra-matriz do direito ao crédito de ICMS.

Quando o contribuinte lança em sua escrita fiscal, créditos considerados indevidos, não comete nenhuma lesão ao erário, apenas realiza o consequente previsto na regra-matriz do crédito de ICMS. Ele não está obrigado a nada e nem o Estado. Ele apenas realizou a primeira etapa para exercer e realizar o creditamento.

Ora, “dado o fato do contribuinte ter adquirido mercadoria com a incidência do ICMS, deve ser lhe permitido o direito ao respectivo crédito”.

Em um momento posterior, ao da apuração do ICMS, o contribuinte tem a faculdade de opor os créditos contra o fisco ou não, por exemplo, nos casos que não tem imposto a pagar ou tenha saldo credor, o que significa que **não**

necessariamente foram opostos os créditos considerados indevidos pelo fisco para compensar com os débitos.

O art. 20 da Lei Complementar nº 87/96 dispõe claramente que o momento em que o contribuinte se credita, é quando incide a regra-matriz do direito ao crédito, ao dispor que, "para a compensação a que se refere o artigo anterior, é assegurado ao sujeito passivo o direito de creditar-se do imposto anteriormente cobrado".

Portanto, somente se pode falar que o contribuinte creditou-se indevidamente quando opôs os créditos contra o Estado no momento de apuração do ICMS.

Nenhum prejuízo ao Fisco traz o contribuinte, que não utilizou seus créditos de ICMS, para compensar com os débitos do próprio imposto, pois efetivamente não se aproveitou dos supostos créditos considerados indevidos para compensar com o ICMS devido na operação posterior.

Desse modo, não pode ser penalizado com as multas referentes a crédito indevido, que variam com a penalidade de exigência do imposto teoricamente abatido, mais multa equivalente a 10%, (dez por cento), a 100% ,(cem por cento), do valor indicado no documento como o da operação ou prestação.

Ressalta-se que a legislação prevê o pagamento das multas, independente do pagamento do imposto, ou seja, exige-se o ICMS do contribuinte nas acusações de crédito indevido, pois se admite que o contribuinte utilizou o referido crédito para abater do débito no momento da apuração do ICMS, quando incide a regra-matriz do direito ao crédito do imposto.

Portanto, o simples fato do contribuinte ter escriturado créditos considerados indevidos, não pode ser lhe imputada nenhuma das multas previstas por crédito indevido de ICMS, pois ele apenas realizou o que está previsto na regra-matriz do crédito de ICMS, o verdadeiro creditamento indevido somente ocorre quando incide a regra-matriz do direito ao crédito de ICMS.

Ao contribuinte que não utilizou ou se beneficiou dos créditos considerados indevidos de ICMS, ressalta-se que não deixa de recolher imposto, e não traz nenhum prejuízo ao erário, o que torna totalmente desproporcional a exigência de imposto mais as multas em questão sobre eventual dano trazido, não sendo assim mais uma punição, e sim um desrespeito à propriedade e atividade econômica, que está sendo lesada indevidamente.

Apesar, da legislação não dispor expressamente acerca da necessidade de verificação de falta de recolhimento do imposto como condição à autuação, a cobrança da importância creditada, somente tem sentido, e cabimento, nas situações em que se verifica, concretamente, prejuízo ao erário, ou seja, nas hipóteses em que o imposto, efetivamente, deixa de ser recolhido em razão do creditamento indevido.

Não se trata, assim, de ausência de previsão legal, mas sim da correta interpretação da norma tributária ao caso concreto, cumprindo lembrar que dentre as formas de interpretação existentes, a mais adequada ao ordenamento jurídico brasileiro é, como sabido, a interpretação sistemática, que se contrapõe à interpretação literal.

Nesta esteira, a argumentação lançada pela fiscalização no sentido de que a única forma de obrigar o contribuinte a "retirar" o valor indevidamente creditado em sua escrita fiscal seria o lançamento de ofício, apenas tem sentido nas situações em que, de fato, o creditamento indevido importou em não recolhimento do imposto. Do contrário, estar-se-ia admitindo o enriquecimento ilícito por parte do Estado.

Desta feita, se no caso concreto **não houve aproveitamento** dos créditos de ICMS – situação que, obviamente o dispositivo em comento não precisaria contemplar, por se tratar de exceção à regra geral – o creditamento indevido não ensejou a falta de recolhimento do imposto, a exigência do "recolhimento da importância creditada", perde sua utilidade, pois havendo saldo credor não há que se falar em recomposição de valores. que deixaram de ser recolhidos aos cofres públicos. Isto porque, como detalhadamente exposto, nenhum valor deixou de ser recolhido, justamente em razão da existência de saldo credor do imposto.

Está desrespeitando o princípio da razoabilidade, considerar como creditamento indevido o simples fato de lançar em sua escrita fiscal créditos viciados, quando o contribuinte possui saldo credor suficiente para responder pelo ICMS devido no momento da apuração.

Neste sentido, o entendimento do Tribunal de Justiça de São Paulo, proferido em 22.10. 2008, que assim decidiu:

> "VOTO 9.090
>
> Comarca: Quatá
>
> Apelação Cível a° 784.670.513-00
>
> Apelantes e reciprocamente apeladas: Açucareira Quatá 5/A e Fazenda do Estado de São Paulo.
>
> *Ementa.*
>
> *EMBARGOS À EXECUÇÃO FISCAL - ICMS - Crédito tributário que foi constituído por AIIM em decorrência de creditamento indevido do imposto por parte da embargante, sendo exibido pela exequente o recolhimento da importância creditada e imposta multa equivalente a 100% do valor escriturado - Hipótese, todavia, em que se mostra injustificável a imposição de pagamento do valor constituído a título de obrigação principal - Escrituração questionada que se deu quando da impetração de mandado de segurança, voltado a legitimar a medida, ocorrendo o estorno dos valores creditados após o encerramento do procedimento administrativo instaurado - Estorno que teve efeito equivalente ao do pagamento, na medida em que o crédito, segundo emerge dos autos, foi apenas escriturado, mas nunca aproveitado, inexistindo prejuízo ocasionado ao fisco estadual - Embargante que, durante o período em que esse crédito esteve escriturado, apresentou saldos credores de ICMS em valores superiores ao tal creditamento, não*

> *se verificando a qualquer tempo recolhimento a menor do tributo - Exigência de recolhimento dó valor correspondente ao creditamento indevido que representa, nesse passo, tentativa de locupletamento ilícito – Penalização por eventual infração que deve se dar, tão só, pela imposição de multa pertinente na espécie - Possível, no entanto, a sua mitigação nas circunstâncias - Infração que foi praticada sem dolo, fraude ou simulação e não implicou falta de pagamento de imposto - Art. 92 da Lei Estadual n° 6.374/89, em vigor* **à** *época dos fatos, passível de aplicação por extensão - Embargos da devedora que, destarte, merecem parcial acolhida, com o redimensionamento das verbas da sucumbência - Apelo da embargante parcialmente provido – Recurso adesivo da Fazenda Estadual prejudicado."*

Desta feita, o Tribunal de Justiça de São Paulo, afastou a acusação fiscal de crédito indevido de ICMS, tendo em vista que o contribuinte não realizou o creditamento e **não houve recolhimento a**o menor do imposto e não trouxe prejuízo ao erário.

Quando entendemos que a natureza da autuação fiscal de crédito indevido de ICMS é a de esquentar o crédito para o contribuinte, manter na sua escrita e utilizar, por sua vez o Tribunal de Justiça, entende-se que a exigência do recolhimento do valor correspondente ao creditamento indevido, representa ou, **só pode ocorrer**, quanto o contribuinte tentar se locupletar ilicitamente.

Ocorre que, em casos similares, a própria fiscalização do Estado de São Paulo adotou a conduta que bem aplica o entendimento ora exposto. Nos termos das autuações abaixo transcritas, a fiscalização exigiu o valor do crédito indevido, apenas na medida de sua efetiva utilização. Veja-se:

> *AIIM nº. 3.027.023, de 22/02/2005:*
>
> *"1. Creditou-se indevidamente do ICMS no montante de (...).*
>
> *(...) 5. O imposto glosado no item 1, só foi exigido quando de sua efetiva utilização, conforme demonstrado no anexo III. (...)."*
>
> *AIIM nº. 3.040.054, de 16/08/2005:*

"1. Creditou-se indevidamente do ICMS no montante de (...).

(...) 5. O imposto glosado no item 1, só foi exigido quando de sua efetiva utilização, conforme demonstrado no anexo III.

6. Os saldos credores constantes nos meses de abril de 2002 e maio de 2002, já foram compensados quando da lavratura do AIIM nº. 3.027.023-6 em 22/02/2005, conforme demonstrativo anexo. (...)."

O art. 37 da Constituição Federal, estabelece que a administração pública deve obedecer aos princípios da legalidade, impessoalidade moralidade e eficiência, e o art. 150, IV da Carta Política expressa o princípio do não confisco, que visa proteger o contribuinte de exageros do estado na usurpação do patrimônio do cidadão e utilizar de pessoalidade e discricionariedade para constituir as relações jurídicas tributária entre sujeito ativo e sujeito passivo.

A cobrança da importância creditada somente tem sentido, e cabimento, nas situações em que se verifica, concretamente, prejuízo ao erário, ou seja, nas hipóteses em que o imposto, efetivamente deixa de ser recolhido em razão do creditamento indevido.

Não se trata de ausência de previsão legal, mas sim da correta interpretação da norma tributária ao caso concreto, cumprindo lembrar que dentre as formas de interpretação existentes, a mais adequada ao ordenamento jurídico brasileiro é, como sabido, a interpretação sistemática, que se contrapõe à interpretação literal.

Nesta esteira, exigir o valor indevidamente creditado em sua escrita fiscal pelo lançamento de ofício, apenas tem sentido nas situações em que, de fato, o creditamento indevido importou em não recolhimento do imposto. Do contrário, estar-se-ia admitindo o enriquecimento ilícito por parte do Estado.

3. DA AUTORREGULARIZAÇÃO

O Contribuinte quando escritura créditos de ICMS considerados indevidos pela fiscalização e não se credita dos mesmos, nos termos do princípio da não cumulatividade, não pagou imposto ao menor ou trouxe prejuízo ao erário, consequentemente o erro que cometeu é meramente escritural ou de dever instrumental.

Como não tem prejuízo ao erário ou valores devidos pelo Contribuinte, deve-se ser concedido o direito de autorregularizar e retificar sua escrita fiscal e excluir os créditos escriturados indevidamente.

Neste ponto, convém destacar que a oportunização de autorregularização é previsto na LC Paulista 1.320/2018, que instituiu o programa, "Nos Conformes", e cujo princípio compreende facilitar e incentivar a autorregularização e a conformidade fiscal dos contribuintes. Note-se:

> *"Artigo 2º - Para implementar os princípios estabelecidos no artigo 1º desta lei complementar, fica instituído, no âmbito da Secretaria da Fazenda, o Programa de Estímulo à Conformidade Tributária - "Nos Conformes", compreendendo as seguintes diretrizes e ações:*
>
> *I - Facilitar e incentivar a autorregularização e a conformidade fiscal;*
>
> *Artigo 14 - A Secretaria da Fazenda incentivará os contribuintes do ICMS a se autorregularizarem por meio dos seguintes procedimentos, sem prejuízo de outras formas previstas na legislação:*
>
> *II - Análise Fiscal Prévia - AFP, consistente na realização de trabalhos analíticos ou de campo por Agente Fiscal de Rendas, sem objetivo de lavratura de auto de infração e imposição de multa."*

Desta forma, é evidente que a oportunidade à autorregularização é um dever da autoridade administrativa competente, e que deve ser concedida antes da lavratura do auto de infração ao contribuinte, inclusive por ser mais eficiente e moral, estabelecendo uma relação de auxílio e proximidade entre fisco e contribuinte. Não somente uma relação de embate e cobrança, simplesmente usando seu poder legiferante para arrecadar.

Corroborando com este entendimento, assim decidiu a 6ª Câmara de Direito Público deste E. Tribunal de Justiça do Estado de São Paulo ao conceder liminar ao contribuinte que pretendia a autorregularização:

> *"AGRAVO DE INSTRUMENTO – Mandado de Segurança – Decisão que indeferiu a liminar pretendida para determinar que a agravada não dê continuidade à fiscalização – Possibilidade, diante do disposto no §2º do artigo 14, da Lei Complementar n. 1.320/2018 – Notificação fiscal que não retira, em tese, a espontaneidade do contribuinte – Presentes os pressupostos legais para a concessão da liminar pretendida em sede de mandado de segurança – Recurso provido.*
>
> *(...)*
>
> *"Com efeito, busca a agravante, por meio da autorregularização, retificar seus registros fiscais, nos termos da Lei Complementar n. 1.320/18.*
>
> *O artigo 14, da referida lei complementar, de fato, dispõe sobre a autorregularização, conforme se transcreve:*
>
> *(...)*
>
> *Pela análise do artigo supra, em cotejo com o artigo 88 e parágrafos, da Lei n. 6.379/89, ao menos em uma análise preliminar própria desta fase recursal, verifica-se, por uma interpretação integrada e sistemática, que a intimação feita pela agravada, conforme notificado a fls. 31/32, não tem o condão de retirar a espontaneidade e dar início à ação fiscal em face da contribuinte.*
>
> *Aliás, foi por meio da notificação fiscal que a contribuinte verificou o erro contido em suas GIAs, o que poderia, ao menos em tese, ser sanado pela autorregularização.*
>
> *Assim, considerar que a notificação recebida pela agravante tem o cunho de tirar sua espontaneidade, é negar os objetivos pretendidos pela Lei Complementar n. 1.320/18, qual seja, o de estimular os contribuintes de se autorregularizarem o que não parece uma interpretação razoável. (...)"*

(TJSP – Agravo de Instrumento – 2185949-39.2018.8.26.0000, Relator: DES. SILVIA MEIRELLES, Data de Julgamento: 13/11/2018, Data de Publicação: 21/11/2018).

Importante ressaltar que o Fisco paulista, adota essa conduta, que deve ser seguida por todos, qual seja, para oportunizar ao contribuinte, a possibilidade de retificar sua escrita fiscal. No caso em epígrafe, foi oportunizado ao contribuinte a possibilidade para retificar a EFD com o objetivo de que constasse em seu Bloco G, as informações relativas ao crédito apropriado de ativo imobilizado, conforme se verifica do relatório do acórdão proferido pela D. Câmara Superior do Tribunal de Impostos e Taxas proferido no AIIM nº 4087425-4, in verbis:

> *(...) 2- Creditou- indevidamente do ICMS em seu Livro Registro de Entradas (EF) no montante de R$ 7.425.240,37 (sete milhões, quatrocentos e vinte e cinco mil, duzentos e quarenta reais e trinta e sete centavos) no período de Março a Abril de 2011, a título de apropriação de crédito de ICMS supostamente decorrente de entradas de bens destinados à integração ao ativo imobilizado que poderiam, em tese, suportar os lançamentos, sem contudo elaborar o Controle de Crédito do ICMS do Ativo Permanente (CIAP)em sua Escrituração Fiscal Digital (EFD).*
>
> ***Embora notificado, renotificado e agraciado com diversas dilações de prazo para regularizar a EFD de modo que seu bloco G (CIAP) passasse contemplar as informações relativas ao crédito lançado e eventualmente pudesse suportá-lo, o infrator, por sua exclusiva conta e risco, não o fez, não permitindo à administração tributária exercer plenamente seu poder/dever de fiscalização em relação à legitimidade do crédito em questão.** (...)"*

No caso foi dada a oportunidade para o contribuinte autorregularizar e como não o fez, por sua conta e risco, somente restou a fiscalização lavrar o auto de infração e imposição de multa.

Não pode a autoridade administrativa fiscal, conceder para uns o direito de autorregularização, e para outros não.

De acordo com o Art. 142 do CTN, a autoridade administrativa está vinculada à correta aplicação da lei e não a aplicar discricionariamente, fazer juízos pessoais ou realizar o trabalho fiscal do modo que entender mais favorável para si ou para o Fisco.

Neste sentido, os ensinamentos de Ruy Barbosa Nogueira, ao lecionar que vinculada *"é a atividade que não pode se separar da legalidade, tanto no que respeita o conteúdo, quanto à forma"*.[2]

Ensina Paulo de Barros Carvalho que *"o ato jurídico do lançamento é vinculado, significando afirmar que se coloca entre aqueles para a celebração dos quais não atua o agente com qualquer grau de subjetividade. Há de ater-se ao único e objetivo caminho que o tipo legal prescreve, não lhe sendo outorgada qualquer porção de liberdade para sopesar, avaliativamente, os dados concretos de que dispõe, decidindo sobre a conveniência ou oportunidade da prática do ato. Pelo contrário, o representante do Poder Público, nos atos vinculados há de se pautar sua atuação nos estritos termos que a lei estipula, guardando-lhe plena e integral aderência. Exatamente assim o ato de lançamento tributário, não se permite atuação discricionária. Declara-o, prescritivamente, o art. 142 do CTN, e o sistema do direito positivo confirma"*. [3]

Assim, sempre deve ser dada a oportunidade do contribuinte se autorregularizar, quando este apenas cometeu mero erro de escrituração e deveres instrumentais antes de qualquer autuação fiscal e com isso, criar um ambiente de confiança recíproca entre os contribuintes e a Administração Tributária.

---

2. *Curso de direito tributário*, 14. ed. São Paulo: Ed. Saraiva, 1995, p. 223.

3. "*Curso de Direito Tributário*". 18. ed. São Paulo: Ed. Saraiva, 2007, p. 409.

4. CONCLUSÕES

O Contribuinte somente pode ser autuado por crédito indevido de ICMS se efetivamente realizar o creditamento, que ocorre no momento de apuração do imposto, na oportunidade que exercer seu direito ao crédito de ICMS, da efetivação do encontro de contas entre crédito e débito do imposto, que ocorre na apuração e extinção do imposto devido, sendo o pleno exercício do direito de crédito ou direito de creditamento e do princípio da não cumulatividade do imposto.

Não ocorrendo a compensação do crédito de ICMS com o débito do imposto, ou seja, **não trazendo nenhum prejuízo ao erário, o contribuinte cometeu apenas erro na escrituração fiscal, falta no dever instrumental ou obrigação assessoria, garantindo-lhe o direito de autorregularização antes de ser autuado** e estabelecendo ambiente de confiança recíproca entre o contribuinte e o fisco.

PROCESSO LEGISLATIVO, DEMOCRACIA E TRIBUTAÇÃO

A INCONSTITUCIONALIDADE FORMAL DA LEI EXCLUDENTE DO ICMS DO CÔMPUTO DOS CRÉDITOS DE PIS/COFINS

André Mendes Moreira[1]

Arthur Maia Queiroz[2]

INTRODUÇÃO

Em 2017, o STF firmou entendimento de que o ICMS não integra a base de cálculo da contribuição ao PIS e da COFINS[3]. Segundo a Corte, o ICMS não é receita do contribuinte, mas sim da Fazenda Pública. Não sendo receita, por certo, não se submete às referidas contribuições incidentes sobre a receita.

Seguiu-se ao julgamento mobilização da União com o objetivo de reduzir o alcance do direito ao crédito do

1. Advogado. Professor de Direito Tributário da UFMG.

2. Advogado.

3. STF, Tema-RG nº 69, RE nº 574.706, Rel. Min. CÁRMEN LÚCIA, TRIBUNAL PLENO, julgado em 15.03.2017, publicado em 02.10.2017.

contribuinte em matéria de PIS/Cofins. Noutro giro verbal, tendo perdido a guerra, a União urdiu uma escaramuça para obliterar a fruição do direito haurido pelos contribuintes a partir da decisão do STF.

A (nova) tese era singela: se o ICMS não era receita tributável para cálculo dos débitos de PIS/Cofins, tampouco se poderia considerar o ICMS nas despesas sobre as quais se calculam os créditos das contribuições. Em suma, os créditos de PIS/Cofins deveriam ser recalculados, excluindo-se do seu cômputo o ICMS incidente nas transações.

Para além de uma série de atos infralegais – cuja análise não se pretende fazer aqui –, foi publicada, em janeiro de 2023, a Medida Provisória nº 1.159, que, modificando a legislação de regência[4], determinou a exclusão do ICMS do cálculo dos créditos de PIS/Cofins. Contudo, a medida provisória teve sua vigência encerrada em 1º de junho de 2023, ante a sua não conversão em lei[5].

Inobstante, o texto que excluía o ICMS do cômputo de créditos de PIS/Cofins foi incorporado ao Projeto de Lei de Conversão da Medida Provisória nº 1.147/2022, que resultou na Lei nº 14.592/2023.

Essa outra medida provisória não dispunha sobre a extensão da não cumulatividade do PIS/Cofins. Seu escopo – embora tributário – era apenas o de alterar a Lei nº 14.148/2021, que instituiu o Programa Emergencial de Retomada do Setor de Eventos (Perse) bem como reduzir a zero as alíquotas de PIS/Cofins sobre as receitas decorrentes da atividade de transporte aéreo regular de passageiros

---

4. A MP nº 1.159/23 incluiu o inciso III ao art. 3º, § 2º, das Leis nº 10.637/2002 e nº 10.833/2004, prevendo que não daria direito a crédito de PIS/Cofins o valor do ICMS que tivesse incidido sobre a compra.

5. Conforme Ato Declaratório do Presidente da Mesa do Congresso Nacional nº 40/2023 e nos termos do art. 62, §3º, da Constituição.

(seara atavicamente conectada ao segmento de eventos e turismo, *leitmotiv* da criação do Perse).

Embora haja razões para arguir-se a inconstitucionalidade material da exclusão integral do ICMS para cálculo dos créditos de PIS/Cofins, o presente artigo terá como escopo demonstrar que, formalmente, a norma é inconstitucional, por violar o devido processo legislativo. Isso porque:

(i) O parecer da comissão mista de deputados e senadores, exigido pelo art. 62, § 9º, da Constituição, foi substituído pelo parecer de relator designado, com fundamento no Ato Conjunto nº 01/2020 das Mesas da Câmara dos Deputados e do Senado;

(ii) O texto da Lei nº 14.592/2023, na parte em que determina a exclusão do ICMS do cômputo de créditos de PIS/Cofins, foi introduzido durante o processo legislativo de conversão em lei de medida provisória que trata de temática diversa, o que fere os princípios do Estado de Direito, democrático e do devido processo legislativo.

A inconstitucionalidade é formal quanto ao rito, mas o tema envolve princípios sobremaneira fundamentais, que não podem ser menoscabados no Estado de Direito instituído pela CRFB/1988.

Para que se tenha a liberdade política – a tranquilidade de espírito que provém da percepção que cada um tem sobre sua segurança[6] –, o governo deve se portar de tal forma que o cidadão tenha clareza quanto ao que esperar dos seus representantes.

Se estava em discussão uma medida provisória referente à ampliação de um benefício fiscal específico, a utilização

---

6. MONTESQUIEU. Charles de Secondat, Baron de. *O Espírito das Leis*. Trad. Cristina Murachco. São Paulo: Martins Fontes, 2000, p. 169.

desse veículo para restringir o alcance dos efeitos de um julgado do STF é ilegítima. O quadro se agrava ainda mais quando, ao se analisar em detalhes o procedimento levado a cabo, detecta-se que os comandos constitucionais para tramitação das medidas provisórias foram inobservados.

Em suma, o processo legislativo da MP nº 1.147/2022, que resultou na Lei nº 14.592/2023, é inválido no ponto relativo à norma de exclusão do ICMS do cômputo dos créditos de PIS/Cofins.

É, pois, sobre democracia, liberdade e tributação – todas imbricadas –, que se discorrerá a seguir.

2. MEDIDAS PROVISÓRIAS. EXCEPCIONALIDADE DE SUA EDIÇÃO E ALTERAÇÃO

2.1 O cariz excepcional das medidas provisórias

A edição de medidas provisórias é faculdade atribuída ao chefe do Poder Executivo, nos termos dos arts. 84, XXVI, e 62, da Constituição, cujo *caput* prevê sua força de lei.

O instituto remete ao *decreto-legge* da Constituição italiana de 1947. Este, de fato, inspirou a adoção do decreto-lei na Constituição de 1967 e na Emenda Constitucional nº 01 de 1969, quando o País vivia regime de exceção[7]. Contudo, a equiparação plena do *decreto-legge* às medidas provisórias é de todo imprópria.

No sistema de governo parlamentarista, como o italiano, a rejeição do *decreto-legge* pode levar à destituição do Conselho de Ministros, embora a queda não seja automática. Em 1958, o gabinete do primeiro-ministro italiano Amintore Fanfani foi dissolvido após não terem sido aprovados

---

7. FERREIRA FILHO, Manoel Gonçalves. *Do Processo Legislativo*. 7ª ed. São Paulo: Saraiva, 2012, p. 236.

três *decreti-legge* que dispunham, dentre outros assuntos, sobre a tributação da gasolina e do gás de cozinha[8].

No sistema de governo presidencialista, entretanto, o chefe do Executivo tem mandato próprio, independente do Legislativo. A rejeição das medidas provisórias pelo Congresso Nacional não afeta a sustentação política do governo, *per se*. Incentiva-se, pois, por via reversa, a sua adoção: se o risco político é baixo, não há razão para não as adotar.

O sistema de governo presidencialista, de resto referendado por plebiscito em 1993, deve conformar a justificação do emprego das medidas provisórias pelo chefe do Poder Executivo: a medida provisória é instrumento excepcional. Não é ato irrelevante[9].

O poder de editar medidas provisórias confere ao Executivo a vantagem de fazer o primeiro movimento no processo legislativo (*first-mover advantage*)[10]. Assim é que a separação dos poderes, na versão clássica de Montesquieu[11], fica amesquinhada quando se trata de medidas provisórias, dada a preponderância do papel do Executivo nessa seara[12].

Para reequilibrar as forças políticas entre os Poderes constituídos, o *caput* do art. 62 da Constituição prevê que o Presidente da República poderá adotar medidas provisórias apenas em caso de *relevância* e *urgência*

---

8. AMARAL JÚNIOR, José Levi Mello do. O Poder Legislativo na democracia contemporânea. A função de controle político dos Parlamentos na democracia contemporânea. *Revista de informação legislativa*, v. 42, n. 168, p. 7-17, out./dez. 2005, p. 15.

9. BALEEIRO, Aliomar. *Limitações constitucionais ao poder de tributar*. Atualizada por Misabel Abreu Machado Derzi. 8ª ed. Rio de Janeiro: Forense, 2010, p. 129.

10. GERSEN, Jacob; POSNER, Eric. Soft Law: Lessons from Congressional Practice. In: *Stanford Law Review*, n. 61, 2008, p. 589.

11. MONTESQUIEU. Charles de Secondat, Baron de. *O Espírito das Leis*. Trad. Cristina Murachco. São Paulo: Martins Fontes, 2000, p. 189.

12. FERREIRA FILHO, Manoel Gonçalves. A Legística e a “filosofia” da lei. In *Revista Jurídica da Procuradoria Gera do Município de São Paulo*. São Paulo: CEJUR – Centro de Estudos Jurídicos. 2009, p. 25.

e que deverá submetê-las de imediato à apreciação do Congresso Nacional.

A submissão imediata da medida provisória permite, então, ao Poder Legislativo promover um controle político sobre a decretação de relevância e urgência pelo chefe do governo[13].

Não é propósito deste trabalho definir os conceitos de relevância e urgência. Eles apontam, contudo, para a excepcionalidade das medidas provisórias[14].

Embora a prática demonstre a banalização do seu emprego para inovar a ordem jurídica, causando insegurança[15], a liberdade do Presidente da República para a sua edição já foi maior.

O art. 62, *caput* e parágrafo único, da Constituição, em sua redação original, exigia, além dos pressupostos de relevância e urgência, apenas a submissão imediata da medida ao Congresso Nacional para deliberação em cinco dias, e previa a perda de sua eficácia se não convertida em lei dentro de trinta dias. Inobstante, era possível reeditar a medida, *ad aeternum*, já que o Congresso Nacional não possuía prazo para apreciá-la. Não raro, o Executivo editava medidas provisórias que permaneciam em vigor (via reedições sucessivas) por anos a fio.

Esse cenário mudou, contudo, com a Emenda Constitucional nº 32/2001.

---

13. AMARAL JÚNIOR, José Levi Mello do. O Poder Legislativo na democracia contemporânea. A função de controle político dos Parlamentos na democracia contemporânea. *Revista de informação legislativa*, v. 42, n. 168, p. 7-17, out./dez. 2005, p. 14.

14. STF, ADPF nº 661, Rel. Min. ALEXANDRE DE MORAES, TRIBUNAL PLENO, julgado em 08.09.2021, publicado em 15.09.2021.

15. FERREIRA FILHO, Manoel Gonçalves. As medidas provisórias como fonte de insegurança jurídica. *Revista Direito Mackenzie*, ano 2, n. 01, p. 09-15, p. 15.

2.2 A Emenda Constitucional nº 32/2001

Embora os pressupostos de *relevância* e *urgência* teoricamente afastem as medidas provisórias de quase todo o âmbito tributário[16], desde a EC nº 32/2001 não mais se disputa que enunciados prescritivos de normas tributárias possam ser veiculados por esse mecanismo.

A Emenda Constitucional nº 32/2001 introduziu várias modificações no art. 62 da Constituição. As mudanças buscaram conferir maior racionalidade ao emprego desse instrumento normativo e, ainda, corrigir distorções causadas pelo seu uso exacerbado, mediante sucessivas reedições[17].

Dentre essas modificações, dois parágrafos inseridos no referido artigo interessam a este estudo: o 9º e o 12.

O art. 62, § 9º, prevê que caberá à comissão mista de deputados e senadores examinar as medidas provisórias e sobre elas emitir parecer, antes de serem apreciadas, em sessão separada, pelo plenário de cada uma das casas do Congresso Nacional.

O art. 62, § 12, dispõe, a seu turno, que, aprovado projeto de lei de conversão alterando o texto original da medida provisória, esta manter-se-á integralmente em vigor até que seja sancionado ou vetado o projeto.

Da leitura dos referidos enunciados, dessume-se que:

(i) o Congresso Nacional deverá designar comissão mista de deputados e senadores para elaborar

---

16. BALEEIRO, Aliomar. *Limitações Constitucionais ao Poder de Tributar*, 8 ed. atualizada por Misabel de Abreu Machado Derzi. Rio de Janeiro: Forense, 2010, p. 113; CLÈVE, Clèmerson Merlin. *Atividade Legislativa do Poder Executivo*, 3ª ed. São Paulo: Revista dos Tribunais, 2011, p. 144-212.

17. Súmula STF nº 651: "A medida provisória não apreciada pelo Congresso Nacional podia, até a EC 32/2001, ser reeditada dentro do seu prazo de eficácia de trinta dias, mantidos os efeitos de lei desde a primeira edição".

parecer sobre as medidas provisórias editadas pelo Poder Executivo; e

(ii) o texto das medidas provisórias pode ser alterado pelo Congresso Nacional.

A dinâmica desses eventos dentro do processo legislativo de conversão da medida provisória em lei é importante para elucidar o problema enfrentado neste artigo.

Afinal, o rito para aprovação das medidas provisórias é mais célere se comparado ao das leis complementares e ordinárias. O § 6º do art. 62 da Constituição dispõe que a medida provisória deve ser apreciada em até quarenta e cinco dias contados de sua publicação. Não o sendo, ingressa em regime de urgência nas duas casas do Congresso Nacional, sobrestando-se as demais deliberações legislativas. Em outras palavras: o tempo necessário ao debate democrático é naturalmente restrito em se tratando de medidas provisórias, o que torna a observância das formalidades do processo legislativo a pedra de toque para a garantia do princípio democrático nessa seara.

Importa ver, portanto, como é o processo legislativo das medidas provisórias, uma vez enviadas ao Congresso Nacional.

2.3 O processo legislativo das medidas provisórias

O art. 59, *caput* e inciso V, da Constituição estabelece que o processo legislativo compreende a elaboração de medidas provisórias.

É a Resolução nº 01/2002 do Congresso Nacional que disciplina, em detalhes, o rito para a sua apreciação na Câmara dos Deputados e no Senado da República.

De acordo com a resolução, após a publicação da medida provisória no Diário Oficial da União, a Presidência da Mesa do Congresso Nacional deve designar comissão mista para emitir parecer sobre o documento (art. 2º, *caput*, Res. nº 01, de 2002-CN), em cumprimento ao art. 62, § 9º, da Constituição.

A composição da comissão mista deve observar o princípio democrático, quanto à pluralidade da representação partidária: será integrada por doze senadores e doze deputados e igual número de suplentes, indicados pelos respectivos líderes, obedecida, tanto quanto possível, a proporcionalidade dos partidos ou blocos parlamentares em cada casa (art. 2º, § 2º, Res. nº 01, de 2002-CN).

Uma vez designada e instalada, a comissão deve eleger o seu presidente e vice-presidente, bem como designar os relatores para a matéria (art. 3º, *caput*, Res. nº 01, de 2002-CN).

Dentro do prazo de seis dias da publicação da medida provisória no Diário Oficial da União, os parlamentares podem oferecer emendas perante a comissão mista (art. 4º, § 1º, Res. nº 01, de 2002-CN), que não podem, contudo, versar sobre matéria estranha àquela tratada na medida provisória (art. 4º, § 4º, Res. nº 01, de 2002-CN).

As deliberações no âmbito da comissão mista também observam o princípio democrático, quanto à regra da maioria: são tomadas por maioria de votos, presente a maioria absoluta dos membros de cada uma das casas (art. 4º, § 6º, Res. nº 01, de 2002-CN).

Quanto ao mérito, a comissão pode emitir parecer pela aprovação total ou parcial ou alteração da medida provisória ou pela sua rejeição; e, ainda, pela aprovação ou rejeição de emenda a ela apresentada, devendo concluir, quando resolver por qualquer alteração de seu texto, pela apresentação de projeto de lei de conversão relativo à matéria (art. 5º, § 4º e inciso I, Res. nº 01, de 2002-CN).

Aprovado o parecer, ele é encaminhado à Câmara dos Deputados e, se for o caso, acompanhado do projeto de lei de conversão, seguindo-se, então, após aprovação na Câmara, ao Senado Federal (art. 7º, *caput*, Res. nº 01, de 2002-CN).

Esse é o rito, no Congresso Nacional, das medidas provisórias após sua publicação pelo Presidente da República no Diário Oficial da União.

A prática parlamentar distancia-se, contudo, desse rito, previsto normativamente.

No caso da MP nº 1.147/2022, em vez da comissão mista, o Congresso Nacional designou deputado federal para examinar o ato normativo e sobre ele emitir parecer.

Além disso, em vez de ater-se ao tema tratado pela medida provisória, o relator apresentou projeto de lei de conversão com alterações em nada relacionadas ao objeto da medida originalmente editada.

A prática atenta contra os princípios constitucionais do Estado de Direito, democrático e do devido processo legislativo.

A conformação do processo legislativo por esses princípios constitucionais atrai, em caso de sua violação, o controle jurisdicional.

Afinal, o processo legislativo não pode ser reduzido a uma dimensão eminentemente político-deliberativa, desprovida de juridicidade[18].

A esse respeito, no julgamento do RE nº 1.297.884/DF[19], paradigma do Tema de repercussão geral nº 1.120, o Supremo Tribunal Federal entendeu que, em atenção ao princípio da separação dos poderes, previsto no art. 2º da Constituição,

---

18. OLIVEIRA, Marcelo Andrade Cattoni de. *Devido processo legislativo: uma justificação democrática do controle jurisdicional de constitucionalidade das leis e do processo legislativo*. 3ª ed. Belo Horizonte: Fórum, 2015. p. 27.

19. STF, Tema-RG nº 1.120, RE nº 1.297.884, Rel. Min. DIAS TOFFOLI, TRIBUNAL PLENO, julgado em 14.06.2021, publicado em 04.08.2021.

quando não caracterizado o desrespeito às normas constitucionais, é defeso ao Poder Judiciário exercer o controle jurisdicional em relação à interpretação do sentido e do alcance de normas meramente regimentais da Câmara e do Senado, por se tratar de matéria *interna corporis*.

As matérias *internas corporis* constituem, pois, limite negativo ao exercício do controle jurisdicional sobre o processo legislativo pela Suprema Corte.

Lado outro, o julgamento estabeleceu também um limite positivo: havendo violação a normas constitucionais, o Poder Judiciário poderá exercer o controle da legitimidade do processo legislativo.

No caso em análise, houve malferimento da Constituição, invalidando a norma estranha ao documento normativo inicialmente encaminhado pelo Executivo ao Congresso Nacional, de resto incluída unilateralmente pelo relator da matéria, sem a necessária apreciação pela Comissão Mista exigida no art. 62, §9º da CRFB/1988.

3. A INCONSTITUCIONALIDADE DA LEI Nº 14.592/2023, RESULTANTE DA CONVERSÃO DA MP Nº 1.147/2022

3.1 Inconstitucionalidade formal por violação à exigência de comissão mista. A jurisprudência do STF

A prática parlamentar de substituir a constituição de comissão mista de deputados e senadores pela designação de um único parlamentar para relatar a matéria foi impugnada no Supremo Tribunal Federal na ADI nº 4.029/DF[20].

20. STF, Pleno, ADI nº 4.029, Relator Min. Luiz Fux, DJe 27.06.2012.

A ação foi proposta pela Associação Nacional dos servidores do Ibama (Asibama nacional) contra a Lei nº 11.516/07, fruto de conversão da MP nº 366/2007, que teve por objetivo instituir novo órgão (ICMBio), encarregado de conferir maior celeridade aos procedimentos de licenciamento ambiental.

A referida medida provisória não foi examinada, contudo, pela comissão mista de deputados e senadores, limitando-se o Congresso Nacional a designar um parlamentar para relatar a matéria, encaminhando-o em seguida ao Plenário.

Essa prática apoiava-se no art. 6º da Resolução nº 01/2002-CN, cuja inconstitucionalidade foi declarada pelo STF no julgamento da ação.

De acordo com a Corte, a importância das comissões mistas decorre da necessidade, imposta pela Constituição, de se assegurar reflexão mais detida sobre o ato normativo primário emanado pelo Executivo, evitando que a apreciação pelo Plenário seja feita de modo inopinado, representando o parecer do colegiado, em vez de mera formalidade, garantia de fiscalização pelo Legislativo do exercício atípico da função legiferante pelo Executivo.

A Suprema Corte entendeu, pois, que a comissão mista de deputados e senadores é uma garantia constitucional para assegurar a realização do princípio do devido processo legislativo[21].

Sem a comissão mista de deputados e senadores, o relator do projeto de lei de conversão tem muito poder: pode inadmitir, acolher ou rejeitar emendas apresentadas pelos demais parlamentares[22]. Além disso, como seu parecer é

---

21. CLÈVE, Clèmerson Merlin. *Medidas Provisórias*. 3ª ed. São Paulo: RT, 2010. p. 178-180.

22. MELO, Teresa; MENDES, Conrado Hübner. Legalismo autoritário e autoritarismo legislativo: uso abusivo de decretos e neutralização da oposição na crise da democracia. In: CAMPOS MELLO, Patrícia Perrone e BUSTAMANTE, Thomas da

votado diretamente em Plenário, não precisa negociar o texto com a oposição nem buscar o consenso.

Outrossim, não constituída a comissão mista para examinar o ato editado pelo chefe do Poder Executivo, fere-se o equilíbrio de forças no Congresso: a disputa pela relatoria nas casas legislativas é muito acirrada em função dos poderes do relator, de sorte que a designação raramente favorece a oposição[23].

Apesar da inconstitucionalidade da prática, reconhecida pelo STF no julgamento da ADI nº 4.029/DF, ela retornou pouco depois.

Devido à pandemia, a dinâmica dos trabalhos no Congresso Nacional foi alterada. Dentre as alterações, foi editado o Ato Conjunto das Mesas da Câmara dos Deputados e do Senado nº 01/2020, que autorizou, excepcionalmente, durante o estado de calamidade pública, a emissão de parecer em substituição à comissão mista por parlamentar de cada uma das casas, designado na forma regimental.

O ato foi contestado no Supremo Tribunal Federal, que, no entanto, chancelou, temporariamente, a autorização congressual excepcional enquanto durasse o estado de calamidade pública[24].

De acordo com a Corte, o controle legislativo sobre medidas provisórias editadas pelo Presidente da República é tão importante para o equilíbrio entre os poderes da

---

Rosa de. (Org.). *Democracia e Resiliência no Brasil: a disputa em torno da Constituição de 1988*. 1ª ed. Barcelona: Bosch Editor, 2022, p. 297-328.

23. MELO, Teresa; MENDES, Conrado Hübner. Legalismo autoritário e autoritarismo legislativo: uso abusivo de decretos e neutralização da oposição na crise da democracia. In: CAMPOS MELLO, Patrícia Perrone e BUSTAMANTE, Thomas da Rosa de. (Org.). *Democracia e Resiliência no Brasil: a disputa em torno da Constituição de 1988*. 1ª ed. Barcelona: Bosch Editor, 2022, p. 297-328.

24. STF, Pleno, ADPF Nº 661, Relator Min. Alexandre de Moraes, DJe 15.09.2021; STF, Pleno, ADI nº 6.751, Relator Min. Alexandre de Moraes, DJe 15.09.2021.

República que a Constituição estabeleceu uma única hipótese excepcional de suspensão do prazo decadencial de cento e vinte dias: durante o recesso do Congresso Nacional.

Por não caracterizarem recesso parlamentar as alterações no funcionamento regimental das casas legislativas durante o estado de calamidade pública decorrente da pandemia de Covid-19, o Tribunal decidiu que, apenas temporariamente, seria razoável autorizar a substituição da constituição da comissão mista pela designação de relator para ofertar parecer em plenário sobre as medidas provisórias editadas pelo Executivo.

3.2 A inconstitucionalidade formal por ausência de pertinência temática do projeto de lei de conversão da MP nº 1.147/2022

3.2.1 A alteração do texto das medidas provisórias

Durante a tramitação da medida provisória no Congresso Nacional, os parlamentares podem exercer o seu direito à apresentação de emendas ao texto normativo.

Tal poder decorre dos princípios democrático e da separação dos poderes (arts. 1º, *caput* e 2º, CRFB) e pode ser reconstruído a partir do § 12 do art. 62 da Constituição, segundo o qual, aprovado projeto de lei de conversão alterando o texto original da medida provisória, esta manter-se-á integralmente em vigor até que seja sancionado ou vetado o projeto.

Implícita no dispositivo a possibilidade de mudança: o Congresso Nacional, ao apreciar a medida provisória, pode alterar o seu texto.

O poder de alterá-lo não pode ser exercido, contudo, arbitrariamente, ainda que o art. 62, § 12, da Constituição autorize a modificação do texto.

A Resolução nº 01/2002 do Congresso Nacional prevê, no citado art. 4º, § 4º, ser vedada a apresentação de emendas que versem sobre matéria estranha àquela tratada na medida provisória. Em tal hipótese, o indeferimento da emenda caberá ao presidente da comissão mista.

O art. 7º, I, da Lei Complementar nº 95/1998, ainda prevê que cada lei tratará de um único objeto, e o seu inciso II, que a lei não conterá matéria estranha a seu objeto ou a este não vinculada por afinidade, pertinência ou conexão.

Logo, embora a medida provisória possa ser alterada pelos parlamentares, as modificações devem manter relação de pertinência temática com o objeto do ato normativo editado pelo chefe do Poder Executivo[25].

Embora a Constituição de 1988 não vede expressamente a apresentação de emendas estranhas ao objeto do ato normativo em discussão no Congresso Nacional, trata-se de regra implícita, à qual se chega pela especificação dos princípios democrático e do devido processo legislativo.

Em outras plagas, a previsão é expressa. Vale apontar o exemplo da Constituição francesa, que condiciona as alterações em textos de projetos de lei à existência de uma relação, mesmo que indireta, com o documento apresentado (art. 45).

Contudo, sendo certo que uma regra expressa vale tanto quanto uma implícita, a jurisprudência do STF tem reconhecido a inconstitucionalidade de emendas parlamentares e projetos de lei de conversão que não guardem "pertinência temática" com projetos de iniciativa privativa dos Poderes Executivo e Judiciário[26].

---

25. MENDES, Gilmar Ferreira; BRANCO, Paulo Gustavo Gonet. *Curso de Direito Constitucional.* 8ª ed. rev. e atual., São Paulo: Saraiva, 2013, p. 884-885.

26. STF, Pleno, ADI nº 5.882, Relator Min. Gilmar Mendes, DJe 02.06.2022; STF, Pleno, ADI nº 6.329, Relator Min. Marco Aurélio, DJe 03.06.2020; STF, Pleno, ADI-MC nº 6.364, Relator Min. Marco Aurélio, DJe 03.06.2020; STF, Pleno, ADI nº 5.012, Relatora Min. Rosa Weber, DJe 01.02.2018.

Contudo, "pertinência temática" é conceito vago[27], abrindo espaço para dúvidas se determinados casos são ou não por ele abrangidos. Essa indeterminação natural do sintagma torna difícil apontar, em uma miríade de situações, se há ou não a pertinência temática entre a modificação operada no texto e o seu conteúdo original.

Para melhor compreender a extensão da expressão, vale conferir o posicionamento do STF a esse respeito, no precedente de maior relevo sobre a matéria até os dias atuais.

3.2.2 O entendimento do STF

Em 2015, o STF julgou a ADI nº 5.127/DF[28], ajuizada pela Confederação Nacional das Profissões Liberais – CNPL contra enunciado de lei que fora incluído, via emenda parlamentar, em medida provisória de conteúdo estranho ao seu objeto[29].

A medida provisória em questão instituía uma série de benefícios fiscais federais com o fito de, à época, revigorar determinados setores da economia nacional.

Lado outro, o enunciado impugnado, dentre outras providências atinentes à regulamentação do ofício de contador, extinguia a profissão de técnico em contabilidade[30].

A autora da ADI defendia inexistir pertinência temática entre a emenda parlamentar que introduziu o dispositivo

27. ÁVILA, Humberto Bergmann. *Teoria da Indeterminação no Direito: entre a indeterminação aparente e a determinação latente*. 2ª ed. São Paulo: Malheiros, 2023, p. 31 e ss.

28. STF, Pleno, ADI nº 5.127/DF, Relatora Min. Rosa Weber, redator do acórdão Min. Edson Fachin, DJe 11.05.2016.

29. Art. 76 da Lei nº 12.249/2010, nesta incluído por emenda parlamentar ao projeto de conversão da Medida Provisória nº 472/2009.

30. O dispositivo alterava a redação de vários artigos do Decreto-Lei nº 9.295/1946, que "cria o Conselho Federal de Contabilidade, define as atribuições do Contador e do Guarda-livros e dá outras providências".

impugnado, alterando a disciplina normativa das profissões contábeis, e o objeto original da medida provisória, que curava de benefícios fiscais.

O STF entendeu que, no processo excepcional de conversão de medida provisória em lei, o Poder Legislativo não atua em toda a sua amplitude e nem detém a mesma liberdade que exerce, por exemplo, nos debates de projetos de lei em geral.

De acordo com a Corte, autorizar a introdução de emenda estranha ao tema tratado na medida provisória implicaria outorgar ao parlamentar a titularidade de iniciativa de uma nova lei – aproveitando-se de um procedimento não destinado àquele debate legislativo.

Outrossim, embora o parlamentar detenha a iniciativa de projetos de lei, existem requisitos formais a serem observados para tanto. Logo, não seria possível valer-se do atalho procedimental da emenda desconectada com o teor da medida provisória para submeter ao Parlamento matéria de interesse do mandatário. Se este deseja aprovar algo, deve fazê-lo valendo-se da sua iniciativa para propositura de projetos de lei – submetendo-se ao rito para tanto.

À luz desse caso, que é didático dada a diferença entre os assuntos tratados na emenda parlamentar e na medida provisória, o STF concluiu haver violação aos princípios democrático e do devido processo legal, gênero do qual o devido processo legislativo é espécie.

A violação ao princípio democrático se dá pela retirada, do local adequado, do debate sobre normas que inovarão a ordem jurídica e afetarão direitos dos cidadãos. Fora do ambiente próprio ao procedimento ordinário de aprovação de leis no Congresso Nacional, não há como assegurar-se que a sociedade participará, direta ou indiretamente, da formação da norma jurídica à qual deverá se submeter, comprometendo a legitimidade da formação da vontade geral.

Para a Suprema Corte, a emenda de teor alheio ao da medida provisória ainda implica violação ao devido processo legislativo, por privar os cidadãos de um procedimento constitucionalmente determinado para limitar a sua esfera de direitos e liberdades.

A introdução de emenda estranha no curso do rito de conversão da medida provisória em lei, impede, assim, como reconhecido pelo STF no julgamento da ADI nº 5.127/DF:

(i) a submissão do tema novo às comissões temáticas;

(ii) a realização de audiências públicas e a oitiva de atores sociais e econômicos;

(iii) o debate amplo e profundo sobre a matéria; e

(iv) a possibilidade de a própria matéria nova ser emendada.

Ao julgar a ADI nº 5.127/DF, em agosto de 2016, a Corte modulou os efeitos do acórdão para conferir-lhe eficácia *ex nunc*, a partir da publicação da ata de julgamento. Desde então, é ponto pacífico a inconstitucionalidade de leis que contenham dispositivos normativos introduzidos no curso da conversão de medidas provisórias que digam respeito a tema diverso do abordado no ato normativo originalmente editado pelo Executivo.

O entendimento do Supremo Tribunal Federal não se aplica, entretanto, apenas às emendas apresentadas pelos parlamentares, mas, igualmente, aos projetos de lei de conversão propostos pela comissão mista constituída pelo Congresso Nacional ou pelo relator designado pela casa legislativa.

Nesse sentido, no julgamento da ADI nº 6.928/DF[31], a Corte entendeu que o objetivo da análise da pertinência temática é evitar que matérias dissociadas do tema cuidado

31 STF, Pleno, ADI nº 6.928/DF, Relatora Min. Cármen Lúcia, DJe 01.12.2021.

na medida provisória, com tramitação diferenciada, sejam aprovadas sem o debate democrático pertinente.

Para o Tribunal, deve haver correlação de conteúdos entre a medida provisória e o *projeto de lei de sua conversão*.

Ressalvou, contudo, que a exigência não tem força para afastar a prerrogativa do parlamentar de, no curso do processo legislativo, propor emendas às medidas provisórias.

Essa faculdade do legislador é inerente ao controle democrático dos atos do Poder Executivo e pode eventualmente resultar em acréscimos ou modificações em seu texto, desde que – importa repisar – tenham congruência com o tema de que tratava originalmente o ato normativo introduzido pelo chefe do governo.

Com base nesses fundamentos, ver-se-á, a seguir, que a Lei nº 14.592/2023, originada da conversão da MP nº 1.147/2022, padece de vício formal de constitucionalidade, por afrontar os princípios do Estado de Direito, democrático e do devido processo legislativo, na linha do entendimento atualmente pacificado no STF.

3.3 O caso em análise

3.3.1 A designação de relator sem a constituição de comissão mista

Após a publicação da Medida Provisória nº 1.147/2022, em 21 de dezembro de 2022, o Plenário designou deputado federal para relatar a medida provisória.

A designação foi feita com fundamento no art. 2º do Ato Conjunto nº 01/2020 do Congresso Nacional, que prevê, como antecipado, que, durante a pandemia de Covid-19, o parecer da comissão mista será proferido, em Plenário, por parlamentar designado na forma regimental.

Trata-se de vetusta prática do Congresso Nacional, retomada em caráter excepcional em virtude do estado de calamidade pública provocado pela pandemia e, na época, chancelada pelo STF exatamente pela excepcionalidade da situação. Conforme decidiu a Corte na ADPF nº 661[32], conferiu-se interpretação conforme à Constituição para que

> "**durante a emergência em Saúde Pública de importância nacional e o estado de calamidade pública decorrente da COVID-19**, as medidas provisórias sejam instruídas perante o Plenário da Câmara dos Deputados e do Senado Federal, ficando, excepcionalmente, autorizada a emissão de parecer, em substituição à Comissão Mista, por parlamentar." (grifo e destaques nossos)

Ocorre que, aos 22 de abril de 2022, o Ministério da Saúde editou a Portaria GM/MS nº 913, que declara o encerramento da Emergência em Saúde Pública de Importância Nacional (ESPIN) em decorrência da Infecção Humana pelo novo Coronavírus (2019-nCov).

Não havendo mais circunstância excepcional à época da publicação da MP nº 1.147/2022, não há razão para se afastar a aplicação do art. 62, §9º da CRFB/1988, que exige a formação da Comissão Mista para recebimento e debate da medida provisória no Congresso Nacional[33].

3.3.2 A ausência de correlação temática entre a medida provisória e o projeto de lei de conversão

A Medida Provisória nº 1.147 foi enviada ao Congresso Nacional, após a sua publicação no Diário Oficial da União, sem qualquer referência à exclusão do ICMS da base de créditos de PIS/Cofins, conforme se antecipou alhures.

---

32. STF, Pleno, ADPF nº 661, Relator Min. Alexandre de Moraes, DJe 15.09.2021.

33. Vide Item 3.1, *supra*.

Dentro do prazo regimental (seis dias após a publicação da medida provisória)[34], foram apresentadas quarenta e sete emendas parlamentares na Câmara dos Deputados, nenhuma delas tratando da exclusão do ICMS do cômputo dos créditos de PIS/Cofins.

Contudo, ao propor o projeto de lei de conversão, o relator designado para emitir o parecer incluiu no texto o dispositivo redutor do crédito de PIS/Cofins.

O Projeto de Lei de Conversão recebeu o nº 09/2023. Somente após seu envio ao Senado é que houve manifestação de parlamentares sobre a matéria, mediante a apresentação de emendas de autoria dos senadores Eduardo Gomes (PL/TO) e Cleitinho (Republicanos/MG), dentre outras vinte e sete apresentadas naquela Casa sobre temas diversos.

Em ambas as manifestações, os senadores propuseram a supressão dos arts. 6º e 7º do PLV nº 09/2023, que previram a exclusão do ICMS da base de créditos das contribuições.

Aqui vale notar que a Medida Provisória nº 1.159/2023, que perdera sua eficácia pelo decurso do prazo sem que fosse convertida em lei, disciplinava o tema expressamente. Em sua exposição de motivos constava o custo da alteração legislativa para a sociedade – em forma de ganhos para a arrecadação federal[35].

Os parlamentares sequer tiveram acesso, contudo, a esses dados no bojo da discussão envolvendo a aprovação da MP nº 1.147/2022, seja na Câmara, seja no Senado.

---

34. Art. 4º da Resolução nº 01/2002 do Congresso Nacional.

35. Conforme Nota Cetad/Coest nº 1/2023, a aprovação da proposta provocaria os seguintes potenciais impactos orçamentário-financeiro positivos: R$ 4,55 bilhões mensais em 2023; R$ 31,86 bilhões nos sete meses de 2023 (considerando anterioridade nonagesimal e os efeitos arrecadatórios); R$ 57,98 bilhões para 2024; e R$ 61,21 bilhões para 2025.

O art. 19 da Resolução nº 01/2002-CN prevê, contudo, que o órgão de consultoria e assessoramento orçamentário da casa a que pertencer o relator de medida provisória encaminhará aos relatores e à comissão mista, no prazo de cinco dias de sua publicação, nota técnica com subsídios acerca da adequação financeira e orçamentária de medida provisória.

Como o texto original da medida nada dispunha sobre a exclusão do ICMS da base de créditos de PIS/Cofins, sequer houve nota técnica sobre a adequação financeira e orçamentária da alteração engendrada nas Leis nº 10.637/2002 e 10.833/2003.

A inconstitucionalidade formal do dispositivo da Lei nº 14.592/2023 que determinou a exclusão do ICMS do cômputo dos créditos de PIS/Cofins pode ser resumida, portanto, nos seguintes pontos:

(a) A MP nº 1.147/2022 não dispunha sobre o assunto, limitando-se a tratar do Perse – Programa Emergencial de Retomada do Setor de Eventos – e da redução a zero da alíquota de PIS/Cofins sobre as receitas decorrentes da atividade de transporte aéreo regular de passageiros;

(b) a única MP que tratava da exclusão do ICMS da base de créditos das contribuições, a de nº 1.159/2023, perdeu eficácia pelo decurso do prazo de cento e vinte dias sem conversão em lei, revelando silêncio eloquente do Congresso Nacional a respeito da urgência e relevância da matéria nela veiculada;

(c) no rito de aprovação, no Congresso Nacional, da MP nº 1.147/2022, nenhum parlamentar apresentou emenda para prever a exclusão do ICMS da base de créditos de PIS/Cofins; pelo contrário, as únicas duas emendas apresentadas o foram para manter o creditamento;

(d) o direito ao aproveitamento dos créditos das contribuições sobre o valor do ICMS incidente nas operações de aquisição só foi excluído no texto do projeto de lei de conversão (PLV nº 09/2023) apresentado por relator designado em substituição à comissão mista exigida pelo art. 62, § 9º, da Constituição;

(e) embora a emenda verse sobre matéria tributária, não há pertinência temática, porque trata de assunto diverso ao arrefecimento da carga fiscal sobre os setores de eventos e de transporte aéreo de passageiros, ambos muito afetados pela pandemia;

(f) a exclusão do ICMS da base de créditos de PIS/Cofins é uma medida que gera graves reflexos financeiros sobre os contribuintes, como consta da exposição de motivos da MP nº 1.159/2023, que aponta um impacto sobre a sociedade de quase sessenta bilhões de reais em 2024.

A ausência de pertinência temática revela-se na própria exposição de motivos da MP nº 1.147/2022, que, como já adiantado, versava apenas sobre modificações na Lei nº 14.148/2021 (Lei do Perse) e sobre a tributação das receitas das empresas de transporte aéreo de passageiros.

Quanto à Lei nº 14.148/2021, ao justificar-se a adoção da medida, expôs-se que ela tinha por objetivo sanar algumas dúvidas relacionadas à operacionalização do benefício do Perse, que estabeleceu ações emergenciais e temporárias destinadas ao setor de eventos para compensar os efeitos decorrentes das medidas de combate à pandemia da Covid-19.

Quanto à tributação das receitas das empresas de transporte aéreo de passageiros, consignou-se, em relação à redução a zero das alíquotas de PIS/Cofins, que a medida visava a auxiliar aquelas empresas, visto que foram duramente afetadas pelas medidas de combate à pandemia da Covid-19.

Em outras palavras: a MP nº 1.147/2022 tinha um escopo muito claro: disciplinar incentivos e benefícios fiscais para mitigar os efeitos da pandemia sobre os setores de turismo e eventos, revelando-se a conexão entre os objetos disciplinados em seu bojo.

É a partir da exposição de motivos, afinal, que o Supremo Tribunal Federal tem condições de promover o controle jurisdicional sobre a constitucionalidade das medidas provisórias e do processo legislativo em que são examinadas.

É o que se extrai do julgamento da ADI nº 5.599/DF[36]. Nele, a Suprema Corte entendeu que, no limitado controle dos requisitos formais da medida provisória, deve o Poder Judiciário verificar se as razões apresentadas na exposição de motivos pelo chefe do Poder Executivo são congruentes com a urgência e a relevância alegadas, sem adentrar ao juízo de fundo que o texto constitucional atribui ao Poder Legislativo.

A exposição de motivos da MP nº 1.147/2022 nada dispunha, entretanto, sobre a exclusão do ICMS do cômputo dos créditos de PIS/Cofins, pelo que o próprio controle jurisdicional sobre a pertinência temática da alteração relativamente ao mérito da medida provisória remanesce dificultado.

Essas circunstâncias denotam a inconstitucionalidade da Lei nº 14.592/2023, em virtude da violação aos princípios do Estado de Direito, democrático e do devido processo legislativo.

CONSIDERAÇÕES FINAIS

O princípio do Estado de Direito exige a realização, dentre outros, do ideal de clareza das leis[37]. Especificando

36. STF, Pleno, ADI nº 5.599, Relator Min. Edson Fachin, DJe 26.11.2020.

37. FULLER, Lon. *The Morality of Law*. New Haven: Yale University Press, 1964, p. 46-90.

esse princípio, a Lei Complementar nº 95/1998 exige que as leis tratem de um único objeto e não contenham matéria estranha a ele ou que não esteja vinculada por afinidade, pertinência ou conexão.

A clareza inerente às leis no Estado de Direito foi obnubilada pelo procedimento adotado no Congresso Nacional, que introduziu modificação no texto da MP nº 1.147/2022 sem relação de pertinência temática com a matéria disciplinada originalmente no ato normativo do Executivo.

A ausência de clareza – durante o processo legislativo e mesmo após, com leis que tratam de temas incompatíveis – impede o cidadão em geral e o contribuinte em particular de cotejar a nova disciplina normativa com as razões, apresentadas na exposição de motivos, que levaram o Poder Legislativo a inovar na ordem jurídica.

O princípio democrático exige que a aprovação das leis seja ordinariamente realizada seguindo-se a um debate amplo.

No caso, a exclusão do ICMS da base de créditos de PIS/Cofins foi introduzida por um único parlamentar, designado relator, no PLV nº 09/2023, originado da MP nº 1.147/2022. Em consequência desse procedimento, a exclusão do ICMS do cômputo de créditos do PIS/Cofins foi introduzida no projeto de lei de conversão sem a realização de audiências públicas, sem o envio da matéria às comissões especializadas e sem a apresentação de nota técnica sobre sua adequação financeira e orçamentária.

Por derradeiro, o princípio do devido processo legislativo, de cariz procedimental, espécie do gênero devido processo legal, exige do Poder Legislativo a adoção de condutas que contribuam para justificar a presunção de constitucionalidade das leis.

Quanto mais restritiva a nova lei sobre a esfera de direitos dos contribuintes, mais frágil a presunção de sua constitucionalidade, exigindo-se um procedimento que mais promova do que restrinja a realização do ideal de protetividade dos direitos dos contribuintes.

Como a exclusão do ICMS do cálculo de créditos do PIS/Cofins afeta a esfera patrimonial dos contribuintes em grau elevado, implicando um aumento estimado de quase sessenta bilhões de reais na arrecadação federal em 2024, o procedimento adotado pelo Congresso Nacional não foi adequado, por tudo o que já se expôs.

Portanto, como a Lei nº 14.592/2023 origina-se do procedimento de conversão da MP nº 1.147/2022, em que houve violação aos princípios do Estado de Direito, democrático e do devido processo legal, e tendo sido a MP nº 1.147 publicada em dezembro de 2022, após a edição da portaria do Ministério da Saúde que declara encerrado o estado de emergência em saúde pública decorrente da pandemia, conclui-se pela inconstitucionalidade formal dos arts. 6º e 7º da Lei nº 14.592/2023, que previram a exclusão do ICMS da base de créditos de PIS/Cofins.

IPTU E ITR: FUNÇÃO SOCIAL E SOCIOAMBIENTAL DA PROPRIEDADE PRIVADA PARA DESENVOLVIMENTO AMBIENTAL SUSTENTÁVEL.

Andréia Fogaça Maricato[1]

INTRODUÇÃO:

O presente trabalho tem como objetivo o estudo da função social e socioambiental do Imposto Predial Territorial Urbano (IPTU) e do Imposto Territorial Rural (ITR), para o desenvolvimento ambiental sustentável.

Para isto, discorrer-se-á sobre os princípios jurídico-ambientais que se vinculam mais estreitamente aos tópicos de direito tributário, assim como, analisaremos a função social da propriedade, a extrafiscalidade e a tributação sobre a propriedade imóvel. Posteriormente, discorreremos sobre a

1. Doutora em Direito Tributário pela PUC/SP. Coordenadora do IBET em São José dos Campos; professora do mestrado profissional em Gestão e Desenvolvimento Regional (MGDR); e do Mestrado Acadêmico de Planejamento e Desenvolvimento Regional (MPDR) da Universidade de Taubaté (UNITAU) e Advogada.

função socioambiental do IPTU e do ITR, e a importância da utilização destas exações tributárias, em seu viés extrafiscal, com vistas ao desenvolvimento ambiental sustentável.

1. A CONSTITUCIONALIZAÇÃO DO MEIO AMBIENTE ECOLOGICAMENTE EQUILIBRADO E O DESENVOLVIMENTO SUSTENTÁVEL.

A Legislação Ambiental tem como objetivo a proteção ao meio ambiente, limitando a atuação do homem no ambiente. Por isto o Direito Ambiental norteia as atividades humanas para que não causem ou causem da menor maneira possível danos ao meio ambiente.

Nos termos da Lei nº 6.938/1981, o meio ambiente é:

> Art. 3º - Para os fins previstos nesta Lei, entende-se por:
>
> I – Meio ambiente, o conjunto de condições, leis, influências e interações de ordem física, química e biológica, que permite, abriga e rege a vida em todas as suas formas. (BRASIL, 1981.)

Deste modo, o Direito Ambiental é um dos chamados "direitos humanos de terceira geração", pois não dá para determinar o número de titulares que dele usufrui e necessita.

A Constituição Federal, assegura que o meio ambiente é um direito fundamental, pois é de uso comum do povo, sendo essencial à qualidade de vida, em seu artigo 225, assim estabelece:

> Art. 225 – Todos têm direito ao meio ambiente ecologicamente equilibrado, bem de uso comum do povo e essencial à sadia qualidade de vida, impondo-se ao Poder Público e à coletividade o dever de defendê-lo e preservá-lo para as presentes e futuras gerações.
>
> § 1º Para assegurar a efetividade desse direito, incumbe ao Poder Público:

I - Preservar e restaurar os processos ecológicos essenciais e prover o manejo ecológico das espécies e ecossistemas;

II - Preservar a diversidade e a integridade do patrimônio genético do País e fiscalizar as entidades dedicadas à pesquisa e manipulação de material genético;

III - Definir, em todas as unidades da Federação, espaços territoriais e seus componentes a serem especialmente protegidos, sendo a alteração e a supressão permitidas somente através de lei, vedada qualquer utilização que comprometa a integridade dos atributos que justifiquem sua proteção;

IV - Exigir, na forma da lei, para instalação de obra ou atividade potencialmente causadora de significativa degradação do meio ambiente, estudo prévio de impacto ambiental, a que se dará publicidade;

V - Controlar a produção, a comercialização e o emprego de técnicas, métodos e substâncias que comportem risco para a vida, a qualidade de vida e o meio ambiente;

VI - Promover a educação ambiental em todos os níveis de ensino e a conscientização pública para a preservação do meio ambiente;

VII - Proteger a fauna e a flora, vedadas, na forma da lei, as práticas que coloquem em risco sua função ecológica, provoquem a extinção de espécies ou submetam os animais a crueldade.

VIII - Manter regime fiscal favorecido para os biocombustíveis destinados ao consumo final, na forma de lei complementar, a fim de assegurar-lhes tributação inferior à incidente sobre os combustíveis fósseis, capaz de garantir diferencial competitivo em relação a estes, especialmente em relação às contribuições de que tratam a alínea "b" do inciso I e o inciso IV do caput do art. 195 e o art. 239 e ao imposto a que se refere o inciso II do caput do art. 155 desta Constituição. (Incluído pela Emenda Constitucional nº 123, de 2022).

§ 2º Aquele que explorar recursos minerais fica obrigado a recuperar o meio ambiente degradado, de acordo com solução técnica exigida pelo órgão público competente, na forma da lei.

§ 3º As condutas e atividades consideradas lesivas ao meio ambiente sujeitarão os infratores, pessoas físicas ou jurídicas, a sanções penais e administrativas, independentemente da obrigação de reparar os danos causados.

§ 4º A Floresta Amazônica brasileira, a Mata Atlântica, a Serra do Mar, o Pantanal Mato-Grossense e a Zona Costeira são

> patrimônio nacional, e sua utilização far-se-á, na forma da lei, dentro de condições que assegurem a preservação do meio ambiente, inclusive quanto ao uso dos recursos naturais.
>
> § 5º São indisponíveis as terras devolutas ou arrecadadas pelos Estados, por ações discriminatórias, necessárias à proteção dos ecossistemas naturais.
>
> § 6º As usinas que operem com reator nuclear deverão ter sua localização definida em lei federal, sem o que não poderão ser instaladas.
>
> § 7º Para fins do disposto na parte final do inciso VII do § 1º deste artigo, não se consideram cruéis as práticas desportivas que utilizem animais, desde que sejam manifestações culturais, conforme o § 1º do art. 215 desta Constituição Federal, registradas como bem de natureza imaterial integrante do patrimônio cultural brasileiro, devendo ser regulamentadas por lei específica que assegure o bem-estar dos animais envolvidos. (Incluído pela Emenda Constitucional nº 96, de 2017). (BRASIL. Constituição, 1988).

Nossa Magna Carta deixa claro que a proteção ao meio ambiente é obrigação do Estado, o qual deve ter diretrizes e prover ações e que deverão ser seguidas. É o que fundamenta a existência de inúmeros mecanismos de regulação e proteção previstos na Constituição e em outras leis esparsas, como por exemplo, a Lei dos Crimes Ambientais n. 9.605/98, assim como a Lei nº 14.119/21, que estabelece pagamentos por serviços ambientais como mecanismos regulatórios que remuneram ou recompensam quem protege a natureza e mantém os serviços ambientais funcionando em prol do bem comum.

Neste mesmo sentido, o princípio do desenvolvimento sustentável compatibiliza a coexistência do homem e suas atividades de crescimento econômico com a conservação do meio ambiente, permitindo o consensualismo entre as perspectivas de desenvolvimento econômico, tecnológico e social e, ao mesmo tempo, garante a preservação dos recursos ambientais (Pearce, 2022).

A Lei nº 6.938/81, dispõe sobre a Política Nacional de Meio Ambiente, e diz em seu artigo 2º:

> Art. 2º - A Política Nacional do Meio Ambiente tem por objetivo a preservação, melhoria e recuperação da qualidade ambiental propícia à vida, visando assegurar, no País, condições ao desenvolvimento socioeconômico, aos interesses da segurança nacional e à proteção da dignidade da vida humana, atendidos os seguintes princípios:
>
> I - Ação governamental na manutenção do equilíbrio ecológico, considerando o meio ambiente como um patrimônio público a ser necessariamente assegurado e protegido, tendo em vista o uso coletivo;
>
> II - Racionalização do uso do solo, do subsolo, da água e do ar;
>
> III - planejamento e fiscalização do uso dos recursos ambientais;
>
> IV - Proteção dos ecossistemas, com a preservação de áreas representativas;
>
> V - Controle e zoneamento das atividades potencial ou efetivamente poluidoras;
>
> VI - Incentivos ao estudo e à pesquisa de tecnologias orientadas para o uso racional e a proteção dos recursos ambientais;
>
> VII - acompanhamento do estado da qualidade ambiental; VIII - recuperação de áreas degradadas;
>
> IX - Proteção de áreas ameaçadas de degradação;
>
> X - Educação ambiental a todos os níveis de ensino, inclusive a educação da comunidade, objetivando capacitá-la para participação ativa na defesa do meio ambiente. (BRASIL, 1981).

E, conforme o artigo 4º:

> Art. 4º - A Política Nacional do Meio Ambiente visará:
>
> I - A compatibilização do desenvolvimento econômico-social com a preservação da qualidade do meio ambiente e do equilíbrio ecológico. (BRASIL, 1981).

Podemos notar que, o desenvolvimento sustentável estabelece o consumo consciente e equilibrado, sendo um dos principais pilares do Direito Ambiental, sendo um dos pilares da função do social da propriedade.

2. A FUNÇÃO EXTRAFISCAL DO IPTU E DO ITR

Para que se concretize, alguns dos direitos subjetivos fundamentais devem necessariamente se abrir ao poder fiscal do Estado, como o direito de propriedade (art. 5º, XXII e XXIII, da CF/88), que deverá atender à sua função social.

O IPTU e ITR, não é de hoje que tem sempre tem discussões perante o judiciário para solucionar conflitos de competência, mas nosso objeto de estudo é analisar a função extrafiscal dos referidos impostos.

Para isto, construiremos suas Regras Matrizes, para que fique claro onde é aplicada a extrafiscalidade para cumprimento da função social da propriedade em ambos os impostos. (Carvalho, 2022).

a) Regra matriz do IPTU

O IPTU é imposto municipal, de competência dos municípios e Distrito Federal, sua materialidade está prescrita no art. 156, I, da CF, art. 32 do CTN, qual seja: Ser proprietário, detentor do domínio útil ou da posse de bem imóvel localizado na zona urbana, conforme artigos abaixo:

> Art. 156. Compete aos Municípios instituir impostos sobre:
>
> I - **Propriedade predial e territorial urbana**; (BRASIL, Constituição 1988) (grifo nosso)
>
> Art. 32. O imposto, de competência dos Municípios, sobre a propriedade predial e territorial urbana tem como fato gerador a **propriedade, o domínio útil ou a posse de bem imóvel por natureza ou por acessão física, como definido na lei civil, localizado na zona urbana do Município**. (BRASIL, CTN 1956). (grifo nosso).

O critério temporal, é estabelecido como ficção jurídica, a data de 1º de janeiro de cada ano. Enquanto o critério espacial é o conceito de zona urbana que está estabelecida no art. 32, §1º, I a V, do Código Tributário Nacional, sendo indispensável preencher dois dos cinco incisos discriminados, com os melhoramentos respectivos, para que a área possa ser considerada zona urbana.

> Art. 32. (...)
>
> § 1º Para os efeitos deste imposto, entende-se como zona urbana a definida em lei municipal; observado o requisito mínimo da existência de melhoramentos indicados em pelo menos 2 (dois) dos incisos seguintes, construídos ou mantidos pelo Poder Público:
>
> I - Meio-fio ou calçamento, com canalização de águas pluviais;
>
> II - Abastecimento de água;
>
> III - Sistema de esgotos sanitários;
>
> IV - Rede de iluminação pública, com ou sem posteamento para distribuição domiciliar;
>
> V - Escola primária ou posto de saúde a uma distância máxima de 3 (três) quilômetros do imóvel considerado. (BRASIL, CTN 1956).

Já no consequente, temos como sujeito passivo o proprietário, o titular do domínio útil (enfiteuta e usufrutuário) e o possuidor do bem imóvel.

E para se chegar ao valor do tributo, tem-se a base de cálculo como sendo o "valor venal do imóvel", nos termos do art. 33 do CTN. Lembrando que, quando se fala em valor venal do imóvel é o valor de mercado, ou seja, valor provável que o imóvel atingirá diante da transação no mercado imobiliário. Sua forma e apuração pode ser individual – específico à cada imóvel, e a mais comum, através da planta genérica – valor estimado, presunção relativa. (Melo, 2015).

Lembrando que a proposta de emenda à Constituição (PEC) 45/2019 prevê a possibilidade de alteração da base de cálculo do IPTU por meio de decreto, a partir de critérios gerais previstos em lei municipal. Dessa forma, o prefeito poderá aumentar ou diminuir a cobrança do imposto sem precisar do aval da Câmara Municipal.

Por fim, a alíquota do IPTU pode ser progressiva, seja fiscal, conforme estabelece art. 156 § 1º, I CF, inserido pela EC 29/00, que permite o legislador municipal instituir alíquotas progressivas em razão do valor do imóvel.

> Art. 156. Compete aos Municípios instituir impostos sobre:
>
> I - Propriedade predial e territorial urbana;
>
> (...)
>
> § 1º Sem prejuízo da progressividade no tempo a que se refere o art. 182, § 4º, inciso II, o imposto previsto no inciso I poderá:
>
> I - Ser progressivo em razão do valor do imóvel; e
>
> II - Ter alíquotas diferentes de acordo com a localização e o uso do imóvel. (BRASIL, Constituição 1988)

Além da progressividade fiscal deste modo, o IPTU também, pode ser a alteração da alíquota pela progressividade extrafiscal, objeto do nosso estudo, nos termos Art. 182, §4º, II, da CF:

> Art. 182. A política de desenvolvimento urbano, executada pelo Poder Público municipal, conforme diretrizes gerais fixadas em lei, tem por objetivo ordenar o pleno desenvolvimento das funções sociais da cidade e garantir o bem-estar de seus habitantes.
>
> (...)
>
> § 4º É facultado ao Poder Público municipal, mediante lei específica para área incluída no plano diretor, exigir, nos termos da lei federal, do proprietário do solo urbano não edificado, subutilizado ou não utilizado, que promova seu adequado aproveitamento, sob pena, sucessivamente, de:
>
> I - Parcelamento ou edificação compulsórios;
>
> II - Imposto sobre a propriedade predial e territorial urbana progressivo no tempo;

> III - desapropriação com pagamento mediante títulos da dívida pública de emissão previamente aprovada pelo Senado Federal, com prazo de resgate de até dez anos, em parcelas anuais, iguais e sucessivas, assegurados o valor real da indenização e os juros legais. (BRASIL, Constituição 1988) (grifo nosso).

Podemos notar que o referido artigo, permite ao legislador municipal instituir tributo progressivo no tempo para proprietário de solo urbano não edificado, subutilizado, ou não utilizado.

b) **Regra matriz do ITR**

Referente ao ITR, é tributo de competência da União, conforme previsão do art. 153, VI da CF, art. 29 do CTN e art. 1º da Lei nº 9.393/96, tem como critério material, ser proprietário, detentor do domínio útil ou da posse de bem imóvel localizado na zona rural.

> Art. 153. Compete à União instituir impostos sobre:
>
> VI - Propriedade territorial rural; (BRASIL, Constituição, 1988)
>
> Art. 29. O imposto, de competência da União, sobre a propriedade territorial rural tem como fato gerador a propriedade, o domínio útil ou a posse de imóvel por natureza, como definido na lei civil, localização fora da zona urbana do Município. (BRASIL, CTN, 1956).
>
> Art. 1º O Imposto sobre a Propriedade Territorial Rural - ITR, de apuração anual, tem como fato gerador a propriedade, o domínio útil ou a posse de imóvel por natureza, localizado fora da zona urbana do município, em 1º de janeiro de cada ano. (BRASIL, 1996).

O critério temporal, é o mesmo do IPTI, 1º de janeiro de cada ano, conforme art. 1º da Lei nº 9.393/96.

No que se refere ao critério espacial, a lei não define o que é zona rural, mas estabelece que será fora da zona urbana do município. Insta mencionar que o conceito de zona rural se dá por exclusão, considerando-se a zona urbana do município.

Ainda vale destacar que, o Código Tributário Nacional, enquanto regra norma geral de direito tributário, atribui competência aos Municípios para definirem a delimitação de zona urbana, adotando, no entanto, o critério da localização do imóvel ao fixar os requisitos para identificação da zona urbana (art. 32 CTN), conforme visto acima. E o referido artigo também autoriza a tributação municipal sobre áreas urbanizáveis (§2º).

> Art. 32. (...)
>
> § 2º A lei municipal pode considerar urbanas as áreas urbanizáveis, ou de expansão urbana, constantes de loteamentos aprovados pelos órgãos competentes, destinados à habitação, à indústria ou ao comércio, mesmo que localizados fora das zonas definidas nos termos do parágrafo anterior. (BRASIL, CTN 1956).

Todavia, o Decreto-Lei 57/66, que dispõe sobre lançamento e cobrança do ITR, em seu artigo 15, traz de forma clara as hipóteses em que deve se manter a incidência de ITR, nas hipóteses de exploração rural, nos seguintes termos:

> Art. 15. O disposto no art. 32 do CTN, não abrange o imóvel que, comprovadamente, seja utilizado em exploração extrativa vegetal, agrícola, pecuária ou agroindustrial, incidindo assim, sobre ele, o ITR e demais tributos com o mesmo cobrados. (BRASIL, 1966).

Portanto, a jurisprudência adota como solução para tributação o comprimento do que estabelece o art. 32 do CTN cumulado com o art. 15 do DL 57/66, ou seja, critério da localização do imóvel e critério da destinação para os imóveis situados na zona urbana, mas comprovadamente utilizados em fins rurais (exploração extrativa vegetal, agrícola, pecuária ou agroindustrial)

O Superior Tribunal de Justiça, ao apreciar o REsp 1.112.646/SP, submetido à sistemática de julgamento dos recursos repetitivos, assentou a jurisprudência no sentido da ausência de competência tributária municipal para instituição e cobrança de IPTU quando se tratar de imóvel localizado em perímetro urbano com comprovada destinação rural.

O referido julgamento deu origem ao Tema 174 do STJ: "Não incide IPTU, mas ITR, sobre imóvel localizado na área urbana do município, desde que comprovadamente utilizado em exploração extrativa, vegetal, agrícola, pecuária ou agroindustrial" (artigo 15 do DL 57/1966)[2].

Com relação ao consequente, são sujeitos passivos do ITR, igualmente segundo o artigo 31 do CTN, o proprietário, o titular do domínio útil e o possuidor.

A base de cálculo do ITR é o VTNt "valor da terra nua tributável", nos termos do art. 10, III Lei 9.393/96, é, o valor da terra nua (VTN) multiplicado pelo quociente entre a área tributável e a área total. (Melo, 2015).

> Art. 10. A apuração e o pagamento do ITR serão efetuados pelo contribuinte, independentemente de prévio procedimento da administração tributária, nos prazos e condições estabelecidos pela Secretaria da Receita Federal, sujeitando-se a homologação posterior.
>
> § 1º Para os efeitos de apuração do ITR, considerar-se-á:
>
> I - VTN, o valor do imóvel, excluídos os valores relativos a:
>
> a) construções, instalações e benfeitorias;
>
> b) culturas permanentes e temporárias;
>
> c) pastagens cultivadas e melhoradas;
>
> d) florestas plantadas;
>
> II - área tributável, a área total do imóvel, menos as áreas:
>
> a) de preservação permanente e de reserva legal, previstas na Lei no 12.651, de 25 de maio de 2012;

---

2. Julgados sobre o tema: STJ: AgRg no AREsp 80.947/ES, AgInt no AREsp 1377458/SP; TJSP: Mandado de Segurança 1032974-50.2019.8.26.0053; TJBA: Agravo de Instrumento 0021616-26.2017.8.05.0000.

> b) de interesse ecológico para a proteção dos ecossistemas, assim declaradas mediante ato do órgão competente, federal ou estadual, e que ampliem as restrições de uso previstas na alínea anterior;
>
> c) comprovadamente imprestáveis para qualquer exploração agrícola, pecuária, granjeira, aquícola ou florestal, declaradas de interesse ecológico mediante ato do órgão competente, federal ou estadual;
>
> d) sob regime de servidão ambiental;
>
> e) cobertas por florestas nativas, primárias ou secundárias em estágio médio ou avançado de regeneração;
>
> f) alagadas para fins de constituição de reservatório de usinas hidrelétricas autorizada pelo poder público.
>
> III - VTNt, o valor da terra nua tributável, obtido pela multiplicação do VTN pelo quociente entre a área tributável e a área total; (BRASIL, 1996).

O valor da terra nua (VTN) é o valor do imóvel menos os valores relativos às construções, instalações e benfeitorias, culturas permanentes e temporárias, pastagem cultivadas e melhoradas, florestas plantadas (art. 10 § 1º I Lei 9.393/96). E a área tributável, é a área total do imóvel menos as áreas de preservação permanente de reserva legal, de interesse ecológico para proteção do ecossistema, declarados mediante órgão competente, comprovadamente imprestáveis, sob regime de servidão florestal ou ambiental, cobertas por florestas nativas, alagadas para fins de reservatório de hidrelétricas autorizadas pelo poder público (art. 10 § 1º II Lei 9.393/96).

No que se refere a alíquota, assim como IPTU, o ITR também tem alíquotas com caráter extrafiscal ambiental, nos termos do art. 153 § 4º I CF, inserido pela EC 42/03, que permite a desestimular propriedades improdutivas, com aplicação de alíquotas que variam de 0,03% a 20%, conforme o grau de utilização do imóvel (art. 11 da Lei 9.393/96).

Grau de utilização do imóvel – GU (art. 10 § 1º VI) é o percentual entre a área efetivamente utilizada (art. 10 § 1º V da Lei 9.393/96) e a área aproveitável (art. 10 § 1º IV). E, também garantir a não incidência do imposto sobre pequenas áreas produtivas vocacionadas a atividades de subsistência familiar.

O ITR também possui outros diplomas legais, como os arts. 47 a 50 da Lei n° 4.504 (Estatuto da Terra), na Lei n° 9.393 que, por sua vez, revogou os arts. 1° a 22 da Lei n° 8.847, e no art. 18, §2°, da Lei n° 4.771/65 (Código Florestal).

A utilização adequada da propriedade rural, é um dos requisitos constitucionais para o cumprimento de sua função social, conforme estabelece o art. 186, I, da Constituição. Assim como os aspectos ambientais para desoneração tributária das áreas que servem de instrumento, de acordo com sua conformação natural ou intervenção do homem, para preservação do meio ambiente, atendendo, portanto, ao preceito do art. 225 da Constituição Federal.

Portando, a função social da propriedade urbana ou rural é dar ao solo uma destinação adequada, de forma que se não o fizer poderá ser compelido a tanto, através da progressividade das alíquotas do imposto. Podendo dizer desta forma que o fiscalizador fará com que haja um equilíbrio entre a utilização da propriedade e os impostos pagos em relação ao seu uso.

CONSIDERAÇÕES FINAIS

O tratamento dado à matéria pela Constituição Federal consagra o uso de tributo como uma ferramenta de política social, e, neste passo, da própria cidadania, e não, apenas, de política estatal, ou seja, há uma ação bem maior que irrompe as barreiras da tributação apenas como um mecanismo de auferir renda ao município.

As normas constitucionais relativas à função social da propriedade, é que o Estado exerce um papel decisivo e insubstituível na aplicação normativa. Assim, tanto no plano urbano quanto no rural, o dever de adequada utilização de seus bens em proveito da sociedade supõe a existência de uma política urbana e de uma política agrária, ou seja, um programa de atuação governamental fazendo assim que haja a verdadeira função social daquela propriedade.

REFERÊNCIAS BIBLIOGRÁFICAS

BRASIL, Constituição da República Federativa do Brasil de 1988. Disponível em: https://www.planalto.gov.br/ccivil_03/constituicao/constituicao.htm. Acessado em: 18/10/2023.

BRASIL, Lei nº 5.172, de 25 de outubro de 1966, Dispõe sobre o Sistema Tributário Nacional e institui normas gerais de direito tributário aplicáveis à União, Estados e Municípios. Disponível em: https://www.planalto.gov.br/ccivil_03/leis/l5172compilado.htm. Acessado em: 18/10/2023.

BRASIL, Lei nº 9.393, de 19 de dezembro de 1996. Dispõe sobre o Imposto sobre a Propriedade Territorial Rural - ITR, sobre pagamento da dívida representada por Títulos da Dívida Agrária e dá outras providências. Disponível em: https://www.planalto.gov.br/ccivil_03/leis/l9393.htm. Acessado em: 18/10/2023.

BRASIL, Decreto-Lei nº 57, de 18 de novembro de 1966. Altera dispositivos sobre lançamento e cobrança do Imposto sobre a Propriedade Territorial Rural, institui normas sobre arrecadação da Dívida Ativa correspondente, e dá outras providências. Disponível em: https://www.planalto.gov.br/ccivil_03/decreto-lei/del0057.htm. Acessado em: 18/10/2023.

CARVALHO. Paulo de Barros. *Direito tributário:* linguagem e método. São Paulo: Noeses, 2022.

MELO. José Eduardo Soares. *IPTU e ITR:* teoria e prática. São Paulo: Dialética, 20215.

PEARCE. Isabella. *Teoria Geral e o princípio do desenvolvimento sustentável:* conciliando desenvolvimento, ambiente e justiça. 1ª ed. Porto Alegre: Simplíssimo, 2022.

SUPREMO TRIBUNAL FEDERAL E A EFETIVIDADE DOS JULGAMENTOS DAS QUESTÕES CONSTITUCIONAIS TRIBUTÁRIAS

Angela Maria da Motta Pacheco[1]

> "O homem é vasto, vasto até demais."[2]
>
> Vasta é sua mente e sua criação.
>
> Seu comportamento, porém, deve ser conduzido e contido em face de outro homem.
>
> É quando surge o Direito.

Desde tempos imemoriais, existe. Rude, rústico, nas épocas primevas. Com especialidades múltiplas, nascidas no conhecimento, na vivência, no desenvolvimento, na tecnologia, na eterna busca da inovação e soluções, mas respeitando a natureza da condição humana e a conquista dos valores reconhecida na sua História.

---

1. Doutora em Direito Tributário pela PUC-SP. Professora do IBET. Advogada em São Paulo.

2. Dostoiévsky, Fiodor. "Os irmãos Karamázov", tradução de Paulo Bezerra, Editora 34, 3ª Edição, Vol. I, p.162.

O Direito é construção do ser humano. É DEVER SER, o que deve ser feito ou, o que não deve ser feito, para que todos possam cumprir as ações que permitirão a convivência humana.

Seu Universo é a AÇÃO.

Existe no tempo e no espaço.

I. A Constituição e as Normas Fundantes do Sistema Jurídico

A Constituição abriga os alicerces, as colunas e o edifício[3] que dão estrutura à Nossa Casa, Nossa Nação, criando o Estado de Direito, os Três Poderes e os inúmeros órgãos que recebem competência para exercer suas funções nos limites constitucionalmente determinados.

Se fossem respeitadas com fidelidade as funções, não se estaria em face de distorções que rasgam os princípios fundantes e que conformam o Estado de Direito, já por si de imensa complexidade, que aí está para garantir os direitos do cidadão e permitir-lhes o desenvolvimento da atividade privada e a riqueza da nação.

Será tanto mais adequado se forem atendidas as exigências da condição humana, a liberdade, a igualdade, a integridade física e a segurança jurídica.

II. O ordenamento e o Estado Democrático de Direito

O ordenamento é o ponto de partida para exame de qualquer norma jurídica. "Não existem normas ou decisões jurídicas isoladas."[4] Estas são jurídicas na medida em que

---

3. Roque Carrazza, ICMS, 18ª Edição, Editora Jus Podivm e Malheiros Editores, A Supremacia da Constituição Federal, p. 28.

4. Gregorio Robles Morchón. Teoria Del Derecho (Fundamentos da Teoria Comuni-

pertencem a determinado ordenamento. Só assim têm validez. O ordenamento é um sistema, composto por elementos – as normas jurídicas – que têm por finalidade regrar o convívio social.

"A concepção de ordenamento jurídico como sistema é constância com o aparecimento do Estado Moderno."[5]

Tércio Sampaio Ferraz Junior ao discorrer sobre sistema fala de "repertório" e "estrutura". Repertório é o conjunto de elementos que integram um determinado sistema; estrutura é o conjunto de regras de relacionamento entre os elementos componentes do sistema. Ambos (repertório e estrutura) integram o sistema que deles se compõe[6]. 'O Sistema aparece como objeto formado de porções que se vinculam debaixo de um princípio unitário ou como a composição de partes orientadas por um vetor comum."[7]

Juan Manoel Terán sintetiza: *"Sistema es um conjunto ordenado de elementos según un punto de vista unitario."*[8]

Toda matéria jurídica a ser analisada há de ser inserida no sistema para avaliação de sua pertencialidade e, consequentemente, validade e eficácia.

Há uma trilogia de funções no Estado: a legislativa, a administrativa e a jurisdicional[9]. A ideia da tripartição dos Poderes, magistralmente construída pelo Barão de

---

cacional Del Direcho) – vol. I, Civitas, Madrid (Spaña), 1998, p. 50.

5. Ferraz Junior, Tércio Sampaio, in "Introdução ao Estudo do Direito", Editora Atlas, São Paulo, 1995, p. 167.

6. Ibidem, p. 167.

7. Carvalho, Paulo de Barros, in "Curso de Direito Tributário", Editora Saraiva, São Paulo, 2002, p. 128.

8. Terán, Juan Manoel, in "Filosofia Del Derecho", Editorial Porrua S.A., México, 1980, p.146.

9. Bandeira de Mello, Celso Antônio in "Curso de Direito Administrativo", 14ª Edição, Malheiros Editores, São Paulo, 2002, p. 27 e seg.

Montesquieu (1689-1755), foi consagrada pela comunidade jurídica e pelos Estados de Direito que a adotaram, como forma de impedir a concentração de poderes e preservar a liberdade dos homens.

São, pois, Poderes da União, harmônicos entre si, o Legislativo, o Executivo e o Judiciário (C.F. art. 2º).

Que Poder, que Órgão da organização estatal realizará quais tarefas (critério material), de que forma (critério formal), dentro de quais limites. Competência, aqui, é parcela de liberdade, objetivando o campo material determinante da atividade específica a ser exercida pelo Estado.

Só haverá competência de alguém para algo, se previamente existir a norma de competência. No caso, essa norma delimitará a matéria objeto do exercício da atividade do Poder, ao qual a norma é direcionada.[10]

Cabe ao **Poder Judiciário o exercício da Jurisdição: julgar os litígios, dirimir os conflitos de interesses. O Estado, que chamou a si, realizar, com exclusividade, a Jurisdição, pela força da função legal que lhe cabe, deve garantir o cumprimento da ordem jurídica.**

É, ainda, **função exercida por meio de provocação.** Quem invoca a proteção jurisdicional do Estado manifesta uma pretensão contra ou em relação a alguém. Não atua o Judiciário *sponte própria*.

O processo, para ser válido e eficaz deve seguir todas as etapas previstas em lei. Aos litigantes é garantido, pois, o devido processo legal (CF, art. 5.º, LIV), respeitando-se as garantias constitucionais do contraditório e da ampla defesa, com os recursos a ela inerentes (CF, art. 5.º, LV). É o processo Justo.

---

10. Motta Pacheco, Angela Maria, in "Ficções Tributárias: Identificação e Controle", Editora Noeses, São Paulo, 2008, p. 73.

Ao exercer a Jurisdição, o Estado **resolve o litígio com definitividade**, promovendo a paz social e jurídica.

III. Novos Rumos do Direito Processual Civil: a busca da efetividade da Tutela Jurisdicional

"Nas últimas décadas, o estudo do processo civil desviou nitidamente sua atenção para os resultados a serem concretamente alcançados pela prestação jurisdicional."[11]

Objetivaram-se a instrumentalidade e a efetividade. "Fala-se mesmo de garantia de um processo justo, mais do que de um processo legal, colocando no primeiro plano ideias éticas em lugar do estudo sistemático apenas das formas e solenidades do procedimento."[12]

Processo justo – aquele exigido pelo Estado Democrático de Direito – é o que na ordem constitucional se apresenta como garantia a todos de acesso a uma tutela jurisdicional efetiva.[13] "Querer que o processo seja efetivo é querer que desempenhe com eficiência o papel que lhe compete na economia do ordenamento jurídico... Vale dizer: será efetivo o processo que constitua instrumento eficiente de realização do Direito Material."[14]

Relembre-se que o direito processual civil se caracterizava pela individualidade. Atendia-se às pessoas do autor e réu, os sujeitos ativo e passivo da ação.

---

11. Humberto Theodoro Jr. in "Curso de Direito Processual Civil", Vol. I,60ª Ed., Forense, Rio de Janeiro, 2019, p. 8.

12. *Ibidem*, p. 8.

13. Humberto Theodoro Jr. Idem "Curso de Direito Processual Civil". Vol. I,60ª Ed., Forense, Rio de Janeiro, 2019, p. 25.

14. *in* Humberto Theodoro Jr. na mesma obra citando Barbosa Moreira, in Exposição de Motivos do Antiprojeto, Rev. Processo, SP, vol. 27, n.º 105, p. 181, jan/março 2022.

Na nova ordem a Jurisprudência que participa como coluna mestra dos julgamentos realizados nos Juízos e Tribunais, influenciando, até a criação de normas jurídicas.

O Direito Constitucional, adequando-se à valorização do social e à existência dos direitos coletivos e difusos, liderou as reformas do direito processual civil, na busca da Justiça com efetividade e decisões de direito material para pôr fim ao conflito.

Não há mais possibilidade para infelizes decisões de extinção do processo sem julgamento de mérito.

A reforma do Código de Processo Civil ocorreu com a aprovação da Lei 13.105, de 16.03.2015.

IV. O Supremo Tribunal Federal e o julgamento das questões constitucionais

Guardião da Constituição é o Supremo Tribunal Federal.

Sua jurisdição ocorre de duas formas: por via difusa, mediante Recurso Extraordinário e por controle concentrado abstrato de normas.

O Supremo Tribunal Federal exerce **o controle de constitucionalidade das normas pela via *difusa*, por meio do Recurso Extraordinário (CF, art. 102, III, *a*).** Para obter a prestação jurisdicional mediante esse Recurso, deve o Recorrente enquadrar sua pretensão em algum dispositivo constitucional.

Neste caso, **o Supremo realiza a tutela jurisdicional de controvérsia de índole constitucional em situações individuais,** de acordo com o caso concreto.

Nesta via *difusa*, porém, o controle de constitucionalidade não cabe exclusivamente à Suprema Corte. Todos

os Juízes e Tribunais[15] **do país dispõem de competência para efetuar o exame de constitucionalidade das normas postas em juízo. Aí, ocorre, pois, a declaração incidental de constitucionalidade ou de inconstitucionalidade, com efeitos *interpartes*. A decisão tomada nessa via não tem o condão de atingir e reger todas as relações jurídicas que se qualificam na mesma controvérsia, embora sirva de orientação** às decisões posteriores que se seguirem[16] [17].

Dentre suas competências, destacam-se o controle abstrato de normas: processar e julgar "a ação direta de inconstitucionalidade de lei – ADI ou ato normativo federal ou estadual e a ação declaratória de constitucionalidade de lei – ADC ou ato normativo federal" (CF, art. 102, I, *a*).

Por meio da ADI e da ADC, o Supremo Tribunal Federal realiza o controle concentrado de constitucionalidade das leis e dos atos normativos federais produzidos pelo Poder Legislativo. Trata-se de controle abstrato de norma, da validade de lei em tese e não de uma relação jurídica concreta. O controle concentrado de constitucionalidade de normas federais é de competência exclusiva do STF. A nenhum outro Tribunal ou órgão jurisdicional do país é dada essa missão.

A decisão tomada em ADI e em ADC tem efeitos *erga omnes* e vincula todos os órgãos do Poder Judiciário, que devem respeitá-la, bem como os outros Poderes da União,

---

15. Aos Tribunais, a ressalva é de que "somente pelo voto da maioria absoluta de seus membros ou dos membros do respectivo órgão especial poderão os tribunais declarar a inconstitucionalidade de lei ou ato normativo do Poder Público" (CF, art. 97).

16. Pode o Senado Federal, por meio de Resolução, "suspender a execução, no todo ou em parte, de lei declarada inconstitucional por decisão definitiva do Supremo Tribunal Federal".

17. Pode o Supremo Tribunal Federal, de ofício ou mediante provocação, após reiteradas decisões sobre matéria constitucional, editar enunciado de súmula; a partir de sua publicação na imprensa oficial, terá efeito vinculante em relação aos demais órgãos do Poder Judiciário e à administração pública direta e indireta, nas esferas federal, estadual e municipal. A propósito, vide a Lei 11.417, de 19.12.2006.

Legislativo e Executivo, e os demais cidadãos que residem ou têm domicílio no Brasil.

V. Alterações nas Ações Constitucionais quanto aos efeitos concretos das decisões do STF e quanto ao universo de destinatários

Recorde-se que o sistema existente de controle constitucional era o sistema difuso, pelo qual, nos processos individuais, a decisão estava acobertada pela coisa julgada.

A Ação Direta de Inconstitucionalidade e Constitucionalidade, em controle concentrado, veio atribuir força vinculante à eficácia *erga omnes* mediante Súmulas.

A valorização dos precedentes é mandatória e constará das decisões do STF em controle concentrado de constitucionalidade, dos enunciados de súmulas vinculantes e das demandas repetitivas (CPC, art. 927, incisos e parágrafos).

Entretanto, "mesmo diante da relevância adquirida pela ação direta, em todas as suas nuances, para a eficácia de norma declarada inconstitucional, não perde a atualidade o controle difuso, até porque, por exemplo, o instituto da repercussão geral na verdade assegura para tantos outros temas a importância das decisões incidentais em outras instâncias."[18]

O exame das circunstâncias dos casos concretos com suas especificações nunca deixará de ser efetuado e mesmo levado em consideração.

18. Consulta feita ao Professor Tércio Sampaio Ferraz Jr. sobre a Coisa Julgada e fatos sucessivos no Direito Tributário, por Cervejaria Kaiser S.A., Paranapanema S.A. e Brasken S.A., 27.10.2016, pp. 10 e 11, juntado aos autos do RE 949.297/CE pela Federação das Indústrias do Estado de São Paulo – FIESP.

V.1 A Repercussão Geral

De suma relevância foi a criação da Repercussão Geral[19].

A repercussão geral constitucional como premissa para conhecimento do Recurso Extraordinário tem por finalidade dar limites à atuação do STF nos REs a questões relevantes de natureza social, econômica ou jurídica que ultrapassem os direitos subjetivos da causa.

Foi introduzida pela Emenda Constitucional n.º 45/2004.

Esta determinou a demonstração da Repercussão Geral do objeto em litígio no Recurso Extraordinário interposto no Supremo Tribunal Federal, incluído no art. 102, § 3º da Constituição.[20]

Tem por objeto demonstrar que o interesse do RE **transcenda o exclusivo interesse das partes espraiando-se na relevância para a coletividade quanto aos aspectos social, político, econômico e jurídico.**

Isto transforma o interesse individual da lide e o campo objetivado em interesse "coletivo" das pessoas. Os destinatários da ação aumentam o leque da abrangência dos interessados e um número indefinido de utentes. Pode-se entender haver uma APROXIMAÇÃO À JURISDIÇÃO DAS MASSAS.

Isto aproxima os efeitos da Jurisprudência aos efeitos da norma jurídica geral e abstrata.

Vê-se claramente que o processo difuso que tem um núcleo fático e jurídico controverso, ofensivo à Constituição da República, poderá ser barrado na porta do STF pelo

---

19. Lei 11.418/2006, introduzida no CPC/1973 mediante artigos 543-A e 543-B (o Regimento Interno do STF) alterou-se com a Emenda Regimental 19 para discipliná-la perante a Corte Suprema).

20. Art. 102, § 3º - No recurso extraordinário o recorrente deverá demonstrar a repercussão geral das questões constitucionais discutidas no caso, nos termos da lei ...

Pleno, quando do exame da existência ou não da Repercussão Geral.

Se for negada a entrada, o será, não pela matéria que determinou a confecção do Recurso Extraordinário, mas pela inexistência de Repercussão Geral.

O exame do mérito não mais se realizará. Pode-se, pois, entender que a Repercussão Geral tem papel restritivo ao exame do RE, submetendo o Recurso ao exame prévio de sua repercussão geral na transcendência do seu destino e de um leque de destinatários.[21]

No CPC atual, está nos artigos 1.030 e 1.035 e no Regimento Interno do Supremo Tribunal Federal foi acrescida por Emendas Regimentais.

Reconhecida a Repercussão Geral, o Relator no STF determinará a suspensão do processamento de todos os processos pendentes, individuais ou coletivos, que versem sobre a questão e tramitam no território nacional (CPC, art. 1.035, §5.º).

Vê-se, pois, que a Repercussão Geral cataliza todos os recursos que existem no território nacional, estancando-os até o julgamento final no Supremo.

Isto significa que haverá uma única interpretação que julgará a questão do ponto de vista Constitucional.

E que, mediante o efeito da Repercussão Geral, "regrará" como uma norma geral e abstrata o universo jurisdicional.

21. O professor Eduardo Talamini, em tese apresentada para Concurso à livre-docência em Direito Processual Civil na USP, faz interessante comparação entre a repercussão geral e a antiga arguição de relevância no recurso extraordinário. Item 2.4 e seguintes. USP/2008, p. 27 e segs.

VI. Direito Intertemporal – Coisa Julgada: Finitude do processo.

"Eu sou eu e minha circunstância."[22]

E minhas circunstâncias fundantes são o tempo e o espaço: quando e onde nasci. E as circunstâncias da minha pessoa são o entorno da minha existência na contemporaneidade da minha vida.

Fato incontestável é ser o homem mortal. A morte põe fim à vida.

A vida tem continuidade no presente e no futuro.

Apenas.

Existe para o homem: o presente e o devir. Este não pode reconstruir o passado. Tem do passado reminiscências.

De fato, o passado não pode ser reconstruído. Pode ser relatado, pensado, repensado. Não pode, porém, ser revivido.

Portalis, a quem Napoleão Bonaparte encomendou a tarefa de construir o Código Civil Francês (agosto de 1800), repensou as profundas transformações sociais, resultado da Revolução Francesa, concluindo pela necessidade da adequação da legislação à nova ordem criada.

Reconheceu, então, que havia espaço para as legislações de crise. Havia um "misterioso interesse do Estado". Tudo levava a considerar diferentes formas de direito público. E, concluiu: **"O Código Civil está sob a tutela das leis políticas".**

Deu então, relevância aos efeitos da lei.

Existe um princípio geral: o de que as leis não podem ter efeito retroativo. E este princípio foi proclamado. O

---

22. José Ortega Y Gasset, in "Meditações do Quixote", VIDE Editorial, Tradução Ronaldo Robson, 2019, p. 32.

destino das leis é regrar o presente e o futuro. Não há poder sobre o passado. Assim manifesta-se Portalis em *"Discursos preliminares do projeto do Código Civil"*:

> *"... o poder da lei não pode se estender sobre as coisas que não mais existem, e que, por isto mesmo, estão fora de todo poder. 23*
>
> *...*
>
> *"O homem, que não ocupa senão um ponto no tempo e no espaço seria o mais infeliz dos seres, se não se pudesse julgar seguro, nem sequer quanto à sua vida passada. Por esta parte de sua existência, já não carregou todo o peso de seu destino? O passado pode deixar dissabores, mas põe termo a todas as incertezas. Na ordem da natureza só o futuro é incerto e esta incerteza é suavizada pela esperança, a fiel companheira de nossa fraqueza.* ***Seria agravar a triste condição da humanidade, querer mudar, através do sistema da legislação, o sistema da natureza, procurando, para o tempo que já se foi, fazer reviver as nossas dores, sem nos restituir as nossas esperanças."***[24]
>
> ***"A inviolabilidade do passado é princípio que encontra fundamento na própria natureza do ser humano."***[25]

O princípio da irretroatividade das leis adéqua-se à continuidade da vida, no presente e no futuro. A lei rege os fatos, os atos e as circunstâncias do momento.

Sobre esta realidade plasmaram-se regras constitucionais.

> Art. 5º Todos são iguais perante a lei, sem distinção de qualquer natureza, garantindo-se aos brasileiros e aos estrangeiros residentes no País a inviolabilidade do direito à vida, à liberdade, à igualdade, à segurança e à propriedade, nos termos seguintes:
>
> ...

---

23. Portalis, "Discours preliminaires du premier projet de Code Civil", collection "Voix dela cité", Editions Confluences, 1999. p. 70.

24. Vicente Rao. Tradução *in* "O Direito e a vida dos Direitos". Vol. I, Tomo III, p. 355.

25. *Ibidem*, p. 355.

XXXVI - a lei não prejudicará o direito adquirido, o ato jurídico perfeito e a **coisa julgada;**

...

VI.1 Da Coisa Julgada

A manifestação do Estado, na função exercida pelo Judiciário, realiza-se pelo instituto da Coisa Julgada.

Coisa Julgada material (*auctoritas rei judicatae*) é a qualidade que torna imutável e indiscutível o comando que emerge da parte dispositiva da sentença de mérito não mais sujeita a recurso (CPC/1973, art. 467 – CPC/2015, art. 502).

É ela que dá definitividade à decisão, pondo fim ao conflito levado para julgamento.

E é ela que dá concretude ao princípio da Segurança Jurídica.

A propósito, diz Humberto Theodoro Junior[26]:

> ***"Tão grande é o apreço da ordem jurídica pela coisa julgada, que sua imutabilidade não é atingível nem sequer pela lei ordinária, garantida que se acha a sua intangibilidade por preceito da Constituição Federal (art. 5.º, XXXVI).***
>
> (...)
>
> ***(...) ao instituir a coisa julgada, o legislador não tem nenhuma preocupação de valorar a sentença diante dos fatos (verdade) ou dos direitos (justiça). Impele-o, tão somente, uma exigência de ordem prática, quase banal, mas imperiosa, de não mais permitir que se volte a discutir acerca das questões já soberanamente decididas pelo Poder Judiciário. Apenas a preocupação de segurança nas relações jurídicas e de paz na convivência social é que explicam a res iudicata."*** (grifamos).

---

26. *In* "Curso de Direito Processual Civil - Vol. I", 51.ª Ed., Forense, Rio de Janeiro, 2010, pp. 539/540.

Uma vez resolvido o conflito de interesses posto em juízo, a coisa julgada se estabelece, criando certeza jurídica em torno da relação jurídica, ou de sua inexistência, cristalizando-a de forma definitiva.

No Direito Tributário, a coisa julgada assume papel ainda mais relevante, uma vez que dá estabilidade aos conflitos entre o Estado Tributante e o Contribuinte, considerando-se que o Estado interfere no patrimônio deste.

Atente-se para a particularidade da Relação jurídica tributária, onde o sujeito ativo é o Estado/Credor e o sujeito passivo é o cidadão/contribuinte/devedor, àquele, do tributo. As normas relativas à relação jurídica deverão cumprir os princípios para manter a harmonia entre os sujeitos que a compõem.

Não se esqueça, pois, que o contribuinte, devedor do tributo ao Estado, cumpre a sua obrigação, com parte de seu patrimônio e não pode estar à disposição de alterações injustificáveis e extemporâneas na legislação.

VII. O Código de Processo Civil e a função da Jurisprudência

O Direito Processual Civil tradicional se apresentava com marcante caráter individual. Tudo se desenvolveu a luz da individualidade de um sujeito ativo e um sujeito passivo.

Diante da socialização do Direito Constitucional surgiu a necessidade de adaptação do processo civil aos direitos coletivos e difusos.

A grande preocupação é a efetividade da tutela jurisdicional.

O Código de 2015 dedica tratamento especial ao problema da valorização da jurisprudência: os tribunais devem uniformizá-la e mantê-la estável, íntegra e coerente (art. 926, caput).[27]

Disto decorre a necessidade de sua uniformização que garantirá a estabilidade de sua aplicação.

Para tanto os juízes e tribunais deverão atentar às decisões dos tribunais superiores em conformidade com o art. 927 do CPC. Observe-se que, desde a existência do CPC/2015, os Juízes e Tribunais inferiores subsumem-se às Decisões do STJ e STF (plano vertical) e os Tribunais à sua própria Jurisprudência (plano horizontal).

O Código trata a jurisprudência como fonte do Direito.

Ter-se-á, agora, além da legislação geral e abstrata, **a jurisprudência**, interpretação, geral e abstrata, decorrente dos julgamentos a conduzir a **Nova Jurisprudência dos Tribunais.**

VIII. Exame dos Acórdãos do RE n.º 949.297 / Ceará e RE n.º 955.227 / Bahia

Serão objeto deste trabalho os Recursos Extraordinários que tratam de matéria inusitada: **Cessação da Coisa Julgada diante da Decisão Superveniente do STF.**

O ambiente jurídico é o Direito Constitucional e o Direito Tributário, que nele tem suas raízes.

08.02.2023 – Plenário

Recurso Extraordinário 949.297 Ceará

Relator: Min. Edson Fachin

Relator para o Acórdão: Min. Roberto Barroso

Recorrente: União

27. Humberto Theodoro Jr., "Curso de Direito Processual Civil", Vol. III 52ª Edição, Forense, 2019, p. 838.

Recorrido: TBM – Textil Bezerra de Menezes S.A.

com 3 *Amicus Curiae.*

EMENTA: DIREITO CONSTITUCIONAL E TRIBUTÁRIO. RECURSO EXTRAORDINÁRIO COM REPERCUSSÃO GERAL. CONTRIBUIÇÃO SOCIAL SOBRE LUCRO LÍQUIDO (CSLL). OBRIGAÇÃO DE TRATO SUCESSIVO. HIPÓTESES DE CESSAÇÃO DOS EFEITOS DA COISA JULGADA DIANTE DA DECISÃO SUPERVENIENTE DO STF.

1. Recurso extraordinário com repercussão geral reconhecida, a fim de decidir se e como as decisões desta Corte em sede de controle concentrado fazem cessar os efeitos futuros da coisa julgada em matéria tributária, nas relações de trato sucessivo, quando a decisão estiver baseada na constitucionalidade ou inconstitucionalidade do tributo.

(...)

3. A questão debatida no presente recurso diz respeito à subsistência ou não da coisa julgada que se formou, diante de pronunciamentos supervenientes deste STF em sentido diverso.

(...)

Ementa do Min. Luís Roberto Barroso, Redator para o Acórdão.

NO ACÓRDÃO

Por unanimidade de votos, em apreciando o tema 881 de Repercussão Geral dar provimento ao recurso extraordinário da União. Por maioria de votos não modular os efeitos da decisão, vencidos... Por maioria de votos entenderam-se aplicáveis as limitações constitucionais temporais ao poder de tributar, vencidos... Na sequência por unanimidade de votos, foram fixadas as seguintes teses:

1) **As decisões do STF em controle incidental de constitucionalidade, anteriores à instituição do regime de repercussão geral, não impactam automaticamente a coisa julgada que se tenha formado, mesmo nas relações jurídicas tributárias de trato sucessivo.**

2) **Já as decisões proferidas em ação direta ou em sede de repercussão geral interrompem automaticamente os efeitos temporais das decisões transitadas em julgado nas referidas relações, respeitadas a irretroatividade, a anterioridade anual e a noventena ou anterioridade nonagesimal, conforme a natureza do tributo." ...**

O que se nota é a existência de duas decisões proferidas em dois momentos no tempo no STF. E mais: as decisões estão em processos de naturezas diversas: de controle difuso de constitucionalidade e controle concentrado.

1) a 1ª datada de 1992, está em **ação de controle difuso.** A Lei instituidora da CSLL – 7.689/88 – possuía **vício de inconstitucionalidade formal** (era lei ordinária quando deveria ser Lei Complementar).
2) a 2ª datada de 2007 está em **ação de controle concentrado:** ADI n.º 15, Rel. Sepúlveda Pertence (iniciou-se em 1989; seu iter durou 18 anos). A Lei n.º 7.689/88 **foi declarada constitucional.**

Estas transitaram em julgado e são objeto de dois acórdãos ora analisados.

> No RE 949.297/CE no item 8 de sua Ementa, estão duas teses:
>
> 1ª) mesmo nas relações jurídicas tributárias de trato sucessivo, o controle incidental de constitucionalidade, anteriores ao regime de repercussão geral **não impacta automaticamente** a COISA JULGADA que se tenha formado;
>
> 2ª) já as decisões proferidas em ação direta ou em sede de repercussão geral **interrompem automaticamente os efeitos temporais das decisões transitadas em julgado,** respeitadas a irretroatividade e a anterioridade anual e a noventena ou anterioridade nonagesimal, conforme a natureza do tributo.

O Acórdão do Tribunal Pleno decidiu:

- **por unanimidade de votos,** apreciando o tema 881 da repercussão geral, **dar provimento ao RE da União;**
- **por maioria, não modular os efeitos da decisão;**
- **por maioria, serem aplicáveis as limitações constitucionais temporais do poder de tributar.**

Observa-se, pois, que os efeitos das decisões:

1) na 1ª decisão – 1992 – (no processo n.º 127/89), **no controle difuso** que declarou a inconstitucionalidade da Lei:

   – os destinatários legais da decisão: os contribuintes – não mais pagariam a contribuição social;

2) na 2ª decisão – 2007 – **na ação de controle concentrado** que **declarou a CONSTITUCIONALIDADE da contribuição**:

   – os destinatários legais da decisão – todos os que estavam abrangidos por realizarem o critério material – o lucro – deveriam pagar o tributo.

E, nada ocorreu.

Passaram-se 16 anos.

Atente-se:

O presente julgamento – RE 949.297/CE – em repercussão geral, ao decidir que interrompem os efeitos temporais das decisões transitadas em julgado está **afrontando a coisa julgada e a proteção da confiança**, consequentemente trazendo a insegurança jurídica quando deveria, ao contrário ser o primeiro a preservar a COISA JULGADA, como cláusula pétrea que é (Constituição Federal, art. 60, § 4.º combinado com art. 5.º, *caput*, XXXVI).

Qual o efeito desse julgamento?

1.º) O que se quer dizer com "automático"?

2.º) Tem a presente decisão o poder de "desconstituir" a coisa julgada?

3.º) O Sistema do Código Processual Civil, adstrito aos princípios constitucionais, onde a COISA JULGADA prepondera, pode permitir que um julgamento realizado no presente se imponha às relações ocorridas no passado e que estavam juridicizadas pela Coisa Julgada até o novo pronunciamento ocorrido agora?

Toda a legislação, todos os julgamentos têm existência e eficácia a partir do momento em que são produzidos. *Lex regit actum*. Existem para o presente e para o futuro.

Se existem três formas de julgamento no STF,

a. método difuso (hoje não mais existente sozinho);

b. método difuso com repercussão geral;

c. método concentrado;

todas têm a mesma finalidade: a declaração de constitucionalidade ou inconstitucionalidade da lei que daria suporte às relações jurídicas questionadas.

Lembrem-se que todos os fatos e circunstâncias a eles referidas, no direito tributário, serão juridicizados em conformidade com a Norma Matriz de Incidência Tributária. E, a relação jurídica tributária tem, no sujeito ativo, o Estado Credor, e no sujeito passivo, o contribuinte.

Decidir cobrar, desde 2007 a Contribuição Social sobre o Lucro Líquido, até agora, 16 exercícios, romperá os direitos do contribuinte que estava seguro do resultado dos julgamentos e agora é surpreendido com a exigência de contribuição social de 16 exercícios.

Ora, isto não é possível.

E, o Direito só existe no campo do possível. Nosso Sistema não suporta essa exigência tributária.

O fato de aparecer um débito de tal monta, que poderá até impedir a continuidade de empreendimentos, na devida proporção de cada uma, é uma afronta à segurança jurídica. O fato palpável é terem-se passados 16 anos.

Em seu voto (fls. 15) o Ministro Edson Fachin fala de "QUESTÃO PRELIMINAR QUE É A DIMENSÃO CONSTITUCIONAL DA COISA JULGADA E DE SEGURANÇA JURÍDICA COMO COROLÁRIO DO ESTADO DEMOCRÁTICO DE DIREITO. E, por essa mesma razão, é necessário desde logo sinalizar para a **necessidade de modulação do efeito para esse caso.** Considerando razões de segurança jurídica, com destaque ao seu consectário da **proteção da confiança dos contribuintes acobertados pela coisa julgada**, o presente entendimento **tem eficácia pró-futuro a partir da publicação da ata de julgamento desta decisão.**

"*Modular* implica em fixar a data de início de validade daquele julgamento, o que pode ser estabelecido para uma data *futura* ou determinado para uma data *passada*, conforme permitido pelo Artigo 27 da Lei 6.898/99. Observe-se que se trata de uma *prerrogativa* do STF, não aplicável para todo e qualquer órgão judicial."[28]

A maioria dos Ministros, porém, discordou do Ministro Fachin, acompanhando o voto do Min. Luís Roberto Barroso, DECIDINDO PELA NÃO MODULAÇÃO DOS EFEITOS DA DECISÃO.

Ver-se-á que o fundamento do voto do Ministro Relator para o Acórdão, Luís Roberto Barroso está bem explicitado em seu voto no RE 955.227/Bahia.

O Acórdão do RE 955.227/BA, sendo Relator o Ministro Luís Roberto Barroso.

Destaca-se do Voto do Relator:

> "37. *Assim, após 2007, a manutenção das decisões transitadas em julgado que declaram a inconstitucionalidade da incidência da*

---

28. Scaff, Fernando Facury. "A Coisa Julgada tributária entre modulação e irretroatividade de seus efeitos." Conjur, 2023. https://www.conjur.com.br/2023-fev-20/justica-tributaria-coisa-julgada-tributaria-entre-modulacao-irretroatividade. 20/02/2023.

> *CSLL – em relação a fatos geradores posteriores a esse ano – revela discrepância passível de violar a igualdade tributária, diante do tratamento desigual, bem como da livre concorrência. Isso porque o contribuinte dispensado do pagamento de tributo por decisão transitada em julgado ostenta vantagem competitiva em relação aos demais, uma vez que não destina parcela dos seus recursos a essa finalidade – situação diferente da dos seus concorrentes que são obrigados a pagar –, de modo a baratear os custos da sua estrutura e produção.*
>
> (...)
>
> *39. Partindo das premissas de que esta Corte dá a última palavra no que se refere à constitucionalidade de leis e atos normativos, e que os pontos (i) e (ii) descritos acima geram situações anti-isonômicas, com repercussão direta na livre concorrência,* ***chego à conclusão de ser necessária a interrupção dos efeitos da coisa julgada nas relações jurídicas tributárias de trato sucessivo,*** *independente do tributo que se esteja discutindo,* ***quando esta Corte se manifestar em sentido oposto, em controle concentrado ou em controle difuso, desde que de acordo com a sistemática da repercussão geral.”***

Propôs, então, a mesma solução por ele dada ao RE 949.297/CE, relatado pelo Ministro Fachin, conforme itens 54 e 55 de seu voto:

> *“54. Diante do exposto, nego provimento ao recurso extraordinário da União.* ***Reconheço, porém, a constitucionalidade da cessação dos efeitos futuros da coisa julgada em relações jurídicas tributárias de trato sucessivo, quando esta Corte se manifestar em sentido contrário em recurso extraordinário com repercussão geral.***
>
> *55. Proponho a fixação da seguinte: “1. As decisões do STF em controle incidental de constitucionalidade, anteriores à instituição do regime de repercussão geral, não impactam automaticamente a coisa julgada que se tenha formado, mesmo nas relações jurídicas tributárias de trato sucessivo. 2.* ***Já as decisões proferidas em ação direta ou em sede de repercussão geral interrompem automaticamente os efeitos temporais das decisões transitadas em julgado nas referidas relações, respeitadas a irretroatividade, a anterioridade anual e a noventena ou a anterioridade nonagesimal, conforme a natureza do tributo.”***

Entendeu, portanto, que a partir do julgamento da ADI n.º 15, em 2007, que julgou constitucional a CSLL, todos os contribuintes deveriam recolher esse tributo automaticamente.

Isto difere dos votos vencidos dos Ministros que entenderam da necessidade de modulação dos efeitos da decisão que determinava os efeitos prospectivos dessa decisão.

Entendemos que o decidido no presente teria efeitos prospectivos de hoje em diante.

Cogitar de irretroatividade não seria possível em hipótese alguma.

Se o contribuinte estiver protegido por decisão transitada em julgado, A COISA JULGADA permanecerá, e só seria afastada no momento em que outra nova jurisprudência se colocasse no lugar daquela.

Esta substituição será determinada no Judiciário, onde se concretizou.

A decisão de hoje, tanto no RE 949.297/ Ceará como no RE 955.227/ Bahia, olha para o passado e ordena que, após a decisão da ADI 15, em controle concentrado, AUTOMATICAMENTE todos os contribuintes deveriam ter adimplido a CSLL.

IX. Conclusão

Diante da perplexidade do tema: Cessação da coisa julgada diante da Decisão Superveniente do STF, em controle concentrado e considerando a existência dos efeitos de três julgamentos no tempo:

a) na via difusa, em 1992;
b) na ação direta de constitucionalidade n.º 15, terminada em 2007, procedente. Tem efeito *erga omnes*;

c) nos presentes Acórdãos, em sede de repercussão geral, 2023, os REs que chegaram ao Supremo em 2016, onde a União era recorrente, querendo a confirmação da constitucionalidade da contribuição e que o STF reconhecesse a dívida da CSLL dos dois contribuintes (antes de 2007 não seria válida).

Nossa reflexão, diante das decisões proferidas nos dois REs n.º 949.297/CE e 955.227/BA, é a de que deveria haver apenas efeitos prospectivos.

Houve um interregno de 16 anos sem que qualquer Tribunal dissesse que a decisão de 2007 se sobreporia à coisa julgada formada anteriormente. Daí nosso entendimento de que, em virtude do tempo transcorrido, deve realizar-se a modulação para frente.

Tem este trabalho a finalidade de suscitar a reflexão de todos, no sentido de analisar os Acórdãos nos Recursos Extraordinários n.º 949.297 e 955.227, uma vez que a nossa análise objetivou apenas os efeitos no tempo dessas decisões.

POLÊMICAS NOS REGIMES DE TRIBUTAÇÃO DO ICMS APLICÁVEIS ÀS OPERAÇÕES COM COMBUSTÍVEIS: SUBSTITUIÇÃO TRIBUTÁRIA E INCIDÊNCIA MONOFÁSICA

Antonio Machado Guedes Alcoforado[1]

INTRODUÇÃO

Está em tramitação, no Congresso Nacional, a PEC 45/19, idealizada no CCiF[2], cuja principal finalidade é atenuar a complexidade da tributação sobre o consumo.

---

1. Doutor em Direito Tributário pela PUC/SP; Pós-graduado em Direito pelo Instituto Brasileiro de Estudos Tributários - IBET, Universidade Federal de Pernambuco - UFPE e *University of Georgia*, nos EUA; Professor nas pós-graduações do IBET e a da UFPE; Auditor Fiscal da Secretaria da Fazenda do Estado de PE, ex-Superintendente Jurídico e representante da Sefaz/PE no grupo de trabalho da reforma tributária, no Conselho Nacional de Política Fazendária - Confaz. Ex-pesquisador doutorando na FGV/SP, oportunidade em que trabalhou no Centro de Cidadania Fiscal – CCiF, na época da concepção da PEC 45/2019.

2. A PEC 45/2019 foi concebida no CCiF e protocolada na Câmara dos Deputados pelo Deputado Baleia Rossi. A proposta inicial tem, entre outras premissas, a simplificação, a não cumulatividade, a neutralidade e a transparência na tributação sobre o consumo. Por meio da referida PEC, poderá ser instituído um IVA dual em substituição aos tributos PIS, Cofins, IPI, ICMS e ISS, mas será mantido o regime

Não obstante a importância da reforma tributária, antes de aprovar alterações constitucionais, muitas leis complementares, previstas na Carta Magna, acaso publicadas, poderiam simplificar a tributação. Um exemplo foi propiciado pela LC 192/22, que finalmente regulamentou a sistemática monofásica dos combustíveis, prevista no art. 155, § 2º, XII, *h*, da Constituição – CR/88, desde a EC 33/01.

Mesmo com a competência, outorgada há duas décadas, para a lei complementar definir os combustíveis e lubrificantes sobre os quais o ICMS incidirá uma única vez, a concentração da incidência só foi regulamentada, para alguns combustíveis[3], por meio da LC 192/22[4].

Neste artigo, são examinadas duas polêmicas da tributação do ICMS, nas operações com combustíveis que estão sendo atenuadas com a mudança da substituição tributária para o regime monofásico, mais especificamente em relação às lides inseridas no Recurso Extraordinário - RE 781.926/GO e na Ação Direta de Inconstitucionalidade - ADI 7.259/DF.

O questionamento inserido no tema 694 refere-se à possibilidade de creditamento do ICMS, por parte das distribuidoras de combustíveis, em relação às operações de aquisição de biocombustíveis, gravadas pela técnica do

---

monofásico nas operações com combustíveis.

3. As operações com combustíveis sobre os quais incidirá uma única vez o ICMS, qualquer que seja sua finalidade, conforme o art. 2º da LC 192/2022, são: i) gasolina, diesel, gás liquefeito de petróleo - GLP e o gás natural liquefeito - GNL, todos derivados de petróleo; e ii) etanol anidro combustível - EAC e biodiesel - B100, ambos derivados de materiais predominantemente orgânicos.

4. A LC 192/22, apesar de simplificar a tributação dos combustíveis, foi aprovada com a clara finalidade de diminuir os preços dos combustíveis em pleno ano eleitoral. Dentre as inconstitucionalidades da referida lei, estão a concessão de um benefício fiscal de redução da base de cálculo da substituição tributária, sem amparo em Convênio do ICMS; e a renúncia de receita dos Estados e do DF de forma abrupta, por meio de legislação federal, sem o devido acompanhamento da estimativa do seu impacto orçamentário e financeiro, conforme o art. 113 do Ato das Disposições Constitucionais Transitórias - ADCT da CR/88.

diferimento, referente ao RE 781.926/GO, em regime de repercussão geral.

A outra polêmica é inerente ao Convênio ICMS 54/16, que segundo a Confederação Nacional do Comércio de Bens e Serviços e Turismo - CNC, conforme argumentos da ADI 7.259/DF, restabeleceu uma bitributação semelhante àquela que o STF julgou inconstitucional, por meio da ADI 4.171/DF.

As duas polêmicas foram examinadas com a contribuição da doutrina e da ferramenta metodológica da regra-matriz de incidência tributária – RMIT.

1. A IMPLANTAÇÃO DO REGIME MONOFÁSICO E SUA DIFERENÇA COM A SUBSTITUIÇÃO TRIBUTÁRIA

Antes da implantação da incidência monofásica, os combustíveis eram submetidos ao regime de substituição tributária para frente, no qual há tributação plurifásica, quer dizer, todos os partícipes da cadeia econômica de combustíveis eram contribuintes, mas o importador ou a refinaria de petróleo pagavam, antecipadamente, o ICMS devido sobre toda a cadeia.

Dessa forma, o importador e a refinaria recolhiam o ICMS de toda a cadeia dos combustíveis, com exceção do etanol hidratado, por meio da substituição tributária progressiva, responsabilizando-se pelo recolhimento ao erário do imposto devido pelo produtor de biocombustíveis (biodisel e etanol anidro), pela distribuidora de combustíveis e pelo posto revendedor, partícipes da mesma cadeia econômica.

Na incidência monofásica, o recolhimento continuará sendo antecipado, sem diferimento, mas o produtor do combustível (refinaria de petróleo) ou o importador passarão a recolher o ICMS de toda a cadeia econômica como únicos contribuintes.

Quando havia substituição tributária para frente, a refinaria ou o importador eram responsabilizados pelo recolhimento do ICMS referente a todas as operações, substituindo os outros partícipes da cadeia econômica. A partir da sistemática monofásica, a refinaria ou o importador continuam recolhendo antecipadamente o imposto, mas como os únicos contribuintes dos combustíveis com concentração da incidência.

A simplificação, em face da troca do regime plurifásico para o monofásico, ocorre, dentre outros motivos, porque, no novo regime, todas as operações da cadeia econômica com combustíveis deverão ser desoneradas, exceto no seu início, quando se dá a incidência concentrada, na importação ou na saída do produtor de combustível (refinaria), com um único critério quantitativo aplicado nacionalmente.

Portanto, o imposto deverá ser cobrado definitivamente, em incidência única, no início da cadeia econômica, por meio de alíquota *ad rem* (valor em reais por unidade de medida).

Convém destacar que, enquanto os Estados-Membros não estabeleceram essa alíquota – único critério quantitativo da regra-matriz de incidência – RMIT com *ad rem*–, não se iniciou a incidência monofásica para os combustíveis identificados na LC 192/2022.

Sabe-se que a RMIT é uma ferramenta metodológica que facilita o exame da incidência, sendo que seus critérios precisam estar previstos abstratamente na lei ou, na hipótese do regime monofásico dos combustíveis, excepcionalmente a alíquota em convênio ICMS, celebrado no âmbito do Confaz[5]. Ausente um dos seus critérios, seja na hipótese (critérios material, espacial e temporal), seja no

---

5. O Conselho Nacional de Política Fazendária - Confaz - é um órgão vinculado ao Ministério da Economia, que tem competência para celebrar convênios, para efeito de concessão ou revogação de benefícios fiscais do ICMS, de acordo com o previsto no art. 155, § 2º, XII, *g* da CR/1988 e na LC 24/1975.

consequente [critérios pessoal e quantitativo (alíquota *ad rem*)], inviável será a incidência e, por conseguinte, o início da sistemática monofásica nos combustíveis.

Finalmente, cumprindo o Acordo de Conciliação firmado nos autos da Ação por Descumprimento de Preceito Fundamental 984, em 22.12.22, os entes estaduais definiram o valor do ICMS por unidade de medida de diesel, biodiesel e gás (alíquota *ad rem*), por meio do Convênio ICMS 199/22. As alíquotas iniciaram suas vigências em 1º.5.2023, data em que o regime monofásico nesses combustíveis foi efetivamente implantado. Em 1º.6.23, a incidência concentrada iniciou nas operações com gasolina e etanol anidro combustível – EAC, conforme o Convênio ICMS 15/23.

Doravante será examinada uma polêmica das operações com combustíveis (RE 781.926/GO), quando submetidos ao regime de substituição tributária para frente, que foi dirimida com a implantação regime monofásico.

2. A COMPLEXIDADE QUE LEVOU À INCOMPREENSÃO, PELA MAIORIA DOS MINISTROS DO STF, DO FENÔMENO TRIBUTÁRIO DA SUBSTITUIÇÃO TRIBUTÁRIA

2.1 O *leading case* do RE 781.926/GO

Uma das polêmicas que está sendo atenuada com a mudança do regime de substituição tributária para monofásico diz respeito ao Tema 694, que dispõe, segundo o *site* do STF, sobre a "Possibilidade de creditamento de ICMS em operação de aquisição de matéria-prima gravada pela técnica do diferimento."

Trata-se do *leading case* (RE 781.926/GO), que se encontrava aguardando julgamento há cerca de uma década, em regime de repercussão geral, no qual se discute a possibilidade da tomada de crédito do ICMS, por parte das distribuidoras de combustíveis, em relação às operações de aquisição de biocombustíveis (etanol anidro combustível - EAC e biodiesel – B100), supostamente submetidas ao regime do diferimento.

Na operação de aquisição com diferimento, em que há substituição tributária para trás, a jurisprudência do STF sempre vedou a possibilidade de crédito. No julgamento do Tema 694, por unanimidade, os Ministros mantiveram esse entendimento, de acordo com o voto vencedor, proferido pelo Ministro relator Dias Toffoli.

Todavia, esse regime de diferimento não ocorre na operação de saída dos produtores de biocombustíveis para distribuidoras. Ambos são substituídos pelo importador do combustível ou pela refinaria de petróleo, que ficam responsáveis pelo recolhimento do ICMS de toda a cadeia, inclusive o imposto devido sobre os bicombustíveis (etanol anidro e biodiesel), antecipadamente, por meio da substituição tributária para frente, prevista no § 7º do art. 150 da CR/88 e na LC 87/96.

Convém assinalar que há previsão, no Convênio ICMS 110/07 e nas legislações dos Estados-Membros e do DF, da suspensão ou do diferimento do ICMS incidente nas operações de saída do importador ou do produtor do EAC ou do B100 para as distribuidoras de combustíveis. Todavia, quando se analisa a fenomenologia da tributação dos combustíveis, percebe-se que a operação de aquisição de biocombustíveis não se sujeita ao diferimento, mas à substituição tributária para frente.

É salutar lembrar que ocorre o diferimento com substituição tributária para trás, quando a lei atribui ao adquirente de um determinado produto ou serviço a responsabilidade pelo pagamento do tributo devido na operação anterior ou nas operações anteriores. A refinaria de petróleo, porém, não adquire EAC ou B100 das usinas ou das destilarias ou do importador do biocombustível. O diferimento com substituição para trás caracteriza-se pelo adiamento da exigência do tributo para a fase seguinte da cadeia econômica; mas essa relação não ocorre entre a refinaria de petróleo e o produtor de biocombustível. As usinas ou as destilarias relacionam-se economicamente, sobretudo, com distribuidora de combustíveis que adquirem delas o EAC ou o B100.

A refinaria de petróleo, por sua vez, que é responsável pelo recolhimento do ICMS sobre a operação com o biocombustível, relaciona-se economicamente com a distribuidora de combustível - e não com o produtor ou o importador do EAC ou do B100. A retenção do ICMS do biocombustível pela refinaria pode ocorrer, inclusive, antes da saída do EAC ou do B100 da usina ou da destilaria para a distribuidora.

Portanto, o importador ou a refinaria de petróleo, além de recolherem o ICMS da operação própria (com diesel A ou gasolina A), ficam responsáveis pela retenção e recolhimento, antecipadamente, do imposto incidente sobre as operações subsequentes com gasolina C e diesel B, bem como sobre o ICMS dos biocombustíveis inseridos nas suas composições. Por conseguinte, as operações com EAC e B00 não estão sob a égide do diferimento ou da suspensão, mas sob o regime de substituição tributária para frente.

Dessa forma, resta estabelecida a premissa: o fenômeno tributário que ocorre na operação de saída do importador ou produtor do EAC ou do B100 para a distribuidora de petróleo não se trata de suspensão ou de substituição tributária para trás. Ao contrário, o imposto é exigido antecipadamente, por meio da substituição tributária para frente, prevista no § 7º do art. 150 da CR/88.

A tributação dos combustíveis, pela substituição tributária, é tão complexa que a maioria dos Ministros do STF julgou, erroneamente, a possibilidade do creditamento do ICMS na aquisição de biocombustíveis pela distribuidora, como se tratasse de operação de diferimento (substituição tributária para trás), quando, na verdade, trata-se claramente de substituição tributária para frente.

Apenas o Ministro André Mendonça, após o seu pedido de vistas, identificou o *error in judicando* ao constatar que a realidade empírica que ocorre na aquisição de biocombustíveis é o regime de substituição tributária progressiva.

Eis alguns trechos do voto-vista do mencionado Ministro:

> 28. Trocando em miúdos, considero ser uma impropriedade técnica caracterizar empiricamente as operações de aquisição de etanol anidro carburante e biodiesel pela distribuidora de petróleo como um diferimento de ICMS. Na verdade, o imposto é recolhido antecipadamente, mediante substituição tributária para frente, no que diz respeito a toda a cadeia econômica de distribuição, ou seja, desde a refinaria até o consumidor final do combustível. Em outro estudo, veja-se o que argumentado pelo citado jurista:
>
> "Ou seja, conforme exemplo da figura acima, quando a distribuidora (BA), adquire gasolina 'A' da refinaria de petróleo (RJ), esta fica responsável pelo recolhimento: (a) do ICMS próprio, que lhe é devido na condição de contribuinte da operação de venda de gasolina 'A' para a distribuidora; (b) do ICMS, na condição de substituta tributária, em relação à saída da gasolina 'C' da distribuidora e dos postos revendedores de combustíveis; e (c) do ICMS incidente sobre a quantidade de etanol anidro carburante a ser adicionado à gasolina 'A', no percentual fixado pela ANP. Em outras palavras, nas operações com combustíveis derivados de petróleo, em que há substituição tributária para frente, todo o ICMS devido é recolhido antecipadamente pelo contribuinte substituto (refinaria de petróleo ou importador), inclusive o ICMS supostamente 'diferido' da operação em que a distribuidora de combustíveis adquire das usinas o EAC para misturar à gasolina 'A', bem como o imposto da futura venda da gasolina 'C' (mistura da gasolina pura 'A' com EAC).
>
> Dessa forma, pela sistemática tributária criada para o setor de combustíveis, o ICMS incidente sobre as aquisições de EAC ou

> B100, ao contrário de diferido, é exigido antecipadamente pelo regime de substituição tributária para frente."
>
> (ALCOFORADO, Antônio Machado Guedes. Análise da fenomenologia da não cumulatividade do ICMS nas operações relativas à circulação de combustíveis derivados de petróleo. MACEDO, Alberto et al. Direito Tributário e os novos Horizontes do Processo. São Paulo: Noeses, 2015, p. 122-123; grifos nossos)."
>
> [...]
>
> "42. Enfim, proponho a fixação da seguinte tese de julgamento ao Tema nº 694 do repertório da Repercussão Geral, em tópicos:
>
> I - Nas aquisições de mercadorias, sob o regime de diferimento ou de substituição tributária para trás, inexiste para o contribuinte adquirente direito ao crédito do ICMS, porquanto a exigibilidade deste somente ocorre na operação subsequente e inexiste cumulatividade fiscal na espécie.
>
> II - Na cadeia econômica de distribuição de combustíveis, sob regime plurifásico com substituição tributária, há direito ao creditamento de ICMS em favor da distribuidora, decorrente de operações de saída do etanol anidro combustível ou do biodiesel das usinas ou destilarias, independentemente de indicação do lançamento na escrituração fiscal, pois todo o ICMS devido é recolhido antecipadamente, mediante substituição tributária para frente, pela refinaria de petróleo ou pelo importador.
>
> É como voto.
> Ministro ANDRÉ MENDONÇA"

Dessa maneira, no julgamento virtual do RE 781.926/GO, quando o Ministro André Mendonça julgou o caso concreto, de acordo com a fenomenologia de combustíveis correta, não foi considerada a aquisição de biocombustíveis pela distribuidora como diferimento, mas sim como substituição tributária para frente. Por conseguinte, conforme o tópico II do seu voto-vista, como na substituição progressiva há cobrança do ICMS antecipadamente, cuja responsabilidade cabe ao importador ou à refinaria de petróleo, o voto irretocável do referido Ministro admitiu o crédito das distribuidoras de combustíveis em relação às referidas aquisições.

2.2 Atenuação da polêmica em face da implantação do regime monofásico

Essa polêmica está sendo atenuada com a implantação do regime monofásico, porque a distribuidora de combustíveis, nos termos da LC 192/22, não será mais considerada contribuinte da obrigação principal, em relação aos combustíveis submetidos ao regime monofásico; afinal, todo o ICMS deverá ser recolhido pelo importador ou produtor de combustíveis, no início da cadeia, com incidência concentrada.

Conforme a cláusula terceira dos Convênios ICMS 199/22 e 15/23, o produtor de combustíveis ou o importador são os únicos contribuintes do ICMS monofásico. A distribuidora só é considerada contribuinte se exercer a atividade de importação de combustíveis.

Um exemplo é a cláusula décima primeira do Convênio 15/23:

> Fica atribuída à refinaria de petróleo ou suas bases, à CPQ ao Formulador de Combustíveis e ao importador, nas operações com Gasolina A a responsabilidade pela retenção e pelo recolhimento do ICMS incidente nas importações de EAC ou sobre as saídas do estabelecimento produtor de EAC.

Ademais, com a implantação da sistemática monofásica, a impropriedade de tratar como diferimento, com substituição tributária para trás, a aquisição de biodiesel pelas distribuidoras foi revogada: § 3º da cláusula décima do Convênio ICMS 199/22 foi revogado pelo Convênio ICMS 10/23.

Por conseguinte, no sistema monofásico, previsto no Convênio ICMS 199/22, não há mais a indevida previsão do diferimento no recolhimento do imposto nas aquisições do biodiesel pelas distribuidoras de combustíveis.

Os representantes dos Estados e do DF agiram corretamente em eliminar essa impropriedade, uma vez que, nos contextos da incidência concentrada ou plurifásica (substituição tributária para frente), como a cobrança do imposto de toda a cadeia é exigida antecipadamente, na importação ou na saída do produtor de petróleo, não há qualquer sentido em denominar diferimento a aquisição de biocombustível pela distribuidora. Esta, apesar de arcar com o ônus do imposto, quando adquire a gasolina A ou o diesel B da refinaria, não é substituta do produtor de biocombustíveis - quem sempre teve a responsabilidade de fazer esse recolhimento para o erário foi a refinaria de petróleo ou o importador.

A diferença é que, no sistema monofásico, não haverá mais incidências nas operações subsequentes, inviabilizando, nesse caso, a tomada de créditos pelas distribuidoras, em relação ao etanol anidro e ao biodiesel, porque não são contribuintes, na sistemática da concentração da incidência prevista na LC 192/22, das operações com diesel e gasolina.

O capítulo VI do Convênio 15/23 estabelece essa diretriz:

> DA IMPOSSIBILIDADE DE APROPRIAÇÃO DE CRÉDITO NO REGIME DE TRIBUTAÇÃO MONOFÁSICA. Cláusula décima sétima. Em face das características do regime de tributação monofásica, incompatível com o regime geral de apuração do imposto, fica vedada a apropriação de créditos das operações e prestações antecedentes às saídas de Gasolina A e EAC qualquer que seja a sua natureza, cabendo ao contribuinte promover o devido estorno na proporção das saídas destes produtos.

Portanto, após a implantação do sistema monofásico, é provável que não haja mais lides envolvendo a tomada de créditos, por parte das distribuidoras, relativamente às aquisições de EAC e B100.

Todavia, os Convênios 199/22 e 15/23 contrariam o direito constitucional à não cumulatividade, ao prescreverem a vedação ao direito da tomada de crédito, de qualquer natureza, impossibilitando a apropriação de créditos, por exemplo, relativos ao frete, sem amparo constitucional e sem que haja qualquer restrição na LC 192/22, que instituiu a sistemática monofásica.

Provavelmente novas polêmicas continuarão "frequentando" os tribunais superiores, mesmo com o regime monofásico.

3. DIMINUIÇÃO DA POLÊMICA NAS OPERAÇÕES INTERESTADUAIS COM DIESEL E GASOLINA, ASSUNTO DA ADI 7.259/DF, EM FACE DA IMPLANTAÇÃO DO REGIME MONOFÁSICO

A sistemática monofásica, que poderia ter sido implementada desde a EC 33/2001, teria diminuído litígios entre a Fazenda Pública e os contribuintes, inclusive envolvendo operações interestaduais com diesel e gasolina, tema relacionado à ADI 4.171, bem como à ADI 7.259/DF, protocolada em 18.10.22 pela CNC, que se encontra pendente de julgamento no STF.

O Convênio ICMS 110/07 dispõe sobre a substituição tributária nas operações com combustíveis, regime que se aplicava a todas as operações com combustíveis, antes da incidência concentrada. O STF julgou inconstitucional, por meio da ADI 4.171/DF, dispositivos do referido Convênio, que previam uma bitributação. Entretanto, o Convênio ICMS 54/16 alterou os referidos dispositivos restabelecendo, segundo a CNC, a exigência tributária semelhante àquela que existia nas operações interestaduais com gasolina e diesel, motivo pelo qual protocolou a ADI 7.259/DF, que se encontra pendente de julgamento no STF.

Doravante, examinam-se aspectos do Convênio ICMS 110/07, que dispõem sobre a substituição tributária nas operações com combustíveis, antes e depois do Convênio ICMS 54/16, para averiguar se foi restabelecida exigência tributária semelhante àquela que o STF julgou inconstitucional, por meio da ADI 4.171/DF.

3.1 O direito ao ressarcimento ou à exigência do recolhimento do ICMS complementar nas operações interestaduais com diesel e gasolina, praticadas por distribuidoras

Conforme visto anteriormente, a retenção do ICMS referente à substituição tributária ocorre na importação ou quando o produtor de petróleo, como exemplo mais comum a refinaria (substituta), promove a saída da gasolina A ou o do diesel A para a distribuidora (substituída), independentemente do instante da concretização da aquisição dos biocombustíveis pela distribuidora junto ao produtor ou importador do biodiesel e do etanol anidro.

Por mais esse motivo, comprova-se que não ocorre o diferimento do ICMS na operação de saída do produtor do EAC e do B100, insumos utilizados pelas distribuidoras para produzir gasolina C e óleo diesel B, mercadorias vendidas para o consumidor final.

A refinaria de petróleo recolhe, como contribuinte, o ICMS da gasolina A ou do diesel A da sua própria operação para a distribuidora, bem como é substituta tributária e responsável pelo recolhimento do ICMS, retido antecipadamente, relativo a todas as outras operações, por meio da substituição tributária para frente.

Por conseguinte, a refinaria de petróleo, além de recolher o ICMS da sua própria operação, fica responsável pelo repasse do ICMS ao Estado de destino (onde é consumido o combustível) e à UF de origem do biocombustível (geralmente onde se encontra o importador ou o fabricante do EAC ou do B100).

Importa lembrar que, na substituição tributária para frente, antecipa-se o imposto que será devido na operação futura, presumida. Com isso, quando a refinaria de petróleo retém o ICMS ST, calcula o imposto com base no critério quantitativo (base de cálculo e alíquota) da UF da distribuidora que adquire a gasolina A ou o diesel A.

No entanto, se a distribuidora, ao invés de vender o combustível para um posto revendedor dentro do seu Estado, realiza uma operação interestadual com gasolina C ou diesel B, o valor do imposto devido à UF de destino deve levar em consideração a base de cálculo e a alíquota aplicados nesse Estado, onde o combustível é consumido.

Consequentemente, se o valor do imposto devido à UF de destino (onde houver o consumo) for diverso do exigido no Estado-Membro de origem (da mesma localização da distribuidora), conforme o § 3º da cláusula décima oitava do Convênio ICMS 110/07, são adotados os seguintes procedimentos: i) se superior, o remetente da mercadoria (distribuidora) será responsável pelo recolhimento do ICMS complementar, na forma e prazo que dispuser a legislação da UF de destino; e ii) se inferior, a diferença será ressarcida à distribuidora, pelo seu fornecedor (refinaria), nos termos previstos na legislação da UF de origem.

Tais previsões obedecem à sistemática de substituição tributária para frente aplicada às diversas mercadorias, quando submetidas a tal regime; afinal, no momento da retenção do imposto pelo substituto, não se sabe em qual Estado-Membro o imposto sobre o consumo (ICMS) terá sua cadeia concluída.

Observa-se, também, que a substituição tributária para frente deverá obedecer ao princípio da não cumulatividade, inerente ao ICMS. Por conseguinte, no cálculo do ICMS ST deverão ser abatidos os valores devidos nas operações anteriores. Por outro lado, a Constituição estabelece que a receita do ICMS, incidente sobre derivados de petróleo, no caso a gasolina A e o diesel A, deve ser destinada exclusivamente ao Estado ou o DF onde ocorrer seu consumo.

Assim, para os derivados de petróleo, prevalece o princípio de destino na arrecadação, como se pretende inserir na tributação do consumo prevista na PEC 45/19, diferente da tributação dos combustíveis orgânicos (B100 e EAC), nos quais a receita do imposto deve ser dividida, nas operações interestaduais entre contribuintes, destinando parte para o Estado produtor dos biocombustíveis e parte para o Estado onde a gasolina C ou o diesel B são consumidos.

Quando ocorrerem operações interestaduais com gasolina C ou óleo diesel B, já incluído o biocombustível da mistura, como o EAC e o B100 não são derivados de petróleo, não se aplica o princípio do destino nesses combustíveis, de modo que deve haver a divisão da arrecadação, conforme a previsão constitucional, nas operações entre contribuintes, qual seja: gasolina A e diesel A para o Estado consumidor (princípio de destino); biocombustíveis divididos entre o Estado originário do EAC ou do B100 e a UF de destino, onde a gasolina C ou o diesel B são consumidos.

Portanto, não há dúvida de que o ICMS devido ao Estado de destino, referente ao imposto incidente sobre a operação final com a gasolina C ou o diesel B, deve ser deduzido de parcela do tributo do EAC e do B100, destinados ao Estado produtor dos biocombustíveis utilizados na mistura.

3.2 Exame das normas infraconstitucionais aplicáveis às operações interestaduais com gasolina e diesel, com base no Convênio ICMS 110/07, antes e depois do Convênio ICMS 54/16

Os §§ 10 e 11 da cláusula vigésima primeira do Convênio ICMS 110/07 exigiam das distribuidoras de combustíveis o estorno e o recolhimento do ICMS relativo ao valor do EAC e do B100, cujo equivocado tratamento, previsto na legislação, é suspensão ou diferimento.

O comando normativo inserido nos parágrafos citados era explicitamente direcionado para as distribuidoras, que efetuam operações interestaduais com gasolina C ou óleo diesel B. Elas eram obrigadas a recolher, a título de estorno, o valor correspondente ao ICMS diferido ou suspenso, mesmo todo o ICMS devido na operação já tendo sido retido pela refinaria de petróleo, por meio da substituição tributária para frente, conforme o § 1º da cláusula vigésima primeira do Convênio ICMS 110/07.

Portanto, o § 1º supracitado deixa cristalino que o substituto (refinaria) fica responsável pelo recolhimento de todo o ICMS, por meio de substituição tributária para frente, tanto o relativo às operações com gasolina A e o óleo diesel A, como o supostamente diferido ou suspenso, relativo aos biocombustíveis.

Em que pese a previsão de que todo o ICMS, englobando o da gasolina ou do diesel, inclusive das suas misturas, já ter sido recolhido, de uma única vez, por meio da substituição tributária para frente, o § 11 da cláusula vigésima primeira do Convênio ICMS 110/07 prescrevia expressamente uma bitributação, ao exigir que a distribuidora recolhesse, novamente - já que a refinaria já havia retido o imposto da distribuidora -, o ICMS suspenso ou diferido, relativo ao EAC ou ao B100.

Por conseguinte, antes do Convênio ICMS 54/16, que revogou os §§ 10 e 11 da cláusula vigésima primeira do Convênio ICMS 110/07, havia uma bitributação explícita, inclusive se exigia das distribuidoras um recolhimento a título de estorno.

No período anterior ao Convênio ICMS 54/16, todo o ICMS retido antecipadamente pela refinaria era disponibilizado para o Estado da sede da distribuidora, que repassava o imposto do biocombustível para a UF de origem do EAC ou do B100 e, quando havia operação subsequente interestadual, o ICMS integral era repassado para o Estado de destino (indevidamente, pois deveria ser deduzido o imposto do biocombustível, em respeito ao princípio da não cumulatividade).

Como o Estado da distribuidora repassava o ICMS BIO tanto para o Estado produtor do biocombustível, quanto para o Estado onde era consumido a gasolina C ou o óleo diesel B, havia bitributação quando os Estados eram diferentes, cujo encargo cabia a distribuidora, porque dela era exigido um imposto complementar, a título de estorno.

A CNC, por meio da ADI 4.171/DF, questionou a bitributação prevista nos mencionados §§ 10 e 11. O STF, conforme Acórdão publicado no DJE 164, em 21.8.15, reconheceu a inconstitucionalidade explícita no Convênio ICMS 110/07.

Logo, o STF reconheceu a inconstitucionalidade dos §§ 10 e 11 da cláusula vigésima primeira do Convênio ICMS 110/07, que exigia das distribuidoras de combustíveis o estorno e o recolhimento do ICMS relativo ao valor do imposto dos biocombustíveis EAC e B100.

Posteriormente, foi publicado o Convênio ICMS 54/16, que revogou os §§ 10 e 11 da cláusula vigésima primeira do Convênio ICMS 110/07. Por conseguinte, não haveria mais necessidade de as distribuidoras de combustíveis, quando realizassem operações para outros Estados com gasolina C ou diesel B, recolherem o valor correspondente ao ICMS supostamente diferido ou suspenso, relativo às aquisições de EAC ou de B100.

Contudo, o referido Convênio 54/16 também acrescentou, na mesma cláusula do Convênio ICMS 110/07, o § 13, que prescreve um novo tratamento tributário para o ICMS suspenso ou diferido, exatamente nas mesmas operações, quais sejam, nas saídas interestaduais de gasolina resultante da mistura com EAC ou do óleo diesel resultante da mistura com B100:

> § 13. Nas saídas isentas ou não tributadas da gasolina C ou do óleo diesel B, o imposto diferido ou suspenso, em relação ao volume de EAC ou B100 contido na mistura, englobado no imposto retido anteriormente por substituição tributária, deverá ser:
>
> I - Segregado do imposto retido anteriormente por substituição tributária;
>
> II - Recolhido para a unidade federada de origem do biocombustível, observado os §§ 4º e 5º.

Desta feita, nas saídas interestaduais das distribuidoras com gasolina C ou do óleo diesel B, que recebem o tratamento constitucional de imunidade, a norma prescreve que o ICMS supostamente diferido ou suspenso, relativo ao volume de EAC ou B100, contido na mistura, deverá ser separado do imposto retido anteriormente pelo substituto tributário (refinaria ou importador), que providenciará o recolhimento do referido imposto para a UF de origem do biocombustível.

O §14 da mesma cláusula determina que, na apuração do ICMS, serão consideradas as médias da base de cálculo, por dentro (incluído o montante do imposto), e a alíquota, aplicadas nas entradas do biocombustível na distribuidora. Em outras palavras, serão consideradas as alíquotas praticadas pelos Estados-Membros do importador ou do produtor do biocombustível, observado o § 6º da cláusula vigésima quinta do mesmo Convênio.

Diante de tais alterações, surgiu nova polêmica e o assunto foi novamente jurisdicionalizado, com o argumento principal de que o Convênio ICMS 54/16 teria restabelecido, com outra terminologia, a mesma exigência tributária, que o STF julgou inconstitucional, por meio da ADI 4.171/DF.

Todavia, diferentemente do comando normativo que determinava a obrigatoriedade de a distribuidora de combustíveis recolher o ICMS dos biocombustíveis em duplicidade (§§ 10 e 11), a nova redação (§ 13) prescreve um comando direcionado para que a refinaria de petróleo distribua a arrecadação entre os entes federativos de origem e de destino.

Dessa forma, de acordo com o § 4º da cláusula décima sétima do aludido Convênio, nas saídas não tributadas (imunidade em face da operação interestadual) da gasolina C ou do óleo diesel B, o valor do imposto exigido em favor da UF de origem da mercadoria não abrangerá a parcela do imposto relativa ao EAC ou ao B100, contidos na mistura, retida anteriormente e recolhida em favor do Estado-Membro de origem do biocombustível, nos termos do § 13 da sua cláusula vigésima primeira.

Por sua vez, o § 14 da cláusula vigésima primeira, combinado com o § 6º da cláusula vigésima quinta, estabelece como o programa (Sistema de Captação e Auditoria dos Anexos de Combustíveis -SCANC) calculará o ICMS do biocombustível, que deverá ser repassado para a UF de origem, geralmente onde se encontram os produtores do EAC ou do B100.

Por certo, com as inovações do Convênio ICMS 54/16, como a substituta (refinaria de petróleo) passou a segregar o ICMS do biocombustível contido na gasolina C ou no óleo diesel B, nas hipóteses de operações interestaduais com essas mercadorias, o imposto disponível para repasse para a UF de destino ficou menor, se comparado com o valor aferido no cálculo do imposto baseado no seu PMPF.

Para que isso não representasse ônus para a distribuidora, do Estado de destino da gasolina C e do diesel B deverá ser descontada a parcela do ICMS devida à UF onde se localizar o produtor ou o importador do biocombustível, isto é, o imposto incidente na operação interestadual com etanol anidro e biodiesel.

O problema persiste porque, mesmo com o advento do Convênio ICMS 54/16, o Estado de destino está sendo agraciado com o ICMS total, com base no seu PMPF, sem descontar o ICMS BIO da operação anterior, em desrespeito ao princípio da não cumulatividade.

Se fosse respeitado o princípio da não cumulatividade, em outras palavras, se do imposto devido à UF de destino fossem subtraídas as parcelas do ICMS do EAC ou do B100, devidas nas operações anteriores, não haveria distorção no cálculo do ICMS a ser complementado, bem como eventual ressarcimento não deveria ser diminuído, quando as distribuidoras efetuassem operações interestaduais, evitando-se, assim, a bitributação.

Portanto, a substituta, refinaria responsável pela retenção de todo o imposto das operações que envolvem gasolina e óleo diesel, inclusive o ICMS supostamente diferido ou suspenso de suas misturas, de acordo com os mencionados §§ 13 e 14, é obrigada a separar, de todo o imposto retido, a parcela do ICMS relacionado ao volume de EAC ou B100 contido na mistura, bem como efetuar seu recolhimento para a UF de origem do biocombustível, considerando a alíquota e a base de cálculo média das entradas de EAC ou de B100 na distribuidora, ocorridas no mês.

Com o Convênio ICMS 54/16, a refinaria repassa o ICMS do biocombustível para o Estado produtor do EAC ou do B100, sendo o saldo remanescente do imposto, menos o ICMS BIO, remetido para o Estado de destino, onde ocorre o consumo. A distribuidora, entretanto, quando realiza operação interestadual, é obrigada a recolher indevidamente um ICMS complementar, ou diminuir o seu ressarcimento, porque, conforme relatado anteriormente, o Estado de destino continua recebendo o imposto integral, calculado com base no seu PMPF, sem deduzir o ICMS BIO.

A bitributação pode ser constatada empiricamente na aplicabilidade do programa SCANC, conforme cláusula vigésima quinta do Convênio ICMS 110/07, que é utilizado para calcular o ICMS nas operações com combustíveis.

Dessa forma, nas operações com óleo diesel, gasolina, EAC e B100, os valores do ICMS, calculados com base no programa residente no *site* do Confaz, mais especificamente no sítio eletrônico http://scanc.fazenda.mg.gov.br/scanc - SCANC, que, na prática, com base nos dados das operações praticadas pelas distribuidoras de combustíveis, capta os valores e elabora os cálculos para preenchimento do Anexo III da cláusula vigésima terceira do Convênio 110/07. O referido Anexo é destinado a informar o resumo das operações interestaduais com combustíveis derivados de petróleo, e contém os valores do imposto exigido na origem, imposto devido no destino, imposto a repassar, imposto a ressarcir e imposto a complementar.

Com o advento do Convênio ICMS 54/16, foi modificado o programa SCANC, de modo a incluir no Anexo III, que se refere à cláusula vigésima terceira do Convênio ICMS 110/07, o campo denominado “ICMS BIO”, que corresponde ao valor do imposto referente aos valores do imposto dos biocombustíveis EAC ou B100.

Logo, a partir da implantação dessa alteração no programa SCANC, o valor relativo ao imposto do biocombustível foi segregado e não mais repassado para a UF da sede da distribuidora de combustível. Em outras palavras, o ICMS do biocombustível foi separado do imposto retido anteriormente pela refinaria e, por conseguinte, foi reduzido o valor do imposto disponibilizado para repasse para o Estado de destino, na hipótese de operação interestadual com gasolina C ou diesel B.

No Anexo III citado, até janeiro de 2016, o valor do estorno do biocombustível, conforme os §§ 10 e 11, revogados da cláusula vigésima primeira do Convênio ICMS 110/07, era recolhido pela distribuidora, e permaneciam disponíveis integralmente o ICMS próprio e o ICMS ST para repassar à UF de destino, onde ocorre o consumo da gasolina C e do diesel B. A partir do Convênio ICMS 54/16, o valor do "ICMS BIO" passou a deduzir o valor do imposto disponível para repasse.

Dito de outro modo, atualmente, a refinaria de petróleo deduz, do ICMS destacado no documento fiscal da sua saída, que inicialmente seria disponibilizado para o Estado da sede da distribuidora, o ICMS-BIO, que é repassado para a UF originária do EAC ou do B100. Por conseguinte, a distribuidora de combustível que realizar operação interestadual com gasolina ou diesel, arca com o encargo do ICMS relativo ao biocombustível de duas formas: ou reduzindo o valor do seu ressarcimento ou aumentando o valor do ICMS a complementar.

De tal maneira, o SCANC não subtrai o ICMS BIO do imposto destinado ao Estado de destino, o que gera a exigência em duplicidade do tributo sobre a operação com biocombustível: i) a parcela do ICMS BIO corretamente destinada ao Estado de origem; e ii) outra vez essa parcela do ICMS BIO, cobrado indevidamente da distribuidora de combustível para acrescentar ao montante do imposto necessário para que o Estado de destino arrecade integralmente o ICMS, cálculo com base no seu PMPF, sem respeitar o princípio da não cumulatividade.

Assim, utilizando-se do programa SCANC, chega-se à conclusão de que, na operacionalização do *software* disponibilizado no *site* do Confaz, a distribuidora de combustíveis absorve o mesmo ônus da época da combalida exigência do estorno, previsto nos §§ 10 e 11, já revogados da cláusula vigésima primeira do Convênio 110/2007.

Evidentemente, a referida análise não deve ser exercida diretamente em controle concentrado de constitucionalidade. Dessa forma, a ação direta de inconstitucionalidade

- ADI, a ação declaratória de constitucionalidade - ADC ou a arguição de descumprimento de preceito fundamental – ADPF não são instrumentos que possibilitam o exame, por parte do STF, de uma bitributação, que só pode ser constatada por meio da aplicabilidade do programa SCANC.

Entretanto, a CNC protocolou a ADI 759/DF, na qual questiona a referida bitributação em virtude de falha no programa de computador SCANC, alegando inconstitucionalidade de um ato administrativo elaborado por técnicos fazendários da Comissão Técnica Permanente do ICMS (Ato Cotepe 34/16) que, por sua vez, instrui como os contribuintes devem inserir dados no mencionado programa.

Como o referido Ato da Cotepe tem natureza eminentemente regulamentar, suas prescrições podem exteriorizar apenas ilegalidades, mas não contrariar diretamente a Constituição, motivo pelo qual a mencionada ADI não deve ser conhecida.

Portanto, apesar de a bitributação ter continuado, enquanto perdurou a substituição tributária, o assunto demanda dilação probatória, motivo pelo qual não deve ser examinado por meio de mandado de segurança, e muito menos por ADI, como erroneamente fez a CNC, por meio da ADI 7259.

3.3 As consequências da mudança da substituição tributária para o regime monofásico nas operações interestaduais com diesel e gasolina, em face dos Convênios ICMS 199/22 e 15/23, relativamente à bitributação discutida na ADI 7.259/DF

Foi explicado anteriormente que a tributação dos combustíveis, antes da implantação do sistema monofásico, era submetida ao regime da substituição tributária para frente, no qual há a retenção do imposto que será devido na operação futura, presumida. Com isso, quando a refinaria de petróleo retém o ICMS ST, calcula o imposto com base no critério quantitativo (base de cálculo e alíquota) da UF da distribuidora que adquire a gasolina A ou o diesel A, presumindo que a venda da distribuidora será efetuada no território do seu Estado.

No entanto, se a distribuidora, ao invés de vender o combustível para um posto revendedor dentro do seu Estado, realiza uma operação interestadual com gasolina C ou diesel B, o valor do imposto devido à UF de destino deve levar em consideração a base de cálculo e a alíquota aplicados nesse Estado, onde o combustível será consumido.

Por esse motivo, se o valor do imposto devido à UF de destino (onde houver o consumo) for diverso do exigido no Estado-Membro de origem (da localização da distribuidora), de acordo com o § 3º da cláusula décima oitava do Convênio ICMS 110/07, os seguintes procedimentos seriam adotados: i) se superior, o remetente da mercadoria (distribuidora) será responsável pelo recolhimento do ICMS complementar; e ii) se inferior, a diferença será ressarcida à distribuidora, pelo seu fornecedor (refinaria).

Com a implementação da sistemática monofásica, será diminuída a complexidade da tributação, uma vez que a distribuidora não precisará mais pedir o ressarcimento ou recolher o ICMS complementar, quando realizar operações interestaduais com diesel e gasolina, porque: i) a incidência será concentrada na importação ou na saída do produtor do combustível, deixando a distribuidora de ser contribuinte, exceto quando ela praticar importação ou comercializar combustível com variação volumétrica superior ao limite do FCV estabelecido em Ato Cotepe/ICMS[6]; ii) como a alíquota *ad rem* será

6. Em face da variação de temperatura, que pode provocar alteração de volume nos combustíveis, os Convênios 199/22 e 15/23 instituíram o regime monofásico com exigência do ICMS, por parte das distribuidoras de combustíveis, decorrente de variação volumétrica superior ao limite do Fator de Correção do Volume – FCV,

nacional, igual em todos os Estados e no DF, teoricamente não haverá necessidade de complemento ou ressarcimento nas operações interestaduais com diesel B e gasolina C.

Dessa forma, com a implantação da sistemática monofásica, a bitributação, explicada no tópico anterior, deve ser eliminada porque praticamente a distribuidora deixará de ser contribuinte, bem como os Convênios ICMS 199/22 e 15/23 prescrevem, com detalhes, conforme suas cláusulas segundas, como serão repartidas as receitas entre os Entes envolvidos, em obediência à Constituição e aos incisos II, III e IV do art. 3º da LC 192/22:

> Art. 3º Para a incidência do ICMS nos termos desta Lei Complementar, será observado o seguinte:
>
> (...)
>
> II - Nas operações com os combustíveis derivados de petróleo, o imposto caberá ao Estado onde ocorrer o consumo;
>
> III - nas operações interestaduais, entre contribuintes, com combustíveis não incluídos no inciso II deste caput, o imposto será repartido entre os Estados de origem e de destino, mantendo-se a mesma proporcionalidade que ocorre nas operações com as demais mercadorias;
>
> IV - Nas operações interestaduais com combustíveis não incluídos no inciso II deste caput, destinadas a não contribuinte, o imposto caberá ao Estado de origem;

Os mencionados Convênios, inclusive, ressaltam que o imposto cobrado antecipadamente, na incidência monofásica, com base na alíquota *ad rem*, deve compor integralmente o imposto devido aos Estados de origem e de destino.

Por exemplo, eis a previsão da cláusula décima primeira do Convênio ICMS 15/23:

---

estabelecido em Ato Cotepe/ICMS. Os referidos Convênios prescrevem uma hipótese de incidência sem previsão legal (LC 192/22) nem constitucional, polêmica que poderá desencadear muitos questionamentos judiciais.

> Cláusula décima primeira. Fica atribuída à refinaria de petróleo ou suas bases, à CPQ ao Formulador de Combustíveis e ao importador, nas operações com Gasolina A a responsabilidade pela retenção e pelo recolhimento do ICMS incidente nas importações de EAC ou sobre as saídas do estabelecimento produtor de EAC.
>
> § 1º **O valor do imposto de que trata esta cláusula deverá ser retido concomitantemente com o imposto devido pelas operações com Gasolina A, e informados nos campos próprios do documento fiscal, de forma que componha integralmente o imposto devido às UFs de destino da Gasolina C resultante da mistura, e o imposto devido às Ufs de origem do EAC.** (grifou-se)

Diante da implantação da sistemática monofásica, na teoria, terá fim à polêmica bitributação que está sendo discutida na ADI 7.259/DF. Afirma-se na teoria, pois, na prática, os sistemas fazendários é que calculam o imposto devido, valendo-se, para tanto, do SCANC, sistema que continuará existindo no regime monofásico.

CONCLUSÕES

Com o advento do sistema monofásico, a incidência dos combustíveis é concentrada na importação ou na saída da refinaria de petróleo, não havendo mais incidências nas operações subsequentes. Por conseguinte, a polêmica do tema 694 não fará mais sentido, porque as distribuidoras, regra-geral, não serão mais contribuintes em relação à gasolina e ao óleo diesel, razão pela qual a nova sistemática inviabilizará a tomada de créditos em relação às aquisições dos insumos EAC e B100.

Relativamente à polêmica que está sendo objeto de julgamento na ADI 7.259/DF, após a modificação do Convênio ICMS 110/07 pelo 54/16, conforme explicado neste artigo, continua havendo bitributação, mas ela só pode ser constatada, empiricamente, quando analisados os números da aplicabilidade do programa SCANC.

Por conseguinte, a referida análise não deve ser exercida diretamente em controle concentrado de constitucionalidade, motivo pelo qual a ADI 7.259/DF, que questiona a referida bitributação em virtude de falha no programa de computador SCANC, não deve ser conhecida.

De tal maneira, apesar de a bitributação ter continuado enquanto perdurou a substituição tributária, o assunto demanda dilação probatória, motivo pelo qual não deve ser examinado por meio de mandado de segurança, e muito menos por ADI, como erroneamente fez a CNC, por meio da ADI 7.259.

Com a implantação da sistemática monofásica, teoricamente acabará a polêmica bitributação que está sendo discutida na ADI 7.259/DF. Diz-se teoricamente, porque, na prática, como são os sistemas fazendários que calculam o imposto devido, que, no caso dos combustíveis, é realizado por meio do SCANC, só a partir da sua análise empírica, no sistema monofásico, será possível aferir se realmente a mencionada bitributação foi, enfim, eliminada.

Referências

ALCOFORADO, Antônio Guedes. *A não cumulatividade do ICMS nas operações com diferimento (substituição tributária para trás). In*: Racionalização do sistema tributário. Priscilla de Souza (org.). Coord. Paulo de Barros Carvalho. 1 ed. São Paulo: Noeses: IBET, 2017. Disponível em: https://www.ibet.com.br/a-nao-cumulatividade-do-icms-nas-operacoes-com-diferimento-substituicao-tributaria-para-tras-por-antonio-machado-guedes-alcoforado/. Acesso em: 30 set. 2023.

CARRAZZA, Roque Antônio. *ICMS*. São Paulo: Malheiros, 2022.

CARVALHO, Paulo de Barros. *Derivação e Positivação no Direito Tributário*. V. 2. São Paulo: Noeses, 2013.

O "JOGO DA INTEPRETAÇÃO" E A MÁQUINA GERADORA DE DEMANDAS INFINITAS

Bianor Arruda Bezerra Neto[1]

1. INTRODUÇÃO

Segundo dados do CNJ, ao final do ano de 2022, tramitavam no Poder Judiciário brasileiro 81,5 milhões de processos[2].

Quando acessamos as redes sociais, não precisa muito esforço para encontrar professores vendendo cursos sobre como se tornar um advogado de sucesso. Sair do zero ou do pouco e garantir uma renda fabulosa. Esta é a promessa de muitos.

É notável a mensagem: advogado de sucesso é aquele que tem centenas (milhares) de ações ajuizadas. Este é o pressuposto da chamada "advocacia de teses". O sucesso

1. Doutor pela PUC/SP. Juiz Federal na 5.ª Região. Professor do IBET – Instituto Brasileiro de Estudos Tributários.

2. Justiça em Números. Relatório do Conselho Nacional de Justiça, Brasília, 2022. Disponível em: https://www.cnj.jus.br/wp-content/uploads/2022/09/justica-em-numeros-2022-1.pdf. Acesso em: 06 de novembro de 2023.

está nela e para encontrá-lo recomenda-se a exploração das oportunidades ao máximo. Explorar significa tirar tudo que possa ser tirado de alguém, alguma empresa ou do Poder Público, aproveitando-se de falhas, contrapés, vacilos, fraquezas. O importante é não perder a chance, pois o empreendedor é aquele que descobre oportunidades escaláveis e escalonáveis. Escaláveis são as oportunidades que podem gerar receita crescente, enquanto o custo operacional permanece estabilizado no mesmo ponto. Escalonável é o negócio que, a partir de um planejamento, apresenta-se com capacidade de aumento de receita, mas com aumento proporcional da despesa operacional. Ambos os conceitos são utilizados por Eric Ries para definir "startup[3]".

Embora a tentação seja grande, este texto não vai abordar o "ethos" das profissões jurídicas na contemporaneidade, seja sob o prisma sociológico, seja sob o viés da ética filosófica.

A pergunta é outra e é clara: há algum elemento comum no discurso jurídico utilizado para impulsionar a litigiosidade contra o Poder Público, especialmente na seara tributária? Em outras palavras: há algum fenômeno que possa ser identificado no discurso criativo daqueles que litigam contra o Poder Público?

A hipótese é de que sim, há um traço característico e que está presente não apenas na maioria, mas em todas as demandas: eu o chamo de o "Jogo da Interpretação".

Ao longo do texto, vou tentar explicar em que consiste este jogo, como identificá-lo e como ter consciência dele pode ser decisivo para a administração de conflitos, seja por parte dos envolvidos, dos seus advogados e, sobretudo, por parte dos Tribunais, que se conscientizaram apenas agora daquilo que se chama "advocacia predatória".

---

3. RIES, Eric. A startup enxuta: como os empreendedores atuais utilizam a inovação contínua para criar empresas extremamente bem-sucedidas. São Paulo: Leya, 2012.

A empreitada requer que o fenômeno jurídico seja observado através da linguagem, ou seja, com foco no seu aspecto linguístico. Esse foco será possível por meio do uso de conceitos da semiótica, da linguística e da teoria da comunicação.

Esse instrumental possibilitará que se adentre ao núcleo das duas principais atividades envolvidas no contencioso tributário, que são a argumentação e a interpretação jurídicas, ambas essenciais para a formulação de teses por advogados e conclusões de teses por tribunais.

2. O "JOGO DA INTERPRETAÇÃO"

Em essência, a interpretação é a atividade humana através da qual atribuímos sentido à linguagem. Esta visão vem da filosofia da linguagem. Ela surge, portanto, quando se examina o direito a partir da sua face que é pura linguagem. Paulo de Barros Carvalho fez isso magistralmente em "Fundamentos jurídicos da incidência"[4]. Eros Grau também adotou essa premissa em "Por que tenho medo dos juízes"[5].

Aqui, deve-se entender linguagem no sentido de Ferdinand Saussure[6]. Em sentido amplo, como "a capacidade do ser humano para comunicar-se por intermédio de signos, cujo conjunto sistematizado é a língua[7]." A língua, portanto, é um grande repertório de signos presente em uma cultura e que nós utilizamos para presentar as coisas e falar do mundo. Como novamente esclarece-nos o professor Paulo

---

4. São Paulo: Saraiva, 2014.

5. São Paulo: Malheiros, 2013.

6. Mas o que é a língua? Para nós, ela não se confunde com a linguagem; é somente uma parte determinada, essencial dela, indubitavelmente. É, ao mesmo tempo, um produto social da faculdade de linguagem e um conjunto de convenções necessárias, adotadas pelo corpo social para permitir o exercício dessa faculdade nos indivíduos. (SAUSSURE, Ferdinand. Curso de linguística geral. São Paulo: Cultrix, 2004).

7. CARVALHO, Paulo de Barros. *Direito tributário, linguagem e método*. São Paulo: Noeses, 2018.

de Barros Carvalho, a língua é: "um sistema de signos, em vigor numa determinada comunidade social, cumprindo o papel de instrumento de comunicação entre seus membros. [...] A língua, portanto é apenas um dos sistemas sígnicos que se presta a fins comunicacionais[8]".

Zé Ramalho, destacado cantor e compositor paraibano, em vez de "sistema de signos", chama a língua de "banquete de signos". É a sua língua. É nela que o poeta busca signos para comunicar seus sentimentos. Mas sentimentos são abstrações, ainda mais quando se trata de poetas transbordantes. Então, o autor, em sua obra, começa a entrar em uma espécie de transe, tentando ser entendido. Em vão: "Discutir o cangaço com liberdade. É saber da viola, da violência. Descobrir nos cabelos inocência. É saber da fatal fertilidade."

Nada nesse texto é descoberta, tudo é invenção. O autor dá aos signos do seu banquete (língua) o seu próprio sentido. Ele inventa sentido, não descobre.

Com base na combinação infinita dos signos, que não representam, mas que presentam o mundo segundo nossa visão, elaboram-se pensamentos através da linguagem. Os poetas fazem isso através de seus "banquetes de signos". Nós fazemos isso através da língua. Então, em resumo: a linguagem uma atividade, é portanto um substantivo que se refere a um verbo de movimento[9], ou seja, que indica que alguém está usando uma língua para elaborar pensamentos.

Os pensamentos nascem dos juízos formulados. Estes juízos, quando comunicados a alguém, são proposições. São quatro os tipos de juízo. **(i)** Juízos de realidade: isto existe e

---

8. *Idem*.

9. "Tomada em seu todo, a linguagem é multiforme e heteróclita; um cavaleiro de diferentes domínios, ao mesmo tempo física, fisiológica e psíquica, ela pertence além disso ao domínio individual e ao domínio social; não se deixa classificar em nenhuma categoria de fatos humanos, pois não se sabe como inferir sua unidade." (SAUSSURE, Ferdinand. Curso de linguística geral. São Paulo: Cultrix, 2004).

tem esses predicados [A maçã é vermelha, pequena e crocante]. (ii) Juízos de verdade ou juízos apofânticos: o enunciado formulado é verdadeiro [É verdade que as maçãs são vermelhas, pequenas e crocantes]. (iii) Juízos de valor: isto é bom [A maçã vermelha, pequena e crocante é boa]. (iv) Juízos de validade: isto que existe e que é bom, é bom segundo determinado referencial, e somente a partir deste sistema e no interior dele o enunciado é verdadeiro [A maçã vermelha, pequena e crocante é apreciada pelos brasileiros].

Em suma: as proposições são o discurso de quem comunica aos outros seus pensamentos. Quem se comunica propõe significados, por isso proposições. As proposições são formuladas através da atividade da linguagem.

Porém, aqui há um problema grande.

Para que o destinatário da mensagem possa entender a proposição de alguém, ele precisa saber qual foi o significado que o emissor deu aos signos da linguagem apresentada. Embora a linguagem, com seus signos, pertença a todos, segundo Saussure, ela está impregnada pela subjetividade, uma vez que, em sentido estrito, a linguagem surge como produto da fala, que é ato subjetivo, individual.

Exatamente por isso Paulo de Barros Carvalho diz que a fala é "um ato individual de seleção e de atualização" dos signos que compõem a língua. A língua é "instituição e sistema", enquanto a fala é ato de comunicação individual que utiliza a língua. Assim, enquanto a linguagem é coletiva e individual, a falta é individual. Por isso o arremate do professor Paulo, com base em Barthes: "[...] a língua é praticamente a linguagem menos a fala."

Assim, em razão desse aspecto subjetivo, é possível que as pessoas atribuam significados diversos aos signos que emprega, tornando a linguagem fugidia, pouco precisa.

É por isso que se, para o emissor, suas formulações são proposições, para o destinatário não são. Para o destinatário da mensagem as proposições são, em verdade, enunciados. Como o destinatário não propõe nada, ele não vê a mensagem como proposição, mas como enunciados de alguém. Alguém que, compartilhando uma língua, utilizou (fala) seus signos para, em atividade de linguagem, propor uma mensagem a ser comunicada.

E aqui se chega ao ponto para se entender o que é interpretação.

O que o destinatário faz quando se depara com um enunciado de alguém? A resposta é precisa: ele o traduz. Aqui surge alguma perplexidade. Como assim traduz, se ambos, emissor e destinatário estão compartilhando e utilizando a mesma língua?

Esse fenômeno pode ser chamado de elucidação. Em outras palavras: dentro da possibilidade de divergência entre significados, ainda que mínima, qual foi o significado utilizado pelo autor da proposição?

Essa elucidação somente ocorre porque, embora a língua e seus signos sejam comuns a todos, seu uso (fala), que é representado pela atividade da linguagem, como dito, é permeada pela subjetividade. Isso faz com que cada pessoa possua seu próprio "banquete de signos".

A palavra linguagem, no senso comum, é percebida como um substantivo relativo a um objeto. Mas o termo linguagem, no sentido que está sendo utilizado aqui (Saussure) é relativo ou aponta para uma atitude, não para um objeto. Aponta para a atitude de usar a língua para se comunicar. É como a palavra vadiagem, que não aponta para um conceito, mas para a atitude de vadiar.

Elucidação, portanto, é uma espécie de tradução e que corresponde ao que chamo aqui de interpretação.

Interpretar, portanto, é traduzir a linguagem contida nas proposições para a nossa própria linguagem. É nesse momento que o intérprete elucida o sentido dos termos das proposições compreendendo-os segundo sua própria valoração.

E em que medida o "banquete de signos" do emissor pode se diferenciar do "banquete de signos" do destinatário? Em um ponto específico: nos valores que cada um possui e que comandam elucidações diferentes.

São os valores e essa diferença na elucidação que explicam porque sobre uma mesma realidade é possível juízos apofânticos e juízos de valor tão diferentes. São os valores! E são os juízos de validade que provam se eles estão, ou não, de acordo com o sistema de referência. Por isso, sempre é importante a pergunta: ao interpretar, o intérprete está considerando o referencial daquele que formulou a proposição ou o dele próprio? Somente com essa compreensão é que se pode entender conceitos como "fusão de horizontes". Esse conceito, contudo, não será abordado neste texto. Fica a provocação.

Volte-se ao trilho. Sempre há mais de uma possibilidade de tradução. Como o intérprete ou tradutor não descobre, mas atribui sentido aos signos da linguagem utilizada na proposição, a rigor, após traduzir, já não existe a proposição do emissor da mensagem, mas outra proposição: aquela formulada pelo intérprete.

Por isso os enunciados correspondem àquilo que na semiótica se diz suporte físico, enquanto a proposição é o resultado da significação. Todavia, como o processo semiótico é infinito, o que é proposição para o emissor é visto como enunciado pelo intérprete. Entretanto, após interpretar a mensagem, o intérprete termina por formular, também ele, sua própria proposição. Assim, apesar de estranho e confuso, é correto dizer que, fazendo-se a paralaxe e deslocando-se para um ponto de visão acima ou além do emissor e do intérprete, como se fôssemos o intérprete do intérprete, tanto o emissor da mensagem formula proposições, quanto o destinatário formula proposições sobre proposições. Nessa visão em paralaxe sugerida, tudo é enunciado, mas tudo também é proposição. É como na charada: comprei uma casa nova; embora, todas as paredes externas da casa tenham janelas, todas elas possuem uma vista linda, mas todas para o Norte; onde eu moro? Só tem uma resposta: no Polo Sul.

São os valores que explicam a diferença de significação e que, portanto, explicam a existência do "banquetes de signos". E são eles que exigem a tradução. E traduzir é interpretar e elucidar, ou seja, atribuir sentido aos signos da linguagem com que formulamos nossas proposições.

Não seria demais, aqui, concordar com Heidegger: a interpretação é um existencial[10]. Não vivemos sem interpretar. E foi por isso que Gadamer extrapolou a definição de Saussure: se é assim, tudo então é linguagem[11].

***

Agora, é preciso dar um passo à frente e perguntar: qual é o "jogo da interpretação"?

Depois de utilizar conceitos da linguística e da semiótica, para compreender o "jogo da interpretação", é preciso agora o auxílio da teoria da comunicação e das formulações

10. "Existencial remete às estruturas que compõem o ser do homem a partir da existência em seus desdobramentos advindos da presença." [...] "Dasein (= presença) como termo filosófico já existia antes de "Ser e tempo" para traduzir o latino existência. Este é o sentido, para Kant, da presença." (HEIDEGGER, Martin. *Ser e tempo*. Tradução de Márcia Sá Cavalcante Schuback. São Paulo: Vozes, 2013, p.577, notas explicativas).

11. GRODIN, Jean. *Hermenêutica*. Tradução de Marcos Marcionilo. São Paulo: Parábola, 2012.

de Roman Jakobson: emissor, mensagem, código, canal, receptor e contexto[12].

Quem formula a proposição pretende ser compreendido e quem traduz o enunciado pretende compreender. No encontro dos dois, há a comunicação. Da comunicação se seguem as ações, a vida se desenrola: amizade, desunião, guerra, paz, subordinação, obediência.

E se a comunicação pressupõe a tradução, então o "jogo da interpretação" está em formular com precisão a mensagem que se deseja transmitir, permitindo ao outro traduções igualmente precisas.

Mensagens precisas requerem códigos precisos. Códigos precisos são códigos fortes, ou seja, eles denotam com precisão máxima o objeto a que eles se referem. Se falarmos em signos, que são unidades de linguagem, um signo forte presenta um e somente um objeto. A rigor, nenhum signo é tão forte que seja totalmente isento de ambiguidades. Maçã é um signo fortíssimo. Ainda assim, há incontáveis tipos de maçãs: argentina, fuji, verde, vermelha, podre, madura, crocante, fofa, doce, azeda.

Códigos fracos[13], a seu turno, são aqueles que permitem sempre muitas denotações diferentes, fazendo com que as traduções possam facilmente distanciar emissor e destinatário. Além disso, os códigos fracos possibilitam conotações infinitas por parte de destinatários mal intencionados ou mesmo apenas com pouca cultura.

Dito isso, finalmente chegamos ao momento de explorar a conexão entre o "jogo da interpretação" e o contencioso, judicial ou administrativo.

---

12. CARVALHO, Paulo de Barros. Direito tributário, linguagem e método. São Paulo: Noeses, 2018.

13. FERRAZ JR., Tercio Sampaio. *Introdução ao estudo do direito*: técnica, decisão, dominação. São Paulo: Atlas, 2015.

No contencioso, os contendores jogam um jogo muito claro: o objetivo de quem ataca é enfraquecer os códigos das mensagens que favorecem o defendente e vice-versa.

Assim ocorre, porque isso dá ao intérprete do texto normativo ou da prova dos fatos a possibilidade de apresentar significações alternativas e, portanto, soluções alternativas para as questões jurídicas que dependem da interpretação de textos normativos invocados e de provas produzidas no âmbito do processo judicial.

Na área tributária: o objetivo do contribuinte é enfraquecer os códigos das leis que geram a incidência tributária. Às vezes, também precisa fortalecer os códigos que compõem a linguagem dos documentos tidos por inaptos pelo Fisco. Aqui deve ser lembrado que a proposição posta por um emissor é sempre um enunciado para o destinatário. E, dependendo da paralaxe, tudo é proposição ou tudo é prova.

Tome-se a chamada tese do século, decidida pelo TEMA 69 do STF. A regra-matriz de incidência traz como critério material a expressão "faturamento mensal". Ela compõe a proposição normativa do Congresso Nacional. Para o intérprete, é o enunciado normativo. O código do enunciado era forte: faturamento mensal denota ou corresponde à receita bruta mensal dos contribuintes, fazendo-se apenas as exclusões legais.

Mas os contribuintes pretenderam enfraquecer esse código e permitir outras denotações. Esta foi a luta do maior contencioso tributário de todos os tempos. O Fisco, por sua vez, pretendia manter o código com a denotação estabilizada.

Então, este é o "jogo da interpretação". Códigos fortes devem ser enfraquecidos, para permitir denotações que antes não eram possíveis. Quando necessário, ao contrário, códigos fracos devem ser fortalecidos, para eliminar denotações indesejáveis.

Vamos terminar esta parte por onde começamos. Se interpretar é atribuir sentido à linguagem utilizada pelo emissor, então, no "jogo da interpretação", os contendores defendem a sua posição: transforma o fraco em forte ou o forte em fraco.

E quem decide? No "jogo da interpretação" do contencioso, são os Tribunais. Eles decidem o sentido da linguagem, por isso criam a realidade. Aqui, o juiz entra em paralaxe: para ele tudo é proposição, mas também tudo é enunciado. Quando o juiz proferir sua decisão, terá apresentado sua própria proposição. O processo semiótico é infinito até que algum tribunal diga: "Julgo procedente/improcedente [...] cumpra-se".

E essa decisão final é feita também através da valoração: forte-fraco ou fraco-forte.

Ao decidirem, escolhe-se qual serão as proposições que comporão o discurso oficial, o discurso válido, aquele que integrará o sistema de referencia do tribunal, ou seja, a sua pragmática. E, enfim, constroem o que se chama "relato vencedor[14]". Esta é a "Batalha dos Conceitos", a "Disputa de Narrativas". Quem vence, põe um sistema novo, um mundo novo. A realidade é construída pela linguagem. Quem negará?!

Finalmente: escolher entre as várias possibilidades que se apresentam para a atribuição de sentido aos signos da linguagem depende, estritamente, de uma valoração a ser feita, por isso diz-se que a atividade interpretativa é, essencialmente, valorativa.

---

14. ADEODATO, João Maurício. *Uma Teoria Retórica da Norma Jurídica e do Direito Subjetivo*. São Paulo: Noeses, 2014.

3. O "JOGO DA ARGUMENTAÇÃO"

Os contendores, que disputam o sentido dos signos e, portanto, o "relato vencedor", precisam convencer juízes e tribunais de que a sua proposta é melhor.

Importante observar: essa disputa somente é possível porque a realidade está sempre aberta para várias possibilidades. O futuro é indefinido. A realidade social, política e jurídica é construída a cada decisão. Por isso que, no dito popular, encerra-se toda a sabedoria: "só para a morte não tem jeito".

E a realidade está sempre aberta porque há vários "banquetes de signos". Como a realidade social, política e jurídica é criada pela linguagem, se esta fosse engessada e precisa como a matemática, o passado seria sempre definido, o presente mais ou menos estável e o futuro previsível, como na realidade física. Tal, entretanto, não ocorre. Pode-se prever dia, hora e lugar de um eclipse solar. Mas não se pode prever com a mesma precisão como terminará uma disputa judicial. Seja ela qual for. O sol é uma realidade física, mas o verão é uma realidade social.

Então, o jogo da argumentação consiste no processo de convencimento acerca da melhor valoração.

É por isso que a argumentação, ao contrário da interpretação, não é uma atividade valorativa, mas pragmática, cujo objeto é o puro convencimento. É um discurso que busca um objetivo bem definido: fazer com que o intérprete, no caso do contencioso judicial juízes e tribunais, adote a valoração sugerida e, com isso, construa proposições com o sentido que interessa a um dos contendores.

Para argumentar, há várias técnicas. Não se vai tratar delas aqui. Há um mundo a ser explorado nesse tema. Um mundo tão fascinante quanto o da interpretação. Contudo, menciona-se. O contendor pode apelar à lógica, à retórica ou à dialógica para demonstrar que a sua proposta de atribuição de significado é mais consistente.

A lógica, com seus três princípios básicos, dá a ideia de precisão de raciocínio. A retórica, através do "pathos", do "logos" e do "ethos", tenta seduzir o julgador. E a dialógica procura fixar regras para o combate: não pode haver golpe abaixo da linha da cintura. Na dialógica, o objetivo é construir regras, por exemplo, sobre distribuição do ônus da prova ou sobre o dever de não falsear documentos, entre muitas outras.

Infelizmente, as faculdades não ensinam nada, ou muito pouco, sobre interpretação e argumentação, seja na graduação, mestrado ou doutorado. Os advogados costumam aprender intuitivamente e por imitação, e os magistrados, em geral, praticam a desconfiança. Mas é nelas, na argumentação e na interpretação, que está, essencialmente, o direito enquanto atividade prática: advocatícia e judicial.

A decisão judicial é o resultado de duas atividades praticadas pelo juiz, a interpretação e a argumentação. São elas que permite as duas travessias sem as quais a decisão não ocorre: a primeira é aquela que vai dos enunciados normativos às normas jurídicas, ou seja, dos enunciados às proposições; a segunda travessia é aquela vai da narrativa das partes à narrativa do próprio juiz, ou seja, mais uma vez dos enunciados às proposições.

A interpretação ocorre no plano mental, no puro pensamento do intérprete, ou seja, de juízes e tribunais. Ninguém jamais vai saber com precisão o que pensou um juiz. Por sua vez, a argumentação é discurso utilizado para materializar as decisões. Supostamente, a argumentação reflete a interpretação. Não necessariamente, pois é possível compreender e interpretar de uma forma, mas argumentar em sentido contrário.

4. A VALORAÇÃO COMO NÚCLEO DO "JOGO DA AMBIGUIDADE"

Voltando à interpretação. Talvez, então, seja até mais apropriado, em vez de se falar de "jogo da interpretação", se falar "jogo da ambiguidade" ou "jogo da vagueza", porque vagueza e ambiguidade são qualidades dos signos que permitem a própria existência da atividade interpretativa. Se, em alguma medida, não existissem a vagueza e a ambiguidade, também não existiria interpretação.

Quem ataca, geralmente, quer enfraquecer códigos: faturamento, folha de salários, não cumulatividade, resultado do exercício, receita bruta, lucro líquido, mercadoria, serviço, propriedade, posse, propriedade rural, veículo automotor.

Alguns códigos utilizados para compor a regra-matriz devem ser enfraquecidos. É preciso ampliar as possibilidades de denotação para que o Tribunal, valorando, se convença de que a melhor realidade a ser presentada pelo signo é aquela apontada pelo contribuinte, não pelo Fisco.

Às vezes, o que interessa é o movimento contrário, qual seja, o movimento de fortalecimento do código: é preciso restringir as denotações.

Em um caso ou em outro, o importante é afastar a incidência da norma impositiva, que não ocorre como um raio[15], como, um dia, pregou Pontes de Miranda, mas que depende da interpretação de alguma autoridade.

Então, o jogo a ser jogado é o "jogo da vagueza-ambiguidade": forte-fraco, fraco-forte.

Todo o contencioso judicial, e no caso da demanda tributária em especial, se contém neste jogo.

---

15. CATÃO, Adrualdo de Lima. *Teoria do Fato Jurídico* - Uma Abordagem Lógica da Decisão Judicial. Curitiba: Juruá, 2013.

Valorar é colocar um sinal de positivo ou negativo sobre a possibilidade de significação, definindo uma boa e outra ruim. A positiva, que é a boa, é adotada. A que tem um sinal negativo, a ruim, é descartada.

Então, o valor é o sinal posto: positivo/bom ou negativo/ruim.

Toda valoração[16] pressupõe um sistema de referência, que dá o critério a ser utilizado para a valoração: positivo/bom ou negativo/ruim. Assim, qualquer valoração somente é possível no interior de um sistema de referência e todo valor só pode nele ser encontrado. Todo valor, portanto, é, nesse sentido, relativo.

Com isso, não se cai em um relativismo axiológico. Absolutamente. Todo valor é absoluto dentro do seu sistema de referência, mas relativo no universo em que estão todos os demais sistemas de referência possíveis. Só quando se nega a existência de referenciais concorrentes é que os valores se tornam absolutos. É o caso da maioria das religiões. Nelas os valores se aproximam do absoluto, pois um sistema exclui o outro. Em todas as demais áreas da vida humana, há sistemas de referência concorrentes e eles precisam coexistir, sob pena de negativa da liberdade e da intolerância. A própria democracia seria inexistente. Assim, na política, na ética, no direito nunca há um só sistema de referência.

Os critérios para a valoração podem ser subjetivos ou objetivos. Se imperar a vontade de quem valora e julga, então serão subjetivos. Critérios subjetivos são definidos a partir de sentimentos, interesses, impressões, intuições, medos, crenças pessoais.

16. Sobre o tema dos valores e da valoração, conferir: BEZERRA NETO, Bianor Arruda. *O que define uma decisão judicial e quais os limites do juiz*. São Paulo: Noeses, 2018.

Porém, e isso é recomendado em nome do combate ao voluntarismo judicial, os critérios a serem utilizados pelos tribunais, tanto quanto isso seja possível, devem ser objetivos. Podem ser critérios adotados conscientemente, como, por exemplo, os consensos formados na tradição política, jurídica e social.

Mas também podem ser critérios objetivos adotados inconscientemente. A sociologia os descreve magnificamente: os "tipos ideais" de Max Weber, o "consciente coletivo" de Emile Durkheim[17], o "ethos" social de que falavam os gregos, a "luta de classes" de que falou Karl Marx e por aí vai. Porém, até estes critérios sociológicos têm sua nota de subjetividade, na medida em que foram todos frutos da observação subjetiva de um teórico.

Por isso, a verdade mais objetiva é aquela que provém dos consensos. Nem sempre é a melhor. Porém, é inegavelmente a mais objetiva. Mas até estes consensos existem para ser alterados pelas subjetividades dos grandes homens e mulheres. É assim que grandes líderes conduzem os rumos da história.

O guarda da esquina, como certa vez disse Pedro Aleixo, talvez não deva ter sua vontade considerada na tomada de decisões. Mas ministros do STF, inegavelmente, sim. A autoridade destes, contudo, provém mais da lei do que do "ethos" próprio, ou seja, não necessariamente de suas estaturas culturais e morais. E isso é um risco, bem como compõe um problema pouco percebido.

---

17. A psicanálise, a seu turno, apresenta um método de identificação de algumas valorações objetivas. É o caso da descrição do "inconsciente coletivo", representado pelos arquétipos ancestrais, de Carl Gustav Jung. Quando, por exemplo, um filho imita o pai e toma decisões a partir de critérios próprios deste, o modelo de Jung podem não apenas explicar como se deu o processo de valoração, compreensão e interpretação, mas pode também predizer sobre futuras decisões com base no arquétipo masculino.

Em suma: é a valoração, que se processa a partir de subjetividades e objetividades, que conduz a interpretação e que define o chamado "relato vencedor", ou seja, a realidade.

Nesse sentido, o "jogo da interpretação" é, a nosso sentir, uma importante ferramenta para compreensão da disputa pela construção do "relato vencedor", construção esta que, afinal, está no centro da própria disputa pelo poder nas relações humanas. Por isso, poder é, antes de tudo, a capacidade de colocar a verdade. Quando Jesus foi tentado no deserto durante 40 dias, conta-se que ele renunciou a todas as terras do mundo, a todos os reinos e a todas as riquezas. Contudo, mas ao maior poder de todos, Jesus não renunciou: o poder de colocar a verdade. E ele foi ao limite e disse: "Eu sou a verdade". "Eu sou a verdade, o caminho e a vida". Ele é o próprio "relato vencedor" vivo.

5. REFORMA TRIBUTÁRIA - PRINCÍPIOS E CONCEITOS NOVOS E O CONTENCIOSO TRIBUTÁRIO INFINITO

Douglas Adams, no seu 'Guia do Mochileiro das Galáxias', fala de uma tecnologia chamada "gerador de probabilidade infinita", presente na nave Coração de Ouro. É essa tecnologia que permite à espaçonave transpor distâncias inimagináveis no Cosmos. Segundo o autor, quando se aperta o botão, qualquer coisa pode acontecer, inclusive viagens por distâncias inimagináveis.

Eros Roberto Grau[18], por sua vez, comparou o Poder Judiciário a uma máquina produtora de insegurança jurídica. Talvez pudesse até ter dito: "máquina produtora de insegurança jurídica infinita". E a razão para isso é simples: prevalência dos critérios de valoração subjetivos em vez dos critérios objetivos.

18. Por que tenho medo dos juízes. São Paulo: Malheiros, 2013.

Assim, quando um juiz valora textos e provas, qualquer coisa pode acontecer. E isso explica boa parte dos 81,5 bilhões de processos que temos.

A PEC da reforma tributária, aprovada pela Câmara dos Deputados em julho de 2023, em seu art. 145, §3.º, propõe a criação de mais cinco princípios para guiar a interpretação do Sistema Tributário Brasileiro. São eles: a defesa do meio ambiente, a transparência, a justiça fiscal, o equilíbrio e a simplicidade.

Esses princípios são normas com altíssimo grau de abstração e, sem dúvida, escritos em código fraco, que demandarão milhares de demandas para terem algum sentido estabilizado para os signos que compõe suas respectivas proposições.

Aliás, esses princípios são simplesmente indefiníveis e permanecerão de forma perene proporcionando mais contexto para a guerra de narrativas em disputa no "jogo da interpretação".

Pode-se, assim, dizer que o Congresso funciona como uma "máquina de probabilidade infinita". Quando ele enuncia, tudo pode virar um "enunciado enunciado", qualquer coisa pode se tornar "a realidade". Essa fenomenologia, contudo, é que se espera do Estado legislador. Nas palavras de Norberto Bobbio: "Assim como, no céu, Deus é tão onipotente que tudo o que Ele quer é justo e é do seu *fiat* que depende a própria ordem natural e não da participação na sua razão, também na terra o novo soberano **cria o direito** e, em último caso, pode permitir a exceção ao regular funcionamento do ordenamento jurídico. A soberania se apresenta, desta forma, como uma **vontade em ação**, totalmente aberta, em cuja base se encontra o princípio: *sit pro ratione voluntas*"[19].

---

19. BOBBIO, Norberto. MATTEUCCI, Nicola. *Dicionário de política, Volume 1*. Brasília: Editora UNB, 2008.

E, se Eros Grau estiver certo, quando os "enunciados enunciados" forem interpretados pelo Poder Judiciário, estará apertado o botão para a produção de "insegurança jurídica infinita". Isso, contudo, não é o que se espera do Estado Juiz.

Dessa forma, diante da prevalência da utilização subjetiva de critérios de valoração por juízes e tribunais, talvez seja mais indicado abrir criar um canal para "coaching" e um escritório para a propositura infinita de demandas judiciais.

E assim chega à existência de 81,5 bilhões de processos judiciais no Brasil, volume que só aumenta.

6. CONCLUSÕES

a) A interpretação é um processo de tradução que envolve a atribuição de significado à linguagem.

b) A elucidação é o momento em que se faz a comparação e a conversão mais estrita entre o universo de linguagem do emissor e o universo de linguagem do destinatário da mensagem. O destinatário ou receptor é o intérprete.

c) A atividade de interpretação é valorativa porque, no limite, sempre implicará uma decisão por parte do intérprete, uma decisão entre duas ou mais possibilidade de tradução.

d) São os valores que conduzem a decisão do intérprete e esses valores são o resultado da decisão mencionada no item anterior.

e) As decisões presentes na valoração podem ser tomadas com base em critérios subjetivos ou objetivos.

f) O "jogo da interpretação" envolve uma disputa de valores, ou seja, de visões de mundo: Fisco x Contribuinte.

g) No "jogo da interpretação", a disputa pelo relato vencedor leva os contendores a perseguirem o enfraquecimento ou o fortalecimento dos códigos com os quais são escritos os enunciados normativos e construídos os meios de prova.

h) O "jogo da argumentação" é representado pelo discurso de convencimento sobre a melhor valoração e, portanto, a atribuição do melhor sentido à linguagem envolvida nos textos e nas provas.

i) O uso de critérios subjetivos por juízes e tribunais conduz à falta de coerência, estabilidade e integridade das decisões e isso gera insegurança jurídica.

j) A insegurança jurídica e a instabilidade das decisões gera a probabilidade de demandas infinitas.

7. BIBLIOGRAFIA

ADEODATO, João Maurício. *Uma Teoria Retórica da Norma Jurídica e do Direito Subjetivo*. São Paulo: Noeses, 2014.

BEZERRA NETO, Bianor Arruda. *O que define uma decisão judicial e quais os limites do juiz*. São Paulo: Noeses, 2018.

CARVALHO, Paulo de Barros. *Direito tributário, linguagem e método*. São Paulo: Noeses, 2018.

CARVALHO, Paulo de Barros. *Fundamentos jurídicos da incidência*. São Paulo: Saraiva, 2014.

CATÃO, Adrualdo de Lima. *Teoria do Fato Jurídico* - Uma Abordagem Lógica da Decisão Judicial. Curitiba: Juruá, 2013.

FERRAZ JR., Tercio Sampaio. *Introdução ao estudo do direito*: técnica, decisão, dominação. São Paulo: Atlas, 2015.

GRAU, Eros Roberto. Por que tenho medo dos juízes. São Paulo: Malheiros, 2013.

GRODIN, Jean. *Hermenêutica*. Tradução de Marcos Marcionilo. São Paulo: Parábola, 2012.

SAUSSURE, Ferdinand. Curso de linguística geral. São Paulo: Cultrix, 2004.

SUBVENÇÕES FISCAIS - PANORAMA SOBRE O CENÁRIO ATUAL

Carla de Lourdes Gonçalves[1]

1. INTRODUÇÃO[2]

Nunca se falou tanto sobre o tema das subvenções fiscais. É certo que desde o advento da Lei Complementar 160/17 as discussões se acirraram, bem como a jurisprudência oscilou consideravelmente.

Nesse estudo, procuraremos abordar as subvenções sob o prisma da exclusão da base de cálculo do IRPJ/CSLL, bem como da contribuição ao PIS e a COFINS.

2. EXCLUSÃO DAS "SUBVENÇÕES" DA BASE DE CÁLCULO DO IRPJ E CSLL

Desde meados da década de 1970, discute-se a tributação das subvenções para investimento e das subvenções

1. Doutora e Mestre em Direito Tributário pela Pontifícia Universidade Católica de São Paulo (PUC/SP). Professora do IBET e PUC-Cogeae . Advogada em São Paulo.

2. O presente artigo foi finalizado em 01/11/2023 representando todas as alterações legislativas e jurisprudenciais sobre o tema.

para custeio. Ao longo do tempo, o debate se concentrou na identificação dessas espécies de subvenção no plano fático, visto que o ordenamento jurídico nacional outorgava, e ainda outorga, um tratamento fiscal distinto. Enquanto as subvenções para custeio integram o lucro real das pessoas jurídicas, as subvenções para investimentos poderiam não integrar o lucro real das pessoas jurídicas e serem excluídas da apuração, desde que cumprissem uma série extensa de requisitos legalmente questionáveis, em especial a destinação do proveito financeiro à expansão e à implantação de empreendimentos econômicos.

Em um cenário já bem mais recente, a Lei Complementar nº 160/2017 tentou por fim a esta celeuma. A Lei Complementar nº 160/2017 introduziu o §4º e o §5º no art. 30, da Lei nº 12.973/2014, estabelecendo-se que os benefícios fiscais ou financeiros relativos ao ICMS concedidos pelos Estados e pelo Distrito Federal são considerados subvenções para investimentos, tendo sido vedada a exigência de outros requisitos não previstos no *caput* de tal dispositivo.

Com essa nova determinação, acreditava-se que a discussão envolvendo a qualificação de um benefício fiscal ou financeiro de ICMS como subvenção para custeio ou como subvenção para investimento, para fins de apuração do lucro real, havia terminado. Ao menos em um primeiro momento, muitos dos traços do conceito jurídico de subvenção para investimento foram deixados de lado.

A Receita Federal do Brasil, por sua vez, ratificou inicialmente essa linha de raciocínio. Por meio da Solução de Consulta COSIT nº 11/2020, consignou que, a partir da Lei Complementar nº 160/2017, consideram-se como subvenções para investimento os benefícios fiscais ou financeiros relativos ao ICMS concedidos pelos Estados ou pelo Distrito Federal. Em igual sentido, na Solução de Consulta COSIT nº 15/2020 apontou que o valor do crédito outorgado de ICMS é uma receita apta a ser excluída da base de cálculo do IRPJ e da CSLL por ser legalmente considerada como uma subvenção para investimento, **desde que observados os requisitos da lei**.

Entretanto, posteriormente, no mesmo ano, a Receita Federal do Brasil externou um entendimento diferente na Solução de Consulta nº 145/2020. Nesta última oportunidade, restou fixado que os benefícios fiscais ou financeiros de ICMS só serão excluídos da base de cálculo do IRPJ e da CSLL se observarem os requisitos e condições impostos pelo art. 30, da Lei nº 12.973/2014, dentre eles, a necessidade de que tenham sido concedidos como estímulo à implantação ou expansão de empreendimentos econômicos.

Esse novo posicionamento adotado pela Receita Federal do Brasil se tornou questionável perante o ordenamento jurídico brasileiro, podendo-se elencar os seguintes itens referentes ao tema:

(i) abrangência das espécies de benefícios fiscais estaduais que podem ser excluídos da base de cálculo do IRPJ e da CSLL;

(ii) necessidade de efetiva destinação do valor subvencionado a projetos de implantação ou expansão de investimentos para caracterização da natureza da subvenção como de investimento;

(iii) caráter retroativo da LC nº 160/2017 e a possibilidade de aplicação retroativa;

(iv) necessidade de observar procedimentos contábeis específicos como requisito ao aproveitamento do benefício; e

(v) valor do benefício a ser considerado como exclusão na apuração do IRPJ e da CSLL.

Gostaríamos de tecer algumas considerações sobre o tema, abordando individualmente cada ponto elencado.

Com relação à (i) *abrangência das espécies de benefícios fiscais estaduais que podem ser excluídos da base de cálculo do IRPJ e da CSLL*, é possível entender que o art. 30, §4º, da Lei nº 12.973/2014 não limitaria os tipos de benefícios concedidos pelos Estados que podem ser excluídos da base de cálculo do IRPJ e da CSLL. Com efeito, este dispositivo, pela literalidade, veicularia uma previsão abrangente, corroborada com os termos do Convênio CONFAZ nº 190/2017.

Nessa linha, o entendimento firmado na Solução de Consulta nº 145/2020 estaria equivocado, por inovar ao criar uma exigência não prevista na lei, qual seja: de que os benefícios fiscais ou financeiros de ICMS tenham sido concedidos como estímulo à implantação ou expansão de empreendimentos econômicos. A Receita Federal estaria confundindo a natureza da subvenção para investimento descrita conceitualmente no art. 30, *caput*, da Lei nº 12.973/2014 com os demais requisitos expressamente previstos neste dispositivo.

O conceito é um, e o requisito é outro. Logo, a vedação de se exigir outros requisitos constantes do artigo não poderia ser entendida como uma reafirmação conceitual da subvenção para investimento constante no *caput*. Vale dizer, a parte final do art. 30, §4º, da Lei nº 12.973/2014 estaria tão somente proibindo a imposição de outras condicionantes além daquelas voltadas à impedir a apropriação por parte dos sócios, e não trazendo à tona a necessidade de concessão do benefício fiscal como estímulo à implantação ou à expansão de empreendimentos econômicos, que faz parte do conceito jurídico de uma subvenção para investimentos.

Nesse contexto, o raciocínio empreendido em favor do contribuinte seria tecnicamente plausível. Parte-se da premissa de que os requisitos postos pela lei seriam dois: (i) registro das subvenções para investimento como reserva de lucros; (ii) destinação exclusiva dessas verbas para absorção de prejuízos ou aumento do capital social. Daí, coerentemente, infere-se que a Solução de Consulta nº 145/2020 estaria equivocada.

Porém, cumpre-nos alertar não ser desarrazoado entender que, além desses requisitos supracitados, a circunstância de os benefícios fiscais ou financeiros de ICMS terem sido concedidos como estímulo à implantação ou à expansão de empreendimentos econômicos represente um terceiro requisito constante no art. 30, *caput* e §4º, da Lei nº 12.973/2014.

Historicamente, sempre se entendeu que as subvenções para investimento eram concedidas como estímulo à implantação ou expansão de empreendimento econômicos. Trata-se de uma situação econômica que é inerente ao próprio ao conceito de subvenção para investimento. Ou seja, tratar-se-ia de significação indissociável do sentido da própria expressão "*subvenção para investimento*". Além disso, deve-se interpretar a previsão de um parágrafo normativo sempre em consonância com os termos do *caput* do dispositivo.

Por essa ordem de ideias, não se pode assumir que o art. 30, §4º, da Lei nº 12.973/2014 tenha ignorado e eliminado uma condição natural de toda e qualquer subvenção para investimento. Desta forma, o entendimento firmado pela Solução de Consulta nº 145/2020 poderia ser visto como de possível aceitação por parte do Poder Judiciário.

Com relação à (ii) *necessidade de efetiva destinação do valor subvencionado a projetos de implantação ou expansão de investimentos para caracterização da natureza da subvenção como de investimento*, é possível sustentar que a Lei Complementar nº 160/2017 teria sido editada para justamente afastar este e outros requisitos previstos há muito tempo no Parecer Normativo nº 112/1978.

O processo legislativo de edição desta lei reforçaria esse viés. Primeiro, porque os documentos do projeto de lei externariam o objetivo de eliminar a classificação de um benefício fiscal como subvenção para custeio ou subvenção para investimento por meio de uma equiparação. Segundo, porque o então presidente Michel Temer vetou os dispositivos, sob o argumento de que a intenção inicial de elevar o investimento econômico restaria desconstituída. Terceiro, porque o Congresso Nacional teria derrubado o Veto para impedir as ações da Receita Federal de tentar tributar um benefício fiscal concedido pelos Estados. Entender diferente, seria tornar inútil as alterações promovidas pela Lei Complementar nº 160/2017, trazendo de volta o cenário de antes da sua promulgação.

A Solução de Consulta nº 145/2020, por sua vez, teria respaldado este entendimento em uma determinada passagem[3]. Assim, a Receita Federal teria confirmado a desnecessidade de aplicação direta do valor subvencionado em investimentos de implantação ou expansão de empreendimentos.

De fato, há lógica em compreender que a finalidade da Lei Complementar nº 160/2017 seja a de dar fim às exigências de outrora postas no Parecer Normativo nº 112/1978. Entretanto, não nos parece que a Solução de Consulta nº 145/2020 venha a respaldar esse entendimento. Na verdade, é o contrário. A Receita Federal, com a Solução de Consulta nº 145/2020, tenta novamente se aproximar dos termos do Parecer Normativo nº 112/1978, ainda que eventualmente na contramão da lei, na medida em que externa uma interpretação mais restritiva à possibilidade de exclusão dos benefícios fiscais ou financeiros de ICMS da base de cálculo do IRPJ e da CSLL.

Com relação ao (iii) *caráter retroativo da LC nº 160/2017 e à possibilidade de aplicação retroativa*, é possível entender

3. "Ocorre que essa Lei Complementar introduziu novo comando legal, que, ao modificar, em parte, o conteúdo do art. 30 da Lei nº 12.973, de 2014, fez com que o PN CST nº 112, de 1978, tivesse seus efeitos mitigados em relação aos incentivos e os benefícios fiscais ou financeiro-fiscais relativos ao imposto previsto no inciso II do caput do art. 155 da Constituição Federal, de 1988, naquilo que incompatível com a inovação legislativa"

que o art. 30, §5º, da Lei 12.973/2014 teria evidenciado a intenção do legislador de atingir fatos pretéritos, ao estabelecer que o disposto no respectivo §4º se aplicaria aos processos administrativos e judiciais ainda não definitivamente julgados.

Essa orientação se assemelharia à posta no art. 106, inciso II, do Código Tributário, que trata da retroatividade da lei mais benigna, quando versa sobre infração e penalidades, aplicável aos "*atos não definitivamente julgados*". Nesse sentido, a Lei Complementar nº 160/2017 teria caráter interpretativo, podendo retroagir para aproveitar apurações do IRPJ e da CSLL ainda não prescritas, sendo este entendimento respaldado pela Solução de Consulta nº 145/2020.

Essa constatação feita acima parece pertinente. A redação do art. 30, §5º, da Lei nº 12.973/2014 é realmente clara em prever a possibilidade de se aplicar o conteúdo do respectivo §4º aos processos administrativos e judiciais ainda não definitivamente julgados.

Com relação *à (iv) necessidade de observar procedimentos contábeis específicos como requisito ao aproveitamento do benefício*, é possível defender que o processo de resposta à consulta se limitaria à interpretação da legislação tributária, não abrangendo matérias estranhas a este escopo, tal como a forma de contabilização dos benefícios fiscais ou financeiros de ICMS/subvenções para investimento.

Realmente, a Solução de Consulta nº 145/2020 não se debruçou sobre o questionamento do contribuinte acerca da forma correta de contabilização. Entretanto, cumpre-nos destacar que essa ausência de manifestação não implica liberdade na forma de contabilização. Ou seja, o contribuinte deve atender às normas e aos padrões contábeis vigentes, sob pena de recair em fiscalização e, assim, sofrer uma autuação por estar em desconformidade com a legislação.

Com relação *ao (v) valor do benefício a ser considerado como exclusão na apuração do IRPJ e da CSLL*, é possível sustentar que o entendimento firmado na Solução de Consulta nº 15/2020, a partir de um caso de crédito outorgado, foi o de que o montante a ser excluído equivaleria ao valor bruto do crédito outorgado, sem se deduzir o crédito ordinário normal.

Posteriormente foram editadas várias outras Soluções de Consulta COSIT, sendo que todas reafirmaram o entendimento já esposado na Solução nº 145/2020. Dentre elas, podemos citar as Soluções de Consulta COSIT 55/2021, 108/2021 e 169/2021.

A controvérsia foi levada ao Superior Tribunal de Justiça. No dia 26/04/2023, esta Corte julgou, em sede de repetitivo (Tema nº 1.182), os REsp 1945110/RS e 1987158/SC (que possui caráter vinculativo das demais decisões), firmando as seguintes teses:

> *"1. Impossível excluir os benefícios fiscais relacionados ao ICMS, - tais como redução de base de cálculo, redução de alíquota, isenção, diferimento, entre outros - da base de cálculo do IRPJ e da CSLL, salvo quando atendidos os requisitos previstos em lei (art. 10, da Lei Complementar n. 160/2017 e art. 30, da Lei n. 12.973/2014), não se lhes aplicando o entendimento firmado no ERESP 1.517.492/PR que excluiu o crédito presumido de ICMS das bases de cálculo do IRPJ e da CSLL.*
>
> *2. Para a exclusão dos benefícios fiscais relacionados ao ICMS, - tais como redução de base de cálculo, redução de alíquota, isenção, diferimento, entre outros - da base de cálculo do IRPJ e da CSLL não deve ser exigida a demonstração de concessão como estímulo à implantação ou expansão de empreendimentos econômicos.*
>
> *3. Considerando que a Lei Complementar 160/2017 incluiu os §§ 4º e 5º ao art. 30 da Lei 12.973/2014 sem, entretanto, revogar o disposto no seu § 2º, a dispensa de comprovação prévia, pela empresa, de que a subvenção fiscal foi concedida como medida de estímulo à implantação ou expansão do empreendimento econômico não obsta a Receita Federal de proceder ao lançamento do IRPJ e da CSSL se, em procedimento fiscalizatório, for verificado que os valores oriundos do benefício fiscal foram utilizados para*

finalidade estranha à garantia da viabilidade do empreendimento econômico."

Esse precedente do STJ deu outros contornos à discussão. Basicamente, os Ministros concluíram que: (i) o benefício fiscal consistente em crédito presumido de ICMS não pode ser incluído na base de cálculo do IRPJ e da CSLL, por violação ao pacto federativo, nos termos do entendimento firmado no EREsp nº 1.517.492/PR; e (ii) as demais formas de benefício fiscal de ICMS podem ser excluídas da apuração do IRPJ e da CSLL, caso respeitem os requisitos do artigo 10, da Lei Complementar nº 160/2017 (*registro e depósito de documentos no CONFAZ*), e os requisitos do art. 30, da Lei nº 12.973/2014 (*registro contábil em reserva de lucros e não distribuição aos sócios*).

No bojo desses precedentes vinculantes, foram opostos Embargos de Declaração, os quais estão pendentes de apreciação pelo STJ. Foram ao total 4 embargos de declaração opostos: (i) em 1 deles se busca esclarecer a questão da necessidade de cumprimento do requisito de registro contábil; (ii) em 3 deles se busca a modulação dos efeitos da decisão (o que jamais ocorreu perante o Superior Tribunal de Justiça, pois esse tribunal nunca modulou uma decisão anteriormente); (iii) um dos embargos de declaração versa sobre uma questão específica da parte embargante.

Nesse contexto, o que se pode concluir, até o momento, relativamente à decisão é que a despeito de se poder considerar como subvenção para investimento reduções de base de cálculo e/ou de alíquota de ICMS, isenções ou diferimentos, sem que estejam diretamente relacionadas à implantação ou expansão de empreendimento, tais "reduções" precisam estar registradas na contabilidade da empresa como reserva de lucros, bem como todos os benefícios a que faz jus a empresa necessitam ter sido convalidados pelo CONFAZ nos termos em que fixados pela Lei Complementar 160/17.

Ademais, a decisão do STJ estabelece que também todos os valores oriundos dos benefícios deverão ser destinados à viabilidade do empreendimento econômico. Essa prova não é simples de ser feita e tem gerado diversas autuações para as empresas. Assim, três são os requisitos indispensáveis em consonância com o Superior Tribunal de Justiça: (i) é necessário estar contabilizados os valores em reserva de lucros; (ii) os atos concessivos dos benefícios tem que estar convalidados pelo Confaz, nos termos em que impostos pela Lei Complementar 160/17.

Registre-se que o tema concernente à discussão envolvendo a exclusão dessas subvenções na base de cálculo do IR/CSLL não será analisado pelo STF, que reputou a matéria infraconstitucional.

Contudo, a despeito da decisão proferida pelo STJ em sede de recurso repetitivo, a Receita Federal do Brasil publicou, em 30/10/2023,a Solução de Consulta Cosit 253/2023 reafirmando seu posicionamento anterior no mesmo sentido que já vinha sendo esposado desde a Solução de Consulta 145/2020. Os fundamentos para manutenção do entendimento foram: (i) a pendência de julgamento de embargos de declaração; (ii) a ausência de manifestação da PGFN nos termos da Lei 10522/02.

Diante dessas considerações, busca-se deixar claro que o tema exige bastante cautela. O ordenamento jurídico brasileiro comporta uma interpretação mais restritiva da lei e, consequentemente, mais desfavorável aos contribuintes.

2.1 Do Entendimento do STJ em relação aos créditos presumidos de ICMS

Desde o ano de 2017, o STJ possuía entendimento no sentido de que os créditos presumidos de ICMS poderiam ser excluídos da base de cálculo do PIS e da COFINS. Observe-se a ementa do julgado, parcialmente transcrita:

> EMENTA: RECURSO EXTRAORDINÁRIO COM REPERCUSSÃO GERAL. EXCLUSÃO DO ICMS NA BASE DE CÁLCULO DO PIS E COFINS. DEFINIÇÃO DE FATURAMENTO. APURAÇÃO ESCRITURAL DO ICMS E REGIME DE NÃO CUMULATIVIDADE. RECURSO PROVIDO. 1. Inviável a apuração do ICMS tomando-se cada mercadoria ou serviço e a correspondente cadeia, adota-se o sistema de apuração contábil. O montante de ICMS a recolher é apurado mês a mês, considerando-se o total de créditos decorrentes de aquisições e o total de débitos gerados nas saídas de mercadorias ou serviços: análise contábil ou escritural do ICMS. 2. A análise jurídica do princípio da não cumulatividade aplicado ao ICMS há de atentar ao disposto no art. 155, § 2º, inc. I, da Constituição da República, cumprindo-se o princípio da não cumulatividade a cada operação. 3. O regime da não cumulatividade impõe concluir, conquanto se tenha a escrituração da parcela ainda a se compensar do ICMS, não se incluir todo ele na definição de faturamento aproveitado por este Supremo Tribunal Federal. O ICMS não compõe a base de cálculo para incidência do PIS e da COFINS. 3. Se o art. 3º, § 2º, inc. I, in fine, da Lei n. 9.718/1998 excluiu da base de cálculo daquelas contribuições sociais o ICMS transferido integralmente para os Estados, deve ser enfatizado que não há como se excluir a transferência parcial decorrente do regime de não cumulatividade em determinado momento da dinâmica das operações. 4. Recurso provido para excluir o ICMS da base de cálculo da contribuição ao PIS e da COFINS.

Sobre essa decisão, é imperioso ressaltar que: (i) foi proferida em sede de embargos de divergência que, a despeito de representar o entendimento da Primeira Sessão do STJ (que congrega a 1ª e 2ª Turmas), não possui caráter vinculativo, pois não se trata de decisão proferida em sede de recurso repetitivo; (ii) foi citado no julgamento que estabeleceu critérios para a exclusão do IRPJ e CSLL anteriormente mencionado, asseverando que se tratava de regimes distintos (REsp 1945110/RS e 1987158/S, julgados sob a sistemática de repercussão geral).

Contudo, mesmo diante de uma aparente pacificidade sobre o tema, no último dia 03/10/2023 (decisão disponibilizada no DJ de 10/10/2023), a segunda turma do STJ decidiu que também os créditos presumidos de ICMS devem observar a sistemática da LC 160/17[4].

Ainda sobre o tema, já foram veiculadas notícias de que o STJ afetará recurso sobre o tema para análise sob a sistemática de recursos repetitivos. E, nessa conformidade, quando do julgamento, haverá uma definição sobre a questão dos créditos presumidos. No momento, após essa novel decisão, pairam diversas incertezas sobre a temática.

2.2 Da edição da Medida Provisória nº 1.185/2023 e do Projeto de Lei 5129/23

É necessário ainda salientar que, antes mesmo que houvesse um amadurecimento deste novel cenário e uma adaptação mínima acerca da decisão do STJ, o Governo Federal entendeu por bem editar a Medida Provisória nº 1.185, em 30/08/2023, alterando radicalmente toda a estrutura da tributação das subvenções para investimento. O artigo 30, da Lei nº 12.973/2014, tão questionado e examinado por vários intérpretes, foi revogado, junto com outros dispositivos legais correlacionados.

A partir de então, ao menos até a vigência da Medida Provisória em tela, os contribuintes não devem mais se preocupar com a inclusão ou a exclusão das subvenções para investimento na apuração do lucro real, tampouco com o cumprimento dos respectivos requisitos contábeis a tanto, mas, sim, observar o procedimento para uso e gozo de um *crédito fiscal* do Imposto de Renda a ser concedido pela União Federal, o qual é passível de restituição ou de compensação.

4. Aresp 2388499, Relator Ministro Mauro Campbell Marques, DJ 11/10/2023.

Segundo consta na Medida Provisória nº 1.185/2023, os contribuintes poderão apurar crédito fiscal de subvenção para investimento correspondente ao produto da receita desta subvenção com a alíquota do imposto vigente à época em que as receitas forem reconhecidas. Vale dizer, o cálculo do crédito fiscal se faz mediante a aplicação do proveito financeiro obtido via subvenção para investimento com a alíquota do IRPJ (25%). Neste cômputo, há receitas que integram o numerário da subvenção, como aquelas relacionadas à implantação ou à expansão do empreendimento econômico, e há receitas que não integram o numerário da subvenção, como aquelas alheias ao investimento e aquelas que reconhecidas após 31/12/2028, nos termos dos artigos 7º e 8º do expediente normativo em xeque.

Além disso, os contribuintes devem atender algumas formalidades. Existe a necessidade de se habilitar, previamente, junto a Secretaria Especial da Receita Federal do Brasil. Essa habilitação, por sua vez, está condicionada à qualidade da pessoa como beneficiária de uma subvenção para investimento consistente na implantação ou ampliação de estabelecimento e à requisitos burocráticos consistentes em contrapartidas expressas a serem executadas para fins de implantação e expansão do empreendimento econômico, conforme reza os artigos 3º e 4º, da referida Medida Provisória. No mais, o respectivo artigo 6º, parágrafo único, prescreve que o crédito fiscal será apurado na Escrituração Contábil Fiscal – ECF referente ao ano-calendário das receitas de subvenção, sendo suscetível de aproveitamento apenas no exercício seguinte.

A Medida Provisória nº 1.185/2023 será ainda apreciada pelo Congresso Nacional, podendo vir a ser ou não convertida em lei. Contudo, seus efeitos seriam a partir de 1º de janeiro de 2024.

Contudo, a despeito de a Medida Provisória 1185/23 não ter encerrado sua vigência, foi editado o Projeto de Lei

5129/23, cuja tramitação foi requerida em regime de urgência. O texto, veiculado nesse Projeto de Lei, é basicamente o mesmo da Medida Provisória, apenas com a diferença da introdução, do artigo 15 no Projeto de Lei que estabelece que o disposto no citado projeto de lei não impede a fruição de incentivos fiscais federais relativos à IRPJ/CSLL/PIS/COFINS concedidos por lei específica. Também a MP estabelece que a entrada em vigor das disposições é 1º de janeiro de 2024 ao passo que o Projeto de Lei estabelece o início da vigência para 1º de abril de 2024.

3. DA EXCLUSÃO DO ICMS "SUBVENÇÃO" DO PIS E COFINS

Relativamente à incidência da Contribuição ao PIS e da COFINS sobre os valores recebidos de ICMS "subvenções", considerações de duas sortes devem ser feitas, a saber: a) se os valores se enquadram nas isenções das subvenções para investimento; b) se os montantes consubstanciam receita ou faturamento, de modo a dar azo à incidência das referidas contribuições.

Durante a vigência do Regime Tributário de Transição, o art. 21, parágrafo único, I, da Lei 11.941/09, determinou que "*para fins de aplicação do RTT, poderão ser excluídos da base de cálculo da Contribuição para o PIS/Pasep e da Cofins, quando registrados em conta de resultado: I - o valor das subvenções e doações feitas pelo poder público, de que trata o art. 18 desta Lei*".

Ou seja, em se tratando de subvenção para investimento e cumpridos os requisitos de contabilização e destinação de que trata o art. 18 da Lei 11.941/09, os valores auferidos em razão de subvenção para investimento não se submetiam à incidência do PIS e da COFINS.

Ressalte-se que, para a fruição da isenção de que tratava o art. 21, parágrafo único, I da Lei 11.941/09, era necessária a obediência ao disposto no art. 18 da mesma lei, que estabelecia a forma de contabilização e destinação das subvenções para investimento.

O referido artigo do RTT foi revogado pela Lei 12.973/14, que introduziu, todavia, incisos adicionais nos arts. 1º das Leis 10.637/02 e 10.833/03, referentes ao PIS e à COFINS, que ora determinam que não integram a base de cálculo das contribuições as receitas "*de subvenções para investimento, inclusive mediante isenção ou redução de impostos, concedidas como estímulo à implantação ou expansão de empreendimentos econômicos e de doações feitas pelo poder público*". Embora não haja referência expressa aos requisitos de contabilização prescritos pela própria Lei 12.973/14 para fins do gozo da isenção do IRPJ, é razoável supor que as autoridades administrativas exigirão o cumprimento desses requisitos, sob pena de desnaturar-se a natureza de subvenção para investimento.

A lei 12973/14 alterou o artigo 1º, parágrafo 3º, inciso IX das Leis 10.637/02 e 10.833/03 para estabelecer que as subvenções para investimento, inclusive mediante isenção ou redução de impostos, concedidas como estímulo à implantação ou expansão de empreendimentos econômicos e de doações feitas pelo poder público, não integram a base de cálculo das contribuições ao PIS e a COFINS. Note-se que a literalidade desses dispositivos estabelece a possibilidade de exclusão da base da contribuição ao PIS e da COFINS para as subvenções concedidas como estímulo à implantação ou expansão de estabelecimento.

Contudo, há quem defenda uma interpretação ampliativa do conceito, para integrá-lo com o disposto no artigo 30 parágrafo 4º, considerando-se, para os fins de exclusão da base de cálculo do PIS e da COFINS, todo e qualquer benefício de ICMS, a exemplo do que ocorre com o IRPJ e CSLL. Também, no mesmo esteio, necessitaria haver a escrituração fiscal em conta de resultado, bem como a comprovação da destinação[5].

Nesse contexto é possível a exclusão dos valores a título de subvenções para investimento da base de cálculo do PIS e da COFINS, nos moldes anteriormente preconizados. Contudo, nesse caso, não há, como em relação ao IRPJ e CSLL, decisão em sede de recurso repetitivo que permite a exclusão sob determinadas condições.

3.1 Crédito presumido de ICMS e a exclusão da base de cálculo do PIS e da COFINS

Registre-se, por fim, que a questão envolvendo a exclusão dos valores de créditos presumidos, no âmbito da base de cálculo do PIS e da COFINS.

A jurisprudência do STJ é no sentido de permitir tal exclusão[6]. Contudo, a questão ora se encontra com reper-

---

5. As decisões sobre o tema são esparsas. Identificamos a seguinte, proferida pelo CARF, no ano de 2022 (acórdão 9101-006.112 – CSRF / 1ª Turma): *INCENTIVOS FISCAIS DE ICMS CONCEDIDOS PELO ESTADO DE GOIÁS. PROGRAMA FOMENTAR. EQUIPARAÇÃO À SUBVENÇÃO DE INVESTIMENTO. ARTIGO 30 DA LEI Nº 12.973/14. LEI COMPLEMENTAR Nº 160/2017. Uma vez demonstrado que os benefícios fiscais de ICMS concedidos pelo Estado de Goiás, no âmbito do programa Fomentar, cumprem os requisitos previstos na Lei Complementar nº 160/2017 e no artigo 30 da Lei nº 12.973/2014, e não havendo questionamento acerca do registro contábil dos respectivos valores, correta a manutenção do tratamento fiscal aplicável à subvenções para investimento, não havendo que se falar em tributação pela contribuição ao PIS. Prejudicada a análise a respeito da natureza jurídica de tais montantes.*

6. Dentre as decisões existentes, destacamos as seguintes:*"Com efeito,* ***o crédito presumido do ICMS consubstancia-se em parcelas relativas à redução de custos, e não à obtenção de receita nova oriunda do exercício da atividade empresarial como, verbi gratia, venda de mercadorias ou de serviços.*** *Esta Corte, ao enfrentar o tema ora em debate, posicionou-se no sentido de que, por não se tratar de receita, não há que se falar em incidência dos créditos presumidos do ICMS na base de cálculo do PIS e da COFINS." (AgRg no RECURSO ESPECIAL Nº 1.229.134 - SC - 2011/0006506-4. DJ 16/03/2012) ; (...) AGRAVO REGIMENTAL NO RECURSO ESPECIAL. QUESTÃO RELATIVA À INCLUSÃO DO CRÉDITO PRESUMIDO DE ICMS NA BASE DE CÁLCULO DO PIS E DA COFINS. IMPOSSIBILIDADE. PRECEDENTES DE AMBAS AS*

cussão geral reconhecida pelo Supremo Tribunal Federal, nos autos do RE 835.818, ainda pendente de julgamento:

> *COFINS – PIS – BASE DE CÁLCULO – CRÉDITO PRESUMIDO DE IMPOSTO SOBRE CIRCULAÇÃO DE MERCADORIAS E SERVIÇOS – ARTIGOS 150, § 6º, E 195, INCISO I, ALÍNEA "B", DA CARTA DA REPÚBLICA – RECURSO EXTRAORDINÁRIO – REPERCUSSÃO GERAL CONFIGURADA.* ***Possui repercussão geral a controvérsia acerca da constitucionalidade da inclusão de créditos presumidos do Imposto sobre Circulação de Mercadorias e Serviços – ICMS nas bases de cálculo da Cofins e da contribuição ao PIS.*** *(RE 835818 RG, Relator(a): Min. MARCO AURÉLIO, julgado em 27/08/2015, PROCESSO ELETRÔNICO DJe-188 DIVULG 21-09-2015 PUBLIC 22-09-2015)*

Nesse contexto, só haverá segurança na apropriação dos créditos, quando houver o julgamento do recurso afetado à sistemática da repercussão geral.

Registre-se, ainda, por fim, que da mesma forma que se observou em relação a IRPJ e CSLL, a Medida Provisória 1185/2023 e o Projeto de Lei 5129/2023 revogaram a possibilidade dessa exclusão (revogando os dispositivos das Leis 10.637/02 e 10.833/03) e instituindo nova sistemática para o tema.

TURMAS DA PRIMEIRA SEÇÃO. AGRAVO REGIMENTAL DESPROVIDO. 1. ***O Superior Tribunal de Justiça vem decidindo que o crédito presumido do ICMS configura incentivo voltado à redução de custos, com vistas a proporcionar maior competitividade no mercado para as empresas de um determinado Estado-membro, e, portanto, não assume a natureza de receita ou faturamento, pelo que está fora da base de cálculo do PIS e da COFINS.*** *Precedentes: 1a. Turma, AgRg no REsp. 1.229.134/SC, Rel. Min. HUMBERTO MARTINS, DJe 03.05.2011; 2a. Turma, REsp. 1.025.833/RS, Rel. Min. FRANCISCO FALCÃO, DJe 17.11.2008. 2. Por outro lado, mostra-se despropositada a argumentação relacionada à observância da cláusula de reserva de plenário (art. 97 da CRFB) e do enunciado 10 da Súmula vinculante do STF, pois, na decisão recorrida, não houve declaração de inconstitucionalidade dos dispositivos legais suscitados, tampouco o seu afastamento. 3. Agravo Regimental desprovido. (AGRESP 200902202887, NAPOLEÃO NUNES MAIA FILHO, STJ - PRIMEIRA TURMA, DJE DATA:14/11/2011 ..DTPB:.).*

4. CONCLUSÕES

Diante de todo o exposto pode-se concluir que:

a) no que diz respeito à exclusão do ICMS como subvenção para investimento da base do IRPJ/CSLL, é possível, de acordo com a decisão proferida em sede de repetitivo (Tema nº 1.182), que julgou REsp 1945110/RS e 1987158/SC, das reduções de base de cálculo, alíquota e benefícios no âmbito do ICMS, desde que:

(i) estejam escrituradas em contas de resultados;

(ii) os benefícios tenham sido convalidados pelo CONFAZ, observando-se os requisitos instituídos pela LC 160/17; (iii) seja comprovado que os valores excluídos se destinam à viabilidade do empreendimento econômico. Esses requisitos já são aqueles previstos na decisão do STJ. Contudo, a RFB tem diversas soluções de Consulta Cosit que estabelecem que só podem ser excluídas as subvenções para investimento para implantação ou expansão de empreendimento econômico;

b) no caso de crédito presumido de ICMS, a exclusão da base de cálculo do IRPJ e CSLL, há recente mudança de posicionamento por parte do STJ (julgamento ocorrido em 03/10/2023), dando-se notícia no sentido de que haverá a afetação para julgamento sob a temática dos recursos repetitivos. Assim, não há segurança, no momento, para a tomada desses créditos;

c) no que diz respeito à exclusão das subvenções de ICMS da base do Pis e da COFINS, é factível interpretação no sentido de que haveria a possibilidade desde que cumpridos os mesmos requisitos para exclusão do IRPJ/CSLL. Contudo, não há, como no caso do IRPJ/CSLL jurisprudência consolidada (com decisões do STJ em repetitivo), o que eleva o grau de risco;

d) com relação à exclusão dos créditos presumidos de ICMS na base do PIS e da COFINS, o tema está afetado para julgamento em sede de repercussão geral pelo STF (RE 835818) desde 2015. Assim, só haverá segurança para adoção de qualquer procedimento de exclusão quando o STF decidir definitivamente o tema;

e) Toda a sistemática consolidada até 2023 foi revogada pela Medida Provisória 1185/2023 e pelo Projeto de Lei 5129/2023, que prevê a entrada em vigor a partir de 1º de janeiro de 2024 (MP 1189) e 1º de abril de 2024 (PL 5129) e só permitirá a adoção de um crédito presumido para aquelas empresas que tenham subvenções para implantação ou expansão de estabelecimento.

O PRAZO PARA AJUIZAMENTO DA AÇÃO RESCISÓRIA PREVISTA NO ART. 535, § 8º, DO CPC

Cassio Scarpinella Bueno[1]

SUMÁRIO: 1. Considerações iniciais; 2. Não se trata de uma nova ação rescisória; 3. Variações quanto ao prazo para ajuizamento da ação rescisória; 3.1 A hipótese do art. 535, § 8º, do CPC; 3.2 Críticas ao dispositivo; 4. Considerações finais; Bibliografia.

1. CONSIDERAÇÕES INICIAIS

É uma grande honra participar do XX Congresso Nacional de Estudos Tributários do Instituto Brasileiro de Estudos Tributários – IBET: Direito Tributário: Fundamentos

1. Livre-Docente, Doutor e Mestre em Direito Processual Civil pela Faculdade de Direito da PUC-SP. Professor de direito processual civil e de direito processual tributário na mesma Faculdade nos cursos de doutorado, mestrado, especialização e graduação. Presidente do Instituto Brasileiro de Direito Processual (triênio 2022-2024), Vice-Presidente da Região Brasil do Instituto Ibero-americano de Direito Processual (triênio 2023-2025) e membro da Associação Internacional de Direito Processual. Líder do Grupo de Pesquisa Rodrigo Barioni de Direito Jurisprudencial da PUC-SP, certificado pelo CNPQ. Advogado.

Jurídicos da Incidência, realizado entre os dias 6, 7 e 8 de dezembro de 2023, no magnífico Hotel Renaissance em São Paulo, pelo que, em primeiro lugar, deixo registrados meus profundos agradecimentos ao Professor Paulo de Barros Carvalho e ao Professor Robson Maia Lins, Presidente e Vice-Presidente do IBET, respectivamente.

O tema escolhido proposto para exame, como se costuma afirmar, está na "pauta do dia". Ele se relaciona, a um só tempo com a compreensão mais ampla de segurança jurídica, e às técnicas processuais que, histórica e tradicionalmente entre nós, são voltadas à desconstituição da coisa julgada, dentre elas, a mais comum, a chamada "ação rescisória".

2. NÃO SE TRATA DE UMA NOVA AÇÃO RESCISÓRIA

De início, importa destacar que a previsão do art. 535, § 8º, do CPC, sobre o qual gravita o presente artigo, não deve ser compreendida como uma "nova" ou "diversa" modalidade de ação rescisória.

A ação rescisória, como tal, deve ser compreendida como técnica de desconstituição da coisa julgada diante de expressos autorizativos normativos. Para tanto, é mister ter presentes as hipóteses do art. 966 do CPC.

O que há de diferente no referido § 8º do art. 535 do CPC[2] é a fluência do prazo para ajuizamento da ação rescisória que é, invariavelmente, de dois anos, de acordo com o art. 975 do CPC e para o qual se volta o número seguinte.

Em rigor, nem mesmo a hipótese prevista no § 5º do art. 535, do CPC[3], ao qual o § 8º faz expressa referência,

2. "Art. 535. (...) § 8º. Se a decisão referida no § 5º for proferida após o trânsito em julgado da decisão exequenda, caberá ação rescisória, cujo prazo será contado do trânsito em julgado da decisão proferida pelo Supremo Tribunal Federal.".

3. "Art. 535. (...) § 5º Para efeito do disposto no inciso III do *caput* deste artigo, considera-se também inexigível a obrigação reconhecida em título executivo judicial

deve ser compreendida fora do contexto de cabimento da ação rescisória. Isto porque é correto entender que a situação do § 5º do art. 535 do CPC harmoniza-se com o genérico permissivo do inciso V do art. 966 do CPC[4], máxime quando interpretado à luz do § 5º do mesmo dispositivo[5], incluído pela Lei n. 13.256/2016, e do sistema de precedentes tão enfatizado pelo CPC, em especial, do seu art. 927.

Justamente por força de tal necessária relação é que os não poucos questionamentos acerca da viabilidade de a ação rescisória ser empregada, em última análise, como técnica de uniformização de jurisprudência devem ser considerados *também* para a escorreita interpretação e aplicação do § 5º do art. 535 do CPC[6]. O foco do presente artigo, todavia, diz respeito não ao cabimento da rescisória, mas, sim, à fluência do prazo para seu ajuizamento.

3. VARIAÇÕES QUANTO AO PRAZO PARA AJUIZAMENTO DA AÇÃO RESCISÓRIA

Como acentuado no número anterior, o prazo para ajuizamento da ação rescisória é único. O biênio, para

---

fundado em lei ou ato normativo considerado inconstitucional pelo Supremo Tribunal Federal, ou fundado em aplicação ou interpretação da lei ou do ato normativo tido pelo Supremo Tribunal Federal como incompatível com a Constituição Federal , em controle de constitucionalidade concentrado ou difuso.".

4. "Art. 966. A decisão de mérito, transitada em julgado, pode ser rescindida quando: (...) V - violar manifestamente norma jurídica;".

5. "§ 5º. Cabe ação rescisória, com fundamento no inciso V do caput deste artigo, contra decisão baseada em enunciado de súmula ou acórdão proferido em julgamento de casos repetitivos que não tenha considerado a existência de distinção entre a questão discutida no processo e o padrão decisório que lhe deu fundamento.".

6. É o que tem, por exemplo, sobre a atual compreensão da Súmula 343 do STF, do Tema 136 da Repercussão Geral e dos próprios Temas 881 e 885. Com relação àqueles dois primeiros tópicos, cabe destacar o estudo de João Luiz Lessa Neto, Impugnação da decisão judicial transitada em julgado fundamentada em comando normativo inconstitucional, p. 265/269.

tanto, *é contado desde o trânsito em julgado da decisão que se pretende rescindir.*

É o cristalino comando do *caput* do art. 975 do CPC, assim redigido:

> "Art. 975. O direito à rescisão se extingue em 2 (dois) anos contados do trânsito em julgado da última decisão proferida no processo.".

É correto admitir a viabilidade de sucessivas ações rescisórias contra uma mesma decisão, desde que diferentes seus fundamentos e também desde que ajuizadas, todas, dentro do biênio do já referido *caput* do art. 975 do CPC.

É ler a doutrina:

> "São casos de formação da coisa julgada progressiva no processo, mas o termo *a quo* para a rescisória é um só a contar do último trânsito em julgado da última decisão proferida no processo. **O que significa que é possível a propositura de tantas ações rescisórias quantos forem os capítulos da decisão judicial transitados em julgado em momentos distintos.** E, assim, o prazo para cada uma delas poderá vir a ser diverso, maior, se contados em dias, **mas sempre o prazo judicial será de dois anos**, diversificado o momento que se inicia a contagem."[7].

> "Os incisos do art. 966 compõem a causa de pedir da ação rescisória. Não é necessária a invocação cumulada dos motivos rescisórios. É suficiente um fundamento para motivar o pedido de rescisão do julgado.
>
> Considere-se, no entanto, que o sistema processual autoriza o autor a cumular fundamentos rescisórios (cumulação de causas de pedir), em verdadeira argumentação eventual. Para a procedência do pedido de rescisão, basta o acolhimento de um deles. **Advirta-se que fundamento não invocado na petição inicial de modo algum permite o juízo rescindente; porém, tal fundamento poderá motivar novo pedido de rescisão, desde que, é claro, respeite o prazo previsto no art. 975.**"[8].

---

7. Arruda Alvim, *Manual de direito processual civil*, sem paginação na versão eletrônica, item 30.4. Prazo para a propositura da ação rescisória, sem os destaques.

8. Fabiano Carvalho, *Comentários ao Código de Processo Civil*, vol. XIX., p. 106 da versão eletrônica, sem os destaques.

> "Não é isenta de expressivas consequências a acomodação da *causa petendi* da rescisória ao esquema comum desse elemento objetivo. A procedência do juízo rescindente basta que o tribunal acolha apenas uma das causas alegadas. A sucumbência do réu é total. O princípio da congruência incide plenamente. **O tribunal não pode julgar procedente a rescisória baseado em causa de pedir não alegada na petição inicial. A improcedência da rescisória por um fundamento não obsta sua renovação por outro (v.g., na primeira ação o autor indicou como violada a norma X: na segunda, a norma Y), respeitado o prazo decadencial do art. 975. (...)**"[9].

> "Quanto à indicação dos fatos e fundamentos da causa, necessariamente deve ser apresentada alguma das hipóteses de cabimento da ação rescisória como fundamento da causa (art. 966, CPC). As hipóteses de rescindibilidade que ensejam a causa de pedir da ação rescisória devem ser tidas como questão de fato, inclusive quando se alega violação de norma jurídica. **Cada hipótese de rescindibilidade legalmente descrita caracteriza uma causa de pedir autônoma.** Desse modo, quando o autor narra a presença de dois vícios distintos para a rescisão, há cumulação simples de causas. **O STJ, inclusive, admite o fracionamento de *causae petendi*, sendo possível o ajuizamento de uma segunda rescisória para atacar a mesma decisão, desde que alegado outro vício e não escoado o prazo decadencial.**"[10].

Para além de importantes polêmicas a respeito da contagem do prazo para o ajuizamento da ação rescisória — uma delas, interessantíssima, que leva em conta a existência de coisas julgadas "parciais" e o disposto na Súmula 401 do STJ[11] —, importa identificar, para o presente artigo, a existência de exceções para a regra para ajuizamento da ação rescisória. *Não quanto ao biênio* para exercício da pretensão rescisória, mas sim com relação ao *início* de sua *fluência*.

A primeira das exceções diz respeito *à ação rescisória fundamentada em prova nova*, caso em que o termo inicial

9. Araken de Assis, *Ação rescisória*, p. 346, sem os destaques.

10. Felipe Scalabrin, *Ação rescisória*, p. 146/147, sem os destaques.

11. Para esta discussão, v. meu *Curso sistematizado de direito processual civil*, vol. 2, p. 458/459.

do prazo será a data de descoberta da prova nova (art. 975, § 2º, do CPC)[12].

A segunda se dá quando o fundamento da ação rescisória é a simulação ou a colusão entre as partes, situação em que o prazo para a iniciativa do terceiro prejudicado e para o Ministério Público não interveniente flui a partir de sua ciência da ocorrência daqueles vícios (art. 975, § 3º, do CPC)[13].

3.1 A hipótese do art. 535, § 8º, do CPC

A terceira exceção à regra do *caput* do art. 975 do CPC é a que justifica o desenvolvimento do presente trabalho.

Ela diz respeito às hipóteses em que a decisão rescindenda seja fundamentada em "... lei ou ato normativo considerado inconstitucional pelo Supremo Tribunal Federal, ou fundado em aplicação ou interpretação da lei ou do ato normativo tido pelo Supremo Tribunal Federal como incompatível com a Constituição Federal, em controle de constitucionalidade concentrado ou difuso" (art. 535, § 5º, do CPC). Em tal caso, consoante o disposto no § 8º do art. 535 do CPC, o prazo para ajuizamento da ação rescisória "... será contado do trânsito em julgado da decisão proferida pelo Supremo Tribunal Federal", desde que a decisão paradigmática do STF tiver sido proferida *após* o trânsito em julgado da decisão que se pretende rescindir.

A ressalva faz sentido diante da regra do § 7º do mesmo art. 535 segundo a qual "A decisão do Supremo Tribunal Federal referida no § 5º deve ter sido proferida antes do

---

12. "§ 2º. Se fundada a ação no inciso VII do art. 966, o termo inicial do prazo será a data de descoberta da prova nova, observado o prazo máximo de 5 (cinco) anos, contado do trânsito em julgado da última decisão proferida no processo.".

13. "§ 3º. Nas hipóteses de simulação ou de colusão das partes, o prazo começa a contar, para o terceiro prejudicado e para o Ministério Público, que não interveio no processo, a partir do momento em que têm ciência da simulação ou da colusão.".

trânsito em julgado da decisão exequenda" e, nesse sentido, será questionada no instrumento processual adequado para que o executado (inclusive, o Poder Público) exerça sua pretensão defensiva ao cumprimento de sentença, a impugnação. O art. 535 do CPC, convém relembrar, disciplina, justamente, o regime da impugnação a ser apresentada pelo Poder Público no cumprimento de sentença que reconhece a exigibilidade de obrigação de pagar quantia promovido pelo particular que se apresenta como credor/exequente[14].

Embora as regras dos §§ 7º e 8º do art. 535 não encontrem correspondência no CPC de 1973, a do § 5º, sim. Trata-se de inovação então introduzida por medida provisória e que também, por isso, deu azo a diversas polêmicas, no contexto do que acabou sendo conhecido coo "coisa julgada *inconstitucional*"[15].

O CPC de 2015 foi além da disciplina anterior, buscando responder de modo expresso a alguns questionamentos então existentes, inclusive, naquilo que diz respeito mais de perto ao desenvolvimento do presente artigo, sobre a dicotomia "impugnação ao cumprimento de sentença"/"ação rescisória". Tão verdadeira essa observação que seu art. 1.057 estabeleceu rígida norma de transição, limitando a incidência dos §§ 7º e 8º do art. 535 para as decisões que transitaram em julgado a partir de sua vigência[16].

---

14. Regras similares encontram-se para o cumprimento/impugnação ao cumprimento de sentença entre particulares, como se pode verificar dos §§ 12, 14 e 15 do art. 525 do CPC.

15. Para tal panorama, no CPC de 1973, v. o meu *Poder Público em juízo*, p. 297/305, e as edições anteriores ao CPC de 2015 meu *Curso sistematizado de direito processual civil*, vol. 3, p. 355/357.

16. É ler o dispositivo: "Art. 1.057. O disposto no art. 525, §§ 14 e 15 , e no art. 535, §§ 7º e 8º , aplica-se às decisões transitadas em julgado após a entrada em vigor deste Código , e, às decisões transitadas em julgado anteriormente, aplica-se o disposto no art. 475-L, § 1º , e no art. 741, parágrafo único, da Lei nº 5.869, de 11 de janeiro de 1973.".

3.2 Críticas ao dispositivo

A elasticidade para o ajuizamento da ação rescisória quando se está diante da hipótese prevista no art. 535, § 8º, do CPC, salta aos olhos. E tal circunstância tem recebido severas críticas que colocam em xeque, até mesmo, sua constitucionalidade.

É o que se pode extrair dos seguintes autores:

> "O outro meio de impugnação a tal decisão transitada em julgado é a ação rescisória, que será admissível se o pronunciamento do Supremo Tribunal Federal em questão tiver sido posterior ao trânsito em julgado da decisão a ser executada, conforme dispõem os arts. 525, § 15, e 535, § 8.º. Ocorre, porém, que, por força dos mesmos dispositivos, tal ação rescisória terá seu prazo contando-se a partir do trânsito em julgado da decisão do Supremo Tribunal Federal que foi contrária ao pronunciamento exequendo.
>
> **Tem-se, portanto, mais uma regra especial de prazo para a rescisória: no caso de 'coisa julgada inconstitucional', caso o pronunciamento do Supremo Tribunal Federal seja posterior ao trânsito em julgado da decisão que se quer rescindir, o prazo para a ação de impugnação se conta do trânsito em julgado do ato decisório do Supremo Tribunal Federal sobre o tema.**
>
> **Note-se, entretanto, que os arts. 525 e 535 não trouxeram um termo final para o início da contagem do prazo da rescisória, apenas instituindo que se contaria a partir do trânsito em julgado do pronunciamento do Supremo Tribunal Federal. Isso significaria que tal rescisória não possui termo inicial para a contagem de seu prazo, o que levaria, na prática, a uma demanda de impugnação utilizável a qualquer tempo.**
>
> Diante disso, é preciso que as previsões dos arts. 525, § 15, e 535, § 8.º, sejam interpretadas sistematicamente com o art. 975, § 2.º, do CPC, que estabelece o prazo máximo de cinco anos para a rescisória em virtude de prova nova. **Da mesma forma que a prova nova, a decisão da Corte Suprema é um elemento novo, e que, em nome da segurança jurídica, não pode indefinidamente levar ao uso de rescisória.**"[17].

---

17. Marco Antonio Rodrigues, *Manual dos recursos: ação rescisória e reclamação*, p. 310 da versão eletrônica, sem os destaques.

"Cumpre ressalvar, no entanto, que, a respeito do CPC/2015, o referido julgado apenas analisou as hipóteses constantes do art. 525, §§ 12 e 14, e 535, § 5º, ou seja, quando a decisão do STF for proferida antes do trânsito em julgado da decisão a ser impugnada. Portanto, seu resultado, não contraria, propriamente, o decidido no AgRg RE 592.912/RS, em que se admitiu a possibilidade de apresentação de impugnação ao cumprimento de sentença se a decisão do STF for anterior ao seu trânsito em julgado. **Ademais, concluiu-se que uma decisão do STF em controle de constitucionalidade, posterior ao trânsito em julgado, não poderia afetar a coisa julgada já ocorrida.**

Embora o julgado tenha analisado a questão da 'coisa julgada inconstitucional', este enfrentamento não diz respeito à constitucionalidade ou inconstitucionalidade do § 15 do art. 525 e do § 8º do art. 535 do CPC/2015. Estes são dispositivos que estabelecem o cabimento de rescisória, caso sobrevenha ao trânsito em julgado da decisão, deliberação do STF (em controle difuso ou concentrado), a respeito de norma que fundamenta a sentença. **Não se decidiu, portanto, se seria constitucional que, a qualquer tempo, após o trânsito em julgado, uma vez sobrevindo decisão do STF a respeito da norma que fundamentou a sentença, teria início o prazo (em verdade um novo prazo) para a propositura de ação rescisória.**

A doutrina, por sua vez, se tem dividido a respeito do § 15 do art. 525 do CPC/2015. Há forte corrente que se posiciona no sentido de sua inconstitucionalidade. Pode-se destacar que autores como Nelson Nery Jr. e Rosa Maria de Andrade Nery, Luiz Guilherme Marinoni, Georges Abboud, dentre outros, se posicionam no sentido de que o dispositivo é inconstitucional. **Ou seja, que o ordenamento jurídico não admite que a coisa julgada fique sujeita à rescisória cujo termo inicial do prazo poderia vir a ocorrer em um momento futuro e incerto (trânsito em julgado de eventual decisão do STF).**

(...)

Nota-se, portanto, que o tema ainda é bastante controverso. A constitucionalidade do § 15 do art. 525, bem como do § 8º do art. 535, ambos do CPC/2015, possivelmente ainda será objeto de apreciação pelo STF. **Se mantido o posicionamento exarado no julgamento do AgRg do RE 592.912/DF, já mencionado, com essencial valorização da 'certeza e segurança jurídicas', possivelmente o tribunal poderá vir a concluir pela inconstitucionalidade dos comandos normativos indicados. De rigor, é esta a conclusão mais adequada às razões de ser do instituto da coisa**

julgada e do valor constitucional da segurança jurídica, ambos inerentes ao Estado Democrático de Direito."[18].

"De acordo com o §§ 15 do art. 525 do CPC/2015, 'se a decisão referida no § 12 for proferida após o trânsito em julgado da decisão exequenda, caberá ação rescisória, cujo prazo será contado do trânsito em julgado da decisão proferida pelo Supremo Tribunal Federal'.

A norma do novo CPC merece muita atenção, pois ela é irremediavelmente inconstitucional. (...)

Nem se diga, nessa altura, que a alegação de decisão de inconstitucionalidade constituiria uma exceção constitucionalmente legítima à intangibilidade da coisa julgada, argumentando-se que a rescisão da coisa julgada fundada em lei posteriormente declarada inconstitucional seria uma afirmação da constitucionalidade sobre a inconstitucionalidade. É sempre importante advertir que a garantia da coisa julgada não resguarda os efeitos de uma lei inconstitucional, porém ressalva os efeitos de um juízo constitucional que aplicou uma lei posteriormente declarada inconstitucional pelo Supremo Tribunal Federal.

Tudo isso significa que os juízes e tribunais não devem aplicar o § 15 do art. 525 do CPC de 2015, dada a sua inescondível e insuperável inconstitucionalidade. Aliás, como será visto a seguir, o Supremo Tribunal Federal recentemente declarou a impossibilidade de ação rescisória baseada em ulterior precedente da sua lavra exatamente sob o fundamento de que isso configuraria violação da garantia constitucional da coisa julgada material."[19].

"**25. Ação rescisória. Segurança jurídica.** Contudo, determina o texto comentado que o dies a quo desse prazo seja o do trânsito em julgado da decisão proferida pelo STF. Haveria, portanto, dois prazos de rescisória? O prazo 1 – dois anos a contar do trânsito em julgado da própria sentença exequenda – e o prazo 2 – dois anos a contar do trânsito em julgado do acórdão do STF que reconheceu a inconstitucionalidade da lei ou do ato normativo em que se funda a sentença exequenda? **A pretensão rescisória extinta pela decadência não pode renascer pela decisão futura do STF**. Saliente-se que a ADIn, por exemplo, não tem prazo

---

18. Arruda Alvim, *Contencioso cível no CPC/15*, sem paginação na versão eletrônica, item 10.5. A chamada "relativização da coisa julgada" e as hipóteses dos §§ 12 a 15 do art. 525 e dos §§ 5º e 8º do art. 535 do CPC/2015, sem os destaques.

19. Luiz Guilherme Marinoni, *A intangibilidade da coisa julgada diante da decisão de inconstitucionalidade*, sem paginação na versão eletrônica, item 5.6. A norma do § 15 do art. 525 do CPC/2015, sem os destaques.

de exercício previsto em lei, de sorte que se trata de pretensão perpétua, que pode ser ajuizada dois, cinco, dez, vinte anos depois da entrada em vigor da lei apontada inconstitucional. **Por óbvio, a rescisória – instituto que se caracteriza como exceção à regra constitucional da intangibilidade da coisa julgada material (CF 5.º XXXVI), que, como exceção, deve ser interpretada restritivamente – não pode receber esse mesmo tratamento e nem as partes devem submeter-se à essa absoluta insegurança jurídica. Daí por que, extinta a pretensão rescisória pela decadência, não pode renascer pela superveniência de acórdão do STF que, quando proferido, já havia sido extinta a pretensão rescisória da Fazenda Pública. Entendimento diverso ofenderia o princípio constitucional da segurança jurídica e a garantia fundamental da intangibilidade da coisa julgada (CF 5.º XXXVI).** Para que possa dar-se como constitucional, o dies a quo fixado no texto normativo sob comentário deve ser interpretado conforme a Constituição. Assim, **somente pode ser iniciado o prazo da rescisória a partir do trânsito em julgado da decisão do STF, se ainda não tiver sido extinta a pretensão rescisória cujo prazo tenha-se iniciado do trânsito em julgado da decisão exequenda. Em outras palavras, o que o texto comentado autoriza é uma espécie de alargamento do prazo da rescisória que está em curso.**"[20].

"Há mais outra exceção: quando a ação rescisória é intentada porque a decisão rescindenda se teria baseado em norma tida por inconstitucional, no controle concentrado ou difuso (a respeito, v. capítulo 2.3). O prazo, nesse caso, começa a contar do trânsito em julgado da decisão da Ação Direta de Inconstitucionalidade, da Ação Declaratória de Constitucionalidade ou da Arguição de Descumprimento de Preceito Fundamental (arts. 535, § 8º, e 525, § 15). Como a Lei não fixa limite, parece correto entender-se, em nome da necessidade de segurança jurídica, que o limite de cinco anos também se aplica a essa hipótese.

Mas há, contudo, entendimentos em outros sentidos.

Para Nelson Nery, por exemplo, o prazo de dois anos começará a fluir do trânsito em julgado da decisão proferida na ação de controle direto da constitucionalidade, desde, porém, que esse se dê dentro dos dois anos do trânsito em julgado da decisão rescindenda. Assim, se a decisão rescindenda transitou em julgado em 30.06.2015 e a decisão proferida na ação de controle abstrato transitou em 30.06.2016, a parte terá dois anos a partir de então

20. Nelson Nery Jr. e Rosa Maria de Andrade Jr., *Código de processo civil comentado*, sem paginação na versão eletrônica, comentários ao art. 535, sem os destaques.

para propor a ação rescisória. Se, contudo, a decisão proferida no controle abstrato da constitucionalidade tiver transitado em julgado em 30.06.2018, o prazo para propositura da ação rescisória já terá expirado.

A opinião retromencionada, como a nossa, não compromete a segurança jurídica, pois, também de acordo com ela, esse prazo não ficará sujeito à infinitude. Para nós, entretanto, o limite, por analogia, pode ser tido como o que existe para descoberta de prova nova: art. 975, § 2º."[21].

"Outra situação, distinta das anteriores, é a prevista nos arts. 525, § 15, e 535, § 8º. Trata-se do caso em que, após o trânsito em julgado de uma decisão judicial, o Supremo Tribunal Federal (pouco importando se no exercício de controle concentrado ou difuso de constitucionalidade) tenha declarado a inconstitucionalidade da lei ou ato normativo em que aquela sentença se baseou, ou tenha afirmado ser incompatível com a Constituição a interpretação que à lei ou ao ato normativo se tenha dado naquela decisão anterior. Pois, neste caso, a decisão anteriormente proferida com base em lei ou ato normativo inconstitucional, ou com aplicação de interpretação inconstitucional de lei ou ato normativo, é considerada rescindível (por ofensa à norma constitucional), e o prazo para exercício do direito à rescisão corre do trânsito em julgado da decisão proferida pelo STF. **Mais uma vez, está-se diante de caso em que a lei fixa o termo inicial do prazo decadencial para exercício do direito à rescisão mas não estabelece seu limite máximo, o que faz com que a ação rescisória possa vir a ser proposta muito tempo depois do trânsito em julgado da última decisão proferida no processo original, o que é motivo de insegurança jurídica.**

Parece, então, que em alguns casos o sistema processual, para viabilizar a rescisão de determinadas decisões, abriria mão da segurança jurídica, já que estabelece um termo inicial móvel para que comece a correr o prazo para exercício do direito à rescisão, mas não estabelece um limite máximo de tempo para que este direito venha a ser exercido. Isto, porém, contraria a necessidade de preservação do direito fundamental à segurança jurídica (art. 5o, caput, da Constituição da República). Vale destacar, aliás, que o próprio CPC faz alusão, em sete diferentes ocasiões (art. 525, § 13; art. 535, § 6º; art. 927, § 3º; art. 927, § 4º; art. 976, II; art. 982, § 3º e art. 1.029, § 4º) à necessidade de

---

21. Teresa Arruda Alvim e Maria Lúcia Lins Conceição, *Ação rescisória e querela nullitatis*, sem paginação na versão eletrônica, subitem 3.1.2.4. Dos prazos diferenciados: arts. 525, § 15; 535, § 8º; 975, §§ 2º e 3º, sem os destaques.

preservação da segurança jurídica. **Por tal razão, deve-se considerar que a interpretação meramente literal, por força da qual se chega à conclusão de que não há limite temporal para que se exerça o direito à rescisão (desde que a ação rescisória seja proposta dentro do prazo de dois anos, cujo termo inicial, móvel, pode ocorrer a qualquer momento, sem qualquer limite) não é a interpretação constitucionalmente adequada, nem a que se conforma com o próprio sistema do CPC.** Afinal, não se pode esquecer do comando contido no art. 1o, por força do qual 'o processo civil será [interpretado] conforme [as] normas fundamentais [estabelecidas] na Constituição da República Federativa do Brasil, observando-se as disposições deste Código'."[22].

"É absolutamente certo que o Supremo Tribunal Federal e o Superior Tribunal de Justiça são os intérpretes institucionais da Constituição e da legislação infraconstitucional federal e que os seus precedentes devem ser observados por todo o Poder Judiciário, sem o que a igualdade de todos perante a ordem jurídica prometida pela Constituição não passa de uma afirmação fantasiosa. É igualmente preciso ter presente, contudo, que não é possível seguir um precedente inexistente. Nenhuma corte pode violar uma orientação que ainda não existe. É uma questão de lógica. É claro que, existindo precedente do Supremo Tribunal Federal ou do Superior Tribunal de Justiça, qualquer decisão posterior contrária transitada em julgado pode e deve ser rescindida mediante ação rescisória (art. 966, inciso V, do CPC) ou declarada inexequível mediante impugnação (arts. 525, § 1º, inciso III, §§ 12 a 14, e 535, inciso III, §§ 5º a 7º do CPC).

A mesma solução não se aplica, porém, aos casos em que inexiste precedente do Supremo Tribunal Federal ou do Superior Tribunal de Justiça e a coisa julgada forma-se no sentido contrário àquele que posteriormente será acolhido pelo precedente constitucional ou federal. Nessa linha, **é preciso ter desde logo presente que os arts. 525, §§ 1º, inciso III e 15, e 535, inciso III, § 8º, do CPC, são flagrantemente inconstitucionais por ofenderem o núcleo duro do direito fundamental à segurança jurídica e à igualdade.**"[23].

"A violação precisa ser atual. É intuitivo que a decisão protegida pela coisa julgada não pode violar um precedente inexistente no momento em que prolatada. Só é possível violar um precedente

22. Alexandre Freitas Câmara, *O novo processo civil brasileiro*, p. 492 da versão eletrônica, grifou-se.

23. Luiz Guilherme Marinoni e Daniel Mitidiero em seu *Recurso extraordinário e recurso especial*, p. 295.

que existe ao tempo em que proferida a decisão. Fora daí, há retroatividade do direito, o que é vedado pelo princípio da segurança jurídica.

Nada obstante, o Código de 2015 arriscou esse malabarismo lógico ao admitir ação rescisória fundada em precedente superveniente. Ao fazê-lo, incorreu em inconstitucionalidade por violação ao princípio da segurança jurídica."[24].

"A decisão contrária a precedente que tenha transitado em julgado anteriormente à sua formação, em regra, não deveria ser passível de rescisão com base no precedente, ainda que dentro do prazo de dois anos para propositura da ação rescisória.

Admitir a rescisão da decisão com base na aplicação retroativa do precedente não seria correto porque não é possível que a decisão esteja pautada em norma (*ratio decidendi*) extraída de precedente que não existia ao tempo em que foi proferida a decisão. Como ressaltamos no tópico 4.6.2.2, do texto (enunciado) de um dispositivo legal podem ser extraídas diversas normas jurídicas, sendo que é tarefa do intérprete identificar a norma que se harmoniza ao sistema jurídico e aplicá-la ao caso concreto. **O precedente funciona como um atalho na atividade de identificação da norma aplicável. Ocorre que, antes da formação do precedente, a norma geral, os fundamentos determinantes que dele podem ser extraídos ainda não existem, pois serão construídos no precedente.**

Desta forma, **se a decisão se pautou na norma jurídica mais adequada para a solução do caso à época, em jurisprudência pacífica no momento em que foi proferida ou se já existia precedente obrigatório e, posteriormente ao trânsito em julgado da decisão surgiu um novo precedente, não seria cabível a ação rescisória por não configurar a hipótese de manifesta violação à norma jurídica.**"[25].

"(...) **Neste trabalho, sustenta-se que não é irrelevante se 'a fixação da tese ocorreu antes ou após sido proferida a decisão rescindenda'. Não é possível seguir precedente inexistente**; 'a retroatividade faz com que o indivíduo atue com base na norma vigente no tempo de sua ação, no entanto tenha a sua conduta

24. Daniel Mitidiero, *Ratio decidendi*, p. 141/142.

25. Juliana Carolina Frutuoso Bizarria, *Ação rescisória e precedentes*, sem paginação na versão eletrônica, item 4.4.2. Momento de formação do precedente, Capítulo 4 – Ação rescisória e precedentes: análise dos §§5º e 6º do art. 966 do CPC, sem os destaques.

valorada com base noutra norma, inexistente e incapaz de consideração no momento em que foi adotada', Humberto Avila, Segurança jurídica, cit., p. 485."[26].

"(...) O art. 102, n° 1, § 2°, da Carta Federal (acrescentado pela Emenda n° 3) estatui, é certo, que a decisão definitiva do Supremo Tribunal Federal, em ação declaratória de constitucionalidade, tem 'efeito vinculante, relativamente aos demais órgãos do Poder Judiciário'. **Não faz, porém, remontar ao passado semelhante efeito.** A redação adotada aponta no sentido oposto. **Os outros órgãos judiciais ficam vinculados a observar o que haja decidido a Suprema Corte: não lhes será lícito contrariar o pronunciamento desta, para deixar de aplicar, por inconstitucionalidade, a lei declarada compatível com a Constituição. Mas isso apenas daí em diante! Não se concebe vínculo que obrigasse um órgão judicial a observar decisão ainda não proferida. O vínculo atua para o futuro, não para o passado.** De sentença anterior ao pronunciamento do Supremo Tribunal Federal não seria próprio dizer que infringiu o vínculo decorrente da declaração... posterior da constitucionalidade. O mesmo vale para o eventual julgamento de improcedência que a Corte Suprema profira em ação declaratória de inconstitucionalidade."[27].

Também tive oportunidade de me pronunciar em idêntico sentido, fazendo-o nos seguintes termos:

"Se a decisão do STF for posterior ao trânsito em julgado da decisão exequenda, a hipótese deverá ser veiculada pelo executado em 'ação rescisória', fundamentando-a no inciso V do art. 966. A novidade, no caso, trazida pelo § 15 do art. 525, está em que o prazo para a rescisória flui do trânsito em julgado da própria decisão tomada pelo STF.

(...)

Não fosse pelo aspecto formal, é questionável, do ponto de vista substancial, a constitucionalidade do § 15 do art. 525, diante da segurança jurídica, derivada inequivocamente do inciso XXXVI do art. 5° da CF. Em termos práticos, a ser observada a regra, nem sequer se sabe quando terá início o prazo da ação

26. Luciana Robles de Almeida, *O que significa violar uma norma jurídica?*, p. 179/180, nota de rodapé n. 287, sem os destaques.

27. José Carlos Barbosa Moreira, *Direito Aplicado II – Pareceres*, p. 238/239, sem os destaques.

> **rescisória, que, ajuizada alguns ou muitos anos após o trânsito em julgado, quererá interferir em efeitos de um sem-número de situações plenamente consolidadas com o passar do tempo.** Em última análise, o dispositivo permite expressamente que decisão futura do STF seja, por si só, fator apto a desconstituir coisa julgada ocorrida anteriormente, na busca desenfreada, mas amplamente incentivada pelo CPC de 2015, de uma jurisprudência 'estável, íntegra e coerente'. Que tais valores, tão caros à segurança jurídica e à isonomia, merecem ser perseguidos pelo Estado, não há do que duvidar. Num modelo de Estado Constitucional, como o Brasil, há, contudo, limites para o atingimento daqueles fins, que merecem ser respeitados."[28].

Tais considerações não escaparam sequer aos acórdãos dos tão comentados Temas 881 e 885 da repercussão geral do STF em que, por mais de uma vez, o Ministro Roberto Barroso dá o devido relevo a elas, destacando, contudo, que o assunto não estava sendo decidido naquele momento, mas que devia merecer, no momento oportuno, a devida atenção do STF[29].

---

28. *Curso sistematizado de direito processual civil*, vol. 3, p. 574/576, sem os destaques.

29. É que por mais de uma vez, durante as discussões travadas pelos ministros no julgamento conjunto dos Temas 881 e 885, cogitou-se do impedimento da "quebra" da coisa julgada tributária em relações continuativas em razão do prazo previsto no art. 535, § 8º do CPC, para propositura de ação rescisória. Tal manifestação derivou, *a priori*, do Ministro Luiz Fux, que resguardou seu posicionamento do cabimento da rescisória diante da dita "coisa julgada constitucional" ao afirmar que a posição ali adotada se tratava de situação diversa daquela acobertada pelo dispositivo e, portanto, para o que nos importa, diferente da ora sob análise neste Parecer (fls. 276 do Tema 885 e fl. 289 do Tema 881). E especificamente quanto ao Ministro Luís Roberto Barroso, diante dessas ponderações trazidas pelo Min. Fux, chegou ele a afirmar o seguinte: "Apenas gostaria de registrar que, na minha visão, não estamos lidando sequer com o problema de relativização da coisa julgada. Estamos apenas demarcando temporalmente os efeitos da coisa julgada em relações de trato continuado" (fls. 346 do Tema 885 e fls. 404 do Tema 881), e noutra oportunidade, que, em relação ao § 8ºdo artigo 535 do CPC, "o Código [...] não cuida das relações de trato continuado. Aqui, o que penso que esse dispositivo quer significar é: se há uma decisão transitada em julgado sem trato de continuidade, e a Fazenda queira desfazer, aí precisa de rescisória" (fls. 212 do Tema 885 e fls. 269 do Tema 881). Especialmente sobre o § 15, pertinente para a distinção das questões a menção do voto do Ministro Dias Toffoli que, "cabe destacar que está em debate [nos Temas 881 e 885] saber a partir de qual marco a decisão judicial inconstitucional deixa de ter eficácia apenas para o futuro. Isso é, não se discute, aqui, a eficácia dessa decisão

Antes do julgamento daqueles polêmicos Temas, cabe o esclarecimento, o STF não teve oportunidade de discutir propriamente as peculiaridades da fluência do prazo para a ação rescisória tal qual disciplinado pelo § 8º do art. 535 do CPC. O que já havia sido considerado por aquele Tribunal anteriormente foi a previsão do § 5º do mesmo dispositivo, que diz da "inexigibilidade da obrigação" diante do pronunciamento de inconstitucionalidade pelo STF, a partir da disciplina anterior do tema, encontrada, como já referido, no CPC de 1973[30].

A análise específica da questão ocorreu apenas mais recentemente.

Com efeito, em recente voto proferido pelo Ministro Luiz Fux, ao ensejo do prosseguimento do julgamento do Tema 725[31], a constitucionalidade do § 8º do art. 535 do CPC foi colocada em xeque, a ponto de Sua Excelência ter proposto para exame do Plenário do STF a seguinte tese que busca compatibilizar a fluência diferenciada do prazo para ajuizamento da rescisória com a proteção constitucional da coisa julgada:

> "A ação rescisória de que tratam os §§ 15 do art. 525 e o 8º do art. 535 do CPC, em respeito à segurança jurídica, deve ser proposta no prazo de 2 (dois) anos do trânsito em julgado da publicação da sentença ou acórdão que se fundou em ato normativo ou lei

---

em relação ao período anterior a tal marco. De mais a mais, insta registrar que o art. 525, § 12 e 15, do CPC/15 não resolve todas as situações. Vide, por exemplo, que a presente discussão ainda tem grande relevância em relação aos casos em que não foi ajuizada a ação rescisória no prazo a que se refere o § 15." (fls. 158/159 do Tema 881 e fls. 143 do Tema 885).

30. É o que está por trás dos Temas 136 e 733 da Repercussão Geral e também da ADI 2.418/DF, ajuizada pelo Conselho Federal da OAB e relatada pelo Ministro Teori Albino Zavascki.

31. Trata-se do julgamento dos terceiros embargos de declaração interpostos no RE 958.252/MG. O referido tema está assim enunciado: "Terceirização de serviços para a consecução da atividade-fim da empresa".

> declarados inconstitucionais pelo Supremo Tribunal Federal no curso desse biênio".

O processo foi destacado pelo Ministro Cristiano Zanin e, quando da conclusão do presente artigo, tinha seu julgamento previsto para ser retomado na sessão de 8.11.2023.

4. CONSIDERAÇÕES FINAIS

O tema, como a discussão que ocupa o número anterior, revela é polêmico e em nada contribui para a tão desejada segurança jurídica, máxime por envolver, como colocado de início, a viabilidade, em maior ou menor extensão, do uso da ação rescisória para desconstituir coisa julgada diante de um fato superveniente e estranho ao processo, que é o pronunciamento do STF a respeito da constitucionalidade do ato normativo que dá fundamento ao título executivo.

Trata-se de assunto que está a merecer estudo específico. Não só, evidentemente no que diz respeito à conclusão do julgamento indicado acima em que houve o importante voto do Ministro Luiz Fux e a proposta de "interpretação conforme" do art. 535, § 8º, do CPC, mas também — e principalmente — por parte da academia[32].

Que encontros como aquele promovido pelo IBET e para o qual o presente artigo foi escrito possam contribuir para esse inadiável debate e que, por seu intermédio, consigamos

---

32. Quanto a tal iniciativa, destaco a iniciativa de orientando meu, do mestrado de processo tributário da PUC-SP, Fernando Motta Martins, que desenvolveu sua dissertação especificamente para a análise detalhada do assunto. O seu trabalho, eloquentemente intitulado "A ação rescisória contra o título executivo que condena a Fazenda Pública: uma análise do art. 535, § 8º, do CPC", busca restringir a interpretação do referido dispositivo justamente para compatibilizá-lo com o princípio da segurança jurídica. Outra orientanda minha, Maria Danielle Rezende de Toledo também volta sua atenção ao tema, em sua dissertação de mestrado, embora em perspectiva mais voltada ao contraste da coisa julgada pelo pronunciamento de (in) constitucionalidade do STF. Seu trabalho é intitulado: "Controle de constitucionalidade e coisa julgada em matéria tributária".

alcançar maior clareza e, consequentemente, maiores segurança e previsibilidade sobre o início do prazo para a rescisória nos casos previstos no § 5º do art. 535 do CPC.

BIBLIOGRAFIA

ALMEIDA, Luciana Robles de. *O que significa violar uma norma jurídica?* Uma perspectiva processual. São Paulo: Thomson Reuters Brasil, 2021.

ALVIM, Arruda. *Contencioso cível no CPC/15*. 2ª edição. Revisado por Thereza Alvim. São Paulo: Revista dos Tribunais, 2022.

______. *Manual de direito processual civil*. 20ª edição. Revisado por Thereza Alvim. São Paulo: Revista dos Tribunais, 2021.

ALVIM, Teresa Arruda; CONCEIÇÃO, Maria Lúcia Lins. *Ação rescisória e querela nullitatis*. 3ª edição. São Paulo: Thomson Reuters, 2022.

ASSIS, Araken. *Ação rescisória*. São Paulo: Revista dos Tribunais, 2021.

BARBOSA MOREIRA, José Carlos. *Direito aplicado II – Pareceres*. 2ª edição. Rio de Janeiro: Forense, 2005.

BIZARRIA, Juliana Carolina Frutuoso. *Ação rescisória e precedentes*. São Paulo: Revista dos Tribunais, 2021.

CÂMARA, Alexandre Freitas. *O novo processo civil brasileiro*. 8ª edição. Barueri: Atlas, 2022.

CARVALHO, Fabiano. *Comentários ao Código de Processo Civil*, vol. XIX. São Paulo: Saraiva, 2022.

LESSA NETO, João Luiz. Impugnação da decisão judicial transitada em julgado fundamentada em comando normativo inconstitucional: impactos do Código de Processo Civil de 2015. *Revista de Processo*, vol. 294. São Paulo: Revista dos Tribunais, 2019.

MARINONI, Luiz Guilherme. *A intangibilidade da coisa julgada diante da decisão de inconstitucionalidade*: art. 525, §§§ 12, 13, 14 e 15, do CPC/2015. 4ª edição. São Paulo: Revista dos Tribunais, 2015.

MARINONI, Luiz Guilherme; MITIDIERO, Daniel. *Recurso extraordinário e recurso especial: do jus litigatoris ao jus constitutionis*. 2ª edição. São Paulo: Revista dos Tribunais, 2020.

MARTINS, Fernando Motta Martins. A ação rescisória contra o título executivo que condena a Fazenda Pública: uma análise do art. 535, § 8º, do CPC. Dissertação de mestrado. Orientador. Prof. Dr. Cassio Scarpinella Bueno. Pontifícia Universidade Católica de São Paulo, 2023.

MITIDIERO, Daniel. *Ratio decidendi: quando uma questão é idêntica, semelhante ou distinta?* São Paulo: Revista dos Tribunais, 2023.

NERY JR., Nelson; NERY, Rosa Maria de Andrade. *Código de Processo Civil comentado*. 16ª edição. São Paulo: Revista dos Tribunais, 2016.

RODRIGUES, Marco Antonio. *Manual dos recursos, ação rescisória e reclamação*. São Paulo: Atlas, 2017.

SCALABRIN, Felipe. *Ação rescisória:* teoria e prática. Londrina: Thoth, 2023.

SCARPINELLA BUENO, Cassio. *Curso sistematizado de direito processual civil*, vol. 2. 12ª edição. São Paulo: Saraiva, 2023.

_____. *Curso sistematizado de direito processual civil*, vol. 3. 7ª edição. São Paulo: Saraiva, 2014; 12ª edição. São Paulo: Saraiva, 2023.

_____. *Poder Público em juízo*. 5ª edição. São Paulo: Saraiva, 2009.

TOLEDO, Maria Danielle Rezende de Controle de constitucionalidade e coisa julgada em matéria tributária. Dissertação de mestrado. Orientador. Prof. Dr. Cassio Scarpinella Bueno. Pontifícia Universidade Católica de São Paulo, 2023.

A TRIBUTAÇÃO DOS FUNDOS DE INVESTIMENTO FECHADOS E A MEDIDA PROVISÓRIA 1.184/2023.

Celia Maria de Souza Murphy[1]

Sumário: Introdução. 1. A falta de um dos requisitos constitucionais para a proposição de medida provisória. 2. Sobre a vigência das medidas provisórias e das leis delas decorrentes. 3. As inovações trazidas pela MP 1.084/2023. 3.1. Os Fundos de Investimento em Participações (FIP), os Fundos de Investimento em Ações (FIA) e os Fundos de Investimento em Índice de Mercado (ETF) – exceto os ETFs de Renda Fixa. 3.2. Os Fundos de Investimento Imobiliário (FII), os Fundos de Investimento nas Cadeias Produtivas Agroindustriais (Fiagro) e os demais fundos aos quais as regras da MP não se aplicam. 4. A impossibilidade de as novas regras instituídas pela MP 1.184 se aplicarem a fatos ocorridos em 2023. 5. Da sanção política prevista no § 9º do artigo 11 da MP 1.184. Síntese conclusiva. Referências.

INTRODUÇÃO

Em 24 de agosto de 2023, foi submetido à apreciação do Presidente da República o Projeto de Medida Provisória que recebeu o número 1.184/2003. O texto da MP 1.184 foi

1. Doutora em Direito Tributário pela PUC/SP. Professora do IBET.

publicado em edição extra do Diário Oficial da União de 28 de agosto deste ano.

A Medida Provisória, proposta pelo Presidente da República ao Congresso Nacional, teve, por objetivo, "aplicar, aos rendimentos apurados em fundos de investimento fechados, as mesmas regras e as alíquotas atualmente em vigor relativas aos fundos abertos, de forma a promover a isonomia entre eles"[2].

A "isonomia" buscada visa à implantação, aos fundos de investimento fechados, de um sistema de tributação periódica de imposto sobre a renda retido na fonte, na modalidade "come-cotas", já aplicável aos fundos abertos de renda fixa.

Os fundos de investimento abertos são aqueles em que o investidor pode adquirir e resgatar cotas livremente, junto ao administrador do fundo. Não há limite para o número de cotistas e o prazo de duração do fundo é indeterminado[3].

Já os fundos fechados são aqueles em que há previsão de um período de captação, em que os investidores podem adquirir cotas, e o número de cotistas é limitado pelo seu estatuto. As cotas adquiridas só podem ser resgatadas ao término do prazo de duração do fundo, ou na sua liquidação, mas, durante o prazo de duração do fundo, é possível aliená-las em bolsa de valores ou mercados de balcão organizado[4].

Estaremos tratando do imposto sobre a renda incidente sobre a remuneração do cotista nos fundos de investimento fechados, nos moldes previstos na Medida Provisória 1.184/2023. Os ganhos e rendimentos obtidos pelos

---

2. EM nº 00104/2023 MF. Obtida em: https://www.planalto.gov.br/ccivil_03/_ato2023-2026/2023/Exm/Exm-1184-23.pdf. Data: 26/10/2023.

3. Cf. FORTUNA, Eduardo. *Mercado financeiro, produtos e serviços*. 22.ed., rev e atualiz. Rio de Janeiro: Qualitymax Editora, 2020, p. 654.

4. Idem.

fundos de investimento permanecem isentos do imposto sobre a renda.

Importante ressaltar que o ato normativo abordado, como o nome diz, tem caráter provisório, e ainda não foi submetido ao crivo do Congresso Nacional.

1. A FALTA DE UM DOS REQUISITOS CONSTITUCIONAIS PARA A PROPOSIÇÃO DE MEDIDA PROVISÓRIA

Na hipótese em estudo, estamos tratando de normas que instituem nova hipótese tributária para o imposto sobre a renda, introduzidas por meio do instrumento normativo denominado de Medida Provisória, admitido pela Constituição de 1988 em caso de relevância e urgência.

O artigo 62 da Constituição de 1988 prevê que, em caso de relevância e urgência, o Presidente da República pode adotar medidas provisórias, com força de lei, devendo submetê-las, de imediato, ao Congresso Nacional.

Os critérios de relevância e urgência, essenciais para que a medida provisória seja cabível, devem, portanto, ser observados, tendo em vista se tratarem de exigências constitucionalmente previstas.

É insuficiente, portanto, que exista relevância ou urgência para que tais atos normativos sejam constitucionais, eis que, para cumprir os ditames da Lei Maior, como lembra Roque Antonio Carrazza, "é imprescindível que à relevância se some a urgência". E só há urgência quando, comprovadamente, "inexistir tempo hábil para que uma dada matéria, sem grandes e inilidíveis prejuízos à Nação, venha a ser disciplinada por meio de lei ordinária"[5].

---

5. Cf. CARRAZZA, Roque Antonio. *Curso de direito constitucional tributário*. 30.ed., rev, ampl. e atualiz.São Paulo: Malheiros, 2015, p.319.

Ocorre que o § 2º do artigo 62 da Carta de 1988 determina que a medida provisória que institui ou aumenta imposto só produz efeitos a partir do primeiro dia do exercício seguinte àquele em que a lei dela decorrente for publicada. Sendo assim, deve-se aguardar a conversão da medida provisória em lei para que, no primeiro dia do exercício seguinte, entre em vigor.

Nesse cenário, observa-se que, no caso da Medida Provisória 1.184, embora se possa argumentar quanto à sua relevância, certamente não atende ao critério de urgência, tendo em vista que, na melhor das hipóteses, sendo aprovada pelo Congresso Nacional, sancionada pelo Presidente da República e publicada ainda em 2023, só adquire vigência a partir de 1º de janeiro de 2024, quando já terão se passado 129 dias desde a sua publicação.

Sendo assim, o ato normativo padece de vício formal, eis que o Presidente da República não tem competência para adotar medida provisória, a não ser que sejam cumpridas todas as exigências constitucionais, e essas exigências incluem dois requisitos cumulativos: relevância e urgência.

O vício formal se identifica no procedimento de produção da norma; instala-se na sua norma introdutora. É que, quando falamos de norma jurídica, devemos considerar que, como ensina Paulo de Barros Carvalho, as normas andam aos pares. Uma norma, para ingressar no ordenamento jurídico, precisa de uma outra norma, que a introduza. Esta, denominada "norma introdutora" ou "veículo introdutor" representa o exercício da competência para introduzir determinada norma.

Segundo Tácio Lacerda Gama, as "normas introdutoras trazem impressas as marcas da enunciação, referindo-se ao sujeito enunciador (s), ao processo de produção (p) (i.e., processo legislativo, ato administrativo, sentença judicial e outros), assim como às condições de espaço (i.e.,

Distrito Federal, Município de Belmonte) e de tempo (t) (i.e., 5 de junho de 1976). Em seu antecedente, prescrevem a forma de produção dos textos normativos e, por força disso, determinam que os enunciados introduzidos devam ser aceitos como enunciados jurídico-positivos"[6].

A norma introdutora é sempre uma norma geral e concreta. A norma introduzida será geral e abstrata, individual e abstrata ou individual e concreta, e representa o "conteúdo" inserido, no sistema positivo, pela norma introdutora[7].

No antecedente da norma introdutora, tem-se um fato jurídico de criação normativa; no seu consequente, está prescrita a obrigação de todos respeitarem o documento normativo como um instrumento previsto no sistema para veicular normas jurídicas. A norma introduzida representa a matéria que se pretende regular; o "conteúdo"[8]. Cada uma dessas normas se presta a um tipo de controle: a norma introdutora é sujeita a controle formal; a norma introduzida é sujeita a controle material[9].

Sendo assim, por faltar-lhe o imprescindível caráter de urgência, a Medida Provisória 1.184 padece de um vício no seu processo de produção, uma vez que não foram

---

6. Cf. GAMA, Tácio Lacerda. *Competência tributária. Fundamentos para uma teoria da nulidade*. São Paulo: Noeses, 2009, p. 96.

7. Normas gerais são aquelas dirigidas a um conjunto de sujeitos indeterminados; normas individuais dirigem-se a sujeitos identificados. A individualidade ou a generalidade da norma é identificada no consequente normativo, enquanto abstração e concretude referem-se ao modo como se toma o fato descrito no antecedente - a tipificação de um conjunto de fatos caracterizando uma hipótese de possível ocorrência realiza uma previsão abstrata, enquanto a conduta especificada no espaço e no tempo confere à norma caráter concreto. Cf. CARVALHO, Paulo de Barros. *Fundamentos jurídicos da incidência*. 11.ed. rev. e atualiz. São Paulo: Noeses, 2021, p. 38.

8. MURPHY, Celia Maria de Souza. Incorporação de sociedades. Erro na identificação do sujeito passivo. In: SOUZA, Priscila de (org.); CARVALHO, Paulo de Barros (coord.). *XVIII Congresso Nacional de Estudos Tributários:* meio século de tradição. São Paulo: Noeses: IBET, 2021, p. 309-310.

9. Cf. IVO, Gabriel. *Norma jurídica: produção e controle*. São Paulo: Noeses, 2006, p. 154-5.

cumpridos todos os requisitos que o ordenamento jurídico impõe para que este instrumento normativo seja válido. Ao Presidente da República falta competência para instituir medida provisória em circunstância que não seja, estritamente, aquela que a Constituição prevê: caso de relevância e urgência.

Esse vício é de natureza formal, tendo em vista estar instalado na sua norma introdutora. Desse modo, por não cumprir os requisitos formais para a sua existência, a Medida Provisória 1.184 merece ser rejeitada.

2. SOBRE A VIGÊNCIA DAS MEDIDAS PROVISÓRIAS E DAS LEIS DELAS DECORRENTES[10]

Ter vigência é ter força para disciplinar as condutas previstas, impondo-lhes consequências jurídicas, nos limites espaciais e temporais que o direito positivo estabelece. A vigência é uma propriedade das normas jurídicas que estão aptas a produzir seus regulares efeitos quando, no mundo fáctico, ocorrerem os eventos descritos em seu antecedente[11].

A vigência das leis, no tocante ao tempo, submete-se ao estipulado no artigo 1º da LINDB – Lei de Introdução às Normas do Direito Brasileiro (Decreto-Lei 4.657/1942), que determina que, salvo disposição contrária, a lei começa a vigorar em todo o país quarenta e cinco dias depois de oficialmente publicada.

---

10. Como as normas andam aos pares, podemos analisar a vigência da norma introdutora e da norma introduzida. A vigência da norma introdutora coincide com o instante da sua inserção no sistema positivo. O mesmo, contudo, não ocorre com as normas introduzidas, cuja vigência, muitas vezes, não coincide com a entrada em vigor do instrumento que as introduziu (Cf. CARVALHO, Paulo de Barros. *Curso de direito tributário*. 33.ed, rev. São Paulo: Noeses, 2023, p. 90). Neste tópico, trataremos da vigência das normas introduzidas.

11. CARVALHO, Paulo de Barros. *Curso de direito tributário*. 33 ed. São Paulo: Noeses, 2023, p. 88-89.

Dada a ressalva contida no citado dispositivo, a vigência da lei no tempo pode se iniciar em prazo diferente de 45 dias, se houver disposição em contrário. No entanto, o legislador não é livre para estipular qualquer data; é preciso observar os princípios constitucionais.

No âmbito tributário, o legislador constitucional foi extremamente cuidadoso, uma vez que a tributação toca direitos relevantes para as pessoas, tais como a liberdade e a propriedade[12]. Por isso, para instituir ou aumentar tributos, estabeleceu limites objetivos ao legislador ordinário.

Em primeiro lugar, o princípio da estrita legalidade estipula que só a lei pode instituir ou aumentar tributos, isto é, só a lei pode descrever os critérios da regra-matriz de incidência tributária.

A Medida Provisória 1.184 criou uma nova hipótese tributária e, com isso, modificou a regra-matriz do imposto sobre a renda. Ampliou o seu critério material, eis que, agora, a ele acrescentou "auferir rendimentos periódicos em fundos de investimento fechados".

O princípio constitucional da anterioridade anual, previsto no artigo 150, inciso III, alínea *b*, não permite que a lei que tenha instituído ou aumentado o imposto sobre a renda entre em vigor antes do primeiro dia do exercício seguinte àquele em que tiver sido publicada.

O princípio da irretroatividade da lei tributária veda a aplicação da lei que tenha instituído ou aumentado tributo a fatos tributários ocorridos antes da sua vigência.

Esses princípios, que se caracterizam como limites objetivos, operam em favor da segurança jurídica, sobreprincípio e valor superior que garante a previsibilidade dos

12. Cf. CARVALHO, Paulo de Barros. *Direito tributário, linguagem e método*. 8.ed. São Paulo: Noeses, 2021, p. 275.

efeitos jurídicos da regulação da conduta[13] e a estabilidade nas relações jurídicas travadas entre os particulares e entre estes e o Estado.

Por essas razões, as leis não adquirem a vigência que é, muitas vezes, nelas declarada. Há que se analisar se, de fato, a norma introduzida entra, ou não, em vigor na data estabelecida, ante os limites que a Constituição impõe.

Conforme destaca Paulo de Barros Carvalho:

> "[...] a vigência das normas tributárias no tempo carrega uma particularidade que deve ser posta em relevo. Aquelas que instituem ou majoram tributos hão de respeitar não somente o princípio da legalidade, inerente à tipicidade cerrada das figuras tributárias, como também outro limite, qual seja, aquele sobranceiramente enunciado no corpo do art. 150, III, *b*, e que consiste em terem sido publicadas antes do início do exercício financeiro em que se pretende cobrar a exação. É o princípio da anterioridade, que comporta apenas as exceções enunciadas no § 1º do mesmo preceptivo constitucional"[14].

Tendo em vista que o imposto sobre a renda sujeita-se à anterioridade anual, nos moldes previstos no artigo 150, III, *b*, da Carta de 1988, para que as normas previstas na Medida Provisória 1.184 estejam vigentes em 2024, é preciso que a referida MP seja convertida em lei, publicada ainda em 2023. Isso ocorrendo, a lei entrará em vigor em 1º de janeiro de 2024 e estará apta a produzir efeitos para os fatos ocorridos a partir de então, e não antes.

A medida provisória tem força de lei, em razão do *caput* do artigo 62 da Constituição da República. No caso da MP 1.184, houve a inserção da disposição que determina vigência imediata, em relação aos artigos 12 e 13 e aos § 3º e § 4º

---

13. Cf. CARVALHO, Paulo de Barros. *Curso de direito tributário*. 33 ed. São Paulo: Noeses, 2023, p. 168.

14. CARVALHO, Paulo de Barros. *Direito tributário, linguagem e método*. 8.ed. São Paulo: Noeses, 2021, p. 312-313.

do artigo 14; e a partir de 1º de janeiro de 2024, em relação aos demais dispositivos.

No entanto, para os dispositivos que instituem a tributação periódica dos rendimentos dos fundos de investimento fechados, a entrada em vigor em 1º de janeiro de 2024 depende da sua conversão em lei e publicação do seu texto em diário oficial até 31 de dezembro de 2023, tendo em vista que o princípio da anterioridade anual, aplicável ao imposto sobre a renda, associa-se ao § 2º do artigo 62 da Constituição, estipulando que a vigência da lei decorrente de uma medida provisória só se inicia no primeiro dia do exercício seguinte àquele em que tiver sido publicada.

Como visto, o princípio da irretroatividade das leis tributárias determina que seus dispositivos não se aplicam a fatos tributários ocorridos antes do início da vigência da lei que os houver instituído ou aumentado.

Como a vigência das normas instituídas por medida provisória fica transferida para o primeiro dia do exercício seguinte àquele em que houver sido publicada a lei dela decorrente, mesmo que haja a conversão da MP 1.184 em lei, até 31 de dezembro de 2023, seus dispositivos não se aplicam aos fatos ocorridos em 2023.

Desse modo, em virtude dos princípios da estrita legalidade, da anterioridade e da irretroatividade das leis tributárias, não há que se falar em incidência das regras previstas na Medida Provisória 1.184 a acontecimentos ocorridos em 2023, que não estavam, até 31 de dezembro de 2022, previstos em lei como hipóteses tributárias do imposto sobre a renda.

Mesmo que a MP 1.184 seja convertida em lei até 31 de dezembro de 2023, seus efeitos jurídicos não podem retroagir para atingir fatos ocorridos antes do primeiro dia do exercício seguinte ao da publicação da lei em que se converter.

3. AS INOVAÇÕES TRAZIDAS PELA MP 1.084/2023

De acordo com a legislação anterior à Medida Provisória 1.184, são submetidos à tributação periódica ("come-cotas") somente os rendimentos auferidos pelos cotistas dos fundos de investimento de renda fixa abertos.

Os fundos de investimento de renda fixa, para fins tributários, são definidos por exclusão: são todos aqueles que não se caracterizam como fundos de investimentos em ações ou como outros fundos submetidos a regime tributário especial, tais como os Fundos de Investimento Imobiliário (FII) e os Fundos de Investimento em Participações (FIP).

Atualmente, a remuneração auferida pelos cotistas de fundos de investimento de renda fixa fechados é tributada somente no resgate das cotas, no término do prazo ou na liquidação do fundo, na amortização das cotas[15], ou na sua alienação[16]. Nos fundos de renda fixa abertos, os rendimen-

15. No resgate e na amortização das cotas, a tributação se dá na modalidade "fonte", que se caracteriza como antecipação para as pessoas jurídicas tributadas pelo lucro real, presumido ou arbitrado e tributação exclusiva, para as pessoas físicas, microempresas e empresas de pequeno porte optantes pelo Simples Nacional e isentas. As alíquotas aplicáveis são as da tabela regressiva, variando de 22,5% a 20% nos fundos de curto prazo e de 22,5% a 15% nos fundos de longo prazo. Nos moldes definidos pela Lei 9.532/1997, são isentas as instituições de caráter filantrópico, recreativo, cultural e científico e as associações civis que prestem os serviços para os quais houverem sido instituídas e os coloquem à disposição do grupo de pessoas a que se destinam, sem fins lucrativos. A isenção, todavia, não alcança os rendimentos auferidos em aplicações financeiras.

16. Atualmente, a tributação dos ganhos auferidos na alienação de cotas durante o prazo de duração do fundo fechado de renda fixa segue as normas de tributação de renda variável, para as pessoas físicas e jurídicas que as negociem em bolsa de valores. Se a negociação for fora de bolsa de valores, as pessoas jurídicas são tributadas segundo as normas de tributação de renda variável e as pessoas físicas sofrem a tributação de seus ganhos como ganhos de capital (Cf. BIFANO, Elidie Palma. *O mercado financeiro e o imposto sobre a renda.* 2.ed. atualiz. E ampl. São Paulo: Quartier Latin, 2011, p. 314). A Medida Provisória 1.184 altera essas regras e aplica, a esses ganhos e rendimentos, as regras de tributação da renda fixa. Prevê, no seu artigo 2º, que esses ganhos serão tributados na fonte, na data da distribuição de rendimentos, da amortização, do resgate ou alienação de cotas, caso ocorra antes do último dia útil dos meses de maio e novembro, com alíquota de 15% ou 20%,

tos são sujeitos ao imposto sobre a renda na fonte no resgate das cotas e periodicamente, no último dia útil dos meses de maio e novembro.

Com exceções e regras específicas, a nova MP passa a prever a incidência da tributação periódica a todos os fundos de investimento classificados pela legislação tributária como fundos de renda fixa, sejam eles abertos ou fechados.

3.1 Os Fundos de Investimento em Participações (FIP), os Fundos de Investimento em Ações (FIA) e os Fundos de Investimento em Índice de Mercado (ETF) – exceto os ETFs de Renda Fixa

Não se sujeitam à tributação periódica os Fundos de Investimento em Participações (FIP), os Fundos de Investimento em Ações (FIA) e os Fundos de Investimento em Índice de Mercado (ETF) – exceto os ETFs de Renda Fixa, desde que cumpram os requisitos previstos na Medida Provisória e se enquadrem como "entidades de investimento".

O conceito de "entidade de investimento" foi introduzido pelo artigo 7º da MP 1.184, nos seguintes termos[17]:

> Art. 7º Para fins do disposto no art. 3º, serão classificados como entidades de investimento os fundos que tiverem estrutura de gestão profissional, no nível do fundo ou de seus cotistas quando organizados como fundos ou veículos de investimentos, no Brasil ou no exterior, representada por agentes ou prestadores de serviços com poderes para tomar decisões de investimento e desinvestimento de forma discricionária, com o propósito de obter retorno por meio de apreciação do capital investido, renda ou ambos, na forma a ser regulamentada pelo Conselho Monetário Nacional - CMN.

---

conforme se trate de fundo de longo ou curto prazo, com a possibilidade haver a incidência de alíquota complementar, caso a operação ocorra em até de 720 dias, nos fundos de longo prazo, ou 180 dias, nos fundos de curto prazo.

17. MP 1.184/2023, art. 7º.

Sendo assim, os rendimentos obtidos pelos cotistas dos Fundos de Investimento em Participações (FIP), dos Fundos de Investimento em Ações (FIA) e dos Fundos de Investimento em Índice de Mercado (ETF) (exceto os ETFs de Renda Fixa) que não se enquadrarem no conceito de "entidade de investimento" ficam, a partir da vigência da lei ordinária na qual a medida provisória vier a se converter, sujeitos à tributação periódica do imposto sobre a renda, na modalidade "fonte".

Os Fundos de Investimento em Participações (FIP), ou Fundos de *Private Equity*, são fundos com regulamentação própria, constituídos na forma de condomínio fechado[18]. Para não se sujeitarem ao "come-cotas", esses fundos, além de serem enquadrados como entidades de investimento, devem cumprir os requisitos de alocação, enquadramento e reenquadramento de carteira previstos na regulamentação da Comissão de Valores Mobiliários - CVM[19]. Caso não cumpram os requisitos, os rendimentos de seus cotistas ficam igualmente sujeitos à tributação periódica pelo imposto sobre a renda na fonte.

Os Fundos de Investimento em Ações (FIA) podem ser de vários tipos e podem ser constituídos como condomínio aberto ou fechado[20]. A partir da MP 1.184, serão assim considerados aqueles que forem enquadrados como entidades de investimento e possuírem uma carteira composta por, no mínimo, 67% de ações, ou de ativos equiparados, <u>efetivamente negociados no mercado à vista de bolsa de valores</u>, no País ou no exterior[21].

18. Sobre o assunto, cf. FORTUNA, Eduardo. *Mercado financeiro: produtos e serviços*. 22.ed., rev. e atualiz. Rio de Janeiro: Qualitymark Editora, 2020, p. 696-698.

19. MP 1.184/2023, art. 4º.

20. Sobre o assunto, cf. FORTUNA, Eduardo. *Mercado financeiro: produtos e serviços*. 22.ed., rev. e atualiz. Rio de Janeiro: Qualitymark Editora, 2020, p. 660, 661, 674-677.

21. MP 1.184/2023, art. 5º.

O percentual mínimo de ações ou ativos equiparados que deve compor a carteira do fundo não foi alterado pela MP 1.184, mas a regra para a classificação de um fundo na categoria de "fundo de investimento em ações" ficou mais rígida. De acordo com o regramento anterior, bastava que as ações fossem admitidas à negociação no mercado à vista de bolsa de valores ou entidade assemelhada[22], mas, a partir da entrada em vigor das regras previstas na MP 1.184, esses ativos precisam ser efetivamente negociados no mercado à vista de bolsa de valores, no País ou no exterior.

Os rendimentos do cotista do Fundo de Investimento em Ações que não observar essas regras ficarão sujeitos ao regime de tributação periódica a partir do momento do desenquadramento da carteira, salvo se, cumulativamente[23]:

(i) a proporção não for reduzida para menos de 50% do total da carteira de investimento;

(ii) a situação for regularizada no prazo máximo de 30 dias; e

(iii) o fundo não incorrer em nova hipótese de desenquadramento no período de 12 meses subsequentes.

Na hipótese de desenquadramento, os rendimentos produzidos até a data da alteração ficarão sujeitos ao IRRF nessa data[24].

Os Fundos de Investimento em Índices de Mercado (FI), ou *Exchange Traded Funds* (ETF), sujeitam-se a regulamentação própria e constituem-se na forma de condomínio aberto[25]. Para não se sujeitarem à sistemática

---

22. Lei 9.532/1997, art. 28, § 6º, com a alteração introduzida pelo art. 2º da Medida Provisória 2.189-49/2001.

23. MP 1.184/2003, artigo 5º, § 4º.

24. MP 1.184/2003, artigo 5º, § 5º.

25 Sobre o assunto, cf. FORTUNA, Eduardo. *Mercado financeiro: produtos e*

do "come-cotas", além de serem enquadrados como entidades de investimento, deverão cumprir os requisitos de alocação, enquadramento e reenquadramento de carteira previstos na regulamentação da CVM e possuir cotas efetivamente negociadas em bolsa de valores ou mercado de balcão organizado, com exceção dos ETFs de Renda Fixa[26].

Também não se sujeitam ao "come-cotas" os fundos de investimento que investirem, no mínimo, 95% de seu patrimônio líquido em Fundos de Investimento em Participações (FIP), Fundos de Investimento em Ações (FIA) e Fundos de Investimento em Índice de Mercado (ETF) – exceto os ETFs de Renda Fixa[27].

3.2 Os Fundos de Investimento Imobiliário (FII), os Fundos de Investimento nas Cadeias Produtivas Agroindustriais (Fiagro) e os demais fundos aos quais as regras da MP não se aplicam

As novas regras, introduzidas pela MP 1.184, não se aplicam aos Fundos de Investimento Imobiliário (FII) e aos Fundos de Investimento nas Cadeias Produtivas Agroindustriais (Fiagro)[28], instituídos pela Lei 8.668/1993, com as alterações posteriores.

Para os cotistas dos FII, pessoas físicas, a Lei 11.196/2005 previu isenção do imposto sobre a renda, na fonte e na declaração de ajuste anual, desde que as cotas dos fundos fossem admitidas à negociação exclusivamente em bolsas de valores ou no mercado de balcão organizado.

---

serviços. 22.ed., rev. e atualiz. Rio de Janeiro: Qualitymark Editora, 2020, p. 704-706.

26. MP 1.184/2023, art. 6º.

27. MP 1.184/2023, art. 9º.

28. MP 1.184/2023, art. 23, inciso I.

Esse benefício foi, posteriormente, estendido para os cotistas dos Fiagro, pela Lei 14.130/2021.

Todavia, a Medida Provisória 1.184 instituiu novas regras, mais rígidas, para a isenção desses rendimentos: ficam isentos do imposto sobre a renda, na fonte e na declaração de ajuste anual das pessoas físicas, os rendimentos distribuídos pelos FII e pelos Fiagro cujas cotas sejam admitidas à negociação exclusivamente em bolsas de valores ou no mercado de balcão organizado e sejam efetivamente negociadas em bolsas de valores ou no mercado de balcão organizado. Para a concessão do benefício da isenção, esses fundos precisarão ter, no mínimo, 500 cotistas, ao passo que o mínimo atual é de 50.

Também não se aplicará a tributação periódica:

(i) aos investimentos de residentes ou domiciliados no exterior em fundos de investimento em títulos públicos de que trata o artigo 1º da Lei 11.312/06;

(ii) aos investimentos de residentes ou domiciliados no exterior em FIPs e Fundos de Investimento em Empresas Emergentes (FIEE) de que trata o artigo 3º da Lei 11.312/06;

(iii) aos Fundos de Investimento em Participações em Infraestrutura (FIP-IE) e aos Fundos de Investimento em Participação na Produção Econômica Intensiva em Pesquisa, Desenvolvimento e Inovação (FIP-PD&I) de que trata a Lei 11.478/07;

(iv) aos Fundos de Investimento em Direitos Creditórios (FIDC) e demais de que trata a Lei 12.431/11;

(v) aos fundos de investimentos com cotistas exclusivamente residentes ou domiciliados no exterior, nos termos do disposto no art. 97 da Lei 12.973/14; e

(vi) aos ETFs de Renda Fixa de que trata o artigo 2º da Lei 13.043/14.

4. A IMPOSSIBILIDADE DE AS NOVAS REGRAS INSTITUÍDAS PELA MP 1.184 SE APLICAREM A FATOS OCORRIDOS EM 2023

O *caput* do artigo 11 da MP 1.184 prevê que os rendimentos dos cotistas, apurados até 31 de dezembro de 2023, nas aplicações em fundos de investimento que não estavam sujeitos, até o ano de 2023, à tributação periódica nos meses de maio e novembro de cada ano e que estarão sujeitos à tributação periódica a partir do ano de 2024, com base no artigo 2º ou no artigo 10, serão apropriados *pro rata tempore* até 31 de dezembro de 2023 e ficarão sujeitos ao IRRF à alíquota de quinze por cento.

Os parágrafos 5º e 6º do mesmo artigo preveem que esse imposto deverá ser retido pelo administrador do fundo de investimento e recolhido à vista, até 31 de maio de 2024, ou poderá ser recolhido em até 24 parcelas mensais e sucessivas, com pagamento da primeira parcela até 31 de maio de 2024. O artigo 12 oferece opção para pagamento antecipado, ainda em 2023, com alíquota reduzida.

Ocorre que a legislação vigente em 2023 prevê que os rendimentos ou ganhos dos cotistas dos fundos fechados só ocorre nas hipóteses de: (i) resgate das cotas, quando do término do prazo do fundo ou da sua liquidação, (ii) na sua alienação, ou (iv) na amortização das cotas. Essas regras são as que devem ser aplicadas aos fatos ocorridos em 2023.

Diante disso, para que fosse válida a exigência de imposto sobre a renda correspondente ao período até 31 de dezembro de 2023, a lei que assim o previsse deveria ter sido publicada até 31 de dezembro de 2022, para estar vigente e produzir efeitos em 2023.

A lei que pode entrar em vigor em 1º de janeiro de 2024, decorrente da conversão da MP 1.184, não pode retroagir para alcançar fatos ocorridos até 31 de dezembro de 2023, por força do princípio da irretroatividade da lei tributária.

Sendo assim, mesmo que a MP 1.184 seja aprovada até 31 de dezembro de 2023, e que, até essa mesma data, seja publicada a lei na qual se converter, todos os rendimentos apurados nos fundos de investimento fechados, em 31 de dezembro de 2023, devem ser tributados segundo a legislação vigente em 2023.

Em 2024, os fatos tributários que ocorrerão em maio e novembro só podem tributar os rendimentos auferidos a partir de 1º de janeiro de 2024, e não antes, sob pena de violação aos princípios da estrita legalidade, da anterioridade e da irretroatividade da lei tributária e, por consequência, do princípio da segurança jurídica.

Por essa razão, não se pode admitir a constitucionalidade do artigo 11 da Medida Provisória, tendo em vista que, para os fundos de investimento fechados, em 2023, não existe lei vigente que imponha a tributação pelo imposto sobre a renda antes do resgate das cotas, no término do prazo ou na liquidação do fundo, ou antes da sua alienação ou amortização.

Para que se pudesse tributar, pelo imposto sobre a renda, os rendimentos ou ganhos recebidos pelos cotistas de fundos de investimento fechados até 31/12/2023, uma lei que assim o previsse teria de estar vigente em 2023, ou seja, a lei contendo essa previsão deveria ter sido publicada até 31/12/2022, e isso não ocorreu.

Sendo assim, considerando que a conversão em lei da MP 1.184 ocorra até 31 de dezembro de 2023, somente os rendimentos auferidos a partir de 1º de janeiro de 2024, pelos cotistas dos fundos de investimento fechados, poderão ser tributados segundo o seu regramento.

Isso remete a tributação sobre os rendimentos auferidos pelos cotistas até 31 de dezembro de 2023 para o momento do resgate das cotas, no término do prazo do fundo ou na sua liquidação, ou para o momento da amortização ou da alienação das cotas.

5. DA SANÇÃO POLÍTICA PREVISTA NO § 9º DO ARTIGO 11 DA MP 1.184

No § 9º do artigo 11, a Medida Provisória estipula que os fundos de investimento que não promoverem o recolhimento do imposto incidente sobre os rendimentos de seus cotistas, correspondente ao período que se encerra em 31/12/2023, nos moldes previstos na MP, não poderão efetuar distribuições ou repasses de recursos aos cotistas ou realizar novos investimentos, até que haja a quitação integral do imposto, com eventuais acréscimos legais.

Com isso, a MP 1.184 visa impedir que os fundos de investimento fechados pratiquem atos lícitos, inerentes às suas regulares operações, caso não recolham ao Erário o imposto correspondente aos rendimentos por eles auferidos no período que se estende desde a constituição do fundo até 31 de dezembro de 2023, conforme determinado pela Medida Provisória.

É patente que esse dispositivo visa coagir o fundo de investimento fechado, por meio de seu administrador, a reter e recolher o imposto sobre os rendimentos correspondentes a período anterior ao da possível vigência da lei em que a MP pode se converter. Caso o recolhimento não seja realizado, impõe-se ao fundo de investimento um constrangimento à prática de atos lícitos, e tal constrangimento se dá em razão do não recolhimento de tributo.

Temos para nós que impedir que o fundo de investimento pratique operações lícitas, inerentes às suas atividades, até que promova o recolhimento do imposto, caracteriza-se como uma sanção política tributária, prática repudiada pelo Supremo Tribunal Federal, na expressão de suas Súmulas 70[29], 323[30] e 547[31].

O Supremo Tribunal Federal, ao julgar a exigência de garantia real ou fidejussória para impressão de documentos fiscais de contribuintes inadimplentes, no *leading case* RE 565.048, fixou a seguinte tese de repercussão geral (Tema 31):

> É inconstitucional o uso de meio indireto coercitivo para pagamento de tributo – "sanção política" –, tal qual ocorre com a exigência, pela Administração Tributária, de fiança, garantia real ou fidejussória como condição para impressão de notas fiscais de contribuintes com débitos tributários.

No Tema de Repercussão Geral 856, cujo *leading case* foi o ARE 914.045, no qual se discutiu a constitucionalidade de restrições impostas pelo Estado ao livre exercício de atividade econômica ou profissional, quando aquelas forem utilizadas como meio de cobrança indireta de tributos, o STF firmou a seguinte tese:

> É inconstitucional a restrição ilegítima ao livre exercício de atividade econômica ou profissional, quando imposta como meio de cobrança indireta de tributos.

No caso da MP 1.184, a situação é ainda mais grave, porque o imposto exigido foi instituído ao arrepio dos princípios da estrita legalidade, da anterioridade e da irretroatividade da lei tributária. Conforme anteriormente colocado,

29. É inadmissível a interdição de estabelecimento como meio coercitivo para cobrança de tributo.

30. É inadmissível a apreensão de mercadorias como meio coercitivo para pagamento de tributos.

31. Não é lícito à autoridade proibir que o contribuinte em débito adquira estampilhas, despache mercadorias nas alfândegas e exerça suas atividades profissionais.

não há, em 2023, lei vigente que determine o recolhimento do imposto sobre os rendimentos dos cotistas de fundos de investimento fechados antes do resgate, da alienação ou da amortização das cotas.

Como se vê, o disposto no § 9º do artigo 11 da Medida Provisória, por instituir sanção injusta, de natureza política tributária, não pode prosperar, ante posicionamento já externado no Supremo Tribunal Federal, de rejeitar, reiteradamente, a imposição de sanções dessa natureza.

Não fosse, esta, razão suficiente, a citada sanção é imposta em razão da falta de recolhimento de imposto sobre a renda instituído em violação aos princípios da estrita legalidade, da anterioridade e da irretroatividade da lei tributária.

SÍNTESE CONCLUSIVA

A MP 1.184/2023 ainda não foi submetida ao crivo do Congresso Nacional.

Para que as normas previstas na Medida Provisória 1.184 estejam vigentes em 1º de janeiro de 2024 e aptas a produzir efeitos a partir de então, é preciso que a referida MP seja convertida em lei, publicada ainda em 2023.

O artigo 62 da Constituição de 1988 prevê que o Presidente da República poderá adotar medidas provisórias <u>em caso de relevância e urgência</u>. O Presidente da República não tem competência para adotar medida provisória, a não ser que sejam cumpridos ambos os requisitos.

Como o § 2º do artigo 62 da Carta de 1988 determina que a medida provisória que institui ou aumenta imposto só produz efeitos a partir do primeiro dia do exercício seguinte àquele em que a lei dela decorrente for publicada, a MP 1.184 não cumpre o requisito de ser urgente e, portanto, padece de vício formal, que é um vício na sua norma introdutora, que torna o ato normativo inválido.

A MP 1.184 criou uma nova hipótese tributária, eis que modificou a regra-matriz do imposto sobre a renda, tornando seu critério material mais amplo. Por esse motivo, a lei dela decorrente submete-se ao princípio da anterioridade, que não permite que a lei que tenha instituído ou aumentado o imposto sobre a renda entre em vigor antes do primeiro dia do exercício seguinte àquele em que tiver sido publicada. No entanto, mesmo que haja a conversão da MP 1.184 em lei publicada até 31/12/2023, seus dispositivos não se aplicam aos fatos ocorridos em 2023.

Com exceções e regras específicas, a nova MP passa a prever a incidência da tributação periódica a todos os fundos de investimento classificados pela legislação tributária como fundos de renda fixa, sejam eles abertos ou fechados.

Fundos de investimento abertos são aqueles em que o investidor pode adquirir e resgatar cotas livremente, junto ao administrador do fundo; não há limite para o número de cotistas e o prazo de duração do fundo é indeterminado.

Fundos fechados são aqueles em que há previsão de um período de captação, em que os investidores podem adquirir cotas, e o número de cotistas é limitado pelo seu estatuto. As cotas adquiridas só podem ser resgatadas ao término do prazo de duração do fundo, ou na sua liquidação, mas, durante o prazo de duração do fundo, é possível aliená-las em bolsa de valores ou mercados de balcão organizado

Não se sujeitam à tributação periódica os Fundos de Investimento em Participações (FIP), os Fundos de Investimento em Ações (FIA) e os Fundos de Investimento em Índice de Mercado (ETF) – exceto os ETFs de Renda Fixa, desde que cumpram os requisitos previstos na Medida Provisória e se enquadrem como "entidades de investimento".

As regras introduzidas pela MP 1.184/2023 não se aplicam aos Fundos de Investimento Imobiliário (FII) e aos Fundos de Investimento nas Cadeias Produtivas Agroindustriais (Fiagro).

Não se sujeitarão ao "come-cotas" os fundos de investimento que investirem, no mínimo, 95% de seu patrimônio líquido em Fundos de Investimento em Participações (FIP), Fundos de Investimento em Ações (FIA) e Fundos de Investimento em Índice de Mercado (ETF) – exceto os ETFs de Renda Fixa.

Não se aplicará a tributação periódica: (i) aos investimentos de residentes ou domiciliados no exterior em fundos de investimento em títulos públicos de que trata o artigo 1º da Lei 11.312/06; (ii) aos investimentos de residentes ou domiciliados no exterior em FIPs e Fundos de Investimento em Empresas Emergentes (FIEE); (iii) aos Fundos de Investimento em Participações em Infraestrutura (FIP-IE) e aos Fundos de Investimento em Participação na Produção Econômica Intensiva em Pesquisa, Desenvolvimento e Inovação (FIP-PD&I); (iv) aos Fundos de Investimento em Direitos Creditórios (FIDC) e demais de que trata a Lei 12.431/11; (v) aos fundos de investimentos com cotistas exclusivamente residentes ou domiciliados no exterior (art. 97 da Lei 12.973/14); e (vi) aos ETFs de Renda Fixa.

A legislação vigente em 2023 prevê que a tributação dos rendimentos ou ganhos dos cotistas dos fundos fechados só ocorre nas hipóteses de: (i) resgate das cotas, quando do término do prazo do fundo ou da sua liquidação, (ii) na sua alienação, ou (iv) na amortização. Essas regras são as que devem ser aplicadas aos fatos ocorridos em 2023, tendo em vista que não há lei vigente que exija o recolhimento de imposto sobre a renda fora dessas hipóteses.

A lei que poderá entrar em vigor em 1º de janeiro de 2024, decorrente da conversão em lei da MP 1.184, não pode retroagir para alcançar fatos ocorridos até 31/12/2023, por força do princípio da irretroatividade da lei tributária.

Sendo assim, somente os rendimentos auferidos a partir de 1º de janeiro de 2024, pelos cotistas dos fundos de investimento fechados, poderão ser tributados segundo o novo regramento, o que remete a tributação sobre os rendimentos auferidos pelos cotistas, até 31 de dezembro de 2023, para o momento do resgate das cotas, no término do prazo do fundo ou na sua liquidação, ou para o momento da amortização ou da alienação das cotas.

O § 9º do artigo 11, da MP 1.184, estipula que os fundos de investimento que não promoverem o recolhimento do imposto incidente sobre os rendimentos de seus cotistas, apurados até 31/12/2023, nos moldes previstos, não poderão efetuar distribuições ou repasses de recursos aos cotistas ou realizar novos investimentos, até que haja a quitação integral do imposto, com eventuais acréscimos legais.

A sanção prevista tem natureza política tributária, prática reiteradamente repudiada pelo Supremo Tribunal Federal, situação que é ainda mais grave neste caso, tendo em vista que o tributo exigido foi instituído em violação aos princípios da estrita legalidade, da anterioridade e da irretroatividade da lei tributária. Por isso, a sanção do § 9º do artigo 11 da MP 1.184 não pode prosperar.

REFERÊNCIAS

BIFANO, Elidie Palma. *O mercado financeiro e o imposto sobre a renda*. 2.ed, atualiz. e ampl. São Paulo: Quartier Latin, 2011.

BRASIL. Câmara dos Deputados. Ficha de Tramitação MPV 1184/2023. Obtida em: https://www.camara.leg.br/proposicoesWeb/fichadetramitacao?idProposicao=2383267. Data: 24/10/2023.

BRASIL. Constituição da República Federativa do Brasil de 1988. Obtida em: https://www.planalto.gov.br/ccivil_03/Constituicao/Constituicao.htm. Data: 24/10/2023.

BRASIL. Decreto-Lei 4.657/1942. Lei de Introdução às Normas do Direito Brasileiro. Obtida em: https://www.planalto.gov.br/ccivil_03/Decreto-Lei/Del4657compilado.htm. Data: 24/10/2023.

BRASIL. Exposição de Motivos da Medida Provisória 1.184/2023 - EM nº 00104/2023 MF. Obtida em: https://www.planalto.gov.br/ccivil_03/_ato2023-2026/2023/Exm/Exm-1184-23.pdf. Data: 24/10/2023.

BRASIL. Lei 8.668/1993. Dispõe sobre a constituição e o regime tributário dos Fundos de Investimento Imobiliário e dos Fundos de Investimento nas Cadeias Produtivas Agroindustriais (Fiagro); e dá outras providências. (Redação dada pela Lei nº 14.130, de 2021). Obtida em: https://www.planalto.gov.br/ccivil_03/LEIS/L8668.htm. Data: 24/10/2023.

BRASIL. Lei 9.532/95. Altera a legislação tributária federal e dá outras providências. Obtida em: https://www.planalto.gov.br/ccivil_03/leis/l9532.htm. Data: 24/10/2023.

BRASIL. Medida Provisória 1.184, de 28 de agosto de 2023. Dispõe sobre a tributação de aplicações em fundos de investimento no País. Obtida em: https://www.planalto.gov.br/ccivil_03/_Ato2023-2026/2023/Mpv/mpv1184.htm. Data: 24/10/2023.

CARRAZZA, Roque Antonio. *Curso de direito constitucional tributário*. 30.ed., rev, ampl. e atualiz. São Paulo: Malheiros, 2015.

CARVALHO, Paulo de Barros. *Curso de direito tributário*. 33.ed. São Paulo: Noeses, 2023.

CARVALHO, Paulo de Barros. *Direito tributário, linguagem e método*. 8.ed. São Paulo: Noeses, 2021.

CARVALHO, Paulo de Barros. *Fundamentos jurídicos da incidência*. 11.ed. rev. e atualiz. São Paulo: Noeses, 2021.

FORTUNA, Eduardo. *Mercado financeiro: produtos e serviços*. 22.ed., rev. e atualiz. Rio de Janeiro: Qualitymark Editora, 2020.

GAMA, Tácio Lacerda. *Competência tributária. Fundamentos para uma teoria da nulidade*. São Paulo: Noeses, 2009.

IVO, Gabriel. *Norma jurídica: produção e controle*. São Paulo: Noeses, 2006.

MURPHY, Celia Maria de Souza. Incorporação de sociedades. Erro na identificação do sujeito passivo. In: SOUZA, Priscila de (org.); CARVALHO, Paulo de Barros (coord.). *XVIII Congresso Nacional de Estudos Tributários:* meio século de tradição. São Paulo: Noeses: IBET, 2021 (307-327).

DA SUBVENÇÃO DE INVESTIMENTO PÓS RESP 1945110/RS

Charles W. McNaughton[1]

INTRODUÇÃO

O objeto do presente artigo é examinar a incidência de IRPJ e CSLL, sobre as chamadas subvenções, levando em consideração o panorama após o julgado do Recurso Especial n. 1945110/RS e do Recurso Especial 1987158/SC que examinaram, na sistemática de Recurso Repetitivo, a viabilidade da extensão do entendimento firmado nos Embargos de Divergência em EREsp n. 1.517.492/PR de que não haveria incidência do IRPJ e CSLL sobre créditos presumidos de ICMS para outros incentivos fiscais relativos ao ICMS.

Para tanto, levaremos em consideração três manifestações normativas que vieram à nota após o referido julgamento: a Medida Provisória n. 1185/23 que tratou sobre o tema - introduzindo alterações que provavelmente serão

---

1. Mestre e doutor em direito pela PUC-SP. Concluiu o estágio de Pós-doutorado pela USP. Professor de Mestrado do Instituto Brasileiro de Estudos Tributários – IBET.

examinadas pelo Congresso a partir do Projeto de Lei n. 5129/23; a Solução de COSIT n. 253/23, que entendeu não ser aplicável o entendimento firmado pelo Recurso Especial n. 1945110/RS, antes de ser veiculado Parecer da Procuradoria Geral da Fazenda Nacional – PGFN; e o acórdão proferido pela Colenda 2ª Turma do Superior Tribunal de Justiça no AREsp 2388499/RS.

O tema é relevante por duas razões. A primeira, sob o ponto de vista técnico, o objeto de nossa investigação apresenta aspectos que envolvem diferentes perspectivas, comportando discussão riquíssima; a segunda, sob o ponto de vista financeiro, a questão é relevante para pessoas jurídicas de grande porte na área de indústria e comércio, envolvendo quantias significativas.

Como estratégia de análise, iniciaremos nossos estudos, traçando um panorama da evolução legislativa a jurisprudencial sobre o tema; em seguida, apontaremos nossa interpretação acerca do conteúdo do Recurso Especial n. 1945110/RS, para, finalmente, apresentarmos nossos apontamentos sobre normas editadas após o referido julgamento, de índole administrativa, judicial e administrativa.

BREVE PANORAMA HISTÓRICO

Consideremos por subvenção, uma vantagem econômica com que o Estado agracia algum sujeito de direito. No campo da seara tributária, benefícios fiscais, tais como isenções, reduções de base de cálculo, entre outros, se enquadram no conceito de subvenção.

A legislação distinguiu as chamadas subvenções econômicas em duas modalidades: (a) a subvenção de investimento, para custear projetos de implantação ou expansão de empreendimentos econômicos e a (b) subvenção de custeio outorgada para fazer frente a custos já incorridos pela pessoa jurídica. Tradicionalmente, em termos tributários, as subvenções de investimento foram agraciadas com previsões legislativas que explicitam a não incidência do IRPJ e da CSLL.

De fato, o §2º do artigo 38 artigo do Decreto-lei n. 1.598/77 previu que não integra o lucro real, os valores decorrentes de subvenção de investimento desde que os seguintes requisitos fossem cumpridos, conforme se depreende do artigo a seguir citado:

> "Art. 38 (...)§ 2º - As subvenções para investimento, inclusive mediante isenção ou redução de impostos concedidas como estímulo à implantação ou expansão de empreendimentos econômicos, e as doações, feitas pelo Poder Público, não serão computadas na determinação do lucro real, desde que:
>
> a) registradas como reserva de capital, que somente poderá ser utilizada para absorver prejuízos ou ser incorporada ao capital social, observado o disposto nos §§ 3º e 4º do artigo 19; ou
>
> b) feitas em cumprimento de obrigação de garantir a exatidão do balanço do contribuinte e utilizadas para absorver superveniências passivas ou insuficiências ativas."

Em termos contábeis, as subvenções para investimento eram registradas em conta do patrimônio líquido– e não no resultado – conforme previsão da alínea "d" do §1º do artigo 182 da Lei n. 6404/76. Portanto, contabilmente e, em termos fiscais, não havia reconhecimento dos valores obtidos a título de subvenção de investimento no resultado da pessoa jurídica.

Para fins de se tecer maiores esclarecimentos sobre o tema, foi publicado o Parecer Normativo (PN) CST nº 112/1978, que procurou distinguir justamente o conceito de *subvenções para custeio*, das *subvenções para investimentos*: enquanto estas têm por origem o estímulo para implantação ou expansão de empreendimento econômico, inclusive mediante isenção ou redução de impostos, aquelas correspondem a recursos destinados a pessoas jurídicas para fazer frente às suas despesas correntes.

O referido Parecer Normativo veiculou um conceito de "sincronia" entre a intenção do Ente Público de criar a subvenção de investimento (para subsidiar implantação de empreendimentos econômicos ou sua expansão) e a efetiva aplicação por parte do particular dos recursos recebidos para fazer frente aos investimentos exigidos pela legislação que cria o benefício. Veja-se o trecho a seguir:

> "2.12. Observa-se que a Subvenção para Investimento apresenta características bem marcantes exigindo até mesmo perfeita sincronia da intenção do subvencionador com a ação do subvencionado. Não basta apenas o animus de subvencionar para investimento. Impõe-se também a efetiva e específica aplicação da subvenção, por parte do beneficiário, nos investimentos previstos na implantação ou expansão do empreendimento econômico projetado. Por outro lado, a simples aplicação dos recursos decorrentes da subvenção em investimentos não autoriza a sua classificação como Subvenção para Investimento.
>
> 2.13. Outra característica bem nítida da Subvenção para Investimento, para fins do gozo dos favores previstos no § 2º do art. 38 do DL 1.598/77, é a que seu beneficiário terá que ser a pessoa jurídica titular do empreendimento econômico. Em outras palavras: quem está suportando o ônus de implantar ou expandir o empreendimento econômico é que deverá ser tido como beneficiário da subvenção e por decorrência dos favores legais. Essa característica está muito bem observada nos desdobramentos do item 5 do PN CST nº 2/78."

Ou seja, a caracterização de subvenção para investimento e consequente não tributação exigia (I) uma previsão normativa abstrata que expressamente determinava que os recursos econômicos obtidos com certo incentivo fiscal seriam destinados à implantação ou expansão de empreendimento econômico e (II) a efetiva destinação concreta efetivada pelo contribuinte.

Muito bem. Avançando em nossa linha do tempo, em 2.007, foi editada a Lei nº 11.638/2007 que buscou inserir no Brasil as normas da contabilidade internacional no país. Esse movimento de padronização das normas contábeis – também designadas de International Financial Reporting Standards - IFRS – atendeu a uma tendência internacional para garantir maior comparabilidade entre as demonstrações financeiras de companhias situadas em países distintos.

Com a Lei n. 11.638/07, os valores das subvenções de investimento receberam tratamento contábil de "receita" que transita diretamente no resultado, tendo sido revogada a previsão que indicava que tais quantias seriam contabilizados em conta de patrimônio líquido, pela Lei n. 11.638/07.

De fato, o reconhecimento da subvenção governamental como receita é expressamente previsto no item 12 do Pronunciamento Técnico Contábil CPC 07 (R1), incorporado no ordenamento jurídico pela NBCT TG 07 (R1). É preciso fazer a ressalva, porém, que isenções concedidas de modo genérico, sem condições específicas ou encargos à pessoa jurídica, não seriam consideradas subvenções para fins contábeis, por força da previsão do próprio CPC 07 (R1)[2].

Ademais, observe-se que o artigo 195-A da Lei n. 6.404/76 passou a prever que a assembleia geral poderia destinar parte do lucro líquido à conta de reservas de incentivos fiscais que conteria doações e subvenções governamentais para investimentos.

Ou seja, em termos contábeis, os valores de subvenção governamental – que se enquadrem em tal definição - passam a ser computados receita que compõem, portanto, o resultado da pessoa jurídica. É cabível, porém, à Assembleia, em caso de existência de subvenções para

2. MARTINS, Eliseu. Os limites das normas contábeis para registro de isenção de impostos. Disponível em: https://capitalaberto.com.br/secoes/colunistas/os-limites-da-norma-contabil-para-registro-da-isencao-de-impostos/.

investimento, destinar parte do lucro líquido à reserva de incentivos fiscais.

Então, foi veiculado o artigo 18 da Lei n. 11.941/09 prevendo que tal receita poderia ser excluída do lucro líquido desde que mantida em reservas de lucro, a que se refere o artigo 195-A da Lei 6.404/76, a parcela decorrente de doações ou subvenções governamentais, apurada até o limite do lucro líquido do exercício.

Em termos materiais, ainda, foi mantido o requisito de que a subvenção deveria ter sido instituída para fins de implantação ou expansão de empreendimento econômico.

Apenas para fins de contextualização, essa Lei n. 11.941/09 tratava do chamado Regime Tributário de Transição – RTT. A ideia do RTT é que as inovações contábeis não acarretassem impactos tributários. Assim, criou-se uma sistemática tida para ser transitória em que o contribuinte aplicavas as normas contábeis antigas para fins tributários.

O RTT foi extinto pela Lei n. 12.973/14 que buscou regular, de modo definitivo, as relações firmadas entre as normas contábeis e o regime tributário. Basicamente, a referida norma instituiu certa neutralidade nos impactos contábeis junto à tributação, inserindo, porém, diversas alterações significativas. O que nos interessa, aqui, é que a última lei revogou o artigo 18 Lei n. 11.941/09 e em seu artigo 30 passou a prever o seguinte:

> "Art. 30. As subvenções para investimento, inclusive mediante isenção ou redução de impostos, concedidas como estímulo à implantação ou expansão de empreendimentos econômicos e as doações feitas pelo poder público não serão computadas na determinação do lucro real, desde que seja registrada em reserva de lucros a que se refere o art. 195-A da Lei nº 6.404, de 15 de dezembro de 1976, que somente poderá ser utilizada para:
>
> I - absorção de prejuízos, desde que anteriormente já tenham sido totalmente absorvidas as demais Reservas de Lucros, com exceção da Reserva Legal; ou

II - aumento do capital social.

§ 1º Na hipótese do inciso I do caput , a pessoa jurídica deverá recompor a reserva à medida que forem apurados lucros nos períodos subsequentes.

§ 2º As doações e subvenções de que trata o caput serão tributadas caso não seja observado o disposto no § 1º ou seja dada destinação diversa da que está prevista no caput , inclusive nas hipóteses de:

I - capitalização do valor e posterior restituição de capital aos sócios ou ao titular, mediante redução do capital social, hipótese em que a base para a incidência será o valor restituído, limitado ao valor total das exclusões decorrentes de doações ou subvenções governamentais para investimentos;

II - restituição de capital aos sócios ou ao titular, mediante redução do capital social, nos 5 (cinco) anos anteriores à data da doação ou da subvenção, com posterior capitalização do valor da doação ou da subvenção, hipótese em que a base para a incidência será o valor restituído, limitada ao valor total das exclusões decorrentes de doações ou de subvenções governamentais para investimentos; ou

III - integração à base de cálculo dos dividendos obrigatórios.

§ 3º Se, no período de apuração, a pessoa jurídica apurar prejuízo contábil ou lucro líquido contábil inferior à parcela decorrente de doações e de subvenções governamentais e, nesse caso, não puder ser constituída como parcela de lucros nos termos do caput , esta deverá ocorrer à medida que forem apurados lucros nos períodos subsequentes."

Agora, todo esse panorama legislativo levou a situação de muita insegurança justamente porque, para os contribuintes, era muito difícil comprovar a chamada "sincronia". O fato é que a questão da subvenção de investimento gerou muitas controvérsias e um litígio tributário substancial.

Visando alterar tal situação, a Lei Complementar n. 160/17 – que teve como intuito solucionar diversos problemas relativos à guerra fiscal de ICMS prevendo uma convalidação, junto ao CONFAZ, de benefícios fiscais concedidos de modo unilateral e ilegal pelos Estados – buscou eliminar as controvérsias referentes às subvenções de investimento, inserindo os §§4º e 5º no artigo 30 da Lei n. 12.973/14. Veja-se a redação de tais dispositivos:

> Art. 30. § 4º Os incentivos e os benefícios fiscais ou financeiro-fiscais relativos ao imposto previsto no inciso II do caput do art. 155 da Constituição Federal, concedidos pelos Estados e pelo Distrito Federal, são considerados subvenções para investimento, vedada a exigência de outros requisitos ou condições não previstos neste artigo.
>
> § 5º O disposto no § 4º deste artigo aplica-se inclusive aos processos administrativos e judiciais ainda não definitivamente julgados. (grifamos)

Portanto, passou-se a entender que Lei Complementar nº 160/2017 reconheceu expressamente que os benefícios concedidos pelos Estados e Distrito Federal, na forma do artigo 155, II, da CF[3], devem ser considerados como subvenções para investimento para fins fiscais, não devendo nenhum outro eventual requisito ser exigido, salvo aqueles previstos no próprio artigo 30.

A intenção do legislador foi claramente a de eliminar a necessidade de "sincronia" e de aplicar à noção de subvenção de investimento a qualquer benefício fiscal de ICMS convalidado pelo CONFAZ. Ocorre que ao indicar que os requisitos do artigo 30 da Lei n. 12.973/14 continuavam sendo aplicados, o texto da nova legislação acabou permitindo o argumento, muito utilizado pelo Fisco, de que

---

3. "Art. 155. Compete aos Estados e ao Distrito Federal instituir impostos sobre:
[...]
II operações relativas à circulação de mercadorias e sobre prestações de serviços de transporte interestadual e intermunicipal e de comunicação, ainda que as operações e as
prestações se iniciem no exterior;
[...]
§ 2º O imposto previsto no inciso II atenderá ao seguinte:
[...]
XII cabe à lei complementar:
[...]
g) regular a forma como, mediante deliberação dos Estados e do Distrito Federal, isenções, incentivos e benefícios fiscais serão concedidos e revogados".

a necessidade de implantação e expansão de empreendimentos econômicos prosseguia sendo um requisito para o benefício, em particular, fosse classificado como "subvenção de investimento". Veja-se a Solução de Consulta a seguir citada:

> "Assunto: Imposto sobre a Renda de Pessoa Jurídica - IRPJ Ementa: INCENTIVOS FISCAIS. INCENTIVOS E BENEFÍCIOS FISCAIS OU FINANCEIRO-FISCAIS RELATIVOS AO ICMS. SUBVENÇÃO PARA INVESTIMENTO. LUCRO REAL. EXCLUSÃO. EXISTÊNCIA, REQUISITOS E CONDIÇÕES. A partir da Lei Complementar nº 160, de 2017, os incentivos e os benefícios fiscais ou financeiro-fiscais relativos ao ICMS, concedidos por estados e Distrito Federal e considerados subvenções para investimento por força do § 4º do art. 30 da Lei nº 12.973, de 2014, poderão deixar de ser computados na determinação do lucro real desde que observados os requisitos e as condições impostos pelo art. 30 da Lei nº 12.973, de 2014, dentre os quais, a necessidade de que tenham sido concedidos como estímulo à implantação ou expansão de empreendimentos econômicos. LUCRO REAL. SUBVENÇÃO PARA INVESTIMENTO. INCENTIVOS FISCAIS DO ICMS. AQUISIÇÃO DE PARTICIPAÇÕES SOCIETÁRIAS. POSSIBILIDADE CONDICIONADA. A aquisição de participação societárias com recursos oriundos de subvenções para investimento concedidas na forma de incentivos e benefícios fiscais ou financeiro-fiscais relativos ao ICMS não afasta o direito de exclusão previsto no art. 30 da Lei nº 12.973, de 2014, desde que respeitadas todas as condições que constam no mesmo artigo, inclusive que a aquisição esteja relacionada com o estímulo à implantação ou expansão de empreendimentos econômicos.
>
> SOLUÇÃO DE CONSULTA VINCULADA PARCIALMENTE À SOLUÇÃO DE CONSULTA COSIT Nº145, DE 15 DE DEZEMBRO DE 2020. Dispositivos Legais: Lei nº 12.973, de 2014, art. 30; Lei Complementar nº 160, de 2017, arts. 9º e 10; IN RFB nº 1.700, de 2017, art. 198; Parecer Normativo Cosit nº 112, de 1978. Assunto: Contribuição Social sobre o Lucro Líquido - CSLL Ementa: INCENTIVOS FISCAIS. INCENTIVOS E BENEFÍCIOS FISCAIS OU FINANCEIRO-FISCAIS RELATIVOS AO ICMS. SUBVENÇÃO PARA INVESTIMENTO. RESULTADO AJUSTADO. EXCLUSÃO. EXISTÊNCIA, REQUISITOS E CONDIÇÕES. A partir da Lei Complementar nº 160, de 2017, os incentivos e os

> benefícios fiscais ou financeiro-fiscais relativos ao ICMS, concedidos por estados e Distrito Federal e considerados subvenções para investimento por força do § 4º do art. 30 da Lei nº 12.973, de 2014, poderão deixar de ser computados na determinação da base de cálculo da CSLL apurada na forma do resultado do exercício desde que observados os requisitos e as condições impostos pelo art. 30 da Lei nº 12.973, de 2014, dentre os quais, a necessidade de que tenham sido concedidos como estímulo à implantação ou expansão de empreendimentos econômicos.
>
> RESULTADO DO EXERCÍCIO. SUBVENÇÃO PARA INVESTIMENTO. INCENTIVOS FISCAIS DO ICMS. AQUISIÇÃO DE PARTICIPAÇÕES SOCIETÁRIAS. POSSIBILIDADE CONDICIONADA. A aquisição de participação societárias com recursos oriundos de subvenções para investimento concedidas na forma de incentivos e benefícios fiscais ou financeiro-fiscais relativos ao ICMS não afasta o direito de exclusão previsto no art. 30 da Lei nº 12.973, de 2014, desde que respeitada todas as condições que constam no mesmo artigo, inclusive que a aquisição esteja relacionada com o estímulo à implantação ou expansão de empreendimentos econômicos.
>
> SOLUÇÃO DE CONSULTA VINCULADA PARCIALMENTE À SOLUÇÃO DE CONSULTA COSIT Nº 145, DE 15 DE DEZEMBRO DE 2020 Dispositivos Legais: Lei nº 12.973, de 2014, arts. 30 e 50; Lei Complementar nº 160, de 2017, arts. 9º e 10; IN RFB nº 1.700, de 2017, art. 198; Parecer Normativo Cosit nº 112, de 1978."

Nesse sentido, note-se que passaram a existir duas visões: o Fisco sustentava que a necessidade de implantação e expansão dos empreendimentos econômicos prosseguia, para se enquadrar o benefício econômico como "subvenção da investimento", inclusive com a necessidade de previsão, nos incentivos fiscais, de que . A posição oposta argumentava que a Lei Complementar n. 160/17 veio eliminar essa necessidade, por ter equiparado qualquer benefício fiscal de ICMS convalidado como apto a gerar o tratamento normativo, em questão.

Vamos agora, abrir parênteses para descrever a situação do panorama jurisprudencial judiciário e em breve retornaremos a esse tema.

Assim, inicialmente, apontemos que a 1ª Seção do Superior Tribunal de Justiça - STJ, em julgado que teve como relatora a Ministra Regina Helena Costa entendeu que a cobrança da União de IR sobre o benefício fiscal de crédito presumido concedido pelos Estados viola o pacto federativo, na medida em que a União iria neutralizar os efeitos do benefício concedido pelo Estado. Veja-se:

> "TRIBUTÁRIO. EMBARGOS DE DIVERGÊNCIA EM RECURSO ESPECIAL. CÓDIGO DE PROCESSO CIVIL DE 2015. APLICABILIDADE. ICMS. CRÉDITOS PRESUMIDOS CONCEDIDOS A TÍTULO DE INCENTIVO FISCAL. INCLUSÃO NAS BASES DE CÁLCULO DO IMPOSTO SOBRE A RENDA DA PESSOA JURÍDICA - IRPJ E DA CONTRIBUIÇÃO SOCIAL SOBRE O LUCRO LÍQUIDO - CSLL. INVIABILIDADE. PRETENSÃO FUNDADA EM ATOS INFRALEGAIS. INTERFERÊNCIA DA UNIÃO NA POLÍTICA FISCAL ADOTADA POR ESTADO-MEMBRO. OFENSA AO PRINCÍPIO FEDERATIVO E À SEGURANÇA JURÍDICA. BASE DE CÁLCULO. OBSERVÂNCIA DOS ELEMENTOS QUE LHES SÃO PRÓPRIOS. RELEVÂNCIA DE ESTÍMULO FISCAL OUTORGADO POR ENTE DA FEDERAÇÃO. APLICAÇÃO DO PRINCÍPIO FEDERATIVO. ICMS NA BASE DE CÁLCULO DO PIS E DA COFINS. INCONSTITUCIONALIDADE ASSENTADA EM REPERCUSSÃO GERAL PELO SUPREMO TRIBUNAL FEDERAL (RE N. 574.706/PR). AXIOLOGIA DA RATIO DECIDENDI APLICÁVEL À ESPÉCIE. CRÉDITOS PRESUMIDOS. PRETENSÃO DE CARACTERIZAÇÃO COMO RENDA OU LUCRO. IMPOSSIBILIDADE.
>
> I - Controverte-se acerca da possibilidade de inclusão de crédito presumido de ICMS nas bases de cálculo do IRPJ e da CSLL.
>
> II - O dissenso entre os acórdãos paradigma e o embargado repousa no fato de que o primeiro manifesta o entendimento de que o incentivo fiscal, por implicar redução da carga tributária, acarreta, indiretamente, aumento do lucro da empresa, insígnia essa passível de tributação pelo IRPJ e pela CSLL; já o segundo considera que o estímulo outorgado constitui incentivo fiscal, cujos valores auferidos não podem se expor à incidência do IRPJ e da CSLL, em virtude da vedação aos entes federativos de instituir impostos sobre patrimônio, renda ou serviços, uns dos outros.
>
> III - Ao considerar tal crédito como lucro, o entendimento manifestado pelo acórdão paradigma, da 2ª Turma, sufraga, em

última análise, a possibilidade de a União retirar, por via oblíqua, o incentivo fiscal que o Estado-membro, no exercício de sua competência tributária, outorgou.

IV - Tal entendimento leva ao esvaziamento ou redução do incentivo fiscal legitimamente outorgado pelo ente federativo, em especial porque fundamentado exclusivamente em atos infralegais, consoante declinado pela própria autoridade coatora nas informações prestadas.

V - O modelo federativo por nós adotado abraça a concepção segundo a qual a distribuição das competências tributárias decorre dessa forma de organização estatal e por ela é condicionada.

VI - Em sua formulação fiscal, revela-se o princípio federativo um autêntico sobreprincípio regulador da repartição de competências tributárias e, por isso mesmo, elemento informador primário na solução de conflitos nas relações entre a União e os demais entes federados.

VII - A Constituição da República atribuiu aos Estados-membros e ao Distrito Federal a competência para instituir o ICMS - e, por consequência, outorgar isenções, benefícios e incentivos fiscais, atendidos os pressupostos de lei complementar.

VIII - A concessão de incentivo por ente federado, observados os requisitos legais, configura instrumento legítimo de política fiscal para materialização da autonomia consagrada pelo modelo federativo."

Embora represente renúncia a parcela da arrecadação, pretende-se, dessa forma, facilitar o atendimento a um plexo de interesses estratégicos para a unidade federativa, associados às prioridades e às necessidades locais coletivas.

IX - A tributação pela União de valores correspondentes a incentivo fiscal estimula competição indireta com o Estado-membro, em desapreço à cooperação e à igualdade, pedras de toque da Federação.

X - O juízo de validade quanto ao exercício da competência tributária há de ser implementado em comunhão com os objetivos da Federação, insculpidos no art. 3º da Constituição da República, dentre os quais se destaca a redução das desigualdades sociais e regionais (inciso III), finalidade da desoneração em tela, ao permitir o barateamento de itens alimentícios de primeira necessidade e dos seus ingredientes, reverenciando o princípio da dignidade da pessoa humana, fundamento maior da República Federativa brasileira (art. 1º, III, C.R.).

XI - Não está em xeque a competência da União para tributar a renda ou o lucro, mas, sim, a irradiação de efeitos indesejados do seu exercício sobre a autonomia da atividade tributante de pessoa política diversa, em desarmonia com valores éticos-constitucionais inerentes à organicidade do princípio federativo, e em atrito com o princípio da subsidiariedade, que reveste e protege a autonomia dos entes federados.

XII - O abalo na credibilidade e na crença no programa estatal proposto pelo Estado-membro acarreta desdobramentos deletérios no campo da segurança jurídica, os quais não podem ser desprezados, porquanto, se o propósito da norma consiste em descomprimir um segmento empresarial de determinada imposição fiscal, é inegável que o ressurgimento do encargo, ainda que sob outro figurino, resultará no repasse dos custos adicionais às mercadorias, tornando inócua, ou quase, a finalidade colimada pelos preceito legais, aumentando o preço final dos produtos que especifica, integrantes da cesta básica nacional.

XIII - A base de cálculo do tributo haverá sempre de guardar pertinência com aquilo que pretende medir, não podendo conter aspectos estranhos, é dizer, absolutamente impertinentes à própria materialidade contida na hipótese de incidência.

XIV - Nos termos do art. 4º da Lei n. 11.945/09, a própria União reconheceu a importância da concessão de incentivo fiscal pelos Estados-membros e Municípios, prestigiando essa iniciativa precisamente com a isenção do IRPJ e da CSLL sobre as receitas decorrentes de valores em espécie pagos ou creditados por esses entes a título de ICMS e ISSQN, no âmbito de programas de outorga de crédito voltados ao estímulo à solicitação de documento fiscal na aquisição de mercadorias e serviços.

XV - O STF, ao julgar, em regime de repercussão geral, o RE n. 574.706/PR, assentou a inconstitucionalidade da inclusão do ICMS na base de cálculo do PIS e da COFINS, sob o entendimento segundo o qual o valor de ICMS não se incorpora ao patrimônio do contribuinte, constituindo mero ingresso de caixa, cujo destino final são os cofres públicos. Axiologia da ratio decidendi que afasta, com ainda mais razão, a pretensão de caracterização, como renda ou lucro, de créditos presumidos outorgados no contexto de incentivo fiscal.

XVI - Embargos de Divergência desprovidos.

(EREsp n. 1.517.492/PR, relator Ministro Og Fernandes, relatora para acórdão Ministra Regina Helena Costa, Primeira Seção, julgado em 8/11/2017, DJe de 1/2/2018.)

Interessante observar que é possível inferir a partir das razões e da conclusão do julgado que, se a tributação pelo crédito presumido de ICMS pela União é inconstitucional, em tese, sequer seria necessário observar os requisitos do artigo 30 da Lei n. 12.973/14. Contudo, passou-se a discutir se essa decisão seria aplicável para outros benefícios fiscais distintos do crédito presumido.

Permita-nos pontuar o seguinte exemplo: suponhamos que em uma reunião de condomínio pondere-se que instrumentos barulhentos deveriam ter seu manejo proibido após certo horário por conta da necessidade de silêncio e se delibere, no caso concreto, que o uso de guitarras tarde da noite estaria proibido. Em seguida, levanta-se a dúvida se o uso da bateria, de madrugada, também deveria ser vedado. Ora, se a razão da vedação é o barulho, evidentemente, o uso de nenhum instrumento musical "barulhento" deveria ser admitido após o horário estipulado. Em nosso ponto de vista, o mesmo raciocínio deveria ser aplicável ao caso estudado: se um Estado concede um benefício qualquer a contribuinte e se entende que a tributação federal sobre o proveito econômico de tal benefício violaria o pacto federativo, então nenhum benefício estadual deveria ser tributado por exações federais.

O entendimento pela aplicação da inviabilidade de tributação federal de todas as espécies de incentivos estaduais foi acatado, incialmente, em decisões da 1ª Turma do STJ, como se infere do julgado n. REsp 1.222.547/RS, de relatoria da Ministra Regina Helena Costa, DJe de 16/3/2022.

Contudo, a Colenda 2ª Turma do STJ empreendeu interpretação distinta, ao indicar que o mesmo raciocínio não seria aplicável para outros benefícios de ICMS – como, por exemplo, a isenção, como se infere do EDcl no REsp n. 1.968.755/PR, cujo relator foi o Ministro Mauro Campbell Marques, proferido pela Colenda Segunda Turma, julgado em 3/10/2022 e publicado no DJe de 6/10/2022.

O entendimento seria de que, diferentemente do crédito presumido, a isenção nunca teria ingressado na base de cálculo do IRPJ e da CSLL, de modo que obstar a tributação federal, em tal caso, importaria conceder uma isenção heterônima do IRPJ e CSLL. Contudo, como vimos, as subvenções governamentais são reconhecidas como receitas contábeis – de modo que influenciam no lucro comercial - inexistindo diferença se se trata de isenção ou crédito presumido. Eventual não alcance de benefício fiscal pelo CPC 07 (R1), como vimos – e consequente não reconhecimento como "receita" - surgiria na hipótese de incentivo fiscal genérico, sem contrapartidas exigidas, concedido com amplo alcance ao mercado.

Muito bem. Ato contínuo, foi afetado, como repetitivo, o Recurso Especial nº 1945110, com o propósito de sanar a divergência entre os dois entendimentos. Assim, instado a se pronunciar sobre o tema, a 1ª Seção prolatou acórdão aderindo, por unanimidade à linha da 2ª Turma, consolidou a seguinte tese:

> *"1. Impossível excluir os benefícios fiscais relacionados ao ICMS, - tais como redução de base de cálculo, redução de alíquota, isenção, diferimento, entre outros - da base de cálculo do IRPJ e da CSLL, salvo quando atendidos os requisitos previstos em lei (art. 10, da Lei Complementar n. 160/2017 e art. 30, da Lei n. 12.973/2014), não se lhes aplicando o entendimento firmado no ERESP 1.517.492/PR que excluiu o crédito presumido de ICMS das bases de cálculo do IRPJ e da CSLL.*
>
> *2. Para a exclusão dos benefícios fiscais relacionados ao ICMS, - tais como redução de base de cálculo, redução de alíquota, isenção, diferimento, entre outros - da base de cálculo do IRPJ e da CSLL não deve ser exigida a demonstração de concessão como estímulo à implantação ou expansão de empreendimentos econômicos.*
>
> *3. Considerando que a Lei Complementar 160/2017 incluiu os §§ 4º e 5º ao art. 30 da Lei 12.973/2014 sem, entretanto, revogar o disposto no seu § 2º, a dispensa de comprovação prévia, pela empresa, de que a subvenção fiscal foi concedida como medida de estímulo à implantação ou expansão do empreendimento econômico não obsta a Receita Federal de proceder ao lançamento do IRPJ e da CSSL*

> *se, em procedimento fiscalizatório, for verificado que os valores oriundos do benefício fiscal foram utilizados para finalidade estranha à garantia da viabilidade do empreendimento econômico."*

Como se depreende do início da Tese 1182, acima citada, sedimentou-se que a inviabilidade de tributação do crédito presumido por tributos federais não poderia alcançar outras modalidades de incentivos. Tanto assim que se definiu que tal entendimento não seria aplicável para outras modalidades de benefícios.

O principal fundamento empregado pelo Ministro relator Benedito Gonçalves é de que o crédito presumido representaria renúncia fiscal dos Estados, ao contrário do que se sucederia em outros benefícios fiscais, justamente por conta do chamado de "efeito de recuperação", representado pelo aspecto da impossibilidade de aproveitamento de crédito na etapa seguinte.

Pedimos licença, no entanto, para apontar que esse efeito de recuperação do próprio Estado nem sempre se verifica. Não nos olvidemos, nesse sentido, que a própria Constituição, no §2º II "a" diz que isenção não implicará crédito para a compensação, *salvo determinação contrária na legislação*. Ademais, o próprio §6º do artigo 20 da Lei Complementar n. 87/96 prevê que operações tributadas subsequentes a isentas poderão fazer jus a crédito quando a saída isenta ou não tributada for relativa a produto agropecuário ou quando autorizado por lei estadual[4].

Ainda que se ignorem tais exceções, o fato é que "o efeito de recuperação" não retira o caráter de incentivos fiscais de medidas como isenção, diferimento, redução da base de cálculo, entre outras. Se o Fisco estadual concede, por

---

4. McNAUGHTON, Cristiane Pires. McNAUGHTON, Charles W. *Tributação pelo IRPJ e CSLL sobre subvenções de investimento.* Publicado no Conjur. Disponível no sítio eletrônico: www.conjur.com.br/2023-jun-16/cristianeecharles-mcnaughton-tributacao-investimento

exemplo, uma isenção é porque pretende, de certa forma, incentivar certa atividade ou induzir comportamentos. Haja, ou não, "recuperação", a tributação federal de tais casos mitiga eventual efeito benéfico do incentivo estadual sendo um fator que influenciaria negativamente na decisão do particular de adotar a prática desejada pelo Poder Público. Aliás, se o incentivo sequer gera redução na cadeia, a tributação federal é um empecilho econômico ainda mais gravoso do que se tivesse tal efetiva redução no ICMS na cadeia[5].

Nesse sentido, se há vedação ao pacto federativo de que incentivos que geram redução na cadeia sejam tributados por exações federais, parece-nos que seria mais consistente a posição que aplica tal mandamento para incentivos que não geram tal redução de arrecadação do Fisco estadual.

Ademais, convém indicar que a *ratio decidendi* do EREsp n. 1.517.492/PR considera o papel indutor do incentivo fiscal, como se depreende do voto da Ministra Relatora do Acórdão Regina Helena Costa em que ela enfatiza a importância da desoneração para alimentos da cesta básica:

> *"Trata-se de alívio fiscal, indutor do desenvolvimento econômico regional, cuja disciplina normativa, na espécie, tem o escopo de desonerar fabricantes de farinha de trigo e de produtos que a contenham em sua composição, tais como bolachas e biscoitos populares, macarrão e misturas pré-preparadas para panificação, ingrediente e alimentos básicos que devem ser acessíveis a toda a população."*

Assim, o determinante não deveria ser a existência, ou não, do dito "efeito de recuperação", mas a concessão de um benefício que estimule o desenvolvimento econômico regional dando alívio fiscal[6]. De qualquer forma, fica o registro de que o entendimento relativo ao crédito presumido não foi acatado para os demais benefícios fiscais.

---

5. Ibidem.

6. Ibidem.

Outro ponto significativo a ser pontuado é que o item 3 da decisão aponta que *a possibilidade de procedimento fiscalizatório verificar "se os valores oriundos do benefício fiscal foram utilizados para finalidade estranha à garantia da viabilidade do empreendimento econômico".*

Do voto do Ministro Relator pareceu claro que, para os casos dos outros incentivos "há a necessidade de registro em reserva de lucros e limitações correspondentes, nos termos da Lei, muito embora não se possa exigir a comprovação de que os incentivos o foram estabelecidos como estímulo à implantação ou expansão de empreendimentos econômicos".

Ou seja, afastou-se a "sincronia", conquanto mantenha-se a chamada exigência de registro em reserva de lucros e limitações correspondentes.

Observando-se, nesse sentido, o voto do Ministro Herman Benjamin – que foi quem sugeriu o acréscimo do item "3" à tese - observemos o trecho a seguir de seu voto:

> "(...) Nessa linha de raciocínio, em análise mais aprofundada do precedente firmado no julgamento dos EDcl no REsp 1.968.755/PR – indispensável porque estamos a decidir, em sessão presencial, feito cujo julgamento encontra-se submetido ao rito dos Recursos Repetitivos –, considero que a manutenção da exigência de que os valores dos benefícios fiscais sejam mantidos em conta de reserva do Patrimônio Líquido da empresa conduz ao entendimento de que se preserva, ainda que em menor extensão, a ratio segundo a qual tais benefícios devem estar minimamente relacionados com a viabilidade do empreendimento econômico. Assim, eventual desvirtuamento, mesmo que posterior (por exemplo, utilização desse valor para aumento do capital social, com ulterior restituição ao titular das ações ou cotas empresariais), retirará – com base no § 2º do art. 30 da Lei 12.973/2014 (não revogado pela Lei Complementar 160/2017) – a aplicação do regime jurídico estabelecido na LC 160/2017, rendendo ensejo à instauração de procedimento fiscalizatório tendente a submeter a quantia à tributação (IRPJ e CSSL). (...)"

Portanto, parece-nos claro que: (a) para o crédito presumido, a Tese 1182 mantém intacto o decidido no EREsp n. 1.517.492/PR; (b) para outros incentivos não se exigível a previsão do incentivo na legislação que o conceda; (c) caso o contribuinte não constitua a reserva, ou caso haja algum desvio nos recursos de tal reserva, como *"a utilização desse valor para aumento do capital social, com ulterior restituição ao titular das ações ou cotas empresariais)"*, o Fisco poderá, em fiscalização, constituir o crédito tributário, computando na base de cálculo do IRPJ e CSLL os valores eventualmente não oferecidos à tributação.

É preciso considerar, porém, que foram apresentados Embargos de Declaração ainda pendentes de apreciação.

Situação Pós Tese 1182.

Após sacramentada, a "tese" estabelecida no Tema 1182 foi alvo de três "respostas" distintas que serão apreciadas, a seguir.

Iniciemos pela Solução de Consulta COSIT n. 253/23, em que se prosseguiu exigindo a dita "sincronia" sob o argumento de que, enquanto não houver Parecer da Procuradoria Geral da Fazenda Nacional, o julgado no Tema 1182 não seria vinculante ao órgão fazendário. Confira-se trecho da ementa:

> "(...) Assunto: Imposto sobre a Renda de Pessoa Jurídica – IRPJ INCENTIVOS FISCAIS. LUCRO REAL. EXCLUSÃO. REQUISITOS E CONDIÇÕES. DECISÃO JUDICIAL. As decisões proferidas pelo Superior Tribunal de Justiça passam a ter efeito vinculante para a Secretaria Especial da Receita Federal do Brasil a partir da elaboração de manifestação pela Procuradoria-Geral da Fazenda Nacional, nos termos da Lei nº 10.522, de 19 de julho de 2002. Dispositivos Legais: Lei nº 10.522, de 2002, arts. 19 e 19-A. Assunto: Contribuição Social sobre o Lucro Líquido – CSLL INCENTIVOS FISCAIS. LUCRO REAL. EXCLUSÃO. REQUISITOS E CONDIÇÕES. DECISÃO JUDICIAL. As decisões proferidas pelo Superior Tribunal de Justiça passam a ter efeito

> vinculante para a Secretaria Especial da Receita Federal do Brasil a partir da elaboração de manifestação pela Procuradoria-Geral da Fazenda Nacional, nos termos da Lei nº 10.522, de 19 de julho de 2002. Dispositivos Legais: Lei nº 10.522, de 2002, arts. 19 e 19-A. Assunto: Contribuição para o PIS/Pasep. (...)

Como se nota, entendeu-se que o artigo 19-A da Lei n. 10.522/02 apenas impediria o Fisco de constituir o crédito tributário, em temas julgados pelo Poder Judiciário, após a veiculação de Parecer emitido pela Procuradoria Geral da Fazenda Nacional – PGFN. De fato, o artigo 19 da Lei n. 10.522/02, especificamente, em seus incisos II e VI, prescreve o seguinte:

> "Art. 19. Fica a Procuradoria-Geral da Fazenda Nacional dispensada de contestar, de oferecer contrarrazões e de interpor recursos, e fica autorizada a desistir de recursos já interpostos, desde que inexista outro fundamento relevante, na hipótese em que a ação ou a decisão judicial ou administrativa versar sobre:
>
> II - tema que seja objeto de parecer, vigente e aprovado, pelo Procurador-Geral da Fazenda Nacional, que conclua no mesmo sentido do pleito do particular;
>
> (...)
>
> VI - tema decidido pelo Supremo Tribunal Federal, em matéria constitucional, ou pelo Superior Tribunal de Justiça, pelo Tribunal Superior do Trabalho, pelo Tribunal Superior Eleitoral ou pela Turma Nacional de Uniformização de Jurisprudência, no âmbito de suas competências, quando:
>
> a) for definido em sede de repercussão geral ou recurso repetitivo; ou 19)
>
> § 9º A dispensa de que tratam os incisos V e VI do *caput* deste artigo poderá ser estendida a tema não abrangido pelo julgado, quando a ele forem aplicáveis os fundamentos determinantes extraídos do julgamento paradigma ou da jurisprudência consolidada, desde que inexista outro fundamento relevante que justifique a impugnação em juízo.
>
> (...)"

Por sua vez, o artigo 19-A da mesma lei determina o que segue:

> "Art. 19-A. Os Auditores-Fiscais da Secretaria Especial da Receita Federal do Brasil não constituirão os créditos tributários relativos aos temas de que trata o art. 19 desta Lei, observado: (Incluído pela Lei nº 13.874, de 2019)
>
> I - o disposto no parecer a que se refere o inciso II do caput do art. 19 desta Lei, que será aprovado na forma do art. 42 da Lei Complementar nº 73, de 10 de fevereiro de 1993, ou que terá concordância com a sua aplicação pela Secretaria Especial da Receita Federal do Brasil do Ministério da Economia; (Incluído pela Lei nº 13.874, de 2019)
>
> II - o parecer a que se refere o inciso IV do caput do art. 19 desta Lei, que será aprovado na forma do disposto no art. 40 da Lei Complementar nº 73, de 10 de fevereiro de 1993, ou que, quando não aprovado por despacho do Presidente da República, terá concordância com a sua aplicação pelo Ministro de Estado da Economia; ou (Incluído pela Lei nº 13.874, de 2019)
>
> III - nas hipóteses de que tratam o inciso VI do caput e o § 9º do art. 19 desta Lei, a Procuradoria-Geral da Fazenda Nacional deverá manifestar-se sobre as matérias abrangidas por esses dispositivos.
>
> § 1º Os Auditores-Fiscais da Secretaria Especial da Receita Federal do Brasil do Ministério da Economia adotarão, em suas decisões, o entendimento a que estiverem vinculados, inclusive para fins de revisão de ofício do lançamento e de repetição de indébito administrativa. (Incluído pela Lei nº 13.874, de 2019)
>
> § 2º O disposto neste artigo aplica-se, no que couber, aos responsáveis pela retenção de tributos e, ao emitirem laudos periciais para atestar a existência de condições que gerem isenção de tributos, aos serviços médicos oficiais."

Assim, parece-nos que a administração pública tem razão quando afirma que seria necessária a edição de Procuradoria Geral da Fazenda Nacional que, por sua vez, possivelmente deve esperar o resultado dos Embargos de Declaração para se manifestar.

Por outro lado, gera insegurança jurídica uma indefinição do tema por tanto tempo, sendo certo que o sujeito passivo não pode deixar de cumprir com suas obrigações tributárias, mesmo sem uma resposta definitiva por parte do Poder Público.

O fato é que persiste patente antinomia em nosso sistema jurídico, sobre o tema, que deveria ser sanada de modo célere, pois, enquanto a "tese" do Superior Tribunal de Justiça sacramenta, no item 2, que não é exigível a previsão de investimento na norma abstrata que concede o benefício, na Solução de Consulta restou expressamente apontado que "fica, de plano, impossibilitada a aplicação do tratamento tributário previsto no art. 30 da Lei nº 12.973, de 2014, ao incentivos ou benefícios fiscais e financeiros fiscais concedidos de maneira incondicionada, de forma gratuita ou sem nenhum ônus ou dever ao subvencionado, ou ainda àqueles concedidos sob condição não relacionada à implantação ou expansão de empreendimentos econômicos".

Avancemos. Outro dado relevante pós Tema n. 1182, é o julgamento da Colenda 2ª Turma do Superior Tribunal de Justiça que deixa de aplicar a parte da tese veiculada no Tema 1182, especificamente, no quesito que havia mantido incólume o entendimento sedimentado de impossibilidade incondicional de tributação federal para créditos presumidos de ICMS concedido pelos Estados. Tal julgado anulou o v. acórdão proferido pelo Tribunal Regional Federal da Quarta Região que havia autorizado a não incidência de IRPJ e CSLL sobre créditos presumidos, independentemente de outros requisitos do artigo 30 da Lei n. 12.973/14 e da Lei Complementar n. 160/17.[7]

O fundamento do voto do Ministro Mauro Campbell Marques foi o seguinte:

---

7. AREsp 2388499 RS 2023/0202128-9 Decisão:03/10/2023, DJe DATA:11/10/2023. Rel. Ministro Mauro Cambpell Marques.

> "(...) Quanto à alegada ofensa ao art. 1.022, II, do CPC/2015, se vislumbra deficiência na fundamentação contida no acórdão recorrido, sendo possível observar que o Tribunal de origem não apreciou integralmente a controvérsia, sobretudo ao não atender as peculiaridades quanto à incidência do precedente fixado no Recurso Especial n. 1.945.110/RS, de relatoria do Ministro Benedito Gonçalves, Primeira Seção, julgado em 26/4/2023, DJe de 12/6/2023.
>
> É de se revelar que em tal precedente fora definido que a Lei Complementar n. 160/2017 incluiu os §§ 4º e 5º ao art. 30 da Lei n. 12.973/2014 sem, entretanto, revogar o disposto no seu § 2º, de modo que a dispensa de comprovação prévia, pela empresa, de que a subvenção fiscal foi concedida como medida de estímulo à implantação ou expansão do empreendimento econômico não obsta a Receita Federal de proceder ao lançamento do IRPJ e da CSSL se, em procedimento fiscalizatório, verificar que os valores oriundos do benefício fiscal foram utilizados para finalidade estranha à garantia da viabilidade do empreendimento econômico" (REsp n. 1.945.110/RS, relator Ministro Benedito Gonçalves, Primeira Seção, julgado em 26/4/2023, DJe de 12/6/2023).

Parece-nos, porém, que a Tese do Tema 1182 menciona que o crédito presumido recebe o tratamento previsto no acórdão proferido nos Embargos de Divergência em EREsp n. 1.517.492/PR, de modo que o julgado acima citado, com a devida licença, parece-nos ir de encontro ao decidido pelo próprio Superior Tribunal no Tema 1182, que mantém incólume a ideia de violação ao pacto federativo na tributação federal do crédito presumido.

Argumenta-se, é verdade, que tal entendimento deveria ser revisitado em função de ter sido expedido antes da Lei Complementar n. 160/17. Todavia, se a Constituição proíbe a tributação de crédito presumido estadual pela União Federal, não nos parece que uma legislação federal pudesse alterar tal panorama.

Por fim, a edição da Medida Provisória n. 1185/23, que ao que tudo indica terá matéria apreciada no Projeto de Lei n. 5129/23, revoga o artigo 30 da Lei n. 12.973/14 e concede novo tratamento às subvenções.

Assim, se antes as subvenções não eram tributadas por PIS, COFINS, IRPJ e CSLL desde que atendidas as condições legais, agora passam a sofrer a incidência dos referidos gravames, sendo permitida, em contrapartida, um crédito de 25% (vinte e cinco por cento) a título de IRPJ às subvenções para investimento, desde que previamente habilitado perante a Secretaria da Receita Federal do Brasil.

Segundo o novo regramento, para fins do crédito fiscal, poderão ser computadas somente as receitas de subvenção que estejam relacionadas com a implantação ou a expansão do empreendimento econômico e sejam reconhecidas após a conclusão da implantação ou da expansão do empreendimento econômico e o protocolo do pedido de habilitação da pessoa jurídica. O PL aparentemente "ressuscita" a sincronia, prevendo que a subvenção por ele alcançada deve ser concedida "para implantação ou expansão" de benefício econômico.

Ademais, foram previstas vedação de cômputo, para fins de apuração do crédito, de receitas não relacionadas com as despesas de depreciação, amortização ou exaustão relativas à implantação ou à expansão do empreendimento econômico, da parcela das receitas que superar o valor das despesas acima mencionadas, da parcela das receitas que superar o valor das subvenções concedidas pelo ente federativo, das receitas que não tenham sido computadas na base de cálculo do IRPJ e da Contribuição Social sobre o Lucro Líquido – CSLL, das receitas decorrentes de incentivos do IRPJ e do próprio crédito fiscal de subvenção para investimento e das receitas reconhecidas após 31 de dezembro de 2028, demonstrando a intenção de se extinguir, em pouco tempo, a nova sistemática para se tributar, integralmente, eventual subvenção concedida.

Ademais, aponte-se que foi criado um procedimento de se exigir prévia habilitação da pessoa jurídica junto à

Secretaria da Receita Federal do Brasil que deverá preceder ao aproveitamento do crédito.

Finalmente, observe-se que a nova legislação não tem a previsão de afastar a tributação de crédito presumido. Há os que argumentam que ao utilizarem a técnica de criar um crédito de IR – e criar requisitos para o aproveitamento do crédito – teria sido criada uma técnica hábil para se afastar a discussão.

Não é nossa avaliação, porém: a problemática não está na concessão do crédito de IRPJ, mas na tributação, mesma, dos valores. Para se garantir a segurança jurídica seria relevante que a inteligência da receita tese consagrada no tema 1182 seja plenamente respeitada.

Ademais, com relação à incidência da Contribuição ao PIS e COFINS sobre o crédito presumido, esclarecemos que o tema da possibilidade de tributação será apreciado no Tema 843 de Repercussão Geral, já havendo votos dos Ministros Marco Aurélio, Rosa Weber, Rosa Weber, Edson Fachin, Cármen Lúcia, Ricardo Lewandowski e Roberto Barroso pela inconstitucionalidade. É relevante que haja rápida decisão da Suprema Corte, para que a segurança jurídica seja estabelecida.

Como lembram Igor Mauler Santiago e Carlos Augusto Daniel Neto, os créditos presumidos não podem ser considerados "ingresso financeiro que se integra na condição de elemento novo e positivo, sem reservas ou condições" que é a matéria constitucionalmente delimitada para fins da COFINS e da Contribuição ao PIS/PASEP, conforme definido pela pelo Supremo Tribunal Federal no RE 606.107/RS, de Relatoria da Ministra Rosa Weber, DJe 25/11/2013[8]. Assim, um julgado que

8. SANTIAGO, Igor Mauler. DANIEL NETO, Carlos Augusto. *Mudanças no IRPJ/CSLL das subvenções são válidas, mas precisam melhorar.* Publicado no Conjur. Disponível em: www.conjur.com.br/2023-set-20/consultor-tributario-mudancas-irpjcsll-subvencoes-melhorar.

revele coerência com o precedente estabelecido importaria o reconhecimento de tal inconstitucionalidade da incidência das referidas contribuições sobre tais valores.

PALAVRAS FINAIS

O tema da tributação federal das subvenções apresenta considerável instabilidade normativa, com modificações legislativas constantes, morosidade do Poder Público em sedimentar certos aspectos e litígios significativos.

Com o Projeto de Lei n. 5129/23, novos influxos normativos no campo do processo de positivação hão de surgir e certamente litígios serão instaurados. O princípio da segurança jurídica, porém, exige que posições judiciais consagradas em Repetitivo, ou em precedentes do Supremo Tribunal Federal, não sejam revisitadas sem uma justificativa muito robusta de modo que seria de se esperar que o entendimento de não incidência de tributação federal sobre crédito presumido seja mantido, ainda que com o advento de nova legislação, assim como a não incidência de Contribuição ao PIS e COFINS sobre incentivos fiscais estaduais. Além disso, é mister a célere solução dos problemas que ainda persistem, pois não há segurança jurídica se o particular não tem a ciência, de modo tempestivo, do contorno das obrigações a que está submetido.

INTERPRETAÇÃO E ARGUMENTAÇÃO NO DIREITO TRIBUTÁRIO[1]

Cristiano Araújo Luzes[2]

1. A organização do congresso do IBET me propôs o desafio de dialogar com meus queridos mestres sobre o tema da hermenêutica jurídica. Escolhi, dentre das várias possibilidades que um tema como esse possibilita, enfrentar a relação entre interpretação *e* argumentação. A conjunção poderia sugerir, a princípio, que se trata de um duplo do mesmo aspecto: interpretar e argumentar consistem exatamente na mesma operação que subjaz à motivação de uma decisão jurídica. De certo, é assim mesmo que temos tratado da questão – tratamos da interpretação e da argumentação como quase sinônimos, por vezes trocando um termo pelo outro, sem muita precaução.

Reservo-me, contudo, ao direito de fazer perguntas tolas – pois, como nos ensina nosso mestre Tercio Sampaio Ferraz Jr., é de perguntas tolas que se faz filosofia jurídica:

---

1. Palestra proferida no XIX Congresso de Estudos Tributários, em 06/12/2022.

2. Doutor (PUC/SP).

o que significa interpretação e em que se distingue da argumentação? Decidir um caso jurídico requer interpretação da norma ou argumentos válidos, ou ambos?

Não vejo nisso uma questão meramente semântica. A questão semântica esconde um desafio maior, que passa pela necessidade de clareza sobre as condições do agir prático dos juristas, sobre as tradições nas quais estamos inseridos – trata-se, por assim dizer, de voltarmos a atenção para nossa cultura e nossas tradições, como forma de pensar nossas práticas.

2. Um olhar atento à nossa doutrina mostra que a distinção entre interpretação e argumentação é menos sutil do que aparenta. O ingressante num curso jurídico certamente começará seus estudos de direito tributário lendo o "Curso" do nosso Professor Paulo de Barros Carvalho. Encontraremos no Capítulo IV (um dos meus favoritos) o tema "Vigência, Aplicação e Interpretação da Legislação Tributária", e nele encontramos a afirmação de que "a aplicação do direito pressupõe a interpretação, e esse vocábulo há de ser entendido como atividade intelectual que se desenvolve à luz dos princípios hermenêuticos, com a finalidade de construir o conteúdo, o sentido e o alcance das regras jurídicas" (CARVALHO, 2009, p. 128). Assumindo uma perspectiva construtiva da interpretação, nosso Professor Paulo de Barros Carvalho ensina que a interpretação consiste numa operação, a um só tempo cognitiva e volitiva, de construção dos significados, a partir de códigos e textos aos quais o intérprete deve se reportar enquanto objeto, e só depois da interpretação surgem os problemas subsidiários da aplicação e da integração. Toda sua doutrina é então sustentada numa ideia de interpretação como construção progressiva do sistema de comunicação, a partir de suportes físicos a que se atribui significação. Não há destaque para o tema da argumentação, e não por falta de disposição do autor em teorizar sobre esse tema, mas, ao que parece, por adotar *uma visão propriamente interpretativa do direito.*

Mas não demorará muito para que um estudante do direito, que aprende o direito tributário a partir da visão construtivo-interpretativa de Paulo de Barros Carvalho, agora conheça um outro *estilo* de pensamento. Ao abrir o Curso de Argumentación Jurídica, de Manuel Atienza, encontrará a afirmação de que "o direito, em todas as suas instâncias – legislativa, jurisdicional, doutrinária etc – pode ser considerado como um *entremeado complexo de decisões* – vinculadas com a resolução de certos *problemas práticos* – e de argumentos, isto é, de *razões a favor ou contra essas decisões*" (ATIENZA, 2013, p. 20, grifei). Na doutrina do direito tributário, o direito consiste num aspecto da chamada razão prática, ou seja, uma forma particular de tomar decisões com base em razões determinantes, em que *a norma é tão só uma dentre as várias razões possíveis para que uma decisão seja tomada*. No limite, até mesmo uma norma cujo sentido seja bastante claro poderá ser relativizada como razão de decidir se existirem razões fortes o suficiente para afastar o peso da decisão prévia e geral do legislador. Dessa maneira, o destaque não está na significação dos textos e das provas a que o jurista prático deve se referir, mas nas formas pelas quais um argumento poderá ser considerado racional no contexto da decisão de um caso.

No direito tributário, esse viés da argumentação também encontra ressonância. No Sistema Constitucional Tributário do Professor Humberto Ávila vemos a afirmação de que "o objeto do Direito Tributário é bem mais amplo do que o conjunto de regras jurídicas com estrutura hipotético-condicional, pois abrange *normas imediatamente finalísticas, efeitos concretos provenientes da aplicação das normas jurídicas e bens e interesses protegidos por essas normas*" (ÁVILA, 2012, p. 640, grifei). A conclusão do Professor é pela necessidade de complementação do método analítico, no sentido de abranger também argumentos tidos como não jurídicos, mas que são submetidos ao rigor de uma "cientificidade crítica", uma espécie de objetividade metodológica dos critérios argumentativos, que cabe à doutrina criar.

3. Parece claro então que, a despeito de muitos de nós tratarmos interpretação e argumentação como operações sinônimas – e não me oponho a quem faça, em favor da simplicidade – é certo que estamos assistindo a dois estilos diferentes de pensar e praticar o direito. Como entender essas diferenças, que ora parecem maiores, ora parecem menores, por vezes até parece irrelevantes, a depender do autor e do contexto? Prof. Tercio Sampaio Ferraz Júnior, meu querido mestre, também mestre de todos nós, sugeriu uma forma bastante particular de compreender a relação entre hermenêutica e argumentação. Defendeu Prof. Tercio se tratar da passagem de duas grandes "tradições" ou "culturas" distintas, a *tradição dos códigos* e a *tradição da argumentação* (FERRAZ JR., 2014) – e o uso pelo autor dos termos "cultura" e "tradição" não é trivial: afasta a ideia de uma disputa de teses pelo melhor conceito do direito e ignora as pequenas divergências acadêmicas entre autores que, no fundo da questão, compõem o conjunto de uma mesma tradição.

A tradição do código surge no Século XIX, quando a interpretação jurídica se consolida como uma espécie de saber científico. A ideia fundamental é de que o direito é um dado a ser identificado, um objeto, por assim dizer. Daí ter se tornado tão importantes classificações doutrinárias como existência, validade, eficácia, vigência etc. O que é direito válido? Em que medida validade difere da existência? Quando uma norma é eficaz? É possível que seja eficaz sem ser válida? Outras distinções também surgiram: direito público e direito privado, direito objetivo e direito subjetivo, direito material ou direito processual etc., donde resultaram perguntas como: Qual o regime jurídico da norma? Prevalece o interesse público ou a autonomia da vontade? O direito como objeto cognoscível antes do caso concreto e a organização sistemática do direito são duas premissas comuns a esse modo de pensamento.

Ainda na tradição do código, a tomada de decisão jurídica parte de uma *divisão fundamental entre interpretação e aplicação*, em que a aplicação teria uma função meramente subsidiária – interpretar o direito antecede à aplicação do direito. Assim, decidir um caso consiste num *juízo*, ou seja, numa forma de pensar o particular a partir do geral. Categorizar ou enquadrar conceitualmente um fato é, na tradição do código, sinal de pensamento bem estruturado, e essa característica é tão forte entre nós hoje que parece muito difícil para um jurista tomar decisões sem categorias – com efeito, a primeira coisa que ocorre a um advogado quando se depara com um novo relato é a categorização do fato. A interpretação cuidaria justamente das premissas do juízo, isto é, do sentido das categorias jurídicas gerais e do fato tipificado.

Além desse pressuposto estrutural, há também o pressuposto político: a compreensão de que juízes não criam o direito e a decisão consiste numa operação vinculada aos comandos gerais numa ordem instituída – assim, o eixo do poder se concentra no legislativo e o judiciário se torna o espaço de execução do programa político normatizado.

Podemos sintetizar a tradição dos códigos da seguinte maneira:

a. interpretar é um processo de "descoberta" ou de "identificação" do direito a partir das suas fontes – a doutrina das fontes do direito se torna bastante popular e a essencial para a interpretação –, mas numa versão mais contemporânea, a "identificação" poderia se dar através da "interpretação compreensiva" das diversas fontes e elementos socioculturais, mas que nunca se desvincula totalmente da significação de códigos e textos;

b. busca-se a neutralização das pré-compreensões valorativas e ideológicas do intérprete através da vinculação ao objeto – ou seja, interpretar é falar de algo, no caso, da fala do outro, da autoridade das fontes, mas nunca uma fala inteiramente criativa e autoral;

c. prevalece a ideia de historicidade segundo o contexto de produção – quer dizer, uma ideia de historicidade anacrônica, em que a compreensão histórica se volta para um tempo diferente do presente;

d. Eixo do poder centrado no Legislativo;

e. presunção metódica do "legislador racional" (FERRAZ JR., 2008) surge como elemento para o intérprete conferir unidade e coerência ao discurso histórico do legislador – essa univocidade, contudo, pertence à fonte do direito, a quem o intérprete deve se reportar e revelar as intenções, aspirações e força.

A partir do Século XX e, entre nós, a partir de 1988, a tradição do código vai se modificando e dando lugar para isso que estamos vendo como tradição da argumentação. Trata-se, sobretudo, de uma nova ênfase: os manuais passam a discorrer sobre precedentes dos tribunais superiores, no sentido de apontar suas teses e de buscar hipóteses de aplicação analógica a novos casos; a norma geral parece conter certa provisoriedade e a sociedade, falando de um modo bastante amplo, passa a aguardar as decisões dos tribunais antes de firmar qualquer convicção de certeza sobre o direito; enfim, a tradição da argumentação desloca o eixo do poder para o Judiciário, emponderando-o ou explicitando os poderes que o Judiciário já possuía mas não proclamava – no fundo, estamos diante da vitória de uma cultura que modifica a expectativa sobre a tarefa dos juízes e que clama por um tipo de democracia substantiva construída no ambiente do fórum judiciário.

Assim, trata-se de uma mudança na própria forma como enxergamos o direito. Se na tradição dos códigos dá-se uma distinção forte entre interpretação e aplicação, nessa nova tradição essa distinção perde força e a interpretação e aplicação se tornam operações simultâneas - ou, por assim dizer, a aplicação se faz tão relevante a ponto de tornar quase sem importância a etapa prévia de categorização, ou seja, toda sistematização estará sujeita ao crivo da adequação necessária a um caso concreto que invoca decisão. Do foco da aplicação, o regime jurídico, as fontes do direito, as categorias jurídicas, isto é, esses aspectos da identificação do direito como um dado, tornam-se elementos entre tantos outros possíveis para a tomada de decisão – tornam-se argumentos, por assim dizer.

O caminho para que isso fosse possível é conhecido por todos: a teoria dos princípios. Se na tradição do código os princípios funcionam como eixo de aglutinação do sistema, uma espécie de síntese indutiva, na tradição da argumentação o princípio se torna o canal de abertura para interesses, bens, valores, que inserem a decisão jurídica numa complexidade ético-política que antes estava fora da especulação jurídica.

O pretexto para isso tudo foi, e continua sendo para muitos, a necessidade de resolver o desafio da vagueza e da lacuna interpretativa e a inevitável discricionariedade que disso decorre. Kelsen, na Teoria Pura do Direito (2009), deixou em aberto o problema da interpretação, ao afirmar que, diante dos limites da cognição interpretativa, resta render-se à evidência da subjetividade do juiz e ao império de sua vontade. A proposta é que a ponderação surja como artifício da técnica jurídica quando a diretriz normativa não está clara. Então, no lugar de uma decisão de feição dicotômica, do tipo dentro-fora, entra em cena um tipo de operação jurídica que insere uma complexidade que a norma teria por função excluir, agora colocando dentro do discurso judiciário o exame dos interesses mutuamente afetados e o sopesamento entre eles. Lembremos que a proposta de Alexy (2008) é de que o sopesamento funcione como uma complementação à fundamentação da decisão com base em subsunções, de modo que, na falha da técnica clássica, uma nova técnica se instaura: a maximização das partes relativas através da ponderação, ou seja, a argumentação deve se orientar pela máxima realização possível dos princípios em conflito.

A pretensão de Alexy é de que a certeza jurídica pudesse se instaurar através da racionalidade prática, uma espécie de unidade do pensamento obtida pelo postulado da otimização das partes relativas. Ou seja, a fórmula do sopesamento não teria a pretensão de aumentar a discricionariedade, mas de eliminá-la pela univocidade do argumento racional, pois só há uma forma de racionalmente decidir o sopesamento e essa forma é pela otimização. Como a própria vagueza e lacuna não são constatadas, mas efetivamente inventadas, não demorou para que hoje possamos perceber que a ponderação se tornou um modelo operativo amplo, e não subsidiário – quero dizer, decidir se tornou quase sempre sopesar, e aplicar automaticamente uma regra se tornou um não decidir.

Nessa nova tradição, decidir é buscar argumentos razoáveis. A pressuposição é de que o discurso prático em geral precisa ser motivado e que a decisão decorre da motivação – decidir é agir motivadamente, por assim dizer. Logo, a pretensão de correção do discurso, ou seja, a ideia de que há uma forma racional de decidir e que o argumento deve ser aceito por pessoas razoáveis, decorre da situação prática de que é preciso justificar a ação e de que os participantes da interação discursiva irão aceitar um discurso racionalmente estabelecido (Ricoeur, 2008, p. 166). Ou seja, trocam-se as evidências: no lugar da fonte do direito e do sistema, uma ideia de evidência da razão argumentativa. É aqui que entra uma mudança interessante: se decidir é buscar argumentos razoáveis, então *a norma é tão só um dentre vários argumentos possíveis*, dado que não há evidência pré-estabelecida de que seguir uma norma é sempre a melhor maneira de decidir um caso. Trata-se, repito, de um novo olhar, agora com ênfase para a decisão: aplicar uma norma pode ser uma forma de obediência, mas nada garante que seja uma forma adequada de agir. Disso ressalta o aspecto finalístico das normas, ou seja, em toda norma subjaz uma razão para sua instituição e para sua observância, e é sobre tais razões que precisamos decidir – por que seguir a norma e a que ela se destina?, é o que propõe, por exemplo, Aarnio (2011).

Posso sintetizar a tradição da argumentação do seguinte modo:

a. a prática do direito é enfatizada no momento da decisão, e decidir se confunde com a busca de razões argumentativas, em que a norma é apenas uma dentre várias razões para decidir um caso;

b. busca-se a neutralização das pré-compreensões valorativas através da ideia de "acordo racional" – a justificação requer razões pelas quais pessoas racionais, num mesmo contexto prático, possam de modo geral concordar com a decisão;

c. prevalece a ideia de historicidade segundo o contexto de decisão – isto é, a decisão volta-se para uma ideia de historicidade atrelada à sincronia do momento presente;

d. o eixo do poder centrado no Judiciário;

e. a univocidade do direito é buscada através da racionalidade da justificação da decisão e da jurisprudência – todo caso deve ser decidido de modo tal que possa ser replicado pelo judiciário, quando presentes as mesmas razões determinantes.

O derradeiro efeito dessa nova cultura é a absorção da interpretação pela argumentação, ou seja, os métodos da interpretação canônica e o trabalho de significação dos textos aparecem como argumentos possíveis para decidir racionalmente, sempre sujeito a relativizações, visto que, se mesmo diante da clareza do sentido normativo se instaura um conflito irredutível à solução hipotética da norma, o juiz está obrigado a decidir e mostrar por que a norma é, sim, a solução adequada do caso, segundo seus fins e efeitos práticos, sobretudo numa situação de conflito com outros fins postos em contraposição. Com efeito, a interpretação, no velho sentido, não esgota a decisão; a dogmática, por sua vez, não se contenta com a atividade de ordenação das significações do texto, mas agora se dedica a catalogar argumentos mais usados pelos juízes e a testar racionalmente sua coerência e força. Em suma, rompe-se com o paradigma da interpretação.

Esse é o quadro geral.

4. Algo, contudo, parece ter se perdido na passagem abrupta da tradição do código para a tradição da argumentação. De um lado, parece haver entre muitos a sensação permanente de que o novo paradigma não trouxe a univocidade e controle pretendidos, o que motiva até mesmo certo apego à velha tradição de pensar o direito; de outro lado, há também quem dobre a aposta em sistemas de argumentação cada vez mais sofisticados, racionalmente medidos e avaliados, sempre com a pretensão de aperfeiçoamento, cujo resultado é um sincretismo metodológico confuso e muito pouco operativo – para citar um exemplo, a alteração na LINDB incluiu diversos aspectos da nova tradição que convivem ainda, no mesmo texto legal, com conceitos da velha tradição, o que deveria causar certa perplexidade ao jurista atento.

Mas a teoria da argumentação teria falhado? Alguém verdadeiramente acredita que o erro está no excesso de fluidez argumentativa da nova tradição? Deveríamos retornar à velha tradição do código e encobrir no não dito todas as nossas mais íntimas convicções de justiça e de poder? Ou deveríamos conceber um método ainda mais sofisticado, ainda mais rigoroso, para que nossa humanidade tão falha possa correr ainda mais riscos de errar?

Parece-me que o problema está antes em nossas expectativas quanto ao pensamento jurídico, e não propriamente nas tradições em si mesmas, que não revelam muito mais do que o apetite da comunidade dos juristas para tomar decisões relevantes e o arranjo de forças de uma sociedade em torno de certos pactos de poder, seja para a expansão de liberdades até então inexistentes seja pela conservação de estruturas de poder já estabelecidas.

Parece-me, na verdade, que a mudança de tradição foi menos radical do que poderia ser.

A prática da argumentação no direito brasileiro se consolidou ainda como um processo de descoberta, devido aos aspectos da própria teoria de Robert Alexy, mas também e sobretudo em função da passagem muito mal concebida e refletida da tradição dos códigos para a tradição da argumentação. Alteraram-se os artifícios, a metodologia, mas leito cultural continua sendo a ideia forte de direito como univocidade – ou seja, essa passagem parece não ter se descolado tanto assim da ideia de direito como certeza. Na prática, a argumentação é uma forma reciclada de criar uma metodologia jurídica orientada pela cognição e muito pouco dialógica, o que faz com que os debatedores tenham a sensação de que o juiz está sempre equivocado quando a decisão não atende às suas convicções próprias de decidir.

Nossa proposta não passa pela otimização da teoria, mas, sim, pelo esclarecimento do que está em jogo quando falamos de interpretação e argumentação.

Proponho enxergamos a presença simultânea e reciprocamente alimentada entre interpretação e argumentação, aqui percebido como convicção sobre as significações e o teste prático da justificação dessas convicções diante de interlocutores efetivos – nesse sentido, falo de uma *visão compreensiva da interpretação* ao lado de uma *visão realista da argumentação.*

Primeiro, precisamos deixar claro que a decisão possui uma dupla finalidade: o fim imediato de suspender a incerteza e o fim maior de estabelecer um equilíbrio de poder numa sociedade plural – essas são as bases de uma ética da decisão jurídica, que aqui me limito apenas a afirmar, assim, tão simplesmente, sem poder explicar em maiores detalhes. Nesse sentido, o juiz é alguém que precisa decidir e que não escolhe as questões que decide, e decisão se orienta simultaneamente ao estabelecimento de uma certeza jurídica para o caso e para o possível equilíbrio do antagonismo na sociedade. A pressuposição da tradição do código, contudo, é de um juiz que não decide, e com isso sustenta uma espécie prática de direito descolada poder. Ainda hoje muito de nós flerta com a ideia de que os juízes não devem ter o poder de decidir, que a decisão é uma operação vinculada pela cognição, como se fosse possível falar do direito sem a dimensão intrínseca do poder. Numa sociedade cada vez mais complexa e plural, parece, contudo, uma ingenuidade supor que o judiciário não possa tomar decisões no verdadeiro sentido da palavra. Decidir verdadeiramente é uma imposição política.

Assim, no lugar de entender o judiciário como agente concretizador de normas ou como agente racional que institui decisões corretas segundo critérios de racionalidade prática, prefiro ver o juiz por uma definição muito singela: o *terceiro entre duas partes antagônicas*. Sem pretensões audaciosas de racionalidade da decisão e dispensando, porque já sem sentido, a ideia forte de unidade do sistema, aposto então na atividade do juiz pautada pela ética da tolerância, sobre o que já escreveu nosso professor João Maurício Adeodato (2012). Numa sociedade multicultural, em que a hierarquização de valores e as noções de verdade se tornam questões bastante desafiadoras, mas na qual o juiz figura inevitavelmente como mediador do antagonismo, o que resta é o fino equilíbrio na distribuição do poder – essa é a tarefa de decidir bem.

Posto isso, como pensamos que se dá a relação entre interpretação e argumentação? Inspirado num belo ensaio de Paul Ricoeur (2008, p. 153-ss) sobre esse mesmo tema, e bebendo também de Marcelo Dascal (2005, p. 642-ss), vejo uma relação dialética entre a interpretação como forma de compreensão do mundo e a argumentação como necessidade de sustentação das convicções interpretativas, nos seguintes termos:

a. a interpretação nesses termos é compreensiva, isto é, consiste na maneira como o entendimento do mundo ocorre: na interpretação não há qualquer pretensão metódica de captura do sentido, ocorre simplesmente pelo encontro ou pela *fusão de horizontes* (Gadamer, 2014), em que nunca um signo é o mesmo signo, porque interpretado a partir das pré-compreensões atuais do interprete; mas que é sempre aquilo que resulta de certas tradições de compreensão[3] – dessa maneira, prevalece

3. Em síntese, sustenta a hermenêutica gadameriana (2014) que: i) a interpretação é essencialmente circular, em que os contextos de produção e de interpretação se interpenetram; ii) uma interpretação bem-sucedida passa por uma espécie de "fusão de horizontes"; iii) e a consciência histórica e a tradição linguística se encontram nesse processo de expansão dos significados.

uma *noção diacrônica da história* (nem anacrônica nem sincrônica), em que o contexto de produção e o contexto de decisão se influem mutuamente, naquilo que podemos resgatar de Dworkin (2014) como "romance em cadeia", isto é, uma interpretação que se soma a outras num contexto simbólico em permanente construção.

b. Mas essa ideia de interpretação é ainda ingênua e pouco operativa – como afirma Ricoeur, a narrativa precisa se afirmar entre outras tantas formas possíveis; ela é desafiada, por assim dizer – logo, a argumentação advém como necessidade de sustentação de uma decisão interpretativa que se quer ver obedecida e duradoura, de modo que entram em cena as técnicas argumentativas que levam em conta não só epifania do sentido que ocorre ao intérprete, mas, sobretudo, a necessidade de estabelecer essa interpretação diante de um interlocutor *atual e presente* – dispensa-se, contudo, o recurso à univocidade e à racionalidade, tal como clama a tese da otimização dos princípios, pois os argumentos entram como tópicos do discurso, *topoi*, sem pesos pré-estabelecidos.

Dispensaremos assim a ideia de decisão correta? Sim, essa é a proposta. No seu lugar, o que fica? À moda de Nietzsche, que empregava termos como forte e fraco, bom e mau – falava também Nietzsche em "má-consciência", "boa vontade", "direito forte" etc, numa espécie de gradação da potência, sem pretensão de unidade, mas unicamente para demonstração da consistência e da força –, sugiro talvez falarmos de *boa ou má decisão, decisão forte ou decisão fraca*, a partir da consistência dos seus argumentos para sustentar uma convicção interpretativa perante outros, num ambiente em que múltiplas convicções se desafiam mutuamente. Aliás, nada disso é estranho para nós:

ao tratar com o cliente, o advogado não costuma dizer que há um "bom direito" sobre o caso? O que seria um "bom direito"? Um direito forte, uma tese substanciosa, algo com grandes chances de obter sucesso. Mas não se diz ao cliente que há um direito correto, errado, irracional etc. – nada disso parece fazer sentido numa conversa coloquial, só há direito certo e errado na imaginação do jurista moderno, e dos incautos que acreditam ainda nessa cultura. A intuição não engana: o direito bom é aquele capaz de prevalecer, simplesmente isso. É um direito forte e consistente, e justo por isso capaz de superar teses pretensões contrárias.

Vejam, a força de uma decisão não decorre diretamente de sua razão jurídica. O Supremo redefiniu por completo a redação "homem e mulher" presente no § 3º do art. 226 da CF, para dar por reconhecidos os efeitos jurídicos da união homoafetiva. Mas o Supremo também atribuiu sentido à expressão: "ninguém será considerado culpado até o trânsito em julgado de sentença penal condenatória", do art. 5º, para permitir a execução da pena a partir da condenação confirmada em segunda instância. A primeira decisão até hoje opera efeitos, tornou-se um marco nas relações civis. Mas a segunda foi revista três anos depois. O que diferencia essas duas decisões? A qualidade de seus fundamentos? Bem...

Tudo o que eu disse até aqui parece ser exótico ao direito tributário. Temos essa impressão pelo fato de que o direito tributário é excessivamente normatizado, induzindo a ideia de que basta conhecer bem as normas para saber operar o direito, ou seja, uma ideia de que a literalidade e a subsunção resolvem quase tudo. Mas essa é uma falsa impressão. A vida prática mostra que o raciocínio jurídico no direito tributário é muito menos linear do que se imagina.

Vejam só:

O que é "tratamento tributário adequado" devido às cooperativas? Cabe a incidência de PIS e COFINS nas receitas de cooperativas médicas decorrente de serviços prestados a seus pacientes? Esse tema, que até hoje aguarda definição em repercussão geral no Supremo Tribunal Federal, não pode ser resolvido sem a indagação mais ampla e complexa sobre a finalidade de uma cooperativa de trabalho – A que serve, afinal, uma cooperativa? É justo tributá-la como empresas, em que medida? São essas as perguntas subjacentes.

A opção pelo regime de INSS substitutivo da folha deve ser feita pelo pagamento da contribuição sobre a receita no primeiro mês de competência, segundo a lei, mas o que ocorre se o pagamento for parcial? E se o contribuinte declara o INSS sobre a receita, compensando a escrituração na folha, ou seja, dando demonstração inequívoca de sua opção, mas por problemas de caixa atrasa apenas o primeiro pagamento? É razoável que o regime mais gravoso seja cobrado retroativamente? Notem que, apesar da clareza do texto da lei no sentido de se exigir o pagamento do primeiro mês de competência para materializar-se a opção jurídica pelo regime substitutivo de apuração da contribuição previdenciária, o CARF já relativizou a exigência e considerou como manifestação inequívoca de opção apenas a realização de declarações pelo contribuinte, apurando a contribuição pela receita bruta.

Quando a segregação de atividades de uma empresa possui substância econômica? E em que casos deve ser considerada fraudulenta? Nada na lei indica haver proibição para segregação da atividade de uma empresa que, eventualmente, possa provocar a redução de tributos... então, como decidir? Aliás, quase nenhuma autuação envolvendo planejamento tributário abusivo poderia se resolver unicamente por normas ou argumentos racionais – há sempre uma convicção interpretativa oculta, que avalia todo p contexto da tomada de decisão econômica pelo contribuinte e implica certa noção de justiça fiscal.

Como podemos ver, complexidade não falta no direito tributário para encontrarmos formas de raciocínio que escapam ao argumento subsuntivo ou a univocidade do argumento racional, reclamando uma dialética entre *convicção sobre os textos/fatos* e *argumentação com base no caso*.

É certo, porém, e encerro por aqui, que o direito tributário possui um *topo* argumentativo que se destaca em relação a outras esferas do direito. Em virtude do princípio da legalidade e da igualdade tributária, o direito tributário resiste fortemente a decisões casuísticas – toda tese jurídico-tributária precisa enfrentar o *desafio da generalização*, ou seja, precisamos demonstrar quase sempre que o silogismo decorrente da interpretação é bem-sucedido na prova da generalização, que consiste na seguinte formulação: o fato singular é um tipo generalizável da hipótese da norma geral que tem nesse fato uma forma adequada de aplicação. Em outras palavras, precisamos sempre explicar: Por quais razões devemos generalizar esse fato como uma hipótese da norma interpretada? Esse é um tópico da argumentação inescapável, a que toda convicção interpretativa precisará se conformar – daí o sucesso de uma teoria com forte conteúdo sistemático como a do Professor Paulo de Barros Carvalho, tão forte e viva.

REFERÊNCIAS

AARNIO, Aulis. *Essays on The Doctrinal Study of Law*. London: Springer, 2011.

ADEODATO, João Maurício. *Ética e Retórica*. São Paulo: Saraiva, 2012.

ALEXY, Robert. *Teoria dos Direitos Fundamentais*. São Paulo: Malheiros, 2008.

ATIENZA, Manuel. *Curso de Argumentación Jurídica*. Madrid: Trotta, 2013.

ÁVILA, Humberto. A Doutrina e o Direito Tributário. In: ÁVILA, Humberto (Org.). *Fundamentos do Direito Tributário*. São Paulo: Marcial Pons, 2012.

CARVALHO, Paulo de Barros. Curso de Direito Tributário. São Paulo: Saraiva, 2009.

DASCAL, Marcelo. *Interpretação e Compreensão*. São Leopoldo: Editora Unisinos, 2005.

DWORKIN, Ronald. *O Império do Direito*. São Paulo: Martins Fontes, 2014.

FERRAZ JR., Tercio Sampaio. *Introdução ao Estudo do Direito*. São Paulo: Atlas, 2008.

______. *Argumentação Jurídica*. Barueri: Manole, 2014.

GADAMER, Georg. *Verdade e Método*. Petrópolis: Vozes, 2014.

KELSEN, Hans. *Teoria Pura do Direito*. São Paulo: Martins Fontes, 2009.

RICOUER, Paul. *O Justo*. Tomo I. São Paulo: Martins Fontes, 2008.

REFORMA TRIBUTÁRIA E CRIPTOATIVOS: DAS APLICAÇÕES FINANCEIRAS LOCALIZADAS NO EXTERIOR À PEC 45

Daniel de Paiva Gomes[1]

Eduardo de Paiva Gomes[2]

INTRODUÇÃO

O presente artigo tem como objetivo apresentar os principais impactos das reformas tributárias objeto do

---

1. Doutorando em Direito Tributário pela Pontifícia Universidade Católica de São Paulo (PUC-SP). Mestre em Direito Tributário pela Escola de Direito da Fundação Getulio Vargas (FGV Direito-SP). MSc em Blockchain e Moedas Digitais pela Universidade de Nicosia. Especialista em Direito Tributário Nacional (PUC-COGEAE) e Internacional (Instituto Brasileiro de Direito Tributário – IBDT). Advanced Professional Certificate in International Taxation (APCIT) pelo International Bureau of Fiscal Documentation (IBFD). CIPM/CDPO pelo IAPP (International Association of Privacy Professionals). Sócio de Vieira, Drigo, Vasconcellos e Paiva Gomes Advogados.

2. Doutorando em Direito Tributário pela Pontifícia Universidade Católica de São Paulo (PUC-SP). Mestre em Direito Tributário pela Escola de Direito da Fundação Getulio Vargas (FGV Direito-SP). MSc em Blockchain e Moedas Digitais pela Universidade de Nicosia. Especialista em Direito Tributário Nacional (PUC-COGEAE). Advanced Professional Certificate in International Taxation (APCIT) pelo International Bureau of Fiscal Documentation (IBFD). Conselheiro titular da 4ª Câmara Julgadora do Conselho Municipal de Tributos do Município de São Paulo. Juiz Contribuinte suplente do Tribunal de Impostos e Taxas do Estado de São Paulo – SP. Sócio de Vieira, Drigo, Vasconcellos e Paiva Gomes Advogados.

Projeto de Lei 4.173/2023 e da Proposta de Emenda à Constituição (PEC) 45 sobre as operações com criptoativos.

A partir de uma análise funcional acerca da natureza jurídica camaleônica dos criptoativos, pretende-se destacar as questões centrais das referidas propostas de reforma, a fim de garantir que a tributação da criptoeconomia seja implementada da forma mais coerente possível, sobretudo diante do caráter distribuído e descentralizado inerente ao fenômeno.

Para tanto, o presente artigo apresentará uma síntese dos aspectos tecnológicos da criptoeconomia. Em seguida, o texto analisará a taxonomia considerada como sendo a mais eficiente para diagramação de políticas fiscais. Então, fixadas tais premissas, apresentaremos as considerações afetas: (i) ao Projeto de Lei 4.173/2023, que disciplina as aplicações financeiras localizadas no exterior e offshores; (ii) à Proposta de Emenda à Constituição (PEC) 45, que introduz o modelo IVA-dual no Sistema Tributário Nacional.

1. PREÂMBULO TECNOLÓGICO

Para fins do presente artigo,[3] trabalhamos com o referencial teórico afeto aos signos linguísticos criptoativos e tokens, assim entendidos como ativos digitais, escriturais, descentralizados e desnacionalizados.

O Bitcoin pode ser considerado como o primeiro criptoativo descentralizado e distribuído, já que solucionou o problema do gasto duplo e o dilema dos generais bizantinos.

---

3. As ideias, pesquisas e construções desenvolvidas no presente artigo fazem referência e expandem o entendimento dos autores desenvolvido em diversos capítulos da seguinte obra literária: GOMES, Daniel de Paiva; GOMES, Eduardo de Paiva; CONRADO, Paulo Cesar (coord.). *Criptoativos, tokenização, Blockchain e metaverso: aspectos filosóficos, tecnológicos, jurídicos e econômicos*. São Paulo: Thomson Reuters Brasil, 2022. Assim, o presente artigo parte dessas premissas, expandindo-as e aprofundando conclusões acerca dos impactos tributários e regulatórios das operações com criptoativos.

Para alcançar tal resultado, Satoshi Nakamoto – o pseudônimo responsável pela criação do Bitcoin – se valeu de um livro-razão público, descentralizado e distribuído, em relação ao qual todos os usuários possuem as mesmas permissões, a fim de que todos possam verificar a cadeia de blocos considerada verdadeira, ou seja, aquela com maior poder computacional acumulado.

Pragmaticamente, o *Bitcoin* é embasado em um livro--razão (*ledger*) digital que é compartilhado por todos os usuários participantes da rede e no bojo do qual as transações realizadas com bitcoins (criptoativos) são registradas e validadas pelos mineradores (verdadeiros validadores que desempenham a atividade de processamento de dados), garantindo-se a segurança da rede e evitando-se o fenômeno do gasto duplo (*double spending*).[4]

O livro-razão digital acima referido é a Blockchain, cujo conceito e metodologia de funcionamento podem ser assim resumidos:

> (...) *Blockchain* é um livro-razão *append-only* e descentralizado, cujas transações são organizadas (ou agrupadas) em blocos, os quais, por sua vez, são distribuídos entre os membros da rede, permitindo que qualquer um deles verifique essas transações, sendo certo, ainda, que o problema do gasto duplo e o dilema dos generais bizantinos são solucionados por meio da utilização de esquemas econômicos de participação incentivada, assegurados por criptografia. Sob uma perspectiva estrutural, a *Blockchain* registra uma sequência de blocos como uma lista encadeada invertida (*reversed linked list*), por meio da qual cada um dos blocos aponta para o *hash* do bloco anterior, sendo que o primeiro bloco é denominado bloco gênesis (*genesis block*) e cada bloco possui apenas um *parent block*. Os blocos, por sua vez, são formados por *block header* e *block body*. (...) Um sistema de Tecnologia de Registro Distribuído (DLT – *Distributed Ledger Technology*) corresponde a um "sistema de registros eletrônicos que (i)

4. Com isso, evita-se que os usuários gastem saldos de criptoativos que não existem e impede-se que uma mesma bitcoin seja gasta pelo mesmo usuário mais de uma vez. Isso somente é possível graças à Blockchain.

> permite que participantes independentes de uma determinada rede estabeleçam o consenso que vigorará (ii) sobre a ordenação autorizada criptograficamente das transações validadas ('assinadas'). Esses registros são feitos de forma (iii) persistente ao serem replicados os dados em vários nós e (iv) são invioláveis, ligando-se por *hashes* criptográficos. (v) O resultado compartilhado do processo de reconciliação/consenso – o 'livro' – serve como versão oficial para esses registros". Uma DLT é um livro-razão compartilhado por meio de uma série de nós-DLT e cuja sincronização entre referidos nós se dá por meio de um algoritmo de consenso, consoante previsto na norma ISO 22739:2020 (*Blockchain and distributed ledger technologies – Vocabulary*). A literatura utiliza o termo DLT para se referir a ideias diferentes, a saber: "(i) o conjunto de dados mantido por um nó de rede individual, e (ii) o conjunto de dados em comum pela maioria dos nós". Sob essa perspectiva, seriam elementos componentes (necessários e suficientes) de uma DLT: (i) o protocolo; (ii) a rede; (iii) e os dados. Os critérios, entretanto, para que "algo" seja considerado uma DLT são: (i) *shared recordkeeping*; (ii) *multiparty consensus;* (iii) *independent validation*; (iv) *tamper evidence*; e (v) *tamper resistance.*[5]

Por isso, Conrado[6] assevera que a Blockchain representa o "estado da arte em termos de armazenamento e transmissão de informações em rede, atuando de forma desintermediada, transparente, segura e distribuída".

Criptoativos ou tokens,[7] portanto, são bits de códigos ou algoritmos que representam logs informacionais (*data*)

---

5. GOMES, Daniel de Paiva; GOMES, Eduardo de Paiva. Premissas relativas ao criptoativos, algoritmos de consenso e tecnologias de registro distribuído (DLT): conceitos, taxonomia e funcionamento. In: GOMES, Daniel de Paiva; GOMES, Eduardo de Paiva; CONRADO, Paulo Cesar (coord.). *Criptoativos, Tokenização, Blockchain e Metaverso: aspectos filosóficos, tecnológicos, jurídicos e econômicos.* 1ª ed. São Paulo: Thomson Reuters Brasil, 2022, pp. 153 e 160-161.

6. CONRADO, Paulo Cesar. A linguagem das provas à luz das tecnologias de registro distribuído. *In*: GOMES, Daniel de Paiva; GOMES, Eduardo de Paiva; CONRADO, Paulo Cesar. *Criptoativos, Tokenização, Blockchain e Metaverso: aspectos filosóficos, tecnológicos, jurídicos e econômicos.* 1ª ed. São Paulo: Thomson Reuters Brasil, 2022, p. 928.

7. Podemos diferenciar criptoativos e tokens da seguinte forma: os primeiros, são os ativos digitais nativos de uma determinada Blockchain, a exemplo de bitcoin e ether; os tokens, por sua vez, não são nativos, não se destinam a manter o

criptografados, descentralizados e distribuídos por meio de uma DLT (*distributed ledger technology*). Referidos tokens são um instrumento que, utilizado pelo usuário (*token holder*), pode se referir a ativos *on-chain* (no "mundo Web3") ou *off-chain* (no "mundo físico").

As Blockchains dividem-se em: públicas, privadas, permissionadas, não permissionadas, consorciadas. Foge ao escopo do presente artigo o detalhamento de cada um destes tipos. Para além disso, convém assinalar que o conceito de Blockchain pode ser organizado em gerações,[8] sendo a 2ª geração responsável pelo surgimento da noção de *smart contract*. Para Antonopoulos e Wood,[9] sobre a temática dos contratos inteligentes:

> *The term smart contract has been used over the years to describe a wide variety of different things. In the 1990s, cryptographer Nick Szabo coined the term and defined it as 'a set of promises, specified in digital form, including protocols within which the parties perform on the other promises.' Since then, the concept of*

---

funcionamento de uma determinada Blockchain, de modo que, ao invés disso, são construídos "por cima" de uma Blockchain, a exemplo de tokens de criptogames desenvolvidos em Solidity e na Ethereum.

8. Com o advento do Bitcoin, foi inaugurada a geração Blockchain 1.0, que teve por foco a resolução do problema do gasto duplo e o dilema dos generais bizantinos sem a existência de intermediários, o que somente foi possível graças ao algoritmo de consenso proof-of-work em ambiente descentralizado e distribuído. A partir disso, tivemos a deflagração da segunda fase ou Blockchain 2.0 (com Blockchains de uso geral programável) com a criação do protocolo Ethereum (uma Blockchain aberta, pública e não permissionada) e a implementação dos famigerados "contratos inteligentes" (smart contracts) – numa releitura da noção trazia anteriormente por Nick Szabo, em 1996 – em uma plataforma Turing-complete, o que proporcionou a criação (com base em uma linguagem de programação orientada ao objeto denominada Solidity) de diversas aplicações descentralizadas, dentre as quais se destacam aquelas referentes às finanças descentralizadas (DeFi – decentralized finance). Por fim, a partir de novas abordagens propostas para solucionar o trilema (escalabilidade, segurança e descentralização) da Blockchain, bem como tendo em vista propostas de escalabilidade e interoperabilidade entre diferentes protocolos, tem-se o nascimento da terceira geração de blockchains (Blockchain 3.0).

9. ANTONOPOULOS, Andreas M.; WOOD, Gavin. Mastering Ethereum: Building Smart Contracts and DApps. Sebastopol (CA): O'Reilly Media, 2019, pp. 413-414 [cap. 7]).

> *smart contracts has evolved, especially after the introduction of decentralized blockchain platforms with the invention of Bitcoin in 2009. In the context of Ethereum, the term is actually a bit of a misnomer, given that Ethereum smart contracts are neither smart nor legal contracts, but the term has stuck. In this book, we use the term 'smart contracts' to refer to immutable computer programs that run deterministically in the context of an Ethereum Virtual Machine as part of the Ethereum network protocol—i.e., on the decentralized Ethereum world computer (...).*

Fato é, entretanto, que a Blockchain é apenas uma dentre outras espécies de Tecnologia de Registro Distribuído (*Distributed Ledger Technology – DLT*). Uma DLT é um livro-razão compartilhado através de uma série de nós-DLT e cuja sincronização entre referidos nós se dá por meio de um algoritmo de consenso.[10]

2. TAXONOMIA E NATUREZA JURÍDICA -DOS CRIPTOATIVOS

Uma estrutura taxonômica eficiente para lidar com o tema, a nosso ver, toma o termo criptoativo como gênero responsável por congregar características comuns às moedas, aos ativos financeiros, *commodities* e ativos intangíveis, sendo utilizado para se referir a ativos digitais (financeiros ou não) que se valem de criptografia e tecnologias de registro distribuído (*distributed ledger technology*) como elementos atribuidores de seu valor ínsito.

Partindo disso, mostra-se conveniente categorizar o fenômeno sob duas grandes rubricas: (i) BLCA - *Bitcoin Like Crypto Assets*; (ii) Tokens digitais (*digital tokens*) ou *Crypto Assets Other Than BLCA's*.[11]

---

10. Consoante previsto na norma ISO 22739:2020 (Blockchain and distributed ledger technologies – Vocabulary). Disponível em: https://www.iso.org/standard/73771.html.

11. INTERNATIONAL MONETARY FUND (IMF). *Treatment of Crypto Assets in Macroeconomic Statistics* (2019), p. 7. Disponível em: https://www.imf.org/external/

Esses criptoativos, então, seriam classificados em: (i) tokens de pagamento;[12] (ii) tokens de utilidade;[13] (iii) tokens de *equity* e *debt* (*security tokens*);[14] e (iv) tokens híbridos.[15]

À luz dessa natureza camaleônica, a Comissão de Valores Mobiliários (CVM), editou o Parecer de Orientação 40,[16] por meio do qual identificou a seguinte taxonomia: "(i)

---

pubs/ft/bop/2019/pdf/Clarification0422.pdf. Acesso em: 22 out. 2023.

12. Os payment tokens são ativos digitais não monetários criptografados, possuidores de unidade de medida própria, negociados via tecnologias de registro distribuídos, mas que possuem um emissor predeterminado, utilizados como meio de troca fazendo "as vezes de uma moeda".

13. Os utility tokens são ativos digitais não monetários criptografados, possuidores de unidade de medida própria, com a existência de um emissor predeterminado, utilizados para viabilizar o acesso (de forma pré-paga) a bens e serviços específicos (v.g.: voucher trocável por bem ou serviço) por meio de aplicações embasadas em tecnologias de registro distribuído.

14. Os security tokens são ativos financeiros digitais criptografados. São ativos negociados no âmbito de aplicações embasadas em tecnologias de registro distribuído e utilizados para fins de investimento, aproximando-se da noção de ativo financeiro e similares aos valores mobiliários. Os security tokens podem possuir caráter patrimonial (equity) ou de dívida (debt) e são dotados de um emissor predeterminado em face do qual é oponível o direito ao recebimento de juros ou dividendos.

15. Sob esta perspectiva taxonômica, a União Europeia orienta-se no seguinte sentido: "*basic taxonomy distinguishes between payment tokens (means of exchange or payment), investment tokens (have profit rights attached) and utility tokens (enable access to a specific product or service).*" Disponível em: <https://www.europarl.europa.eu/legislative-train/theme-a-europe-fit-for-the-digital-age/file-crypto-assets-1> Acesso em: 10 out. 2023.

16. A Comissão de Valores Mobiliários (CVM) editou o Parecer de Orientação nº 40, por meio do qual evidenciou, de forma acertada, que os "criptoativos costumam ser designados como tokens e podem desempenhar diversas funções", sendo que a "CVM adotará abordagem funcional para enquadramento dos tokens em taxonomia que servirá para indicar o seu tratamento jurídico", o que, a nossa ver, aproxima-se da noção de natureza camaleônica dos criptoativos. Sob a ótica do Parecer de Orientação nº 40 da CVM, por sua vez, criptoativos são "ativos representados digitalmente, protegidos por criptografia, que podem ser objeto de transações executadas e armazenadas por meio de tecnologias de registro distribuído (Distributed Ledger Technologies – DLTs). Usualmente, os criptoativos (ou a sua propriedade) são representados por tokens, que são títulos digitais intangíveis". A CVM consigna, ainda, que um "único criptoativo pode se enquadrar em uma ou mais categorias, a depender das funções que desempenha e dos direitos a ele associados", daí por que um "token referenciado a ativo pode ou não ser um valor mobiliário", já que "sua caracterização como tal dependerá da essência econômica dos direitos

Token de Pagamento (*cryptocurrency* ou *payment token*): busca replicar as funções de moeda, notadamente de unidade de conta, meio de troca e reserva de valor; (ii) Token de Utilidade (utility token): utilizado para adquirir ou acessar determinados produtos ou serviços; e (iii) Token referenciado a Ativo (asset-backed token): representa um ou mais ativos, tangíveis ou intangíveis. São exemplos os '*security tokens*', as *stablecoins*, os *non-fungible tokens* (NFTs) e os demais ativos objeto de operações de 'tokenização'".

Com base nisso, questiona-se: qual a natureza jurídica dos criptoativos e tokens? Quais os elementos ao redor dos quais gravitam os criptoativos e tokens e que determinam ou auxiliam na identificação de sua natureza jurídica?

A nosso ver, teríamos elementos de duas ordens: (i) a função desempenhada pelo criptoativo ou token; e (ii) aquilo que lhe confere valor intrínseco, a exemplo dos direitos transmitidos ao adquirente ou titular do criptoativo ou do token.

Por exemplo, a natureza jurídica de uma debênture tokenizada, independentemente de ter sido envelopada em um token, continua sendo a de uma debênture e, portanto, um valor mobiliário.

Da mesma forma, uma obra de arte em formato NFT continua sendo uma obra de arte e, portanto, um bem infungível. Um NFT que garanta acesso a um clube de benefícios de tratamentos estéticos, é um voucher que atua como um pré-pagamento por serviços a serem usufruídos no futuro.

Uma CBDC (*Central Bank Digital Currency*), por sua vez, é moeda.

Estes exemplos evidenciam que a "forma token" não se confunde com o seu "conteúdo" e, por isso, não determina a sua natureza jurídica. Ao invés disso, o aplicador do Direito, na atividade de subsunção do fato à norma, precisará,

---

conferidos a seus titulares, bem como poderá depender da função que assuma ao longo do desempenho do projeto a ele relacionado".

na operacionalização dessa incidência, atentar-se à função desempenhada pelo criptoativo e/ou token, à luz daquilo que lhe confere valor intrínseco, para identificar a natureza jurídica do respectivo ativo digital.

A nível nacional, a terminologia utilizada pelo legislador é "ativo virtual". Para os efeitos da Lei 14.478/2022, que dispõe sobre diretrizes a serem observadas na prestação de serviços de ativos virtuais e na regulamentação das prestadoras de serviços de ativos virtuais, tem-se que, nos termos do seu artigo 3º, considera-se "ativo virtual a representação digital de valor que pode ser negociada ou transferida por meios eletrônicos e utilizada para realização de pagamentos ou com propósito de investimento".

A Lei 14.478/2022, portanto, é o "Marco Legal dos Prestadores de Serviços de Ativos Virtuais (PSAV)", internacionalmente denominados de *Virtual Asset Service Providers*. A legislação sob comento, ao se referir aos ativos virtuais (em Blockchain ou não), tem como foco regular a atividade dos participantes da criptoeconomia, popularmente chamadas de *exchanges* ou corretoras de criptoativos, mas formalmente qualificadas como PSAV.

Quando analisamos os criptoativos, percebemos que, em sua miríade de espécies, estamos diante de ativos camaleônicos em formato intangível, que podem se referir ou não (em relação àquilo que lhe confere valor intrínseco) a ativos tangíveis ou intangíveis (*on-chain* ou *off-chain*), comportando-se como um misto entre "título ao portador" e certidão de propriedade em relação a um bem ou serviço predeterminados, daí por que são verdadeiros envelopes de direitos ou funções, seja para transportar ativos e direitos, seja para servir de instrumento de funcionamento a uma Blockchain.

Da mesma forma que uma garrafa pode envazar água ou vinho, com a tributação variando a depender do conteúdo (do líquido), os tokens "envelopam ou envazam" direitos, bens, serviços e ativos. Eis a premissa para a análise tributária, atual ou futura, em termos de uma política fiscal eficiente para a criptoeconomia.

3. ASPETOS TRIBUTÁRIOS: *STATUS QUO*

Em relação aos fenômenos "não nativamente Web3"[17], não há que se falar na necessidade de edição de normas tributárias específicas para o mundo Web3. As normas gerais e abstratas atualmente existentes já abraçam as fenomenologias da criptoeconomia.

Logo, não há um problema de lacuna do ordenamento, mas sim um desafio de melhorar a compreensão do intérprete quanto à subsunção dos fatos às normas, uma vez que os conceitos de renda, receita, faturamento, mercadoria, serviço etc. já abarcam, senão todos os fenômenos, a grande maioria deles.

A forma "token" ou "criptoativo" não afasta a incidência tributária.[18]

Os aspectos tributários dos criptoativos devem seguir o conteúdo material do respectivo ativo digital, na medida em que tokens são verdadeiros envelopes de direitos. Retomando o exemplo anterior, como são tributadas debêntures tokenizadas? Ora, como debêntures.

A natureza camaleônica demanda que o intérprete análise as funções desempenhadas pelo criptoativo e seu

17. A nosso ver, o conceito de "fenômenos nativamente Web3" refere-se àqueles eventos cujo surgimento decorre do advento das tecnologias que compõem tal ecossistema, como a mineração, *staking*, etc.

18. Tanto isso é verdade que o § 1º do artigo 43 do Código Tributário Nacional prevê que a "incidência do imposto independe da denominação da receita ou do rendimento, da localização, condição jurídica ou nacionalidade da fonte, da origem e da forma de percepção".

conteúdo econômico, a fim de que a qualificação contábil e respectivos efeitos jurídico-tributários possam ser corretamente identificados.[19]

A título exemplificativo, o preenchimento do critério material da regra-matriz de incidência tributária do ICMS e do ISS será identificado, no caso concreto, de acordo com o conteúdo que foi envelopado no NFT (*non-fungible token*).[20-21] Sobre o tema, já tivemos a oportunidade de apresentar as considerações abaixo colacionadas:

> (...) em síntese, o conflito de competência entre ICMS e ISS sobre a venda de NFTs deverá levar em consideração o conteúdo envelopado por essa certidão de autenticidade registrada em uma tecnologia de registro distribuído, tributando os NFTs com base nos direitos transmitidos por meio do referido token infungível, hipótese em que a tributação, obviamente, será guiada pelo real conteúdo destes direitos, evidenciando-se aqui, a natureza camaleônica dos NFT's. Assim, entendemos que as operações com NFTs não devem receber, de maneira genérica, o tratamento tributário conferido às transações envolvendo softwares. Ainda que os NFTs estejam imbuídos de smarts contracts, os quais, por seu turno, nada mais são que programas de computador autoexecutáveis na estrutura "se – então", fato é que o objeto do negócio jurídico não está relacionado a tal programa de computador. Partindo da premissa de que o NFT é uma certidão

19. GOMES, Daniel de Paiva; GOMES, Eduardo de Paiva. Aspectos práticos da qualificação contábil de criptoativos. *In*: GOMES, Daniel de Paiva; GOMES, Eduardo de Paiva; CONRADO, Paulo Cesar. *Criptoativos, Tokenização, Blockchain e Metaverso: aspectos filosóficos, tecnológicos, jurídicos e econômicos.* 1ª ed. São Paulo: Thomson Reuters Brasil, 2022.

20. A discussão remanescerá, casuisticamente, no que se refere ao critério temporal (momento de incidência do ICMS ou ISS). Por exemplo, incide ISS no momento da venda de um NFT-ingresso ou apenas quando houver o seu consumo?

21. As controvérsias relativas à incidência de tributos sobre o consumo em relação a NFTs também são verificadas sob a perspectiva do *Value Added Tax* (VAT) na União Europeia (que guarda semelhanças com o Imposto sobre Valor Agregado (IVA) objeto dos debates de reforma tributária no Brasil), conforme se verifica do Working Paper nº 1060 (taxud.c.1(2023)1930643 – EN) do *Value Added Tax Committtee* da *Directorate-general taxation and customs union (Indirect Taxation and Tax administration)* da *European Commission.* Disponível em: https://circabc.europa.eu/rest/download/7d1ef2eb-b820-4866-a155-785e2373fb80?ticket= Acesso em: 22 out. 2023.

> de autenticidade registrada em uma tecnologia de registro distribuído, é possível concluir que o objeto do negócio jurídico está diretamente vinculado aos direitos relativos ao ativo (tangível ou intangível) a que se refere o token não fungível.[22]

A perspectiva funcional, que toma por premissa a prevalência da substância do criptoativo ou do token, em detrimento de sua forma, é o caminho que, a nosso ver, mostra-se como o mais coerente e eficiente para lidar com a criptoeconomia.

4. APLICAÇÕES FINANCEIRAS LOCALIZADAS NO EXTERIOR E A CRIPTOECONOMIA: O PROJETO DE LEI 4.173/2023

A redação original do artigo 3º do projeto de lei 4.173/2023 prevê que os "rendimentos auferidos em aplicações financeiras no exterior pelas pessoas físicas residentes no País serão tributados na forma prevista no art. 2º". Por sua vez, o §1º do artigo 3º inclui criptoativos e carteiras digitais na definição de aplicações financeiras no exterior.

Entretanto, o Projeto de Lei nº 4.173/2023 não define o que são criptoativos, nem quais tipos de criptoativos estariam dentro e fora do escopo do conceito de aplicações financeiras no exterior.[23]

---

22. GOMES, Daniel de Paiva; GOMES, Eduardo de Paiva. Tributação indireta de NFT's: o conflito de competência entre ISS e ICMS. *In*: GOMES, Daniel de Paiva; GOMES, Eduardo de Paiva; CONRADO, Paulo Cesar. *Criptoativos, Tokenização, Blockchain e Metaverso: aspectos filosóficos, tecnológicos, jurídicos e econômicos.* 1ª ed. São Paulo: Thomson Reuters Brasil, 2022.

23. Conforme restará demonstrado ao longo do presente trabalho, de acordo com a redação atual do projeto mencionado, há a delegação de competência à Secretaria da Receita Federal do Brasil para editar norma infralegal com o objetivo de delimitar em quais situações os criptoativos estarão submetidos à sistemática de aplicações financeiras no exterior. Referida alteração foi incluída após a votação de Emendas ao Projeto de Lei 4.173/2023 e aprovação no âmbito da Câmara dos Deputados.

Como se vê, o Projeto de Lei nº 4.173/2023,[24] em sua versão original: (i) qualificou "criptoativos" e "carteiras digitais com rendimentos" exemplos de aplicações financeiras no exterior; e (ii) qualificou da "variação da criptomoeda frente à moeda nacional" e "rendimentos em depósitos em carteiras digitais" como rendimentos de aplicações financeiras no exterior.

Da forma como redigido, o projeto de lei traria mais dificuldades do que soluções, sobretudo quando se verifica que, por ser o Brasil um país com tributação em bases universais, uma regra específica equiparando criptoativos a aplicações financeiras localizadas no exterior não é a solução para a sonegação das operações realizadas por residentes no Brasil que, repita-se, já deveriam estar submetendo à tributação todas suas operações pelo mero fato de serem residentes em território nacional.

Assim, é falacioso o argumento de que o PL 4.173 busca outorgar competência à União Federal para tributar operações que, hoje, não são tributadas. Ao invés disso, caso venha a ser aprovado, o que referido projeto de lei acabará por realizar é criar um regime distinto para as operações com criptoativos localizados no Brasil (regra geral e atualmente em vigor no Brasil para todas as operações feitas por residentes no Brasil), em contraposição a uma nova regra especificamente criada para criptoativos localizados no exterior.[25]

---

24. As considerações aqui tecidas foram originalmente por nós desenvolvidas e apresentadas na nota técnica do PL 4.173/2023 da ABCripto – Associação Brasileira de Criptoeconomia.

25. Além de indevida, a qualificação genérica de criptoativos como aplicações financeiras está pautada na premissa de que os criptoativos não são adequadamente tributados, o que não se sustenta, na medida em que os dados colhidos pela Receita Federal do Brasil no contexto da Instrução Normativa 1.888/2019 evidenciam que as operações vêm sendo reportadas e submetidas à tributação, daí por que não procede qualquer tipo de argumentação que justifique a equiparação de criptoativos às aplicações financeiras com base em um falso argumento de ausência de tributação da criptoeconomia.

Causa preocupação a equiparação, indiscriminada, constante da redação original do projeto de lei, qualificando "criptoativos" – sem qualquer adjetivação ou predicado – como exemplos de aplicações financeiras localizadas no exterior, sem que haja qualquer indicação acerca de qual o conceito de criptoativo e o que se considera como "localizado no exterior".

A definição convencional de aplicações financeiras remete ao investimento em ativos que, predominantemente, pressupõem oponibilidade a terceiros,[26] como ações, títulos, fundos mútuos e imóveis. Estes ativos estão estruturados em categorias de renda fixa e renda variável, apresentando uma relação clara entre o investidor e o retorno esperado.[27]

Criptoativos, por sua natureza intrínseca, não se enquadram de forma adequada em nenhuma dessas categorias. Eles são formas intangíveis que, mais do que representações de valor, funcionam como "envelopes de direitos". A diversidade de criptoativos (ativos nativos de blockchains ou tokens) ostenta diferentes características e funções, variando conforme seu conteúdo e finalidade.

Os criptoativos, conforme exposto no relatório *Taxing Virtual Currencies* da OCDE, não podem ser amplamente considerados ativos financeiros, à exceção dos security tokens. Essa exclusão é crucial, pois muitos criptoativos não concedem participação societária nem geram direitos contratuais para seus titulares que sejam oponíveis a terceiros.

Além disso, a tokenização de ativos reais, como veículos em locação, commodities ou imóveis, reforça a

26. O conceito de aplicação financeira é atrelado a ativos financeiros e inclui ações, títulos, fundos mútuos, imóveis, dentre outros, ou seja, ativos que pressupõem oponibilidade a terceiros.

27. As aplicações financeiras podem ser classificadas em duas categorias principais: renda fixa e renda variável. Investimentos em renda fixa geralmente oferecem um retorno fixo e previsível, enquanto investimentos em renda variável oferecem um retorno que pode variar de acordo com o desempenho do ativo financeiro. Os criptoativos não podem ser qualificados com perfeição em nenhuma destas categorias.

complexidade em atribuir uma única classificação aos criptoativos. Um token que representa um direito obrigacional atrelado a um bem imóvel não deve ser tratado da mesma forma que um token utilizado em jogos digitais.

Os NFTs (tokens não fungíveis) exemplificam ainda mais essa complexidade. Seu valor se baseia na autenticidade e unicidade do ativo digital subjacente, podendo representar desde obras de arte até direitos autorais ou certidões escolares e prontuários médicos.

A adaptação contextual dos criptoativos - analogamente ao comportamento camaleônico - destaca a impossibilidade de categorização única. Cada criptoativo, a depender de seu contexto e função, pode assumir uma natureza jurídica variável. Rotulá-los genericamente como aplicações financeiras seria uma simplificação excessiva e tecnicamente equivocada.

Como se vê, os criptoativos não podem ser tratados, de forma ampla e indiscriminada, como aplicações financeiras tradicionais. Sua complexa natureza, a diversidade de funções e a falta de uma definição legal clara demandam uma abordagem jurídica mais sofisticada e adaptada à sua realidade.

O conceito de aplicação financeira se refere a um investimento em um ativo financeiro com o objetivo de obter um retorno financeiro. Há diversos criptoativos, dentre eles o próprio Bitcoin, sem falar nos tokens de utilidade e NFTs que conferem acesso a bens e serviços, que não são ativos financeiros, daí por que jamais poderiam ser qualificados como uma aplicação financeira.

Ao enquadrar genericamente os criptoativos como aplicações financeiras, reduz-se a segurança jurídica e ignoram--se as nuances específicas desses ativos. A consequência disso é a possibilidade de decisões judiciais inconsistentes e políticas regulatórias inadequadas, prejudicando tanto os investidores quanto o desenvolvimento do setor.

Vamos estressar esses pontos, exemplificativamente.

Criptoativos, ativos virtuais e tokens de pagamento são aplicações financeiras? Da forma como redigido o texto, instrumentos que são meios de troca que atuam para viabilizar pagamentos estariam indevidamente abrangidos pelo conceito de aplicações financeiras, distorcendo o comportamento da criptoeconomia.

E os ativos virtuais que proporcionam acesso a bens e serviços, comumente chamados de tokens de utilidade, são aplicações financeiras? É adequado qualificar, para fins tributários, tokens de utilidade como aplicações financeiras, quando, na verdade, proporcionam acesso a bens e serviços?

No caso do Bitcoin (BTC), por exemplo, já existem manifestações do FMI[28], da OCDE[29] e do Banco Central do Brasil[30] no sentido de que se trata de ativo não financeiro.

Logo, somente security tokens (valores mobiliários digitais) poderiam ser qualificados como ativos financeiros e, consequentemente, darem ensejo ao pagamento de rendimentos no contexto de aplicações financeiras.

E nem poderia ser diferente: como podemos afirmar que bitcoins são aplicações financeiras no exterior se não são um ativo financeiro e se não há oponibilidade a terceiros em relação ao Bitcoin?

---

28. INTERNATIONAL MONETARY FUND (IMF). Treatment of Crypto Assets in Macroeconomic Statistics (2019), pp. 3-5 e 8-9. Disponível em: <https://www.imf.org/external/pubs/ft/bop/2019/pdf/Clarification0422.pdf>. Acesso em 23 out. 2023..

29. OECD. Taxing Virtual Currencies: <An Overview of Tax Treatments and Emerging Tax Policy Issues. Paris: OECD, 2020, p. 15). Disponível em: https://www.oecd.org/tax/tax-policy/taxing-virtual-currencies-an-overview-of-tax-treatments-and-emerging-tax-policy-issues.pdf>. Acesso em 23 out. 2023.

30. Em linha com as premissas do FMI, o BCB manifestou entendimento de que criptoativos "especificamente aqueles para os quais não há emissor", são "ativos não financeiros". Disponível em: <https://www.bcb.gov.br/content/estatisticas/hist_estatisticassetorexterno/201908_Texto_de_estatisticas_do_setor_externo.pdf>. Acesso em 23 out. 2023.

Prossigamos com outros exemplos.

Uma passagem aérea em "formato" de NFT será qualificada como aplicação financeira no exterior, pelo mero fato de que a companhia aérea que emitiu o NFT é estrangeira? Tal equiparação geraria uma distorção da economia tradicional, transbordando a própria criptoeconomia.

Um NFT que represente uma obra de arte e confira acesso a clube de serviços – sem qualquer conteúdo financeiro – será qualificado como aplicação financeira?

Obras de arte são mercadorias, sujeitas aos ICMS e normalmente tributadas pelo imposto de renda. A forma "cripto ou NFT", tal como redigido o projeto de lei, faria prevalecer a forma em detrimento do conteúdo, o que não pode ser admitido.

Em relação aos tokens lastreados em ativos (também conhecidos como ABTs – *asset-backed tokens*), prevalece o seu conteúdo ou a forma? Um token que represente ouro, será enxergado pelo projeto de lei como ouro (conteúdo) ou como token (criptoativo, enquanto forma)?

Um NFT que dê acesso a um tênis de coleção exclusiva, será automaticamente uma aplicação financeira?

Esses questionamentos evidenciam que a aprovação do projeto de lei com a inclusão abstrata de "criptoativos" como um exemplo de aplicação financeira localizada no exterior terá o condão de reduzir a atratividade do Brasil como um polo de investimento do setor de tecnologias inseridas no contexto da criptoeconomia, já que haverá uma diminuição severa da segurança jurídica e total imprevisibilidade quanto àquilo que está dentro ou fora da definição de criptoativo enquanto aplicação financeira localizada no exterior.

Como se vê, ter-se-ia uma distorção completa da máxima da "prevalência da substância sobre a forma", dogma basilar no direito tributário e que estaria sendo completamente ignorado.

Em síntese, tal como ocorre com o ouro, que ora pode ser mercadoria submetida ao ICMS, ora um ativo financeiro submetido ao IOF, os criptoativos são ativos digitais de natureza camaleônica, variando sua qualificação de acordo com a utilização de tais ativos e seu conteúdo econômico.

A inserção, ampla e sem balizas, dos "criptoativos" no conceito de aplicações financeiras trará diversas incertezas, sobretudo devido ao fato de que, com exceção dos criptoativos nativos de blockchains específicas, os "tokens" são meras representações digitais de ativos (físicos ou intangíveis, *on-chain* ou *off-chain*).

Para além desse desencaixe material, também a nomenclatura originalmente utilizada pelo PL 4.173/2023, se apresentava como equivocada.

Isso porque, a redação original do PL 4.173/2023 fazia referência à locução "criptoativo", enquanto a Lei 14.478/2022, ao abordar o tema, faz referência à expressão "ativo virtual", em detrimento do signo "criptoativo".[31]

A despeito da inexistência de qualquer lei em sentido estrito definindo o que se entende por "criptoativo", em duas oportunidades este signo linguístico foi utilizado em âmbito infralegal, a saber: no contexto da Instrução Normativa 1.888/2019 da Receita Federal do Brasil e do Parecer de Orientação 40 da CVM e, mesmo nesses casos, há uma dissonância conceitual entre o significado outorgado pela CVM e pela RFB à locução "criptoativo". Assim, não é concebível que o projeto de lei sob análise, com tamanho

31. A diferenciação originalmente proposta por esse projeto de lei já sinalizava a dificuldade de enquadrarmos os criptoativos sob um único rótulo, o que reforça a inaplicabilidade de uma categorização simplista.

impacto, se utilize do termo "criptoativo", divergindo da definição contida na Lei 14.478/2022.

A utilização da expressão "criptoativos" é indevida, pois não dialoga com a definição de ativo virtual que foi corretamente utilizada pela Lei 14.478/2022. Hipoteticamente, se fosse para existir qualquer inclusão no projeto de lei, deveria ser utilizada a locução "ativo virtual" e, mesmo nesse caso, a técnica legislativa adequada deveria ser a mesma utilizada na Lei 14.478/2022, indicando expressamente quais tipos de ativos virtuais (tokens de pagamento, utilidade ou security) estão abarcados ou não pelo conceito de aplicações financeiras localizadas no exterior.

Em outras palavras, o Projeto de Lei 4.173/2023 acaba por resultar em potencial violação à Lei 14.478/2022, que é a lei, por excelência, competente para tratar da definição de ativo virtual, além de gerar ruído interpretativo com a utilização de nomenclaturas distintas para atingir a tributação do mesmo fenômeno.

A redação aprovada na Câmara dos Deputados do Projeto de Lei nº 4.173/2023 não traz conceitos ou definições aprofundadas, valendo-se de exemplos para estabelecer o que seria entendido por "aplicações financeiras" e "rendimentos".

O texto original trazia lacunas[32] conceituais que elevam a insegurança jurídica e a complexidade do sistema tributário, de modo que poderá resultar em desafios de conformidade e impactar a arrecadação, bem como aumentar o contencioso tributário.

Causa estranheza, ainda, a previsão, constante do artigo 3º, §1º, inciso II, quando qualifica como rendimentos a

---

32. Da mesma forma, não existem critérios sólidos para que se entenda quando um rendimento é considerado efetivamente percebido pelo titular, nem para que se diga quando está localizado no Brasil ou no exterior, e, por conseguinte, resta inviabilizada a identificação adequada do momento e local da tributação.

"variação da criptomoeda em relação à moeda nacional", bem como os rendimentos oriundos de carteiras digitais. Explicamos.

Os criptoativos não possuem, necessariamente, o seu valor atrelado a uma cotação em moeda nacional ou moeda estrangeira, de modo que o preço do criptoativo corresponde simplesmente à demanda do mercado em um dado momento, tal como ocorre com qualquer tipo de ativo. Uma bitcoin pode ser adquirida pelo preço praticado em determinada corretora, ao mesmo tempo em que pode ser negociada diretamente entre as partes por outro preço, seja inferior ou superior.

Portanto, diversamente do que se verifica em "variações cambiais de moeda estrangeira", sob a perspectiva técnica, os criptoativos não estão submetidos a uma "variação frente à moeda nacional", mas a flutuações de preço em razão da oferta e da demanda verificada no mercado.

Tanto é assim que não há uma cotação oficial de preços de criptoativos, seja nacional ou internacionalmente, o que significa dizer que os criptoativos são negociados com preços diferentes em prestadoras de serviços de ativos virtuais e entre partes localizadas em diversas jurisdições. Pragmaticamente, é impossível definir o que é "variação frente à moeda nacional" de um criptoativo, sendo que tal expressão poderia levar a um cenário inconstitucional de tributação de ganhos não realizados de operações de permuta de criptoativos.

Em relação aos "rendimentos em depósitos em carteiras digitais", existem diversos mecanismos da criptoeconomia que levantam dúvidas quanto à abrangência dessa regra.

O que seria uma carteira digital remunerada no contexto dos criptoativos: seriam aquelas que habilitam a utilização de mecânicas de staking, lending e DeFi em geral?

Na hipótese em que uma corretora brasileira, no contexto de um contrato de *staking as a service*, utiliza os criptoativos de seu cliente para realizar *staking* ou participar de um pool de *DeFi* (*decentralized finance*): como poderemos identificar se a remuneração é proveniente do exterior ou do Brasil? Utilizaríamos o critério da origem do pool (se for possível identificar o administrador) ou seria presumido o caráter nacional do rendimento devido à participação de uma corretora brasileira?

Afirmar que todas as "carteiras[33] digitais com rendimentos" são aplicações financeiras é um equívoco porque não leva em consideração a natureza e função específica dessas carteiras no ecossistema dos criptoativos.

As carteiras digitais são essenciais para o funcionamento e gestão dos criptoativos, mas não são, em sua essência, aplicações financeiras. São ferramentas ou infraestruturas que permitem o armazenamento de chaves privadas e a transação de criptoativos. Consequentemente, enquadrá-las como aplicações financeiras seria uma simplificação excessiva e imprecisa da sua verdadeira função e natureza.[34]

---

33. Como é cediço, existem as hot wallets (carteiras quentes), que são conectadas à internet e permitem acesso e transações em tempo real. Por sua vez, cold wallets (carteiras frias), via de regra, permanecem desconectadas da internet, usadas principalmente para armazenar grandes quantidades de criptoativos a longo prazo, sendo semelhantes a cofres de segurança. As carteiras quentes são utilizadas nos navegadores que conferem acesso à internet. Carteiras não custodiadas são peças de hardware físico por meio das quais o usuário possui controle total das chaves privadas.

34. Aplicações financeiras referem-se a investimentos realizados em ativos financeiros com o objetivo de obter um retorno. Os ativos subjacentes podem ser ações, títulos, imóveis, entre outros. As carteiras digitais, em contraste, são apenas ferramentas ou mecanismos para armazenar chaves privadas, com o intuito de viabilizar o gerenciamento e a realização de transações com criptoativos. Admitir o quanto previsto no projeto de lei seria semelhante a qualificar uma carteira física, onde guardamos cédulas bancárias, como uma aplicação financeira. Não bastasse isso, ao contrário das aplicações financeiras tradicionais, que geram algum tipo de retorno (juros, dividendos, valorização de capital, etc.), as carteiras digitais, por si só, não geram retorno. Elas simplesmente guardam e protegem as chaves privadas que viabilizam o controle dos criptoativos. Novamente, enquanto aplicações financeiras

Verifica-se, portanto, que a qualificação da "variação da criptomoeda frente à moeda nacional" e "rendimentos em depósitos em carteiras digitais" como rendimentos de aplicações financeiras no exterior não se coaduna com a realidade das operações realizadas com criptoativos, de modo que poderá trazer insegurança jurídica indesejável e estimular o contencioso em um ambiente que já sofre com imprevisibilidade jurídica.

Outra dificuldade refere-se a identificar o que seriam criptoativos e carteiras digitais "localizados no Brasil" em contraposição àqueles "localizados no exterior". Qual critério será utilizado para determinar se o criptoativo está no exterior ou não, tendo em vista que são meros registros contábeis digitais em um grande livro razão distribuído? Não há que se falar que estejam geograficamente localizados em um lugar predeterminado. Surgiriam, então, diversos questionamentos que demonstram os desafios dessa problemática.

Está localizado no exterior o criptoativo emitido por uma entidade estrangeira e adquirido via corretora descentralizada (*decentralized Exchange* – DEX)? Se sim, automaticamente todos os criptoativos negociados por corretoras brasileiras estariam sendo vendidos como aplicações financeiras localizadas no exterior.

E se o criptoativo for adquirido diretamente pelo usuário final em face do emissor? Continuará prevalecendo a

---

tradicionais geralmente possuem uma relação clara com terceiros (por exemplo, a relação entre um investidor e uma empresa na qual investiu), as carteiras digitais servem como um meio para os usuários gerenciarem seus próprios ativos. Insta ressaltar que o valor de um criptoativo dentro de uma carteira digital pode flutuar com base no mercado, mas a carteira em si não tem influência sobre essa valorização ou desvalorização. Ela é neutra e apenas reflete o valor atual do ativo. Não há dúvidas, portanto, de que cada tipo de carteira digital foi projetado para atender a diferentes necessidades e níveis de segurança. Simplificar todas as carteiras como "aplicações financeiras" ignoraria essas nuances e a complexidade inerente ao mundo dos criptoativos.

localização do emissor? A população brasileira média tem condições de identificar se adquiriu o criptoativo de um emissor estrangeiro e discernir quando a emissão foi centralizada ou descentralizada? Quer nos parecer que não, o que elevaria o nível de burocracia e as dificuldades para cidadãos brasileiros participarem da criptoeconomia.

E se, por outro lado, uma corretora brasileira listou em sua plataforma o criptoativo emitido pela empresa estrangeira: prevalece a localização da corretora, para afirmarmos que se trata de um criptoativo localizado no Brasil; ou, por outro lado, prevalece o emissor estrangeiro e o criptoativo seria entendido como localizado no exterior ainda que negociado em uma corretora brasileira?

E nos casos em que não há qualquer tipo de emissão, como no caso do Bitcoin? Em protocolos prova de trabalho (proof-of-work) não há estoque pré-emitido de tokens ou criptoativos, o que inviabiliza a identificação geográfica da criação do criptoativo, a não ser que o contribuinte e o Fisco se aprofundassem na identificação dos nós validadores das transações, o que, apesar de não ser totalmente inviável, é extremamente complexo.

Sendo impossível a identificação do emissor, o criptoativo será automaticamente qualificado como localizado no exterior ou a presunção seria de que está localizado no Brasil?

Em se tratando de uma carteira digital web (a exemplo da Metamask, uma das mais famosas e utilizadas), ela está localizada no exterior? O contribuinte e o Fisco devem avaliar o domicílio em que localizada a empresa de software que desenvolveu a carteira digital? Somente carteiras digitais cujo software foi elaborado por empresas brasileiras seriam consideradas como "localizadas em território nacional"? Como seriam avaliadas, pelo legislador e pelo Fisco, as carteiras não custodiadas, em que o usuário é o único titular das chaves que lhe possibilitam acesso ao controle e movimentação dos criptoativos? Como se vê, não são triviais as tecnicidades que dificultariam a fiscalização e o compliance fiscal.

Para aplicação da legislação de maneira coerente, a estratégia mais eficiente e que evita judicializações consistiria em utilizar: (i) a localização do prestador de serviço de ativo virtual como critério para definir se os criptoativos e carteiras digitais são considerados localizados no Brasil ou no exterior; ou (ii) a residência do titular, caso possua as chaves privadas para utilização das carteiras.

Para além dos problemas e desafios afetos à materialidade e à questão geográfica, a norma proposta, quando trata da tributação das aplicações financeiras, ainda traz consigo imprevisibilidade quanto ao momento da tributação, já que prevê que a tributação ocorrerá quando o rendimento for efetivamente percebido pelo usuário.

No contexto dos criptoativos e das carteiras digitais, é extremamente complexo determinar quando ocorre a efetiva percepção: (i) seria no saque (*cash-out*) em moeda fiduciária? (ii) no contexto dos produtos de DeFi, em que a propriedade é do usuário, mas algumas mecânicas "travam" a posição em criptoativo, quando será considerado efetivamente percebido o rendimento? Diante desses questionamentos, a única opção segura e previsível seria a inserção de uma definição mais clara pelo que se entende por "rendimento efetivamente percebido pelo usuário", voltada à conversão, única e exclusiva, em moeda fiduciária.

Por fim, a norma proposta acaba sendo contraditória entre seus próprios termos. Ao incluir criptoativos e carteiras digitais no contexto das aplicações financeiras, acaba contradizendo a si mesma em relação ao artigo 14, que prevê que a pessoa física residente no País poderá optar por atualizar o valor dos bens e direitos no exterior informados na sua DAA para o valor de mercado em 31 de dezembro de

2023 e tributar a diferença para o custo de aquisição, pelo IRPF, à alíquota definitiva de 8% (oito por cento).

A opção pelo regime previsto no artigo 14 é permitida para aplicações financeiras. Assim, forçoso reconhecer que os criptoativos estariam dentro desta regra, haja vista a equiparação, a título exemplificativo, dos criptoativos às aplicações financeiras. Ao mesmo tempo, todavia, o §10 prevê que estão excluídos desse regime "pedras e metais preciosos" e "obras de arte".

No caso de tokens que se referem a ouro (exemplo: PaxGold), prevalece a forma (criptoativo) e seria possível utilizar a regra do artigo 14, §1º, inciso I, ou prevaleceria o conteúdo (metal precioso ou obras de arte) e a opção pelo regime do artigo 14 seria inviável por conta do quanto previsto no §10?

No caso de um NFT cujo conteúdo refere-se a uma obra de arte, mas que, pelo fato de ser um criptoativo "em sua forma", seria qualificado como aplicação financeira, o contribuinte poderia ou não optar pela regra do artigo 14?

Felizmente, após o Parecer às Emendas de Plenário ao Projeto de Lei 4.173/2023, apresentado em 25/10/2023 (PLEN PRLE 2), de relatoria do Deputado Pedro Paulo, duas modificações importantes foram implementadas no texto do projeto.

A primeira, refere-se à salutar substituição da locução "criptoativos" pela expressão "ativos virtuais", com o intuito de garantir coerência internormativa, já que, caso aprovado, o PL 4.173/2023 terá aptidão para dialogar diretamente com a Lei 14.478/2022.

Utilizar a definição de ativo virtual diminui complexidades, em especial, para as corretoras nacionais, já que afasta o risco de estas empresas verem todas as suas operações de venda e intermediação qualificadas como venda ou intermediação de aplicações financeiras no exterior.

Entretanto, o projeto de lei, em sua versão pós-emendas, tal como aprovada na Câmara dos Deputados, não prevê que a expressão “ativos virtuais” deve ser interpretada tal qual descrita na Lei 14.478/2022, nem traz, no bojo do PL 4.173/2023, qual a definição, para fins fiscais, de “ativos virtuais”. Este ponto pode gerar uma dissonância entre normas, a depender do que se suceder com os trâmites no Senado Federal.

A nosso ver, a definição de ativo virtual que deve ser utilizada é aquela descrita na Lei 14.478/2022. E, para fins da referida lei, a definição de ativo virtual exclui do seu âmbito os tokens de utilidade, enquanto instrumentos que confiram acesso a bens ou serviços. Grande parte dos tokens listados em corretoras brasileiras são tokens de utilidade (ex: ETH, DOT, ADA, etc.).

Logo, se os tokens de utilidade são excluídos da definição de ativo virtual da Lei 14.478/2022 e se a definição de ativo virtual, tal como prevista pela referida lei, vier a ser utilizada para ser um exemplo de aplicação financeira localizada no exterior, consequentemente, estamos excluindo a possibilidade de que os tokens de utilidade (que não são, por expressa definição legal na Lei 14.478/2022, ativos virtuais) sejam qualificados como aplicações financeiras no exterior.

Obviamente, tal raciocínio somente se manterá se a exata definição de ativo virtual trazida pela Lei 14.478/2022 for transportada *ipsis literis* para o PL 4.173/2023. Alternativamente, alcançaríamos o mesmo resultado se o PL 4.173/2023 fizer referência à definição de “ativos virtuais” como posta na Lei 14.478/2022, ou seja, garantindo que a expressão “ativos virtuais” não seja restrita apenas à lei mencionada, mas também espraiando efeitos para fins fiscais.

A segunda modificação que deve ser recebida com aplausos diz respeito à inclusão, no bojo do artigo 3º do PL 4.173/2023, de um novo parágrafo §3º, cuja literalidade prevê que: "O enquadramento de ativos virtuais e de carteiras digitais como aplicações financeiras no exterior constará da regulamentação da Secretaria Especial da Receita Federal do Brasil do Ministério da Fazenda" (RFB).

A RFB vem realizando um trabalho detalhado em relação à qualificação das operações com criptoativos, seja criando códigos específicos na declaração de ajuste anual (dentro do grupo 08) das pessoas físicas, seja mediante a edição de soluções de consulta sobre diversos assuntos, mas, principalmente, com a criação da Instrução Normativa 1.888/2019.

Nesse sentido, entendemos que, caso o PL 4.173/2023 venha a ser aprovado, pelo Senado Federal, com a previsão de outorga de competência à RFB para disciplinar o enquadramento de ativos virtuais e de carteiras digitais como aplicações financeiras no exterior, todas as dificuldades anteriormente apontadas e que se referem: (i) à identificação do que se considera localizado em território nacional ou estrangeiro; (ii) do momento em que se tem por percebido (princípio da realização) um rendimento oriundo de aplicações com criptoativos; (iii) a problemática da variação da criptomoeda frente à moeda nacional e os rendimentos porventura auferidos com carteiras digitais web3; (iv) a perspectiva do conteúdo sobre a forma, bem como todas as dúvidas e desafios demonstrados anteriormente, poderão ser solucionados a nível infralegal.

A despeito do prognóstico positivo com a outorga de competência à Receita Federal do Brasil para trazer respostas a tais questionamentos, não se pode descartar a possibilidade de que o contribuinte, ao analisar tal norma, opte pelo litígio perante o Poder Judiciário, sob o fundamento de que há violação ao princípio da legalidade. Explicamos.

Prevalece, em âmbito tributário, o princípio da legalidade, previsto no artigo 150, I da Constituição Federal de 1988 e no artigo 97, incisos I, III e IV, todos do Código Tributário Nacional, recepcionado pela Carta Magna com status material de lei complementar.

A definição dos elementos de regra-matriz de incidência tributária, em especial a definição do fato gerador (critério material), de sua base de cálculo e do local (critério espacial) em que se considera ocorrida tal materialidade, demanda previsão estrita em Lei Ordinária.

O PL 4.173/2023, mesmo na versão pós-emendas aprovada na Câmara dos Deputados, não traz os elementos mínimos necessários, a nível de lei, para determinar o fato gerador, a base de cálculo e o critério espacial envolvendo operações com criptoativos, já que: (i) não indica quais ativos virtuais estão sob a égide de sua aplicação; (ii) não define o que é variação da criptomoeda frente à moeda nacional, nem o que são rendimentos de carteiras digitais; (iii) não traz qualquer definição que permita identificar o que é uma ativo virtual localizado no exterior.

Assim, ainda que a RFB possa vir a resolver tal celeuma mediante a edição de norma infralegal, a ausência de previsão mínima de materialidade, base de cálculo e critério espacial, a nível de lei, apresenta-se como uma vulnerabilidade, denotando potencial ilegalidade e inconstitucionalidade, por violação, respectivamente, ao artigo 97, incisos I, III e IV, todos do Código Tributário Nacional e ao artigo 150, I da Constituição Federal de 1988.

Por ora, resta aguardarmos cenas dos próximos capítulos legislativos.

5. O MODELO IVA-DUAL E A PROPOSTA DE EMENDA À CONSTITUIÇÃO (PEC) 45: DESAFIOS AFETOS À CRIPTOECONOMIA

A PEC 45, aprovada na Câmara dos Deputados, propõe uma reforma da tributação sobre o consumo mediante a extinção de 5 (cinco) tributos incidentes sobre o consumo (ICMS, ISS, IPI, PIS e COFINS) e criação de outros 4 (quatro) tributos (IBS, CBS, IS e Contribuição dos Estados[35]).

A despeito dos benefícios da reforma tributária à sociedade brasileira, existem impactos relevantes que não foram considerados nos debates que resultaram na aprovação da PEC na Câmara dos Deputados.[36]

Dentre os diversos tópicos que devem ser avaliados, o primeiro deles refere-se ao imposto seletivo (IS). O artigo 153, VIII, a ser incluído no texto constitucional com a aprovação da PEC 45, outorga competência à União Federal para instituir imposto sobre a produção, comercialização ou importação de bens e serviços prejudiciais à saúde ou ao meio ambiente, nos termos da lei.

Tem-se, aqui, um imposto sobre o pecado (*sin tax*). Embora o dispositivo constitucional confira à lei (no caso, Lei Complementar) a competência para delimitar as regras gerais desse imposto, a amplitude dos termos utilizados pelo referido artigo pode resultar na incidência em diversas operações não previstas, a depender do que venha a se entender por "prejuízo à saúde" ou ao "meio ambiente".

---

35. Importante assinalar que, de acordo com o parecer apresentado no Senado Federal, já há previsão para supressão da contribuição dos Estados.

36. Também nesse ponto, tivemos a oportunidade de elaborar nota técnica, apresentada pela ABCripto – Associação Brasileira de Criptoeconomia, de modo a subsidiar o debate público.

No contexto dos criptoativos, a amplitude do termo pode resultar na incidência do imposto em cenários altamente controvertidos.[37]

Parece-nos que os debates que motivaram o Imposto Seletivo, tal como descrito na PEC 45, estão relacionados aos potenciais danos que determinados produtos, em razão de suas próprias características, podem causar à saúde humana.

A título de exemplo, a instituição do Imposto Seletivo sobre bebidas açucaradas, cigarros ou agrotóxicos. Caso contrário, todo e qualquer produto pode ser visto como danoso à saúde humana, como a farinha branca e a carne vermelha.

Sob a perspectiva da incidência do Imposto Seletivo em relação a bens e serviços prejudiciais ao meio ambiente, a amplitude do termo também resulta no risco de o IS incidir sobre o valor do próprio criptoativo transacionado ou, ainda, sobre os *hardwares* utilizados para mineração de criptoativos (validação de transações) relacionados ao algoritmo de consenso *Proof Of Work* (PoW), como ocorre com o Bitcoin.[38]

---

37. A título exemplificativo, os participantes da criptoeconomia estariam submetidos à incidência do IS, sob o argumento de que haveria, por exemplo, prejuízo à saúde mental dos investidores em razão da alta volatilidade.

38. A "mineração" de criptoativos, que nada mais é do que o processamento de dados tendente a validar transações de forma descentralizada, envolve o uso de hardwares específicos, como placas de vídeo e rigs de mineração, para resolver algoritmos complexos e validar as operações na rede. Para justificar a incidência do IS nessas hipóteses, o legislador infraconstitucional poderia argumentar que o algoritmo de consenso PoW demanda alta capacidade computacional e, consequentemente, a utilização de grande quantidade de energia, causando impactos ao meio ambiente. A incidência do IS sob tal fundamento, apesar de ser altamente questionável, é um risco possível, haja vista a inexistência de estudos conclusivos delimitando os efetivos impactos de algoritmos de consenso PoW no meio ambiente. Em contrapartida, não se pode ignorar o fato de que é possível a utilização de fontes renováveis de energia para o uso de equipamentos de hardware responsáveis pela mineração. Deve-se ainda considerar que criptoativos são bens digitais incapazes de prejudicarem o meio ambiente. Sem prejuízo quanto a tais questões, diversos criptoativos já estão adotando algoritmos de consenso tidos como mais amigáveis ao meio ambiente, como o Proof of Stake (PoS). Assim, ainda que se entenda pela instituição do IS apenas em função do tipo de algoritmo de consenso adotado (independentemente da fonte de energia utilizada), o que já seria um retrocesso, seria pertinente ao menos considerar o tipo de algoritmo empregado ao avaliar eventual

A amplitude da materialidade do IS é tamanha que, em tese, seria possível incluir no seu campo de incidência: (i) o hardware utilizado no processamento de dados para validação de transações, elevando o custo do desenvolvimento destas atividades no Brasil; (ii) classes específicas de criptoativos, a exemplo do Bitcoin, que funciona no modelo PoW, para considerá-los como "prejudiciais ao meio ambiente" e submetê-los à tributação pelo IS.

Na prática, isso estimularia o investidor a adquirir criptoativos de prestadores de serviços de ativos virtuais (PSAV) estrangeiros, colocando os atores brasileiros em enorme desvantagem, quando comparados com as empresas sem base fixa no Brasil.

Além disso, merece críticas o quanto previsto no §3º do artigo 155, que autoriza a incidência do IS sobre a energia elétrica. Trata-se de previsão incoerente com a própria finalidade do IS, enquanto imposto sobre o pecado.

Isso porque, a energia elétrica é um insumo essencial e importantíssimo para a criptoeconomia. Ora, se o IS está sendo pensado para incidir sobre bens e serviços prejudiciais à saúde ou ao meio ambiente, por qual razão existe previsão de que a energia elétrica, que é um insumo essencial, será onerada pelo referido tributo?

Felizmente, o parecer apresentado no Senado Federal recomenda a exclusão da previsão de incidência do IS sobre a energia elétrica.[39]

---

incidência do IS, considerando-se, de fato e cientificamente, o algoritmo é comprovadamente prejudicial à saúde e ao meio ambiente. A possibilidade de incidência do IS sobre referidos hardwares, além dos tributos aduaneiros, traria tributação excessiva para o setor, resultando no preço elevado destes produtos no Brasil se comparado com o mercado externo, o que desestimularia a "mineração" (validação de transações) de Bitcoins e outros criptoativos PoW por empresas brasileiras, colocando o Brasil em uma posição desfavorável de competitividade em relação aos players externos.

39. A energia elétrica é indiscutivelmente um bem essencial não só para o funcionamento da criptoeconomia, mas de toda sociedade moderna. É um insumo

O segundo tópico a ser ressaltado, refere-se à amplitude da materialidade verdadeiramente indefinida do Imposto sobre Bens e Serviços (IBS) e da Contribuição sobre Bens e Serviços (CBS), que, juntos, se apresentam como um modelo de IVA-dual.

O artigo 156-A, caput e §1º, inciso I da PEC prevê que a "Lei complementar instituirá imposto sobre bens e serviços de competência dos Estados, do Distrito Federal e dos Municípios", sendo que referido imposto "incidirá sobre operações com bens materiais ou imateriais, inclusive direitos, ou com serviços".

O artigo 195, inciso V e §15 da PEC 45, por sua vez, prevê a outorga de competência à União Federal para instituir contribuições "sobre bens e serviços, nos termos de lei complementar", aplicando-se à indigitada contribuição "o disposto no art. 156-A, § 1º, I a VI, VIII, X a XII, § 3º, § 5º, II, III, V, VI e I/X, e §§ 6º a 10".

O Artigo 156-A da PEC, que institui o Imposto sobre Bens e Serviços (IBS) de competência dos Estados, Distrito Federal e Municípios, e o artigo 195 que institui a

---

fundamental em diversos setores, incluindo a indústria, o comércio, os serviços em geral e a tecnologia. Sua relevância para a economia e o desenvolvimento torna fortemente questionável a sua inclusão no rol dos bens passíveis de incidência de IS. Vale ressaltar que a jurisprudência do Supremo Tribunal Federal (STF) tem reconhecido a essencialidade da energia elétrica, declarando inconstitucional dispositivos de leis estaduais que estabelecem alíquotas majoradas do ICMS sobre a energia elétrica. Nesse sentido, no julgamento das Ações Diretas de Inconstitucionalidade (ADIs) 7117 e 7123, o STF julgou inconstitucionais dispositivos de leis de Santa Catarina e do Distrito Federal que fixam alíquota do ICMS sobre energia elétrica e serviços de comunicação em percentual superior à alíquota geral. Repita-se: uma das justificativas para a instituição do IS é a preocupação com bens e serviços prejudiciais à saúde ou ao meio ambiente. No entanto, a energia elétrica não se enquadra nessa categoria, uma vez que é um bem essencial e, a priori, não prejudicial à saúde ou ao meio ambiente. Ao onerar um insumo tão relevante para a criptoeconomia e a economia tokenizada, eleva-se o custo das operações com criptoativos e tokenização por empresas brasileiras, colocando-as em cenários ainda mais desfavoráveis em relação aos potenciais competidores estrangeiros, o que vai na contramão dos esforços dedicados pelo Brasil em colocar a nação como um polo avançado da criptoeconomia, sobretudo tendo em vista a iniciativa do Real Digital (DREX).

Contribuição sobre Bens e Serviços (CBS), com o mesmo fato gerador do IBS, apresentam uma problemática significativa em relação à amplitude de sua materialidade, deixando aberta a definição dos conceitos de bens, serviços e direitos e delegando à lei complementar a competência para detalhamento dessa materialidade.

Sem ao menos o texto base da futura lei complementar que estabelecerá as normas gerais do IBS e da CBS, tem-se um cenário elevado de insegurança jurídica, já que sequer se mostra possível antever com absoluta clareza os impactos dos novos tributos sobre as atividades dos prestadores de serviços de ativos virtuais e os respectivos criptoativos e tokens negociados.

A principal crítica reside na ausência de uma definição clara e precisa do que são considerados bens e serviços para fins de incidência do IBS e CBS. A redação do artigo não oferece parâmetros objetivos, deixando margem para diferentes interpretações por parte dos legisladores infraconstitucionais, dos contribuintes e do Fisco. Essa indefinição pode gerar insegurança jurídica e dificultar a aplicação uniforme do imposto em todo o território nacional.

O texto é amplo o suficiente para abranger toda e qualquer "coisa" ou operação afeta a bens, materiais ou imateriais, direitos ou serviços, independentemente dos sujeitos envolvidos.

Essa abordagem anteciparia discussões complexas acerca da incidência do IBS e CBS sobre criptoativos e tokens, sem oferecer uma base clara para distinguir entre os diferentes tipos de tokens e suas respectivas características econômicas.

A incidência de IVA sobre criptoativos já é discutida no âmbito internacional, o que nos permite antecipar a problemática no contexto da PEC 45. O tema foi submetido à análise da Corte Europeia de Justiça (*European Court of*

Justice – ECJ), oportunidade em que foi analisada uma disputa envolvendo David Hedqvist, que vendia *bitcoins* em seu *site*, e a Autoridade Fiscal Sueca "Skatteverket".[40]

Nesse precedente, a Corte Europeia de Justiça decidiu que transações com *bitcoins* são isentas de tributação pelo Imposto sobre o Valor Agregado – IVA (*Value Added Tax – VAT*), na medida em que estariam submetidas ao artigo 135, nº 1, letra "e" da Diretiva IVA, cuja literalidade prescreve, *in verbis*:

> 1. Os Estados-Membros isentam as seguintes operações: (...) e) As operações, incluindo a negociação, relativas a divisas, papel-moeda e moeda com valor liberatório, com exceção das moedas e notas de coleção, nomeadamente as moedas de ouro, prata ou outro metal, e bem assim as notas que não sejam normalmente utilizadas pelo seu valor liberatório ou que apresentem um interesse numismático (...).

O excerto acima corresponde à literalidade da regra isentiva do IVA sobre as operações relativas a divisas (operações de câmbio). Com base nesse dispositivo, a Corte Europeia concluiu que as operações com *bitcoins* são equiparáveis ao câmbio, não se confundindo, todavia, com ações e valores mobiliários. Sobre esse ponto, a ECJ consignou, *in verbis*:

> (...) Resulta, pois, do contexto e da finalidade do referido artigo 135, n. 1, alínea e), que uma interpretação dessa disposição no sentido de que incide somente sobre as operações relativas às divisas tradicionais equivaleria a privar essa disposição de uma parte dos seus efeitos. No processo principal, é pacífico que a divisa virtual "*bitcoin*" não tem outras finalidades senão servir de meio de pagamento e que é aceita, para esse efeito, por determinados operadores. Consequentemente, conclui-se que o artigo 135, n. 1,

40. EUROPEAN COURT OF JUSTICE – ECJ. Caso C-264/14: David Hedqvist versus Skatteverket. Disponível em: http://curia.europa.eu/juris/document/document.jsf?text=&docid=170305&pageIndex=0&doclang=en&mode=req&dir=&occ=first&part=1&cid=604646. Acesso em: 25 out. 2023.

> alínea e), da Diretiva IVA incide também sobre as prestações de serviços como as em causa no processo principal, que consistem no câmbio de divisas tradicionais por unidades da divisa virtual "*bitcoin*", e vice-versa, efetuadas mediante o pagamento de uma quantia correspondente à margem constituída pela diferença entre, por um lado, o preço pelo qual o operador em causa compra as divisas e, por outro, o preço a que as vende aos seus clientes. (...) Em último lugar, quanto às isenções previstas no artigo 135, n. 1, alínea f), da Diretiva IVA, basta recordar que esta disposição incide, nomeadamente, sobre as operações relativas às "ações, participações em sociedades ou em associações [e] obrigações", isto é, títulos que conferem um direito de propriedade sobre pessoas coletivas, e aos «demais títulos», que se deve considerar que têm natureza comparável à dos títulos especificamente mencionados na referida disposição (acórdão Granton Advertising, C-461/12, EU:C:2014:1745, n.o 27). Ora, é pacífico que a divisa virtual "*bitcoin*" não constitui um título que confere um direito de propriedade sobre pessoas coletivas nem um título de natureza comparável. Por conseguinte, as operações em causa no processo principal não entram no âmbito de aplicação das isenções previstas no artigo 135, n. 1, alínea f), da Diretiva IVA.[41]

Em síntese, sob o fundamento de que as criptomoedas não possuem finalidade outra senão a de ser um meio de pagamento, a ECJ equiparou as criptomoedas às moedas fiduciárias.

A própria experiência brasileira parece confirmar essa interpretação em relação ao Bitcoin. Em São Paulo, a Resposta à Consulta Tributária 22841/2020, da Secretaria da Fazenda do Estado de São Paulo, previu, corretamente, que as criptomoedas, ou seja, tokens de pagamento, "não são destinadas a consumo, sendo as operações relativas a elas meras transações financeiras e não de circulação de mercadoria, não estando sujeitas, portanto, à tributação pelo ICMS".

---

41. TRIBUNAL DE JUSTIÇA DA UNIÃO EUROPEIA. *Caso C-264/14: David Hedqvist versus Skatteverket.* Disponível em: http://curia.europa.eu/juris/document/document.jsf?text=&docid=170305&pageIndex=0&doclang=en&mode=req&dir=&occ=first&part=1&cid=604646. Acesso em: 25 out. 2023.

Entretanto, cabe aqui uma ressalva: o caso *Skatteverket versus David Hedqvist* (C-264/14) não deve ser lido como uma isenção ampla e absoluta para toda e qualquer operação envolvendo criptoativos. Ao invés disso, sua conclusão deve ser restrita aos tokens de pagamento, restando aberta a possibilidade de discussão relativa à incidência de IVA (VAT) sobre tokens de utilidade e sobre NFTs (*non-fungible tokens*).

Tanto isso é verdade, que o Comitê de IVA da União Europeia editou o Working Paper 983,[42] versando sobre tokens de utilidade. Sobre o tema, vejamos:

> *The distinction between a voucher (where the holder is given access to multiple goods or services) and a payment service (where the purpose is to facilitate spending of a prepaid credit for the purchase of goods or services in general, notably from third party providers) rests on whether or not the instrument in question entails a right to receive those goods or services (...) In that particular field, the criterion used to distinguish vouchers, being a specific-purpose instrument, from instruments qualifying as payment services is that vouchers can typically be used only in a limited network and correspond exactly to the pre-defined goods and services embedded in it. (...) The redemption of a voucher against goods or services is not a payment but rather the exercise of a right subsequent to the payment, which was made when the voucher was first acquired or changed hands. On the other hand, where a credit stored or prepaid is used to meet the cost of goods or services, any entitlement to the goods or services in question will only be acquired when payment is made. Conceptually, this is fundamentally different from the exercise of an acquired right by the holder of a voucher. (...)*
>
> *4.2.2. Vouchers and tokens. Tokens are digital assets that can be used as virtual currency, as financial instruments similar to securities ("financial tokens") or as instruments representing goods and services ("utility tokens"). Given their hybrid nature, doubts could arise as to which tax rules are applicable. Various different instruments may be considered to be tokens but at EU and international level, the difference between currency tokens, investment tokens and utility tokens is not clear. The first category refers to tokens used as a virtual currency; the second refers to tokens used*

42. Disponível em: https://circabc.europa.eu/sd/a/8ded663d-0886-4d3a-b036-2d8c77e5d66a/WP%20983%20

> *as financial instruments; the third refers to tokens exchanged with assets. In particular, utility tokens can be used for the acquisition of goods or services either within a digital platform only or within a limited network of digital platforms. They are transferred on a peer-to-peer basis, and due to the fact that they can be exchanged with goods and services it seems that they could be comparable to vouchers. As long as there is no EU regulation to define the notion of utility tokens, it is not possible to know with certainty their essential characteristics (in fact, it is recognised that tokens can be hybrid instruments). However, experts in general consider them to be crypto assets that can be traded on a specific market and represent an alternative model to traditional venture capital funding. The Policy Department of the European Parliament carried out a study on Cryptocurrencies and blockchain, which provides a definition of utility tokens as digital instruments that "grant their holders (future) access to specific products or services. They can be used to acquire certain products or services, yet they do not constitute a general-purpose medium of exchange, simply because they can generally only be used on the token platform itself." From the study, it seems that utility tokens have a hybrid nature as they can be compared to digital coins, and they also have an investment component, as they are traded, and hence sold at a profit, in the community of token holders. They are mostly used in a form to ease payment across borders, or to provide access to a product on the block chain. In substance, they confer rights to use or consume certain products developed by the issuing company and deposited on the block chain but they can also be traded being an autonomous source of profit without relation to any entitlement to goods or services embedded in the token.*

Todavia, a qualificação dos tokens de utilidade, por equiparação, como um voucher, mesmo no âmbito da União Europeia, não é pacífica, consoante se verifica do excerto abaixo colacionado:

> *Based on the analysis carried out, the Commission services believe that the arguments that could lead to utility tokens qualifying as a voucher are that: – they can be exchanged with goods or services; – they can be used only in a limited network. On the other hand, the arguments that could lead utility tokens to being excluded from being treated as a voucher are that: – redemption of the right embedded in the instrument is not its only purpose; – a utility token not redeemed seems to be able to be transformed into a currency token or an investment token and then be traded in a secondary market;*

– there may be a lack of sufficient detail of the goods supplied or the services provided, or of the identity of the potential suppliers taking part in the chain, as otherwise needed; – in certain situations they operate as cryptocurrencies and therefore could be considered to be payment services.

Para exemplificar a complexidade dessa discussão, a incidência do IVA dependeria do enquadramento do token de utilidade como um potencial voucher de uso singular (*"single use voucher"*) ou múltiplo (*"multi-puprpose voucher"*).[43]

Embora exista plausibilidade em enxergarmos os tokens de utilidade como vouchers, fato é que esses tipos de tokens não podem, em todos os casos, ser qualificados como meros vouchers, pois desempenham um papel crucial nos ecossistemas de blockchain e, mais das vezes, detêm direitos, utilidades e valores que vão além de meros vouchers.[44-45]

---

43. Em relação ao "single use", a loja em que o voucher pode ser resgatado já é definida desde a origem, sendo que os bens ou serviços e país de uso/consumo são conhecidos no momento de compra do voucher. Com efeito, o IVA já poderia ser recolhido no momento de emissão do token ao consumidor. Já no tocante ao "voucher multi-purpose", os bens ou serviços, a loja, o fornecedor ou a jurisdição onde o voucher pode ser resgatado são elementos que não são definidos no momento da sua compra. Ou seja, não há clareza sobre quem será o fornecedor ou qual a alíquota do IVA no momento da compra do voucher (do token). Desta forma, o IVA deveria ser recolhido apenas no momento em que o voucher é trocado por bens ou serviços pelo consumidor.

44. Os tokens de utilidade também podem ser qualificados como meros créditos financeiros, em que não há incidência de IVA.

45. Tomemos como exemplo o caso atual do ICMS, em que poderíamos fazer um paralelo com os vales-presentes (gift cards). O entendimento da SEFAZ/SP é de que a compra de vale-presente não está sujeita ao ICMS, uma vez que não há circulação de mercadoria na operação de compra de um crédito. Seria possível fazer uma aproximação desse entendimento para os tokens de pagamento. Assim, apenas incidiria o ICMS no momento de conversão dos vales-presentes em mercadorias. Senão vejamos: "Resposta à Consulta Nº 10485 DE 12/06/2016: ICMS – Comercialização de "vale-presente" (documento de crédito) destinado a ser, posteriormente, utilizado como meio de pagamento na compra de mercadorias - Emissão de documentos fiscais. I. A venda e compra de documento representativo de "crédito" é mera transação financeira, não caracterizando fato gerador do ICMS (artigos 1º e 2º do RICMS/2000). II. É a saída de mercadorias, cujo pagamento foi satisfeito com a utilização de crédito anteriormente adquirido, que configura operação sujeita à incidência do ICMS e enseja a emissão do documento fiscal apropriado à operação praticada, com o correspondente destaque do imposto, se devido

Consequentemente, tentar equiparar todos os tokens de utilidade a vouchers pode ser uma simplificação exagerada de sua verdadeira natureza. A complexidade[46] dos criptoativos excede a capacidade das leis tributárias existentes de classificá-los e tratá-los adequadamente, sobretudo em cenários em que os tokens são híbridos, podendo funcionar simultaneamente como vários tipos de ativos e podendo modificar sua função ao longo do tempo, criando desafios significativos para as autoridades fiscais.

(artigos 1º, I, e 124 do RICMS/2000). III. Antes de realizada a saída das mercadorias do estabelecimento do contribuinte, deverá ser emitido o documento fiscal apropriado à operação praticada (art. 124 do RICMS/2000), com o correspondente destaque do imposto, se devido.; RESPOSTA À CONSULTA TRIBUTÁRIA 770/2012, de 23 de Outubro de 2012. ICMS - Comercialização de documento de crédito (por exemplo, vale-presente) destinado a ser, posteriormente, utilizado como meio de pagamento na compra de mercadorias. I. A "compra do crédito" é mera transação financeira, fora do campo do ICMS devido à ausência de fato gerador relativo a esse imposto (artigo 2º do RICMS/2000). II. A saída de mercadorias, cujo pagamento foi satisfeito com a utilização de crédito anteriormente adquirido, configura operação sujeita à incidência do ICMS (artigo 1º, I, do RICMS/2000). III. Antes de realizada a saída das mercadorias do estabelecimento do contribuinte, deverá ser emitido o documento fiscal apropriado à operação praticada (art. 124 do RICMS/2000), com o correspondente destaque do imposto, se devido".

46. Inclusive, para anteciparmos desafios e dificuldades que certamente surgirão com a aprovação do IBS e da CBS, é importante avaliarmos os obstáculos identificados em relação à classificação de tokens de utilidade como vouchers, tal como apontado pelo Comitê do IVA no Working Paper nº 993, no sentido de que um voucher não pode mudar sua "finalidade de uso" em caso de "não uso", enquanto os tokens de utilidade, em determinadas situações, acabam mudando "ao longo do tempo" e podem funcionar como criptomoedas, ou seja, como instrumentos de pagamento. Logo, parte dessa complexidade pode ser resolvida distinguindo-se a emissão primária de tokens de utilidade ("distribuição primária"), que impõe certas obrigações aos emissores, em contraposição à negociação de tais tokens em um mercado secundário ("venda secundária"). No momento da distribuição primária de um token de utilidade por um emissor, é possível que os tokens de utilidade atendam à definição de um voucher, a depender dos termos da lei complementar a ser editada em relação à CBS e ao IBS. Nesse sentido, a aplicabilidade do IVA às transações de tokens de utilidade, com base em suas características subjacentes, como direitos concedidos a determinados bens e serviços ou mercadorias, só é relevante no momento de sua emissão e apenas para o emissor imediato do token, diferentemente de outros participantes do setor de criptomoedas, como exchanges (corretoras) centralizadas que atuam como intermediários digitais para sua revenda.

A aplicação dessa "abordagem de perspectiva funcional" também é recomendada com relação ao tratamento do IVA potencialmente incidente sobre os NFTs. O tratamento do IVA sobre NFTs é uma questão complexa, para a qual a maioria dos países da União Europeia não forneceu orientação oficial.

O Comitê de IVA da União Europeia publicou o Working Paper nº 1060, que estabelece algumas diretrizes sobre a cobrança do IVA sobre NFTs, contendo reflexões iniciais com o objetivo de harmonizar o tratamento do IVA.

O working paper nº 1060 levanta várias considerações sobre se a venda de NFT deve ser considerada uma entrega de mercadorias ou uma prestação de serviços. Ainda que haja a unificação da tributação de bens, mercadorias e serviços com a CBS e o IBS, essa discussão continua sendo relevante no caso dos NFTs.

Esse mesmo documento orientativo sugere que o tratamento do IVA deve ser determinado caso a caso, considerando a natureza do respectivo NFT.[47]

---

47. O working paper examina vários cenários, incluindo transferências de títulos, vouchers, suprimentos compostos e serviços entregues eletronicamente. Por exemplo, quando uma NFT serve como título para um bem tangível, devido à sua capacidade de rastrear a proveniência e indicar a propriedade de um bem subjacente em formato digital, o tratamento do IVA deve seguir a transação subjacente de acordo com a natureza desse bem (seu conteúdo). Nos casos em que um NFT funciona como um voucher, seja ele de uso único (por exemplo, o NFT pode ser resgatado por um determinado produto ou serviço, após a entrega do qual o NFT é permanentemente retirado de circulação) ou de uso múltiplo (por exemplo, seus metadados podem ser alterados por decisão do titular, oferecendo assim ao titular uma seleção de diferentes bens ou serviços), o tratamento do IVA deve seguir o de um voucher. Para NFTs com ativos nativos digitais subjacentes, as regras de IVA para serviços prestados eletronicamente podem ser aplicadas. Além disso, para NFTs que possam ser consideradas como uma venda conjunta de um token digital e um bem tangível ou digital relacionados, que estejam tão intimamente interligados que seria impossível ou artificialmente complexo separá-los, os elementos "principal versus auxiliar" devem ser determinados e o tratamento do IVA deve seguir o do elemento principal. Deve-se observar, no entanto, que o próprio Working Paper nº 1060 afirma especificamente que, mesmo que a visão majoritária atual tenda a equiparar NFT a serviços fornecidos eletronicamente, esse tratamento de IVA não pode

Como se vê, a abordagem "look through", que olha através do invólucro do token e tem por foco a análise do seu conteúdo, para o tratamento do IVA sobre NFTs, é o melhor caminho.

Todo quanto exposto evidencia que a materialidade ampla e irrestrita do IVA-dual brasileiro não é eficaz, nem coerente, para lidar com criptoativos e tokens.

Fazer incidir a CBS e o IBS sobre bitcoins e tokens de pagamento corresponde, na verdade, à tributação de movimentações financeiras em blockchain, numa espécie de "CPMF 3.0 *on-chain*".

O IVA, todavia, é tradicionalmente um imposto sobre o consumo. Ao aplicá-lo sobre a mera movimentação de ativos digitais, ele estaria sendo desvirtuado de seu propósito original e passaria a funcionar como um imposto sobre transações financeiras.

Se o IVA for aplicado sobre as transações de bitcoin e tokens de pagamento, ele teria um efeito similar àquele outrora trazido pelo CPMF, tributando toda e qualquer movimentação desses ativos *on-chain*, mesmo que inexista qualquer consumo material. Teríamos uma "CPMF 3.0".

---

ser generalizado para todas as transações relacionadas a NFT. O working paper do Comitê de IVA da UE também considera o status dos próprios comerciantes de NFTs. Por exemplo, um indivíduo que vende várias NFTs ao longo do tempo seria considerado um sujeito passivo do tributo, mas não um vendedor ocasional. Temos, ainda, o caso em que um NFT é referível a uma obra de arte digital subjacente com todos os direitos relacionados, desde que transferidos pelo próprio autor, hipótese em que essa transferência não se enquadraria no escopo do IVA, a depender da jurisdição europeia envolvida. Ao contrário, se o cedente do NFT for uma pessoa que não seja o próprio autor, a transação se enquadraria, sim, no escopo do IVA. Há diversas complicações inerentes à avaliação do tratamento do IVA incidente sobre NFTs, sobretudo quando há uma distinção entre os ativos off-chain ou ativos físicos subjacentes aos quais se aplicam regras específicas de IVA, em contraposição às regras de IVA potencialmente aplicáveis aos NFTs enquanto invólucro de direitos. Os exemplos principais incluem propriedade intelectual, imóveis e bens móveis registrados, cuja propriedade é regida por regras específicas no sistema jurídico.

A regra, para fins de incidência da CBS e do IBS deveria ser: somente se um token intrinsecamente fornece acesso a um bem ou serviço consumível, é que há incidência de IVA-dual sobre o emissor desse token. Em todos os outros casos, isso não deveria ser possível.[48]

Significa dizer que, considerando a migração da tributação de serviços (ISS) e mercadorias (ICMS), isolada e separadamente, por um tributo sobre bens (tangíveis ou intangíveis), direitos e serviços (e, portanto, de incidência ampla), existe um risco elevado de que, na ausência de uma isenção específica, a PEC 45 admita a incidência da CBS e do IBS sobre o próprio criptoativo transacionado, independentemente da sua função e do conteúdo de direitos, bens ou serviços envelopados no token, causando uma enorme distorção[49] de comportamentos.

---

48. Na prática, a incidência do IBS e da CBS sobre o valor dos próprios criptoativos poderia tornar as corretoras/exchanges e tokenizadoras brasileiras menos competitivas em comparação com plataformas com sede em jurisdições com regras fiscais mais claras. A amplitude da materialidade do IBS e da CBS também poderia resultar em efeito diametralmente oposto àquele esperado, pois poderia estimular a sonegação mediante a realização de operações peer-to-peer ou via DEX (decentralized exchanges). Além disso, poderia resultar em fuga de usuários e, eventualmente, redução da viabilidade comercial dessas plataformas. Ocorreria, ainda, uma redução da liquidez nas corretoras e exchanges brasileiras, já que os usuários poderiam ser desencorajados a fazer transações frequentes devido aos custos adicionais.

49. A título exemplificativo, os desafios quanto à materialidade dos novéis tributos são tamanhos que, se tratadas as operações como "bens imateriais", não há clareza sobre a necessidade de transferência de propriedade para incidência do IBS e CBS. Isso significa que atividades como o empréstimo de criptomoedas, staking ou a mera provisão de liquidez também poderiam ser sujeitas aos referidos tributos, mesmo que não tenha havido transferência de propriedade do ativo. A ideia de aplicar a CBS e o IBS, que juntos se propõem a ser um Imposto sobre Valor Agregado, em práticas como staking ou provisão de liquidez pools de aplicações DeFi (decentralized finance) é uma interpretação que se desvia significativamente do propósito original deste imposto. Explorando essa ideia, vemos vários pontos que destacam essa incongruência. Em primeiro lugar, a essência do IVA é tributar o valor incremental ou "adicionado" a um produto ou serviço. No cenário de staking ou oferta de liquidez, não estamos presenciando a fabricação ou o oferecimento de um novo serviço, mas uma espécie de comprometimento temporário de recursos. Dizer que há "valor adicionado" nesse processo seria uma ampliação radical e inapropriada do conceito original do imposto. Não bastasse isso, tratando-se de tributação sobre o consumo, a incidência deveria ocorrer quando há uma transação clara, onde a

Também em relação à incidência do IBS e CBS sobre importações de bens, direitos e serviços, a amplitude do texto constitucional pode resultar em diversas inconsistências e impactar negativamente o mercado de criptomoedas.

Com efeito, a PEC 45 prevê a incidência do IBS e da CBS na "importação de bens materiais ou imateriais, inclusive direitos, ou de serviços realizada por pessoa física ou jurídica, ainda que não seja contribuinte habitual do imposto, qualquer que seja a sua finalidade".

A bem da verdade, qualificando-se os criptoativos como registros de logs informacionais em um grande livro razão descentralizado e distribuído, é possível afirmar que os criptoativos e tokens estão em "todos os lugares e em lugar nenhum ao mesmo tempo", de modo que não existem critérios seguros e simples para definir quando se considera que um criptoativo é oriundo do exterior.

Tratando-se de formas imateriais que não são submetidas a desembaraço aduaneiro, não há clareza quanto à definição do local[50] e do momento em que será considerado devido o pagamento da CBS e do IBS. No contexto da criptoeconomia, não há critérios para definir se será, por

---

propriedade de bens ou direitos é transferida. Ao fazer staking ou oferecer liquidez, os usuários basicamente reservam seus ativos para obter algum retorno, sem renunciar à propriedade. Assim, a abertura semântica da materialidade da CBS e do IBS é tamanha que poderia levar ao esdrúxulo cenário em que essa "reserva" travada no staking ou na provisão de liquidez seria vista como uma transação tributável, o que seria um desvio significativo do que entendemos por uma "transação" no sentido fiscal. Se práticas como staking e DeFi vierem a ser submetidas à CBS e ao IBS, corremos o risco de desencorajar atividades que são vitais para muitas redes de blockchain. Esta abordagem pode estagnar a inovação e, paradoxalmente, impulsionar práticas de evasão fiscal, onde os usuários procurarão maneiras de contornar esse obstáculo tributário.

50. Por fim, as mesmas dificuldades são verificadas na hipótese de exportação. De acordo com a PEC 45, a exportação não está submetida à incidência do IBS/CBS, de modo que, no contexto da criptoeconomia, não se tem segurança para concluirmos quando será considerado exportado o criptoativo e/ou o serviço desenvolvido pelas prestadoras de serviços de ativos virtuais. Seguindo a mesma lógica, a exportação merece a mesma atenção despendida em relação à importação.

exemplo, o domicílio do adquirente do criptoativo, o local da exchange em que foi adquirido o criptoativo, etc.

Sem uma orientação explícita sobre a aplicação do IVA sobre tokens de pagamento e de utilidade em um futuro próximo, os prestadores de serviços de ativos virtuais brasileiros poderão ser prejudicados com a insegurança jurídica relativa à incidência de IBS/CBS, dificultando assim o progresso tecnológico e o desenvolvimento da criptoeconomia no Brasil.

Como desdobramento dos desafios afetos à materialidade da CBS e do IBS, temos, ainda, a questão espacial, haja vista que o IVA-dual se propõe a ser um sistema de tributação[51] no destino.

O Art. 156-A §5º IV propõe critérios para a definição do "ente de destino" da operação para fins de aplicação do Imposto sobre Bens e Serviços (IBS). No entanto, a redação apresenta desafios consideráveis na definição de "destino" no contexto do "mundo cripto", onde os criptoativos e tokens têm características únicas e não possuem geolocalização pré-definida.

51. A operacionalização desse recolhimento se daria por meio do intermediário. O Art. 156-A § 3º prevê que lei complementar poderá definir como sujeito passivo do Imposto sobre Bens e Serviços (IBS) a pessoa que concorrer para a realização, execução ou pagamento da operação, mesmo que seja residente ou domiciliada no exterior. Essa disposição apresenta desafios significativos que merecem atenção no que se refere à criptoeconomia. O dispositivo poderá alçar à condição de responsável tributário entidades que não fazem parte da relação jurídica da operação, como as exchanges, por exemplo. Isso significa que pessoas ou empresas que não possuem interesse comum jurídico na transação e que atuam como meras intermediárias – como as exchanges e tokenizadoras – estarão sujeitas ao ônus tributário do IBS, na condição de responsável tributário meramente por conta do fato de que concorrem para a realização, execução ou pagamento da operação. Essa inclusão pode gerar complicações sobre quem efetivamente deve ser responsável pelo recolhimento do imposto. O referido artigo pode criar uma situação similar à problemática da inconstitucionalidade das leis estaduais que outorgam responsabilidade tributária aos marketplaces em relação ao ICMS devido pelos comerciantes de suas plataformas. Essa questão já tem sido objeto de discussões e questionamentos sobre a adequação constitucional das responsabilidades tributárias impostas a terceiros que não estão envolvidos diretamente na operação.

A redação apresenta ambiguidade ao mencionar critérios como "local da entrega", "disponibilização" ou "localização do adquirente do bem ou serviço" como possíveis elementos para determinar o destino da operação.

No contexto da criptoeconomia, esses critérios podem não ser facilmente aplicáveis, pois, consoante já destacado, os tokens – notadamente aqueles cujo valor intrínseco decorre eminentemente de atribuições e funções *on-chain* sem referibilidade a *off-chain assets* – são formas intangíveis que não se enquadram nas tradicionais noções de "entrega" ou "localização", haja vista que: (i) podem ser acessados de qualquer lugar, inclusive do exterior; (ii) e não possuem uma geolocalização pré-definida, o que dificulta a aplicação dos critérios tradicionais de destino.

Definir o "local" de uma operação envolvendo criptoativos pode ser um desafio complexo e passível de interpretações distintas.

No caso de uma *exchange* nacional, por exemplo, que presta serviço ao público brasileiro, não se pode ignorar a possibilidade de que seja qualificado como "local do destino" o domicílio de cada usuário, resultando em dificuldades pragmáticas, bem como em majoração dos custos de conformidade tributária.

Consequentemente, a ausência de critérios claros para determinar o local de destino das operações com criptoativos para fins de incidência do IBS/CBS pode levar a conflitos.

Por fim, o Art. 156-A, §5º, V, "b" e o artigo 10, I, da PEC[52] propõem regimes específicos de tributação para serviços

52. "Art. 156-A, §5º [...] V – regimes específicos de tributação para: b) serviços financeiros, operações com bens imóveis, planos de assistência à saúde e concursos de prognósticos, podendo prever: 1. alterações nas alíquotas, nas regras de creditamento e na base de cálculo, admitida, em relação aos adquirentes dos bens e serviços de que trata esta alínea, a não aplicação do disposto no § 1º, VIII; 2. hipóteses em que o

financeiros, operações com bens imóveis, planos de assistência à saúde e concursos de prognósticos, permitindo alterações nas alíquotas, regras específicas de creditamento e base de cálculo.

Considerando que, de acordo com a Lei 14.478/2022 e o Decreto 11.563/2023, os prestadores de serviços de ativos virtuais são entidades formalmente submetidas ao BACEN, essas empresas poderiam ser atraídas para o regime específico do setor financeiro, ainda que sequer se saiba como serão os detalhes do referido regime.

A dúvida surge quanto à amplitude de aplicação do regime destinado ao setor financeiro.

Se em função do sujeito, ou seja, das prestadoras de serviços de ativos virtuais, abarcando todas as atividades desenvolvidas por tais entidades, independentemente do ativo envolvido.

Ou, por outro lado, se em função do objeto transacionado (do próprio criptoativo), excluindo-se do regime destinado ao setor financeiro os tokens de utilidade e NFTs não financeiros, sob o fundamento de que a Lei 14.478/2022 estabeleceu expressamente que estão fora do âmbito de incidência da Lei os ativos virtuais que dão acesso a bens e serviços ou que sejam a representação digital de valores mobiliários e de ativos financeiros.

---

imposto será calculado com base na receita ou no faturamento, com alíquota uniforme em todo território nacional, admitida a não aplicação do disposto no § 1º, V a VII, e, em relação aos adquirentes dos bens e serviços de que trata esta alínea, também do disposto no § 1º, VIII. (...) Art. 10. Para fins do disposto no art. 156-A, § 5º, V, 'b', da Constituição Federal, consideram-se: I – serviços financeiros: a) operações de crédito, câmbio, seguro, resseguro, consórcio, arrendamento mercantil, faturização, securitização, previdência privada, capitalização, arranjos de pagamento, operações com títulos e valores mobiliários, inclusive negociação e corretagem, e outras que impliquem captação, repasse, intermediação, gestão ou administração de recursos; e b) outros serviços prestados por entidades administradoras de mercados organizados, infraestruturas de mercado e depositárias centrais, e por instituições autorizadas a funcionar pelo Banco Central do Brasil, na forma de lei complementar (...)"

Portanto, alguns tokens podem estar inseridos no conceito de "serviços financeiros", ao passo que outros tokens estariam fora do referido regime.

A aplicação de regimes específicos distintos para diferentes tipos de tokens pode levar a uma complexidade tributária significativa para a criptoeconomia brasileira, resultando em dificuldades administrativas e desafios no cumprimento de obrigações tributárias distintas para uma mesma empresa.

Como se vê, tamanha a abstração da novel norma: (i) não há clareza para identificar os impactos da inclusão dos prestadores de serviços de ativos virtuais no regime específico destinado ao setor financeiro; e, consequentemente, diante dessa imprevisibilidade, (ii) não é possível identificar se referido regime é coerente com a realidade da criptoeconomia ou se, por outro lado, far-se-ia necessária a criação de um regime específico para o setor de tecnologia.

Por essas razões, diante do alto potencial de crescimento da criptoeconomia, é importante que os desafios acima mapeados sejam levados em consideração quando da discussão da PEC 45 pelo Senado Federal e, após isso, na elaboração da lei complementar que fixará as normas gerais dos novos tributos.

CONCLUSÃO

Decifrar bases de cálculo, rastrear operações e assegurar a obediência às normas seriam desafios monumentais, aumentando o ônus de compliance tanto para a administração fiscal quanto para os contribuintes.

Ao pensar em tributação no universo dos criptoativos, é crucial que as autoridades considerem cuidadosamente as especificidades dessas atividades. A imposição de carga tributária de forma precipitada pode ter consequências indesejadas para um setor em pleno crescimento e inovação.

Logo, reforçando o quanto exposto ao longo deste artigo, somos obrigados a ressaltar, novamente, o caráter instrumental das tecnologias de registro distribuído, daí por que, também em âmbito fiscal, as consequências tributárias advindas de operações com criptoativos estão diretamente atreladas à sua natureza camaleônica, com enfoques diferentes a depender do tributo incidente (se federal, estadual ou municipal).

Qualquer proposta de reforma tributária que busque tributar signos de riqueza criptoeconômicos deve estar atenta a esta perspectiva funcional, ao conteúdo e aos direitos subjacentes aos criptoativos e tokens, traduzindo-se em uma abordagem de prevalência da substância (funções, direitos e conteúdos afetos ao token) sobre a forma (o aspecto envelopar do token "enquanto veículo").

EXIGÊNCIA DE ITBI NA INTEGRALIZAÇÃO DE FAZENDAS EM EMPRESAS FAMILIARES - POLÊMICAS E ALTERNATIVAS

Daniela de Andrade Braghetta[1]

ANTEÂMBULO

Parâmetro necessário e primeiro vem a ser a institucionalização do bem. A pessoa física perece, necessariamente. A pessoa jurídica tem a possibilidade de se perpetuar.

Premissa que se encontra no Texto Constitucional, art. 156[2]. Estamos diante de imunidade tributária. Isso não como benesse do Estado, mas como sua habilidade para fazer realizar todo o pretendido do subsistema constitucional tributário. Evidente a lógica das relações minuciosamente observada, como veremos adiante.

---

1. Professora do IBET e da COGEAE. Doutora e Mestre em Direito do Estado pela PUC/SP. Advogada.

2. Art. 156. Compete aos Municípios instituir impostos sobre:
§ 2º O imposto previsto no inciso II:
I - Não incide sobre a transmissão de bens ou direitos incorporados ao patrimônio de pessoa jurídica em realização de capital, nem sobre a transmissão de bens ou direitos decorrente de fusão, incorporação, cisão ou extinção de pessoa jurídica, salvo se, nesses casos, a atividade preponderante do adquirente for a compra e venda desses bens ou direitos, locação de bens imóveis ou arrendamento mercantil;

A pessoa jurídica, então, buscando assertivamente haveres, pode pretender que isso ocorra com bens imóveis. Aqui ressalte-se a premissa de que a tributação pelo Imposto sobre a Transmissão de Bens Imóveis - ITBI está afastada, havendo "transmissão de bens ou direitos incorporados ao patrimônio de pessoa jurídica em realização de capital".

Primeiro a incorporação de bem imóvel ao capital social[3] ocorre com a consequente realização do capital. A subscrição precede a integralização, sendo uma promessa de que o bem será transferido, aqui nos interessando apenas a ocorrência com um ou mais imóveis. Já a integralização, por sua vez, trata da transferência do bem ou bens imóveis, subscritos, para a empresa constituída. Convencionou-se denominar realização do capital social.

Na contemporaneidade vislumbramos a percepção do agronegócio com o exato dimensionamento do caráter negocial, tateando todos os aspectos funcionais de uma empresa, deixando para muito atrás qualquer tipo de inexperiência.

ARQUÉTIPO TRIBUTÁRIO DO TRIBUTO

Necessária a contextualização, juntamente com o artigo 156, inciso II, § 2º, I da Constituição, com a leitura do artigo 37 do Código Tributário Nacional[4].

---

3. De acordo com CESARE VIVANTE, *in* Trattato di diritto commerciale, 5ª ed. Milão: Vallardi, 1923, vol. 2, p. 193: "Dirò à guisa d'imagine, che questo capitale nominale ed astratto [nomen juris] compie di fronte al patrimonio o capitale reale, la funzione di un recipiente destinato a misurare il grano, che ora supera la misura ed ora non giunge a colmarla"). Diria, como maneira de visualizar, que este capital nominal e abstrato (*nomen juris*) cumpre perante o patrimônio ou capital real a função de um recipiente destinado a medir o grão, que ora supera a medida, ora não chega a completá-la", em tradução livre.

4. Art. 37. O disposto no artigo anterior não se aplica quando a pessoa jurídica adquirente tenha como atividade preponderante a venda ou locação de propriedade imobiliária ou a cessão de direitos relativos à sua aquisição.
§ 1º Considera-se caracterizada a atividade preponderante referida neste artigo quando mais de 50% (cinqüenta por cento) da receita operacional da pessoa jurídica adquirente, nos 2 (dois) anos anteriores e nos 2 (dois) anos subsequentes à aqui-

Pelos dispositivos, o Imposto sobre a Transmissão de Bens Imóveis - ITBI encontra-se excluído da transmissão de bens ou direitos incorporados ao patrimônio de pessoa jurídica em realização de capital e sobre a transmissão de bens ou direitos decorrentes de fusão, incorporação, cisão ou extinção de pessoa jurídica. Muito bem.

Alerta recai na parte final da redação, com controvérsia que tem gerado grandes enfrentamentos. Cuida, então, que haverá tributação se "nesses casos, a atividade preponderante do adquirente for a compra e venda desses bens ou direitos, locação de bens imóveis ou arrendamento mercantil".

Dispõe a legislação, assertivamente, como atividade preponderante, caso a compra e venda ou aluguel de imóveis compuser mais de 50% (cinquenta por cento) da receita operacional da empresa. A razão está na consignação de que tanto o *disjuntor includente* ("v") como o *conjuntor* (".") apresentam o atributo da *comutatividade* das proposições que associam:

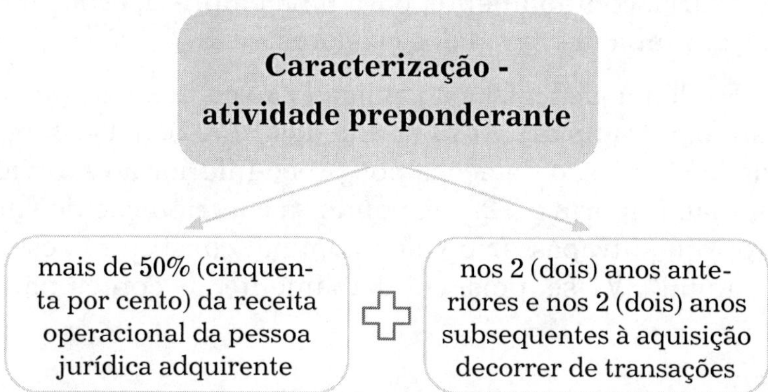

---

sição, decorrer de transações mencionadas neste artigo.
§ 2º Se a pessoa jurídica adquirente iniciar suas atividades após a aquisição, ou menos de 2 (dois) anos antes dela, apurar-se-á a preponderância referida no parágrafo anterior levando em conta os 3 (três) primeiros anos seguintes à data da aquisição.
§ 3º Verificada a preponderância referida neste artigo, tornar-se-á devido o imposto, nos termos da lei vigente à data da aquisição, sobre o valor do bem ou direito nessa data.
§ 4º O disposto neste artigo não se aplica à transmissão de bens ou direitos, quando realizada em conjunto com a da totalidade do patrimônio da pessoa jurídica alienante."

O litígio que tem chegado aos tribunais vem a ser sobre a interpretação do artigo 156, parágrafo 2º, inciso I da Constituição Federal e do artigo 37 do Código Tributário Nacional (CTN).

Além disso, o sistema se molda no sentido de proteger a pessoa jurídica nesses aspectos. Então, o artigo 142 do Decreto 9.580, de 22 de novembro de 2018[5], regulamentador do Imposto sobre a Renda, se ocupa de participações societárias adquiridas em decorrência de integralização de capital com bens ou direitos.

Aqui, então, existe o cuidado da Lei Maior, estabelecendo a imunidade tributária para o ITBI – Imposto sobre a Transmissão de Bens Imóveis no artigo 156 e a União, com a competência tributária do Imposto sobre a Renda, na Lei n. 9.249, de 1995, art. 23, determinando uma maneira de realização de capital de pessoa jurídica como necessária a ser cumprida. Almeja-se, pelo próprio Estado, a robustez necessária, contabilmente, para uma empresa, esboçando-se a garantia universal dos credores.

E o leque de legislação aplicado ao contexto segue ampliando, pois, no artigo 13 da Lei das SAs, L. n. 6404, resta vedada a emissão de ações por preço inferior ao seu valor nominal. Importa o § 2º, dispondo "a contribuição do subscritor que ultrapassar o valor nominal constituirá reserva de capital". Vê-se, pois, cotidianamente, as contas não se

5. Art. 142. As pessoas físicas poderão transferir a pessoas jurídicas, a título de integralização de capital, bens e direitos, pelo valor constante da declaração de bens ou pelo valor de mercado (Lei nº 9.249, de 1995, art. 23, caput).
§ 1º Se a transferência for feita pelo valor constante da declaração de bens, as pessoas físicas deverão lançar nessa declaração as ações ou as quotas subscritas pelo mesmo valor dos bens ou dos direitos transferidos, hipótese em que não presumida a distribuição disfarçada de que trata o art. 528 (Lei nº 9.249, de 1995, art. 23, § 1º).
§ 2º Se a transferência não se fizer pelo valor constante da declaração de bens, a diferença a maior será tributável como ganho de capital (Lei nº 9.249, de 1995, art. 23, § 2º).

equivalendo, dizendo aqui sobre o capital social integralizado e a quantia efetivamente investida.

Necessário que se afastasse, então, a atividade imobiliária preponderante para esse tipo de empresa.

IMUNIDADE TRIBUTÁRIA NO ITBI

Surge, então, o Supremo Tribunal Federal dispondo sobre o ITBI e o fez no Tema 796.

Afastando, ainda que pelo corte metodológico sempre imperioso, juízos de valor sobre a questão firmada no Supremo Tribunal Federal, acerca da delimitação – e cerceamento – do capital social circunscrito que restou ao montante efetivamente integralizado. Havendo, v.g. R$ 1.000.000,00 (um milhão) em capital social constante de um contrato social e havendo imóveis com valor de R$ 1.200.000, 00 pela decisão retrocitada mister haver pagamento do tributo sobre a base de cálculo de R$ 200.000,00.

Caberia dizer que valores colocados na pessoa jurídica, por intermédio dos seus sócios, não pagam, via de regra, o Inposto sobre a Renda, ainda que sejam quantias introduzidas naquele patrimônio, além, claro daquilo que concretamente se refere, ou seja, o Imposto sobre a Transmissão de Bens Imóveis.

Concluiu o Tema 796:

- Imunidade do ITBI não alcança valor que excede capital integralizado.
- Tese aprovada: "*A imunidade em relação ITBI, prevista no inciso I do § 2º do art. 156 da Constituição Federal, não alcança o valor dos bens que exceder o limite do capital social a ser integralizado*" (RE 796.376 /SC, Pleno, Rel. Min Alexandre de Morais, j. 05/08/2020).

O Relator, Ministro Alexandre de Moraes, impõe contextualizar o conteúdo do que se entende por imunidade às avessas, ao dizer o que se resta à parte do que se entenderia abarcado em limitação constitucional ao poder de tributar.

Aliomar Baleeiro, trazendo comentários acerca da Constituição Federal de 1946, traz lições que remanescem incólumes no tempo, ante a retidão doutrinária. Sobre o sistema tributário nacional e as limitações constitucionais ao poder de tributar, Baleeiro[6] assevera:

> O sistema tributário movimenta-se sob complexa aparelhagem de freios e amortecedores, que limitam os excessos acaso detrimentosos à economia e à preservação do regime e dos direitos individuais. (...) A violação dessas normas inexoráveis de competência caracteriza inconstitucionalidade pura e simples.

Retomando o que foi decidido pelo Supremo Tribunal Federal. Além do conteúdo positivado em norma individual e concreta a que fizemos referência, o Relator também se ocupou de tratar sobre a transmissão de bens ou direitos decorrentes de fusão, incorporação, cisão ou extinção de pessoa jurídica (parte final do artigo 156, § 2º inciso I). Observados qualquer um dos quatro atos, não haverá a possibilidade de tributação da atividade imobiliária.

Assim pontua o Acórdão referente ao Tema 796 em questão, in litteris:

> Essa distinção é importante, porque tem levado certa parte da doutrina e da jurisprudência a defender a não incidência do ITBI sobre o valor dos bens incorporados que for excedente ao do capital subscrito. Argumentam os defensores desta posição que qualquer incorporação de bens à pessoa jurídica é imune, pois as únicas exceções são aquelas expressamente definidas no final do inciso I, do § 2º, do art. 156 da CF/88. Com essa alegação,

6. BALEEIRO, Aliomar. Limitações constitucionais ao poder de tributar. 7. ed. atual. Atualiza: Misabel Abreu Machado Derzi. Rio de Janeiro: Forense, 2001. p. 2.

propugnam que o intérprete não pode inovar criando outras hipóteses excepcionais.

(...)

É dizer, a incorporação de bens ao patrimônio da pessoa jurídica em realização de capital, que está na primeira parte do inciso I do § 2º, do art. 156 da CF/88, não se confunde com as figuras jurídicas societárias da incorporação, fusão, cisão e extinção de pessoas jurídicas referidas na segunda parte do referido inciso I.

Nesses últimos casos, há, da mesma forma, incorporação de bens, mas que decorre da "incorporação que é uma operação pela qual uma ou mais sociedades são absorvidas por outra, que lhes sucede em todos os direitos e obrigações" (art. 227 da Lei 6.404/1976 – Lei de Sociedades Anônimas); cisão - operação pela qual uma sociedade transfere parte de seu patrimônio para uma ou mais empresas (art. 229 da Lei das S.A); ou fusão - operação pela qual se unem duas ou mais sociedades para formar uma nova sociedade que lhe sucederá em todos os direitos e obrigações (art. 228 da Lei das S.A.).

Em todas essas hipóteses, há incorporação do patrimônio imobiliário de uma sociedade para outra, mas sem qualquer relação com a incorporação (integração) referida na primeira parte do citado inciso I, do § 2º, do art. 156 da CF, que alude à transferência de bens para integralização do capital.

Em outras palavras, a segunda oração contida no inciso I - " nem sobre a transmissão de bens ou direitos decorrente de fusão, incorporação, cisão ou extinção de pessoa jurídica, salvo se, nesses casos, a atividade preponderante do adquirente for a compra e venda desses bens ou direitos, locação de bens imóveis ou arrendamento mercantil" - revela uma imunidade condicionada à não exploração, pela adquirente, de forma preponderante, da atividade de compra e venda de imóveis, de locação de imóveis ou de arrendamento mercantil. Isso fica muito claro quando se observa que a expressão "nesses casos" não alcança o "outro caso" referido na primeira oração do inciso I, do § 2º, do art. 156 da CF.

Concluindo, traz, então duas situações capazes de permitir noções de conteúdo pragmático capitulado: a primeira parte da oração e a subsequente, cada qual com o seu arcabouço linguístico.

Dois contextos distintos que o julgamento do Supremo Tribunal Federal fez questão de apontar. No acórdão retrocitado, "a incorporação de bens ao patrimônio da pessoa jurídica em realização de capital, que está na primeira parte do inciso I do § 2º, do art. 156 da CF/88, não se confunde com as figuras jurídicas societárias da incorporação, fusão, cisão e extinção de pessoas jurídicas referidas na segunda parte do referido inciso I", denominada "incondicionada, desde que, por óbvio, refira-se à conferência de bens para integralizar capital subscrito" e a segunda parte "revela uma imunidade condicionada à não exploração, pela adquirente, de forma preponderante, da atividade de compra e venda de imóveis, de locação de imóveis ou de arrendamento mercantil".

PERCEPÇÕES ATUAIS DO PANORAMA DE INCIDENCIA NORMATIVO - CENÁRIO

A mutabilidade hoje vem a ser uma constante e se sobrepõe de forma avassaladora. Tanto para os que se fulcram em decisão prescritiva como para os que precisariam se colocar no dever-ser de cumpri-la[7]. Ainda que seja expedida pelo Guardião Maior da Constituição, os subterfúgios para o seu não imediato cumprimento surgem em fluxo.

Temos visto, havendo a contextualização jurisprudencial como a presente, abarcada pelo julgamento e fixação de tese, a judicialização de discussões, a despeito do que se entendia por segurança jurídica em decisão do Supremo Tribunal Federal.

7. Assevera Paulo de Barros Carvalho: "Dentro de uma acepção ampla do vocábulo ´legislador´ havemos de inserir as manifestações singulares e plurais emanadas do Poder Judiciário, ao exarar suas sentenças e acórdãos, veículos introdutórios de normas individuais e concretas no sistema do direito positivo". *in* Curso de Direito Tributário 30 ed. atual. São Paulo: Saraiva, 2019. p. 46.

Temos em conta, ainda, que o Código Tributário Nacional dispõe de maneira contente, em seu artigo 38[8], que a base de cálculo do ITBI consubstancia-se no seu valor venal, o valor da operação, da transação tributável.

O Município não conta aqui com uma permissão para dizer qual seria tal base de cálculo. Se analisado o sistema de enunciados prescritivos trazidos no Código Tributário Nacional, percebemos a presença do artigo 148[9], em que se permite o arbitramento sempre que sejam omissos ou não permitam fé.

Como exceção, aponta o artigo 148 as necessidades acima para que o Município possa atuar apontando tais prescrições por arbitramento, com obscuridade ou omissão.

Sob o rito dos recursos especiais repetitivos (Tema 1.113), a Primeira Seção do Superior Tribunal de Justiça (STJ) estabeleceu três teses relativas ao cálculo do Imposto sobre a Transmissão de Bens Imóveis (ITBI) nas operações de compra e venda, Relator Min Gurgel de Faria, julgado em 24/02/2022:

1) A base de cálculo do ITBI é o valor do imóvel transmitido em condições normais de mercado, não estando vinculada à base de cálculo do IPTU, que nem sequer pode ser utilizada como piso de tributação;
2) O valor da transação declarado pelo contribuinte goza da presunção de que é condizente com o valor de mercado, que somente pode ser afastada

---

8. Art. 38. A base de cálculo do imposto é o valor venal dos bens ou direitos transmitidos.

9. Art. 148. Quando o cálculo do tributo tenha por base, ou tome em consideração, o valor ou o preço de bens, direitos, serviços ou atos jurídicos, a autoridade lançadora, mediante processo regular, arbitrará aquele valor ou preço, sempre que sejam omissos ou não mereçam fé as declarações ou os esclarecimentos prestados, ou os documentos expedidos pelo sujeito passivo ou pelo terceiro legalmente obrigado, ressalvada, em caso de contestação, avaliação contraditória, administrativa ou judicial.

pelo fisco mediante a regular instauração de processo administrativo próprio (artigo 148 do Código Tributário Nacional – CTN);

3) O município não pode arbitrar previamente a base de cálculo do ITBI com respaldo em valor de referência por ele estabelecido de forma unilateral.

Ora, se estamos, em verdade, diante de propriedade agrária familiar, em empresa com todas as premissas necessárias para o fornecimento das informações de capital social em contrato social e valores de operação para transmissão tributável normativamente previstos, somos capazes de rechaçar todo e qualquer movimento do ente Municipal que se oponha a tal conteúdo pragmático.

Pelos dispositivos, o ITBI não incidiria sobre a transmissão de bens ou direitos incorporados ao patrimônio de pessoa jurídica em realização de capital e sobre a transmissão de bens ou direitos decorrentes de fusão, incorporação, cisão ou extinção de pessoa jurídica.

Hodiernamente e diante do que foi decidido quando da análise do Tema 796, e considerando o trecho do voto em que o Ministro Alexandre de Moraes afirma que a restrição à imunidade para as empresas predominantemente imobiliárias valeria apenas nas hipóteses de incorporação de bens decorrentes de reorganização societária (fusão, incorporação, cisão ou extinção de pessoa jurídica), busca-se a judicialização no intuito de defender que, na integralização de imóveis ao capital social, não há tributação para todas as empresas, inclusive as do ramo imobiliário e aquelas que se denominam empresas. Familiares.

Decisões em cenário desfavorável aduzem que, embora reconhecidamente o Ministro Alexandre de Moraes tenha se debruçado sobre o tema, e dito nominalmente sobre a imunidade incondicionada à atividade preponderante, tal questão não seria a linguagem prescritiva de norma individual e concreta, por não foi ser o tema do julgamento e não possuir, portanto, efeito vinculante.

Contrariamente ao apontado acima, recente decisão foi emanada pelo Órgão Máximo julgador dentro da cúpula máxima de um Tribunal de Justiça, qual seja, do Distrito Federal, em arguição de inconstitucionalidade. O julgamento no TJDF foi unânime[10].

O referido *decisum* trazido no referido Tribunal de Justiça do Distrito Federal e Territórios, assegura que o ITBI "não incide sobre a transmissão de bens ou direitos incorporados ao patrimônio de pessoa jurídica em realização de capital".

CONCLUSÕES

O arcabouço necessário e primeiro para a interpretação, vem a ser a institucionalização do bem. A pessoa física perece, necessariamente. A pessoa jurídica tem a possibilidade de se perpetuar.

Realizado o corte metodológico, afastam-se juízos de valor sobre a questão firmada no Supremo Tribunal Federal, acerca da delimitação – e cerceamento – do capital social circunscrito que restou ao montante efetivamente integralizado, surgindo, então, o Supremo Tribunal Federal dispondo sobre o ITBI e o fez no Tema 796.

Precisamos o sentido epistemológico de conteúdo pragmático para a imunidade tributária. Não como benesse do Estado, mas como sua habilidade para fazer realizar todo o pretendido do subsistema constitucional tributário. Evidente a lógica das relações minuciosamente observada.

Tivemos contextos distintos que o julgamento do Supremo Tribunal Federal fez questão de apontar. No acórdão

10. Processo n. 0705115-03.2021.8.07.0018.

retrocitado, "a incorporação de bens ao patrimônio da pessoa jurídica em realização de capital, que está na primeira parte do inciso I do § 2º, do art. 156 da CF/88, não se confunde com as figuras jurídicas societárias da incorporação, fusão, cisão e extinção de pessoas jurídicas referidas na segunda parte do referido inciso I", denominada "incondicionada, desde que, por óbvio, refira-se à conferência de bens para integralizar capital subscrito" e a segunda parte "revela uma imunidade condicionada à não exploração, pela adquirente, de forma preponderante, da atividade de compra e venda de imóveis, de locação de imóveis ou de arrendamento mercantil".

Além disso, se estamos, em verdade, diante de propriedade agrária familiar, em empresa com todas as premissas necessárias para o fornecimento das informações de capital social em contrato social e valores de operação para transmissão tributável normativamente previstos, somos capazes de rechaçar todo e qualquer movimento do ente Municipal que se oponha a tal conteúdo pragmático.

Se o Código Tributário Nacional dispõe, em seu artigo 38, que a base de cálculo do ITBI consubstancia-se no seu valor venal, o valor da operação, da transação tributável, essa deve ser a premissa capaz de informar o alcance de possibilidades normativas.

E tal conteúdo, sentido e alcance pode inclusive ser construído fora do campo judicial, tendo em conta a possibilidade de antever, atualmente, todo o cenário desenhado, aqui englobando doutrina, jurisprudência e legislação para a norma individual e concreta.

MANDADO DE SEGURANÇA E RESTITUIÇÃO DO INDÉBITO TRIBUTÁRIO: A (IN) COMPATIBILIDADE ENTRE OS PRECEDENTES FIRMADOS NO ÂMBITO DO STJ (RESP 1.951.855/SC) E DO STF (RE 1.420.691/SP)

Danilo Monteiro de Castro[1]

Milena Martinelli[2]

1. INTRODUÇÃO

Em recente julgado, (RE 1.420.691/SP), proferido na sistemática dos repetitivos, o STF consolidou seu entendimento de que qualquer pretensão jungida à restituição de valores em desfavor da Fazenda Pública (condenação, portanto, a repetir aquilo que indevidamente recebeu) deve

1. Doutor e Mestre em Direito Tributário pela PUC/SP. Professor do IBET. Juiz do TIT/SP. Pesquisador do grupo de estudos de Processo Tributário Analítico do IBET. Integrante do grupo de trabalho de Direito Processual Tributário do IBDP. Advogado.

2. Mestranda e especialista em Direito Tributário pelo IBET. Professora do IBET. Advogada.

dar-se pelo rito dos precatórios, constitucionalmente previsto, (art. 100, da CF/88), sendo certo que o caso concreto julgado foi instaurado via mandado de segurança.

O que, aparentemente, sinaliza ser uma mera confirmação de entendimento pretoriano já esperado, diante de regra expressa no texto constitucional, ganha corpo quando em confronto com a jurisprudência do STJ em relação ao tema, a vedar o cumprimento de sentença, (e, por conseguinte, o recebimento via precatório), nos casos em que se tem condenação em desfavor da Fazenda Pública em mandado de segurança, porém a permitir pleito administrativo de restituição fundado naquela decisão judicial (vide, nesse sentido, o REsp 1.951.855/SC).

A pretensão deste breve estudo, então, é demonstrar [i] os equívocos das premissas invocadas pelo STJ a impedir a instauração do cumprimento de sentença no mandado de segurança, (para recebimento de valores via precatório), mas a permitir a restituição administrativa nesses casos; [ii] que o repetitivo do STF finda as discussões em torno do tema, (reconhecendo, ainda que implicitamente, a não aplicação das Súmulas 269 e 271 à repetição de indébito tributário), e, ainda, [iii] que o mesmo julgado do STF não pode alcançar as hipóteses em que se discute o direito subjetivo ao regime jurídico da restituição administrativa.

Começaremos por este último item.

2. MANDADO DE SEGURANÇA EM QUE SE DISCUTE, EXCLUSIVAMENTE, O DIREITO SUBJETIVO AO REGIME JURÍDICO DA RESTITUIÇÃO ADMINISTRATIVA NÃO GUARDA RELAÇÃO COM O TEMA DEBATIDO NO RE 1.420.691/SP

É importante distinguir controversas em torno do direito subjetivo ao regime jurídico da restituição administrativa, daquelas em que temos litígio quanto ao direito creditório em si. Dito o mesmo de forma diversa, são conflitos completamente distintos aqueles no qual se busca a chancela judicial do direito à restituição de valores, (ênfase na confirmação judicial da existência do indébito), em detrimento dos casos em que a discussão é focada no manejo do pleito administrativo de restituição, aparentemente preterido pelo Estado-fisco diante daquele contribuinte.

Se a discussão gira em torno do direito subjetivo ao regime jurídico da restituição administrativa, (o contribuinte quer se valer desta via, mas há resistência por parte do Estado-fisco), evidentemente que o repetitivo do STF, (RE 1.420.691/SP), não tem qualquer aplicação aqui, já que perante o Judiciário será resolvido, exclusivamente, essa questão: há, ou não, direito por parte do contribuinte de pleitear administrativamente a restituição? Ou reformulando a pergunta, é válida ou não a limitação imposta pelo Estado-fisco ao uso de referida via administrativa de restituição àquele contribuinte?

Nesse tipo de conflito, insista-se, a discussão judicial não passa pelo reconhecimento do direito à restituição, (não há litígio em torno do produto: indébito), mas tão somente pelo direito de se valer da via administrativa para que se aprecie tal pleito (litígio exclusivamente perante o processo/procedimento).

Os exemplos a seguir evidenciam bem quando há discussão em torno, exclusivamente, do direito subjetivo ao regime jurídico da restituição administrativa:

Exemplo 1 – Contribuinte formaliza pedido de restituição administrativa, através do sistema PER/DCOMP, em função de crédito escritural recuperado proveniente da exclusão do ICMS da base de cálculo do PIS/COFINS, mas, diante da demora na apreciação de seu pedido por prazo superior a 360 dias, impetra mandado de segurança fundamentado na violação ao direito líquido e certo garantido pelo conteúdo do art. 24 da Lei nº 11.457/2007[3]. O fato jurídico conflituoso, nesse caso, está circunscrito ao reconhecimento do direito do contribuinte de obter decisão administrativa no prazo que lhe é assegurado pela lei, seja pelo deferimento ou pelo indeferimento do pedido apresentado, não sendo arguida, no mandado de segurança, qualquer controvérsia quanto a (i)legitimidade do crédito cuja restituição se requer.

Exemplo 2 – Diferentemente do cenário anterior, a despeito de o contribuinte ter protocolado pedido de restituição administrativa atinente ao crédito recuperado e a Receita Federal ter proferido decisão dentro do prazo previsto em lei, a deliberação, em que pese positiva, (reconhecimento do indébito), não possibilita a efetivação da restituição pleiteada, sob a justificativa de existirem débitos federais em nome desse mesmo contribuinte, ainda que incluídos em parcelamento,, (com exigibilidade suspensa, portanto), facultando ou uma compensação de ofício daqueles débitos com referido crédito, ou o integral pagamento do parcelamento para, só então, receber o valor em espécie, (a restituição, nesse último caso, ficará retida até a quitação do parcelamento), nos moldes do art. 73, parágrafo único, da Lei nº 9.430/1996[4]. A resistência aqui oferecida pelo Estado-fisco viola o direito líquido e certo do contribuinte, amparado pela tese firmada no Tema 874/STF que declarou inconstitucional a expressão

---

3. Art. 24. É obrigatório que seja proferida decisão administrativa no prazo máximo de 360 (trezentos e sessenta) dias a contar do protocolo de petições, defesas ou recursos administrativos do contribuinte.

4. Art. 73. A restituição e o ressarcimento de tributos administrados pela Secretaria da Receita Federal do Brasil ou a restituição de pagamentos efetuados mediante DARF e GPS cuja receita não seja administrada pela Secretaria da Receita Federal do Brasil será efetuada depois de verificada a ausência de débitos em nome do sujeito passivo credor perante a Fazenda Nacional.
Parágrafo único. Existindo débitos, não parcelados ou parcelados sem garantia, inclusive inscritos em Dívida Ativa da União, os créditos serão utilizados para quitação desses débitos, observado o seguinte: (...)

"ou parcelados sem garantia", prevista no mencionado dispositivo, a implicar a proibição da compensação de ofício em se tratando de débitos parcelados. Nesse caso, o mandado de segurança delimitará a matéria controvertida sobre a (in) existência do direito do contribuinte de se valer, (integralmente), do pedido de restituição administrativa, ainda que tenha débitos parcelados a solver. Mais uma vez, não há qualquer divergência quanto a legalidade do crédito recuperado (direito creditório), mas tão somente em relação ao procedimento de restituição.

Portanto, incabível, (distinção latente), a observância do repetitivo do STF, (RE 1.420.691/SP), nestes casos em que o mandado de segurança se volta ao reconhecimento do direito subjetivo ao regime jurídico da restituição administrativa.

3. A REPETIÇÃO DE INDÉBITO VIA MANDADO DE SEGURANÇA, (DOS 5 ANOS RETROATIVOS À IMPETRAÇÃO): CUMPRIMENTO DE SENTENÇA CHANCELADO PELO STF PARA O RECEBIMENTO ATRAVÉS DE PRECATÓRIO OU RPV

Mas o ponto alto deste estudo diz com os dois primeiros itens apresentados no início, que guardam relação com mandado de segurança que não se limita à discussão em torno do direito subjetivo ao regime jurídico da restituição administrativa, (ao contrário, o reconhecimento do direito creditório em si é uma de suas pretensões, quando não a única), quais sejam, [i.1] os equívocos das premissas invocadas pelo STJ a impedir a instauração do cumprimento de sentença no mandado de segurança, (para recebimento de valores via precatório, relativos ao período anterior – 5 anos – à impetração do *writ*), [i.2] a permitir a restituição administrativa nesses casos, e que, em nosso entender, [ii] estão superados pelo julgamento repetitivo do STF, (RE 1.420.691/SP).

Estes temas serão enfrentados nos próximos dois subtópicos.

3.1 A evolução (e involução) da jurisprudência do STJ em relação ao tema

As decisões do STJ relacionadas a mandado de segurança e repetição de indébito, (seja mediante fase processual adicional – cumprimento de sentença; seja pelo rito administrativo de restituição), passam, necessariamente, por questões jungidas ao instituto da compensação, (que nada mais é do que espécie adicional – assim como as outras citadas - do mesmo conjunto voltado à extinção do débito do Estado-fisco[5]).

O primeiro entendimento consolidado, que nos é pertinente, é a Súmula 213 do STJ, (de 1998), que afirma ser o mandado de segurança ação adequada para a declaração do direito à compensação tributária[6]. Note-se que os precedentes motivadores da edição dessa Súmula tratavam, sem exceção, do direito subjetivo ao regime jurídico da compensação administrativa, extremamente conflituoso à época, (as regras do sistema atual que conhecemos – da

---

5. "E não será por outra razão, senão por força do decantado regime, que optamos por colocar compensação e repetição debaixo de uma mesma rubrica.
Com isso, temos de conclusivo, afora o que já foi expendido, que a compensação é, sob certa ótica, verdadeiro sucedâneo da execução decorrente da prolatação de sentença condenatória em ação de repetição de indébito, o que se dá, marque-se, não porque esse último instituto esteja *à beira da falência*, ou porque o seu sistema, pela via judicial, padeça do problema do precatório. Tratamento desse jaez importaria a colocação da compensação sob a amesquinhada rubrica de um paliativo, de um remédio, imagem que até poderia ser traçada se se estivesse cuidando do tema sob o prisma econômico, ético, etc.; juridicamente, porém, a relação que existe entre a compensação e execução via precatório tem o seu ponto de apoio na circunstância de a primeira, tanto quanto a segunda, configurar iniludível mecanismo de desintegração da relação de débito do fisco, pertencente a uma classe onde se supõe, segundo ressaltado, a provocação do contribuinte." (CONRADO, Paulo Cesar. *Compensação Tributária e Processo*. 2ª Ed., São Paulo: Quartier Latin, 2010, p. 101).

6. Súmula transcrita em julgado do STJ, mais adiante colacionado.

Declaração de Compensação – só surgiram em 2002, com ajustes feitos pela Lei 10.637 ao art. 74 da Lei 9.430/1996), cenário, inclusive, a validar a via mandamental também para discussões em torno do direito subjetivo ao regime jurídico da restituição administrativa.

Partindo desta Súmula 213, a jurisprudência do STJ evoluiu para que o tema da compensação, quando causa de pedir do mandado de segurança, não ficasse limitada às questões pertinentes ao seu procedimento, (e, por conseguinte, ao direito do contribuinte dele percorrer), podendo adentrar no conflito em torno do indébito propriamente dito. Isso foi chancelado no REsp 1.111.164/BA, (de 2009), posteriormente ratificado, com ajustes na tese, pelo REsp 1.365.095/SP, (de 2019), ambos ligados ao Tema 118/STJ.

Em face deste cenário e, principalmente, diante da Súmula 461 do próprio STJ[7], natural a evolução do assunto para permitir, também no mandado de segurança, que a consumação do que restou definido na ação, (que reconhece a existência de um indébito e, por conseguinte, do direito à restituição), fique a critério do contribuinte, seja via precatório ou mediante o procedimento administrativo de compensação, após o trânsito em julgado em seu favor. Nesse sentido o trecho abaixo, extraído do voto proferido pelo Ministro Mauro Campbell Marques:

> ...a sentença do Mandado de Segurança que reconhece o direito à compensação tributária (Súmula 213/STJ: "O mandado de segurança constitui ação adequada para a declaração do direito à compensação tributária"), é título executivo judicial, de modo que o contribuinte pode optar entre a compensação e a restituição do indébito (Súmula 461/STJ: "O contribuinte pode optar por receber, por meio de precatório ou por compensação, o indébito tributário certificado por sentença declaratória transitada em julgado").[8]

---

7. Súmula transcrita em julgado do STJ, mais adiante colacionado.

8. STJ. Segunda Turma. Embargos de Declaração no Agravo Interno no Recurso Especial n. 1.778.268/RS. Ministro Relator Mauro Campbell Marques. DJe 01/03/2021.

Aqui adentramos exatamente no assunto deste estudo, quando o STJ permitia, nos mesmos moldes do que agora foi definido pelo STF, (trataremos disso mais adiante), a restituição em espécie, do que foi reconhecido como pagamento indevido no período anterior à impetração do *writ*, via cumprimento de sentença e, por conseguinte, expedição de precatório ou requisição de pequeno valor, (RPV).

Mas esse posicionamento naquela Superior Corte, mais frequente na sua 2ª Turma, não se consolidou, e manifestações outras foram no sentido inverso, a não permitir o manejo desta fase processual adicional, (de cumprimento de sentença), no mandado de segurança, ao argumento de que infirmariam as Súmulas 269 e 271 do STF. Vejamos, quanto a isso, trecho do voto proferido pelo Ministro Paulo Sérgio Domingues:

> ...mantém-se a fundamentação adotada pelo acórdão ora embargado quanto à impossibilidade de se postular a execução do título judicial a fim de se obter a restituição dos tributos recolhidos indevidamente nos dez anos que antecederam a impetração mediante precatório, haja vista que tal providência, acaso deferida, além de conferir efeitos patrimoniais pretéritos ao *mandamus*, o que esbarra na restrição estabelecida na Súmula 271/STF, implicaria também na utilização de mandado de segurança como substituto de ação de cobrança, o que é vedado pelo entendimento cristalizado na Súmula 269/STF.[9]

E a pergunta que fica, então, é como obter esses valores, reconhecidos como pagamento indevido, se o contribuinte não tiver débitos a compensar, (muito comum quando o contribuinte migra para o regime do Simples Nacional, por exemplo), já que não pode se valer do cumprimento de sentença no mandado de segurança?

---

9. STJ. Primeira Turma. Embargos de Declaração nos Embargos de Declaração no Agravo Regimental no Recurso Especial n. 1.176.713/GO. Ministro Relator Paulo Sérgio Domingues. DJe 20/03/2023.

A primeira alternativa dada pelo STJ foi o ajuizamento, posterior ao *mandamus* já transitado em julgado, da ação de repetição de indébito, (não perderemos tempo aqui discorrendo sobre os problemas dessa alternativa diante da economia e celeridade processuais que devem ser, sempre, buscadas)[10].

A segunda alternativa, chave central do problema que se quer enfrentar neste texto, foi a de permitir o pedido administrativo de restituição, com base na decisão do mandado de segurança transitado em julgado. Vejamos, quanto a isso, o voto proferido pelo Desembargador convocado Manoel Erhardt:

> ...o provimento judicial buscado pela via mandamental não é condenatório, mas apenas declaratório do direito de se garantir o ressarcimento do indébito tributário, cuja natureza jurídica é semelhante ao provimento declaratório da compensabilidade dos valores indevidamente pagos, que representa uma modalidade de restituição do indébito tributário.[11]

Note, pelo pequeno trecho acima transcrito, que há todo um esforço argumentativo para dizer que a restituição administrativa de valores afasta eventual viés condenatório do provimento judicial, o que também evita a alegação de que estar-se-ia infringindo as Súmulas 271 e 269 do STF, (efeito patrimonial pretérito e uso do mandado de segurança como ação de cobrança, respectivamente), mas qual seria o real problema de se reconhecer o efeito condenatório,

---

10. "*...para resguardar os interesses da parte impetrante, o STJ já possui jurisprudência de que a impetração do writ interrompe a prescrição, para fins de Repetição de Indébito. Isso reforça o entendimento de que o ressarcimento, por precatório judicial, relativo ao período anterior da impetração deverá ser pleiteado necessariamente pelas vias judiciais adequadas.*" (Voto do Ministro Herman Benjamin proferido no REsp 1.770.495/RS, em julgamento da 1ª Seção do STJ, cujo acordão foi disponibilizado no DJe de 17/12/2021).

11. STJ. Primeira Turma. Recurso Especial n. 1.951.855/SC. Ministro Relator (Desembargador convocado do TRF5) Manoel Erhardt. DJe 24/11/2022.

ainda que indireto, (ou anômala[12]), em mandados de segurança com essa pretensão?[13]

Sempre importante lembrar que estamos diante de Súmulas editadas em 1963, atinente a casos distantes, bem distantes, da repetição de indébito tributário. Tanto a Súmula 269 quanto a 271 decorrem de casos ligados ao funcionalismo público, (concurso e nomeação tardia; diferença de vencimentos; etc.), e foi para esses casos que tivemos vedação ao uso do *writ* como ação de cobrança ou para obter efeitos patrimoniais pretéritos.

Ora, se a própria lei do mandado de segurança, (Lei 12.016/2009), incorporou essa vedação jungida, insista-se, a temas ligados ao funcionalismo público, basta aplicá-la, reconhecendo que aqueles verbetes motivaram essa regra, mas limitada a referido contexto, (como dispõe o § 4º, do art. 14, da mencionada Lei 12.016/2009[14]).

Tudo isso evidencia a não aplicação destas Súmulas a casos atinentes a temas tributários. A Súmula 269/STF, inclusive, já havia tido sua distinção reconhecida, (ainda que implicitamente), quando do julgamento do Tema 831, (RE

---

12. "Essa eficácia condenatória 'anômala', vale advertir, se manifestará somente nas demandas declaratórias da compensabilidade cujo fundamento seja a discussão acerca da existência do indébito tributário que constitui um dos elementos do direito à compensação. Significa dizer, a contrário senso, que as tutelas declaratórias de compensabilidade fundadas exclusivamente em questões atinentes ao regime jurídico de compensação não terão o condão de produzir a eficácia 'condenatória' a que se refere a Súmula 461 do STJ." (DALLA PRIA, Rodrigo. Direito Processual Tributário. São Paulo: Noeses, 2020, p. 226).

13. Para um maior aprofundamento em relação a esse ponto, ver: BUENO, Cassio Scarpinella. Mandado de segurança, restituição de indébito e cumprimento de sentença. In: As conquistas comunicacionais no direito tributário atual [Coord. Paulo de Barros Carvalho]. São Paulo: Noeses, 2022.

14. Art. 14 – [...]
§ 4º - O pagamento de vencimentos e vantagens pecuniárias assegurados em sentença concessiva de mandado de segurança a servidor público da administração direta ou autárquica federal, estadual e municipal somente será efetuado relativamente às prestações que se vencerem a contar da data do ajuizamento da inicial.

889.173/MS), que permitiu a via do cumprimento de sentença para o período a restituir posterior à impetração do *mandamus*.[15]

O fato é que este novo repetitivo do STF (Tema 1.262 – RE 1.420.691/SP) afasta a aplicação de ambas as Súmulas, (269 e 271), ao asseverar que o caminho correto para o recebimento em espécie do indébito tributário, mesmo no mandado de segurança, é o cumprimento de sentença e, por conseguinte, a expedição de precatório ou RPV.

3.2 Razões para entendermos que o desfecho dado no STF (RE 1.420.691/SP) encerra a discussão em torno deste assunto

O STF, no julgamento deste RE 1.420.691/SP, na sistemática dos repetitivos, deixa claro, (mesmo que certas questões de forma implícita), [i] que não é possível se buscar a restituição pela via administrativa, quando o indébito tributário foi reconhecido, (ainda que sem definição exata do *quantum*), em pronunciamento judicial; [ii] que nesse contexto, (reconhecimento judicial do indébito tributário, com respectiva condenação à devolução), a instauração do cumprimento de sentença, para expedição de precatório ou RPV, (observância do art. 100 da CF/88), é caminho

---

15. Extremamente importante o trecho doutrinário a seguir, ainda que vislumbrando a questão como superação, e não mera distinção: "No julgamento do recurso extraordinário 889.173/MS que culminou na manifestação contida no Tema 831 de repercussão geral, o STF reafirmou sua atual jurisprudência para reconhecer o direito à restituição do indébito tributário, por meio de precatório em mandado de segurança, em relação ao período compreendido entre a data da impetração e efetiva implementação da ordem concedida [...] Parece-nos lícito concluir, entretanto, que ao menos a Súmula 269 teria sido tacitamente superada em matéria tributária, na medida em que restou autorizada expedição de precatório em mandado de segurança, afastando o óbice consubstanciado na utilização do mandamus como ação de cobrança." (RIBEIRO, Diego Diniz; e ZOCCOLI, Gabriel Saccomano. *Mandado de segurança: já é hora de superar as Súmulas 269 e 271 do STF.* In. https://www.conjur.com.br/2023-out-01/processo-tributario-mandado-seguranca-hora-superar-sumulas-269-271#_ftnref8. Acesso dia 06/11/2023).

necessário, inclusive para pagamentos indevidos ou a maior ocorridos antes do ajuizamento da ação, se a pretensão do contribuinte for de recebimento em espécie; [iii] que esse pronunciamento judicial, bem como a fase subsequente de cumprimento de sentença, pode dar-se no mandado de segurança; [iv] que esse entendimento não infirma a possibilidade do cumprimento alternativo de sentença, via procedimento administrativo de compensação; e [v] que as Súmulas 269 e 271 do Pretório Excelso não são capazes de infirmar essas construções, (e, portanto, não se aplicam a temas tributários – distinção reconhecida).

Os itens "i" a "iii" listados acima possuem explícito reconhecimento neste julgado da Suprema Corte. O item "iii", em que pese a ausência de menção na tese, é incontestável já que o caso concreto que foi afetado, (elevado à condição de repetitivo), é um mandado de segurança, contexto amplamente analisado no voto proferido, e acompanhado à unanimidade, pela Ministra Relatora Rosa Weber.

O complemento feito no item "ii", atinente a aplicação do precedente aos pagamentos indevidos, ou a maior, realizados anteriormente à impetração do *writ*, também consta expressamente no voto proferido pela Ministra Rosa Weber, exatamente para distinguir esse repetitivo daquele exarado no RE 889.173/MS, (Tema 831):

> O tema veiculado no presente recurso extraordinário não diz com a temática versada no âmbito do RE 889.173/MS, Rel. Min. *Luiz Fux*, pois em discussão a possibilidade de restituição administrativa dos valores cobrados a maior nos 05 (cinco) anos que antecederam a impetração do mandado de segurança, ao passo que, naquela sede processual, o debate se restringia ao período atinente à data da impetração e da concessão de ordem mandamental.[16]

---

16. STF. Pleno. Recurso Extraordinário n. 1.420.691/SP (Tema 1.262). Ministra Relatora Rosa Weber. DJe 28/08/2023.

As conclusões atinentes aos dois outros itens restantes, ("iv" e "v"), porém, decorrem implicitamente do que foi decidido, em especial pelo confronto com as pretensões externadas pelo Estado-fisco em referido feito, mas isso em nada enfraquece a construção de que esse precedente deve findar os conflitos em torno do tema.

Com relação ao item "iv", em que concluímos que esse repetitivo não afeta a possibilidade alternativa do contribuinte se valer da compensação administrativa, (ao invés do recebimento em espécie, via precatório), as razões para tanto são:

O julgado em análise versa sobre o pagamento, (portanto, em espécie), a ser feito pela Fazenda Pública em decorrência de pronunciamentos judiciais, cenário a exigir orçamento próprio para tanto, (despesa, em sentido estrito), como exige o § 5º do art. 100 da CF/88, o que se distancia do instituto da compensação, onde não há desembolso por parte do Estado-fisco, mas sim ausência de recebimento, em razão deste encontro de contas, (obrigações mútuas, em que os sujeitos da relação se alteram – o credor em uma é devedor na outra -, cujo encontro implica a extinção de ambas, até o limite dos respectivos valores).

Ademais, a compensação é espécie de extinção da obrigação tributária, (art. 156, II, CTN), que depende de lei a criá-la e regulamentá-la em cada ente tributante (art. 170, CTN), sendo certo que quando decorrente de processo judicial, depende do trânsito em julgado para se consumar, (art. 170-A, CTN). Logo, impedir a compensação, quando há lei regulamentando, (como temos em âmbito federal – art. 74 da Lei 9.430/96), implicaria em invalidar esses comandos normativos (em especial o art. 170-A do *Codex* Tributário), o que não temos em referido julgado do STF.

Por fim, e principalmente, o instituto da compensação, no contexto no RE 1.420.691/SP, não foi objeto de análise pela Suprema Corte e, portanto, não guarda qualquer relação com este repetitivo. O acórdão proferido na origem, conforme relatório da própria Ministra Rosa Weber, assevera que *"cinge-se a controvérsia no presente agravo interno, tão somente, quanto a possibilidade de restituição na via mandamental e na via administrativa, salientando que a União Federal não se opõe à compensação"*.[17]

Logo, esse recente precedente do STF em nada alterará o que já restou consolidado, há muito tempo, no STJ, quanto ao uso alternativo da compensação, inclusive em ações mandamentais, (especialmente o disposto nas Súmulas 213 e 461 daquela Superior Corte).

O último item da relação apresentada no início deste subtópico é, de fato, o mais importante.

Afirmamos que o RE 1.420.691/SP julgado, insista-se, na sistemática dos repetitivos, afasta a incidência das Súmulas 269 e 271 do STF a ponto de permitir o cumprimento de sentença em mandado de segurança para repetir, via precatório, valores pagos indevidamente antes da impetração do *writ*, (últimos 5 anos).

Essa conclusão é consequência lógica dos fundamentos determinantes apontados naquele julgado: ao invés da restituição administrativa, será necessário instaurar a fase de cumprimento de sentença para, então, o pagamento acontecer via expedição de precatório, ou RPV. Com isso, restou chancelada a não aplicação da Súmula 269 aos casos tributários, já que autorizada, explicitamente, a "cobrança" em desfavor do Estado-fisco, via cumprimento de sentença[18], (o que já tínhamos, repita-se, quando do julgamento do Tema 831 - RE 889.173/MS).

---

17. STF. Pleno. Recurso Extraordinário n. 1.420.691/SP (Tema 1.262). Ministra Relatora Rosa Weber. DJe 28/08/2023.

18. "Diante das particularidades impostas pelo art. 100 da Constituição, o procedimento comum do cumprimento de sentença não se aplica à Fazenda Pública. Esta é

A inovação diz respeito com a Súmula 271, já que esse repetitivo analisa a restituição de valores pagos antes da impetração do *mandamus* e, portanto, incontestável seu efeito patrimonial pretérito, a evidenciar que mencionada Súmula não se aplica aqui, (distinção quanto aos casos de repetição de indébito tributário via mandado de segurança).

Ora, se a Suprema Corte decidiu, em julgado repetitivo, que não é possível a restituição administrativa de indébito tributário fundada em decisão judicial proferida em mandado de segurança, e, principalmente, que pretensão desse jaez, (recebimento em espécie daquilo que se pagou indevidamente ou a maior, antes da impetração do *mandamus*), demanda a instauração da fase subsequente de cumprimento de sentença, para expedição de precatório ou RPV, incontroverso que as limitações impostas nas Súmulas 269 e 271 do próprio STF não foram capazes de infirmar essa construção.

E isso é consolidado quando se verifica, no relatório da Ministra Rosa Weber, que referidas Súmulas foram invocadas pelo Estado-fisco e, portanto, foram consideradas na elaboração da *ratio* que deve vincular os demais órgãos do Poder Judiciário:

> Na presente sede recursal, a União aponta, em síntese, violação do art. 100 da Constituição Federal.
>
> [...] Aponta contrariedade às Súmulas 269/STF e 271/STF, pois, *essa canhestra interpretação que o contribuinte pretende impor a União transforma o mandado de segurança em substitutivo da ação de cobrança e passaria a produzir efeitos patrimoniais em relação à período pretérito.*[19]

---

executada por meio de um procedimento especial de cumprimento de sentença, regulado nos arts. 534 e 535 do CPC.
Embora se trate de um só processo, cada fase tem início por uma demanda própria. Há, para cada fase, uma pretensão à tutela jurisdicional distinta. A exigência de requerimento caracteriza o cumprimento de sentença que reconhecer a obrigação de pagar quantia como uma demanda contida no mesmo processo." (CUNHA, Leonardo Carneiro da. *Precatórios: atual regime jurídico.* Rio de Janeiro: Forense, 2023, p. 92).

19. STF. Pleno. Recurso Extraordinário n. 1.420.691/SP (Tema 1.262). Ministra Relatora Rosa Weber. DJe 28/08/2023.

Em suma, ainda que não conste expressamente no voto proferido pela Ministra Rosa Weber, não há como deixar de reconhecer que essas Súmulas, explicitamente invocadas pelo Estado-fisco, não tiveram o condão de alterar o desfecho dado à questão pelo STF, o que nos parece nítido caso de distinção, (reconhecimento, ainda que tácito, de que aqueles verbetes não se aplicam ao indébito tributário reconhecido em mandado de segurança).

4. DISPOSIÇÕES FINAIS

Totalmente incompatível o julgado proferido no REsp 1.951.855/SC, (que permite a restituição administrativa fundada em decisão, transitada em julgado, posta em mandado de segurança), com o precedente pretoriano exarado no RE 1.420.691/SP. A jurisprudência do STJ terá que se alinhar ao repetitivo do STF, não mais permitindo a restituição administrativa.

Entretanto, o ponto alto deste precedente da Suprema Corte não é, em nosso sentir, a vedação à via administrativa de restituição, mas sim a finalização da controvérsia em torno da possibilidade de se valer do cumprimento de sentença em mandado de segurança, para expedição de precatório ou RPV em decorrência do reconhecimento do indébito tributário.

Dito o mesmo de forma diversa, ainda que a ferramenta utilizada pelo contribuinte tenha sido o *mandamus*, poderá optar entre a compensação administrativa ou a repetição em espécie, via precatório, nos exatos termos da Súmula 461/STJ.

Esperamos que essa controvérsia, (especialmente na jurisprudência do STJ), se encerre diante do hodierno precedente pretoriano que, em nosso sentir, afasta dos indébitos tributários as limitações existentes nas Súmulas 269 e 271 do próprio STF.

REFERÊNCIAS

BUENO, Cassio Scarpinella. *Mandado de segurança, restituição de indébito e cumprimento de sentença.* In: As conquistas comunicacionais no direito tributário atual [Coord. Paulo de Barros Carvalho]. São Paulo: Noeses, 2022.

CONRADO, Paulo Cesar. *Compensação Tributária e Processo.* 2ª Ed., São Paulo: Quartier Latin, 2010.

CUNHA, Leonardo Carneiro da. *Precatórios: atual regime jurídico.* Rio de Janeiro: Forense, 2023.

DALLA PRIA, Rodrigo. *Direito Processual Tributário.* São Paulo: Noeses, 2020.

RIBEIRO, Diego Diniz; e ZOCCOLI, Gabriel Saccomano. *Mandado de segurança: já é hora de superar as Súmulas 269 e 271 do STF.* In. https://www.conjur.com.br/2023-out-01/processo-tributario-mandado-seguranca-hora-superar-sumulas-269-271#_ftnref8.

O PROCESSO ADMINISTRATIVO FISCAL FEDERAL E A RETOMADA DO VOTO DE QUALIDADE

Diego Diniz Ribeiro[1]

Carlos Augusto Daniel Neto[2]

INTRODUÇÃO

Recentemente foi promulgada a Lei nº 14.689/23, decorrente da sanção, com vetos[3], do PL nº 2.384/23 ("PL do

1. Advogado tributarista e aduanerista, sócio do Daniel & Diniz Advocacia, ex-conselheiro titular do Carf na 3ª Seção de Julgamento, professor de Direito Tributário, Direito Aduaneiro, Processo Tributário e Processo Civil, Doutor em Processo Civil pela USP, Mestre em Direito Tributário pela PUC-SP, pós-graduado em Direito Tributário pelo Ibet e pesquisador do NEF da FGV-SP e do grupo de estudos de Processo Tributário Analítico do Ibet.

2. Advogado tributarista e aduanerista, sócio do Daniel & Diniz Advocacia, ex-conselheiro titular do Carf nas 1ª e 3ª Seções de Julgamento, professor de Direito Tributário e Direito Aduaneiro, Pós-doutor pela UERJ, Doutor em Direito Tributário pela USP, Mestre em Direito Tributário pela PUC-SP, pós-graduado em Direito Tributário pelo Ibet.

3. Até a publicação do presente artigo, os vetos presidenciais estão pendentes de discussão no Congresso Nacional.

CARF"), a qual trouxe inúmeros efeitos sobre o crédito tributário na hipótese da resolução do julgamento favoravelmente à Fazenda Nacional, com o uso do chamado "voto de qualidade" no processo administrativo fiscal federal.

O presente artigo tem por escopo (*i*) precisar o âmbito de incidência dessa nova regulamentação do voto de qualidade, bem como (*ii*) antever os possíveis problemas daí decorrentes e (*iii*) propor possíveis soluções.

Antes, todavia, de seguir adiante com esse escopo, mister se faz circunstanciar a evolução normativa do voto de qualidade no âmbito do processo administrativo fiscal federal

1. A EVOLUÇÃO NORMATIVA DO VOTO DE QUALIDADE NO ÂMBITO DO PROCESSO ADMINISTRATIVO FISCAL FEDERAL

O Conselho Administrativo de Recurso Fiscais, ("CARF"), órgão vinculado ao Ministério da Fazenda, é composto diferentes órgãos, dentre os quais se destacam as suas turmas julgadoras, formadas por conselheiros representantes do Fisco e dos contribuintes. Essas turmas são compostas por oito conselheiros e igualmente divididas entre as citadas representações.

Nesse sentido, é possível que o resultado de uma votação termine empatado entre duas posições antagônicas, o que reclama uma alternativa jurídica para solucionar esse dilema.

Partindo do pressuposto que o lançamento tributário é ato administrativo, o qual presume-se válido e legal em razão dos seus atributos inerentes, em especial a presunção de legitimidade, por muito tempo perdurou no ordenamento jurídico federal a disposição do §9º do art. 25 do Decreto 70.235/72[4], segundo a qual, na hipótese de empate em

4. *Art. 25 (...).*

julgamento realizado no âmbito do CARF, a solução ficava à mercê do presidente de turma, na qualidade de representante da Administração Pública.

Importante destacar que nesse modelo não havia uma solução ou desfecho pré-estabelecido pelo legislador: havendo empate a solução do Presidente poderia ser tanto a favor da manutenção do crédito tributário quanto pela sua exclusão, a depender da sua posição diante do particular caso em concreto sob julgamento.

A sobredita regra perdurou até 14.04.2020, quando passou a vigorar o disposto no art. 19-E da Lei n. 10.522/02[5], segundo o qual, em caso de empate em "processo administrativo de determinação e exigência do crédito tributário", a decisão seria obrigatoriamente favorável ao contribuinte. Aqui, diferentemente da regra então vigente, a decisão em favor do contribuinte, em casos de empate, foi determinada pelo legislador, de forma geral e abstrata.

O âmbito de incidência do art. 19-E foi objeto de (indevida[6]) restrição por parte da Portaria ME n. 260/2020 e a própria disposição normativa foi objeto de questionamento

---

§ 9º Os cargos de Presidente das Turmas da Câmara Superior de Recursos Fiscais, das câmaras, das suas turmas e das turmas especiais serão ocupados por conselheiros representantes da Fazenda Nacional, que, em caso de empate, terão o voto de qualidade, e os cargos de Vice-Presidente, por representantes dos contribuintes.

5. *Art. 19-E. Em caso de empate no julgamento do processo administrativo de determinação e exigência do crédito tributário, não se aplica o voto de qualidade a que se refere o § 9º do art. 25 do Decreto nº 70.235, de 6 de março de 1972, resolvendo-se favoravelmente ao contribuinte.*

6. Tivermos a oportunidade de nos manifestar criticamente a tais restrições nos seguintes trabalhos: DANIEL NETO, Carlos Augusto. RIBEIRO, Diego Diniz. *O novo alcance do voto de qualidade e alguns questionamentos jurídicos decorrentes. In: Direto do CARF*: escritos analíticos sobre a jurisprudência do Conselho Administrativo de Recursos Fiscais. vol. II. São Paulo: Amanuense, 2021. p. 116-124; DANIEL NETO, Carlos Augusto. RIBEIRO, Diego Diniz. *O art. 19-E da lei n. 10.522/02 e as normas processuais híbridas nos processos sancionatórios. In: Direto do CARF*: escritos analíticos sobre a jurisprudência do Conselho Administrativo de Recursos Fiscais. vol. II. São Paulo: Amanuense, 2021. p. 125-131.

perante o Supremo Tribunal Federal, retratada nas ADIs n.s 6.399, 6.403 e 6.415.

Antes, todavia, do julgamento definitivo de tais ações de controle concentrado de constitucionalidade, em 12.01.2023 adveio a Medida Provisória (MP) n. 1.160, a qual revogou a disposição do art. 19-E da Lei n. 10.522/02 e reestabeleceu-se a previsão do §9º do art. 25 do Decreto 70.235/72. Tal MP, todavia, não foi convalidada em lei, de modo que seus efeitos perduraram apenas entre 12.01.2023 e 01.06.2023. Em 02.06.2023 voltou a vigorar a disposição do art. 19-E da Lei n. 10.522/02.

Depois dessas idas e vindas acerca do voto de qualidade no PAF federal, finalmente sobreveio a Lei n. nº 14.689/23, que reestabeleceu o voto de qualidade nos termos do art. §9º do art. 25 do Decreto 70.235/72, mas agora com inúmeras consequências para a obrigação tributária daí decorrente e que serão desenvolvidas a seguir.

2. OS EFEITOS DO VOTO DE QUALIDADE PÓS--LEI N. 14.689/23

Como já antecipado no tópico acima, com o advento da Lei n. 14.698/23, retomou-se a disposição do §9º do art. 25 do Decreto 70.235/72 em relação ao voto de qualidade nos processos administrativos fiscais federais. Logo, em caso de empate, prevalece a posição tomada pelo presidente da turma julgadora no caso concreto, necessariamente um conselheiro da representação fiscal e que pode favorecer tanto o administrado como a Administração. Caso, todavia, o voto de qualidade seja pela manutenção da exigência fiscal, referida disposição legislativa agora estabelece inúmeras consequências favoráveis ao contribuinte.

A primeira dessas consequências é o cancelamento das multas decorrentes da exigência fiscal, perdurando apenas a exigência do montante principal. Nessa hipótese, também será cancelada a correlata representação para fins penais, nos exatos termos do novel §9º-A do art. 25 do Decreto 70.235/72[7].

Em relação ao valor principal remanescente, uma vez notificado, o contribuinte tem até noventa dias para manifestar seu interesse em pagar o débito[8], caso em que serão excluídos os juros de mora, como previsto no art. 25-A do Decreto 70.235/72[9]. Esse valor poderá ainda ser parcelado em até doze vezes, sendo as parcelas corrigidas pela Selic[10], sendo que, na hipótese de inadimplência, serão retomados os juros moratórios incidentes sobre o principal[11].

Não obstante, esse saldo a ser pago pelo sujeito passivo derrotado pelo voto de qualidade poderá ser quitado por meio de prejuízo fiscal ou base de cálculo negativa da CSLL

---

7. *Art. 25. (...).*
§ 9º-A. Ficam excluídas as multas e cancelada a representação fiscal para os fins penais de que trata o art. 83 da Lei nº 9.430, de 27 de dezembro de 1996, na hipótese de julgamento de processo administrativo fiscal resolvido favoravelmente à Fazenda Pública pelo voto de qualidade previsto no § 9º deste artigo.

8. Existindo, nesse interregno, uma causa de suspensão de exigibilidade automática do tributo devido, nos termos do § 9º do art. 25-A do Decreto n. 70.235/72, *in verbis*:
Art. 25-A (...).
§ 9º No curso do prazo previsto no ***caput*** *deste artigo, os créditos tributários objeto de negociação não serão óbice à emissão de certidão de regularidade fiscal, nos termos do art. 206 da Lei nº 5.172, de 25 de outubro de 1966 (Código Tributário Nacional).*

9. *Art. 25-A. Na hipótese de julgamento de processo administrativo fiscal resolvido definitivamente a favor da Fazenda Pública pelo voto de qualidade previsto no § 9º do art. 25 deste Decreto, e desde que haja a efetiva manifestação do contribuinte para pagamento no prazo de 90 (noventa) dias, serão excluídos, até a data do acordo para pagamento, os juros de mora de que trata o art. 13 da Lei nº 9.065, de 20 de junho de 1995.*

10. Nesse sentido:
Art. 25-A. (...).
§ 1º O pagamento referido no ***caput*** *deste artigo poderá ser realizado em até 12 (doze) parcelas, mensais e sucessivas, corrigidas nos termos do art. 13 da Lei nº 9.065, de 20 de junho de 1995, e abrangerá o montante principal do crédito tributário.*

11. *Art. 25-A (...).*
2º No caso de não pagamento nos termos do ***caput*** *ou de inadimplemento de qualquer das parcelas previstas no § 1º deste artigo, serão retomados os juros de mora de que trata o art. 13 da Lei nº 9.065, de 20 de junho de 1995.*

de titularidade do próprio sujeito passivo, ou de pessoa jurídica controladora ou controlada, direta ou indiretamente, por tal sujeito[12]. Nessa situação, o débito pago é extinto sob condição resolutória (art. 25-A, § 5º) até que haja ulterior homologação do prejuízo fiscal ou base de cálculo negativa empregada para fins de adimplemento da obrigação fiscal. Importante registrar aqui que 100% do débito remanescente após o voto de qualidade poderá ser pago pelo emprego dos referidos créditos, diferentemente do que ocorre, *v.g.*, no âmbito da transação tributária federal[13] .

Outra hipótese trazida pela novel legislação é a possibilidade de adimplência do crédito tributário mantido por voto de qualidade mediante o emprego de precatórios[14]. Aqui também há uma diferença em relação à transação tributária, já que lá se admite não só o uso de precatório, mas também de direito creditório.

Outra consequência trazida pela nova lei é que, caso o sujeito passivo da obrigação tributária resolva seguir na discussão, só que agora no âmbito judicial, a Fazenda Nacional poderá inscrever em dívida ativa e executar apenas o valor da obrigação principal, acrescida de juros, mantendo-se a exclusão da multa e, ainda, afastando-se a possibilidade de incidência do encargo de 20%, previsto no art. 1º

---

12. *Art. 25-A (...).*
§ 3º Para efeito do disposto no § 1º deste artigo, admite-se a utilização de créditos de prejuízo fiscal e de base de cálculo negativa da Contribuição Social sobre o Lucro Líquido (CSLL) de titularidade do sujeito passivo, de pessoa jurídica controladora ou controlada, de forma direta ou indireta, ou de sociedades que sejam controladas direta ou indiretamente por uma mesma pessoa jurídica, apurados e declarados à Secretaria Especial da Receita Federal do Brasil, independentemente do ramo de atividade.

13. Nos termos da Lei n. 13.988/2020, o emprego de prejuízo fiscal e base de cálculo negativa de CSLL está restrita a 70% do valor total do débito a ser transacionado.

14. *Art. 25-A (...).*
§ 10. O pagamento referido no § 1º deste artigo compreende o uso de precatórios para amortização ou liquidação do remanescente, na forma do § 11 do art. 100 da Constituição Federal.

do Decreto-Lei n. 1.025/69[15]. Por fim, na hipótese de ajuizamento dessa execução fiscal, o executado com capacidade de pagamento fica desonerado do dever de garantia do juízo.

Não se considera com capacidade de pagamento aquele devedor que nos doze meses que antecederam o ajuizamento da medida judicial que tenha por objeto o crédito, não teve certidão de regularidade fiscal válida por mais de três meses, consecutivos ou não, expedida conjuntamente pela RFB e pela PGFN.

Por sua vez, a capacidade de pagamento será aferida pelo patrimônio líquido do executado, o qual deverá ser pautado em parecer de auditoria independente. Ademais, deverá o devedor apresentar bens livres e desimpedidos para futura constrição na hipótese de decisão desfavorável em 1ª instância pelo juízo da execução. Caso resolva alienar alguns desses bens, essa alienação deverá de comunicada à PGFN, com a indicação de outros bens em substituição àqueles arrolados, sob pena de propositura de medida cautelar fiscal. Por fim, o devedor não poderá possuir outros débitos para com a Fazenda Pública em situação de exigibilidade.

Por fim, o disposto no §9º-A do art. 25 do Decreto 70.235/72 (exclusão da multa e cancelamento da representação para fins penais) aplica-se automática e retroativamente aos casos julgados pelo CARF durante a vigência da MP n. 1.160/2023, bem como para todos os demais casos cujas exigências foram mantidas pelo voto de qualidade (independentemente de o fundamento ser o disposto na MP n. 1.160/2023) e que ainda estejam pendentes de decisão de mérito perante Tribunais Regionais Federais.

---

15. *Art. 1º É declarada extinta a participação de servidores públicos na cobrança da Dívida da União, a que se referem os artigos 21 da Lei nº 4.439, de 27 de outubro de 1964, e 1º, inciso II, da Lei nº 5.421, de 25 de abril de 1968, passando a taxa, no total de 20% (vinte por cento), paga pelo executado, a ser recolhida aos cofres públicos, como renda da União.*

De forma muito suscinta, essas são as principais mudanças trazidas pela Lei n. 14.689/2023 em relação ao voto de qualidade no bojo de processos administrativos fiscais federais. Convém agora avaliar os possíveis problemas decorrentes dessa legislação e debater eventuais soluções.

3. OS POSSÍVEIS PROBLEMAS DECORRENTES DA LEI N. 14.689/23 E EVENTUAIS SOLUÇÕES

No presente tópico faremos um exercício de futurologia acerca dos possíveis problemas a serem enfrentados com a incidência das disposições normativas que tratam dos efeitos atribuídos ao voto de qualidade e que foram sumarizados no item imediatamente acima para, na sequência, apresentarmos eventuais soluções para tais questões.

3.1 Primeiro problema: exclusão das multas e seu alcance

O §9º-A do art. 25 do Decreto n. 70.235/72 foi bastante amplo ao determinar a exclusão de multas e cancelamento da representação fiscal para fins penais "*na hipótese de julgamento de processo administrativo fiscal resolvido favoravelmente à Fazenda Pública pelo voto de qualidade*", pois bastaria, pelo menos na dicção literal do dispositivo, que *qualquer um dos capítulos da decisão* fosse resolvido pelo método de desempate para se aplicar o referido dispositivo.

Acontece que, entre os *capítulos do acórdão do CARF*, podemos ter questões de admissibilidade recursal (tempestividade, legitimidade, interesse, concomitância *etc.*), preliminares processuais (*e.g.* nulidades procedimentais), preliminares de mérito (*e.g.* decadência) e as questões meritórias. Tratam-se, na lição da doutrina processual, de *parcelas da decisão autônomas e independentes entre si*[16] – daí causar espécie que a existência de empate com voto de qualidade, a definição de uma dessas parcelas gere efeitos sobre outra, afetando parcela do mérito relativa às multas, a despeito da inexistência de qualquer prejudicialidade interna entre elas.

Por outro lado, o art. 25-A do Decreto nº 70.235/72, que dispõe sobre a possibilidade da exclusão de juros de mora na hipótese de pagamento no prazo de 90 dias, quando houver empate resolvido pelo voto de qualidade, estabelece em seu §7º que ele se aplica "*exclusivamente à parcela controvertida, resolvida pelo voto de qualidade*", dando a entender que o benefício estaria restrito à parcela da decisão resolvida por esse instrumento.

À evidência, a legislação traz uma distinção de alcance entre os dois dispositivos (art. 25, §9º-A e art. 25-A), a despeito de ambos tratarem de benesses ao contribuinte que perdeu seu processo pelo voto de qualidade: *i)* o art. 25, §9º-A cria uma *anistia* para a multa, condicionada à aplicação do voto de qualidade; e *ii)* o art. 25-A cria outra *anistia*, essa em relação aos juros moratórios e condicionada ao pagamento da obrigação principal por parte do devedor.

Nessa situação, portanto, é possível antever dois possíveis caminhos para solucionar o problema: *i)* adotar uma regulamentação infralegal restritiva do alcance do art. 25, §9-A, a exemplo do que foi feito por meio da Portaria ME nº 260/2020; ou *ii)* aplicar por analogia do §7º do art. 25-A. A primeira tentativa poderia esbarrar em um problema evidente de legalidade, ao passo que a segunda encontraria óbice no disposto no art. 111, inciso I do CTN, o qual prevê que *será interpretado literalmente a legislação tributária que disponha sobre exclusão do crédito tributário.*

---

16. DINAMARCO, Candido Rangel. *Capítulos de Sentença.* 3ª ed. São Paulo: Malheiros, 2008. p. 42-43.

O mais adequado, aqui, seria uma alteração legislativa para inserir um dispositivo que restringisse à anistia criada pelo art. 25, §9-A do Decreto n. 70.235/72, nos mesmos termos do §7º do art. 25-A, ou seja, restringindo o âmbito do alcance da norma ao capítulo da decisão resolvido pelo voto de qualidade.

3.2 Segundo problema: aplicação aos processos de cobrança de multas isoladas

Outro problema que pode surgir diz respeito à aplicabilidade desse regime a implicar a exclusão de multas aos *processos nos quais o único crédito controlado se refere a multas isoladas*. Isso se daria porque o art. 25-A estabelece que, após a resolução do julgamento por voto de qualidade, com a *vitória* da Fazenda Nacional, haveria a opção de pagamento do valor remanescente – que inexistiria na hipótese de multa isolada, já que a totalidade da multa seria afastada.

Por outro lado, na esteira da existência de alcances distintos para o art. 25, §9º-A e o art. 25-A do Decreto nº 70.235/72, poder-se-ia sustentar também que não há conexão normativa necessária entre os dois dispositivos, sendo o primeiro compatível com os processos de multas isoladas, ao passo que o segundo, por uma questão lógica, seria inaplicável a esses casos. Em outras palavras, da inaplicabilidade lógica do art. 25-A a esses casos, não se pode derivar a inaplicabilidade do art. 25, §9º-A.

Em reforço a essa posição, convém destacar que o Relator da Lei n. 14.689/2023, Senador *Otto Alencar*, no parecer por ele preparado à Comissão de Assuntos Econômicos a respeito da legislação, propôs duas emendas legislativas para deixar claro que só haveria exclusão da multa naqueles casos em que a sanção viesse acompanhada da exigência de uma obrigação principal[17], **emendas essas que não foram aprovadas pelo Congresso Nacional**, o que sublinharia a aplicabilidade do art. 25-A também para os casos de multa isolada.

A contrapartida a tal posição, mais uma vez, seria o fato de a incidência do art. 25-A do Decreto n. 70.235/72 pressupor a existência de *julgamento de processo administrativo fiscal resolvido definitivamente* ***a favor*** *da Fazenda Pública*, o que não ocorreria na hipótese de julgamento de processos em que se discute apenas multa isolada, pois a incidência do art. 25-A, nessa hipótese, anularia qualquer sucesso fazendário, gerando uma situação contraditória, uma "vitória de Pirro" para o Erário.

Na atual redação, em uma interpretação lógica do dispositivo do art. 25-A, há fundamentos para afastar apenas aquelas multas que acompanham uma obrigação principal, não se aplicando, todavia, para aqueles casos em que há incidência de sanções isoladas. Da mesma forma, sob uma interpretação genética, a partir dos debates legislativos, há razões para considerar que essa interpretação teria sido rechaçada junto com a emenda legislativa rejeitada.

---

17. Esse é o teor do parecer no trecho que aqui interessa:
Nesse ponto, propomos duas emendas de redação para que fique clara a adoção do voto de qualidade, na forma disciplinada pela lei em que se converter o projeto, bem como a exclusão apenas das multas que sejam acessórias do débito tributário principal. Eventuais penalidades que sejam objeto exclusivo da autuação, caso de penalidades por infração da legislação aduaneira, não são afastadas pelo voto de qualidade, pois configuram o montante principal da dívida. (disponível em: Voto de qualidade no Carf é aprovado na CAE do Senado e segue ao plenário - JOTA. Acessado em 07.11.2023).
Por sua vez, a redação proposta e rejeitada era a seguinte:
Art. 25 (...).
§ 9º-A Ficam excluídas as ***multas incidentes sobre o valor do principal*** *e cancelada a representação fiscal para fins penais de que trata o art. 83 da Lei nº 9.430, de 27 de dezembro de 1996, na hipótese de julgamento de processo administrativo fiscal resolvido favoravelmente à Fazenda Pública pelo voto de qualidade previsto no § 9º deste artigo;* (grifos nosso).

Diante desse quadro, seria relevante uma alteração legislativa para esclarecer definitivamente esse ponto, evitando uma eventual controvérsia judicial a respeito.

3.3 Terceiro problema: o art. 25-A, §§ 3º a 6º do Decreto nº 70.235/72 e a compensação com prejuízos fiscais

Como já desenvolvido aqui, uma das grandes novidades que a legislação trouxe foi a possibilidade de compensação de prejuízos de controladas ou controladoras diretas ou indiretas, bem como de sociedades sob controle comum. A referida compensação tem efeito extintivo, sujeito a condição resolutória da sua ulterior homologação (§5º), que deve se dar no prazo de 5 anos (§6º).

É muito provável que tal medida gerará a criação de um mercado de empresas inativas com saldos acumulados de prejuízos fiscais, que serão adquiridas com deságio para compensar os débitos mantidos pelo voto de qualidade. Entretanto, esse procedimento poderá esbarrar numa dificuldade prática relevante: *a comprovação documental da existência do prejuízo fiscal*.

O CARF possui jurisprudência no sentido de que o Fisco pode analisar fatos, operações e documentos relativos a períodos já atingidos pela decadência, para fins de verificar a repercussão deles no futuro, na composição do saldo de prejuízos fiscais e base de cálculo negativa de CSLL (*e.g.* acórdão nº 1402-003.350 e 1402-006.385), ficando apenas vedado lançar créditos tributários referentes a esses períodos.

Parece-nos razoável esperar que essas compensações sejam objeto de um escrutínio bastante criterioso da RFB, que poderá exigir a comprovação da formação desse saldo de prejuízos para homologar a compensação, o que demandaria uma documentação que muitas das empresas inativas, os potenciais alvos nesse mercado, podem não ter. Na hipótese de não homologação da compensação, parece-nos ser o caso de aplicação do §8º, com a inscrição dos valores já constituídos em dívida ativa da União, para cobrança judicial.

3.4 Quarto problema: exclusão da multa nos casos de exclusão de sujeito passivo ou responsável tributário

Existe ainda um outro problema não pensado pelo legislador no que tange à exclusão da multa na hipótese em que o processo administrativo agregue uma discussão de sujeição passiva ou de responsabilidade tributária.

Imaginemos que uma determinada autuação seja concluída com a indicação, como sujeito passivo, *(i)* do contribuinte, pessoa jurídica aqui chamada de "Z", bem como *(ii)* contra outra pessoa jurídica (PJ "Y"), acusada de integrar um grupo econômico de fato com a empresa "Z" e ter um inequívoco interesse comum na situação que constituiu o fato gerador (art. 124, inciso I do CTN) e, ainda, *(iii)* o sócio administrador da PJ "Z", a pessoa física aqui chamada de "Sr. X", em razão do disposto no art. 135, inciso III do CTN.

Imaginemos ainda que, ao final do processo administrativo fiscal, a turma julgadora do CARF mantenha a exigência fiscal contra a empresa "Z" por unanimidade de votos e mantenha a sujeição passiva da "PJ Y" e a responsabilidade do "Sr. X" por voto de qualidade para ambos os casos.

Na situação aqui hipoteticamente apresentada, os efeitos da decisão por voto de qualidade (afastamento da multa) a beneficiar a "PJ Y" e o "Sr. X" se estenderia à empresa "Z"?

Uma resposta possível é que, em se tratando de uma obrigação solidária, o benefício alcançado por um dos devedores solidários se estenderia aos demais. A contrapartida, todavia, seria argumentar que esse benefício configuraria uma exceção pessoal[18-19], cuja incidência, portanto, estaria restrita aos devedores solidários ("PJ Y" e "Sr. X").

Pois bem. Partindo do pressuposto que a decisão por voto de qualidade em prol apenas de alguns autuados configuraria uma exceção pessoal e, ainda, na hipótese de todas as pessoas acima citadas ("PJ Z", "PJ Y" e "Sr. X") insistirem na discussão judicial, a União teria que ajuizar duas execuções fiscais, a serem distribuídas por dependência, na qual uma delas abrangeria a cobrança do valor integral contra a "PJ Z" e a outra apenas a cobrança do principal e juros moratórios, sem multa e encargo do Decreto-Lei n. 1.025/69, contra a "PJ Y" e o "Sr. X"?

Caso de fato esse seja o procedimento a ser tomado e havendo oposição de embargos pela "PJ Y" e pelo "Sr. X" sem a necessidade de garantia do juízo, sendo tais embargos favoráveis, no sentido de cancelar integralmente o valor principal exigido, essa decisão favoreceria a "PJ Z"?

Por fim, se ao invés de embargar a execução fiscal e após o seu ajuizamento a "PJ Y" e o "Sr. X" resolvem aderir a uma transação tributária, o pagamento do valor transacionado (com redução de juros) a ser realizado por tais pessoas implicará a extinção do total débito da "PJ Z" ou, nesse caso, deverá haver uma imputação proporcional do pagamento feito pela "PJ Y" e pelo "Sr. X" na dívida da

---

18. Nos termos dos artigos 273 e 274 do Código Civil, *in verbis*:
Art. 273. A um dos credores solidários não pode o devedor opor as exceções pessoais oponíveis aos outros.
Art. 274. O julgamento contrário a um dos credores solidários não atinge os demais, mas o julgamento favorável aproveita-lhes, sem prejuízo de exceção pessoal que o devedor tenha direito de invocar em relação a qualquer deles.

19. *O vocábulo **exceção** tem aqui sentido amplo, compreendido toda a defesa, fundada em direito, que possa ser arguida pelo réu.* (GOMES, Orlando. *Obrigações.* 17ª ed. Rio de Janeiro: Forense, 2008. p. 88) (grifos do Autor). Logo, quando se fala em exceções pessoais, o que se está referindo é a existência de defesas que dizem respeito apenas a um ou alguns dos obrigados, as quais *não atingem nem contaminam o vínculo dos demais devedores* (VENOSA, Sílvio de Salvo. *Direito Civil.* 9ª ed. vol. II. São Paulo: Atlas, 2009. p. 115.).

"PJ Z"? E se tal pagamento se der de forma parcelada, a execução ajuizada contra a "PJ Z" deverá ser suspensa até que haja o integral pagamento do acordado na transação celebrada pela "PJ Y" e pelo "Sr. X"?

A Lei n. 14.689/2023 não traz qualquer resposta para esses questionamentos, os quais deverão ser respondidos pelos nossos Tribunais, na medida em que esses problemas forem levamos ao conhecimento do Poder Judiciário. Quer nos parecer, todavia, que partindo da posição prevalente na doutrina acerca da natureza das obrigações solidárias, i.e., de que tais obrigações geram uma pluralidade (e não uma unidade) de vínculos[20], que a posição a ser adotada será a de que os efeitos do voto de qualidade configuram uma exceção pessoal e, portanto, estão limitados àquele(s) que foi(ram) agraciado(s) com tal voto.

3.5 Quinto problema: o cancelamento da representação fiscal para fins penais

Um dos aspectos muito elogiados da nova regulamentação seria o cancelamento de representação fiscal para fins penais na hipótese de resolução do caso pelo voto de qualidade. A divisão dos Conselheiros quando do julgamento pelo CARF seria um sinal portentoso quanto a inexistência de conduta fraudulenta por parte do sujeito passivo da obrigação fiscal.

Entendemos, entretanto, que a referência ao cancelamento da representação fiscal para fins penais nos parece desprovida de efeitos práticos relevantes. Engana-se quem

---

20. A respeito do tema Orlando Gomes assim professa:
*A natureza da **obrigação solidária** é controvertida. Inclinam-se alguns para a tese da unidade e outros, em maioria, para a da **pluralidade**. Os adeptos da primeira teoria afirmam que existe um só vínculo. Os **pluralistas** sustentam que há tantos vínculos quantos devedores, ou credores, unidos pela identidade de objeto e de causa.* (*In: Obrigações*. 17ª ed. Rio de Janeiro: Forense, 2008. p. 79) (grifos do Autor).

entende que esse dispositivo será um óbice à persecução penal por crimes tributários, ou que afetaria de alguma forma processos penais em andamento no âmbito judicial, por ignorar a natureza e função desse ato.

Como já definido pelo STF na ADI nº 1.571-1[21], a representação fiscal é mera *notitia criminis*, a ser enviada ao MP depois do encerramento do processo administrativo, não sendo necessária, nem suficiente, para a propositura da ação penal, por meio da apresentação da denúncia (*e.g.* HC 81.611). Os crimes contra a ordem tributária são de *ação penal pública incondicionada*, podendo o seu titular propô-la **independentemente de qualquer manifestação da Administração Pública**, sem prejuízo da solicitação de cópia dos processos, ou mesmo do monitoramento, com cooperação da PGFN, do andamento de casos, aguardando o encerramento dessa etapa.

Logo, nos parece que o cancelamento da representação fiscal para fins penais não é suficiente para impedir a persecução penal, caso o *dominus litis* dessa ação, o Ministério Público, entenda pela existência de indícios de autoria e prova de materialidade suficientes para o oferecimento de denúncia perante a justiça criminal.

3.6 Sexto problema: o afastamento do encargo prescrito no Decreto-Lei 1.025/69 e a (im)possibilidade de imposição de verbas sucumbenciais

Como também já destacado no presente texto, caso o contribuinte vencido pelo voto de qualidade opte por manter a discussão no âmbito judicial, o crédito a ser executado, sem incidência de multa e acrescido dos juros moratórios, não poderá sofrer o acréscimo do encargo prescrito no 1º

21. ADI 1571, Relator(a): Gilmar Mendes, Tribunal Pleno, julgado em 10/12/2003.

do Decreto-Lei n. 1.025/69, nos exatos termos do art. 25-A, § 8º, inciso I do Decreto 70.235/72[22].

Segundo precedente vinculante do Superior Tribunal de Justiça, referido encargo seria um substitutivo dos honorários sucumbenciais em favor da Fazenda Pública. Nesse sentido:

> PROCESSO CIVIL. RECURSO ESPECIAL REPRESENTATIVO DE CONTROVÉRSIA. ARTIGO 543-C, DO CPC. EMBARGOS À EXECUÇÃO FISCAL PROMOVIDA PELA FAZENDA NACIONAL. DESISTÊNCIA, PELO CONTRIBUINTE, DA AÇÃO JUDICIAL PARA FINS DE ADESÃO A PROGRAMA DE PARCELAMENTO FISCAL. HONORÁRIOS ADVOCATÍCIOS (ARTIGO 26, DO CPC). DESCABIMENTO. VERBA HONORÁRIA COMPREENDIDA NO ENCARGO DE 20% PREVISTO NO DECRETO-LEI 1.025/69.
>
> ***1. A condenação, em honorários advocatícios, do contribuinte, que formula pedido de desistência dos embargos à execução fiscal de créditos tributários da Fazenda Nacional, para fins de adesão ao programa de parcelamento fiscal, configura inadmissível bis in idem, tendo em vista o encargo estipulado no Decreto-Lei 1.025/69, que já abrange a verba honorária*** *(Precedentes da Primeira Seção: EREsp 475.820/PR, Rel. Ministro Teori Albino Zavascki, julgado em 08.10.2003, DJ 15.12.2003; EREsp 412.409/RS, Rel. Ministra Eliana Calmon, julgado em 10.03.2004, DJ 07.06.2004; EREsp 252.360/RJ, Rel. Ministro Herman Benjamin, julgado em 13.12.2006, DJ 01.10.2007; e EREsp 608.119/RS, Rel. Ministro Humberto Martins, julgado em 27.06.2007, DJ 24.09.2007. Precedentes das Turmas de Direito Público: REsp 1.006.682/RJ, Rel. Ministra Eliana Calmon, Segunda Turma, julgado em 19.08.2008, DJe 22.09.2008; AgRg no REsp 940.863/SP, Rel. Ministro José Delgado, Primeira Turma, julgado em 27.05.2008, DJe 23.06.2008; REsp 678.916/RS, Rel. Ministro Teori Albino Zavascki, Primeira Turma, julgado em 15.04.2008, DJe 05.05.2008; AgRg nos EDcl no REsp 767.979/RJ, Rel. Ministra Eliana Calmon,*

---

22. *Art. 25-A (...).*
§ 8º Se não houver opção pelo pagamento na forma deste artigo, os créditos definitivamente constituídos serão encaminhados para inscrição em dívida ativa da União em até 90 (noventa) dias e:
I – não incidirá o encargo de que trata o art. 1º do Decreto-Lei nº 1.025, de 21 de outubro de 1969; e
(...).

> *Segunda Turma, julgado em 09.10.2007, DJ 25.10.2007; REsp 963.294/RS, Rel. Ministro Teori Albino Zavascki, Primeira Turma, julgado em 02.10.2007, DJ 22.10.2007; e REsp 940.469/SP, Rel. Ministro Castro Meira, Segunda Turma, julgado em 11.09.2007, DJ 25.09.2007).*
>
> ***2. A Súmula 168, do Tribunal Federal de Recursos, cristalizou o entendimento de que: "o encargo de 20%, do Decreto-Lei 1.025, de 1969, é sempre devido nas execuções fiscais da União e substitui, nos embargos, a condenação do devedor em honorários advocatícios".***
>
> *3. Malgrado a Lei 10.684/2003 (que dispôs sobre parcelamento de débitos junto à Secretaria da Receita Federal, à Procuradoria-Geral da Fazenda Nacional e ao Instituto Nacional do Seguro Social) estipule o percentual de 1% (um por cento) do valor do débito consolidado, a título de verba de sucumbência, prevalece o entendimento jurisprudencial de que a fixação da verba honorária, nas hipóteses de desistência da ação judicial para adesão ao programa de parcelamento fiscal, revela-se casuística, devendo ser observadas as normas gerais da legislação processual civil.*
>
> ***4. Consequentemente, em se tratando de desistência de embargos à execução fiscal de créditos da Fazenda Nacional, mercê da adesão do contribuinte a programa de parcelamento fiscal, descabe a condenação em honorários advocatícios, uma vez já incluído, no débito consolidado, o encargo de 20% (vinte por cento) previsto no Decreto-Lei 1.025/69, no qual se encontra compreendida a verba honorária.***
>
> 5. In casu, *cuida-se de embargos à execução fiscal promovida pela Fazenda Nacional, em que o embargante procedeu à desistência da ação para fins de adesão ao programa de parcelamento fiscal (Lei 10.684/2003), razão pela qual não merece reforma o acórdão regional que afastou a condenação em honorários advocatícios, por considerá-los "englobados no encargo legal de 20% previsto no Decreto-Lei nº 1025/69, o qual substitui, nos embargos, a condenação do devedor em honorários advocatícios".*
>
> ***6. Recurso especial desprovido. Acórdão submetido ao regime do artigo 543-C, do CPC, e da Resolução STJ 08/2008.***
>
> (REsp n. 1.143.320/RS, relator Ministro Luiz Fux, Primeira Seção, julgado em 12/5/2010, DJe de 21/5/2010.) (g.n.).

Considerando a disposição do art. 25-A, § 8º, inciso I do Decreto 70.235/72, conjugada com a *ratio decidendi* do aludido precedente vinculante, é possível concluir que, na hipótese de o sujeito passivo da obrigação tributária que saiu vencido na instância administrativa pelo voto de qualidade também sair derrotado na discussão judicial, é inaplicável a condenação de verbas sucumbenciais, sob pena do sobredito art. 25-A, § 8º, inciso I se tornar ineficaz.

Essa desoneração valeria independentemente do instrumento processual a ser empregado pelo devedor para combater o crédito tributário, ou seja, valeria tanto na hipótese de oposição de embargos à execução fiscal como também no caso de ajuizamento de ação anulatória de débito fiscal.

3.7 Sétimo problema: a dispensa da apresentação de garantia do juízo da execução fiscal e questões polêmicas

Ainda na hipótese de o derrotado pelo voto de qualidade insistir na discussão judicial do crédito remanescente, restou constatado que esse sujeito, comprovando sua capacidade econômica e atendendo alguns outros requisitos legais, estará desincumbido do ônus processual de garantir o juízo para fins de oposição de embargos à execução fiscal.

Acontece que, nos termos do art. 4º, § 2º, inciso I da Lei n. 14.689/2023[23], quer parecer que o legislador só contemplou a hipótese desse devedor ser uma pessoa jurídica, na medida em que a demonstração da exigida "capacidade de

---

23. *Art. 4º Aos contribuintes com capacidade de pagamento, fica dispensada a apresentação de garantia para a discussão judicial dos créditos resolvidos favoravelmente à Fazenda Pública pelo voto de qualidade previsto no § 9º do art. 25 do Decreto nº 70.235, de 6 de março de 1972.*
(...).
§ 2º Para os fins do disposto no caput *deste artigo, a capacidade de pagamento será aferida considerando-se o patrimônio líquido do sujeito passivo, desde que o contribuinte:*
I – apresente relatório de auditoria independente sobre as demonstrações financeiras, caso seja pessoa jurídica;
(...).

pagamento" perpassa pela análise do seu "patrimônio líquido" fundamentado em "relatório de auditoria independente sobre as demonstrações financeiras".

É possível, todavia, que o contribuinte derrotado no CARF pelo voto de qualidade seja uma pessoa física. Nesse caso, demonstrando capacidade de pagamento, ele também não estaria desincumbido do ônus processual de garantir o juízo para fins de oposição de embargos à execução fiscal?

Embora a legislação seja omissa, nos parece que aqui seria o caso de aplicar, por analogia, o disposto no art. 4º, § 2º, inciso I da Lei n. 14.689/2023. Nesse caso, a comprovação da sua capacidade de pagamento pautar-se-ia pela sua declaração de imposto de renda, na qual estão arrolados os bens e direitos do devedor a fazer frente ao débito executado. Aqui não há que se falar em incidência do art. 111, inciso I do CTN, uma vez que a previsão normativa debatida não veicula regra de direito material acerca da exclusão de crédito tributário, mas sim regra de direito processual acerca da garantia prévia do juízo para fins de oposição de embargos à execução fiscal.

Outro ponto ainda polêmico em relação a essa dispensa da garantia prévia do juízo é a exigência estabelecida no inciso IV do § 2º do art. 4º da Lei n. 14.689/2023[24]. Segundo referido dispositivo, o executado, para ser desonerado da garantia prévia do juízo da execução fiscal, deverá demonstrar a inexistência de débito para com a Fazenda Pública, aqui entendida como qualquer Fazenda Pública e não só a federal, o que restringe bastante o âmbito de incidência fática da norma.

E de fato essa restrição não restaria restrita à Fazenda Pública Federal em razão do prescrito no art. 4º, § 1º da

---

24. *Art. 4º (...).*
§ 2º (...)
*V – não possua outros créditos para com a **Fazenda Pública**, presentes e futuros, em situação de exigibilidade.* (g.n.).

Lei n. 14.689/2023[25]. Se essa restrição estivesse limitada à débitos para com a União, não haveria a necessidade da específica previsão do citado § 1º.

4. CONCLUSÕES

Diante de tudo o que fora aqui posto, resta claro que a Lei n. 14.689/2023 apresenta inúmeros problemas a serem resolvidos pelos nossos Tribunais, o que certamente redundará em um metacontencioso acerca de algumas regras que, em verdade, deveriam servir para encerrar lides tributárias.

Resta aguardar a recém-começada aplicação desses dispositivos, para verificar as interpretações que serão dadas pela Receita Federal, contribuintes e Judiciário a respeito dessa lei.

---

25. *Art. 4º (...).*
1º O disposto no caput *deste artigo não se aplica aos contribuintes que, nos 12 (doze) meses que antecederam o ajuizamento da medida judicial que tenha por objeto o crédito, não tiveram certidão de regularidade fiscal válida por mais de 3 (três) meses, consecutivos ou não, expedida conjuntamente pela Secretaria Especial da Receita Federal do Brasil e pela Procuradoria-Geral da Fazenda Nacional.*

FORMAS ALTERNATIVAS DE SOLUÇÃO DE LITÍGIO EM MATÉRIA TRIBUTÁRIA

Dionne Felipe[1]

I - INTRODUÇAO

O Brasil tem experimentado profundas reformas estruturais decorrentes da nova ordem econômica instalada no mundo. Nesse contexto, foi introduzido no artigo 37 da Constituição da República Federativa do Brasil, de forma expressa, o princípio da eficiência, anexado aos da legalidade, da finalidade, da motivação, da moralidade, da ampla defesa, do contraditório, da razoabilidade, da proporcionalidade, da segurança jurídica e do interesse público.

A busca da qualidade é uma conseqüência imediata do processo de globalização, mas não deve se submeter a uma visão meramente técnica. Ela surge como uma exigência do Estado Democrático Social, justificando a sua intervenção nos domínios da nossa vida.

---

1. Conselheira Federal da OAB, Presidente da Comissao Nacional de Advocacia Pública, Procuradora da Fazenda Nacional aposentada, Pós Graduada em Administraçao Publica pela FGV e em Integraçao Economica e Direito Internacional Fiscal pela FGV.

A República Federativa do Brasil, ao se constituir em um Estado Democrático de Direito, abre perspectivas de realizações profundas pela prática dos direitos sociais que nela estão inseridos e pelo exercício dos instrumentos que foram colocados à disposição para exercício da cidadania, o que possibilita concretizar a existência de um Estado promotor da justiça social fundado na dignidade humana.

Conforme Heleno Torres[2],

> "a economia dos procedimentos, a justa identificação da capacidade contributiva, por meios práticos, e a celeridade para viabilizar a atuação tributária, observados os direitos individuais e nos termos da legalidade, estes sim devem ser os instrumentos para promover o princípio da eficiência na Administração tributária. Eficiência esta que há de refletir na resolução de conflitos nesse domínio, cuja lentidão e excesso de procedimentos causam perdas inequívocas à Administração e aos contribuintes".

Pela importância que o tema encerra, discorrer sobre a introdução de medidas alternativas às modalidades ora adotadas para solução das controvérsias em matéria tributária, pois constituem as ferramentas eficazes e rápidas, desnudas de burocracia e do formalismo deletério.

Para tanto iniciamos fazendo considerações sobre o princípio da eficiência no processo tributário.

Sabemos que as normas jurídicas se subdividem em regras e princípios.

O ilustre mestre português Gomes Canotilho enuncia as diferenças entre regras e princípios e esta diferenciação é importante para que possamos analisar os fins decorrentes da sua aplicação, consignando que:

2. TORRES, Heleno Taveira. Transação, Arbitragem e Conciliação Judicial como Medidas Alternativas para Resolução de Conflitos entre Administração e Contribuintes – Simplificação e Eficiência Administrativa. *Revista Fórum de Direito Tributário – RFDT*. Belo Horizonte: Editora Fórum. mar/abr 2003, p. 91-126.

> Em primeiro lugar, os princípios são normas jurídicas impositivas de uma optimização, compatíveis com vários graus de concretização, consoante os condicionalismos fácticos e jurídicos; as regras são normas que prescrevem imperativamente uma exigência (impõe, permitem ou proíbem) que é ou não é cumprida (nos termos de Dworkin: *applicable in all-or-nothing fashion*); a convivência dos princípios é conflitual (Zagrebelsky), a convivência de regras é antinômica; os princípios coexistem, as regras antinômicas excluem-se. Conseqüentemente, os princípios, ao constituírem exigências de optimização, permitem o balanceamento de valores e interesses (não obedecem, como as regras, à < lógica do tudo ou nada>), consoante o seu peso e a ponderação de outros princípios eventualmente conflitantes; as regras não deixam espaço para qualquer outra solução, pois se uma regra vale(tem validade) deve cumprir-se na exacta medida das suas prescrições, nem mais nem menos.(...) em caso de conflito entre princípios, estes podem ser objeto de ponderação, de harmonização, pois eles contêm apenas ou que, em < primeira linha> (*prima facie*) devem ser realizados; as regras contém definitivas, sendo insuscetível a validade simultânea de regras contraditórias. Realça-se também que os princípios suscitam problemas de validade e peso (importância, ponderação, valia); as regras colocam apenas questões de validade (se elas não são correctas devem ser alteradas).[3]

Embora o princípio não regule uma norma específica, ele enuncia uma ideia que deve ser seguida tanto pelo Estado quanto por todos aqueles que se submetem à sua ordem. É assim, por definição, o mandamento nuclear de um sistema.

Nesse contexto, ao analisarmos o princípio da eficiência e a sua aplicação no âmbito do direito tributário, é de se pressupor que a obrigação constitucional expressa no art. 37[4], por força da Emenda Constitucional nº 19/98, deve ser seguida como uma norma plural tanto em relação à otimização no uso dos meios quanto em reação aos resultados.

3. CANOTILHO, Jose Joaquim Gomes. *Direito constitucional e teoria da constituição*. 3.ed. Coimbra: Almedina, 1999, p. 1087/1088.

4. Art. 37. A administração publica direta e indireta de qualquer dos Poderes da União, dos Estados, do Distrito Federal e dos Municípios obedecerá aos princípios de legalidade, impessoalidade, moralidade, publicidade e eficiência (...)".

Ressalte-se, outrossim, que o princípio da eficiência não é novidade nem no texto constitucional nem na doutrina jurídica. O mestre Hely Lopes de Meirelles[5] refere-se ao princípio da eficiência como

> "o que se impõe a todo agente público de realizar suas atribuições com presteza, perfeição e rendimento funcional. É o mais moderno principio da função administrativa que já não se contenta em ser desempenhada apenas com legalidade, exigindo resultados positivos para o serviço público e satisfatório atendimento das necessidades da comunidade e de seus membros".

Também é certo que, antes da Emenda Constitucional nº 19/98, a palavra eficiência vinha inserida de forma tímida[6] no corpo constitucional, como uma exigência inerente do Estado de Direito Social. De rigor, o princípio da eficiência sempre esteve implícito na Constituição até mesmo decorrente da aplicação dos demais princípios constitucionais,

André L. Costa-Côrrea[7] ensina que, para se fixar o sentido do termo eficiência e sua conseqüente decomposição na área tributária, "deve-se levar em consideração a advertência de Gabardo[8] de que a identificação, para fins acadêmicos do que seja 'eficiência' não deve se prender às explicações lingüísticas, visto que o termo é apreendido com os mais variados sentidos em razão do *locus* científico que é tomado

---

5. MEIRELLES, Hely Lopes. *Direito Administrativo Brasileiro*. São Paulo: Malheiros. 1998, p.

6. Art. 74. Os Poderes Legislativo, Executivo e Judiciário manterão, de forma integrada, sistema de controle interno com a finalidade de: (...) II – comprovar a legalidade e avaliar os resultados, quanto à eficácia e *eficiência*, da gestão orçamentária, financeira e patrimonial nos órgãos e entidades da administração federal, bem como da aplicação de recursos públicos por entidades de direito privado".

7. COSTA-CÔRRES, André L. Pesquisas Tributarias – Nova Série 12. Princípio da eficiência em matéria tributária. Coordenador Ives Gandra da Silva Martins. São Paulo: Editora Revista dos Tribunais. 2006, p. 53

8. GABARDO, Emerson. *Princípio constitucional da eficiência administrativa*: São Paulo. Dialética, 2002. p.22

como substrato teórico da investigação (ou seja, o termo 'eficiência', se observado sob os prismas das ciências da administração, da economia, da sociologia e, mais recentemente, do direito, acaba por apresentar sentidos não unívocos e concretos), porque a perspectiva científica determina a visão empregada, que se altera de acordo com os juízos valorativos do interprete" em razão de que "a própria opção por uma ênfase na natureza axiológica do termo (com destaque para elemento 'meio') ou na sua essência teleológica (com destaque para o elemento 'fim') traz distintas conotações", ou seja, análise do conceito de eficiência pelo menos em duas ciências (v.g., economia e direito; filosofia e administração; sociologia e lingüística) implica necessariamente uma dualidade de conteúdos, e, em conseqüência, uma pluralidade de sentidos científicos que impedirá a identificação do melhor sentido ou do mais adequado ao termo, mesmo sendo possível identificar-se o sentido mais aplicável ou não em uma dada ciência. Exemplo. Na filosofia, Abbagnano identifica "eficiência" como "correspondência ou adequação de um instrumento à sua função ou de uma pessoa à sua tarefa"[9]; enquanto na economia, José Afonso da Silva identifica o termo eficiência como "alocação de recursos de modo a aumentar o bem-estar pelo menos de um consumidor sem diminuir, simultaneamente, o de outros"[10].

Assim, o princípio da eficiência pode ser percebido como inerente a toda atividade pública, inclusive a tributária, sem que, com isso, possa contrastar com o princípio da legalidade[11].

---

9. ABBAGNANO, Nicola.Dicionário de Filosofia. Trad. Da 1. ed. Coord. E revista por Alfredo Bosi e ver. Da trad. E trad. De novos testtos Ivone Castilho Benedetti. São Paulo: Martins Fontes, 2000, p. 307.

10. DA SILVA, José Afonso. *Comentário contextual à Constituição.* São Paulo: Malheiros, 2005. p. 337.

11. Segundo Paulo Modesto: Em verdade, ao contrário de contrastar com o princípio da legalidade, ou legitimar sua atenuação, penso que o princípio da eficiência pode ser percebido como componente da própria legalidade, percebida sob um ângulo

Nesse sentido, o entendimento de Hugo de Brito Machado[12], ao esclarecer que

> "ao nosso ver, a adequada compreensão do princípio da eficiência, em matéria tributária, exige que se considere o objetivo da atividade tributária, sem perder de vista o objetivo essencial do Estado, que é a realização do bem comum, porque na verdade a tributação é simplesmente uma atividade-meio, instrumental, para viabilizar a atividade-fim do Estado que consiste na prestação de serviços à comunidade. E, para que seja assim, como realmente deve ser, a realização do princípio da eficiência, em matéria tributária, depende da observância dos demais princípios consagrados pela ordem jurídica com o objetivo de viabilizar o bem comum."

Um sistema fiscal eficiente representa um instrumento consistente para a realização da justiça fiscal e é esse papel que deve ser estudado para que se possa encontrar um equilíbrio entre as atividades inerentes do estado-fiscal e os direitos do cidadão-contribuinte.

Na seara tributária, a morosidade do sistema prejudica tanto os interesses dos particulares quanto da Fazenda Pública, desvirtuando a concepção inicial do Direito como um meio de solução de conflitos. Na evolução histórica do Direito, foram sendo construídas regras e padrões mais voltados ao comportamento e à segurança das pessoas e, só mais adiante, passou-se a pensar o direito no sentido de justiça.

Nesse Estado moderno, percebe-se o direito como meio de pacificação social. O sentido de Direito encontra-se intimamente ligado ao sentido de Justiça e analisando

---

material e não apenas formal. Refiro-me à legalidade material explorada excelentemente entre nós, há anos, pelo Prof. CELSO ANTÔNIO BANDEIRA DE MELLO, nomeadamente quando trata do *dever de atuação ótima ou excelente do administrador nas hipóteses de discricionariedade* (Cf.*Discricionariedade e Controle Judicial*, São Paulo, Malheiros, 1992, pp. 33-36)" MODESTO, Paulo, Revista Interesse Público, Ano 2, nº 7, julho/setembro de 2000, São Paulo: Ed. Notadez, 2000, p. 65-75

12. MACHADO, Hugo de Brito. Pesquisas Tributarias – Nova Série 12. PrincÍpio da eficiência em matéria tributária. Coordenador: Ives Gandra da Silva Martins. São Paulo: Editora Revista dos Tribunais. 2006, p. 53,

o direito tributário, sobre esse ângulo, parece justa a busca de mecanismo de soluções passíveis de resolver as controvérsias no âmbito do Direito Tributário. Isto porque o Estado, como arrecadador, é sempre visto com maus olhos, pois a carga tributária, quando muito alta, oprime, sufoca; quando insuficiente, fragiliza o Estado e exacerba as injustiças sociais. Casalta Nabais resume bem essa situação com a seguinte frase: "É o Estado fiscal que paga a conta do estado social"[13]. A melhora no estado social implica no aumento de impostos e a recuperação do passivo tributário brasileiro poderá concorrer para diminuição da carga tributária atual (uma das maiores senão a maior entre as Democracias ocidentais).

Fernando Facury Scaff, em brilhante artigo em homenagem a Nelson Saldanha, intitulado "O Jardim e a Praça ou a Dignidade da Pessoa Humana e o Direito Tributário e Financeiro", faz uma poética comparação utilizando a dualidade entre o lado privado da vida social que o poeta pernambucano denominou de jardim, e o lado público, denominado praça, trazendo-o para o campo do Direito Financeiro e do Direito Tributário[14].

---

13. NABAIS, José Casalta. Dever fundamental de pagar impostos. Coimbra: Almeidia, 1998, p. 674.

14. Diz Fernando Sacury Scaff: "O estudo do Direito Tributário contemporâneo ainda se encontra nessa fase tipicamente iluminista, na crença de que o Estado é mau e o individuo é bom. É um entendimento fundamentalmente liberal, no qual se crê que tudo é dado ao individuo, e que cada centavo tirado do bolso do cidadão será mal aplicado pelo Estado. Fazemos uma aposta: leia dez trabalhos de tributaristas contemporâneos e em pelo menos sete deles será encontrada a expressão *devemos conter a sanha arrecadatória do Estado* ou sua equivalente.
Já o Direito Financeiro é aquela área do Direito em que discutem coisas intangíveis, como *interesse público, necessidades publicas* ou a *teoria da escassez dos recursos*. É aquela área emm que se busca a aplicação dos recursos públicos em prol do bem comum, por meio do manejo dos princípios da *legitimidade e economicidade*, ou seja, de coisas intangíveis, dificilmente mensuráveis, com baixo nível de formalidade e alto grau de subjetividade.
O Direito Tributário limita a arrecadação: o Direito Financeiro busca a melhor utilização dos recursos arrecadados em prol do bem comum. Um é vinculado a uma ideia individual, de retirada do bolso privado; o outro é vinculado a uma ideia de

Através da lição que nos é dada pelo ilustre tributarista, resta-nos a busca dos mecanismos possíveis para cuidar cada vez mais do jardim, mas buscando um equilíbrio capaz de fazer com que o Estado cumpra o seu papel descrito na Constituição Federal.

O direito tem que se adaptar às mudanças. Reduzir a resolução das controvérsias apenas às determinações legais é ultrapassado e conservador e faz com que fiquemos impedidos de fazer o necessário equilíbrio para que o jardim e a praça consigam viver em harmonia. Deve-se mudar o paradigma que enxerga o direito restrito apenas às disposições legais para enxergá-lo dentro de uma concepção social nova, como na opinião de José de Oliveira Ascensão:

---

bem publico, de satisfação das necessidades publicas. Um busca limitar a arrecadação, e só se arrecada de quem tem bens; o outro visa à utilização desses bens arrecadados de quem em em prol de quem não tem ou de quem tem menos recursos.

Um possui uma ótica liberal, pois diz respeito ao uso do dinheiro auferido de conformidade com seus próprios desígnios, individualmente; o outro tem relação com o atendimento das necessidades publicas pelo Estado, enfim, uma visão mais social. Em um, o dinheiro é utilizado sob uma ótica privatística (poderíamos usar a expressão de Nelson Saldanha, personalística); o outro tem por escopo uma ótica publicística. É claro que pode haver deturpações, como a aplicação dos recursos arrecadados de todos em prol dos interesses da classe mais abastada, ou mesmo a desoneração dos mais ricos, porém são deturpações e não o escopo do sistema.

Em suma, o Direito Tributário representa o jardim, o que se esconde no recôndito da casa, no bolsos das pessoas, nas conta correntes, na contabilidade das empresas; e o Direito Financeiro corresponde à praça, onde se debatem as questões públicas, onde o orçamento público é discutido e votado, onde a Lei de Responsabilidade Fiscal limita os gastos a serem efetuados em itens orçamentários que muitas vezes necessitam de maior investimento público. As questões financeiras são de Estado, colocadas a público; as tributárias dizem respeito aos financiadores desses gastos. Não há aqui uma separação entre direito privado de um lado e público do outro, como ela também não existe na metáfora do jardim e da praça; a diferença ocorre na ótica que se aplica ao fenômeno, e não nele próprio.

Deve haver uma relação de equilíbrio, de complementaridade entre esses dois direitos, tal como existe entre o jardim e a praça, entre a esfera pública e a privada. Essa relação há de ser de equilíbrio dinâmico, histórico, com maior intensidade para um ou para o outro ao longo do tempo. Não pode haver jardim onde não existe praça, e vice-versa. Um não existe sem o outro."

> "(...) cabe ao jurista, justamente porque ergue o sistema do direito que é, revelar as contradições que nele se inserem em relação aos princípios que exprime ou para que deveria tender; pôr a nu discordâncias menos visíveis, desvelar os pontos em que a pretensa racionalidade do sistema é afinal a expressão de interesses espúrios e não de qualquer exigência superior. O que significa que o verdadeiro jurista é e só pode ser incômodo para os interesses instalados; e que a retórica dos *lobbies* é radicalmente incompatível com a construção cientifica do direito."[15]

Para que a prestação jurisdicional seja alcançada de forma efetiva é necessário que deixemos de lado a aplicação mecânica das normas e busquemos evoluir para alcançar os métodos alternativos de soluções de conflitos, conhecidos como ADR (Alternative Dispute Resolution): Conciliação, Mediação e Arbitragem. O Poder Judiciário brasileiro encontra-se em crise por força do número volumoso de processos judiciais que tramitam em todas as instâncias. A preocupação é enorme, pois as reformas processuais levadas a efeito não conseguem reduzir o número de ações em trâmite. O Poder Judiciário concluiu 26,9 milhões de processos em 2021, uma expansão de 11,1% no número de casos solucionados em relação a 2020. No mesmo período registrou-se o ingresso de 27,7 milhões de novas ações – incluídas as que retornaram a tramitar –, revelando um crescimento de 10,4%. Desses processos, 97,2% chegaram à Justiça já em formato eletrônico, de acordo com o Relatório Justiça em Números 2022, divulgado em 1º de setembro de 2023 pelo Conselho Nacional de Justiça (CNJ).

Constata-se, portanto, que a simplificação fiscal se apresenta não apenas como um meio de resolução de conflitos, mas como garantia ao império da lei que traduza uma busca de igualdade de condições entre Estado e contribuinte. O alargamento das medidas alternativas, simplificando

---

15. ASCENSÃO, José de Oliveira. *O Direito – Introdução e Teoria Geral – Uma Perspectiva Luso Brasileira*. Rio de Janeiro: Renovar, 1994, p. 179/180.

os procedimentos fiscais para solução de conflitos em matéria tributária, significará uma expressiva redução no número de pendências judiciais, tornando a justiça mais ágil no interesse do Estado e do cidadão.

II - FÓRMULAS ALTERNATIVAS DE SOLUÇÃO DE CONFLITOS NO DIREITO COMPARADO

No sistema americano de resolução de controvérsias tributárias, existe uma vontade enorme da Administração de resolver o impasse na fase administrativa. O uso da fase judicial é excepcional. Isto porque o sistema dispõe de vários procedimentos visando um acordo entre o contribuinte e os empregados da Administração. Além disso, o Escritório de Apelação é dotado de recursos humanos e materiais, fazendo com que exista a possibilidade do contraditório entre o órgão da Administração e o contribuinte. O acordo é sempre mais vantajoso. Além disso, o uso da via judicial é extremamente oneroso para as partes – além da condenação em custas de alto valor existe um sistema de sanções pela apresentação de recursos protelatórios – fazendo com que a utilização da fase administrativa seja a solução mais usada.

José A. Rozas Valdés[16], em brilhante estudo, apresenta o procedimento realizado no sistema tributário americano, de maneira minuciosa, como passamos a transcrever:

> "En el flujograma que acompaña esta relación se resume el procedimiento marco de liquidación vigente en EE.UU arrancando, como punto de partida, de la 30 Days Letter. Ultimada la comprobación administrativa el empleado que ha realizado las actuaciones remite al contribuyente este documento, que contiene una **propuesta de liquidación,** de por sí impugnable. Recibida dicha propuesta el contribuyente tiene tres opciones:

16. VALDÉS, José A. Rozas. La Resolución de controversias tributarias em el ordenamiento americano, Crônica Tributária, IEF, Ministério da Fazenda, num. 84, 199.

conformarse, presentar un recurso jurisdiccional o procurar la concertación con la Administración tributaria.

Para comprender el tratamiento que a la resolución de las controversias tributarias aplica el ordenamiento americano es preciso entender la posición jurídica que el mismo reconoce al ciudadano y a la Administración. En este sentido, y antes de exponer las tres opciones que se presentan ante una propuesta de liquidación –conformación, concertación o confrontación-, conviene tener presentes cuatro premisas formales que explican en buena medida el funcionamiento real del sistema:

a) En primer lugar la propuesta de liquidación no es título ejecutivo y, sin embargo, es directamente impugnable en vía administrativa o judicial, lo que no quiere decir –como equivocadamente se suele afirmar- que la Administración americana no esté dotada de autotutela ejecutiva ya que la liquidación –*90 Days Letter*- que sigue a la propuesta no discutida sí tiene fuerza de título ejecutivo, estando previsto en el ordenamiento un procedimiento administrativo de ejecución forzosa.

b) Por otra parte la vía judicial es extraordinariamente costosa e incierta tanto para la Administración como para el contribuyente desde el momento en que rige un principio general de condena en costas que se extienden a la cobertura de los gastos de defensa y de los costes judiciales del proceso.

c) La combinación de ambas circunstancias nos lleva directamente al protagonismo que en el sistema adquieren los sistemas de concertación, desde el momento en que tanto la Administración como el contribuyente buscan resolver sus diferencias a través de los mismos, lo que ha llevado a las Autoridades tributarias a asumir que las Oficinas de Apelaciones –el corazón administrativo de los sistemas de concertación- han de disponer de medios suficientes –humanos y técnicos- para resolver los procedimientos de forma eficiente y rápida.

d) Por último, en los procedimientos de concertación juega un papel crucial la confianza entre las partes, lo que pasa por exigir del contribuyente la firma de declaraciones juradas –con la trascendencia que tal extremo tiene en un país que sanciona el perjurio, social como jurídicamente, de forma grave-, limitar su representación a profesionales acreditados para actuar ante el *IRS*, y partir en todo procedimiento administrativo del histórico particular del contribuyente, de forma que no se dan las mismas oportunidades y facilidades a quien no tiene antecedentes de incumplimientos que a quien ha demostrado una conducta tributaria irregular".

Embora exista, como demonstramos, uma vontade real de resolver o assunto na esfera administrativa, tanto a Administração quanto o contribuinte podem recorrer às vias judiciais existentes que são a U.S. Tax Court – onde se localizam a maior parte dos litígios –, U.S. Court of Federal Claims e U.S. District Court.

Já, no sistema jurídico italiano, existem dois mecanismos de resolução alternativa de controvérsias tributárias: um no âmbito administrativo denominado de *accertamento con adhesione* e outro no âmbito judicial denominado de *conciliazione judiciale*.

O *accertamento con adhesione,* introduzido na Itália através da Decreto Legislativo nº 218, de 19.06.97, é uma espécie de transação extrajudicial e consiste num acordo entre a Administração tributária e o contribuinte. Trata-se, na prática, da determinação da dívida tributária mediante um acordo entre o contribuinte-devedor e a Administração-credora, como instrumento alternativo à liquidação administrativa. No *accertamento con adhesione,* a iniciativa de sua formulação pode ser tanto do contribuinte quanto da Administração.

Conforme Eva Andrés:

> "El procedimiento puede iniciarse a instancia de la Administración tributaria o a instancia del administrado. En el primer caso, en el curso de una actuación de comprobación e investigación, la Administración puede enviar un requerimiento al contribuyente para que comparezca antes de dictar el acto de liquidación, con el objeto de llegar a un acuerdo sobre la determinación de la deuda tributaria, indicando los tributos y períodos impositivos susceptibles de liquidación, así como el día y el lugar de la comparecencia. Esta comparecencia no es obligatoria para el contribuyente, de forma que la no comparecencia no supone la imposición de sanción alguna, pero una vez recibida la liquidación administrativa no podrá proponer a la Administración la liquidación con adhesión. En el segundo caso, el obligado tributario que está siendo objeto de una actuación de comprobación e investigación, antes de la notificación de la liquidación administrativa, puede solicitar a la Administración la formulación de

> la propuesta de liquidación con adhesión. La Administración, si lo estima oportuno, hará comparecer al obligado tributario. Pero incluso una vez que la Administración notifica al contribuyente la liquidación administrativa, éste podrá presentar una solicitud de *accertamento con adesione*. En este caso, el plazo para interponer el correspondiente recurso se suspende por un plazo de noventa días desde la presentación de solicitud. Esta solicitud del contribuyente se configura como una facultad de la Administración, no una obligación. Una vez llegado a un acuerdo, se formaliza mediante un acto por duplicado, suscrito y firmado por el contribuyente y por el superior jerárquico del órgano administrativo correspondiente o por un delegado del mismo, que debe indicar los elementos y la motivación de la liquidación con adhesión, la cuota a ingresar y los intereses de demora y, en su caso, las sanciones. Este acto no puede impugnarse por el contribuyente ni modificarse por la Administración, salvo en supuestos excepcionales tasados por la ley. Es muy importante que este acto esté motivado a efectos de control interno de la Administración. Los efectos del *accertamento con adesione* son la reducción de la sanción a un cuarto del mínimo legal establecido y, fundamentalmente, evitar la controversia que pudiera surgir entre Administración y obligado tributario. El *accertamento con adesione* se perfecciona con el pago por parte del contribuyente de la deuda resultante del acuerdo, bien de una sola vez, en el plazo de 20 días desde la formalización del acto, bien de forma fraccionada, en cuyo caso se perfecciona mediante el pago del primer plazo en veinte días desde la formalización del acto y la presentación de garantía suficiente".

Em dados gerais, o *accertamento com adhesione* reduziu em cerca de 30% (trinta por cento) os conflitos tributários na Itália.

Um segundo mecanismo de solução de controvérsias no sistema tributário italiano é a *conciliazione giudiziale*. Consiste em pôr fim ao objeto da controvérsia tributária através de acordo formulado nas Comissões Tributárias, que é uma espécie de jurisdição especial tributária italiana. Ela tanto pode solucionar totalmente o conflito, como pode solucionar apenas parte dele, prosseguindo o julgamento apenas para decidir a parte controvertida. Existem dois tipos de procedimentos: extrajudicial e judicial. No primeiro, quando a Administração e o contribuinte fazem um acordo e levam à Comissão apenas para confirmá-lo. Nesse caso, o Presidente da Comissão examina apenas os requisitos de legitimidade da proposta e declara a extinção do julgamento. No procedimento judicial, a proposta pode ser feita tanto pela Administração, pelo contribuinte ou pela própria Comissão. Chegando-se a um acordo, é redigida uma ata e o processo judicial é extinto.

Na análise da aplicação dos modelos de solução de controvérsias, alguns princípios devem ser objeto de análise, a saber:

O princípio da indisponibilidade do patrimônio público, nesse contexto do crédito tributário, está implícito no ordenamento jurídico, como também são indisponíveis o interesse público e o meio ambiente.

Novamente nos reportamos ao ensinamento de Heleno Torres[17] para entender precisamente o que seria "indisponibilidade do crédito tributário":

> "O princípio da indisponibilidade do patrimônio público e, no caso em apreço, do crédito tributário, desde a ocorrência do fato jurídico tributário, firmou-se como dogma quase absoluto do direito de estados ocidentais, indiscutível e absoluto na sua formulação, a tal ponto que sequer a própria legalidade, seu fundamento, poderia dispor em contrário. E como o conceito de tributo, até hoje não definido satisfatoriamente, acompanha também essa indeterminação conceitual da sua indisponibilidade, avolumando-se as dificuldades para que a doutrina encontre rumo seguro na discussão do problema".

E prossegue afirmando:

> "Berliri tentou responder a esta indagação fazendo a diferença entre *rapporto giuridico tributario* e "obrigação tributária", definindo como indisponível apenas o primeiro. No Brasil, onde

17. TÔRRES, Heleno. Op. Cit. P. 113/114

> a Constituição Federal discrimina competências prévias, prescrevendo os tributos que cada pessoa pode criar, isso permitiria vislumbrar uma indisponibilidade absoluta da competência tributária, mas não do "crédito tributário" – previsto em lei – que pode ser disponível para a Administração, segundo os limites estabelecidos pela própria lei, atendendo a critérios de interesse coletivo, ao isolar (a lei) os melhores critérios para constituição, modificação ou extinção do crédito tributário, bem como de resolução de conflitos, guardados os princípios fundamentais, mui especialmente aqueles da igualdade, da generalidade e da definição de capacidade contributiva. Eis o que merece grande acuidade, para alcançar respostas adequadas aos temas de conciliação, transação, arbitragem e outros pactos na relação tributária, tomando como premissa a inexistência, no direito, de um tal principio universal de "indisponibilidade do tributo".

O princípio da legalidade tributária (*nulum tributum sine lege*) consubstancia os ideais de justiça e segurança jurídica. A vedação de instituição, majoração ou extinção de tributo, sem que lei o preveja, está inserta no art. 150, I, da Constituição.

Roque Carazza[18] tem afirmado que

> "é da essência de nosso regime republicano que as pessoas só devem pagar os tributos em cuja cobrança consentirem. Tal consentimento há que ser dado, por meio de lei ordinária, pelo Poder Legislativo, com este fito reunido, conforme a Constituição."

Na Inglaterra, desde a Magna Carta de 1215, do Rei João Sem Terra, já vinha a imposição para que os barões ingleses obtivessem primeiro a prévia aprovação de seus súditos para a cobrança de tributos (*no taxation without representations*).

Assim, pelo princípio da legalidade, os tributos em nosso país só podem ser instituídos e arrecadados com base em lei. Isto significa que não basta apenas ao Fisco agir

18. CARAZZA, Roque. *Curso de Direito Constitucional Tributário*. 22.ed. São Paulo: Malheiros Editores, 2006, p. 244.

baseado na lei, mas que cada ato concreto do Fisco seja autorizado por uma lei. Está assim a atuação da Fazenda Pública vinculada à vontade coletiva descrita na norma legal.

Tal constatação nos leva ao entendimento de Roque Carazza[19] no sentido de que

> "no direito tributário, que é um direito de intervenção estatal, o comportamento das autoridades deve ajustar-se mais rigorosamente ao princípio da legalidade do que em outras áreas do Direito. Como conseqüência, o Fisco não pode, por decisão própria, isto é, sem base legal, prejudicar ou beneficiar os contribuintes. Pelo contrário, deve lançar e arrecadar os tributos na forma da lei. Do mesmo modo, salvo quando expressamente autorizado por ela, está proibido de renunciar aos créditos tributários ou de transacionar sobre os regularmente nascidos."

III – ALGUMAS INOVAÇÕES NA RESOLUÇÃO DAS CONTROVERSIAS EM MATÉRIA TRIBUTÁRIA

III .1 - Transação

A negociação dos créditos tributários sempre teve previsão no ordenamento jurídico. Basta lembrar que o art. 171 do Código Tributário Nacional dispõe: A lei pode facultar, nas condições que estabeleça, aos sujeitos ativo e passivo da obrigação tributária celebrar transação que, mediante concessões mútuas, importe em determinação de litígio e consequente extinção de crédito tributário".

A transação, derivada do latim *transactione* (ato de transigir) vem a ser o negócio jurídico através dos quais as partes fazem concessões recíprocas com o fim especial de dirimir conflitos.

---

19. _____. ____. p. 261.

O Código Tributário Nacional no seu art. 156, III, dentre os meios de extinção do crédito tributário, menciona a transação. Na seqüência, o art. 170[20] transfere para a lei a possibilidade de transação entre a Administração e o contribuinte.

No sistema tributário italiano a transação é denominada "*accertamento conadhesione*" e constitui, como já mencionado, na liquidação administrativa da dívida tributaria mediante um acordo que é formalizado através de um ato subscrito e assinado pelo contribuinte e pelo superior hierárquico do órgão administrativo correspondente, com caráter irretratável, salvo as exceções descritas em lei. Tal instituto pode ser utilizado para qualquer tipo de tributo, e pode ser da iniciativa tanto da Administração quanto do Administrado.

A transação tributária repousa as suas raízes no direito privado, pois o Código Civil de 1916 já previa em seu art. 1025 que as partes poderiam prevenir ou terminar um litígio mediante concessões mútuas.o âmbito do direito tributário a transação se justifica por força das inúmeras dificuldades encontradas para cobrança do crédito fiscal. Nesse aspecto o princípio da eficiência consagrado pela Constituição deve ser uma justificativa para introdução desse meio alternativo de resolução de controvérsias tributárias.

Como sabemos a constituição do crédito tributário se dá pelo lançamento. A transação, assim, só pode ter lugar após o lançamento e desde que o crédito seja duvidoso. Isto porque na transação não se renuncia ao crédito, mas à incerteza do seu recebimento.

Embora o art. 156, III, do Código Tributário Nacional contemple a transação como meio de extinção do crédito

20. Art. 171. A lei pode facultar, nas condições que estabeleça aos sujeitos ativo e passivo da obrigação tributária celebrar transação que, mediante concessões mútuas, importe em determinação de litígio e conseqüente extinção de crédito tributário.

tributário a simples transação não extingue o crédito. Apenas após o cumprimento do acordo celebrado no termo transacional com o pagamento é que o crédito tributário será extinto.

Nos últimos anos tivemos a edição da Lei n. 13988/2020, que disciplinou a transação tributária dos débitos federais, que possibilita a extinção do crédito tributário, nos termos do art. 156, III, do CTN, mostrando-se uma ótima alternativa para solução de conflitos.

São três as modalidades de transação previstas na Lei n. 13988/2020:

- a transação na cobrança de créditos inscritos em dívida ativa da União, Autarquias e Fundações Públicas, que pode ser dar por adesão ou de forma individual, por iniciativa da Procuradoria ou do próprio devedor;
- a transação por adesão no contencioso tributário de relevante e disseminada controvérsia jurídica, aplicável a débitos relacionados a teses que estejam em discussão administrativa ou judicial. Essa modalidade pressupõe que as discussões não tenham tido um desfecho na jurisprudência desfavorável ao contribuinte e são definidas pelo Ministério da Economia, com a possibilidade de que sejam oferecidos descontos de até 50% do crédito tributário;
- a transação por adesão no contencioso tributário de pequeno valor, aplicável a débitos que não superem 60 salários mínimos e que tenha como sujeito passivo pessoa natural, microempresa ou empresa de pequeno porte.

Na transação são oferecidos descontos de multa, juros e encargos legais, e a partir da classificação do devedor em categorias de A a D. Há ainda a possibilidade de utilizar também os créditos de IRPJ e CSLL decorrentes de prejuízo fiscal e base negativa até o limite de 70% do saldo devedor remanescente após eventuais descontos (condicionado à concordância das autoridades fiscal). Também foi concedida a possibilidade de utilização de precatório ou de direito creditório com sentença de valor transitada em julgado para amortização de dívida tributária principal, multa e juros, bem como a elevação do limite máximo de redução dos créditos de 50% para 65% e o aumento do prazo de quitação dos créditos de 84 para, no máximo, 120 meses.

III .2. Negócios jurídicos processuais

A Portaria PGFN nº 360, de 13 de junho de 2018, autoriza a realização de modalidades específicas de negócio jurídico processual pela Fazenda Pública Nacional.

O art. 38 da Portaria PGFN nº 33, de 08 de Fevereiro de 2018 (alterada pela Portaria PGFN nº 42, de 25 de Maio de 2018), traz orientação sobre o tema, a saber: "Art. 38. O Procurador da Fazenda Nacional poderá celebrar Negócio Jurídico Processual visando a recuperação dos débitos em tempo razoável ou obtenção de garantias em dinheiro, isoladamente ou em conjunto com bens idôneos a serem substituídos em prazo determinado, inclusive mediante penhora de faturamento, observado o procedimento disposto no regulamento expedido pela Procuradoria-Geral da Fazenda Nacional".

As modalidades de negócios jurídicos processuais estão disciplinadas em cinco artigos da Portaria PGFN n. 360 e são relacionadas ao calendário de atos processuais, ao cumprimento de decisões judiciais, à confecção ou conferência de cálculos, aos recursos (até mesmo sobre desistência) e inclusão do crédito fiscal e do Fundo de Garantia por Tempo de Serviço (FGTS) em quadro geral de credores da União.

Dentre as vedações a esses negócios (art. 1º, parágrafo único), encontramos restrições a sua celebração, por exemplo, se houver necessidade de anuência de outro órgão e esta não for demonstrada, se houver previsão de penalidade pecuniária ou se implicar disposição de direito material pela União. A necessidade de obediência às regras do CPC é enfatizada, já que figura mais de uma vez (art. 1º, caput, e parágrafo único, inciso IV).

Há ainda a previsão de necessidade de autorização prévia pelo Procurador-Chefe de Defesa ou pelo Procurador-Chefe de Dívida Ativa de cada Procuradoria-Regional (O art. 2º, inciso I), regra que comporta exceções no caso de órgãos de Coordenação da PGFN que atuam perante Tribunais Superiores (parágrafo único). A homologação prévia pelo órgão jurisdicional competente é facultativa sempre que este não atuar como partícipe (inciso II).

Por fim a Portaria PGFN nº 360 prevê a compilação de todos os negócios jurídicos processuais realizados, para o fim de disponibilização em sua intranet.

CONCLUSÃO

No presente artigo apresentamos algumas importantes modalidades alternativas de solução de controvérsias no âmbito do direito tributário.

Procuramos comparar as experiências de países tão diferentes do Brasil como a Itália e os E.E.U.U. buscando uma aproximação na solução dos conflitos e tentando trazer para o nosso sistema

Concluímos que a Constituição tem declarações e princípios que impulsionam o sistema de resolução de controvérsias, seja através do princípio da eficiência, seja pela realização da justiça.

Precisamos compatibilizar um sistema em que Fisco e contribuinte possam andar lado a lado na realização do interesse público.

Devemos dar nova roupagem ao princípio da indisponibilidade do tributo para adequá-lo aos tempos atuais. Esta nova roupagem nada mais é do que a constatação de que indisponível é o direito. Poderíamos assim falar em legalidade do tributo e não em indisponibilidade do tributo. Esta legalidade, entretanto, não pode ignorar que a Administração deve negociar e esta negociação não é proibida em nosso ordenamento jurídico.

No momento atual entendemos que a transação tributária, como meio de resolução de controvérsias tributárias assume um papel importante na solução rápida das demandas, tendo em vista que analisa a situação de cada contribuinte, fazendo que com que a sua capacidade de pagamento torne possível a celebração de transação que possibilite o cumprimento do acordo.

Enfim, não podemos esquecer que a simplificação fiscal se apresenta não apenas como um meio de resolução de conflitos, mas como garantia ao império da lei que traduza uma busca de igualdade de condições entre Estado e contribuinte. O alargamento das medidas alternativas simplificando os procedimentos fiscais para solução de conflitos em matéria tributária significará um instrumento garantidor da paz entre os homens, objetivo essencial na consolidação de um Estado Democrático de Direito.

REFERÊNCIAS BIBLIOGRÁFICAS

AMARO, Luciano. *Direito Tributário Brasileiro*. 10.ed., São Paulo: Saraiva, 2004.

ASCENSÃO, José de Oliveira. *O Direito – Introdução e Teoria Geral – Uma Perspectiva Luso Brasileira.* Rio de Janeiro: Renovar, 1994, p. 179/180.

ATALIBA, Geraldo. Princípios Constitucionais em Matéria Tributária. *Revista de Direito Tributário*, São Paulo: Revista dos Tribunais, n. 46, out/nov 1988

______. *República e Constituição.* 2.ed. São Paulo. Malheiros: 1998.

AYOUB, Luiz Roberto. *Arbitragem: o acesso à Justiça e a efetividade do processo* – uma nova proposta. Rio de Janeiro: Lumes Júris editora, 2005.

BASSO, Maristela. Soluções de controvérsias no Mercosul: reflexões sobre o sistema permanente. *Estudos Jurídicos*, v. 28, n. 72, 25-33, jan./abr., 1995.

CARAZZA, Roque. *Curso de Direito Constitucional Tributário.* 22.ed. São Paulo: Malheiros Editores, 2006.

CARREIRA ALVIM, José Eduardo. Tratado geral de arbitragem. Belo Horizonte: Mandamentos, 2000.

CAVALCANTE, Denise Lucena. *Execução Fiscal Administrativa e Devido Processo Legal,* in Revista do Curso de Mestrado da UFC, Vol. 26 , Fortaleza-Ce: Edições Universidade Federal do Ceará, Jan-Jun, 2007, p. 48/55

COSTA-CÔRRES, André L. Pesquisas Tributarias – Nova Série 12. Princípio da eficiência em matéria tributária. Coordenador Ives Gandra da Silva Martins. São Paulo: Editora Revista dos Tribunais. 2006, p. 53

DA SILVA, José Afonso. *Comentário contextual à Constituição.* São Paulo: Malheiros, 2005. p. 337.

GARCEZ, José Maria Rossani. *Reflexões sobre arbitragem: in memorian* do desembargador Cláudio Viana de Lima. São Paulo, LTR, 2002.

EL HAYEK, Samir. *O Significado Versículos do Alcorão Sagrado com comentários*. 11. ed. São Paulo: Marsa M Editora Jornalística Ltda, 1984.

FERNANDES, Edison Carlos. *Paz tributária entre as nações*. São Paulo, MP Editora, 2006.

FERRAGUT, Maria Rita. *Presunções no Direito Tributário*. São Paulo: Editora Quartier Latin, 2005.

GABARDO, Emerson. *Princípio constitucional da eficiência administrativa*: São Paulo. Dialética, 2002.

GUSTIN, Miracy Barbosa de Sousa; DIAS, Maria Tereza Fonseca. *(Re)pensando a pesquisa jurídica: teoria e prática*. Belo Horizonte: Del Rey, 2002.

GRUPENMARCHER, Betina Treiger. *Grandes Questões Atuais do Direito Tributário*. Coord. Valdir Amaral Rocha. São Paulo: Dialética, 2005.

GUTÉRREZ, Fabio Londoño. *Procedimientos Alternativos de Prevención y Resolución de Conflictos Tributarios: Propuestas para Colombia*. Salamanca: Fundación para el Desarrollo Integral del Valle del Cauca, 2006.

LAKATOS, Eva Maria. *Metodologia do trabalho científico: procedimentos básicos, pesquisa bibliográfica, projeto e relatório, publicações e trabalhos científicos*. 3. ed., São Paulo: Atlas: 1990.

LAPATZA, J. J. Ferreiro. *La Justicia Tributatria en España*. Madri: Marcial Pons Ediciones Jurídicas y Sociales, 2005.

__________, Arbitrage sobre relaciones tributarias. In: Convención y arbitraje em el Derecho Tributário, Marcial Pons Editora, p. 263.

MACHADO, Hugo de Brito. Pesquisas Tributarias – Nova Série 12.Princípio da eficiência em matéria tributária.Coordenador Ives Gandra da Silva Martins. São Paulo: Editora Revista dos Tribunais. 2006, p. 53,

MARTINS, Ives Gandra da Silva, MARTINS, Rogério Gandra & ELALI, André (org.). *Medida Cautelar Fiscal.* São Paulo: MP Editora, 2006.

________ (Coord.). *Princípios da Eficiência em matéria tributária.* São Paulo: Editora Revista dos Tribunais, 2006.

MEIRELLES, Hely Lopes. *Direito Administrativo Brasileiro.* São Paulo: Malheiros, 1998.

MELLO, José Eduardo Soares. *Curso de Direito Tributário.* São Paulo: Dialética, 2003.

MODESTO, Paulo. Notas para um debate sobre o princípio da Eficiência. *Revista Interesse Público,* Ano 2, nº 7, julho/setembro de 2000, São Paulo: Ed. Notadez, 2000, p. 65-75

MUZZI FILHO, Carlos Victor. A vontade do contribuinte no Direito Tributário (existem "contratos fiscais"?), Revista Jurídica da Procuradoria da Fazenda Estadual, n. 48/50, p. 11-32, out./jun., 2002/2003.

NABAIS, José Casalta, Boletim da Faculdade de Direito, Contratos Fiscais, Coimbra: Coimbra Editora, 1994.

NOVOA, Cesar Garcia. Mecanismos Alternativos para a resolução de controvérsias tributárias. Sua introdução no direito espanhol. Texto de comunicação apresentado ao seminário Mecanismi alternativi per a soluzione delle controversie in matéria tributária, organizado pela Scuola dei Specializzazione in Diritto e economia delle Comunita europee Jean Monet, em Caserta (Nápoles), no dia 09 de setembro de 2002, sob a direção do professor Gaetano Liccardo.

PISARIK, Gabriel Elorriaga (org.) *Convención y Arbitrage en el Derecho Tributário.* Madrid: Marcial Pons, 2004

PRUDENTE, Antonio Souza, SZKLAROWSKY, Leon Fredja. Execução Administrativa da Fazenda Pública. *Revista dos Procuradores da Fazenda Nacional,* Ano 3/4 , Brasília: Editora Consulex, 1999/2000.

ROSEMBUJ, Túlio. *La Transación Tributaria.* Barcelona: Atelier, 2004

SALDANHA, Nelson. *O Jardim e a praça*: ensaio sobre o lado privado e o lado público da vida social. Porto Alegre: Fabris Editora, 1986, p. 15

SERRANO, Mara Luisa González-Cuéllar. *Los Procedimentos Tributários: Su Terminación Transacional.* Barcelona: Colex, 1997.

SPONVILLE, André Comte, Pequeno Tratado das Grandes Virtudes, São Paulo: Ed. Martins Fontes, 1999, p. 34.

TORRES, Heleno Taveira. Transação, Arbitragem e Conciliação Judicial como Medidas Alternativas para Resolução de Conflitos entre Administração e Contribuintes – Simplificação de Eficiência Administrativa. *Revista Fórum de Direito Tributário.* Belo Horizonte: Fórum, Mar/Abr 2003, p. 91-126.

TRIBUTAÇÃO E INTANGIBILIDADE DE BENS E SERVIÇOS: METAVERSO E O CRITÉRIO ESPACIAL DA REGRA-MATRIZ DE INCIDÊNCIA TRIBUTÁRIA DO ICMS E DO ISS

Eduardo de Paiva Gomes [1]

Daniel de Paiva Gomes [2]

---

1. Doutorando em Direito Tributário pela Pontifícia Universidade Católica de São Paulo (PUC-SP). Mestre em Direito Tributário pela Escola de Direito da Fundação Getulio Vargas (FGV Direito-SP). MSc em Blockchain e Moedas Digitais pela Universidade de Nicosia. Especialista em Direito Tributário Nacional (PUC-COGEAE). Advanced Professional Certificate in International Taxation (APCIT) pelo International Bureau of Fiscal Documentation (IBFD). Conselheiro titular da 4ª Câmara Julgadora do Conselho Municipal de Tributos do Município de São Paulo. Juiz Contribuinte suplente do Tribunal de Impostos e Taxas do Estado de São Paulo - SP. Sócio de Vieira, Drigo, Vasconcellos e Paiva Gomes Advogados.

2. Doutorando em Direito Tributário pela Pontifícia Universidade Católica de São Paulo (PUC-SP). Mestre em Direito Tributário pela Escola de Direito da Fundação Getulio Vargas (FGV Direito-SP). MSc em Blockchain e Moedas Digitais pela Universidade de Nicosia. Especialista em Direito Tributário Nacional (PUC-COGEAE) e Internacional (Instituto Brasileiro de Direito Tributário - IBDT). Advanced Professional Certificate in International Taxation (APCIT) pelo International Bureau of Fiscal Documentation (IBFD). CIPM/CDPO pelo IAPP (International Association of Privacy Professionals). Sócio de Vieira, Drigo, Vasconcellos e Paiva Gomes Advogados.

1. INTRODUÇÃO

Com a evolução da tecnologia, é possível que eventos ocorram em ambiente intangível. A fisicalidade não é condição necessária para tal ocorrência, desde que verificáveis tais eventos a partir dos órgãos sensoriais. Exemplo de tal situação é o ambiente popularmente denominado como Metaverso, onde pessoas podem desenvolver atividades passíveis de serem qualificadas como fatos jurídico-tributários.

A controvérsia objeto do presente artigo ultrapassa os já conhecidos questionamentos referentes à tributação de intangíveis cujos efeitos são verificados no mundo tangível. A realidade mostra que renda, receita, consumo e propriedade são verificados em ambiente desprovido de fisicalidade, o que é viabilizado, de maneira exponencial, com o surgimento das tecnologias de registro distribuído, bem como dos criptoativos e do fenômeno da tokenização, inseridos no contexto da criptoeconomia.

Assume-se, portanto, que atividades economicamente relevantes –subsumíveis à tributação – produzem efeitos independentemente de sua verificação no mundo tangível (*cash out*). Nesse sentido, já tivemos a oportunidade de reconhecer que tangíveis e intangíveis integram a mesma realidade, daí por que os "[...] 'fenômenos digitais', não estão fora dos domínios do Direito tal como posto atualmente. A tangibilidade e a intangibilidade não são – e nunca foram – critérios para (des)juridicização de eventos"[3].

No entanto, considerando a intangibilidade desse ambiente, surgem dúvidas quanto à delimitação do local em

3. GOMES, Eduardo de Paiva. Direito, tecnologias de registro distribuído e o (falso) choque de realidades entre fato jurídico e "fato DLT": premissas jurídicas e tecnológicas para delimitação dos eventos juridicizáveis. *In*: GOMES, Daniel de Paiva; GOMES, Eduardo de Paiva; CONRADO, Paulo Cesar. *Criptoativos, Tokenização, Blockchain e Metaverso: aspectos filosóficos, tecnológicos, jurídicos e econômicos*. 1ª ed. São Paulo: Thomson Reuters Brasil, 2022, p. 905.

que se considera ocorrido determinado fato jurídico-tributário. A resposta a tais dúvidas impõe investigar, ainda, em que medida um local intangível pode compor o critério espacial da regra-matriz de incidência tributária.

Para sanar tais questionamentos, analisaremos o critério espacial da regra-matriz de incidência tributária do ICMS e do ISS, nos termos da Lei Complementar 87/1996 e Lei Complementar 116/2003, respectivamente.

Além disso, será necessário investigar os conceitos e formas de direito privado que influenciam a legislação tributária em relação à temática objeto do presente artigo. Nesse contexto, serão analisados os impactos traduzidos pelas Leis n°s 14.195/2021 e 14.382/2022, os quais se referem aos conceitos de estabelecimento e local de exercício da atividade empresarial previstos no artigo 1.142 do Código Civil.

Em qual Estado se considera ocorrida uma operação de circulação de mercadoria digital em determinado ambiente intangível? Da mesma forma, em qual Município se considera ocorrida a prestação de um serviço em ambiente intangível?

Estas são as perguntas que se pretende responder com o presente trabalho.

2. BREVES CONSIDERAÇÕES ACERCA DO CRITÉRIO ESPACIAL DA REGRA-MATRIZ DE INCIDÊNCIA TRIBUTÁRIA

A regra-matriz de incidência pode ser entendida como um esquema lógico-semântico formado por um antecedente e um consequente, sendo que aquele (o antecedente) prevê um acontecimento passível de ocorrência no espaço e no tempo (elementos necessários para que um acontecimento social seja alçado à condição de acontecimento jurídico), cuja verificação no mundo fenomenológico indica o surgimento de uma relação onde determinado sujeito está obrigado, permitido ou proibido de fazer algo (o consequente).

A estrutura formal delineada pela regra-matriz permite a construção de qualquer norma jurídica, já que, em sua hipótese, prevê a ação nuclear para ocorrência de um acontecimento no tempo e no espaço que resulta no surgimento de uma relação entre sujeitos com o respectivo objeto. Sob a perspectiva tributária, portanto, trata-se de uma estrutura formal, um esquema padrão que indica os elementos significativos minimamente necessários para construção de qualquer norma jurídico-tributária em sentido estrito.

A principal característica da regra-matriz de incidência, tida como estrutura formal, consiste no fato de que é desprovida de conteúdo jurídico (inexistência de vetores semânticos objetivos), tratando-se de esquema sintático utilizado pelo intérprete para construir qualquer norma jurídica.

Por outro lado, a regra-matriz de incidência (*in casu*, a tributária) pode ser entendida como a norma padrão de incidência tributária, norma geral e abstrata que alude a uma classe de eventos tributários passíveis de ocorrência e a uma classe de vínculos intersubjetivos dentre as infinitas relações entre sujeitos, estruturada na forma hipotético-condicional. Trata-se da norma jurídica (juízo hipotético condicional formado por antecedente e consequente) produzida pelo intérprete para ser aplicada em casos concretos de ordem tributária.

A regra-matriz de incidência como norma jurídica é aquela que marca o núcleo da incidência fiscal, ou seja, que institui o tributo através da delimitação dos critérios considerados como mínimo irredutível para identificação do fato jurídico tributário e que resultam na correlata relação jurídico-tributária. Ou seja, a regra-matriz de incidência tributária, tida como norma jurídica em sentido estrito, é construção do intérprete, a partir da estrutura lógica, que atribui conteúdo significativo ao texto posto. É a norma instituidora do tributo[4].

Verifica-se que essas duas noções de regra-matriz de incidência estão diretamente relacionadas: a partir do conhecimento acerca da regra-matriz (estrutura lógica), busca-se conteúdos significativos do ordenamento positivo para construir a regra-matriz de incidência (norma jurídica)[5].

Sobre o tema, confira-se as lições de Paulo de Barros Carvalho, *in verbis*

> Baseados nessa verificação empírica, nada mais congruente do que designar por norma tributária em sentido estrito àquela que

---

4. Sobre a funcionalidade operacional da regra-matriz de incidência tributária, consistente na delimitação do âmbito de incidência da norma e no controle de constitucionalidade e legalidade da norma à luz do ciclo de positivação da obrigação tributária, confira-se as lições de Aurora Tomazini de Carvalho: "Resumindo, o preenchimento da esquematização da regra-matriz fornece-nos todas as informações para definir os conceitos da hipótese e do consequente e identificar, com precisão, a ocorrência do fato e da relação a ser constituída juridicamente. Outra função operacional da regra-matriz, decorrente da primeira, é o controle de constitucionalidade e legalidade normativa. Delimitando o campo de incidência, a construção da regra-matriz serve de controle do ato de aplicação que a toma como fundamento jurídico ou do próprio ato legislativo que a criou. A norma individual e concreta, produzida pelo aplicador, deve guardar consonância com a regra-matriz de incidência que lhe serve de fundamento. Caso isso não ocorrer, o ato pode ser impugnado. O esquema da regra-matriz funciona como instrumento para detalhamento da fundamentação jurídica do ato de aplicação, possibilitando ao intérprete verificar o devido enquadramento da norma individual e concreta produzida. Na mesma medida o esquema é útil para se apurar a constitucionalidade de própria regra-matriz (enquanto norma jurídica). De elevado poder analítico, o preenchimento de sua estrutura lógica permite esmiuçar a linguagem do legislador para averiguar se ela se encontra em consonância com as regras jurídica que a fundamentam" (Cf. CARVALHO, Aurora Tomazini de. Curso de teoria geral do direito (o constructivismo lógico semântico). 3ª ed., São Paulo: Noeses, 2013, 380 e 418).

5. A relevância da regra-matriz de incidência está vinculada aos seguintes fatores: (i) identificação de uma situação objetiva que passa a ter importância para o mundo jurídico; (ii) necessidade de preenchimento de critérios minimamente necessários para a verificação de um acontecimento jurídico e a consequente relação intersubjetiva que dele se origina; (iii) compatibilidade da norma instituidora do tributo em relação ao quanto previsto na Constituição Federal e demais fundamentos normativos de validade (v.g. lei complementar); (iv) a conformação de seus critérios garante a coerência da regra-matriz; (v) delimitação do momento do surgimento da relação intersubjetiva.

> marca o núcleo do tributo, isto é, a regra-matriz da incidência fiscal, e de normas tributárias em sentido amplo a todas as demais.
>
> [...] A norma tributária em sentido estrito, reiteramos, é a que define a incidência fiscal. Sua construção é obra do cientista do Direito e se apresenta, de final, com a compostura própria dos juízos hipotético-condicionais. Haverá uma hipótese, suposto ou antecedente, a que se conjuga um mandamento, uma consequência ou estatuição. A forma associativa é a cópula deôntica, o dever-ser que caracteriza a imputação jurídico-normativa. Assim, para obter-se o vulto abstrato da regra-matriz é mister isolar as proposições em si, como formas de estrutura sintática; suspender o vector semântico da norma para as situações objetivas (tecidas por fatos e por comportamentos do mundo); ao mesmo tempo em que se desconsidera os atos psicológicos de querer e de pensar a norma.
>
> [...] Redizemos que as leis não trazem normas jurídicas organicamente agregadas, de tal modo que nos seja lícito desenhar, com facilidade, a indigitada regra-matriz de incidência, que todo o tributo hospeda, como centro catalisador de seu plexo normativo. Pelo contrário, sem arranjo algum, os preceitos se dispersam pelo corpo do estatuto, compelindo o jurista a um penoso trabalho de composição. Visto por esse prisma, o labor científico aparece como um árduo esforço de procura, isolamento de dados, montagem e construção final do arquétipo da norma jurídica. Estabelecidas tais colocações, julgamos oportuno retrilhar que o resultado dessa tarefa compositiva haverá de ser a obtenção de um juízo hipotético, e que seus componentes se asso ciam pelo vínculo da imputação deôntica. Chega-se, enfim, à norma-padrão de incidência, locução dotada do mesmo alcance e com a mesma força semântica de norma tributária em sentido estrito. Todas as demais regras que componham a disciplina do mesmo tributo, por não cuidarem, propriamente, do fenômeno da incidência, e também por motivo de acentuada superioridade numérica, ficarão sob a rubrica normas tributárias em acepção ampla[6].

Nesse sentido, Lucas Galvão de Britto ensina que:

> (...) a expressão "regra-matriz de incidência tributária" costuma significar duas coisas: (i) uma técnica para organização do sentido construído a partir dos textos normativos numa fórmula, que orienta o processo interpretativo com o propósito de garantir-lhe

---

6. CARVALHO, Paulo de Barros. Curso de Direito Tributário. 23ª Ed. São Paulo: Saraiva, 2017.pp. 269-272.

> maior rendimento; e, por metonímia, (ii) as normas construídas pelo emprego dessa técnica[7].

A regra-matriz de incidência tributária é formada por: (i) hipótese (descritor), onde se inserem os critérios material, espacial e temporal; e (ii) consequente, referente aos critérios pessoal e quantitativo/prestacional. Nesse sentido:

> Os modernos cientistas do Direito Tributário têm insistido na circunstância de que, tanto no descritor (hipótese) quanto no prescritor (consequência) existem referências a critérios, aspectos, elementos ou dados identificativos. Na hipótese (descritor), haveremos de encontrar um critério material (comportamento de uma pessoa), condicionado no tempo (critério temporal) e no espaço (critério espacial). Já na consequência (prescritor), depararemos com um critério pessoal (sujeito ativo e sujeito passivo) e um critério quantitativo (base de cálculo e alíquota). A conjunção desses dados indicativos nos oferece a possibilidade de exibir, na sua plenitude, o núcleo lógico-estrutural da norma-padrão de incidência tributária[8].

No que interessa ao escopo do presente trabalho, cabe tecer considerações acerca do critério espacial da regra-matriz de incidência tributária.

Com efeito, o critério espacial é o local ou espaço dentro do qual deve ocorrer o evento, isto é, refere-se aos locais em que o fato deve ocorrer para irradiar seus efeitos.

Registre-se que o critério espacial não é "[...] a própria condição ou a própria circunstância de lugar, pois nos encontramos naquele plano lógico das descrições hipotéticas

7. BRITTO, Lucas Galvão. *Tributar na era da técnica:* como as definições feitas pelas agências reguladoras vêm influenciando a interpretação das normas tributárias. São Paulo: Noeses, 2017, p. 27.

8. CARVALHO, Paulo de Barros. Curso de Direito Tributário. 23ª Ed. São Paulo: Saraiva, 2017.p 270-271.

que, em última análise, correspondem a meros conjuntos de critérios"[9].

Em verdade, o critério espacial se refere ao "[...] plexo de indicações, mesmo tácitas e latentes, que cumprem o objetivo de assinalar o lugar preciso em que a ação há de acontecer"[10]. A relevância do critério espacial decorre do fato de que "[...] nele se precisam os elementos necessários e suficientes para identificarmos a circunstância de lugar que condiciona o acontecimento do fato jurídico"[11].

Assim, não se confundindo com o âmbito territorial de aplicação da lei[12], o critério espacial "[...] encerra os

---

9. CARVALHO, Paulo de Barros. Direito Tributário, Linguagem e Método. 4ª Edição. São Paulo: Noeses, 2011, p. 465.

10. CARVALHO, Paulo de Barros. Direito Tributário, Linguagem e Método. 4ª Edição. São Paulo: Noeses, 2011, p. 149.

11. CARVALHO, Paulo de Barros. Direito Tributário, Linguagem e Método. 4ª Edição. São Paulo: Noeses, 2011, pp. 464-465.

12. Sobre a distinção entre critério espacial e âmbito territorial de aplicação da lei, confira-se as lições de Paulo de Barros Carvalho: "Há quem lhe atribua apenas a qualidade de delinear os lindes dentro dos quais se faz cogente a norma jurídica. Seria, por assim dizer, o âmbito territorial de aplicação das leis. Esta visão, sobremodo simplista, parece reduzir injustamente a dimensão desse critério, tornando-o singelo indicador, quase sempre implícito, do campo de validade da proposição jurídico-normativa, o que implica indisfarçável empobrecimento daquela realidade. Temos por verdadeiro, não obstante, que outros esclarecimentos poderão advir de exame acurado do critério espacial, não havendo de cingir-se tão-somente a explicitar o perfil da aplicabilidade territorial da norma jurídica. Se nos detivermos na investigação desse critério, desde logo haveremos de notar que pequena mutação que se proceda em seus elementos pode determinar sensível modificação, não só da hipótese, como também da consequência que lhe é imputada. Exemplos há que poderão roborar o que se afirma. Tomemos regra-matriz de incidência tributária que estipule dever de pagar imposto sobre produtos industrializados, a ser cumprido por pessoas jurídicas titulares de estabelecimentos industriais ou que lhe sejam equiparados. Tratando-se de gravame da competência da União, por imperativo constitucional, o âmbito de aplicação territorial dessa regra-matriz de incidência é aquele estabelecido pelas fronteiras geográficas do país. Dentro desses quadrantes, em qualquer lugar que aconteça o fato hipoteticamente descrito, estará satisfeito o requisito geral da territorialidade. Mas, se o fato suceder nos limites da "zona franca de Manaus", não desencadeará os mesmos efeitos jurídicos de semelhante evento, porém ocorrido no Município de São Paulo. Este último determinará o surgimento de relação jurídica, mediante a qual a Fazenda Federal poderá exigir de pessoa a ele ligada o pagamento de certa soma em

elementos que nos permitirão reconhecer a circunstância de lugar que limita, no espaço, a ocorrência daquele evento"[13].

Paulo de Barros Carvalho ensina que os elementos indicadores da condição de espaço podem possuir três formas compositivas, *in verbis*

> Acreditamos que os elementos indicadores da condição de espaço, nos supostos das normas tributárias, hão de guardar uma dessas três formas compositivas, diretriz que nos conduz a classificar o gênero tributo na conformidade do grau de elaboração do critério espacial da respectiva hipótese tributária:
>
> a) hipótese cujo critério espacial faz menção a determinado local para a ocorrência do fato típico;
>
> b) hipótese em que o critério espacial alude a áreas específicas, de tal sorte que o acontecimento apenas ocorrerá se dentro delas estiver geograficamente contido;
>
> c) hipótese de critério espacial bem genérico, onde todo e qualquer fato, que suceda sob o manto da vigência territorial da lei instituidora, estará apto a desencadear seus efeitos peculiares[14].

Após essas breves considerações sobre o critério espacial, é possível adentrar na problemática do presente artigo: a intangibilidade é elemento que impede a delimitação do critério espacial da regra-matriz de incidência tributária? O ordenamento jurídico brasileiro admite que o local

---

dinheiro, consoante a combinação de dada alíquota com a base de cálculo adequada. Enquanto isso, semelhante fato acontecido na "zona franca de Manaus" realiza o pressuposto da "isenção", não havendo para a Fazenda Federal o direito de exigir o pagamento de imposto. Permaneceu inalterável o âmbito de validade territorial da regra-matriz de incidência, todavia, pela mudança do lugar de ocorrência do fato descrito, notamos substancial transformação da consequência normativa" (Cf. CARVALHO, Paulo de Barros. Direito Tributário, Linguagem e Método. 4ª Edição. São Paulo: Noeses, 2011, pp. 465-466).

13. CARVALHO, Paulo de Barros. Direito Tributário, Linguagem e Método. 4ª Edição. São Paulo: Noeses, 2011, p. 465.

14. CARVALHO, Paulo de Barros. Curso de Direito Tributário. São Paulo: Saraiva, 2017. p. 303.

em que se considera ocorrido o fato jurídico-tributário seja um "local intangível"?

3. METAVERSO E CRITÉRIO ESPACIAL: O CONCEITO DE ESTABELECIMENTO PARA FINS DE ICMS E ISS

Para os fins do presente artigo, adotamos o conceito de metaverso por nós já delineado em trabalho anterior, no sentido de que se trata de uma plataforma multifacetada, *in verbis* :

> Uma análise cética, tecnologicamente neutra e centrada no fenômeno (ou conjunto deles), nos permite enxergar o "metaverso" pelo que ele realmente é: uma plataforma, daí por que o MeP (Metaverso enquanto Plataforma) ou MaaP (Metaverse as a Platform) deve ser avaliado à luz de suas reais características: uma PADID2E (plataforma em ambiente digital interconectado, descentralizado, distribuído e estendido) ou ID2EDEP (Interconnected, decentralized, distributed and extended digital environment platforms)[15].

Assim, enquanto plataforma multifacetada[16], é possível que ocorra circulação de mercadorias digitais e a prestação de serviços em tal ambiente. Surgem, então, os questionamentos destacados na introdução deste trabalho: como definir o critério espacial das regras-matrizes de incidência tributária do ICMS e ISS? A resposta a este questionamento demanda análise da Lei Complementar 87/1996 e da Lei Complementar 116/2003, a fim de verificar se as referidas

15. GOMES, Eduardo de Paiva; GOMES, Daniel de Paiva. Metaverse as a platform (MAAP), metalinguagem e direito. *In*: GOMES, Daniel de Paiva; GOMES, Eduardo de Paiva; CONRADO, Paulo Cesar. *Criptoativos, Tokenização, Blockchain e Metaverso: aspectos filosóficos, tecnológicos, jurídicos e econômicos*. 1ª ed. São Paulo: Thomson Reuters Brasil, 2022, p. 1.694.

16. Qualificada como provedor de aplicação no contexto da Lei nº 12.965/2014 (Marco Civil da Internet).

legislações permitem o reconhecimento de um "local intangível" em que ocorrem circulações de mercadorias e prestações de serviços.

Em relação ao ICMS, o artigo 11, I, "a", da Lei Complementar 87/1996, determina que, tratando-se de mercadoria ou bem, o local da operação ou da prestação é o do estabelecimento onde se encontre a mercadoria ou bem. Veja-se, portanto, que o critério espacial da regra-matriz de incidência tributária do ICMS (local da operação) está atrelado à delimitação semântica de dois termos, quais sejam: (i) estabelecimento; e (ii) "onde se encontre a mercadoria ou bem".

Entendemos que a expressão "onde se encontre a mercadoria ou bem" não está atrelada à sua localização física. Com efeito, sem prejuízo quanto à existência de entendimentos em sentido contrário[17], já tivemos a oportunidade de reconhecer que operação de circulação de mercadoria submetida à incidência do ICMS – critério material da regra-matriz de incidência tributária do imposto – abrange as mercadorias incorpóreas, razão pela qual o signo "operação de circulação de mercadoria" corresponde à celebração de negócio jurídico que resulte na transferência de titularidade de mercadorias (bens móveis destinados à mercancia) tangíveis e intangíveis[18].

---

17. Para Paulo de Barros Carvalho, mercadoria é "coisa móvel, corpórea, que está no comércio" (Cf. CARVALHO, Paulo de Barros. Direito Tributário, Linguagem e Método. 4ª Edição. São Paulo: Noeses, 2011, p. 736). De acordo com José Eduardo Soares de Melo, mercadoria é "bem corpóreo relacionado à atividade empresarial do produtor, industrial e comerciante, tendo por objeto a sua distribuição para consumo" (Cf. MELO, José Eduardo Soares de. ICMS: teoria e prática. 11. ed. São Paulo: Dialética, 2009. p. 17).

18. Nesse sentido, após análise da jurisprudência do Supremo Tribunal Federal, adotamos o seguinte entendimento quanto ao critério material da regra-matriz de incidência tributária do ICMS: "Portanto, com base nos fundamentos supraexpostos, concluímos que o critério material da regra-matriz de incidência tributária do ICMS é a celebração de negócios jurídicos ("operações") que resultem na transferência de titularidade ("circulação") de bens móveis corpóreos ou incorpóreos

Este, inclusive, parece ser o atual entendimento do Supremo Tribunal Federal sobre a matéria, pois, no julgamento do Agravo em Recurso Extraordinário (ARE) 665.134, foi fixada a seguinte tese: "o sujeito ativo da obrigação tributária de ICMS incidente sobre mercadoria importada é o Estado-membro no qual está domiciliado ou estabelecido o destinatário legal da operação que deu causa à circulação da mercadoria, com a transferência de domínio".

Assim, a partir da análise comparativa entre critério material e critério espacial[19], entendemos que o termo "onde se encontre a mercadoria ou bem" corresponde ao estabelecimento da pessoa proprietária de tal mercadoria ou bem sob a perspectiva jurídica. Consequentemente, a localização ou movimentação físicas da mercadoria ou bem não são determinantes para definir "onde se consideram encontrados" para fins de incidência do ICMS, tendo em vista que somente o proprietário jurídico da mercadoria pode realizar a transferência de sua titularidade (isto é, realizar uma operação de circulação de mercadoria).

Quanto ao termo "estabelecimento", por sua vez, o § 3º do artigo 11 da LC 87/1996, determina que se trata do "local, privado ou público, edificado ou não, próprio ou de terceiro, onde pessoas físicas ou jurídicas exerçam suas

---

passíveis de valoração econômica e destinados à mercancia/ao comércio (Cf. GOMES, Eduardo de Paiva. *Tributação da Impressão 3D: Blueprint, software e impressora 3D*. São Paulo: Revista dos Tribunais, 2021, p. 164).

19. A análise comparativa permite verificar a conformidade de todos os critérios para que seja possível a estruturação da regra-matriz de incidência tributária. A inexistência de relação comparativa entre os critérios pode levar à conclusão de que não é possível a estruturação da regra-matriz de incidência tributária ou, ainda, a regra-matriz de incidência tributária possui vícios que obstaculizam a sua aplicação. De fato, a mácula a algum dos critérios da regra-matriz de incidência tributária resulta na sua inaplicabilidade. Portanto, a análise comparativa permite: (i) revelar eventuais incompatibilidades que maculam a aplicação da regra-matriz de incidência tributária; ou, ainda: (ii) confirmar os critérios que compõem a regra-matriz de incidência para sua aplicação.

atividades em caráter temporário ou permanente, bem como onde se encontrem armazenadas mercadorias".

O inciso I do referido parágrafo traz uma regra residual, aplicável às situações em que não é possível determinar o estabelecimento, nos seguintes termos: "na impossibilidade de determinação do estabelecimento, considera-se como tal o local em que tenha sido efetuada a operação ou prestação, encontrada a mercadoria ou constatada a prestação".

Veja-se que, em relação ao critério espacial da regra-matriz de incidência tributária do ICMS, o estabelecimento é definido como local, seja quando o estabelecimento é determinado (local em que o sujeito passivo, pessoa física ou jurídica, exerce sua atividade e onde as mercadorias estão armazenadas), seja quando não é possível a sua determinação (oportunidade em que será o local em que realizada a operação ou encontrada a mercadoria).

Surge, então, o questionamento: a legislação restringe o estabelecimento a um "local" necessariamente físico ou é possível a sua configuração em ambiente intangível? Embora o termo "onde se encontre a mercadoria ou bem" esteja relacionado à localização do proprietário jurídico, a legislação alcança o "local intangível"?

A nosso ver, ainda que de maneira implícita, a legislação parte da premissa de que a tangibilidade não é determinante para a qualificação de um estabelecimento. Isso porque, conforme destacado, de acordo com a Lei Complementar 87/1996, o estabelecimento pode ser local edificado ou não, sendo possível concluir que, para o legislador, é irrelevante a fisicalidade ou até mesmo a imobilidade[20] para que um local seja qualificado como estabelecimento.

---

20. Nesse sentido, até mesmo o veículo usado no comércio ambulante e na captura de pescado, nessa hipótese, é qualificado como estabelecimento para fins de ICMS, nos termos do artigo 11, § 3°, III, da Lei Complementar 87/1996.

Portanto, para identificação do "local da operação" (critério espacial), basta que exista um local: (i) onde o sujeito passivo exerce suas atividades ou se encontre o sujeito passivo proprietário das mercadorias tangíveis ou digitais (estabelecimento determinado); ou (ii) onde for realizada a operação[21] ou encontrada a mercadoria (estabelecimento indeterminado).

Assim, diante dos elementos utilizados pela Lei Complementar 87/1996 para definição do critério espacial da regra-matriz de incidência tributária do ICMS, entendemos que a legislação *não restringe a um estabelecimento físico, de modo que* autoriza o reconhecimento de um estabelecimento digital/intangível.

No que tange ao ISS, o artigo 3º da Lei Complementar 116/2003 determina, como regra, que o serviço se considera prestado, e o imposto, devido, no local do estabelecimento prestador ou, na falta do estabelecimento, no local do domicílio do prestador, exceto nas hipóteses especificamente listadas nos incisos I a XXV do referido dispositivo.

Veja-se que, em sentido semelhante ao ICMS, o critério espacial da regra-matriz de incidência do ISS está atrelado a um local: estabelecimento prestador ou, na sua falta, o domicílio do prestador.

E, quanto ao conceito de estabelecimento para fins de ISS, o artigo 4º da Lei Complementar 116/2003 estabelece que se trata do "local onde o contribuinte desenvolva a atividade de prestar serviços, de modo permanente ou temporário, e que configure unidade econômica ou profissional,

21. A Lei de Introdução às Normas de Direito Brasileiro (LINDB - Decreto-Lei 4.657/1942) traz critérios que podem auxiliar na determinação do que se entende por "local onde realizada a operação", como, por exemplo, o artigo 9º, o qual determina que "para qualificar e reger as obrigações, aplicar-se-á a lei do país em que se constituírem", sendo que o seu § 2º estabelece que "a obrigação resultante do contrato reputa-se constituída no lugar em que residir o proponente". Da mesma forma, o artigo 12 da LINDB determina que é "competente a autoridade judiciária brasileira, quando for o réu domiciliado no Brasil ou aqui tiver de ser cumprida a obrigação".

sendo irrelevantes para caracterizá-lo as denominações de sede, filial, agência, posto de atendimento, sucursal, escritório de representação ou contato ou quaisquer outras que venham a ser utilizadas". Assim, também para o ISS, o estabelecimento é o local em que o contribuinte desenvolve suas atividades.

Os mesmos questionamentos suscitados anteriormente surgem no contexto do ISS: a Lei Complementar 116/2003 alcança um "estabelecimento prestador intangível", isto é, um "local intangível em que o contribuinte desenvolva a atividade de prestar serviços"?

A nosso ver, a análise sistemática da legislação corrobora conclusão no sentido de que, embora a prestação de alguns serviços, diante de suas características, somente possa ser verificada no ambiente tangível[22], a Lei Comple-

---

22. A ressalva decorre do fato de que, a depender do tipo de serviço, sua prestação somente pode ocorrer no ambiente físico. É o caso, por exemplo, do serviço de execução de obras de construção civil, previsto no artigo 7.02 da lista anexa à Lei Complementar 116/2003. Para o Direito, existem determinadas situações em que a fisicalidade é imprescindível para a qualificação jurídica, a exemplo do solo e tudo quanto se lhe incorporar natural ou artificialmente, os quais são qualificados como bens imóveis pelo artigo 79 do Código Civil. Por outro lado, veja-se que as situações descritas no artigo 80 do Código Civil, que também recebem o tratamento a título de bens imóveis, são desprovidas de fisicalidade. No contexto do desenvolvimento de atividades em ambientes intangíveis, as representações digitais verificadas nesses ambientes não estão necessariamente vinculadas aos objetos a que se referem, daí por que a delimitação das incidências tributárias pressupõe a correta qualificação jurídica e a compreensão adequada do fenômeno tecnológico. Nesse sentido, já tivemos a oportunidade de afirmar que "Ora, a representação digital de um veículo automotor ou de uma propriedade predial e territorial urbana em uma PADID^{2}Es são, apenas, representações visuais lúdicas e digitais e, portanto, à luz da legislação atual, não dão azo à incidência de IPVA e IPTU, respectivamente. Utilizar uma PADID^{2}E (MeP) para a prestação de serviços de saúde, por profissional devidamente habilitado, não desnatura a real qualificação do serviço para fins de tributação pelo ISS. Entretanto, a representação visual lúdica e digital de um profissional da saúde, que atua como tal apenas em um contexto igualmente lúdico (tal como um profissional de teatro ao encenar uma peça), não desencadeará efeitos tributários a título de prestação de serviços de saúde" (Cf. GOMES, Eduardo de Paiva; GOMES, Daniel de Paiva. Metaverse as a platform (MAAP), metalinguagem e direito. *In*: GOMES, Daniel de Paiva; GOMES, Eduardo de Paiva; CONRADO, Paulo Cesar. *Criptoativos, Tokenização, Blockchain e Metaverso: aspectos filosóficos, tecnológicos, jurídicos e econômicos*. 1ª ed. São Paulo: Thomson Reuters Brasil, 2022, p. 1.683).

mentar 116/2003, por si só, não impede a configuração de um estabelecimento digital/intangível.

A título de exemplo, veja-se o serviço descrito no subitem 3.03 da lista anexa à Lei Complementar 116/2003, o qual trata da incidência do ISS sobre a exploração de diversos locais para realização de eventos ou negócios de qualquer natureza. Além de elencar locais físicos (salões de festas e centro de convenções, por exemplo), o subitem também indica, expressamente, os "escritórios virtuais".

Assim, a legislação reconhece que os escritórios virtuais são locais para realização de eventos ou negócios de qualquer natureza, daí por que, igualmente, podem ser qualificados como estabelecimento da pessoa física ou jurídica – como, por exemplo, a pessoa jurídica que aluga um escritório digital, no contexto de que trata o subitem 3.03 – para o desenvolvimento de sua atividade.

Portanto, parece-nos que, à luz da Lei Complementar 116/2003, o critério espacial da regra-matriz de incidência tributária do ISS também abrange o estabelecimento digital/intangível.

Sem prejuízo quanto à interpretação sistemática da Lei Complementar 87/1996 e da Lei Complementar 116/2003, as Leis 14.195/2021 e 14.382/2022 parecem confirmar a conclusão ora adotada, isto é, no sentido de que é possível o desenvolvimento de atividades submetidas à incidência dos referidos impostos em ambientes intangíveis.

4. OS IMPACTOS DAS LEIS 14.195/2021 E 14.382/2022: OS CONCEITOS DE ESTABELECIMENTO E LOCAL ONDE SE EXERCE A ATIVIDADE EMPRESARIAL ESTABELECIDOS PELO DIREITO CIVIL

As Leis 14.195/2021 e 14.382/2022 alteraram o artigo 1.142 do Código Civil, o qual trata, justamente: (i) do conceito de estabelecimento para fins do Direito Civil; e (ii) do local onde a atividade empresarial pode ser exercida.

O *caput* do artigo 1.142 do Código Civil estabelece que se considera estabelecimento "todo complexo de bens organizado, para exercício da empresa, por empresário, ou por sociedade empresária", ao passo que o § 1º do referido dispositivo estabelece expressamente que "o estabelecimento não se confunde com o local onde se exerce a atividade empresarial, que poderá ser físico ou virtual".

Diante do conceito de estabelecimento previsto no Código Civil, é importante tecermos algumas considerações. É que, o cotejo entre a definição de estabelecimento na qualidade de instituto de Direito Privado e aquela adotada pelas Leis Complementares nºs 87/1996 e 116/2003 permite concluir que existe uma assimetria relevante.

Isso porque: (i) enquanto a legislação tributária sob análise prevê, expressamente, que estabelecimento é um local; (ii) o artigo 1.142 do Código Civil consigna expressamente que estabelecimento não é um local.

A divergência entre o instituto de direito privado (estabelecimento) e a definição do critério espacial do ICMS e do ISS (local) nos obriga a analisar os artigos 109 e 110 do Código Tributário Nacional.

Com efeito, o artigo 109 do Código Tributário Nacional estabelece que os princípios gerais de direito privado são utilizados para pesquisa da definição, do conteúdo e do alcance de seus institutos, conceitos e formas, mas não para definição dos respectivos efeitos tributários.

O artigo 110 do Código Tributário Nacional, por sua vez, determina que a lei tributária não pode alterar a definição, o conteúdo e o alcance de institutos, conceitos e formas de direito privado, adotados, expressa ou implicitamente, pela Constituição Federal, pelas Constituições dos Estados, ou pelas Leis Orgânicas do Distrito Federal ou dos Municípios, para definir ou limitar competências tributárias.

Os artigos 109 e 110 do Código Tributário Nacional tratam da denominada liberdade estipulativa, a qual se relaciona com a máxima de que o direito cria suas próprias realidades. A liberdade estipulativa outorgada ao Poder Legislativo garante à legislação a possibilidade de adoção de conceitos diversos daqueles existentes em outras ciências/disciplinas, em outros ramos do direito e, inclusive, na linguagem ordinariamente utilizada. Assim, a legislação possui liberdade para estipular um dado conceito, independentemente daqueles já verificados na linguagem extrajurídica ou na linguagem de outros ramos jurídicos.

Sobre o tema, Lucas Galvão de Britto ensina que: "[...] de um lado, afirma-se a liberdade estipulativa atribuída ao legislador para fixar os 'efeitos tributários' dos 'conceitos, institutos e formas' (art. 109) e, de outro, manteve a diretriz de limitar essa liberdade na definição dos conceitos utilizados para a repartição de competências constitucionais (art. 110)"[23].

Para Lucas Galvão de Britto, os dispositivos demonstram as duas forças existentes sobre a estipulação e interpretação dos conceitos adotados pela legislação tributária:

> De um lado, como instrumento de sua efetividade, atribui-se ao direito tributário uma autonomia conceptual para que sua legislação possa recortar os conceitos com critérios que melhor se adequem a seus propósitos e peculiaridades funcionais; de outro, impõe-se certa uniformidade conceptual do direito como limite, reconhecendo que as próprias competências tributárias já foram atribuídas por conceitos cuja definição é estabelecida na tradição jurídica e, portanto, seria vedado ao legislador ultrapassá-las[24].

---

23. BRITTO, Lucas Galvão de. Tributar na era da Técnica: Como as definições feitas pelas Agências Reguladoras vêm influenciando a Interpretação das Normas Tributárias. São Paulo: Noeses, 2018, pp. 91-92.

24. BRITTO, Lucas Galvão de. Tributar na era da Técnica: Como as definições feitas pelas Agências Reguladoras vêm influenciando a Interpretação das Normas Tributárias. São Paulo: Noeses, 2018, p. 92.

De acordo com o referido autor, a relação entre os artigos 109 e 110 do CTN pode ser resumida da seguinte forma:

> Bem mais moderada e adequada às premissas desta pesquisa são as conclusões obtidas por outros autores que enxergam, nas definições estabelecidas no direito privado um papel integrativo, cabendo ao intérprete valer-se delas sempre que a lei tributária tenha feito referência esses conceitos, mas não tenha estabelecido uma definição especial para eles[25].

A liberdade estipulativa, portanto, justifica a divergência conceitual quanto ao termo "estabelecimento". Em verdade, no caso objeto do presente artigo, não há, apenas, uma divergência conceitual, mas, em verdade, os conceitos são totalmente antagônicos: (i) para fins de ICMS e de ISS, estabelecimento é o local: (ii) para fins do Código Civil, o estabelecimento não se confunde com o local.

Sem prejuízo, o legislador tributário não possui liberdade estipulativa plena. A restrição a tal liberdade está prevista no artigo 110 do CTN, conforme reconhece Paulo de Barros Carvalho:

> "[...] a liberdade de que desfruta o legislador tributário para disciplinar os efeitos jurídicos inerentes aos tributos encontra um obstáculo poderoso e definitivo. É-lhe vedada a possibilidade de alterar a definição, o conteúdo e o alcance de institutos, conceitos e formas de direito privado, utilizados, expressa ou implicitamente, pela Constituição Federal, pelas Constituições dos Estados, ou pelas Leis Orgânicas do Distrito Federal ou dos Municípios, para definir ou limitar competências tributárias. Assim predica o art. 110 da Lei n. 5.172/66"[26].

---

25. BRITTO, Lucas Galvão de. Tributar na era da Técnica: Como as definições feitas pelas Agências Reguladoras vêm influenciando a Interpretação das Normas Tributárias. São Paulo: Noeses, 2018, p. 122.

26. CARVALHO, Paulo de Barros. Curso de Direito Tributário. São Paulo: Saraiva, 2017. p.123.

O artigo 110 do CTN teria como objetivo estabelecer um "[...] limite à liberdade estipulativa do legislador que não teria sido explicitado no comando do art. 109. Esse limite deriva da própria ordem constitucional, tratando o dispositivo do código apenas de espelhá-lo"[27].

Assim, partindo da premissa de que o conceito de estabelecimento, enquanto instituto de direito privado, não foi adotado, expressa ou implicitamente, pela Constituição Federal, pelas Constituições dos Estados, ou pelas Leis Orgânicas do Distrito Federal ou dos Municípios, para definir ou limitar competências tributárias, é possível que a legislação tributária estabeleça outro conceito para fins de exigência dos tributos, tal como o fez em relação ao ICMS e ISS.

Portanto, é possível concluir que prevalece o conceito de estabelecimento previsto nas Leis Complementares 87/1996 e 116/2003, razão pela qual mantém-se hígida a conclusão de que o critério espacial do ICMS e do ISS está atrelado à ideia de local (sobretudo onde o sujeito passivo desenvolve suas atividades).

Contudo, ainda que prevalente o conceito de estabelecimento previsto nas Leis Complementares 87/1996 e 116/2003, isso não significa dizer que as disposições do Código Civil possam ser afastadas por completo[28].

---

27. BRITTO, Lucas Galvão de. Tributar na era da Técnica: Como as definições feitas pelas Agências Reguladoras vêm influenciando a Interpretação das Normas Tributárias. São Paulo: Noeses, 2018, p. 125.

28. Quanto ao método para aplicação da legislação de direito privado no contexto do Direito Tributário, cite-se as lições de Paulo Ayres, *in verbis*: "ao examinarmos a competência estabelecida constitucionalmente para a instituição de tributos, afirmamos, com supedâneo na doutrina, que as alterações promovidas em conceitos de direito privado, previstos na Constituição Federal e utilizados na repartição da competência impositiva, posteriormente à sua promulgação, são irrelevantes no campo do Direito Tributário, sob pena de se admitir que o legislador infraconstitucional pode alterar a Carta Magna [...] inicialmente, é preciso relembrar a forte radicação constitucional do Direito Tributário brasileiro. Logo, sempre que houver antinomia entre a previsão de direito privado e os princípios e regras constitucionalmente plasmados, informaremos da tributação em nosso ordenamento jurídico,

Isso porque, conforme destacado, o § 1º do artigo 1.142 do Código Civil estabelece que o local onde se exerce a atividade empresarial pode ser físico ou virtual[29], ou seja, tangível ou intangível. E, conforme exposto, o critério espacial do ICMS e do ISS está vinculado, justamente, à noção de local, abrangendo aquele em que se exerce a atividade empresarial. Seria possível concluir, então, que, para fins tributários, o exercício da atividade empresarial pode se dar em local tangível ou intangível, tal como prevê o § 1º do artigo 1.142 do Código Civil? A nosso ver, a resposta é afirmativa.

Em verdade, conclui-se que tanto o Código Civil, quanto às Leis Complementares nºs 87/1996 e 116/2003 outorgam relevância, em termos de produção de efeitos jurídicos, ao "local" onde se exerce a atividade empresarial. A questão é

---

por força do critério hierárquico afastar-se-á a possibilidade de aplicação da norma civil". De acordo com o Autor, existem matérias que "[...] por expressa determinação constitucional, foram delegadas ao legislador complementar. Assumem especial relevo as matérias mencionadas no art. 146 da CF/88. Presente a antinomia, haverá de prevalecer, uma vez mais, a dicção que deflui das normas tributárias, em razão da predominância do critério hierárquico. Há hierarquia ontológico-formal entre a legislação federal que regula o Direito Civil, em relação à lei complementar, veiculadora de matérias para as quais a Constituição Federal requer esse veículo para a introdução de normas jurídicas [...] Por fim, se houver antinomia entre a regra de Direito Civil e a norma tributária, ambas veiculadas por lei federal, prevalecerá esta última por força do critério da especialidade. Mesmo que a lei federal civil seja posterior à lei tributária, há que ser aplicada a regra especial de natureza tributária. Doutrinariamente, diz Norberto Bobbio que, 'com base nessa regra, o conflito entre o critério de especialidade e o critério cronológico deve ser resolvido em favor do primeiro: a lei geral sucessiva não tira do caminho a lei geral precedente'. O art. 2º, § 1º, da antiga LICC, atual Lei de Introdução às normas do Direito Brasileiro (por força da redação conferida pela Lei 12.376/2010), positiva a matéria [...] rigorosamente, só depois de afastadas as possibilidades acima referidas de ocorrência de antinomia é que se pode cogitar da aplicação das disposições de direito civil. Resta ainda um importante campo de influência do Direito Privado em relação ao Direito Tributário, não tão restrito como chegou a afirmar Humberto Ávila, mas também sem a dimensão que autorize a solução de problemas tributários a partir de princípios informadores do Direito Civil" (Cf. BARRETO, Paulo Ayres. Planejamento tributário. 1. ed. São Paulo: Noeses, 2016. Capítulo VII, pp. 151-153).

29. A palavra "virtual" é utilizada por se tratar de termo adotado pela legislação. No entanto, entendemos que melhor seria utilizar o termo "digital", já que "virtual" traz a conotação de "algo que não existe", quando, em verdade, o que se comprova é que tangível e intangível fazem parte da mesma realidade.

que os efeitos jurídicos são verificados de maneira diversa nas respectivas esferas do Direito Privado e do Direito Tributário para fins de ICMS e ISS.

Assim, enquanto o "local" onde se exerce a atividade empresarial é tido como um dos elementos que integra o complexo organizado de bens para exercício da empresa (estabelecimento para fins do Código Civil), ao mesmo tempo, tem-se que o "local" é o critério espacial do ICMS e do ISS (estabelecimento para fins das Leis Complementares nºs 87/1996 e 116/2003).

Em ambos os casos, o local pode ser digital, o que implica dizer que: (i) para fins do Direito Civil, trata-se de um elemento intangível que integra o complexo de bens organizados para exercício da empresa; e (ii) para fins do ICMS e do ISS, o critério espacial pode ser desprovido de fisicalidade.

Dessa forma, conclui-se que o critério espacial da regra-matriz de incidência tributária do ICMS e do ISS abarca o estabelecimento digital/intangível, entendido este enquanto o local digital/intangível em que o sujeito passivo exerce sua atividade empresarial.

A conclusão teórica, entretanto, não é suficiente frente à necessária efetividade do Direito. A intangibilidade traz consigo as dificuldades para delimitação, como um raio, do local em que se considera ocorrido o fato jurídico-tributário, prejudicando, por via de consequência, o preenchimento dos demais critérios da regra-matriz de incidência tributária, mormente aquele atinente ao critério pessoal integrante do consequente.

De fato, seria inócuo concluir que a legislação admite um estabelecimento digital/intangível se não há meios para delimitar sua vinculação com algum sujeito ativo para alocação da competência tributária, seja sob a perspectiva nacional ou internacional.

Ciente dessa problemática, o § 2º do artigo 1.142 do Código Civil estabelece que, quando o local onde se exerce a atividade empresarial for virtual, o endereço informado para fins de registro poderá ser, conforme o caso, o endereço do empresário individual ou o de um dos sócios da sociedade empresária.

Assim, a interpretação do referido dispositivo permite concluir que, nas hipóteses em que o sujeito passivo desenvolve suas atividades em ambientes digitais, a conexão com o local físico – e, portanto, com alguma jurisdição tributária – decorre do endereço informado para fins de registro[30], podendo ser o endereço do empresário individual ou o de um dos sócios da sociedade empresária.

Consequentemente, serão competentes para exigir o ICMS e o ISS, respectivamente, o Estado ou o Município com jurisdição no endereço informado para fins de registro, sendo aquele em que o empresário individual ou um dos sócios da pessoa jurídicas tenha endereço.

5. CONCLUSÃO

No que interessa ao escopo do presente artigo, é possível concluir que a legislação atual já autoriza a configuração

30. Trata-se de previsão que, a nosso ver, encontra eco, inclusive, no artigo 127, II, do Código Tributário Nacional, o qual estabelece que, caso o sujeito passivo não eleja seu domicílio tributário (o que, à luz do § 2 do artigo 1.142 do Código Civil, poderia ser o endereço informado para fins de registro), considera-se como tal o lugar da sua sede, ou, em relação aos atos ou fatos que derem origem à obrigação, o de cada estabelecimento. E, ao utilizar o termo "estabelecimento", para fins de ICMS e ISS, retomam-se as digressões feitas no presente artigo, tanto em relação ao estabelecimento determinado, quanto no que tange ao estabelecimento indeterminado. Sem prejuízo, destaque-se a previsão do § 2º do artigo 127 do CTN, o qual determina que a autoridade administrativa pode recusar o domicílio eleito, quando impossibilite ou dificulte a arrecadação ou a fiscalização do tributo. Nessa hipótese, aplica-se a regra prevista no § 1º do artigo 127, do CTN, a qual prevê que considerar-se-á como domicílio tributário do contribuinte ou responsável o lugar da situação dos bens ou da ocorrência dos atos ou fatos que deram origem à obrigação.

de um estabelecimento digital/intangível para fins de preenchimento do critério espacial das regras-matrizes de incidência tributária do ICMS e do ISS. Sob a perspectiva teórica, portanto, o fato de os eventos ocorrerem no ambiente digital não é fundamento hábil para afastar a exigência dos referidos impostos.

A interpretação da legislação comprova que tangível e intangível fazem parte da mesma realidade, a qual, em verdade, "[...] não passa de uma interpretação, ou seja, de um sentido atribuído aos dados brutos que nos são sensorialmente perceptíveis" [31]

A conclusão não poderia ser outra, pois, sob a perspectiva jurídica, "o que o ordenamento faz é delimitar sua própria realidade, que é a realidade do direito. Essa delimitação artificial consiste em constituir tal realidade jurídica e, simultaneamente, em regulá-la"[32], levando-se em consideração, ainda, que a realidade do direito é resultado de uma convenção[33].

Sem prejuízo, veja-se que, embora seja possível o critério espacial se referenciar a um local intangível, a legislação estabelece, necessariamente, um elemento de conexão com um local físico, o que, no contexto tributário, permite a identificação do sujeito ativo da relação jurídico-tributária. A realidade convencionada pelo direito é no sentido de que: (i) o local onde se exerce a atividade empresarial pode ser tangível ou intangível; e (ii) sendo intangível, estará conectada com o mundo tangível em decorrência do

31. CARVALHO, Autora Tomazini de. Curso de Teoria Geral do Direito: o constructivismo lógiosemântico. São Paulo: Noeses, 2013, pp. 19-20.

32. ROBLES MORCHON, Gregório. O direito como texto: quatro estudos de teoria comunicacional do direito. Tradução de Roberto Barbosa Alves. Barueri: Manoel, 2005, p. 13.

33. MORCHÓN, Gregório Robles. As Regras do Direito e as Regras dos Jogos – Ensaio sobre a Teoria Analítica do Direito. Capítulo II, p. 24.

endereço informado para fins de registro, de modo a permitir a alocação da competência tributária.

Em última análise, o elemento de conexão adotado (registro)[34] decorre da importância da linguagem para o direito, já que o "que sucede neste domínio ['mundo da vida'] e não é recolhido pela linguagem social não ingressa no plano por nós chamado de 'realidade'"[35]. Sem linguagem, portanto, não há realidade, uma vez que "os limites da minha linguagem significam o limite do meu mundo"[36].

O §2° do artigo 1.142 do Código Civil visa conferir efetividade à incidência das normas[37], já que, no atual está-

---

34. Aqui se comprova mais uma aproximação entre o Direito e as tecnologias de registro distribuído, pois a certeza e a segurança jurídica exigem registro pelo Direito. Nesse sentido, confira-se: "Para propiciar certeza e segurança jurídica, o Direito exige registro. Não seria possível um fato jurídico sem determinação específica, por isso a linguagem. Mas não são apenas os fatos jurídicos que reclamam linguagem para a sua expressão. Os eventos, os objetos que observamos no mundo, são parte de uma maquinaria conceptual que nos possibilita compreendê-los e falar sobre eles, bem como tirar conclusões acerca deles. (...) Mas, por meio da prova, poderemos (re)constituí-lo, e assim ocorre porque saturamos os supostos acontecimentos por meio de uma linguagem. Inicialmente uma linguagem socialmente aceita, primeira redução. Depois, uma linguagem, a competente, tecida pelo próprio Direito. Sem linguagem, seja social ou jurídica, não temos passado, nem muito menos prova dele. A realidade externa, e tudo que nela se encontra, só pode ser apropriada pelo Direito por meio de uma linguagem" (Cf. IVO, Gabriel. O Direito e a Inevitabilidade do cerco da linguagem. *In*: O Constructivismo Lógico-Semântico. vol.1. São Paulo: Noeses, 2014, *passim*).

35. CARVALHO, Paulo de Barros. Direito Tributário, Linguagem e Método. 7ª Edição. São Paulo: Noeses, 2018. Primeira Parte, Capítulo I, pp. 7-8.

36. WITTGENSTEIN, Ludwig. Tractatus Lógico-Philosophicus, p.111 apud CARVALHO, Aurora Tomazini de. Curso de Teoria Geral do Direito: o constructivismo lógico-semântico. São Paulo: Noeses, 2013, p. 13.

37. A nosso ver, ao estabelecer um elemento de conexão com um local físico, parece-nos que a legislação acaba por reconhecer que a incidência não se dá de maneira automática e infalível, pois depende de um ato humano. Nesse sentido, Paulo de Barros Carvalho ensina que "incidência se não houver um ser humano fazendo a subsunção e promovendo a implicação que o preceito normativo determina. As normas não incidem por força própria. Numa visão antropocêntrica, requerem o homem, como elemento intercalar, movimentando as estruturas do direito, extraindo de normas gerais e abstratas outras gerais e abstratas ou individuais e concretas" (Cf. CARVALHO, Paulo de Barros. Direito tributário: fundamentos jurídicos da incidência. São Paulo: Saraiva, 10ª edição, 2016, p. 9)

gio de integração digital do Estado, existem desafios para garantir a aplicação da legislação em ambiente digital unicamente mediante a utilização de ferramental tecnológico, o que, eventualmente, pode ser superado com a utilização das tecnologias de registro distribuído e *smart contracts*[38].

Os desafios hoje enfrentados a nível doméstico também espraiam seus efeitos para o âmbito internacional, no que se refere à definição de estabelecimento permanente[39],

---

38. Sobre o tema, recomendamos a leitura do seguinte artigo: GOMES, Daniel de Paiva. O Direito Tributário, linguagem, método e "smart contracts": como as tecnologias de registro distribuído podem tornar mais eficiente o controle da incidência tributária. *In*: GOMES, Daniel de Paiva; GOMES, Eduardo de Paiva; CONRADO, Paulo Cesar. *Criptoativos, Tokenização, Blockchain e Metaverso: aspectos filosóficos, tecnológicos, jurídicos e econômicos*. 1ª ed. São Paulo: Thomson Reuters Brasil, 2022, p. 905.

39. Como é cediço, o conceito de estabelecimento foi formal e conceitualmente desenvolvido em 1927, no âmbito do modelo de Convenção Multilateral para evitar a dupla tributação da Liga das Nações em 1928. Em 1963, o conceito de estabelecimento permanente foi adotado na Convenção Modelo da Organização para Cooperação e Desenvolvimento Econômico (CM-OCDE).A interpretação conjunta dos artigos 5º e 7º da CM-OCDE deixa claro que os lucros de uma empresa somente poderão ser tributados no Estado-fonte, caso reste caracterizado no território do referido Estado (de fonte) um estabelecimento permanente (material ou pessoal), caso contrário os lucros devem ser tributados exclusivamente no Estado-residência. Em outras palavras, os lucros auferidos por uma empresa somente são tributados em seu Estado de residência, mesmo que os lucros dessa empresa sejam oriundos de fonte localizada em um terceiro Estado. O Estado-fonte, todavia, poderá tributar os lucros dessa empresa caso ela possua um estabelecimento permanente dentro de seu território. Sob a perspectiva material, a caracterização de um estabelecimento permanente somente ocorrerá na hipótese de existir um local fixo de negócios por meio do qual a empresa desenvolva suas atividades. Paralelamente, sob a perspectiva pessoal, é possível a caracterização de um estabelecimento permanente também no caso de uma pessoa, localizada no Estado-fonte, habitualmente firmar contratos em nome de outra empresa (agente dependente), mesmo que ausente um lugar fixo de negócios. A redação atual do artigo 5º da CM-OCDE, responsável por disciplinar e caracterizar a figura do estabelecimento permanente, teve mudanças sugeridas pelo Plano de Ação 7 do BEPS (Base Erosion Profit Shifting). O Plano de Ação 7 preocupou-se em limitar o alcance das exceções à caracterização de um estabelecimento permanente. Em novembro de 2017, a OCDE divulgou a nova Convenção-Modelo, oportunidade em que adotou na íntegra as sugestões constantes do Plano de Ação 7, conforme se verifica do artigo 5º (Cf. OECD (2017). *Model Tax Convention on Income and on Capital*: Condensed Version 2017, OECD Publishing, Paris, http://dx.doi.org/10.1787/mtc_cond-2017-en.). Para além disso, a OCDE propõe a criação dos Pilares 1 e 2, com o intuito de endereçar a justa tributação da economia digital. A criptoeconomia também faz

para fins de tratados internacionais em matéria tributária. Ou seja, as dificuldades de *enforcement*, de identificação das fontes de produção e pagamento em contraposição à residência do tomador do serviço ou adquirente do bem/mercadoria, também existem, por razões bastante similares, em âmbito internacional.

6. REFERÊNCIAS BIBLIOGRÁFICAS

BARRETO, Paulo Ayres. Planejamento tributário. 1. ed. São Paulo: Noeses, 2016.

---

parte da economia digital e será afetada por essas orientações. O Pilar 1 foca na avaliação da divisão de competência tributária em transações globais, buscando harmonizar os critérios de conexão no mundo digital. O Pilar 2 visa abordar questões de erosão da base tributária e transferência de lucros, estabelecendo regras para garantir o direito de tributação mínima global em casos de baixa tributação em outras jurisdições. No que os pontos acima se conectam com o metaverso e os desafios espaciais inerentes à descentralização? Basicamente, se for possível identificar um estabelecimento permanente no Brasil de um "metaverso" – por mais contraditório que isso pareça – seria possível tributar, no Brasil, os lucros oriundos dessa atividade. Se o metaverso for de propriedade de uma pessoa jurídica predeterminada, voltaríamos às discussões anteriormente tratadas sobre o "local de registro" como local "físico" do metaverso. Se, todavia, estivermos tratando de um metaverso descentralizado, autônomo, sem administrador, cujas dados estejam armazenados em servidores IPFS (descentralizados), então o conjunto dos token holders, que são titulares dos tokens de governança que viabilizam a manutenção e administração desse metaversos, pode ser qualificado, a depender das circunstâncias, como uma sociedade de fato/sociedade em comum (general partnership), sendo tributado como tal (de forma transparente e diretamente "nas mãos" dos tokens holders). Inclusive, há jurisprudência do CARF garantindo ao Brasil competência para tributar lucros de empresa estrangeira, quando caracterizado um estabelecimento permanente no Brasil (A título de exemplo, confira-se o acórdão nº 2202-003.114, proferido nos autos do Processo Administrativo nº 10980.729160/2012-43). No Brasil, não há uma lei em sentido estrito fazendo referência à definição de estabelecimento permanente material ou pessoal. Sem prejuízo, entendemos que o artigo 1.142, §§ 1º e 2º do Código Civil; artigos 126, inciso III, e 127, II, § 1º, do Código Tributário Nacional; artigo 27, §§ 1º e 2º, do Decreto-lei 5.844/1943; artigos 159, 468, 469 e 612 do Decreto nº 9.580/2018 (RIR/2018); e artigo 76, §§ 1º, 2º e 3º da Lei 3.470/1958 servem de fundamento normativo de validade tanto para a qualificação de um estabelecimento permanente fixo (material), quanto para a qualificação de um agente dependente (estabelecimento permanente pessoal e que independe do local fixo de negócios). A Receita Federal do Brasil, com o intuito de aclarar o tema, trouxe a definição, a nível infralegal (Instrução Normativa 1.681/2016), do estabelecimento permanente material (local fixo de negócios).

BRITTO, Lucas Galvão. *Tributar na era da técnica:* como as definições feitas pelas agências reguladoras vêm influenciando a interpretação das normas tributárias. São Paulo: Noeses, 2017.

CARVALHO, Aurora Tomazini de. Curso de teoria geral do direito (o constructivismo lógico semântico). 3ª ed., São Paulo: Noeses, 2013.

CARVALHO, Paulo de Barros. Curso de Direito Tributário. 23ª Ed. São Paulo: Saraiva, 2017.

CARVALHO, Paulo de Barros. Direito Tributário, Linguagem e Método. 4ª Edição. São Paulo: Noeses, 2011.

CARVALHO, Paulo de Barros. Direito tributário: fundamentos jurídicos da incidência. São Paulo: Saraiva, 10ª edição, 2016.

GOMES, Daniel de Paiva. O Direito Tributário, linguagem, método e "smart contracts": como as tecnologias de registro distribuído podem tornar mais eficiente o controle da incidência tributária. *In*: GOMES, Daniel de Paiva; GOMES, Eduardo de Paiva; CONRADO, Paulo Cesar. *Criptoativos, Tokenização, Blockchain e Metaverso: aspectos filosóficos, tecnológicos, jurídicos e econômicos*. 1ª ed. São Paulo: Thomson Reuters Brasil, 2022.

GOMES, Eduardo de Paiva. Direito, tecnologias de registro distribuído e o (falso) choque de realidades entre fato jurídico e "fato DLT": premissas jurídicas e tecnológicas para delimitação dos eventos juridicizáveis. *In*: GOMES, Daniel de Paiva; GOMES, Eduardo de Paiva; CONRADO, Paulo Cesar. *Criptoativos, Tokenização, Blockchain e Metaverso: aspectos filosóficos, tecnológicos, jurídicos e econômicos.* 1ª ed. São Paulo: Thomson Reuters Brasil, 2022.

GOMES, Eduardo de Paiva. *Tributação da Impressão 3D: Blueprint, software e impressora 3D*. São Paulo: Revista dos Tribunais, 2021.

GOMES, Eduardo de Paiva; GOMES, Daniel de Paiva. Metaverse as a platform (MAAP), metalinguagem e direito. *In*: GOMES, Daniel de Paiva; GOMES, Eduardo de Paiva; CONRADO, Paulo Cesar. *Criptoativos, Tokenização, Blockchain e Metaverso: aspectos filosóficos, tecnológicos, jurídicos e econômicos*. 1ª ed. São Paulo: Thomson Reuters Brasil, 2022.

IVO, Gabriel. O Direito e a Inevitabilidade do cerco da linguagem. In: O Constructivismo Lógico-Semântico. vol.1. São Paulo: Noeses, 2014

MELO, José Eduardo Soares de. ICMS: teoria e prática. 11. ed. São Paulo: Dialética, 2009.

MORCHÓN, Gregório Robles. As Regras do Direito e as Regras dos Jogos – Ensaio sobre a Teoria Analítica do Direito.

ROBLES MORCHON, Gregório. O direito como texto: quatro estudos de teoria comunicacional do direito. Tradução de Roberto Barbosa Alves. Barueri: Manoel, 2005.

UNIFICAÇÃO DE TRIBUTOS E CARGA TIBUTÁRIA

Edvaldo Brito[1]

1. REFORMA TRIBUTÁRIA

1.1 Noção

Reforma é uma *ação* de dar nova forma a um objeto.

O signo tem um conteúdo semântico que atina com um juízo de valor, porque fornece o significado de mudança para melhor.

Reforma tributária é, assim, um ato de melhoramento do mecanismo de incidência da norma jurídica que rege a *ação de tributar*.

1.Edvaldo Pereira de Brito é professor, advogado tributarista, jurista e político brasileiro filiado ao Partido Social Democrático. É Doutor e livre-docente em Direito pela Universidade de São Paulo e Professor emérito da Universidade Federal da Bahia e da Universidade Presbiteriana Mackenzie. É imortal da Academia de Letras da Bahia, ocupando a cadeira de número 3. Foi Prefeito de Salvador entre 1978 e 1979 e Vice-prefeito entre 2009 e 2012. Também já ocupou as funções de Secretário de Estado de Justiça, de Educação, de Saúde e de Assuntos Estratégicos no Estado da Bahia, além de secretário de Negócios Jurídicos do Município de São Paulo. Atualmente, exerce o seu terceiro mandato como Vereador de Salvador, eleito pelo PSD.

Essa *ação de tributar,* consiste no procedimento estatal de *transferência* de parte do *patrimônio privado*, de natureza financeira, para a coletividade, como forma de obtenção dos recursos financeiros com os quais se custeiam as chamadas *despesas públicas*.

É um procedimento tão sensível que se submete a uma *solenidade*, toda ela disciplinada de modo estrito no Estatuto Político do Estado, no qual se inserem normas em nível de *princípios* e *preceitos* protetores desse *patrimônio privado*.

MICHELI[2] bem define esses protetores, caracterizando-os como sendo numerosas disposições constitucionais que *pressupõem* a nucleação de uma específica prestação coativa tributária, o *tributo*, ao lado de outras prestações coativas pessoais e patrimoniais.

1. *prestações pecuniárias compulsórias, em geral*:
   - 1.1 Tributárias:
     - 1.1.1 imposto;
     - 1.1.2 taxa;
     - 1.1.3 contribuição de melhoria;
   - 1.2 Não tributárias:
     - 1.2.1 empréstimos compulsórios;
     - 1.2.2 *contribuições sociais*;
     - 1.2.3 contribuições econômicas:
       - 1.2.3.1 de intervenção no domínio econômico
       - 1.2.3.2 de interesse das categorias profissionais;

---

2. - cf. GIAN ANTONIO MICHELI. *Curso de direito tributário*. Trad. de Marco Aurélio Greco e Pedro Luciano Marrey Jr. São Paulo: Revista dos Tribunais, 1968, p.65, 67,70, 91.

2. *Prestações pecuniárias pela assistência vital, stricto-sensu:*

   2.1 preços;

   2.2 tarifas;

   2.3 contribuição para o custeio do serviço de iluminação pública;

   2.4 contribuição para o sistema sindical;

   2.5 contribuição para o sistema "S".

Há, consequentemente, além do *tributo*, outras prestações pecuniárias compulsórias, mas, nem por isso, é impossível identificar o *tributo*, nem é supérfluo caracterizá-lo entre essas outras prestações, diante da sua disciplina jurídica típica, inclusive, nesse plano constitucional.

Portanto, falar-se de *reforma tributária*, significa dar uma nova forma ao *tributo*, o que exclui dessa ação as demais faladas *prestações compulsórias*.

Só o *tributo* tem, dentre essas outras *prestações*, esse *núcleo* constitucional bem definido, ou seja, constitutivo do "*Estatuto do Contribuinte*" de *tributo*, diverso de outro "*Estatuto*", o de outra *prestação* pecuniária, também, *compulsória*, mas, de *natureza não tributária*. Ambos *os Estatutos*, estão sistematizados pela Constituição brasileira através de normas jurídicas com a natureza de *princípios-garantia*, da seguinte forma:

O *tributo*

1. *Competência tributária da entidade intraestatal* arts.145, 147, 148, 149, 153, 154, 155 e 156

2. *Legalidade* – art.150, I

   2.1 Irretroatividade – art.150, III, *a*

   2.2 Anualidade - § 2º do art.165

2.3 Anterioridade - art.150, III, *b*

2.3.1 Espera nonagesimal – art.150, III, *c*

2.4 Tipicidade - art.145, I a III e 146, III

2.5 Eficácia da lei complementar – art. 146

3. *Isonomia* – art.150, II

3.1 Capacidade contributiva – art.145, §1º

4. *Proibição do efeito tributário confiscatório* – art.150, IV

5. *Garantia da unidade econômica e social* – arts.150, V, 151, I e II, 152

6. *Imunidade* – art.150, VI

A contribuição de natureza não tributária

1. *Competência* do sujeito ativo da obrigação – arts. 8º, IV, 149

2. *Legalidade* – arts. 8º, IV *in fine*, 150, I

2.1 Irretroatividade – art.149, combinado com o art.150, III, *a*

2.2 Anterioridade – art.150, III, *b*, art.195, § 6º

2.3 Tipicidade –

- a) art. 8º, IV;
- b) art.149, combinado com art.146, III;
- c) art. 195, caput;
- d) § 5º do art. 212;
- e) *caput* do art. 239;
- f) art. 240.

2.4 Eficácia da lei complementar – art.149, combinado com o art.146, III.

O exposto conduz a que, se se trata de *reforma tributária*, o melhoramento a que, assim denominar-se-ia, teria de ater-se, apenas, ao *tributo*.

Contudo, além de não ser dessa forma, também, o que se está discutindo como o nome de *reforma tributária* é, verdadeiramente, uma nova *discriminação de rendas*, porque a preocupação está sendo a de dotar-se cada entidade federada de um quinhão financeiro, sem que haja preocupação nesse plano constitucional, com o sujeito passivo da obrigação, em favor de quem, pelo exposto, a Constituição debuxa o *núcleo* referido.

Esse *núcleo* é, aliás, irreformável, nos termos do inciso IV, do §4º, do art.60 da Constituição, o qual impede a deliberação de qualquer proposta de emenda tendente a abolir os *direitos e garantias individuais fundamentais,* dentre os quais está o *direito de propriedade*, já que se disse supra ser a *tributação* uma *técnica* de *transferência do patrimônio do particular para a coletividade*.

Consequentemente:

> *se* a *ação de tributar* consiste no procedimento estatal de *transferência* de parte do *patrimônio privado* para obtenção dos recursos financeiros com os quais se custeiam as chamadas *despesas públicas*;
>
> *se* esse *patrimônio* foi preservado pelo *Poder Constituinte* (Autoridade suprema = A^1), ao garantir o direito de *propriedade privada*, excepcionando-o, apenas, nas *hipóteses* de ofensa à função social, por esse exercício; nas *hipóteses* de desapropriação elencadas e na *hipótese* de *tributação* conforme esse *Poder* plasmou, originariamente;
>
> *se* a função do *Poder Constituinte* é, por natureza, *potência*[3] e a do órgão de *reforma* é, mera, *competência*;

---

3. cf. EDVALDO BRITO. *Limites da revisão constitucional*. Porto Alegre: Sergio Antonio Fabris Editor, 1993, p. 72 e segs.

se competência é uma regra que contém três *critérios* estabelecidos pela Autoridade suprema A^1, para serem regentes da atuação de A^2, que é destinatária desses critérios:

A^1 define A^2

A^1 outorga as atribuições a A^2

A^1 define o procedimento para o exercício das atribuições de A^2,

então, é defeso o exercício dessa *competência* de *reforma* constitucional para além dos *limites* traçados pela Autoridade suprema (A^1), dentre os quais está o de preservar o *núcleo* irreformável, no qual se encontra a *tributação*, tanto mais quando se constata que esse procedimento de *unificação de tributos resulta em oneração da carga tributária.*

1.2 Conceito de tributo

O *tributo* é um *conceito*, por isso, é um *juízo* que tem *elementos constitutivos* próprios inconfundíveis com os de *categorias* similares, ainda que guardem em comum alguns predicados, daí a similitude.

Esses *elementos* são peculiares:

(a) *prestação,* a qual lhe dá a natureza de *objeto* de uma *obrigação*;

(b) expressa em moeda;

(c) devida pelo administrado a uma corporação infestada pelo poder político;

(d) que opera a *transferência patrimonial* desse administrado para a coletividade, sob um regime jurídico peculiar, engastado na lei de maior hierarquia do sistema jurídico.

Um *conceito* tem existência em razão desses *elementos* obtidos, sempre, na concepção *lógico-jurídica* e não *jurídico-positiva* e, assim, válida em qualquer circunstância de tempo ou de espaço.

Consequentemente, a distinção entre esse *conceito* e o das demais *categorias*, basicamente, terá de partir da análise dos *elementos constitutivos* de cada uma, encontrados na respectiva *matriz constitucional.*

Esse método impõe, de início, que se repense a definição dogmática de *tributo*, a fim de *integrar* o disposto no art. 3º do Código Tributário Nacional com as regras constitucionais pertinentes.

1.2.1 A definição dogmática[4]

A definição dogmática de *tributo* está nesse art. 3º do Código Tributário Nacional, que o categoriza como sendo *toda* prestação pecuniária *compulsória,* em moeda ou cujo valor nela se possa exprimir, que não constitua sanção por ato ilícito, instituída em lei e cobrada mediante atividade administrativa plenamente vinculada.

Nesses termos, ou se *integra* esse dispositivo antes transcrito com o sistema das *prestações coativas,* constitucionalmente, posto ou a dita regra legal será irremediável.

Veja-se que nela está estabelecido que, *toda* prestação pecuniária, que for *compulsória,* é *tributo.*

Mas não é bem assim, por isso, é necessária uma *interpretação integrativa.*

1.3 Conceito de contribuição social

Contudo, exemplifique-se que a Constituição, no inciso IV do seu art. 8º, já descreve uma *prestação* que, apesar de ser *compulsória*, não é *tributária* porque é fixada pela assembleia geral dos órgãos integrantes do sistema confederativo da representação sindical e não pelo Estado.

---

4. - cf. EDVALDO BRITO. *Direito tributário: imposto, tributos sinalagmáticos, contribuições, preços e tarifas, empréstimo compulsório.* São Paulo: Atlas, 2015, p.64 e segs.

Trata-se da *contribuição* para custeio desse sistema confederativo, legitimada pela Constituição.

Ela é *compulsória*, mas não é tributária.

A sua instituição não obedece às normas constitucionais que pressupõem a *nucleação* de uma específica prestação coativa tributária, *v.g.* aquela disposição que veicula o *princípio da legalidade*, uma vez que a fonte normativa dessa *prestação* é a assembleia geral da entidade sindical que, obviamente, não emite norma legal.

Ela convive, além disso, com outra, a "*contribuição sindical*" prevista na Consolidação das Leis do Trabalho (arts. 578 e segs.), recepcionada pelo inciso IV, *in fine*, do art. 8º da Constituição.

Então, apesar de *compulsórias*, essas *contribuições* não são *tributárias*, por não ostentarem os mesmos *elementos constitutivos* do *conceito tributo*.

Tantos outros exemplos poderiam ser citados, no texto constitucional, nessa linha de raciocínio, para demonstrar que nem *toda prestação pecuniária compulsória* é *tributo*; que nem toda é *instituída* por lei, (tomada a palavra *instituir* no seu sentido próprio de criação do *tributo* pelo ente político titular da competência outorgada pela Constituição); que nem *toda* é cobrada mediante atividade administrativa.

Basta, para tanto, esses exemplos mencionados, porque há outra circunstância que impõe essa *integração*, qual seja a de que o *tributo* seria uma *prestação* pecuniária que não constituiria *sanção por ato ilícito*.

MICHELI[5] agita, também, essa circunstância, ao concordar que o *tributo* não deve ser considerado como uma *reação contra a prática* de um *ato ilícito*.

5. - cf. Idem, ibidem, p. 96.

O tema de o *tributo* ser ou não ser *sanção* por *ato ilícito* não é o deste trabalho, mas, lembre-se que a regra do item II do §4º do art.182 da Constituição autoriza a exigência do *imposto* — que é um *tributo* — sobre a propriedade predial e territorial urbana como *reação à prática de um ilícito*, qual seja, o *fato* de o titular do direito a essa propriedade não fazer o adequado aproveitamento do solo urbano não edificado, subutilizado ou não utilizado, tal como o determine o Poder Público municipal, mediante lei específica para área incluída no plano diretor pela Câmara Municipal, o qual é o instrumento básico da política de desenvolvimento e de expansão urbana.

O exposto permite insistir que é recomendável *integrar* a *definição dogmática* de *tributo*, inserida no art. 3º do Código Tributário Nacional, com as disposições pertinentes da Constituição, nas quais se encontra elemento distintivo básico entre essa *prestação pecuniária compulsória* e as demais por ela regradas, qual seja, o fato de toda *prestação* de natureza tributária operar uma *transferência* do patrimônio do indivíduo ou de um grupo de indivíduos, que tem o *dever jurídico* de satisfazer a *prestação*, para o patrimônio da coletividade que está sob a gerência estatal.

Uma *contribuição social*, por exemplo, que é também *compulsória*, não consiste nessa operação de *transferência*, em que se constitui a *tributação*, mas, sim, numa *redistribuição patrimonial* do cabedal desse indivíduo, obviamente, em seu próprio benefício.

Daí já se poder falar, desde este ponto da exposição, na existência de um *fundo de participação compulsória*[6], para designar a exigência *coativa* de *prestações pecuniárias de natureza não tributária*, caracterizadas como *contribuições sociais,* quando estas são destinadas ao custeio de encargos *promocionais* do *bem-estar social* e de encargos com a

---

6. - cf. EDVALDO BRITO. *Reflexos jurídicos da atuação do estado no domínio econômico*, 3ª ed. São Paulo. Saraivajur. 2022, p.170, 175 e 176.

infortunística, no campo do Estado providência, do Estado do *bem-estar social* (*welfare state*).

Aqui, não se opera a *transferência* patrimonial da esfera do particular para a da coletividade, como receita do Estado, mas sim, a *redistribuição patrimonial* no âmbito do seu titular, feita pelo Estado, no exercício de sua soberania, em favor desse mesmo titular.

ALBERTO XAVIER[7], CELSO CORDEIRO MACHADO[8], HANS NAWIASKY[9] acolhem a ideia do crédito tributário como suporte jurídico de mecanismo de *transferência* compulsória de rendas do setor particular para o setor público.

Diante desse quadro, não vale insistir na distinção tradicional entre o *tributo* e outras prestações, somente, pela existência de *compulsoriedade* no *tributo*, porque essa circunstância não é estranha a algumas das demais prestações exigidas pelo Estado, tal como adverte MICHELI[10] e se demonstra infra.

O atendimento das necessidades da *assistência vital* integra as atividades política e econômica para comporem a estrutura e o funcionamento das *ordens econômica* e *social*, cujos parâmetros estão na Constituição que, por ser a lei maior do sistema jurídico, é, obviamente, a *fonte imediata*, a *causa eficiente* de todas as demais normas do ordenamento positivo disciplinadoras dos fenômenos econômico e social.

A Constituição, ao dispor sobre a *ordem econômica*, (arts. 170 e segs.), e sobre a *ordem social*, (arts.193 e segs.),

---

7. - cf. *Conceito e natureza do acto tributário*. Coimbra: Almedina, 1972. p. 283.

8. - cf. Garantias, preferências e privilégios do crédito tributário. Administração tributária. Dívida ativa tributária. Certidões negativas. Prazos. Crimes de sonegação fiscal. In: NOVELLI, Flávio Bauer (Coord.). *Tratado de direito tributário brasileiro*. Idealização de Aliomar Baleeiro. Rio de Janeiro: Forense, 1984, v. VI, p. 8.

9. - cf. *Cuestiones fundamentales de derecho tributário*. Introdução Prof. Klaus Vogel. Trad. notas Juan Ramallo Massanet. Madrid: Instituto de Estudos Fiscales, 1983.

10. Ob. cit., p. 65.

estabelece como objetivo dessas organizações o *bem-estar* e a *justiça social,* com fundamento no trabalho humano baseado na livre ação dos particulares no domínio econômico, mas defere ao Estado, também, a sua atuação nesse domínio, conforme os seguintes aspectos:

> *(a) atuação direta no domínio econômico, somente, por imperativo da segurança nacional ou relevante interesse coletivo, tendo como regime jurídico o próprio das empresas privadas porque pressupõe a competição;*
>
> *(b) atuação indireta no domínio econômico como agente normativo e regulador da atividade econômica, exercendo, como tal, funções de fiscalização, incentivo e planejamento indicativo.*

Consequentemente, exclui-se da atuação do Estado no domínio econômico, a situação em que ele submete um setor da economia ao regime de *monopólio estatal* porque então, inexiste a competição, dado que ocorre a exclusividade de sua atuação e, por isso, não há mais que se falar em *domínio econômico.*

As *prestações* pecuniárias desse campo de atuação *monopolista* tanto podem ser tributárias (*taxa*) como não tributárias (*preço público* e *preço político* ou *social*), dependendo da possibilidade de individualização da contraprestação administrativa ou, mesmo, da natureza dessa contraprestação, porque ALESSI[11] já pontua que há limites para isso, configurados por duas condições:

> a *primeira* é que exista, efetivamente, um meio jurídico equivalente oferecido pelo Direito Privado, e que exista uma equivalência entre o meio de caráter privado e o meio de caráter público;
>
> a *segunda* é que não existam graves razões para considerar que a atuação com caráter público seja essencial, isto é, que a Constituição — no caso brasileiro — não exija e presuma, de maneira

11. ALESSI, Renato. *Instituciones de derecho administrativo*, Barcelona. Barcelona. Bosch. 1970. p. 220 e segs.

> determinante, que, na consideração do ente público, encontre-se, em primeiro plano, o interesse público.

Esses aspectos da atuação fazem permear as duas *ordens* (econômica e social) e, no plano financeiro, há que se instituírem *prestações pecuniárias* que sustentem as *utilidades* oferecidas aos particulares, ora diretamente pela estrutura administrativa, ora por intermédio das organizações atuantes no domínio econômico, porém, sob a fiscalização do Estado. Essas *utilidades* são de fruição compulsória a ponto de não permitirem alternativas ao indivíduo, porque são oferecidas na linha da *assistência vital* que é a função maior do *Estado do bem-estar social.*

A emenda, pelos seus termos, distingue *tributo* e *contribuição*, tanto que a CBS – contribuição sobre bens e serviços - está localizada sob o regime constitucional dessa exação, ao ser acrescentado o inciso V ao art.195.

1.4 Mecanismo de incidência da norma tributária

A *tributação*, propriamente dita, procedimentalmente, observa um mecanismo, a que se pode chamar de *técnica da tipicidade* e que consiste na dissecação dos elementos constitutivos da *hipótese do fato gerador de um tributo*, toda vez que ocorre um acontecimento ao qual se quer atribuir o efeito de *fato gerador* da obrigação tributária, a fim de verificar se esse acontecimento realiza aquela *hipótese*.

Por isso, impõe-se a distinção entre essas duas entidades.

1.4.1 Hipótese do fato gerador de um tributo.

A noção de hipótese do fato gerador de um tributo distingue-se de dois núcleos: *hipótese* e *fato gerador*. Se é *hipótese* é um *juízo*. Se é *fato* é *acontecimento* da vida. Se é *juízo*, deve ser sempre o *juízo* de *dever ser* que, no caso do *tributo*, somente pode ser formulado pelo legislador.

É o *princípio-garantia da legalidade*, a que já se fez referência, antes, como constitutivo do *Estatuto do Contribuinte* de tributo e que consiste em o legislador ter e exercer a *competência privativa* para descrever, em *hipótese*, o *fato gerador* da obrigação de pagar um tributo, debuxando o acontecimento social que desencadeia uma consequência no plano jurídico.

Essa atribuição do legislador é expressa por um discurso e, por isso, é uma mensagem que tem de ser decodificada pelo receptor — o intérprete — que não deve utilizar-se de uma linguagem formalizada, de uma linguagem meramente lógica, qual seja a linguagem que se socorre de fórmulas lógicas, pois, estas fórmulas não resolvem os desafios desse discurso quando debuxa o *tipo*.

O *tipo* é importante no Direito, não somente no direito penal — crime é a ação humana culposa, antijurídica e *típica* — ou no direito civil — contratos *típicos* e *atípicos* — mas, também, no direito tributário.

O *princípio-garantia da tipicidade* é também, componente do *Estatuto do Contribuinte* de tributo, tanto que o *Código Tributário Nacional* estabelece que não se pode exigir tributo por *analogia* e não se pode dispensá-lo por *equidade*. É porque se tem de respeitar o *tipo legal cerrado*.

Portanto, existe um *tipo tributário*, que o legislador fornece quando desenha a *hipótese* do *fato gerador* ou *hipótese* do *tipo*.

A *figura* desse *tipo*, (*facti species*), é descoberta no *acontecimento* da vida, através da *técnica da tipicidade* que consiste pois, na decodificação do discurso *hipotético* do legislador.

E a fórmula de dissecar este discurso, esta *hipótese*, foi KELSEN, que nos deu quando procurou mostrar os aspectos diversos que tem o *acontecimento* que passa a ser jurídico, (*fato jurídico* gerador do dever de pagar o tributo), ao examinar o seu âmbito de validez *pessoal*, *temporal*, *espacial*[12]. GIANNINI[13] acrescenta-se o âmbito de validez *material*, quando cuida da matéria tributária.

Então, identificam-se, por esta *técnica da tipicidade*, quatro elementos para decodificar o discurso do legislador:

Elemento *pessoal* ou *subjetivo,* corresponde à parte da *hipótese do fato gerador* que indica quem são os sujeitos, as pessoas, que estão envolvidas naquele acontecimento debuxado pelo legislador e, como o *tipo é cerrado*, essas pessoas não podem ser definidas em desacordo com os demais elementos do *tipo*. É o campo do fisco e do contribuinte. O legislador, ao descrever este elemento pessoal, considerando que se cuida de uma relação jurídica obrigacional, está dispondo sobre o polo ativo, de um lado, — *sujeito ativo* da obrigação — e, do outro lado, sobre o polo passivo — *sujeito passivo.*

A norma caracteriza também, qual é o *objeto* da relação obrigacional, oferecendo o *objeto* da própria obrigação: o qual é o bem jurídico, isto é, a *matéria* que está submetida à regra de tributação.

Este elemento é chamado de *objetivo* ou *material* e, porque há o *princípio-garantia do não confisco*, torna-se necessário o dimensionamento do *quanto* desse *objeto* servirá de *base* à tributação.

Essa *base* serve para o *cálculo* financeiro do dever jurídico de pagar e, assim, é subelemento do *elemento objetivo* ou *material*, evitando o *confisco*; enquanto medida deste elemento, ela é medida financeira de objeto jurídico, pouco importa se o objeto é físico, material ou se é um atributo de uma pessoa. Exemplo: a *renda*.

---

12. - cf. HANS KELSEN. *Teoria pura do direito*. 3ªed. Trad. de Dr. João Baptista Machado. Coimbra: Arménio Amado – Editor, Sucessor. 1974 p.31 e segs.

13. - cf. A. D. GIANNINI. *Istituzioni di diritto tributario*. Milano: Giuffrè, 1972.

Há um outro subelemento inserido no *elemento material*: é a *alíquota* expressa por uma grandeza ou por uma unidade de medida utilizada para encontrar o *quanto* de tributo.

Ela se aplica à *base de cálculo*, mas, em alguns tributos, como é o caso dos impostos sobre o comércio exterior, o legislador confunde *base de cálculo* e *alíquota*. É que, nesses impostos, toma como *base de cálculo*, a unidade de medida quando a *alíquota* for especifica e a *alíquota* é a própria unidade de medida. Então, a *alíquota* e a *base de cálculo* ficam as duas no mesmo cadinho e isto é difícil de separar uma da outra. Mas, há tributos nos quais as *alíquotas* não se confundem e, em regra, são expressões matemáticas, designadas por percentuais; por exemplo, tantos por cento sobre alguma massa econômica.

Esse elemento *material*, que revela a *base de cálculo* é estabelecido pelo legislador como decisivo para a identificação da *natureza jurídica do tributo*.

Assim, desde a Constituição, até o art.4º do *Código Tributário Nacional*, está escrito que a *base de cálculo* não pode ser idêntica para mais de um tributo; porque, se o fosse, estar-se-ia medindo o mesmo tributo ao qual se estaria dando, apenas, nomes diferentes.

Esta constatação é importantíssima porque supera a dúvida da incidência nos casos de fricção entre três tributos: IPI, (imposto sobre produtos industrializados), ICMS, (imposto sobre operações relativas à circulação de mercadorias e sobre prestações de serviços de transporte interestadual e intermunicipal e de comunicação), e ISS, (imposto sobre serviços de qualquer natureza).

Repita-se: a *base de cálculo* não somente mensura o *elemento material*, mas também, identifica a *natureza jurídica do tributo*.

O art.4º do *Código Tributário Nacional* estabelece que a natureza jurídica específica do tributo é determinada pelo fato gerador da respectiva obrigação.

O fato gerador é o *tipo* todo, completo, mas no *tipo* o núcleo é a *base de cálculo*.

Logo, basta partir dela para atingir o objetivo a que se refere o dispositivo.

Repita-se, outrossim, que não pode haver uma mesma *base de cálculo* para mais de um fato gerador, por isso, o inciso I desse art.4º do Código diz que a denominação e as demais características, meramente formais adotadas pela lei, pouca importância tem para determinar essa natureza.

A Constituição de 1988 é muito mais clara do que a seu antecedente quando ela vislumbra a importância da *base de cálculo*, dizendo que as taxas não poderão ter *base de cálculo* própria de impostos (§2º do seu art.145).

E, adiante, para demonstrar que a *base de cálculo* é decisiva, dispõe no inciso I do seu art.154 que ela é elemento indubitável para distinguir os impostos, que estão discriminados na Constituição, daqueles impostos residuais atribuídos à competência da União.

O *elemento espacial,* corresponde à escolha do espaço feita pelo legislador, no qual o fato vai ocorrer. Se o fato for acontecer dentro do território no qual o legislador exerce a respectiva soberania, que gera a compulsoriedade do cumprimento da prestação, a tributação é territorial.

Mas, é possível uma *tributação extraterritorial*, contanto que não comprometa a soberania do titular do território alcançado. Daí, os *atos internacionais* celebrados para evitar *dupla tributação*, porque em regra, a tributação é *territorial*, por isso, pode haver, dentro do *território* da Federação, casos de fricção entre impostos de competências diversas, mas com similaridade da *materialidade* da *hipótese do fato gerador* e, assim, pode ser necessária uma discussão entre entes tributantes federados, sobre invasão de competência, necessitando identificar qual será o titular do direito de crédito.

O último dos elementos dessa exposição é o *temporal*. Ele indica qual é o momento, qual é o instante em que o *tipo* está caracterizado; vale dizer que esse elemento fixa o tempo no qual o fato, efetivamente ocorre e, tendo ocorrido, a partir daí o contribuinte já é devedor da *prestação* pecuniária.

Observa-se que há uma rigidez da *hipótese do fato gerador* do tributo. A exigência do tributo, no contexto dessa linguagem jurídica, pressupõe uma norma emitida por uma fonte, especificamente legitimada, componente do monopólio oficial da coerção. Essa fonte é legitimada pela norma de outorga de competência esculpida na Constituição e desdobrada pelas normas gerais constantes do Código Tributário Nacional e pelas normas orgânicas de cada tributo veiculadas na lei que o institui editada pelos respectivos titulares, (União, Estados, Distrito Federal ou Municípios).

Logo, é um ato jurídico complexo esse que debuxa a *hipótese do fato gerador* do tributo. A sua função é descrever os elementos *tipificadores* do fato tributável que é de ocorrência subsequente no mundo da realidade.

Dentre esses elementos, já se disse, supra-se está o *subjetivo* que, pelo lado ativo, é identificado a partir da norma constitucional de competência que *discrimina* as rendas tributárias, atribuindo o quinhão de cada qual dos entes federados, fazendo-o da seguinte forma:

1. - União

Impostos sobre:

I - Importação de produtos estrangeiros;

II - exportação, para o exterior, de produtos nacionais ou nacionalizados;

III - renda e proventos de qualquer natureza;

IV - produtos industrializados;

V - operações de crédito, câmbio e seguro, ou relativas a títulos ou valores mobiliários;

VI - propriedade territorial rural;

VII- grandes fortunas, nos termos de lei complementar.

2. Estados e Distrito Federal

Impostos sobre:

I - Transmissão *causa mortis* e doação, de quaisquer bens ou direitos;

II - operações relativas à circulação de mercadorias e sobre prestações de serviços de transporte interestadual e intermunicipal e de comunicação, ainda que as operações e as prestações se iniciem no exterior;

III - propriedade de veículos automotores.

3. Municípios

Impostos sobre:

I - Propriedade predial e territorial urbana;

II - transmissão *intervivos*, a qualquer título, por ato oneroso, de bens imóveis, por natureza ou acessão física, e de direitos reais sobre imóveis, exceto os de garantia, bem como cessão de direitos a sua aquisição;

III - serviços de qualquer natureza, não compreendidos no item 2. II, supra, definidos em lei complementar.

Todos esses entes federados são, também, competentes para instituir outros tributos, além, dos impostos supra discriminados.

Assim, a União

> pode exercer uma *competência residual* que consiste em criar *impostos* não previstos no quinhão supra descrito, desde que sejam *não-cumulativos* e *não tenham fato gerador ou base de cálculo* próprios, desses que constam da relação supra e atribuídos a ela própria e aos Estados, Distrito Federal e Municípios;
>
> pode criar *impostos extraordinários* na iminência ou no caso de guerra externa, que serão suprimidos, gradativamente, cessas essa causa de sua criação;
>
> pode instituir *contribuições sociais, contribuições de intervenção no domínio econômico, contribuições de interesse das categorias profissionais ou econômicas*, como instrumento de sua atuação nessas respectivas áreas; *contribuição de melhoria*;
>
> pode criar *taxas* pelo exercício do poder de polícia ou pela utilização de prestações administrativas por ela oferecidas de modo efetivo ou de modo potencial e que sejam específicas e divisíveis.

Os Estados, o Distrito Federal e os Municípios, poderão instituir *contribuição de melhoria* e as *taxas* supracitadas.

Em resumo: ocorrido um acontecimento, impõe-se a *técnica da tipicidade*, pela qual se procura *identificar* nele os elementos contidos na *figura* do *fato,* (o *tipo*), desenhada na *hipótese*: o elemento pessoal que designa os sujeitos da relação jurídica tributária, (ativo e passivo); e elemento espacial, que delimita a área geográfica, (real ou virtual), na qual o acontecimento se desenrolará; o elemento material que descreve o objeto da relação jurídica tributária, (atributo de uma pessoa ou qualquer outro bem, contanto que não seja categorizado como elemento fora do tráfico jurídico); elemento temporal que fixa o momento em que se completa o acontecimento e, assim, passível da incidência da norma por inteiro.

A *identidade* tem de ser rigorosa, até porque é um dos princípios da Lógica utilizados para a disciplina do pensamento, necessária à eliminação de ambiguidades, pelo qual, um ser é *igual* a si mesmo. A alternativa seria a *contradição*:

um ser é igual a si mesmo e, ao mesmo tempo, não é igual a si mesmo... O que não se admite...

Ora, a PEC 45, *altera* essa *discriminação de rendas*, sem assegurar a *suficiência de recursos* que é elemento da *autonomia político-administrativa* que caracteriza a *forma federativa de Estado.*

1.4.2 Fato gerador

A concepção sobre *fato gerador* é a de que se trata de todo episódio que realiza o *tipo* descrito pela *hipótese*, por isso, a denominamos: *"hipótese do fato gerador"*.

Fato gerador, enfim, é o acontecimento da vida ao qual a lei atribui o efeito de fazer nascer para o sujeito passivo da obrigação, o dever jurídico de cumprir a *prestação* tributária. Este fato é representado por qualquer acontecimento que a ordem jurídica caracterize como *fato jurídico*, tal como se observa no esquema seguinte:

1. *acontecimentos naturais,* (fatos jurídicos, *"stricto sensu"*).
   - 1.1 Ordinários. A morte, por exemplo.
   - 1.2 Extraordinários. O caso fortuito, por exemplo.
2. *acontecimentos volitivos,* (ações humanas: atos jurídicos - fato jurídico *latu sensu")*.
   - 2.1 Lícitos
     - 2.1.1 - Ato jurídico *"stricto sensu"*.
     - 2.1.2 - Ato jurídico *"lato sensu"*. O negócio jurídico, por exemplo.
   - 2.2 Ilícitos

O esquema supra esclarece que o *fato* não é a mesma entidade que a *hipótese do fato*. A identificação do *acontecimento* (*fato*) com o *tipo* descrito na *hipótese* exige, também, *integração* da norma tributária com a norma jurídica inserida em outro ramo do Direito, permitindo que se evitem os conflitos de competência, face a *discriminação constitucional de renda.*

2. UMA NOVA ORDEM JURÍDICO-TRIBUTÁRIA

A ordem jurídico-tributária, anteriormente descrita, é fruto da reforma de 1965, responsável pela formulação do, então, inexistente *sistema tributário brasileiro.*

Existia, antes, uma *discriminação de rendas* cujo embrião encontra-se, propriamente, no Ato Adicional de 1834 (Lei nº16, de12 de agosto de 1834).

Sistema tributário é um conjunto harmônico, coordenado e interdependente de partes componentes do *mecanismo de incidência da norma tributária*, em que as *prestações* pecuniárias compulsórias, caracterizadas como espécies das formas de imposição, devem estar *organizadas*, como um todo, de modo a que, pelos seus efeitos, possam corrigir e equilibrar umas às outras.

A nova ordem jurídico-tributária de 1965, além de ter *legitimidade* para praticar uma *ação* de dar nova forma à *tributação*, também, efetivou esse *ato* de melhoramento do mecanismo de incidência da norma jurídica, que rege essa *ação de tributar.*

Foi, assim, uma *reforma tributária*, a de 1965.

A *legitimidade* dessa nova ordem de 1965, encontra-se no *fato fundamental*[14] expresso pelo movimento de sublevação do povo brasileiro e das organizações partidárias, face ao poder discricionário, tendo como objetivo principal a

14. - cf. EDVALDO BRITO. Limites da revisão constitucional. Porto Alegre: Sergio Antonio Fabris Editor, 1993, p. 107 e segs.

convocação das eleições diretas para presidente da República e demais titulares de poder executivo nas entidades federadas e para a institucionalização das práticas democráticas.

Esse movimento veio sendo chamado, por alguns, de *revolução* de março de 1964 e, por outros, de *golpe de Estado*.

Optar por uma ou por outra dessas denominações implica bisbilhotar sobre os atores e sobre a forma do ato[15].

Uma análise jurídica, em busca da *legitimidade* dessa *reforma*, basta-se, contudo, no *fato fundamental* caracterizado como sendo um acontecimento social produtor de direito constitucional novo, operando como suporte fático de uma norma fundamental a ele referido, por isso, requer, ao surgir, outra norma para jurisdicizá-lo, tornando-se fato jurídico[16].

Essa norma, no caso tributário, é o regime jurídico que introduz o melhoramento no mecanismo de sua incidência, o qual, em 1965, consistiu na forma a seguir exposta.

Baseou-se em duas premissas:

> Primeira – "*consolidação dos impostos* de idênticas naturezas em figuras unitárias, definidas por via de referência às suas bases econômicas, antes que a uma das modalidades jurídicas que pudessem revestir";
>
> Segunda – "*concepção do sistema tributário* como integrado no plano econômico e jurídico nacional, em substituição ao critério [....] histórico, de origem essencialmente política, da existência de três

15. - cf. NORBERTO BOBBIO. Dicionário de política. Trad. de João Ferreira e outros. Brasília, Editora Universidade de Brasília. 1986 p. 545 e segs.

16. - cf. JOSAPHAT MARINHO. *Direito de revolução*. Bahia. 1953 e LOURIVAL VILANOVA. Teoria jurídica da revolução. In. *As tendências atuais do direito público* |por| Paulo Bonavides |e outros| estudos em homenagem ao Professor Afonso Arinos de Melo Franco; prefácio de Aliomar Baleeiro. Rio de Janeiro. Forense. 1976, p. 453 e segs.

sistemas tributários autônomos, federal, estadual e municipal."

É que a *tributação*, até essa *reforma*, era jurídico-formal.

O Supremo Tribunal Federal decidiu, nessa época anterior, sempre, na linha da *legitimidade* da tributação, bastando, para isto, que a instituição, simplesmente, fosse por lei, das espécies de exação.

Efetivamente, antes do art.4º da Emenda nº 18 à Constituição de 1946, promulgada em 1º de dezembro de 1965, a da chamada *reforma tributária*, a Lei Maior não outorgava poder para impor aos administrados o dever de *emprestar*.

Nessa fase, célebres contendas encheram os Tribunais para discutir a *legitimidade* da imposição desse dever. Destaque-se que é dessa época o julgamento pelo Supremo Tribunal Federal do Recurso Ordinário em Mandado de Segurança nº11.252 do Paraná, publicado em 10 de junho de 1964, declarando, pela maioria qualificada de seis votos contra quatro, a constitucionalidade da Lei nº 4.529, de 12 de janeiro de 1962, daquele Estado, que criou o Fundo de Desenvolvimento Econômico destinado a CODEPAR, em cujo art. 2º estabelecia: "o imposto sobre vendas, consignações e transações fica acrescido de um adicional restituível, (empréstimo compulsório), equivalente ao valor de 1%, (um por cento), sobre vendas, consignações e transações, durante 5, (cinco), anos, contados da vigência desta lei".

Interessante, nesse julgamento, é o voto do min. VICTOR NUNES LEAL, no qual responde às suas próprias seguintes perguntas:

> *toda prestação obrigatória é tributo? toda prestação diretamente compulsória é tributo? toda prestação em dinheiro, diretamente compulsória, é tributo? toda prestação em dinheiro, diretamente compulsória, recolhida pela administração direta do Estado, é tributo? toda prestação em dinheiro, diretamente compulsória,*

> *recolhida pela administração direta do Estado, em seu proveito, não sendo renda de seus bens e serviços, é tributo?*

A todas elas, o voto responde, negativamente, para admitir, então, que a Constituição de 1946 "não só não veda o empréstimo compulsório, como também não o inclui na categoria dos tributos".

Lembra o ministro VICTOR NUNES que a principal objeção que se fazia à validade do *empréstimo compulsório*, como figura distinta do *tributo*, consistia na sua natureza de prestação compulsória, associada à inviolabilidade do direito de propriedade.

Contudo, afirmava:

> *"o requisito da obrigatoriedade, entretanto, parece-me de todo insuficiente para caracterizar os tributos porque vivemos enredados numa teia de sujeições e obrigações que, na sua maior parte, não são de natureza tributária. Outros elementos definidores são igualmente essenciais e o legislador ordinário dispõe de competência muito ampla para dizer quais são esses elementos".*

Daí, demonstra que não basta o requisito da obrigatoriedade para identificar o empréstimo compulsório com os tributos, a fim de sujeitá-lo à disciplina do então vigente §34 do art.141 da Constituição de 1946, *in verbis*: "*Nenhum tributo será exigido ou aumentado sem que a lei o estabeleça; nenhum será cobrado em cada exercício sem prévia autorização orçamentária, ressalvada, porém, a tarifa-aduaneira e o imposto lançado por motivo de guerra*".

É a tese de MICHELI, tantas vezes buscada para arrimo nas afirmativas contidas neste trabalho, nessa mesma linha.

Gize-se, de agora, o pioneirismo desse voto na linha da absorção da nova era estatal, especialmente no que toca à possibilidade de discriminar as prestações pecuniárias compulsórias, para além da espécie tributária. Pioneiro, também, quanto à competência para fazer tal *discriminação de rendas*, porque entendeu que somente a União poderia tomar tais providencias financeiras porque lhe era privativo legislar sobre direito substantivo, subtraindo o empréstimo compulsório à disciplina geral do contrato de mútuo e intervir no domínio econômico.

Iterativas as decisões do Supremo Tribunal Federal transformaram-se na Súmula 418: "o empréstimo-compulsório não é tributo e sua arrecadação não está sujeita à exigência constitucional da prévia autorização orçamentária".

Apesar da Súmula, a matéria ensejou, sempre, as mesmas discussões afloradas no julgamento do citado Recurso Ordinário em Mandado de Segurança nº 11.252. É dessa época a posição contrária, manifestada pelo Min. ALIOMAR BALEEIRO, dizendo-se "absolutamente convencido de que o empréstimo compulsório não é outra coisa senão aplicação de tributo com promessa de restituição". E o mestre, então, justificava essa sua posição:

> *Quem pode tributar — que e o mais — porque a Constituição lhe dá competência para fazê-lo, igualmente pode o menos, isto é, prometer a restituição, condicionada ou não, ao quantum recebido. Mas há de obedecer aos princípios constitucionais da tributação estabelecidos no art. 141, § 34, da Constituição (de 1946). Senão, não.*

E, em seguida:

> *Não há na Constituição de (1946), outorga de poder para impor ao cidadão o dever de emprestar. Empréstimo é contrato, ato de vontade, e não obrigação juridicamente exigível de quem não quer fazê-lo. A Constituição garante o direito de propriedade com as únicas restrições do art. 141, § 16. Ninguém é obrigado a entregar o seu dinheiro ao Poder Público senão pelo instituto da tributação, expressamente previsto nos arts. 15, 19, 29, e 21 da Constituição com as formalidades do art. 141, § 34. Se não é tributo o empréstimo compulsório, ressente-se da falta de constitucionalidade. Se é tributo, pode ser constitucional, se observada a discriminação de*

> *competências daqueles artigos e respeitadas as condições essenciais do § 34 do último deles, o 141. Não há necessidade de invocar a aguda fundamentação dessa tese por Amilcar Falcão, Rubens Gomes de Souza e outros mestres, com cujas opiniões afino a minha. É o meu voto, que lamento estar em rebeldia com a Súmula 418.*

A questão não se pacificou nem com o texto da Emenda nº 18/1965, nem com o texto original da Constituição de 1967.

Essa Emenda, apenas, solucionou o problema da competência, porque, no seu art. 4º, deu atribuição privativa à União para instituir os empréstimos compulsórios, nos casos excepcionais definidos em lei complementar.

Essa norma de outorga de competência inserida nas disposições gerais sobre sistema tributário, disciplinando uma prestação coativa, certamente que iria dar muito pano para a manga... E deu, especialmente, porque o Código Tributário Nacional, logo após editado, lista, no seu art.15, esses casos excepcionais: guerra externa, ou sua iminência; calamidade pública que exija auxílio federal impossível de atender com os recursos orçamentários disponíveis; conjuntura que exija a absorção temporária de poder aquisitivo.

Sucede à Emenda nº 18/1965 o texto original da Constituição de 1967 que, no § 4º do seu art. 19, reproduziu o art. 4º da dita Emenda, acolhendo, aliás, o mesmo teor do dispositivo proposto no anteprojeto da Carta.

Entenderam alguns que a regra eliminava, de uma vez, quaisquer dúvidas sobre a natureza tributária desses empréstimos que, apesar de sustentada pela doutrina, não era aceita pelo Supremo. Parece, porém, que não foi bem assim, porque, votando durante o julgamento do Recurso em Mandado de Segurança nº 16.553-MC, o min. ALIOMAR BALEEIRO foi *profético*: "creio que a cláusula constitucional ainda comportará debates acerca da necessidade de prévia autorização orçamentária e da observância das regras de competência e de discriminação de rendas existentes nessa mesma Constituição". A Súmula 418 é fruto das dúvidas não solucionadas no período aqui descrito.

A *profecia* de BALEEIRO realiza-se porque cada lei expedida, criando esses empréstimos, era um motivo de polêmica. E muitas são essas leis, anteriores e posteriores à Emenda nº 1/1969 à Constituição de 1967, a qual trata do empréstimo compulsório em dois dispositivos: o § 3º do art. 18 — sobre casos *excepcionais* — e o item II do § 2º do art. 21 — casos *especiais*, submetidos ao regime jurídico dos tributos.

Também sob a sua vigência, a dúvida manteve-se até a disposição do art.148 do texto da Constituição de 1988[17].

Face ao exposto, verifica-se que uma *reforma tributária* não é livre à *ação* do legislador infraconstitucional que é mera *competência*.

A Constituição de 1988 plasmou uma *ação de tributar* integrativa com o direito fundamental de *propriedade*, por isso, não há *legitimidade* ao legislador infraconstitucional reformar a tributação, senão, respeitando as bases econômicas que são o fundamento dessa *ação*.

A PEC 45 não tem *legitimidade* para instaurar uma nova ordem jurídico-tributária porque nenhum *fato fundamental* a autoriza na linha de alterar, para mais, a *carga tributária*, especialmente, mediante uma *ação de tributar* que — já foi dito — implica em um melhoramento do mecanismo de incidência da norma jurídica que a rege.

Lembre-se por fim, que essa PEC 45, pelos seus termos, faz, apenas, uma nova *discriminação de rendas*, com ofensa à parte intangível da Constituição.

---

17. - Cf., sobre o tema, EDVALDO BRITO. Direito tributário: imposto, tributos sinalagmáticos, contribuições, preços e tarifas, empréstimo compulsório. São Paulo: Atlas, 2015, p. 208 e segs.

3. A PSEUDO-REFORMA TRIBUTÁRIA DE 2023: PEC 45

A PEC 45, de 2019, é a Reforma Tributária do Congresso Nacional[18].

PEC é, como se sabe, a sigla de Proposta de *Emenda* Constitucional.

Emenda é matéria de legislador infraconstitucional, ao qual foi outorgada a *competência* para essa prática; então, repita-se, aqui, em resumo, o pensamento do autor desse estudo sobre esta matéria[19]:

Não se encontram discrepâncias doutrinárias de que no objeto da Teoria da Constituição estão, preeminentemente, as reflexões sobre a *natureza*, a *titularidade* e as *ocasiões de ocorrência* do *poder constituinte*, bem assim, das *competências* que ele outorga.

Costumam alguns, por exemplo, afirmar que, por se tratar de um poder ilimitado, incondicionado, insubordinado, absoluto, não teria a natureza de *poder jurídico*, mas, a de um *fato* e nisto se distinguindo do que, ambiguamente, denominam de *poder constituinte derivado* ainda que o órgão, assim, chamado não seja poder, porque é, apenas, titular de uma *competência*, com as condições que a respectiva regra prescreve.

Essas afirmações, contudo, têm esbarrado em diversos desafios nascidos da realidade e que têm sido vencidos, em boa parte, com o auxílio da Lógica Jurídica.

---

18. - cf. p.18/158 do parecer de 25 de outubro de 2023, do relator no Senado Federal.

19. - cf. EDVALDO BRITO. Limites da revisão constitucional. Porto Alegre: Sergio Antonio Fabris Editor. 1993, p. 120 e segs.

KELSEN[20] e ALF ROSS [21] merecem destaque pelo prestígio de seus estudos em sede de Lógica visando axiomatizar a formulação do *poder constituinte*.

Há apreciáveis estudos sobre a matéria que demonstram o interesse da doutrina do *constitucionalismo*, no Brasil pelos assuntos de que se nutre a Teoria da Constituição. Citem-se, por exemplo, JOSAPHAT MARINHO[22],-NELSON DE SOUSA SAMPAIO[23], ANNA CANDIDA DA CUNHA FERRAZ[24],NELSON SALDANHA[25], MANOEL GONÇALVES FERREIRA FILHO[26], LOURIVAL VILANOVA[27], TERCIO SAMPAIO FERRAZ JUNIOR[28], JOSÉ FERNANDO DE CASTRO FARIAS[29].

O pensamento exposto neste trabalho, formulado na tentativa de vencer os desafios nascidos da realidade, aproxima-se

---

20. "Teoria Pura do Direito", 3ª' ed. trad. João Baptista Machado, Coimbra, Armênio Amado, Editor 1974; "Teoria Geral do Direito e do Estado", trad. Luis Carlos Borges, S. Paulo, Martins Fontes; Brasília, Ed. Universidade de Brasília, 1990.

21. - cf. *Sobre el Derecho y la Justicia*. Trad. de Genaro R. Carrió: Buenos Aires: EUDEBA - Editorial Universitaria de Buenos Aires, 1963 p.78 e segs. e *El concepto de validez y otros ensayos*. Buenos Aires. Centro Editorial de America Latina S.A., 1969. p.49 e segs.

22. - cf. *Direito de revolução*. Bahia, 1953.

23. - cf. *Poder de reforma de reforma constitucional*. 2ª ed. atualizada. Bahia: edição da Imprensa Oficial. 1961.

24. - cf. *Poder constituinte do estado-membro*. São Paulo, Ed. Revista dos Tribunais, 1979 e *Processos informais de mudança da Constituição*. São Paulo, Max Limonad, 1986.

25. - cf. *Poder constituinte*. São Paulo, Ed. Revista dos Tribunais 1986 e *Formação da teoria constitucional*. Rio Forense, 1983.

26. - cf. *Direito constitucional comparado*", São Paulo, Bushatsky, Ed. da Universidade de São Paulo, 1974.

27. - cf. *Teoria jurídica da revolução*. In. "As tendências atuais do direito público". Rio, Forense, 1976

28. - cf. *Constituinte: assembleia, processo, poder*. São Paulo, Editora Revista dos Tribunais, 1985.

29. - cf. *Critica a noção tradicional do poder constituinte*, Rio de Janeiro, Ed. Lumen Juris Ltda. 1988.

dos estudos de alguns dos autores listados nas linhas anteriores e pode ser resumido nas palavras que se seguem.

O *poder constituinte*, é uma *eficácia atual*, ou seja, uma *força* histórica que se efetiva, em determinadas circunstâncias da vida de uma sociedade, para realizar a sua finalidade: *criar uma nova ordem jurídica*; por isso, é uma *função*, cujo desempenho não se compadece com os limites de uma *competência*, daí porque participa das características de uma *potência*.

Reafirme-se que os limites de uma *competência* são incompatíveis com essa *força*, porque a *competência* pressupõe uma regra elaborada por uma autoridade que pratica, assim, um ato de criação.

Já se disse antes que "uma regra de *competência* prescreve as condições, (necessárias e suficientes), com as quais um ato de criação é válido, quer dizer, tem força de lei.

Estas *condições* podem ser divididas nos três grupos ou tipos, anteriormente, examinados:

1) aquelas que indicam a pessoa ou pessoas qualificadas para realizar o ato de criação;
2) outras que descrevem o procedimento de criação e
3) as que limitam a matéria objeto da regra que há de ser criada por estas pessoas e segundo este procedimento"[30].

A *função poder constituinte* não é, somente, ato de criação de uma determinada autoridade.

É *eficácia atual* porque é uma força histórica permanente pronta a manifestar-se caso ocorram circunstâncias específicas.

30. - cf. ALF ROSS, ob. cit.

Assim, não há *poder constituinte originário* e *derivado*; há, apenas, o *fundacional* que se mantém *originário diferido no tempo*.

O *fundacional* é, somente, aquele que tem a única oportunidade quando se trata de inauguração de um Estado e, sempre, que o dinamismo das forças reais de poder atingir tal grau de distanciamento da Constituição *jurídica*; quando esta não responda pelo condicionamento recíproco necessário à compatibilização entre esses dois fatores, ele volta, na sua *originalidade*, a manifestar-se não mais para inaugurações, porém, para aperfeiçoar a Constituição *jurídica*, no seu conjunto, adaptando-a aos desígnios sociais contemporâneos.

Entende-se que essa *função*, que *cria* ordem jurídica nova e distribui *competências*, tem sempre oportunidade de exercício, às vezes, promovendo mudanças, informalmente, na Constituição *jurídica* e, por isso, imperceptíveis. É o caso dos Estados Unidos da América onde a Suprema Corte, diuturnamente, faz mudanças que operam efeitos de meros ajustes entre a lei maior e a realidade político-social, ou o da Alemanha, onde o Tribunal Constitucional Federal tem ampla competência para dizer o *que* está conforme com os valores fundamentais, mesmo se esse o *que* for norma da própria Constituição *jurídica*[31].

O *Poder constituinte* é um poder jurídico e não mero fato, porque, reconhecido pela ordem jurídica, como uma força real de eficácia sempre atual, é capaz de criar uma nova ordem jurídica quando circunstâncias típicas provocarem oportunidades para o seu exercício, seja para uma modificação de conjunto da Constituição *jurídica*, (revisão), seja para uma reformulação parcial, (emenda).

31. - cf. OTTO BACOF. Normas constitucionais inconstitucionais? Trad. e nota prévia de José Manuel M. Cardoso da Costa. Coimbra: Atlântida Editora.1977. p. 86.

Essas mudanças ensejam a assertiva de que o *poder constituinte* (*potência*), por ser *eficácia atual*, não toma formas diversificadas para além da já mencionada categoria, (*fundacional/originário*). Os diferentes tipos dessas mudanças podem, contudo, assumir características *formais* e *não formais*, porém, com natureza de meras *competências*.

Diz-se que as *mudanças* são *formais* quando os critérios de alteração da Constituição *jurídica* são, *solenemente*, descritos no próprio texto que passa ser o ato de criação de uma *competência* e, portanto, indicam: órgão qualificado para realizar os atos; indicam o procedimento de realização; indicam a matéria consubstanciada nesses atos.

Esses critérios, desde a Constituição *jurídica* de 1824, ao indicarem a matéria de *reforma constitucional*, discriminam entre *revisão e emenda* para atribuir respectivamente, *competência* aos órgãos que irão, na ocasião de ocorrência exercê-la, ou para aperfeiçoar no seu conjunto, o sistema de normas que expressa a Constituição *jurídica*, ou para alterar localizadamente, normas desse sistema.

A Constituição *jurídica* brasileira de 1824, no seu art. 178, distinguia entre *revisão* e *alteração* para permitir que esta última ocorresse pelas legislaturas ordinárias.

A de 1934 foi bem mais rigorosa, conforme o seu art. 178, impedindo a modificação da estrutura política do Estado, a organização ou a competência dos poderes, por via de *emenda*, mas, permitindo-o se o procedimento fosse o da *revisão*.

A Constituição de 1934, no caso de *emenda*, admitia que se processasse na mesma legislatura, incorporando-se ao seu texto; no de *revisão* teria de haver três discussões, em duas legislaturas e deveria ser anexada ao seu texto.

Essa tradição assegura a afirmação de que os signos *emenda e revisão* na linguagem jurídica constitucional brasileira não têm o mesmo conteúdo semântico, especialmente se considerados em uma relação sintática dentro do contexto.

Ambos, porém, traduzem oportunidades de exercício de *competências* criadas pelo *poder constituinte* que, sendo de *eficácia* sempre *atual*, manifesta-se nas circunstâncias, formalmente, estipuladas, que já incluem os limites *autônomos*,(procedimentos, matéria a modificar a época) e as *heterônomas*, (tratados e convenções internacionais veiculadores de direito fundamentais do homem). A constituição de 1988 não foge deste contexto, pelos fundamentos já expostos.

Esses postulados sinalizam, também, para as *mudanças não formais* operadas pelos atos de integração, (leis que regulam normas constitucionais), e pelos atos jurisdicionais que interpretam a *Constituição Jurídica* a respeito de lides que são instauradas em decorrência de pretensões motivadas por reivindicações baseadas em alegados direitos subjetivos.

Essas mudanças, tanto as *formais* quanto as *não formais*, podem ocorrer com violação da *Constituição essência* e, em alguns casos, em violação da *Constituição Jurídica*. É, sobretudo, na Teoria da Constituição que se encontram os elementos para a identificação do primeiro tipo de violação e é nesse sentido que se pode falar de normas constitucionais "*inconstitucionais*".

3.1 Inconstitucionalidades da PEC 45

O exposto demonstra que a PEC 45 não se trata, propriamente, de uma *emenda*, mas, de uma *revisão*, não autorizada, por inexistência de *competência* para essa função, qual seja a de reformulação do texto constitucional, no que se refere à *ação de tributar*, inclusive, porque ofende, explicitamente, a duas cláusulas pétreas:

I a forma federativa de Estado

II os direitos e garantias individuais.

A percepção dessa afronta leva o relator no Senado a um esforço insuficiente para demonstrar o contrário, (cf. p.17/158 do parecer no tópico II – ANÁLISE).

Alega que não agride a *forma federativa* porque a PEC 445 aperfeiçoa o sistema de arrecadação de impostos, amplia a transparência e o torna mais eficiente.

Alegação desprovida de qualquer consideração jurídica, porque esta não é a forma jurídica de preservação da *autonomia* dos entes federados.

ALIOMAR BALEEIRO parece ter entendido existir a incompatibilidade ao afirmar que a *discriminação* é uma peculiaridade das federações, nascidas com o aparecimento da primeira delas no mundo, os Estados Unidos[32].

ANTONIO ROBERTO SAMPAIO DÓRIA e PEDRO MANSO CABRAL[33], afirmam que a divisão de receitas tributárias entre os órgãos administrativos tem caráter, preferencialmente, federativo.

A partilha, na Federação, é instrumento que garante o poder político, uma vez que, sem recursos, devidamente, especificados, não há *autonomia* porque surgem a submissão e a dependência financeiras.

---

32. - cf. Uma introdução à ciência das finanças, 12ª ed. Rio de Janeiro. Forense. 1978. p. 235: "O problema da discriminação das rendas, como é óbvio, quase não tem sentido para os países de tipo unitário, como a França, Itália, Uruguai, a maioria deles, aliás. É uma peculiaridade das federações, nascidas com o aparecimento da primeira delas – os Estados Unidos, na Convenção de Filadélfia em 1787, muito embora já se esboçassem nas confederações e Estados compostos. Aliás, é mais exato dizer-se que foi a discriminação de rendas a causa última e decisiva da criação da figura jurídica e política do Estado federal, como novidade do fim do século XVIII".

33. - cf. ANTONIO ROBERTO SAMPAIO DÓRIA, *Discriminação de rendas tributárias*, São Paulo, Bushatsky, 1972, p. 14-6. Pedro Manso Cabral, Discriminação de rendas, Salvador, Progresso, 1960, p. 13.

A distribuição de rendas tributárias, nos Estados simples ou unitários, "é matéria de conveniência administrativa, segundo critérios de discricionaríssimo, expediência e economia, mutáveis pelo influxo de comandos livremente emanados do governo central. A experiência da França e Itália, onde o poder se concentra maciçamente, é ilustrativa a tal propósito"[34].

A discriminação de rendas tributárias, como fator importante para a *autonomia política* das entidades que compõem a Federação, por via de consequência, é essencial a uma política de *desenvolvimento* que somente pode ser executada nessa forma de Estado, com a integração de todos os órgãos públicos incumbidos do atendimento das necessidades coletivas, os quais deverão ter, na *suficiência de recursos*, os meios para cumprir as suas tarefas dentro da política traçada.

Esse esboço com que se anuncia o tema carece de melhor configuração porque dos seus traços surge um binômio indissolúvel, a exigir contornos mais vivos, identificadores do seu desempenho no contexto da política desenvolvimentista em uma Federação:

a) autonomia político-administrativa;

b) suficiência de recursos.

Esse é o ponto de partida para a análise de outros detalhes relacionados com o regime de governo e com o planejamento desenvolvimentista e as suas implicações com os sistemas tributário e fiscal apropriados a tal política.

O problema mais discutido, sob essa referência, é o da *suficiência de recursos* das entidades locais, motivo de preocupação antiga dos estudiosos dos aspectos institucionais

34. - cf. ANTONIO ROBERTO SAMPAIO DÓRIA, *Discriminação*, cit., p. 15, arrimando-se em LOUIS TROTABAS, A. D. GIANNINI, ALESSI E STAMMATI, BENVENUTO GRIZIOTTI, GUSTAVO INGROSSO.

do desenvolvimento urbano[35] em seus matizes econômicos, financeiros e jurídicos, sobretudo, pela importância desse desenvolvimento para o sucesso do crescimento global da economia nacional com repercussão na efetiva divisão da renda bruta entre os indivíduos e da qual resultará o real aumento da renda per capita[36].

E se na Federação estão ligadas, por vínculo indissolúvel, a *autonomia política* e a *suficiência de recursos*, este binômio tem importância, sob o ângulo jurídico.

Autonomia político-administrativa[37]

O poder de autodeterminação das unidades federadas carece de perfeita caracterização, no plano jurídico, uma

---

35. - Damos notícia de dois congressos realizados em duas épocas diferentes, com dois objetivos, obviamente, diversos porque compatíveis com o estágio de civilização dentro do qual se processaram: A) 1ª *Jornadas Latino-americanas de Direito Tributário*, realizadas em Montevidéu, em fins de 1956, pelo Instituto Uruguaio de Direito Financeiro, para o qual ALIOMAR BALEEIRO e AMILCAR DE ARAÚJO FALCÃO prepararam trabalhos sobre autonomia dos governos locais relacionada com a discriminação (cf. BALEEIRO, *O direito tributário* e FALCÃO, *Sistema tributário brasileiro, discriminação de rendas*, Rio de Janeiro, Edições Financeiras, 1965; B) 2º Congresso Interamericano de Direito Tributário, realizado em São Paulo, em 1975, no qual foram discutidos temas dos seguintes trabalhos, relacionados com o desenvolvimento urbano: ADOLFO R. GABRIELLI, *El poder tributario municipal y el desarrollo urbano*; BENEDITO GARCIA HILÁRIO, *Os quadrantes da poluição ambiental e incentivo fiscal*; EDGARD NEVES DA SILVA, *Extrafiscalidade dos tributos municipais*; EDVALDO BRITO, *Da necessidade de fixação das linhas mestras de uma política tributária para o crescimento econômico integral, a partir da solução de problemas tributários municipais*; FÁBIO LEOPOLDO DE OLIVEIRA, *O problema das competências tributárias e das discriminações de renda em face das exigências do Estado moderno*; FÁBIO NUSDEO, *Custos sociais da urbanização*; HENRY TILBERY, *Aspectos financeiros do desenvolvimento urbano no Estado federal*; IVES GANDRA S. MARTINS, *Desenvolvimento urbano e política tributária*; J. J. PHILIPPE, *La fiscalité française et le développement urbain*; LUIZ SALEM VARELLA, *Desenvolvimento urbano, transporte coletivo e incentivos fiscais*; MANUEL DE JUANO, *Política y derecho tributario de los municipios*; WALTER BARBOSA CORRÊA, *Impostos de competência estadual e municipal para o desenvolvimento urbano*; YVES J. DE MIRANDA GUIMARÃES, *Da necessidade de cobrança da contribuição de melhoria.*

36. - cf. ALBERTO DEODATO, *Manual de ciência das finanças*, 8. ed., São Paulo, Saraiva, 1963, p. 153-154.

37. - cf. EDVALDO BRITO. Reflexos jurídicos da atuação do estado no domínio econômico. 3ª ed. São Paulo. Saraivajur. 2022, p. 100 e segs.

vez que certa política desenvolvimentista poderá desajustar-se deste fenômeno e até ser fadada ao insucesso se não souber equacionar-se dentro do quadro institucional que contém a federação democrática.

De nossas afirmações anteriores, colhe-se que estão intimamente ligadas autonomia política e suficiência de recursos, mas este binômio não prevalecerá se, embora garantido o seu entrelaçamento, por via da destinação legal de rendas para cada unidade federada no plano prático da execução, outras normas o embaraçarem.

Assim, é necessário atentar-se não apenas para a disciplina jurídica da discriminação de rendas como também para todo o arcabouço jurídico dentro do qual se colheram tais receitas.

Em regra, tem-se de considerar que, para o desenvolvimento, o melhor sistema é o da discriminação rígida, porque ele garante um campo mínimo e exclusivo de tributação e, por isso, preserva a autonomia com este quinhão, mas, diga-se de pronto, que tal somente acontece se o quinhão for capaz de oferecer a necessária *suficiência de recursos*, o que certamente, não ocorrerá com a dependência ao *Conselho Federativo*, cuja instituição ofende a cláusula pétrea da forma federativa, apesar das explicações constantes do parecer do relator no Senado (cf. p.22/158).

ALIOMAR BALEEIRO[38] arrola mais duas vantagens na perspectiva do desenvolvimento: a de segurança dos contribuintes quanto à inexistência de bitributação, porque mais de um governo não poderá exigir tributação sobre o mesmo fato gerador e a de simplificação.

Essa tributação sobre o mesmo fato gerador está assente na Proposta que nada tem de simplificação.

38..Cf. *Uma introdução à ciência das finanças*, cit., p. 237.

Mas, a *formulação jurídica da autonomia*, em termos de assegurar o seu exercício para o sucesso de uma política de desenvolvimento, não carece, apenas, da adoção de um determinado tipo de *discriminação de receitas*, mas, ainda do seguinte:

a) correlação entre quinhão de receitas e as atribuições da unidade federada;
b) ressalvada a competência do poder central para editar normas gerais, plenitude no exercício do poder tributário no sentido de ter competência para legislar irrestritamente sobre o tributo (fato gerador, base de cálculo, alíquotas), sobre fiscalização e arrecadação (lançamento e demais procedimentos administrativos) e sobre a estrutura do sistema fiscal, observadas as normas fundamentais inseridas na Constituição e as normas gerais referidas.

Verdadeiro é que essa *autonomia* não pode ser nem muito fraca nem muito forte para umas unidades em relação às outras, porque gerará desordem incompatível com o propósito *desenvolvimentista*.

Este defeito vicia a PEC45, sob comento.

Exige-se que essa *autonomia* se equilibre dentro de uma articulação harmônica das *competências* tributária e fiscal, especialmente, em relação às unidades locais, para evitar que ocorra hipertrofia de umas em relação às outras, como se acentuará com essa PÉC 45, na qual são relegadas a plano inferior quando, tendo papel relevante no processo, deveriam ter tratamento jurídico correspondente.

Alega, contudo, o parecer do relator no Senado que não identificou, *a priori*, qualquer ofensa a direito ou garantia individual:

> "*seja em relação aos listados no art.5º da CF, seja em relação àqueles localizados ao longo do texto constitucional*", destacando a "*proteção à privacidade ou à intimidade, por exemplo. A jurisprudência do STF admite a saudável convivência entre esses princípios e o dever de pagar tributos*" (cf. p.19/158).

Este estudo, ao contrário dessa alegação, expôs linhas atrás a ofensa a esses direitos fundamentais, a exemplo do desrespeito ao direito de propriedade, na linha da *oneração* da carga tributária, encontrada no texto da PEC45.

O parecer do relator no Senado admite essa *oneração*, pois, busca justificar, sem sucesso, algumas alterações ao texto oriundo da Câmara dos Deputados, na perspectiva da *desoneração*, tanto que modificou a "*tributação progressiva com alíquotas maiores para as grandes heranças*" (cf. p.21/158).

Outro exemplo da exacerbação da carga está na adoção de um mecanismo de *trava à carga tributária*, mediante a adoção de *alíquotas de referência*, fixadas no ano anterior ao de sua vigência com cálculo realizado pelo Tribunal de Contas da União, relativamente, ao CBS e ao IBS. (cf. p.35/158 e segs.).

Destaque-se a regra do §10 do art.9º da PEC 45, prevendo uma redução de 30%, (trinta por cento), das alíquotas dos tributos relativos à *prestação de serviços de profissão intelectual, de natureza científica, literária ou artística*, as quais, apesar de serem atividades econômicas, são por proibição legal infensas ao lucro, tanto que, antes eram tributadas por meio de alíquotas fixas, desde 1968.

Uma análise particularizada e atenta das propostas evidencia situações inaceitáveis, como a *antinomia real* entre o inciso VIII do art.156-A sobre a não cumulatividade do IBS -imposto sobre bens e serviços e o item I do §7º do mesmo artigo, porque se a isenção e a imunidade não implicam crédito para *compensação* com o montante devido nas operações seguintes significa *tributação cumulativa*.

O Conselho Gestor do IBS não tem iniciativa legiferante e, considerando que a legislação do IBS e CBS é *una*, a *competência* é toda do Congresso Nacional comprometendo a *autonomia* dos entes federados.

São exemplos do *aumento da carga tributária*, por força da *unificação de tributos com contribuições*, pouco importando a incompatibilidade; pouco importando as inconstitucionalidades aqui apontadas nesta PEC que centraliza a *tributação*, ofendendo o *federalismo*, inclusive o *fiscal*, negando a *autonomia política* dos entes federados, ao lhes retirar a *autonomia financeira*, ao tempo em que agride os *direitos e garantias individuais*, alterando os *critérios* e a *grandeza* da *transferência* do patrimônio do particular para a coletividade, tal como foi plasmada pelo *poder constituinte*, sem que este tenha outorgado essa *competência* ao Congresso Nacional e sem que exista um *fato fundamental* para que esse *poder* exerça a sua *eficácia atual*.

FINANCIAMENTO DA ATIVIDADE EMPRESARIAL: CAPITAL, DÍVIDA E O FIM DO JCP

Elidie Palma Bifano[1]

1. APRESENTAÇÃO DO TEMA

A atividade econômica **é protegida** pela Constituição Federal a partir de seu art. 170, que considera como seus principais pilares o trabalho humano e a livre iniciativa os quais, associados, devem buscar garantir existência digna para todos. Do ponto de vista econômico a empresa, como atividade, vale-se do capital e do trabalho os quais, reunidos, propiciam a geração do lucro, riqueza que é colhida pelos tributos. O dinheiro é elemento essencial no desenvolvimento da atividade empresarial, pois com ele a entidade pode fazer todas as inversões que gerarão riqueza para os empreendedores.

---

1. Bacharel pela Faculdade de Direito da USP, Mestra e Doutora em Direito Tributário pela PUC/SP, Professora no Curso de Mestrado Profissional da Escola de Direito de São Paulo – FGV e nos Cursos de Especialização do Instituto Brasileiro de Estudos Tributários – IBET, do Instituto Brasileiro de Direito Tributário – IBDT, da Escola de Direito do CEU – IICS, da Associação Brasileira de Direito Financeiro - ABDF e da Associação Paulista de Estudos Tributários - APET. Advogada em São Paulo.

O desafio que os organizadores de nosso XX Congresso Nacional de Estudos Tributários, patrocinado pelo Instituto Brasileiro de Estudos Tributários – IBET, nos propõem, é uma avaliação de alguns caminhos, para obtenção de recursos, os quais os empresários podem adotar, bem como os efeitos de cada um desses mecanismos na vida das sociedades. Tanto o Código Civil, no Livro designado como Direito da Empresa, quanto a Lei n. 6404/76, em seu capítulo introdutório a respeito da constituição da sociedade por ações, tratam de forma pormenorizada o capital social, correspondente aos recursos trazidos pelos **sócios para que** a entidade possa cumprir o seu objeto social. Esse é, sem dúvida, o primeiro passo, e mais simples, para alavancar uma entidade, contudo, em uma visão mais ampla da atividade social, não só o capital aportado pelos sócios permite o seu efetivo desenvolvimento, havendo outras formas de financiamento das sociedades, como é o caso da tomada de recursos, os tradicionais empréstimos, junto aos sócios e/ou terceiros, além do uso de instrumentos ditos financeiros que permitem à sociedade captar recursos junto ao público, inclusive com promessa de futura participação no empreendimento, ou seja, com o aceno, para esses supridores de recursos, de um dia virem a se tornar sócios da empresa.

Por fim, em uma visão puramente econômica, a lei brasileira admite que os recursos aportados pelos sócios a título de capital sejam remunerados por juros, os juros sobre o capital próprio, conhecidos sob a rubrica de JCP, com o objetivo de devolver, para esses sócios, o custo de oportunidade dos recursos mantidos na entidade os quais, por tal razão, deixam de ser aplicados em outros negócios que gerariam remunerações no mercado financeiro.

Feitas essas breves considerações introdutórias, passamos a examinar, em maiores detalhes, como solicitado, as figuras do capital social, das d**ívida**s e do JCP, sua remuneração e os correspondentes reflexos nas sociedades. Por fim, de forma objetiva examinaremos a oportunidade, ou não, de se extinguir o JCP, como proposto pelo Poder Público.

2. O CAPITAL SOCIAL

De acordo com a Exposição de Motivos n. 196/76, do Ministro da Fazenda, que acompanhou o Projeto de Lei que objetivava alterar o Decreto-Lei n. 2627/40, que tratava das sociedades por ações, depois convertido na Lei n. 6404/76, o capital social tem a função de garantir os credores da companhia, conciliando a responsabilidade limitada dos sócios, ao valor de sua participação, com a proteção do crédito, necessária ao funcionamento do sistema econômico. Ao tratar do valor do capital social esse documento afirma que se trata de capital financeiro de propriedade da entidade que os acionistas vinculam ao seu patrimônio, da entidade, como recursos próprios destinados, de modo permanente, à realização do objeto social. Por sua contribuição ao capital, os sócios recebem participações na entidade, no caso da Lei n. 6404/76, representada por ações, as quais podem ser objeto de negociação, a qualquer tempo, se outra restrição para tanto não houver.

Em função de sua participação no capital da sociedade, os sócios fazem jus a uma remuneração, o dividendo, que corresponde a uma parcela ou percentual de lucro que cabe a cada sócio da empresa na divisão do lucro gerado com a atividade empresarial. O dividendo, uma vez fixado e declarado (deliberado), é direito de crédito do sócio que dispõe de instrumentos para exigi-lo. Irrelevante o montante a ser pago, pois, uma vez declarado o direito ao dividendo por existência de lucro líquido, nasce o direito do investidor. A apuração do lucro líquido e o nascimento do correspondente direito ao dividendo, contudo, dependem da compensação de prejuízos e da alocação dos lucros na forma disposta pelo contrato ou estatuto social.

Do ponto de vista contábil, a manifestação do Comitê de Pronunciamentos Contábeis - CPC 00 (R2), que estabelece a estrutura conceitual básica das demonstrações financeiras, esclarece que o patrimônio líquido, o qual contempla a conta capital, **é a participação residual** dos sócios, nos ativos da entidade, após a dedução de todos os seus passivos.

De acordo com a Lei n. 9249/95, art. 10, os lucros ou dividendos calculados com base nos resultados apurados a partir do mês de janeiro de 1996, pagos ou creditados pelas pessoas jurídicas tributadas com base no lucro real, presumido ou arbitrado, não ficarão sujeitos à incidência do imposto sobre a renda na fonte, nem integrarão a base de cálculo do imposto de renda do beneficiário, pessoa física ou jurídica, domiciliado no País ou no exterior. Essas regras vêm, desde então, orientando o mercado financeiro brasileiro.

Ocorre que em 2021, o Governo Federal enviou o Projeto de Lei 2337/21 que propôs a tributação dos dividendos, seja na pessoa física, seja na pessoa jurídica. A despeito de aprovado pela Câmara dos Deputados, ainda em 2021, sua discussão não evoluiu no Senado Federal desde outubro de 2022.

Esse é, sempre, um tema delicado, pois a Exposição de Motivos da Lei n. 9249/95 esclarece que a isenção na distribuição e na declaração de rendimentos dos beneficiários objetivou simplificar a apuração do imposto corporativo, reduzindo as vias de planejamento fiscal, integrando a tributação das pessoas físicas e jurídicas e, especialmente, afastando a tributação do mesmo lucro por dois sujeitos passivos diferentes, empresa e sócio, fenômeno também conhecido por bitributação econômica. Tudo isso foi feito majorando-se as alíquotas de imposto sobre a renda do lucro corporativo, enquanto a pessoa do sócio foi desonerada. Trata-se, ainda de acordo com a referida Exposição de Motivos, de escolha fiscal que pretendia estimular o investimento nas atividades produtivas, por parte do mercado.

Desde a entrada em vigor da Lei n. 9249/95 têm surgido propostas no Congresso Nacional para revogar seu art. 10, o qual prevê a dita isenção. Os principais argumentos apontados são: (i) discriminação contra as demais pessoas que auferem renda; (ii) perda de receita pela União; (iii) prejuízo para a progressividade de que deve se revestir o Imposto sobre a Renda, assim beneficiando a camada mais rica da população e estímulo à transfiguração de renda do trabalho assalariado em renda do capital. A nosso ver nenhum desses argumentos merece prosperar.

Na realidade, o lucro é distribuído ao sócio depois de devidamente tributado na pessoa jurídica, hoje à razão da alíquota geral conjugada de IRPJ e correspondente adicional, de 25%, afora a Contribuição Social sobre o Lucro de 9%. Além disso, a receita, fruto da atividade da pessoa jurídica, primeiro passo para se chegar ao lucro, é fortemente gravada por diversos impostos que oneram a produção de bens e serviços, além das contribuições sociais que oneram a receita. É de se destacar que países que oneram a distribuição do dividendo têm, em geral, alíquotas menores de imposto sobre o lucro corporativo, a par de admitirem diversas deduções à base.

O capital financeiro utilizado para explorar a atividade social, investido no negócio, é aplicado em bens que se depreciam e na remuneração do capital humano, mão de obra utilizada. A par disso, o empresário é o profissional que assume o risco de obter ou não um bom sucesso com seu negócio.

3. FINANCIAMENTO POR DÍVIDA

3.1 Empréstimos

Além do capital social, a contratação de dívida é outra forma pela qual pode o empresário financiar seu negócio, podendo ser feita via negociação de empréstimo, junto a terceiros, que não os sócios, inclusive instituições financeiras, o modelo mais comum. O contrato de empréstimo gera remuneração certa ou fixa para o mutuante, credor, pois já está pré-definida ou contém regras que permitem defini-la, nunca se submetendo a circunstâncias que possam convertê-la em renda variável, sendo que o principal mutuado deve ser restituído ao mutuante. A garantia de devolução do principal e do recebimento dos juros é tal que a falta de pagamento, por parte do devedor, coloca-o em mora e garante ao credor o direito de executá-lo em juízo, observadas as condições contratuais e a lei.

3.2 Debêntures

As debêntures são valores mobiliários de emissão de sociedades anônimas que conferem aos seus detentores, debenturistas, direitos de crédito contra a companhia, observadas as condições descritas na escritura de emissão (art. 52, L. 6.404/76). A escritura de emissão das debêntures, dentre outras condições, pode prever que elas sejam convertidas em ações, deixando elas de serem representativas de um direito de crédito, mútuo tomado pela sociedade, para tornar o mutuário em sócio.

As debêntures são remuneradas por juros cujo cálculo é predeterminado, logo renda fixa. Convertidas em ações serão remuneradas por dividendos.

A lei admite que as debêntures sejam remuneradas com participação nos lucros, além de poderem contemplar prêmio de reembolso. A participação nos lucros equipara as debêntures a verdadeira participação societária, de tal sorte que nessa condição ela passa a ser um investimento de renda varável, correndo risco à semelhança dos sócios. A nosso ver a remuneração das debêntures mediante participação nos lucros retira desses títulos a qualificação de geradores de renda fixa, para se transformarem em títulos de renda variável.

3.3 Tributação dos juros

Embora juros e dividendos sejam, ambos, remuneração de capital investido, há diferenças ontológicas entre ambos pois suas origens contratuais são, na essência, diversas. Juro é fruto de um contrato denominado de empréstimo ou de mútuo (empréstimo de bem fungível, no caso dinheiro), definido no Código Civil, art. 586, em suas diversas formas. Dividendo é remuneração de empreendimento que associa capital e trabalho, originando-se do lucro da entidade, conforme o art. 966, do mesmo Código Civil.

Para fins tributários os juros são despesas operacionais e necessárias, logo dedutíveis no cálculo do lucro real, para fins de Imposto sobre a Renda. Exceto para instituições financeiras, os mutuantes, no momento da percepção dos juros são tributados pelo Imposto sobre a Renda na Fonte incidente sobre a renda fixa. As autoridades fiscais aplicam, indevidamente, a nosso ver, o mesmo critério para tributar a participação nos lucros que remuneram as debêntures.

4. O INSTITUTO DOS JCPS

Outra forma da sociedade financiar suas atividades é utilizando parte dos lucros gerados para remunerar os sócios pela manutenção de seu investimento na entidade. A Lei n. 9.249/95, art. 9°, permitiu que a remuneração calculada sobre o capital próprio, paga ou creditada aos sócios, pudesse ser deduzida, para efeitos de apuração do lucro real, desde que tais juros fossem calculados sobre as contas do patrimônio líquido, limitados à variação, pro rata dia, da Taxa de Juros de Longo Prazo do BNDES - TJLP. A dedução condiciona-se, também, à existência de lucros computados antes da dedução dos juros, ou lucros acumulados e reservas e lucros, em montante igual ou superior ao valor de duas vezes os juros a serem pagos ou creditados, não computadas a reserva de reavaliação, exceto se tributada, e a conta de ajuste de avaliação patrimonial. O montante dos juros pagos ou creditados pode ser imputado ao valor dos dividendos mínimos de que trata a lei societária.

A remuneração do capital próprio é denominada, pela própria lei, como sendo "juros" e a Exposição de Motivos da L. 9249/95 indica que essa remuneração tem a essência de juros, quando esclarece que o sócio, ao ser remunerado pelo capital aportado, coloca-se na mesma posição de terceiros quando emprestam recursos para a empresa, e por isso são remunerados. Desde a edição da Lei n. 9249/95 vem se afirmando, indevidamente, que a introdução dos JCPs estaria associada às distorções causadas pela eliminação do sistema de correção monetária do balanço, sem o qual o patrimônio líquido, ao longo do tempo, se mostraria corroído pelos efeitos da inflação. Não nos parece que tal afirmativa tenha bons fundamentos, pois: (i) o pagamento do JCP é optativo, o que impediria o reconhecimento isonômico, por parte de todos os contribuintes, dos reflexos inflacionários; (ii) a ausência de lucros inibe o pagamento de JCP, o que impossibilita, de sua vez, o reconhecimento dos efeitos inflacionários, criando distorções entre os contribuintes; (iii) passados mais trinta anos da edição da lei, e praticamente eliminados os grandes surtos inflacionários que assolavam o País, o instituto se mantém para fins fiscais e (iv) a Exposição de Motivos não faz qualquer referência a esse fato.

A natureza da remuneração do capital próprio, como previsto na L. 9249/95, nos parece ter a natureza de juro remuneratório, para fins fiscais, conquanto para fins contábeis e societários tenha a natureza de dividendos. De fato, é possível constatar que o negócio firmado entre as partes é de mútuo, daí seu tratamento como despesa financeira. De toda forma é importante destacar que ao regular a dedutibilidade dos juros sobre o capital próprio, pagos ou creditados, a lei captou o negócio entre sócio e sociedade, tal como se capta esse negócio quando firmado com terceiros. O título que recebeu, portanto, está absolutamente adequado a sua função.

Com essa possibilidade, é certo que o capital aportado pelos sócios tenha duas diferentes formas de remuneração: (i) juros, calculados sobre o capital próprio, remuneração essa vinculada ao custo decorrente da perda de oportunidade, do investidor, de utilizar os recursos que estão em poder da sociedade, em outros investimentos. Os juros, nessas circunstâncias, funcionam como atrativo adicional para os sócios manterem seus investimentos no negócio, razão pela qual são optativos para a sociedade e sócio; e (ii) lucros ou dividendos, calculados sobre os resultados sociais, cuja percepção é direito inalienável do sócio. É nosso entendimento que o disposto na L. 9249/95, art. 9°, não deve, pois, ser entendido como regra societária, mas apenas como regra tributária que autoriza a dedução da correspondente despesa, observadas as condições da lei, para fins de Imposto sobre a Renda e da Contribuição Social sobre o Lucro.

Do ponto de vista societário, a liberdade contratual garante às sociedades o direito de remunerarem os sócios por juros, com base em taxas diversas da TJLP ou remunerarem os juros em montantes diferentes em relação aos lucros e reservas acumulados, o que apenas se impede é a dedução tributária do montante pago ou creditado, em excesso às determinações legais, assim como a dedução dos dividendos como despesa.

É interessante observar que tanto as debêntures, de participação como as conversíveis em ações, assim como o JCP inserem-se na figura de instrumento híbrido, tipologia que pode ser atribuída a qualquer negócio jurídico que contenha elementos de dois ou mais contratos, estejam ou não legislados. Consideram-se, usualmente, como instrumentos financeiros híbridos todos os contratos financeiros que contêm características de mais de um contrato, também financeiro, tipificado ou não. Para fins deste estudo, são instrumentos financeiros híbridos os contratos que se estruturam como de renda variável/fixa e, no entanto, geram remuneração certa/variável aos seus beneficiários. A qualidade de instrumento híbrido pode ser atribuída, como se observa, pelas partes que o negociam, sendo que os instrumentos financeiros híbridos combinam características de títulos de dívida com títulos de participação societária

A interpretação dos instrumentos financeiros híbridos pauta-se, rigorosamente: (i) na vontade ou intenção das partes; (ii) na inserção do contrato, a partir da vontade das partes, no instituto jurídico específico; (iii) nos usos e costumes do mercado. É importante reiterar que a análise da vontade envolve, sempre, a análise da causa ou finalidade pretendida pelas partes ao celebrarem o negócio jurídico.

5. O FIM DO JCP

Em 31.08.2023, o Governo Federal enviou ao Congresso Nacional, em caráter de urgência, o Projeto de Lei n. 4258, que pretende extinguir, a partir de 01.01.2024, a dedução das despesas com o pagamento de JCP aos sócios, revogando o art. 9º da Lei n. 9249/95. Essa determinação já integrava o Projeto de Lei 2337/21, mas resultou ser objeto de um projeto especial, dada a urgência que o Poder Público tem em aumentar o nível de arrecadação em curto prazo. Em 05.09.2023, a Mensagem n. 438 de 4.09.2023, retirou o regime de urgência do Projeto de Lei n. 4258. A despeito disso, o Projeto não adquiriu maior velocidade no Congresso Nacional. Desde já deve ser consignada a impropriedade de tal proposta.

Nossas conclusões e comentários estão baseados na Exposição de Motivos n. 110-2023-MF que acompanha o referido Projeto, a qual procura justificar o pretendido pelo Poder Executivo. O primeiro aspecto a ser consignado diz respeito à afirmativa, equivocada, de que o JCP foi concebido em 1995 para (i) permitir que os sócios fossem compensados pela perda da atualização monetária do capital investido, em um contexto de extinção da correção monetária das demonstrações financeiras como medida de controle da inflação; e (ii) aumentar a atratividade do investimento em capital da pessoa jurídica, em comparação aos investimentos no mercado financeiro, cuja taxa de remuneração e riscos implícitos sempre foram mais vantajosos. Como já se viu, além de não haver, à época da edição da Lei n. 9429/95, qualquer referência à extinção da correção monetária de balanço o que, ao inverso, o governo pretendia extinguir e desassociar de quaisquer outros eventos. Logo, essa referência não se sustenta.

Justificando o movimento adotado, afirma a Exposição de Motivos (abaixo citada em negrito) que:

- **as demonstrações financeiras das sociedades que operam no mercado brasileiro indicam que o endividamento continua a ser a forma mais atrativa de financiamento da expansão empresarial**. Ora, qual seria o obstáculo para a entidade endividar-se com o sócio ou no mercado, se é uma realidade que continua a busca por financiamentos? Afinal, nas duas hipóteses a entidade registrará uma despesa referente ao encargo financeiro tomado;
- **não há evidências de que a adoção do JCP reduziu o endividamento e aumentou os investimentos**. O JCP reduz o endividamento no mercado, além de ser mais barato do que o financiamento bancário, exceto linhas especiais de difícil obtenção. Sempre

que a despesa se reduz, sobra caixa para novos investimentos, além de haver uma base maior para a cobrança do Imposto sobre a Renda;

- **o JCP remunera o capital existente na pessoa jurídica desde a sua constituição, e não apenas o capital incrementado, tal como ocorre em outros países que adotaram institutos semelhantes.** Esta afirmativa implica aceitar o JCP, logo não há porque extingui-lo, porém em bases diversas das atuais, o que não se afasta, de imediato;
- **na experiência internacional, as taxas de juros utilizadas são mais baixas e contam com limitações expressivas, inclusive mediante o uso de medidas antielisivas.** Argumento circunstancial de vez que as taxas de juros, praticadas pelo próprio Governo brasileiro, estão entre as mais elevadas no mundo, logo não se poderia pretender que o sócio disponibilizasse seus recursos para ser remunerado em condições diversas do mercado. É de se destacar que taxas de juros são orientadas por questões de mercado e que suas flutuações muitas vezes estão adstritas a políticas monetárias de cada país;
- **o pagamento de JCP é utilizado por poucas empresas, geralmente de grande porte e bem-posicionadas no mercado brasileiro.** Pode utilizar o JCP o contribuinte que assim o desejar, logo tal argumento não guarda nenhuma relação com a matéria, sob pena de levar a um tratamento não isonômico entre contribuintes que se encontram na mesma situação. No entanto, a principal razão para isso talvez resida no baixo volume de empresas sujeitas ao lucro real, o que, tampouco, se presta a justificar a revogação do instituto;

- **os beneficiários pessoas físicas do JCP representam menos de 2% da população brasileira e estão em uma faixa de renda elevada.** Argumento desprovido de qualquer conteúdo técnico ou jurídico, como o anterior;
- **o pagamento do JCP gera controvérsias no plano internacional e as suas características híbridas podem dar azo a divergências na caracterização do rendimento e permitir a dupla não tributação da renda em operações transnacionais.** Este argumento não se sustenta, por duas razões: (i) o modelo brasileiro de JCP acabou sendo copiado por diversos países da União Europeia sob a denominação de ACE – *Allowance for corporate equity*[2] e (ii) o tema foi examinado, largamente, no Brasil sob o foco da Ação 2 do Projeto BEPS, concluindo-se que o JCP não é um instituto que explora intencionalmente assimetrias entre sistemas tributários, pois o seu elemento híbrido decorre da lei e deriva da divergência entre a sua natureza societária e o tratamento tributário de despesa/receita financeira conferido pelo legislador. Além disso, o Brasil tem por tradição tributar a renda paga na fonte, como ocorre com o JCP, instrumento híbrido, de tal sorte que pouca ou nenhuma repercussão o nosso JCP teria no mercado financeiro internacional, como quer fazer parecer a Exposição de Motivos em apreço;
- **os acordos de bitributação celebrados pelo Brasil podem permitir a fruição de um benefício fiscal ainda mais relevante, em virtude da redução**

2. O *allowance for corporate equity* -ACE, **é um regime que permite a dedução de despesas nocionais a título de juros fictícios** (“*notional interest deduction*”), com o objetivo de aliviar as diferenças tributárias entre o capital próprio e o capital de terceiros, que independem de efetivo pagamento de remuneração aos sócios.

da alíquota ordinária de 15%. Comentário irrelevante, pois não tem relação com o JCP, mas com os tratados , como aqui discutido.

A Exposição de Motivos propõe a extinção dos JCP chegando a fundamentar tal medida em uma suposta ineficiência como instrumento para direcionar a escolha do financiamento pelo capital próprio. De outro lado traz argumento que não deve ser adotado para extinguir tão importante instrumento, que é a necessidade de aumentar a arrecadação e corrigir distorções no sistema tributário para torná-lo mais eficiente e isonômico. Com relação a esta última afirmativa, não há qualquer distorção que o JCP possa causar no sistema tributário, exceto uma visão rançosa de alguns em relação a esse instituto, como se ele privilegiasse os mais ricos. Ao contrário, todos os que participarem do mercado de capitais, com pequenos ou grandes investimentos, poderão usufruir dessa remuneração.

Há, ainda, outras falhas na Exposição de Motivos como é o caso de afirmar que o JCP não gerou redução do endividamento sem, contudo, comprovar tal fato. Encontramos importantes trabalhos de professores, concluindo que as pessoas jurídicas que pagam JCP têm menores níveis de alavancagem e de dívida bruta por ativo[3]. Além disso, os administradores têm liberdade para adotarem o modelo financeiro que mais conveniente lhes pareça, sendo que o Poder Público apenas pode desenhar e indicar políticas econômicas, mas nunca compelir o particular à sua adoção, na forma da Constituição Federal, art. 174. Os próprios financistas concordam que inexiste uma estrutura de capital ideal, devendo ela acompanhar os negócios e os segmentos econômicos.

Rigorosamente, nada comprova que o instituto do JCP deva ser descontinuado, exceto comentários não

3. "Análise empírica dos Juros Sobre Capital Próprio na estrutura de capital das empresas listadas na Bolsa de Valores", Joelson Sampaio.

devidamente fundamentados que, de forma açodada, foram incluídos na Exposição de Motivos do PL n. 5298/23. Que se queira revisitar o art. 9°da Lei n. 9249/95, nos parece legítimo, mas revogar o JCP, sob falsos argumentos **é** um passo arriscado, além, de errado, pois, como já se disse, as empresas devem correr ao mercado financeiro, endividando-se, o que gerará despesas muito maiores suscetíveis de dedução, assim reduzindo a base de cálculo do Imposto sobre a Renda.

É de se destacar que nos países que incorporaram o JCP, sua dedução estaria limitada apenas ao capital incremental e não ao capital existente na pessoa jurídica desde a sua constituição e essa é uma das críticas que constam da Exposição de Motivos. Reitera-se, caso esse seja um excesso incorrido pela lei brasileira, vale a pena uma revisão, se assim o Poder Público entender, o que, de per si, não justifica retirar esse instrumento do cenário brasileiro.

De toda sorte, diante do Projeto de Reforma Tributária o tema aparenta ter perdido relevância, cabendo, por todas as razões já comentadas uma revisão de seu conteúdo se for entendido que ele merece ajustes que atualizem o instituto à luz dos novos tempos.

É certo, porém, que os argumentos trazidos pela Exposição de Motivos do PL n. 5298 estão longe de sustentar, de per si, a revogação do JCP, carecendo ela de melhores fundamentos, exceto um suposto aumento de arrecadação, o que não é verdadeiro, pois o empresário se voltará ao mercado financeiro cujas taxas de juros são muito mais gravosas e permitirão, por certo, deduções mais gordas, não limitadas como ocorre com o JCP.

Deixando-se de lado questões meramente arrecadatórias, o mais conveniente seria buscar um aprimoramento do instituto do JCP, inclusive buscando trilhar os caminhos já adotados internacionalmente, se for o caso.

LINHA RÁPIDA DOS CRÉDITOS DE PIS/COFINS E IPI AO EXPORTADOR E A INAPLICABILIDADE DO RESP 2.071.358 AOS CASOS DE PORTARIA MF Nº 348/2010

Flávia Holanda Gaeta[1]

I. INTRODUÇÃO

O tema é atual e interessante. Atual, porque o primeiro julgamento sobre um tema conexo aconteceu no último mês de outubro[2] pela 2ª Turma do Superior Tribunal de Justiça. E interessante porque reúne inúmeras questões jurídico-conceituais que foram analisadas e aplicadas aos casos de procedimento especial de ressarcimento dos créditos presumidos na cadeia de soja, no julgamento do RESP 2.071.358, mas que não se amoldam ao ressarcimento especial aos exportadores, pelas razões que serão estudadas neste artigo.

Para reconhecer as questões de fundo, antes, é imprescindível compreender o que é a linha rápida para os

1. Mestre e Doutora em Direito pela PUC/SP, advogada e professora do IBET.

2. 03/10/2023.

créditos tributários das contribuições sociais e do IPI[3]; como e quem pode usufruir desse procedimento especial.

Uma análise mais precisa demanda do jurista um olhar atento aos processos de positivação e derivação das normas, para estudar os instrumentos secundários introdutores de normas – legislação infralegal –, sem perder de vista todos os fundamentos lhes garantem validade, à fim de visualizar tanto os limites da atuação do Executivo, no que tange ao poder de tributar, quanto o Judiciário enquanto ente fiscalizador do adequado cumprimento das leis.

Como adverte sabiamente o ilustre professor Hugo de Brito Machado[4]:

> O direito, de um modo geral, tem por finalidade promover o equilíbrio nas relações entre os que têm poder e os que não têm poder. Ou entre os que têm mais e os que têm menos poder. Sabido que o Estado é a maior expressão de poder que se conhece, fácil é concluir-se que o direito tributário tem por finalidade limitar o poder de tributar e proteger o cidadão contra os abusos desse poder.

A Constituição Federal de 1988, cumprindo seu papel de definir as competências e os limites ao poder de tributar, deu lugar de relevante relevo às contribuições sociais já no enunciado do art. 149[5], deixando prescrita a competência exclusiva da União Federal para institui-las, bem como caracterizando-as como instrumentos fiscais destinados a finalidades específicas.

---

3. Optamos, este artigo, a explorar mais as contribuições sociais em detrimento do IPI.

4. *Curso de Direito Tributário*. 42ª Edição. São Paulo: Malheiros/JusPodivm, 2022. p. 51.

5. Art. 149. Compete exclusivamente à União instituir contribuições sociais, de intervenção no domínio econômico e de interesse das categorias profissionais ou econômicas, como instrumento de sua atuação nas respectivas áreas, observado o disposto nos arts. 146, III, e 150, I e III, e sem prejuízo do previsto no art. 195, § 6º, relativamente às contribuições a que alude o dispositivo.

Esse amparo constitucional traz consigo a necessária obediência da legislação instituidora às normas gerais de direito tributário (art. 146, III), ao princípio da estrita legalidade (art. 150, I e III) e à anterioridade nonagesimal, este último quando se tratar das contribuições à seguridade social (art. 195, § 6º).

Para tratar das contribuições à seguridade social, devemos ainda atentar para os artigos 165, § 5º, 194, VII e Art. 195, I a IV, da Constituição Federal, que apontam para as bases de um regime jurídico próprio.

Decerto, uma reviravolta no tema das contribuições surgiu quando das modificações introduzidas pela Emenda Constitucional n. 20/1998 no art. 195[6], e que passou a prescrever que a seguridade social será financiada por toda a sociedade, direta ou indiretamente, nos termos de leis instituidoras, mediante recursos provenientes dos orçamentos da União, Estados, Distrito Federal e Municípios, e das contribuições sociais cobradas do empregador, sobre a folha de salários, receita e faturamento e lucro, dentre outras hipóteses.

Ainda no art. 195, § 12, da Carta Magna de 1988, é possível perceber que caberá ao legislador ordinário definir os setores de atividade econômica para os quais as contribuições sociais devidas pelo empregador incidentes sobre a receita ou o faturamento; e pelo importador de bens ou serviços do exterior, ou de quem a lei a ele equiparar), serão não cumulativas.

---

6. Art. 195. **A seguridade social será financiada por toda a sociedade**, de forma direta e indireta, nos termos da lei, mediante recursos provenientes dos orçamentos da União, dos Estados, do Distrito Federal e dos Municípios, e das seguintes contribuições sociais: (Vide Emenda Constitucional nº 20, de 1998).

I - **do empregador, da empresa e da entidade a ela equiparada na forma da lei, incidentes sobre**: (Redação dada pela Emenda Constitucional nº 20, de 1998).

a) **a folha de salários** e demais rendimentos do trabalho pagos ou creditados, a qualquer título, à pessoa física que lhe preste serviço, mesmo sem vínculo empregatício; (Incluído pela Emenda Constitucional nº 20, de 1998).

b) **a receita ou o faturamento**; (Incluído pela Emenda Constitucional nº 20, de 1998).

c) **o lucro**; (Incluído pela Emenda Constitucional nº 20, de 1998).

Até aqui nenhuma novidade.

Em 2002, foi então publicada a Lei nº 10.637 que dispôs sobre a não cumulatividade na cobrança da contribuição para os Programas de Integração Social (PIS) e de Formação do Patrimônio do Servidor Público (Pasep). Já para a Contribuição para o Financiamento da Seguridade Social – COFINS –, houve a publicação da Lei 10.833/2003.

Ambas trazem textos muito similares e dispõem sobre os critérios da regra matriz de incidência das contribuições e demais regras atinentes ao regime não cumulativo, aquele que autoriza o uso de créditos das operações anteriores para descontar dos débitos incidentes sobre as receitas ou faturamento e importações.

O art. 1º, da Lei nº 10.637/2002, alterada pela Lei nº 12.973/2014, trouxe a materialidade da contribuição ao PIS, como *o total das receitas auferidas no mês pela pessoa jurídica, independentemente de sua denominação ou classificação contábil*. O art. 2º trouxe a definição da base de cálculo. Já o art. 3º[7], por sua vez, trouxe os critérios para apuração dos créditos das contribuições.

---

7. Art. 3º Do valor apurado na forma do art. 2º a pessoa jurídica poderá descontar créditos calculados em relação a:
I - bens adquiridos para revenda, exceto em relação às mercadorias e aos produtos referidos: (Redação dada pela Lei nº 10.865, de 2004);
II - bens e serviços, utilizados como insumo na prestação de serviços e na produção ou fabricação de bens ou produtos destinados à venda, inclusive combustíveis e lubrificantes, exceto em relação ao pagamento de que trata o art. 2º da Lei nº 10.485, de 3 de julho de 2002, devido pelo fabricante ou importador, ao concessionário, pela intermediação ou entrega dos veículos classificados nas posições 87.03 e 87.04 da TIPI; (Redação dada pela Lei nº 10.8).
IV – Aluguéis de prédios, máquinas e equipamentos, pagos a pessoa jurídica, utilizados nas atividades da empresa;
V - valor das contraprestações de operações de arrendamento mercantil de pessoa jurídica, exceto de optante pelo Sistema Integrado de Pagamento de Impostos e Contribuições das Microempresas e das Empresas de Pequeno Porte - SIMPLES; (Redação dada pela Lei nº 10.865, de 2004).
VI - Máquinas, equipamentos e outros bens incorporados ao ativo imobilizado, adquiridos ou fabricados para locação a terceiros ou para utilização na produção de bens destinados à venda ou na prestação de serviços. (Redação dada pela Lei nº

Não é novidade que o regime não cumulativo das contribuições traz inúmeros questionamentos, em especial no que se refere ao conceito de insumos, aqueles considerados essenciais e relevantes para o exercício da atividade econômica dos contribuintes[8]. Entretanto, a definição do conceito de insumo esbarra em questões casuísticas, afinal, caracterizar como essencial e relevante um insumo não é uma tarefa genérica, capaz de se apropriar de critérios objetivos e gerais aplicáveis a todos os contribuintes, o que, por si só, amplia a complexidade, tornando um caso diferente do outro.

Mas o fato é que, pelo instrumento da não cumulatividade, aquilo que foi pago a título de contribuições nas entradas relacionadas no art. 3º da Lei nº 10.637/2002, poderá ser descontado do valor devido de contribuições quando auferidas receitas tributáveis, com exceção das receitas auferidas nas operações elencadas no art. 5º[9] da mesma lei.

11.196, de 2005)
VII - edificações e benfeitorias em imóveis de terceiros, quando o custo, inclusive de mão-de-obra, tenha sido suportado pela locatária;
VIII - bens recebidos em devolução, cuja receita de venda tenha integrado faturamento do mês ou de mês anterior, e tributada conforme o disposto nesta Lei.
IX - Energia elétrica consumida nos estabelecimentos da pessoa jurídica. (Incluído pela Lei nº 10.684, de 30.5.2003)
IX - energia elétrica e energia térmica, inclusive sob a forma de vapor, consumidas nos estabelecimentos da pessoa jurídica (Redação dada pela Lei nº 11.488, de 2007).
X - Vale-transporte, vale-refeição ou vale-alimentação, fardamento ou uniforme fornecidos aos empregados por pessoa jurídica que explore as atividades de prestação de serviços de limpeza, conservação e manutenção. (Incluído pela Lei nº 11.898, de 2009)
XI - bens incorporados ao ativo intangível, adquiridos para utilização na produção de bens destinados a venda ou na prestação de serviços. (Incluído pela Lei nº 12.973, de 2014) (Vigência) .

8. Superior Tribunal de Justiça RESP 1.221.170 .

9. Art. 5º A contribuição para o PIS/Pasep **não incidirá** sobre as receitas decorrentes das operações de: Produção de efeito
I - **Exportação de mercadorias para o exterior**;
II - **prestação de serviços para pessoa física ou jurídica residente ou domiciliada no exterior**, cujo pagamento represente ingresso de divisas; (Redação dada pela Lei nº 10.865, de 2004).
III - **vendas a empresa comercial exportadora com o fim específico de exportação**.

As exceções elencadas no art. 5º dizem respeito exatamente à regulamentação do tratamento fiscal dado às exportações brasileiras. Seguindo uma prática internacional de desoneração dos tributos na exportação, a Constituição Federal definiu que não incidem sobre as exportações brasileiras o IPI (art. 153, §3º, III), o ICMS (art. 155, §2º, X, "a") e as Contribuições Sociais, tais como o Programa de Integração Social e o Programa de Formação do Patrimônio do Servidor Público - PIS/PASEP e a Contribuição para o Financiamento da Seguridade Social – COFINS – e as Contribuições de Intervenção no Domínio Econômico (art. 149, §2º, I[10]). Além de os referidos tributos não incidirem, o exportador mantém o direito ao crédito gerado pela incidência desses tributos sobre a aquisição dos insumos empregados nos produtos exportados.[11]

Logo, se sobre as receitas de exportações não há incidência das contribuições sociais, nem sobre as vendas para o exterior há incidência de IPI, é esperado o acúmulo de créditos dos tributos incidentes nas operações de entrada, por uma razão muito simples, esse contribuinte ocupar o último elo da cadeia econômica, sem etapas subsequentes capazes de neutralizar esse volume de créditos tributários remanescentes.

Os saldos acumulados das contribuições e do IPI pelos exportadores, a essa altura, enquadram-se perfeitamente no conceito de crédito tributário previsto pelo art. 139 do CTN[12], na medida em que foram constituídos em razão da incidência das normas sobre o fato gerador da obrigação, possuindo, portanto, natureza tributária inequívoca.

---

10. 2º As contribuições sociais e de intervenção no domínio econômico de que trata o *caput* deste artigo: (Incluído pela Emenda Constitucional nº 33, de 2001).
I - Não incidirão sobre as receitas decorrentes de exportação;

11. http://mdic.gov.br/index.php/comercio-exterior/desoneracao-das-exportacoes.

12. Art. 139. O crédito tributário decorre da obrigação principal e tem a mesma natureza desta.

Visto isso, diante de acúmulo de créditos das contribuições, deverá o contribuinte[13] fazer a compensação escritural – deduzindo os créditos das contribuições a recolher nas operações no mercado interno; compensar os créditos remanescentes com débitos próprios, vencidos ou vincendos, relativos a tributos e contribuições administrados pela Secretaria da Receita Federal[14] (compensação cruzada), e; se ainda restarem créditos, requerer o ressarcimento em espécie. Tem-se, portanto, que o legislador ordinário definiu pelo menos três formas de utilização de saldo acumulado das contribuições, de maneira a permitir a neutralidade da tributação.

É verdade que alternativas atinentes à compensação – escritural ou cruzada - são ótimas, sobretudo quando o volume de débitos tributários, vencidos ou vincendos, é capaz de absorver o saldo credor em sua totalidade. Todavia, quando isso não acontece, resta ao contribuinte realizar o pedido de ressarcimento em espécie, processo administrativo que não deveria ultrapassar 360 dias da transmissão do pedido, nos termos do art. 24, da Lei nº 11.457/2007, no entanto, a prática se mostra bem diferente, exigindo do

---

13. Ver Lei 9.430/1996.

Art. 74. O sujeito passivo que apurar crédito, inclusive os judiciais com trânsito em julgado, relativo a tributo ou contribuição administrado pela Secretaria da Receita Federal, passível de restituição ou de ressarcimento, poderá utilizá-lo na compensação de débitos próprios relativos a quaisquer tributos e contribuições administrados por aquele Órgão.

§ 14. A Secretaria da Receita Federal - SRF disciplinará o disposto neste artigo, inclusive quanto à fixação de critérios de prioridade para apreciação de processos de restituição, de ressarcimento e de compensação. (Incluído pela Lei nº 11.051, de 2004).

14. Art. 5º. Lei 10.637/2002

§ 1º Na hipótese deste artigo, a pessoa jurídica vendedora poderá utilizar o crédito apurado na forma do art. 3º para fins de:

I - **Dedução do valor da contribuição a recolher, decorrente das demais operações no mercado interno**;

II - **Compensação com débitos próprios, vencidos ou vincendos, relativos a tributos e contribuições administrados** pela Secretaria da Receita Federal, observada a legislação específica aplicável à matéria.

§ 2º **A pessoa jurídica que, até o final de cada trimestre do ano civil, não conseguir utilizar o crédito** por qualquer das formas previstas no § 1º, **poderá solicitar o seu ressarcimento em dinheiro, observada a legislação específica aplicável à matéria.**

contribuinte recorrer à tutela jurisdicional para garantir a análise dos pedidos de ressarcimentos no prazo legal.

Há setores que são ainda mais prejudicados com o acúmulo dos créditos, justamente pela inexistência de saídas tributadas capazes de neutralizar o acúmulo dos créditos, restando-lhes o ressarcimento em espécie como a única via, como é o caso dos exportadores.

Não por outro motivo, a Lei nº 9.430/1996, em seu art. 74, *caput*, traz as formas de utilização dos saldos credores, bem como enuncia em seu o §14 a competência da Secretaria da Receita Federal para disciplinar a fixação de critérios de prioridade para apreciação de processos de restituição, de ressarcimento e de compensação.

Nasce, então, a autorização legal para a Receita Federal do Brasil dispor sobre eventuais formas de dar celeridade ao fluxo de recuperação dos créditos tributários, assunto sobre o qual nos debruçaremos a seguir.

Vale ressaltar que, na nossa visão, a lei não fez nada além de autorizar o órgão do Poder Executivo a regulamentar medidas capazes de acomodar o rito do processo administrativo de ressarcimento às necessidades de determinados setores da economia, sem que isso implique qualquer renúncia de direito ou garantia disposto na legislação tributária, nem altere a natureza de crédito tributário atribuída ao saldo credor das contribuições e do IPI acumulado pelos exportadores.

II. LINHA RÁPIDA DE CRÉDITOS DE PIS/COFINS e IPI AO EXPORTADOR

II.1 As normas dispostas na Portaria do Ministério da Fazenda nº 348, de 16 de junho de 2010[15]

15. http://normas.receita.fazenda.gov.br/sijut2consulta/link.action?idAto=26925

Amparada nos art. 74, §14 da Lei nº 9.430/1996, no art. 5º da Lei 10.637/2002 e nos art. 6 e 15 da Lei nº 10.833/2003, e para IPI no art. 11 da Lei nº 9.779/1999, foi publicada a Portaria do Ministério da Fazenda nº 348, de 16 de junho de 2010. Uma novidade para muitos, temos certeza.

A referida portaria instituiu o procedimento especial de ressarcimento dos créditos das contribuições ao PIS, da COFINS e do IPI, apurados em decorrência dos custos, despesas e aquisições de matéria-prima, produtos intermediários e materiais de embalagem relacionados às operações de exportação.

O procedimento especial se caracteriza pela iniciativa da Secretaria da Receita Federal de, no prazo máximo de 30 (trinta) dias contados da data do Pedido de Ressarcimento dos créditos, efetuar o pagamento de 50% (cinquenta por cento) do valor dos créditos das contribuições pleiteado pela pessoa jurídica, desde que o contribuinte atenda algumas condições, quais sejam:

> I - Cumpra os requisitos de **regularidade fiscal** para o fornecimento de certidão negativa ou de certidão positiva, com efeitos de negativa, de débitos relativos aos tributos administrados pela RFB e à Dívida Ativa da União administrada pela Procuradoria-Geral da Fazenda Nacional (PGFN);
>
> II - **Não tenha sido submetida ao regime especial de fiscalização** de que trata o art. 33 da Lei nº 9.430, de 27 de dezembro de 1996, nos 36 (trinta e seis) meses anteriores à apresentação do pedido;
>
> III - esteja obrigado a **manter Escrituração Fiscal Digital** (EFD);
>
> IV - tenha **efetuado exportações no ano-calendário anterior ao do pedido** em valor igual ou superior a 10% (dez por cento) da receita bruta total; e (Redação dada pelo(a) Portaria MF nº 260, de 24 de maio de 2011)
>
> V - Nos 24 (vinte e quatro) meses anteriores à apresentação do pedido objeto do procedimento especial de que trata o art. 1º, **não tenha havido indeferimentos de Pedidos de Ressarcimento ou não homologações de compensações, relativos a créditos**

> **de Contribuição para o PIS/PASEP, de COFINS e de IPI**, totalizando valor superior a 15% (quinze por cento) do montante solicitado ou declarado. (grifo nosso)

Uma vez antecipados 50% dos créditos das contribuições pleiteados administrativamente, o pagamento do restante do valor solicitado no Pedido de Ressarcimento deverá acontecer somente após a autoridade competente verificar a procedência da totalidade do crédito solicitado no período.

Na dicção do § 2º do art. 3º da Portaria MF nº 348/2010, constatada irregularidade nos créditos solicitados no Pedido de Ressarcimento, deverão ser adotados os seguintes procedimentos:

> I - **no caso de as irregularidades afetarem menos de 50% (cinquenta por cento) do valor do ressarcimento solicitado, deverá ser efetuado o pagamento dos créditos reconhecidos, deduzido o valor do pagamento efetuado** na forma do art. 2º e das compensações efetuadas, sem prejuízo da aplicação da multa isolada de que tratam os §§ 15 a 17 do art. 74 da Lei nº 9.430, de 27 de dezembro de 1996, calculada sobre o valor dos créditos objeto de Pedido de Ressarcimento indeferido ou indevido, e de outras penalidades cabíveis; ou
>
> II - **No caso de as irregularidades superarem 50% (cinquenta por cento) do valor do ressarcimento solicitado, deverá ser exigido o valor indevidamente ressarcido, sem prejuízo da aplicação da multa isolada** de que tratam os §§ 15 a 17 do art. 74 da Lei nº 9.430[16], de 27 de dezembro de 1996, calculada sobre o valor dos créditos objeto de Pedido de Ressarcimento indeferido ou indevido, e de outras penalidades cabíveis. (grifo nosso)

Pelos enunciados adrede transcritos, conclui-se que: se as irregularidades afetarem valores inferiores ao que já

16. Os §§ 15 a 16 foram revogados e o § 17, que trata da multa isolada de 50% sobre compensações não homologadas devem atentar para a decisão na ADI 4905, que transitou em julgado em maio/2023 e dispôs sobre a É inconstitucional a aplicação de multa isolada em razão da mera não homologação de declaração de compensação, sem que esteja caracterizada a má-fé, falsidade, dolo ou fraude, por violar o direito fundamental de petição e o princípio da proporcionalidade.

foi ressarcido, autoridade tributária deverá providenciar o pagamento da diferença remanescente, ou seja, o saldo de direito do contribuinte correspondente ao valor homologado deduzido do valor dos créditos pago a título de adiantamento.

Por outro lado, caso as irregularidades no pedido de ressarcimento superem o valor já adiantado, deverá ser exigido o valor indevidamente ressarcido, sem prejuízo de multas e demais penalidades.

Além disso, o art. 4º da Portaria MF nº 348/2010 assegurou que para todas as questões atinentes à efetivação do ressarcimento, na forma dessa portaria, deverão ser observados os demais dispositivos da legislação tributária que disciplinam a matéria.

Isso garante que as normas de superior hierarquia que trazem direitos e obrigações, do Fisco e do Contribuinte, sejam observadas à fim de promover o equilíbrio nas relações entre os que têm poder e os que não têm poder, como bem advogou Hugo de Brito Machado.

Observadas as disposições legais (sentido amplo) adrede descritas, não há dúvida de que o legislador autorizou o Poder Executivo a dispor sobre procedimentos especiais para garantir maior celeridade ao fluxo de devolução dos créditos tributários ao exportador, sem que isso represente qualquer renúncia aos direitos e garantias dispostos na legislação tributária.

Não por outro motivo, os contribuintes exportadores que conhecem a linha rápida dos créditos acumulados das contribuições e do IPI, tomaram proveito do rito diferenciado e receberam, a título de antecipação, pelo menos 50% dos créditos pleiteados administrativamente, com ou sem a necessidade de recorrer à tutela jurisdicional para ter os termos dessa Portaria efetivamente reconhecidos no prazo legal.

Para solicitar o procedimento especial de ressarcimento de créditos da Contribuição para o PIS/Pasep, da Contribuição para o Financiamento da Seguridade Social (COFINS) e do Imposto sobre Produtos Industrializados de que trata a Portaria MF 348/2010, o contribuinte deverá preencher um formulário eletrônico, haja vista que é essa iniciativa que permite a análise dos requisitos para a antecipação.

Trata-se de um formulário digital[17] relativamente simples, em que o contribuinte opta por uma das portarias vigentes, indicado seu CNPJ e o número do pedido de ressarcimento (PER) para o qual deseja receber a antecipação.

Observe a figura a seguir que ilustra exatamente como é simples a adesão ao procedimento especial:

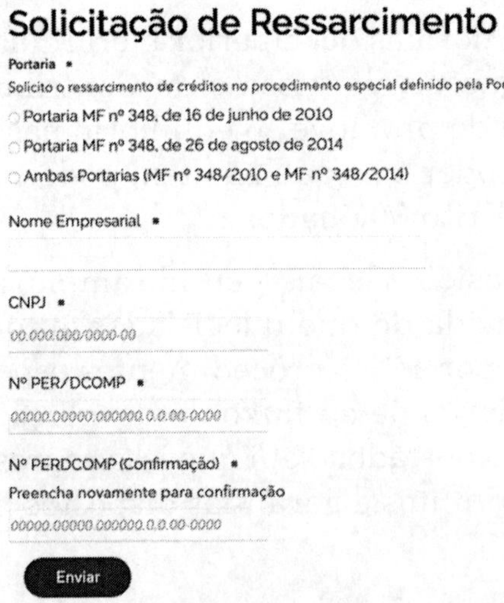
Solicitação de Ressarcimento

Portaria *

Solicito o ressarcimento de créditos no procedimento especial definido pela Portaria MF:

○ Portaria MF nº 348, de 16 de junho de 2010

○ Portaria MF nº 348, de 26 de agosto de 2014

○ Ambas Portarias (MF nº 348/2010 e MF nº 348/2014)

Nome Empresarial *

CNPJ *

00.000.000/0000-00

Nº PER/DCOMP *

00000.00000.000000.0.0.00-0000

Nº PERDCOMP (Confirmação) *

Preencha novamente para confirmação

00000.00000.000000.0.0.00-0000

Enviar

Logo depois da publicação da Portaria MF nº 348, de 16 de junho de 2010, foi publicada a IN RFB nº 1.060, de 03 de agosto de 2010, que pretendeu disciplinar o referido

17. https://www.gov.br/receitafederal/pt-br/assuntos/orientacao-tributaria/restituicao-ressarcimento-reembolso-e-compensacao/ressarcimento/solicitacao-de-ressarcimento

procedimento especial. Na prática, a referida instrução normativa não inovou significativamente os termos da portaria, exceto ao definir que em caso de o reconhecimento do direito ao crédito ser menor que 50% (cinquenta por cento) do valor do ressarcimento solicitado, **será exigida a devolução dos valores de ressarcimento indevidamente antecipados, no prazo de 30 (trinta) dias a contar da notificação.**

Noutras palavras, identificada a glosa parcial do pedido de ressarcimento e superior ao crédito já ressarcido, é legítimo que o Fisco instaure um processo administrativo de cobrança para exigir a devolução dos valores antecipados indevidamente a título de créditos tributários em até 30 dias a contar da notificação do contribuinte.

Todavia, a nosso ver, como os créditos acumulados pelo exportador são decorrentes da incidência da norma sobre o fato gerador das obrigações, e decorrentes do instrumento da não cumulatividade aplicável às referidas espécies tributárias, a intimação de cobrança deve existir, quando muito, apenas para evitar a decadência, mas não para forçar o pagamento não antes de ver a glosa feita como Fisco com status de definitiva, findo o processo administrativo federal.

Caso contrário, violaria o direito de o contribuinte defender a legitimidade dos seus créditos tributários até a decisão final e irrecorrível na via administrativa, como preconiza o processo administrativo federal, bem como o regime jurídico das compensações e ressarcimento amplamente definido no ordenamento jurídico brasileiro[18].

---

18. tendo em vista o disposto na Lei nº 5.172, de 25 de outubro de 1966 - Código Tributário Nacional (CTN), no Decreto nº 70.235, de 6 de março de 1972, na Lei nº 8.212, de 24 de julho de 1991, na Lei nº 8.383, de 30 de dezembro de 1991, na Lei nº 9.430, de 27 de dezembro de 1996, na Lei nº 9.784, de 29 de janeiro de 1999, no Decreto nº 10.139, de 28 de novembro de 2019 e na IN RFB 2055/2021.

II.2 Da postura da Secretaria da Receita Federal na análise dos créditos ao exportador que foram objeto de ressarcimento em linha rápida e na cobrança de valores antecipados supostamente a maior

Acabamos de analisar a norma que traz as regras especiais aplicáveis aos contribuintes e ao Fisco Federal ao lidar com as questões relativas à antecipação dos créditos das contribuições ao PIS, a COFINS e do IPI acumulados pelo exportador no procedimento autorizado pela Portaria MF nº 348/2010.

Decerto, o regime jurídico de ressarcimento e compensação das contribuições está disciplinado na forma da IN RFB nº 2.055/2021[19], que determina que o contribuinte que tenha saldo credor de contribuições e impostos utilize o programa PER/DCOMP, para transmitir o Pedido de Ressarcimento de créditos para cada trimestre-calendário. Dito isso, para vincular o PER transmitido ao pedido de procedimento especial, basta preencher o formulário digital, adrede mencionado, para que tenha o pedido analisado dentro dos critérios exigidos da Portaria MF nº 348/2010.

Os requisitos do procedimento especial serão analisados em processo administrativo autônomo, e uma vez atendidos, a autoridade fiscal emitirá um despacho decisório no qual pronunciará o deferimento o pedido de antecipação de 50% dos créditos das contribuições e do imposto.

---

19. Art. 53. O pedido de ressarcimento e a declaração de compensação devem ser efetuados mediante a utilização:
I - Do programa PER/DCOMP; ou
II - Do formulário Pedido de Restituição ou de Ressarcimento, constante do Anexo I, ou mediante o formulário Declaração de Compensação, constante do Anexo IV, caso não seja possível a utilização do programa PER/DCOMP.
§ 1º O pedido de ressarcimento deverá:
I - Referir-se a um único trimestre-calendário; e
II - Ser efetuado pelo saldo credor remanescente no trimestre-calendário, líquido das utilizações por desconto.
§ 2º A declaração de compensação deverá ser precedida do pedido de ressarcimento.

Observe trecho um despacho decisório para ficar mais ilustrativo o parecer final da autoridade fiscal:

37. Ante o exposto, fica consubstanciado o atendimento, pela empresa acima qualificada, de todas as condições necessárias ao implemento do direito ao recebimento antecipado de 50% (cinquenta por cento) do valor do crédito pleiteado no Pedido Eletrônico de Ressarcimento objeto dessa análise, conforme tabela abaixo.

Número do PER	Tipo de Crédito	Período de Apuração	Código do Crédito	Valor do PER	Valor da antecipação
	COFINS Não-cumulativa – Exportação	3º Trim./2014	301 – Crédito Vinc. À Receita de Exportação – Alíquota Básica		
			308 – Crédito Vinc. À Receita de Exportação – Importação		

Consubstanciado, portanto, o atendimento das condições necessárias ao implemento do direito à antecipação pelo contribuinte, a Receita Federal prosseguirá com o ressarcimento.

Analisando a tabela contemplada no despacho, não há dúvidas de que o fisco antecipará créditos tributários, a título de COFINS não cumulativa na exportação, cujos códigos do crédito (301 e 308) são justamente aqueles declarados em EFD-contribuições[20].

Passados alguns meses ou anos, a autoridade fiscal concluirá a análise completa do PER e emitirá um despacho decisório de reconhecimento total ou parcial do crédito requerido, com ou sem homologação de compensações eventualmente realizadas a partir do PER transmitido[21], em um processo administrativo autônomo.

20. IN RFB nº 2055/2021. Art. 55. O pedido de ressarcimento e a declaração de compensação, no caso de créditos da Contribuição para o PIS/Pasep e da Cofins, poderão ser entregues somente depois de transmitida a Escrituração Fiscal Digital das Contribuições Incidentes sobre a Receita (EFD-Contribuições), na qual esteja demonstrado o direito creditório, de acordo com o período de apuração.

21. IN RFB nº 2055/2021. Art. 53. § 2º A declaração de compensação deverá ser precedida do pedido de ressarcimento.

A partir da ciência da decisão administrativa que reconhece total ou parcialmente o direito creditório, o sujeito passivo poderá apresentar manifestação de inconformidade contra a decisão que indeferiu seu pedido de restituição, de ressarcimento ou de reembolso, ou contra a decisão que não homologou a compensação por ele efetuada, no prazo de até 30 (trinta) dias, na forma da IN RFB nº 2055/2021, art. 140.

O contribuinte, ao apresentar sua defesa administrativa tempestiva, terá a exigibilidade da cobrança suspensa até o término do processo administrativo federal como preconiza o art. 151, III, do Código Tributário Nacional[22].

Em ato subsequente, porém não imediato, nos autos do processo administrativo da antecipação dos 50% nos termos da Portaria MF nº 348/2010, a autoridade federal intimará o contribuinte, para no prazo de 30 dias contados da intimação, proceder com a devolução de eventual parcela do crédito tributário antecipada indevidamente.

As intimações costumam ter o seguinte formato:

Prezado (a) contribuinte,

Tendo em vista que em ███ houve o recebimento do valor de R$ ███, referente ao Pedido de Antecipação de 50% do montante do crédito de Cofins, PA 3º ███ pleiteado no ███, e como a análise efetiva deste pedido de ressarcimento foi realizado através do ███, no qual foi emitido o Despacho Decisório ███ que deferiu parcialmente o crédito, no valor de R$ ███, **INTIMO** o contribuinte, no prazo de **30 dias,** a contar da data de recebimento desta Intimação, a proceder a devolução da diferença recebida indevidamente, no valor de **R$** ███, nos termos do § 2º, inciso II, do art. 3º da Portaria MF nº 348, de 16 de junho de 2010.

PER	**TRIBUTO**	**PA**	**VALOR DA ANTECIPAÇÃO**	**VALOR DEFERIDO**	**DIFERENÇA (RESTITUIÇÃO INDEVIDA)**
███	Cofins	3º TRI/2014	███	███	███

Junto a presente Intimação, estamos enviando o Darf para pagamento e as "Instruções de preenchimento dos campos 8 a 10 do DARF".

---

22. Art. 151. Suspendem a exigibilidade do crédito tributário: III - as reclamações e os recursos, nos termos das leis reguladoras do processo tributário administrativo;

O teor da intimação é no sentido de cobrar o pagamento, já com documento e arrecadação emitido (DARF) e as instruções de pagamento, lastreado pelo § 2º, II, do art. 3º da Portaria MF nº 348/2010.

Diante da intimação, caberá ao contribuinte apresentar defesa no sentido de informar que os créditos tributários objeto de glosa estão em fase de julgamento de manifestação de inconformidade, e a suspensão da exigibilidade de qualquer cobrança está amparada no art. 151, III, do CTN[23], dado o fato de se tratar de crédito de natureza tributário, para o qual diante de qualquer intimação de ciência de despacho decisório ou efetivação de providências, caberá ao interessado o direito de defesa.

Contudo, os contribuintes exportadores estão sendo surpreendidos com comunicados expedidos pela autoridade administrativa que trazem apontamentos juridicamente inconcebíveis para o caso em referência, senão vejamos um caso bastante ilustrativo:

Assunto: Cobrança de Restituição ou de Ressarcimento Indevido – Envio à PGFN

Senhor contribuinte,

Informamos que o valor pago indevidamente a título de antecipação de 50% do pedido de ressarcimento, por tratar-se de crédito de natureza financeira, deve ser recuperado por meio de cobrança administrativa, razão pela qual o processo de cobrança em epígrafe foi cadastrado, não cabendo lavratura de auto de infração ou notificação de lançamento, **e não será estabelecido o contencioso administrativo**.

No tocante aos créditos de natureza financeira, registre-se que:

1) não são passíveis de contestação na forma do PAF, não cabendo manifestação de inconformidade. Aplica-se, no que couber, a contestação na forma da Lei nº 9.784, de 1999.
2) não são passíveis de parcelamento no âmbito da RFB.
3) por serem débitos para com a Fazenda Nacional, podem ser objeto de compensação de ofício, conforme art. 7º do Decreto-Lei nº 2.287, de 23 de julho de 1986.
4) não serão considerados, no âmbito da RFB, para efeito de emissão de Certidão Negativa de Débitos ou Certidão Positiva de Débitos com efeitos de Negativa.

Através da Intimação nº [illegible], o contribuinte foi intimado a, no prazo de 30 dias a contar da data de recebimento da referida Intimação, **proceder à devolução do valor de R$ [illegible] recebido indevidamente,** nos termos do § 2º, inciso II, do art. 3º da Portaria MF nº 348, de 16 de junho de 2010.

Informa-se que, como não houve pagamento do débito conforme o DARF presente na Intimação nº [illegible], o processo será encaminhado à Procuradoria-Geral da Fazenda Nacional para inscrição do débito em Dívida Ativa da União e cobrança judicial da dívida financeira.

Atenciosamente,

---

23. IN RFB nº 2055/2021. Art. 143. A manifestação de inconformidade contra a não homologação da compensação, bem como o recurso contra a decisão que julgou improcedente a referida manifestação de inconformidade, enquadram-se no disposto no inciso III do art. 151 do CTN relativamente ao débito objeto da compensação.

Pelo disposto no comunicado, a autoridade fiscal tem se pronunciado no sentido de que os créditos das contribuições, ressarcidos pelo rito especial da Portaria MF nº 348/2010, têm natureza financeira e que por essa razão não pode ser objeto de auto de infração ou notificação de lançamento, nem poderá ser submetido ao contencioso administrativo.

Adicionalmente, traz os efeitos da suposta reclassificação da natureza dos créditos de tributários para financeiros, que seriam:

i. impossibilidade de apresentação de contestação à decisão que cobra os valores antecipados;

ii. inadmite o parcelamento,

iii. autoriza a compensação de ofício, por serem débitos perante a Fazenda Nacional; e,

iv. Define que os créditos financeiros não serão considerados no âmbito da RFB para efeito de emissão de CND (Certidão Negativa de Débitos) ou CPEN (Certidão Positiva de Débitos com Efeitos de Negativa).

Tem-se aqui o primeiro e grande desafio jurídico: com base em que a autoridade fiscal reclassificou os créditos tributários ressarcidos antecipadamente na forma do rito especial da linha rápida, e acumulados pela sistemática da não cumulatividade dos tributos, como *créditos financeiros*?

Além disso, se há reclamações e recursos em tramitação no processo tributário administrativo e que defendem a legitimidade do crédito tributário em sua integralidade, até que seja encerrado o rito administrativo, com decisão irrecorrível, não há qualquer definitividade no despacho de deferimento parcial do crédito originário das contribuições e do imposto, o que por si só impediria qualquer cobrança.

A bem da verdade, a cobrança dos 50% antecipados, reverte-se em um direito a favor do Fisco, em cuja relação jurídica tributária o Fisco passa a ter o direito subjetivo de receber de volta parte da quantia antecipada e o contribuinte passa a ter o dever jurídico de pagar, obedecido o contraditório, a ampla defesa e processo administrativo federal.

Essa é a dicção do art. 5º da Constituição Federal, inciso XXXIV, que assegura *o direito de petição aos Poderes Públicos em defesa de direitos ou contra ilegalidade ou abuso de poder*, independentemente do pagamento de taxas. Uma garantia irrenunciável em um Estado Democrático de Direito, e que autoriza dado o direito de petição, que o jurisdicionado tenha respeitada a garantia de ampla defesa, contraditório e a suspensão da exigibilidade de qualquer cobrança, na plena aplicação do art. 151, III, do Código Tributário Nacional.

Há, ainda, a Lei nº 9.784/1999, que regula o processo administrativo federal, e que prescreve em seu art. 2º que *a Administração Pública obedecerá, dentre outros, aos princípios da legalidade, finalidade, motivação, razoabilidade, proporcionalidade, moralidade, **ampla defesa, contraditório, segurança jurídica**, interesse público e eficiência*. Além disso, determina que o interessado deverá ser sempre intimado para ciência de decisão ou efetivação de diligências, sendo-lhe garantido o direito de ampla defesa[24]. Sem falar

24. Art. 26. O órgão competente perante o qual tramita o processo administrativo determinará a intimação do interessado para ciência de decisão ou a efetivação de diligências.
Art. 27. O desatendimento da intimação não importa o reconhecimento da verdade dos fatos, nem a renúncia a direito pelo administrado.
Parágrafo único. No prosseguimento do processo, será garantido direito de ampla defesa ao interessado.

no art. 56, da mesma Lei nº 9.784/1999, que dispõe que *caberá recurso em face das decisões administrativas, baseadas em razões de legalidade e de mérito.*

Discorrendo para além das questões processuais, repise-se que a caracterização do crédito acumulado pelo exportador é decorrente da não cumulatividade do PIS/COFINS e do IPI, impondo-lhes reconhecer natureza tributária também ao crédito exigido de volta pelo Fisco em face de vícios constatados quando da análise dos pedidos de ressarcimento.

Os créditos acumulados são resultado do pagamento dos tributos sobre custos e aquisições, ou seja, débitos tributários para o exportador nas aquisições, sem se possa chamar o instrumento da não cumulatividade de qualquer favor do Fisco ao contribuinte. Por essa razão, jamais esse crédito poderia se transformar em crédito financeiro, tão somente porque houve glosa parcial do valor pleiteado e o Fisco pretende recebê-lo para dar aso ao déficit de caixa do Tesouro Nacional.

Se esse é um conjunto de normas que garante um grau de previsibilidade jurídica em relação aos fatos futuros para o exportador que opta pelo procedimento especial da Portaria MF nº 348/2010, baseado em que a autoridade fiscal afastou o direito de defesa e a aplicação da legislação tributária pelo contribuinte?

A própria Portaria MF nº 348/2010, em seu art. 4º dispõe que *na efetivação do ressarcimento deverão ser observados* ***os demais dispositivos da legislação tributária que disciplinam a matéria***, garantindo-lhes a aplicação do art. 151, III, do CTN, do § 11 do art. 74 da Lei 9.430/1996, dos artigos 2º, 26, 27 e 56 da Lei nº 9.784/1999, dentre outras.

Não há dúvida de que o rito de antecipação de créditos tributários dessa portaria ministerial aplicada ao exportador é excepcional, e na medida de sua atipicidade, o sistema jurídico não está inteiramente moldado para recepcioná-lo com completa aderência.

Isso implica dizer que no trabalho de interpretação das normas, caso nos deparemos com um certo grau de vaguidade ou ambiguidades nas palavras acolhidas pelo legislador, deveremos adotar métodos de interpretação para alcançar o melhor significado ao texto legal (gramatical, histórico, sistemático ou teleológico).

Por outro lado, quando ficar evidente lacunas no ordenamento jurídico, deveremos recorrer aos meios de integração dispostos no art. 108 do Código Tributário Nacional, quais sejam: analogia, princípios gerais de direito tributário, princípios gerais de direito público e equidade.

Não há um rito administrativo específico e literal que alcance a forma de insurgência do contribuinte aos despachos decisórios de cobrança dos créditos tributários do exportador antecipados na forma da Portaria MF nº 348/2010, entretanto, há um sem-número de normas que legitimam o direito de defesa do contribuinte em todas as circunstâncias em que tiver contra si uma decisão ou uma intimação para efetivação de diligências, como preconiza o próprio processo administrativo federal. E outra imensa gama de normas que assegura a natureza tributária dos créditos acumulados pelos exportadores em decorrência da aplicação da regra da não cumulatividade, razão pela qual essa natureza jamais poderia ser alterada ou reclassificada pelo Fisco por mera vontade, e o direito de defesa perante a Administração Pública com a suspensão da exigibilidade dos créditos nos exatos termos do art. 151, III, do CTN.

III. A INAPLICABILIDADE DO PRECEDENTE DO STJ RESP 2.071.358 AOS EXPORTADORES QUE ADERIRAM À PORTARIA MF Nº 348/2010

Primeiramente, o RESP 2.071.358[25] julgou pela primeira vez um caso de procedimento especial de ressarcimento

25. TRIBUTÁRIO. PIS E COFINS. CRÉDITO PRESUMIDO PREVISTO NO ART.

de créditos de PIS/COFINS, na forma de uma Portaria do Ministério da Fazenda nº 348, de 2014.

---

31 DA LEI N. 12.865/2013. PROCEDIMENTO ESPECIAL DE RESSARCIMENTO EM ESPÉCIE. CONSTATAÇÃO DE IRREGULARIDADES NA APURAÇÃO DO CRÉDITO PRESUMIDO. COBRANÇA DOS VALORES ANTECIPADOS. PORTARIA MF N. 348, DE 2014. MANDADO DE SEGURANÇA IMPETRADO PARA IMPEDIR ATOS DE COBRANÇA E CONSTRIÇÃO. INEXISTÊNCIA DE MANIFESTAÇÃO DE INCONFORMIDADE COM EFEITO SUSPENSIVO. MULTA PELA OPOSIÇÃO DE EMBARGOS DE DECLARAÇÃO PROTELATÓRIA. APLICAÇÃO DA SÚMULA 98 DO STJ.

I. Não há violação ao art. 1.022 e ao art. 489 do CPC/2015 quando o Tribunal a quo se manifesta clara e fundamentadamente acerca dos pontos indispensáveis para o desate da controvérsia, apreciando-a e apontando as razões de seu convencimento, ainda que de forma contrária aos interesses da parte, como verificado na hipótese.

II. Conforme se extrai dos incisos do § 6º do art. 31 da Lei n. 12.865/2013, faculta-se à contribuinte, no caso de não utilização do crédito presumido de PIS/Cofins relativo à cadeia produtiva da soja até o final de cada trimestre-calendário, realizar a compensação com créditos relativos a impostos e contribuições na forma do art. 74 da Lei n. 9.430/1996; ou o ressarcimento em espécie, conforme Portaria MF n. 348/2014.

III. Independentemente da denominação da impugnação dada pelo particular, a suspensão do crédito tributário pressupõe que as reclamações e os recursos por ele apresentados sejam realizados nos estritos termos das leis do processo administrativo-fiscal.

Precedentes: AgRg no **REsp** n. 1.451.443/PR, relator Ministro Humberto Martins, Segunda Turma, julgado em 9/12/2014, DJe de 15/12/2014;

AgInt no **REsp** n. 1.445.658/RS, relatora Ministra Assusete Magalhães, Segunda Turma, julgado em 16/12/2020, DJe de 18/12/2020.

IV. Inadmissível, por força do inciso I do art. 111 do CTN, a ampliação interpretativa do âmbito normativo do § 11 do art. 74 da Lei n. 9.430/1996 e do inciso III do art. 151 do CTN, com vistas a abarcar um crédito de natureza não tributária sem a previsão em lei formal específica.

V. Em virtude do art. 74, § 12, I, e § 13, combinado com o inciso VI do § 3º, da Lei n. 9.430/1996, não há que se falar na suspensão do crédito nos casos em que o valor objeto de ressarcimento tenha sido indeferido pela Secretaria da Receita Federal do Brasil (RFB), ainda que o pedido do particular se encontre pendente de decisão definitiva na esfera administrativa.

VI. Não se pode afirmar a existência de previsão legal expressa do efeito suspensivo no âmbito do procedimento especial de ressarcimento previsto no inciso II do § 6º do art. 31 da Lei n. 12.865/2013, em que pese a determinação de ato normativo infralegal no sentido da aplicação subsidiária do procedi mento da compensação tributária.

VII. Os embargos de declaração manifestados com notório propósito de prequestionamento, como no caso em tela, não possuem caráter protelatório. Aplicação da Súmula 98 do STJ.

VIII. Recurso especial parcialmente provido, apenas para excluir a multa relativa à oposição de embargos de declaração protelatórios.

A primeira semelhança com o caso explorado no início do artigo é o fato de que ambas as portarias trataram de um rito célere e especial de ressarcimento de tributos, nos termos do art. 74, *caput*, e §14 da Lei nº 9.430/1996.

> A segunda semelhança é que as portarias têm os mesmos números – 348 –, alterando-se apenas os anos de publicação, 2010 – aplicada aos créditos acumulados pelos exportadores –, e a outra de 2014 – aplicada aos créditos presumidos acumulados pelo agronegócio da cadeia de soja.

Na identificação dessa última semelhança, já é possível verificar a importante diferença entre elas. A Portaria MF nº 348/2010 traz a possibilidade de ressarcimento antecipado de pelo menos 50% dos créditos de PIS/COFINS e IPI acumulados pelos exportadores a cada trimestre-calendário, em decorrência da regra constitucional da não cumulatividade.

Por outro lado, a Portaria MF nº 348/2014 instituiu um procedimento especial unicamente para permitir o ressarcimento antecipado de pelo menos 70% dos créditos presumidos das contribuições ao PIS e da COFINS de que trata o art. 31 da Lei nº 12.865, de 9 de outubro de 2013, senão vejamos

> Art. 31. A pessoa jurídica sujeita ao regime de apuração não cumulativa da Contribuição para o PIS/Pasep e da COFINS poderá descontar das referidas contribuições, devidas em cada período de apuração, **crédito presumido calculado sobre a receita decorrente da venda no mercado interno ou da exportação dos produtos classificados nos códigos 1208.10.00, 15.07, 1517.10.00, 2304.00, 2309.10.00 e 3826.00.00 e de lecitina de soja classificada no código 2923.20.00, todos da Tipi.**

Nesse caso, o art. 31 da Lei nº 12.865 instituiu um benefício fiscal consubstanciado pela concessão de crédito presumido por meio de lei[26] às empresas que atuam no agronegócio

26. Respeitado o art. 150, § 6º. CF/88. Qualquer subsídio ou isenção, redução de base de cálculo, concessão de crédito presumido, anistia ou remissão, relativos a impostos, taxas ou

– cadeia de soja –, sem qualquer semelhança com os créditos apurados a partir do pagamento de obrigações tributárias em operações de entrada ou assunção de custos e despesas no desenvolvimento das atividades destinadas à exportação.

Por isso, o Superior Tribunal de Justiça, ao julgar a impossibilidade de aplicação da suspensão da exigibilidade da cobrança a forma do art. 151, III, do CTN, aos casos devolução de 70% dos créditos presumidos das contribuições ao PIS e da COFINS que foram antecipados por meio de pedidos de ressarcimento de linha rápida, fê-lo por entender que a caracterização do crédito presumido como incentivo econômico (art. 31 da Lei nº 12.865, de 9 de outubro de 2013) não poderia se confundir com créditos de natureza tributária, ainda que lhe seja autorizada a compensação com tributos.

Para o relator Ministro Francisco Falcão,

> "o crédito presumido é crédito concedido por ente tributante com a finalidade de reduzir a carga tributária sobre as operações praticadas pelo contribuinte, em razão da implementação de uma política de incentivos econômicos, constituindo-se, em verdade, um benefício fiscal". Por isso, "impõe-se reconhecer a natureza não tributária do crédito exigido pelo fisco em virtude das irregularidades constatadas em procedimento especial de ressarcimento nos termos da Portaria MF 348/2014."

A distinção entre os créditos é muito clara, inclusive no voto do Ministro Relator, ao afirmar que "*a identificação pela RFB de que os valores relacionados ao crédito presumido (benefício fiscal) foram ressarcidos indevidamente não faz surgir um crédito tributário, mas um crédito financeiro, porque este não surge do pagamento indevido e não da ocorrência de um fato gerador.*"

---

contribuições, só poderá ser concedido mediante lei específica, federal, estadual ou municipal, que regule exclusivamente as matérias acima enumeradas ou o correspondente tributo ou contribuição, sem prejuízo do disposto no art. 155, § 2.º, XII, g. (Redação dada pela Emenda Constitucional nº 3, de 1993).

Por tudo quanto exposto, o que se pretende com esse artigo não é enfrentar a adequação jurídica do voto do STJ no RESP 2.071.358, mas demonstrar que há grandes diferenças entre os créditos objeto dos ritos especiais de ressarcimento em linha rápida, que devem ser observadas pela autoridade fiscal e pelo judiciário, sob pena de tratar coisas diferentes de maneira igual e incorrer em violações gravíssimas de direitos e garantias do contribuinte.

De modo que, se para os créditos presumidos há entendimento que são créditos de natureza financeira, por se tratar de incentivos econômicos, nos casos de créditos acumulados pelo exportador e decorrentes de aplicação da regra da não cumulatividade, essa classificação como créditos financeiros é inconcebível. Por isso, comunicados proferidos pela Receita Federal, como o ilustrado acima, que atribui natureza de crédito financeiro aos créditos acumulados pelo exportador é ilegal e inconstitucional à luz do ordenamento jurídico brasileiro.

Se a autoridade federal não se der conta, rapidamente, das distinções entre os créditos das portarias ministeriais, a adoção desse modelo padrão de comunicado aplica o regime jurídico dos créditos financeiros aos créditos tributários decorrentes da não cumulatividade, trará efeitos desastrosos aos exportadores, que serão obrigados a sofrer constrições patrimoniais, e enfrentar longos processos judiciais, em razão de mais uma arbitrariedade cometida para Administração Pública o exercício de suas atribuições.

Sendo essas as considerações pertinentes, prometemos para um próximo artigo a exploração da natureza jurídica dos créditos presumidos.

O CONCEITO DE SERVIÇO PARA FINS DE INCIDÊNCIA DO IMPOSTO SOBRE SERVIÇOS (ISS) NA JURISPRUDÊNCIA DO SUPREMO TRIBUNAL FEDERAL

Francielli Honorato Alves[1]

1. CONSIDERAÇÕES INICIAIS

O Constituinte originário de 1988, ao repartir as competências tributárias entre os entes federados que compõem a República Federativa do Brasil, atribuiu aos Municípios e ao Distrito Federal[2], por meio do enunciado do inciso III do art. 156 do texto constitucional, a competência para instituir imposto sobre "serviços de qualquer natureza" "definidos em lei complementar", o chamado ISS ou ISSQN. Ao prever a atribuição dessa competência, aquele

---

1. Advogada, Mestre em Direito pela USP, Especialista em Direito Tributário pelo IBET, Graduada em Direito pela UNIRP, em Licenciatura em Letras pela UNESP e em Ciências Contábeis pela FIPECAFI.

2. O fundamento desta competência está previsto na parte final do art. 147 da Constituição Federal.

enunciado da Constituição Federal já excluiu do campo de incidência do ISS os serviços de transporte interestadual, de transporte intermunicipal e de comunicação, pois tais materialidades foram incluídas na competência que o mesmo Constituinte originário atribuiu aos Estados e ao Distrito Federal, por meio do enunciado do inciso II do art. 155, para a instituição do ICMS.

Contudo, há outro limite que também deve ser observado pelos Municípios e pelo Distrito Federal no exercício dessa competência: somente podem ser tributados por meio do ISS as atividades que correspondam ao conceito de "serviço" adotado pelo Constituinte originário de 1988 e que estejam definidas em lei complementar, como expressamente prescrito por aquele inciso III do art. 156 da Constituição. Lei complementar essa que, conforme previsto na alínea "a" do inciso III do art. 146 do texto constitucional, tem caráter nacional e prescreve normas gerais sobre a hipótese de incidência desse imposto que devem ser observadas por todos os entes federados.

Nesse contexto e considerando que cabe ao Supremo Tribunal Federal "a guarda da Constituição"[3], o que implica na sua competência para interpretar os limites das materialidades escolhidas pelo Constituinte originário para serem tributadas por meio dos impostos, o objetivo deste estudo é analisar qual é o conceito de "serviço" que tem sido adotado pela jurisprudência do Supremo Tribunal Federal para considerar se determinada atividade pode ou não ser prevista em lei complementar de caráter nacional como atividade que pode ser tributada por meio do ISS. Trata-se, portanto, de um estudo que pretende analisar as principais decisões proferidas sobre o tema pelo STF nos últimos anos, para verificar se há segurança jurídica sobre o conceito de "serviço" adotado para fins de identificação

3. Conforme o *caput* do art. 102 da Constituição Federal.

do fundamento jurídico da incidência do ISS sobre determinadas atividades ou se há incoerências nessas decisões que implicam em insegurança sobre o que pode ou não ser considerado como serviço para tal finalidade.

2. A QUESTÃO DA TAXATIVIDADE DA LISTA DE SERVIÇOS

Antes de analisar alguns julgados em que o Supremo Tribunal Federal decidiu se determinada atividade tem ou não a natureza de "serviço" para fins de incidência do ISS, é importante considerar a recente manifestação do Plenário daquela Corte Suprema sobre a interpretação que se deve fazer a respeito da lista de atividades que atualmente estão elencadas na lista anexa à Lei Complementar n.º 116/2003 como serviços tributáveis por meio daquele imposto municipal.

Isso porque o legislador complementar de 2003, ao exercer a competência que lhe foi atribuída pelo art. 146, inciso III, alínea "a" e pelo art. 156, inciso III, ambos do texto constitucional, optou por definir de forma denotativa os serviços de qualquer natureza que estão compreendidos na competência tributária dos Municípios e do Distrito Federal em matéria de ISS. Essa também foi a forma de definição adotada pelo Decreto-Lei n.º 406/1968, documento normativo que foi recepcionado pela Constituição Federal de 1988 com status de lei complementar para tratar sobre a definição de serviços de qualquer natureza enquanto nova lei complementar não fosse editada. Trata-se de uma definição em forma de uma lista objetiva e exaustiva de atividades que passam a ser consideradas como serviços tributáveis por meio do ISS.

Contudo, essa forma de definição gerou questionamentos a respeito da interpretação do seu alcance: se apenas as atividades constantes naquela lista poderiam sofrer a incidência do ISS ou se aquela definição era apenas exemplificativa e cada Município brasileiro teria autonomia para tributar qualquer atividade econômica que seja exercida em seu território e que atenda ao conceito constitucional de serviço adotado pelo Constituinte de 1988 ao atribuir-lhes essa competência, mesmo que essa atividade não esteja prevista expressamente naquela lista.

Essa questão foi analisada recentemente pelo Plenário do Supremo Tribunal Federal no julgamento do Recurso Extraordinário 784.439/DF, que foi proposto por uma instituição financeira para questionar a possibilidade de se interpretar de forma analógica e extensiva as atividades que estão expressamente previstas na lista de serviços de caráter nacional para alcançar, por meio da cobrança do ISS, atividades que não estão discriminadas naquela lista. O julgamento, realizado sob a relatoria da Ministra Rosa Weber, resultou na seguinte ementa e na fixação do tema 296 de repercussão geral:

> RECURSO EXTRAORDINÁRIO COM REPERCUSSÃO GERAL. TRIBUTÁRIO. IMPOSTO SOBRE SERVIÇOS DE QUALQUER NATUREZA - ISS. ART. 156, III, DA CARTA POLÍTICA. OPÇÃO CONSTITUCIONAL PELA LIMITAÇÃO DA CAPACIDADE TRIBUTÁRIA DOS MUNICÍPIOS POR MEIO DA ATRIBUIÇÃO À LEI COMPLEMENTAR DA FUNÇÃO DE DEFINIR OS SERVIÇOS TRIBUTÁVEIS PELO ISS. LISTAS DE SERVIÇOS ANEXAS AO DECRETO-LEI 406/1968 E LEI COMPLEMENTAR 116/2003. CARÁTER TAXATIVO COMPATÍVEL COM A CONSTITUIÇÃO DA REPÚBLICA. (...)
>
> 5. **Ao determinar que compete à lei complementar definir os serviços tributáveis pelo ISS, a Constituição fez escolha pragmática para evitar que, a todo momento, houvesse dúvida se determinada operação econômica seria tributada como prestação de serviços ou de circulação de mercadorias**, especialmente tendo em conta o caráter economicamente misto de muitas operações. (...)
>
> 7. **As listas de serviços preveem ser irrelevante a nomenclatura dada ao serviço e trazem expressões para permitir a interpretação extensiva de alguns de seus itens, notadamente se socorrendo da fórmula "e congêneres"**. Não existe obstáculo

constitucional contra esta sistemática legislativa. Excessos interpretativos que venham a ocorrer serão dirimíveis pelo Poder Judiciário.

8. **Embora a lei complementar não tenha plena liberdade de qualificar como serviços tudo aquilo que queira, a jurisprudência do Supremo Tribunal Federal não exige que ela inclua apenas aquelas atividades que o Direito Privado qualificaria como tais.** Precedentes nesse sentido julgados em regime de repercussão geral, a saber: RE 592.905, Rel. Ministro Eros Grau, e RE 651.703, Rel. Ministro Luiz Fux, em que examinadas as incidências do ISS, respectivamente, sobre as operações de arrendamento mercantil e sobre aquelas das empresas de planos privados de assistência à saúde. (...)

11. **Tese de repercussão geral: "É taxativa a lista de serviços sujeitos ao ISS a que se refere o art. 156, III, da Constituição Federal, admitindo-se, contudo, a incidência do tributo sobre as atividades inerentes aos serviços elencados em lei em razão da interpretação extensiva."**

(STF, RE 784.439, Relatora Min. Rosa Weber, Tribunal Pleno, julgado em 29/09/2020, Divulg. 14/09/2020, Public. 15/09/2020, destacou-se)

O que se observa, a partir dessa ementa e, especialmente, no voto da Ministra Relatora Rosa Weber, que foi seguido pela maioria dos Ministros do STF, é a adoção do entendimento de que foi uma opção do Constituinte de 1988 "determinar que a lei complementar estabeleça, dentre o universo de serviços, quais os que serão tributáveis pelo ISS"[4], a fim de evitar constantes dúvidas sobre a possibilidade ou não de cobrança desse imposto municipal sobre o exercício de determinada atividade econômica, especialmente quando essa atividade envolver também o fornecimento de bens tangíveis, como é o caso de atividades de restaurantes e de construção civil por empreitada global. Nesses casos, coube à Lei Complementar n.º 116/2003, também no exercício da função que lhe foi atribuída pelo art. 146, inciso I do texto constitucional, dirimir esse conflito de competências e, por

4. Página 19 do Acórdão do RE 784.439/DF.

exemplo, prever que a atividade de construção civil é um serviço tributável por meio do ISS, ao mesmo tempo em que a Lei Complementar n.º 87/1996 definiu que a atividade de restaurante deve ser tributada pelos Estados e pelo Distrito Federal por meio da cobrança de ICMS.

Além disso, considerando a prescrição do §4º do art. 1º da Lei Complementar n.º 116/2003, no sentido de que a incidência do ISS "*não depende da denominação dada ao serviço prestado*", adotou-se o entendimento de que o que realmente importa para verificar se determinada atividade pode ou não ser tributada por meio do ISS não é a forma como o prestador de serviço identifica esse serviço, e sim a sua natureza. Como consequência, o uso, pelo legislador complementar, dos termos e expressões "congêneres", "inclusive", "de qualquer natureza", "de qualquer espécie", "entre outros" ao descrever, em itens da lista, atividades que são consideradas serviços para fins de incidência do ISS permite que atividades que tenham a mesma natureza daquelas que estão constam em algum dos itens da lista, mas neles não estejam previstas, possam ser alcançadas pela cobrança daquele imposto municipal, por uma questão, inclusive, de isonomia tributária. Com isso, adota-se uma interpretação extensiva da lista de serviços, que permite a inclusão, no campo de atividades tributáveis por meio do ISS, de atividades com a mesma natureza daquelas que estejam previstas expressamente na lista de serviços, mesmo que nela não estejam nominalmente elencadas.

É interessante considerar também trecho do voto proferido pelo Ministro Alexandre de Moraes no julgamento do RE 784.439/DF sobre a conciliação dessa interpretação extensiva com a proibição, prescrita pelo §1º do art. 108 do Código Tributário Nacional, do uso da analogia na interpretação e na aplicação da legislação tributária "*que resulte na exigência de tributo não previsto em lei*". No seu entendimento, apesar dessa proibição, "nada impede a interpretação extensiva com o escopo de determinar o alcance de cada item da lista anexa de serviços, dada a impossibilidade de o legislador discriminar nominalmente todos os serviços diretamente vinculados aqueles"[5]. Contudo, também é importante ressalvar a manifestação do Ministro Gilmar Mendes no voto divergente proferido no mesmo julgamento, para quem essa interpretação extensiva que busca atingir a verdadeira natureza da atividade econômica em questão somente pode ser aplicada em relação às atividades que estão expressamente previstas em itens da lista de serviços que contenham aqueles termos e expressões inclusivos (como "congêneres" e "quaisquer"), sob pena de se "abrir perigosa válvula de escape àquela regra da taxatividade, produzindo gritante insegurança jurídica, ao se repassar aos Entes municipais a possibilidade de interpretar determinada atividade como extensivamente inserida no rol taxativo de serviços (...)"[6].

Por fim, é necessário destacar um ponto do voto da Ministra Rosa Weber reproduzido no item 9 da ementa do RE 784.439/DF acima transcrita: o reconhecimento de que os Municípios e o Distrito Federal, no exercício da sua competência, possam forçar a intepretação de que determinada atividade tem a mesma natureza de um dos serviços expressamente elencados na lista anexa à Lei Complementar n.º 116/2003 e, com isso, tentar tributar atividade que não atenda ao conceito constituição de serviços para fins de incidência do ISS; da mesma forma em que os prestadores de serviço podem tentar negar a evidente natureza de serviço de determinada atividade econômica visando evitar a sua tributação. Contudo, o que chama mais a atenção é a solução apontada pela Ministra Relatora diante dessa problemática: "o acesso ao Poder Judiciário para solucionar as

5. Página 47 do Acórdão do RE 784.439/DF.

6. Página 61 do Acórdão do RE 784.439/DF.

eventuais controvérsias é resposta institucional para resolução dessas”[7].

Então, se cabe ao Poder Judiciário a competência para solucionar as controvérsias que ainda existem acerca da constitucionalidade da cobrança de ISS sobre determinadas atividades econômicas, estejam elas previstas ou não na lista denotativa de serviços veiculada atualmente pela Lei Complementar n.º 116/2003, fica demonstrada a importância de se analisar a forma como o próprio Supremo Tribunal Federal vem resolvendo essas controvérsias nos últimos anos, como proposto neste estudo.

Para tanto, vale a pena destacar aqui outro trecho do voto divergente proferido pelo Ministro Gilmar Mendes no julgamento do RE 784.439/DF sobre os limites que o legislador complementar nacional deve observar ao exercer a competência que lhe foi atribuída pelo inciso III do art. 156 da Constituição Federal para incluir determinada atividade econômica na lista que define os serviços tributáveis por meio do ISS:

> “(...) é certo que o legislador complementar não está inteiramente livre no exercício desse mister. **Há limites a serem observados pela atividade legislativa e que representam balizas à própria atividade impositiva.**
>
> Digo isso porque, como bem se sabe, pudesse o legislador complementar ou municipal ressignificar esse conceito, estaria a manipular os lindes de sua própria competência. Assim, qualquer atividade poderia ser alcançada pela competência impositiva municipal, desde que estivesse incluída na lei complementar. E, dessa maneira, restaria desestruturada a própria repartição constitucional de competências tributárias. (...)
>
> Em todo caso, na linha da jurisprudência desta Corte, creio ser possível afirmar que o legislador pode até restringir o conceito de serviço, mas não pode ampliá-lo indiscriminadamente, não pode deturpá-lo, isto é, **não pode chamar de serviço aquilo que serviço não é**.

7. Página 28 do Acórdão do RE 784.439/DF.

> Vale dizer, **a mera inclusão na lista não transforma em serviço a atividade que, por sua natureza, tenha outra qualificação jurídica**, mas a falta, a não previsão, na linha da jurisprudência deste Tribunal, afasta a incidência do imposto."[8]

Tais ressalvas feitas pelo Ministro vão ao encontro da norma geral prescrita pelo Código Tributário Nacional em seu art. 110 e recepcionada pela Constituição Federal atual, que impede que a lei tributária altere "*a definição, o conteúdo e o alcance de institutos, conceitos e formas de direito privado, utilizados expressa ou implicitamente, pela Constituição Federal*" "*para definir ou limitar competências tributárias*". Ou seja, quando o Constituinte de 1988 atribuiu ao legislador complementar nacional a competência para definir as atividades econômicas que podem ser consideradas como serviços de qualquer natureza para fins de delimitação do campo de incidência do ISS, não lhe conferiu uma competência ilimitada para dizer que é serviço uma atividade econômica que não tenha essa natureza jurídica. Como consequência, caso esse legislador extrapole esses limites e inclua na lista de serviços atividade que não possa ser caracterizada juridicamente como serviço, essa previsão legal deve ser considerada inconstitucional por ampliar indevidamente os limites da competência dos Municípios e do Distrito Federal em matéria de ISS.

Com tais considerações e buscando alcançar o objetivo deste estudo, passa-se a analisar, nos próximos itens, o entendimento adotado pelo Supremo Tribunal Federal em julgamentos nos quais foi questionada, em controle difuso ou concentrado, a constitucionalidade da cobrança de ISS sobre algumas atividades econômicas que estão previstas na lista anexa à Lei Complementar n.º 116/2003.

---

8. Páginas 51 a 53 do Acórdão do RE 784.439/DF com destaques desta Autora.

3. A ATIVIDADE DE LOCAÇÃO DE BENS MÓVEIS

Considerando a prescrição do art. 110 do Código Tributário Nacional acima referida como ponto de partida para a análise da possibilidade de se considerar a atividade de locação de bens móveis ser considerada como serviço tributável por meio do ISS, verifica-se, no enunciado do art. 565 do Código Civil a definição do contrato de "locação de coisas" como aquele em que "*uma das partes se obriga a ceder à outra, por tempo determinado ou não, o uso e gozo de coisa não fungível, mediante certa retribuição*". Consta, nesse enunciado, a ideia de que a locação compreende a entrega de um bem pelo seu proprietário a outra pessoa, que poderá utilizá-lo por um certo período (ainda que com um final não determinado) mediante o pagamento de uma retribuição. E se a locação é caracterizada pela existência de um período certo de tempo durante o qual o locatário poderá usar e gozar do bem locado, significa dizer que, ao final desse período, o locatário terá que devolver o bem ao locador.

Nesse ponto já se verifica uma clara diferença do conceito de contrato de "prestação de serviço" previsto nos arts. 593 a 609 do mesmo Código Civil. Trata-se, nesse caso, da execução de uma obrigação de fazer de um prestador em benefício de um tomador, mediante remuneração, sem que haja a possibilidade de retomada, ao final desse contrato, do serviço que foi prestado. Isso porque a prestação de serviço nem sempre envolve a entrega de um bem material do prestador ao tomador, diferentemente do que ocorre na locação de bem móvel, em que sempre há a transferência da posse de um bem dessa natureza do locador para o locatário com posterior retomada desse bem.

Em razão dessas diferenças que existem entre esses dois institutos do Direito Privado, a questão da constitucionalidade da consideração da atividade de locação de bens móveis como serviço tributável por meio do ISS já foi levada mais de uma vez à apreciação do Supremo Tribunal Federal, antes mesmo da vigência da Constituição Federal de 1988. Contudo, por opção metodológica, serão analisados apenas os julgamentos realizados pelo Plenário do STF a partir da vigência da atual Carta Magna.

Inicia-se essa análise com a decisão daquela Corte Suprema sobre a constitucionalidade da cobrança de ISS sobre a atividade de locação de guindastes apreciada no julgamento do Recurso Extraordinário 116.121/SP:

> TRIBUTO - FIGURINO CONSTITUCIONAL. A supremacia da Carta Federal é conducente a glosar-se a cobrança de tributo discrepante daqueles nela previstos. IMPOSTO SOBRE SERVIÇOS - CONTRATO DE LOCAÇÃO. A terminologia constitucional do Imposto sobre Serviços revela o objeto da tributação. **Conflita com a Lei Maior dispositivo que imponha o tributo considerado contrato de locação de bem móvel. Em Direito, os institutos, as expressões e os vocábulos têm sentido próprio, descabendo confundir a locação de serviços com a de móveis, práticas diversas regidas pelo Código Civil, cujas definições são de observância inafastável - artigo 110 do Código Tributário Nacional.**
>
> (STF, RE 116.121, Relator Min. Octavio Galloti, Relator p/ Acórdão Min. Marco Aurélio, Tribunal Pleno, julgado em 11/10/2000, DJ 25/05/2001, destacou-se)

Observa-se, nessa ementa, o entendimento de que a locação de bens móveis é um instituto do direito privado que não se confunde com prestação de serviço, motivo pelo qual não há fundamento jurídico para a incidência, sobre aquela locação, do imposto previsto para incidir apenas sobre serviços de qualquer natureza. E para esclarecer esse entendimento adotado pela maioria dos Ministros do STF, destacam-se alguns trechos do voto proferido pelo Ministro Celso de Mello, que acompanhou a divergência inaugurada pelo Ministro Marco Aurélio, relator daquele Acórdão:

> "Tenho para mim, na mesma linha de entendimento exporta por AIRES FERNANDIDO BARRETO ('Revista de Direito Tributário', vol. 38/192) e por CLÉBER GIARDINO ('Revista de Direito Tributário', vol. 38/196), que **a qualificação da 'locação de bens móveis' como serviço, para efeito de tributação municipal mediante incidência do ISS, nada mais significa do que a inadmissível e arbitrária manipulação, por lei complementar, da repartição constitucional de competências impositivas**, eis que o ISS somente pode incidir sobre obrigações de fazer, a cuja matriz conceitual não se ajusta a figura contratual da locação de bens móveis.
>
> Cabe advertir, neste ponto, que a locação de bens móveis não se identifica e nem se qualifica, para efeitos constitucionais, como serviço, pois **esse negócio jurídico** – considerados os elementos essenciais que lhe compõem a estrutura material – **não envolve a prática de atos que consubstanciam um praestare ou um facere.**
>
> **Na realidade, a locação de bens móveis configura verdadeira obrigação de dar** (...).
>
> O fato irrecusável é um só: **a Constituição**, quando atribui competência impositiva ao Município para tributar serviços de qualquer natureza, não compreendidos na competência das outras pessoas políticas, **exige que só se alcancem, mediante incidência do ISS, os atos e fatos que se possam qualificar, juridicamente, como serviços"**[9].

Esse posicionamento, que foi seguido pela maioria dos Ministros da Suprema Corte, acabou prevalecendo sobre o entendimento de alguns Ministros, que entendiam pela possibilidade de cobrança do ISS sobre a atividade de locação de bens móveis em razão da riqueza presente na sua execução, entendimento esse que estava sendo adotado pela Suprema Corte até então e que pode ser verificado no seguinte trecho do voto proferido pelo Ministro Ilmar Galvão no julgamento daquele RE 116.121/SP:

> "Vale dizer que **a locação envolve prestação de serviço.** Manter um guindaste em funcionamento envolve serviços de manutenção. Assegurar o uso pacífico exige uma assistência permanente, que implica prestação de serviço.

9. Páginas 40 a 42 do Acórdão do RE 116.121/SP com destaques desta Autora.

Daí, a inclusão do contrato na relação de serviços tributados pelo ISS.

O que se pretende, nesse caso, é a **isenção de tributos sobre uma das atividades econômicas certamente das mais lucrativas, porquanto das mais exploradas presentemente**, visto que, não sendo prestação de serviço, muito menos será circulação de mercadorias. Assim, não serve de base a nenhum dos tributos previstos na Constituição, **o que soa inteiramente absurdo, não sendo de ser admitido**"[10].

Nota-se, no trecho do voto acima transcrito, que se tratava de uma fundamentação claramente financeira, que não admitia a possibilidade de uma atividade econômica produtora de riqueza não ter sido considerada pelo Constituinte de 1988 como sujeita à incidência de algum dos tributos sobre o consumo previstos no Sistema Tributário Nacional. Contudo, tal interpretação deixou de prevalecer nos julgamentos realizados pelo STF a partir de 2001 e após o julgamento daquele RE 116.121/SP, com a adoção do entendimento de que o constituinte originário, ao atribuir a competência para instituir e cobrar o ISS, valeu-se do conceito de prestação de serviço já consagrado no Direito Civil brasileiro, que tem natureza distinta do conceito de locação de bens móveis.

Tal mudança na jurisprudência do STF levou ao veto da previsão da locação de bens móveis na lista de serviços anexa à Lei Complementar n.º 116/2003[11] e também à edição da súmula vinculante n.º 31, aprovada em sessão plenária do dia 04/02/2010, com a seguinte redação: "*É inconstitucional a incidência do Imposto sobre Serviços de Qualquer Natureza – ISS sobre operações de locação de bens móveis*". Contudo, a adoção do conceito de serviço prescrito pelo Direito Civil, como clara obrigação de fazer que não se confunde com a obrigação de dar da locação de bens

10. Páginas 45 e 46 do Acórdão do RE 116.121/SP com destaques desta Autora.

11. Essa atividade estava originalmente prevista no item 03.01 daquela lista, mas foi vetada.

móveis, não se manteve em outras decisões proferidas pela Suprema Corte, como se verá a seguir.

4. A ATIVIDADE DE LEASING FINANCEIRO OU ARRENDAMENTO MERCANTIL

A Lei Complementar n.º 116/2003 desde a sua publicação original prevê, no seu item 15.09, a atividade de arrendamento mercantil (leasing) como serviço tributável por meio do ISS. A constitucionalidade dessa previsão foi analisada de forma incidental pelo Plenário do Supremo Tribunal Federal no julgamento do Recurso Extraordinário 592.905/SP, no qual uma instituição financeira defendia que a natureza do arrendamento mercantil era de uma obrigação de dar, e não de uma obrigação de fazer, o que deveria afastar a incidência do ISS.

O julgamento desse recurso se deu sob a relatoria do Ministro Eros Grau, tendo resultado na seguinte ementa:

> RECURSO EXTRAORDINÁRIO. DIREITO TRIBUTÁRIO. ISS. ARRENDAMENTO MERCANTIL. OPERAÇÃO DE LEASING FINANCEIRO. ARTIGO 156, III, DA CONSTITUIÇÃO DO BRASIL.
>
> O arrendamento mercantil compreende três modalidades, [i] o leasing operacional, [ii] o leasing financeiro e [iii] o chamado lease-back. No primeiro caso há locação, nos outros dois, serviço.
>
> **A lei complementar não define o que é serviço, apenas o declara, para os fins do inciso III do artigo 156 da Constituição. Não o inventa, simplesmente descobre o que é serviço para os efeitos do inciso III do artigo 156 da Constituição. No arrendamento mercantil (leasing financeiro)**, contrato autônomo que não é misto, **o núcleo é o financiamento, não uma prestação de dar. E financiamento é serviço, sobre o qual o ISS pode incidir**, resultando irrelevante a existência de uma compra nas hipóteses do leasing financeiro e do lease-back.
>
> Recurso extraordinário a que se nega provimento.
>
> (STF, RE 592.905, Relator Min. Eros Grau, Tribunal Pleno, julgado em 02/12/2009, Divulg. 04/03/2010, Public. 05/03/2010, destacou-se)

É notável, na ementa acima transcrita, a adoção de um conceito de serviço diferente daquele que havia sido adotado na análise da constitucionalidade da cobrança de ISS sobre locação de bens móveis: a consideração de que financiamento é serviço para fins de incidência de ISS, apesar de o próprio Constituinte originário de 1988 já ter eleito as "operações financeiras" como uma materialidade distinta dos "serviços de qualquer natureza", atribuindo a competência para a tributação daquelas atividades à União por meio do art. 153, inciso V da Constituição Federal. Entre as manifestações da maioria dos Ministros do STF que validaram a constitucionalidade da cobrança de ISS sobre a atividade de arrendamento mercantil, merecem destaques os fundamentos adotados pelo Ministro Dias Toffoli em seu voto:

> "**Procurei saber se havia alguma resolução do Conselho Monetário Nacional, através do Banco Central do Brasil**, pois o Banco Central do Brasil é o órgão executivo do Conselho Monetário Nacional, e **recebi informação por escrito, subscrita por Procuradores do Banco Central do Brasil**, que apontam (leio literalmente a conclusão):
>
> ***'Os atos normativos editados pelo Conselho Monetário Nacional não estabelecem quaisquer restrições à cobrança do ISS sobre operações de arrendamento mercantil'.***
>
> Então, **concluo que a Lei Complementar n.º 116 permite e autoriza os municípios a instituírem o ISS sobre o arrendamento mercantil**"[12].

Portanto, para o Ministro Dias Toffoli, a opinião do Conselho Monetário Nacional sobre a inexistência de vedação à cobrança de ISS sobre arrendamento mercantil é suficiente para reconhecer que há fundamento jurídico constitucional para a previsão dessa atividade, em lei complementar nacional, como serviço tributável por meio do ISS, ainda que não tenha natureza típica de obrigação de

12. Página 16 do Acórdão do RE 592.905/SC com destaques desta Autora.

fazer. Na mesma linha de raciocínio que, de certa forma, pode ser vista como carente de fundamentação jurídica está o voto proferido pelo Ministro Ricardo Lewandowski no julgamento do mesmo recurso:

> "Entendo que **o contrato de *leasing* é um contrato complexo,** em que predomina a prestação de serviço e, como tal, é tributável pelo ISS. **Observo que os operadores de *leasing* estão no melhor mundo possível porque eles não pagam ISS, não pagam ICMS, não pagam IOF. Qual seria o tributo, então, que incidiria sobre essa operação? Ele está indicado na lei complementar.** E essa lei complementar, como demonstrado à saciedade, **não conflita com a Constituição Federal.** Assim, a meu ver, esse é o tributo que recai sobre tal tipo de operação"[13].

Trata-se do mesmo tipo de argumento que, como demonstrado no item anterior, vinha sendo adotado pelo STF a respeito da atividade de locação de bens móveis, no sentido de que a evidente riqueza que é gerada pelo exercício da atividade de arrendamento mercantil deve necessariamente ser alcançada por algum tipo de tributação e, se o legislador complementar nacional escolheu que essa tributação seria a incidência do ISS, é válida essa cobrança, ainda que o Constituinte originário tenha mantido essa atividade no campo da não incidência tributária. Com isso, pode-se afirmar que houve a adoção de um conceito de serviço diferente de mera obrigação de fazer, que, mesmo sem uma definição clara de seus limites, permite o alcance de atividades complexas que tenham o serviço apenas como uma de suas inúmeras características.

5. A ATIVIDADE DE PLANO DE SAÚDE

O posicionamento do Supremo Tribunal Federal sobre o conceito de serviços que deve ser considerado pelos

13. Página 18 do Acórdão do RE 592.905/SC com destaques desta Autora.

Municípios e pelo Distrito Federal no exercício da competência para instituir e cobrar o ISS passou a se distanciar cada vez mais do conceito civilista de serviço como "obrigação de fazer" a partir do julgamento do Recurso Extraordinário 651.703/PR, realizado sob a relatoria do Ministro Luiz Fux no ano de 2016. Naquele recurso, a empresa hospitalar recorrente buscava o reconhecimento da inconstitucionalidade da cobrança de ISS sobre as atividades decorrentes de contratos de plano de saúde sob o fundamento de que a cobertura de gastos com serviços de assistência à saúde realizada em benefício dos seus clientes eram atividades de caráter securitário e que, portanto, tinham a natureza de obrigação de dar, e não de obrigação de fazer. Com isso, questionava-se a validade da previsão das atividades de plano de saúde nos itens 4.22 e 4.23 da lista anexa à Lei Complementar n.º 116/2003.

Contudo, o entendimento adotado pela maioria do Plenário da Suprema Corte é de que essa dicotomia de obrigações próprias da esfera civilista não é a mais apropriada para a classificação das atividades econômicas para fins da tributação sobre o consumo e que, apesar das prescrições do art. 110 do Código Tributário Nacional comentado anteriormente no tópico 2, a interpretação do texto constitucional não pode ficar restrita a uma prescrição infraconstitucional como a que é posta por aquele enunciado, sendo plenamente possível que o Direito Tributário tenha "*conceitos implícitos próprios*", construídos a partir de conceitos de outras ciências, como a Ciência das Finanças, Economia e Contabilidade, inclusive visando atingir o Princípio Constitucional da Capacidade Contributiva, além de conceitos da área de tecnologia, "*caracterizados por grande fluidez e mutação quanto à sua natureza jurídica*". É o que pode ser verificado nos seguintes trechos que foram recortados da ementa desse julgamento:

RECURSO EXTRAORDINÁRIO. CONSTITUCIONAL. TRIBUTÁRIO. ISSQN. ART. 156, III, CRFB/88. CONCEITO CONSTITUCIONAL DE SERVIÇOS DE QUALQUER NATUREZA. ARTIGOS 109 E 110 DO CTN. AS OPERADORAS DE PLANOS PRIVADOS DE ASSISTÊNCIA À SAÚDE (PLANO DE SAÚDE E SEGURO-SAÚDE) REALIZAM PRESTAÇÃO DE SERVIÇO SUJEITA AO IMPOSTO SOBRE SERVIÇOS DE QUALQUER NATUREZA-ISSQN, PREVISTO NO ART. 156, III, DA CRFB/88. (...)

17. A **lei complementar** a que se refere o art. 156, III, da CRFB/88, ao definir os serviços de qualquer natureza a serem tributados pelo ISS **a) arrola serviços por natureza; b) inclui serviços que, não exprimindo a natureza de outro tipo de atividade, passam à categoria de serviços, para fim de incidência do tributo, por força de lei, visto que, se assim não considerados, restariam incólumes a qualquer tributo; e c) em caso de operações mistas, afirma a prevalência do serviço, para fim de tributação pelo ISS.**

18. O artigo 156, III, da CRFB/88, ao referir-se a serviços de qualquer natureza **não os adstringiu às típicas obrigações de fazer, já que raciocínio adverso conduziria à afirmação de que haveria serviço apenas nas prestações de fazer, nos termos do que define o Direito Privado**, o que contrasta com a **maior amplitude semântica do termo adotado pela constituição**, a qual inevitavelmente leva à ampliação da competência tributária na incidência do ISSQN. (...)

21. Sob este ângulo, o **conceito de prestação de serviços** não tem por premissa a configuração dada pelo Direito Civil, mas relacionado ao **oferecimento de uma utilidade para outrem, a partir de um conjunto de atividades materiais ou imateriais, prestadas com habitualidade e intuito de lucro, podendo estar conjugada ou não com a entrega de bens ao tomador.**

22. A LC nº 116/2003 imbricada ao *thema decidendum* traz consigo lista anexa que estabelece os serviços tributáveis pelo ISSQN, dentre eles, o objeto da presente ação, que se encontra nos itens 4.22 e 4.23 (...). (...)

24. **A LC nº 116/2003 teve por objetivo ampliar o campo de incidência do ISSQN, principalmente no sentido de adaptar a sua anexa lista de serviços à realidade atual**, relacionando numerosas atividades que não constavam dos atos legais antecedentes. (...)

27. Ex positis, em sede de Repercussão Geral a **tese** jurídica assentada é: **"As operadoras de planos de saúde e de seguro-saúde realizam prestação de serviço sujeita ao Imposto Sobre**

Serviços de Qualquer Natureza – ISSQN, previsto no art. 156, III, da CRFB/88".

28. Recurso extraordinário DESPROVIDO.

(STF, RE 651.703, Relator Min. Luiz Fux, Tribunal Pleno, julgado em 29/09/2016, Divulg. 25/04/2017, Public. 26/04/2017, destacou-se)

Nota-se, nesse julgamento, a adoção de um conceito de serviço "relacionado ao oferecimento de uma utilidade para outrem, a partir de um conjunto de atividades imateriais, prestados com habitualidade e intuito de lucro, podendo estar conjugada ou não com a entrega de bens ao tomador"[14] e da premissa de que a repartição de competências tributárias entre os entes federados foi feita pelo Constituinte de 1988 a partir de tipos tributários, cabendo ao legislador complementar resolver os potenciais conflitos de competência decorrentes da fluidez desses tipos com a definição das atividades que devem ser consideradas como serviços para fins de incidência do ISS.

Sendo assim e partindo do entendimento de que, ao atribuir à lei complementar a função de definir o conceito de "serviço de qualquer natureza", a Suprema Corte adotou o entendimento de o Constituinte de 1988 pretendeu incluir no campo de incidência do ISS "todas as atividades empresariais cujos produtos fossem serviços, bens imateriais em contraposição aos bens materiais, sujeitos a remuneração do mercado"[15], que não estivessem no campo de competência do ICMS, como é o caso do serviço de comunicação, ou do IOF, como se verifica nos serviços financeiros e securitários. Dessa forma, ficou ainda mais evidente a adoção de uma interpretação mais ampla para o conceito

---

14. Trecho do voto do Ministro Relator Luiz Fux constante na página 33 do Acórdão do RE 651.703/PR.

15. Trecho do voto do Ministro Relator Luiz Fux constante na página 31 do Acórdão do RE 651.703/PR.

de "serviço" para fins de incidência do ISS que já havia sido adotada na análise da constitucionalidade da cobrança de ISS sobre a atividade de arrendamento mercantil.

6. A ATIVIDADE DE FARMÁCIA DE MANIPULAÇÃO

O papel da lei complementar de caráter nacional na solução de conflitos de competência envolvendo a tributação sobre o consumo também foi considerado pelo Plenário do Supremo Tribunal Federal na análise da tributação das atividades realizadas por farmácias de manipulação, onde medicamentos são manipulados de acordo com receitas médicas individualizadas para cada paciente. Por tratar-se de uma operação mista, em que há não apenas a execução de obrigação de fazer, mas também a obrigação de dar ao encomendante o medicamento final que foi produzido, verifica-se possível conflito na tributação dessa atividade pelos Municípios e também pelos Estados, por meio da cobrança, respectivamente, do ISS ou do ICMS.

A análise desse potencial conflito foi realizada pela Suprema Corte no julgamento do Recurso Extraordinário 605.552/RS, no qual o esclarecimento sobre qual é o conceito de "serviço" que deve ser considerado para fins de incidência do ISS não se baseou apenas nas discussões sobre a prevalência de um conceito civilista considerado como obrigação de fazer ou em um conceito econômico mais amplo, que englobe utilidades imateriais decorrentes da atividade econômica realizada, como verificado nos casos analisados anteriormente neste estudo. Isso porque a maioria dos Ministros da Suprema Corte entenderam que a atividade de preparo personalizado e fornecimento de medicamento encomendado para o uso de quem fez a encomenda tem a natureza de serviço e pode ser considerada como serviço farmacêutico, nos termos previstos no item 04.07 da lista anexa à Lei Complementar n.º 116/2003.

Para além disso, naquele caso, o que se buscou definir, no julgamento do RE 605.552/RS, é definir a característica que deve prevalecer para fins de tributação quando uma atividade envolve tanto a prestação de serviço, quando a entrega de mercadoria ao contratante. E a solução para esse conflito pode ser verificada na Lei Complementar n.º 116/2003, que, no §2º do seu art. 1º, prescreve que incide o ISS também sobre os serviços que envolvam o fornecimento de mercadorias, exceto nos casos expressamente ressalvados na lista anexa àquela lei, como é o caso, por exemplo, do serviço de "recondicionamento de motores" (item 14.03 daquela lista), em que as peças e partes empregadas na sua execução estão sujeitas ao ICMS, em complemento à previsão do §2º, inciso IX, alínea "b" do art. 155 da Constituição Federal, que prescreve que deve incidir o ICMS "*sobre o valor total da operação, quando mercadorias fornecidas com serviços não compreendidos na competência tributária dos Municípios*".

Sendo assim e considerando-se que não há qualquer ressalva, no enunciado do item 04.07 da lista anexa à Lei Complementar n.º 116/2003, à incidência do ICMS sobre o medicamento resultante da prestação de serviços farmacêuticos, considera-se que o núcleo da atividade é a prestação do serviço e que a entrega do produto é apenas uma atividade secundária para o encomendante. E, dessa forma, é possível considerar como serviço tributável por meio do ISS a totalidade do serviço farmacêutico prestado ao consumidor, incluindo o produto (o medicamento manipulado) entregue a ele.

É esse o entendimento que foi adotado pela maioria do Plenário do STF no julgamento do RE 605.552/RS, como se verifica na sua ementa:

> Recurso Extraordinário. Repercussão geral. Direito Tributário. Incidência do ICMS ou do ISS. Operações mistas. Critério objetivo. Definição de serviço em lei complementar. Medicamentos produzidos por manipulação de fórmulas, sob encomenda, para entrega posterior ao adquirente, em caráter pessoal. Subitem

4.07 da lista anexa à LC nº 116/03. Sujeição ao ISS. Distinção em relação aos medicamentos de prateleira, ofertados ao público consumidor, os quais estão sujeitos ao ICMS.

1. **A Corte tradicionalmente resolve as ambiguidades entre o ISS e o ICMS com base em critério objetivo: incide apenas o primeiro se o serviço está definido por lei complementar como tributável por tal imposto**, ainda que sua prestação envolva a utilização ou o fornecimento de bens, ressalvadas as exceções previstas na lei; **ou incide apenas o segundo se a operação de circulação de mercadorias envolver serviço não definido por aquela lei complementar**.

2. O critério objetivo **pode ser afastado se o legislador complementar definir como tributáveis pelo ISS serviços que, ontologicamente, não são serviços** ou sempre que o fornecimento de mercadorias seja de vulto significativo e com efeito cumulativo. (...)

4. Fixação da seguinte **tese para o Tema nº 379** da Gestão por temas de repercussão geral: "**Incide ISS sobre as operações de venda de medicamentos preparados por farmácias de manipulação sob encomenda. Incide ICMS sobre as operações de venda de medicamentos por elas ofertados aos consumidores em prateleira.**"

5. Recurso extraordinário a que se nega provimento.

(STF, RE 605.552, Relator Min. Dias Toffoli, Tribunal Pleno, julgado em 05/08/2020, Divulg. 05/10/2020, Public. 06/10/2020, destacou-se)

É interessante observar que, de certa forma, nesse julgamento, houve uma retomada do conceito de serviço como uma obrigação de fazer decorrente de uma encomenda feita ao prestador de serviço, que está mais relacionado ao conceito de serviço previsto no direito civil. E a prevalência dessa obrigação de fazer entre todas as nuances dessa atividade mista é que fundamenta a incidência do ISS sobre essa atividade, como se observa no seguinte trecho do voto da Ministra Rosa Weber:

"A operação mista de manipulação e venda de medicamentos, embora gere um produto final a ser objeto de comercialização, individualiza-se e, por conseguinte, **diferencia-se da venda de**

> **demais medicamentos e produtos não manipulados, exatamente por pressupor um prévio e determinante serviço.**
>
> **Anterior à obrigação de dar, decorrente do contrato de compra e venda, há a obrigação de fazer**, objeto do contrato de prestação de serviço farmacêutico a ser executado **segundo fórmula ou receita prescrita individualmente por profissional habilitado**"[16].

E mesmo com as divergências dos Ministros Marco Aurélio, Edson Fachin e Gilmar Mendes, que entenderam que, apesar de haver uma obrigação e fazer, o que prevalece na atividade de manipulação de medicamentos é a obrigação de entrega do medicamento manipulado, o que configuraria obrigação e dar e atrairia a incidência do ICMS, o entendimento da maioria dos Ministros do STF foi no sentido de que o núcleo daquele negócio jurídico executado pela farmácia de manipulação é a prestação de serviço como uma obrigação de fazer, atraindo, assim, a incidência do ISS.

7. A ATIVIDADE DE FRANQUIA

Outra atividade que também está prevista na lista anexa à Lei Complementar n.º 116/2003 e cuja constitucionalidade da tributação por meio do ISS já foi levada à análise do Supremo Tribunal Federal é a atividade de franquia (ou *franchising*) prevista no item 17.08 daquela lista. Atividade essa que, de acordo com o enunciado do art. 1º da Lei n.º 13.966/2019[17], que dispõe sobre o sistema de franquia

---

16. Página 71 do Acórdão do RE 605.552/RS com destaques desta Autora.

17. Lei n.º 13.966/2019. *Art. 1º Esta lei disciplina o sistema de franquia empresarial, pelo qual um franqueador autoriza por meio de contrato um franqueado a usar marcas e outros objetos de propriedade intelectual, sempre associados ao direito de produção ou distribuição exclusiva ou não exclusiva de produtos ou serviços e também ao direito de uso de métodos e sistemas de implantação e administração de negócio ou sistema operacional desenvolvido ou detido pelo franqueador, mediante remuneração direta ou indireta, sem caracterizar relação de consumo ou vínculo empregatício em relação ao franqueado ou a seus empregados, ainda que durante o período de treinamento.*

empresarial, caracteriza-se como uma atividade complexa, que envolve direitos autorais, prestações de serviços, negociações de mercadorias, entre outras.

Tratando-se de atividade complexa e considerando-se o entendimento adotado pelo STF no julgamento da constitucionalidade da cobrança de ISS sobre farmácias de manipulação, analisado no tópico anterior, seria necessário verificar se há prevalência de prestações de serviços nessa atividade para poder justificar e fundamentar a possibilidade de os Municípios e o Distrito Federal exigirem ISS sobre a sua execução. Contudo, não foi esse o fundamento jurídico adotado pelo Plenário do STF para justificar a tributação dessa atividade no julgamento do Recurso Extraordinário 603.136/RJ, ocorrido sob a relatoria do Ministro Gilmar Mendes, como segue:

> Recurso extraordinário com repercussão geral. Tema 300. 2. Tributário. Imposto Sobre Serviços de Qualquer Natureza. 3. **Incidência sobre contrato de franquia. Possibilidade. Natureza híbrida do contrato de franquia**. Reafirmação de jurisprudência. 4. Recurso extraordinário improvido.
>
> (STF, RE 603.136, Relator Min. Gilmar Mendes, Tribunal Pleno, julgado em 29/05/2020, Divulg. 15/06/2020, Public. 16/06/2020, destacou-se)

Em seu voto, que foi seguido pela maioria dos Ministros do Plenário do STF, o Ministro Relator Gilmar Mendes discorre sobre a necessidade de superar o conceito de serviço apenas como "obrigação de fazer" para fins de incidência do ISS, para que, então, seja possível verificar qual é a natureza preponderante entre as atividades que compõem um contrato de natureza "mista", como é o caso da franquia:

> "(...) a mim me parece que a velha distinção entre as ditas obrigações de dar e de fazer não funciona como critério suficiente para definir o enquadramento do contrato de franquia no conceito de 'serviço de qualquer natureza', previsto no texto constitucional.

> Digo isso porque, **para mim, está mais do que evidente que esta tal estrutura negocial inclui tanto prestação de 'dar' como prestações de 'fazer'**. (...)
>
> **O contrato de franquia inclui, sim, uma prestação de serviço passível de sofrer incidência do imposto municipal. Há, nesse liame contratual, inegável aplicação de esforço humano destinado a gerar utilidade em favor de outrem (o franqueado). O vínculo contratual, nesse caso, não se limita a uma mera obrigação de dar, nem à mera obrigação de fazer.** (...)
>
> Por todas essas razões, creio já estar muito clara **minha posição no sentido da constitucionalidade dessa cobrança. Entendo que é constitucional a incidência de ISS sobre os contratos de franquia empresarial**"[18].

E apesar da divergência manifestada no voto do Ministro Marco Aurélio naquele recurso, no sentido de que a franquia não tem como atividade-fim uma prestação de serviço pura e simples, pois essa é apenas uma parte de todas as atividades envolvidas no contrato de franquia, prevaleceu naquele Egrégio Tribunal o entendimento de que há, naquele tipo de contrato, "inegável aplicação de esforço humano destinado a gerar utilidade em favor de outrem (o franqueado)"[19], o que seria suficiente para confirmar a constitucionalidade da previsão dessa atividade como serviço tributável por meio do ISS.

8. A ATIVIDADE DE CESSÃO DE DIREITO DE USO DE CEMITÉRIOS

Por fim, ainda é importante analisar o conceito de serviço adotado recentemente pelo Plenário do Supremo Tribunal Federal para declarar, em sede de controle concentrado, a constitucionalidade da incidência do ISS sobre a atividade de cessão de uso de uso de espaços em cemitérios

---

18. Páginas 19 a 21 do Acórdão do RE 603.136/RJ com destaques desta Autora.

19. Página 20 do Acórdão do RE 603.136/RJ.

para sepultamento, prevista no item 25.05 da lista anexa à Lei Complementar n.º 116/2003, que nela foi incluído por meio da Lei Complementar n.º 157/2016. Tal controle foi provocado por uma associação de empresas que exercem esse tipo de atividade e que alegava que a mera cessão de direito de uso não se confunde com prestação de serviço e, assim como no caso de locação de bens móveis, é atividade que não pode ser tributada por meio do ISS.

Entretanto, por unanimidade de votos, o Plenário da Suprema Corte entendeu que, nesse caso, a cessão de direito de uso pode sim sofrer a incidência daquele imposto municipal por envolver também a execução de serviços. É o que consta na ementa resultante do julgamento da ADI 5869, abaixo transcrita:

> TRIBUTÁRIO. CONSTITUCIONAL. ISS. **ATIVIDADES MISTAS. INCIDÊNCIA DE ISS SOBRE CESSÃO DE USO DE ESPAÇO DE CEMITÉRIOS**. ITEM 25.05 DA LISTA DE SERVIÇOS ANEXA À LEI COMPLEMENTAR 116/2003. **ATIVIDADE QUE ENGLOBA A PRESTAÇÃO DE SERVIÇO DE CUSTÓDIA E CONSERVAÇÃO DOS RESTOS MORTAIS. CONSTITUCIONALIDADE.**
>
> (STF, ADI 5869, Relator Min. Gilmar Mendes, Tribunal Pleno, julgado em 22/02/2023, Divulg. 01/03/2023, Public. 02/03/2023, destacou-se)

Em seu voto, o Ministro Relator Gilmar Mendes esclarece o seu entendimento de que a atividade econômica de cessão de direito de uso de espaço em cemitério para sepultamento não deve ser interpretada de forma isolada como uma simples cessão (como seria o caso de uma simples locação de bem móvel), mas de forma conjugada a prestações de serviços relacionadas ao uso daquele espaço para sepultamento. Os seguintes trechos daquele voto elucidam bem esse entendimento que foi seguido pela unanimidade dos Ministros da Suprema Corte naquele julgamento:

"(...) pode-se observar uma **evolução na jurisprudência desta Corte Suprema**, a qual inicialmente adotava com rigor a teoria civilista, mas que **tem superado essa classificação e dado mais relevância à lista de serviços definida por meio de lei complementar e ao caráter imaterial da prestação de serviços.**

(...) Como se observa, **o item é minucioso ao contemplar variadas serventias prestadas por cemitérios**, mas igualmente se depreende que **não há menção expressa à guarda de restos mortais humanos, atividade esta que inegavelmente tem natureza de serviço e que, segundo a boa-fé objetiva, deve ser desempenhada.** Assim sendo, **o item** adicionado pela Lei Complementar nº 157/2016 **colmata essa lacuna**, considerando que **é forçoso assumir que a cessão de espaço em cemitério para inumação está inseparavelmente ligada à custódia dos cadáveres.** (...)

Vale dizer, a previsão de incidência do ISS sobre 'cessão de uso de espaços em cemitérios para sepultamento' **não pode ser reduzida a uma mera obrigação de dar, no sentido de locação do espaço físico pura e simples**, a atrair a *ratio decidendi* da Súmula Vinculante nº 31. Isso porque **tal atividade abarca também a custódia e a conservação dos restos mortais, as quais indubitavelmente se enquadram no conceito tradicional de serviços.**

Nesse diapasão, conquanto fosse possível defender a inconstitucionalidade de incidência do ISS sobre a cessão de espaço para inumação, considerada de forma isolada e pura, nos termos da tradicional jurisprudência desta Corte, tal argumentação ignora o fato de que **a atividade prevista no subitem '25.05' abarca também o serviço consistente na custódia de restos mortais humanos, o qual não é revestido de imunidade tributária.**

(...) Ante o disposto, entendo que **a 'cessão de uso de espaços em cemitérios para sepultamento' configura operação mista**, uma vez que **engloba a prestação de serviço consistente na guarda e conservação dos restos mortais inumados.** Dessa forma, consoante a jurisprudência deste Tribunal, **resta constitucional a cobrança do ISS sobre a referida atividade, haja vista estar contemplada na lista de serviços** anexa à Lei Complementar nº 116/2003"[20].

Posteriormente, quando questionado em sede de embargos de declaração sobre a possibilidade de se considerar o ISS incide apenas após o efetivo uso do espaço para

---

20. Páginas 13 a 21 do Acórdão da ADI 5869 com destaques desta Autora.

sepultamento de cadáver, caracterizando, assim, o serviço de custódia de cadáver, o Plenário do STF entendeu que a atividade de cessão de uso de espaço em cemitério para sepultamento é uma típica atividade de natureza mista, que engloba, desde o início da sua execução, prestações de serviços e cessão de direito de uso. Em razão disso, não haveria justificativa para que o ISS incidisse apenas "após a efetiva ocorrência do sepultamento, eis que o item 25.05 trata da cessão do espaço em si, sendo o tributo devido – logicamente – **a partir da cessão do espaço e não do sepultamento**"[21].

Verifica-se, portanto, por mais uma vez, a adoção de um conceito mais amplo de serviço para fins de incidência do ISS que considera atividades que não caracterizam obrigação de fazer, mas que estão relacionadas de alguma forma a esse tipo de obrigação, como passíveis de tributação, em sua integralidade, por aquele imposto.

9. CONSIDERAÇÕES FINAIS

A análise das decisões recentes proferidas pelo Plenário do Supremo Tribunal Federal a respeito da constitucionalidade da cobrança do ISS sobre atividades de locação de bens móveis, de arrendamento mercantil, de planos de saúde, de serviços de farmácia de manipulação, de atividades de franquia e de cessão de uso de espaço em cemitério para sepultamento, é possível afirmar que a jurisprudência daquela Corte Suprema não tem mais adotado, de forma isolada e objetiva e como fundamento jurídico para a incidência do ISS, o conceito civilista de prestação de serviço como "obrigação de fazer", que caracterizaria a típica materialidade tributável por meio do ISS, em oposição à "obrigação de dar", que tipicamente seria uma materialidade

21. Trecho do voto do Ministro Gilmar Mendes que consta na página 10 do Acórdão do ADI 5869 ED.

tributável por meio do ICMS. A busca por outras características que possam fundamentar a incidência do ISS sobre atividades que estão previstas na legislação complementar nacional como serviços tributáveis por meio do ISS pode ser verificada especialmente em contratos complexos, de natureza mista, que envolvem não apenas a execução de uma simples obrigação de fazer, mas também a execução de atividades intangíveis de diferentes naturezas, inclusive com eventual entrega de bens materiais.

Nesse cenário, é possível afirmar que o STF tem consolidado nos últimos anos a adoção de um conceito cada vez mais amplo de serviço para fins de incidência do ISS, que mais se aproxima da ideia de uma atividade que proporciona uma utilidade para outra pessoa, que não possa ser caracterizada apenas como a obrigação de entrega de uma coisa, e sim que envolva a execução de atividades intangíveis, ainda que de naturezas diversas. Tal posicionamento abre espaço para que todas as atividades que não tenham a natureza jurídica de mercadorias possam ser incluídas na legislação complementar nacional como atividades tributáveis por meio do ISS, mesmo que não se identifiquem como simples obrigações de fazer, o que pode levar a uma ampliação demasiadamente indevida do campo de competência tributária que foi atribuída pelo Constituinte de 1988 aos Municípios e ao Distrito Federal em matéria de ISS e, como consequência, implicar em aumento inconstitucional dos limites dessa competência, gerando tributação indevida e insegurança jurídica aos contribuintes desse imposto.

A IMPOSIÇÃO DA REGRA CONSTITUCIONAL DE DESTINAÇÃO NA CONTRIBUIÇÃO SOBRE BENS E SERVIÇOS (CBS)

Frederico Silveira e Silva[1]

1. INTRODUÇÃO

O estudo que se avizinha tem por objeto analisar a condicionante de validade imposta pela regra de competência tributária das contribuições sociais de seguridade social, dando maior relevo a regra constitucional de destinação, denunciando a bivalência exigida entre o comando da regra-matriz de incidência da exação e o comando da regra de destinação específica da contribuição sobre bens e serviços (CBS).

É um estudo sob o enfoque normativo, embasado em aspectos da teoria geral e filosofia do direito, e sob os ditames do constructivismo lógico-semântico, para tentar

---

1. Advogado. Doutorando em Direito na Pontifícia Universidade Católica de São Paulo (PUC-SP). Mestre em Direito Tributário pela Pontifícia Universidade Católica de São Paulo (PUC-SP). Mestre em Direito pela Universidade Metropolitana de Santos (UNIMES-SP). Especialista em Direito Tributário pelo Instituto Brasileiro de Estudos Tributários (IBET). Professor conferencista do Instituto Brasileiro de Estudos Tributários (IBET). Professor universitário. frederico@silveiraesilva.com

desvendar o conteúdo da regra de competência da contribuição sobre bens e serviços (CBS).

Nesse desiderato, fixaremos um piso comunicacional para evitar ruídos no discurso, e, nesse ponto, em apertada síntese, estabeleceremos a relevância do enunciado para construirmos o comando normativo. Ainda nesse ponto, será exposta a distinção entre normas de conduta e normas de estrutura, já que o enfoque desse escrito reside em norma da categoria das normas de competência. Em ponto apartado, será estudada, com brevidade, a contribuição como um tributo autônomo. Nos pontos seguintes, far-se-á uma análise mais acurada da competência da contribuição sobre bens e serviços (CBS) e da natureza jurídica desta exação. Nesse caminhar, analisaremos a regra de destinação das contribuições sociais de seguridade social, e, pois, percorreremos a regra constitucional de destinação dessa exação.

Na derradeira análise, será apontada a imposição da regra constitucional de destinação específica do produto da arrecadação da contribuição sobre bens e serviços (CBS) e a necessária consubstancialidade da norma infraconstitucional de incidência da CBS com a regra infraconstitucional de destinação, para criação válida dessa espécie tributária.

2. PISO COMUNICACIONAL

A dinâmica da sociedade apresenta-se como um organismo vivo, de fluxo e refluxo constantes. Na atualidade, essas movimentações são muito mais rápidas e complexas, deixando cada vez mais difícil determinar o âmbito do recorte que se deseja implementar.

Agora, verifique o impacto de toda essa complexidade e aceleração na produção de linguagem. A comunicação, como elemento necessário da vida social, apesar de portar-se com estudos e considerações bem definidas, também vem sofrendo a pressão na mutação, conteúdo, quantidade, meios, objetivos e vários outros aspectos.

Mesmo com todo esse desenvolvimento, seguem algumas regras concretas e necessárias da comunicação, a fim de evitar ruídos comunicacionais. Penso que, quando possível, a apresentação de conceitos estruturantes é sempre útil para fluidez comunicacional. Com maior necessidade no campo do discurso científico.

Firmemos, assim, o piso comunicacional para servir de trilhos seguros na temática a ser abordada.

Como o tema a ser desnudado é a imposição da regra constitucional de destinação na contribuição sobre bens e serviços (CBS), a partir do projeto de emenda constitucional n. 45/2019, que está sendo analisado pelo Senado Federal, é imperioso firmar, no primeiro passo, considerações sobre enunciado e norma jurídica, e, nesse mesmo caminho, a definição e utilidade das regras de competência e das regras de conduta.

2.1 Do enunciado prescritivo à norma jurídica

O direito é formado por um conjunto de linguagem que visa intervir no mundo fenomênico. É um objeto cultural com as peculiaridades que lhe cerca. Mas esse objeto cultural pode ser estudado de diversas formas, aplicando-lhe, não menos, variados métodos.

No que toca o presente escrito, iremos recortar parte do campo normativo que circunda a regra de competência da contribuição sobre bens e serviços, focando na destinação específica necessária, seguindo os desígnios constitucionais. Aqui, já se apresenta como metodologia, a análise normativa de átomo do direito.

Em diminuta consideração, podemos verificar que o texto normativo é o produto do procedimento de interpretação.

Os enunciados prescritivos dispostos nos textos normativos denotam expressões linguísticas que visam exercer influência, portanto, são expressões linguísticas *diretivas*[2]. Mas, o conteúdo do comando só é entendido após o procedimento de interpretação. Em verdade, até a adjetivação de "comando" somente pode ser utilizada após o procedimento de interpretação, contudo, por integrar o direito positivo, o próprio enunciado já está inserido no contexto das expressões linguísticas diretivas.

E a interpretação é a chave da abóboda entre o enunciado prescritivo contido no texto normativo e a norma jurídica. O que também já revela a distinção e conexão entre o enunciado prescritivo e a norma jurídica. Nesse sentido, Alf Ross (2000, p. 139) pontifica:

> Toda interpretação do direito legislado principia com um texto isto é uma fórmula lingüística escrita. Se as linhas e pontos pretos que constitui o aspecto físico do texto da lei são capazes de influenciar o juiz, assim é porque possuem um significado que nada tem a ver com a substância física real. Esse significado é conferido ao impresso pela pessoa que por meio da faculdade da visão experimenta esses caracteres. A função destes é a de certos símbolos, ou seja, eles designam (querem dizer) ou apontam para algo que é distinto deles mesmos.

O enunciado normativo e a norma jurídica, são objetos distintos e necessários para o sistema jurídico.

Mas, o que seria norma jurídica? A norma jurídica é o produto do procedimento de interpretação dos enunciados prescritivos constantes do texto normativo. É a significação.

Entendemos, aqui, como texto normativo, aqueles construídos pelas pessoas competentes e designadas pelo direito positivo, não abarcando apenas as funções estatais

---

2. ROSS, Alf. *Direito e justiça*. São Paulo: EDIPRO, 2000, p. 31, "Diretivas, isto é, expressões sem significado representativo, mas com intenção de exercer influência."

legislativa, executiva e judiciária, mas, também, a atribuição de competência para os particulares elaborarem textos normativos, sejam os constantes dos contratos, defesas, declarações, requerimentos, e demais veículos introdutores de norma autorizados pelo direito.

É imperioso denunciar que não existe relação de causalidade entre cada enunciado em relação a uma determinada norma jurídica. Um enunciado prescritivo pode dar origem a várias normas jurídicas, e o inverso também se verifica, uma única norma jurídica pode requerer a interpretação de vários enunciados prescritivos.

Para os que reconhecem a análise sistemática do direito, apresenta-se como frequente no processo de positivação do direito percorrer diversos enunciados prescritivos para elaboração de uma única norma jurídica. Veja que a complexidade não para por aí, porque além de percorrer vários enunciados para constituir uma norma, para aplicação desse comando, também é necessário percorrer outras várias normas, como as normas-regras de competência.

Aqui está um subsídio para afirmar que quando se "aplica" uma determinada norma jurídica, está a se aplicar o ordenamento jurídico como um todo. Obviamente, tal afirmação, deve ser pensada de forma bastante comedida, entretanto, para aplicação de uma norma jurídica, é indesviável a necessidade de percorrer as normas que lhe atribuem fundamento de validade e que, por isso, são normas de hierarquia superior.

2.2 Anotações sobre a regra de competência e a regra de conduta

Do discurso enunciado, percebemos que o processo de positivação do direito percorre um longo caminho normativo, e que as normas retiram fundamento de validade em outras normas. E, nesse passo, esse emaranhado de normas possui certa ordem predeterminada pelo emissor. Além disso, também é certo que o intérprete verifica e constrói, com a acuidade necessária, um encadeamento normativo.

Basicamente, vamos encontrar duas espécies de normas ao relacioná-las com a derivação normativa direta ou indireta, e, ainda, a relação normativa mediata ou imediata com a conduta. Uma de forma mediata denominada de regra de competência (ou de estrutura), e outra de forma imediata, denominada de norma de conduta.

Tivemos oportunidade, em escrito conjunto com o professor Robson Maia Lins[3], definir regra de competência e regra de conduta:

> A norma de conduta é uma norma cujo conteúdo imediato do comando direciona-se a uma conduta, ostentando relação de subordinação derivada com uma norma de hierarquia superior que estabelece os entes competentes para criação, modificação ou extinção, os procedimentos ou conteúdo daquelas normas. Já norma de competência, é uma norma cujo conteúdo imediato estabelece critérios para criação de outras normas, apontando os entes competentes para criação, modificação ou extinção, os procedimentos ou conteúdo de normas de conduta ou outras normas de competência, revelando, nestes termos, relação condicionadora com essas normas de hierarquia inferior.

Advirta-se, não existe uma dimensão de peso em relação ao ordenamento jurídico e as regras de competência ou as regras de conduta, ao afirmar a proeminência direta entre uma das duas espécies em relação a outra. Mesmo porque, comandos dessas bitolas são necessários e relevantes para o processo de positivação do direito.

---

3. SILVA, Frederico Silveira e. LINS, Robson Maia. *A impossibilidade de alteração ou esvaziamento do conteúdo semântico da regra de competência tributária das contribuições sociais de seguridade social.* In Direito Tributário e Interdisciplinaridade: Homenagem a Paulo Ayres Barreto. São Paulo: Noeses, 2021, pp. 491-492.

Não se apresentará um ordenamento jurídico composto apenas por regras de competência (estrutura), ou o inverso, esse conjunto de direito positivo composto apenas por regras de conduta. No primeiro caso, estaria pendente a concretização final do direito, já que o sistema normativo visa regular condutas, linguagem diretiva que visa intervir no mundo social. Materialização, realizada, em sua maioria das vezes, pela construção de normas individuais e concretas a partir de uma regra geral e abstrata de conduta. No avesso, conceber um ordenamento jurídico composto apenas por regras de conduta, faltaria a coordenação e a hierarquia necessárias para o funcionamento do processo de positivação do direito, que, antes de tudo, é um processo de derivação normativa. Nesse último caso, restaria ausente a própria concepção de Estado, seja pela inexistência de competência normativa de pessoas ou entidades, ou mesmo dessas entidades, das pessoas competentes para aplicação de normas, ou qualquer controle normativo, seja de legalidade ou constitucionalidade. Nesse enfrentamento, percebe-se que as regras de competência e as regras de conduta são necessárias para concepção de sistema normativo.

E na relação de confronto internormativo? No descompasso da relação internormativa, prevalece a norma de hierarquia superior. E não estamos a falar apenas de apontamentos qualificativos dos veículos introdutores de normas. É dizer, apontar que determinado decreto é hierarquicamente inferior aqueloutra lei, essas afirmações são baseadas exclusivamente no veículo introdutor da norma, e não na norma em si, razão pela qual, se mostra útil, mas impreciso.

Nesse ponto, estamos a afirmar que uma norma retira fundamento de validade em outra norma, que, inclusive, podem estar constantes do mesmo veículo introdutor de normas e, ainda assim, existir uma relação condicionante. Nessa relação, a norma derivada deve seguir os ditames da norma derivadora, sob pena de inconstitucionalidade ou ilegalidade, aqui, sim, com a análise posterior do veículo introdutor da norma jurídica derivadora em relação a derivada.

Esse é o apontamento necessário para verificação de subordinação de qualquer norma jurídica. Considerações plenamente aplicáveis às normas de natureza tributária, independente da espécie de exação que se está a analisar. Agora não se pode negar que a localização topológica dentro do quadro normativo tributário, impõe o regime jurídico constitucionalmente cunhado para determinada classe de tributo, daí a busca pelo encadeamento normativo específico. É o que veremos nessa procissão, ao tentar determinar a natureza jurídica da contribuição sobre bens e serviços, a integrar o sistema normativo brasileiro.

3. A CONTRIBUIÇÃO COMO TRIBUTO AUTÔNOMO

Na atualidade, não temos grandes questões a saber se a contribuição é uma espécie de tributo, pois a Constituição Federal de 1988 consagrou essa exação conferindo-lhe regime jurídico específico e destinando o produto da arrecadação desse tributo às finalidades e prestações, não menos específicas.

A Constituição Federal de 1988 somente reafirmou a natureza jurídica tributária das contribuições, e, ainda, desnudou tal tributo como espécie autônoma em relação aos demais. A primeira parte da afirmação ressoa conforto na doutrina especializada e no Supremo Tribunal Federal, já a segunda, apesar de bem estabilizada, encontra divergências relevantes que, nesse escrito, não apontaremos dada a proeminência da doutrina e jurisprudência que reconhece a contribuição como tributo autônomo em relação as demais espécies.

A tipologia tributária constitucional, seguindo a doutrina e jurisprudência atual, admite a verificação de cinco espécies tributárias autônomas entre si, são elas: impostos, taxas, contribuições de melhoria, contribuições e empréstimos compulsórios. Esse pensamento foi apontado pela doutrina[4] que expõe a classificação pentapartite ou quinquipartite dos tributos, numa análise internomativa dos enunciados prescritivos contidos no art. 145, 148, 149, 149-A, 195 e inciso IV do art. 167, todos da Constituição Federal de 1988.

E, antes de ultrapassar esse tópico, devemos construir a definição dessa espécie tributária. A contribuição é uma espécie de tributo sem vinculação do critério material com uma contraprestação direta e específica referida ao contribuinte, que possui destinação do produto da arrecadação para um órgão, fundo ou despesa que serviu de finalidade para sua criação ou modificação, e cujo o valor arrecadado não é restituível depois de certo lapso temporal.

As cinco espécies tributárias possuem atributos comuns e, obviamente, disjuntivos, necessários para reafirmar a existência autônoma dessas exações.

E, qual a relevância de saber se determinado tributo é autônomo em relação aos demais? Saber a natureza jurídica do tributo é imperioso para se aplicar o regime jurídico previsto constitucionalmente, e, pois, ser subsídio para o teste de validade do tributo. No mesmo passo, o professor Paulo Ayres Barreto[5] enuncia que "as contribuições têm natureza tributária por se amoldarem ao conceito de tributo. Não é a sua submissão ao regime tributário que lhe confere tal natureza. Ao revés, é a sua natureza que define o regime jurídico ao qual deva estar submetida".

O regime jurídico constitucional das contribuições começa pela regra de competência do enunciado prescritivo do artigo 149 da CF/88. Daquele enunciado, construímos

---

4. SANTI, Eurico Marcos Diniz de. *As classificações no sistema tributário brasileiro*. In: Congresso Internacional de Direito Tributário, 1, 1998, Vitória-ES. São Paulo: Editora Max Limonad, 1998, p. 141.

5. Barreto, Paulo Ayres. *Contribuições: regime jurídico, destinação e controle*. 3. ed. São Paulo: Noeses, 2020, p. 90.

algumas normas jurídicas de relevo para validade desse tipo de exação, o mesmo ocorre com outros enunciados prescritivos. É na conjugação de vários enunciados prescritivos que construímos uma regra de competência, apesar de já apontarmos que um único enunciado poder servir de fundamento para construção de mais de uma norma jurídica. No campo das contribuições, teremos oportunidade de analisar com o rigor merecido as regras de competência aqui enunciadas.

4. A COMPETÊNCIA DA CONTRIBUIÇÃO SOBRE BENS E SERVIÇOS (CBS) NO TEXTO NORMATIVO DA PEC N. 45/2019 SUBMETIDA AO SENADO

No Congresso Nacional paira várias propostas de Emenda Constitucional para alteração de tributos, tendo como principais a PEC n. 110/2019 e PEC n. 46/2022, de tramitação inicial no Senado Federal, a PEC n. 45/2019 de tramitação inicial na Câmara de Deputados Federais que foi aprovada em dois turnos naquela Casa e remetida para apreciação do Senado Federal.

Na análise política, o Presidente do Senado Federal determinou a tramitação conjunta da PEC n. 45/2019, PEC n. 110/2019 e PEC n. 46/2022, na Comissão de Constituição, Justiça e Cidadania (CCJ). Essa última, a PEC n. 46/2022, não cria ou extingue tributos dos já existentes, contudo, elenca uma série de situações nos tributos já existentes, na tentativa de harmonizar o sistema tributário nacional. A PEC n. 110/2019 apresenta como núcleo: a atribuição de competência para criação de um Imposto Seletivo (IS); e, competência para a criação do Imposto sobre Bens e Serviços (IBS), com a extinção de vários tributos (IPI, COFINS, PIS, IOF, contribuição do salário educação, ICMS e ISS). Já na PEC 45/2019, temos a extinção do IPI, COFINS e PIS com a atribuição de competência para: criação da contribuição sobre bens e serviços (CBS); criação do Imposto Seletivo (IS); e, criação do Imposto sobre Bens e Serviços (IBS), com a extinção do ISS e ICMS. Além do exposto, o texto normativo dessas duas últimas emendas constitucionais, elencam outra série de alterações da legislação tributária.

Ao que se apresenta, a PEC n. 45/2019, será o veículo introdutor de normas a inserir no ordenamento jurídico alterações de relevo, e, pincipalmente a competência para criação do Imposto sobre Bens e Serviços (IBS), do Imposto Seletivo (IS) e da contribuição sobre bens e serviços (CBS). Apesar de não duvidar da capacidade inventiva do legislador nacional, temos um caminho bem trilhado para aprovação da PEC n. 45/2019, denominada pelos parlamentares de "Reforma Tributária" do Congresso Nacional, por aderir vários apontamentos da própria PEC n. 110/2019.

No relatório legislativo apresentado, na CCJ, pelo relator Senador Eduardo Braga da PEC n. 45/2019, permanece o texto base do inciso "V" do artigo 195 da CF/88, enviado pela Câmara Federal, que atribui a competência para União instituir contribuição sobre bens e serviços. Na inserção do inciso "V" no artigo 195 da CF/88, consta o seguinte enunciado: *sobre bens e serviços, nos termos de lei complementar*. A proposição jurídica formulada com a adição do *caput*, para o estudo engendrado, traduz-se: *a seguridade social será financiada de forma direta pela contribuição sobre bens e serviços, nos termos de lei complementar*. E, pelo enunciado, será necessário veículo normativo da categoria de lei completar para instituição da CBS.

Nessa singela análise, debruçaremos sobre a imposição da regra constitucional de destinação da contribuição sobre bens e serviços (CBS). E, para isso, temos que estabelecer a natureza jurídica da CBS para, daí, analisarmos a imposição da regra constitucional da destinação das contribuições.

5. A NATUREZA JURÍDICA DA CONTRIBUIÇÃO SOBRE BENS E SERVIÇOS (CBS)

Desnudar a natureza jurídica de um instituto é tarefa cognoscitiva para alocá-lo na compota do conhecimento jurídico e analisá-lo segundo as normas de regência da classe, assim, impor o regime jurídico específico.

A alocação topológica da contribuição sobre bens e serviços no inciso V do artigo 195 da Constituição Federal releva a natureza jurídica da exação como tipo da espécie contribuição e, assim, exige a destinação do produto da arrecadação, a não vinculação do critério material a uma atividade estatal referida ao contribuinte, e a não restituição do produto da arrecadação. Mas não somente esses aspectos, já que aponta ser a contribuição sobre bens e serviços uma espécie do gênero contribuição social de seguridade social.

O caput do referido artigo 195 da Carta Federal enuncia: *A seguridade social será financiada por toda a sociedade, de forma direta e indireta, nos termos da lei, mediante recursos provenientes dos orçamentos da União, dos Estados, do Distrito Federal e dos Municípios, e das seguintes contribuições sociais.*

Essa conjugação revela o regime jurídico-tributário próprio da contribuição sobre bens e serviços, impondo ao tributo seguir todas as normas de competência referenciadas das contribuições sociais de seguridade social.

6. A REGRA DA DESTINAÇÃO DAS CONTRIBUIÇÕES DE SEGURIDADE SOCIAL

A destinação do produto da arrecadação é um atributo das contribuições, ao passo que o enunciado prescritivo do artigo 149 do texto constitucional atribui a competência para União instituir contribuições sociais, interventivas e coorporativas "como instrumento de sua atuação nas respectivas áreas".

Mas, ao impor a instituição da contribuição como instrumento de atuação em suas respectivas áreas, ao mesmo tempo que impõe a destinação específica do produto da arrecadação desses tributos, dispõe que o tributo tem atribuição finalística.

Tudo isso ganha maior relevo na interpretação da denominação de cada uma das contribuições. É dizer, uma contribuição corporativa deve ter seu produto da arrecadação destinado a custear prestação da regulamentação da categoria específica. O mesmo ocorre com as contribuições interventivas cujo produto da arrecadação é destinado para fomento da atividade econômica que está a incidir a exação. Se assim não o é, a exação está desvirtuada dos comandos constitucionais de competência, principalmente da regra constitucional de destinação.

A regra de destinação das contribuições sociais de seguridade social encontra aparo primário no *caput* do artigo 149 da CF/88 e, mais específico, no *caput* do artigo 195 daquele texto normativo. O artigo 195 da CF/88 revela que o custeio direto, realizado através de contribuições sociais de seguridade social, serve para *financiar* a seguridade social.

E o que seria a seguridade social? O texto constitucional responde: a seguridade social compreende um conjunto integrado de ações destinadas a assegurar os direitos relativos à saúde, à previdência e à assistência social (art. 194). E como esses direitos são implementados? Através de prestações, sejam elas benefícios ou serviços em qualquer das áreas apontadas: saúde, previdência e assistência sociais.

A combinação dos enunciados prescritivos constitucionais da competência atribuída para União criar contribuições sociais de seguridade social como instrumento de atuação (art. 149), através de prestações, nas áreas da saúde, previdência e assistência sociais (art. 194), financiadas diretamente pela destinação do produto da arrecadação dessas contribuições sociais de seguridade social (art. 195), revela a interdependência da exação.

E essa complementariedade entre a regra-matriz de incidência infraconstitucional (regra-derivada) e a regra infraconstitucional de destinação específica (regra-derivada) no caso das contribuições sociais de seguridade social é bem firmada no âmbito constitucional (regra-derivadora), ao passo que a competência para criação ou modificação de uma contribuição social de seguridade social impõe a correlata destinação específica para o custeio de determinada prestação do sistema securitário. E o inverso também se verifica.

Não bastasse os enunciados prescritivos citados, abordemos, em breve síntese, o § 5º do artigo 195 da CF/88, que também compõe os enunciados para construção da regra de destinação das contribuições sociais de seguridade social, que comporá a regra de competência dessas exações.

6.1 A destinação imposta pelo § 5º do artigo 195 da CF/88

Para atuação sistemática na produção de apenas uma norma jurídica, o intérprete pode percorrer, mesmo no plano da textualidade, uma série de enunciados prescritivos.

E, como já assinalamos, pode, sim, um único enunciado normativo levar o intérprete a mais de um comando, ou a vários deles. Repita-se: não há correlação lógico-numérica entre um enunciado e uma norma jurídica, uma norma pode demandar vários enunciados para contribuição da significação, ou um enunciado originar várias normas.

Como aqui já apresentado, pensamos que a regra de destinação das contribuições sociais de seguridade social decorre da interpretação de vários enunciados para formulação do comando em sua inteireza.

Para além dos enunciados prescritivos constantes nas cabeças dos artigos 149, 194 e 195, é imperioso admitir que o enunciado prescritivo do § 5º do artigo 195 da CF/88 é parte de relevo no âmbito da criação ou modificação de contribuições sociais de seguridade social, como também no campo das prestações desse sistema. E mais, não se atribui a importância indelével que pensamos ter o comando, seja na defesa dos direitos dos contribuintes, ou mesmo na análise promovida pelo Supremo Tribunal Federal em controle concentrado de normas.

Em verdade, aquele enunciado prescritivo apresenta dois comandos: o primeiro, chegamos sem muita dificuldade, já o segundo, é necessário um olhar mais acurado.

O conjunto dos comandos do § 5º do artigo 195 da CF/88, foi denominado pelo professor Wagner Balera[6] de *regra da contrapartida*, ao observar que o primeiro comando aponta que *nenhum benefício ou serviço da seguridade social poderá ser criado, majorado ou estendido sem a correspondente fonte de custeio total*. E o segundo, por seu turno, que *nenhuma contribuição social de seguridade social poderá ser criada ou alterada sem a correspondente criação ou modificação de benefício ou serviço desse sistema protetivo*. É um comando bivalente.

E o enunciado atribui mais especificidade a destinação do produto da arrecadação das contribuições sociais de seguridade social, ao impor a *correspondente* criação, majoração ou extensão entre prestações (benefícios e serviços) e suas respectivas fontes de custeio, as contribuições sociais de seguridade social.

Percorrendo esse enunciado prescritivo do § 5º do artigo 195 da CF/88 verifica-se que o constituinte impõe *destinação específica* da contribuição para benefício ou serviço da

6. BALERA, Wagner. *A seguridade social na Constituição Federal de 1988*. São Paulo: Editora Revista dos Tribunais, 1989, p. 68-69.

área da saúde, previdência ou assistência sociais, sob pena de contrariedade à regra constitucional de destinação das contribuições sociais de seguridade social. Em assim não procedendo, o legislador infraconstitucional (ou mesmo o legislador constitucional derivado) imporá inconstitucionalidade à contribuição social de seguridade social criada, ou a própria atribuição de competência constitucional derivada.

7. A IMPOSIÇÃO DA REGRA CONSTITUCIONAL DE DESTINAÇÃO ESPECÍFICA DO PRODUTO DA ARRECADAÇÃO DA CONTRIBUIÇÃO SOBRE BENS E SERVIÇOS (CBS)

Como espécie de contribuição social de seguridade social, a contribuição sobre bens e serviços (CBS) seguirá, por óbvio, a tipologia das contribuições enquanto tributo, e, pois, a regra constitucional de competência das contribuições sociais de seguridade social, composta pela imposição da regra de destinação específica a ser conjugada em consubstancialidade com a regra-matriz de incidência tributária.

Na formação da regra constitucional de competência das contribuições sociais de seguridade social, o sujeito cognoscente tem como ponto de partida os enunciados de piso do processo hermenêutico (S1) necessários para formulação das proposições jurídicas (S2) e, enfim, chegar na construção da significação (S3), sem deixar de percorrer a conjugação da significação (norma) com o sistema jurídico (S4).

Esse caminho percorrido pelo intérprete foi bem denunciado pelo professor Paulo de Barros Carvalho[7], ao escrever sobre a construção da norma jurídica:

> Observa-se a existência dos quatro planos da linguagem, representados por S1, S2, S3 e S4, partindo a interpretação do plano

7. CARVALHO, Paulo de Barros Carvalho. *Direito Tributário: fundamentos jurídicos da incidência*. 11. ed. São Paulo: Noeses, 2021, p. 109.

da literalidade textual (S1) que compõe o texto em sentido estrito (TE), passando, mediante o processo gerador de sentido, para o plano do conteúdo dos enunciados prescritivos (S2), até atingir a plena compreensão das formações normativas (S3) e a forma superior do sistema normativo (S4), cujo conjunto integra o texto em sentido amplo (TA). Esse processo interpretativo encontra limites nos horizontes da nossa cultura (H1 e H2), pois fora dessas fronteiras não é possível a compreensão (c1, c2, c3, c4). Na visão hermenêutica adotada, a interpretação exige uma pré-compreensão que a antecede e a torna possível.

Tal disposição é de relevo para verificar que a consubstancialidade aqui apontada, pela inteireza da significação da regra de competência constitucional das contribuições sociais (S3), é condicionante para construção dos comandos da regra-matriz de incidência e da regra de destinação específica do produto da arrecadação. A imbricação desses comandos se dará, como maior relevo, no plano sistemático (S4) e no plano das significações (S3), entretanto, o prenúncio dessas significações vem desde o plano da textualidade (S1), como também do plano das proposições (S2). E, obviamente, no fluxo e refluxo desses planos.

No cotejo, verificamos que, na criação de contribuições sociais de seguridade social, o legislador infraconstitucional constrói dois comandos hipotético-condicionais com fundamento na regra de competência constitucional. A regra de incidência apontando todos os critérios necessários na hipótese (material, espacial e temporal) e no consequente (pessoal e quantitativo), e, ato contínuo, a regra de destinação também em sua integralidade, com os necessários elementos para preencher a hipótese (apontando o fato de criação, modificação ou extinção da exação) e o consequente (impondo a destinação específica e correspondente do produto da arrecadação para um benefício ou serviço do campo da saúde, previdência ou assistência sociais, a ser criado, majorado ou estendido).

Apenas a análise sintática da regra-matriz de incidência possível da contribuição social de seguridade social, não revela a consubstancialidade entre essa norma e a regra de destinação que se processam no plano sistemático (S4). Aqui, é necessário sempre olhar para norma que estabelece o fundamento de validade da exação. É a regra constitucional de competência que estabelece a consubstancialidade entre os dois comandos. Relação sem a qual, a validade da exação não encontra amparo constitucional.

Daí porque a bivalência dessas duas normas é também condicionada pela validade de cada uma delas. Qualquer descompasso na regra de incidência ou na regra de destinação, fulmina a exação. Isso, porque, o fundamento de validade de ambas decorre da regra de competência constitucional das contribuições sociais de seguridade social.

Parenteticamente, constemos que a retirada da regra de destinação das contribuições não transmuta essa espécie tributária em imposto. O inverso não se verifica. A atribuição de destinação à um imposto não cria uma contribuição, já que a regra de competência do imposto é distinta da regra de competência da contribuição.

A contribuição sobre bens e serviços (CBS) somente poderá ser criada se, ato contínuo, for criada a regra de destinação específica do produto da arrecadação, para um benefício ou serviço da seguridade social, a ser criado, majorado ou estendido.

Relembre-se as duas significações bivalentes do enunciado prescritivo do § 5º do artigo 195 da CF/88. O primeiro: *nenhum benefício ou serviço da seguridade social poderá ser criado, majorado ou estendido sem a correspondente fonte de custeio total.* E o segundo, determinante no campo tributário: *nenhuma contribuição social de seguridade social poderá ser criada ou alterada sem a correspondente criação ou modificação de benefício ou serviço da seguridade social.*

Veja que a redação atual do artigo 239 da CF/88, determina que o produto da arrecadação das contribuições COFINS, PIS e PASEP, financia o benefício do seguro-desemprego, o abono no valor de um salário mínimo anual, seguindo os critérios necessários, e outras prestações previdenciárias. A COFINS também tem o produto da arrecadação destinado para prestações da saúde, previdência e assistência sociais. Contudo, o texto da PEC n. 45/2019 enuncia que 18% (dezoito por cento) do produto da arrecadação da contribuição sobre bens e serviços (CBS) e a integralidade da contribuição do PASEP *financiarão, nos termos que a lei dispuser, o programa do seguro-desemprego, outras ações da previdência social* e *o abono*. Tal alteração estabelece limitação de 18% do produto da arrecadação da CBS para o financiamento do seguro-desemprego, outras prestações previdenciárias e o abono, contrariando a redação atual do artigo 229 da Carta Federal. Salvo se os 82% restantes do produto da arrecadação da CBS forem aplicados em prestações de específicas de saúde e assistência, tal dispositivo contraria o disposto no *caput* e no § 5º do artigo 195 da CF/88. Pois todo o produto da arrecadação da CBS, inexoravelmente, será destinado especificamente para as prestações de saúde, previdência e assistência sociais.

Outro ponto que merece observação é o relatório apresentado pelo Relator Senador Eduardo Braga, dia 25/10/2023 na Comissão de Constituição, Justiça e Cidadania (CCJ), com a inserção do § 2º do artigo 149-B no texto da PEC n. 45/2019 com a seguinte redação: *o produto da arrecadação do imposto previsto no art. 156-A e da contribuição prevista no art. 195, V, incidentes sobre operações contratadas pela administração pública direta, por autarquias e por fundações públicas, inclusive suas importações, será integralmente destinado ao ente federativo contratante, mediante redução a zero das alíquotas do imposto e da contribuição devidos aos demais entes e equivalente elevação da alíquota do tributo devido ao ente contratante.*

O referido enunciado do § 2º do artigo 149-B cria destinação do produto da arrecadação da CBS estranho à seguridade social, solapando do caixa da seguridade social os valores da CBS devidos nas operações contratadas pela administração pública direta, por autarquias e por fundações públicas, inclusive suas importações, pelos entes políticos destinando para os Estados, Distrito Federal e Municípios, produto da arrecadação que deveria ser destinado para uma prestação da seguridade social.

No texto originário da PEC 45/2019, consta a inserção do § 17 no artigo 195 da CF/88, que enuncia: *lei estabelecerá as hipóteses de devolução da contribuição prevista no inciso V a pessoas físicas, inclusive em relação a limites e a beneficiários, com o objetivo de reduzir as desigualdades de renda.* Podemos apontar que tal comando não significa atribuição do critério da restituição à CBS, mas, sim, a criação de um benefício assistencial securitário.

O Relator Senador Eduardo Braga, em 25/10/2023, apresentou na CCJ relatório acrescendo o § 16 no artigo 195 pela PEC n. 45/2019 que impõe a aplicação do inciso VIII do § 5º do artigo 156-A em conjunto, formando a proposição: lei complementar disporá sobre *as hipóteses de devolução do imposto a pessoas físicas, inclusive os limites e os beneficiários, com o objetivo de reduzir as desigualdades de renda.* Para não restar silente, as mesmas considerações de imposição de "restituição" de parte do IBS, não atribuem a tal tributo a característica de restituível, mas destinação de parte de sua arrecadação para benefício assistencial securitário, parecendo enquadrar-se no custeio indireto previsto no artigo 195 da CF/88. Contudo, no plano do IBS haverá incompatibilidade da destinação do produto da arrecadação frente ao disposto no inciso IV do artigo 167, e mesmo com § 4º, do mesmo artigo, acrescido pela PEC n. 45/2019.

No aludido relatório, além de apontar no § 16 a aplicação do inciso VIII do § 5º do artigo 156-A, fora incorporado, também, o texto originário da Câmara Federal disposto no § 17 no artigo 195, ao § 18, com mesma redação.

Com isso, frisamos que o texto originário da Câmara e o relatório apresentado pelo relator na CCJ, preveem enunciado dispondo sobre a possibilidade de "restituição" de parte da contribuição sobre bens e serviços (CBS), para pessoas físicas com o objetivo de reduzir as desigualdades de renda e, pois, isso não seria previsão de destinação do produto da arrecadação da CBS, mas, sim, a criação de um benefício assistencial securitário à determinados beneficiários. Entender de maneira diversa é contrariar o *caput* do artigo 149, *caput* e § 5º do artigo 195 da CF/88, retirando da seguridade social parte do produto da arrecadação da CBS.

E mais, falar em *restituição* pressupõe o efetivo recolhimento do tributo na figura do contribuinte ou do responsável tributário e, pelo que se passa, o contribuinte da CBS será pessoa jurídica. Contudo, repito: nunca duvide da capacidade inventiva do legislador nacional. Como exemplo, cite-se a destinação de 5,3% do produto da arrecadação da CBS para o BNDES aplicar no financiamento de programas de desenvolvimento econômico, previsto no PL n. 3.887/2020. Contrariando, frontalmente, a regra constitucional de destinação da CBS.

Neste prumo de ideias, a contribuição sobre bens e serviços (CBS), por designo da regra constitucional de destinação que compõe a regra de competência, terá destinação do produto da arrecadação para uma das prestações de seguridade social.

8. CONSIDERAÇÕES FINAIS

A tarefa de delinear a relação derivadora e condicionante de uma regra de competência constitucional é prenunciada pela análise de vários enunciados prescritivos do texto normativo, e aí não se esgota. É apenas um pressuposto para construção da significação (norma) em sua integralidade, no percurso gerador de sentido.

Nas contribuições sociais de seguridade social, o texto constitucional descreve elementos informadores da regra de competência em diversas partes, sobretudo, nos enunciados prescritivos do artigo 149 e 195 da CF/88. Isso sem denunciar o percurso necessário dos outros enunciados constitucionais (como o § 5º do referido artigo 195) que estabelecem outros limites formais e materiais enunciados por todas as regras dessa estirpe.

Como a contribuição sobre bens e serviços (CBS) possui natureza jurídica de contribuição social de seguridade social, deverá seguir todos os comandos constitucionais da regra de competência que essa tipologia tributária impõe. Inclusive, a regra constitucional de competência da CBS que determina alguns critérios da regra-matriz de incidência tributária da exação e, ato contínuo, impõe regra constitucional de destinação do produto da arrecadação da CBS para as prestações da seguridade social, seja na saúde, previdência ou assistência sociais.

Nesses termos, a regra de competência constitucional da contribuição sobre bens e serviços (CBS) estabelece uma relação bivalente, entre a regra de incidência tributária (regra-matriz produto) e a regra de destinação específica do produto da arrecadação, a ser seguida pelo legislador infraconstitucional quando da criação ou modificação dessa exação.

Essa consubstancialidade entre o comando da regra infraconstitucional de incidência tributária da contribuição sobre bens e serviços (CBS) e da regra infraconstitucional de destinação, impõe, por significação colhida daqueles enunciados prescritivos (artigos 149 e 195, da CF/88), e, principalmente, do enunciado descrito do § 5º do artigo 195 da CF/88, que a contribuição sobre bens e serviços (CBS) não poderá ser criada ou modificada, sem a correspondente criação, extensão ou modificação de benefício ou serviço de saúde, previdência ou assistência sociais que lhe consuma a totalidade do produto da arrecadação destinado especificamente.

Não encontraremos, na construção sintática ou semântica da regra-matriz de incidência tributária, a inter-relação condicionante entre a regra de incidência tributária e a regra de destinação específica do produto da arrecadação das contribuições sociais de seguridade social. Essa relação de consubstancialidade transcende a análise normativa infraconstitucional, e apenas é desnudada pela regra de competência constitucional dessa exação.

BIBLIOGRAFIA

ATALIBA, Geraldo. *Hipótese de Incidência Tributária*. 6. ed. 18. tiragem. São Paulo: Malheiros, 2019.

ÁVILA, Humberto. *Teoria dos princípios: da definição à aplicação dos princípios jurídicos*. 6 ed. São Paulo: Malheiros, 2006.

BALERA, Wagner. *A seguridade social na Constituição Federal de 1988*. São Paulo: Editora Revista dos Tribunais, 1989.

_______________. *As contribuições no sistema tributário brasileiro*. In: Hugo de Brito Machado (org.). As Contribuições no Sistema Tributário Brasileiro. São Paulo: Dialética, 2003.

BARRETO, Paulo Ayres. *Contribuições: regime jurídico, destinação e controle*. 3ª. Ed. São Paulo: Noeses, 2020.

BECKER, Alfredo Augusto. *Teoria Geral do Direito Tributário*. 7. ed. São Paulo: Noeses, 2018. Quarta Parte, § 1º e § 2º.

BOBBIO, Norberto. *Teoria do ordenamento jurídico*. Brasília: Editora Universidade de Brasília, 1999.

BRITTO, Lucas Galvão de. *O Lugar e o Tributo: Ensaio Sobre Competência e Definição do Critério Espacial na Regra-Matriz de Incidência Tributária*, São Paulo: Noeses, 2014.

CANOTILHO, J. J. Gomes. *Direito Constitucional*. 6 ed. Coimbra: Livraria Medina, 1993.

CARRAZZA, Roque Antonio. *Curso de direito constitucional tributário*. 32 ed. São Paulo: Malheiros, 2019.

CARRIÓ, Genaro R. *Notas sobre derecho y linguaje*. Buenos Aires: Abeledo-Perrot, 1990.

CARVALHO, Aurora Tomazini de. *"A regra-matriz como esquema lógico de interpretação dos textos jurídicos."* In: CARVALHO, Paulo de Barros (coord.). *Lógica e Direito*. São Paulo: Noeses, 2016.

CARVALHO, Paulo de Barros Carvalho. *Direito tributário, linguagem e método*. 5. ed. São Paulo: Noeses, 2013.

_______________. *Curso de Direito Tributário*. 29 Ed. São Paulo: Noeses, 2022.

_______________. *Direito Tributário: fundamentos jurídicos da incidência*. 11. ed. São Paulo: Noeses, 2021.

FERRAZ JR., Tércio Sampaio. *Introdução ao estudo do direito*. 12. ed. São Paulo: Atlas, 2022.

GAMA, Tácio Lacerda. *Competência Tributária*. 3ª ed. São Paulo: Noeses, 2019.

KELSEN, Hans. *Teoria Pura do Direito*. 8. ed. São Paulo: Martins Fontes, 2009.

LINS, Robson Maia. *Curso de direito tributário brasileiro*. 1. ed. São Paulo: Noeses, 2019.

MCNAUGHTON, Charles William. *Hierarquia e sistema tributário*. São Paulo: Quartier Latin, 2011.

ROSS, Alf. *Direito e Justiça*. Bauru, SP: EDIPRO, 2003.

SAMPAIO JR, Tercio Ferraz. *Introdução ao estudo do direito: técnica, decisão, dominação*. 4 ed. São Paulo: Atlas, 2003.

SANTI, Eurico M. Diniz de. *Tributo e classificação das espécies no Sistema Tributário Brasileiro*. In: Revista Fórum de Direito Tributário – RFDT. Belo Horizonte, ano 11, n. 62, mar./abr. 2013.

SILVA, Frederico Silveira. LINS, Robson Maia. *A impossibilidade de alteração ou esvaziamento do conteúdo semântico da regra de competência tributária das contribuições sociais de seguridade social*. In Direito Tributário e Interdisciplinaridade: Homenagem a Paulo Ayres Barreto. São Paulo: Noeses, 2021

TOMÉ, Fabiana Del Padre. *Contribuições para a seguridade social: à luz da Constituição Federal*. Curitiba: Juruá, 2002.

VILANOVA, Lourival. *As estruturas lógicas e o sistema de direito positivo*. São Paulo: Noeses, 2005.

EXTRAFISCALIDADE NA TRIBUTAÇÃO SOBRE O CONSUMO: FUNDAMENTOS JURÍDICOS E PERSPECTIVAS

Heitor Kulig Branco[1]

Sumário: 1. Aspectos Gerais da Tributação; 2. Tributo no Direito Financeiro; 3. Tributo no Direito Tributário; 4. Dupla Acepção de "Tributo"; 5. Funções do Tributo; 6. Princípio da Capacidade Contributiva; 7. Tributação sobre o Consumo; 8. Conclusão.

Palavras-chave: Tributo - Extrafiscalidade - Tributação - Norma Jurídica Tributária - Capacidade Contributiva - Consumo

1. ASPECTOS GERAIS DA TRIBUTAÇÃO

A tributação é um fenômeno hipercomplexo tomado como objeto de estudos por diversos ramos do conhecimento

---

1. Mestre em Direito Tributário pela Pontifícia Universidade Católica de São Paulo (PUC-SP). Especialista em Direito Tributário pela Faculdade de Direito de São Bernardo do Campo (FDSBC) e graduado em Direito pela mesma Faculdade. Bacharel em Filosofia pela Universidade de São Paulo (USP). É advogado desde 2011 e Professor no Curso de Direito na Universidade Metodista de São Paulo. É Professor no Curso de Especialização em Direito Tributário do Instituto Brasileiro de Estudos Tributários. E-mail: heitor_kbr@hotmail.com.

científico. Por isso mesmo, ao se estudar o "fato tributário" sob a perspectiva jurídica, bem como as suas causas, efeitos e relações, há que se observar a preciosa lição de Paulo de Barros Carvalho quanto à multiplicidade de ângulos possíveis de encará-lo em virtude da inexistência de um "fato puro"[2].

Neste sentido, sob a ótica *social*, o fato correspondente ao tributo é tomado enquanto instituto proveniente das relações entre os sujeitos de uma sociedade, servindo de base para aprofundar como a interação, a coesão e o controle social operam. Os interesses individuais e coletivos, além das forças de poder também são levados em consideração sob o aspecto social de se estudar a tributação.

Na orla *política*, busca-se investigar o fato tributário com enfoque nos meios de realização e obtenção dos fins almejados por uma dada comunidade. Constata-se, portanto, o enlace entre o tributo e as políticas públicas, as quais objetivam a conservação e o aprimoramento das sociedades por meio da tomada de decisões de seus integrantes relativas ao tributo.

Quanto ao prisma *histórico* da tributação, são estudadas as expressões do fato tributário ao longo do tempo, utilizando-se de fontes históricas como ponto de partida para a compreensão dos relatos produzidos acerca do tributo. Nas eras humanas de determinado tempo e espaço, a história do tributo se vale de reconstruir o passado, de modo a preservá-lo ao futuro.

Interessante notar a visão *psicológica* do tributo, haja vista o estudo inerente às percepções e escolhas que o indivíduo e a coletividade realizam em virtude da tributação. O

2. "No contexto jurídico, só tem cabimento falar-se em elementos juridicizados, sendo inadmissível pretender atribuir efeitos de direito a fatos meramente econômicos, contábeis, políticos ou históricos" (CARVALHO, 2014, p. 5).

entendimento da influência e dos hábitos também compõe a ótica psicológica tida quanto ao fenômeno tributário.

Em relação ao ponto de vista *econômico*, a tributação guarda como pressuposto a investigação da eficiência na alocação de recursos produzidos, distribuídos e consumidos pelos diversos agentes econômicos de uma sociedade. A carga tributária e a formação do preço e do custo dos tributos são igualmente relevantes para o viés econômico alcançado no estudo do fato tributário.

A tributação também é tomada sob a perspectiva *filosófica*, em um movimento de reflexão quanto à sua origem, motivos e formas, trazendo consigo uma atitude crítica sobre o tributo. Construções de teses, especulações investigativas, considerações aprofundadas acerca das possibilidades e limites do tributo guardam estrita relevância no aproximar filosófico da tributação.

Finalmente, o fato tributário é estudado principalmente pelo prisma *jurídico*, o qual tem por substrato o texto legal positivado, o entendimento das regras jurídicas de condutas sociais e o funcionamento da técnica normativa para a prescrição dos comportamentos intersubjetivos de uma sociedade.

Os recortes metodológicos interpretativos do "fato tributário" não se esgotam, sendo imaginável assumir ainda mais possibilidades e perspectivas a serem alcançadas, como a antropológica, a contábil e assim em diante. É por tal razão, portanto, que o viés explorado pelo presente escrito contará com o recorte conferido pela Ciência do Direito, razão pela qual a precisão que se pretende conferir inicialmente será a da estabilização do "fato tributário" sob a sua ótica *jurídica*.

Considerando-se a amplitude dos debates do tema em matéria jurídica, diversas são as teorias e muitos os instrumentos de investigação da tributação. Com a adoção do método preconizado pela Escola do Construtivismo Lógico-Semântico[3], tem-se que a linguagem científica encontra no direito positivado o substrato para desenvolver as suas próprias considerações.

E, fixando-se tal premissa, é avançando sobre o sistema do direito positivo brasileiro que duas significações de "tributo" são constatadas com a exposição conferida pelo legislador. Logo, se a tributação é ação de se tributar por intermédio do tributo, é preciso trazer a definição dos dois conceitos de tributo que se encontram positivados no ordenamento jurídico brasileiro.

2. TRIBUTO NO DIREITO FINANCEIRO

O primeiro conceito de tributo encontrado no direito positivo está no art. 9º, da Lei 4.320/64, considerada a legislação que traz normas gerais em matéria financeira:

> Art. 9º Tributo é a receita derivada instituída pelas entidades de direito público, compreendendo os impostos, as taxas e contribuições nos termos da Constituição e das leis vigentes em matéria financeira, destinando-se o seu produto ao custeio de atividades gerais ou específicas exercidas por essas entidades.

Interpretando-se o texto colacionado, o tributo, sob tal acepção, é receita pública do tipo derivada que é destinada a uma despesa pública.

Ao arranjar normativamente os elementos que formam o seu conceito, tem-se que o tributo, para o Direito Financeiro, é a previsão hipotética de ingresso de receita

3. O Constructivismo Lógico-Semântico é uma verdadeira Escola de Direito, posicionada no contexto atual do debate das ciências jurídicas. Para tal assertiva ver: "Algo sobre o Constructivismo Lógico-Semântico", de Paulo de Barros Carvalho (2014) e "O Constructivismo Lógico-Semântico como método de trabalho na elaboração Jurídica", de Aurora Tomazini de Carvalho (2014).

pública e a consequente destinação da quantia na forma de despesa pública. O legislador, portanto, cria vínculos jurídicos entre quem recebe com quem aplica o tributo, performando a norma jurídica da destinação do tributo[4]. Com isso, o "fato tributário" é aqui considerado propriamente enquanto a hipótese da norma jurídica financeira[5].

Da acepção normativa ao desenrolar fenomenológico, o "fato tributário" dará ensejo à "relação jurídica financeira", de modo que é essa significação do art. 9º citado a mais adequada em termos jurídico-positivos.

3. TRIBUTO NO DIREITO TRIBUTÁRIO

Ocorre também que para o Direito Tributário, o legislador trouxe no art. 3º, da Lei nº. 5.172/66 (Código Tributário Nacional), lei que abarca as normas gerais em matéria tributária, outra definição para o conceito de tributo na ordem positiva:

> Art. 3º Tributo é toda prestação pecuniária compulsória, em moeda ou cujo valor nela se possa exprimir, que não constitua sanção de ato ilícito, instituída em lei e cobrada mediante atividade administrativa plenamente vinculada.

Organizando-se os termos que compõem a definição legal, tem-se que tributo é uma imposição que parte do Estado. A obrigação tributária consiste em uma quantia a ser entregue a mando do Estado pela realização de uma conduta lícita.

---

4. BRANCO, Heitor Kulig. *Reflexos jurídicos da desvinculação de receitas na destinação dos tributos* (2021). Neste livro, o fenômeno da desvinculação de receitas tributárias foram o objeto de reflexão jurídica do destino dos tributos.

5. A investigação das enunciações do sistema positivado que prescrevem a conduta destinatória podem ser categorizados como "norma jurídica em sentido estrito", de modo a possibilitar a construção de um modelo otimizado de estudo sobre as finanças públicas denominado "Regra-Matriz de Destinação Tributária".

A aproximação das propriedades previstas no conceito positivado conduz à acepção de tributo enquanto "norma jurídica tributária". Neste ponto, o legislador estipula vínculo jurídico entre quem institui com quem deve recolher o valor do tributo[6].

Por derradeiro, o tributo como norma, fato e relação exprime a ideia de sua criação até a concretude do evento previsto há hipótese normativa e o consequente enlace jurídico daí resultante. O art. 3º do CTN expresso antes encontra nesta interpretação o sentido jurídico precisado em lei.

4. DUPLA ACEPÇÃO DE "TRIBUTO"

O "fato tributário" motivador da "relação jurídica tributária" não se confunde com o "fato tributário" da "relação jurídica financeira". Essa distinção é clareada com a fixação das premissas em relação à impossibilidade de um fato ser doravante visto como puro e quanto à multifocalidade propiciada pelos saberes direcionados à tributação.

Avançando-se um pouco mais, o "fato tributário" sob a perspectiva jurídica encontra-se atrelado às acepções normativas de tributo localizadas em dois subsistemas distintos do direito positivo, daí a possível confusão de pensar o seu sentido sem considerar ambas as representações conferidas pelas Ciências do Direito Financeiro e do Direito Tributário.

Por isso, a delimitação do seu emprego é tão necessária já que a discussão doutrinária não encontrou muita convergência de entendimento nos últimos tempos. E, o mais importante, quando a utilização do termo "fato jurídico tributário" é empregada, há que se elucidar o contexto de sua utilização, se para o Direito Financeiro ou o Direito Tributário, conforme sustentado anteriormente.

---

6. CARVALHO, Paulo de Barros (201, p. 53).

Em síntese, o estudo na ótica jurídica da tributação no Brasil envolve, muitas das vezes, a confusão entre dois ramos científicos distintos, os quais se identificam quanto à estruturação normativa, mas se diferenciam semântica e pragmaticamente.

Já que a extrafiscalidade é o foco do escrito, essa pequena introdução terminológica se presta para mais um recorte, posicionando a presente análise acerca da função extrafiscal do tributo como um fenômeno circundante à Ciência do Direito Tributário. Com isso, para a proposta do artigo será naturalmente deixado de lado considerações relativas à política fiscal ou quanto à destinação dos tributos correspondente à "norma jurídica financeira".

5. FUNÇÕES DO TRIBUTO

Para a compreensão do prisma específico da extrafiscalidade sob o enfoque da Ciência do Direito Tributário é preciso investigar em conjunto o próprio sentido de fiscalidade, correspondendo ambas em funções desempenhadas pelo exercício da tributação pelo Estado. Quando observada a razão de sua existência, o tributo pode, em verdade, assumir três funções.

A primeira função é a *fiscal*, cuja predominância é a que considera a capacidade arrecadatória de recursos por parte do Estado. O abastecimento dos cofres públicos aqui é prioridade, devendo a tributação se dirigir aos núcleos de riqueza mais evidentes e salutares dos sujeitos da sociedade. A sua etimologia indica ser a origem do termo a palavra latina *fiscus* e que era utilizada para designar os cestos nos quais os romanos colocavam o produto arrecadado pelos tributos.

A arrecadação poderá tomar caminhos diversos, sendo dois os mais comuns. Ou se pretende arrecadar para manutenção e conservação do Estado ou para a realização de investimentos e aprimoramentos públicos. Percebe-se que a destinação tende a ser a razão dos tributos predominantemente fiscais, porém esse campo de investigação encontra-se limitado pela Ciência do Direito Tributário.

Por tal motivo, é o imposto a espécie tributária por excelência que cumpre essa missão até então. Nos últimos tempos, outro tipo de tributo passou a exercer tal papel, de modo que a contribuição social demonstrou ter um caráter fiscal evidente, inclusive com poder ainda maior de arrecadação de valores na esfera federal[7].

Já a função *extrafiscal* conduz à ideia de algo que vá para além do objetivo arrecadatório. Essa qualidade é adicionada à fiscalidade é justamente um dos pontos da presente análise. Veja-se que o próprio sufixo "extra" significa algo que vá além de, a mais. Ou seja, além da arrecadação, espera-se algo que extrapole a função de abastecer os cofres públicos com dinheiro.

E, neste caso, é a alteração do comportamento humano, seja para incentivá-la ou refreá-la, o objetivo e a expectativa da norma tributária. Com isso, a indução comportamental representa os estímulos para a realização de determinada conduta normativa, ao passo que a refração procura evitar a sua prática.

O sentido amplo de extrafiscalidade[8] é, pois, o de ser uma técnica estatal de modulação de conduta dos sujeitos que supera a arrecadação de tributos. Por limites constitucionais, o Estado não pode utilizar a extrafiscalidade arbitrariamente, de modo que o seu fim é a realização ou a preservação de um valor.

7.https://www.gov.br/receitafederal/pt-br/centrais-de-conteudo/publicacoes/relatorios/arrecadacao-federal/2023 (acesso em 09/11/2023).

8. "A essa forma de manejar elementos jurídicos usados na configuração dos tributos, perseguindo objetivos alheios aos meramente arrecadatórios, dá-se o nome de extrafiscalidade" (CARVALHO, 2019, p. 145).

De outro lado, atento às premissas fixadas alhures, a extrafiscalidade, em sua acepção estritamente tributária, será identificada em diversos fenômenos correlatos à norma jurídica tributária, tais como a isenção, redução de base de cálculo, alteração de alíquota, concessão de regimes especiais ou outros incentivos e benefícios fiscais.

Finalmente, a função *parafiscal* do tributo indica sua finalidade arrecadatória de maneira colaborativa com outros agentes que não o Estado. O termo "para" faz referência a algo que está ao lado de. No caso, trata-se de um sujeito que está "paralelo" ao Estado, ou seja, uma entretida que exerce a função de arrecadação por parte do Estado, substituindo-o nesta qualidade. Em algumas situações, além da arrecadação, o sujeito também poderá ficar com o produto arrecadado.

Em síntese, a tributação consiste na ação por parte do Estado de tributar e que pressupõe o uso do tributo para tanto. O tributo, sob ótica geral, é, ao mesmo tempo, destinação e imposição. As funções do tributo indicam não somente a transferência de riquezas materiais, mas sobretudo a maneira pela qual os sujeitos de uma sociedade se comportam.

Por tal razão, a utilização do tributo com efeitos extrafiscais, que potencializam a modulação das condutas, deverá observar os valores como maneira de se compreender tal fenômeno sob a égide do Direito Tributário, sendo o princípio da capacidade contributiva a chave de entrada para a visualização da extrafiscalidade aplicada à tributação do consumo.

6. PRINCÍPIO DA CAPACIDADE CONTRIBUTIVA

A capacidade contributiva é o valor inerente à tributação instrumentalizada pelos impostos e pelas contribuições[9].

9. Para aprofundamento temático, vale conferir o verbete "Capacidade contributiva", de autoria de André Mendes Moreira, inserido na Enciclopédia da PUC/SP (2019).

O princípio confere as balizas fundamentais para que o Estado possa exercer o seu poder de tributar que, neste caso, se dirige à riqueza do particular.

O princípio da capacidade contributiva foi objeto de zeloso estudo pela doutrina ao longo dos tempos e encontra expressão normativa no art. 145, §1º, da Constituição do Brasil:

> Art. 145. (...)
>
> § 1º Sempre que possível, os impostos terão caráter pessoal e serão graduados segundo a capacidade econômica do contribuinte, facultado à administração tributária, especialmente para conferir efetividade a esses objetivos, identificar, respeitados os direitos individuais e nos termos da lei, o patrimônio, os rendimentos e as atividades econômicas do contribuinte.

Verificam-se alguns pontos que merecem destaques. O primeiro no que tange à expressão "sempre que possível", o segundo para a terminologia "capacidade econômica" e o terceiro refere-se aos denominados núcleos presuntivos de riqueza.

A suposta faculdade na observância do princípio é apenas aparente. É, em verdade, um mandamento, ou seja, uma ordem posta ao legislador para sua observância no instante de instituir o respectivo tributo.

De fato, a capacidade econômica não se confunde com a contributiva, de modo que tal visão permite alcançar a real dimensão axiológica do princípio. A abertura semântica proporciona, com isso, a sua divisão em três grandes núcleos sobre os quais a tributação encontrará os caminhos para sua realização.

O primeiro núcleo é o da "atividade econômica" e consiste na exploração da economia pela indústria, comércio e serviço. Cada setor desempenha papel fundamental na determinação de uma sociedade, influenciando fatores como emprego, produção de bens e de serviços.

Os tributos inerentes aos setores da atividade econômica são o imposto de importação, imposto de exportação, imposto sobre propriedade industrial, imposto sobre operações financeiras, imposto sobre circulação de mercadorias e imposto sobre serviços.

O rendimento é, por sua vez, o segundo núcleo indicativo de riqueza, remontando ao gênero que engloba diversas espécies dotadas de características e peculiaridades próprias. Seu contexto geral se refere ao produto ou resultado obtido a partir do desenvolvimento de uma atividade econômica. Encontram-se aqui a renda, o faturamento, o lucro, os dividendos, o salário, etc.

A tributação dos rendimentos é obtida através do imposto sobre a renda de pessoas físicas e jurídicas, ganhos de capital, além das contribuições sobre a receita, o faturamento e o lucro, bem assim da folha de pagamentos.

Neste ponto, vale trazer a possibilidade de retroatividade ao primeiro núcleo, uma vez que o rendimento retorna, muitas das vezes, à atividade econômica, num movimento próximo à ideia de que se tem de "consumo".

O patrimônio, por fim, compreende o conjunto de bens, direitos e outros ativos de um determinado sujeito, incluindo também os meios de exploração da atividade econômica, como quotas sociais das empresas, bem assim a sua disponibilização por sucessão ou doação.

Sob o núcleo patrimonial, a tributação brasileira é manejada pelos impostos sobre a propriedade de imóveis, rural e urbana, englobando a sua comercialização, manutenção, aquisição e disposição.

A extrafiscalidade pode atuar nestas três regiões e produzir os efeitos pretendidos em relação ao comportamento dos sujeitos enlaçados na cadeia contributiva delineada acima. Na análise realizada até o momento, a extrafiscalidade é vista como um instrumento para promoção de outros objetivos para além da arrecadação de recursos, tais como a justiça fiscal, o desenvolvimento econômico, a distribuição de renda, a regulação de mercado e a promoção de políticas sociais.

Na primeira situação, a tributação de atividades econômicas pode ser utilizada de maneira extrafiscal para, por exemplo, estimular a criação de empresas e geração de empresas e empregos[10], inclusive de forma regionalizada com o fito de promover o desenvolvimento regional[11]. De outro lado, a gravura com alíquotas majoradas ou procedimentos especiais é uma estratégia para desincentivar o consumo de substâncias prejudiciais à saúde, como o tabaco e o álcool[12].

---

10. É o caso do Estatuto Nacional da Microempresa e da Empresa de Pequeno Porte (Lei Complementar nº 123/2006, regulamentando o art. 146, III, alínea "d", da Constituição: "definição de tratamento diferenciado e favorecido para as microempresas e para as empresas de pequeno porte, inclusive regimes especiais ou simplificados no caso do imposto previsto no art. 155, II, das contribuições previstas no art. 195, I e §§ 12 e 13, e da contribuição a que se refere o art. 239".

11. Aqui o exemplo é fundamentação constitucional de "Regiões" exclusivas, como a Zona Franca de Manaus, conforme preconizado pelo seu art. 43: "Para efeitos administrativos, a União poderá articular sua ação em um mesmo complexo geoeconômico e social, visando a seu desenvolvimento e à redução das desigualdades regionais. § 1º Lei complementar disporá sobre: I - as condições para integração de regiões em desenvolvimento; II - a composição dos organismos regionais que executarão, na forma da lei, os planos regionais, integrantes dos planos nacionais de desenvolvimento econômico e social, aprovados juntamente com estes. § 2º Os incentivos regionais compreenderão, além de outros, na forma da lei: I - igualdade de tarifas, fretes, seguros e outros itens de custos e preços de responsabilidade do Poder Público; II - juros favorecidos para financiamento de atividades prioritárias; III - isenções, reduções ou diferimento temporário de tributos federais devidos por pessoas físicas ou jurídicas; IV - prioridade para o aproveitamento econômico e social dos rios e das massas de água represadas ou represáveis nas regiões de baixa renda, sujeitas a secas periódicas".

12. Trata-se da majoração da carga tributária sobre um produto de acordo com o princípio da seletividade em decorrência da essencialidade do produto: "Art. 153. Compete à União instituir impostos sobre: (...) § 3º. O imposto previsto no inciso IV: I - será seletivo, em função da essencialidade do produto".

Na segunda seara, o rendimento é objeto da extrafiscalidade como forma de promoção de justiça social e distribuição de renda com a utilização de alíquotas progressivas[13]. A equidade é promovida também ao se reduzir ou isentar a tributação de alguns tipos de rendimento, como os dividendos de ações[14], de modo a fomentar a preservação e geração de valores ao capital.

E na terceira conjectura, a extrafiscalidade pode ocorrer também sobre a tributação do patrimônio, seja para promoção de produtividade de propriedades e recursos[15] ou de redistribuição de riqueza para lidar com a desigualdade econômica.

Como visto, o "consumo" está posicionado na relação em que o núcleo rendimento possui com a atividade econômica realizada pela indústria, comércio e serviços, não avançando-se diretamente sobre o patrimônio. Isto porque o gasto do rendimento obtido com a exploração da atividade econômica é consumido com produtos e serviços, ao passo que a permanência do rendimento auferido equivale à construção do núcleo patrimonial.

Com a exposição conferida até aqui, o cerne do escrito é delineado, sendo agora possível alcançar algumas constatações jurídicas sobre a extrafiscalidade na tributação do consumo.

---

13. A progressividade opera mediante a atribuição de uma relação entre base de cálculo e alíquota, de modo a mensurar o bem jurídico alcançado pela tributação. Observa-se a situação no Imposto sobre a Propriedade Rural: "Art. 153. Compete à União instituir impostos sobre: (...) VI - propriedade territorial rural; (...) § 4º O imposto previsto no inciso VI do caput: I - será progressivo e terá suas alíquotas fixadas de forma a desestimular a manutenção de propriedades improdutivas".

14. Constata-se o mecanismo do "juros sobre capital próprio (JCP) instituído pela Lei nº 9.249/95 e seu caráter de despesa dedutível.

15. O IPTU Verde ou Ecológico ilustra o uso do imposto de acordo com a técnica extrafiscal, seja para concessão de alíquotas diferenciadas, por meio de redução de base de cálculo ou isenção, como verificado na Lei nº 7.038/2021, do Município de São Bernardo do Campo/SP.

7. TRIBUTAÇÃO SOBRE O CONSUMO

A palavra "consumo" deriva do latim "consumere", que consiste na combinação entre os termos "con" (junto) e "sumere" (gastar), portanto reflete a ideia de uso ou gasto de algum bem ou serviço de forma a atender alguma necessidade ou desejo humano.

No que tange à cadeia produtiva, consiste na sequência de etapas e atividades que ocorrem na produção de bens e serviços, contemplando a extração da matéria-prima, fabricação do produto final com a sua respectiva distribuição e comercialização ou, ainda, o início e a efetivação do serviço prestado. Observa-se que o consumo está posicionado na etapa final, onde o consumidor utiliza do bem ou frui do serviço adquirido. Nos tempos contemporâneos, as cadeias produtivas ou de consumo tornaram-se complexas, vertical ou horizontalmente.

A tributação do consumo também está ligada à ideia de "tributação indireta", justamente porque o ônus de arcar com o tributo será do usuário final desta cadeia, denominado de "contribuinte de direito", muito embora a incidência tributária ocorra em qualquer uma das etapas vistas anteriormente praticadas por agentes diversos, os chamados "contribuintes de fato".

O consumo sob a perspectiva do princípio da capacidade contributiva foi posicionado na relação entre o momento inicial de aquisição e, posteriormente, o instante do dispêndio de rendimentos, de modo que a sua tributação é utilizada não somente como forma de arrecadação de riqueza, mas também enquanto instrumento de modificação de condutas sociais.

Como exemplo clássico, tem-se a extrafiscalidade ligada ao consumo de bens essenciais conforme abordado acima. A determinação da essencialidade é medida delicada, guardando em si uma técnica estatal muitas das vezes desproporcional diante de sua inerente subjetividade, sendo de fundamental importância para a aferição da capacidade contributiva do contribuinte.

A questão de sua utilização sobre o consumo de combustíveis[16] reflete recentemente o emprego da extrafiscalidade como maneira de alteração de comportamento dos agentes econômicos visando a exploração de novos meios de energia e de tecnologia.

Considerando-se as perspectivas futuras, não se pode deixar de mencionar a reforma tributária e a proposta de criação de um tributo predominantemente extrafiscal denominado “imposto seletivo”[17].

Em suma, a experiência brasileira tem-se mostrado oscilante entre as funções fiscais e extrafiscais assumidas pelo tributo. No entanto, a delimitação e as balizas devem observar a lógica das normas jurídicas tributárias, já que, em última instância, a extrafiscalidade encontrará em sua expressão normativa o seu caráter operacional.

Para além destas pautas, as projeções futuras tendem a indicar um manejo do instrumental extrafiscal destoado da realidade sociocultural de uma determinada sociedade. Em um movimento hierárquico, centralizado e verticalizado, o Estado passa a focar na alteração de comportamentos a sua principal ferramenta de controle social, já que inerente à riqueza do particular.

O Estado pretenderá reger o comportamento dos sujeitos da sociedade, seus hábitos de compra, preferências e influências determinantes de suas escolhas de consumo.

---

16. É o caso da MP nº 1.157/23 que reduziu a zero as alíquotas de PIS/COFINS sobre operações realizadas com óleo diesel, biodiesel e GLP.

17. PEC 45/2019: “Art. 154, III: – impostos seletivos, com finalidade extrafiscal, destinados a desestimular o consumo de determinados bens, serviços ou direitos”.

Além disto, poderá ranquear o consumo e qualificar o contribuinte de acordo com suas práticas individuais ou sociais, temas muito sensíveis para serem manejados indireta e veladamente pelo Estado.

Há, com isso, uma linha estreita entre o atingimento dos valores promovidos com a extrafiscalidade e as consequências danosas advindas de seus efeitos deturpados. Por isso, antes da justificativa ou da busca de sua finalidade, é preciso observar como a extrafiscalidade se exprimir normativamente.

Assim, entre limites e possibilidades, o aspecto normativo da extrafiscalidade deve ser conhecido e manejado nos seus estritos termos jurídicos-positivos, como delineado neste escrito, sob o risco de dar-se tratamento equivocado a um instituto poderoso e tão peculiar ao Direito Tributário.

8. CONCLUSÃO

O "fato tributário" é cientificamente investigado sob diversos ângulos possíveis, tais como o social, político, histórico, psicológico, econômico e jurídico. Sob a perspectiva do recorte jurídico, a adoção dos pressupostos da Escola do Constructivismo contribuiu para enquadrar o fato tributário como objeto de estudo da Ciência do Direito.

De igual modo, tanto o Direito Tributário quanto o Direito Financeiro se dirigem ao texto positivado na função de descrever, a partir do plano da expressão, o conceito de tributo inserido pelo legislador no sistema do direito positivo. A compreensão do fenômeno da tributação é segmentada, embora com área de intersecção, entre o Direito Financeiro e o Direito Tributário.

Portanto, esses dois subsistemas devem ser vistos enquanto perspectivas distintas do fato tributário já na ótica jurídica, daí a necessidade do duplo recorte no avançar do escrito com a interpretação do conceito de tributo previsto nos arts. 9º, da Lei 4.320/64 e 3º, do CTN.

O tributo possui duas significações, uma para o Direito Financeiro e outra para o Direito Tributário. Essa primeira constatação permitiu clarificar que a expressão "fato tributário" na acepção jurídica dará ensejo a dois sentidos que não se confundem. E mais, com a adoção da estrutura hipotética-condicional de se visualizar a norma jurídica, o "fato tributário" corresponderá à hipótese normativa, respectivamente, da norma jurídica financeira e da norma jurídica tributária.

A extrafiscalidade, por sua vez, se analisada sob o viés da Ciência do Direito Tributário, estará ligada inevitavelmente à "norma jurídica tributária", deixando-se sobrestada a análise deste fenômeno por parte da Ciência do Direito Financeiro e os possíveis reflexos sobre política fiscal e destinação dos tributos, resultando em mais um corte analítico necessário ao desenvolvimento temático.

Para uma primeira aproximação da compreensão da extrafiscalidade, observou tratar-se ser uma função desempenhada pelo tributo ao lado da fiscalidade. Portanto, se a fiscalidade tem na força arrecadatória que um tributo assume, a extrafiscalidade representa uma expectativa para além da arrecadação. Dada tal constatação, a extrafiscalidade se vale da força prescritiva das normas jurídicas para determinar comportamentos dos sujeitos de uma sociedade.

O Estado, portanto, terá sob sua disposição inúmeras ferramentas para manejar o tributo, sendo as suas espécies o leque de possibilidades para tanto. Os impostos tendem a guardar a função de arrecadação inicialmente, mas atualmente são as contribuições sociais que representam o maior potencial arrecadatório.

Independentemente de qual a espécie tributária, a característica de sua extrafiscalidade poderá estar presente, porém, o mais comum é a sua constatação nos impostos e nas contribuições, haja vista sua predisposição à conduta particular. Por tal razão, a sua delimitação deverá observar os princípios, principalmente o da capacidade contributiva.

O valor guardado pela capacidade contributiva é o de refletir a justiça na forma da equidade da carga tributária, a qual se voltará aos núcleos indicativos da riqueza do particular. A atividade econômica, o rendimento e o patrimônio serão alvos do poder de tributar, de modo que há uma relação intrínseca que conecta e confere o fluxo tributante do Estado.

O consumo, por sua vez, foi posicionado no intermédio da atividade econômica e do rendimento, mas na sua força retrógrada, já que o ganho auferido é utilizado novamente com o consumo de mais atividades econômicas e assim sucessivamente.

Alterar o comportamento de consumo como pretendido pela função extrafiscal do tributo é um tema sensível de abordagem, justamente por envolver questões que em muito extrapolam o limite da norma jurídica tributária. Contudo, inevitavelmente, a extrafiscalidade sempre se operará normativamente, daí a importância do recorte conferido pela Ciência do Direito Tributário na identificação de seus limites e valores.

As perspectivas futuras do manejo da extrafiscalidade são incomensuráveis e passarão a ser utilizadas cada vez mais pelo Estado, já que a sua essência é o controle e a estabilização das relações sociais. Se suas perspectivas são evidentes, os seus limites nem tanto.

BIBLIOGRAFIA

ATALIBA, Geraldo. Hipótese de incidência tributária. 6 ed. São Paulo: Malheiros, 2021.

BALEEIRO, Aliomar. Limitações constitucionais ao poder de tributar. Rio de Janeiro: Forense, 2003.

BRANCO, Heitor Kulig Branco. Reflexos Jurídicos da Desvinculação de Receitas na Destinação dos Tributos. São Paulo: Dialética, 2021.

CARVALHO, Aurora, T. DE. *Curso de Teoria Geral do Direito*. 6 ed. São Paulo: Noeses, 2019.

______________. (Cood). *Constructivismo Lógico-semântico*. São Paulo: Noeses, 2014.

CARVALHO, Paulo de Barros. *Direito Tributário*: Fundamentos Jurídicos da Incidência. 6 ed. São Paulo: Saraiva, 2008.

______________. *Entre a forma e o conteúdo na desconstituição dos negócios jurídicos simulados*. Revista Brasileira de Direito Tributário e Finanças Pública, Porto Alegre, v. 8, n. 47, p. 24-48, nov./dez. 2014.

______________. *Curso de Direito Tributário*. 30 ed. São Paulo: Saraiva, 2019.

______________. *Direito Tributário: Linguagem e Método*. 6 ed. São Paulo: Noeses, 2015.

CARRAZZA, Beth. IPTU e progressividade, igualdade e capacidade contributiva. 2 ed. São Paulo: Quartier Latin, 2015.

COSTA, Regina Helena. Princípio da capacidade contributiva. 4 ed. São Paulo: Malheiros Editores, 2012.

MOREIRA, André Mendes. Capacidade contributiva. Enciclopédia jurídica da PUC-SP. Celso Fernandes Campilongo, Alvaro de Azevedo Gonzaga e André Luiz Freire (coords.). Tomo: Direito Tributário. Paulo de Barros Carvalho, Maria Leonor Leite Vieira, Robson Maia Lins (coord. de tomo). 1. ed. São Paulo: Pontifícia Universidade Católica de São Paulo, 2017. Disponível em: https://enciclopediajuridica.pucsp.br/verbete/264/edicao-1/capacidade-contributiva

SANTOS, Nélida, C.. A Capacidade Contributiva e os Símbolos de Riqueza. São Paulo: Lex Editora, 2007.

TORRES, Ricardo Lobo. Curso de direito financeiro e tributário. Rio de Janeiro: Renovar, 2001.

TEMA: EMBARGOS À EXECUÇÃO FISCAL E COMPENSAÇÃO TRIBUTÁRIA: ALTERNATIVAS À JURISPRUDÊNCIA RESTRITIVA DO STJ

Íris Vânia Santos Rosa[1]

1. INTRODUÇÃO AO TEMA

As complexidades das relações jurídicas em matéria tributária podem implicar, consequentemente, em grandes discussões agora de cunho processual das quais hoje destacamos dentro do sistema de precedentes adotado pelos Tribunais Superiores, aquelas relacionadas ao pedido de compensação tributária.

Importa-nos no presente artigo o posicionamento adotado pelo STJ no bojo do EREsp nº 1.795.347/RJ a partir da perspectiva da teoria dos precedentes com o intuito de

---

1. Advogada, Mestre e Doutora em Direito Tributário pela PUC/SP, especialista em Direito Tributário pelo IBET/SP e especialista em Processo Tributário pela PUC/SP, Sócia do escritorio SAAD, Santos Rosa, Behling e Munhoz, Professora do Mestrado do IBET, de Direito Tributário e Processo Tributário do Curso de Graduação da Fundação Santo André (FSA); Professora dos Cursos de Especialização do COGEAE-PUC/SP e do Instituto Brasileiro de Estudos Tributários (IBET).

averiguar se, por meio dele, foi realizada a superação do Tema 294 do STJ (Resp 1.008.343/SP).

Assim como averiguar, consequentemente, se houve adequação da decisão tomada pelo STJ no bojo do EREsp nº 1.795.347/RJ para com os objetivos esperados no sistema de precedentes brasileiro, e caso negativo, quais as alternativas à jurisprudência restritiva do STJ.

Como precedente qualificado, o Tema 294 STJ, levou a julgamento a questão referente à possibilidade de alegação da compensação nos embargos à execução, em decorrência do advento da Lei n.º 8.383/91, desde que se trate de crédito líquido e certo, como o resultante de declaração de inconstitucionalidade da exação, bem como quando existente lei específica permissiva da compensação.

A tese firmada levava em consideração que a compensação efetuada pelo contribuinte, antes do ajuizamento do feito executivo, poderia figurar como fundamento de defesa dos embargos à execução fiscal, a fim de ilidir a presunção de liquidez e certeza da CDA, máxime quando, à época da compensação, restaram atendidos os requisitos da existência de crédito tributário compensável, da configuração do indébito tributário, e, da existência de lei específica autorizativa da citada modalidade extintiva do crédito tributário.

Antes de quaisquer considerações a respeito do tema em questão, faz-se necessário traçar o caminho percorrido com a propositura da ação de Execução Fiscal e todo o movimento procedimental que autoriza à oposição dos embargos a execução fiscal.

Ademais, interessa conhecer o "nosso" sistema de precedentes que prevê que uma decisão judicial relativa a determinado caso pode servir de diretriz para julgamento de processos análogos, tendo como objetivo proporcionar, juntamente com a redução da espera por resposta para quem recorre ao Judiciário, segurança jurídica por meio de decisões harmônicas e equânimes.

Dentro desse cenário, a decisão restritiva tomada pelo STJ no bojo do EREsp nº 1.795.347/RJ nos conduz a algumas alternativas a serem conduzidas de forma administrativa e judicial.

2. EXECUÇÃO FISCAL E SEUS EMBARGOS

O executivo fiscal visto como *veículo processual tendente a <u>expropriar</u> o patrimônio do contribuinte, forçando o pagamento*[2], representa ação de iniciativa dos entes públicos (União, Estados, DF e Municípios), portanto do tipo exacional que atende ao rito executivo.

Regida pela Lei nº 6.830/80 e subsidiariamente pelo Código de Processo Civil -CPC, exige, basicamente, 03 (três) pressupostos sua para existência[3]: (i) Lançamento/Processo Administrativo Tributário; (ii) Título executivo (art. 784, IX do CPC): Certidão da Dívida Ativa (CDA) –; (iii) Liquidez, Certeza e exigibilidade (art. 783 do CPC).

Exige efetivamente segundo seu artigo 8º, o pagamento do débito em 05 (cinco) dias sob pena de penhora de bens.

Sua defesa ordinária com a oposição dos Embargos a Execução Fiscal, segue o rito de conhecimento e possui natureza jurídica tributária de ação autônoma conjugada a incidente, já que tradicionalmente prevista pelo artigo 16 da Lei nº 6830/1980 (LEF) comporta também aplicação do artigo 336 do Código de Processo Civil, visto a necessária o princípio da eventualidade (Preclusão Consumativa) o qual exige a contraposição de todos os argumentos de defesa.

---

2. CONRADO, Execução Fiscal, pág.24.

3. ROSA, Iris Vânia Santos, A Penhora "On Line" em Execução Fiscal, pág. 122.

Assim como no executivo fiscal, alguns requisitos são também exigidos para oposição de Embargos à Execução Fiscal (artigo 16 LEF), pois, a partir da garantia do juízo inicia-se o prazo de 30 (trinta) dias para sua oposição: (i) do depósito em dinheiro; (ii) da juntada da prova da fiança bancária ou seguro garantia; (iii) da intimação da penhora.

A oposição de embargos à execução fiscal depois da penhora de bens do executado não suspende automaticamente os atos executivos, fazendo-se necessário que o embargante demonstre a relevância de seus argumentos ("fumus boni juris") e que o prosseguimento da execução poderá lhe causar dano de difícil ou de incerta reparação ("periculum in mora").

Cabe ressaltar, ademais, que, embora por fundamentos variados - fazendo uso da interpretação sistemática da LEF e do CPC, trilhando o caminho da teoria do diálogo das fontes ou utilizando da interpretação histórica dos dispositivos, a conclusão acima exposta tem sido adotada predominantemente no STJ.

3. SISTEMA DE PRECENDENTES

Vale considerar que o precedente representa a decisão judicial tomada à luz de um caso concreto, cujo núcleo essencial pode servir como diretriz para o julgamento posterior de casos análogos[4].

Tal provocação diverge do conceito de jurisprudência que corresponde ao termo jurídico, que significa o conjunto das decisões, aplicações e interpretações das leis. A jurisprudência pode ser entendida de três formas: (i) decisão isolada de um tribunal que não caiba mais recursos; (ii) pode ser um conjunto de decisões reiteradas dos tribunais,

---

4. DIDIER JR, Fredie; 2013.

ou (iii) as súmulas de jurisprudência, que são as orientações resultantes de um conjunto de decisões proferidas com mesmo entendimento sobre determinada matéria.

Em sede recursal, insta considerar que os recursos ordinários se prestam a defesa dos interesses subjetivos e objetivam fazer justiça dentro de uma fundamentação livre exercitada pelo Recurso de Apelação ou Agravo de Instrumento, por exemplo.

Situação totalmente diferente daquela exercida pelos recursos excepcionais que focam na defesa da integridade da ordem normativa, exercendo assim uma fundamentação vinculada representada pelo Recurso Especial (RESP) direcionado ao STJ e Recurso Extraordinário (RE) ao STF. Esses recursos são os instrumentos que instauram as devidas discussões nos tribunais respectivos.

O STF manobra a chamada Repercussão Geral. Não há um conceito legal ou constitucional já que o próprio STF fixará o conteúdo semântico do § 1º, art.1035 do CPC no que tange as *"questões relevantes do ponto de vista econômico, político, social ou jurídico (...)"*. Deve ser demonstrado que as questões postas para apreciação do STF ultrapassam os interesses subjetivos dos litigantes.

Trata-se do sistema de filtro que faz com que o STF análise questões cuja importância transcenda à daquela causa em que o recurso foi interposto, já que os temas trazidos à discussão devem ter relevância à nação.

No que envolve várias demandas advindas de todos os Tribunais de Justiça e Tribunais Regionais Federais do Brasil, destaca-se o Recurso Representativo de Controvérsia (Recurso Repetitivo), com destaque ao art. 1036 do CPC envolvendo tanto o RE quanto o RESP desde que houver multiplicidade de recursos sobre uma mesma matéria poderá suspender os recursos nos Tribunais de segunda instância; (§ 1° – 2 ou mais – representativos).

Dentro dessa sistemática, analisada a matéria (Presidente ou Vice), os recursos que ficaram sobrestados na segunda instância: (artigo 1040 CPC): (i) terão seu seguimento denegado na hipótese do acórdão recorrido coincidir com a orientação do STF/STJ; (ii) serão novamente examinados pelo Tribunal de Apelação na hipótese do acórdão recorrido divergir da orientação do STF/STJ. Nesse caso se for mantida a decisão pelo Tribunal de apelação, será realizado o juízo de admissibilidade do recurso especial.

Os instrumentos que manipulam possíveis precedentes judiciais: (i) incidente de resolução de demandas repetitivas; (ii) incidente de assunção de competência; (iii) reclamação.

Existem 02 (dois) tipos de precedentes: (i) precedente vinculante; (ii) precedente não vinculante (persuasivo ou argumentativo).

Os precedentes **vinculantes**, são de aplicação obrigatória, não podendo os órgãos jurisdicionais a eles vinculados, deixar de aplicá-los e/ou decidir contrariamente. Ou seja, havendo precedente vinculante não é legítimo decidir de modo diverso.

Os precedentes **não vinculantes** são meramente argumentativos, não podem ser ignorados pelos órgãos jurisdicionais, porém podem decidir de modo distinto, desde que o pronunciamento judicial venha acompanhado de fundamentação que justifique plenamente a não aplicação do precedente, admissível, portanto, decisão conflitante desde que com justificativa adequada.

Na ordem jurídica brasileira, três "espécies" de precedentes judiciais oriundos do STF/STJ: (i) precedentes do STF que ensejaram a edição de Súmula Vinculante ou que foram proferidos em sede de controle concentrado de constitucionalidade - possuidores de força vinculante; (ii) precedentes oriundos de julgamentos realizados nos termos dos arts. 543-B e 543-C do CPC - possuidores de uma força persuasiva "qualificada"; (iii) precedentes oriundos de julgamentos não submetidos à sistemática prevista nos arts. 543-B e 543-C do CPC - possuidores de uma força persuasiva "ordinária".

Assim, reconhecemos o Tema 294 do STJ (Resp 1.008.343/SP) como precedente possuidor de uma força persuasiva "qualificada" e o EREsp nº 1.795.347/RJ julgado no ano de 2021como precedente possuidor de força persuasiva "ordinária", mas que não resolvem efetivamente a questão posta em discussão.

4. EMBARGOS À EXECUÇÃO FISCAL E COMPENSAÇÃO TRIBUTÁRIA: ALTERNATIVAS À JURISPRUDÊNCIA RESTRITIVA DO STJ

Como hipótese de extinção do crédito tributário, segundo o artigo 156, inciso II do CTN, a compensação tributária se torna possível desde que atenda a requisitos essenciais: (i) autorização legal; (ii) obrigações recíprocas e específicas entre o Fisco e o contribuinte; (iii) dívidas líquidas e certas.

Ocorre que, a compensação tributária, a teor do que dispõe o § 3º do art. 16 da Lei 6.830/1980, não será admitida nos embargos à execução fiscal.

Na exposição de motivos da Lei nº 6.830/1980 o legislador instituiu a vedação da compensação nos embargos com base nos seguintes motivos:

- ✓ evitar discussões infundadas sobre créditos pendentes de constituição ou, ainda, desprovidos dos requisitos de liquidez e certeza; e
- ✓ necessidade de observância do art. 170 do CTN[5].

5. O art. 170 do Código Tributário Nacional prevê que: **"A lei pode, nas condições e**

O alcance dessa vedação foi objeto de longo debate jurídico e, em 09.12.2009, de apreciação da Primeira Seção do Superior Tribunal de Justiça (STJ), no julgamento do REsp 1.008.343/SP (Tema 294) sob o regime de recurso repetitivo, com a definição da seguinte tese: **"a compensação efetuada pelo contribuinte, antes do ajuizamento do feito executivo, pode figurar como fundamento de defesa dos embargos à execução fiscal, a fim de ilidir a presunção de liquidez e certeza da CDA".**

Art. 170 do CTN não é uma norma autoaplicável, pois não garante, por si só, o direito de compensação. Trata-se de uma norma geral de direito tributário, que estabelece a possibilidade de o legislador ordinário disciplinar sobre a matéria, o que, no âmbito dos tributos e das contribuições federais, somente ocorreu com a publicação das Leis 8.383/1991 (art. 66) e 9.430/1996 (arts. 73 e 74).

No entanto, para sua aplicação, a Primeira Seção do STJ definiu ainda que seria necessário o atendimento, à época da compensação, dos seguintes requisitos:

- ✓ a existência de crédito tributário compensável;
- ✓ a configuração do indébito tributário; e
- ✓ a existência de lei específica autorizativa da modalidade extintiva do crédito tributário.

A controvérsia, a despeito disso, não foi encerrada com a publicação do acórdão paradigmático, na medida em que os tribunais e até mesmo as turmas que compõem a Primeira Seção do STJ passaram a divergir sobre o alcance da tese firmada no julgamento do Tema 294/STJ, ou seja,

---

sob as garantias que estipular, ou cuja estipulação em cada caso atribuir à autoridade administrativa, autorizar a compensação de créditos tributários líquidos e certos, vencidos e vincendos, do sujeito passivo contra a Fazenda Pública".

se a compensação indeferida (não homologada) poderia ser utilizada como matéria de defesa dos embargos.

A aplicação da tese firmada no julgamento do REsp 1.008.343/SP (Tema 294) gerou, no plano pragmático, duas vertentes interpretativas:

- a compensação efetuada pelo contribuinte, em momento anterior à execução fiscal, poderá ser alegada como fundamento de defesa nos embargos à execução fiscal, ainda que não tenha sido homologada (indeferida); e
- a compensação efetuada pelo contribuinte, em momento anterior à execução fiscal, somente poderá ser alegada como fundamento de defesa nos embargos à execução fiscal se tiver sido homologada (deferida).

Nesse contexto, após tentativa de instauração de divergência voltada a definir a correta interpretação do referido tema, a Primeira Seção do STJ concluiu, no julgamento do EREsp 1.795.347/RJ, em 27.10.2021, que ambas as turmas (1^a e 2^a) que a compõem alinharam o entendimento de que **a compensação tributária indeferida na esfera administrativa não pode ser questionada via embargos à execução fiscal, por óbice imposto no art. 16, § 3º, da Lei 6.830/1980**.

Inclusive tal posicionamento reflete em recente decisão do STJ nesse sentido:

Compensação indeferida na esfera administrativa. Alegação em sede de embargos à execução fiscal. "A jurisprudência do STJ é no sentido de que a compensação indeferida na esfera administrativa não pode ser deduzida em embargos à execução fiscal." (AgInt no AREsp 1.890.996/RJ, relator ministro Sérgio Kukina, Primeira Turma, julgado em 14/8/2023, DJe de 16/8/2023).

Não se trata, como abordado no julgamento do EREsp 1.795.347/RJ, de simples alinhamento da interpretação acerca do alcance do Tema 294/STJ para decidir o caso concreto, mas de **verdadeira redefinição dos contornos da tese em si**, pois é inegável que, por mais de 11(onze) anos, a 1ª Turma da Primeira Seção do STJ adotava o entendimento de que a compensação (indeferida ou não) na esfera administrativa poderia ser alegada como fundamento de defesa nos embargos à execução fiscal.

Os reflexos do não conhecimento da divergência de interpretação dada à tese firmada no julgamento do Tema 294/STJ poderá ser identificado imediatamente no plano pragmático, tais como:

- ❖ (i) insegurança jurídica;
- ❖ (ii) ausência de credibilidade sobre a jurisprudência do STJ;
- ❖ (iii) admissão das duas vertentes interpretativas no ordenamento jurídico;
- ❖ (iv) incerteza do jurisdicionado acerca da linha interpretativa que deve seguir;
- ❖ (v) extinção sem julgamento dos embargos à execução fiscal, com fundamento na interpretação equivocada dada ao § 3º do art. 16 da Lei 6.830/1980;
- ❖ (vi) multiplicidade de novas ações ordinárias para abordar a mesma matéria de defesa; e
- ❖ (vii) desvirtuamento do sistema de precedentes vinculantes, entre outros.

Inicialmente cumpre-nos destacar que, caso a orientação pelo descabimento dos embargos à execução fiscal venha a ser chancelada pela Corte em precedente vinculante, seria recomendável a modulação de efeitos, com base no artigo 927, § 3º, do Código de Processo Civil.

Entendemos ser necessária a aplicação da modulação de precedentes, que por ser uma técnica adotada pelos tribunais pode evitar que a (nova) interpretação do direito por eles elaborada tenha efeitos retroativos, e, assim, atinja situações consolidadas ou casos judiciais pendentes.

A modulação dos efeitos da mudança de entendimento acerca do alcance do Tema Repetitivo 294/STJ preservaria a credibilidade do ordenamento jurídico como um todo e asseguraria tratamento isonômico, na medida em que evitaria a punição de contribuintes que exerceram seus direitos de acordo com a interpretação vigente à época da oposição dos embargos à execução.

5. ALTERNATIVAS À JURISPRUDÊNCIA RESTRITIVA DO STJ.

Diante da jurisprudência restritiva do STJ e em face das inúmeras execuções fiscais que discutem débitos cuja constituição decorre da não homologação de compensação, cabe-nos destacar alternativas para solução da questão.

Tais alternativas integram em parte o que chamamos de outros mecanismos de solução de conflitos, por meio do pedido de revisão de dívida inscrita (PRDI), e/ou ainda, a possibilidade de manipular os embargos à execução fiscal opostos para que seja convertido em ação anulatória.

O chamado PRDI, pedido de revisão de dívida ativa inscrita tem por finalidade promover, como o próprio nome já indica, uma reanálise de débitos já inscritos em dívida ativa da União diante de alguma razão que influencie no todo ou em parte do débito. O PRDI é regulamentado pela Portaria PGFN nº33/2018.

Dentre as matérias que, segundo o artigo 15 da citada Portaria, estão entre aquelas arguíveis via PRDI estão o pagamento, a **compensação**, a retificação da declaração, a suspensão de exigibilidade do crédito tributário por decisão judicial, o erro no preenchimento da declaração, o vício formal na constituição do crédito, a decadência ou a prescrição. Além disso, prevê também a possibilidade de suscitar a anulação total ou parcial do crédito tributário que tenha sido constituído com base em questão decidida favoravelmente ao contribuinte em recurso (especial ou extraordinário) de cunho repetitivo.

Veja que a compensação no contexto do PRDI será possível quando o valor inscrito em dívida ativa seja justamente aquele indicado em uma declaração de compensação anterior à inscrição.

Insta consignar que o PRDI tem força para suspender os processos em curso já que há interesse mútuo para solução do conflito.

Entende-se ainda que seja possível pleitear, aplicando-se o sincretismo processual, a conversão dos embargos à execução em ação anulatória[6], por possuírem a mesma natureza de ação de conhecimento, que viabilizaria o exercício do direito à ampla defesa e atenderia ao princípio da inafastabilidade do Poder Judiciário.

---

6. Este entendimento vem sendo acolhido pelo Judiciário, a exemplo de duas decisões da Justiça Federal de São Paulo – autos nº 0012727-20.2018.4.03.6182, o juiz federal Joao Roberto Ottavi Junior, considerando "que a ação foi recebida e processada em conformidade com a interpretação até então vigente sobre a possibilidade de utilização dos embargos para convalidar compensação anteriormente realizada, tenho que não se pode dar preferência ao formalismo, resultante de aparente mudança dessa interpretação, em detrimento da finalidade do processo, que é a entrega do direito às partes, pondo fim à lide", deferiu "a conversão do rito processual eleito para que os presentes embargos à execução fiscal prossigam como ação anulatória, mantendo-se hígida a garantia prestada até o trânsito em julgado", e ainda, autos nº 5003298-07.2019.4.03.6182, o juiz federal Erik Frederico Gramstrup reconheceu que "os embargos foram recebidos à luz de certo entendimento jurisprudencial fixado em precedente, que agora, aparentemente, está sendo reinterpretado pelo E. STJ, a ponto de que não se possa chegar ao julgamento do mérito do feito, parece razoável, à luz dos princípios já invocados, que se consertem as formas para que o resultado prático da prestação jurisdicional prevaleça. (...) Por todo exposto, defiro a conversão do rito processual eleito, para que estes Embargos à Execução prossigam como Ação Anulatória de Débito Fiscal, preservada a garantia até o trânsito em julgado".

O próprio Ministro Gurgel de Faria, enquanto relator, no julgamento dos Embargos de Divergência nº 1.795.347/RJ, afirmou que *"não se está a afastar do Judiciário a análise do ato administrativo que indeferiu a compensação pleiteada pelo contribuinte. Contudo, os embargos à execução não são a via adequada para perquirição de tais questões, que devem ser ventiladas em meio judicial próprio"* — diga-se, ação anulatória.

O sincretismo processual traduz uma tendência do direito processual, de combinar fórmulas e procedimentos, de modo a possibilitar a obtenção de mais de uma tutela jurisdicional, *simpliciter et de plano* (de forma simples e de imediato), no bojo de um mesmo processo, com o que, além de evitar a proliferação de processos, simplifica (e humaniza) a prestação jurisdicional.

Aplica-se também o princípio da instrumentalidade das formas, da primazia do julgamento de mérito e do artigo 6º do CPC que impõe que todos os sujeitos do processo devem cooperar para viabilizar a decisão de mérito, será importante que o Poder Judiciário acomode a discussão jurídica a ele apresentada, ainda que por meio dessa conversão dos embargos à execução fiscal em ação anulatória.

Com o descabimento dos embargos à execução fiscal para discutir débito oriundo de compensação não homologada pelo Fisco, há que se permitir a conversão dos embargos à execução fiscal em ação anulatória ou, ao menos, sua extinção sem resolução de mérito para viabilizar o manejo da anulatória para que o contribuinte tenha acesso à adequada prestação jurisdicional que efetivamente examine o mérito.

Nesse último caso, importa considerar a questão da prescrição já que o art. 169 do CTN "prescreve em dois anos a ação anulatória da decisão administrativa que denegar a restituição". Há decisões entendendo que tal prazo também seria aplicável para ação anulatória quando o débito decorrer de compensação não homologada. Esse ponto é controvertido na jurisprudência[7].

A ideia não será essa já que o que se pretende efetivamente visa a solução imediata dos conflitos envolvendo pedidos de compensação, as cobranças das dívidas ativas pela execução fiscal e suas defesas com a possibilidade de redução das complexidades.

Por fim, já que estamos em plena fase de reforma tributária e do processual tributário, apenas em caráter informativo e preservadas suas especificidades, destacamos grande semelhança do que foi desenvolvido durante o presente artigo ao que pretende o § 2º do Artigo 15, do PL 2488/2022, que visa a partir do depósito do montante integral administrativo a exclusividade da ação anulatória de débito fiscal.

Isso indica importante evolução no que diz respeito a autoexecutoriedade do contribuinte, e, ainda, na redução dos processos judiciais em curso ou pelo menos na configuração de processos mais efetivos e justos.

6. CONCLUSÕES

- ✓ a teor do que dispõe o § 3º do art. 16 da Lei 6.830/1980, na compensação não será admitida nos embargos à execução fiscal;
- ✓ O Tema 294 STJ(Resp 1.008.343/SP), levou a julgamento a questão referente à possibilidade de alegação da compensação nos embargos à execução,

7. Há precedentes reconhecendo que a extinção da ação primitiva sem exame do mérito interrompe o prazo para o ajuizamento da segunda. Logo, há argumentos consistentes para sustentar que a extinção dos embargos à execução, sem reexame do mérito, interromperia o prazo para o ajuizamento da ação anulatória, caso o pedido de conversão, mencionado acima, não seja acolhido.

em decorrência do advento da Lei n.º 8.383/91, para crédito líquido e certo, como o resultante de declaração de inconstitucionalidade da exação, bem como quando existente lei específica permissiva da compensação.

- ✓ A tese firmada levava em consideração que a compensação efetuada pelo contribuinte, antes do ajuizamento do feito executivo, poderia figurar como fundamento de defesa dos embargos à execução fiscal, a fim de ilidir a presunção de liquidez e certeza da CDA, máxime quando, à época da compensação, restaram atendidos os requisitos da existência de crédito tributário compensável, da configuração do indébito tributário, e, da existência de lei específica autorizativa da citada modalidade extintiva do crédito tributário.

- ✓ Após tentativa de instauração de divergência voltada a definir a correta interpretação do referido tema, a Primeira Seção do STJ concluiu, no julgamento do EREsp 1.795.347/RJ, em 27.10.2021, que ambas as turmas (1ª e 2ª) que a compõem alinharam o entendimento de que **a compensação tributária indeferida na esfera administrativa não pode ser questionada via embargos à execução fiscal, por óbice imposto no art. 16, § 3º, da Lei 6.830/1980**.

- ✓ Caso a orientação pelo descabimento dos embargos à execução fiscal venha a ser chancelada pela Corte em precedente vinculante, seria recomendável a modulação de efeitos, com base no artigo 927, § 3º, do Código de Processo Civil.

- ✓ Diante da jurisprudência restritiva do STJ e em face das inúmeras execuções fiscais que discutem débitos cuja constituição decorre da não homologação de compensação, trazemos 02 (duas) alternativas para solução da questão: (i) integra o que chamamos de outros mecanismos de solução de conflitos, por meio do pedido de revisão de dívida inscrita (PRDI), e/ou ainda, (ii) a possibilidade de manipular os embargos à execução fiscal opostos para que seja convertido em ação anulatória, baseados no sincretismo processual.

REFERÊNCIAS BIBLIOGRÁFICAS

CONRADO, Paulo César, Processo Tributário, Quartier Latin: São Paulo, 2ª Edição, 2.007;

_____; Execução Fiscal, Editora Noeses, 2013;

CARVALHO, Paulo de Barros. *Direito tributário*: fundamentos jurídicos da incidência. 5. ed. São Paulo: Saraiva, 2006;

_____; Curso de Direito Tributário, 22ª Edição, São Paulo, Saraiva, 2.010;

DIDIER JR, Fredie, Curso de Direito Processual Civil, Volume 2, 8ª Edição, Salvador, 2013;

FUX, Luiz, Curso de Direito Processual Civil, 3ª Edição, Rio de Janeiro, 2.005.

ROSA, Íris Vânia Santos, A Penhora na Execução Fiscal: Penhora "On Line" e o princípio da Menor Onerosidade – Editora Noeses: São Paulo: 2014.

A RESPONSABILIDADE DOS *MARKETPLACES* PELO RECOLHIMENTO DO ICMS EM TEMPOS DE ECONOMIA DIGITAL

Iris Vânia Santos Rosa[1]

Silvia Regina Zomer[2]

Ísis Ariana Castro de Melo[3]

INTRODUÇÃO

O ser humano tem vivido, dia após dia, os reflexos da *ultravelocidade* que, de modo sinestésico e até contraditório,

---

1. Mestre e Doutora em Direito Tributário pela Pontifícia Universidade Católica de São Paulo, professora do Mestrado do Instituto Brasileiro de Estudos Tributários - IBET, professora de Direito Tributário e Processo Tributário do Curso de Graduação do Centro Universitário, Fundação Santo André – CUFSA, Advogada. Iris.rosa@advcaciasaad.com.br

2. Mestre e doutora em Direito Tributário pela Pontifícia Universidade Católica de São Paulo, professora dos cursos de Especialização e Mestrado em Direito Tributário do Instituto Brasileiro de Estudos Tributários – IBET. s.zomer@uol.com.br

3. Mestranda em Direito Tributário pelo Instituto Brasileiro de Estudos Tributários – IBET, Especialista em Direito Tributário pelo Instituto Brasileiro de Estudos Tributários- IBET e Advogada.isiscastro@castroecastro.com.br

dilui fronteiras, encurta distâncias e corrói o tempo. Se os televisores já foram considerados "janelas para o mundo", os aparelhos celulares, conectados à internet, colocaram-no, quase que literalmente, na "palma das mãos". E a experiência pandêmica ocasionada pelo vírus SARS-CoV-2 terminou por acelerar o já apressado avanço tecnológico, descortinando o "mundo de compras *on-line*" dos mais variados produtos.

Atentos à novel tendência e no intuito de incrementar a arrecadação, alguns Estados têm atribuído, àqueles que se valem de plataformas virtuais para conectar fornecedores e compradores nas operações de circulação de mercadorias, a responsabilidade pelo recolhimento do ICMS, seja em decorrência da intermediação, pura e simples, de tais negócios jurídicos, seja em virtude do descumprimento de deveres instrumentais por parte do contribuinte.

Destarte, tendo em vista as mudanças ocorridas na realidade social e a introjeção de novos enunciados prescritivos relacionados à sujeição passiva do imposto em tratamento, pretende-se investigar, no presente artigo, qual o limite do legislador ordinário na atribuição de responsabilidade tributária aos *marketplaces*, considerando-se a sua função de intermediador das compras e vendas realizadas entre fornecedores e consumidores.

A pergunta que será respondida no presente trabalho é: tendo em vista os enunciados prescritivos veiculados pela Constituição Federal, pelo Código Tributário Nacional e pela Lei Complementar nº 87/1996, qual o âmbito de competência do legislador ordinário no tocante à imputação de responsabilidade às operadoras de *marketplace* pelo recolhimento do ICMS devido em virtude das operações de circulação de mercadorias que intermedia?

A fim de responder a esse questionamento, apresenta-se, inicialmente, as premissas filosóficas adotadas na construção do raciocínio, para em seguida passar à reflexão acerca da virtualização das relações e do surgimento do *e-commerce*; realizar a definição do conceito de *marketplace*, delimitando seu regime jurídico; analisar a sujeição passiva da relação jurídica tributária, distinguindo o contribuinte do responsável e; por fim, avaliar a liberdade para a definição do responsável tributário a partir dos enunciados prescritivos veiculados pela Constituição Federal, pelo Código Tributário Nacional e pela Lei Complementar nº 87/1996.

1. O MÉTODO UTILIZADO PARA O DESENVOLVIMENTO DO PRESENTE ESTUDO

Todo trabalho que se almeja científico demanda que o investigador selecione um método de estudo, o que pode ser comparado à escolha da lente a ser utilizada para examinar o objeto, bem como ao ângulo de onde provém o olhar, circunscrito, inescapavelmente, a um horizonte cultural, também denominado de sistema de referências.

Considerando-se as pretensões do presente artigo, convém esclarecer que o raciocínio a ser desenvolvido parte das premissas da Filosofia da Linguagem, situada pós Giro-Linguístico, mais especificamente a partir da obra *Investigações Filosóficas*, de Ludwig Wittgenstein[4], cuja resultante foi uma (r)evolução no pensamento até então dominante, ao se perceber que a linguagem não configura mero veículo de transmissão de um conhecimento, mas sua condição constitutiva.

Nesse contexto, a interpretação, outrora compreendida enquanto a extração de sentido de um texto – como se fosse possível um conteúdo intrínseco ao objeto –, quedou-se uma atividade construtiva do ente cognoscente que, em contato com o plano de expressão, lhe atribui significado,

4. WITTGENSTEIN, Ludwig. *Investigações filosóficas*. 9. ed., São Paulo: Editora Vozes, 2014.

exteriorizado mediante outro substrato material, mais uma vez passível de interpretação, e assim sucessivamente, em um atuar inesgotável.

Tomando o direito positivo como um *factum* comunicacional, ao ser e se manifestar como texto, conforme assinala Gregório Robles[5], tem-se a atividade do exegeta como algo de extrema importância, uma vez que, passeando pelo percurso gerador de sentido[6], constrói as normas jurídicas, entidades de natureza ideal, formuladas mentalmente e manifestadas por meio de linguagem com o intuito de ordenar as condutas dos sujeitos que convivem numa determinada sociedade.

Dada a sua função pragmática reguladora das relações intersubjetivas, com a finalidade de implantar valores caros ao anseio social, é de se compreender a preocupação com a segurança que a mensagem jurídica deve transmitir, especialmente em razão da sensação de fluidez relativa ao ato interpretativo vislumbrado no contexto filosófico acima apresentado.

Exatamente por este motivo, Paulo de Barros Carvalho esclarece que o método do Constructivismo Lógico-Semântico, cunhado pelo jusfilósofo Lourival Vilanova, pretende "amarrar" os signos linguísticos a partir de critérios

5. ROBLES, Gregório. *Direito como texto*: quatro estudos da Teoria Comunicacional do Direito; trad. Roberto Barbosa Alves. São Paulo: Manole, 2005, p. 19 e 20.

6. O percurso gerador de sentido, também chamado de *trajetória da interpretação*, é composto por quatro planos: S1 – plano da expressão ou dos significantes, o substrato físico textual, onde se inicia o processo interpretativo em que o exegeta se ocupa das estruturas morfológicas e sintáticas do texto; S2 – o plano do conteúdo, uma vez que, em contato com a literalidade textual, o hermeneuta automaticamente se coloca na contingência de construir o sentido, criando as significações isoladamente consideradas, ou seja, as normas jurídicas em sentido amplo; S3 – o plano das significações normativas *stricto sensu*, no qual as significações isoladamente consideradas são articuladas na forma hipotético-condicional própria das normas jurídicos *stricto sensu*; S4 – plano da sistematização das normas jurídicas, organizando-as a partir de vínculos de coordenação e subordinação. (CARVALHO, Paulo de Barros. *Direito Tributário*: Fundamentos Jurídicos da Incidência. 10. ed. rev. e atual. São Paulo: Saraiva, 2015, p. 112-126).

lógicos que confiram solidez à mensagem, em virtude da atenção diferenciada dispensada à estrutura sintática da frase, e tudo isso sem perder de vista o plano semântico, ao optar pela construção de significações mais fiéis à enunciação, atentando-se à pragmática, implícita ao nome, por ser indispensável ao projeto semiótico[7]-[8].

Reputa-se que uma das mais importantes e expressivas aplicações do método constructivista no âmbito do direito tributário é "a regra-matriz de incidência tributária", esquema lógico sintático a ser preenchido de conteúdo pelo intérprete. A expressão padece da tão comentada ambiguidade, de sorte que, em um sentido, é compreendida como *estrutura lógica* e, em outro, como *norma jurídica* instituidora do tributo.

Vislumbrada em sua segunda acepção, trata-se da norma jurídica tributária em *sentido estrito* por excelência, isto é, a "mínima e irredutível manifestação do deôntico com sentido completo", pois descreve, na hipótese, situações ou circunstâncias determinadas no tempo e no espaço que, se ocorridas no *mundo do ser*, e vertidas em linguagem competente, implicarão na instauração de uma relação jurídica em que o sujeito ativo tem o direito de exigir do sujeito passivo uma prestação.[9]

---

7. A Semiótica, Teoria Geral dos Signos, é a ciência que tem por objeto de estudo as unidades representativas do discurso. Conforme a concepção cunhada por Charles Morris, pretende examinar o signo a partir de três planos, o sintático, o semântico e o pragmático. No plano sintático, analisa-se as relações dos signos entre si, concentrando-se na estrutura lógico-gramatical da linguagem. No plano semântico, avalia-se as relações do signo com a realidade a que ele se refere (suporte físico e significado), verificando se existe compatibilidade entre o conteúdo e o substrato material. No plano pragmático, por sua vez, examina-se a forma como os emissores e receptores lidam com o signo no contexto comunicacional, observando-se, assim, o uso das palavras. (CARVALHO, Paulo de Barros. *Direito tributário*: linguagem e método. 6. ed. São Paulo: Noeses, 2015, p. 36 e 37).

8. CARVALHO, Paulo de Barros. Algo sobre o constructivismo lógico-semântico. *In:* CARVALHO, Paulo de Barros (Coord.). *Constructivismo lógico-semântico*. São Paulo: Noeses, v. 1, 2014, p. 4 e. 5.

9. CARVALHO, Paulo de Barros. *Direito Tributário*: Fundamentos Jurídicos da Incidência. 10. ed. rev. e atual. São Paulo: Saraiva, 2015, p. 136.

Tendo em vista o que se almeja com o presente artigo científico, considerando-se o método adotado como referência, convém analisar as normas de responsabilidade, distinguindo-as da regra-padrão – mais especificamente em relação a seus critérios materiais –, no intuito de verificar se e em quais circunstâncias as operadoras de *marketplace* podem ser responsabilizadas pelo recolhimento do ICMS devido em razão das compras e vendas que intermedia.

2. A VIRTUALIZAÇÃO DAS RELAÇÕES E O SURGIMENTO DO *E-COMMERCE*

Ao refletir sobre a evolução da comunicação humana, Vilém Flusser assinala que o começo da *história* se dá com o advento da letra escrita, a avançar, com ímpeto militar, *contra* as imagens e os mitos, próprios das culturas material e oral. Quando Johannes Gutenberg inventou o processo de impressão com tipos móveis, democratizando o alfabeto, o mistério que pairava sobre aquele "código secreto" se esvaiu, destronando a elite até então dominante. O resultado foi o surgimento de um novo "código secreto" e a formação de uma nova elite, que propaga modelos comportamentais em linguagem binária, sob a forma de 0 e 1.[10]

Admitindo a complementariedade entre o *real* e o *virtual*, Silvia Piva adverte que a perspectiva binária deu lugar à "distribuída pelas redes", num contexto em que as tecnologias deixaram de ser *ferramentas* dotadas de neutralidade e se transformaram em vetores que interferem na formação do ser humano. Os algoritmos das redes sociais, por exemplo, oniscientes e onipresentes, advêm da utilização da inteligência artificial, e correspondem a um conjunto de códigos que identifica padrões e seleciona quais

10. FLUSSER, Vilém. *Comunicologia*: reflexões sobre o futuro: as conferências de Bochum. São Paulo: Martins Fontes, 2014, p. 56, 135, 157 e 158.

conteúdos ficarão disponíveis para cada usuário, por quanto tempo e em qual ordem de relevância, (des)estimulando comportamentos.[11]-[12]

Fato é que o salto tecnológico vislumbrado nas últimas décadas tem transformado tão drasticamente a vida que já não se consegue imaginar a diversidade de cenários do mundo social sem sua interferência. Há pouco tempo era comum ouvir que a tecnologia afastava pessoas que compartilhavam o mesmo espaço físico, *aproximando-as*, virtualmente, das que se encontravam distantes. Recentemente, percebeu-se que tal resultante também poderia se dar em âmbito mercadológico, o que se consolidou mediante a criação de aplicativos que conectam indivíduos com objetivos complementares.

A *internet* é ingrediente indispensável à formação da conjuntura verificada nos últimos anos. Sua gênese remete à década de 1960, quando o governo dos Estados Unidos construiu a Arpanet, rede de computadores montada pela *Advanced Research Projetcts Agency* (ARPA), criada em 1958, pelo Departamento de Defesa estadunidense, com o objetivo de incentivar e arrecadar financiamento para pesquisas universitárias, de modo a atingir superioridade tecnológica militar em relação à União Soviética na ocasião do lançamento do primeiro Sputnik, em 1957.[13]

---

11. PIVA, Silvia. *Neurodireitos:* como proteger a mente humana dos efeitos das novas tecnologias? Disponível em: < https://www.nauddes.com.br/dilemas-eticos-da-tecnologia/neurodireitos-como-proteger-a-mente-humana-dos-efeitos-das-novas-tecnologias/>. Acesso em 05 de novembro de 2022.

12. FOGUEL, Débora; PERCASSI, Jade; e SANTOS, Nicole. *Precisamos falar sobre algoritmos:* manipulação, discriminação e desinformação. Disponível em: < https://souciencia.unifesp.br/opiniao/precisamos-falar-sobre-algoritmos-manipulacao-discriminacao-e-desinformacao#:~:text=Trata%2Dse%20da%20manipula%C3%A7%C3%A3o%20de,sociais%20de%20seus%20correspondentes%20humanos >. Acesso em 05 de novembro de 2022.

13. FURTADO, Gabriel Rocha. O marco civil da Internet: a construção da cidadania virtual. *In:* SCHREIBER, Anderson (Coord.). *Direito e Mídia.* São Paulo: Editora Atlas, 2013, p. 236.

Sob uma feição muito diferente do que ocorre atualmente, o comércio eletrônico, *e-commerce* ou *eletronic commerce,* isto é, a prática de transações comerciais em ambiente virtual, surgiu nos Estados Unidos, na década de 1960, a partir de operações realizadas apenas por pessoas jurídicas, com a utilização de redes privadas de computadores. Em 1979, o inventor e empreendedor Michael Aldrich criou um sistema de televendas denominado de Videotex, o qual conectava uma linha telefônica a um televisor e um computador que processava dados, possibilitando que as operações se dessem não só em âmbito estritamente empresarial, mas também entre fornecedores e consumidores.[14]

Somente em 1991, a *National Science Foundation* (NSF), agência estadunidense encarregada de realizar pesquisa e educação fundamental nos âmbitos da ciência e da engenharia, autorizou que as transações comerciais se dessem por intermédio da *internet*, incentivando, por conseguinte, o comércio eletrônico, fortalecido quando a *Netscape* lançou, em 1994, um certificado de criptografia denominado *Secure Socket Layers* (SSL), de forma a tornar mais protegida a transmissão de dados sigilosos, a exemplo de informações pessoais compartilhadas pelos usuários.[15]

Em que pese não existam registros oficiais, a livraria *Booknet*, fundada em maio de 1995 pelo economista, empreendedor e escritor carioca Jack London, é considerada uma das primeiras lojas virtuais no Brasil. Em 1998, comprada pela *GP Investiments*, passou a denominar-se *Submarino*[16] e, unindo-se às *Americanas* e à *Shoptime*, integra

---

14. HACKEROTT, Guilherme Barzaghi. Breve evolução histórica do e-commerce. *In*: HACKEROTT, Nádia Andreotti Tüchumantel (Coord.) *Aspectos jurídicos do E-commerce*. São Paulo: Thomson Reuters Brasil, 2021, p. 18 e 19.

15. HACKEROTT, Guilherme Barzaghi. Breve evolução histórica do e-commerce. *In*: HACKEROTT, Nádia Andreotti Tüchumantel (Coord.) *Aspectos jurídicos do E-commerce*. São Paulo: Thomson Reuters Brasil, 2021, p. 21.

16. COMSCHOOL. *A história do e-commerce no Brasil*: entenda como o modelo

o *Grupo B2W*, o qual, juntamente com o Mercado Livre, a Shopee, a Amazon, a Magazine Luíza, dentre tantos outros, tem protagonizado a "economia digital" brasileira, expressão cunhada por Dan Tapscott, há mais de 20 anos, para se referir às transações econômicas realizadas por intermédio da rede mundial de computadores.[17]

3. DEFINIÇÃO DO CONCEITO DE *MARKETPLACE* E SEU REGIME JURÍDICO

Definir um conceito é cercar uma ideia por palavras, no ímpeto de, estabelecendo características distintivas, perfazer os *cortes* indispensáveis à incumbência científica, para bem delimitar o objeto que se propõe a estudar. Como diria Silvia Zomer, "definir um termo ou expressão é *interpretar* o seu sentido, revelando as suas características, delimitando a sua extensão dentro de um contexto determinado".[18]

Conforme preleciona Bruno Capelli Fulginiti, o *marketplace* **é um modelo de comércio eletrônico em que um agente econômico viabiliza que diversos fornecedores ofertem produtos e prestem serviços a partir de uma interface eletrônica que os conecta a consumidores que pretendem adquiri-los ou tomá-los. Trata-se, portanto, do emprego de uma "nova roupagem" às antigas feiras, mercados e** *shoppings centers,* que sempre funcionaram como espaços (físicos) de agregação entre indivíduos com interesses econômicos complementares.[19]

---

cresceu e se transformou no país. Disponível em: < https://news.comschool.com.br/a-historia-do-e-commerce-no-brasil/>. Acesso em: 06 de nov. de 2022.

17. ANEA, Cibelle. A atribuição de responsabilidade tributária aos *marketplaces* pelo recolhimento do ICMS. *In:* BARRETO, Paulo Ayres (Coord.). *Estudos tributários sobre a economia digital.* São Paulo: Noeses, 2021, p. 221.

18. ZOMER, Silvia Regina. *O tempo jurídico e a homologação tácita.* São Paulo: Noeses, 2019, p. 57.

19.FULGINITI, Bruno Capelli. O papel dos *marketplaces* na tributação do

Assim, neste modelo de negócio, uma plataforma multilateral (*multi-sided platform*) possibilita a interação entre fornecedores e consumidores, a intermediar a realização de diversas atividades econômicas, dentre as quais, as compras e vendas assumem posição de destaque no presente artigo. No cenário apresentado, o *marketplace* não realiza, direta e *pessoalmente*, operações de circulação de mercadorias, mas tão somente aproxima potenciais vendedores e compradores.

Em relação a tal atividade, Cibelle Anea suscita a possibilidade de estar diante de um contrato de agenciamento (corretagem), previsto no artigo 710 do Código Civil[20], enquanto Jacqueline Mayer Ude Braz admite se tratar de um contrato de intermediação atípico, diverso, portanto, das espécies comumente relacionadas a negócios de natureza similar, como mandato[21], representação comercial autônoma[22], comissão[23] e corretagem.[24]-[25]

---

e-commerce: entre responsabilidade tributária e cooperação fiscal. *In:* BARRETO, Paulo Ayres (Coord.). *Estudos tributários sobre a economia digital*. São Paulo: Noeses, 2021, p. 186.

20. Art. 710. Pelo contrato de agência, uma pessoa assume, em caráter não eventual e sem vínculos de dependência, a obrigação de promover, à conta de outra, mediante retribuição, a realização de certos negócios, em zona determinada, caracterizando-se a distribuição quando o agente tiver à sua disposição a coisa a ser negociada.

21. Código Civil. Art. 653. Opera-se o mandato quando alguém recebe de outrem poderes para, em seu nome, praticar atos ou administrar interesses. A procuração é o instrumento do mandato.

22. Lei nº 4.886/1965. Art. 1º Exerce a representação comercial autônoma a pessoa jurídica ou a pessoa física, sem relação de emprego, que desempenha, em caráter não eventual por conta de uma ou mais pessoas, a mediação para a realização de negócios mercantis, agenciando propostas ou pedidos, para, transmiti-los aos representados, praticando ou não atos relacionados com a execução dos negócios.

23. Código Civil. Art. 693. O contrato de comissão tem por objeto a aquisição ou a venda de bens pelo comissário, em seu próprio nome, à conta do comitente.

24. ANEA, Cibelle. A atribuição de responsabilidade tributária aos *marketplaces* pelo recolhimento do ICMS. *In:* BARRETO, Paulo Ayres (Coord.). *Estudos tributários sobre a economia digital*. São Paulo: Noeses, 2021, p. 223.

25. BRAZ, Jacqueline Mayer da Costa Ude. *Tributação na economia compartilhada*. 2021. Tese (Doutorado em Direito Econômico e Financeiro) – Faculdade de Direito,

De fato, a atuação das operadoras de *marketplace* não se subsome às classes acima elencadas, o que de modo algum deslegitima seu proceder, uma vez que, conforme pondera Jacqueline Mayer Ude Braz, as partes não estão sujeitas apenas às modalidades contratuais nominalmente previstas no Código Civil, de modo que estão autorizadas a perfazer pactos atípicos, desde que nas raias da licitude, com observância dos princípios da boa-fé objetiva e da função social do contrato.[26]-[27]

Ademais, ao realizarem o *download* do programa em seus dispositivos eletrônicos, os usuários firmam com a plataforma, além do contrato de intermediação em comento, uma cessão de direito de uso do *software,* conforme estabelece o artigo 9º, da Lei nº 9.609/1998, a qual normalmente se dá de forma gratuita, até para estimular o tráfego gerado, maior ativo do *marketplace.*[28]

Consoante sinaliza Jacqueline Mayer Ude Braz, pretende-se, com tal modalidade de comércio eletrônico, provocar *efeitos de rede*, uma vez que o incremento da demanda ocasiona aumento de valor para os vendedores (*supply-side increasing returns – SSIR*), e majoração da oferta agregando valor aos compradores (*demond-side increasing returns – DSIR*), até porque, "o custo marginal de aquisição de clientes e fornecedores tende a decrescer com o aumento de escala".[29]

Universidade de São Paulo, São Paulo, 2021. doi: 10.11606/T.2.2021.tde-13072022-072330. Acesso em: 06 de nov. de 2022, p. 107.

26. Código Civil. Art. 421. A liberdade contratual será exercida nos limites da função social do contrato.

27. Código Civil. Art. 425. É lícito às partes estipular contratos atípicos, observadas as normas gerais fixadas neste Código.

28. BRAZ, Jacqueline Mayer da Costa Ude. *Tributação na economia compartilhada.* 2021. Tese (Doutorado em Direito Econômico e Financeiro) – Faculdade de Direito, Universidade de São Paulo, São Paulo, 2021. doi: 10.11606/T.2.2021.tde-13072022-072330. Acesso em: 06 de nov. de 2022, p. 108.

29. BRAZ, Jacqueline Mayer da Costa Ude. *Tributação na economia compartilhada.* 2021. Tese (Doutorado em Direito Econômico e Financeiro) – Faculdade de Direito,

Uma vez que se está a avaliar por mais de um ângulo a atuação dos *marketplaces,* com o intuito de, no momento oportuno, verificar seu grau de vinculação com o fato imponível do ICMS, capaz de outorgar-lhe a condição de responsável tributário, convém esclarecer que, consoante o critério do "fluxo de valores", o *marketplace* pode ser classificado como: de *fluxo interno,* nos casos em que recebe a integralidade da quantia paga pelo comprador, abatendo a sua comissão no momento em que repassa o valor atribuído ao vendedor ou prestador do serviço, a exemplo do que ocorre com o *Uber, Airbnb;* e de *fluxo externo*, quando a quantia é destinada ao fornecedor do produto ou prestador do serviço diretamente, o qual se encarrega de repassar a comissão à plataforma após a operação, conforme acontece com o BlaBlaCar.[30]

A citada autora ressalta que a "cadeia de valor de pagamento" neste contexto é muito complexa, uma vez que, na modalidade de *fluxo interno* o *marketplace* necessita da atuação de terceiros em ao menos uma das etapas, como as instituições financeiras, que processam os pagamentos realizados via cartão de crédito. Pontua, ainda, que no denominado "sistema aberto", ou "esquema de pagamentos em quatro partes", as operadoras de *marketplace* contratam intermediadores de pagamento como *Ebanx*, *Stone*, *Paypal* e *Pagseguro*, circunstância em que sequer recebe o valor.[31]

Segundo Paulo Ayres Barreto, as operadoras de *marketplace* permitem que os consumidores tenham acesso, à

Universidade de São Paulo, São Paulo, 2021. doi: 10.11606/T.2.2021.tde-13072022-072330. Acesso em: 06 de nov. de 2022, p. 104.

30. BRAZ, Jacqueline Mayer da Costa Ude. *Tributação na economia compartilhada.* 2021. Tese (Doutorado em Direito Econômico e Financeiro) – Faculdade de Direito, Universidade de São Paulo, São Paulo, 2021. doi: 10.11606/T.2.2021.tde-13072022-072330. Acesso em: 06 de nov. de 2022, p. 112 e 113.

31. BRAZ, Jacqueline Mayer da Costa Ude. *Tributação na economia compartilhada.* 2021. Tese (Doutorado em Direito Econômico e Financeiro) – Faculdade de Direito, Universidade de São Paulo, São Paulo, 2021. doi: 10.11606/T.2.2021.tde-13072022-072330. Acesso em: 06 de nov. de 2022, p. 293, 294 e 295.

distância de um *touch*, a uma enorme quantidade de produtos e serviços; ao tempo em que democratizam o mercado e ampliam o alcance de comerciantes e prestadores de menor porte, oportunizando que se tornem conhecidos por pessoas que eventualmente sequer saberiam de sua existência, não fosse a plataforma digital.[32]

Além dos benefícios mencionados, há de se convir que o avanço tecnológico em referência dialoga, perfeitamente, com a praticidade e a comodidade que tanto se alinham aos ideais pós-modernos. Se desde a mitologia grega, Hermes, o deus do comércio[33], é apresentado como alguém que possui sandálias aladas, indo de um lugar para outro em instantes, imagine o que se espera em tempos marcados pela *ultravelocidade*.

4. SUJEIÇÃO PASSIVA TRIBUTÁRIA

Ser *pessoa* é diferente de figurar na condição de *sujeito*. A pessoa *é* titular de direitos e deveres em âmbito jurídico, enquanto o sujeito é aquele inserido no contexto de uma relação jurídica, o que se dá, invariavelmente, a partir da introjeção de uma norma individual e concreta no sistema. Paulo de Barros Carvalho sintetiza, "é-se pessoa em um ordenamento; *está-se* sujeito em uma relação", comparando a *pessoa* aos *atores* e *atrizes*, e o *sujeito* às personagens interpretadas.[34]

Refletindo acerca da sujeição passiva em âmbito tributário, Maria Rita Ferragut assevera que o sujeito passivo é

32. BARRETO, Paulo Ayres. *Limites normativos à responsabilidade tributária das operadoras de marketplace*. Revista Direito Tributário Atual, n. 45. São Paulo: IBDT, 2º semestre 2020. Quadrimestral, p. 626.

33. WILKINSON, Philip. *O livro da mitologia*. São Paulo: Globo Livros, 2018, p. 54 e 55.

34. CARVALHO, Paulo de Barros. *Direito Tributário*: linguagem e método. 6. ed. São Paulo: Noeses, 2015, p. 652 e 653.

aquele que figura no polo passivo de uma relação jurídica tributária, independentemente de ter realizado a circunstância fática descrita no critério material da regra-matriz de incidência.[35] Trata-se, portanto, de pessoa física ou jurídica, pública ou privada, integrante da relação jurídica tributária na condição de devedora, ora incumbida do cumprimento de uma obrigação, cuja prestação é pecuniária, ora de deveres instrumentais, não apreciáveis economicamente.[36]

Conforme dispõem os incisos I e II do parágrafo único do artigo 121 do Código Tributário Nacional[37], os sujeitos passivos da relação jurídica tributária podem ser o contribuinte, aquele que a um só tempo realiza a circunstância fática abstratamente prevista na hipótese normativa e figura no polo passivo da relação jurídica tributária, ou o responsável, o sujeito que, sem praticar a referida circunstância fática abstratamente prevista na hipótese da norma tributária, ocupa a posição de devedor da prestação, por determinação legal. Segundo Maria Rita Ferragut:

> *Contribuinte* é a pessoa que realizou o fato jurídico tributário, e que cumulativamente encontra-se no polo passivo da relação obrigacional. Se uma das duas condições estiver ausente, ou o sujeito será responsável, ou será o realizador do fato jurídico, mas não o contribuinte. Praticar o evento, portanto, é condição necessária para essa qualificação, mas insuficiente.[38]

---

35. FERRAGUT, Maria Rita. *Responsabilidade tributária.* 4. ed., rev., atual. e ampl., São Paulo: Noeses, 2020, p. 9.

36. CARVALHO, Paulo de Barros. *Curso de direito tributário.* 27. ed., São Paulo: Saraiva, 2016, p. 304.

37. Art. 121. Sujeito passivo da obrigação principal é a pessoa obrigada ao pagamento de tributo ou penalidade pecuniária. Parágrafo único. O sujeito passivo da obrigação principal diz-se: I - contribuinte, quando tenha relação pessoal e direta com a situação que constitua o respectivo fato gerador; II - responsável, quando, sem revestir a condição de contribuinte, sua obrigação decorra de disposição expressa de lei.

38. FERRAGUT, Maria Rita. *Responsabilidade tributária.* 4. ed., rev., atual. e ampl., São Paulo: Noeses, 2020, p. 10.

Paulo de Barros Carvalho preleciona que a relação jurídica estabelecida entre o sujeito ativo e o responsável não se trata, efetivamente, de uma obrigação *tributária*, mas de vínculo jurídico cuja natureza é de sanção administrativa. Em sua perspectiva, somente se estará diante de uma *obrigação tributária*, quando o sujeito passivo tiver realizado, pessoal e diretamente, o fato aludido na hipótese, razão pela qual, o vínculo de responsabilidade, consoante disposto no Código Tributário Nacional, assume caráter sancionatório[39].

Maria Rita Ferragut, por sua vez, ao ressaltar a ambiguidade semântica do termo, admite que, como *proposição prescritiva*, a responsabilidade tributária é uma norma jurídica *lato sensu*, não estruturada, portanto, na forma hipotético-condicional, que descreve um *fato* não tributário, implicando a inclusão daquele que o realizou, no critério pessoal de uma relação jurídica tributária, na condição de sujeito passivo. Verifica-se, em sua perspectiva, uma *alteração* na norma individual e concreta que constitui a obrigação tributária, nas circunstâncias em que o responsável não a integra, originariamente.[40]

Fabiana Del Padre Tomé assevera que o sujeito passivo integrante do critério pessoal da regra-matriz de incidência tributária propriamente dita é o *contribuinte*, aquele que realizou a situação objetiva descrita na hipótese normativa, de tal sorte que a responsabilidade tributária advém de uma norma jurídica diversa, com hipótese e consequente próprios, quais sejam, respectivamente, a constituição da obrigação tributária, associada à ocorrência da circunstância que enseja a alteração do polo passivo da relação; e a instituição da relação jurídica entre o sujeito ativo e o

---

39. CARVALHO, Paulo de Barros. *Direito Tributário*: linguagem e método. 6. ed. São Paulo: Noeses, 2015, p. 667.

40. FERRAGUT, Maria Rita. *Responsabilidade tributária*. 4. ed., rev., atual. e ampl., São Paulo: Noeses, 2020, p. 13 e 14.

responsável, em torno do cumprimento da obrigação.[41] No mesmo sentido, Lucas Galvão de Britto destaca:

> Faço notar aqui que a regra-matriz de incidência tributária somente deve registrar o contribuinte como sujeito passivo, nunca o responsável. Isso porque a responsabilidade é fenômeno conexo, porém diverso da incidência tributária, como reconhece o próprio art. 121, parágrafo único do CTN. Segundo esse dispositivo, contribuinte é aquele que tem relação pessoal e direta com o fato gerador, ao passo que o responsável é aquele que, sem ter relação pessoal e direta, é apontado pela lei para responder pela obrigação. Ou seja, a condição que leva alguém a ser apontado como responsável é fato alheio ao fato gerador, não estando contemplado na hipótese da regra-matriz de incidência tributária, mas na hipótese de norma diversa, a norma de responsabilidade. A distinção é relevante, especialmente no que concerne à necessidade de constituição de prova de dois fatos jurídicos distintos (do fato "gerador do tributo" e o fato "gerador da responsabilidade").[42]

Essa é a posição defendida no presente artigo, uma vez que se compreende a regra de responsabilidade como *norma jurídica tributária em sentido estrito*, isto é, proposição estruturada na forma hipotético-condicional, como mínima e irredutível manifestação do deôntico com sentido completo, composta por critérios material, espacial, temporal, pessoal e quantitativo, mas que não se confunde com a regra-padrão de incidência tributária, por apresentar hipótese e consequente próprios.

Apesar da divergência apontada, mais especificamente entre, ao menos, os critérios material e pessoal, enxerga-se um *compartilhamento* do *objeto* da obrigação tributária[43]

---

41. TOMÉ, Fabiana Del Padre. *Análise da responsabilidade tributária entre empresas pertencentes a um "grupo econômico"*. *In*: MARTINS, Ives Gandra da Silva (Org.). *Grupos Econômicos*. 1. ed. Porto Alegre: Lex Magister, 2015, v. 1, p. 607-621.

42. BRITTO, Lucas Galvão. *Tributar na era da técnica:* como as definições feitas pelas agências reguladoras vêm influenciando a interpretação das normas tributárias. São Paulo: Noeses, 2018, p. 38.

43. A obrigação tributária é composta por cinco elementos, quais sejam, o *sujeito*

– exceto quando se está diante de uma atribuição de responsabilidade decorrente da realização de um ato ilícito[44] –, de tal sorte que muito embora a posição de sujeito passivo da norma de responsabilidade seja ocupada pelo *responsável*, a conduta prestacional de entregar ao Estado um valor em dinheiro se adequa à definição do conceito de tributo, entabulada no artigo 3º do Código Tributário Nacional.[45]

5. A ESCOLHA DO RESPONSÁVEL TRIBUTÁRIO PELO RECOLHIMENTO DE IMPOSTOS

A atribuição de responsabilidade em âmbito civil demanda a existência de, ao menos, três requisitos, quais sejam, a ocorrência de um ilícito, omissivo ou comissivo; um resultado danoso; e um nexo de causalidade que os vincule. Excepcionadas as hipóteses previstas em lei, ou as atividades que, por sua natureza, impliquem risco aos direitos de terceiros, faz-se necessária, ainda, a análise dos elementos subjetivos, dolo e culpa.[46]

---

ativo, titular do direito subjetivo de exigir o cumprimento da prestação; o *sujeito passivo*, detentor do dever de adimplir; o *objeto*, enquanto a conduta prestacional de entregar um valor em dinheiro; o *crédito*, direito subjetivo do sujeito ativo de exigir o cumprimento da obrigação; e o *débito*, dever subjetivo do sujeito passivo de cumprir a obrigação. (FIGUEIREDO, Marina Vieira de. *Lançamento tributário:* revisão e seus efeitos. São Paulo: Noeses, 2014, p. 97).

44. Neste caso, apesar de a quantia entregue ao Estado não ser objeto de uma prestação propriamente tributária – em virtude de sua natureza sancionatória –, é equiparada a tal através do §1º do art. 113 do Código Tributário Nacional, cuja redação é a seguinte: "Art. 113. A obrigação tributária é principal ou acessória. § 1º A obrigação principal surge com a ocorrência do fato gerador, tem por objeto o pagamento de tributo ou penalidade pecuniária e extingue-se juntamente com o crédito dela decorrente".

45. Art. 3º Tributo é toda prestação pecuniária compulsória, em moeda ou cujo valor nela se possa exprimir, que não constitua sanção de ato ilícito, instituída em lei e cobrada mediante atividade administrativa plenamente vinculada.

46. Código Civil. Art. 927. Aquele que, por ato ilícito (arts. 186 e 187), causar dano a outrem, fica obrigado a repará-lo. Parágrafo único. Haverá obrigação de reparar o dano, independentemente de culpa, nos casos especificados em lei, ou quando a atividade normalmente desenvolvida pelo autor do dano implicar, por sua natureza, risco para os direitos de outrem.

A responsabilidade tributária, a seu turno, não necessariamente decorre de um ilícito. Seu critério material (ou causa geradora) contempla a constituição da obrigação tributária em face do contribuinte, associada a alguma circunstância prevista em lei, lícita ou ilícita, que não configure fato jurídico tributário, a exemplo da aquisição da propriedade de bens imóveis com débitos de IPTU, morte, fusão, incorporação empresarial e excesso de poderes[47].

No tocante às características, pode ser *pessoal*, quando inicialmente constituída em face do terceiro, competindo-lhe adimplir a prestação; *subsidiária*, nas hipóteses em que somente será instado a perfazer o pagamento se o contribuinte estiver impossibilitado de realizá-lo; ou *solidária*, que se conforma nas circunstâncias em que contribuinte e responsável compõem a sujeição passiva, isto é, assumem, no mesmo átimo temporal, a condição de devedores, em razão de normas jurídicas em sentido estrito distintas, não havendo benefício de ordem.

Muito embora a Constituição Federal não individualize, expressamente, os sujeitos passivos das espécies tributárias, o legislador deverá se atentar ao desenho traçado quando da outorga de competências, selecionando-os conforme o grau de relacionamento da entidade com a circunstância prevista no critério material da regra-matriz. Paulo de Barros Carvalho adverte que somente poderá figurar

---

47. Código Tributário Nacional. Art. 131. São pessoalmente responsáveis: I - o adquirente ou remitente, pelos tributos relativos aos bens adquiridos ou remidos; II - o sucessor a qualquer título e o cônjuge meeiro, pelos tributos devidos pelo de cujus até a data da partilha ou adjudicação, limitada esta responsabilidade ao montante do quinhão do legado ou da meação; III - o espólio, pelos tributos devidos pelo de cujus até a data da abertura da sucessão. (Hipóteses de responsabilidade decorrentes de atos lícitos).

Art. 137. A responsabilidade é pessoal ao agente: I - quanto às infrações conceituadas por lei como crimes ou contravenções, salvo quando praticadas no exercício regular de administração, mandato, função, cargo ou emprego, ou no cumprimento de ordem expressa emitida por quem de direito; II - quanto às infrações em cuja definição o dolo específico do agente seja elementar; III - quanto às infrações que decorram direta e exclusivamente de dolo específico. (Hipóteses de responsabilidade decorrentes de atos ilícitos).

como sujeito passivo quem tiver relação, ainda que indireta, com o fato jurídico praticado.[48]

Ao observar as hipóteses de responsabilidade elencadas no Código Tributário Nacional, Maria Rita Ferragut sinaliza que, ora o responsável se vincula indiretamente ao fato imponível, ora ao sujeito que o praticou. Argumenta que o adquirente de um imóvel, a pessoa jurídica incorporadora e o pai, em relação aos tributos devidos pelo filho menor, por exemplo, não estão conectados aos fatos jurídicos que deram azo à cobrança do tributo, mas àqueles que os realizou.[49]

Destarte, a sujeição passiva da espécie tributária imposto não está restrita àquele que vivenciou, pessoal e diretamente, a situação fática descrita na hipótese da norma geral e abstrata, reveladora de capacidade contributiva, **já que contempla, também, a figura do responsável, envolvido apenas indiretamente com o fato (ou com aquele que o praticou), a quem a lei atribui o dever de perfazer o recolhimento do tributo, desde que assegurado o direito à retenção ou ao ressarcimento, excepcionadas as hipóteses de responsabilidade por infrações.**

Pontua, ainda, Maria Rita Ferragut, que sua manifestação acerca do liame entre o responsável e o realizador do fato é vislumbrada em algumas das circunstâncias já entabuladas, contudo, em se tratando do estabelecimento de *novas* hipóteses de responsabilidade tributária, o artigo 128 do Código Tributário Nacional[50] demanda a vinculação do

---

48. CARVALHO, Paulo de Barros. *Direito Tributário*: linguagem e método. 6. ed. São Paulo: Noeses, 2015, p. 651.

49. FERRAGUT, Maria Rita. *Responsabilidade tributária.* 4. ed., rev., atual. e ampl., São Paulo: Noeses, 2020, p. 18.

50. Art. 128. Sem prejuízo do disposto neste capítulo, a lei pode atribuir de modo expresso a responsabilidade pelo crédito tributário a terceira pessoa, vinculada ao fato gerador da respectiva obrigação, excluindo a responsabilidade do contribuinte ou atribuindo-a a este em caráter supletivo do cumprimento total ou parcial da re-

terceiro apenas ao *fato imponível*, não havendo qualquer menção ao elo entre sujeitos.[51]

Segundo Henrique Mello, tal enunciado prescritivo, além de tornar exemplificativo o rol previsto entre os artigos 129 e 138 do documento normativo em referência, atinentes à responsabilidade dos sucessores, de *terceiros* e por infrações, assume a importante função de estabelecer limites à instituição de eventual nova hipótese de responsabilidade, a qual deverá ser atribuída por lei; estar expressamente prevista nesta lei; poderá ser pessoal e exclusiva do responsável, ou mantida a subsidiariedade do contribuinte; e demandará a vinculação entre o *terceiro* e o *fato gerador*.[52]

Esse *vínculo* indireto *ao fato imponível*, determinado pelo artigo 128 do Código Tributário Nacional não é despropositado. Uma interpretação sistemática, que considera o texto e seu contexto, não viabiliza que o legislador infraconstitucional escolha, para realizar o pagamento de imposto, terceiro totalmente alheio ao *fato-signo presuntivo de riqueza*.[53] Neste particular, Alfredo Augusto Becker esclarece que a ponderação sobre se o fato lícito deve, ou não, consistir em um signo de riqueza somente tem relevância no plano jurídico quando a Constituição do país prescreve a necessidade de os tributos aferirem a capacidade contributiva[54].

---

ferida obrigação.

51. FERRAGUT, Maria Rita. *Responsabilidade tributária*. 4. ed., rev., atual. e ampl., São Paulo: Noeses, 2020, p. 19.

52. MELLO, Henrique. *Os terceiros na sujeição passiva e o alterlançamento*. São Paulo: Noeses, 2020, p. 165.

53. Expressão cunhada por Alfredo Augusto Becker, escrita em seu *Teoria Geral do Direito Tributário*. São Paulo: Noeses, 2007, p. 527.

54. BECKER, Alfredo Augusto. *Teoria Geral do Direito Tributário*. São Paulo: Noeses, 2007, p. 348.

Regina Helena Costa adverte que a *capacidade contributiva* vislumbrada em sua acepção *absoluta* ou *objetiva*, impõe que a circunstância fática eleita para compor o critério material da regra-matriz de incidência tributária configure manifestação de riqueza; enquanto a *relativa* ou *subjetiva* se refere à aptidão que uma determinada pessoa tenha de contribuir, considerando suas possibilidades econômicas, ocasião em que configura *critério de gradação dos impostos*[55]. A feição que interessa ao presente artigo é a objetiva e segundo Roque Antônio Carrazza:

> A capacidade contributiva à qual alude a Constituição Federal e que a pessoa política é obrigada a levar em conta ao criar, legislativamente, os impostos de sua competência é *objetiva,* e não *subjetiva.* É *objetiva* porque se refere *não* às condições econômicas reais de cada contribuinte, individualmente considerado, mas às suas *manifestações objetivas de riqueza* (...). Verificado *fato-signo presuntivo de riqueza* tem-se por incontroversa a existência de capacidade contributiva[56].

O princípio da capacidade contributiva, objetivamente considerado, afere a expressão de riqueza do fato jurídico tributário, e não a condição econômica de quem suportará o ônus fiscal. Em que pese tal princípio seja aplicado ao regime jurídico do *contribuinte*, ao determinar que o *responsável* esteja indiretamente vinculado ao fato imponível, o legislador complementar o conectou, em verdade, à manifestação de riqueza, a partir de uma interpretação sistemática que não despreza o contexto em que está inserido o texto.

Na linha do que se vem defendendo, Paulo Ayres Barreto adverte que o sujeito eleito para figurar no polo passivo da relação jurídica tributária deverá exprimir riqueza

---

55. COSTA, Regina Helena. *Curso de direito tributário*: Constituição e Código Tributário Nacional. 3. ed., rev., atual. e ampl. São Paulo: Saraiva, 2013, p. 93.

56. CARRAZZA, Roque Antônio. *Curso de Direito Constitucional Tributário*. 33. ed. rev., ampl. e atual. São Paulo: Malheiros, 2021, p. 84 e 85.

própria na realização do fato imponível, quando contribuinte, ou, no mínimo, ter condição de acessar a riqueza do terceiro, através do exercício do direito de retenção, em se tratando de responsável.[57] No mesmo sentido pondera Luciano Amaro:

> Por aí já se vê que não se pode responsabilizar *qualquer terceiro*, ainda que *por norma legal expressa*. Porém, mais do que isso, deve-se dizer que também não é *qualquer tipo de vínculo* com o fato gerador que pode ensejar a responsabilidade de terceiro. Para isso ser possível, é necessário que a natureza do vínculo permita a esse terceiro, elegível como responsável, *fazer com que o tributo seja recolhido sem onerar seu próprio bolso.*[58]

Assim, a expressão "terceira pessoa, vinculada ao fato gerador", entabulada no *caput* do artigo 128 do Código Tributário Nacional – que veicula norma geral atinente à instituição de novas hipóteses de responsabilidade –, impõe que o responsável esteja ao menos indiretamente conectado à riqueza manifestada pelo fato jurídico tributário, o qual deve, por determinação constitucional, dialogar com o princípio da capacidade contributiva objetiva, em se tratando da espécie imposto.

6. A RESPONSABILIDADE DOS *MARKETPLACES* PELO RECOLHIMENTO DO ICMS

Existem matérias que, em razão de elevada importância e indispensabilidade à manutenção harmônica do ordenamento, foram reservadas à lei complementar, à exemplo da sujeição passiva, conforme estabelecido na alínea *b*, do

57. BARRETO, Paulo Ayres. *Limites normativos à responsabilidade tributária das operadoras de marketplace*. Revista Direito Tributário Atual, n. 45. São Paulo: IBDT, 2º semestre 2020. Quadrimestral, p. 628.

58.AMARO, Luciano. *Direito Tributário Brasileiro*. 21. ed., São Paulo: Editora Saraiva, 2016, p. 342.

inciso III, do artigo 146, da Constituição Federal[59]. Segundo Paulo de Barros Carvalho, se cada ente federado pudesse estabelecer, livremente, os responsáveis tributários, um verdadeiro caos instalar-se-ia, de sorte que a lei instituidora de normas gerais termina operando numa posição intercalar, calibradora do sistema.[60]

A situação ainda é mais complexa quando se trata do imposto sobre operações relativas à circulação de mercadorias e prestação de serviços de transporte interestadual e intermunicipal e de comunicação – ICMS – que, muito embora seja de competência dos Estados e do Distrito Federal, é dotado de caráter nacional. Se qualquer dos entes tributantes não exercer sua competência impositiva, a resultante decerto impactará no incremento da "Guerra Fiscal", na redução da arrecadação de outros Estados, em operações interestaduais, e no desajuste relativo ao creditamento por parte dos contribuintes, quando materializam a não cumulatividade etc.[61]

Assim, a manutenção e subsistência do imposto em comento demandam a uniformidade de instituição em todo o território brasileiro, a partir de medidas simétricas que confiram sistematização à cobrança. Uma interpretação sistemática, inclusive, impõe que o signo "*contribuintes*", previsto na alínea *a*, do inciso XII, do §2º, do artigo 155 da Constituição Federal[62], seja considerado de modo a conferir racionalidade ao ordenamento, cabendo **à lei complementar definir**

59. Art. 146. Cabe à lei complementar: III - estabelecer normas gerais em matéria de legislação tributária, especialmente sobre: b) *obrigação*, lançamento, crédito, prescrição e decadência tributários.

60. CARVALHO, Paulo de Barros. *Direito Tributário*: linguagem e método. 6. ed. São Paulo: Noeses, 2015, p. 668.

61. CARVALHO, Paulo de Barros. *Direito Tributário*: linguagem e método. 6. ed. São Paulo: Noeses, 2015, p. 261 e 262.

62. Art. 155. Compete aos Estados e ao Distrito Federal instituir impostos sobre: § 2º O imposto previsto no inciso II atenderá ao seguinte: XII - cabe à lei complementar: a) definir seus contribuintes.

a *sujeição passiva* do ICMS – a contemplar a figura do *responsável* –, o que em nada interfere na autonomia dos entes federados, restando ileso o pacto federativo.

Conforme pondera Clélio Chiesa, ora a União aparece como Estado brasileiro, enquanto ordem jurídica total, ora atua como ordem jurídica parcial, no interesse de uma das pessoas políticas integrantes da federação, ocasião em que produz enunciados prescritivos federais, não podendo invadir o âmbito de competência dos Estados e dos Municípios. Quando, por outro lado, atua nas vestes de Estado brasileiro, edita leis nacionais, veiculando interesses das "ordens jurídicas reunidas", a exemplo das "normas gerais de direito tributário" referidas no art. 146 da Constituição Federal.[63]

Deste modo, além das normas gerais veiculadas pelo Código Tributário Nacional, recepcionado pela Magna Carta com amparo no §5º do artigo 34 do Ato das Disposições Constitucionais Transitórias[64], coube à Lei Complementar nº 87/1996 estabelecê-las no tocante ao ICMS. Seu artigo 4º[65] estabelece que o *contribuinte* **é a pessoa física ou jurídica que, com habitualidade ou em volume que caracterize intuito comercial, realize operações de circulação de mercadoria**. Por sua vez, seu artigo 5º[66] dispõe que a lei

63. CHIESA, Clélio. Competência Tributária do Estado Brasileiro. Max Limonad, 2002, p. 32, 38 e 39.

64. Art. 34. O sistema tributário nacional entrará em vigor a partir do primeiro dia do quinto mês seguinte ao da promulgação da Constituição, mantido, até então, o da Constituição de 1967, com a redação dada pela Emenda n.º 1, de 1969, e pelas posteriores. § 5º Vigente o novo sistema tributário nacional, fica assegurada a aplicação da legislação anterior, no que não seja incompatível com ele e com a legislação referida nos §§ 3º e 4º.

65. Art. 4º Contribuinte é qualquer pessoa, física ou jurídica, que realize, com habitualidade ou em volume que caracterize intuito comercial, operações de circulação de mercadoria ou prestações de serviços de transporte interestadual e intermunicipal e de comunicação, ainda que as operações e as prestações se iniciem no exterior.

66. Art. 5º Lei poderá atribuir a terceiros a responsabilidade pelo pagamento do imposto e acréscimos devidos pelo contribuinte ou responsável, quando os atos ou omissões daqueles concorrerem para o não recolhimento do tributo.

estadual poderá atribuir a terceiro a responsabilidade pelo pagamento do ICMS, quando suas ações ou omissões concorrerem para o não recolhimento do tributo.

Tem-se, portanto, a partir de uma exegese que considere o sistema em sua integralidade que, al**ém das hipóteses elencadas nos artigos 131, 132, 133, 134, 135 e 137 do Código Tributário Nacional, atinentes à responsabilidade dos sucessores, de** *terceiros* e por infrações, o legislador ordinário poderá atribuir a terceiro a obrigação pelo recolhimento do ICMS:

a) *pessoalmente,* quando vinculado, ainda que de forma indireta, ao fato imponível da obrigação, apenas nas circunstâncias em que lhe seja possível perfazer a retenção ou o ressarcimento (*caput* do art. 128 do CTN);

b) *solidariamente* ao contribuinte, quando vinculado, ainda que de forma indireta, ao fato imponível da obrigação, apenas nas circunstâncias em que lhe seja possível perfazer a retenção ou o ressarcimento (inc. II, do art. 124 c/c o *caput* do art. 128, ambos do CTN);

c) quando suas ações ou omissões concorrerem para o não cumprimento da obrigação (art. 5º da Lei Complementar nº 87/1996).

Conforme a premissa adotada de que o sujeito passivo da regra-matriz de incidência tributária é o contribuinte, figurando o responsável como sujeito passivo da norma de responsabilidade, cujo critério material é a constituição da obrigação tributária associada a um fato não tributário, previsto em lei, compreende-se que a situação estabelecida no inciso I do artigo 124 do Código Tributário Nacional não consagra hipótese de responsabilidade.

Trata-se de uma relação jurídica tributária composta por mais de um contribuinte, uma vez que, conforme defendido por Andréa Medrado Darzé, o mencionado "interesse comum na situação que constitua o fato gerador da obrigação principal" advém da existência de direitos e deveres idênticos, compartilhados entre sujeitos apostos no mesmo polo da relação jurídica de direito privado eleita para figurar como critério material da regra-matriz de incidência tributária, ou quando mais de uma pessoa realiza a ação descrita na hipótese normativa.[67]

Deste modo, os *marketplaces* não podem ser considerados *responsáveis solidários* pelo recolhimento do ICMS com fundamento no inciso I do artigo 124 do Código Tributário Nacional, pois sua atuação se restringe à intermediação de operações de circulação de mercadoria, não havendo que se falar em "interesse comum" com os vendedores *contribuintes*.

Por outro lado, a lei estadual poderá atribuir às plataformas eletrônicas em referência a responsabilidade tributária pessoal (art. 128, *caput,* do CTN) ou *solidária* (inc. II, do art. 124 c/c o *caput* do art. 128, ambos do CTN) em virtude da intermediação, apenas em se tratando da modalidade de *fluxo interno*[68], e desde que disponha sobre os meios necessários à retenção do ICMS ou, ao menos, possa perfazer o seu ressarcimento. Conforme ressalta Paulo Ayres Barreto, o silêncio legal implica na impossibilidade jurídica de retenção, não tendo os *marketplaces* acesso à riqueza manifestada pela operação mercantil, o que inviabiliza que sejam responsabilizados pelo recolhimento do ICMS devido pelos vendedores[69].

---

67. DARZÉ, Andréa M. *Responsabilidade tributária:* solidariedade e subsidiariedade. São Paulo: Noeses, 2010, p. 231.

68. Modalidade em que o *marketplace* recebe a integralidade da quantia paga pelo comprador, abatendo a sua comissão no momento que repassa o valor atribuído ao vendedor ou prestador do serviço.

69. BARRETO, Paulo Ayres. *Limites normativos à responsabilidade tributária das operadoras de marketplace*. Revista Direito Tributário Atual, n. 45. São Paulo: IBDT, 2º semestre 2020. Quadrimestral, p. 638.

Alguns ingredientes incrementam complexidade à matéria, a exemplo da quantidade expressiva de fornecedores optantes pelo Simples Nacional, que recolhem o ICMS mediante sistemática diferenciada, além daqueles que realizam as operações de circulação de mercadoria sem habitualidade ou volume que configure intuito comercial passível da incidência tributária em comento, conforme estabelece o artigo 4º da Lei Complementar nº 87/1996.

Tais circunstâncias, além de muitas vezes desconhecidas pelas operadoras de *marketplace,* não estão inseridas em seu âmbito de ingerência, de tal sorte que, mesmo em um mundo marcado pela praticidade, não se pode, com ânimo de facilitar a arrecadação, subverter o sistema tributário nacional.

CONSIDERAÇÕES FINAIS

Ante o tema objeto do trabalho, fez-se necessário investigar em quais circunstância o legislador ordinário pode atribuir aos *marketplaces* a responsabilidade tributária pelo recolhimento do ICMS. Em razão do questionamento que direcionou o presente artigo, é possível esboçar as seguintes linhas conclusivas:

1. O sujeito passivo é a pessoa física ou jurídica que integra a relação jurídica tributária na posição de devedor, assumindo a condição de contribuinte quando realiza o fato jurídico descrito na hipótese da regra-matriz de incidência tributária, e responsável nas hipóteses em que, vinculado indiretamente ao fato imponível, a lei assim determinar.

2. A Constituição Federal reservou a definição da condição de sujeito passivo à competência da lei complementar, papel desempenhado pelo Código Tributário Nacional e, em se tratando do ICMS, pela Lei Complementar nº 87/1996.

3. O artigo 124, inc. II e o *caput* do artigo 128, ambos do Código Tributário Nacional, admitem a responsabilização

dos *marketplaces* pelo recolhimento do ICMS quando a intermediação da operação se der na modalidade de *fluxo interno*, desde que legalmente autorizados a retenção ou o ressarcimento.

4. O artigo 5º da Lei Complementar nº 87/1996 viabiliza a atribuição de responsabilidade quando as ações ou omissões dos *marketplaces* concorrerem para o não cumprimento da obrigação tributária ou de dever instrumental.

REFERÊNCIAS

AMARO, Luciano. *Direito Tributário Brasileiro.* 21. ed., São Paulo: Editora Saraiva, 2016.

ANEA, Cibelle. A atribuição de responsabilidade tributária aos *marketplaces* pelo recolhimento do ICMS. *In:* BARRETO, Paulo Ayres (Coord.). *Estudos tributários sobre a economia digital.* São Paulo: Noeses, 2021, p. 219-244.

BARRETO, Paulo Ayres. *Limites normativos à responsabilidade tributária das operadoras de marketplace.* Revista Direito Tributário Atual, n. 45. São Paulo: IBDT, 2º semestre 2020. Quadrimestral.

BECKER, Alfredo Augusto. *Teoria Geral do Direito Tributário.* São Paulo: Noeses, 2007.

BRAZ, Jacqueline Mayer da Costa Ude. *Tributação na economia compartilhada.* 2021. Tese (Doutorado em Direito Econômico e Financeiro) – Faculdade de Direito, Universidade de São Paulo, São Paulo, 2021. doi: 10.11606/T.2.2021.tde-13072022-072330. Acesso em: 06 de nov. de 2022.

BRITTO, Lucas Galvão. *Tributar na era da técnica:* como as definições feitas pelas agências reguladoras vêm influenciando a interpretação das normas tributárias. São Paulo: Noeses, 2018.

CARRAZZA, Roque Antônio. *Curso de Direito Constitucional Tributário*. 33. ed. rev., ampl. e atual. São Paulo: Malheiros, 2021.

CARVALHO, Paulo de Barros. Algo sobre o constructivismo lógico-semântico. *In:* CARVALHO, Paulo de Barros (Coord.). *Constructivismo lógico-semântico*. São Paulo: Noeses, v. 1, 2014, p. 03-11.

CARVALHO, Paulo de Barros. *Curso de Direito Tributário*. 27. ed. São Paulo: Saraiva, 2016.

CARVALHO, Paulo de Barros. *Direito Tributário*: Fundamentos Jurídicos da Incidência. 10. ed. rev. e atual. São Paulo: Saraiva, 2015.

CARVALHO, Paulo de Barros. *Direito tributário:* Linguagem e método. 6. ed. São Paulo: Noeses, 2015.

CHIESA, Clélio. Competência Tributária do Estado Brasileiro. Max Limonad, 2002.

COMSCHOOL. *A história do e-commerce no Brasil*: entenda como o modelo cresceu e se transformou no país. Disponível em: < https://news.comschool.com.br/a-historia-do-e-commerce-no-brasil/>. Acesso em: 06 de nov. de 2022.

DARZÉ, Andréa. *Responsabilidade tributária:* solidariedade e subsidiariedade. São Paulo: Noeses, 2010.

COSTA, Regina Helena. *Curso de direito tributário*: Constituição e Código Tributário Nacional. 3. ed., rev., atual. e ampl. São Paulo: Saraiva, 2013.

FERRAGUT, Maria Rita. *Responsabilidade tributária*. São Paulo: Noeses, 2020.

FIGUEIREDO, Marina Vieira de. *Lançamento tributário:* revisão e seus efeitos. São Paulo: Noeses, 2014.

FLUSSER, Vilém. *Comunicologia*: reflexões sobre o futuro: as conferências de Bochum. São Paulo: Martins Fontes, 2014.

FOGUEL, Débora; PERCASSI, Jade; e SANTOS, Nicole. *Precisamos falar sobre algoritmos:* manipulação, discriminação e desinformação. Disponível em: < https://souciencia.unifesp.br/opiniao/precisamos-falar-sobre-algoritmos-manipulacao-discriminacao-e-desinformacao#:~:text=Trata%2Dse%20da%20manipula%C3%A7%C3%A3o%20de,-sociais%20de%20seus%20correspondentes%20humanos>. Acesso em 05 de novembro de 2022.

FULGINITI, Bruno Capelli. O papel dos *marketplaces na tributação do e-commerce*: entre a responsabilidade tributária e a cooperação fiscal. *In:* BARRETO, Paulo Ayres. *Estudos tributários sobre a economia digital*. São Paulo: Noeses, 2020, p. 179-217.

FURTADO, Gabriel Rocha. O marco civil da Internet: a construção da cidadania virtual. *In:* SCHREIBER, Anderson (Coord.). *Direito e Mídia*. São Paulo: Editora Atlas, 2013.

HACKEROTT, Guilherme Barzaghi. Breve evolução histórica do e-commerce. *In*: HACKEROTT, Nádia Andreotti Tüchumantel (Coord.) *Aspectos jurídicos do E-commerce*. São Paulo: Thomson Reuters Brasil, 2021, 17-30.

MELLO, Henrique. *Os terceiros na sujeição passiva e o alterlançamento*. São Paulo: Noeses, 2020.

PIVA, Silvia. *Neurodireitos:* como proteger a mente humana dos efeitos das novas tecnologias? Disponível em: < https://www.nauddes.com.br/dilemas-eticos-da-tecnologia/neurodireitos-como-proteger-a-mente-humana-dos-efeitos-das-novas-tecnologias/>. Acesso em 05 de novembro de 2022.

ROBLES, Gregório. *Direito como texto*: quatro estudos da Teoria Comunicacional do Direito; trad. Roberto Barbosa Alves. São Paulo: Manole, 2005.

TOMÉ, Fabiana Del Padre. *Análise da responsabilidade tributária entre empresas pertencentes a um "grupo econômico"*. *In*: MARTINS, Ives Gandra da Silva (Org.). *Grupos Econômicos*. 1. ed. Porto Alegre: Lex Magister, 2015, v. 1, p. 607-621.

WILKINSON, Philip. *O livro da mitologia*. São Paulo: Globo Livros, 2018, p. 54 e 55.

ZOMER, Silvia Regina. *O tempo jurídico e a homologação tácita*. São Paulo: Noeses, 2019.

LEGITIMIDADE DO MP NA LIQUIDAÇÃO DE SENTENÇA PELO STF

Ives Gandra Da Silva Martins[1]

Antes de abordar o tema em discussão no 20º Congresso de Estudos Tributários do IBET quero deixar clara a minha interpretação concernente às competências do Parquet estabelecidas na Lei Suprema sobre dois pontos.

O primeiro deles é que, sendo a ação penal pública de competência privativa do Ministério Público, é inaceitável que o Pretório Excelso, baseado em regimento da Corte, em grande parte remanescente do texto constitucional anterior, se houver pedido de arquivamento da investigação da qual não deveria decorrer ação penal, determine o prosseguimento da ação, investigue e julgue.

1. Professor Emérito das Universidades Mackenzie, UNIP, UNIFIEO, UNIFMU, do CIEE/O ESTADO DE SÃO PAULO, das Escolas de Comando e Estado-Maior do Exército - ECEME, Superior de Guerra - ESG e da Magistratura do Tribunal Regional Federal – 1ª Região; Professor Honorário das Universidades Austral (Argentina), San Martin de Porres (Peru) e Vasili Goldis (Romênia); Doutor Honoris Causa das Universidades de Craiova (Romênia) e das PUCs-Paraná e RS, e Catedrático da Universidade do Minho (Portugal); Presidente do Conselho Superior de Direito da FECOMERCIO - SP; ex-Presidente da Academia Paulista de Letras-APL e do Instituto dos Advogados de São Paulo-IASP.

Parece-me claro o artigo 129 ao dizer no inciso primeiro que:

> Art. 129. São funções institucionais do Ministério Público:
>
> I - Promover, **privativamente**, a ação penal pública, na forma da lei; (Grifos meus)

Se é privativo do MP, não pode ser proposta por outra Instituição e quando o STF o faz, deixa de ser guardião da Constituição para ser um constituinte derivado, o que, com a máxima vênia aos eminentes magistrados, e como velho e modesto professor de direito constitucional de província, não posso aceitar.

Aceitarei quando o Congresso retirar o advérbio privativamente do inciso I com 2 votações nas 2 Casas Legislativas, aprovadas por 3/5 dos respectivos membros, vale dizer, por emenda constitucional, conforme previsto no § 2º do artigo 60, CF/88. Se o MP requisitar o arquivamento é porque não haverá ação penal e caberia ao STF obedecer a Constituição.

O segundo ponto diz respeito a poder ou não o Ministério Público ser proponente de ação civil pública sobre direitos individuais disponíveis, mesmo que coletivos. Rezam o caput do art. 127 e o inciso III do artigo 129 que:

> Art. 127. O Ministério Público é instituição permanente, essencial à função jurisdicional do Estado, incumbindo-lhe a defesa da ordem jurídica, do regime democrático e dos interesses sociais e individuais **indisponíveis**. **(Grifo meu).**
>
> Art. 129. São funções institucionais do Ministério Público: (...) III - promover o inquérito civil e a ação civil pública, para a proteção do patrimônio público e social, do meio ambiente e de outros interesses difusos e coletivos;

Ao falar de interesses difusos e coletivos, à evidência, a Constituição cuida de interesses da comunidade e, consequentemente, dos direitos de cada um de membros desde que indisponíveis. Afinal, há direitos coletivos que podem ser disponibilizados pelo cidadão, razão pela qual o vocábulo "indisponíveis" do artigo 127 possui um conteúdo restritivo.

O direito ao **meio ambiente** ecologicamente equilibrado (art. 225), por exemplo, é um direito difuso e coletivo, cuja defesa cabe ao Ministério público, pois mais do que o meu direito como particular prevalece o da sociedade como um todo, não me sendo facultado dele abrir mão, pois isso afetaria a coletividade ou um número indeterminado de pessoas. Trata-se, pois de um direito difuso e indisponível. Nos direitos coletivos disponíveis, é possível mensurar os atingidos por sua eventual violação, sendo que a própria Constituição o prevê, por exemplo, no artigo 8º (livre associação profissional ou sindical).

Até mesmo os direitos individuais indisponíveis, tal qual a vida, podem ter a participação do Ministério público, da polícia e de cada cidadão em particular como por exemplo, se uma pessoa quiser suicidar-se, quem quer que seja que esteja ao lado pode opor-se e tentar evitar que ela o faça.

Certa vez, fui consultado por sociedade de bairro e vereadores de Ubatuba, se teria o Ministério Público o direito de opor-se a aprovação da lei pela Câmara Municipal que instituíra contribuição de melhoria para asfaltar rua praiana, com cobrança anterior para custear a obra, e não posterior como determina o CTN em seu artigo 81, cuja dicção é a seguinte:

> Art. 81. A contribuição de melhoria cobrada pela União, pelos Estados, pelo Distrito Federal ou pelos Municípios, no âmbito de suas respectivas atribuições, é instituída para fazer face ao custo de obras públicas de que decorra valorização imobiliária, tendo como limite total a **despesa realizada** e como limite individual o acréscimo de valor que da obra resultar para cada **imóvel beneficiado**. **(Grifos meus)**.

Apesar de o MP já ter decisão a seu favor junto ao juiz da Comarca contra a aprovação da lei, ofertei o parecer em que dizia que o pagamento ou não - a expressão é do CTN – do tributo indevido - para mim se é indevido não é tributo, pois só pode ser tributo o que é definido nos termos do artigo 3º do próprio CTN -, é uma opção do contribuinte.

Com efeito, sempre que houver o pagamento de uma imposição, declarada ilegal pelos tribunais, sem a interposição de ação de repetição de indébito, significa que o contribuinte dispôs de seu direito individual de ser ressarcido da cobrança indevida.

Nesta esteira, reproduzo parte do que disse no citado parecer, por expressar meu pensamento, principalmente por ser aplicado ao Direito Tributário:

> *"A todo o direito de imposição do Fisco corresponde um direito do sujeito passivo da relação tributária de ser apenas tributado nos limites da Constituição. Tal direito é disponível, específico e divisível. Cada contribuinte é tributado de acordo com sua capacidade contributiva, que, apesar de ser dimensionada segundo a teoria da progressividade para os tributos pessoais, não deixa de ter reflexo nos tributos reais, quando se colocam na "border line" dos tributos diretos.*
>
> *Assim é que o IPTU é um imposto real, pois incide sobre uma base de cálculo, cujo valor é determinado por aquele do imóvel que lhe dá, na técnica proporcional, o aspecto quantitativo. Será este, todavia, maior ou menor conforme o valor maior ou menor da propriedade. Incidindo sobre a propriedade, domínio útil ou posse, muitas vezes implica ser suportado por quem tenha menor capacidade contributiva. Há, pois, de se admitir que a densidade econômica do bem projeta o nível da imposição. É um tributo real, mas exteriorizador, na maior parte das vezes, da capacidade econômica do sujeito passivo da relação tributária.*
>
> *Assim, os tributos diretos ou indiretos, na linguagem econômica, ou pessoais ou reais na linguagem jurídica, espelham de forma imediata ou remota a capacidade contributiva do sujeito passivo. Tal radiografia da potencialidade econômica torna individual, específico e divisível o direito do Estado de impor-lhes tributação à luz dos elementos dimensionadores desta capacidade e garante ao contribuinte o direito divisível, específico e disponível de ser tributado nos exatos limites da lei.*

Não sem razão, determinou o constituinte, no artigo 145 § 1º, que:

"Sempre que possível, os impostos terão caráter pessoal e serão graduados segundo a capacidade econômica do contribuinte, facultado à administração tributária, especialmente para conferir efetividade a esses objetivos, identificar, respeitados os direitos individuais e nos termos da lei, o patrimônio, os rendimentos e as atividades econômicas do contribuinte",

completando-o, no inciso IV do artigo 150, com a seguinte dicção:

"IV. utilizar tributo com efeito de confisco".

O primeiro, determina o direito de imposição do Erário e o segundo, o direito, divisível e disponível do contribuinte, de ser tributado até as fronteiras de sua possibilidade real.

Em outras palavras, o direito de o contribuinte ser tributado, nos limites da lei de acordo com a sua situação pessoal, implica correspondente direito do Fisco em tributar dentro de tais limites.

A disponibilidade de tais direitos do contribuinte reside na faculdade de não contestar as leis de duvidosa constitucionalidade ou de compor em situações que lhe pareçam mais favoráveis.

Acrescente-se que a própria lei tributária permite tal disponibilidade nos casos de compensação, transação e remissão previstas expressamente no Código Tributário Nacional nos artigos 170 a 172.

Ora, tais considerações iniciais servem para mostrar que a ação civil pública não é o veículo processual permitido para a defesa de direitos individuais <u>disponíveis e divisíveis</u>.

Reza o "caput" do artigo 127 da C.F. que:

"O Ministério Público é instituição permanente, essencial à função jurisdicional do Estado, incumbindo-lhe a defesa da ordem jurídica, do regime democrático e dos interesses sociais e <u>individuais indisponíveis</u> (grifos meus)".

Há apenas referência a direitos individuais indisponíveis, como, por exemplo, o direito à vida. Nenhuma menção é feita a direitos individuais disponíveis e divisíveis.

Por outro lado, determina o artigo 129 inciso III que:

"São funções institucionais do Ministério Público: ...

III. promover o inquérito civil e a ação civil pública, para a proteção do patrimônio público e social, do meio ambiente e de outros interesses difusos e coletivos", admitindo as ações civis públicas tão somente se os interesses a serem protegidos forem difusos e coletivos. Nenhuma menção também se faz a direitos individuais e nem mesmo a direitos indisponíveis.

O § 1º admite, ainda, como se lê:

"A legitimação do Ministério Público para as ações civis previstas neste artigo não impede a de terceiros, nas mesmas hipóteses, segundo o disposto nesta Constituição e na lei",

que outras entidades tenham legitimidade ativa, mas nos estritos limites do disposto no inciso III, o que vale dizer, apenas para defender o patrimônio público e social, o meio ambiente e outros interesses difusos e coletivos.

Se o inciso IX permite que o Ministério Público exerça outras funções, estando veiculado o dispositivo com o seguinte discurso:

"exercer outras funções que lhe forem conferidas, desde que compatíveis com sua finalidade, sendo-lhe vedada a representação judicial e a consultoria jurídica de entidades públicas",

à evidência, não se deve confundir o «exercício de outras funções» com a «promoção de ação civil pública», visto que o exercício de outras funções não pode ser confundido com o «exercício das mesmas funções», ou seja, a promoção de «ação civil pública».

Da leitura do texto constitucional há de se considerar que ao Ministério Público cabe:

a) a promoção de ações civis públicas apenas para a proteção do patrimônio público e social, do meio ambiente e de outros interesses coletivos e difusos";

b) a proteção de direitos individuais indisponíveis por outro veículo processual;

c) o exercício de outras funções que não a promoção de ações civis públicas.

Não lhe cabe a defesa, por ação civil pública, de direitos disponíveis e divisíveis, à falta de autorização constitucional, por incompatível com suas finalidades.

Por esta razão, a lei 8625/93, no artigo 25 no inciso III, quando estendeu a promoção da ação civil pública para a defesa de direitos individuais e disponíveis, estendeu-a de forma inconstitucional, na medida em que tal força o legislador maior (constituinte) não outorgara ao legislador menor (ordinário).

O próprio Código do Consumidor, ao admitir a defesa de direitos individuais homogêneos não determinou que esta se fizesse por ação civil pública. Por direitos homogêneos deve-se entender aqueles que, além de homogêneos, são indisponíveis, como se lê no artigo 81:

"A defesa dos interesses e direitos dos consumidores e das vítimas poderá ser exercida em juízo individualmente, ou a título coletivo.

§ único. A defesa coletiva será exercida quando se tratar de: I - interesses ou direitos difusos, assim entendidos, para efeitos deste Código, os transindividuais, de natureza indivisível, de que sejam titulares pessoas indeterminadas e ligadas por circunstâncias de fato; II - interesses ou direitos coletivos, assim entendidos, para efeitos deste Código, os transindividuais de natureza indivisível de que seja titular grupo, categoria ou classe de pessoas ligadas entre si ou parte contrária por uma relação jurídica base; III - interesses ou direitos individuais homogêneos, assim entendidos os decorrentes de origem comum». À evidência, se for outro o veículo processual e os direitos individuais a serem defendidos forem indisponíveis, o Ministério Público poderá agir.

É que os direitos disponíveis podem ser defendidos individualmente, conforme a vontade do cidadão ou residente, nem mesmo se justificando a defesa dos menos favorecidos economicamente, visto que a Constituição admite as Defensorias Públicas com esta finalidade, mantendo os Estados, ainda, os serviços de assistência jurídica gratuita.

Ocorre que, em matéria tributária, em que os direitos a serem defendidos são sempre específicos, disponíveis e divisíveis, a ação civil pública, pretendendo obstar a cobrança de determinada imposição, poderia provocar, inclusive, fantástico desserviço à comunidade. A decisão de 2 homens apenas (um promotor e um juiz), teria o condão de impedir a cobrança de tributos, inviabilizando a administração pública e o fornecimento de serviços públicos à sociedade.

Mesmo que contestável um tributo, poderá a comunidade entender preferível recolhê-lo para atender serviços fundamentais.

Exatamente por esta razão, a ação civil pública, sabiamente, não foi elencada pelo Constituinte como meio apto à defesa de direitos individuais, disponíveis e divisíveis, nem sendo tal defesa deferida por outro veículo processual, ao Ministério Público enquanto agindo como defensor da ordem jurídica, do regime democrático, dos interesses sociais e individuais indisponíveis.

Ainda nesta introdução, antes de passar a responder às duas questões formuladas, quero referir-me à natureza jurídica da contribuição de melhoria no direito brasileiro.

A contribuição de melhoria é um dos três clássicos tributos do sistema. Enunciado no Código Tributário Nacional, em seu artigo 5º, teve seu perfil reproduzido na Constituição de 67 e na E.C. nº 1/69, apesar de ser tributo hospedado nos textos constitucionais anteriores.

O artigo 145 da Constituição de 1988 tem a seguinte dicção:

"A União, os Estados, o Distrito Federal e os Municípios poderão instituir os seguintes tributos:

I. impostos;

II. taxas, em razão do exercício do poder de polícia ou pela utilização, efetiva ou potencial, de serviços públicos específicos e divisíveis prestados ao contribuinte ou postos a sua disposição;

III. contribuição de melhoria, decorrente de obras públicas",

a cujo elenco de tributos os artigos 148 e 149 acrescentam as contribuições sociais e o empréstimo compulsório.

A dicção foi alterada sem a meu ver, ter sido alterado o perfil anterior. Não creio tenha caído nem o limite vinculado à valorização da obra, nem aquele referente ao limite de custo, sendo tais limitações implícitas o que diferencia a contribuição de melhoria de um imposto, no que concerne à sua vinculação.

É, por outro lado, um tributo nitidamente voltado a desonerar o Poder Público de utilizar os recursos de toda a sociedade para beneficiar uns poucos. Objetiva, fundamentalmente, obter, para executar obras públicas que beneficiarão alguns, os recursos necessários daqueles que terão o benefício.

Em outras palavras, a contribuição de melhoria é típica imposição tributária que intenta conseguir, dos beneficiários diretos de benfeitorias públicas, os meios necessários para que o Estado possa realizá-las, desonerando o resto da sociedade, que só indiretamente teria os benefícios decorrentes da obra.

Por esta razão, não poucas vezes tais obras são demandadas por aqueles que no futuro virão a beneficiar-se delas, como forma de obtenção de melhoramentos que valorizarão sua propriedade, otimizando as condições de usufruto. Até mesmo as sociedades de bairros, em muitos municípios, solicitam, a favor de seus moradores, a imposição mencionada, para que sejam beneficiados pelas obras públicas que valorizam a região.

É um tributo, por outro lado, que faz justiça. Nada mais injusto que um pequeno grupo de munícipes ou contribuintes seja o usufrutuário de obras públicas pagas por toda a comunidade, através de impostos, que, à saciedade, devem ser endereçados àqueles serviços, cujo nível de generalidade, no interesse público e social, justifica a plena participação da comunidade como um todo. Obra que pode ser financiada por contribuição de melhoria e o é através de impostos, sobre demonstrar desequilibrada política tributária, gera indiscutível injustiça fiscal, condenável desde que, no século XVII, encontraram os ingleses a solução tributária mencionada para obras que beneficiam mais a uns do que a outros.

Por outro lado, a contribuição de melhoria deve obedecer, em sua imposição, aos princípios constitucionais não só da legalidade, como da anterioridade.

A lei formal, na tradição jurídica do país, quando se referindo à esfera municipal, é aquela constante dos Códigos Municipais, que são leis ordinárias de imposição. Contemplada a exação na lei ordinária, sua cobrança é possível, desde que respeitado também o princípio da anterioridade, inclusive com sua previsão no orçamento. Havendo as duas leis (de imposição e orçamentária), não há que se contestar sua constitucionalidade, à luz destes preceitos e desde que o custo executado ou previsto da obra seja aquele que limitará a totalidade da exigência.

A utilização, por outro lado, da área do imóvel para dimensionar a contribuição de melhoria destinada a sustentar obras públicas que o beneficiem, não repugna o Direito, visto que a valorização será ***proporcionalmente*** *maior quanto maior a área, sendo, pois, critério justo de aferição.*

Nem é contestável possa a contribuição de melhoria ser exigida no curso da obra pública para financiá-la.

De início, porque todos os tributos, que servem, preferencialmente, para suprir o Poder Público de recursos a fim de que possa prestar serviços, podem ser recolhidos antes da prestação de tais serviços. Todos os tributos vinculados não estão submetidos à efetivação das despesas para sua obtenção posterior. Se um tributo vinculado apenas fosse recolhido após a prestação de serviços, as taxas, que são arrecadadas no início do ano para serem utilizadas durante todo o ano, as contribuições sociais que são pagas antecipadamente para prestação eventual futura, os empréstimos compulsórios que são exigidos para atender calamidades públicas, guerras e investimentos públicos relevantes, assim como as contribuições de melhoria, que são impostas para financiar obras, precisariam ser muito superiores ao custo da obra. Isto porque, o financiamento inicial deveria ser feito com recursos do sistema financeiro, com ônus superior, a ser naturalmente repassado, na cobrança "a posteriori" de tais tributos. Tal hipótese seria, pois, uma insensatez.

Nada na legislação tributária impede --antes, implicitamente estimula-- que obras futuras e constantes do orçamento devam ser financiadas com a "contribuição de melhoria" recolhida antecipadamente ou, pelo menos, no curso da própria obra para que tais custos não sejam elevados pelos juros do sistema financeiro. O mais correto, o mais lógico, o que não está vedado pela Constituição é que a contribuição de melhoria seja cobrada antes, para que as obras que justificaram seu nascimento sejam feitas depois. É a melhor forma de reduzir seu custo e o nível da imposição para os beneficiários, evitando-se os encargos financeiros.

Da mesma forma que uma taxa de coleta de lixo cobrada no início do ano suportará o serviço de coleta até o último dia do exercício, é também justificável que a contribuição de melhoria arrecadada no início do ano ou durante o ano suporte as obras públicas até sua final conclusão.

Ponderadas as premissas atrás expostas, respondo, agora, às duas questões formuladas.

De início, entendo que o veículo processual utilizado --ação civil pública-- é inadmissível para a espécie.

Hely Lopes Meirelles e Arnoldo Wald já se manifestaram a respeito, dizendo:

"A ação civil pública, disciplinada pela Lei 7.347, de 24.7.85, é o instrumento processual adequado para reprimir ou impedir danos ao meio ambiente, ao consumidor, a bens e direitos de valor artístico, estético, histórico, turístico e paisagístico (art. 1º), protegendo, assim, os interesses difusos da sociedade. ***Não se presta a amparar direitos individuais, nem se destina à reparação de prejuízos causados a particulares pela conduta, comissiva ou omissiva do réu****" (grifos meus).*

Da mesma forma, o Tribunal de Alçada de São Paulo em decisão na qual fica clara a insustentabilidade deste veículo para proteger direitos disponíveis e divisíveis, dispôs:

"A Constituição da República de 1988 artigo 127, reiterou a qualificação de agir designada ao órgão do Ministério Público em defesa, já agora, dos interesses sociais e individuais indisponíveis. Como já sublinhou a disponibilidade caracteriza o direito objetivado na espécie. A respeito do dispositivo, ressalta CLÂVIS BENOS, que: "Destarte circunscrita a atuação do Ministério Público, quanto aos interesses sociais, naquilo que tange à metaindividualidade desses interesses somente se pode concluir que ao Ministério Público incumbe ajuizar ação civil pública em relação a interesses coletivos não difusos, apenas quando estes se revelarem sociais no sentido amplo da expressão "interesses sociais" (Ação Popular e Ação Civil Pública, p. 42). De consignar aliás, que a Carta Magna, artigo 129, inciso III, correlaciona a propositura de referida demanda, pelo

Ministério Público, à proteção, dentre outros, bens, "de outros interesses difusos e coletivos", o que permite discernir entre os adnominais, como correspondentes a categorias distintas entre si.

"O parquet goza de titularidade ativa inerente na tutela de tais interesses ante sua transindividualidade, de modo que, por esta conotação, se faz mister a intervenção de um órgão público que atenda à ordem pública, ínsita em tais valores. ***Não assim, data vênia, em se cuidando, como aqui, de direitos subjetivos****" (grifos meus).*

O eminente magistrado Luís Antonio de Andrade, sobre a lei 7.347/85, por outro lado, em denso estudo sobre a matéria, preleciona:

"Distinguindo os interesses coletivos ou difusos de situações em que há interesses com pluralidade de sujeitos, indica, com a autoridade que lhe é peculiar, José Carlos Barbosa Moreira, duas hipóteses que não se confundem com os interesses coletivos ou difusos, e que não suscitam os problemas de que se cogita quando se cuida da proteção jurisdicional destes últimos: "a) a da existência de vários titulares do lado ativo ou do lado passivo de uma única relação jurídica (condôminos de determinada coisa, credores de um devedor comum, devedores de um credor comum, etc.); b) a da existência de titulares de relações jurídicas distintas mas análogas, derivadas de uma relação-base de que todos participam (acionistas de uma sociedade anônima, considerados nas suas relações com a própria sociedade) ("Tutela jurisdicional dos interesses coletivos ou difusos", em Temas de Direito Processual, 3ª série, Rio de Janeiro, 1984, pp. 193 e ss., estando na p. 194 o trecho transcrito). Elemento que se reputa essencial, portanto, à configuração do conceito é o fato de tais interesses terem por titular uma pluralidade indeterminada e praticamente indeterminável de pessoas, no tocante às quais os interesses se manifestam, não em virtude da presença de uma relação jurídica de que coparticipam, ou de relações jurídicas paralelas ou convergentes, em que estejam engajados, mas de dados contingentes e variáveis, como os que surgem em função da necessidade de proteger a fauna e a flora, a salubridade de um rio que abasteça determinada cidade, ou de atmosfera, os monumentos históricos, e assim sucessivamente.

A pluralidade de titulares dos interesses coletivos ou difusos apresenta, neles, por conseguinte, notas específicas, que permitem distingui-los de outros interesses plurissubjetivos, cuja tutela não se ajusta ao regime da Lei 7.347/85. ***Não constituem eles, de acordo com lição corrente, que se acaba de reproduzir, a mera soma de interesses individuais, ainda que disseminados por um expressivo conjunto de pessoas, mas uma categoria própria, em que talvez possa identificar-se uma unicidade de interesse,***

partilhado por uma pluralidade indeterminada e indeterminável de cotitulares, não ligados entre si ou com quem se mostre capaz de lesar ou satisfazer o interesse por qualquer vínculo jurídico.

Não são apenas dados relativos aos sujeitos que ensejam, porém, a caracterização dos interesses coletivos ou difusos. Neles, é específico, também, o respectivo objeto, identificado pela indivisibilidade. Não se trata, em outras palavras, de interesses cuja satisfação ou lesão possa dar-se de modo fracionado, para um ou para alguns interessados, e não para outros.

A indivisibilidade do objeto do interesse, que a doutrina põe em devido destaque, significa que entre os cotitulares se forma, "por assim dizer, uma comunhão indivisível de que participam todos os possíveis interessados, sem que se possa discernir, sequer idealmente, onde acaba a "quota" de um e onde começa a de outro. *Por isso mesmo, instaura-se entre os destinos dos interessados tão firme união que a satisfação de um só implica de modo necessário a satisfação de todos; e, reciprocamente, a lesão de um só constitui,* ***ipso facto****, lesão da inteira coletividade (José Carlos Barbosa Moreira, trab. e ob. cits., p. 195) - RT-648, outubro de 1989, p. 8/9" (grifos meus).*

O digno representante do Ministério Público, ao se utilizar de um instrumento processual apenas passível de hospedagem para interesses difusos ou coletivos, à nitidez, elegeu tipo de ação que a Constituição ***não permite para a defesa de direitos individuais disponíveis****, risco de retirar a liberdade do cidadão de dispor sobre tais direitos.*

É de se lembrar que a contribuição de melhoria é, talvez, o tributo que mais conforma a disponibilidade dos direitos do cidadão, faculdade que poderá levá-lo até a prescindir da exigência de constitucionalidade maior, não poucas vezes, a relação se transformando de «subordinação» em relação de «coordenação». Podem os munícipes pedir determinada obra e negociarem com os poderes constituídos a aprovação de lei para que suas propriedades, mais do que valorizadas, sejam úteis a seus proprietários ou possuidores.

É, de resto, o caso presente, em que não só 87% dos beneficiários pagaram a contribuição de melhoria, como a própria Associação dos Moradores beneficiários pediu e deseja que as obras continuem.

Ora, como admitir que, em relação a direitos disponíveis e divisíveis, possa o Ministério Público:

a) impedir uma obra de interesse dos moradores;

b) prejudicar a administração municipal, que já contratou os serviços, através de licitações públicas;

c) prejudicar os moradores que querem as benfeitorias;

d) exigir que todos os munícipes paguem tributo para benefício de poucos,

outorgando-se todos os poderes da Prefeitura e representando --sem nenhuma procuração da sociedade-- toda a sociedade para defender "direitos" que a sociedade não deseja que sejam defendidos, pois tal defesa acarretaria um prejuízo real a cada um dos munícipes beneficiados, à Administração Pública e à sociedade como um todo!!!

Exatamente para evitar tal tipo de interferência em direitos individuais, disponíveis e divisíveis, é que a ação civil pública não é veículo processual admissível, cabendo a cada interessado sua defesa, que poderá ser feita inclusive em mandados de segurança coletivo que beneficiam apenas os filiados a partidos políticos ou os membros das associações impetrantes.

Apesar do título ofertado pela lei maior de "mandado de segurança coletivo" para tal medida processual, apenas se pode por esta defender direitos individuais disponíveis e divisíveis, cabendo ao Ministério Público ou entidades civis o veículo da ação civil pública para a defesa de interesses difusos e coletivos.

Em face do exposto, entendo ser imprópria a ação civil pública para a defesa de direitos disponíveis e divisíveis dos munícipes, que, de resto, em grande parte, não desejam tal defesa, conforme comprovam as declarações que me foram exibidas das associações dos moradores e o maciço recolhimento do tributo **desejado** *e* **lançado**. *É, pois, inconstitucional a utilização de ação civil pública para defesa de direitos individuais disponíveis e divisíveis.*

Esta matéria preliminar deverá ser necessariamente examinada pelo eminente magistrado de Ubatuba para quem foi distribuída a ação.

Quanto ao aspecto da constitucionalidade da contribuição de melhoria entendo que o Código Tributário Municipal da Estância Balneária de Ubatuba preenche os requisitos do artigo 146 do CTN já que definiu o perfil do tributo (artigo 262) seu fato gerador (artigo 262), sua base de cálculo (artigo 265), seu sujeito passivo (artigo 263) sobre impor, o decreto 1733/93, um limite, em seu artigo 1º, que é o **custo da obra**.

Não há por que entender que tal lei ordinária não preencha os requisitos da Constituição Federal e do CTN (art. 81 e 82), lembrando-se que a lei orçamentária também previu as despesas necessárias para a obra pública.

É de se lembrar que o limite global ao custo da obra segue, a meu ver, a melhor interpretação do artigo 145 inciso III, visto que, se deixou de ser explícita a fronteira máxima de custos, grande parte da doutrina entende que sua manutenção continuou implícita, visto que pensar de forma diversa seria tornar o «diferencial» entre o custo e a eventual valorização, em «imposto», figura cuja característica é não ser vinculada a qualquer contraprestação ou referência ao contribuinte, no que concerne à sua destinação.

Um dos argumentos do ilustre representante do Ministério Público foi o de que as obras deveriam ser feitas inicialmente e depois o seu custo rateado pelos beneficiários.

O argumento, como já mostrei, oneraria toda a comunidade, já que o Erário ficaria desfalcado de recursos arrecadados junto a todos os munícipes, até a conclusão da obra, para só então ressarcir-se perante os beneficiários diretos. Ora, ou a Administração Pública deixaria de executar outras obras públicas ou prestar serviços necessários à comunidade, para beneficiar uns poucos, ou tomaria dinheiro emprestado nas instituições financeiras, onerando o custo da obra pelo acréscimo financeiro do empréstimo a ser pago pelos beneficiários através de contribuição futura.

Segundo uma parcela da doutrina, o artigo 81 do CTN em parte foi revogado. Para os que defendem esse entendimento o discurso legislativo se encerraria na expressão "valorização imobiliária", nos termos da C.F..

Ora, se o discurso se encerrar no vocábulo "imobiliária", a expressão "fazer face ao custo" implicaria sua cobrança enquanto a obra estivesse em curso, sem qualquer contestação.

Se, todavia, a inteireza do discurso permanecer, como entende outra parcela da doutrina, nem por isto a interpretação teria que ser diferente.

A interpretação gramatical exclusiva é a pior das técnicas exegéticas. Jamais deve ser usada se o sistema indicar outro caminho. A expressão "obra realizada", a ser interpretada literalmente, poderia ensejar a exegese de que deveria o Poder Público realizar a obra, encarecendo-a com o custo financeiro de empréstimos ou deixando de executar outros serviços públicos de interesse de toda a comunidade para beneficiar alguns, e só depois cobrar a contribuição.

Tal interpretação é manifestamente um erro jurídico, uma heresia econômica e um absurdo financeiro. Levaria a entender que a lei obrigatoriamente impõe ao Poder Público onerar o custo de obras públicas por não poder cobrar, sem acréscimos financeiros, a contribuição de melhoria no curso da obra. Passaria, tal intérprete, atestado de ignorância administrativa e analfabetismo financeiro ao legislador complementar, o que, em homenagem à Comissão que redigiu o CTN, não posso admitir, por tê-los conhecido todos, inclusive os dois que ainda vivem, e com quem tenho escrito inúmeros livros.

Ora, se a interpretação gramatical levou ao absurdo, é inadmissível que apenas a ela se recorra. O ideal é utilizar-se da interpretação sistemática, isto é, aquela que insere a norma no Sistema Impositivo para dela retirar a melhor exegese.

À luz deste raciocínio, pelo Sistema Tributário Brasileiro, todos os tributos vinculados podem ser admitidos em execução de obras ou prestação de serviços anteriores à imposição, como ocorre com as taxas municipais, cobradas antes para prestação de serviços até o fim do exercício, como se vê nas contribuições especiais, que podem ser exigidas antes da atuação estatal, como é previsto para os empréstimos compulsórios por guerra, calamidade pública ou para obra relevante, em que a incidência pode acontecer antes dos gastos previstos.

A cobrança antecipada do tributo não violenta o sistema tributário nacional, entendendo eu que resulta em benefício, impedindo que a imposição seja maior para cobrir o custo do serviço ou obra e os encargos financeiros suportados pelo Erário na antecipação dos serviços.

O exame dos textos legais que me foram submetidos, do decreto regulamentador e dos editais de licitação para execução da obra, demonstram claramente que não só foi respeitada a Constituição Federal, os princípios da legalidade (Código Tributário e lei orçamentária), como da anterioridade (a lei orçamentária foi aprovada no exercício anterior à cobrança).

Respondo, pois, à segunda questão, entendendo ser constitucional a contribuição de melhoria imposta pela Prefeitura Municipal da Estância Balneária de Ubatuba."

No processo a que se referiu este parecer, o presidente do Tribunal de Justiça de São Paulo, imediatamente suspendeu a eficácia da sentença - o desembargador Francis Selwyn Davis era um profundo conhecedor do direito tributário -, pois se fora aceita pela própria sociedade a proposta de pagar antes da obra (e não depois), a pretensa ilegalidade levantada pelo Ministério Público em defesa da higidez da lei não poderia sobrepor-se à vontade do contribuinte de ter a rua asfaltada com pagamento prévio.

Entendo, pois, que no caso haveria de prevalecer, como prevaleceu, que não cabe ao Ministério Público a defesa em juízo de direitos individuais disponíveis, a não ser mediante autorização, quando coletivos.

Esta é a razão pela qual entendo, no que concerne aos direitos, mesmo que coletivos, quando disponíveis, corretíssima a decisão do STJ:

> EMENTA RECURSO ESPECIAL. DIREITO CIVIL, PROCESSUAL CIVIL E CONSUMIDOR. AÇÃO CIVIL PÚBLICA EM FASE DE EXECUÇÃO. ASTREINTES. AUSÊNCIA DE INTIMAÇÃO PESSOAL. INEXIGIBILDADE. SÚMULA 410/STJ. EXECUÇÃO COLETIVA DO ART. 98 DO CDC. DIREITOS INDIVIDUAIS HOMOGÊNEOS. AUSÊNCIA DE LEGITIMIDADE DO MINISTÉRIO PÚBLICO. 1. Controvérsia relativa à exigibilidade das astreintes e à legitimidade do Ministério Público para deduzir pedido de cumprimento de sentença coletiva pertinente a direitos individuais homogêneos. 2. Nos termos da Súmula 410/STJ: 'A prévia intimação pessoal do devedor constitui condição necessária para a cobrança de multa pelo descumprimento de obrigação de fazer ou não fazer'. 3. Subsistência da referida súmula na vigência do CPC/2015, conforme precedente da Corte Especial. 4. Caso concreto em que não constou no texto do mandado de citação/intimação da empresa demandada a cominação de astreintes, sendo inexigível, portanto, a multa por descumprimento da ordem judicial, à luz da Súmula 410/STJ. 5. Existência de julgado específico desta Turma no sentido de que o comparecimento espontâneo aos autos não supre a necessidade de intimação pessoal do devedor sobre a cominação de astreintes. 6. Nos termos do art. 98 do CDC, "poderá ser coletiva" a execução da sentença condenatória proferida em ação civil pública referente a direitos individuais homogêneos. 7. Distinção entre a "execução coletiva" prevista no art. 98 do CDC e a execução residual (fluid recovery) prevista no art. 100 do CDC. 8. Ilegitimidade ativa do Ministério Público para promover a execução coletiva do art. 98 do CDC por ausência de interesse público ou social a justificar a atuação do 'parquet' nessa fase processual, em que o interesse jurídico se restringe ao âmbito patrimonial e disponível de cada um dos consumidores lesados. 9. Julgado específico da QUARTA TURMA nesse sentido. 10. RECURSO

ESPECIAL PROVIDO. (RECURSO ESPECIAL Nº 1801518 – RJ, Rel Ministro PAULO DE TARSO SANSEVERINO, TERCEIRA TURMA, julgado em 14/12/2021).

Por fim, a matéria está sob repercussão geral na Supremo Corte por força do Tema 1.270, nos seguintes termos:

> Tema 1.270 - Legitimidade do Ministério Público para promover a liquidação coletiva de sentença proferida em ação civil pública sobre direitos individuais homogêneos disponíveis, visando a reparação de danos individualmente sofridos pelas vítimas ou seus sucessores.
>
> Há Repercussão? Sim
>
> Relator(a):
>
> MIN. DIAS TOFFOLI
>
> Leading Case:
>
> RE 1449302
>
> Descrição:
>
> Recurso extraordinário em que se discute, à luz dos artigos 5º, caput, XXXV, XXXVI, LIV e LXXVIII, 127, caput, e 129, III e IX, da Constituição Federal, se o interesse público do qual se reveste o Ministério Público, enquanto legitimado extraordinário para propor a ação civil pública, alcança a perseguição do efetivo ressarcimento dos prejuízos globalmente causados pela pessoa que atentou contra as normas jurídicas de caráter público, lesando os consumidores, ou se a liquidação e/ou execução da sentença genérica sobre direitos individuais disponíveis deve ser processada individualmente pelos interessados.
>
> Ementa Constitucional e processual civil. Ação Civil Pública. Direitos individuais homogêneos disponíveis. Legitimidade ativa extraordinária do Ministério Público para liquidação da sentença coletiva. Arts. 127, 129, III, da Constituição da República. Credores individuais identificados ou identificáveis. Reparação de danos. Questão constitucional. Potencial multiplicador da controvérsia. Repercussão geral reconhecida.

1. Possui índole constitucional e repercussão geral a controvérsia relativa à legitimidade do Ministério Público para promover a liquidação coletiva de sentença proferida em ação civil pública sobre direitos individuais homogêneos, visando à reparação de danos individualmente sofridos pelas vítimas ou seus sucessores.

2. Repercussão geral reconhecida.

(STF - RE: 1449302 MS, Relator: MINISTRA PRESIDENTE, Data de Julgamento: 15/09/2023, Tribunal Pleno, Data de Publicação: PROCESSO ELETRÔNICO DJe-214 DIVULG 21-09-2023 PUBLIC 22-09-2023).

A2023-049 Legitimidade MP

PARAMETRIZAÇÃO, COMPARABILIDADE E EQUALIZAÇÃO: PREMISSAS TEÓRICAS PARA O NOVO REGRAMENTO DOS PREÇOS DE TRANSFERÊNCIA DO BRASIL

Jonathan Barros Vita[1]

1. INTRODUÇÃO

Inicialmente, cabe ressaltar que o estudo da forma de construção de operações parâmetro (especialmente no campo da valoração aduaneira e dos preços de transferência) já foi realizado por vários autores, tanto nacionais como internacionais, entretanto, nenhum destes estabeleceu um procedimento, com etapas específicas para este processo construtivo.

---

1. Advogado, Consultor Jurídico e Contador. Especialista em Direito Tributário pelo Instituto Brasileiro de Estudos Tributários - IBET-SP, Mestre e Doutor em Direito pela Pontifícia Universidade Católica de São Paulo - PUC-SP e Mestre em Segundo Nível em Direito Tributário da Empresa pela Universidade Comercial Luigi Bocconi - Milão - Itália. Estágio de pós-doutorado como Senior visiting research fellow na WU (Wirtschaftsuniversität Wien) - Viena - Áustria. Coordenador e professor titular do Mestrado e Doutorado em Direito da UNIMAR. Professor de diversos cursos de pós-graduação no Brasil e exterior. Conselheiro do Conselho Municipal de Tributos de São Paulo. Ex-Conselheiro do CARF - Conselho Administrativo de Recursos Fiscais. Ex-Juiz do Tribunal de Impostos e Taxas do Estado de São Paulo. Ex-Secretário da Comissão Especial de Direito Tributário do Conselho Federal da OAB.

Nesse sentido, sendo numerosíssimas as operações (nacionais ou transnacionais) sujeitas a controle de regras antielusivas para verificar sua adequação às condições legais ou de mercado, este, sem dúvida, parece um lapso que mereceria um estudo mais específico sobre o tema.

Lembra-se que as meras menções esparsas contidas nas notas interpretativas ao AVA, nos Guidelines da OCDE sobre preços de transferência ou na antiga IN 1.312 dos preços de transferência no Brasil não trouxeram grandes elucidações sobre etapas e conceituações específicas para cada elo do procedimento de construção destas operações.

Mais ainda, no caso da OCDE, com o BEPS, especialmente no final report da Action 8, houve, finalmente, uma atenção mais detida para dar parâmetros a este processo, o que foi positivado na atual IN 2161 que seguiu a Lei 14.596, a qual atualizou e alinhou a legislação nacional com as premissas operacionais da OCDE.

Em textos anteriores (atualizados e redirecionados, aqui), já pode-se produzir uma série de notas mais esparsas sobre o tema[2, 3 e 4], sendo esse artigo uma tentativa de consolidar tais premissas em uma quase Teoria Geral (ou Operacional) da construção de operações parâmetro.

Obviamente, como dito, o objetivo deste trabalho acaba por ser vinculado a ideia de uma sintática e semântica da construção das operações parâmetro, sem adentrar aos elementos que concretizarão a sua pragmática, os quais foram, efetivamente sofisticados, com a nova legislação supracitada, a qual, enumerativamente, trouxe os artigos 5º, 7º a 10, 16 da Lei 14.596 e artigos 7º, 9º a 12, 15 a 32, 47 da IN 2161, que lidam com os temas tratados aqui no artigo, lembrando que foram deixados de lado artigos que lidavam com análise funcional (artigos 13 a 15 da IN) e ajustes

2. VITA, Jonathan Barros. *Valoração Aduaneira*. São Paulo: Thomson Reuters, 2014.

3. VITA, Jonathan Barros. *Preços de transferência*. São Paulo: Thomson Reuters, 2014.

4. VITA, Jonathan Barros. *Relações entre valoração aduaneira e preços de transferência*. São Paulo: Thomson Reuters, 2014.

compensatórios (artigo 50), por exemplo, que abriria ainda mais o leque de textos legais a serem explorados, aqui.

Tendo sido contextualizado, delimitado e justificada a escolha do tema, cabe definir os objetivos deste trabalho, os quais se vinculam com a necessidade de conceituar (no sentido de criar nome para as categorias/institutos utilizados) as etapas do processo de construção de operações parâmetro, definindo como termos fundamentais os processos de parametrização, comparabilidade e equalização.

Para tanto, inicialmente, será estabelecido o procedimento da construção de operações parâmetro, especificando sua sintática e seu processo para, secundariamente, serem definidas as marcas gerais dos conceitos criados para nominar as fases do processo de construção de operações parâmetro, que sejam: parametrização, comparabilidade e equalização.

Concluindo a introdução, tem-se que, epistemologicamente, para atingir os objetivos traçados nesse artigo, o método aplicável é o empírico-dialético, utilizando-se de técnicas de pesquisa bibliográfica e legislativa, e o sistema de referência utilizado[5] é formado da conjugação entre a Teoria dos Sistemas de Niklas Luhmann[6], o Construtivismo Lógico-Semântico de Barros Carvalho[7] e ferramentas específicas do *Law and Economics*[8-9-10].

---

5. Para a visão mais global deste sistema de referência proposto: VITA, Jonathan Barros. *Teoria Geral do Direito: Direito Internacional e Direito Tributário*. São Paulo: Quartier Latin 2011.

6. LUHMANN, Niklas. *Law as a social system*. Oxford: Oxford University Press, 2004.

7. CARVALHO, Paulo de Barros. *Direito Tributário: linguagem e método*. 5ª edição. São Paulo: Noeses, 2013.

8. Como representação do texto clássico sobre o tema: POSNER, Richard A. *Economic Analysis of Law*. 9a ed. New York: Wolters Kluwer, 2014.

9. Como exemplos de coletâneas que representam os clássicos autores do tema: ROEMER, Andrés. *Derecho y economía: uma revisión de la literatura*. Cidade do México: ITAM, 2000; ZYLBERSZTAJN, Décio; STAJN, Rachel. *Direito e economia: análise econômica do direito e das organizações*. Rio de Janeiro: Campus jurídico, 2005.

10. Como exemplos bem-acabados de um sistema de referência baseado nos clássicos autores americanos aplicados ao direito tributário: CALIENDO, Paulo. *Direito*

Adicional e finalmente, como outro elemento importante da metodologia deste trabalho, tem-se que não apresentará muitas citações, uma vez que este texto parte de uma (quase) inexistência de textos sobre o tema desse trabalho.

2. O PROCESSO DE CONSTRUÇÃO DE OPERAÇÕES PARÂMETRO

Como já pôde ser intuído, os sistemas tipo *Civil Law* possuem maiores dificuldades que aqueles de *Common Law* no processo de identificação, determinação e construção de operações parametrizadas substitutivas no plano de institutos como os preços de transferência.

Sintomaticamente, as ferramentas teóricas disponíveis atualmente, na doutrina brasileira, são extremamente deficitárias e baseadas, apenas, no empirismo, e não no processo de generalização e abstração necessários para a construção de normas jurídicas e proposições científicas.

Nesse contexto, importante se faz o processo de reequilibrar os fatores de precificação, na comparação e (re) estabilização das operações através de seus ajustes, modificando os elementos de determinação das condições dos fatos e do preço de transação, postos em uma norma individual e concreta.

Dessa forma, a modificação da base de cálculo (tributária) por institutos como os preços de transferência, a valoração aduaneira e as medidas de defesa comercial buscam (finalisticamente) o (re)equilíbrio/ (re)balanceamento/(re) estabilização da concorrência fiscal ou comercial de maneira leal, equânime e equilibrada entre empresas nacionais e internacionais, entre bens importados e bens nacionais.

---

tributário e análise econômica do direito: uma visão crítica. Rio de Janeiro: Elsevier, 2009; e CARVALHO, Cristiano Rosa de. *Teoria do sistema jurídico: direito, economia, tributação.* São Paulo: Ed. Quartier Latin, 2005.

Para realizar tais operações, do ponto de vista tributário, equilibra-se a carga fiscal total de uma empresa com suas concorrentes, sendo necessárias algumas considerações teóricas sobre o ato de comparar operações e o processo de determinação do valor final da base de cálculo (tributária ou não) através da equalização parametrizada que possui como linhas-guia programas jurídicos.

Esse processo deve ser realizado em etapas, nas quais criam-se elementos de parametrização, estabelecendo de critérios/parâmetros pelo sistema jurídico que permitam a comparabilidade de operações (coleta de dados), perfazendo uma plataforma operativa que delimita os fatores que serão utilizados como base para nestas programações de comparação e que, caso existam diferenças entre as operações encontradas e os parâmetros estabelecidos, utiliza-se da equalização, lembrando que todas estas operações são realizadas sincronicamente pelo sistema jurídico e econômico.

Sinteticamente, deve ser elucidado que, neste item, as considerações tomadas são referentes aos processos teóricos utilizados para operacionalizar, através das regras do sistema jurídico, a (re)criação de operações (fatos jurídicos) com o fim de (re)calcular a base de cálculo tributária na valoração aduaneira e nos preços de transferência.

Esquematicamente, nestes processos de alteração do *status quo* das operações do sistema, modificando os valores de comercialização para fins tributários (ou não), tem-se, basicamente, cinco etapas, cada uma com alguns (sub) processos envolvidos:

- Criação de normas gerais e abstratas que pressupõe os elementos de parametrização, determinando os critérios de seleção das operações praticadas a serem ajustadas, e os ajustes das operações que serão utilizadas para construir a base de comparação, operação parâmetro ou paramétrica;

- Identificação, através destes critérios, de operação comercial realizada com dúvidas sobre sua validade jurídica relativa, especificamente, ao direito tributário;

- Realização de um processo de comparação de várias operações/normas individuais e concretas representantes de transações comerciais similares (cujos critérios para identificação da similaridade entre as operações para fins de comparação serão definidos na operação anterior de parametrização), constantes em, a exemplo, contratos mercantis ou lançamentos tributários, cujo processamento é realizado através de estruturas econômicas direcionadas pelos programas de parametrização jurídicos enquanto programas de propósito específico do sistema econômico, permitindo a construção de uma operação parametrizada ideal (emulando as condições de mercado), que substituirá, se for o caso, a operação praticada;

- Ajuste de equalização entre as operações de mercado colhidas na comparabilidade a serem utilizadas na citada construção da operação parâmetro, modificando ou não os valores de transação através da recondução, a exemplo, das operações entre partes não vinculadas a condições de negociação entre partes vinculadas, também realizada pelos processos sincrônicos realizados pelo sistema do direito e econômico, especialmente, testes e comparações entre estas operações; e

- Tomada de decisão final no sistema jurídico, produzindo uma norma individual e concreta da tributação, diferenciada ou não (no plano da construção do fato e da sua da base de cálculo correspondente) daquela NIC tomada como fundamento e oriunda do direito privado/civil.

3. A CONCEITUAÇÃO DA PARAMETRIZAÇÃO, COMPARABILIDADE E EQUALIZAÇÃO DE OPERAÇÕES

Antes de tudo, cabe ressaltar que todo o processo da produção de operações parâmetro é realizado dentro da perspectiva de reconduzir as transferências entre partes vinculadas a preços de mercado, mas tal processo, entretanto, não pode retirar as vantagens competitivas que existem nas sinergias operacionais quando estas espécies de transações ocorrem, como bem apontado no artigo 31 da IN 2161, sem olvidar que a operação realizada deve ser realisticamente disponível no mercado.

Outrossim, como alerta adicional, deixa-se claro que, obviamente, as maiores preocupações do processo de construção de operações parâmetro estão no campo da equalização, sobre a qual se tecerão mais comentários, vez que a sua regulação é mais deficiente, mas foi bastante evoluída no campo do novo regramento dos preços de transferência brasileiros.

Isto ocorre, pois, o processo de parametrização tem como faceta predominante o fato de ser legal (geral e abstrato) e o de comparabilidade, por ser individual e concreto (apesar de possíveis restrições (gerais e abstratas) apriorísticas de coleta de dados como derivantes de espaço ou tempo) possui dificuldades de generalização científica.

Obviamente, essas dificuldades científicas são potencializadas nas equalizações, que também possuem as mesmas características de individualização e concretude com limitações da comparabilidade, mas alguns padrões de equalizações podem ser encontrados visualizando a operatividade dos institutos estudados.

Da mesma forma, não se olvida que tanto a análise funcional (artigos 13 a 15 da IN 2161) como os ajustes compensatórios (artigo 50 da IN 2161) podem ser considerados como formas que operam transversalmente em todos os conceitos aqui tratados, sendo elementos importantes na pragmática destes institutos, tema este que não é tratado neste artigo que lida com suas semânticas e sintáticas.

Finalmente, deixa-se claro que, apesar de todas as etapas do processo de construção de operações parâmetro serem juridicamente reguladas por normas gerais e abstratas, a equalização é aquela que possui a maior "margem de manobra" aplicativa, vez que lida, basicamente, com elementos individuais e concretos, o que a tornam a mais problemática das três etapas.

É dizer, enquanto a parametrização é uma redução (legal) brusca de complexidades, esta se exponencializa rumo à comparabilidade (delimitada juridicamente no espaço--tempo, a exemplo) e atinge seu ápice na equalização, que realimenta o processo com grande carga de complexidade.

3.1 Parametrização de transações

Inicialmente, a parametrização é estabelecida por normas gerais e abstratas que servirão como fundamento de redução de complexidades para observação dos elementos constituintes (fatores de precificação e condições contratuais) de uma transação objeto de análise, podendo ser chamado também e delineamento da transação, como proposto nos artigos 6º, I, 7º e 8º da Lei 14.596 combinados com os artigos 9º e 10 da IN 2161.

Nessa parametrização estabelecem-se os programas jurídicos que serão utilizados como condicionantes, enquanto programas de propósito específico pelo sistema econômico, para permitir a comparabilidade entre as operações controladas e as operações praticadas no mercado.

Nesse sentido, tratar da parametrização daria campo a duas possibilidades de ação:

1. Estabelecer parâmetros de como as operações devem ser configuradas aprioristicamente, com adições ou exclusões de certos fatores; ou
2. Determinar, dentro da operação objeto de exame, quais características são importantes para sua identificação, alterando seu conteúdo econômico para permitir seu processamento e recondução a uma operação parâmetro.

Obviamente, o sistema jurídico lida com a primeira destas possibilidades, estabelecendo comandos gerais e abstratos para padronizar a operação sob exame (possibilidade 1), cabendo, para os fatores intrínsecos da operação especificamente considerada, que a equalização realize seu papel e reconduza as operações comparáveis encontradas no processo de comparabilidade a todas as condições relevantes de negociação que possam afetar o processo de construção da operação parâmetro (possibilidade 2, a qual será estudada).

3.2 Comparabilidade de transações

A partir do processo de parametrização, nos quais os elementos fundamentais de uma transação são delimitados legalmente, cabe ao processo de comparabilidade a busca, dentro de um dado mercado, em condições de espaço e tempo determinadas por um instrumento legal (norma geral e abstrata), de operações que se assemelhem, individual e concretamente, àquela operação sob análise.

Nesse sentido, a comparabilidade utiliza-se mais de fatores individuais e concretos (provas) do que de elementos gerais e abstratos (restrições espaço-temporais a busca de operações, a exemplo) para sua operação.

Aparte esse significado inicial da comparabilidade, cabe ressaltar que esta pode se dar em vários níveis, sendo exemplo a comparabilidade entre o produto objeto de uma relação jurídica, a exemplo, espécie de bem objeto do contrato de compra e venda.

Nesse contexto, um método primário de comparação entre produtos, do ponto de vista formal, a partir, a exemplo, do Sistema Harmonizado, é a desconsideração da subclasse ou sub-posição, buscando-se, como elemento de comparação, uma classe superior ou uma classe horizontalmente similar em nível e com produto análogo.

Tal conceito foi bem aproveitado nos artigos 5º, 9º e 10 da Lei 14.596, combinados com os artigos 7º, 11 e 47 da IN 2161, que estabelecem intervalos e termos para definir os elementos a serem encontrados nas operações comparáveis e realizar esse processo.

Da mesma forma, é relevante os artigos 19 e 24, que são regras de exclusão geral de comparáveis do campo de análise dos preços de transferência, permitindo sua não aplicação a situações concretas (abusivas) ou que não sejam operações realisticamente disponíveis ou realizáveis entre partes não vinculadas[11].

Procedimentalmente, o artigo 20 estabelece elementos relevantes adicionais a parametrização para identificação dos comparáveis, sendo o artigo 21 responsável por enumerar etapas desse processo.

Ainda no plano da busca dos comparáveis, também são relevantes o local de colheita dos dados, ou seja, se internos ou externos a empresa (artigo 22) ou nacionais ou internacionais os dados (artigo 23).

Sob o plano temporal e de combinação de negócios, são relevantes as informações sobre combinação de

11. Esta ideia é vinculada a noção de operações de alto risco que não seriam realizáveis por partes não vinculadas.

transações[12] (artigo 25) e compensações intencionais entre as partes (artigo 27), sem olvidar que vários são os condicionamentos temporais para a mineração dos dados de transações comparáveis (artigos 28 a 30) e, também, de dados não transacionais (artigo 26) (que auxiliam nos métodos não transacionais, especialmente o Margem Líquida da Transação - MLT e da Divisão do Lucro - MDL).

Outro artigo importante é o 32 da IN 2161, pois este estabelece regras gerais para ajustes no processo de comparabilidade, não sendo um problema de equalização, portanto.

Como nota final e importante a este ponto, menciona-se que o uso de bases de dados (*databases*) como SISCOMEX e NOVOEX para construir operações parâmetro para os fins da valoração aduaneira ou preços de transferência deve ser realizado com certas reservas, pois seus dados não são plenamente confiáveis, uma vez que dentre suas transações podem estar operações não parametrizadas/controladas e os elementos de equalização não são visualizáveis corretamente.[13-14]

É dizer, a base de dados do SISCOMEX despersonifica/desindividualiza as operações, produzindo uma artificial redução de complexidades e generalização não congruente dos dados de mundo, retirando os elementos necessários à equalização das operações, especialmente, por não conter dados sobre marca, qualidade, quantidades e curva de economia de escala, entre outros.[15]

---

12. O correto seria combinação de operações, pois uma transação já pode ser uma combinação de várias operações.

13. Com críticas semelhantes: CARVALHO, Paulo de Barros. Preços de transferência no Direito Tributário brasileiro. *Revista de Direito Tributário Internacional.* São Paulo: Quartier Latin, v. 3, ano 1, nº 3, p. 185-203, jun. 2006; e TÔRRES, Heleno Taveira. *Direito tributário internacional: planejamento tributário e operações transnacionais.* São Paulo: Revista dos Tribunais, 2001.

14. No mesmo sentido: WCO. *Guidelines on the development and use of a national valuation database as a risk assessment tool.* Bruxelas: WCO, 2012.

15. Com críticas semelhantes: CARVALHO, Paulo de Barros. Preços de transferência no Direito Tributário brasileiro. *Revista de Direito Tributário Internacional.* São

Portanto, os cuidados mencionados tem como ponto tangente o conhecido problema do uso de *secret comparables*[16], o que ocasiona ilegalidade do processo de comparabilidade nos termos propostos, assim como restrições abusivas da busca de operações comparáveis no mercado.

3.3 Equalização de transações

Seguindo os processos de parametrização e comparabilidade, o processo de equalização é tido, operacional e sistemicamente, da mesma forma referida do momento de comparação utilizando os acoplamentos operacionais, pressuposição recíproca e sincronia de funcionamento entre direito e economia aludidos no item anterior.

Do ponto de vista do direito positivo, curiosamente a equalização não é apontada na Lei 14.596, mas tão somente nos artigos 12 e 15 a 17 da IN 2161, tendo subsecções detalhadas sobre o tema, que perfazem a abertura semântica e probatória para permitir a recondução de operações comparáveis (em tese) aos termos parametrizados.

Sintética e semanticamente, a equalização atua de maneira pressuposta aos dois outros processos e tem como função aproximar/transformar uma operação não comparável, mas que tem caracteres mínimos de parametrização encontrados no processo de comparabilidade, em uma comparável, aumentando a base de dados do processo de construção de operações parâmetro e (re)criando o caráter de individualidade da operação praticada na operação construída.

Paulo: Quartier Latin, v. 3, ano 1, nº 3, p. 185-203, jun. 2006; e TÔRRES, Heleno Taveira. *Direito tributário internacional: planejamento tributário e operações transnacionais.* São Paulo: Revista dos Tribunais, 2001.

16. Como importante marco da doutrina nacional no estudo deste instituto, inclusive com certos dados do direito comparado: SCHOUERI, Luís Eduardo. Considerações sobre o princípio *arm's length* e os *secret comparables*. *Homenagem a Paulo de Barros Carvalho*. São Paulo: Quartier Latin, 2008.

Ela é, portanto, uma forma de recondução às condições de parametrização de operações tidas como comparáveis, utilizando instrumentos de (re)construção da precificação da operação sob exame, construindo uma operação parâmetro que não é identificada em nenhuma das operações comparadas, mas é um simulacro construído a partir delas.

Nesse sentido, duas equalizações podem ser identificadas, sendo a segunda mais importante e objeto de uma análise mais pormenorizada em seguida:

- Uma derivante dos critérios adotados para a parametrização e de aplicação automática e legal; e
- Outra derivante de características singulares da transação sob exame, que não replicadas necessariamente nos elementos parametrizados.

Como exemplo da segunda hipótese, considera-se que há necessidade de equalização de uma operação de mercado no que tange ao fator (equalizador) risco de credores, quando esta for utilizada como comparável para construção de uma operação entre partes vinculadas, a qual, estruturalmente, não possui tal risco de inadimplência.

Nesse contexto, há a delimitação, justamente, dos critérios que permitem as comparações entre valores de transação díspares e, a partir de suas homogeneidades, aplicando as diferenças específicas como critério de equalização.

Lembra-se que, a equalização sempre será um dado individual e concreto derivado dos elementos componentes da operação sob análise, sendo específica para cada transação.

Entretanto, existem textos legais que estabelecem índices para a busca destes caracteres, apesar de se considerar que não os limitam, pois, as equalizações são sempre autóctones das transações sob exame.

Essa ideia suporta o fato de se considerar que todas as legislações que estabelecem equalizações são meramente indicativas/enumerativas e não podem limitar esse processo.

Sob o ponto de vista (quase) lógico-matemático, a equalização perfaz uma fórmula que determina os algoritmos específicos necessários para uma correta recondução de operações não comparáveis aos critérios de parametrização.

Ainda, tal equalização da operação a condições de mercado perfaz um sistema que (re)cria as condições de homogeneidade e equilíbrio no trato da livre concorrência, permitindo uma otimização da alocação da tributação, intervenção estatal, através da (re)criação da base de cálculo tributária, como fundamento para a manutenção da livre concorrência e livre-iniciativa, eliminando a possibilidade de alocação de eficiência à (ineficiência) tributação.

O critério e a forma de tais equalizações interventivas são: a um, determinar a similaridade de duas operações, a partir das suas identidades e diferenças específicas; e, a dois, ajustar as operações para que elas sejam alinhadas, através da adição ou redução de um valor que permita a (maximização de eficiência) comparabilidade entre operações.

Conclusivamente, com a equalização, mais operações comparáveis são passíveis de participar do processo de construção da operação substitutiva parametrizada, melhorando a qualidade desse.

Final e sinteticamente, aparte os 30 termos enumerativos da ideia de equalização já tratados em textos anteriores[17], apresenta-se uma nova lista enumerativa e simplificada de fatores que foram positivados nos multicitados

17. VITA, Jonathan Barros. *Valoração Aduaneira*. São Paulo: Thomson Reuters, 2014.

artigos 12 e 15 a 32 da IN 2161[18], sendo que a grande maioria deles não possuem análogos nas legislações da valoração aduaneira ou das medidas de defesa comercial, que são, nitidamente, menos sofisticadas que o novo regramento dos preços de transferência:

1. Subseção IV - Dos termos contratuais, artigo 12 da IN 2161;
2. Subseção VI - Das características dos bens, direitos e serviços, artigo 15 da IN 2161;
3. Subseção VII - Das circunstâncias econômicas, artigo 16 da IN 2161;
4. Subseção VIII - Das estratégias de negócios, artigo 17 da IN 2161; e
5. Subseção IX - Das outras características economicamente relevantes, artigo 18 da IN 2161, que permite que a lista seja meramente enumerativa;

4. CONCLUSÕES

1. Para algumas parcelas do direito, como a valoração aduaneira, os preços de transferência e a defesa comercial, há a necessidade de substituição de operações praticadas por outras, as quais normalmente são realizadas em condições de mercado, para prevenir abusos e distorção comercial/tributária.
2. O processo da construção da operação parâmetro substitutiva deriva do funcionamento sincrônico entre direito e economia, nos moldes traçados pela Teoria dos Sistemas de Luhmann.

18. Estes artigos correspondem a subsecções da Instrução Normativa 2161 e serão enumerados aqui para fins didáticos.

3. Para esta produção, algumas etapas conceituais foram criadas e envolvem os processos de parametrização, comparabilidade e equalização, que permitem, a partir dos dados da operação sob investigação e dos parâmetros legalmente estabelecidos, investigar a validade dos fatos jurídicos produzidos e, caso seja necessário, criar a operação substitutiva.

4. A parametrização é uma operação que replica a produção das normas gerais e abstratas, estabelecendo os critérios mínimos para identificação de uma operação sob os mesmos critérios de uma operação sob controle, sendo tais elementos denominados na legislação brasileira de delineamento de transações e positivados nos artigos 6º, I, 7º e 8º da Lei 14.596 combinados com os artigos 9º e 10 da IN 2161.

5. A comparabilidade é o processo onde são buscadas (no plano individual e concreto e, normalmente, com marcas de delimitação de espaço e tempo) operações que se adequem à hipótese parametrizada e possam ser utilizadas para a construção da operação parametrizada substitutiva (com seu novo fato jurídico e sua nova base de cálculo tributária), os quais foram positivados atualmente nos artigos 5º, 9º e 10 da Lei 14.596, combinados com os artigos 7º e 11 e 47 da IN 2161, os quais estabeleceram as regras gerais, mas com diversos recortes de aplicação e procedimentais, os quais estão nos artigos 19 a 30, 32 da IN.

6. A equalização é o processo de (re)processamento das operações comparáveis para sua correção e adequação aos parâmetros estabelecidos legalmente (na parametrização) e nos aspectos mais específicos da transação sub exame, no que se incluem situações impassíveis de repetição, os quais foram bem mais especificados no plano do novo

regramento infralegal, apenas dos preços de transferência, nos artigos 12, 15, 16 e 17 da IN 2161.

7. Vários são os critérios de parametrização, comparabilidade e equalização juridicamente consolidados na legislação brasileira e internacional, destacando-se aqueles da legislação brasileira dos preços de transferência e os contidos no AVA e suas notas interpretativas.

8. Tanto no processo de parametrização como no de comparabilidade o limite para atribuição das normas gerais e abstratas são baseados na ideia de razoabilidade ou não abusividade.

9. Já no caso das regras de equalização, estas devem ser sempre consideradas como meramente enumerativas, pois os caracteres específicos e autóctones de uma transação não podem ser completamente expurgados pelo sistema, tendo sido tal conceito estabelecido no artigo 18 da IN 2161 dos preços de transferência.

5. BIBLIOGRAFIA

ANDRADE, Paulo Roberto. Valoração aduaneira e preços de transferência no Brasil: uma comparação objetiva. *Revista de Direito Tributário Internacional*. São Paulo: Quartier Latin –, v. 1, ano 1, nº 1, p. 121-145, out. 2005.

BELLAN, Daniel Vitor; RIBEIRO, Ricardo Pereira. Conceito de similaridade para efeito de controle fiscal dos preços de transferência. In: FERNANDES, Edison Carlos (Coord.). *Preços de transferência*. São Paulo: Quartier Latin, 2007. p. 115-140.

CALIENDO, Paulo. *Direito tributário e análise econômica do direito: uma visão crítica*. Rio de Janeiro: Elsevier, 2009.

CARVALHO, Cristiano Rosa de. *Teoria do sistema jurídico: direito, economia, tributação*. São Paulo: Ed. Quartier Latin, 2005.

CARVALHO, Paulo de Barros. *Direito Tributário: linguagem e método. 2ª edição*. São Paulo: Noeses, 2008.

CARVALHO, Paulo de Barros. Preços de transferência no Direito Tributário brasileiro. *Revista de Direito Tributário Internacional*. São Paulo: Quartier Latin, v. 3, ano 1, nº 3, p. 185-203, jun. 2006.

LUHMANN, Niklas. *Law as a social system*. Oxford: Oxford University Press, 2004.

MAISTO, Guglielmo. Cross-border valuation for income tax, customs duties and VAT. *IBFD Bulletin*. Amsterdam: IBFD, p. 107-113, mar. 2001.

ROEMER, Andrés. *Derecho y economía: uma revisión de la literatura*. Cidade do México: ITAM, 2000.

SCHOUERI, Luís Eduardo. Considerações sobre o princípio *arm's length* e os *secret comparables*. *Homenagem a Paulo de Barros Carvalho*. São Paulo: Quartier Latin, 2008.

SCHOUERI, Luís Eduardo. *Direito Tributário*. São Paulo: Saraiva, 2011.

TÔRRES, Heleno Taveira. *Direito tributário internacional: planejamento tributário e operações transnacionais*. São Paulo: Revista dos Tribunais, 2001.

VITA, Jonathan Barros. *Preços de transferência*. São Paulo: Thomson Reuters, 2014.

VITA, Jonathan Barros. *Relações entre valoração aduaneira e preços de transferência*. São Paulo: Thomson Reuters, 2014.

VITA, Jonathan Barros. *Teoria Geral do Direito: Direito Internacional e Direito Tributário*. São Paulo: Quartier Latin 2011.

VITA, Jonathan Barros. *Valoração Aduaneira*. São Paulo: Thomson Reuters, 2014.

WCO. *Guidelines on the development and use of a national valuation database as a risk assessment tool*. Bruxelas: WCO, 2012.

INTEGRAÇÃO DOS FISCOS EM DECORRÊNCIA DA REFORMA TRIBUTÁRIA

José Eduardo de Paula Saran[1]

SUMÁRIO: 1. Introdução. 2. Federalismo Fiscal brasileiro. 3. A Constituição Federal de 1988 e os programas de modernização das Administrações Tributárias no Brasil. 4. Histórico de integração das Administrações Tributárias no Brasil pós-1988. 5. O projeto de Reforma Tributária em discussão e seu impacto para as Administrações Tributárias subnacionais. 6. Integração e cooperação das Administrações Tributárias com o Imposto sobre Bens e Serviços: possibilidades, dificuldades, riscos e oportunidades. 7. Conclusão. 8. Referências.

1. INTRODUÇÃO

A Constituição Federal de 1988 é muito importante para o Brasil sob muitos aspectos. Nasceu no influxo da redemocratização do país, após mais de duas décadas de regime autoritário. Trouxe inúmeros avanços sociais e uma nova concepção de sociedade a ser buscada, mais igualitária e garantista.

---

1. Advogado e Consultor Tributário. Doutorando em Direito Financeiro (USP). Mestre em Direito Tributário (PUC/SP). Master em Fazenda Pública e Administração Tributária (IEF-UNED/Espanha). Especialista em Direito Tributário (IBET). Especialista em Administração de Empresas (FGV/SP).

Seu capítulo tributário, por desconfiança generalizada da sociedade e dos contribuintes em relação aos governos, é bastante rígido e detalhado. De outra parte, o constituinte originário pouco inovou em relação ao sistema tributário que foi sendo desenhado no Brasil ao longo do século XX. No tocante à tributação sobre o consumo, basicamente manteve a configuração da Reforma Tributária ocorrida entre 1965-1967[2], já no regime autoritário. Procurou-se reforçar a Federação, garantindo aos estados, Distrito Federal e municípios, os entes políticos subnacionais, maiores recursos, de modo a garantir sua autonomia.

Como a União passou a ter de arcar com mais pesadas atribuições, vinculadas especialmente à Seguridade Social, aquele ente político criou ou modificou várias contribuições, para aumentar sua arrecadação. Como a receita das contribuições não é repassada a estados e município, de certa forma anulou-se parte do esforço do constituinte originário em aumentar a participação dos entes subnacionais no conjunto das receitas tributárias, próprias ou originárias de repasses. A Constituição Federal de 1988 também optou por manter a segmentação da base de incidência dos impostos sobre o consumo, que vinha da década de 1960, dividindo-a entre a União (IPI), os estados e o Distrito Federal (ICMS) e os municípios (ISS), além de manter nosso principal imposto sobre o consumo, o ICMS, em competência subnacional, um exemplo quase único no mundo e que gera muitos conflitos[3].

---

2. Em 1965, houve a aprovação da Emenda Constitucional nº 18/65, que criou o ICMS e o ISS. Em 1966, houve a aprovação da Lei nº 5.172/66. Em 1967, houve a promulgação de uma nova Constituição Federal, que recepcionou o novo desenho tributário.

3. A guerra fiscal horizontal entre estados, que é quase inerente ao modelo de IVA subnacional, ficou contida no regime autoritário, pois os governadores eram subordinados à União e não tinham a autonomia que passaram a ter com a redemocratização, que, na prática, já vinha desde 1982, quando os governadores voltaram a ser eleitos pelo voto direto. Já na década de 1990, passou a ser prática comum, desorganizando a lógica econômica de produção e consumo.

Em paralelo, houve uma evolução econômica e tecnológica, nas formas de produção e consumo, que, paulatinamente, foi erodindo as bases de arrecadação do ICMS, o principal tributo dos estados e municípios. A enorme complexidade deste imposto, as inúmeras situações especiais, as dificuldades para a recuperação do imposto nas situações permitidas em lei e, por fim, a guerra fiscal e conflitos com o ISS, tudo isso criou um cenário propício a uma Reforma Tributária.

Assim, desde 1993, assistimos várias propostas de Reforma Tributária, invariavelmente envolvendo o ICMS. Agora, com a PEC-45/2019 tendo sido aprovada em dois turnos na Câmara dos Deputados e estando em debate no Senado Federal no momento em que fechamos este artigo, há, finalmente, uma perspectiva mais concreta de se realizar a substancial mudança tributária desejada, mas que também sofre pesadas críticas por parte de segmentos de contribuintes e por respeitáveis juristas e tributaristas.

Neste artigo, analisaremos, especificamente, os impactos, riscos, desafios e oportunidades que a criação de um Imposto sobre Bens e Serviços, de competência dos estados, Distrito Federal e municípios, trará às Administrações Tributárias destes entes políticos subnacionais.

2. O FEDERALISMO FISCAL BRASILEIRO

O Brasil é uma República Federativa, composta por três níveis de entes políticos: a União, os Estados e o Distrito Federal e, por fim, os municípios. Conforme estabelecido na Constituição Federal de 1988, o Brasil possui três níveis de entidades autônomas entre si.

Federação é um modelo de organização de Estados soberanos. Por sua vez, Federalismo Fiscal pode ser definido como a distribuição das competências para instituir, arrecadar, administrar e fiscalizar os tributos pelos diversos níveis de entes políticos.

A forma federativa do Estado brasileiro é inalterável, com cada nível federativo tendo suas próprias jurisdições legislativas específicas.

Em relação a competências tributárias, a União detém a atribuição exclusiva de instituir tributos aduaneiros, sobre a renda, sobre a receita bruta e sobre lucros, sobre transações financeiras, sobre a propriedade territorial rural e sobre produtos industrializados, além da competência residual para a criação de novos tributos.

Os estados detêm a competência tributária sobre a propriedade de veículos automotores, sobre operações relativas à circulação de mercadorias, sobre a prestação de serviço de transporte interestadual e intermunicipal, sobre a prestação de serviços de comunicação e sobre herança e doações.

Os municípios têm competência tributária sobre a propriedade territorial urbana, sobre serviços não abrangidos na competência do ICMS e previstos em lei complementar e sobre a transferência de propriedade "intervivos".

O Distrito Federal reúne as competências tributárias dos estados e dos municípios.

O regime simplificado do Simples Nacional abrange a competência tributária dos três níveis federativos, realizando a respectiva repartição de receitas dele decorrentes. O mesmo ocorre em relação ao regime especial para os microempreendedores individuais (MEI).

No Brasil, há fundos tanto para repartição, quanto para equalização de receitas. Temos dois níveis de compartilhamento: (i) do nível federal para estados e municípios (FPE e FPM); e (ii) do nível estadual para os municípios (ICMS). Há, também, fundos específicos para o desenvolvimento econômico das regiões Norte (FNO), Nordeste

(FNE) e Centro-Oeste (FCO). As receitas das contribuições da União não são repassadas aos entes subnacionais.

Embora não haja consenso sobre isso na doutrina, consideramos que um ente político só pode ser considerado autônomo, política e administrativamente, se puder contar com fontes de receitas suficientes para cumprir seus desígnios[4].

De 1988 até hoje, ou, na verdade, desde sempre, o Brasil ressente-se da inexistência de um grande fórum institucional de coordenação, discussão e deliberação de temas federativos, inclusive no aspecto tributário e financeiro. O Senado Federal, que deveria exercer esse papel, não o faz adequadamente, pois obedece mais a lógicas políticas que a defesa dos interesses dos estados e suas populações.

3. A CONSTITUIÇÃO FEDERAL DE 1988 E OS PROGRAMAS DE MODERNIZAÇÃO DAS ADMINISTRAÇÕES TRIBUTÁRIAS NO BRASIL

Historicamente, a grande transformação, para melhor, da Administração Tributária brasileira teve início alguns anos após a promulgação da Constituição Federal de 1988, anteriormente mesmo à edição da Emenda Constitucional n. 42/2003. Falamos aqui dos programas de modernização financiados pelo Banco Interamericano de Desenvolvimento, o BID, a partir de 1997, sem deixar de mencionar reformulações estruturais e de processos que algumas Administrações Tributárias já haviam iniciado no início da década de 1990[5].

4. DANIEL NETO, Carlos Augusto; BRANCO, Leonardo Ogassawara de Araújo. *O paradigma da economia digital e os novos conceitos de serviço e mercadoria – reflexos na tributação. In:* FARIA, Renato Vilela; SILVEIRA, Ricardo Maitto da; MONTEIRO, Alexandre Luiz Moraes do Rêgo (coord.). *Tributação da Economia Digital:* desafios no Brasil, experiência internacional e novas perspectivas. São Paulo: Saraiva, 2018.

5. A exemplo do Promocat, em São Paulo, de 1995.

A Constituição Federal de 1988 alçou as Administrações Tributárias dos três níveis de entes federativos a um grau de importância até então inédito.

Em nível subnacional, a crise das dívidas estaduais e municipais, no início da década de 1990, forçou o sistema administrativo-tributário de estados, Distrito Federal e municípios a buscarem uma maior efetividade, para o aumento das receitas derivadas próprias[6].

Em 1997, tem início um programa de modernização das Secretarias de Fazenda, Finanças e Tributação dos estados e do Distrito Federal com financiamento do Banco Interamericano de Desenvolvimento – BID. Esse programa, que se denominou inicialmente PNAFE, teve continuidade nas duas décadas seguintes com as denominações de PROFISCO-I e PROFISCO-II, prosseguindo até a presente data, ainda que com outra denominação. Ele financiou a aquisição de equipamentos de informática, a informatização de procedimentos e de documentos e livros fiscais, a reformulação de processos e a capacitação de servidores[7].

Na área tributária, o Programa se propôs a modernizar: (i) os processos de arrecadação, declaração, cadastro, fiscalização e cobrança administrativa e judicial; (ii) o contencioso administrativo e judicial; (iii) o atendimento ao contribuinte; (iv) a legislação e os estudos econômico-tributários. Já na área financeira, são enfatizados os processos relacionados com: (i) o orçamento; (ii) o controle financeiro; (iii) a dívida pública; (iv) a contabilidade; (iv) a

6. Ou seja, por meio dos impostos próprios, sempre que possível.

7. MARTÍNEZ FRITSCHER, André; MAC DOWELL, Maria Cristina; FERREIRA, Soraya Naffah; GAZEL, Ricardo. *A modernização fiscal dos estados brasileiros e seu impacto arrecadatório e econômico: o caso do Profisco*. Banco Interamericano de Desenvolvimento – BID. DOI: http://dx.doi.org/10.18235/0004247. Maio de 2022.

auditoria e controle interno; e (v) o sistema integrado de administração financeira[8].

Em 2003, uma conjunção de fatores, inclusive humanos, permitiu a existência de uma frente comum de Administrações Tributárias, que incluía o então Secretário da Receita Federal e vários Secretários da Fazenda recém empossados[9]. O clima político e administrativo favorável propiciou uma importante alteração constitucional que foi a inclusão do inciso XXII ao artigo 37 da Constituição Federal, confira-se:

> **CF/88 - Art. 37.** A administração pública direta e indireta de qualquer dos Poderes da União, dos Estados, do Distrito Federal e dos Municípios obedecerá aos princípios de legalidade, impessoalidade, moralidade, publicidade e eficiência e, também, ao seguinte:
>
> (...)
>
> XXII - as administrações tributárias da União, dos Estados, do Distrito Federal e dos Municípios, atividades essenciais ao funcionamento do Estado, exercidas por servidores de carreiras específicas, terão recursos prioritários para a realização de suas atividades e atuarão de forma integrada, inclusive com o compartilhamento de cadastros e de informações fiscais, na forma da lei ou convênio.

Schier e Souza (2018) assevera que há uma "nova Administração Tributária" após o advento da Emenda Constitucional n. 42/2003. Bonfim, Machado, Amorim e Raimundini (2011) chegam a afirmar que, com a referida Emenda Constitucional, houve uma "*mudança de paradigma*" para as Administrações Tributárias nacionais[10].

---

8. BRASIL. Ministério da Economia. Secretaria Executiva. Unidade de Coordenação de Programas – UCP. PNAFE.

9. Jorge Antônio Deher Rachid (RFB), Albérico Mascarenhas (BA), Eduardo Refinetti Guardia (SP) e Fuad Noman (MG).

10. BONFIM, Douglas. P.; MACHADO, Deise M. H.; AMORIM, Mônica. O.; RAIMUNDINI, Simone L. *Nota fiscal eletrônica: uma mudança de paradigma sob a perspectiva do fisco estadual.* ConTexto - Contabilidade em Texto, Porto Alegre, v. 12, n. 21, p. 17–28, 2011.

Com o acréscimo do inciso XXII ao artigo 37, especificamente, buscava-se a integração dos fiscos estaduais, do Distrito Federal, da Superintendência da Zona Franca de Manaus (Suframa) e da Receita Federal. Nesse contexto que surge a ideia do projeto da Nota Fiscal Eletrônica[11].

Tal projeto, com a liderança do Encat[12] (o que garantiu a participação das Secretarias estaduais) e a participação ativa da Receita Federal do Brasil (via Serpro), teve boa parte de seu êxito devido à articulação entre os diversos agentes envolvidos: as 27 Secretarias Estaduais (ou do DF) de Fazenda, Finanças ou Tributação, a Receita Federal do Brasil e, muito importante, a participação da sociedade, representada pelas 19 empresas incluídas voluntariamente no Projeto Piloto[13].

O sucesso desse primeiro grande exemplo de atuação integrada representou um aprendizado, que foi replicado no êxito da criação e implantação também do SPED e de outros projetos de âmbito nacional[14].

O resultado positivo, não foi apenas para as Administrações Tributárias, mas também para os contribuintes e, grosso modo, para sociedade, pois tanto a Nota Fiscal Eletrônica quanto o SPED contribuíram para a melhoria do ambiente de negócios (pelo desestímulo à competição

11. BONFIM, Douglas. P.; MACHADO, Deise M. H.; AMORIM, Mônica. O.; RAIMUNDINI, Simone L. *Nota fiscal eletrônica: uma mudança de paradigma sob a perspectiva do fisco estadual.* ConTexto - Contabilidade em Texto, Porto Alegre, v. 12, n. 21, p. 17-28, 2011.

12. Fórum de Administrações Tributárias estaduais, que será estudado neste artigo.

13. BONFIM, Douglas. P.; MACHADO, Deise M. H.; AMORIM, Mônica. O.; RAIMUNDINI, Simone L. *Nota fiscal eletrônica: uma mudança de paradigma sob a perspectiva do fisco estadual.* ConTexto - Contabilidade em Texto, Porto Alegre, v. 12, n. 21, p. 17-28, 2011.

14. BONFIM, Douglas. P.; MACHADO, Deise M. H.; AMORIM, Mônica. O.; RAIMUNDINI, Simone L. *Nota fiscal eletrônica: uma mudança de paradigma sob a perspectiva do fisco estadual.* ConTexto - Contabilidade em Texto, Porto Alegre, v. 12, n. 21, p. 17-28, 2011.

desleal e à sonegação), com reflexos no aumento da competitividade econômica brasileira[15].

À guisa de conclusão deste tópico, pode-se apurar, pelo exposto, que os programas de modernização, os programas e projetos e cooperação internacional e, principalmente, com o advento da Constituição Federal de 1988, modificada pela Emenda Constitucional n. 42/2003, impactaram decisivamente a estruturação interna e a atuação das Administrações Tributárias da União, dos estados, do Distrito Federal e dos municípios (especialmente os das capitais e das maiores cidades brasileiras) nas últimas três décadas. Esse impacto pode ser observado nos resultados objetivos de arrecadação alcançados: (i) maior racionalidade e agilidade obtidas em relação a procedimentos internos e ao cumprimento de obrigações acessórias; (ii) melhoria dos serviços aos contribuintes e aos cidadãos; e, por fim, (iii) maior grau de transparência destes órgãos em relação à sociedade.

4. HISTÓRICO DE INTEGRAÇÃO DAS ADMINISTRAÇÕES TRIBUTÁRIAS NO BRASIL PÓS-1988

Integração e cooperação são estratégias obrigatórias para qualquer Administração Tributária (AT) na atualidade. Isso se aplica a Administrações Tributárias centrais, de países, relacionando-se com outras jurisdições, bem como a Administrações Tributárias subnacionais, entre si e com a Administração Tributária central.

A última situação acima, é aquela aplicável ao Brasil, um país federativo, em que temos a Receita Federal do Brasil (RFB) na qualidade de Administração Tributária da União, com poderes de representar o país junto a

15. BONFIM, Douglas. P.; MACHADO, Deise M. H.; AMORIM, Mônica. O.; RAIMUNDINI, Simone L. *Nota fiscal eletrônica: uma mudança de paradigma sob a perspectiva do fisco estadual.* ConTexto - Contabilidade em Texto, Porto Alegre, v. 12, n. 21, p. 17–28, 2011.

jurisdições estrangeiras e organismos internacionais, como a ONU, a OCDE ou o CIAT. Indo aos níveis subnacionais, cada estado possui sua Administração Tributária própria[16], o Distrito Federal possui uma AT distrital, e, por fim, os municípios, que têm autonomia política, podem possuir uma Secretaria de Finanças, Fazenda ou Tributação.

Note-se que uma Administração Tributária completa não se limita a possuir um titular, um corpo gestor e um corpo técnico, suficientes, eventualmente, para controlar o fluxo financeiro, seja de arrecadação própria, seja de repasses federais ou estaduais. Necessário que possua um corpo técnico hábil a realizar a fiscalização dos contribuintes dos tributos de sua competência, cujos servidores normalmente são denominados auditores fiscais (ou termos congêneres).

A Receita Federal do Brasil notabiliza-se por possuir um corpo diretivo, técnico e de auditores fiscais do mais elevado nível. O ingresso em seu corpo funcional dá-se por concursos públicos de alto grau de dificuldade e especialização. O mesmo, ou quase o mesmo, pode-se dizer de todas ou da maioria das Administrações Tributárias dos estados e do Distrito Federal. Por outro lado, no nível municipal, dos 5.570 municípios, menos de uma centena têm Administração Tributária completa e em nível de excelência, conforme revelou estudo da Firjan[17].

Existe uma notória carência apresentada pela imensa maioria dos municípios brasileiros, em termos de arrecadação própria e capacidade de fiscalização. A imensa maioria deles é financiada por repasses estaduais e federais, e,

---

16. Normalmente, denominadas Secretarias de Fazenda, de Finanças ou de Tributação, que pode até agregar outras funções, como a de Planejamento, caso do Estado de São Paulo.

17. Disponível em:< https://www.jusbrasil.com.br/noticias/firjan-revela-que-apenas-95-municipios-brasileiros-tem-excelencia-na-gestao-orcamentaria/3058857#:~:text=-Outras%201.824%20prefeituras%20(aproximadamente%2033,para%20a%20gest%C3%A3o%20p%C3%BAblica%20brasileira>. Acesso em 30 Outubro 2023.

dada a falta de estrutura administrativa, sem capacidade ou até mesmo interesse em buscar arrecadação própria.

Um estudo de 2020 na Paraíba[18], revelou que somente cerca de 25% dos municípios daquele estado possuíam um órgão com certa autonomia administrativa e estruturados na forma de secretaria. Assim, a grande maioria de municípios paraibanos têm seu órgão fazendário (sua Administração Tributária, vale dizer) vinculada a uma secretaria que abarca vários setores. Tal situação deve refletir-se em boa parte dos demais estados e municípios brasileiros.

O panorama de Administrações Tributárias brasileiras, associado à complexidade de seus sistema constitucional tributária, bem como a quantidade de contribuintes, considerados todos os regimes tributários, e o volume de operações a processar, controlar e auditar demonstra que, nada obstante as competências tributárias próprias de cada ente político federativo, há necessidade imperiosa de as Administrações Tributárias brasileiras cooperarem entre si, e buscarem até mesmo uma certa integração, em termos de fóruns de discussão, uso comum de bancos de dados, programas e aplicações, e, até mesmo, a realização de operações conjuntas.

Tal necessidade de integração e cooperação, a par da valorização e priorização das Administrações Tributárias brasileiras, ficou consignada pela modificação constitucional havida em dezembro de 2033, que inseriu o inciso XXII no artigo 37 da CF/88, já referenciado neste artigo.

Daquele mandamento constitucional, destacamos que as Administrações Tributárias dos três níveis federativos: (i) são atividades essenciais ao funcionamento do Estado; (ii) devem ter seu corpo funcional exercido por servidores

---

18. ALVES, Antônio Cláudio. *Sustentabilidade fiscal: a utilização de ferramentas tecnológicas no processo de controle e fiscalização dos tributos municipais*. Centro Universitário de João Pessoa, 2020.

de carreiras específicas; (iii) devem ter recursos prioritários para a realização de suas atividades; (iv) devem atuar de forma integrada, inclusive com o compartilhamento de cadastros e de informações fiscais, com disciplina em lei ou em convênio.

Entre os estados e o Distrito Federal, já havia um fórum deliberativo comum, o Confaz, desde a década de 1970. Após a Constituição de 1988, os fóruns se multiplicaram, com o surgimento do Encat, do Enat, do Gefin, e do Comsefaz, dentre outros. Entre os municípios das capitais de estado, já havia, desde 1983, a Abrasf[19], que, nas discussões do Enat e na formulação de modelo único nacional de Nota Fiscal de Serviços, a partir dos anos 2000, teve importante papel.

Por limitações de espaço e para efeito deste artigo, estudaremos mais de perto o o Confaz, o Encat e o Enat, pois, de 2004 a esta parte, tiveram papel fundamental na efetividade da integração das Administrações Tributárias pretendida pelo comando constitucional do inciso XXII do artigo 37 da Carta Magna.

O Conselho Nacional de Política Fazendária – Confaz é um colegiado criado pela Lei Complementar n° 24, de 7 de janeiro de 1975. Ele é formado pelos Secretários de Fazenda, Finanças ou Tributação dos Estados e do Distrito Federal, que se reúnem periodicamente, inclusive por em sessões virtuais. As reuniões são presididas pelo Ministro de Estado da Fazenda, competindo-lhe, precipuamente, celebrar convênios para efeito de concessão ou revogação de isenções, incentivos e benefícios fiscais e financeiros do ICMS.[20]

Estruturalmente, o Confaz é um "colegiado", mas não é um órgão da administração direta de qualquer dos entes federativos, nem uma autarquia. Sua presidência cabe ao

19. Associação Brasileira das Secretarias de Finanças das Capitais.

20. https://www.confaz.fazenda.gov.br/acesso-a-informacao/institucional/CONFAZ.

Ministro da União incumbido da pasta da Fazenda ou da Economia (como atualmente). Os outros demais componentes são os titulares das Secretarias de Fazenda, Finanças ou Tributação dos estados e do Distrito Federal.

No Confaz, são tratados temas da maior importância para a mecânica da apuração, controle e fiscalização do ICMS, sendo que este é, individualmente, o tributo de maior arrecadação no Brasil e de alcance nacional. Como exemplos, podemos citar deliberações sobre isenções e benefícios fiscais, e temas como a substituição tributária. Até a data de conclusão deste artigo, havia quase duzentos (200) Convênios ICMS aprovados nesse órgão.

Em termos de organograma, o Confaz possui uma Secretaria Executiva (que se divide em Assessoria de Gabinete, Assessoria Cotepe e Assessoria Confaz) e o Comitê Técnico Permanente do ICMS, mais conhecido por sua sigla: Cotepe. O Cotepe é o colegiado formado por técnicos, em discussões eminentemente técnicas também, sendo o colegiado de secretários a instância das discussões de política tributária, no qual afloram os interesses regionais.

Considerando que o ICMS é um imposto de instituição obrigatória pelos estados e o Distrito Federal, o seu alcance nacional e sua importância arrecadatória e estratégica para o desenvolvimento nacional, e ainda a reiterada omissão do Congresso Nacional, notadamente do Senado Federal, em regular matérias relativas ao imposto, o Confaz tem assumido um papel e uma importância fundamentais. Ele é, ao mesmo tempo, um órgão de reunião, de deliberação e de normatização infralegal dos entes federativos em nível estadual para o ICMS.

Passemos ao conhecimento do Encontro Nacional de Administradores Tributários, o Encat. Ele foi criado em 2002, reunindo estados do Nordeste, e paulatinamente foi tendo a adesão das 27 Administrações Tributárias estaduais, que a ele enviam técnicos e representantes. Hoje, ele tem uma abrangência nacional.

O Encat não é um órgão formal e nem tem uma sede ou estrutura administrativa. Trata-se de um "encontro", ou seja, uma reunião, que ocorre, via de regra, a cada três ou quatro meses, sempre numa unidade federativa diferente a cada vez. O Encat é integrado por representantes das Secretarias de Fazenda, Finanças, Receitas ou Tributação dos Estados e do Distrito Federal. Essa representação estadual é feita em nível de Subscretaria de Receita, Finanças ou Tributação, ou de Coordenadoria da Administração Tributária, ou nível equivalente, logo abaixo do Secretário respectivo. Cada representante das estruturas estaduais de Fazenda, Finanças ou Tributação se faz acompanhar de técnicos das áreas de Tributação (auditoria e/ou legislação) ou de Tecnologia da Informação, que os assessoram nos assuntos discutidos em cada reunião trimestral ou quadrimestral.

O Encat notabiliza-se por ser um "fórum de colaboração". As pautas dos encontros consistem, normalmente, em adoção de soluções comuns e de facilitação da troca de informações, geralmente relacionadas à fiscalização (especialmente de trânsito de mercadorias) e auditoria, além de temas de capacitação de servidores.

O Encat teve e vem tendo um papel fundamental na construção de soluções os documentos digitais do ICMS. Assumiu um especial protagonismo nos estudos e na implantação da Nota Fiscal Eletrônica - NFe, documento digital que veio substituir as antidas notas fiscais em papel nas saídas de bens e mercadorias. Implantada a NF-e, o Encat foi se dedicando à implementação, sempre bem sucedida, de outros documentos digitais, como o Cupom Fiscal Eletrônico, o Manifesto Eletrônico de Cargas, dentre outros. O Encat também capitaneou iniciativas de soluções integradas e digitais de controles de mercadorias em trânsito, denominado "Brasil ID", além "RECOPI Nacional" (de controle de papel imune)[21].

O Encat não substitui as Administrações Tributárias estaduais na execução dos projetos que envolvem mais de uma ou todas as unidades federativas. Em realidade, trata-se de um fórum de discussão e deliberação, tal como o Confaz, com a diferença de que as decisões não são vinculativas, nem requerem formalidades de adesão (ou repúdio), como as daquele outro fórum. Por outro lado, ele depende das competências legislativas e executivas, inclusive em termos de estruturas, funcionários e orçamento, do sistema administrativo-tributário das unidades federativas estaduais e do Distrito Federal.

Em realidade, o Encat é, efetivamente, um "facilitador" de soluções integradas, devido à sinergia de sua atuação[22]. Além disso, o Encat serve como representante coletivo das Administrações Tributárias estaduais e do Distrito Federal para efeito de buscar financiamentos, nacionais e externos, para a implementação de seus projetos.

A existência exitosa e pioneira do Encat propiciou que, em 2004, viesse a surgir um órgão muito semelhante, porém capitaneado pela Receita Federal do Brasil, que é o Enat – Encontro Nacional de Administradores Tributários.

O existência do Enat basicamente deve-se à inclusão do inciso XXII ao artigo 37 da Constituição Federal, já visto

21. https://encat.sefaz.rs.gov.br/inicial.

22. A sistemática de trabalho é a seguinte: nos encontros do Encat (presenciais ou *online*), os representantes estaduais discutem os temas e elegem providências a tomar, com atribuição de responsabilidade, metas e prazos (sempre que possível). É comum, para cada tema, haver um líder e uma equipe responsável, composta por integrantes de estados diversos em suas respectivas Secretarias. No retorno às suas sedes, os líderes e os técnicos das equipes responsáveis trabalham no cumprimento das providências. A cada nova reunião, os projetos em andamento têm um acompanhamento e novas providências, metas e prazos podem ser estabelecidos (informação do autor).

neste artigo. Destinou-se à consecução do mandamento constitucional. Importante anotar que não houve, imediatamente após a promulgação da EC n. 42/2003, nenhuma lei ou convênio que haja criado alguma estrutura institucional para a esperada "*atuação conjunta*" ou para "*o compartilhamento de cadastros e de informações fiscais*". Em realidade, essa omissão em parte persiste até hoje.

O Enat, em termos de organização e funcionamento, inspirou-se no Confaz e no Encat. À semelhança do primeiro, tem a participação da Receita Federal. À semelhança do segundo, consiste num encontro, fórum ou reunião, portanto sem estrutura funcional e burocrática, nem orçamento e nem sede, e sua tônica é o consenso e a colaboração. Também semelhantemente ao Encat, possui grupos de trabalho, com líderes e membros. Normalmente, os líderes são servidores da Receita Federal, e os demais componentes, com participação voluntária, pertencem à estrutura das Secretarias estaduais de Fazenda, Finanças ou Tributação. Novamente à semelhança do Confaz, alguns de seus instrumentos normativos, os Protocolos e Resoluções, são vinculantes para os aderentes.

Diferentemente tanto do Confaz como do Encat, que têm vários encontros no mesmo ano, os encontros do Enat, que sempre têm a presidência do Secretário da Receita Federal, são anuais, havendo revezamento de locais.

Conforme consta do sítio do Enat na internet, hospedado pela Receita Federal do Brasil:

> *O objetivo principal do fórum é buscar soluções conjuntas das três esferas de governo que promovam uma maior integração administrativa, a padronização e a melhoria na qualidade das informações; a racionalização de custos e da carga de trabalho operacional no atendimento; uma maior eficácia da fiscalização; a possibilidade de realização de ações fiscais coordenadas e integradas; melhoria no intercâmbio de informações fiscais entre as diversas esferas*

governamentais e o cruzamento de dados padronizados em larga escala e a uniformização de procedimentos.[23]

A tônica do Enat, como do Encat, é a cooperação, e não a competição. O valor da cooperação está expresso na apresentação institucional do Enat em seu sítio na rede mundial[24].

Em 2006, nas reuniões do Enat, se fortalece a ideia da criação de um grande repositório digital de informações que substituísse documentos e livros fiscais até então em papel. Tratou-se da criação do Sistema de Escrituração Pública Digital – SPED, projeto que foi liderado pela (já) Receita Federal do Brasil, com apoio e participação das Administrações Tributárias estaduais e do Distrito Federal, e mais de algumas capitais brasileiras, por meio da Associação Brasileira das Secretarias de Finanças das Capitais - Abrasf.[25-26]

O SPED foi criado oficialmente em 2007, possui vários módulos (escrituração fiscal, escrituração contábil, escrituração financeira, contribuições, etc), foi sendo desenvolvido por módulos, nos anos seguintes, e, desde 2017[27], é uma

---

23. http://www.Enat.receita.economia.gov.br/pt-br/organismos_internacionais/encat

24. http://www.Enat.receita.economia.gov.br/pt-br/organismos_internacionais/encat.

25. Entidade fundada em 1983, em Fortaleza/CE, então com o nome de Associação Brasileira de Secretários e Dirigentes das Finanças dos Municípios das Capitais, e que, em 2007, mudou sua sede para Brasília/DF, e passou a contar com 27 capitais associadas, busca arejar determinadas discussões e uma participação mais ativa nos fóruns e debates a respeito de receitas e despesas da municipalidade, troca de informações e experiências sobre o dispêndio público e, visa ainda, à inovação financeira e tributária, difundindo boas práticas na melhoria contínua da gestão pública municipal trocando informações, bancos de dados, pesquisas e capacitação de servidores. Informações obtidas no sítio da associação na internet: http://www.abrasf.org.br/pagina_simples.php?titulo=HIST%D3RICO&pagina=nossa_historia.

26. A principal referência da Abrasf, em termos técnicos e acadêmicos é, hoje, o auditor fiscal Alberto Macedo, da Secretária da Fazenda do município de São Paulo.

27. http://sped.rfb.gov.br/pagina/show/2108#:~:text=Nascido%20oficialmente%20com%20a%20edi%C3%A7%C3%A3o,(...)

realidade notável, talvez um exemplo único no mundo de repositório único de informações fiscais e contábeis[28].

O SPED, há mais de uma década, vem permitindo às Administrações Tributárias da União, dos estados e do Distrito Federal, e, recentemente, dos municípios (com a implementação do modelo nacional de Nota Fiscal de Serviços Eletrônica), cruzar informações contábeis e fiscais. Esse acesso, não mais pontual, mas abrangente, facilita a identificação de erros e fraudes, de um lado oferecendo a possibilidade da autoregularização (se cada legislação assim o permitir e o contribuinte for notificado sobre divergências apuradas) e, portanto, potencializa o combate à sonegação de tributos.

Os benefícios não se restringem aos fiscos. A implantação do SPED permite às partes novos processos de controle e gestão, simplificação e agilidade no cumprimento de obrigações acessórias, uma maior confiabilidade da informação, a sincronização de cadastros, consistência e a integração entre os sistemas das empresas e do Fisco[29].

O Enat é composto por vários "grupos interinstitucionais", nos quais participam a Receita Federal do Brasil e as Administrações Tributárias estaduais, do Distrito Federal e com uma representação da Abrasf[30]. Um deles é o Cadastro Sincronizado/Redesim, que sistema que será visto logo a seguir.

Outra grande iniciativa de integração das Administrações Fiscais no Brasil, agora no campo do cadastro de contribuintes, é a Redesim.

---

28. http://sped.rfb.gov.br/pagina/show/964.

29. BONFIM, Douglas. P.; MACHADO, Deise M. H.; AMORIM, Mônica. O.; RAIMUNDINI, Simone L. *Nota fiscal eletrônica: uma mudança de paradigma sob a perspectiva do fisco estadual.* ConTexto - Contabilidade em Texto, Porto Alegre, v. 12, n. 21, p. 17–28, 2011.

30. http://www.Enat.receita.economia.gov.br/pt-br/organismos_internacionais/encat.

"Redesim" é o acrônimo para Rede Nacional para a Simplificação do Registro e da Legalização de Empresas e Negócios, sistema informatizado que foi criado pelo Governo Federal por meio da Lei Nº 11.598, de 3 de dezembro de 2007. É utilizada para registrar e legalizar empresas e negócios, tanto no âmbito da União como dos Estados e Municípios.

Compreende uma multiplicidade de parceiros: órgãos de registro (Juntas Comerciais, Cartórios de Registro Civil de Pessoas Jurídicas e OAB), as Administrações Tributárias no âmbito federal, estadual e municipal e os órgãos licenciadores, em especial o Corpo de Bombeiros, a Vigilância Sanitária e o Meio Ambiente.

Cada um dos órgãos parceiros possui seus próprios sistemas e processos informatizados. A Redesim torna possível a integração de tais sistemas, com comunicação automática.

A Redesim é um ambiente nacional que engloba os atores envolvidos no processo, não somente de abertura, mas também de baixa e alteração de empresas. O ambiente abrange municípios, os Estados e o Distrito Federal, além de órgãos federais, como Receita Federal e Departamento Nacional de Registro Empresarial e Integração[31].

Em maio de 2021, a Secretaria da Fazenda e Planejamento do Estado de São Paulo (Sefaz/SP) concluiu sua integração total com a Redesim, com ótimos resultados na diminuição no tempo de abertura das empresas[32].

Em termos de regimes tributários integrados, o Simples Nacional é outra importante e exitosa experiência de integração e cooperação das Administrações Tributárias no Brasil, envolvendo a União, os estados, o Distrito Federal e os municípios.

---

31. http://hom.portalredesim.receita.fazenda.gov.br/conheca-a-redesim

32. https://portal.fazenda.sp.gov.br/Noticias/Paginas/Secretaria-da-Fazenda-e-Planejamento-conclui-integra%C3%A7%C3%A3o-total-%C3%A0-Redesim.aspx

Conforme informado no sítio da Receita Federal na rede mundial[33], o Simples Nacional é um "*regime compartilhado de arrecadação, cobrança e fiscalização de tributos aplicável às Microempresas e Empresas de Pequeno Porte*". Foi instituído na Lei Complementar nº 123, de 14 de dezembro de 2006, tendo, portanto, quase vinte anos de existência. Trata-se de regime compartilhado porque sua arrecadação destina-se a todos os entes federados, União, estados, Distrito Federal e municípios. É um regime de tributação facultativo, porém os aderentes, pessoas jurídicas, precisam enquadrar-se na definição de microempresa ou de empresa de pequeno porte.

O Simples Nacional é administrado por um Comitê Gestor, que é composto por oito integrantes: quatro da Secretaria da Receita Federal do Brasil (RFB), dois dos Estados e do Distrito Federal e dois dos Municípios.

O contribuinte do Simples Nacional é enquadrado em faixas por valor de faturamento mensal. Ele efetua o pagamento um pagamento único mensal mediante documento único de arrecadação (DAS). Uma vez ingressando na rede bancária, cada ente federado imediatamente recebe sua "quota-parte".

As Administrações Tributárias dos entes federados, seja da União, dos estados, do DF ou dos municípios envolvidos, podem fazer, autonomamente, controles e fiscalizações dos contribuintes do Simples Nacional.

Não se tem notícia de conflitos entre as Administrações Tributárias dos três níveis políticos federativos em seu controle e fiscalização. Também não há, até o momento, registro de conflitos entre elas ou de queixas por parte dos contribuintes, o que demonstra a efetividade e razoabilidade das regras, a não ser em relação à interface do Simples Nacional com regras específicas de alguns tributos,

33. https://www8.receita.fazenda.gov.br/simplesnacional/documentos/pagina.aspx?id=3

como do PIS/COFINS monofásico e do ICMS Substituição Tributária.

Eduardo Rodrigues Gomes e Fabrícia Guimarães (2012)[34] destacam a prevalência que tem a União, por meio da Receita Federal do Brasil, na gestão desse regime. Isso não desmerece, porém, o relativo êxito do modelo integrador.

Antes de adentrarmos o projeto de Reforma Tributária hoje em curso, convém mencionar que, em 1° de agosto de 2023, foi publicada a Lei Complementar nº 199, que institui o Estatuto Nacional de Simplificação de Obrigações Tributárias Acessórias, objetivando diminuir os custos de observância e incentivar a conformidade por parte dos contribuintes, no âmbito da União, dos estados, do Distrito Federal e dos municípios.

Trata-se de mais um esforço para a integração e a cooperação entre as Administrações Tributárias brasileiras, pois entre as finalidades dessa lei complementar, de eficácia nacional, estão: (i) emissão unificada de documentos fiscais eletrônicos; (ii) utilização dos dados de documentos fiscais para a apuração de tributos e para o fornecimento de declarações pré-preenchidas e respectivas guias de recolhimento de tributos pelas administrações tributárias; (ii) facilitação dos meios de pagamento de tributos e contribuições, por meio da unificação dos documentos de arrecadação; (iii) unificação de cadastros fiscais e seu compartilhamento em conformidade com a competência legal; (iv) padronizar as legislações e os respectivos sistemas direcionados ao cumprimento de obrigações acessórias, visando a redução de custos para a administração tributária e para os contribuintes.

34. GOMES, Eduardo Rodrigues; GUIMARÃES, Fabrícia. *A política de simplificação e renúncia fiscal para as micro e pequenas empresas no Brasil e o pacto federativo: uma análise do Simples Nacional.* Teoria & Pesquisa, Revista de Ciência Política, vol. 21, n. 2, jul./dez. 2012.

A simplificação pretendida pela Lei Complementar nº 199 não irá se aplicar ao Imposto sobre a Renda (IR), nem ao Imposto sobre Operações Financeiras (IOF). A Lei Complementar prevê a criação de um Comitê Nacional de Simplificação de Obrigações Tributárias Acessórias (CNSOA), para gerir as ações de simplificação das obrigações acessórias, cujos integrantes são formados por representantes das Administrações Tributárias dos três níveis de entes políticos da Federação, com a presidência de representante da União. As deliberações serão precedidas de consulta pública, em conformidade com a lei, exceto aquelas que digam respeito a sua própria organização[35].

Passemos ao estudo da PEC/2019 e seus possíveis reflexos para as Administrações Tributárias brasileiras.

5. O PROJETO DE REFORMA TRIBUTÁRIA EM DISCUSSÃO E SEU IMPACTO PARA AS ADMINISTRAÇÕES TRIBUTÁRIAS SUBNACIONAIS

No Brasil, há quase cem anos que nossa base tributária deixou de ser os impostos aduaneiros de importação e exportação, e passou, conforme modelo mundial, para a tributação da renda, da propriedade e do consumo (no caso, o consumo interno). A tributação sobre o consumo, hoje, representa mais da metade das receitas tributárias. Em vários momentos, o Brasil adotou tributos então considerados modernos (como o então ICM, na década de 1960). Com o tempo, a modernidade dos tributos nacionais, baseados em territorialidade, intermediação e pessoalidade, foi ficando superada, principalmente com o advento das novas Tecnologias de Informação e Comunicação (TIC). A segregação

35. BIFANO, Elidie Palma. *A Lei Complementar nº 199/23 consegue simplificar as obrigações acessórias*? Jota, 16 de agosto de 2023. Disponível em: <https://www.conjur.com.br/2023-ago-16/consultor-tributario-lc-19923-simplificar-obrigacoes-acessorias?imprimir=1. Acesso em 30 Outubro 2023.

entre bens e serviços, com tributos distintos, apenas agravou essa disfuncionalidade. A isso, acresça-se a multiplicidade de isenções, benefícios, situações e regimes especiais, a difusão da substituição tributária, os conflitos de incidência e a guerra fiscal, que conferiram enorme complexidade ao sistema, gerando um gigantesco contencioso tributário, administrativo e judicial.

Tal situação, não muito distante, no tempo, da promulgação da Constituição Federal de 1988, fez com que há quase três décadas se discuta a necessidade de uma Reforma Tributária.

A PEC-45 é a proposta de Reforma Tributária que mais tem avançado até o momento. Ela decorre de estudos nascidos no Centro de Cidadania Fiscal - CCiF[36].

Em termos parlamentares, a PEC-45, originalmente concebida em 2019, foi apresentada[37] na Câmara Federal, na forma de um Projeto de Emenda à Constituição Federal (PEC-45), pelo deputado Baleia Rossi (MDB/SP). Foi aprovada em dois turnos na Câmara Federal em 07 de julho de 2023 e enviada, no início de agosto, em primeira versão, ao Senado Federal. Ali, em 25 de outubro desse ano, foi apresentado relatório de autoria do Senador Eduardo Braga (MDB/AM) à Comissão de Constituição e Justiça, com modificações em relação à versão aprovada na Câmara Federal[38].

36. Conforme sua página na rede mundial: "*O CCiF é um think tank independente. Criado em 2015 por especialistas em tributação e finanças públicas, tem como objetivo desenvolver estudos e propostas que ajudem a simplificar e aprimorar o sistema tributário brasileiro e o modelo de gestão fiscal do país.*" (https:// https://ccif.com.br/quem-somos/)

37. Com algumas modificações, a principal delas sendo a opção por um IVA dual (União de um lado, e estados, DF e municípios) de outro, para facilitar a aceitação política. Outra, substancial, foi a opção por alíquotas diferenciadas, para levar em conta interesses setoriais.

38. Até o fechamento deste artigo, aguardava-se a discussão e votação do relatório por aquele colegiado, não se sabendo se essa proposta de Reforma Tributária será mesmo aprovada.

Como vimos em tópico anterior, na Reforma Tributária de 1965-67, a tributação sobre o consumo foi dividida entre os três níveis: o IPI, com a União, o ICMS, com os estados e o Distrito Federal, e o ISS, com os Municípios (e também o DF). Em exemplo único no mundo para tributos do tipo IVA, optou o Congresso Nacional, à época, em dividir a base de tributação entre bens e mercadorias, tributados inicialmente pelo ICM, depois ICMS, e os serviços de modo geral, tributados pelo ISS (ou ISSQN). Tal divisão propiciaria conflitos de incidência e insegurança jurídica, que, com a Economia Digital, agravaram-se muito.

Em 1988, o constituinte atribuiu ao ICMS, da competência dos estados e do DF, a tributação da prestação de serviços de transporte interestadual e intermunicipal, e da prestação de serviços de comunicação.

A PEC-45 é a primeira grande modificação de nosso sistema constitucional tributário desde a promulgação da atual Constituição Federal em 1988. Considerando, porém, que esta última manteve, em grande parte, o desenho tributário da Reforma Tributária de 1965-1967, trata-se de uma lógica totalmente nova da tributação sobre o consumo envolvendo os entes políticos federativos.

Em resumo, são extintos o ICMS e o ISS, substituídos pelo Imposto sobre Bens e Serviços (IBS), de base ampla (incidirá sobre todos os bens e serviços, materiais e imateriais, inclusive direitos) e, em tese, irrestrita não-cumulatividade. O IBS será da competência dos estados, Distrito Federal e municípios.

São também extintos, pela proposta, o IPI e o PIS/COFINS (o Pasep é mantido), substituídos pela Contribuição sobre Bens e Serviços (CBS), igualmente de base ampla e não cumulativo, da competência da União. Se aprovada a Reforma, teremos, portanto, um sistema de IVA-Dual (União de um lado, e estados, DF e municípios de outro), para melhor acomodar os interesses federativos.

Além da criação do IBS e da CBS, a PEC-45 prevê, ainda, a criação de um Imposto Seletivo, da competência da União, sobre determinadas materialidades, especialmente sobre a produção, extração, comercialização ou importação de bens e serviços prejudiciais à saúde ou ao meio ambiente, nos termos de lei complementar.

Não trataremos, neste artigo, da CBS, do Imposto Seletivo, nem de outras modificações constitucionais trazidas pela PEC-45[39], em razão de espaço e por fugirem do nosso tema, além do fato que a Reforma Tributária proposta ainda poderá sofrer modificações.

De outro lado, por muito relevante, cuidaremos de analisar os dispositivos que, na Câmara dos Deputados, criavam o "Conselho Federativo" e que, no Relatório apresentado no Senado Federal, foi rebatizado de "Comitê Gestor" (art. 156-B). Na proposta aprovada na Câmara dos Deputados, o Conselho Federativo seria um órgão decisório e político, com muitos poderes, cuja tarefa seria gerir o IBS, o que poderia implicar ter poderes para definir sua fiscalização, além de controlar a exata repartição da arrecadação. Pela proposta apresentada pelo Relator Eduardo Braga no Senado, a ser ainda apreciada na CCJ desta instância parlamentar, o Conselho Federativo se transforma num "Comitê Gestor", responsável apenas por assegurar a divisão correta da arrecadação, porém sem ingerência política.

39. Como modificações na CIDE-Combustíveis (art. 177), no ITCMD, no IPVA e no IPTU; regras para a Zona Franca de Manaus (art. 92-B-ADCT); regras para a Cesta Básica (art. 8º); reduções de alíquota (art. 9º); regimes específicos para os setores de saneamento, concessão de rodovias e telecomunicações (art. 156-A, §6º), e para o setor automotivo (art. 20); seguro-receita (art. 132-ADCT); o Fundo de Desenvolvimento Regional (FDR, art. 13); manutenção dos Fundos estaduais (art. 136); regras de transição; regras de controle da carga tributária; regras para isenções e benefícios; "trava" de compensação entre o IBS-CBS e o IPI, PIS-COFINS, ICMS e ISS (art. 130); quota-parte do IBS aos municípios (art. 158); cash-back de contas de luz para populações de baixa renda (art. 9º, §3º); prazos para Lei Complementar (art. 18), dentre as principais.

Em relação ao Comitê Gestor, a redação do Senado, se mantida: (i) inclui a possibilidade de o Congresso Nacional convocar o Presidente do Comitê Gestor e solicitar informações; (ii) retira a possibilidade de iniciativa de lei pelo Comitê; (iii) inclui o controle externo pelos tribunais de contas dos Estados e, onde houver, dos Municípios; (iv) possibilita a deliberação, no Comitê, por maioria absoluta mais representantes de Estados que correspondam a 50% da população mais maioria absoluta dos municípios; (v) deverá o Presidente do Comitê Gestor possuir notórios conhecimentos de administração tributária, e será nomeado após aprovada a indicação pela maioria absoluta do Senado Federal; (vi) inclui obrigações acessórias nas atividades compartilhadas entre o Comitê Gestor e a Fazenda Nacional; e (vii) a sua principal função será arrecadar e distribuir com base nas regras de repartição.

Segundo a PEC-45, na sua atual versão, ficam os estados, DF e municípios com um único tributo sobre o consumo, o IBS, do tipo IVA, não cumulativo, de base ampla, compreendendo bens, mercadorias e serviços, inclusive importados, e também os intangíveis. Haverá uma legislação nacional única. A instituição do imposto e sua regulamentação dependerão de uma futura Lei Complementar nacional. Se a Lei Complementar não restringir a não cumulatividade e não criar muitas exceções e situações diferenciadas, o novo tributo irá garantir muito maior neutralidade, será mais simples, possuirá regras mais homogêneas e diminuirá muito a complexidade da atual tributação sobre o consumo existente no Brasil com o ICMS e o ISS.

Com o advento da CBS e do IBS, as empresas do Simples Nacional poderão optar em permanecer nesse regime optativo ou migrarem para a nova forma de tributação.

As principais características do IBS, em sua atual formatação, são[40]: (i) incidência não cumulativa sobre base ampla

40. Proposta CCiF. Disponível em: https://www.ccif.com.br. Acesso em 30 Outubro 2023.

de bens, serviços e intangíveis; (ii) desoneração completa das exportações; (iii) ressarcimento tempestivo de créditos (em prazos bem menores que os atuais); (iv) crédito integral e imediato para investimentos; (v) crédito financeiro (exceção: consumo pessoal); (vi) incidência sobre o preço líquido de tributos; (vii) arrecadação centralizada e distribuição da receita para os estados e os municípios; (viii) estados e municípios terão autonomia na fixação de sua parcela da alíquota do IBS; (ix) distribuição da receita, após transição, será proporcional ao consumo (princípio do destino)[41].

Se mantidas as características da proposta inicial da PEC-45, haverá uma legislação e regulamento únicos, nacionais. Na atual redação da Reforma Tributária, o controle, a cobrança e a fiscalização do novo tributo precisarão ser coordenados e uniformizados entre as unidades federativas subnacionais, por meio do Comitê Gestor.

Muito tem-se debatido, há cerca de quatro anos, sobre o desenho da Reforma Tributária sobre o consumo hoje atualmente no Congresso Nacional. Nos estudos e discussões, porém, pouquíssimo se tem dito sobre a administração do novo tributo subnacional[42]. Por isso, ainda há mais dúvidas que certezas.

Para preservar, na proposta, a autonomia dos entes políticos subnacionais, há a previsão de que serão mantidas as atuais Administrações Tributárias. Portanto, continuarão existindo as 27 Administrações Tributárias dos estados e do Distrito Federal, que se somam às Administrações Tributárias dos municípios que já a possuem ou que possam vir a criá-las. Portanto, em tese, podemos ter centenas ou milhares de Administrações Tributárias estruturadas, com

41. Distribuição feita com base no imposto apurado por Estado/Município, ajustado pelas transações.

42. Que alguns, como Alexandro Afonso, em publicações em redes sociais, chamam de "imposto federativo".

corpo diretivo, organograma, orçamento e auditores fiscais aptos e desejosos de controlar, arrecadar e fiscalizar o novo tributo denominado de IBS.

Em substituição à atual fragmentação da base de incidência entre o ICMS e o ISS, teremos o IBS, de base ampla, da competência de entes subnacionais, com legislação única e nacional, multiplicidade de alíquotas (pois cada ente subnacional terá competência para estabelecer as suas), arrecadação no destino e uma multiplicidade de Administrações Tributárias para controlá-lo e fiscalizá-lo.

Com o IBS, nosso país precisará delinear um modelo de Administração Tributária multijurisdicional talvez único no mundo. Anote-se que as atuais Administrações Tributárias subnacionais, se mantidas, controlarão e fiscalizarão, com exclusividade, também os tributos remanescentes da competência tributária dos estados, DF e municípios, sem compartilhar esse controle. Mas, mesmo para tributos como o IPVA, o ITCMD, o ITBI e o IPTU, uma cooperação entre Administrações Tributárias, mesmo de entes políticos de outro nível federativo, continuará sendo desejável.

Considerando que o foco deste artigo está no IBS, no tópico seguinte, abordaremos os desafios e oportunidades que o novo desenho tributário trará às Administrações Tributárias subnacionais.

6. INTEGRAÇÃO E COOPERAÇÃO DAS ADMINISTRAÇÕES TRIBUTÁRIAS COM O IMPOSTO SOBRE BENS E SERVIÇOS: POSSIBILIDADES, DIFICULDADES, RISCOS E OPORTUNIDADES

Em nosso artigo, expusemos que há quase três décadas, as Administrações Tributárias brasileiras já possuem um histórico de integração e/ou cooperação, conforme o caso. Existe, por exemplo, integração de portais, sistemas e programas, a exemplo da Nota Fiscal Eletrônico, do SPED e do Redesim. E existe cooperação na construção destes mesmos portais, sistemas, programas e documentos ou livros eletrônicos digitais.

A cooperação está presente também em operações e ações integradas. Exemplo recente foi a "Operação Polímeros", que visava investigar e desbaratar organização criminosa que atuava de forma fraudulenta na constituição de empresas, com prática de falsidade documental, falsidade ideológica e lavagem de bens nos Estados de Alagoas e São Paulo. Os trabalhos tiveram a atuação conjunta da Receita Federal, do Ministério Público do Estado de São Paulo, da Secretaria da Fazenda e Planejamento do Estado de São Paulo, e da Polícia Civil paulista[43].

Constatamos a ocorrência de cooperação também na troca de informações que vem existindo entre as Administrações Tributárias dos três níveis federativos. Um bom exemplo é o envio de dados das declarações de ajuste de Imposto de Renda Pessoa Física que a Receita Federal do Brasil faz às Secretarias de Fazenda estaduais e distrital já há mais de dez anos, por força de Protocolo assinado numa das reuniões do Enat. Esse envio de informações é útil aos estados e Distrito Federal para o controle e a fiscalização do ITCMD, e fez multiplicar a arrecadação deste imposto.

O advento mundial da Era da Informação, ou Economia Digital, bem como a quase total digitalização dos controles fiscais no Brasil, que, neste aspecto, coloca nosso país entre os mais avançados do mundo, mais o advento dos meios de pagamento digitais, tudo isso torna imperioso que as Administrações Tributárias exerçam seus controles de forma integrada. Não faz mais sentido ter-se unidades

---

43.https://www.gov.br/receitafederal/pt-br/assuntos/noticias/2023/setembro/operacao-polimero-gaesf-al-receita-federal-sefaz-e-pc-de-sp-cumprem-mandados-de-busca-e-apreensao-e-prisao-em-12-municipios-paulistas

fiscais regionais ou locais não integradas ao menos nacionalmente, uma vez que um contribuinte pode ter sua sede (estabelecimento permanente) numa jurisdição nacional ou subnacional, mas seus clientes ou fornecedores estão em outra. E, para as Administrações Tributárias de abrangência nacional, estas devem ter uma integração e cooperação de amplitude internacional.

Neste passo, o Brasil é signatário de acordo e participa do Grupo de Trabalho de Intercâmbio de Informações da OCDE. Futuramente, poderá participar também do ICAP desse mesmo organismo internacional, que é um programa voluntário de avaliação e garantia de risco, para facilitar compromissos multilaterais abertos e cooperativos entre grupos de empresas multinacionais e as Administrações Tributárias das jurisdições onde aquelas exercem atividades[44]. Segundo estudo de 2013 da OCDE, o Brasil possuía, à época, 40 acordos internacionais em matéria tributária com disposições relativas à troca internacional de informações[45]. Certamente, este número deve ter crescido e tende a crescer.

Conforme Frederico Silva Bastos (2014), com a internacionalização das empresas e a livre movimentação de capitais, exige-se que as administrações tributárias estejam preparadas para atuar e planejar suas políticas também de maneira global.

Caso aprovada a Reforma Tributária no Brasil da PEC-45, a integração e cooperação entre as Administrações Tributárias dos estados, Distrito Federal e municípios brasileiros será não apenas desejável, como essencial para

---

44. https://www.oecd.org/tax/administration/international-compliance-assurance-programme.htm

45. OECD. *Global forum on transparency and exchange of information for tax purposes peer reviews:*
Brazil 2013 - phase 2 - implementation of the standards in practice. OECD Publishing, 2013, p. 8. Disponivel
em http://dx.doi.org/10.1787/9789264202610-en. Acesso em 2.7.2014

o controle, a arrecadação e a fiscalização do novo tributo a ser criado: o Imposto sobre Bens e Serviços (IBS).

Considerando a multiplicidade de interesses num país tão grande e desigual como o Brasil, necessária a existência de uma instância federativa harmonizadora.

Na versão aprovada na Câmara dos Deputados em julho de 2023, seria o *Conselho Federativo*, composto por representantes da União, dos Estados e dos Municípios, reforçando o caráter federativo do imposto. Teria, o Conselho, múltiplas funções: (i) controlar a arrecadação do IBS e a distribuição da receita entre a União, os Estados, o Distrito Federal e os Municípios; (ii) responsabilizar-se pela edição do regulamento do IBS; (iii) responsabilizar-se pela representação judicial e extrajudicial dos entes federativos nas questões relativas o imposto; (iv) coordenar a fiscalização do IBS por parte dos fiscos das três esferas de governo, com base em critérios estabelecidos por ele estabelecidos.

O projeto, na Câmara, também previa que a Lei Complementar nacional iria desenhar o órgão responsável de contencioso administrativo do imposto, com representantes dos vários entes federativos. O processo judicial seria executado em âmbito federal, mas com a participação coordenada dos procuradores de todos os entes federativos, segundo critérios estabelecidos pelo Comitê Gestor nacional.

Na versão em discussão no Senado Federal ao tempo da conclusão deste artigo, o Conselho Federativo foi rebatizado de *Comitê Gestor do Imposto sobre Bens e Serviços*, e sua composição e atribuições estaão no art. 156-B da PEC-45/2019.

No cotejo da proposta aprovada na *Câmara* dos Deputados e aquela ora em debate no Senado Federal, esta última traz as seguintes diferenças em relação ao órgão centralizador e harmonizador: (i) o Congresso Nacional pode convocar o Presidente do Comitê Gestor e solicitar informações, como já acontece com os Ministros; (ii) do Comitê Gestor foi retirada a possibilidade de iniciativa de lei, que seria então exclusiva do Congresso Nacional; (iii) foi incluído o controle externo do Comitê pelos tribunais de contas dos Estados e Municípios; (iv) as deliberações dar-se-ão por maioria absoluta dos representantes de Estados que correspondam a 50% da população, juntamente com a maioria absoluta dos municípios; (v) o presidente do Comitê Gestor deverá ter notórios conhecimentos de administração tributária, e será nomeado após aprovada a indicação pela maioria absoluta do Senado Federal; (vi) o Comitê Gestor compartilhará o controle de obrigações acessórias com a Fazenda Nacional.

Mantido o texto atualmente no Senado Federal, verifica-se que caberá ao Comitê Gestor: (i) a edição do regulamento único do IBS e da uniformização da interpretação e aplicação da legislação do imposto; (ii) arrecadar o imposto, efetuar as compensações e a distribuição da arrecadação entre os estados, o DF e os municípios, pelo princípio do destino; (iii) decidir o contencioso administrativo.

Mantido o atual texto no Senado Federal, Congresso Nacional cuidará da edição da Lei Complementar relativa ao IBS e serão as atuais Administrações Tributárias dos estados, Distrito Federal e municípios que cuidarão da fiscalização, do lançamento, da cobrança e da representação administrativa ou judicial do novo imposto.

Note-se que o texto do Senado permite que haja delegação ou compartilhamento de competências, cabendo ao Comitê Gestor a coordenação destas atividades. Trata-se de louvável dispositivo, considerando a desigualdade de estruturas administrativas e fiscalizadoras hoje existentes.

Como riscos e dificuldades ao bom funcionamento do sistema de controle e fiscalização do IBS[46], identificamos os seguintes:

a) Pelo fato de a arrecadação ser no destino, no caso de operações e prestações interestaduais, poderá não haver interesse da unidade de origem em efetuar o controle e fiscalização das operações ou prestações;

b) Nas operações ou prestações que envolvam mais de uma jurisdição, especialmente aquelas interestaduais, o Comitê Gestor deverá estabelecer disciplinas que evitem que um mesmo contribuinte receba seja fiscalizado sobre os mesmos fatos jurídicos por uma multiplicidade de Administrações Tributárias;

c) Pelo fato de hoje haver grande desnível de capacitação e de remuneração entre auditores fiscais e técnicos das Administrações Tributárias dos estados entre si, dos municípios entre si, e dos estados e Distrito Federal em relação aos municípios, o Comitê Gestor deverá propor e promover programas de capacitação mínima, e o Congresso Nacional necessitará aprovar um piso mínimo de remuneração;

d) Para suprir a ausência de estruturas mínimas de fiscalização e controle na grande maioria dos municípios brasileiros, o Comitê Gestor deverá estimular a celebração de leis, convênios e protocolos que permitam a delegação ou o compartilhamento de competências entre as unidades federativas

46. Propositalmente, para não fugir de nosso escopo, não trataremos dos possíveis efeitos econômicos e arrecadatórios do IBS, que certamente serão tratados por outros autores nesta obra coletiva. Ficaremos adstritos a seus efeitos para a missão e tarefas precípuas das Administrações Tributárias, seu corpo dirigente e funcional.

dos níveis estadual, distrital e municipal para efetuar o controle, a arrecadação e a fiscalização do novo imposto, de modo a efetivar o comando constitucional.

Em relação *às oportunidades e possibilidades que a Reforma Tributária, se aprovada*, trará, identificamos os seguintes:

a) Haverá uma maior transparência dos dados relativos às operações e serviços tributados pelo IBS, que aqueles hoje tributados pelos atuais impostos estaduais e municipais, com maior facilidade de acesso e velocidade na troca de informações;

b) Trata-se de uma grande oportunidade de compartilhamento de experiências, de *benchmark*, de integração e de cooperação entre as múltiplas Administrações Tributárias dos níveis estadual, distrital e municipal;

c) Haverá uma sinergia entre as Administrações Tributárias envolvidas, com ganhos de desempenho e efetividade e com possibilidade de economia de recursos;

d) Trata-se, também, de oportunidade de fiscalização mais efetiva das prestações e serviços, pensando-se exclusivamente no IBS, pois muitos fatos jurídicos do atual ISS atualmente não são verificados pela carência estrutural dos municípios;

e) Considerando a possibilidade de delegações de competência e da capacidade ativa, o benefício acima pode-se estender também ao controle do IPTU e do ITBI municipais, tendo em vista a já apontada carência existente nas Administrações Tributárias municipais;

f) O corpo de auditores fiscais e técnicos das Administrações Tributárias municipais mais estruturados e melhor capacitados em função da integração e cooperação, e com as normas delegativas propostas, poderá auxiliar os estados não somente na fiscalização do IBS, como também dos fatos jurídicos ligados ao IPVA e ao ITCMD;

g) O fato de haver uma legislação única nacional, com interpretação também única, trará maior segurança jurídica a contribuintes e auditores fiscais, com consequente redução de litigâncias administrativas e judiciais, liberando auditores e técnicos para auditorias que hoje são inviáveis pela carência de recursos humanos;

h) A existência de um Comitê Gestor (ou Conselho Federativo) nacional permitirá a formatação e a coordenação de operações de âmbito nacional, e maior facilidade também em sua execução.

Como vemos, a princípio, teremos muito mais oportunidades e ganhos com o IBS do que riscos de disfuncionalidades, pensando exclusivamente em termos das missões e funções precípuas das Administrações Tributárias.

Ficaram de fora deste estudo, por limitação de espaço, os riscos para a política tributária e os efeitos do IBS para a economia do país.

Com a aprovação da Reforma Tributária, espera-se que seja construído sistema de governança "interjurisdicional"[47],

---

47. ANGELIS, Angelo de; VALENTIM, Jefferson. *A administração tributária do século XXI*. In: SANTI, Eurico. *Direito Tributário sob curadoria de Eurico Marcos Diniz de Santi*. São Paulo: Editora Revista dos Tribunais, 2021. Disponível em: <https://www.jusbrasil.com.br/doutrina/direito-tributario-sob-curadoria-de-eurico-marcos-diniz-de-santi/1282345938. Acesso em 30 Outubro 2023.

à semelhança das redes de valor que Fernando Rezende[48] apontou terem surgido com a Economia Digital.

7. CONCLUSÃO

O Brasil, em termos de política tributária, passa, atualmente, por um período histórico, caso seja aprovada a Reforma Tributária contida na PEC-45, hoje em debate no Congresso Nacional.

Trata-se da maior modificação de nosso sistema constitucional tributário desde a Reforma Tributária de 1965-1967.

Anote-se o curioso fato de ser uma Reforma Tributária que não nasceu no Congresso Nacional, ou nas Administrações Tributárias, mas sim na academia, como foi aqui relatado, as vantagens e desvantagens a isso inerentes. Entre as vantagens, ela procurou espelhar-se nas melhores práticas encontradas por tributos do tipo IVA em todo o mundo, inovando em várias frentes [49]. No debate político, já no Congresso Nacional, foram feitas modificações para acomodar os inúmeros interesses setoriais e regionais, como o abandono da alíquota única.

Ainda não sabemos será aprovada, ou nos termos aqui tratados, mas já tem a virtude de ter suscitado intensas discussões na academia, em congressos, seminários, mesas de debate de Direito Tributário e Financeiro, tendo ganhado também a mídia, especializada ou não.

Pelo fato de não ter nascido no seio do Poder Executivo ou das Administrações Tributárias, a faceta que envolve

48. REZENDE, Fernando. *A Revolução Digital e o Universo Tributário – Desafios e Caminhos para a Reforma Tributária*. São Paulo. CNS-Confederação Nacional dos Serviços e SEPROSP-Sindicato das Empresas de Processamento de Dados e Serviços de Informática do Estado de São Paulo, 2019.

49. Teve, por exemplo, a importante colaboração, nos estudos, da tributarista internacional Rita de la Feria.

as Administrações Tributárias foi muito pouco estudada e debatida, e essa é uma desvantagem. Por isso, entendemos que esse aspecto ainda precisa ficar muito melhor definido.

As Administrações Tributárias, seja por seu corpo gestor, seja por seus auditores fiscais e técnicos mais preparados, deve ser convocada pelo Congresso Nacional, em audiências públicas, se isso ainda for possível, de modo a colaborar para o aperfeiçoamento das propostas de administração, operacionalização e fiscalização do futuro Imposto sobre Bens e Serviços. Se tal não puder ocorrer antes da modificação constitucional, certamente precisa sê-lo nas discussões da futura Lei Complementar do imposto a ser criado.

No caso da futura Contribuição sobre Bens e Serviços (CBS) e do futuro Imposto Seletivo (IS), sua administração, controle e fiscalização não deverão apresentar nem a novidade, nem os riscos, dificuldades e oportunidades que elencamos no tópico anterior, pois serão da competência da União, cuja Administração Tributária é única e de abrangência nacional, a Receita Federal do Brasil.

Em relação ao IBS, todavia, há preocupações consideráveis e um cuidado deve ser tomado com relação aos riscos e desafios de sua implementação para as Administrações Tributárias. Por sorte, também identificamos uma série de ganhos de oportunidade e melhorias para as Administrações Tributárias, aqueles já apontados. Resta confiar, agora, no bom senso e prudência de nossos congressistas para que o primeiro grupo não ponha a perder o segundo.

Em conclusão, o Brasil já tem, há mais de duas décadas, notável experiência em integração e cooperação de Administrações Tributárias dos entes políticos federativos, como relatado em relação aos fóruns integrativos do Confaz (especialmente a Cotepe), Encat e Enat; aos documentos fiscais e repositórios como a Nota Fiscal Eletrônica e o SPED; e aos regimes tributários e sistemas integrados como o Simples Nacional e o Redesim.

O Brasil também é aderente a vários convênios e protocolos internacionais de cooperação em transparência de dados e em troca de informações. O Brasil é candidato a membro efetivo da OCDE e um parceiro com *status* privilegiado daquele organismo que divulga as boas práticas internacionais, participando de vários comitês e grupos de trabalho importantes.

Os gestores, auditores fiscais e técnicos das Administrações Tributárias brasileiras são, em geral, muito capacitados e compenetrados de sua missão institucional, estando "*up to date*" com as técnicas e concepções mais avançadas de administração pública e de controle e auditoria fiscais.

Caso a Reforma Tributária ora em debate no Congresso Nacional venha a ser aprovada, com a extinção do IPI, PIS/COFINS, ICMS e ISS, não se nos afigura que isso possa colocar em risco a existência das atuais Administrações Tributárias da União, dos estados, Distrito Federal e municípios. Evidentemente, cuidados deverão ser tomados para se preservar sua efetividade e, especialmente, a autonomia financeira dos entes subnacionais, para que não se comprometa sua autonomia política e administrativa.

8. REFERÊNCIAS

ABREU, João Maurício Martins de; et al. *A Reforma Tributária Necessária – diagnóstico e premissas*. ANFIP – Associação Nacional dos Auditores-Fiscais da Receita Federal do Brasil e FENAFISCO – Federação Nacional do Fisco Estadual e Distrital. Eduardo Fagnani (organizador). Brasília: ANFIP: FENAFISCO: São Paulo: Plataforma Política Social, 2018. 804 p. ISBN: 978-85-62102-27-1.

ALVES, Antônio Cláudio. *Sustentabilidade fiscal: a utilização de ferramentas tecnológicas no processo de controle e fiscalização dos tributos municipais.* Dissertação apresentada ao Programa de Pós-Graduação em Direito do Centro Universitário de João Pessoa como requisito parcial à obtenção do título de Mestre em Direito. João Pessoa, 2020.

ANGELIS, Angelo de; VALENTIM, Jefferson. *A administração tributária do século XXI.* In: SANTI, Eurico. *Direito Tributário sob curadoria de Eurico Marcos Diniz de Santi.* São Paulo: Editora Revista dos Tribunais, 2021. Disponível em: <https://www.jusbrasil.com.br/doutrina/direito-tributario-sob-curadoria-de-eurico-marcos-diniz-de-santi/1282345938. Acesso em 30 Outubro 2023.

AMED, Fernando José. *História dos tributos no Brasil.* São Paulo: Edições SINAFRESP, 2000.

ASSUNÇÃO, Leda Camila Pessoa de Mello Cartaxo. *O Federalismo Fiscal no ordenamento jurídico brasileiro: Uma Análise Sistêmica.* Dissertação apresentada à Banca Examinadora do Programa de Pós-Graduação em Direito, da Faculdade de Direito da Universidade de São Paulo, como exigência parcial para obtenção do título de Mestre em Direito, na área de concentração Direito Econômico, Financeiro e Tributário. São Paulo, 2017.

BACELLAR FILHO, Romeu Felipe. *Administração Tributária.* Parecer. Curitiba/PR, 25/06/2006. Disponível em:

<http://www.sindifiscal-es.org.br/painel/arquivos/legislacao_arquivos/23/b9394772c4e0ea8220d12929eadaad30.pdf>. Acesso em 20 Dez 2022.

BASTOS, Frederico Silva. *Transparência fiscal internacional e administração tributária em rede: o sistema regulatório e prático do intecâmbio de informações tributárias no Brasil e os direitos e garantias fundamentais dos contribuintes.* Dissertação apresentada à Escola de Direito de São Paulo da Fundação Getúlio Vargas como requisito para obtenção do título de Mestre em Direito e Desenvolvimento. São Paulo, 2014.

BERCOVICI, Gilberto. *Desigualdades regionais, Estado e Constituição*. SP: Max Limonad, 2003.

BIFANO, Elidie Palma. *A Lei Complementar nº 199/23 consegue simplificar as obrigações acessórias*? Jota, 16 de agosto de 2023. Disponível em: <https://www.conjur.com.br/2023-ago-16/consultor-tributario-lc-19923-simplificar-obrigacoes-acessorias?imprimir=1. Acesso em 30 Outubro 2023.

BLOG CONEXÃONFE. *História Fiscal e Tributária do Brasil*. Setembro de 2022. Disponível em: <https://blog.conexaonfe.com.br/historia-fiscal-e-tributaria-do-brasil/>. Acesso em 30 Outubro 2023.

BRASIL. *Emenda Constitucional nº 42, de 19 de dezembro de 2003. Altera o sistema tributário nacional e dá outras providências*. Disponível em: <http://www.planalto.gov.br/ccivil_03/constituicao/emendas/emc/emc42.htm>. Acesso em: 30 Outubro 2023.

BRASIL. Ministério da Economia. Receita Federal do Brasil. *1964 a 1967: A Reforma Tributária*. Brasília, setembro 2015. Disponível em: https://www.gov.br/receitafederal/pt-br/acesso-a-informacao/institucional/memoria/imposto-de-renda/historia/1964-a-1967-a-reforma-tributaria#:~:text=Em%20 1964%2C%20ocorreu%20uma%20ampla,desde%20o%20exerc%C3%ADcio%20de%201942. Acesso em 30 Outubro 2023.

________. *1966: O Código Tributário Nacional*. Brasília, abril 2021. Disponível em: https://www.gov.br/receitafederal/pt-br/acesso-a-informacao/institucional/memoria/sitios-antigos-da-receita-federal/oitenta-anos-do-imposto-de-renda-no-brasil-2013-1922-a-2002/1966-o-codigo-tributario-nacional#:~:text=O%20C%C3%B3digo%20 Tribut%C3%A1rio%20Nacional%20surgiu,instituiu%20 o%20Sistema%20Tribut%C3%A1rio%20Nacional. Acesso em 30 Outubro 2023.

________.*Histórico da Administração Fiscal - Governo Federal.* Disponível em: <https://www.gov.br › historico-da--administracao-fiscal-1>. Acesso em 30 Outubro 2023.

________. *Sobre a NF-e.* Disponível em: <http://www.nfe.fazenda.gov.br/portal/sobrenfe.aspx?tipoconteudo=hav+iXy7hdm=>. Acesso em: 30 Outubro 2023.

________. Unidade de Coordenação de Programas – UCP. *PNAFE.* Artigo. Disponível em:

<https://www.gov.br/fazenda/pt-br/acesso-a-informacao/acoes-e-programas/pnafm/prodev-1/ArtigoPnafe.pdf>. Acesso em 30 Outubro 2023.

BRASIL. Ministério da Educação. Universidade Federal de Sergipe. *A tributação na história do Brasil.* Temas de História Econômica. Aula 20. Disponível em: <https://cesad.ufs.br/ORBI/public/uploadCatalago/10370606032012Temas_de_Historia_Economica_Aula_20.pdf>. Acesso em 30 Outubro 2023.

BRASIL. Presidência da República. *Decreto nº 6.022, de 22 de janeiro de 2007. institui o Sistema Público de Escrituração Digital (SPED).* Disponível em: <http://www.planalto.gov.br/ccivil_03/_ato2007-2010/2007/Decreto/D6022.htm>. Acesso em: 30 Outubro 2023.

CARDOSO, Maria Teresa Abrantes. *Os reflexos da reforma tributária de 1966 e as possibilidades de sua modificação.* Dissertação monográfica apresentada como exigência para obtenção do título de Mestre do Programa de Pós-graduação *strictu sensu* na área de Administração Pública e Governo, da Escola de Administração Pública de São Paulo da Fundação Getulio Vargas. São Paulo, 1986.

CIAT (INTER-AMERICAN CENTER OF TAX ADMINISTRATIONS). *ICT as a Strategic Tool to Leapfrog the Efficiency of Tax Administrations*. Panama City, Panama: CIAT 2020.

COELHO, Emerson Ghirardelli. *Princípios e valores constitucionais no Estado Democrático de Direito*. Artigo. 08 de Março de 2022. Disponível em: <https://emersonghirardelli.jus.com.br/publicacoes>. Acesso em 20 Dez. 2022.

DANIEL NETO, Carlos Augusto; BRANCO, Leonardo Ogassawara de Araújo. *O paradigma da economia digital e os novos conceitos de serviço e mercadoria – reflexos na tributação. In:* FARIA, Renato Vilela; SILVEIRA, Ricardo Maitto da; MONTEIRO, Alexandre Luiz Moraes do Rêgo (coord.). *Tributação da Economia Digital:* desafios no Brasil, experiência internacional e novas perspectivas. São Paulo: Saraiva, 2018. p. 322-338.

DERZI, Misabel de Abreu Machado; MAGALHÃES, Tarcísio Diniz. *Levando a democracia a sério: uma abordagem da regra decisória ideal para o CONFAZ*. Revista Jurídica da Presidência. UFMG. Belo Horizonte, 2017. Disponível em: <https://repositorio.ufmg.br/handle/1843/40990>. Acesso em 30 Outubro 2023.

DORNELES, Francisco Oswaldo Neves. *O sistema tributário da Constituição de 1988*. Publicações do Portal do Senado Federal. Brasília, 2006. Disponível em: <https://www12.senado.leg.br/publicacoes/estudos-legislativos/tipos-de-estudos/outras-publicacoes/volume-iv-constituicao-de-1988-o-brasil-20-anos-depois.-estado-e-economia-em-vinte-anos-de-mudancas/do-sistema-tributario-nacional-o-sistema-tributario-da-constituicao-de-1988#:~:text=A%20reforma%20tribut%C3%A1ria%20promovida%20pela,%C3%A0%20cria%C3%A7%C3%A3o%20de%20novos%20impostos>. Acesso em 30 Outubro 2023.

DURÃES, Cinthya Maria N.; ROSSINHOLI, Marisa. FERRER, Walkiria M. H. *As reformas da legislação tributária brasileira e seus reflexos na economia nacional: análise crítica do período entre 1966-1988*. Revista Jurídica Cesumar, janeiro/abril 2020, v. 20, n. 1, p. 119-135. DOI: 10.17765/2176-9184.2020v20n1p119-135. Disponível em: https://periodicos.unicesumar.edu.br/index.php/revjuridica/article/view/8338. Acesso em 30 Outubro 2023.

FERNANDEZ, Marcelo Luiz Alves. *Aplicações de documentação fiscal eletrônica em sistemas logísticos: casos práticos*. Tese apresentada à Escola Politécnica da Universidade de São Paulo para obtenção do título de Doutor em Ciências. São Paulo, 2018.

FIRJAN - Federação das Indústrias do Estado do Rio de Janeiro. *Firjan revela que apenas 95 municípios brasileiros têm excelência na gestão orçamentária*. Instituto dos Auditores Fiscais do Estado da Bahia. 2011.

GOMES, Eduardo Rodrigues; GUIMARÃES, Fabrícia. *A política de simplificação e renúncia fiscal para as micro e pequenas empresas no Brasil e o pacto federativo: uma análise do Simples Nacional*. Teoria & Pesquisa, Revista de Ciência Política, vol. 21, n. 2, jul./dez. 2012.

GOMES, Eva; Neide, Ana. *A evolução do sistema tributário brasileiro ao longo do século: anotações e reflexões para futuras reformas*. Revista Jus Navigandi, ISSN 1518-4862, Teresina, ano 25, n. 6306, 6 out 2020. Disponível em: https://jus.com.br/artigos/85813. Acesso em 30 Outubro 2023.

GRUPENMACHER, Betina Treiger. *Sistema tributário e reforma - eficiência x direitos e garantias fundamentais*. In: SANTI, Eurico Marcos Diniz de (Coord.). *Tributação e desenvolvimento: estudos em homenagem ao Professor Aires Barreto*. São Paulo: Quartier Latin, 2011.

HORTA, Raul Machado. *Problemas do federalismo brasileiro.* Revista Forense, Rio de Janeiro: Forense, V. 100, p. 381-402, 2006.

LOPREATO, Francisco Luiz Cazeiro. *Crise de financiamento dos governos estaduais (1980/1988).* ese (Doutorado)-Instituto de Filosofia e Ciências Humanas da Universidade Estadual de Campinas, Campinas, SP, 1992.

__________. *Evolução da participação estadual na distribuição institucional de renda.* Dissertação (Mestrado)-Instituto de Filosofia e Ciências Humanas da Universidade Estadual de Campinas, Campinas, SP, 1981.

__________. *O colapso das finanças estaduais e a crise da federação.* São Paulo: UNESP, 2002.

MAGALHÃES, Marcos Venícius Barreto. *O sistema tributário brasileiro: 1964-1980.* Tese apresentada ao Programa de Pós-Graduação em Desenvolvimento Regional e Urbano (PPDRU) da UNIFACS Universidade Salvador, Laureate Internacional Universities - LIU, como requisito parcial para a obtenção do grau de Doutor em Desenvolvimento Regional e Urbano. Salvador, 2014.

MAIA, Ana Carolina Queiroz. *Administração Pública Tributária Colaborativa e Segurança Jurídica.* Tese apresentada à Banca Examinadora do Programa de Pós-Graduação, da Faculdade de Direito da Universidade de São Paulo, como exigência parcial para a obtenção do título de Doutora em Direito, na área de concentração Direito Econômico, Financeiro e Tributário. São Paulo, 2016.

MARTÍNEZ FRITSCHER, André; MAC DOWELL, Maria Cristina; FERREIRA, Soraya Naffah; GAZEL, Ricardo. *A modernização fiscal dos estados brasileiros e seu impacto arrecadatório e econômico: o caso do Profisco.* Banco Interamericano de Desenvolvimento – BID. DOI: http://dx.doi.org/10.18235/0004247. Maio de 2022. Disponível em:

<https://publications.iadb.org/pt/modernizacao-fiscal-dos-estados-brasileiros-e-seu-impacto-arrecadatorio-e-economico-o-caso-do>. Acesso em 30 Outubro 2023.

MELLO, Henrique. *Os Terceiros na Sujeição Passiva Tributária e o Alterlançamento*. 1ª ed. São Paulo: Noeses, 2021.

MELLO, Newton Oller de. *Os documentos fiscais eletrônicos no Brasil e na América Latina e seus impactos na automação de processos e no intercâmbio eletrônico de informações na cadeia logística*. Tese apresentada para a obtenção do título de Doutor em Engenharia Elétrica pela Escola Politécnica da Universidade de São Paulo. São Paulo, 2013.

__________. *10 Years of Electronic Invoicing in Brazil. Evolution, Opportunities and What's Next*. Apresentação para o Exchange Summit. Barcelona, Espanha, 2016.

MENEZES, Paulo Sousa Leão. *A eficiência administrativa e a administração tributária*. Dissertação apresentada como requisito parcial para obtenção do título de Mestre em Direito na área de concentração Direito Econômico, Financeiro e Direito Tributário da Faculdade de Direito da Universidade de São Paulo. São Paulo, 2019.

NABAIS, José Casalta. *O dever fundamental de pagar impostos*. Coimbra: Almedina, 2012.

OECD (ORGANISATION FOR ECONOMIC CO-OPERATION AND DEVELOPMENT), *Interconnected Economies: Benefiting from Global Value Chains*, OECD Publishing. Paris, France: Disponível em <http://dx.doi.org/10.1787/9789264189560-en>. Acesso em 30 Outubro 2023.

__________*The Changing Tax Compliance Environment and the Role of* Audit, OECD Publishing. Paris, France: Disponível em: <https://doi.org/10.1787/9789264282186-en>. Acesso em 30 Outubro 2023.

OLIVEIRA, Fabrício Augusto de. *A Crise do Sistema Fiscal Brasileiro 1965-1983*. Tese de Doutoramento apresentada ao Instituto de Filosofia e Ciências Humanas da Universidade Estadual de Campinas. Campinas, 1985.

__________. *O Sistema Tributário Brasileiro: análise crítica da proposta da Cretad*. Revista De Administração Pública, 21(4), 116 a 124, 1987. Disponível em: https://bibliotecadigital.fgv.br/ojs/index.php/rap/article/view/9611. Acesso em 30 Outubro 2023.

__________. *A Evolução da Estrutura Tributária e do Fisco Brasileiro: 1889-2009*. Texto para Discussão nº 1469. IPEA, Brasília, janeiro de 2010. Disponível em: https://joserobertoafonso.com.br/a-evolucao-da-estrutura-tributaria-e-do-fisco-brasileiro-1889-2009-oliveira/. Acesso em 30 Outubro 2023.

__________. *O sistema tributário brasileiro: evolução, distorções e os caminhos da reforma (1891-2017)*. Artigo. Dez. 2017. Disponível em: https://plataformapoliticasocial.com.br/wp-content/uploads/2017/12/Artigo-2-_-Fabricio--Sistema-Tributario-Distor%C3%A7oes-2-DEZ-2017_--OK-fabricio.pdf. Acesso em 30 Outubro 2023.

RODRIGES DOS SANTOS, Brenda. *Regressividade tributária no brasil: uma comparação internacional*. Trabalho de Monografia apresentado ao curso de Ciências Econômicas, na Pontifícia Universidade Católica de Goiás, como parte dos requisitos para a obtenção do título de Bacharel em Ciências Econômicas. Goiânia, 2020.

ROSSINHOLI, Marisa. *Sistema Tributário Brasileiro, Política Econômica e Principais Propostas de Reforma Tributária*. Revista Estudos. Universidade de Marília. Marília, 1997. Disponível em: http://ojs.unimar.br/index.php/estudos/article/view/715. Acesso em 30 Outubro 2023.

SANTOS, Lucas Siqueira dos. *Reforma Tributária no Brasil: Histórico, Necessidades e Propostas*. Dissertação monográfica apresentada como exigência para obtenção do título de Mestre do Programa de Pós-graduação strictu sensu na área de Direito Tributário, da Escola de Direito de São Paulo da Fundação Getulio Vargas. São Paulo, 2015.

SARAN, José Eduardo de Paula. *A influência da modernização e da integração das administrações tributárias dos três níveis de entes políticos na efetividade dos comandos e valores constitucionais do federalismo fiscal brasileiro*. Monografia apresentada na disciplina DEF5877 – Direito Constitucional Financeiro, do Programa de Doutorado, da Faculdade de Direito da Universidade de São Paulo. São Paulo, dezembro de 2022.

__________. *A reforma tributária de 1965-1967 e sua influência na regressividade da atual matriz tributária brasileira*. Monografia apresentada para aprovação na disciplina DEF5906 – Política Econômica, Regressividade, Tributação e Finanças Públicas, do Programa de Pós-Graduação Stricto Sensu, nível de Doutorado, da Faculdade de Direito da Universidade de São Paulo (USP). São Paulo, junho de 2022.

__________. *Tecnologia, Direito e Tributação: a tributação de aplicações na Internet por impostos sobre o consumo no Brasil*. 1ª Ed. São Paulo: Noeses, 2021.

SCAFF, Fernando Facury. *Federalismo fiscal cooperativo no* Brasil. *In* LEITE, George Salomão; [et. al.] (coords.). *Ontem, os códigos! Hoje, as constituições: homenagem a Paulo Bonavides*. São Paulo, Malheiros, 2016.

SCHIER, Adriana da Costa Ricardo; SOUZA, João Marcos. *A institucionalização da Administração Tributária: a modernização da Administração Pública no Estado Democrático de Direito e a garantia dos direitos fundamentais.* Plataforma Política Social. Fenafisco-Anfip. Março, 2018. Disponível em:

<https://plataformapoliticasocial.com.br/a-institucionalizacao-da-administracao-tributaria-a-modernizacao-da-administracao-publica-no-estado-democratico-de-direito-e-a-garantia-dos-direitos-fundamentais/>. Acesso em 30 Outubro 2023.

SÃO PAULO. Prefeitura Municipal. *Site da Nota Fiscal Paulistana.* Disponível em: <http://nfpaulistana.prefeitura.sp.gov.br/>. Acesso em 30 Outubro 2023.

SOLDATI, Manoelle. *A Reforma do Sistema Tributário e o Pacto Federativo Brasileiro.* Artigo. Dez. 2004. Disponível em: http://www.fiscosoft.com.br/base/133439/a_reforma_do_sistema_tributario_e_o_pacto_federativo_brasileiro_-_manoelle_soldati.html. Acesso em 30 Outubro 2023.

SILVA, Albertiano Dias da; SILVA, Alex Dias da. *Autonomia municipal no federalismo fiscal brasileiro: a eficiência na Administração Tributária Municipal.* Dom Helder Revista de Direito, v. 1, n. 1, Setembro/Dezembro de 2018.

SOUZA, Francisco José de. *A Reforma Tributária Nacional.* Revista do Serviço Público, 98(4), 27-56. 1966. Disponível em: https://revista.enap.gov.br/index.php/RSP/article/view/2754. Acesso em 30 Outubro 2023.

STADNICK, Kamile Theis. *Modernização da gestão pública brasileira à luz da teoria da Nova Administração Pública: uma análise do PNAFE e do PROFISCO I no estado de Santa Catarina.* Tese submetida ao Programa de Pós- graduação em Administração da Universidade Federal de Santa Catarina para a obtenção do título de Doutora em Administração. Florianópolis, 2021.

TORRES, Heleno. *Direito Constitucional Financeiro – Teoria da Constituição Financeira*. 1ª edição. Editora Thomson Reuters - Revista dos Tribunais: São Paulo, 2014.

___________. *Direito constitucional tributário e segurança jurídica: metódica da segurança jurídica do Sistema Constitucional Tributário*. 2. ed. São Paulo: Revista dos Tribunais, 2012.

___________. *Funções das leis complementares no sistema tributário nacional - hierarquia de normas - papel do CTN no ordenamento*. Revista de Direito Tributário. São Paulo: Malheiros, n. 84, p. 50-69, 2002.

TORRES, Heleno; RODRIGUES, F. C. *Fundo soberano do Brasil e finanças públicas*. Belo Horizonte: Fórum, 2012.

VARSANO, Ricardo. *Evolução do sistema tributário brasileiro ao longo do século: anotações e reflexões para futuras reformas*. IPEA, Rio de Janeiro, 1996. Disponível em: https://www.ipea.gov.br/portal/index.php?option=com_content&view=article&id=3564. Acesso em 30 Outubro 2023.

VIEIRA DE OLIVEIRA, Joana D arc. *Sistema tributário brasileiro: o impacto da carga tributária para a população de baixa renda e suas desigualdades*. Caderno Virtual, 2(31). 19/05/2015. Disponível em: <https://www.portaldeperiodicos.idp.edu.br/cadernovirtual/article/view/1113>. Acesso em 30 Outubro 2023.

A ENTRADA DO BRASIL NA OCDE E A AUSÊNCIA DO IOF NA REFORMA TRIBUTÁRIA

José Eduardo Soares de Melo[1]

I. OCDE

1. Características

A OCDE (Organização para Cooperação e Desenvolvimento Econômico) fora estabelecida em 30 setembro de 1961, sucedendo a OCEE (Organização para a Cooperação Econômica Europeia), com sede em Paris, tem como objetivo promover a cooperação entre Estados-Membros para o desenvolvimento sustentável pertinente a diversas áreas que impactam a economia mundial (agricultura, meio ambiente, defesa da concorrência, política tributária, investimentos, combate à corrupção, economia digital, etc.).

Mantém a estrutura organizacional seguinte:

a) Conselho: supervisão e direção estratégica da Organização, sendo formado por representantes dos Estados-Membros e da Comissão Europeia;

---

1. Doutor e Livre-Docente em Direito. Professor Titular da Faculdade de Direito da PUC-SP (2012-2015). Visiting Scholar da Universidade da Califórnia (Berkeley). Professor Emérito da Faculdade Brasileira de Tributação. Consultor Jurídico.

b) Secretariado: análise e elaboração das propostas políticas a serem implementadas;

c) Comitês: discussão e implementação das políticas promovidas pela Organização, sendo compostos pelos Estados-Membros e países parceiros, e por grupos de trabalhos e órgãos de especialistas.

A OCDE poderá (i) editar decisões; (ii) realizar recomendações; e (iii) celebrar acordos com os Estados-Membros, terceiros Estados e demais Organizações Internacionais; por meio de diversos instrumentos legais: decisões, recomendações, declarações, acordos internacionais, arranjos, entendimentos.[2]

A OCDE não mantém tribunais próprios e nem órgão de solução de controvérsias, possuindo (em 2020) 254 instrumentos legais em vigor, sendo (i) 177 recomendações; (ii) 29 declarações; (iii) 25 decisões; (iv) 10 acordos internacionais, e (v) 14 arranjos e entendimentos.

No âmbito de sua atuação analisa fatores que influenciam na vida da população, como os impostos, a seguridade social, bem como a comparação dos sistemas educacionais e previdenciários dos países, em razão do que recomenda as políticas necessárias para a melhoria da qualidade de vida da população.

Entende-se que toda essa articulação converge para (a) a manutenção de um crescimento econômico duradouro; (b) a criação de empregos contribuindo para a melhoria do setor econômico e do bem-estar social; (c) a melhoria de expectativa de vida (eficiência na saúde e educação); (d) o combate à pobreza, buscando estabilidade

---

2. Jacqueline de Paula Leite Zanetoni. "Perspectivas para a Acessão do Brasil Junto à OCDE: Passado, Presente e Futuro". *Revista Brasileira de Direito Internacional*-ISSN: 2526-02019, Evento Virtual v. 6, n. p. 36-56, janeiro-julho de 2020.

financeira; e (e) o aprimoramento de economias de países em desenvolvimento.[3]

O processo de entrada de um país na OCDE, segundo consta, leva em média de 2 a 3 anos, desde que o país postulante implemente as recomendações realizadas pela Organização, e que todos os Estados-Membros concordem com a adesão.[4]

Para tanto, necessita cumprir diversas etapas: (a) os Estados-Membros devem aceitar este processo após avaliarem de forma individual e coletiva a implementação dos critérios constantes de documento especial; e, (b) com a decorrente aprovação, a OCDE apresentará o trajeto que deverá ser percorrido pelo país solicitante (análise das legislações e políticas internas que serão avaliadas pelos Comitês). O país solicitante deverá se posicionar em relação à adoção ou não (mecanismo de reserva) de cada um dos instrumentos legais promovidos pela OCDE (cerca de 254).

Para a aprovação do pedido de acessão, espera-se uma ampla (se não total) compatibilidade das legislações, e das políticas internas do país solicitante com os instrumentos legais da OCDE. Torna-se necessário adequar as políticas em diversas áreas, o aprimoramento dos gastos públicos; melhoria do ambiente de negócios; a sinalização do compromisso com uma economia aberta previsível, responsável e transparente.

A OCDE possui 36 Estados-Membros, e, desde 2014, exerce suas atividades em conjunto com alguns países parceiros (inclusive o Brasil), denominados *key partners*, que participam das discussões políticas realizadas nos órgãos da Associação, e de pesquisas por estes promovidas.

---

3. https://brasilescola.uol.com.br/geografia/ocde.hatm, pesquisa em 26.10.23.

4. FIESP, 2019. Departamento de Relações Internacionais e Comércio Exterior. "Análise da Acessão do Brasil à OCDE". São Paulo, Disponível em: https://sitefiesp-sorage.blob.core.window.net/uploads/2019/08/file-estudoanálise-da-entrada-dobra-sil-na-ocde.pdf.

O ingresso na Organização implica na obtenção de um "selo de qualidade" (melhores práticas de governança, de gestão pública, democracia consolidada, instituições sólidas e economia sustentável), possibilitando a realização de negócios e investimentos estrangeiros diretos.

Em contrapartida, o país pode perder parte de sua economia em razão da interferência do Estado (controle de taxa de juros, de câmbio e tributação de capital estrangeiro).

2. Participação do Brasil e Efeitos da Entrada na OCDE

O Brasil passou a manter parceria com a OCDE no Comitê do Aço (1996); participa do Programa de Engajamento Ampliado (2012); tornou-se membro do projeto BEPS (estratégias de planejamento tributário (2013); e Acordo de Cooperação integrando sete órgãos e dois projetos, e representatividade em outros 17 órgãos (2015).

Em 29.05.2017 formulou pedido de acessão durante a Reunião Ministerial do Conselho, tendo aderido a diversos instrumentos jurídicos da OCDE que representam as normas e diretrizes propostas pela Organização. No final de 2018 foi designado o Delegado do Brasil.

Aponta-se que, um dos principais entraves para a entrada do país na OCDE, será a divergência protuberante em matéria tributária, devendo implicar profundas mudanças no sistema tributário brasileiro em favor da OCDE. Nesse sentido seria necessário evitar situações em que o país tribute a mais ou a menos operações de empresas que são do mesmo grupo, como na exportação de serviços. Acordos para evitar bitributação estão na fila de itens a serem implementados.

Além disso, considere-se as questões atinentes ao sistema tributário nacional (adoção de neutralidade), especialmente relacionadas aos custos de *compliance*; competitividade empresarial; tributação indireta e sob o consumo;

guerra fiscal (incentivos fiscais estaduais e municipais) gerando distorções concorrenciais.

Importante levar em conta que aos tratados internacionais são conferidos os mesmos atributos concernentes às demais normas do direito positivo interno; e, por decorrência lógica, em princípio podem implicar supressão ou alteração das regras já existentes no contexto jurídico nacional.

A aplicabilidade das normas constantes dos tratados decorre do superior postulado da soberania (art. 1º. I, da CF), cujo conceito complexo e flutuante no decorrer da evolução histórica revela um caráter de supremacia, concernente ao poder jurídico ou à qualidade distintiva do Estado dirigida a todos os habitantes do seu território, e também nas relações recíprocas entre os Estados.

Usualmente, os tratados celebrados em matéria tributária colimam a eliminação de direitos alfandegários e restrições não tarifárias à circulação de produtos, bem como qualquer outra medida de efeito equivalente, objetivando o livre trânsito de bens, serviços e fatores produtivos entre os países signatários.

Questionável tem sido a manutenção de eficácia do CTN (art. 98), estabelecendo que "os tratados e as convenções internacionais revogam ou modificam a legislação tributária interna e serão observados pela que lhes sobrevenham", relativamente a tributos internos que não sejam de exclusiva competência da União, sob o fundamento básico de que a esta é vedado "instituir isenções de tributos de competência dos Estados e Distrito Federal ou dos Municípios" (art. 151, III, da CF).

É vedado aos tratados internacionais versarem sobre matéria reservada à lei complementar, conforme postura do STJ, "*verbis*":

> "Os tratados internacionais celebrados pelo Brasil – ou aos quais o Brasil venha a aderir – não podem, em consequência, versar matéria posta sob reserva constitucional de lei complementar. É que, em tal situação, a própria Carta Política subordina o tratamento legislativo de determinado tema ao exclusivo domínio normativo da lei complementar, que não pode ser substituída por qualquer outra espécie normativa infraconstitucional, inclusive pelos atos internacionais já incorporados ao direito positivo interno (...)".[5]

3. Medida Tributária (Preço de Transferência)

O preço de transferência, que corresponde ao *transfer pricing*, significa o preço cobrado por uma empresa nas alienações de mercadorias, prestações de serviços, e bens intangíveis, realizadas com filial, subsidiária ou empresa vinculada, com o objetivo de promover a remessa de lucros para o exterior, subtraindo a incidência do Imposto sobre a Renda, e sobre a Contribuição Social sobre o Lucro.

Argumenta-se que o princípio que rege a legislação é o *arm's length* que, a par da isonomia, encontra fundamento no próprio conceito de renda já que visa a descobrir qual a renda imputável a contribuinte sujeito ao imposto brasileiro. Essencial é a comparação entre uma transação entre partes vinculadas (transação controlada), e aquelas celebradas entre partes independentes (transação independente), em iguais termos e condições.[6]

Cuida-se, pois, do cotejo de preços dos bens tangíveis estabelecidos numa transação, de cunho internacional, entre partes vinculadas, com os preços que teriam sido pactuados, se não houvesse o vínculo entre as partes contratantes. Tal ação é realizada com o fito de identificar e submeter à tributação numa transferência indireta de

---

5. ADI 1.480-3-DF – Pleno – rel. Min. Celso de Mello, 4.9.97.

6. Luis Eduardo Schoueri. *Preço de Transferência no Direito Tributário Brasileiro*. São Paulo. Dialética, 3ª. ed. 2013, p. 443.

lucros "observando-se o seguinte: a) pessoas vinculadas; b) domiciliadas em diferentes países; c) preço distinto daquele que seria estabelecido numa operação entre partes não vinculadas; e d) vantagem fiscal para as partes contratantes".[7]

Sinteticamente fora conceituado o seguinte:

> "Preço de um produto (ou de serviços), preço esse manipulado para mais ou para menos, nas operações de compra e venda internacionais, quando um mesmo agente é capaz de controlar ambas as pontas da operação, tanto a vendedora como a compradora".[8]
>
> "A prática de alocação de receitas ou despesas, nas operações com venda de bens, prestação de serviços, transferência e uso de tecnologia e patentes, mútuos e outros, entre pessoas vinculadas, de qualquer modo relacionadas, situadas em diferentes jurisdições".[9]

Esta figura jurídica foi introduzida no nosso ordenamento pela Lei nº 9.430/1996, com dispositivos modificados pelos arts. 48 a 52 da Lei nº 12.715, de 17.9.2012 e regulamentados pela IN RFB nº 1.312, de 28.12.2012.

Argutamente fora observado o seguinte:

> "26.1. Nos termos em que plasmadas as normas que regulam os preços pactuados entre partes vinculadas e aqueles apurados mediante aplicação dos métodos positivados, obtém-se não o preço que teria sido pactuado entre partes não relacionadas, mas outro preço, influenciado pelos critérios definidos na legislação aplicável, distinto do praticado pelo mercado, dando ensejo a ajustes que distorcem a base calculada do imposto sobre a

---

7. Paulo Ayres Barreto. *Imposto sobre a renda e preços de transferência.* São Paulo: Dialética, 2001, p. 98-99.

8. Hermes Marcelo Huck. *Evasão e Elisão:* rotas nacionais e internacionais do planejamento tributário. São Paulo: Saraiva, 1997, p. 291.

9. Heleno Taveira Torres. *Direito tributário internacional – Planejamento tributário e operações transnacionais.* São Paulo. RT, 2001, p. 164.

renda, infirmando a materialidade do fato jurídico previsto no antecedente da norma geral e abstrata".[10]

A finalidade dessa sistemática é apurar se foram praticados preços anormais com pessoas vinculadas, distorcendo os reais resultados e transferência de lucros, com manipulação do Imposto sobre a Renda (IR), e da Contribuição Social sobre o Lucro Líquido (CSLL).

Segundo apurado, "a OCDE define o preço *arm's length* como aquele que teria sido acordado entre partes não relacionadas, envolvidas nas mesmas transações ou em condições semelhantes, no mercado aberto. Consiste, em síntese, em tratar os membros de um grupo multinacional como se eles atuassem como entidades separadas, não como partes inseparáveis de um negócio único".[11]

O Brasil utilizara do sistema de margens fixas para transações *intercompany*, não adotando (plenamente) o princípio da *arm's length*. A OCDE oferece 5 métodos de definição de preços de transferência para ajustes correlativos, enquanto o nosso país admitia apenas 3 métodos em sua legislação interna.

O sistema de margens fixas adotado pelo Brasil não alcançaria com satisfação as operações envolvendo ativos intangíveis, serviços intragrupos e reestruturação de empresa.

A Medida Provisória nº 1152, de 29.12.22 – dispondo sobre as regras de preços de transferência - teve como justificativa o alinhamento com o padrão OCDE, para possibilitar o ambiente de negócios, a inserção do país nas cadeias globais de valor, a segurança jurídica e a arrecadação tributária

A Lei federal nº 14.596, de 14.06.23, estabelecera as regras relativas a preços de transferência relativas ao Imposto

10. Paulo Ayres Barreto. *Imposto sobre a renda e preços de transferência*, p. 178.

11. Luis Eduardo Schoueri, *ob. cit.*, p. 441.

sobre a Renda das Pessoas Jurídicas (IRPJ) e à Contribuição Social sobre o Lucro Líquido (CSLL), aplicando-se na determinação da base de cálculo dos mencionados tributos das pessoas jurídicas domiciliadas no Brasil que realizem transações controladas com partes relacionadas no exterior.

As novas regras terão vigência a partir de 2024, mas o contribuinte interessado poderá optar pela sua aplicação desde 1º de janeiro de 2023.

A lei prevê cinco métodos diferentes para calcular os preços de transferência, mas estabelece que o método "preço independente comparável" (PIC) é o mais apropriado quando há dados disponíveis.

As novas regras valerão, ainda, no caso de bens considerados intangíveis (como direitos autorais, patentes, marcas e outros). Também amplia o conceito de empresas que podem ser consideradas uma parte relacionada nesse tipo de transação, retirando da legislação o termo "empresa vinculada", que apresenta restrições devido á variedade de arranjos de negócios.

A Instrução Normativa RFB nº 1.261, de 28.9.23, regulamentara as novas regras, dispondo que as diretrizes da OCDE, consubstanciadas no relatório intitulado "OECD Transfer Pricing Guidelines for Multinational Enterprises and Tax Administration 2022", bem como suas futuras alterações, quando expressamente aprovadas pela Secretaria Especial da Receita Federal do Brasil – RFB, são fontes subsidiárias para a interpretação e integração das normas de controle dos preços de transferência, exceto se forem contrárias ou inconsistentes em relação à Lei nº 14.596, de 14 de junho de 2023, a esta Instrução Normativa ou aos demais atos normativos editados pela RFB" (art. 1º., § 4º).

II. IOF

1. Estrutura Normativa

Tributação prevista na CF (art. 153, V), no CTN (art. 63), e legislação ordinária básica (Decreto federal n 6.306, de 14.1.07, e alterações).

O fato gerador nas *operações de crédito* é a entrega do montante ou do valor que constitua o objeto da obrigação, ou sua colocação à disposição do interessado, em situações específicas (efetiva entrega; liberação das parcelas; adiantamento a depositante; registro por crédito liquidado no exterior; excesso de limite; novação; composição, consolidação, confissão de dívida e dos negócios assemelhados; lançamento contábil em transferências internas).

Compreende I) empréstimo sob qualquer modalidade, inclusive abertura de crédito e desconto de título; II) alienação, á empresa que exercer as atividades de *factoring*, de direitos creditórios resultantes de vendas a prazo; e III) mútuo de recursos financeiros entre pessoas jurídicas ou entre pessoa jurídica e pessoa física (segundo as normas aplicáveis às operações de financiamento e empréstimo praticadas pelas instituições financeiras).

Nesse sentido, fora decidido que o imposto incide sobre contratos de mútuos firmados por empresas na condição de integrante de um mesmo grupo econômico com o objetivo de redirecionar os recursos financeiros obtidos pelas financeiras.[12]

Nos depósitos judiciais não incide o IOF.[13]

São contribuintes as pessoas físicas ou jurídicas tomadoras de crédito, e alienante pessoa física ou jurídica, no

---

12. REsp 522.294, 2ª. Turma, rel. Min. Eliana Calmon, j. 19.12.03.

13. Súmula n 185 do STJ.

caso de alienação de direitos creditórios resultantes de vendas a prazo a empresa de *factoring*. São responsáveis pela cobrança do imposto e pelo seu recolhimento ao Tesouro Nacional i) as instituições financeiras que efetuarem operações de crédito; ii) as empresas de *factoring* adquirentes de direito creditório; e iii) a pessoa jurídica que conceder o crédito, nas operações de crédito correspondentes a mútuo de recursos financeiros.

O fato gerador nas *operações de câmbio* é a entrega de moeda nacional ou estrangeira, ou de documento que a represente, ou sua colocação á disposição do interessado, em montante equivalente à moeda estrangeira ou nacional entregue ou posta à disposição por tes. O imposto torna-se devido no ato da liquidação da operação.

Os negócios cambiais têm por objetivo a realização de pagamento de importações, implicando diversas modalidades, tais como remessa antecipada, remessa sem saque, cobrança (á vista, documentária, a prazo).

É isenta a operação de câmbio realizada para pagamento de bens importados; e, também, destinados aos empreendimentos que se implantarem, ampliarem ou diversificarem no Nordeste e na Amazonia e que sejam considerados de interesse para o desenvolvimento destas regiões; em que os compradores ou vendedores da moeda estrangeira sejam missões diplomáticas e repartições consulares de carreira, etc.

São contribuintes os compradores e vendedores de moeda estrangeira nas operações referentes às transferências financeiras para ou do exterior, respectivamente. São responsáveis pela cobrança do imposto e seu recolhimento ao Tesouro Nacional as instituições autorizadas a operar em câmbio.

2. Desconsideração na reforma tributária

A PEC 45/2019 contém proposta de alteração do Sistema Tributário Nacional, na forma delineada no Parecer da Comissão de Constituição, Justiça e Cidadania do Senado Federal, apresentado em 25 de outubro de 2023 (Relator Senador Eduardo Braga).

Dispusera o seguinte:

- Reforma dos tributos sobre o consumo, extinguindo cinco tributos – ISS, ICMS, IPI, Cofins e a Contribuição para o PIS – autorizando a instituição de dois, sendo um com receita destinada à União (Contribuição sobre Bens e Serviços - CBS), e outro com receita compartilhada entre Estados e Municípios (Imposto sobre Bens e Serviços – IBS).
- Autorização à criação do Imposto Seletivo (IS), que incidirá sobre bens e serviços nocivos à saúde ou ao meio ambiente, de forma a desestimular a produção e o consumo desses itens.
- O IBS e o CBS seguirão o modelo de tributação sobre o valor agregado, isto é, adotarão o mecanismo de débito e crédito, que eliminará a cumulatividade, existente no vigente sistema tributário.
- Incidirão sobre todos os bens e serviços, materiais e imateriais, inclusive direitos, simplificando o sistema tributário nacional, evitando a acumulação de resíduos tributários ao longo das cadeias de produção procurando remover importantes causas de litigância entre os contribuintes e o Fisco.
- Terão os mesmos fatos geradores, bases de cálculo, hipóteses de não incidência, sujeitos passivos, imunidades, regimes específicos, diferenciados e favorecidos, e as mesmas regras de não cumulatividade e de creditamento.

- Não integrarão a própria base de cálculo nem incidirão sobre o outro, isto é, suas alíquotas incidirão "por fora", o que evitará polêmicas e contestações administrativas e judiciais acerca da base de cálculo dos tributos;
- Não admitirão benefícios e incentivos fiscais, ressalvados os casos previstos na própria Constituição Federal, que terão caráter nacional.
- Onerarão as importações, mas não as exportações, adequando-se ao padrão internacionalmente aceito.
- Em algumas hipóteses será admitida a exigência da comprovação do tributo pago na etapa anterior para fins de aproveitamento do crédito, desde que o adquirente possa efetuar o recolhimento do tributo incidente nas aquisições, ou que o recolhimento ocorra no momento da liquidação financeira da operação, medida simplificadora e que aumentará a eficiência no combate à sonegação.

A PEC 45/2019 prevê cinco regimes específicos com regras diferentes daquelas gerais dos dois tributos: o primeiro para combustíveis e lubrificantes; o segundo para serviços financeiros, operações com bens imóveis, planos de assistência à saúde e concursos de prognósticos; o terceiro para operações contratadas pela administração pública direta, por autarquias e fundações públicas; o quarto para sociedades cooperativas; e o quinto para serviços de hotelaria, parques de diversão, parques temáticos, restaurantes, bares e aviação regional.

Também são previstos regimes diferenciados objetivando a redução da carga tributária de certos bens e serviços (educação, saúde, transporte coletivo, etc.), sendo que a Cesta Básica Nacional de Alimentos será tributada pelo IBS e CBS com alíquota zero, de forma que os créditos tributários ao longo da cadeia poderão ser recuperados. Os demais casos terão benefício de redução, na forma da lei complementar, que identificará os bens e serviços que terão direito ao favorecimento.

Demais medidas de controle possibilitam a redução do ônus tributário, como, por exemplo: as alíquotas e a base de cálculo relativas à intermediação financeira serão definidas de forma a não elevar o custo do crédito no País; e parcela da receita do IBS e da CBS poderá ser devolvida, nos termos de lei complementar, a consumidores de baixa renda (o denominado *cashback*).

No tocante ao Simples Nacional, permite que as vendas realizadas a contribuintes pelo regime unificado gerem crédito aos clientes e oferece a opção de recolhimento de IBS e CBS pelo regime geral, situação na qual será permitida a apropriação de créditos tanto pela empresa do Simples quanto por seus clientes.

Especificamente em relação ao IBS, fora estabelecido o seguinte:

- Será uniforme em todo o território nacional, com legislação e regulamentação única, principal medida simplificadora que eliminará o cipoal de regras atualmente em vigor e conferirá estabilidade e transparência e segurança aos contribuintes.
- Preservará a autonomia dos entes federados para a fixação da respectiva alíquota, conferindo-lhes plena liberdade para dimensionar suas receitas.
- Terá apenas uma alíquota por unidade federada, aplicável a todos os bens e serviços, de forma a eliminar a distorção na aplicação de recursos, causada pela atual diversidade de alíquotas, e evitar os inúmeros e custosos processos administrativos e judiciais relativos à classificação de cada operação.

- Observará o princípio do destino, isto é, as alíquotas aplicáveis em transações interestaduais ou intermunicipais serão as dos entes (do Estado e do Município) de localização do adquirente, que receberão a receita integral do imposto, de forma a suprimir os incentivos atualmente existentes para a guerra fiscal.
- Observará alíquota total incidente sobre cada operação equivalente à soma das alíquotas fixadas pelo Estado e pelo Município de destino da operação.
- Será regulamentado, arrecadado e distribuído pelo Conselho Federativo do IBS, que será composto por representantes dos Estados e dos Municípios.

Os créditos de IBS acumulados e não aproveitados pelo contribuinte terão prazo máximo para ressarcimento por parte do Conselho Federativo, que reterá, do montante do imposto arrecadado, os recursos necessários para efetuar essa devolução.

A implementação do IBS terá mecanismos de transição gradual para contribuintes e entes federados, desenhados para manter estável a carga tributária total desse tributo, e sua repartição entre as esferas da Federação, de forma a evitar que Estados e Municípios fiquem sujeitos a dificuldades fiscais.

No tocante ao IS (Imposto Seletivo) trata-se de tributo incidente sobre produção, comercialização ou importação de bens e serviços prejudiciais à saúde ou ao meio ambiente. O tributo não incidirá sobre as exportações, que integrará a base de cálculo do IBS e da CBS, e poderá ter o mesmo fato gerador e a mesma base de cálculo de outros tributos. Sua receita será repartida com os Estados, o Distrito Federal e os Municípios nos termos ao em que o é atualmente o IPI.

O IS poderá também ser aplicado de forma a manter a competitividade da ZFM, onerando a produção, a comercialização ou a importação de bens que concorram com os que são produzidos em sua área de abrangência.

Embora não integrem o núcleo da reforma, deverão ser modificados dois tributos estaduais (IPVA e ITCMD), e dois municipais (Contribuição sobre a Iluminação Pública – COSIP e IPTU).

No caso do IPVA é prevista a diferenciação de alíquotas por valor e impacto ambiental e a ampliação da abrangência do tributo, de forma que incida também sobre veículos automotores aquáticos e aéreos. Autoriza o Poder Executivo municipal a atualizar a base de cálculo conforme critérios fixados em lei municipal.

No tocante ao ITCMD há mudanças relativas à progressividade e à definição do ente que tributará a doação ou herança, nos casos em que houver elemento de conexão com o exterior.

Os Estados e o Distrito Federal poderão instituir contribuição sobre produtos primários e semielaborados, que substituiria a contribuição facultativa a fundos já previstos na respectiva legislação estadual em 30 de abril de 2023.

Há três prazos estabelecidos nas regras de transição: um para os contribuintes, com duração de sete anos (2026 a 2033), durante o qual o IBS será implementado gradualmente, e os tributos substituídos serão reduzidos até a total extinção; outro para a partilha federativa, que durará cinquenta anos, de forma a garantir aos entes, inicialmente uma participação no montante total arrecadado similar à atual; e, também, de forma gradual, sua transição para a repartição baseada exclusivamente no princípio do destino; e o terceiro para a extinção do IPI, que deverá ocorrer em 2033.

No que tange ao CBS praticamente não haverá período de transição, sendo cobrada uma alíquota de 0,9%, em

2026, apenas para que possa observar seus efeitos sobre a arrecadação, e com alíquota plena a partir de 2027.

Trata, ainda, do Fundo Nacional de Desenvolvimento Regional, Fundo de Compensação de Benefícios Fiscais e Financeiro-Fiscais, Zona Franca de Manaus, e saldos de créditos de ICMS.

O relator esclarece que a PEC nº 45, de 2019, significa a adoção do sistema que prevalece no mundo, adotado por 174 países, inclusive a União Europeia. Sua implementação trará facilidade de entendimento para investidores estrangeiros, gerando atratividade para novos empreendimentos e para investimento no Brasil.

Assinala-se as principais alterações em relação ao texto da Câmara:

(i) trava para aumento da carga tributária; (ii) comitê gestor; (iii) Imposto Seletivo; (iv) regime específico; (v) rateio das parcelas do IBS de municípios; (vi) Cide combustíveis; (vii) zona franca de Manaus; (viii) cesta básica e cashback; (ix) seguro-receita; (x) alíquota reduzida; (xi) quarta alíquota para serviços de profissões regulamentadas; (xii) fundo de desenvolvimento regional; (xiii) prazo para lei complementar; (xiv) fundos de infraestrutura; e (xv) setor automotivo.

Opina o Relator pela constitucionalidade, juridicidade, e regimentalidade da Proposta de Emenda à Constituição nº 45, de 2019, procedendo-se a diversas alterações, supressões, e inclusões ao vigente texto constitucional.

Ressalte-se que para que seja votada a proposta em 2023, terão que ser solucionadas as negociações até 7 de novembro, ouvindo-se os governadores e setores sociais afetados pelo texto, podendo ser analisadas novas Emendas. Em seguida, o texto irá para plenário, para votação em dois turnos, e, após, para reexame da Câmara, antes de ser promulgada em dezembro.

Destaco que não fora procedido nenhum tratamento diferenciado para o IOF. A proposta de alteração do art. 153, V, da CF limitou-se à supressão ao Imposto sobre Operações com Seguro.

Nesse sentido, fora proposta nova redação ao mencionado preceito constitucional; na forma seguinte:

> "Art. 153
>
> (...)
>
> V – operações de crédito e câmbio, ou relativas a títulos ou valores mobiliários".

3. Conexão com a OCDE

Consta que a OCDE advertiu o Brasil sobre a necessidade de extinguir o IOF para viabilizar sua adesão aos Códigos de Liberação de Movimento de Capitais e de Operações Correntes, considerados como significativos instrumentos na área econômica.

A redução, ou supressão, da carga tributária envolveria (i) o ingresso e saída de recursos estrangeiros; (ii) operações cambiais em cartões de crédito, débito e pré-pagos; (iii) aquisição de moeda estrangeira ou transferência para contas no exterior; e (iv) outras operações de câmbio.

O governo tem noticiado que o IOF gera problema de "câmbios múltiplos", favorecendo um tipo de operação financeira em detrimento de outra, o que é condenado pela OCDE e pelo FMI. Por exemplo: o custo final ao converter Real em Dólar em uma casa de câmbio era diferente do que a conversão que acontece ao comprar um produto no exterior com o cartão de crédito.

Segundo consta, o Decreto federal nº 11.153, de 28.7.22, alterara a legislação que regulamenta o IOF, reduzindo as alíquotas do IOF a partir de 2023, até 2 de janeiro de 2028, para diversas operações de câmbio.

Ponderara que, entrando na OCDE haverá o compromisso que, em situações normais, não ocorrerá entrave em transações internacionais, ao pagamento de serviços e comércio exterior, sobre transações de investimentos de curto ou longo prazo. Embora não se cogite de obstáculos, poderão ser previstos requisitos legais, como a exigência de informações e registros, por questão de transparência, identificar o beneficiário e a pessoa que enviara o dinheiro.

Entretanto, a proposta de reforma constitucional não cogita do IOF, cuja sistemática tributária mantém-se integra, o que pode criar empecilhos para a entrada do Brasil na OCDE.

OUTRO PONTO DE VISTA SOBRE O IRPF E AS SUAS DEDUÇÕES: UM CASO GRAVE DE TIMIDEZ EXTRAFISCAL!

José Roberto Vieira[1]

"Tão certo é que a paisagem depende do ponto de vista".
(MACHADO DE ASSIS)[2]

"...a virtude... põe a sua mira no meio-termo"
(ARISTÓTELES)[3]

1. A PLURALIDADE DOS PONTOS DE VISTA

É voz comum que muito importa começar bem. Por isso, confiemos nosso passo inicial às mãos admiráveis de

1. Professor de Direito Tributário da Universidade Federal do Paraná – UFPR e do Instituto Brasileiro de Estudos Tributários – IBET (graduação, especialização, mestrado e doutorado); Mestre e Doutor em Direito do Estado – Direito Tributário (PUC/SP); Estudos pós-graduados no *Instituto de Estudios Fiscales* (Madri, Espanha); Ex-Membro Julgador do Conselho de Contribuintes do Ministério da Fazenda, atual CARF (Brasília, DF); Ex-Auditor da Receita Federal (Curitiba, PR); Parecerista.

2. *Quincas Borba*, p. 37.

3. *Ética a Nicômaco*, p. 273.

MACHADO. E, indubitavelmente, estaremos bem, pelo indisputável selo do gênio que as assinala[4].

Trata-se de sublinhar uma de tantas sentenças definitivas de MACHADO, esta do romance *"Quincas Borba"*, de 1891, que constitui nossa primeira epígrafe, logo acima: *"Tão certo é que a paisagem depende do ponto de vista"*[5].

Ninguém duvida de que a perspectiva pela qual lançamos nosso olhar para a paisagem pode fazê-la mais colorida ou esmaecida, alegre ou tristonha, luminosa ou sombria, aprazível ou desgraciosa. Ninguém deixa de reconhecer que, inclusive **o enfoque científico de uma questão sob exame, pode torná-la mais ampla ou restrita, expondo-lhe apenas um ou diversos dos seus aspectos**; pode convertê-la em mais larga ou estreita, revelando-lhe somente um ou vários dos seus ângulos a serem considerados e sopesados.

2. UMA PARÁBOLA SOBRE AS MEIAS-VERDADES

Ao lado das fábulas e dos apólogos, **as parábolas** são formas literárias híbridas, que se incluem entre as manifestações utilitárias ou militantes, pelo seu acento ético[6]. Para alguns especialistas, a distinção entre essas narrativas,

---

4. De fora, convoque-se HAROLD BLOOM, o internacionalmente respeitado ex-crítico literário de Yale, que inclui JOAQUIM MARIA MACHADO DE ASSIS entre os cem maiores gênios literários da história – *Gênio: Os 100 Autores mais Criativos da História da Literatura*, p. 688-693. Daqui, dentre tão numerosas alternativas de testemunho, fiquemos com apenas duas delas. A primeira é DANIEL PIZA, o escritor paulista, que sublinhou o fato logo no título de um de seus livros – *Machado de Assis: Um Gênio Brasileiro* – para voltar a ele no seu momento final: *"Quase cem anos depois, sua obra continua a ser interpretada de todas as maneiras, nenhuma delas suficiente. É a marca do gênio"* – *ibidem*, p. 364. E a segunda, cujo simples enunciar do nome dispensa qualquer outra identificação ou louvor, é CARLOS DRUMMOND DE ANDRADE, que, no poema em homenagem ao "bruxo do Cosme Velho" – "A um Bruxo, com Amor" – registrou: *"Outros leram da vida um capítulo, tu leste o livro inteiro..."* – *in A Vida Passada a Limpo, in Poesia Completa*, p. 440.

5. *Quincas...*, *op. cit.*, p. 37.

6. MASSAUD MOISÉS, *A Criação Literária: Prosa II*, p. 153-154.

todas curtas e marcadas pelo conteúdo moral, residiria nas **personagens**: quando protagonizada por objetos inanimados, seria o apólogo; quando por animais irracionais, seria a fábula; e quando por **seres humanos**, seria **a parábola**, que exibe especial identidade com o espírito bíblico[7].

Interessa-nos, aqui, uma conhecida parábola acerca das meias-verdades, que sublinha a muito comum existência de numerosos prismas pelos quais podemos analisar uma realidade qualquer:

> Conta-se que um sábio, querendo mostrar a um rei os perigos das meias-verdades, pediu que colocassem um elefante diante de seis cegos e disse-lhes:
>
> – Há um objeto diante de vocês. Toquem nele e depois digam o que é.
>
> Claro, nenhum dos seis homens tinha visto um elefante, portanto, não sabiam o que era. O primeiro aproximou-se, tocou numa parte do animal e disse:
>
> – Parece um muro.
>
> O segundo homem tocou em outra parte e disse:
>
> – É uma lança.
>
> – Disparate! – exclamou o terceiro cego – acho eu que é mais parecido com uma cobra.
>
> – Bem-disse o quarto homem, ao apalpar o animal – parece uma árvore.
>
> Os outros riram-se dele, e o quinto homem deu a sua opinião. Pegando em outra parte, disse:
>
> – Com certeza é um leque.
>
> Finalmente, o sexto cego, por sua vez, tocou no elefante e disse:
>
> – Parece-me a mim que é uma corda.

---

7. M. MOISÉS, *Dicionário de Termos Literários*, p. 34 e 337. Como a parábola também se refere à curva de um projétil, FREI BETTO – Carlos Alberto Libânio Christo, o escritor e frade dominicano, explica assim as parábolas bíblicas: "*...Jesus 'arremessava' suas parábolas, não em linha reta, como quem quer impor uma opinião, e sim 'em curva', como quem pretende provocar no interlocutor reflexão e senso crítico*" – *Parábolas de Jesus: Ética e Valores Universais*, p. 12.

> – Tantas opiniões diferentes – disse o rei – Que grande confusão!
>
> – Mas não é – explicou o sábio – pois o elefante tem, na verdade, flancos como muros, duas grandes presas como lanças, uma tromba que parece uma cobra, pernas como pequenas árvores, as suas orelhas são como dois leques, e o rabo parece uma corda. Juntando tudo isso, temos uma descrição, quase perfeita, de um elefante! Afinal, os seis homens cegos "viram" o elefante, isto é, viram-no não pelos olhos, mas sim através do tato. E cada um não mentiu, o que eles fizeram foi contar um pedaço da verdade...[8]

Já tivemos a oportunidade de analisar, no passado, o tema do IRPF e das suas deduções[9]; mas, desde que não desejamos agir como os cegos da parábola, que, cada um e todos eles, não "enxergaram" senão uma sexta parte da verdade tão somente, iremos, aqui, circundar o problema, "apalpando-o" cuidadosamente, de sorte a identificar outros – ou, pelo menos, mais um – dos ângulos possíveis dessa complexa questão jurídico-tributária. Afinal, não nos satisfaz uma meia-verdade. Queremo-la inteira ou, ao menos, a mais abrangente possível!

3. O IRPF E SUAS DEDUÇÕES DO PONTO DE VISTA DA FISCALIDADE

Há uma dúzia de anos, debruçamo-nos sobre o Imposto de Renda, começando por um breve passeio pela doutrina, para sublinhar a vigorosa adequação desse imposto aos princípios da Pessoalidade e da Capacidade Contributiva, e, por consequência, ao Princípio da Igualdade.

Quanto à **Pessoalidade**, constitui tendência pronunciada dos estudiosos afirmar, como observa LUÍS CESAR

---

8. ALEXANDRE RANGEL, *As Mais Belas Parábolas de Todos os Tempos*, v. II, p. 127-128.

9. O IRPF e o Direito Fundamental à Igualdade: Um Tributo de Dupla Personalidade! *in* PAULO GONET BRANCO, LIZIANE ANGELOTTI MEIRA e CELSO DE BARROS CORREIA NETO (coord.), *Tributação e Direitos Fundamentais conforme a Jurisprudência do STF e do STJ*, p. 164-226.

SOUZA DE QUEIROZ, que esse *"...é o imposto pessoal por excelência"*[10]; ou, como prefere MARIA DE FÁTIMA RIBEIRO, *"...um imposto personalíssimo..."*[11]; desde que, como esclarece HUGO DE BRITO MACHADO, *"...é o tributo que, tecnicamente, por natureza, melhormente se presta para o atendimento do princípio da pessoalidade..."*[12] Não lhe basta a obediência à capacidade contributiva absoluta, como ensina ROQUE ANTONIO CARRAZZA, mas *"...a lei que trata do IR deve trazer em seu bojo elementos suficientes para que..."* se *"...atente para as condições econômicas de cada contribuinte, individualmente considerado"*, de modo que *"...seja possível 'personalizar' o tributo"*[13]; no que tem o apoio da doutrina internacional: *"...Direito Tributário da Renda... está todo erigido sobre a capacidade contributiva do sujeito passivo individual"* (KLAUS TIPKE e JOACHIM LANG[14]).

No que diz respeito ao **Princípio da Capacidade Contributiva**, ele *"...adquire especial densidade... no respeitante ao imposto pessoal sobre o rendimento..."* (JOSÉ CASALTA NABAIS[15]); por *"...ser a renda a melhor forma de expressão indicativa da capacidade contributiva"* (FERNANDO ZILVETI[16]); *"...la manifestación que mejor se adecuaba a una tributación conforme al princípio de capacidad económica..."* (EMILIO CENCERRADO MILLÁN[17]). Daí a tese

---

10. *Imposto sobre a Renda: Requisitos para uma Tributação Constitucional*, p. 76, nota nº 23.

11. *Considerações sobre o Imposto de Renda na Constituição de 1988*, p. 108.

12. O Sistema Tributário na Constituição de 1988, *in Temas de Direito Tributário II*, p. 15-16.

13. *Imposto sobre a Renda (Perfil Constitucional e Temas Específicos)*, p. 109.

14. *Direito Tributário*, v. I, p. 199.

15. *O Dever Fundamental de Pagar Impostos*, p. 512 e 689.

16. *Princípios de Direito Tributário e a Capacidade Contributiva*, p. 295. Assim também HUMBERTO EUSTÁQUIO CÉSAR MOTA FILHO, *Introdução ao Princípio da Capacidade Contributiva*, p. 113.

17. *El Mínimo Exento en el Sistema Tributario Español*, p. 157.

de CASALTA NABAIS, de que, nesse imposto, dá-se uma concretização de primeiro grau desse princípio[18]; à proporção que encontra, na renda pessoal, uma *"...medida fundamental de capacidad de pago..."* (EMILIO ALBI IBAÑEZ[19]), *"...a medida mais perfeita da capacidade contributiva INDIVIDUAL..."* (HENRY TILBERY[20]); razão pela qual, como conclui MARÇAL JUSTEN FILHO, *"Alude-se à capacidade contributiva a propósito do imposto de renda, muito mais do que acerca de qualquer outro tributo"*[21].

Enfim, em relação ao **Princípio da Igualdade**, aqui assimilado ao de Justiça, pode-se falar de certo consenso doutrinário, no sentido de que *"...el impuesto sobre la renta es el más adecuado para alcanzar los postulados de equidad..."* (CONCEPCIÓN PÉREZ DE AYALA[22]); pelo motivo apontado, há muito, por RICHARD GOODE, o respeitado economista norte-americano e especialista em Imposto de Renda do FMI: *"A CRENÇA de que o Imposto de Renda individual é o mais justo de todos os tributos nasce da convicção de que ele é o que melhor se harmoniza com a capacidade contributiva"*[23]. Por isso ele é alçado, por muitos, inclusive por EMILIO ALBI IBAÑEZ, o catedrático da Universidade Complutense de Madrid, à condição de *"...la pieza más importante de un sistema impositivo moderno si el tema se*

---

18. *O Dever Fundamental..., op. cit.*, p. 481.

19. *Impuesto sobre la Renta y Equidad: El Caso Español*, p. 115.

20. *O Novo Imposto de Renda do Brasil: Comentário à Lei nº 7.713/88, ajustado aos Novos Métodos de Atualização Monetária*, p. 15.

21. Capacidade Contributiva, *in* IVES GANDRA DA SILVA MARTINS (coord.), *Capacidade Contributiva*, p. 376.

22. *La Unidad Familiar en el Impuesto sobre la Renta*, p. 23; com o que parece estar de acordo EMILIO ALBI IBAÑEZ, *Impuesto sobre..., op. cit.*, p. 81.

23. *The Individual Income Tax*, p. 11. No original inglês: *"THE BELIEF that the individual income tax is the fairest of all taxes arises from de conviction that it accords best with ability to pay"*.

enfoca desde el punto de vista de la Equidad"[24]; desde que, como destaca DIEGO MARÍN-BARNUEVO FABO, o catedrático da Universidade Autônoma de Madri, *"...la justicia de todo el sistema dependa en buena medida de la justicia de este impuesto"*[25]; e isso simplesmente porque, como sustenta JOSÉ LUIZ BULHÕES PEDREIRA, na linha da referida crença, ele *"...é considerado o mais justo dos tributos..."*[26].

Tal **adequação desse imposto a esses princípios superiores** ganha destaque, **notoriamente, no âmbito do Imposto de Renda das Pessoas Físicas – IRPF**. Admite-o a doutrina nacional, que, aqui, exemplificamos com FERNANDO ZILVETI: *"O imposto de renda permite a nítida aplicação do princípio da capacidade contributiva... Considera-se o imposto que mais sobreleva o princípio, em especial no imposto sobre a pessoa física..."*[27] E reconhece-o a doutrina internacional, que, aqui, ilustramos com MARÍN-BARNUEVO: *"...el IRPF es probablemente el impuesto que está llamado a reflejar en mayor medida el respeto a los principios constitucionales de justicia tributaria y particularmente al de capacidad económica..."*[28]

Nosso sistema constitucional consagra, com robustez e energia, **a conformidade do Imposto de Renda, inclusive do IRPF, com esses elevados cânones**; prescrevendo explicitamente a sua Pessoalidade (artigo 145, § 1º), submetendo-o declaradamente à Capacidade Contributiva absoluta ou objetiva (artigo 153, III), sujeitando-o terminantemente à Capacidade Contributiva subjetiva (artigo 145, §

---

24. *Impuesto sobre..., op. cit.*, p. 18.

25. *La Protección del Mínimo Existencial en el Âmbito del I. R. P. F.*, p. 24: *Mínimo Personal y Familiar, in* GERMÁN ORÓN MORATAL (coord.), *Los Nuevos Impuestos sobre la Renta de las Personas Físicas y sobre la Renta de No Residentes*, p. 305.

26. *Imposto sobre a Renda – Pessoas Jurídicas*, v. I, p. 9.

27. *Princípios..., op. cit.*, p. 270.

28. *La Protección del mínimo..., op. cit.*, p. 24; *Mínimo Personal..., op. cit.*, p. 305.

1º), e decretando, assim, de forma categórica, a sua nítida e integral subordinação à Igualdade Tributária (artigo 150, II). **Do ponto de vista da Fiscalidade, e sob o viés dos princípios que o governam, a feição constitucional do IRPF, portanto, é, indubitavelmente, a de um tributo da igualdade e da justiça.**

Não deixamos de verificar, porém, o lamentável processo de deformação desse IRPF Constitucional: a **Lei nº 7.713, de 22.12.1988**, embora trazendo uma ementa aparentemente singela e despretensiosa – *"Altera a legislação do imposto de renda..."* – promoveu, em verdade, **uma revolução profunda e global** no Imposto de Renda das Pessoas Físicas, reestruturando-o quase por completo, uma vez que buliu com alguns dos seus mais primordiais alicerces e abalou alguns dos seus mais precípuos fundamentos.

Com razão, MARIA DE FÁTIMA RIBEIRO menciona-a como *"...uma alteração, absolutamente radical..."*[29]; que, de fato, foi, pois, além de achatar brutalmente a sua progressividade; revogou todas as isenções, exclusões e reduções (artigo 3º, § 5º), relacionando expressamente aquelas que seguiram existindo (artigo 6º); e **revogou mais: as deduções cedulares** – despesas necessárias à percepção dos rendimentos – **e os abatimentos da renda bruta** (artigo 3º, § 6º) – despesas pessoais ou familiares; mantendo apenas alguns poucos e limitados descontos.

O legislador nacional teria acompanhado, com essas providências, *"...a tendência mundial de redução do número de alíquotas e alargamento da base tributável, eliminando abatimentos e deduções"*, com particular atenção à experiência norte-americana (MARIA DE FÁTIMA RIBEIRO[30]). Confirma-o HENRY TILBERY, revelando, especificamente, que ***"...o legislador brasileiro seguiu o modelo***

29. *Considerações...*, *op. cit.*, p. 46.

30. *Ibidem*, p. 58-59.

da reforma tributária REAGAN...", cujo espírito foi o de "*...menores alíquotas sobre maior base de cálculo*"[31].

Desde Portugal, CASALTA NABAIS cogita, para esse imposto, do **Princípio do Rendimento Líquido**, que impõe sejam descontadas as despesas necessárias à conquista do rendimento, bem como do **Princípio do Rendimento Disponível**, que exige sejam subtraídas as despesas pessoais e familiares; fazendo, ainda, alusão ao Princípio do Rendimento Líquido Subjetivo, da doutrina alemã[32].

Para atender às exigências da **capacidade contributiva absoluta ou objetiva**, há que cumprir, como mencionado, o que CASALTA denomina de Princípio do Rendimento Líquido, diminuindo as **despesas necessárias à percepção dos rendimentos**, para atingir a base de cálculo da renda líquida. Estamos a cogitar, aqui, dos "*...critérios objetivos...*" para a "*...captação da capacidade contributiva...*", na terminologia de MISABEL DERZI[33]. Antes da Lei nº 7.713/88, os **rendimentos do trabalho assalariado**, então classificados na chamada "Cédula C", admitiam as correspondentes "**deduções cedulares**", a título de despesas profissionais; enquanto os **rendimentos do trabalho autônomo**, então classificados na dita "Cédula D", permitiam as **deduções cedulares** das despesas necessárias relacionadas com a atividade profissional, independentemente de comprovação, até 20% do rendimento bruto; exigida comprovação e escrituração de Livro Caixa, para despesas superiores a esse limite. Hoje, para estes últimos **rendimentos, do trabalho não assalariado**, é possível a **dedução das despesas de custeio**, escrituradas em Livro Caixa e comprovadas; mas para

31. *O Novo Imposto de Renda..., op. cit.*, p. 18; *imposto de Renda Pessoa Física – 1991: Comentário à Lei nº 8.134/90, ajustado ao Plano Color II*, p. 36.

32. *O Dever Fundamental..., op. cit.*, p. 690 e 522.

33. Notas de Atualização, *in* ALIOMAR BALEEIRO, *Direito Tributário Brasileiro*, p. 417 e 421.

os **rendimentos do trabalho assalariado**, simplesmente são **indedutíveis as despesas profissionais**, aquelas mesmas admitidas como subtração dos rendimentos do trabalho autônomo, numa discriminação patente e injustificada!

Já para satisfazer aos requisitos da **capacidade contributiva subjetiva**, há que respeitar, como também referido, o que CASALTA chama de Princípio do Rendimento Disponível, descontando as **despesas pessoais e familiares**, de modo a contemplar as circunstâncias individuais de cada sujeito passivo. Estamos a reparar, aqui, com MISABEL DERZI, nos "*...critérios subjetivos...*" de captação da capacidade contributiva, "*...aqueles... que acolhem os aspectos, variáveis de contribuinte a contribuinte...*"[34] Tratava-se dos anteriormente chamados **"abatimentos da renda bruta"**. Procedida a análise desses dispêndios, verificamos, primeiro, a **revogação** das despesas de moradia e algumas outras despesas. E segundo, a sujeição das despesas médicas a **restrições** importantes; a imposição de **limitações** qualitativas e quantitativas às despesas de contribuições e doações filantrópicas; providência que se estendeu às despesas de educação, além do **desaparecimento** de algumas destas últimas; a determinação de **limites de valor** pouco expressivos para as despesas familiares; e a conversão das contribuições e doações culturais e desportivas em despesas quantitativamente pouco significativas.

Tais atitudes do legislador infraconstitucional, adotando generalizações e padronizações, na linha da praticabilidade e da simplificação, para achatar as deduções e inchar a base de cálculo do tributo, ademais de comprometerem diretamente a harmonia que essa base deveria manter para com a hipótese de incidência, **atentam de modo impetuoso contra o aspecto objetivo ou absoluto da capacidade contributiva**, assumindo um **alto risco de converter esse tributo num**

34. Notas..., *Direito Tributário...*, *op. cit.*, p. 417 e 421.

imposto sobre a receita (MISABEL DERZI), ou sobre a receita bruta (ROQUE CARRAZZA), ou sobre o rendimento bruto (JOSÉ MARCOS DOMINGUES DE OLIVEIRA), ou **sobre a renda bruta**, o que, aliás, já teria ocorrido, para alguns, graças ao cálculo pelos *"...ingressos menos algumas poucas despesas limitadas"* (MARY ELBE QUEIROZ)[35]. E nesse ponto, é antigo e convincente o magistério de ALFREDO AUGUSTO BECKER: *"...esta base de cálculo desvirtua a natureza jurídica do impôsto de renda..." (sic)*[36].

É compreensível que as deduções detalhadas de diferentes gastos pessoais e familiares, com todas as suas minúcias e pormenores, torne complexa tanto a legislação quanto a administração do tributo, dificultando a sua arrecadação, como admite MISABEL DERZI, e fazendo crescer a tentação sedutora da praticabilidade e da simplificação[37]. Mas há que se acautelar, pois **o impulso simplificador traz a reboque, inevitavelmente, o risco da despersonalização**, que, neste caso, obtempera TILBERY, *"...talvez vai longe demais"*[38]. Assim também pensamos, embora preferindo o câmbio do advérbio de dúvida pelo de modo: "certamente"! É o que proclama a doutrina, em uníssono: *"A Lei 7.713/88... comprometeu o 'caráter pessoal'... e... o respeito à 'capacidade contributiva'"* (CARLOS ARAÚJO LEONETTI); sacrificou *"...uma das características mais importantes do imposto de renda, que era, outrora, o alto grau de personalização"* (HENRY TILBERY); *"...tornou 'impessoal' na prática o tradicional e correto sistema do imposto de renda, que ensejava*

35. MISABEL DERZI, *Direito Tributário, Direito Penal e Tipo*, p. 361; R. A. CARRAZZA, *Imposto sobre..., op. cit.*, p. 65; e *Curso de Direito Constitucional Tributário*, p. 121; J. M. DOMINGUES DE OLIVEIRA, *Direito Tributário – Capacidade Contributiva: Conteúdo e Eficácia do Princípio*, p. 85; e Imposto de Renda e Capacidade Contributiva (Leis 7.713/88 e 8.134/90), *Revista de Direito Tributário* n º 57, p. 68; MARY ELBE QUEIROZ, *Imposto sobre a Renda e Proventos de Qualquer Natureza*, p. 365.

36. *Teoria Geral do Direito Tributário*, p. 363.

37. Nota de Atualização, *Limitações Constitucionais ao Poder de Tributar*, p. 920.

38. *O Novo Imposto de Renda..., op. cit.*, p. 15.

a 'individualização da renda'" (JOSÉ MARCOS DOMINGUES DE OLIVEIRA); *"...ficou praticamente eliminado o caráter pessoal do imposto de renda..."* (HUGO DE BRITO MACHADO); *"...transformando o tributo num imposto 'impessoal'"* (ROQUE A. CARRAZZA); *"...a legislação em questão... deu a esse tributo tipicamente pessoal característica de imposto real"* e, *"...a pretexto de simplificar a legislação do tributo cometeu iniqüidades..."* (*sic*) (J. M. DOMINGUES DE OLIVEIRA)[39]. E convenhamos, com LEONETTI, *"...a simplificação da sistemática do imposto não pode justificar o desrespeito a princípios constitucionais, neste caso, os da isonomia, da capacidade contributiva e da pessoalidade"*[40].

Eis que **o nítido recuo da pessoalidade** do tributo sobre a renda das pessoas físicas, **avança de forma furiosa contra o aspecto subjetivo da capacidade contributiva, ameaçando deitar por terra, nessa seara, o império da Igualdade!**

E se procede afirmar, como já o fizemos, que, do ponto de vista da Fiscalidade e dos princípios que o regem, **a índole constitucional do IRPF é a de um tributo da igualdade e da justiça**; já do ponto de vista da Fiscalidade e da sua base de cálculo, **a figura infraconstitucional do IRPF é a de um tributo de incontestável desigualdade e de irrecusável injustiça !**

Desse modo, **a perspectiva da Fiscalidade surpreendeu instalada uma indisfarçável dissonância entre o IRPF Constitucional e o IRPF Infraconstitucional**, desde que as aventuras ousadas do legislador ordinário, à revelia da moldura da Lei Maior, cavaram-lhes um abismo de

39. C. A. LEONETTI, *O Imposto sobre a Renda como Instrumento de Justiça Social no Brasil*, p. 190; H. TILBERY, *O Novo Imposto de Renda...*, *op. cit.*, p. 59; J. M. D. DE OLIVEIRA, Imposto de Renda e..., *op. cit.*, p. 69; H. B. MACHADO, *Curso de Direito Tributário*, p. 331; R. A. CARRAZZA, *Curso de Direito...*, *op. cit.*, p. 121, nota nº 80; J. M. D. DE OLIVEIRA, *Direito Tributário...*, *op. cit.*, p. 85; e Imposto de Renda..., *op. cit.*, p. 67.

40. *O Imposto sobre...*, *op. cit.*, p. 201.

entremeio, interpôs um mar entre um e outro, intrometeu um oceano entre eles!

4. Extrafiscalidade e Abusos

4.1 Extrafiscalidade

Principiemos por situar a Extrafiscalidade no âmbito da Tributação. E situá-la em campos opostos aos da Capacidade Contributiva e da Igualdade, de vez que **penoso e precário é, via de regra, o convívio desses princípios superiores com a Extrafiscalidade**. E são fáceis as confirmações, tal como na doutrina de GUSTAVO J. NAVEIRA DE CASANOVA, o professor da Universidade de Buenos Aires: *"Sin lugar a dudas estamos ante uno de los tópicos que más problemas presenta dentro del Derecho financiero en general, y del Derecho tributario en particular"*[41]. Isso porque, entre elas, instala-se, na expressão de ANDREI PITTEN VELLOSO, o jurisperito gaúcho, uma *"...significativa tensão"*[42].

Embora com vestígios *"...desde o fim da Idade Média... pelo menos..."*, no século XV, como aponta BALEEIRO[43]; **sua fase mais recente é do raiar do século passado, em 1904**, numa discussão da Suprema Corte norte-americana, no caso "Estados Unidos *versus* McGray", que reconheceu a procedência da tributação mais onerosa de certo bem – margarina x manteiga – em virtude de razões extrafiscais atinentes à saúde, como lembra BALEEIRO[44].

---

41. El Princípio de No Confiscatoriedad: Estudio en España y Argentina, p. 356.

42. *O Princípio da Isonomia Tributária: Da Teoria da Igualdade ao Controle das Desigualdades Impositivas*, p. 336.

43. *Uma Introdução à Ciência das Finanças*, p. 190-191.

44. *O Direito Tributário da Constituição*, p. 165.

Ao longo do século XX, desenvolveu-se uma **corrente doutrinária abertamente contrária à extrafiscalidade**, quase sempre conectada a FERNANDO SÁINZ DE BUJANDA, o antigo mestre da Universidade Complutense de Madri, apontado – injustamente, pensamos – como o "expoente máximo" dessa tendência (MARCIANO SEABRA DE GODOI[45]). Tal tese, porém, encontrou defesa em outras vozes importantes do século XX, como as de CARLOS M. GIULIANI FONROUGE, da Argentina, LUIGI RASTELLO, da Itália, e ERNESTO FLORES ZAVALA, do México, entre outros[46]. Na atualidade, contudo, o panorama é bem desenhado por PITTEN VELLOSO: *"...hoje em dia não só se admite pacificamente **a extrafiscalidade**, mas também se reconhece que ela constitui **uma realidade irreversível nos Estados Sociais de Direito**"* (grifamos), inclusive no Brasil[47].

Mesmo reconhecendo, de um lado, a permanência e definitividade de tal presença em nossa realidade jurídica; é inevitável, de outro, admitir e confessar os problemas e

45. *Justiça, Igualdade e Direito Tributário*, p. 193. Já o fizemos, no passado, mas segue interessante lembrar *"...uma interpretação posterior..."*, de 1976, de CARLOS PALAO TABOADA, *"...num trabalho clássico – 'Apogeo y Crisis del Princípio de Capacidad Contributiva' –, sustentando que aquela posição de Sáinz de Bujanda não era muito bem definida como propriamente contrária à tributação extrafiscal, devendo mais ser entendida como cautela e prudência no encará-la, e não realmente como a sua rejeição"* – IPI e Extrafiscalidade, *Revista de Direito Tributário* nº 91, p. 75. De fato, eis a manifestação textual de PALAO TABOADA: *"No creo, sin embargo, que el Prof. SÁINZ DE BUJANDA llevara su posición frente a los fines extrafiscales en la tributación hasta el extremo de excluirlos radicalmente, sino que su actitud... es la de un profundo recelo ante aquéllos, exhortando a un manejo 'extraordinariamente prudente' de los mismos"* – *"Apogeo y Crisis..."*, *in Estudios Jurídicos en Homenaje al Profesor Federico de Castro*, v. II, p. 394, nota nº 50.

46. L. RASTELLO, *Diritto Tributario – Principi Generali*, p. 377 *et seq.*; C. M. GIULIANI FONROUGE e E. FLORES ZAVALA, *apud* J. R. VIEIRA, IPI e Extrafiscalidade, *op. cit.*, p. 75. Parece ser, também, a inclinação, na Espanha, de CÉSAR GARCÍA NOVOA: *"...capacidad económica... cuyo respeto por los tributos extrafiscales es más que dudosa..."* – El Concepto de Tributo, p. 333; e na Argentina, de NAVEIRA DE CASANOVA: *"En la postura opuesta, de tipo restrictivo* (à extrafiscalidade) *... a la que en princípio le reconocemos mayor caudal de razón..."* (esclarecemos, nos parênteses) – *El Princípio...*, *op. cit.*, p. 358.

47. *O Princípio da Isonomia...*, *op. cit.*, p. 295..

embaraços que dela decorrem. Dos quais, o mais importante e delicado deles, na assertiva clássica de SÁINZ DE BUJANDA, é exatamente o da **sua legitimidade constitucional**[48]. Esses fins alheios ao quotidiano da fiscalidade devem encontrar nítida e clara consagração constitucional. A modo de síntese, a conclusão de MARTÍNEZ DE PISÓN, o professor da Universidade Autônoma de Madri: "*...existe un amplio consenso doctrinal y jurisprudencial sobre la legitimidad de los fines extrafiscales del tributo cuando dichos fines estén amparados por la Constitución...*"[49]; caso contrário resta violada a Capacidade Contributiva e, por via de consequência, a Igualdade.

Pode-se cogitar, entretanto, de **uma aplicação mais branda da Capacidade Contributiva, mesmo no âmbito da extrafiscalidade**. Similar a doutrina de KLAUS TIPKE e de JOACHIM LANG, ao afirmarem que a capacidade contributiva pode ser restrita pelas normas de finalidade social, mas não eliminada[50]; ou a de FERREIRO LAPATZA e de MARTÍNEZ DE PISÓN, aludindo ao consenso quanto à extrafiscalidade, quando respeitadas as exigências "básicas" ou "mínimas" do princípio[51]. Já nos pronunciamos pelo entendimento dessas exigências como **o atendimento simultâneo e cumulativo tanto do Mínimo Existencial**, limite inferior da capacidade contributiva, quanto da **Vedação do Efeito de Confisco**, limite superior desse princípio, que, em boa companhia, seguimos entendendo adequado[52].

---

48. *XI Semana de Estudios de Derecho Financiero*, v. 2, p. 1146-1147.

49. *Técnicas Desgravatorias y Deber de Contribuir*, p. 125.

50. *Direito Tributário*, *op. cit.*, p. 231.

51. J. J. FERREIRO LAPATZA, *Los Princípios Constitucionales del Orden Tributario: La No Confiscatoriedad*, *in* PASQUALE PISTONE y HELENO TAVEIRA TÔRRES (coord.), *Estudios de Derecho Tributario Constitucional e Internacional: Homenaje Latinoamericano a Victor Uckmar*, p. 204; J. A. MARTÍNEZ DE PISÓN, *Técnicas...*, *op. cit.*, p. 125.

52. J. R. VIEIRA, IPI e Extrafiscalidade, *op. cit.*, p. 76. Na mesma direção: GABRIEL

Reconheça-se, porém, que, nessa esfera extrafiscal, a capacidade contributiva não vai além da exigência relativa aos seus limites de piso e de teto, sendo, no mais, afastada, como critério da igualdade[53]. Esta, no entanto, **a Igualdade em si, continua reinando soberana, porque mais ampla do que a Capacidade Contributiva**[54]. Competente, como de costume, a explicação de HUMBERTO ÁVILA: *"...capacidade contributiva... constitui a concretização setorial específica do princípio da igualdade, no caso das normas tributárias primariamente criadoras de encargos. O âmbito de aplicação do princípio da igualdade é, todavia, mais extenso... porque... tanto se aplica para aquelas normas que têm por finalidade primária a criação de encargos (subtração de valores) quanto para aquelas que têm por finalidade primária a alteração de comportamentos (afetação dos direitos de liberdade)"*[55]. Estas últimas é que concernem à extrafiscalidade, recinto do qual é excluída a Igualdade na sua vertente Igualdade-Capacidade Contributiva, mas não a Igualdade que recorre a outros critérios de estabelecimento das similitudes e distinções. Eis porque CASALTA NABAIS cogita, no caso, de um afastamento parcial da Igualdade, uma vez que restrito à vertente da Capacidade Contributiva[56].

Atente-se, porém, para o fato de que, se, no círculo da extrafiscalidade, afasta-se a capacidade contributiva,

---

CASADO OLLERO, *Los Fines No Fiscales de los Tributos, in Comentarios a la Ley General Tributaria y Líneas para su Reforma*, p. 120 e 122; G. J. NAVEIRA DE CASANOVA, *El Principio..., op. cit.*, p. 173-174; KARINA PAWLOWSKY, *A Utilização de Tributo com Efeito de Confisco e sua Vedação Constitucional*, p. 123 e 193-194; e REGINA HELENA COSTA, *Princípio da Capacidade Contributiva*, p. 72-76.

53. Nesse sentido, KLAUS TIPKE, *Moral Tributaria del Estado y de los Contribuyentes*, p. 74; e DIEGO BOMFIM, *Extrafiscalidade: Identificação, Fundamentação, Limitação e Controle*, p. 204-205.

54. Assim também JUAN ENRIQUE VARONA ALABERN, *Extrafiscalidad y Dogmática Tributaria*, p. 78.

55. *Sistema Constitucional Tributário*, p. 363-364.

56. *O Dever Fundamental..., op. cit.*, p. 658.

exceto pela manutenção do exame dos seus limites, então, a própria igualdade é atingida, ainda que parcialmente. E razão seja dada a ANDREI PITTEN VELLOSO: **em face de qualquer conflito de bens jurídicos que envolva o Princípio da Igualdade é forçoso reconhecer a procedência da tutela do controle da proporcionalidade**, como ocorre com qualquer outro direito fundamental, por exigência do próprio Estado de Direito[57].

Uma vez estabelecida a legitimidade constitucional dos fins e dos meios extrafiscais, de que já falamos, à guisa de uma precondição, aí, então, cabe o recurso à proporcionalidade, na função de controle das desigualdades[58]. Trata-se do tríplice exame da proporcionalidade: verificar se as medidas escolhidas são adequadas à finalidade extrafiscal perseguida (adequação, na relação "meio x fim"); se, diante da existência de medidas alternativas, as adotadas são as menos restritivas e prejudiciais à igualdade (necessidade, na relação "meio x meio"); e se as vantagens derivadas da finalidade extrafiscal almejada são proporcionais às desvantagens oriundas das desigualdades estabelecidas (proporcionalidade em sentido estrito, na relação "vantagens x desvantagens")[59]. É vasta a doutrina que trilha esse caminho[60]; mesmo porque,

---

57. Nessa direção: HUMBERTO ÁVILA, *Teoria da Igualdade Tributária*, p. 162: *"A instituição de um tributo com finalidade extrafiscal... faz com que a tributação se submeta a outro tipo de controle: o controle de proporcionalidade"*; CARLOS PALAO TABOADA, *El Principio de Capacidad Contributiva como Criterio de Justicia Tributaria: Aplicación a los Impuestos Directos e Indirectos*, *in* HELENO TAVEIRA TÔRRES (coord.), *Tratado de Direito Constitucional Tributário: Estudos em Homenagem a Paulo de Barros Carvalho*, p. 299-300; DIEGO BOMFIM, *Extrafiscalidade...*, *op. cit.*, p. 206 e 359; MARTHA TORIBIO LEÃO, *Controle da Extrafiscalidade*, p. 154; HENRIQUE CAVALHEIRO RICCI, *Direito Tributário Ambiental e Isonomia Fiscal: Extrafiscalidade, Limitações, Capacidade Contributiva, Proporcionalidade e Seletividade*, p. 156 e 179.

58. ANDREI P. VELLOSO, *O Princípio da Isonomia...*, *op. cit.*, p. 249-251.

59. H. ÁVILA, *Sistema...*, *op. cit.*, p. 350-351 e 406-415; A. P. VELLOSO, *O Princípio da Isonomia...*, *op. cit.*, p. 251-258 e 311-317; e ROBERT ALEXY, *Teoria dos Direitos Fundamentais*, p. 116-118.

60. Ademais dos autores já referidos, acrescente-se, exemplificativamente: J. CASALTA NABAIS, *O Dever Fundamental...*, *op. cit.*, p. 657 e 696; ÁLVARO

como observa SCHOUERI, é exatamente o Princípio da Proporcionalidade que permite compatibilizar as normas extrafiscais com o Princípio da Igualdade[61].

Na jurisprudência comparada, o Tribunal Constitucional Espanhol, embora tenha acenado nessa direção, acaba por não realizar esse tipo de controle; lacuna que, no caso do Tribunal Constitucional Alemão, é parcial, desde que o faz, em determinadas decisões, deixando de fazê-lo em outras[62].

Já o nosso **Supremo Tribunal Federal** nem sequer distingue, praticamente, entre as desigualdades provenientes das normas tributárias do campo da fiscalidade, subordinadas à capacidade contributiva, daquelas advindas das normas tributárias da esfera da extrafiscalidade, sujeitas à proporcionalidade. Este último controle, o da proporcionalidade – que, para CELSO DE BARROS CORREIA NETO, constitui *"...a principal alternativa..."*, e mesmo um *"...caminho*

RODRÍGUEZ BEREIJO, *Los Limites Constitucionales del Poder Tributario en la Jurisprudencia del Tribunal Constitucional, in El Sistema Económico en la Constitución Española*, p. 1314; PEDRO MANUEL HERRERA MOLINA, *Capacidad Econômica y Sistema Fiscal: Análisis del Ordenamiento Español a la Luz del Derecho Alemán*, p. 89; LUÍS EDUARDO SCHOUERI, *Normas Tributárias Indutoras e Intervenção Econômica*, p. 294; DIEGO BOMFIM, *Extrafiscalidade..., op. cit.*, p. 345 e 359-360; H. C. RICCI, *Direito Tributário..., op. cit.*, p. 151-152 e 179-180; MARTHA T. LEÃO, *Controle..., op. cit.*, p. 154; GILSON P. BOMFIM, *Incentivos Tributários: Conceituação, Limites e Controle*, p. 285; K. PAWLOWSKY, *A Utilização..., op. cit.*, p. 195; e inclusive nós mesmos – seja sozinhos: J. R. VIEIRA, IPI e Extrafiscalidade, *op. cit.*, p. 76; e A Extrafiscalidade da Lei 12.715/2012 e a Capacidade Contributiva: A Convivência do Lobo e do Cordeiro, *Revista de Direito Tributário* nº 118, p. 29-31 – seja em conjunto com MAURÍCIO DALRI TIMM DO VALLE: Incentivos Tributários ao Turismo no Brasil: Excelências e Excrescências da Extrafiscalidade, *in* FRANCISCO NICOLAU DOMINGOS e TATHIANE PISCITELLI (coord.), *Direito Tributário do Turismo: Um Desafio do Século XXI*, p. 406-408; e O Dilema entre a Extrafiscalidade e a Igualdade: O Caso dos Incentivos Tributários ao Turismo, *in* PAULO DE BARROS CARVALHO (coord.) e PRISCILA DE SOUZA (org.), *XVII Congresso Nacional de Estudos Tributários: Meio Século de Tradição*, p. 941-945.

61. *Normas Tributárias..., op. cit.*, p. 292.

62. A. RODRÍGUEZ BEREIJO, *Los Limites..., op. cit.*, p. 1314; P. M. HERRERA MOLINA, *Capacidad Econômica..., op. cit.*, p. 89; A. P. VELLOSO, *O Princípio da Isonomia..., op. cit.*, p. 317.

indispensável..." para a fiscalização das normas extrafiscais[63] – não tem sido feito pelo STF, e quando acontece, é de modo muito parcial e precário. Nosso mais elevado tribunal revela-se **quase completamente omisso, no que tange a esse controle**; e curiosamente, porque o realiza em diversos casos de controle da constitucionalidade de leis, mas, neste, contenta-se em alegar que as providências do legislativo ou do executivo são tomadas no exercício das respectivas discricionariedades, e, assim, não são passíveis da sua verificação[64]. Diante dessa evidente insuficiência de controle, nossa corte constitucional mereceu, com plenitude, a censura de HUMBERTO ÁVILA à tese simplista da insindicabilidade judicial, taxando-a como "*...uma monstruosidade que viola a função de guardião da Constituição atribuída ao Supremo Tribunal Federal, a plena realização do princípio democrático e dos direitos fundamentais bem como a concretização do princípio da universalidade da jurisdição*"; concluindo que, lamentavelmente, tal omissão judicial **torna "*...o princípio da igualdade deficitário...*", entre nós**[65].

4.2 Publicidade e Exposição de Motivos

Antes do exame das razões extrafiscais para as deduções do IRPF, cumpre, ainda, considerar, às rápidas, a necessária publicidade dos atos normativos e da sua justificação. Se, de um lado, ninguém se escusa do cumprimento das leis pela alegação do seu desconhecimento – Lei de Introdução às Normas do Direito Brasileiro, Decreto-Lei n° 4.657/1942,

63. *O Avesso do Tributo*, p. 283 e 282.

64. São tão fáceis e fartos os exemplos das decisões nessa linha, que nos limitamos a indicar, ilustrativamente, algumas das numerosas fontes arroladas por uma única autora: M. T. LEÃO, *Controle..., op. cit.*, p. 155-162; Extrafiscalidade: Entre Finalidade e Controle, *in* VALTER DE SOUZA LOBATO (coord.), *Extrafiscalidade: Conceito, Interpretação, Limites e Alcance*, p. 185.

65. *Sistema..., op. cit.*, p. 350-362, especificamente, p. 350, 352, 353, 356 e 362.

artigo 3º, com a ementa alterada pela Lei nº 12.376/2010 – cabe ao estado, de outro, por evidente, o dever da divulgação dos textos legais e respectivas motivações. Trata-se do **Princípio da Publicidade**, expressa e reiteradamente positivado na vigente Lei Magna – artigos 5º, XXXIII, XXXIV, LX e LXXII; 37, *caput* e § 3º, II; e 93, IX – tanto que *"Jamais a história constitucional brasileira..."* lhe *"...outorgou tamanha magnitude..."* (EGON BOCKMANN MOREIRA[66]).

Trata-se de prestigiar, ou mesmo de resgatar a tradição medieval de **incluir, entre os elementos da lei, uma *"...'arenga' ou motivação..."*** (KILDARE GONÇALVES CARVALHO[67]). Nessa linha, a Lei Complementar nº 95/1998, ao dispor sobre elaboração, redação, alteração e consolidação das leis, incluindo, na sua parte preliminar, a ementa (art. 3º, I), para explicitar o objeto da lei (art. 5º); e na parte normativa, a determinação de que o seu primeiro artigo indique, além do objeto da lei, o seu âmbito de aplicação (arts. 3º, II e 7º, *caput*). **No terreno do Executivo**, o Decreto nº 9.191/2017, que regulamentou essa lei complementar, estabeleceu que as propostas de atos normativos sejam encaminhadas com *"...exposição de motivos do titular do órgão proponente"* (art. 26); exposição essa composta pela síntese do problema, pela justificativa do ato e pela identificação dos atingidos (art. 27); e acompanhada de um parecer jurídico, com dispositivos constitucionais e legais de fundamentação, consequências jurídicas, controvérsias jurídicas e conclusões quanto à constitucionalidade e à legalidade (arts. 30 e 31); e de um parecer de mérito, com análise do problema, objetivos, identificação dos atingidos, estratégia e prazo (arts. 30 e 32), além do impacto orçamentário-financeiro, especialmente em caso de incentivos tributários (Lei Complementar nº 101/2000, Lei de Responsabilidade

66. *Processo Administrativo: Princípios Constitucionais e a Lei 9.784/1999*, p. 117.

67. *Técnica Legislativa*, p. 51.

Fiscal, art. 14)[68]. Já **no círculo do Legislativo**, o Regimento Interno da Câmara dos Deputados, Resolução nº 17/1989, artigo 103, dispõe que *"A proposição poderá ser fundamentada por escrito ou verbalmente..."*; e o Regimento Interno do Senado Federal, Resolução nº 93/1970, artigo 238, fixa que *"As proposições... devem ser acompanhadas de justificação oral ou escrita..."*

Em idêntico rumo, as inclinações da **boa doutrina**: *"Os projetos de lei devem ser motivados através de uma justificativa em que o titular da iniciativa demonstre a necessidade da regulamentação pretendida"* (JOSÉ AFONSO DA SILVA[69]); SIDNEY GUERRA e GUSTAVO MERÇON explicam que as cláusulas justificativas se apresentam como "considerados" ou uma "exposição de motivos", redigida por especialistas, com as modificações efetuadas, a fonte embasadora, a linha ideológica, os posicionamentos divergentes e as referências ao Direito Comparado[70].

4.3 Incentivos Tributários e Abusos Extrafiscais

Por que razão dedicamos o último subitem à **necessidade de que os textos legais sejam devidos e detalhadamente motivados**, em virtude de expressas e robustas determinações legais e regulamentares?

Primeiro, porque, no terreno da extrafiscalidade, embora sejam mantidos os limites de piso e teto da Capacidade Contributiva, com o acatamento tanto do Mínimo Existencial quanto da Vedação ao Efeito de Confisco, **a graduação**

68. Era similar, apesar de menos detalhista, o decreto regulamentador anterior: Decreto nº 4.176/2002, artigos 37 e 38.

69. *Processo Constitucional de Formação das Leis*, p. 168.

70. *Direito Constitucional Aplicado à Função Legislativa*, p. 295-296. Na mesma linha: RODRIGO GALVÃO *et al.*, *Elementos da Técnica Legislativa: Teoria e Prática*, p. 52; KILDARE G. CARVALHO, *Técnica...*, *op. cit.*, p. 59; e HILDA DE SOUZA, *Processo Legislativo: Linhas Jurídicas Essenciais*, p. 83.

do tributo nesse intervalo entre os limites inferior e superior não se fará pelo parâmetro daquela capacidade, mas, isso sim, pelo bem jurídico prestigiado pela tributação extrafiscal. Tal bem jurídico – seja, exemplificativamente, o bem educacional, o bem sanitário, o bem ambiental, ou qualquer outro constitucionalmente consagrado de forma límpida e clara – **deverá, imprescindivelmente, estar identificado e justificado na Exposição de Motivos** do ato legal que estabeleceu o incentivo tributário. Apenas assim é que será possível reconhecer a legitimidade constitucional da providência extrafiscal.

Ademais, é a minúcia das informações veiculadas na Exposição de Motivos que permitirá o controle da igualdade pelo tríplice exame da Proporcionalidade: as medidas fixadas são adequadas ao objetivo extrafiscal eleito? Essas medidas são menos nocivas à igualdade do que outras medidas alternativas eventualmente disponíveis? Os avanços decorrentes do objetivo extrafiscal buscado são proporcionais aos retrocessos derivados das desigualdades estabelecidas? Somente essas respostas, com todas as minudências cabíveis, é que ensejarão o controle da Igualdade pela vertente da Proporcionalidade, desde que afastada a Capacidade Contributiva.

Ora, **em diversos casos de incentivos tributários reais, investigamos as exposições de motivos dos textos legais concessivos**, sob o pano de fundo das análises necessárias para verificar tanto a legitimidade constitucional da aplicação da extrafiscalidade quanto as respostas que permitem o controle da igualdade pelo caminho da proporcionalidade[71].

---

71. Sozinhos – A Extrafiscalidade da Lei 12.715/2012..., *op. cit.*, p. 34-38; ou em conjunto com MAURÍCIO TIMM DO VALLE – Incentivos Tributários ao Turismo no Brasil..., *op. cit.*, p. 414-419; O Dilema entre a Extrafiscalidade e a Igualdade..., *op. cit.*, p. 952-959.

É de pasmar o fato de que, **em alguns casos** – felizmente não muito numerosos **– os atos legais de outorga nem sequer apresentam exposições de motivos!** Seja intencional, seja inconsciente, simplesmente ignoram os comandos legais pertinentes e pecam abertamente por omissão!

Em outras situações, embora não faltando a motivação, ela é assombrosamente lacunosa no que diz respeito àquilo que realmente interessa: nada que se aproxime da identificação do bem constitucional que ampara a extrafiscalidade, impossibilitando verificar a legitimidade constitucional da medida!

Espantosas, ainda, as **circunstâncias em que a exposição de motivos é minuciosa, mas apenas em questões laterais e secundárias** – frequentemente de caráter econômico – **calando-se solenemente ou optando pelo laconismo nas razões substanciais** – reiteradamente de cunho jurídico!

Essa negligência e esse desleixo do legislador embaraçam fortemente ou mesmo **impedem as averiguações da legitimidade constitucional** dos expedientes extrafiscais; bem como **vedam terminantemente o controle da Igualdade, pela via da Proporcionalidade**; erguendo ameaças cada vez mais vigorosas e preocupantes contra a Igualdade e a Capacidade Contributiva. Afinal, é oportuno o aviso de PITTEN VELLOSO: *"...a extrafiscalidade... representa uma das principais causas das desigualdades impositivas"*[72]!

Tais inquietudes extrafiscais abrem, muitas vezes, perspectivas ainda mais funestas e lúgubres. É antiga e sensata a advertência de MISABEL DERZI: *"...não raramente, o ente estatal tributante, ávido de recursos, será tentado a usar a extrafiscalidade como desculpa ou pretexto para estabelecer maior pressão fiscal"*[73]; e de modo muito facilmente

72. *O Princípio da Isonomia...*, *op. cit.*, p. 173.

73. Princípio da Igualdade no Direito Tributário e suas Manifestações, p. 180.

compreensível, porque se achará, nesse caso, liberto das amarras jurídicas efetivas da Igualdade e **livre do cabresto jurídico eficiente da Capacidade Contributiva.** "Extrafiscalidade" soaria, então, na sugestão de GERALDO ATALIBA, como uma *"...invocação mágica..."*[74] ! **"Extrafiscalidade"** ressoaria, aí, como uma palavra prestidigitadora, como um vocábulo feiticeiro, como **um "abracadabra!" ou um "abre-te sésamo!"**, a fazer com que se abrissem, para o legislador, de par em par, as portas sedutoras e temíveis do arbítrio!

5. O IRPF e suas Deduções do Ponto de Vista da Extrafiscalidade

Ansiosos por afastar o perigo das meias-verdades, que, com sua visão unilateral, tornou os cegos da parábola reféns de um panorama marcado pela parcialidade – e por muita parcialidade ! – passamos à **investigação do mesmo instigante problema jurídico-tributário, do IRPF e das suas Deduções, mas agora pelo ângulo extrafiscal**, o "outro ponto de vista" que anunciamos desde o título, e que se prenuncia promissor.

Iremos, aqui, **debruçar-nos sobre as deduções admitidas pela legislação do IRPF**, sejam as deduções da renda bruta, para determinar a base de cálculo, sejam as deduções do imposto apurado, para fixar o imposto devido. Mas, não o faremos do ângulo da Fiscalidade, ou seja, na busca pela base de cálculo mais adequada à hipótese de incidência do tributo, ou na busca pelo imposto devido mais adequado; e sim **do ângulo da Extrafiscalidade, ou seja, da identificação das despesas dedutíveis como merecedoras do incentivo do legislador à sua dedutibilidade, estimulando o contribuinte à realização dessas despesas.** E estaremos precipuamente

74. *Sistema Constitucional Tributário Brasileiro*, p. 168; *Apontamentos de Ciência das Finanças, Direito Financeiro e Tributário*, p. 148.

preocupados, num primeiro momento, em identificar valores constitucionais que deem supedâneo a cada uma e a todas as deduções, estabelecendo-lhes **a legitimidade constitucional** que justifique a sua consagração extrafiscal.

E fixemos nosso ponto de partida nas **despesas necessárias à percepção dos rendimentos**, vinculadas ao Princípio do Rendimento Líquido e à capacidade contributiva objetiva ou absoluta. Num período anterior à Lei nº 7.713/88, os **rendimentos do trabalho assalariado**, à época classificados na chamada "Cédula C", admitiam as seguintes "**deduções cedulares**": contribuições para institutos e caixas de aposentadoria e pensões; contribuição sindical; contribuições para associações científicas; despesas com aquisição de livros, revistas e jornais necessários para o desempenho da função; despesas com aquisição de instrumentos, utensílios e materiais necessários para os cargos e funções; gastos pessoais de passagens, alimentação e alojamento, em caso de viagens; despesas de aquisição de uniformes e roupas especiais para o trabalho; juros e amortização de empréstimos para educação ou aperfeiçoamento; entre outras[75]. Já os **rendimentos do trabalho autônomo**, então classificados na dita "Cédula D", permitiam as **deduções cedulares** das despesas necessárias relacionadas com a atividade profissional, independentemente de comprovação, até 20% do rendimento bruto; exigida comprovação e escrituração de Livro Caixa, para despesas superiores a esse limite; incluindo: contribuição sindical; contribuições a associações científicas; contribuições para órgãos e conselhos de classe; despesas de consumo, como material de escritório, de limpeza e de conservação; despesas de aquisição de livros e impressos técnicos; despesas de comparecimento a encontros científicos relacionados à função;

75. Lei nº 4.506, de 30.11.1964, artigo 18; Regulamento do IR, aprovado pelo Decreto nº 85.450, de 04.12.1980, artigo 47.

despesas de propaganda; entre outras[76]. Atualmente, para estes últimos **rendimentos, do trabalho não assalariado** – e somente para eles, não para os rendimentos do trabalho assalariado – é possível a **dedução das despesas de custeio**, escrituradas em Livro Caixa e comprovadas, incluindo: despesas de aluguel de sala comercial; despesas de água, luz, telefone e material de expediente ou consumo; despesas com livros, revistas e jornais necessários à atividade; despesas com roupas especiais para a atividade; contribuições a sindicatos, associações e conselhos relacionados; pagamentos necessários a terceiros; despesas de propaganda; despesas de comparecimento a congressos e seminários; entre outras[77]. **Hoje**, porém, as **despesas profissionais**, aceitas como **redução dos rendimentos do trabalho autônomo**, são **indedutíveis para os rendimentos do trabalho assalariado** – uma distinção de tratamento injustificável!

Tais despesas – com associações, livros e revistas, instrumentos e materiais, uniformes e roupas especiais, viagens, propagandas, congressos e seminários – mais do que desejáveis, são indispensáveis para o bom desempenho profissional; e encontram **sólido fundamento constitucional** na livre iniciativa (art. 1º, IV e 170, *caput*), na livre concorrência (art. 170, IV) e na eficiência administrativa, hoje exigida também para a administração pública (art. 37, *caput*)[78]. **Muito razoável, pois, que o estado legislador es-**

---

76. Decreto-lei nº 1.198, de 27.12.1971, artigo 3º; Regulamento do IR, aprovado pelo Decreto nº 85.450/1980, artigo 48.

77. Lei nº 8.134, de 1990, artigo 6º; Lei nº 9.250, de 26.12.1995, artigo 4º; Regulamento do IR, aprovado pelo Decreto nº 9.580, de 22.11.2018, artigos 68 e 69; e Imposto sobre a Renda da Pessoa Física – Perguntas e Respostas 2023, perguntas nºs. 419, 421, 423, 424, 425, 428 e 429 – Disponível em: www.receita.fazenda.gov.br ; Acesso em: 06.11.2023.

78. Mesmo antes da Emenda Constitucional nº 19/1998, que inseriu a eficiência entre os princípios da Administração Pública, já se entendia a eficiência incluída na Moralidade Administrativa, como o "dever da boa administração" – MANOEL DE OLIVEIRA FRANCO SOBRINHO, *O Controle da Moralidade Administrativa, p. 207; HELY LOPES MEIRELLES, Direito Administrativo Brasileiro*, p. 62 e 68; e CELSO ANTÔNIO BANDEIRA DE MELLO, **Curso de Direito Administrativo**, p. 92.

timule a realização dessas despesas profissionais para o trabalhador autônomo; e que o fizesse, igualmente, para o assalariado.

Havia também, no passado, um abatimento da renda bruta – descontos que apresentavam, em regra, conotação diversa, como analisaremos na sequência – de relevância para a determinação da renda líquida e para o atendimento da capacidade contributiva objetiva: os **juros de dívidas pessoais**, até certo limite de valor anual[79]. Mas não sobreviveu, tendo sido revogado ainda no começo da década de oitenta[80].

Já conectadas ao Princípio do Rendimento Disponível e à capacidade contributiva subjetiva, há que descontar as **despesas pessoais e familiares**, de modo a contemplar as circunstâncias individuais de cada sujeito passivo. Tratava-se dos anteriormente chamados "**abatimentos da renda bruta**", que, somados, e excluídos alguns, não poderiam exceder a 50% da renda bruta[81].

Principiemos o exame dessas **despesas** pelas **de moradia**. A legislação do IRPF permitia a redução das **despesas de aluguel**, até determinado limite de valor[82]; bem como a redução, até certo valor, dos **juros pagos ao Sistema Financeiro da Habitação**, enquadrados, inicialmente, como juros de dívidas pessoais, depois, como únicos juros passíveis de abatimento, e abarcando, inclusive, durante algum tempo, metade do reajuste das próprias prestações[83]; **abatimentos hoje revogados**.

79. Decreto-lei nº 5.844, de 23.09.1943, artigo 20; Decreto-lei nº 1.494, de 07.12.1976, artigo 15; e Regulamento do IR, aprovado pelo Decreto nº 85.450/1980, artigo 72.

80. Decreto-lei nº 1.887, de 29.10.1981, artigo 3º.

81. Decreto-lei nº 5.844, de 23.09.1943, artigo 20; Lei nº 4.357, de 16.07.1964, artigo 14, § 2º; e Lei nº 4.506, de 30.11.1964, artigo 9º.

82. Decreto-lei nº 1.493, de 07.12.1976, artigo 3º.

83. Decreto-lei nº 5.844, de 23.09.1943, artigo 20; Decreto-lei nº 1.188, de 10.09.1971, artigo 1º; Decreto-lei nº 1.358, de 12.11.1974, artigo 3º; e Decreto-lei nº 1.887, de 29.10.1981, artigo 4º.

É **forte o embasamento constitucional** para o prestígio dessas despesas relativas ao **direito à moradia**. Além de um dos direitos sociais (Constituição, artigo 6º) e integrante das necessidades vitais básicas do cidadão (artigo 7º, IV), cabe lembrar que constitui competência comum a todas as nossas esferas de governo *"promover programas de construção de moradias e a melhoria das condições habitacionais..."* (artigo 23, IX). Daí a procedência dos comentários de JOSÉ MARCOS DOMINGUES DE OLIVEIRA, para quem *"...a suspensão do desconto de despesas de... moradia... é ilegítima porque não reconhece como efetiva uma despesa necessária, máxime 'num País em que'... há 'déficit habitacional'"* (*sic*); e de ROQUE ANTONIO CARRAZZA, para quem, da consagração constitucional desse direito decorre, *"...no mínimo, uma consequência jurídica: permitir que as despesas com... alugueres de imóveis para moradia venham integralmente deduzidas do montante a pagar de IR-Pessoa Física"* (*sic*)[84]. **Seria sensato, portanto, que, ainda hoje, o legislador tributário incentivasse as despesas de moradia, admitindo-lhes a dedução.**

Passemos ao rápido exame das **despesas de contribuições e doações filantrópicas**. A legislação do IRPF valorizava essas doações, admitindo o abatimento daquelas efetuadas a instituições filantrópicas, desde que atendessem a alguns requisitos, como, por exemplo, o reconhecimento como de utilidade pública por órgãos competentes do governo federal e estadual, limitando esse desconto, somado a algumas outras contribuições e doações, a 10% da renda bruta[85]. **Hoje**, essas contribuições e doações são restritas àquelas **efetuadas aos fundos** controlados pelos Conselhos Municipais, Estaduais e Nacional dos Direitos **da Criança e**

---

84. J. M. DOMINGUES DE OLIVEIRA, Imposto de Renda..., *op. cit.*, p. 68-69; R. A. CARRAZZA, *Curso de Direito...*, *op. cit.*, p. 120.

85. Lei nº 3.830, de 25.11.1960, artigos 1º e 2º; e Decreto-lei nº 1.641, de 07.12.1978, artigo 5º.

do Adolescente, e, a partir de 2011, **também do Idoso**; mas, agora, não como deduções da renda bruta e sim do imposto apurado na declaração anual, limitadas, em conjunto com algumas outras contribuições e doações, a 6% do imposto devido[86]. Atente-se para as **limitações de ordem quantitativa**, tanto pelo fato de ter passado de dedução da renda bruta, muito mais volumosa, para dedução do imposto devido, muito mais reduzida; quanto pelo limite específico de 6% do imposto calculado, ou seja, apenas R$ 60,00, se o imposto for, por exemplo, de R$ 1.000,00, e mesmo que este seja de R$ 10.000,00, não mais do que só R$ 600,00. Eis que **sobrevive bem parcialmente esse incentivo solidário**, ademais de **notoriamente apequenado.**

Vivemos numa república que elegeu, como *"...objetivos fundamentais... construir uma sociedade... solidária"*, bem como *"erradicar a pobreza e a marginalização e reduzir as desigualdades sociais e regionais"* (Constituição, artigo 3º, I e III). Contexto no qual, as contribuições e doações que venham ao encontro desses objetivos devem, por óbvio, ser estimuladas. Especialmente as que se destinarem às crianças e adolescentes, desde que *"É dever da família, da sociedade e do estado..."* assegurar-lhes, *"...com absoluta prioridade..."*, numerosos direitos fundamentais (art. 227, *caput*); cabendo ao estado promover *"...programas de assistência integral à saúde da criança, do adolescente e do jovem..."* (art. 227, § 1º); bem como as destinadas aos idosos, uma vez que, nos termos do artigo 230, *"caput"*, *"A família, a sociedade e o Estado têm o dever de amparar as pessoas idosas, assegurando sua participação na comunidade, defendendo sua dignidade e bem-estar e garantindo-lhe o direito à vida"*. Assim, diante de tão vigorosas razões constitucionais, **em**

86. Lei nº 9.250, de 26.12.1995, artigo 12; Lei nº 9.532, de 10.12.1997, artigo 22; Lei nº 12.213, de 20.01.2010, artigo 2º; e Regulamento do IR, aprovado pelo Decreto nº 9.580, de 22.11.2018, artigos 98, 99, 102 e 80, III e IV, e § 1º.

vez de reduzido e depreciado, o fomento a essas doações deveria, isso sim, sofrer inegável incremento!

No que diz respeito às **despesas médicas**, a legislação aceita, atualmente, a dedução dos pagamentos efetuados a médicos, dentistas, psicólogos, fisioterapeutas, fonoaudiólogos, terapeutas ocupacionais, hospitais e planos de saúde, bem como as despesas com exames laboratoriais, serviços radiológicos, aparelhos ortopédicos e próteses ortopédicas e dentárias; sem limite de valor[87]. Permanecem, no entanto, alguns motivos de protesto, tais como as vedações de desconto de despesas com vacinação, *"stents"* farmacológicos, lentes de contato, aparelhos de surdez e óculos; bem como de despesas com enfermeiros e medicamentos, a não ser quando incluídos em conta hospitalar. São **reservas legais e administrativas** fundadas sobre bases que a doutrina chega a qualificar como *"...absolutamente irrealistas"* – como em ROQUE ANTONIO CARRAZZA[88] – e às quais chega a adjetivar como ***"...malsinadas..."*** – como em ALEXANDRE BARROS CASTRO[89] – avaliações de cujo cabimento não se pode divergir, em face da preponderância constitucional do direito envolvido, da precariedade das ações públicas concernentes, da incontestável necessidade dessas despesas e da trivialidade de algumas delas.

Lembre-se que a saúde se enquadra como direito social (Constituição, artigo 6º), como necessidade vital básica do cidadão (artigo 7º, IV), além de *"...direito de todos e dever do estado..."* (artigo 196), sendo reconhecida a *"...relevância pública..."* das suas *"...ações e serviços..."* (artigo 197). **Tão eminentes os fundamentos constitucionais das despesas**

---

87. Lei nº 9.250, de 26.12.1995, artigo 8º, II, a; Regulamento do IR, aprovado pelo Decreto nº 9.580, de 22.11.2018, artigo 73; Instrução Normativa SRF nº 208/2002, art. 16; Instrução Normativa RFB nº 1.500/2014, artigos 94 a 100; e Imposto sobre a Renda da Pessoa Física – Perguntas e Respostas 2023, perguntas nºs. 358 e 378 – Disponível em: www.receita.fazenda.gov.br; Acesso em: 06.11.2023.

88. *Curso de Direito...*, *op. cit.*, p. 120.

89. *Sujeição Passiva no Imposto sobre a Renda*, p. 203.

médicas que, não se dúvida, muito mais vigoroso deveria ser o encorajamento a essas despesas!

No que concerne às **despesas com educação**, num período anterior à Lei nº 7.713/88, era possível abater da renda bruta as **despesas com instrução** do contribuinte e dos seus dependentes, até determinado limite individual de valor e até certo limite global – limite individual multiplicado pelo número de pessoas que realizavam essas despesas – abrangendo: anuidade escolar; mensalidades e taxas escolares; livros, cadernos e material escolar, inclusive enciclopédias; uniformes escolares; transporte escolar; contribuições para associações de pais e mestres; cursos preparatórios para vestibular; cursos preparatórios para concursos; cursos de idiomas, de música, de dança, de natação, de tênis, de ginástica, de pilotagem, de trânsito, de dicção, de corte e costura; aulas particulares *etc.*[90]. **Na atualidade**, é autorizada a dedução, a título de despesas com educação, tão só dos pagamentos a estabelecimentos de ensino, relativos à educação infantil (creches e pré-escolas), ao ensino fundamental e médio, e à educação superior (graduação e pós-graduação) e profissional; com o limite anual individual, por contribuinte ou dependente, de R$ 3.561,50[91]. Não há licença para todos os demais descontos: livros e material escolar, inclusive enciclopédias; uniformes escolares; transporte escolar; contribuições para associações de pais e mestres; cursos preparatórios para vestibular; cursos preparatórios para concursos; aulas particulares; cursos de informática, de idiomas, de música, de dança, de pintura, de natação, de tênis, de ginástica, de pilotagem, de trânsito, de dicção, de corte e costura e assemelhados[92].

---

90. Decreto-lei nº 1.493, de 07.12.1976, artigo 4º; Pareceres Normativos CST nºs. 42/71, 172/74, 140/75; Ato Declaratório Normativo CST nº 4/81; JOSÉ MAGNO POMBO VEIGA *et al.*, *Perguntas e Respostas – Atendimento Telefônico – Imposto de Renda – Pessoa Física – 1988*, perguntas nºs. 732 e 740.

91. Lei nº 9.250, de 26.12.1995, artigo 8º; e Lei nº 13.149, de 21.07.2015, artigo 3º.

92. Lei nº 9.250, de 26.12.1995, artigo 8º; Lei nº 13.149/2015, artigo 3º; Regulamento

Do robusto dever do estado quanto à educação, *"...pode-se inferir a obrigatoriedade de dedução dos gastos necessários à realização mínima..."* desse insigne valor constitucional, como advoga HUMBERTO ÁVILA, unindo sua voz à de ROQUE CARRAZZA[93]. Daí o infortúnio dos obstáculos impostos pela legislação do IRPF a essa dedução, nos últimos anos. A começar pelas **restrições qualitativas**: primeiro, pela essencialidade óbvia, para a educação, de despesas como as efetuadas com livros, material escolar, uniformes e transporte escolar; segundo, pela banalidade de muitas dessas despesas, tão corriqueiras e básicas no quotidiano da vida atual como as realizadas com informática, idiomas, cursos pré-vestibulares e para concursos; terceiro, pela adequação flagrante de muitas delas a uma educação que visa *"...ao pleno desenvolvimento da pessoa..."* (artigo 205), como as efetivadas com música, dança, pintura *etc*. E a prosseguir pela **restrição quantitativa**: R$ 3.561,50, por ano e por pessoa, é um limite que, mais do que merecer crítica (ZILVETI), por ser *"...irrisório..."* (MARY ELBE), *"...irrealista..."*, *"...muito distante dos gastos usuais..."* (CARRAZZA) e incompatível com a realidade (LEONETTI), se considerarmos, por exemplo, um dependente universitário, que estuda numa boa instituição privada de ensino, tal limite, apto a cobrir de duas a talvez três mensalidades anuais, raia pela esfera do mesquinho e do grotesco[94] ! E não se diga que o ensino particular é apenas mais uma alternativa, de livre opção do contribuinte, porque, quando

---

do IR – Decreto nº 3.000/1999, artigo 81; Instrução Normativa RFB nº 1500, de 29.10.2014, artigos 91 e 92; e Imposto sobre a Renda da Pessoa Física – Perguntas e Respostas 2023, perguntas nºs. 386, 387, 388, 392, 398, 399, 400, 401, 403 e 405 – Disponível em: www.receita.fazenda.gov.br; Acesso em: 06.11.2023.

93. H. ÁVILA, *Sistema Constitucional Tributário*, p. 372; R. A. CARRAZZA, *Curso de Direito...*, *op. cit.*, p. 120.

94. F. A ZILVETI, *Princípios...*, *op. cit.*, p. 219; M. E. QUEIROZ, *Imposto sobre...*, *op. cit.*, p. 380; R. A. CARRAZZA, *Curso de Direito...*, *op. cit.*, p. 122, nota nº 80, e 120; C. A. LEONETTI, *O Imposto sobre...*, *op. cit.*, p. 195.

"...'o Estado não provê adequadamente a educação'..." (DOMINGUES DE OLIVEIRA), descumprindo aquele mandamento constitucional e revelando sua *"...impotência... em garantir ensino gratuito e de boa qualidade a todos os cidadãos"* (LEONETTI), resta o ensino não público como única e exclusiva alternativa[95]. E então, consinta-se, com MARY ELBE, que *"...a vedação da dedução de... despesas imprescindíveis e essenciais à própria existência..."*, como essas, perfaz *"...um verdadeiro confisco"*[96] !

Quanto à configuração constitucional do direito às **despesas de educação**, comece-se por grifar a notável e elevada eminência desse direito no nosso diploma maior. Trata-se de um direito social (artigo 6º); de uma necessidade vital básica (artigo 7º, IV); *"...direito de todos e dever do Estado e da família... visando ao pleno desenvolvimento da pessoa, seu preparo para o exercício da cidadania e sua qualificação para o trabalho"* (artigo 205); informado, entre outros, pelos princípios da *"liberdade de aprender, ensinar, pesquisar e divulgar o pensamento, a arte e o saber"*; da *"gratuidade do ensino público em estabelecimentos oficiais"*; e da *"garantia de padrão de qualidade"* (artigo 206, II, IV e VII); sendo que *"O dever do Estado com a educação será efetivado mediante a garantia de: ensino fundamental obrigatório e gratuito... progressiva universalização do ensino médio gratuito... acesso aos níveis mais elevados do ensino, da pesquisa e da criação artística..."* (artigo 208, I, II e V); e tudo porque *"O acesso ao ensino obrigatório e gratuito é direito público subjetivo"* (artigo 208, § 1º). **Com tão superior arrimo constitucional, muito mais vigoroso calharia ser o impulso estatal para a realização das despesas educacionais, indubitavelmente!**

---

95. J. M. DOMINGUES DE OLIVEIRA, Imposto de Renda..., *op. cit.*, p. 68-69; C. A. LEONETTI, *O Imposto sobre...*, *op. cit.*, p. 194.

96. *Imposto sobre...*, *op. cit.*, p. 380.

Mencione-se, ainda, o **desaparecimento** de uma **outra espécie de despesa de educação** dedutível, antes da Lei nº 7.713/88: **prêmios de estímulo à produção intelectual e bolsas de estudo pagos**, desde que divulgados com antecedência, para candidatos de livre e pública inscrição, e concedidos por intermédio de determinadas entidades, como universidades, sociedades de cultura ou de ciências, órgãos de imprensa e outros[97].

Próximas das despesas de educação, as atuais **despesas de contribuições e doações culturais e desportivas** equivalem a quantias despendidas, a título de investimentos, doações ou patrocínios, em favor de projetos de incentivo à cultura ou de incentivo a obras audiovisuais cinematográficas, aprovados pelo Ministério da Cultura ou pela Agência Nacional do Cinema – ANCINE; ou quantias despendidas, a título de investimentos ou patrocínios, em benefício de projetos desportivos ou "paradesportivos", aprovados pelo Ministério do Esporte; como deduções do imposto apurado na declaração anual, limitadas, em conjunto com as demais contribuições e doações, a 6% do imposto devido[98]. Trata-se de deduções como incentivo que vieram a substituir as antigas reduções do imposto por investimentos de interesse econômico ou social e para aplicação em incentivos fiscais[99].

97. Lei nº 3.830, de 25.11.1960, artigo 3º; e Regulamento do IR, aprovado pelo Decreto nº 85.450/1980, artigo 80.

98. Incentivo à Cultura: Lei nº 8.313, de 23.12.1991, artigos 18 a 30; Lei nº 9.250, de 26.12.1995, artigo 12; Lei nº 9.874, de 23.11.1999, artigo 1º; Lei nº 11.646, de 10.03.2008, artigos 1º e 2º. Incentivo a obras audiovisuais: Lei nº 8.685, de 20.07.1993; Lei nº 9.250, de 26.12.1995, artigo 12; e Lei nº 14.044, de 19.08.2020. Incentivo a projetos desportivos e "paradesportivos": Lei nº 11.438, de 29.12.2006, artigos 1º ao 5º; Lei nº 14.439, de 24.08.2022, artigo 1º; e Instrução Normativa RFB nº 1.131, de 21.02.2011, artigos 39 a 49. Todos os incentivos: Lei nº 9.532, de 10.12.1997, artigo 22; Regulamento do IR, aprovado pelo Decreto nº 9.580, de 22.11.2018, artigos 80 a 110.

99. Redução por Investimentos: Decreto-lei nº 1.338, de 23.07.1974; Decreto-lei nº 1.494, de 07.12.1976, artigo 6º; Decreto-lei nº 1.641, de 07.12.1978, artigo 8º; Decreto-lei nº 1.608, de 28.02.1978, artigo 1º; e Regulamento do IR, aprovado pelo Decreto nº 85.450/1980, artigo 92. Redução para aplicação em Incentivos Fiscais: Decreto-lei nº 157, de 10.02.1967, artigo 3º; Decreto-lei nº 1.214, de 26.04.1972, artigo 1º;

Substituição essa consentânea com o **intenso amparo constitucional dedicado tanto ao valor "cultura"** – *"O Estado garantirá a todos o pleno exercício dos direitos culturais e acesso às fontes da cultura nacional, e apoiará e incentivará a valorização e a difusão das manifestações culturais"* (artigo 215) – **quanto ao valor "desporto"** – *"É dever do Estado fomentar práticas desportivas... como direito de cada um..."*; cabendo-lhe *"...a promoção prioritária do desporto nacional..."* (artigo 217, *caput* e inciso II). Tanto que **seria de se esperar um incitamento bem mais consistente à consecução dessas despesas.** Mas, providências que, diante da baliza máxima de 6% do imposto, marco estreito e reduzido, **tornaram-se providências dedutivas débeis e acanhadas**, despidas de maior significado para o IRPF.

Há muito, a legislação do IRPF vem autorizando **o desconto de uma certa importância, a título dos**, anteriormente, chamados encargos de família[100]; e hoje, **denominados dependentes**[101]; bem como da pensão alimentícia judicial paga[102]; e, na atualidade, inclusive da pensão alimentícia fixada em escritura pública, em caso de separação

---

Decreto-lei nº 1.642, de 07.12.1978, artigo 9º e 10; Decreto-lei nº 2.065, de 26.10.1983, artigo 14; e Regulamento do IR, aprovado pelo Decreto nº 85.450/1980, artigo 93.

100. Lei nº 1.474, de 26.11.1951, artigo 1º; Lei nº 3.470, de 28.11.1958, artigos 36 e 64; Lei nº 4.862, de 29.11.1965, artigo 3º; Decreto-lei nº 401, de 30.12.1968, artigo 6º; Decreto-lei nº 484, de 03.03.1969, artigo 1º; Decreto-lei nº 1.301, de 31.12.1973, artigo 3º; Decreto-lei nº 1.493, de 07.12.1976, artigo 2º; e Regulamento do IR, aprovado pelo Decreto nº 85.450/1980, artigo 70.

101. Lei nº 9.250, de 26.12.1995, artigos 4º, 8º e 35; Lei nº 11.482, de 31.05.2007, artigo 3º; Regulamento do IR, aprovado pelo Decreto nº 9.580, de 22.11.2018, artigo 71; e Instrução Normativa RFB nº 1500/2014, artigo 90.

102. Antes da Lei nº 7.713/88: Decreto-lei nº 5.844, de 23.09.1943, artigo 20; Decreto-lei nº 1.301, de 31.12.1973, artigos 2º e 4º; e Regulamento do IR, aprovado pelo Decreto nº 85.450/1980, artigo 70, § 1º, a. Após a Lei nº 7.713/88: Lei nº 9.250, de 26.12.1995, artigo 4º; Lei nº 11.727, de 23.06.2008, artigo 21; Regulamento do IR, aprovado pelo Decreto nº 9.580, de 22.11.2018, artigo 72; e Instrução Normativa RFB nº 1500/2014, artigo 101.

ou divórcio consensual[103]; compreendendo, na dependência: cônjuge; companheiro(a) com quem o contribuinte tenha filho ou viva há mais de 5 anos; filho(a) ou enteado(a), até 21 anos, ou até 24, se universitário(a) ou cursando escola técnica de segundo grau, ou com qualquer idade, se incapacitado física ou mentalmente para o trabalho; irmão(ã), neto(a) ou bisneto(a) sem arrimo dos pais, do qual o contribuinte tem ou teve a guarda judicial, até 21 anos, ou até 24, se universitário(a) ou cursando escola técnica de segundo grau, ou com qualquer idade, se incapacitado física ou mentalmente para o trabalho; pais, avós ou bisavós cujo rendimento não exceda ao limite de isenção; menor pobre, até 21 anos, que o contribuinte crie e eduque e do qual detenha a guarda judicial[104]; e o absolutamente incapaz, do qual o contribuinte seja o tutor ou curador. Mas não se trata de questionar, aqui, a abrangência e o alcance da noção de dependente, nem o seu infeliz limite numérico de até cinco dependentes – instituído pela Lei nº 7.713/88, mas revogado, três anos depois, pela Lei nº 8.383, de 30.12.1991, artigo 98 – senão o seu limite individual anual de valor, assentado, para a declaração deste ano, em R$ 2.275,08[105].

Não é dos mais acentuados o respeito que nossa doutrina e jurisprudência tributárias votam à salvaguarda da família. Daí o justo reclamo de MISABEL DERZI, de olhos postos nos estudiosos: *"Enquanto na maior parte dos países desenvolvidos o princípio de proteção da família está continuamente em discussão dentro do Direito Tributário, chegando mesmo em alguns a ostentar o status de princípio*

---

103. Lei nº 13.105, de 16.03.2015, artigo 733 – Código de Processo Civil; Lei nº 9.250, de 26.12.1995, artigo 4º; Lei nº 11.441, de 04.01.2007, artigo 3º; e Lei nº 11.727, de 23.06.2008, artigo 21.

104. Conquanto saibamos que, nos termos do atual Código Civil – Lei nº 10.406, de 10.01.2002, artigo 5º – *"A menoridade cessa aos dezoito anos completos..."*, a legislação do IRPF continua acatando a figura do "menor pobre" até os 21 anos, na esteira do antigo Código Civil – Lei nº 3.071, de 1º.01.1916, artigo 9º.

105. Lei nº 9.250, de 26.12.1995, artigo 8º; e Lei nº 13.149, de 21.07.2015, artigo 8º, II, c.

fundamental desse ramo jurídico... no Brasil, é ignorado por todos os juristas que se dedicam ao estudo do sistema tributário na Constituição"[106]. Daí a fundada queixa de HUMBERTO ÁVILA, não só secundando a de MISABEL, mas também mirando o mais elevado dos nossos tribunais: *"A jurisprudência do Supremo Tribunal Federal – e também a doutrina em geral – não atribuiu muita importância à proibição de prejuízo para o casamento e para a família no âmbito do Direito Tributário"*[107]. É fato que assim também ocorre em outros países: de Portugal, CASALTA ergue sua voz, para invocar *"...censura constitucional..."* à *"...insuficiente consideração... dos encargos com os filhos e outros dependentes..."*; e da Espanha, MARÍN-BARNUEVO não hesita em classificar os valores das deduções dos gastos familiares como *"...claramente insuficientes..."*[108]. Mas, talvez ninguém tenha exibido tão copioso e ilustre descaso para com a família quanto o legislador do nosso imposto de renda, talvez em nenhum outro lugar essa desconsideração e esse menosprezo legal para com a família seja tão visível e espantoso quanto no IRPF brasileiro. Ora, da expressiva guarida que o legislador constitucional destina à família, é mister depreender, tal como nossa mais respeitável doutrina o faz, no que atine à educação, que o abatimento das despesas familiares se impõe, no cálculo do IRPF devido, e que se impõe *"...em termos realisticamente justos..."*, como advoga CASALTA[109]. E, no entanto, o legislador do nosso IRPF fixa um **limite anual individual** para as despesas com dependentes que seria muito brando e suave chamar de irrisório, magro ou mirrado, porque, em verdade, estamos com DOMINGUES DE OLIVEIRA: ele é abertamente "...

106. *Notas..., Direito Tributário..., op. cit.*, p. 301.

107. *Sistema..., op. cit.*, p. 395.

108. J. CASALTA NABAIS, *O Dever Fundamental..., op. cit.*, p. 691; D. MARÍN-BARNUEVO F., *La Protección del Mínimo..., op. cit.*, p. 81 e 91.

109. *O Dever Fundamental..., op. cit.*, p. 543.

acintoso ao senso comum dos contribuintes!" (adaptamos e grifamos)[110]. Em face da dignidade constitucional da família, presumir que se possa abrigar, vestir, alimentar, enfim, criar e educar um filho, de forma minimamente adequada e responsável, com R$ 2.275,08 por ano, não passa de uma petulante desfaçatez estatal, de uma insolente ironia legal, de um deslavado cinismo tributário!

Mas o disparate e a incoerência da "proteção tributária da família", por parte do nosso IRPF, é ínsito e intrínseco ao próprio âmbito interno das suas deduções de despesas familiares. Basta imaginar as seguintes situações paralelas: um primeiro contribuinte que se mantém, por décadas, em estável e consolidado matrimônio com a sua esposa, e que a sustenta, economicamente, poderá descontar, na sua declaração anual, R$ 2.275,08, a título de dependente; já um segundo, cujo casamento não resistiu às agruras, melindres e susceptibilidades da convivência humana e terminou num divórcio, e que paga, mensalmente, à ex-esposa, uma pensão de R$ 5.000,00, poderá deduzir, na sua declaração do IRPF, R$ 60.000,00 – uma dedução 2.637,27% maior – a título de pensão judicial ! Está claro e transparente que, mesmo perante a respeitabilidade constitucional do matrimônio e da família, **a legislação do nosso IRPF** favorece e beneficia não o matrimônio, mas o rompimento matrimonial, resguarda e **protege não a família, mas a desestruturação familiar** ![111] Eis que se pode começar a

---

110. Imposto de Renda..., *op. cit.*, p. 71.

111. Não é difícil encontrar apoio para esse entendimento na doutrina nacional: "*... enquanto dura o casamento, o direito à dedução por alimentos é ínfimo e irrisório. Mas os acordos por ocasião do divórcio e as condenações judiciais às pensões são integralmente dedutíveis*" – MISABEL DERZI, *Notas..., Direito Tributário..., op. cit.*, p. 303; "*...a incidência do Imposto sobre a Renda encerra, na verdade, um incentivo à dissolução do vínculo matrimonial*" – MARY ELBE QUEIROZ, *Imposto sobre..., op. cit.*, p. 384. E nem na doutrina internacional: *"Nos encontramos por tanto con una configuración jurídica del Impuesto que establece mayores benefícios fiscales para las familias cuyos progenitores se han separado, que para aquellas en las que permanecen unidos"* – DIEGO MARÍN-BARNUEVO, *La Protección del Mínimo..., op. cit.*, p. 80.

compreender a reclamação de RICARDO LOBO TORRES: *"...o problema das discriminações contra a família entende principalmente com o imposto de renda..."*[112] !

No que concerne às despesas familiares, elas encontram firme sustentáculo no estatuto constitucional, que não só consagra *"a proteção à família..."* como o primeiro dos objetivos da assistência social (artigo 203, I), mas, reconhecendo-a como *"...base da sociedade..."*, outorga-lhe uma *"...especial proteção do Estado"* (artigo 226, *caput*). E família que se origina, a princípio, do casamento (artigo 226, § 1º), mas que, logo em seguida, admite o berço na *"...união estável entre o homem e a mulher como entidade familiar..."* (artigo 226, § 3º); e que já evoluiu, inclusive, para a admissão da nossa corte suprema da união estável homoafetiva[113]. Perante essa nítida fundamentação das despesas familiares na Lei Maior, **teria sido lógico e prudente que o legislador estabelecesse um incentivo tributário de bem maior eloquência e amplitude!**

---

112. *Os Direitos Humanos e a Tributação: Imunidades e Isonomia*, p. 427.

113. *"UNIÃO HOMOAFETIVA – RECONHECIMENTO PELO STF – Plenário do STF conclui julgamento da ADI 4277 e da ADPF 132, reconhecendo a união estável para casais do mesmo sexo... (Notícia veiculada pelo site do STF em 06.05.2011)"* (*sic*) – ANTONIO AIRTON FERREIRA *et al.*, *Regulamento do Imposto de Renda 1999 Anotado e Comentado*, v. I, p. 333. Embora diante de manifestação anterior em sentido contrário da Receita Federal – *"Não há dispositivo legal, na legislação brasileira, que enquadre companheiro ou companheira de mesmo sexo, na condição de dependente, para efeito de dedução..."* (Processo de Consulta nº 11/10, SRRF/6ª. Região Fiscal, DOU de 27.02.2010 – *idem*) – já houve pronunciamento concorde, também anterior, da Procuradoria da Fazenda Nacional: *"No silêncio da legislação tributária quanto aos limites imanentes do conceito de companheiro ou companheira, há que compreendê-lo no contexto do núcleo econômico e estável da união... Opina-se pela juridicidade da inclusão cadastral de companheira homoafetiva como dependente... para efeito de dedução do Imposto de Renda..."* (*sic*) (Parecer PGFN/CAT nº 1503, de 19.07.2010) – *ibidem*, p. 332. De conformidade com este último posicionamento, que passou a ser a atual orientação da Administração Tributária – Imposto sobre a Renda da Pessoa Física – Perguntas e Respostas 2023, pergunta nº 332 – Disponível em: www.receita.fazenda.gov.br ; Acesso em: 06.11.2023; e passou a ser, inclusive, disposição expressa de ato administrativo normativo – Instrução Normativa RFB nº 1500/2014, artigo 90, § 8º: *"Para fins do disposto no inciso II do caput, considera-se também dependente o companheiro ou companheira de união homoafetiva"*.

Por fim, faça-se breve alusão a alguns **outros abatimentos extintos**. O equivalente ao **valor de dois dependentes, para os maiores de 65 anos**, embora como alternativa à isenção dos proventos de aposentadoria, até certo valor, pagos por pessoa jurídica de direito público aos contribuintes dessa idade ou superior[114]; que teria inegável suporte no direito constitucional dos idosos ao amparo dos filhos, da família, da sociedade e do estado (artigos 229 e 230). Os **prêmios de seguros de vida e de acidentes pessoais**[115]; que estariam nitidamente escorados no direito fundamental à vida e à saúde (artigos 5º, *caput*, e 196). E as **perdas extraordinárias** decorrentes de casos fortuitos ou de força maior, como incêndio, tempestade, naufrágio e semelhantes[116]; que encontraria base no direito fundamental à segurança jurídica (artigo 5º, *caput*), nas suas noções de certeza do direito e de previsibilidade[117].

Estudadas as **despesas dedutíveis do IRPF**, identificamos em todas elas raízes solidamente deitadas em claros e eminentes valores da Lei Mãe, constituindo **irrecusável legitimidade constitucional que as torna plenamente habilitadas a merecerem fortes incentivos tributários** que

---

114. Decreto-lei nº 1.351, de 24.10.1974, artigo 4º; Decreto-lei nº 1.642, de 07.12.1978, artigo 17; e Regulamento do IR, aprovado pelo Decreto nº 85.450/1980, artigo 70, § 8º.

115. Lei nº 3.470, de 28.11.1958, artigo 36; Lei nº 4.506, de 30.11.1964, artigo 9º; Regulamento do IR, aprovado pelo Decreto nº 85.450/1980, artigos 73 e 74; e Decreto-lei nº 1.887, de 29.10.1981, artigo 3º.

116. Decreto-lei nº 5.844, de 23.09.1943, artigo 20; e Regulamento do IR, aprovado pelo Decreto nº 85.450/1980, artigo 75.

117. J. R. VIEIRA, Medidas Provisórias Tributárias e Segurança Jurídica: A Insólita Opção Estatal pelo *"Viver Perigosamente"*, *in* AIRES FERNANDINO BARRETO *et al.*, *Segurança Jurídica na Tributação e Estado de Direito*, p. 318-326. Guardadas as devidas proporções, a breve e modesta noção que desenvolvemos mantém diversos pontos de contato com os esforços conceptuais intensos de mais recentes, extensas e profundas contribuições doutrinárias: HELENO TAVEIRA TORRES, *Direito Constitucional Tributário e Segurança Jurídica: Metódica da Segurança Jurídica do Sistema Constitucional Tributário*, p. 185-188, especialmente p. 186-187; e HUMBERTO ÁVILA, *Segurança Jurídica: Entre Permanência, Mudança e Realização no Direito Tributário*, p. 249-283, especialmente p. 268 e 282-283.

justifiquem seu estímulo por parte do legislador. E a debilidade dos incentivos ora existentes para tais despesas evidencia uma extrafiscalidade mais do que acanhada, verdadeiramente acovardada!

6. Timidez Extrafiscal

Sabemos todos que a **extrafiscalidade**, pelo fato de implicar o afastamento parcial da Capacidade Contributiva, traz consigo o risco sempre presente de instaurar arbitrariedades, especialmente quando não se tem o cuidado de preservar a Igualdade mediante o controle da Proporcionalidade. **Aqui, o perigo está em abrir oportunidades para os indesejáveis abusos extrafiscais!**

De outro lado, o temor doentio e excessivo em relação à **mesma extrafiscalidade** pode neutralizar o seu bom uso e a sua utilidade. Mormente quando se dispõe de nítida e vigorosa legitimidade constitucional a justificar providências extrafiscais e o estabelecimento de incentivos tributários integralmente justificados. **Aqui, o perigo reside na igualmente indesejável timidez extrafiscal!**

É conhecida a versão latina de um provérbio de ascendência grega: *"A virtude está no meio"*![118] Provérbio que, tudo indica, deve ter sofrido a influência de MARCO TÚLIO CÍCERO, o escritor e filósofo romano do século I aC, que, no seu *"De Officiis"*, sentencia: *"...na maior parte das coisas, o melhor é o meio-termo"* (*sic*)[119]. Mas, como já adiantamos, sua origem mesmo encontra-se em ARISTÓTELES, o filósofo grego do século IV aC – ***"...a virtude...***

---

118. No original latino: *"In medio stat virtus"* – RENZO TOSI, *Dicionário de Sentenças Latinas e Gregas*, p. 795.

119. No original latino: *"...in plerisque rebus, optima est mediocritas"* – *De Officiis*, p. 218.

põe a sua mira no meio-termo" – assertiva que constitui nossa segunda epígrafe deste trabalho[120].

Na **questão das deduções do IRPF**, que acabamos de analisar, a legitimidade constitucional demonstrada e algum controle de proporcionalidade, previnem excessos, assim como as mesmas razões – legitimidade constitucional e algum controle da proporcionalidade – constituem justificativa bastante para o incremento do recurso às despesas que correspondem àquelas deduções, arredando o acanhamento na sua utilização.

Em outras palavras, afastemo-nos do polo em que nos acercaríamos do abuso, mas evitemos também o oposto, em que seguiríamos pecando pela timidez, porque, **afinal, aristotelicamente, é no meio-termo que encontraremos a virtude!**

7. A Confluência dos Pontos de Vista

Quando existe mais do que um ângulo a considerar sobre qualquer questão e não o fazemos, assumimos o risco ou mesmo a **probabilidade de identificar tão somente meias-verdades**, como aconteceu com os cegos da parábola, pela ausência de um olhar mais amplo e largo.

Na sua longa viagem de retorno da Guerra de Tróia para sua ilha de Ítaca, que foi contada por HOMERO na *"Odisséia"*, o herói Ulisses, entre numerosas aventuras, visita a ilha dos Ciclopes e tem um embate com um deles, Polifemo. **Os ciclopes** são homens sem lei, fisicamente gigantescos, e que **possuem apenas um olho no meio da sua testa**. Aliás, a palavra "ciclope", explica MÉDÉRIC DUFOUR, significa exatamente "olho redondo"[121]. JOSÉ ROBERTO DE CASTRO NEVES interpreta a simbologia do único olho de Po-

120. *Ética a Nicômaco*, p. 273.

121. *Odisséia*, p. 81-90.

lifemo, o ciclope: "*...**quem vê apenas sob um prisma**, sem enxergar o tema de forma ampla, deixando de confrontar pontos de vista, **fica condenado à ignorância***"[122].

Por isso, retomamos uma perspectiva já explorada sobre o IRPF e as suas deduções, sob **o enfoque da Fiscalidade**, analisando os princípios constitucionais que o regem e a sua base de cálculo, e identificando a existência de um IRPF constitucional (da igualdade e da justiça) e de um outro IRPF infraconstitucional (da desigualdade e da injustiça), pelo qual as deduções devem ser interpretadas pelo prisma da Constituição e com largueza, de modo a reconduzir o segundo IRPF ao primeiro. E exploramos o IRPF e as suas deduções de uma outra perspectiva, sob **o enfoque da Extrafiscalidade**, identificando a legitimidade constitucional dessas despesas dedutíveis para merecerem um incentivo do legislador à sua dedutibilidade, estimulando o contribuinte à realização dessas despesas. A conjugação desses pontos de vista revelou que, curiosamente, **ambos apontam no sentido da interpretação e da utilização ampla dessas deduções.**

Ao examinarmos o ângulo extrafiscal da questão, preocupamo-nos muito com a legitimidade constitucional das despesas de dedução e pouco com **um possível controle de proporcionalidade.** Isso porque esse controle perde relevância quando os incentivos são pálidos e tímidos, como neste caso. Contudo, acrescente-se que, **na hipótese do eventual incremento desses incentivos, eles seriam menos prejudiciais à Igualdade que outras medidas?** Mesmo trabalhando num campo puramente hipotético, diríamos que **certamente sim.** Porque que esses incentivos estimulariam as despesas correspondentes às deduções, trilhando o mesmo caminho das providências fiscais, ou seja, deduzindo as despesas necessárias à percepção dos rendimentos, na busca do rendimento líquido como base de cálculo,

122. *Caixa de Palavras: Por que Você Deve Ler (E o Que Ler)*, p. 94.

mecanismo que prestigia a capacidade contributiva absoluta ou objetiva; bem como deduzindo as despesas pessoais e familiares, na busca do rendimento disponível, atitude que favorece a capacidade contributiva subjetiva.

Este exame do IRPF e suas deduções, que queremos crer tenha sido mais profundo e de maior acuidade, só teve lugar porque tentamos exaurir as perspectivas possíveis sobre a mesma realidade jurídica. E com isso, buscamos captar a integralidade da paisagem. Eis que fomos advertidos pela genialidade da visão larga de MACHADO... *"...a paisagem depende do ponto de vista"*[123].

Curitiba, 23 de outubro de 2023 –
Dia de **São Severino Boécio** (480-524)

Cônsul, teólogo e filósofo romano; tradutor de Platão, Aristóteles, Pitágoras e outros filósofos; autor de obras sobre teologia, filosofia, lógica e matemática; defendeu um senador acusado de traição e acabou associado à acusação; nos 9 meses que passou no cárcere, aguardando a execução, escreveu sua obra-prima *"A Consolação da Filosofia"*, na qual submete seus pontos de vista aos pontos de vista da sua interlocutora, que é a própria Filosofia[124].

123. *Quincas Borba*, p. 37.

124. MARIO SGARBOSSA, *Os Santos e os Beatos da Igreja do Ocidente e do Oriente*, p. 600; DAVID HUGH FARMER, *The Oxford Dictionary of Saints*, p. 64; JOHN J. DELANEY, *Dictionary of Saints*, p. 559; ALBAN BUTLER, *Vida dos Santos de Butler*, v. X, p. 235-238; VERA SCHAUBER e HANNS MICHAEL SCHINDLER, *Diccionario Ilustrado de los Santos*, p. 80.

REFERÊNCIAS BIBLIOGRÁFICAS

1. Obras Jurídicas

ALBI IBAÑEZ, Emilio. *Impuesto sobre la Renta y Equidad: El Caso Español*. Madrid: *Instituto de Estudios Fiscales*, 1975. (*Estudios de Hacienda Pública*).

ALEXY, Robert. *Teoria dos Direitos Fundamentais*. Tradução: Virgílio Afonso da Silva. São Paulo: Malheiros, 2008.

ATALIBA, Geraldo. *Sistema Constitucional Tributário Brasileiro*. São Paulo: RT, 1966.

______. *Apontamentos de Ciência das Finanças, Direito Financeiro e Tributário*. São Paulo: RT, 1969.

ÁVILA, Humberto. *Sistema Constitucional Tributário*. 2.ed. São Paulo: Saraiva, 2006.

______. *Teoria da Igualdade Tributária*. São Paulo: Malheiros, 2008.

______. *Segurança Jurídica: Entre Permanência, Mudança e Realização no Direito Tributário*. São Paulo: Malheiros, 2011.

BALEEIRO, Aliomar. *O Direito Tributário da Constituição*. Rio de Janeiro: Financeiras, 1959.

______. *Uma Introdução à Ciência das Finanças*. Atualização: Dejalma de Campos. 15.ed. Rio de Janeiro: Forense, 1998.

BANDEIRA DE MELLO, Celso Antônio. *Curso de Direito Administrativo*. 12.ed. São Paulo: Malheiros, 2000.

BECKER, Alfredo Augusto. *Teoria Geral do Direito Tributário*. 2.ed. São Paulo: Saraiva, 1972.

BOMFIM, Diego. *Extrafiscalidade: Identificação, Fundamentação, Limitação e Controle*. São Paulo: Noeses, 2015.

BOMFIM, Gilson Pacheco. *Incentivos Tributários: Conceituação, Limites e Controle*. Rio de Janeiro: *Lumen Juris*, 2015.

BULHÕES PEDREIRA, José Luiz. *Imposto sobre a Renda – Pessoas Jurídicas*. V. I. Rio de Janeiro: ADCOAS e JUSTEC, 1979. (Biblioteca Jurídica ADCOAS).

CARRAZZA, Roque Antonio. *Imposto sobre a Renda (Perfil Constitucional e Temas Específicos)*. São Paulo: Malheiros, 2005.

______. *Curso de Direito Constitucional Tributário*. 24.ed. São Paulo: Malheiros, 2008.

CARVALHO, Kildare Gonçalves. *Técnica Legislativa*. Belo Horizonte: Del Rey, 1993.

CASADO OLLERO, Gabriel. *Los Fines No Fiscales de los Tributos*. *In: Comentarios a la Ley General Tributária y líneas para su Reforma*. Madrid: *Instituto de Estudios Fiscales*, 1991.

CASALTA NABAIS, José. *O Dever Fundamental de Pagar Impostos*. Coimbra: Almedina, 1998. (Teses).

CASTRO, Alexandre Barros. *Sujeição Passiva no Imposto sobre a Renda*. São Paulo: Saraiva, 2004.

CENCERRADO MILLÁN, Emilio. *El Mínimo Exento en el Sistema Tributario Español*. Madrid: Marcial Pons, 1999. (*Monografías Jurídicas*).

CORREIA NETO, Celso de Barros. *O Avesso do Tributo*. 2.ed. São Paulo: Almedina, 2016.

COSTA, Regina Helena. *Princípio da Capacidade Contributiva*. 3.ed. São Paulo: Malheiros, 2003.

DERZI, Misabel de Abreu Machado. Princípio da Igualdade no Direito Tributário e suas Manifestações. *In:* ATALIBA, Geraldo e SAMPAIO DÓRIA, A. R. (coord.). *Princípios Constitucionais Tributários: Aspectos Práticos – Aplicações Concretas*. São Paulo: RT e IDEPE, 1991, p. 162-194.

______. *Direito Tributário, Direito Penal e Tipo*. 2.ed. São Paulo: RT, 2007.

______. Notas de Atualização. *In:* BALEEIRO, Aliomar. *Limitações Constitucionais ao Poder de Tributar*. 8.ed. Rio de Janeiro: Forense, 2010.

______. Notas de Atualização e de Complementação. *In:* BALEEIRO, Aliomar. *Direito Tributário Brasileiro*. 12.ed. Rio de Janeiro: Forense, 2013.

FERREIRA, Antonio Airton *et al. Regulamento do Imposto de Renda 1999 Anotado e Comentado*. V. I. 14.ed. São Paulo: FISCOSoft, 2011.

FERREIRO LAPATZA, José Juan. *Los Princípios Constitucionales del Orden Tributario: La No Confiscatoriedad. In:* PISTONE, Pasquale y TÔRRES, Heleno Taveira (coord.). *Estudios de Derecho Tributario Constitucional e Internacional: Homenaje Latinoamericano a Victor Uckmar*. Buenos Aires: Ábaco, 2005, p. 201-207.

FRANCO SOBRINHO, Manoel de Oliveira. *O Controle da Moralidade Administrativa*. São Paulo: Saraiva, 1974.

GALVÃO, Rodrigo (org.). *Elementos da Técnica Legislativa: Teoria e Prática*. Porto Alegre: Fabris, 1995.

GARCÍA NOVOA, César. *El Concepto de Tributo*. Lima: Tax, 2009.

GODOI, Marciano Seabra de. *Justiça, Igualdade e Direito Tributário*. São Paulo: Dialética, 1999.

GOODE, Richard. *The Individual Income Tax*. Washington: *Brookings*, 1976.

GUERRA, Sidney e MERÇON, Gustavo. *Direito Constitucional Aplicado à Função Legislativa*. Rio de Janeiro: América Jurídica, 2002.

HERRERA MOLINA, Pedro Manuel. *Capacidad Económica y Sistema Fiscal: Análisis del Ordenamiento Español a la Luz del Derecho Alemán*. Madrid: Marcial Pons, 1998.

JUSTEN FILHO, Marçal. Capacidade Contributiva. *In:* MARTINS, Ives Gandra da Silva (coord.). *Capacidade Contributiva*. São Paulo: Resenha Tributária e CEEU, 1989, p. 357-395. (Caderno de Pesquisas Tributárias, 14).

LEÃO, Martha Toribio. *Controle da Extrafiscalidade*. São Paulo: Quartier Latin, 2015. (Doutrina Tributária, XVI).

_____. Extrafiscalidade: Entre Finalidade e Controle. *In:* LOBATO, Valter de Souza (coord.). *Extrafiscalidade: Conceito, Interpretação, Limites e Alcance*. Belo Horizonte: Fórum, 2017, p. 167-185.

LEONETTI, Carlos Araújo. *O Imposto sobre a Renda como Instrumento de Justiça Social no Brasil*. Barueri-SP: Manole, 2003.

MACHADO, Hugo de Brito. O Sistema Tributário na Constituição de 1988. *In: Temas de Direito Tributário II*. São Paulo: RT, 1994, p. 13-30.

_____. *Curso de Direito Tributário*. 36.ed. São Paulo: Malheiros, 2015.

MARÍN-BARNUEVO FABO, Diego. *La Protección del Mínimo Existencial en el Âmbito del I. R. P. F.* Madrid: Colex, 1996.

_____. *Mínimo Personal y familiar*. *In:* ORÓN MORATAL, Germán (coord.). *Los Nuevos Impuestos sobre la Renta de las Personas Físicas y sobre la Renta de No Residentes*. Madrid: MacGraw-Hill, 1999, p. 303-329. (*Ciencias Jurídicas*).

MARTÍNEZ DE PISÓN, Juan Arrieta. *Técnicas Desgravatorias y Deber de Contribuir*. Madrid: McGraw-Hill, 1999.

MEIRELLES, Hely Lopes. *Direito Administrativo Brasileiro*. 9.ed. São Paulo: RT, 1983.

MOREIRA, Egon Bockmann. *Processo Administrativo: Princípios Constitucionais e a Lei 9.784/1999*. 2.ed. São Paulo: Malheiros, 2003.

MOTA FILHO, Humberto Eustáquio César. *Introdução ao Princípio da Capacidade Contributiva*. Rio de Janeiro: Forense, 2006.

NAVEIRA DE CASANOVA, Gustavo J. *El Princípio de No Confiscatoriedad: Estudio en España y Argentina*. Madrid: McGraw-Hill, 1997. (*Monografia*).

OLIVEIRA, José Marcos Domingues de. Imposto de Renda e Capacidade Contributiva (Leis 7.713/88 e 8.134/90). *Revista de Direito Tributário*. São Paulo, RT, n º 57, jul./set. 1991, p. 67-73.

______. *Direito Tributário – Capacidade Contributiva: Conteúdo e Eficácia do Princípio*. 2.ed. Rio de Janeiro: Renovar, 1998.

PALAO TABOADA, Carlos. *Apogeo y Crisis del Princípio de Capacidad Contributiva. In: Estudios Jurídicos en Homenaje al Profesor Federico de Castro*. V. II. Madrid: Tecnos, 1976, p. 375-426.

______. *El Princípio de Capacidad Contributiva como Criterio de Justicia Tributária: Aplicación a los Impuestos Directos e Indirectos. In:* TÔRRES, Heleno Taveira (coord.). *Tratado de Direito Constitucional Tributário: Estudos em Homenagem a Paulo de Barros Carvalho*. São Paulo: Saraiva, 2005, p. 285-303.

PAWLOWSKY, Karina. *A Utilização de Tributo com Efeito de Confisco e sua Vedação Constitucional*. Belo Horizonte: *Fórum*, 2012.

PÉREZ DE AYALA, Concepción. *La Unidad Familiar en el Impuesto sobre la Renta*. Madrid: Tecnos, 1986. (*Ciencias Jurídicas*).

QUEIROZ, Luís Cesar Souza de. *Imposto sobre a Renda: Requisitos para uma Tributação Constitucional*. Rio de Janeiro: Forense, 2003.

QUEIROZ, Mary Elbe. *Imposto sobre a Renda e Proventos de Qualquer Natureza*. Barueri-SP: Manole, 2004.

RASTELLO, Luigi. *Diritto Tributario – Principi Generali*. 4.ed. Padova: CEDAM, 1994.

RIBEIRO, Maria de Fátima. *Considerações sobre o Imposto de Renda na Constituição de 1988*. São Paulo: Resenha Tributária, 1990. (Imposto de Renda – Estudos, 13).

RICCI, Henrique Cavalheiro. *Direito Tributário Ambiental e Isonomia Fiscal: Extrafiscalidade, Limitações, Capacidade Contributiva, Proporcionalidade e Seletividade*. Curitiba: Juruá, 2015.

RODRÍGUEZ BEREIJO, Álvaro. *Los Limites Constitucionales del Poder Tributario en la Jurisprudencia del Tribunal Constitucional. In: El Sistema Económico en la Constitución Española*. Madrid: *Ministerio de Justicia*, 1994, p. 1283-1314.

SÁINZ DE BUJANDA, Fernando. *XI Semana de Estudios de Derecho Financiero*. V. 2. Madrid: *Derecho Financiero*, 1964.

SCHOUERI, Luís Eduardo. *Normas Tributárias Indutoras e Intervenção Econômica*. Rio de Janeiro: Forense, 2005.

SILVA, José Afonso da. *Processo Constitucional de Formação das Leis*. 2.ed. São Paulo: Malheiros, 2006.

SOUZA, Hilda de. *Processo Legislativo: Linhas Jurídicas Essenciais*. Porto Alegre: Sulina, 1998.

TILBERY, Henry. *O Novo Imposto de Renda do Brasil: Comentário à Lei nº 7.713/88, ajustado aos Novos Métodos de Atualização Monetária*. São Paulo: IOB e IBDT, 1989.

_____. *Imposto de Renda Pessoa Física – 1991: Comentário à Lei nº 8.134/90, ajustado ao Plano Color II*. São Paulo: Resenha Tributária e IBDT, 1991.

TIPKE, Klaus. *Moral Tributaria del Estado y de los Contribuyentes*. *Traducción*: Pedro M. Herrera Molina. Madrid: Marcial Pons, 2002.

_____. e LANG, Joachim. *Direito Tributário*. V. I. Tradução: Luiz Dória Furquim. Porto Alegre: Fabris, 2008.

TORRES, Heleno Taveira. *Direito Constitucional Tributário e Segurança Jurídica: Metódica da Segurança Jurídica do Sistema Constitucional Tributário*. São Paulo: RT, 2011.

VALLE, Maurício Dalri Timm do e VIEIRA, José Roberto. Incentivos Tributários ao Turismo no Brasil: Excelências e Excrescências da Extrafiscalidade. *In:* DOMINGOS, Francisco Nicolau e PISCITELLI, Tathiane (coord.). *Direito Tributário do Turismo: Um Desafio do Século XXI*. Lisboa e São Paulo: Letras e Conceitos e Marcial Pons, 2021, p. 391-420.

_____. e VIEIRA, José Roberto. O Dilema entre a Extrafiscalidade e a Igualdade: O Caso dos Incentivos Tributários ao Turismo. *In:* CARVALHO, Paulo de Barros (coord.) e SOUZA, Priscila de (org.). *XVII Congresso Nacional de Estudos Tributários: Meio Século de Tradição*. São Paulo: Noeses, 2021, p. 917-972.

VARONA ALABERN, Juan Enrique. *Extrafiscalidad y Dogmática Tributaria*. Madrid: Marcial Pons, 2009.

VELLOSO, Andrei Pitten. *O Princípio da Isonomia Tributária: Da Teoria da Igualdade ao Controle das Desigualdades Impositivas*. Porto Alegre: Livraria do Advogado, 2010.

VIEIRA, José Roberto. IPI e Extrafiscalidade – Mesa de Debates "C" – Tributos Federais. *Revista de Direito Tributário*. São Paulo, Malheiros, nº 91, [2004?], p. 74-80.

______. Medidas Provisórias Tributárias e Segurança Jurídica: A Insólita Opção Estatal pelo *"Viver Perigosamente"*. *In:* BARRETO, Aires Fernandino *et al. Segurança Jurídica na Tributação e Estado de Direito*. São Paulo: Noeses, 2005, p. 317-373.

______. A Extrafiscalidade da Lei nº 12.715/2012 e a Capacidade Contributiva: A Convivência do Lobo e do Cordeiro? *Revista de Direito Tributário*. São Paulo, Malheiros, nº 118, jun./2013, p. 18-42.

______. e VALLE, Maurício Dalri Timm do. Incentivos Tributários ao Turismo no Brasil: Excelências e Excrescências da Extrafiscalidade. *In:* DOMINGOS, Francisco Nicolau e PISCITELLI, Tathiane (coord.). *Direito Tributário do Turismo: Um Desafio do Século XXI*. Lisboa e São Paulo: Letras e Conceitos e Marcial Pons, 2021, p. 391-420.

______. e VALLE, Maurício Dalri Timm do. O Dilema entre a Extrafiscalidade e a Igualdade: O Caso dos Incentivos Tributários ao Turismo. *In:* CARVALHO, Paulo de Barros (coord.) e SOUZA, Priscila de (org.). *XVII Congresso Nacional de Estudos Tributários: Meio Século de Tradição*. São Paulo: Noeses, 2021, p. 917-972.

ZILVETI, Fernando Aurélio. *Princípios de Direito Tributário e a Capacidade Contributiva*. São Paulo: *Quartier Latin*, 2004.

2. Obras Não Jurídicas

ARISTÓTELES. *Ética a Nicômaco*. Tradução: Leonel Vallandro e Gerd Bornheim. São Paulo: Abril Cultural, 1973. (Os Pensadores – História das Grandes Idéias do Mundo Ocidental [*sic*], IV).

BETTO, Frei. *Parábolas de Jesus: Ética e Valores Universais*. Petrópolis, RJ: Vozes, 2017.

BLOOM, Harold. *Gênio: Os 100 Autores mais Criativos da História da Literatura*. Tradução: José Roberto O'Shea. Rio de Janeiro: Objetiva, 2003.

CASTRO NEVES, José Roberto de. *Caixa de Palavras: Por Que Você Deve Ler (E o Que Ler)*. Rio de Janeiro: Nova Fronteira, 2023.

CÍCERO, Marco Túlio. *De Officiis*. Tradução: Maximiano Augusto Gonçalves. 2.ed. Rio de Janeiro: H. Antunes, [196? ou 197?].

DELANEY, John J. *Dictionary of Saints*. 2.ed. New York: Doubleday, 2005.

DRUMMOND DE ANDRADE, Carlos. *A Vida Passada a Limpo. In: Poesia Completa*. Rio de Janeiro: Nova Aguilar, 2002, p. 417-451.

FARMER, David Hugh. *The Oxford Dictionary of Saints*. 5.ed. New York: Oxford University, 2004.

HOMERO. *Odisséia*. Tradução: Antônio Pinto de Carvalho. São Paulo: Abril Cultural, 1979.

MACHADO DE ASSIS, Joaquim Maria. *Quincas Borba*. Rio de Janeiro: Bruguera, [196? Ou 197?]. (Clássicos Brasileiros).

MOISÉS, Massaud. *A Criação Literária: Prosa II*. 18.ed. São Paulo: Cultrix, 1997.

______. *Dicionário de Termos Literários*. 12.ed. São Paulo: Cultrix, 2004.

PIZA, Daniel. *Machado de Assis: Um Gênio Brasileiro*. 3.ed. São Paulo: Imprensa Oficial do Estado de São Paulo, 2008.

RANGEL, Alexandre. *As Mais Belas Parábolas de Todos os Tempos*. V. II. Petrópolis, RJ: Vozes, 2015.

SCHAUBER, Vera e SCHINDLER, Hanns Michael. *Diccionario Ilustrado de los Santos. Traducción:* Luis Miralles de Imperial. Barcelona: Grijalbo Mondadori, 2001.

SGARBOSSA, Mario. *Os Santos e os Beatos da Igreja do Ocidente e do Oriente*. Tradução: Armando Braio Ara. São Paulo: Paulinas, 2003.

TOSI, Renzo. *Dicionário de Sentenças Latinas e Gregas*. Tradução: Ivone Castilho Benedetti. São Paulo: Martins Fontes, 1996.

OS DESAFIOS DO COMPLIANCE TRIBUTÁRIO DURANTE O PERÍODO DE TRANSIÇÃO DA REFORMA DA PEC 45

Lina Braga Santin Cooke[1]

Resumo: O prazo de apenas um ano para implementação da CBS atende a expectativa de mudanças rápidas e elimina a duplicidade de obrigações acessórias com a rápida extinção do PIS e da Cofins, enquanto as novas regras de creditamento amplo devem dissolver no curto prazo os respectivos custos de adaptação de sistema. A implementação gradual do IBS concomitante à extinção do ICMS, ISS e respectivos benefícios fiscais privilegia a previsibilidade, a segurança jurídica e as disposições da LC 160/2017. Adicionalmente, em prol da simplificação pretendida é imperioso que se adotem obrigações acessórias idênticas para CBS e IBS, bem como mecanismos de incentivo para a autorregularização e suspensão da aplicação de penalidades por infrações de deveres instrumentais durante o período de transição. Estas medidas se adequam à necessidade de construirmos um novo modelo de relacionamento do fisco com os contribuintes, com foco na cooperação, adesão voluntária e boa-fé.

Palavras chave: Reforma tributária; transição; compliance.

---

1. Doutoranda em Direito Tributário pela Pontifícia Universidade Católica de São Paulo (PUC-SP), Mestre em Direito Tributário pela Fundação Getulio Vargas Escola De Direito De São Paulo (FGV/DIREITO-SP), Cursou LL.M em Direito Tributário no INSPER, Bacharel em Direito pela Universidade Presbiteriana Mackenzie (MACK-SP). É Coordenadora e pesquisadora de grupos de trabalho do Núcleo de Estudos Fiscais (NEF/FGV), Diretora do Movimento de Defesa da Advocacia (MDA) e Secretária da Comissão de Direito Tributário do IASP. Advogada, sócia de Salusse Marangoni Parente e Jabur.

I INTRODUÇÃO: ATUAL TRIBUTAÇÃO SOBRE O CONSUMO NO BRASIL E A PROPOSTA PARA SUA UNIFICAÇÃO

O atual Sistema Tributário Nacional foi substancialmente concebido nos anos 1965-66, com vigência a partir de 1967, e muito pouco evoluiu desde então. Os principais tributos indiretos, assim denominados aqueles que incidem sobre o consumo de bens e serviços (IPI, PIS/Cofins, ICMS, e ISS) e cujo ônus econômico é - ou deveria ser - integralmente repassado ao consumidor final, além de representarem aproximadamente aproximadamente 35% de toda arrecadação nacional[2] agravando a regressividade inerente à essa base de tributação[3], concentram os maiores desafios e principais problemas da tributação brasileira atual.

Enquanto na maioria dos países do mundo há apenas um IVA que incide sobre base ampla de bens e serviços, aqui temos ao menos cinco tributos sobre bens e serviços: três federais (PIS, COFINS e IPI), um estadual (ICMS) e um municipal (ISS). Cada um desses tributos têm base própria: (i) o IPI incide apenas sobre produto industrializado; (ii) o ICMS incide apenas sobre bens e sobre serviços de comunicação e transporte interestadual e intermunicipal; (iii) o ISS incide sobre os demais serviços, definidos em lista; e

---

2. Em 2022 a carga tributária bruta total correspondeu a 33,90 do PIB nacional. Observe-se que o ICMS é o tributo indireto que mais arrecada, correspondendo à 6,98% do PIB. Juntos, o PIS e a COFINS constituem a segunda maior fonte de arrecadação sobre o consumo, correspondendo a 3,33% do PIB. Disponível em: <https://www.tesourotransparente.gov.br/publicacoes/carga-tributaria-do-governo-geral/2022/114?ano_selecionado=2022> Acesso em: 06.04.2023.

3. O fato de as famílias mais pobres despenderem uma parcela maior de sua renda na aquisição de bens de consumo em comparação com as famílias mais ricas, que pagam as mesmas alíquotas pelas aquisição dos mesmos bens, faz com que a incidência de tributos sobre o consumo tenha um caráter regressivo. Daí porque afirma-se que os tributos indiretos têm natureza eminentemente regressiva, ou seja, seu ônus recai proporcionalmente mais sobre a renda das famílias relativamente mais pobres.

(iv) o PIS e a Cofins têm base ampla de bens e serviços, mas incidem sobre receita ou faturamento das empresas.

O fato de uma base única sobre o consumo ter sido fatiada de acordo com diversos setores da economia e cada uma dessas competências ter sido entregue a um dos três entes de níveis distintos da federação, fez com que, na prática, esses tributos sejam extremamente complexos, descoordenados, cumulativos, repletos de obrigações acessórias e geradores de enorme contencioso[4]. Para José Souto Maior BORGES, trata-se de "irracional convergência de competências tributárias", que funciona como "obstáculo à integração comunitária e à racionalização do sistema constitucional tributário"[5].

Os problemas individuais de cada tributo indireto em conjunto com as práticas adotadas nos últimos anos acarretaram erosão das bases dos impostos compartilhados e diminuíram o repasse de receitas, juntamente ao aumento dos tributos não partilháveis, incluindo contribuições de incidência cumulativa, cujo efeito é ainda mais nefasto para o sistema[6].

---

4. A restrição do direito ao crédito do ICMS, PIS e COFINS, faz com que parte do tributo pago ao longo da cadeia de produção não seja recuperado, o que equivale a uma incidência cumulativa destes impostos. E discussão sobre o que pode ou não gerar crédito gera muito contencioso e aumenta o custo de compliance para as empresa. Além disso, há dificuldade no ressarcimento de créditos acumulados e a incidência de um sobre o outro compromete a transparência e a funcionalidade do sistema tributário, pois quando a mudança de alíquota do ICMS reflete na arrecadação do PIS e da COFINS, e vice-versa.

5. BORGES, José Souto Maior. O imposto sobre o valor acrescido. *In:* SCHOUERI, Luís Eduardo. *Direito tributário- homenagem a Paulo de Barros Carvalho.* São Paulo: Quartier Latin, 2009. p. 348.

6. "Se os tributos cumulativos são os mais fáceis de serem cobrados e serem pagos, paradoxalmente, são os mais prejudiciais à economia. (...) Os tributos cumulativos não são neutros quanto às decisões de produção e alocação de recursos. Distorcem preços relativos e estimulam a integração vertical das empresas. Inibem o crescimento econômico através da taxação dos bens de capital, de forma direta ou indireta, pela tributação dos insumos utilizados na produção desses bens." (AFONSO, José Roberto R.; ARAÚJO, Erika. *Pós-constituinte e impostos indiretos: deformar ou*

O fenômeno da municipalização, com a criação de Municípios totalmente dependentes dos repasses obrigatórios e convencionados entre os entes, a incidência na origem e o fomento à guerra fiscal com erosão da base do ICMS, agravou o desequilíbrio fiscal dos entes subnacionais. Por fim, observa-se o aumento das despesas públicas em descompasso com o crescimento das receitas públicas, contribuindo ainda mais para o desequilíbrio orçamentário[7].

Assim, o sistema tributário, que deve ser observado como instrumento de política pública para promoção de justiça (sob a ótica política) e distribuição renda (sob a ótica econômica), não tem se prestado para tais fins, impedindo a adoção de políticas efetivas para diminuição das desigualdades no país e contribuindo para o desequilíbrio fiscal dos entes subnacionais.

Diante deste cenário, foi aprovada pela Câmara dos Deputados em 06.07.2023 a Proposta de Emenda à Constituição (PEC) nº 45/2019 que propõe a adoção do modelo IVA-dual, unificando a base da tributação sobre o consumo no Brasil sobre o valor agregado, através da implementação da Contribuição sobre Bens e Serviços, a "CBS", de competência da União e do Imposto sobre Bens e Serviços, o "IBS" de competência compartilhada dos Estados, Distrito Federal e Municípios, ambos com a natureza de um tributo sobre o valor adicionado e incidência sobre base ampla de bens e serviços, com não cumulatividade plena, direito ao

---

reformar? In: PINTO, Márcio Percival Alves; BIASOTO Jr., Geraldo. Política fiscal e desenvolvimento no Brasil. Campinas: Editora Unicamp, 2006. p. 289-330)

7. Marcos MENDES ressalta que a grave crise fiscal do Governo Federal é decorrente do esgotamento do modelo de política fiscal pós-redemocratização somado a erros de política econômica nos últimos anos. Desde 2011, enquanto a receita cresce apenas 1,5% a.a., a despesa cresceu 5,4% a.a. neste mesmo período. Segundo o autor, a má gestão econômica dos últimos anos, com aceleração da despesa pública e uso exacerbado das desonerações fiscais, contribuiu para o aumento do déficit fiscal e da dívida pública (MENDES, M. F. *Por Que o Brasil Cresce Pouco? - Desigualdade, Democracia e Baixo Crescimento no País do Futuro*. Elsevier, 2014.)

crédito integral sobre as aquisições, regras homogêneas em todo país, incidência "por fora", ou seja, sobre a base líquida do tributo e cobrados com base no princípio do destino.

O texto da PEC 45 aprovado pela Câmara dos deputados foi remetido ao Senado Federal e o relatório do Senador Eduardo Braga foi apresentado em 25.11.2023, cujas votações pela Comissão de Constituição e Justiça (CCJ) está prevista para o dia 07.11.2023 e pelo Plenário do Senado para o dia 09.11.2023. Considerando que o texto ainda pode sofrer alterações, iremos nos ater a atual versão[8].

II PERÍODO DE TRANSIÇÃO PARA IMPLEMENTAÇÃO DOS NOVOS TRIBUTOS E EXTINÇÃO DOS ATUAIS

O art. 2º da PEC 45 altera o Ato das Disposições Constitucionais Transitórias (ADCT) e, de acordo com a redação da proposta, o art. 124 do ADCT determina que a transição para o IBS e para CBS atenderá aos critérios estabelecidos nos arts. 125 a 133 do ADCT. Vale ressaltar que os prazos estabelecidos pela Câmara dos Deputados para transição do IBS e da CBS não foram alterados pelo Relatório do Senador Eduardo Braga, havendo algumas mudanças quanto ao prazo para extinção do IPI.

A PEC 45 prevê que a transição da CBS será de apenas 1 (um) ano. A nova contribuição será cobrada com uma

8. A tramitação da proposta, todas emendas, documentos e pareceres podem ser acompanhados pelo site <https://www25.senado.leg.br/web/atividade/materias/-/materia/158930#tramitacao_10611472>. O relatório completo apresentado pelo Relator Senador Eduardo Braga em 25 de outubro de 2023 está disponível em <https://legis.senado.leg.br/sdleg-getter/documento?dm=9488605&ts=1698843041087&rendition=stored-leg-signed-pdf&disposition=inline&_gl=1*gfpu6w*_ga*MTk3MzAwMzk3Mi4xNjc0MTU0NzQ3*_ga_CW3ZH25XMK*MTY5ODg0NTEyMS4xMy4wLjE2OTg4NDUxMjEuMC4wLjA>. Acesso em 01.11.2023.

alíquota de 0,9% (nove décimos por cento)[9] em 2026, para que se possa observar com precisão seus efeitos sobre a arrecadação, passando a ter alíquota plena já em janeiro de 2027, concomitante à extinção do PIS e da Cofins, quando entrará em vigor o sistema do IVA federal brasileiro (vide arts. 125 e 126, I, "a" e II, "a", ADCT).

Quanto ao IBS, a proposta prevê que que prazo de transição para os contribuintes[10] terá duração de 7 (sete) anos, iniciado em 2026 e finalizado em 2032, durante o qual o IBS será implementado gradualmente e o ISS e ICMS, impostos que serão substituídos, serão reduzidos proporcionalmente até sua total extinção. Esta transição do IBS envolve duas etapas: (i) a primeira, entre os anos de 2026 e 2028, considerado o período "teste"; e, (ii) a segunda, de implementação efetiva do IBS, concomitantemente à redução até a extinção do ISS e do ICMS, que irá de 2029 a 2032.

Durante a etapa de teste, em 2026 o IBS será cobrado à alíquota de 0,1% (um décimo por cento)[11] com o intuito de mensurar o potencial arrecadatório do imposto (vide art. 125, ADCT). Em 2027 e 2028 será cobrado à alíquota estadual de 0,05% (cinco centésimos por cento) e à alíquota municipal de 0,05% (cinco centésimos por cento), período em

---

9. Compensável com o valor devido à título de PIS e Cofins e, na ausência de débitos, com qualquer outro tributo federal ou ressarcido em até 60 (sessenta) dias, mediante requerimento.

10. Há também o prazo de transição aplicável somente aos entes públicos, no que concerne à partilha federativa da receita arrecadada, que durará 50 (cinquenta anos), com início em 2029 e término em 2078, para garantir aos entes uma participação no montante total arrecadado similar ao atual, para que de forma gradual e serene, ocorra a transição para a repartição da receita arrecadada baseada exclusivamente no princípio do destino (vide art. 131, ADCT). Como a transição para os entes públicos não afeta o compliance dos contribuintes, iremos considerar apenas o prazo de 7 anos de transição do IBS para continuidade deste artigo.

11. Igualmente compensável com o valor devido à título de PIS e Cofins e, na ausência de débitos, com qualquer outro tributo federal ou ressarcido em até 60 (sessenta) dias, mediante requerimento.

que a CBS será reduzida em 0,1% (um décimo por cento) (vide art. 127, ADCT).

Na etapa de implementação, as alíquotas do ISS e do ICMS serão reduzidas nas seguintes proporções: (i) 1/10 (um décimo), em 2029; (ii) 2/10 (dois décimos), em 2030; (iii) 3/10 (três décimos), em 2031; e (iii) 4/10 (quatro décimos), em 2032. Os benefícios, incentivos fiscais ou financeiros relativos a estes impostos serão reduzidos na mesma proporção (vide art. 128, ADCT). No mesmo período, de forma concomitante e proporcional, as alíquotas do IBS serão instituídas pelo Senado Federal a fim de compensar a equivalente redução da receita do ICMS e do ISS (vide art. 130 do ADCT). Em 2033 ficam extintos ICMS e ISS e o IBS entra em vigor com sua alíquota plena, instituindo-se o IVA subnacional brasileiro.

Por fim, com relação à extinção do IPI, antes prevista para 2033, de acordo com o texto atual poderá ocorrer já a partir de 2027, desde que instituída a contribuição de intervenção do domínio econômico (CIDE) prevista no §5º do art. 92-B, nos termos no art. 149 da Constituição Federal, sobre importação, produção ou comercialização de bens que tenham industrialização incentivada na Zona Franca de Manaus, garantido tratamento favorecido às operações na referida área (vide art. 126, II, "b", ADCT).

Caso esta condição não seja cumprida, as alíquotas do IPI ficam reduzidas a zero, exceto em relação aos produtos que tenham industrialização incentivada na Zona Franca de Manaus, conforme critérios estabelecidos em lei complementar, sendo vedada sua incidência cumulativa com o Imposto Seletivo (IS) previsto no art. 153, VIII (vide art. 126, § u, I e II, ADCT).

Se por um lado a transição é bem vista pelos contribuintes que precisam de tempo para ajustar seus planos de negócio à nova realidade, por outro tem sido alvo de reiteradas críticas por trazer mais complexidade e dificuldade no cumprimento das obrigações acessórias atinentes à tributação sobre o consumo. O quadro abaixo, de elaboração própria desta autora, busca sintetizar de forma ilustrativa e didática as alterações acima descritas durante o período de transição:

	IVA federal		**IVA subnacional**	
	CBS	**PIS e Cofins**	**IBS**	**ISS e ICMS**
2026	Alíquota de 0,9%	Redução equivalente à 1% (0,9% de CBS + 0,1 % de IBS)	Alíquota de 0,1%	Sem alterações
2027	Alíquota plena com redução de 0,1% em razão do IBS	**Extinção**	Alíquotas (i) estadual de 0,05%; e (ii) municipal de 0,05%	Sem alterações
2028	Alíquota plena com redução de 0,1% em razão do IBS		Alíquotas (i) estadual de 0,05%; e (ii) municipal de 0,05%	Sem alterações
2029	**Alíquota plena**		Alíquota fixada pelo Senado equivalente à redução de 10% do ISS e do ICMS	Redução de 10% da alíquota e dos respectivos benefícios
2030			Alíquota fixada pelo Senado equivalente à redução de 20% do ISS e do ICMS	Redução de 20% da alíquota e dos respectivos benefícios
2031			Alíquota fixada pelo Senado equivalente à redução de 30% do ISS e do ICMS	Redução de 30% da alíquota e dos respectivos benefícios
2032			Alíquota fixada pelo Senado equivalente à redução de 40% do ISS e do ICMS	Redução de 40% da alíquota e dos respectivos benefícios
2033			**Alíquota plena**	**Extinção**

III CONCLUSÃO: NECESSIDADE DE UNIFICAÇÃO DAS OBRIGAÇÕES ACESSÓRIAS, INCENTIVO À AUTORREGULARIZAÇÃO E SUSPENSÃO DAS PENALIDADES DURANTE A TRANSIÇÃO

A adoção de um período inicial de transição majoritariamente concentrado na União confere maior segurança à implantação do novo sistema tributário, pois o governo federal dispõe de significativa base de dados e de instrumentos mais ágeis para corrigir ou compensar desvios. Mitiga-se também a possibilidade de impactos nas contas públicas, tendo em vista que a base arrecadatória da União é mais ampla.

Ademais, o período de transição da CBS de apenas 1 (um) ano atende a expectativa de mudanças rápidas e elimina a duplicidade de obrigações acessórias com a rápida extinção do PIS e da Cofins. Paralelamente, as novas regras de não cumulatividade plena devem refletir, na prática, em menor complexidade e maior facilidade quanto à apropriação dos créditos das respectivas aquisições. Assim, espera-se que a implementação da CBS não traga maiores dificuldades para os contribuintes, que deverão ser impactados por custos de conformidade apenas em que pese a adaptação dos atuais sistemas às regras do novo tributo e cujo ônus estima-se que seja dissolvido pela almejada simplificação das regras de creditamento já nos primeiros anos de vigência da CBS.

No que concerne à transição para o IVA subnacional, a proposta é exitosa ao prever a implementação gradual do IBS concomitante à extinção igualmente paulatina do ICMS e do ISS e respectivos benefícios fiscais, em respeito à previsibilidade e à segurança jurídica, preservando as relações já constituídas, em especial ao observar o prazo final de 2032 instituído pela Lei Complementar 160/2017 para o fim dos incentivos fiscais. Por outro lado, a manutenção da existência concomitante de dois sistemas por 7 (sete) anos tem causado desconforto aos contribuintes, que já são penalizados pela complexidade e dificuldade no cumprimento das obrigações acessórias dos atuais ICMS e ISS.

Pois bem. Vale ressaltar que o §6º do art. 156-B da PEC 45 prevê que o Comitê Gestor, a administração tributária da União e a Procuradoria-Geral da Fazenda Nacional compartilharão informações fiscais relacionadas ao IBS e à CBS e atuarão com vistas a harmonizar normas, interpretações, obrigações acessórias e procedimentos a eles relativos.

Assim, a convivência do sistema antigo com o novo pode ser mais simples do que parece. Isto porque, considerando a harmonização das normas, procedimentos e deveres instrumentais do IBS e da CBS, ao término do período de teste do IBS e início do seu período de implementação em 2029, a implementação da CBS já estará concluída e bastará replicar seus procedimentos para o IBS. Em outras palavras, quer-se dizer que a implementação do IBS já terá um caminho traçado pela CBS para ser percorrido.

De toda forma, em prol da simplificação pretendida é imperioso que se adotem obrigações acessórias idênticas para CBS e IBS. Ademais, a Lei Complementar deve instituir mecanismos de incentivo para a autorregularização do contribuinte, bem como prever a suspensão da aplicação de penalidades por eventuais infrações de deveres instrumentais durante o período de transição. Estas medidas se adequam à necessidade de construirmos um novo modelo de relacionamento do fisco com os contribuintes, com foco na cooperação, adesão voluntária e boa-fé.

As melhores práticas internacionais, pautadas pela literatura contemporânea, buscam conduzir as administrações e os processos tributários na direção de superar o chamado paradigma da repressão e do crime[12], avançando na

---

12. James Alm (Georgia State University) insiste na importância de superar o "paradigma do crime" que, desde a década de 1960, pauta a maioria das pesquisas em economia. Trata-se de ir além da ideia de que o comportamento do indivíduo (no

direção do paradigma do serviço, cujo enfoque é facilitar e ajudar o contribuinte no cumprimento das leis tributárias[13].

Na medida em que o direito deve ser capaz de encontrar respostas regulatórias satisfatórias a novos atores, contextos, demandas e expectativas, parece não apenas adequada como necessária a adoção de mecanismos para incentivo à auto regulação bem como a suspensão da aplicação de penalidades pelo descumprimento de obrigações acessórias durante o período de transição, mormente diante das dificuldades em adaptar-se ao novo sistema, agravada pela convivência com o antigo sistema.

Além de estar em linha com o contemporâneo objetivo de preservação do meio ambiente, a reforma tributária pretendida pela PEC 45 não deve perder a oportunidade de alinhar-se à nova lógica de atuação das administrações tributárias mais modernas e eficientes, voltadas ao apoio e à colaboração, mediante a disposição de substituir o modelo atual excessivamente focado na lavratura de autos de infração - grande gerador de insegurança jurídica e indutor do contencioso administrativo e judicial - evoluindo para

---

caso o contribuinte) funda-se em uma escolha racional que visa sempre à maximização da utilidade e de que, por extensão, para aumentar a arrecadação, o fisco deve utilizar quase que exclusivamente mecanismos de detecção e punição (auditorias e multas). O autor demonstra, por meio de pesquisas empíricas realizadas na América Latina que, mesmo nos países que possuem baixo índice de cumprimento de obrigações tributárias (compliance), a evasão nunca cresce até os níveis previstos por uma análise que tem em conta apenas elementos de ordem financeira. Há, portanto, outros fatores que devem ser considerados se quisermos compreender os motivos pelos quais contribuintes cumprem normas tributárias (também por isso, a associação entre economia com outras disciplinas, como teoria social e ciência política, é fundamental). (in Transparência Fiscal e Desenvolvimento: Homenagem ao Professor Isaias Coelho, Thomson Reuters, p. 275-313.)

13. Richard Bird (University of Toronto), alinhado com James Alm, mostra que as Administrações Fiscais que têm atingido os melhores resultados são aquelas que levam tal diversidade de fatores em conta e aprenderam não só a realizar auditorias e aplicar multas de modo eficiente, mas também a utilizar instrumentos capazes de impulsionar a construção de um relacionamento de confiança com contribuintes e, sobretudo, alinhar normas tributárias e normas sociais. (in Transparência Fiscal e Desenvolvimento: Homenagem ao Professor Isaias Coelho, Thomson Reuters, p. 171-199.)

um modelo que incrementa a boa governança tributária, melhora o ambiente de negócios e incentiva a realização de novos investimentos sustentáveis de médio e longo prazo em nosso país.

BIBLIOGRAFIA

AFONSO, José Roberto R.; ARAÚJO, Erika. *Pós-constituinte e impostos indiretos: deformar ou reformar?* In: PINTO, Márcio Percival Alves; BIASOTO Jr., Geraldo. Política fiscal e desenvolvimento no Brasil. Campinas: Editora Unicamp, 2006. p. 289-330.

BORGES, José Souto Maior. O imposto sobre o valor acrescido. In: SCHOUERI, Luís Eduardo. Direito tributário- homenagem a Paulo de Barros Carvalho. São Paulo: Quartier Latin, 2009. p. 348.

BRASIL. Câmara dos Deputados. PEC 45/2019. Texto final aprovado em 07/07/2023, disponível em <https://www.camara.leg.br/proposicoesWeb/prop_mostrarintegra?codteor=2305786&filename=REDACAO%20FINAL%20PEC%2045/2019>. Acesso em 01.11.2023.

________. Senado Federal. PEC 45/2019. Relatório do Senador Eduardo Braga, Relator da PEC 45/2019, apresentado em 25.10.2023, disponível em <https://legis.senado.leg.br/sdleg-getter/documento?dm=9488605&ts=1698843041087&rendition=stored-leg-signed-pdf&disposition=inline&_gl=1*gfpu6w*_ga*MTk3MzAwMzk3Mi4xNjc0MTU0NzQ3*_ga_CW3ZH25XMK*MTY5ODg0NTEyMS4xMy4wLjE2OTg4NDUxMjEuMC4wLjA>. Acesso em 01.11.2023.

________. Tesouro Nacional Transparente. Carga Tributária do Governo Geral. Disponível em <https://www.tesourotransparente.gov.br/publicacoes/

carga-tributaria-do-governo-geral/2022/114?ano_selecionado=2022>. Acesso em 01.11.2023.

DE SANTI, Eurico Marcos Diniz (coordenador). Transparência Fiscal e Desenvolvimento: Homenagem ao Professor Isaias Coelho, Thomson Reuters.

EBRILL, Liam; KEEN, Michael; BODIN, Jean-Paul; SUMMERS. *The Modern VAT.* Washington, D.C.: International Monetary Fund, 2001. Disponível em: <https://publications.iadb.org/publications/portuguese/document/A-tributação-do-valor-adicionado-o-ICMS-e-as-reformas-necessárias-para-conformá-lo-às-melhores-práticas-internacionais.pdf>. Acesso em: 01.11.2023.

MENDES, M. F. *Por Que o Brasil Cresce Pouco? - Desigualdade, Democracia e Baixo Crescimento no País do Futuro.* Elsevier, 2014.

SANTIN COOKE, Lina Braga. A unificação da tributação sobre o consumo e o pacto federativo brasileiro. Dissertação de Mestrado - Fundação Getulio Vargas, Escola de Direito de São Paulo. Disponível em: <https://bibliotecadigital.fgv.br/dspace/bitstream/handle/10438/30295/DISSERTA%c3%87%c3%83O%20-%20MESTRADO%20-%20LINA%20BRAGA%20SANTIN%20COOKE.pdf?sequence=5&isAllowed=y>. Acesso em: 01.11.2023.

RESPONSABILIDADE TRIBUTÁRIA PESSOAL E O PROGRAMA DE *COMPLIANCE*

Luciano de Almeida Pereira[1]

INTRODUÇÃO

Consoante o artigo 1º da Constituição Federal[2] pátria, o Brasil constitui-se em Estado Democrático de Direito. A apontada prescrição traz reverberações várias, estampando fundamentos e primados de vitanda importância.

O mais emproado destes, quiçá, o *princípio da dignidade da pessoa humana*, posta-se como traço central de qualquer ordenamento que se cognomine desta lavra.

Urge alvitrar, entretanto, que hodiernamente o axioma democrático que bafeja os Estados que acotiam tais caminhos não mais se sofreiam nos sufrágios periodicamente instalados. A sociedade, única e verdadeira titular

---

1. Pós-doutor em Direito Financeiro e Tributário pela UERJ. Doutor e mestre em Direito Tributário pela PUC/SP Coordenador do curso de extensão em Compliance Tributário do IBET Professor do IBET. Advogado.

2. Art. 1º A República Federativa do Brasil, formada pela união indissolúvel dos Estados e Municípios e do Distrito Federal, constitui-se em Estado Democrático de Direito e tem como fundamentos: (...)

do poder[3] manuseado pelo Estado, reclama, cada vez mais, manifestações outras da democracia, bem como da observância da dignidade da pessoa humana.

Nesse passo, a horizontalidade relacional entre cidadão/contribuinte e Estado/Fisco vem se mostrando uma necessidade de primeira ordem para o desempenho que se espera do Estado que, conforme supradito, almeja respeitar e efetivar os postulados da democracia.

Um retilíneo liame entre cidadãos e Estado, nas províncias da fiscalidade, promove uma atmosfera menos adversarial e mais dialógica; aquiesce a participação, bem como a ansiada cooperação entre a Administração Pública e contribuinte, redundando no apoucamento de litígios havidos entre poder Público e cidadão e, como consequência, sobrelevando a ideia de consensualidade que, nessa perspectiva, tende a ser paulatinamente alojada.

De outra mão, há questões que hão ser trazidas à sirga. É deveras legítimo o desiderato do cidadão de participar, porquanto um instrumento democrático, de algumas manifestações e decisões da Administração Pública.

Tão lícito e autêntico quanto, é o poder/dever de arrecadação do Estado, já que a atividade financeira deste é o que propicia o financiamento de todos os elementos listados como direitos fundamentais que, de final, buscam a consecução da dignidade da pessoa humana.

A assunção do ônus fiscal, então, se traduz em substancial função desempenhada pelo citadino, porquanto financie os elementos viabilizadores da dignidade da pessoa humana e de tudo que desta dimana.

3. Constituição Federal - Art. 1º (...) - Parágrafo único. Todo o poder emana do povo, que o exerce por meio de representantes eleitos ou diretamente, nos termos desta Constituição.

Por outros contornos, de se saber, o Estado, em todas as suas facetas e manifestações, porque é sociedade política e juridicamente organizada, é provido pelo cidadão que, como cediço, assume, aqui a roupagem de contribuinte ou responsável tributário.

Daí, então, a inevitabilidade de enfrentar a responsabilidade tributária, tema que permeia prolongadamente as relações processuais estabelecidas entre Fisco e o responsável tributário.

1. TRAÇOS INICIÁTICOS DA RESPONSABILIDADE TRIBUTÁRIA

De se saber, a responsabilidade tributária encontra-se encartada a partir do artigo 128 do *Codex* tributário brasileiro, *in verbis*:

> Art. 128. Sem prejuízo do disposto neste capítulo, a lei pode atribuir de modo expresso a responsabilidade pelo crédito tributário a terceira pessoa, vinculada ao fato gerador da respectiva obrigação, excluindo a responsabilidade do contribuinte ou atribuindo-a a este em caráter supletivo do cumprimento total ou parcial da referida obrigação.

Como sabido e consabido, trata-se de ocasião em que terceiro associado à hipótese de incidência condizente à obrigação tributária assume, por determinação legal, a responsabilidade do ônus fiscal, de modo a excluir o referido encargo do contribuinte original ou a este atribuindo-a em caráter supletivo ou parcial.

Debates palpitantes, entornando assuntos vários, são construídos com espeque no instituto da responsabilidade tributária. E seus delineamentos, notemos, se fazem necessários para que questões que gravitem no entorno da responsabilidade tributária encontrem o mais lídimo deslinde.

Nesse diapasão, pois, cumpre sublinhar, de início, que a responsabilidade tributária jamais decorre, reflexa e instantaneamente, da prática da hipótese de incidência. Em contrário, da consubstanciação da conduta grafada em lei como hipótese de incidência tributária, emerge, somente, o direito do Estado/Fisco em tomar as medidas administrativas tendentes à constituição do crédito tributário e sua consequente cobrança em face do contribuinte e não do responsável tributário.

De se concluir, portanto, o terceiro responsável é aquele que assume o dever de colaboração para com o Estado/Fisco, convocado a responder pelo tributo no lugar do sujeito que efetivara a conduta desenhada em lei como hipótese de incidência tributária, conforme linhas acima apontados.

Vociferações, ainda que não majoritárias, asseveram que o legislador, quando da feitura do Código Tributário Nacional – CTN, não tratara do tema com o devido rigor, o que fomenta dissenso doutrinário.

Com efeito, possível se faz adir a responsabilidade em dois grandes campos, quais sejam, *responsabilidade tributária por transferência* e *responsabilidade tributária por substituição*.

Em breve e apertado resumo, na ordenação jurídico-tributária brasileira o instituto da responsabilidade tributária arroga três gradações, quais seja: *(i) responsabilidade solidária; (ii) responsabilidade subsidiária;* e *(iii) responsabilidade pessoal*.

Nessa esteira, ressaiamos que na responsabilidade solidária, o credor detém a prerrogativa de convocar quaisquer dos responsáveis solidários para o assentimento e consequente cumprimento integral da obrigação tributária.

Concernente à responsabilidade tributária subsidiária, o terceiro responde pelo cumprimento da obrigação tributária, somente ulteriormente a frustração do cumprimento da obrigação pelo devedor originário, qual seja, o contribuinte.

Na responsabilidade tributária pessoal, por seu turno, observa-se a exclusão do contribuinte, concernindo à terceira pessoa responder, desde a aparição da obrigação tributária, pelo seu adimplemento, corvejemos.

Com efeito, no que tange à tipologia da responsabilidade tributária, o Código Tributário Nacional - CTN assinala quatro modalidades de responsabilidade tributária: *(i) responsabilidade por substituição*[4]; *(ii) responsabilidade dos sucessores*[5]; *(iii) responsabilidade de terceiros*[6]; e *(iv) responsabilidade por infrações*[7], que, a propósito, se congraça, de igual sorte, a modalidade de responsabilidade por substituição.

Independentemente da modalidade de responsabilidade tributária que se traga à sirga, cotidianamente o tema permeia as relações instaladas entre Estado/Fisco e o sujeito passivo, *in casu*, responsável tributário.

Reside aqui, pois, os elementos que reclamam o estudo do *compliance* tributário, em especial, aplicado ao instituto em comento. Exordialmente, entretanto, mister se faz minudenciar algumas questões de supina importância.

2. TEORIA DOS ATOS EMPRESARIAIS (ATOS DE COMÉRCIO) E SEUS REFLEXOS TRIBUTÁRIOS

De substancial importância se mostra diferençarmos os atos empresariais praticados de forma lícitas daquel'outros promovidos ao arrepio da lei.

---

4. Art. 128, do Código Tributário Nacional - CTN.

5. Art. 129 a 133, do Código Tributário Nacional - CTN.

6. Art. 134 e 135, do Código Tributário Nacional - CTN.

7. Art. 126 a 138, do Código Tributário Nacional - CTN.

Cabe, antes de tudo, falar brevemente sobre a Teoria dos Atos de Comércio, ainda que rudimentarmente, desde sua a mais remota aparição.

Nessa perspectiva, importa salientar que no perlustrar da Idade Média não se tinha a noção de corporação nos moldes hodiernamente conhecidos. A ideia de comércio, de igual sorte, não se afinava com os conceitos hoje concebidos, dada as estruturas sociais abissalmente díspares que o tempo impusera.

À guisa de relembrança, em tempos medievos o comércio se operava mormente com sustentáculo no câmbio de produtos, especialmente nas feiras, o que proporcionara, fortemente, o crescimento do mister do comerciante.

Com efeito, havemos de relevar que a prática em comento não era bem-vista pela igreja, o que promovera um abandono social resultando, por consequência, na mais absoluta ausência de normas que, à época, regrassem os atos de comércio.

Implica dizer, por outros contornos, que o direito andava à margem dos atos de comércio, de modo que este, por assim, não observava qualquer feixe linguístico que desse conta das práticas efetivadas no indigitado ambiente.

Desta sorte, diante da falta de regulação, conforme suso ressaltado, e opondo-se ao sistema feudal estabelecido há muito, seja dito, encontrava pálio no Direito Romano-Canônico, os próprios comerciantes congregaram-se com o fito de confeccionar suas próprias normas.

É nessa senda que se vislumbra, notemos, um rompimento com premissas fundantes do Direito Civil, de modo principiar novel ordenamento que buscava, de final, atender aos anseios dos comerciantes.

De se saber, o surgimento das monarquias reclama a necessidade de unificação do direito, já que, destarte, ter-se-ia o fortalecimento do exercício de um poder centralizado que, sabemos, era um dos principais, ou, quiçá, o principal, desideratos do monarca.

Não há de se olvidar que, até então, as corporações de ofício legislavam livremente em matéria de Direito Comercial. Com o acotiar do tempo e com a eclosão da revolução francesa, o direito unificado e centralizado se postava como garantia de igualdade de tratamento entre as diversas faixas sociais.

É nesse cenário que os atos de comércio passam a ser livres sem a exigência de inscrição nas vetustas corporações de ofício.

Como consequência do indigitado marco, os atos de comércio não mais são definidos pelas regras constantes das corporações de ofício. Doravante, os predicados que os bafejam são trazidos pela prática de determinados atos de comércio, agora, a todos acessíveis, suprimindo, escordemos, a classificação subjetiva outrora utilizada para, de agora em diante, dar lugar a uma classificação objetiva.

Nesse quadro, pois, surge a Teoria dos Atos de Comércio, incorporada pelo Código Napoleônico, em 1807, postando se como o marco jurídico da atividade mercantil.

No Brasil, a teoria em comento não encontrara lugar no Código Comercial de 1850, já que os legisladores pátrios não elencaram os atos considerados caracterizadores das atividades comerciais.

Em razão disto, pois, urgira a necessidade de textos positivos que trouxessem o assunto à colação. Diante da problemática em comento, fora editado o Regulamento n.º 737/1850, estampando os atos de comércio no Brasil.

Com isso, surge a teoria da Empresa na Itália, que destacava uma série relevante de lacunas que haveriam de ser superadas para que o Direito Comercial desempenhasse efetivo e satisfatório papel social. Arbitrariedades várias, exclusão de atividades de supina importância, como serviços, agricultura, dentre outros, potencializaram o incômodo social que buscava uma solução legislativa para o arbítrio do Estado.

Como resultância, se vislumbra a unificação do Direito Civil e do Direito Comercial, em 1942 na Itália, com o escopo de trazer à lume novel Teoria da Empresa que ocupasse o lugar de arquétipo jurídico e, por assim, fosse profusamente aplicada para as mais diferentes expressões de atividades econômicas.

No Brasil por seu turno sem prejuízo do que furar traçado como atos de comércio pela resolução outrora sublinhada a teoria da empresa no direito brasileiro ganha força a partir de 1942 por influência do movimento do legislativo italiano.

Entretanto, a positivação da teoria da Empresa no Brasil, encontra força, irrevogavelmente, com o advento do código Civil de 2002, que, de igual sorte, fora fortemente influenciada pela legislação italiana.

Não obliteremos, todavia, que antes da Lei Civil supracitada, o sistema jurídico brasileiro paulatinamente introduzira o conceito de empresa por meio de leis esparsas.

De todo modo, o arcabouço normativo da Teoria do Ato Empresarial no Brasil encontra espeque na centralização do ente economicamente organizado, oportunidade em que o objetivo precípuo é a produção e/ou circulação de bens e serviços, isto é, atos praticados pelas pessoas jurídicas.

De se notar, justifica-se a incursão na teoria supra porquanto o Direito Tributário se posta como modalidade linguística de sobreposição. Por outros torneios, encontra a sua incidência em fatos sociais que foram vestibularmente regrados por outros campos do Direito Positivo.

3. DOS ATOS EMPRESARIAIS EFETIVADOS DE FORMAS LÍCITA E ILÍCITA. BREVES APONTAMENTOS SOBRE ELISÃO E EVASÃO FISCAL

Resto dissenso doutrinário no que concerne aos conceitos de elisão e evasão fiscal. O tema, de se saber, é tratado por autores de escol que, em geral, aludem à expressão "elisão fiscal" para designar o emprego de meios legítimos para minimizar o ônus tributário repousante sobre o contribuinte

A expressão "evasão fiscal", de outra mão, encerra a ideia de utilização de meios ilícitos, isto é, de comportamento efetivado ao arrepio da lei com o fito de diminuir o impacto fiscal, ou, na maioria das vezes, se esquivar da assunção do ônus fiscal, por parte do contribuinte.

É bem verdade que a doutrina hodierna, no ininterrupto afã de aprimoramento dos elementos estudados, indica que o termo "elisão" não se mostra adequado porquanto, na sua origem etimológica, vindoura do vocábulo "elidir", resultante do latim *elidere*, traduz-se na ideia de *"fazer a elisão de; eliminar; omitir"*, o que fomenta inexorável confusão terminológica.

Neste compasso, o termo mais adequado, consoante parte da doutrina, se apresenta como "elusão fiscal". Heleno Taveira Torres[8], ao propalar magistério de supina importância sobre o tema em comento, indica que *"elusivo é aquele que tende a escapulir, a furtar se (em geral por meio de argúcia); se mostra arisco, esquivo, evasivo"*. (Grifos postos)

Daí por que se propõe a adoção de um termo em detrimento de outro. Com efeito, a divergência oportunamente ressaltada, portanto, se atém a questões de índole terminológica.

---

8. TÔRRES, Heleno – *Limites ao planejamento tributário – Normas Antielusivas* (Normas Gerais e Normas Preventivas), LC 104/01: uma norma Anti-simulação (não publicado).

Afora a referida discordância, entretanto, há consenso no que tange à ideia de que a elisão fiscal indica a economia lícita de tributos. Por isso, então, se faz possível indicar elementos que diferenciam a elisão da evasão fiscal.

Convém ressaltar que o Direito Positivo tem como proposta central regulamentar e, assim, conduzir as relações de intersubjetividade havidas entre os sujeitos insertos em uma dada sociedade. Em razão disto, pois, há de encontrar plena harmonia entre os anseios sociais e os axiomas regrantes, constantes dos textos de Direito Positivo.

O descompasso entre as aspirações sociais e o Direito Posto, redunda na inobservância dos valores mais caros à sociedade, defrontado, ainda que indiretamente, a dignidade da pessoa humana.

De outra mão, todo regramento perfilado com a expectação social, que assoalha a mais conata expressão cultural de uma dada gente, desempenha a primeira e genuína função do Direito Positivo.

Nessa perspectiva, inadiável memorar que qualquer desobediência ao texto de lei indica a corrupção dos anseios sociais. Sim, porque ao admitir que o Direito Posto é erigido com supedâneo na sofreguidão social, sua inobservância é, em última análise, insubmissão à vontade social.

Em um sistema tributário complexo, como o que se opera em solo pátrio, todavia, o hermetismo apontado leva, muita vez, o sujeito ao equívoco, dimanando, não raramente, em inadimplência.

Com efeito, o quadro se modifica quando o não pagamento do tributo se dá de maneira ardilosa; quando o contribuinte atua, propositadamente, aviltando a lei. Em casos deste jaez, não obstante o incumprimento da lei, adiciona-se o desejo embusteiro de levar o Fisco a erro e, com isso, ver-se com diminuta carga tributária ou, por vezes, liberto desta.

Conquanto modalidades de inadimplemento fiscal, não se mostra isonômico estatuir o mesmo tratamento para o sujeito que inadimpliu por razões outras que não àquelas que, deliberadamente, demonstram a intenção de fraudar o Fisco.

Nesses casos, malgrado o ato corruptivo trazido pela inobservância da lei, ter-se-á, de igual sorte, a furtividade que se imbrica ao ato.

Por isso, então, de cardinal importância indicar os sujeitos que hão de assumir a responsabilização dos atos efetivados à margem da lei.

Resta apontar, por postimeiro, que o programa de *compliance*, dada sua natureza preventiva e de conformação com as regras vindas não só internamente, mas, também, das atividades legiferantes, labora como elemento que corrobora fortemente em favor do adimplemento e da suficiente organização da corporação, de modo a evitar situações desta qualidade.

4. OS SUJEITOS PASSÍVEIS DE RESPONSABILIZAÇÃO

Os sujeitos que ilustram o polo passivo da relação jurídico-tributária na qualidade de responsável tributário estão colacionados no Código Tributário Nacional – CTN, a partir do artigo 121, *in verbis*:

> *Art. 121. Sujeito passivo da obrigação principal é a pessoa obrigada ao pagamento de tributo ou penalidade pecuniária.*
>
> *Parágrafo único. O sujeito passivo da obrigação principal diz:*
>
> *I - Contribuinte, quando tenha relação pessoal e direta com a situação que constitua o respectivo fato gerador;*
>
> *II - Responsável, quando, sem revestir a condição de contribuinte, sua obrigação decorra de disposição expressa de lei.*

Em conformidade com o prescrito no enunciado de lei em destaque, assume a condição de contribuinte o indivíduo que desfrutar de relação pessoal e direta com a hipótese de incidência.

O responsável tributário, por sua parte, não se assenhoreia de uma relação direta e pessoal para com o fato gerador, tal qual o contribuinte, mas, de outra mão, por ordem legal, é obrigado ao recolhimento do tributo devido pelo contribuinte.

De se ressaltar, pode ser responsável tributário tão-somente o sujeito que usufrua de meios para exigir do contribuinte o cumprimento da obrigação fiscal. Tal observação se mostra de indizível importância em razão das apreciações que a doutrina faz acerca dos ditames trazidos pelo artigo 124 da mesma lei. Vejamo-lo:

> *Art. 124. São solidariamente obrigadas:*
>
> *I - As pessoas que tenham interesse comum na situação que constitua o fato gerador da obrigação principal;*
>
> *II - As pessoas expressamente designadas por lei.*
>
> *Parágrafo único. A solidariedade referida neste artigo não comporta benefício de ordem.*

Vestibularmente, havemos de consignar que o dispositivo suso apontado encontra nasceiro no artigo 869, parágrafo único[9], do Código Civil de 1916, nos dias que correm, correlato ao artigo 265[10], do Código Civil pátrio, trazido em 10 (dez) de janeiro de 2002.

---

9. Art. 896. A solidariedade não se presume; resulta de lei ou da vontade das partes. Parágrafo único. Há solidariedade quando na mesma obrigação concorre mais de um credor, ou mais de um devedor, cada um com um direito, ou obrigado à dívida toda.

10. Art. 265. A solidariedade não se presume; resulta da lei ou da vontade das partes.

Tendo em conta o destaque em relevo, nota-se que o artigo 124 do Código Tributário Nacional - CTN encontra arrimo no instituto da solidariedade,[11] de arte que a atenção destinada ao indigitado artigo deve considerar a presença de mais de um sujeito no polo passivo de uma dada relação obrigacional de índole tributária.

Imperioso, pois, que nesse liame haja interesse comum dos sujeitos que figurem no evento, havido no mundo social, que se afeiçoara à hipótese de incidência desenhada no antecedente da norma jurídico-tributária.

Resta como consequência, pois, a condição de devedores solidários. A solidariedade, que eflui do interesse comum, conforme prevê o Código Tributário Nacional – CTN, indica não haver necessidade de previsão específica, na lei que estatuir determinado tributo, para apontar os devedores solidários, já que a disposição do indigitado *Codex* é de caráter geral, de modo a aplicar aos tributos existentes no sistema tributário nacional.

O assinalamento da dição "interesse comum" empregada pelo legislador, não se mostra suficiente, tampouco adequada para revelar, com justeza e segurança, a medida, nem mesmo a condição em que figuram os integrantes da efetivação da hipótese de incidência, já que se acham hipóteses nas quais os sujeitos com interesse comum estão presentes e contribuem para a consubstanciação da hipótese de incidência.

Dito isto, mister se faz abordar episódios onde resta manifesto a figura da solidariedade passiva. Para Hugo de Brito Machado[12], o exemplo cabal de solidariedade passiva concernente ao Imposto sobre a Renda e Proventos de Qualquer Natureza – IR. Atentemos à sua lição:

---

11. Obrigação solidária, portanto.

12. MACHADO, Hugo de Brito - Curso de Direito Tributário, Editora Malheiros, 13ª edição, páginas 99 e 100.

> *"Exemplo típico de solidariedade passiva é o das pessoas casadas em comunhão de bens, relativamente ao imposto de renda. A obtenção de renda, pelo marido, interessa à mulher, sendo a recíproca igualmente verdadeira. Por isto, marido e mulher são solidariamente obrigados ao pagamento do tributo respectivo".* (Grifos postos)

Alusivamente ao inciso II do artigo 124 do Código Tributário Nacional - CTN, a regra assevera que a solidariedade das pessoas expressamente elencadas em lei, poderá determinar a existência de solidariedade havida entre pessoas que possam não ter interesse comum na situação que constitua a hipótese de incidência, já que incabível previsão para estabelecer em quais situações há, deveras, interesse comum.

Nesse compasso, não há que se admitir que a ponência de tributo que esculpe disposições atinentes à hipótese de incidência tributária do fato gerador do tributo, de modo a estabelecer como devedor solidário pessoa que não tenha participado ou concorrido para a realização do fato jurídico tributário.

Vê-se que o legislador ordinário, com espeque no Texto Constitucional, resta impedido de promover a incidência da carga tributária sobre pessoa estranha ao fato previsto na norma como hipótese de incidência da obrigação.

No que tange ao parágrafo único do indigitado enunciado prescritivo, destaquemos, o impedimento de aplicação do benefício de ordem quando averiguada solidariedade, conduz ao necessário conhecimento dessa figura, qual seja, o benefício de ordem, prevista no Código Civil brasileiro.

Nada obstante, a responsabilidade tributária adquire tons de pessoalidade a partir do artigo 135 da lei tributária brasileira que conta com a seguinte relação:

Art. 135. São pessoalmente responsáveis pelos créditos correspondentes a obrigações tributárias resultantes de atos praticados com excesso de poderes ou infração de lei, contrato social ou estatutos:

I - As pessoas referidas no artigo anterior;

II - Os mandatários, prepostos e empregados;

III - os diretores, gerentes ou representantes de pessoas jurídicas de direito privado.

Precedentemente, convém realçar que no anteprojeto do Código Tributário Nacional confeccionado por Rubens Gomes de Sousa, a redação do dispositivo[13] dedicado à tal modalidade de responsabilidade tributária encontrava abissal diferença com o enunciado linhas acima apontados, porquanto versasse tanto sobre pessoas físicas quanto jurídicas, abarcando atos dolosos ou não, e, não obstante a isso, limitava, também, a responsabilidade de terceiros no que diz respeito aos seus bens.

A comissão revisora do anteprojeto em comento assentira a permanência do axioma central empregue na redação original, de modo a não apresentar qualquer óbice, sugestão ou adendo.

Mantivera o projeto no esteio da redação inaugural, acrescendo, no entanto, parágrafo respeitante a necessidade de normas gerais relativamente a responsabilidade por infrações serem seguidas de quantificação e qualificação das penalidades cabíveis. Esse era o panorama iniciático da responsabilidade tributária pessoal.

13. Art. 247. As pessoas naturais ou jurídicas são pessoalmente responsáveis, nos termos do disposto no artigo 230, pelos créditos correspondentes a obrigações tributárias decorrentes de atos regularmente praticados por seus mandatários, funcionários, prepostos ou empregados. Parágrafo único. Quanto às pessoas jurídicas de direito privado, o dispositivo neste artigo aplica se às obrigações tributárias decorrentes de atos praticados pelos respectivos diretores, gerentes ou administradores, ainda que com excesso de poderes ou infração de lei, contrato social ou estatutos.

O artigo 135 do *Codex* tributário pátrio, até os dias de hoje vigente, por seu turno, afastara os primados que lhe serviram de arrimo, desvinculando-se, pois, da redação do anteprojeto.

Hodiernamente, o enunciado prescritivo em tela, se refere à responsabilidade por créditos decorrentes de obrigações tributárias praticadas com excesso de poderes ou infração à lei, conferidos por contrato social ou estatutos.

De se ressaltar, o advento da Governança Corporativa, que trouxera à baila a figura do *compliance*, já que um de seus pilares, carregara consigo novel plêiade de cargos de direção e condução da pessoa jurídica, indicando, de igual sorte, uma série outra de nomenclaturas que designam os indigitados cargos.

Nenhum destes encontra-se grafado no artigo 135 do Código Tributário Nacional – CTN. Todavia, todos têm caráter de maneio, tal qual os indicados no artigo legal supradito.

Apesar da ausência destes, porquanto listados antes da aparição da Governança Corporativa e seus postulados, não indica dizer que o sujeito que agir ao arrepio dos axiomas indicados nos documentos consignados não encontrará feição à responsabilização neste impregnada.

A norma jurídica, aqui, aponta para as condutas e não para os sujeitos. Por isso, as regras traçadas no artigo 135 do Código Tributário Nacional – CTN é exceção e não regra.

Tal reflexão se mostra de indizível importância porquanto a responsabilidade pessoal do sujeito somente encontra lugar se a conduta que a fomentara encontrar subsunção com os valores pregados no insistentemente indicado artigo 135 do Código Tributário Nacional – CTN.

Por outro giro, somente pode ser responsabilizado o sujeito que atuar em harmonia com as condutas listadas no artigo 135 da lei tributária brasileira. Daí por que, reprisemos, o artigo 135 do Código Tributário Nacional – CTN é naturalmente o principal fundamento de validade da responsabilidade tributária.

Nesse sentido, igualmente, se expressa a posição do Superior Tribunal de Justiça – STJ na Súmula 430 do mesmo tribunal. Atentemo-la:

> ***Súmula 430***
>
> *O inadimplemento da obrigação tributária pela sociedade não gera, por si só, a responsabilidade solidária do sócio-gerente.*
>
> *Data da Publicação - DJ-e 13-5-2010*

Malgrado, a regra da responsabilidade tributária pessoal, conforme alhures bafejado, indica em seu âmago dois elementos a saber: *elemento pessoal* e *elemento fático*[14].

Em rápida e apertada síntese, o elemento pessoal diz respeito ao sujeito responsável pelo pagamento do crédito tributário. O elemento fático, por seu turno, concerne às condutas que revelam a infração e o dolo que as acompanha.

Resta de hialina clareza que, com isso, a responsabilidade tributária constante do artigo 135 do Código Tributário Nacional – CTN não pode ultrapassar a pessoa do infrator, sob pena de, em contrário sendo, aviltar o axioma carregado no enunciado prescritivo linhas acima mencionado.

Desta sorte, repitamos, o sujeito não pode ser responsabilizado unicamente por ser sócio ou administrador da corporação. De contrário, há de se comprovar autoria na prática do ato imputado.

---

14. Nesse sentido, FERRAGUT, Maria Rita, *in* Responsabilidade *tributária dos sócios, administradores de* compliance *e avaliação de riscos de transmissão de passivos fiscais*, DIAS, Karem Jureidini; BRITTO, Lucas Galvão de, (organizadores), Compliance *no Direito Tributário*, Editora Revista dos Tribunais, páginas 154 e 155.

5. RESPONSABILIDADE PENAL DO SÓCIO

O Direito Positivo, como cediço, é um corpo único que não comporta cisões. Em razão disto, pois, se mostra absolutamente possível eventos sociais incialmente tratados pelo artigo 135 do Código Tributário Nacional – CTN ser, a posteriori, objeto de regramento do Direito Criminal por ter encontrado afeição a um determinado tipo penal.

A problemática se instala em razão da aparição da Lei n.º 9.605/1998, que trouxera novel sentido à responsabilidade penal no ordenamento jurídico brasileiro. Invoca a responsabilidade penal da pessoa jurídica.

Ponto de excelsa discussão não entorna a aplicabilidade da pena à pessoa jurídica, notemos, mas, sim, sua responsabilidade penal que, aliás, passara a figurar palpitantes debates conflitivos acerca do tema, no Brasil e, de igual modo, outros países.

O ponto apoteótico do problema, quiçá, encontra morada mormente no fato de que no Direito Penal o primado da culpabilidade se posta como um de seus esteios. Destarte, o sujeito, isto é, a pessoa natural é punida com fulcro na culpabilidade que carrega consigo, porquanto imputável.

A par disso, quadra indagar: como levar a efeito punição incidente sobre pessoa jurídica, já que ente ficto, apoiada, tão-somente, em penas de multa, restritiva de direito ou prestação de serviços à comunidade?

Conquanto debates vários tenham sido travados, a controvérsia restara dirimida a partir da intelecção do artigo 225, § 3º, da Constituição Federal. Ei-lo:

> *Art. 225. Todos têm direito ao meio ambiente ecologicamente equilibrado, bem de uso comum do povo e essencial à sadia qualidade de vida, impondo-se ao Poder Público e à coletividade o dever de defendê-lo e preservá-lo para as presentes e futuras gerações.*

> *(...)*
>
> *§ 3º As condutas e atividades consideradas lesivas ao meio ambiente sujeitarão os infratores, pessoas físicas ou jurídicas, a sanções penais e administrativas, independentemente da obrigação de reparar os danos causados.*

A majoritária doutrina criminal ainda não reconhece a responsabilidade penal da pessoa jurídica. Com efeito, não se pode olvidar o forte pendor do Direito Penal hodierno em romper com seus clássicos postulados, imbricando-se, pois, com concepção trazida pela Constituição Federal.

Sem prejuízo disto, há de se memorar que a pessoa jurídica, porque ser inanimado, é, sempre, conduzido por pessoas físicas. Por conta disso, então, resta claro que condutas delituosas que encontrem identidade com um dado tipo penal, redundará na assunção dos reflexos penais vindouros destes pelos gestores que em nome da corporação as praticaram.

E nessa seara, alargada seriação de textos positivos versam sobre o assunto. A exemplo disto, tragamos a Lei n.º 8137/1990.

De se saber, o referido texto de lei diz respeito sobre crimes contra a ordem tributária, econômica e contra as relações de consumo, sem prejuízo de outras providências.

Dado o caráter lacônico do trabalho neste átimo apresentado, estampemos, tão só, os artigos 1º e 2º da apontada lei:

> *Art. 1º Constitui crime contra a ordem tributária suprimir ou reduzir tributo, ou contribuição social e qualquer acessório, mediante as seguintes condutas: (Vide Lei nº 9.964, de 10.4.2000)*
>
> *I - Omitir informação, ou prestar declaração falsa às autoridades fazendárias;*
>
> *II - Fraudar a fiscalização tributária, inserindo elementos inexatos, ou omitindo operação de qualquer natureza, em documento ou livro exigido pela lei fiscal;*

III - falsificar ou alterar nota fiscal, fatura, duplicata, nota de venda, ou qualquer outro documento relativo à operação tributável;

IV - Elaborar, distribuir, fornecer, emitir ou utilizar documento que saiba ou deva saber falso ou inexato;

V - Negar ou deixar de fornecer, quando obrigatório, nota fiscal ou documento equivalente, relativa a venda de mercadoria ou prestação de serviço, efetivamente realizada, ou fornecê-la em desacordo com a legislação.

Pena - reclusão de 2 (dois) a 5 (cinco) anos, e multa.

Parágrafo único. A falta de atendimento da exigência da autoridade, no prazo de 10 (dez) dias, que poderá ser convertido em horas em razão da maior ou menor complexidade da matéria ou da dificuldade quanto ao atendimento da exigência, caracteriza a infração prevista no inciso V.

Art. 2° Constitui crime da mesma natureza:

I - Fazer declaração falsa ou omitir declaração sobre rendas, bens ou fatos, ou empregar outra fraude, para eximir-se, total ou parcialmente, de pagamento de tributo;

II - Deixar de recolher, no prazo legal, valor de tributo ou de contribuição social, descontado ou cobrado, na qualidade de sujeito passivo de obrigação e que deveria recolher aos cofres públicos;

III - Exigir, pagar ou receber, para si ou para o contribuinte beneficiário, qualquer percentagem sobre a parcela dedutível ou deduzida de imposto ou de contribuição como incentivo fiscal;

IV - Deixar de aplicar, ou aplicar em desacordo com o estatuído, incentivo fiscal ou parcelas de imposto liberadas por órgão ou entidade de desenvolvimento;

V - Utilizar ou divulgar programa de processamento de dados que permita ao sujeito passivo da obrigação tributária possuir informação contábil diversa daquela que é, por lei, fornecida à Fazenda Pública.

Pena - detenção, de 6 (seis) meses a 2 (dois) anos, e multa.

De toda sorte, tencionamos destacar breves exemplo com o fito de atentar a questão de alterosa, qual seja, a responsabilização penal que há de refletir sobre os mesmos atos cuidados pelo Código Tributário Nacional – CTN em seu artigo 135.

6. *COMPLIANCE* COMO FERRAMENTA PREVENTIVA

O objetivo primeiro da adoção de um programa de *compliance* é analisar minudentemente riscos operacionais; administrar controles internos; proporcionar a adequação às normas técnicas; promover auditorias periodicamente; gerir pessoas e, especialmente, analisar e prevenir fraudes.

Em razão disto, há de encontrar alinhamento com normas internas e externas que buscam direcionar as condutas de uma corporação. Dessarte, o soerguimento de um programa de *compliance* é, de antemão, pautar as condutas de uma corporação no que se entende como lhano, probo, moral.

Por assim, as condutas regradas pelo artigo 135 do Código Tributário Nacional - CTN, na linha do que dissemos algures, são resultantes de atos corruptivos. Na medida em que o *compliance* persegue a ablação da fraude, assim como de outros atos de mesma lavra, estará, *pari passu*, prevenindo e apartando condutas que se encaixariam nas vestes do ato corruptivo. É, em razão disto, instrumento de inserção de valores difluentes da ética e da moral social

Como resultância, encontra-se, no programa de *compliance*, elementos que refreiam ações dos sujeitos delineados no artigo 135 do Código Tributário Nacional - CTN no que diz respeito a efetivação de práticas corruptivas com reflexos nas mais variadas manifestações do direito, não obstante promover valioso pugilo documental que, de se notar, resta sempre apto a operar em favor da boa reputação da corporação.

7. CONCLUSÃO

A efetivação de atos que afrontam ao sistema tributário pátrio depõe contra os mais caros valores sociais. Isto porque, como oportunamente dito, o Direito Positivo é a expressão do que se espera em termos de probo, moral.

Assim, toda vez que um administrador de uma corporação ou pessoa que desempenhe papel análogo age em desfavor do sistema jurídico positivo, postar-se-á prática corruptiva.

Nesse acotiar destaquemos que a única maneira de se buscar a prevenção de atos que instiguem a imposição das normas constantes do artigo 135 do Código Tributário Nacional - CTN porquanto chamadas à tona em razão de prática de atos corruptivos, é com o estabelecimento e cumprimento de um programa de compliance. Na medida em que este se efetive de maneira proveitosa, ter-se-á elementos que minimizam a prática dos indigitados atos corruptivos.

SINCRETISMO PROCESSUAL NA COBRANÇA DO CRÉDITO TRIBUTÁRIO: A GARANTIA DO DÉBITO OFERECIDA EM AÇÃO ANTIEXACIONAL.

Luis Claudio Ferreira Cantanhêde[1]

1. A TUTELA JURISDICIONAL EXECUTIVA E A SOLUÇÃO DO CONFLITO DE INADIMPLÊNCIA

Qualquer análise que se pretenda processual no âmbito da ciência do Direito deve pautar-se por uma perspectiva instrumental. Falar em instrumento é apontar para algo que serve a uma finalidade que lhe é exterior, aspecto esse inerente ao processo — ferramenta para a solução de conflitos de interesses entre sujeitos de uma relação jurídica de direito material.

Desta perspectiva de análise não pode escapar a execução fiscal, demanda cujo regime jurídico está

1. Doutor e Mestre em Direito pela PUC/SP. Professor do IBET. Pesquisador do grupo de estudos de Processo Tributário Analítico do IBET. Procurador do Estado de São Paulo.

especificamente voltado a solucionar um conflito muito peculiar surgido no desenrolar do ciclo de positivação da obrigação tributária: o que decorre da omissão do sujeito passivo em promover o pagamento do tributo já devidamente individualizado pela via do lançamento/autolançamento.

No fluxo de positivação da obrigação tributária[2] fica logo evidente que o Fisco detém prerrogativas decorrentes do exercício de atividade administrativa e que não estão ao alcance do particular, resumíveis, tais prerrogativas, às ideias de imperatividade e de coatividade.

Pela imperatividade, o Fisco tem o poder de impor àqueles indicados pela lei, independentemente de sua vontade, o dever de recolher tributo[3]. A coatividade, de outro lado, caracteriza-se pelo poder do Fisco de atuar em ordem a induzir o devedor tributário a cumprir o dever que lhe foi imposto imperativamente, lançando mão de instrumentos comumente chamados de "meios indiretos de cobrança", conceito que abarca, entre outros institutos jurídicos, a exigência de certidão de regularidade fiscal, o protesto e a inscrição do nome do devedor em cadastros públicos de inadimplência.

Caso a atuação fiscal coativa seja ineficaz, resta ao Fisco buscar a satisfação do seu direito subjetivo por meio da tutela jurisdicional executiva. Por faltar à atuação administrativa no âmbito tributário o requisito da autoexecutoriedade, o Fisco, sabe-se, não pode invadir o patrimônio do devedor para promover a expropriação forçada, precisando valer-se do Estado-juiz para concretizar esse escopo.

---

2. Refere-se a fluxo de positivação da obrigação tributária como expressão do caminho percorrido pela dinâmica normativa tributária desde a instituição do tributo até a sua extinção.

3. Diferentemente do que se dá nas relações entre sujeitos privados, em que a obrigação, ou decorre de ato ilícito, ou da manifestação de vontade, no campo tributário, o cidadão, mesmo sem cometer qualquer ilicitude e sem aquiescer com o dever, se vê na posição de devedor, sujeito a uma obrigação de pagar quantia certa que grava o seu patrimônio.

É por meio da prestação da tutela jurisdicional executiva que o Poder Judiciário vai solucionar esse específico conflito, o da inadimplência do crédito tributário, dando ensejo, porque devidamente provocado em decorrência do exercício do direito de ação executiva, à relação processual correspondente, regulada pela Lei de Execuções Fiscais, a Lei Federal nº 6.830/80[4].

Por se voltar à efetivação de um direito subjetivo e não ao seu acertamento, a tutela jurisdicional executiva é prestada mediante a prática de atos que visam a implementar, no plano material, o pagamento do crédito tributário com a expropriação forçada do patrimônio do devedor inadimplente.

Convém, entretanto, deixar claro que a prestação da tutela jurisdicional executiva impõe que o crédito esteja inscrito em dívida ativa, pressupondo a realização de um controle de sua legalidade em ordem a atestar sua certeza, liquidez e exigibilidade, o que é certificado com a emissão da certidão da dívida ativa, título executivo extrajudicial que deve instruir a petição inicial do processo executivo fiscal.

Porque ainda não há no ordenamento jurídico nacional a previsão da execução fiscal administrativa, constitui a expropriação forçada voltada ao adimplemento dos créditos tributários reserva do Judiciário. Consequentemente, o único conflito que impõe ao Estado-fisco lançar mão do exercício do direito de ação é aquele decorrente do inadimplemento do crédito tributário, caracterizando a noção de processualidade tributária exacional.

---

4. Regem essa relação jurídica de cunho processual, supletivamente, as previsões constantes do Código de Processo Civil, tendo em vista a expressa previsão do art. 1º da Lei 6.830/80.

2. O PECULIAR SINCRETISMO PROCESSUAL NA COBRANÇA DO CRÉDITO TRIBUTÁRIO – AÇÃO ANTIEXACIONAL E DEPÓSITO EM DINHEIRO DO MONTANTE CONTROVERTIDO.

Como visto, a expropriação forçada para a cobrança do crédito tributário depende da instauração de uma relação jurídica processual autônoma e específica, que se denomina execução fiscal.

Neste tópico, todavia, pretende-se desfazer a relação biunívoca identificada entre a inadimplência do crédito tributário e a solução processual pela via da execução fiscal, o que se fará abordando um fenômeno recorrente no âmbito do processo tributário: o do sincretismo processual na prestação da tutela jurisdicional executiva, aquela voltada a implementar a realização do crédito tributário com a expropriação forçada do patrimônio do devedor.

Abordar o sincretismo na cobrança como situação recorrente pode soar estranho a quem não seja afeito à pragmática do processo tributário, uma vez que a prestação da tutela jurisdicional executiva está intimamente relacionada ao processo de execução fiscal, que pressupõe o título executivo extrajudicial denominado certidão da dívida ativa. Como, então, é viável falar em sincretismo se há previsão de relação processual exclusivamente voltada à realização do crédito tributário?

Sincretismo é expressão que representa a instrumentalização de diversas espécies de tutelas jurisdicionais no âmbito de uma única relação processual. É a tônica atual do processo civil brasileiro, em que as tutelas jurisdicionais voltadas à garantia, ao acertamento e à realização do direito são veiculadas em um único processo.

É o que se dá, *exempli gratia*, nas demandas antiexacionais preventivas e repressivas, em que a tutela provisória de natureza cautelar é concedida no mesmo processo em que o direito é acertado. Nas reparatórias (ação de repetição do indébito tributário), a mesma relação processual define o indébito tributário (direito vindicado) e abrange a realização desse direito mediante a instauração do cumprimento de sentença para a restituição do indébito.

Mas não é a esse sincretismo (que nomeamos ordinário para contrapô-lo àquele que se manifesta na cobrança do crédito tributário, que ousamos denominar especial) que nos referimos. Aqui nos interessa a peculiar perspectiva desse fenômeno em que não haverá a formação de um título executivo judicial com expresso comando condenatório a ser objeto de cumprimento de sentença no contexto da mesma relação processual em que foi formado.

Referimo-nos à hipótese em que o crédito a ser realizado é o tributário e sua satisfação dar-se-á pela expropriação forçada do patrimônio do devedor no âmbito de um processo antiexacional julgado improcedente. E aqui assoma a peculiaridade distintiva do sincretismo na cobrança do crédito tributário: ele se dá no âmbito processual de uma demanda antiexacional improcedente, à míngua de qualquer condenação expressa a favor do requerido (o Fisco).

Esse sincretismo peculiar, como é de se imaginar, não ocorre em qualquer situação. Ao contrário, somente far-se-á presente em um contexto específico: sendo próprio dos processos antiexacionais preventivos ou repressivos, exige que o autor da demanda (sujeito passivo da obrigação tributária) deposite o montante integral da obrigação tributária, uma vez que nesses casos os valores em questão deixam de estar à sua disposição (sujeito passivo da obrigação tributária) e passam a ter destinação atrelada ao desfecho da demanda[5].

---

5. "A 1ª Seção desta Corte tem entendimento consolidado segundo o qual a movimentação de valores judicialmente depositados, em atendimento ao disposto no art.

Impõe-se, ainda, como segundo requisito a improcedência do pedido, pois nessa hipótese o montante depositado será convertido em renda do ente tributante e a obrigação tributária extinta, de modo que em uma única relação processual serão exercidas as atividades de cognição e de realização do crédito tributário. Satisfeitos esses pressupostos, exsurge a especial hipótese de sincretismo na cobrança do crédito tributário.

Notoriamente vantajoso para o Fisco, à medida em que várias etapas do procedimento de cobrança do crédito tributário via título executivo extrajudicial e ajuizamento de execução fiscal são suplantadas[6], não deixa de ser uma opção muito interessante para o contribuinte, que disporá da suspensão da exigibilidade do crédito tributário[7] com todos os efeitos dessa condição decorrentes, exempli gratia: certidão de regularidade fiscal, suspensão de medidas coa-

---

151, II, do CTN, fica condicionada ao trânsito em julgado da demanda à qual vinculados." (AgInt no TP 178/SP, Rel. Ministra REGINA HELENA COSTA, PRIMEIRA TURMA, julgado em 13/06/2017, DJe 21/06/2017)
Paulo Cesar Conrado vê na hipótese a expressão de uma execução passiva, in verbis: "Para além dos estímulos potencialmente geradores de pagamento – instrumentos que, insista-se, supririam, se bem sucedidos, à cobrança executiva –, é possível enxergar executividade de origem passiva. Nesse escaninho, devemos depositar os casos em que, proposta medida antiexacional, o sujeito passivo debate o crédito fazendário e, ao mesmo tempo, garante sua satisfação. É o que ocorre, por exemplo, quando, nos domínios tributários, o contribuinte ajuíza ação anulatória e em seu bojo deposita o montante integral do crédito debatido. É sabido que, em situações como essa, suspensa a exigibilidade do crédito, a Fazenda não pode propor execução. A questão, por lógica, vai além dessa afirmação, porém: a satisfação do crédito já se encontra assegurada pelo depósito, funcionando a ação anulatória, conquanto antiexacional, como suporte executivo; basta para que essa eficácia antagônica se concretize que o contribuinte saia definitivamente derrotado na demanda, hipótese em que, sabe-se, o valor depositado é revertido em favor da Fazenda." (CONRADO, Paulo Cesar. Execução Fiscal. São Paulo: Noeses, 2020. Item 13.4)

6. A expropriação forçada ocorrerá logo em seguida ao trânsito em julgado da decisão de improcedência da demanda, quando o valor depositado será convertido em renda no caso de improcedência, sem que se cogite da propositura de execução fiscal ou mesmo de cumprimento de sentença.

7. CTN, Artigo 151 - "Suspendem a exigibilidade do crédito tributário: (...) II – o depósito do seu montante integral".

tivas de cobrança (protesto, inscrição em cadastros de inadimplência). Em contrapartida arcará com o ônus de não dispor mais do montante depositado, cuja sorte dependerá do que vier a ser decidido no processo.

Uma vez que o depósito integral e em dinheiro consiste em causa suspensiva da exigibilidade do crédito tributário, o Fisco, a rigor, sequer poderá cogitar do ajuizamento de execução fiscal ou mesmo da inscrição do crédito tributário em dívida ativa, caso aquele os anteceda, pelo que não é equivocado asseverar que a prestação da tutela jurisdicional executiva (expropriação forçada) na hipótese prescinde tanto do ajuizamento da execução fiscal quanto da existência mesmo de um título executivo extrajudicial.

E aqui escancara-se mais uma peculiaridade desse sincretismo: a cobrança judicial do crédito tributário no bojo do processo antiexacional preventivo ou repressivo com depósito integral, além de prescindir da existência da certidão de dívida ativa, também dispensa a existência de uma decisão judicial de cunho condenatório.

Como o sincretismo emana exclusivamente do interesse do autor em realizar o depósito do montante integral do crédito tributário, vale sublinhar outro relevante benefício para o devedor que opta por discutir o tributo depositando o seu montante integral: a cessação da responsabilidade pelos juros de mora e pela atualização monetária incidentes sobre o crédito tributário[8].

Sopesados ônus e bônus, para aqueles contribuintes que disponham da quantia necessária para o depósito do montante integral do crédito tributário, há evidentes vantagens, sendo, portanto, recomendável que o façam, pois,

8. Lei 6.830/80, Artigo 9º, §4º - "Somente o depósito em dinheiro, na forma do art. 32, faz cessar a responsabilidade pela atualização monetária e juros de mora".

ao cabo do processo, em qualquer hipótese[9], a obrigação tributária restará extinta, seja pelo reconhecimento de sua nulidade, seja pela conversão em renda do valor depositado.

3. O PECULIAR SINCRETISMO NA COBRANÇA DO CRÉDITO TRIBUTÁRIO – COGITANDO DE HIPÓTESES ALÉM DO DEPÓSITO JUDICIAL DO VALOR INTEGRAL E EM DINHEIRO.

Como visto, o peculiar sincretismo caracterizado pela prestação da tutela jurisdicional executiva no âmbito de uma ação antiexacional improcedente independentemente de título executivo e de ajuizamento de execução fiscal presenta-se em um contexto especial que exige processo antiexacional preventivo ou repressivo improcedente e depósito do montante integral da obrigação tributária.

Eis o caráter especial do sincretismo aqui tratado: em uma única relação processual são exercidas as atividades de cognição e de realização do crédito tributário, solucionando-se, no mesmo processo, os conflitos acerca da legitimidade do tributo e de sua inadimplência.

São notórias as vantagens decorrentes desse sincretismo: a efetividade na cobrança é evidente, pois o Fisco, no caso de improcedência, é agraciado, nos mesmos autos, com

---

9. Ressaltamos que até na hipótese de extinção do processo sem apreciação do mérito, havendo depósito, esse valor deve ser convertido em renda para o Fisco, posição que, por exemplo, encontra guarida em julgamentos do Superior Tribunal de Justiça, a exemplo do quanto decidido nos Embargos de Divergência nº 479.725/BA: "*O depósito judicial efetuado para suspender a exigibilidade do crédito tributário é feito também em garantia da Fazenda e só pode ser levantado pelo depositante após sentença final transitada em julgado em seu favor*"; No mesmo sentido tem-se ainda os Embargos de Divergência nº 813.554/PE, que textualmente expõe a posição da 1ª Seção do STJ: "2. *A Primeira Seção firmou entendimento de que, mesmo sendo extinto o feito sem julgamento do mérito, os depósitos para suspensão da exigibilidade do crédito tributário devem ser convertidos em renda da Fazenda Pública e não levantados pelo contribuinte.*" (EREsp 813.554/PE, Rel. Ministra ELIANA CALMON, PRIMEIRA SEÇÃO, julgado em 22/10/2008, DJe 10/11/2008)

a tutela jurisdicional executiva, uma vez que o valor depositado, que já se encontrava fora da esfera de disponibilidade do contribuinte, é expropriado com a sua conversão em renda; o contribuinte, de outra senda, além de gozar, desde logo e independentemente de qualquer decisão judicial concessiva de tutela provisória, do efeito suspensivo da exigibilidade do crédito tributário, também se vê a salvo dos efeitos da mora, deixando de responder, desde o momento do depósito, pelos juros e pela correção monetária.

Diante de tantos ganhos de efetividade, servindo uma mesma e única relação processual como firme instrumento de solução de conflitos de interesse, seja o decorrente da alegação da ilegitimidade do tributo, plasmado na petição inicial, seja aquele atinente à inadimplência de obrigação tributária exigível, trazido ao processo através do depósito, inevitável questionar se não é viável que essa mesma hipótese de sincretismo aplique-se a outras situações em que se dá a garantia do crédito no bojo de um processo antiexacional.

Parece-nos que a resposta deve, necessariamente, passar pela verificação de situações em que os benefícios experimentados pelo contribuinte assemelhem-se àqueles decorrentes do depósito integral e que a garantia apresentada fique atrelada ao desfecho do processo, saindo da disponibilidade do sujeito passivo do crédito tributário, autor da demanda antiexacional, apresentando-se, ainda, de rápida e fácil liquidação, com o que restariam acautelados os interesses do fisco, outro polo da relação jurídico-tributária.

No contexto atual, mormente após a vigência do Código de Processo Civil de 2015, as garantias que assomam aptas à satisfação desses requisitos são a fiança bancária e o seguro garantia. Isso já se apresenta no enunciado do artigo 835, §2º do Código de Processo Civil[10], que é expresso

10. Artigo 835. A penhora observará, preferencialmente, a seguinte ordem:
I - dinheiro, em espécie ou em depósito ou aplicação em instituição financeira;

ao assertar que a fiança bancária e o seguro garantia judicial equiparam-se a dinheiro.

Posto que a equiparação seja para fins de substituição da penhora, considerando a grande liquidez destas modalidades de garantia do crédito tributário, não soaria despropositado pensá-la para outras finalidades, como a suspensão da exigibilidade do crédito tributário.

É cediço que a jurisprudência dominante do Superior Tribunal de Justiça é contrária a este entendimento[11], o que, pelo menos até o presente momento, é bastante festejado pelas Fazendas Públicas, uma vez que, figurando — a fiança e o seguro — como contracautelas, à míngua de decisão concedendo tutela cautelar, veem-se autorizados a adotar todas as medidas voltadas à cobrança do crédito, sejam judiciais, sejam extrajudiciais.

Todavia, esse cenário pode mudar caso se perceba que a equiparação traria a possibilidade de execução da garantia nos autos do processo antiexacional improcedente, sem a necessidade de inscrição em dívida ativa, ajuizamento de execução fiscal, traslado da garantia para estes autos e abertura de prazo para oposição de embargos.

(...)
§2º Para fins de substituição da penhora, equiparam-se a dinheiro a fiança bancária e o seguro garantia judicial, desde que em valor não inferior ao do débito constante da inicial, acrescido de trinta por cento.

11. TRIBUTÁRIO. RECURSO ESPECIAL REPRESENTATIVO DE CONTROVÉRSIA. ARTIGO 543-C, DO CPC. CAUÇÃO E EXPEDIÇÃO DA CPD-EN. POSSIBILIDADE. SUSPENSÃO DA EXIGIBILIDADE DO CRÉDITO TRIBUTÁRIO. ART. 151 DO CTN. INEXISTÊNCIA DE EQUIPARAÇÃO DA FIANÇA BANCÁRIA AO DEPÓSITO DO MONTANTE INTEGRAL DO TRIBUTO DEVIDO PARA FINS DE SUSPENSÃO DA EXIGIBILIDADE. SÚMULA 112/STJ. VIOLAÇÃO AO ARTIGO 535, II, DO CPC, NÃO CONFIGURADA. MULTA. ARTIGO 538 DO CPC. EXCLUSÃO.1. A fiança bancária não é equiparável ao depósito integral do débito exequendo para fins de suspensão da exigibilidade do crédito tributário, ante a taxatividade do artigo 151 do CTN e o teor do Enunciado Sumular nº 112 desta Corte... (Acórdão submetido ao regime do art. 543-C do CPC e da Resolução STJ 08/2008. (REsp 1156668/DF, relator ministro LUIZ FUX, PRIMEIRA SEÇÃO, julgado em 24/11/2010, DJe 10/12/2010).

Sem dúvida haveria um relevante ganho de efetividade na cobrança do crédito tributário, a troco do contribuinte ter a seu favor a suspensão da exigibilidade do crédito tributário sem a necessidade da concessão de tutela provisória, tão só por contratar fiança bancária ou seguro garantia judicial e apresentá-los nos autos.

Haja vista que o contribuinte gozaria imediatamente dos benefícios da suspensão de exigibilidade, como são menos custosas que o dinheiro depositado, é natural que sejam utilizadas em maior escala, amplificando os efeitos benéficos de redução de litigiosidade para além dos lindes da relação jurídico-tributária conflituosa.

O sincretismo na cobrança do crédito tributário, que é peculiar por viabilizar a solução do conflito de inadimplência no âmbito de um processo antiexacional em que ele sequer está posto na petição inicial, amplificado para abranger outras espécies de garantia como o seguro e a fiança, tem potencial para funcionar como importante fator na diminuição do número de execuções fiscais, contribuindo, consequentemente, para a política de redução de litigiosidade e melhoria da qualidade da prestação jurisdicional.

Diante desse quadro, reforça-se o argumento em prol da alteração do entendimento jurisprudencial que hoje não admite equiparação entre fiança, seguro e dinheiro para fins de suspensão da exigibilidade do crédito tributário.

Não há dúvidas de que o contexto é de suma importância para a interpretação jurídica, de modo que a efetividade alcançada com a ampliação do sincretismo na cobrança do crédito tributário ostenta fortíssimo poder persuasivo.

Nesse caso, não é só o Fisco (Executivo) que experimenta vantagem, mas também e principalmente o Poder Judiciário, que se deparará com uma única relação processual a solucionar os conflitos de interesse surgidos no plano do direito material.

Aos contribuintes, sobraria a tranquilidade de litigar sem sofrer medidas de cobrança. Todos saem ganhando. Mais resultado com menos dispêndio é a fórmula da eficiência, que, no processo, se traduz com efetividade.

4. PECULIAR SINCRETISMO E DEFESA DO CONTRIBUINTE – A UTILIZAÇÃO DA IMPUGNAÇÃO RESCISÓRIA.

Não há dúvidas que a opção pelo sincretismo na cobrança do crédito tributário traz inúmeros ganhos de eficiência ao Estado, tanto no que concerne à efetividade na cobrança do crédito tributário, quanto no que concerne à política de gestão do Poder Judiciário.

Há também benefícios relevantes para os contribuintes, dado que discutem a legitimidade da cobrança sem o risco de sofrer medidas coativas ou expropriatórias. E, neste âmbito, não se pode esquecer que a instrumentalidade e a efetividade processual estão à serviço, também, da garantia de ampla defesa e contraditório, o que impõe cogitar acerca da defesa do contribuinte no âmbito dessa cobrança sincrética.

Destarte, mister trazer à baila a possibilidade do sujeito passivo da obrigação tributária derrotado na demanda antiexacional lançar mão da impugnação rescisória, prevista no artigo 525, §§1º, inciso III, e 12 do Código de Processo Civil, quando se vir diante do cumprimento de sentença para conversão em renda do depósito ou execução da garantia fidejussória[12].

---

12. Art. 525. Transcorrido o prazo previsto no art. 523 sem o pagamento voluntário, inicia-se o prazo de 15 (quinze) dias para que o executado, independentemente de penhora ou nova intimação, apresente, nos próprios autos, sua impugnação.
§ 1º Na impugnação, o executado poderá alegar:
(...)
III - inexequibilidade do título ou inexigibilidade da obrigação;
(...)
§ 12. Para efeito do disposto no inciso III do § 1º deste artigo, considera-se também inexigível a obrigação reconhecida em título executivo judicial fundado em lei ou

É cediço que esta mesma previsão consta do artigo 535 daquele Código, que trata do cumprimento de sentença que reconhece obrigação de pagar quantia certa pela Fazenda Pública, de modo que o princípio da isonomia, ao preconizar tratamento equitativo entre as pessoas sempre que não houver fator razoável de discriminação, por si sustenta o reconhecimento da legitimidade de sua utilização também pelo sujeito passivo na execução sincrética.

Mas não é só isso, o próprio fundamento teleológico do sincretismo processual sustenta essa aplicação, pois o entendimento contrário à possibilidade aventada imporia o ajuizamento de uma ação rescisória pelo sujeito passivo da obrigação tributária, ainda que a decisão do Supremo Tribunal Federal (STF) reconhecendo a inconstitucionalidade do tributo tenha sido proferida antes do trânsito em julgado da decisão que julgou improcedente a ação anulatória (cujo objeto coincide com aquele tratado no julgamento do STF que afeta a resolução dada no caso individual).

Mister, ainda, ter em conta que se não fosse a possibilidade da execução imediata da garantia no âmbito do processo antiexacional preventivo ou repressivo, o Fisco deveria prosseguir o iter de cobrança por meio da inscrição do crédito tributário em dívida ativa, extração da competente certidão, ajuizamento de execução fiscal, oportunidade em que ao devedor, agora executado, poderia alegar a inconstitucionalidade da cobrança pela via dos embargos à execução fiscal, ou, ainda, em exceção de pré-executividade[13].

---

ato normativo considerado inconstitucional pelo Supremo Tribunal Federal, ou fundado em aplicação ou interpretação da lei ou do ato normativo tido pelo Supremo Tribunal Federal como incompatível com a Constituição Federal, em controle de constitucionalidade concentrado ou difuso.

13.Danilo Monteiro de Castro, com mestria, defende essa possibilidade, admitindo os embargos à execução fiscal e/ou a exceção de pré-executividade com efeitos rescisórios ainda que a decisão do Supremo Tribunal Federal tenha sido proferida após o trânsito em julgado da ação antiexacional improcedente. Vide: CASTRO. Danilo Monteiro de. Coisa julgada e a desnecessidade de ação rescisória proposta pelo

Derradeiramente, pode-se levantar contra a tese aqui aventada a impossibilidade de se cogitar de cumprimento de uma decisão de improcedência, o que inviabilizaria o uso, pelo devedor (contribuinte), da impugnação rescisória, cabível apenas neste específico contexto.

Ocorre que, contra este argumento, convoca-se orientação adotada no Superior Tribunal de Justiça que já reconheceu a viabilidade de cumprimento de decisões de improcedência, conforme se vê no julgamento do recurso especial nº 1.481.117/PR, em cujo voto foi afirmado, naquilo que interessa para o objeto do presente artigo:

> *"Nos termos do art. 475-N, I, do Código de Processo Civil, introduzido pela Lei nº 11.232/2005, considera-se título executivo judicial "a sentença proferida no processo civil que reconheça a existência de obrigação de fazer, não fazer, entregar coisa ou pagar quantia". Assim, as sentenças que, mesmo não qualificadas como condenatórias, ao declararem um direito, atestem, de forma exauriente, a existência de obrigação certa, líquida e exigível, são dotadas de força executiva. (...) Referido dispositivo processual aplica-se também às sentenças declaratórias que, julgando improcedente o pedido do demandante, reconhecem a existência de obrigação do autor em relação ao réu da demanda, independentemente de constar na contestação pedido de satisfação de crédito, legitimando o réu a propor o cumprimento de sentença (...)".*[14]

A despeito de aludir ao contexto do Código de Processo Civil revogado, exsurge evidente que o vigente traz previsão em tudo similar àquela, pois no artigo 515, inciso I do CPC/2015 está expresso que configuram títulos executivos judiciais "*as decisões proferidas no processo civil que reconheçam a exigibilidade de obrigação de pagar quantia, de*

---

contribuinte quando o crédito tributário ainda estiver em cobrança (Execução fiscal). In: Processo Tributário Analítico, Coisa julgada. CONRADO, Paulo Cesar; ARAÚJO, Juliana Furtado Costa, Coord., 1ª edição, volume IV. São Paulo: Noeses, 2019.

14. REsp 1481117/PR, rel. ministro JOÃO OTÁVIO DE NORONHA, 3ª TURMA, julgado em 3/3/2015, DJe 10/3/2015.

fazer, de não fazer ou de entregar coisa", não constituindo, portanto, qualquer aberração ver no procedimento de conversão do depósito em renda ou da execução de garantia fidejussória nos processos antiexacionais improcedentes um verdadeiro cumprimento de sentença que reconhece a exigibilidade do crédito tributário.

Sendo assim, por qualquer ângulo que se veja a questão, apresenta-se desarrazoada qualquer interpretação que não admita ao sujeito passivo, no cumprimento de sentença instaurado no contexto do peculiar sincretismo aqui tratado, lançar mão do instituto da impugnação rescisória sempre que houver decisão do STF prolatada antes do trânsito em julgado da decisão de improcedência da ação antiexacional, isso porque, no caso em que a decisão da Suprema Corte for posterior, há ser ajuizada ação rescisória, tudo por força do disposto nos §§14 e 15 do artigo 525 do Código de Processo Civil[15].

CONCLUSÃO

A título de conclusão, cabe ressaltar que o peculiar sincretismo caracteriza-se pela prestação da tutela jurisdicional executiva no âmbito de uma ação antiexacional improcedente, sem, portanto, cogitar-se do ajuizamento de execução fiscal.

Os pressupostos que viabilizam esse especial modo de "cobrança" do crédito tributário são: (*i*) processo

15. Art. 525. Transcorrido o prazo previsto no art. 523 sem o pagamento voluntário, inicia-se o prazo de 15 (quinze) dias para que o executado, independentemente de penhora ou nova intimação, apresente, nos próprios autos, sua impugnação.
(...)
§ 14. A decisão do Supremo Tribunal Federal referida no § 12 deve ser anterior ao trânsito em julgado da decisão exequenda.
§ 15. Se a decisão referida no § 12 for proferida após o trânsito em julgado da decisão exequenda, caberá ação rescisória, cujo prazo será contado do trânsito em julgado da decisão proferida pelo Supremo Tribunal Federal.

antiexacional preventivo ou repressivo, (*ii*) garantia do crédito tributário discutido por meio de depósito do montante integral da obrigação tributária, apresentação de fiança bancária ou seguro garantia e (*iii*) improcedência da demanda, quando então os valores depositados serão convertidos em renda do ente tributante ou executadas as garantias fidejussórias com a consequente extinção da obrigação.

O fenômeno, ao cabo, caracteriza-se pela solução, em uma única relação processual, dos conflitos atinentes à legitimidade do crédito tributário e à sua inadimplência, modelo que apresenta notórios ganhos de efetividade para as partes (fisco e sujeito passivo da obrigação tributária), além de outros que transcendem os lindes subjetivos da relação jurídico-tributária conflituosa, espraiando-se por todo o ordenamento, haja vista que sua ampliação atua em prol da política de redução de litigiosidade e da melhoria da qualidade da prestação jurisdicional na exata medida em que contribui para a diminuição do ajuizamento de execuções fiscais.

PONTOS POLÊMICOS RELATIVOS AO IBS-CBS E AO IMPOSTO SOBRE BENS QUE PREJUDICAM A SAÚDE E O MEIO AMBIENTE

Luís Cesar Souza de Queiroz[1]

Sumário: Considerações iniciais. Parte I - IBS e CBS. 1. Lei instituidora do IBS e da CBS. 2. Fato gerador do IBS e da CBS – significado de "operações" e de "adquirente de direito". 3. IBS-CBS – a não cumulatividade é plena, exceto quanto ao "uso ou consumo pessoal". Parte II - Imposto sobre produção, comercialização ou importação de bens e serviços prejudiciais à saúde ou ao meio ambiente. 1. Natureza jurídica duvidosa: imposto "seletivo", "extrafiscal" ou "sobre o pecado" (*sin tax*)? 2. Fato gerador, matéria tributável amplíssima, *bis in idem* e cumulatividade. 3. Exclusão de garantias constitucionais: anterioridade de exercício e legalidade tributária materialmente qualificada (alíquota). Considerações finais.

1. CONSIDERAÇÕES INICIAIS

A sociedade brasileira passa por um momento muito especial. Depois de muitos anos de intensos estudos e debates, avizinha-se uma relevante alteração no sistema tributário nacional, especialmente quanto à tributação relativa ao consumo.

---

1. Professor Titular de Direito Financeiro e Tributário da Universidade do Estado do Rio de Janeiro – UERJ. Pós-Doutor em Filosofia pela Universidade Federal do Rio de Janeiro – UFRJ. Procurador Regional da República.

Nesse breve trabalho, objetiva-se examinar apenas alguns aspectos que têm suscitado controvérsias entre estudiosos, operadores do direito, agentes econômicos, agentes políticos, entre outros.

O momento não é o ideal para trabalhos dessa natureza, pois a matéria ainda está em ebulição no próprio Poder Legislativo. No dia 07 de julho de 2023, a Câmara dos Deputados aprovou o texto da PEC 45/2019 (doravante denominada PEC-CD). No dia 08 de novembro de 2023, o Senado Federal aprova, com alterações, o texto da PEC 45/2019 (doravante denominada PEC-SF), o que demanda um retorno da referida PEC para a Câmara dos Deputados.

É nesse cenário e momento (dia seguinte ao da aprovação da PEC-SF) que são apresentadas algumas reflexões, que se espera possam ser de algum modo úteis para os debates e estudos mais profundos que estão por vir. Como já tive oportunidade de dizer em outro momento2, as manifestações adiante apresentadas pretendem ser coerentes, consistente e responsáveis.

PARTE I - IBS E CBS

1. Lei instituidora do IBS e da CBS

É recomendável que a elaboração de qualquer texto jurídico evite as situações que possam suscitar fundadas dúvidas interpretativas, principalmente quando essas dúvidas são muito relevantes e podem ser facilmente superáveis. Essa indesejável situação de insegurança normativa ocorre no tocante à determinação de qual o instrumento normativo que deve veicular o IBS e a CBS: se lei

2. QUEIROZ, Luís Cesar Souza de. *Interpretação e aplicação tributárias – contribuições da hermenêutica e de teorias da argumentação.* Rio de Janeiro: 2021, p. 381 e ss.

complementar ou lei ordinária. A incorreta utilização do instrumento normativo pode acarretar a inconstitucionalidade formal da norma veiculada.

A PEC-CD é bastante clara quanto ao procedimento a ser adotado para a instituição do IBS. O IBS deve ser instituído por meio de lei complementar. O art. 1º da PEC dispõe que "A Constituição Federal passa a vigorar com as seguintes alterações", entre as quais destaca-se que foram acrescidos o § 3º ao art. 61, bem como o art. 156-A.

O § 3º do art. 61 indica que o IBS será instituído por lei complementar à medida que alude à iniciativa de "lei complementar" para tratar do imposto previsto no art. 156-A (no caso, o IBS). Por sua vez, o art. 156-A elimina qualquer dúvida que pudesse existir ao dispor expressamente que "Lei complementar instituirá imposto sobre bens e serviços". Eis o teor dos aludidos dispositivos:

> **"Art. 61.** ....
>
> § 3º A iniciativa de **lei complementar** que trate do imposto previsto no **art. 156-A** também caberá ao Conselho Federativo do Imposto sobre Bens e Serviços a que se refere o art. 156-B.
>
> (...)
>
> (...)
>
> **Art. 156-A. Lei complementar instituirá imposto sobre bens e serviços** de competência dos Estados, do Distrito Federal e dos Municípios." (g.n.)

Se a PEC-CD é clara ao exigir lei complementar para instituir o IBS, o mesmo não se pode dizer quanto à instituição da CBS. Diversamente do que ocorre ao dispor sobre o IBS, a PEC adota técnica, no mínimo, ambígua, quiçá contraditória, ao prever de que forma a CBS será instituída.

Por força do art. 1º da PEC-CD, ficam acrescidos o inciso V e o § 17 ao art. 195. Segundo o *caput* do art. 195 da Constituição, a seguridade social será financiada por toda a sociedade, em especial por meio de contribuições sociais indicadas nos incisos deste artigo. O inciso V alude à novel CBS e, ao fazê-lo, adota a seguinte expressão "nos termos de lei complementar". Já o § 17, utiliza apenas a palavra "lei" para se referir às hipóteses de devolução da CBS. Eis os termos dos dispositivos citados:

> **Art. 195.** ....
>
> ....
>
> V – sobre bens e serviços, **nos termos de lei complementar**;
>
> (...)
>
> § 17. **Lei** estabelecerá as hipóteses de devolução da contribuição prevista no inciso V a pessoas físicas, inclusive em relação a limites e beneficiários, com o objetivo de reduzir as desigualdades de renda. (g.n.)

A técnica adotada na redação desses dois dispositivos pode sugerir que a CBS deverá ser instituída "nos termos de lei complementar", segundo o disposto por lei complementar, o que é diferente de dispor que será instituída por meio de lei complementar. Nesse sentido, a instituição da CBS poderia se se dar por meio de uma lei ordinária, que deveria assim proceder "nos termos de lei complementar", segundo os critérios previstos em lei complementar, tal como acontece com os impostos discriminados na Constituição, por força do disposto no seu art. 146, inciso III, alínea "a". Há que se lembrar que semelhante questão foi suscitada a partir da redação originária da Constituição ao tratar do imposto sobre grandes fortunas, oportunidade que também foi usada a expressão "nos termos de lei complementar" [3]. A partir do uso desta técnica, posições

---

3. Constituição:
"Art. 153. Compete à União instituir impostos sobre:
(...)
VII - grandes fortunas, nos termos de lei complementar."

divergentes foram apresentadas. Uns entenderam que a instituição do imposto sobre grandes fortunas deveria ser feita por lei ordinária segundo os termos prescritos por lei complementar, tal como ocorre com relação aos demais impostos referidos pelo mesmo art. 153. Outros conceberam que o imposto sobre grandes fortunas deveria ser instituído diretamente por lei complementar.

Reforça o primeiro entendimento (a instituição da CBS deveria ser feita por lei ordinária segundo os termos prescritos por lei complementar) o fato de o §17 do art. 195 aludir somente à "lei". Insta lembrar que segundo entendimento do Supremo Tribunal Federal quando a Constituição usa apenas a expressão "lei", sem o qualificador "complementar", basta lei ordinária para dispor a respeito. Eis um elucidativo precedente do Pleno do Supremo Tribunal Federal[4] nesse sentido:

> Recurso Extraordinário. Direito Tributário. Direito Administrativo. PIS/COFINS. Serviços de telecomunicações. Concessão de serviços públicos. Equilíbrio econômico-financeiro. Política tarifária. 2. Exigência de lei complementar para o repasse de contribuições aos usuários de serviço público. Desnecessidade. Inteligência do art. 146, III, a, da Constituição Federal. 3. **Reserva de lei complementar apenas nos casos taxativamente indicados na Constituição Federal.** 4. Não há reserva de lei complementar para a definição de fatos geradores, bases de cálculo e sujeitos passivos das contribuições previstas no art. 149 da CF/1988. Conformidade com a jurisprudência da Corte. 5. O repasse do PIS/COFINS nas faturas de telefonia não altera a matriz de incidência tributária das contribuições. Distinção entre contribuinte de direito e contribuinte de fato. 6. O repasse do PIS/COFINS ao consumidor nas faturas do serviço de telefonia, nos termos do art. 9º, §3º, da Lei 8.987/1995, não ofende a Constituição Federal. 7. Recurso Extraordinário a que se nega provimento. (g.n.)

4. RE 1053574. Repercussão Geral – Mérito (Tema 415). Órgão julgador: Tribunal Pleno. Relator: Min. GILMAR MENDES. Julgamento: 25/10/2019. Publicação: 22/11/2019.

Por outro lado, a própria PEC-CD, em momento diverso, indica que a instituição da CBS deverá ser feita diretamente por meio de lei complementar. Eis a redação adotada no art. 9º, caput, e §1º, da PEC-CD:

> **Art. 9º** A **lei complementar** que instituir o **imposto** de que trata o **art. 156-A** e a **contribuição** de que trata o **art. 195, V**, ambos da Constituição Federal, poderá prever os regimes diferenciados de tributação de que trata este artigo, desde que sejam uniformes em todo o território nacional e sejam realizados os respectivos ajustes nas alíquotas de referência com vistas a reequilibrar a arrecadação da esfera federativa.
>
> § 1º **Lei complementar** definirá as operações com bens ou serviços sobre as quais as alíquotas dos tributos de que trata o caput serão reduzidas em 60% (sessenta por cento), referentes a: (g.n.)

Conceber que a CBS deve ser instituída diretamente por lei complementar, tal como previsto no *caput* do art. 9º da PEC-CD, parece ser consonante com o disposto na redação prevista por esta PEC para o art. 149-B[5] e para o **§15 do** art. 195[6] da Constituição, segundo a qual o IBS e a CBS terão os mesmos: fatos geradores, bases de cálculo, hipóteses de não incidência e sujeitos passivos; imunidades; regimes específicos, diferenciados ou favorecidos de tributação; e regras de não cumulatividade e de creditamento. Além disso, no contexto das imunidades, pelo disposto no parágrafo

---

5. "'Art. 149-B. Os tributos previstos no art. 156-A e no art. 195, V, terão os mesmos:
I – fatos geradores, bases de cálculo, hipóteses de não incidência e sujeitos passivos;
II – imunidades;
III – regimes específicos, diferenciados ou favorecidos de tributação; e
IV – regras de não cumulatividade e de creditamento.
Parágrafo único. Para fins do disposto no inciso II, serão observadas as imunidades previstas no art. 150, VI, não se aplicando a ambos os tributos o disposto no art. 195, § 7º." (NR)'"

6. "'Art. 195. ....

....
V – sobre bens e serviços, nos termos de lei complementar.
....
§ 15. Aplica-se à contribuição prevista no inciso V o disposto no art. 156-A, § 1º, I a VI, VIII, X a XII, § 3º, § 5º, II, III, V, VI e IX, e §§ 6º a 10.'"

único do art. 149-B, tanto ao IBS quanto à CBS não serão aplicados o disposto no art. 195, § 7º.

Vale observar que esse é o entendimento externalizado pelo Ministério da Fazenda, como é possível atestar a partir da consulta ao sítio do Ministério da Fazenda no ponto relativo às "Perguntas e Respostas" sobre a Reforma Tributária[7]. Na resposta à pergunta nº 3 ("Quais as principais alterações promovidas pela Reforma Tributária?"), cabe destacar a seguinte passagem:

> O IBS e a CBS terão administração separada, mas terão regras harmônicas entre si, pois uma lei complementar única definirá para ambos os mesmos:
>
> • Fatos geradores, bases de cálculo, hipóteses de não incidência e sujeitos passivos;
>
> • Imunidades;
>
> • Regimes específicos, diferenciados ou favorecidos de tributação; e
>
> • Regras de não cumulatividade e creditamento.

Assim, por uma interpretação sistemática da PEC-CD, soa adequado compreender que a CBS não apenas deve ser instituída diretamente por lei complementar, mas também pela mesma lei complementar que dispõe sobre o IBS, o que vai ao encontro do propósito de o IBS e a CBS terem, salvo exceções expressamente previstas na PEC-CD, o mesmo regime jurídico. A fim de afastar quaisquer dúvidas ou futuras discussões judiciais, seria recomendável que a PEC-CD dispusesse, de forma clara, que a CBS deve ser instituída por lei complementar e, idealmente, pela mesma lei complementar que dispõe sobre o IBS.

---

7. Endereço eletrônico: "'https://www.gov.br/fazenda/pt-br/acesso-a-informacao/acoes-e-programas/reforma-tributaria/perguntas-e-respostas'". Acesso em 09/11/2023.

Por sua vez, tomando como referência o disposto na PEC-SF, a situação encontra-se mais bem definida no sentido de ser necessária a instituição da CBS por meio de lei complementar.

Apesar de ainda ser mantido o uso da expressão "nos termos de lei complementar" na redação do inciso V do art. 195, há uma relevante alteração promovida pelo Senado Federal. Foi adotada a sugestão que venho apresentando em congressos e seminários, dentro e fora do Brasil, no sentido de ficar expresso que a CBS será instituída não apenas por lei complementar, mas também pela mesma lei complementar relativa à instituição do IBS. Eis o teor do referido dispositivo da PEC-SF:

> Art. 195. ....
>
> ....
>
> V – sobre bens e serviços, nos termos de lei complementar.
>
> ....
>
> § 15. A contribuição prevista no inciso V será instituída pela mesma lei complementar de que trata o art. 156-A e poderá ter sua alíquota fixada em lei ordinária. (g.n.)

Espera-se que esta alteração promovida pelo Senado Federal seja a que finalmente prevaleça. A expressa determinação de que a CBS e o IBS serão instituídos por lei complementar e pela mesma lei complementar confere segurança hermenêutica e evita as indesejáveis disputas administrativas e judiciais.

2. Fato gerador do IBS e da CBS – significado de "operações" e de "adquirente de direito"

Algumas dúvidas têm surgido acerca do significado das expressões "operações" e "adquirente", presentes, respectivamente, na redação proposta para os incisos I e VIII do §1º do art. 156-A tanto da PEC-CD quanto da PEC-SF[8].

O termo "operações" é usado para indicar a materialidade do IBS, isto é, para indicar qual o fato gerador (abstrato) e a base de cálculo que podem constar da norma instituidora do IBS. O uso do termo "operações" não é uma novidade no contexto da demarcação material da competência tributária, à medida que já foi assim utilizado, por diversas vezes, na redação original da Constituição, mais especificamente, quando foi apontada a materialidade do IOF (no inciso V do art. 153), bem como quando foi disposto sobre o próprio ICMS, provável antecessor do IBS (no inciso II do art. 155 e em vários outros pontos relacionados ao ICMS, p. ex., por mais 17 vezes no próprio art. 155 e por 2 vezes no art. 158). Eis o teor do inciso VII do art. 153 e do inciso II do art. 155 da Constituição:

---

8. Segundo a PEC-CD:
"'Art. 156-A. Lei complementar instituirá imposto sobre bens e serviços de competência dos Estados, do Distrito Federal e dos Municípios.
§ 1º O imposto previsto no caput atenderá ao seguinte:
I – incidirá sobre operações com bens materiais ou imateriais, inclusive direitos, ou com serviços;
(...)
VIII – com vistas a observar o princípio da neutralidade, será não cumulativo, compensando-se o imposto devido pelo contribuinte com o montante cobrado sobre todas as operações nas quais seja adquirente de bem, material ou imaterial, inclusive direito, ou serviço, excetuadas exclusivamente as consideradas de uso ou consumo pessoal, nos termos da lei complementar, e as hipóteses previstas nesta Constituição;'".
Segundo a PEC-SF:
"'Art. 156-A. Lei complementar instituirá imposto sobre bens e serviços de competência compartilhada entre Estados, Distrito Federal e Municípios.
§ 1º O imposto previsto no caput será informado pelo princípio da neutralidade e atenderá ao seguinte:
I – incidirá sobre operações com bens materiais ou imateriais, inclusive direitos, ou com serviços;
(...)
VIII – será não cumulativo, compensando-se o imposto devido pelo contribuinte com o montante cobrado sobre todas as operações nas quais seja adquirente de bem, material ou imaterial, inclusive direito, ou de serviço, excetuadas exclusivamente as consideradas de uso ou consumo pessoal especificadas na lei complementar, e as hipóteses previstas nesta Constituição; '".

> Art. 153. Compete à União instituir impostos sobre:
>
> (...)
>
> V - operações de crédito, câmbio e seguro, ou relativas a títulos ou valores mobiliários;
>
> (...)
>
> Art. 155. Compete aos Estados e ao Distrito Federal instituir impostos sobre:
>
> (...)
>
> II - operações relativas à circulação de mercadorias e sobre prestações de serviços de transporte interestadual e intermunicipal e de comunicação, ainda que as operações e as prestações se iniciem no exterior;

O termo "operações" foi, pela primeira vez, usado no contexto constitucional de atribuição de competência tributária pela Emenda Constitucional nº 18/1965, que alterou a disciplina do sistema tributário nacional previsto pela Constituição de 1946. Isso igualmente se deu ao dispor sobre o IOF (inciso I do art. 14[9]) e o então ICM (art. 12[10]). A Constituição de 1967 (e a EC nº 1/1969) também utilizou o termo "operações" no âmbito do IOF (inciso VI do art. 22[11]) e do ICM (inciso II do art. 24[12]). Relativamente

---

9. "'Art. 14. Compete à União o imposto:
I - sobre operações de crédito, câmbio e seguro, e sobre operações relativas a títulos e valores mobiliários;'"

10. "'Art. 12. Compete aos Estados o imposto sobre operações relativas à circulação de mercadorias, realizadas por comerciantes, industriais e produtores.
§ 1º A alíquota do imposto é uniforme para todas as mercadorias, não excedendo, nas operações que as destinem a outro Estado, o limite fixado em resolução do Senado Federal, nos termos do disposto em lei complementar.'"

11. "'Art. 22 - Compete à União decretar impostos sobre:
(...)
VI - operações de crédito, câmbio, seguro, ou relativas a títulos ou valores mobiliários;'"

12. "'Art. 24 - Compete aos Estados e ao Distrito Federal decretar impostos sobre:
(...)
II - operações relativas à circulação de mercadorias, inclusive lubrificantes e combustíveis líquidos, na forma do art. 22, § 6º, realizadas por produtores, industriais e

à materialidade do ICM e ao uso do termo "operações" no âmbito do ICM, já à época da Constituição de 1967 e do Decreto -lei nº 406/1968, Aliomar Baleeiro[13] assim se manifestou:

> MODALIDADES DO FATO GERADOR: — SAÍDA. •
>
> — Restaurado o inciso II, do art. 52 pelo art. 1.0, II do dec.-lei n.º 406 de 31-12-1968, há quatro modalidades de fato gerador do I.C.M. A primeira, a mais geral e importante, é o fato de sair a mercadoria do estabelecimento comercial, industrial ou produtor. Isso acontece normalmente pelo negócio da compra e venda, mas pode ocorrer por outro contrato ou fato juridicamente relevante, isto é, por uma "operação" jurídica e econômica com valor definido ou não. É prevista esta última hipótese pelo art. 2°, III, do dec.-lei 406/68. A saída das mercadorias para voltar (caso de reparos etc.), ou para outro estabelecimento do dono no mesmo local, não é "operação".

O termo "operações" aponta para a noção de um negócio que envolva a circulação de mercadorias, no caso do então ICM, ou de mercadorias e certos serviços, no caso do atual ICMS. O Supremo Tribunal Federal assentou que esta circulação é jurídica e que necessariamente envolve a transferência de titularidade. Eis o que consta da ementa do ARE 1255885 RG[14]:

> Recurso extraordinário com agravo. Direito Tributário. Imposto Sobre Circulação de Mercadorias e Serviços (ICMS). Deslocamento de mercadorias. Estabelecimentos de mesma titularidade localizados em unidades federadas distintas. Ausência de transferência de propriedade ou ato mercantil. Circulação jurídica

---

comerciantes.'"

13. BALEEIRO, Aliomar. *Direito tributário brasileiro*. 10. ed. rev. e atualizada por Flávio Bauer Novelli. Rio de Janeiro: 1984, p. 219-220.

14. "'Art. 24 - Compete aos Estados e ao Distrito Federal decretar impostos sobre:
(...)
II - operações relativas à circulação de mercadorias, inclusive lubrificantes e combustíveis líquidos, na forma do art. 22, § 6°, realizadas por produtores, industriais e comerciantes.'"

> de mercadoria. Existência de matéria constitucional e de repercussão geral. Reafirmação da jurisprudência da Corte sobre o tema. Agravo provido para conhecer em parte do recurso extraordinário e, na parte conhecida, dar-lhe provimento de modo a conceder a segurança. Firmada a seguinte tese de repercussão geral: Não incide ICMS no deslocamento de bens de um estabelecimento para outro do mesmo contribuinte localizados em estados distintos, visto não haver a transferência da titularidade ou a realização de ato de mercancia.

Neste julgamento foi fixada a seguinte Tese para o Tema 1099:

> Não incide ICMS no deslocamento de bens de um estabelecimento para outro do mesmo contribuinte localizados em estados distintos, visto não haver a transferência da titularidade ou a realização de ato de mercancia.

A adequada construção de sentido da expressão "operações com bens materiais ou imateriais, inclusive direitos, ou com serviços" é realizada com a consideração do disposto no inciso VIII do §1º do art. 156-A, que dispõe da aplicação do princípio da não cumulatividade para o *adquirente*. *In verbis*:

> **PEC-CD**
>
> VIII – com vistas a observar o princípio da neutralidade, será não cumulativo, compensando-se o imposto devido pelo contribuinte com o montante cobrado sobre todas as operações nas quais seja adquirente de bem, material ou imaterial, inclusive direito, ou serviço, excetuadas exclusivamente as consideradas de uso ou consumo pessoal, nos termos da lei complementar, e as hipóteses previstas nesta Constituição;
>
> **PEC-SF**
>
> VIII – será não cumulativo, compensando-se o imposto devido pelo contribuinte com o montante cobrado sobre todas as operações nas quais seja adquirente de bem, material ou imaterial, inclusive direito, ou de serviço, excetuadas exclusivamente as consideradas de uso ou consumo pessoal especificadas na lei complementar, e as hipóteses previstas nesta Constituição;

Assim, a utilização da expressão "operações nas quais seja adquirente de bem, material ou imaterial, inclusive direito, ou serviço" revela que operações com bens ou serviços **são as que** envolvem a realiza**ção de ato ou negócio em que ocorre a aquisição de bens ou direitos.**

Dúvidas surgiram acerca da correção de se falar em "adquirente de bem, material ou imaterial, inclusive direito, ou serviço". Há que sustente a ideia de que o uso do termo adquirente poderia representar uma indevida restrição, pois a referência a "adquirente" demandaria a existência de aquisição apenas da propriedade. Esse entendimento não é adequado. O termo adquirente, em rigor, é igualmente aplicável a qualquer situação em que alguém (adquirente) adquira um direito, seja este o direito de propriedade, que é apenas uma das espécies de direito real, seja qualquer outro direito, de natureza pessoal (p. ex., o direito adquirido com a locação) ou real (p. ex., o direito adquirido com o usufruto), o que revela a atribuição de uma competência tributária bastante ampla sob a perspectiva material (grande amplitude da matéria tributável) no tocante ao IBS e **à** CBS, o que, se aprovada a PEC da reforma tributária, demandará do legislador complementar uma cuidadosa delimitação daquilo que será efetivamente objeto de tributação.

3. IBS-CBS – a não cumulatividade é plena, exceto quanto ao "uso ou consumo pessoal"

O significado da expressão "uso ou consumo pessoal" no contexto da disciplina da não cumulatividade do IBS e da CBS tem suscitado discussões. Reitera-se a transcrição da redação prevista para o art. 156-A, §1º, inciso VIII, tanto pela PEC-CD quanto pela PEC-SF:

> **PEC-CD**
>
> Art. 156-A. Lei complementar instituirá imposto sobre bens e serviços de competência dos Estados, do Distrito Federal e dos Municípios.

§ 1º O imposto previsto no caput atenderá ao seguinte:

(...)

VIII – com vistas a observar o princípio da neutralidade, será não cumulativo, compensando-se o imposto devido pelo contribuinte com o montante cobrado sobre todas as operações nas quais seja adquirente de bem, material ou imaterial, inclusive direito, ou serviço, **excetuadas exclusivamente** as consideradas de **uso ou consumo pessoal**, nos termos da lei complementar, e as hipóteses previstas nesta Constituição; (g.n.)

PEC-SF

Art. 156-A. Lei complementar instituirá imposto sobre bens e serviços de competência compartilhada entre Estados, Distrito Federal e Municípios.

§ 1º O imposto previsto no caput será informado pelo princípio da neutralidade e atenderá ao seguinte:

I – incidirá sobre operações com bens materiais ou imateriais, inclusive direitos, ou com serviços;

(...)

VIII – será não cumulativo, compensando-se o imposto devido pelo contribuinte com o montante cobrado sobre todas as operações nas quais seja adquirente de bem, material ou imaterial, inclusive direito, ou de serviço, **excetuadas exclusivamente** as consideradas de **uso ou consumo pessoal** especificadas na lei complementar, e as hipóteses previstas nesta Constituição; (g.n.)

Preliminarmente, convém observar que o disposto no referido inciso VIII também é aplicável à CBS, ante a expressa determinação contida na redação prevista para o §15 do art. 195 segundo a PEC-CD[15] ou para o §16 do art. 195 segundo a PEC-SF[16].

---

15. Segundo a PEC-CD:
"'Art. 195. ....

....

V – sobre bens e serviços, nos termos de lei complementar;

(...)

§ 15. Aplica-se à contribuição prevista no inciso V o disposto no art. 156-A, § 1º, I a VI, **VIII**, X a XII, § 3º, § 5º, II, III, V, VI e IX, e §§ 6º a 10.'" (g.n.)

16. Segundo a PEC -SF:

A não cumulatividade prevista é bastante ampla ante a determinação de que poderá ser compensado o imposto devido pelo contribuinte com o montante cobrado "sobre todas as operações nas quais seja adquirente e bem, material ou imaterial, inclusive direito, ou serviço". Isso representa uma medida facilitadora e simplificadora, à medida que discussões acerca de quais operações geram direito a crédito ficam superadas, pois quase todas geram esse direito. A ressalva com relação à não cumulatividade ampla, além das hipóteses previstas na Constituição, decorre da prescrição de que são "excetuadas exclusivamente as consideradas de uso ou consumo pessoal, nos termos da lei complementar".

O sentido da exclusão das operações de uso ou consumo pessoal para fins de geração de crédito para o contribuinte parece ser o de afastar aquelas operações que são realizadas para promover o uso ou consumo de pessoa que não seja o contribuinte, por exemplo, para proporcionar o uso ou consumo pessoal de um sócio, acionista ou diretor da empresa contribuinte. A fim de afastar dúvidas a respeito e possíveis discussões administrativas e judiciais, acarretando um aumento indesejado da litigiosidade, parece recomendável que esse sentido seja mais bem elucidado pela lei complementar.

"'Art. 195. ....

....

V – sobre bens e serviços, nos termos de lei complementar.

....

(...)

§ 16. Aplica-se à contribuição prevista no inciso V o disposto no art. 156-A, § 1º, I a VI, **VIII**, X a XIII, § 3º, § 5º, II a VI, VIII e IX, e §§ 6º a 11 e 13.'" (g.n.)

PARTE II - IMPOSTO SOBRE PRODUÇÃO, COMERCIALIZAÇÃO OU IMPORTAÇÃO DE BENS E SERVIÇOS PREJUDICIAIS À SAÚDE OU AO MEIO AMBIENTE

1. Natureza jurídica duvidosa: imposto "seletivo", "extrafiscal" ou "sobre o pecado" (*sin tax*)?

Mediante a inserção do inciso VIII ao art. 153, restou previsto tanto pela PEC-CD quanto pela PEC-SF um novo imposto de competência da União, o que se deu nos seguintes termos:

> **PEC-CD**
>
> Art. 1º A Constituição Federal passa a vigorar com as seguintes alterações:
>
> "Art. 153. ....
>
> ....
>
> VIII – produção, comercialização ou importação de bens e serviços prejudiciais à saúde ou ao meio ambiente, nos termos da lei."
>
> **PEC-SF**
>
> Art. 1º A Constituição Federal passa a vigorar com as seguintes alterações:
>
> "Art. 153. ....
>
> ....
>
> VIII – produção, extração, comercialização ou importação de bens e serviços prejudiciais à saúde ou ao meio ambiente, nos termos de lei complementar."

A partir dessa previsão, surgiram manifestações divergentes no que tange à caracterização desse novo imposto. Ora o consideram como um "imposto seletivo", ora como um "imposto extrafiscal", ora como um "imposto sobre o pecado".

Convém analisar um pouco melhor o modo como esse novo *imposto sobre bens e serviços prejudiciais à saúde ou ao meio ambiente* (doravante designado IBS-PSMA) está previsto nas PECs, a fim de construir adequadamente a sua natureza jurídica.

Antes de avançar nessa análise, convém destacar a diferença entre a PEC-CD e a PEC-SF quanto ao veículo normativo que disporá sobre tal imposto.

Segundo a PEC-CD, a instituição desse imposto se dará por meio de lei ordinária (inciso VIII do art. 195).

Já de acordo com a PEC-SF, a instituição se dará por lei complementar, salvo no que tange à fixação da alíquota, que se dará por lei ordinária (parte final do inciso VIII combinada com o inciso VII do §6º do art. 195[17]).

2. Fato gerador, matéria tributável amplíssima, *bis in idem* e cumulatividade

Segundo a redação proposta pela PEC-CD para o inciso VIII do art. 153 da Constituição, a União poderá instituir um imposto sobre a "produção, comercialização ou importação de bens e serviços prejudiciais à saúde ou ao meio ambiente".

Por sua vez, segundo a redação proposta pela PEC-SF para o inciso VIII do art. 153 da Constituição, a União poderá instituir um imposto sobre a "produção, extração,

17. Segundo a PEC-CD:
"'Art. 153. ....

....

VIII – produção, extração, comercialização ou importação de bens e serviços prejudiciais à saúde ou ao meio ambiente, **nos termos de lei complementar**.

....

§ 6º O imposto previsto no inciso VIII terá finalidade extrafiscal e:

(...)

VII – terá suas alíquotas fixadas em **lei ordinária**, podendo ser específicas, por unidade de medida adotada, ou *ad valorem*."' (g.n.)

comercialização ou importação de bens e serviços prejudiciais à saúde ou ao meio ambiente".

Além dessa diferença de redação do inciso VIII do art. 153, outras distinções relevantes entre o disposto pelas PECs merecem destaque, em especial quanto a quatro aspectos: matéria tributável amplíssima, *bis in idem*, cumulatividade e exclusões controversas.

Tanto a PEC-CD quanto a PEC-SF estabelecem uma grande amplitude da matéria tributável para o IBS-PSMA. A PEC-SF ampliou a matéria tributável em comparação com o previsto na PEC-CD, à medida que adiciona a figura da "extração". Nota-se que o universo tributável se relaciona a situações atinentes a "bens e serviços prejudiciais à saúde ou ao meio ambiente". Comentários têm surgido, com certa razão, que o universo de bens e serviços que causam, em algum grau, prejuízo à saúde e ao meio ambiente é excessivamente vasto, o que possibilitaria que esse imposto incidisse sobre quase todas as operações que envolvessem bens e serviços.

Se por um lado a PEC-SF ampliou a matéria tributável ao se referir à "extração", por outro lado, introduz relevante determinação acerca da restrição do campo tributável. Trata-se da previsão contida no §6º do art. 153 de que esse imposto "terá finalidade extrafiscal". Tal determinação representa important**íssimo** vetor axiológico a informar a atuação do legislador infraconstitucional. A este caberá definir os bens e serviços que suscitarão essa tributação, como também a alíquota a ser adotada, ressalta-se, com o específico propósito de promover efeitos extrafiscais, quais sejam, a redu**ção** do consumo de determinados bens e serviços prejudiciais ao meio ambiente ou à saúde.

Assim, segundo a PEC-SF, esse imposto não se destina a ter natureza arrecadatória. Essa salutar previsão atinente ao caráter extrafiscal, contida apenas na redação da PEC-SF, **é** consonante com a preocupação de Senadores, conforme se atesta pelo esclarecimento contido no Parecer do Senador Eduardo Braga, relator da PEC-SF no Senado Federal:

> Aprofundando o tema, concordamos com as Emendas nºs 38 e 259, do Senador Mecias de Jesus e da Senadora Tereza Cristina, respectivamente, que **são necessários aperfeiçoamentos no texto aprovado pela Câmara dos Deputados para deixar explícito que o tributo terá natureza extrafiscal. Com isso, o imposto não será utilizado com a função primária arrecadatória**, mas **terá suas alíquotas determinadas pelo Congresso Nacional para reduzir o consumo de determinados bens e o exercício de atividades prejudiciais ao meio ambiente** (um dos princípios norteadores da reforma). Na medida em que as alíquotas deverão ser mais elevadas – o que é suficiente para o alcance dos objetivos de sua instituição –, não há necessidade de incidência plurifásica, por isso incluímos a restrição de monofasia para o Imposto Seletivo. Primando pela transparência fiscal, para facilitar o cálculo do tributo e o cumprimento de obrigações acessórias, o tributo deve ser calculado por fora, de modo que não integrará sua própria base tributável.
>
> Justamente, neste ponto, **para restringir atividades poluentes e degradantes ao meio ambiente** é que propomos a extensão da incidência do imposto para atividades de extração, caso em que não interessará o destino do produto extraído (mercado interno ou estrangeiro). (g.n.)

Coerente e consistentemente com a determinação de caráter extrafiscal para esse imposto, foi previsto o afastamento da possibilidade de haver a tributação sobre as operações com energia elétrica e com telecomunicações, operações evidentemente essenciais para a população em geral (inciso I do §6º do art. 153). A PEC-SF igualmente afasta a possibilidade de haver a tributação sobre as operações com armas e munições, quando destinadas à administração pública.

Insiste-se: a determinação de que esse imposto terá caráter extrafiscal e que não pode haver a tributação sobre as operações com energia elétrica e com telecomunicações somente existe na PEC-SF, não existindo na PEC-CD, o que poderia tornar tal imposto um instrumento com causa extrafiscal, mas com forte finalidade fiscal, arrecadatória. Muito salutar, portanto, a alteração promovida pelo Senado Federal neste aspecto.

Sobre a possibilidade de haver o *bis in idem*, o que para muitos é algo tecnicamente não recomendável, tanto a PEC-CD quanto a PEC-SF estão em sintonia. Conforme o disposto no inciso III do §6º do art. 153 (segundo a PEC-CD) e no inciso VI do §6º do art. 153 (segundo a PEC-SF), esse imposto poderá ter o mesmo fato gerador e a mesma base de cálculo de outros tributos. Tal característica é reforçada pela redação conferida ao §3º do art. 155:

> **PEC-CD**
>
> Art. 155. ....
>
> (...)
>
> § 3º À exceção dos impostos de que tratam o inciso II do caput deste artigo e os arts. 153, I, II e VIII, e 156-A, nenhum outro imposto poderá incidir sobre operações relativas a energia elétrica, serviços de telecomunicações, derivados de petróleo, combustíveis e minerais do País.
>
> **PEC-SF**
>
> Art. 155. ....
>
> (...)
>
> § 3º À exceção dos impostos de que tratam o inciso II do caput deste artigo e os arts. 153, I e II, e 156-A, nenhum outro imposto poderá incidir sobre operações relativas a energia elétrica e serviços de telecomunicações e, à exceção destes e do previsto no art. 153, VIII, nenhum outro imposto poderá incidir sobre operações relativas a derivados de petróleo, combustíveis e minerais do País.

Sublinha-se a diferença no tocante à possibilidade de incidência sobre operações relativas **à** energia elétrica e serviços de telecomunicações: é possível, segundo a PEC-CD; mas não é possível de acordo com a PEC-SF.

Outro aspecto que merece destaque é o tratamento no tocante à cumulatividade e à possibilidade de haver multiplicidade de incidências. Nos termos da PEC-CD, a cumulatividade é possível, à medida que não há qualquer disposição assegurando a não cumulatividade, o que é agravado em razão de poder ocorrer a incidência toda vez que ocorrer a "produção, comercialização ou importação" mesmo que de um mesmo bem ou serviço. Diversamente, a PEC-SF ainda que não preveja a não cumulatividade, ao menos apresenta disposição no sentido de que tal imposto "incidirá uma única vez sobre o bem ou serviço" (inciso III do §6º do art. 153).

3. Exclusão de garantias constitucionais: anterioridade de exercício e legalidade tributária materialmente qualificada (alíquota)

Acerca da exclusão de relevantes garantias constitucionais, vislumbra-se clara diferença de tratamento.

A PEC-CD prevê alteração na redação do §1º do art. 150, para os fins de afastar a aplicação do princípio da anterioridade de exercício ao IBS-PSMA. Trata-se de medida que pode provocar intensas discussões judiciais acerca da sua inconstitucionalidade, agravando grave quadro existente de excesso de litigiosidade. Importa lembrar que o Supremo Tribunal Federal, ao julgar a ADI 939, teve a oportunidade de assentar que o princípio da anterioridade representa uma cláusula pétrea, por se caracterizar como uma "garantia individual do contribuinte":

> Direito Constitucional e Tributário. Ação Direta de Inconstitucionalidade de Emenda Constitucional e de Lei Complementar. I.P.M.F. Imposto Provisório sobre a Movimentação ou a Transmissão de Valores e de Créditos e Direitos de Natureza Financeira - I.P.M.F. Artigos 5., par. 2., 60, par. 4., incisos I e IV, 150, incisos III, "b", e VI, "a", "b", "c" e "d", da Constituição Federal.

> 1. **Uma Emenda Constitucional, emanada, portanto, de Constituinte derivada, incidindo em violação a Constituição originária, pode ser declarada inconstitucional, pelo Supremo Tribunal Federal**, cuja função precípua e de guarda da Constituição (art. 102, I, "a", da C.F.).
>
> 2. **A Emenda Constitucional n. 3, de 17.03.1993, que, no art. 2., autorizou a União a instituir o I.P.M.F., incidiu em vício de inconstitucionalidade, ao dispor, no parágrafo 2. desse dispositivo, que, quanto a tal tributo, não se aplica "o art. 150, III, "b"** e VI", da Constituição, porque, **desse modo, violou os seguintes princípios e normas imutáveis** (somente eles, não outros):
>
> 1. - o princípio da anterioridade, que é garantia individual do contribuinte (art. 5., par. 2., art. 60, par. 4., inciso IV e art. 150, III, "b" da Constituição);
>
> (...)
>
> 4. Ação Direta de Inconstitucionalidade julgada procedente, em parte, para tais fins, por maioria, nos termos do voto do Relator, mantida, com relação a todos os contribuintes, em caráter definitivo, a medida cautelar, que suspendera a cobrança do tributo no ano de 1993. (g.n.)

Além disso, a PEC-CD prevê alteração na redação do §1º do art. 153, com o propósito de permitir ao Poder Executivo que, atendidas as condições e os limites estabelecidos em lei, a alteração da alíquota do IBS-PSMA, o que representa a introdução de nova exceção ao princípio da legalidade materialmente qualificada, segundo o qual o fato gerador, o contribuinte, a base de cálculo e a alíquota dos tributos precisam ser previstos diretamente por lei[18].

Sublinha-se que a PEC-SF não previu qualquer dessas exclusões, seja a relativa ao princípio da anterioridade seja a relativa ao princípio da legalidade materialmente qualificada. Mais um destaque positivo para a PEC-SF, que caminha tanto no sentido de preservar relevantes direitos e garantias

---

18. QUEIROZ, Luís Cesar Souza de. *Interpretação e aplicação tributárias – contribuições da hermenêutica e de teorias da argumentação.* Rio de Janeiro: 2021, p. 263-264.

fundamentais dos contribuintes, quanto no sentido de não fomentar a elevadíssima litigiosidade em matéria tributária.

4. Considerações finais

A reforma tributária que se pretende promover por meio da PEC-CD ou da PEC-SF apresenta um louvável propósito que é o de conferir maior simplicidade e racionalidade ao sistema tributário nacional, especialmente no tocante à tributação relacionada ao consumo.

Nota-se que se instaurou um profícuo processo de discussão de matéria tão cara à sociedade brasileira. As ideias iniciais acerca dessa reforma surgiram por iniciativa da sociedade civil, que fez chegar ao Parlamento brasileiro os anseios de mudança.

Digno de elogio todos que participaram desse árduo e longo processo.

Igualmente merecedor de elogio o debate levado a termo pelo Poder Legislativo. Tanto a Câmara dos Deputados quanto o Senado Federal empreenderam esforços no sentido de aperfeiçoar o sistema tributário brasileiro. Apesar de, para fins didáticos, falar-se em PEC-CD e PEC-SF, em verdade trata-se de medida que é fruto de árduo trabalho das duas Casas Legislativas. A PEC-SF trouxe aperfeiçoamentos com relação a temas previstos na PEC-CD. Contudo, inexistiria a PEC-CD acaso não existisse a PEC-CD. O diálogo entre a Câmara de Deputados e o Senado Federal em prol de uma melhoria no sistema tributário brasileiro está apenas no início. Não se vislumbra o alcançamento de uma Reforma Tributária ideal. Longe disso. Mas é certo que avanços foram obtidos.

A mudança na tributação relativa ao consumo representada pela criação de dois tributos – o IBS e a CBS – em substituição a cinco tributos – IPI, ICMS, ISS, PIS e

COFINS –, aproxima o sistema brasileiro de sistemas tributários mais modernos e eficientes. É patente a melhoria no tratamento de importantes temas, tais como: (i) o da insegurança quanto à definição da competência tributária, decorrente, por exemplo, da dificuldade de se diferençar mercadorias e serviços; (ii) o da desenfreada guerra fiscal entre Estados e entre Estados e Municípios; (iii) o da complexidade decorrente da existência de 27 legislações relativas ao ICMS e de mais de 5.000 legislações relativas ao ISS; (iv) o da complexidade referente ao sistema da não cumulatividade, ante a dificuldade quanto à identificação de critérios para a identificação de créditos.

Ocorrendo a promulgação da PEC (da PEC-CD ou da PEC-SF), inicia-se uma nova e importantíssima etapa: a elaboração da lei complementar que instituirá e disciplinará o IBS-CBS. Mais uma vez, sociedade civil e Poder Público precisam cooperar em prol da construção de um sistema racional e eficiente.

Sobre o IBS-PSMA – denominado por muitos de "imposto seletivo", algumas palavras ainda precisam ser ditas.

De acordo com o sistema previsto pela PEC-CD, não parece adequado dizer que se trata de um "imposto seletivo", nem de um "imposto extrafiscal", nem de um "imposto sobre o pecado" (*sin tax*). Não é imposto seletivo, posto que, diversamente do que está atualmente previsto para o IPI (inciso I do §3º do art. 153 da Constituição), sua incidência não está informada pela essencialidade do bem ou serviço. Prova disso é a expressa possibilidade de incidir sobre operações com energia elétrica e com telecomunicações. Nestes casos, apesar de a essencialidade ser manifesta, o IBS-PSMA pode incidir.

Nos termos da PEC-CD, a fiscalidade, o caráter arrecadatório, é mais que potencial, é efetivo. Esse caráter fiscal-arrecadatório é decorrente do descompromisso com a essencialidade, da previsão de uma base tributável extremamente ampla, da possibilidade de incidir múltiplas vezes sobre operações com os mesmos bens e serviços, da inexistência das garantias da não cumulatividade, da anterioridade e da plena legalidade tributária materialmente qualificada e, ainda, de não se restringir a poucos bens reconhecidamente prejudiciais à saúde (p. ex., cigarro e bebida alcoólica), pelo que **não parece adequado considerar** que se trata de "imposto extrafiscal", nem de "imposto sobre o pecado".

Contudo, há que se destacar que a preocupação com esse gravoso caráter fiscal-arrecadatório não passou despercebido. As preocupações já existentes na Câmara dos Deputados somaram-se com as do Senado Federal, o que conduziu a um aperfeiçoamento. De acordo com a PEC-SF, o IBS-PSMA – terá caráter extrafiscal, não incidirá sobre as operações com energia elétrica e com telecomunicações, bem como incidirá uma única vez sobre o bem ou serviço.

O ideal, para afastar de vez um possível primário caráter ou uso fiscal-arrecadatório seria que, em vez de imposto, fosse criada uma contribuição especial, que, a par de poder desestimular certas operações com bens flagrantemente prejudiciais à saúde ou ao meio ambiente, tivesse o produto da sua arrecadação integralmente destinado à saúde ou **à preservação e restauração do meio ambiente.**

Como o ideal nem sempre se torna o possível, há que se reconhecer um aperfeiçoamento por parte da PEC-SF na estruturação do IBS-PSMA.

Enfim, que com coerência, consistência e responsabilidade caminhem essa e futuras reformas tributárias.

OS CRITÉRIOS DEFINIDORES DA FORÇA NORMATIVA DOS PRECEDENTES E SEUS PARÂMETROS DE INTENSIDADE

Mantovanni Colares Cavalcante[1]

"E a coisa mais certa de todas as coisas
Não vale um caminho sob o sol
E o sol sobre a estrada é o sol sobre a estrada é o sol
Por isso uma força me leva a cantar
Por isso essa força estranha"

(Trechos da canção *Força Estranha [1978].*
Letras. Caetano Veloso. Org. Eucanaã Ferraz. São Paulo: Companhia das Letras, 2022. p. 317)

---

1. Doutor pela Pontifícia Universidade Católica de São Paulo - PUC/SP. Mestre pela Universidade Federal do Ceará - UFC/CE. Membro do Instituto Brasileiro de Direito Processual – IBDP. Professor de Direito Processual - UFC/CE. Professor conferencista do IBET. Juiz de Direito de Vara da Fazenda Pública.

1. PRECEDENTE: A LINGUAGEM

Uma das extraordinárias marcas do Constructivismo Lógico-Semântico[2], cujo incansável condutor, bem o sabemos, é Paulo de Barros Carvalho, é a da garantia da coerência nos textos pautados por essa escola de pensamento, cujo início se deu há exatos cinquenta anos, com a ida de Lourival Vilanova a São Paulo, em 1973, para ministrar curso de Teoria Geral do Direito a docentes da PUC/SP; a partir dali foi ganhando corpo a formação de um núcleo de intelectuais interessados em conferir suas afirmações.

Em 1986, sob a coordenação de Paulo de Barros Carvalho, um grupo de estudos se forma em São Paulo para esquadrinhar o que passou a ser denominado de Constructivismo Lógico-semântico[3], cujos fundamentos teóricos são de Lourival Vilanova, merecendo posteriormente a ampliação acadêmica em termos nacional pelas mãos de Paulo de Barros Carvalho, ao conseguir formar novas gerações de doutrinadores a divulgar essa escola de pensamento em livros, monografias, capítulos de livros e artigos jurídicos[4].

Por graça do destino e escolha consciente, firmei no Constructivismo Lógico-Semântico a âncora da nau de

2. Movimento de cunho metodológico que conduz o observador do fenômeno jurídico a contemplar o texto denominado comumente de norma jurídica e, a partir daí, construir sentidos, dentro de um parâmetro de linguagem e orientado pela lógica jurídica. A proposta dessa teoria é justamente a de estruturar um discurso conectado com premissas, consolidando a coerência em busca de um modelo "para ajustar a precisão da forma à pureza e à nitidez do pensamento", conforme leciona Paulo de Barros Carvalho ("Algo sobre o constructivismo lógico-semântico". *Constructivismo lógico-semântico.* Paulo de Barros Carvalho [coord.]. Aurora Tomazini de Carvalho [org.]. São Paulo: Noeses, 2014. v. 1. p. 4 e 5).

3. É o que consta no prefácio da obra *Escritos jurídicos e filosóficos*, de Lourival Vilanova (São Paulo: Axis Mundi/IBET, 2003. v. 1, p. xx).

4. Assim destaquei em "O método do constructivismo-lógico semântico e a linguagem em Fernando Pessoa: um encontro possível" (Capítulo de livro de autoria coletiva - *Constructivismo lógico-semântico.* Paulo de Barros Carvalho [coord.]. Aurora Tomazini de Carvalho [org.]. São Paulo: Noeses, 2020. v. 3. p. 519-540).

minhas reflexões sobre o Direito, tendo por bússolas permanentes a *linguagem* e o *método*[5]. Com elas sigo adiante, no momento propício de levantar âncora e singrar os mares das reflexões a respeito de instigantes temas, como é o caso dos *precedentes*.

Em acontecimento tão simbólico – a vigésima edição do Congresso Nacional de Estudos Tributários, no ano de 2023 –, com debates realizados em diversas mesas de discussão os quais se convertem neste livro, convenci-me de que é chegada a hora de formular proposta no âmbito do Direito Processual, com especial destaque ao Direito Processual Tributário, visando uma melhor percepção e manuseio dessa ferramenta indispensável a que chamam de *precedente*.

Sigo, dentro do arcabouço da segurança ofertado pelo Constructivismo Lógico-Semântico, valendo-me da *linguagem* e do *método*, a fim de lançar uma proposta de classificação com critérios definidores da força normativa dos precedentes e, a partir daí, estipular parâmetros de intensidade dessa força, numa escala que oscila entre precedentes com *força normativa máxima (efeito vinculante)* até precedentes *sem força normativa*, com a possibilidade de se ter, entre esses dois extremos, precedentes com *força normativa média* e *força normativa mínima*, a gerar efeitos de persuasão e de influência, respectivamente.

Para tanto, proponho um *método* considerando *três critérios* definidores da força normativa – I) o hierárquico, II) o funcional e III) o de suporte –; sendo que, em cada um desses três critérios se faz o encaixe do precedente num dos *dois complementos*. A depender de qual dos dois

5. Para compreender a importância desses dois eixos na estruturação do pensamento científico, obrigatória se mostra a leitura do livro-referência *Direito tributário: linguagem e método*, de Paulo de Barros Carvalho, com sua proposta metodológica inovadora para o Direito Tributário, na concepção epistemológica demarcada a partir da Filosofia da Linguagem e se valendo dos pressupostos do Constructivismo Lógico-semântico.

complementos em cada critério se enquadra o objeto de estudo, ter-se-á o *elemento identificador* da força normativa do precedente, numa gradação de a) força máxima, b) força média, c) força mínima e d) sem força normativa.

A proposta contém *método*, tendo em vista que, na aplicação desses parâmetros, mantem-se a coerência da classificação e seus resultados práticos.

Tudo isso será esmiuçado ao longo do texto, mas é preciso, antes de ingressar no *método* por mim elaborado, abordar a questão da *linguagem*, especificamente do termo *precedente*.

Precedente. Eis a palavra por demais utilizada em nosso meio, notadamente a partir da edição do Código de Processo Civil de 2015. Só que, até agora, não se tem no Brasil um consenso sobre esse termo. Afinal, o que seria um precedente em nosso país, considerando nossa tradição do *civil law*, sendo que o precedente é algo próprio do *common law*[6]? Atualmente, a percepção é a de que, ao adotar a tradição do Direito ancorado em estruturas legais codificadas e lastreadas em doutrinas, o país pertence à família do *civil law*; ao passo que, quando o sistema é formado pelos costumes e pela prática consolidada pelos tribunais, esse país integraria a tradição do *common law*.

---

6. John Henry Merryman, em notável obra sobre o tema, nos explica que existem três grandes sistemas legais no mundo ocidental, que o autor prefere chamar de tradições, que são o *civil law*, o *common law* e o *socialist law*, sendo que esse último seria um novo sistema, de natureza híbrida, com a visão econômica do Direito, no sentido de que o Direito seria um instrumento da economia e da política social. O *civil law*, por sua vez, é o resultado da formação de três subsistemas: o direito romano (*roman civil law*), o direito canônico (*canon law*) e o direito comercial (*comercial law*). O primeiro componente do *civil law*, que é o *roman civil law*, teve como referência maior o *corpus juris civilis*, que era conservador e adequado às soluções dos problemas legais sem que houvesse possibilidade de interpretação pelos estudiosos do Direito. Assim, sua finalidade era a de impedir a interpretação por juristas. Já o *commom law* possui como característica a doutrina do *stare decisis*, que é a obrigatoriedade de os tribunais decidir verificando os precedentes. Ou seja, o precedente é algo intimamente ligado à tradição do *common law* (*The Civil Law Tradition – An Introdution to the Legal System of Western Europe and Latin America*. Second Edition. Stanford, California: Stanford University Press, 1985).

Exatamente por isso se faz a imediata associação do termo *precedente* com a cultura do sistema jurídico do Reino Unido ou dos Estados Unidos da América[7]. Michael J. Gerhardt, a propósito, define precedente como quaisquer votos constitucionais, decisões ou posições nas quais a Suprema Corte ou autoridades não judiciais se investem com suas autoridades normativas, servindo de referência para futuros casos, de tal modo que o valor ali contido passa a integrar o próprio Direito, sendo que os precedentes assumem várias formas, incluindo não somente os votos pretéritos dos tribunais, mas também normas, práticas históricas (costumes) e tradições[8]; por isso mesmo ele destaca que esses precedentes teriam como funções a transparência (*controle social*) além de mostrar como as autoridades públicas tiveram limites históricos, legais e culturais (*rastros de civilidade*) na construção do Direito[9].

Ao examinarmos o Código de Processo Civil, verificamos que a palavra *precedente* foi utilizada em seis ocasiões; sendo que, em duas delas, as prescrições normativas já foram alteradas[10]. Portanto, somente por quatro vezes permanece o uso desse termo na codificação processual civil em vigor. O mais espantoso, porém, é que em nenhuma dessas quatro vezes o legislador se preocupou em fixar um *conceito*

---

7. Guido Fernando Silva Soares nos ensina que a expressão *common law* tem vários sentidos, desde sua primeira acepção, de um direito nascido das sentenças judiciais dos Tribunais de Westminster (cortes constituídas pelo Rei, subordinadas a ele, e que acabaram por eliminar os direitos costumeiros próprios de cada tribo da Inglaterra), até se chegar à concepção de alguns setores do Direito na Inglaterra que se submetem a um modo de pensar o Direito, como o direito criminal e o dos contratos (*Common law: introdução ao direito dos EUA*. 2. ed. São Paulo: Revista dos Tribunais, 2000. p. 32 e seguintes).

8. *The power of precedent*. Oxford University Press: 2008. p. 3.

9. Ob. cit., p. 147.

10. O inciso IV do art. 988 do CPC teve sua redação alterada pela Lei 13.256/2016, e foi retirada a palavra *precedente* de seu teor. Essa mesma Lei revogou o inciso II do art. 1.042 do CPC/2015, que continha a palavra *precedente*.

ou mesmo indicar *características* que possam identificar de modo claro a natureza dessa ferramenta ou fenômeno.

Provavelmente, o trecho mais compatível com o uso do termo *precedente* em seu significado autêntico seja aquele no qual se diz que o precedente motiva a criação de súmula, cujo enunciado corresponde à jurisprudência dominante de um tribunal[11]. Ou seja, indica-se aí um percurso entre um julgamento que será tido como precedente, a gerar uma jurisprudência dominante, e depois estabelecer um enunciado de súmula.

Assim, um precedente não seria a súmula, muito menos a jurisprudência, tanto que esses dois fenômenos são destacados em separado quando se fala em fundamentação de decisão judicial que invoca precedente ou enunciado de súmula, ou que deixa de seguir enunciado de súmula, jurisprudência ou precedente invocado pela parte[12].

Todavia, quando o Código de Processo Civil determina que os tribunais devam dar publicidade a seus *precedentes*, não se sabe se o legislador está se referindo somente ao julgamento que gerou a jurisprudência dominante e posteriormente a súmula[13] ou, num espectro mais largo, às diversas formas de julgamento, decorrentes de técnicas

---

11. Código de Processo Civil: "Art. 926. Os tribunais devem uniformizar sua jurisprudência e mantê-la estável, íntegra e coerente. § 1º Na forma estabelecida e segundo os pressupostos fixados no regimento interno, os tribunais editarão enunciados de súmula correspondentes a sua jurisprudência dominante. § 2º Ao editar enunciados de súmula, os tribunais devem ater-se às circunstâncias fáticas dos precedentes que motivaram sua criação".

12. Código de Processo Civil: "Art. 489. São elementos essenciais da sentença: (...) § 1º Não se considera fundamentada qualquer decisão judicial, seja ela interlocutória, sentença ou acórdão, que: (...) V - se limitar a invocar precedente ou enunciado de súmula, sem identificar seus fundamentos determinantes nem demonstrar que o caso sob julgamento se ajusta àqueles fundamentos; VI - deixar de seguir enunciado de súmula, jurisprudência ou precedente invocado pela parte, sem demonstrar a existência de distinção no caso em julgamento ou a superação do entendimento".

13. §§ 1º e 2º do art. 926 do Código de Processo Civil, transcritos anteriormente em nota de rodapé.

que resultam em fixação de teses, tais como a) em controle concentrado de constitucionalidade no Supremo Tribunal Federal, b) na edição de súmulas vinculantes e súmulas em geral, c) no julgamento de recursos especial e extraordinário repetitivos, d) no julgamento de incidente de resolução de demandas repetitivas, e e) no julgamento de incidente de assunção de competência[14].

Poder-se-ia ainda concluir, pela leitura do Código de Processo Civil, que *precedente* é algo relacionado a) a tese jurídica jurídica adotada em enunciado de súmula ou em julgamento de casos repetitivos, b) a jurisprudência dominante do Supremo Tribunal Federal e dos tribunais superiores ou jurisprudência oriunda de julgamento de casos repetitivos, e c) a enunciado de súmula, de jurisprudência pacificada ou de tese adotada em julgamento de casos repetitivos, tendo em vista que essas situações estão sequenciadas em parágrafos do art. 927 do referido Código, que desaguam num parágrafo final impondo aos tribunais a obrigação de dar publicidade aos seus *precedentes*, não se sabendo exatamente a que essa regra se refere, de modo que *precedente* poderá vir a ser qualquer uma dessas hipóteses aqui destacadas[15].

---

14. Código de Processo Civil: "Art. 927. Os juízes e os tribunais observarão: I - as decisões do Supremo Tribunal Federal em controle concentrado de constitucionalidade; II - os enunciados de súmula vinculante; III - os acórdãos em incidente de assunção de competência ou de resolução de demandas repetitivas e em julgamento de recursos extraordinário e especial repetitivos; IV - os enunciados das súmulas do Supremo Tribunal Federal em matéria constitucional e do Superior Tribunal de Justiça em matéria infraconstitucional; V - a orientação do plenário ou do órgão especial aos quais estiverem vinculados".

15. Código de Processo Civil: "Art. 927. (...) § 1º Os juízes e os tribunais observarão o disposto no art. 10 e no art. 489, § 1º, quando decidirem com fundamento neste artigo. § 2º A alteração de tese jurídica adotada em enunciado de súmula ou em julgamento de casos repetitivos poderá ser precedida de audiências públicas e da participação de pessoas, órgãos ou entidades que possam contribuir para a rediscussão da tese. § 3º Na hipótese de alteração de jurisprudência dominante do Supremo Tribunal Federal e dos tribunais superiores ou daquela oriunda de julgamento de casos repetitivos, pode haver modulação dos efeitos da alteração no interesse social e no da segurança jurídica. § 4º A modificação de enunciado de súmula, de jurisprudência pacificada ou

Eis o descuido da *linguagem*, a afetar qualquer tentativa de *método*, visando equacionar o manuseio desse fenômeno.

Particularmente, entendo que não temos *precedentes* no Brasil, no sentido de um modo de pensar a construção de entendimento no caso concreto (presente) a partir de um julgamento pretérito (passado), escolhido somente naquela ocasião como paradigma a servir para casos idênticos que venham a surgir (futuro), como se faz na tradição do *common law*. A propósito, Michele Taruffo lembra que o precedente se fundamenta sobre a analogia segundo a qual o juiz percebe identidade entre os *fatos* do caso que decidirá e os *fatos* de outro caso já decidido, e sob essa condição se pode aplicar a mesma regra firmada nas razões de decidir (*ratio decidendi*) do julgamento anterior[16].

Aqui em nosso país, em praticamente todas as situações nas quais se fala em *precedente*, o que se quer dizer, na verdade, é: *julgamento realizado propositadamente para fixar uma tese com força normativa em relação a casos idênticos atuais e futuros*. Só se trabalha com o presente e o futuro, ignorando o passado. E com um fator agravante: no Brasil, há uma cultura consolidada de valorização de *ementas*, pois as decisões de órgãos colegiados em tribunais seguem todo um texto de um julgador que expôs sua opinião (*voto*), mas ao final *se faz um resumo* com a indicação do resultado (*ementa*) e muitas vezes ainda se faz um desdobramento para um resumo mais apertado, a *súmula*[17].

---

de tese adotada em julgamento de casos repetitivos observará a necessidade de fundamentação adequada e específica, considerando os princípios da segurança jurídica, da proteção da confiança e da isonomia. § 5º Os tribunais darão publicidade a seus precedentes, organizando-os por questão jurídica decidida e divulgando-os, preferencialmente, na rede mundial de computadores".

16. "Las funciones de las cortes supremas. Aspectos Generales". *La misión de los tribunais supremos*. Michele Taruffo, Luiz Guilherme Marinoni e Daniel Mitidiero (Coords.). Madrid: Marcial Pons, 2016. p. 244.

17. Analisei esse aspecto em "Frases sem texto: a utilização de precedentes a partir de ementas". *Texto e contexto no Direito Tributário*. Paulo de Barros Carvalho (coord.). Priscila de Souza (org.). São Paulo: Noeses, 2020. p 881- 895.

O certo é que o termo *precedente* acabou por contaminar nossa realidade jurídica, sem a mesma percepção que se tem nos países que pertencem à família do *common law*. Assim, é preciso adotar um sentido de *linguagem* para evitar dificuldade no trato com o método a ser proposto mais adiante.

Por isso, sem querer abandonar a palavra tão ao gosto da doutrina nacional e dos julgamentos[18], firmo uma opção no campo da linguagem, e passo a utilizar o termo *precedente* como sendo *o resultado de um desses produtos elaborados em tribunais*:

I) Decisão do Supremo Tribunal Federal em controle concentrado de constitucionalidade;

II) Enunciado de súmula vinculante do Supremo Tribunal Federal em matéria constitucional;

III) Enunciado de súmula do Supremo Tribunal Federal em matéria constitucional;

IV) Acórdão do Supremo Tribunal Federal em julgamento de recurso extraordinário repetitivo;

V) Enunciado de súmula do Superior Tribunal de Justiça em matéria infraconstitucional;

---

18. No texto apontado na nota de rodapé anterior, afirmo ser inadequado o uso do termo *precedente* no *civil law*, considerando a própria estrutura do Direito Processual em suas veiculações normativas (Constituição Federal e leis processuais); ressalto que, na verdade, o Código de Processo Civil de 2015 materializou de modo definitivo o efeito transindividual da jurisdição, mediante o regramento de diversas técnicas que atribuem força vinculante a teses firmadas em tribunais, induzindo juízes e tribunais a aplicar essas teses em todos os casos semelhantes que lhes são submetidos (art. 927). Esse produto, a tese vinculante, é elaborado num único julgamento, cujos meios de produção se valem de diversas ferramentas, como os incidentes – assunção de competência (art. 947) e resolução de demandas repetitivas (art. 976) – e o julgamento de recursos repetitivos, no caso, o extraordinário e o especial (art. 1.036). A aplicação de tese vinculante é efetivada em várias etapas do processo, nas múltiplas modalidades de decisões, sejam elas de natureza provisória (art. 311), ou mesmo mediante um julgamento liminar do pedido (art. 332), ou ainda por ocasião do reexame obrigatório da sentença pelo tribunal, independentemente de recurso (art. 496). Exatamente por isso, sempre preferi a expressão *tese vinculante*, ao invés de *precedente*.

VI) Acórdão do Superior Tribunal de Justiça em julgamento de recurso especial repetitivo;

VII) Acórdão de qualquer tribunal no julgamento em incidente de assunção de competência;

VIII) Acórdão de qualquer tribunal no julgamento de resolução de demandas repetitivas; e

IX) Orientação do plenário ou do órgão especial aos quais juízes e tribunais estiverem vinculados.

É dizer, todos esses produtos de julgamentos em tribunais seriam *precedentes*, dentro dessa necessidade de se ter uma linguagem a expressar o sentido de tal fenômeno. Percebe-se daí a multiplicidade do que vem a ser um *precedente* e, por isso mesmo, é preciso verificar em casa situação qual a sua *força normativa*. Seria por demais simplório dizer que todos esses noves produtos são idênticos e com força de igual intensidade.

O Código de Processo Civil de 2015, registre-se, não aponta qualquer critério de atribuição de força vinculante do que ali se considera um precedente. Não se identifica a coerência quanto aos efeitos no uso das várias *espécies* de precedentes, considerando as diversas ferramentas próprias para o pronunciamento judicial que aplique teses fixadas em outro julgamento.

Enquanto *sete espécies* de precedentes autorizam o julgamento de improcedência liminar do pedido, a saber, a) súmula do Supremo Tribunal Federal, b) súmula do Superior Tribunal de Justiça, c) acórdão proferido pelo Supremo Tribunal Federal em julgamento de recurso extraordinário repetitivo, d) acórdão proferido pelo Superior Tribunal de Justiça em julgamento de recurso especial repetitivo, e) entendimento firmado em incidente de resolução de demandas repetitivas, f) entendimento firmado em incidente de assunção de competência, e g) súmula de tribunal de justiça sobre direito local[19]; a concessão de tutela da evidência restringe-se a *quatro espécies*, quais sejam, a) julgamento de incidente de resolução de demandas repetitivas, b) julgamento de recurso especial repetitivo, c) julgamento de recurso extraordinário repetitivo, e d) súmula vinculante do Supremo Tribunal Federal[20].

E assim, em outros tópicos do Código de Processo Civil, se tem esse descompasso quanto à força normativa das várias espécies de precedentes. Ao relator é dado o poder de negar provimento a recurso contrário a *sete espécies* de precedentes – a) súmula do Supremo Tribunal Federal, b) súmula do Superior Tribunal de Justiça, c) súmula do próprio tribunal, d) acórdão proferido pelo Supremo Tribunal Federal em julgamento de recurso extraordinário repetitivo, e) acórdão proferido pelo Superior Tribunal de Justiça em julgamento de recurso especial repetitivo, f) entendimento firmado em incidente de resolução de demandas repetitivas, e g) entendimento firmado em incidente de assunção de competência[21] –, ou dar provimento se a decisão recorrida for contrária a esses mesmos sete tipos de precedentes[22]. No mesmo sentido, na hipótese de conflito de competência, esse poder do relator de julgar monocraticamente está atrelado a essas *sete espécies* de precedentes[23].

---

19. Art. 332 do Código de Processo Civil.

20. Convém destacar que o art. 311 do Código de Processo Civil afirma que "[a] tutela da evidência será concedida, independentemente da demonstração de perigo de dano ou de risco ao resultado útil do processo, quando: (...) II - as alegações de fato puderem ser comprovadas apenas documentalmente e houver tese firmada em julgamento de casos repetitivos ou em súmula vinculante"; em relação ao julgamento de casos repetitivos, é preciso estar atento ao que dispõe o art. 928 do referido Código, ao esclarecer que, "[p]ara os fins deste Código, considera-se julgamento de casos repetitivos a decisão proferida em: I - incidente de resolução de demandas repetitivas; II - recursos especial e extraordinário repetitivos".

21. Inciso IV do art. 932 do Código de Processo Civil.

22. Inciso V do art. 932 do Código de Processo Civil.

23. Inciso I do parágrafo único do art. 955 do Código de Processo Civil.

Todavia, considera-se manifesta violação de norma de norma jurídica, e poderá ser objeto de ação rescisória, a decisão baseada em *quatro espécies* de precedentes – a) enunciado de súmula b) o acórdão proferido em julgamento de incidente de resolução de demandas repetitivas, c) acórdão proferido em julgamento de recurso especial repetitivo e d) acórdão proferido em julgamento extraordinário repetitivo –, desde que não tenha a decisão considerado a existência de distinção entre a questão discutida no processo e o padrão decisório que lhe deu fundamento[24].

Por outro lado, não ocorrerá a remessa necessária em sentença que estiver fundada em *seis espécies* de precedentes: a) súmula do Supremo Tribunal Federal, b) súmula do Superior Tribunal de Justiça), c) acórdão proferido pelo Supremo Tribunal Federal em recurso extraordinário repetitivo, d) acórdão proferido pelo Superior Tribunal de Justiça em julgamento de recurso especial repetitivo, e) entendimento firmado em incidente de resolução de demandas repetitivas, e f) entendimento firmado em incidente de assunção de competência[25].

Entretanto, no cumprimento provisório de sentença que reconhece a exigibilidade de obrigação de pagar quantia certa, só se pode dispensar a caução[26] nos casos em que a sentença a ser provisoriamente cumprida esteja em consonância com *cinco espécies* de precedentes: a) súmula do Supremo Tribunal Federal, b) súmula do Superior Tribunal de Justiça, c) acórdão proferido no julgamento incidente de resolução de demandas repetitivas, d) acórdão proferido no julgamento de recurso especial repetitivo, e e)

24. Inciso V e § 5º do art. 966 do Código de Processo Civil.

25. § 4º do art. 496 do Código de Processo Civil.

26. Inciso IV do art. 520 do Código de Processo Civil.

acórdão proferido no julgamento de recurso extraordinário repetitivo[27].

Duas espécies de precedentes ensejam a reclamação perante o Supremo Tribunal Federal[28]; assim também se configura a repercussão geral em recurso extraordinário quando o recurso impugnar acórdão que contrarie *duas espécies* de precedentes, porém diferenciadas das que viabilizam a reclamação[29].

A partir dessa percepção, considerando a barafunda do Código de Processo Civil, apresento um método para fixar *critérios* que possam definir a intensidade da *força normativa* dos precedentes e seus respectivos efeitos.

2. PRECEDENTE: O MÉTODO

2.1 Os critérios definidores da força normativa

A força normativa do precedente, de acordo com meu entendimento, é definida pelo somatório de três critérios, a indicar: I) a posição que o tribunal ocupa na organização judiciária nacional (*critério hierárquico*), II) a atuação do tribunal no contexto das instâncias de julgamento (*critério funcional*), e III) o enunciado prescritivo que dá suporte à atuação do tribunal (*critério de suporte*).

Em cada um desses critérios, é possível enquadrar um dos *dois* fatores apresentados: I) Critério hierárquico: a) superior ou b) *não* superior; II) Critério funcional: a) autêntico ou b) *não* autêntico; e II) Critério de suporte: a) constitucional ou b) *não* constitucional.

27. Inciso IV do art. 521 do Código de Processo Civil.

28. Inciso III do art. 988 do Código de Processo Civil.

29. Inciso I do § 3º do art. 1.035 do Código de Processo Civil.

O manejo desses critérios e o devido enquadramento nos fatores possíveis, permite estabelecer a *intensidade* da força normativa do precedente, com seu respectivo *efeito*, valendo-se para esse fim do fator *negativo* das situações decorrentes dos critérios, possibilitando a seguinte gradação: I) sem fator negativo: força normativa *máxima* (efeito *vinculante*); II) um fator negativo: força normativa *média* (efeito de *persuasão*); III) dois fatores negativos: força normativa *mínima* (efeito de *influência*); ou IV) três fatores negativos: *sem* força normativa (efeito de *orientação*).

2.1.1 O critério hierárquico

Quando se fala em *critério hierárquico*, duas são as possibilidades: o produtor do precedente é um tribunal superior ou *não* é um tribunal superior.

Nessa classificação, optei por considerar como superior não somente o Superior Tribunal de Justiça, o Tribunal Superior do Trabalho, o Tribunal Superior Eleitoral e o Superior Tribunal Militar[30], como também o Supremo Tribunal Federal, embora esse esteja em posição hierárquica acima dos referidos tribunais.

Todavia, o que importa, nessa classificação, é saber se o tribunal é ou não de segundo grau de jurisdição, estando nessa posição os tribunais de justiça, os tribunais regionais federais, os tribunais regionais do trabalho e os tribunais regionais eleitorais. Não sendo tribunais de segundo grau de jurisdição, estando inclusive acima deles, para efeito dessa classificação, devem ser tidos como tribunais superiores.

Convém anotar que *grau de jurisdição* é a posição que o órgão ocupa na estrutura do Poder Judiciário nacional; desse modo, é um conceito estático, de organização judiciária,

30. Aqui nos interessa o Superior Tribunal de Justiça, pois os demais tribunais superiores firmam entendimentos em áreas distintas do Direito Processual Civil e do Direito Processual Tributário.

por traduzir o lugar do órgão dentro do Poder, independentemente de sua atuação nos processos a ele submetidos.

O vocábulo *instância*, por sua vez, deve ser utilizado sem considerar a posição do órgão na estrutura do Poder Judiciário, e sim o seu modo de atuação no processo. Tem-se aí um conceito dinâmico, diferenciado para cada relação processual submetida a órgãos do Poder Judiciário, que atuam em várias *instâncias*, seja a inicial (da ação), seja a de revisão (do recurso). Por esse motivo, *instância* é elemento próprio de Direito Processual[31].

Essa concepção é fundamental para compreender o outro critério de classificação da força normativa do precedente, o *funcional*.

2.1.2 O critério funcional

A atuação dos órgãos do Poder Judiciário se faz em dois planos de instâncias. Nas *instâncias ordinárias* se tem a plena apreciação e desenvolvimento de meios de investigação (*provas*) para análise dos *fatos* e interpretação do *direito*. Na *instância especial* se dá a etapa processual na qual a causa deverá ser revista sob o *exclusivo* foco da observância do ordenamento jurídico (*interpretação final do direito*).

Assim, é insuficiente verificar qual o grau de jurisdição do tribunal, para identificar se a decisão ali produzida será de interpretação final do direito ou não. É preciso saber em qual instância de julgamento aquele tribunal atua.

---

31. Essa diferença entre *grau de jurisdição* e *instância* para compreender a atuação dos órgãos judiciais (*instância*) como algo distinto do lugar que eles ocupam na estrutura do Poder Judiciário (*grau de jurisdição*) é algo que venho elaborando desde minha dissertação de mestrado (Universidade Federal do Ceará: 2000/2001) e que resultou em livro (*Recursos especial e extraordinário*. São Paulo: Dialética, 2003). Caso haja interesse sobre o tema, é possível consultar um texto recente de minha autoria no qual procuro explicar essa diferença de forma objetiva ("Recurso especial e relevância: do outeiro ao altar". In: *As conquistas comunicacionais no direito tributário atual*. Paulo de Barros Carvalho [coord.]. Priscila de Souza [org.]. São Paulo: Noeses, 2022. p. 1.043-1.059).

O Superior Tribunal de Justiça, embora esteja num grau superior de jurisdição – sequer fazendo parte do primeiro ou do segundo grau de jurisdição –, tem atribuições jurisdicionais de primeiro julgador de determinadas causas (as chamadas competências originárias)[32] e, nesse caso, ele atua em *primeira instância*, no plano da *instância ordinária*, pois examina fatos, provas e direito. Nesse contexto, ele não será o intérprete final do direito infraconstitucional federal, a apreciar teses jurídicas, sem análise dos fatos ou das provas, pois essa atividade se situa em outro plano, qual seja, o da *instância especial*, cujo caminho se faz pela via do recurso especial[33].

Do mesmo modo, ao julgar um recurso ordinário interposto em decisão denegatória em mandado de segurança de competência originária em determinados tribunais de segundo grau de jurisdição[34], o Superior Tribunal de Justiça estará atuando no campo das *instâncias ordinárias*, com ampla abordagem quanto ao reexame dos fatos, das provas e do direito.

Assim, o que torna o Superior Tribunal de Justiça um produtor de decisões de interpretação final do direito não é sua posição na organização judiciária nacional (grau de jurisdição), e sim saber em qual instância de julgamento ele estará exercendo o poder jurisdicional.

Essa configuração também se aplica ao Supremo Tribunal Federal, por nem sempre exercer sua função – embora

---

32. Constituição Federal: "Art. 105. Compete ao Superior Tribunal de Justiça: I - processar e julgar, originariamente: (...)".

33. Constituição Federal: "Art. 105. Compete ao Superior Tribunal de Justiça: (...) III - julgar, em recurso especial, as causas decididas, em única ou última instância, pelos Tribunais Regionais Federais ou pelos tribunais dos Estados, do Distrito Federal e Territórios, quando a decisão recorrida: (...)".

34. Constituição Federal: "Art. 105. Compete ao Superior Tribunal de Justiça: (...) II - julgar, em recurso ordinário: (...) b) os mandados de segurança decididos em única instância pelos Tribunais Regionais Federais ou pelos tribunais dos Estados, do Distrito Federal e Territórios, quando denegatória a decisão; (...)".

seja a principal, ou precípua[35] – de intérprete final da Constituição Federal. A Suprema Corte brasileira ora atua como "juiz comum" de determinadas causas[36], ora como "tribunal comum" de outras[37]; é dizer, ela produz, nessas circunstâncias, decisões no plano das *instâncias ordinárias*.

É justamente a partir dessa percepção que se pode definir o *critério funcional*, para o encaixe na produção de precedente, com a verificação do modo de atuação do tribunal no processo no plano das *instâncias*. Quando o tribunal age como intérprete final do direito, ou seja, na *instância especial*, configura-se o critério funcional autêntico. Ao contrário, caso sua atuação se dê no âmbito das *instâncias ordinárias*, o precedente ali produzido é de critério funcional *não* autêntico.

2.1.3 O critério de suporte

Por fim, o último critério definidor da força normativa do precedente decorre do enunciado prescritivo que dá suporte à atuação do tribunal, por isso denominado por mim de *critério de suporte*.

35. Constituição Federal: "Art. 102. Compete ao Supremo Tribunal Federal, precipuamente, a guarda da Constituição, (...)".

36. Constituição Federal: " Art. 102. Compete ao Supremo Tribunal Federal (...): I - processar e julgar, originariamente: (...) b) nas infrações penais comuns, o Presidente da República, o Vice-Presidente, os membros do Congresso Nacional, seus próprios Ministros e o Procurador-Geral da República; c) nas infrações penais comuns e nos crimes de responsabilidade, os Ministros de Estado e os Comandantes da Marinha, do Exército e da Aeronáutica, ressalvado o disposto no art. 52, I, os membros dos Tribunais Superiores, os do Tribunal de Contas da União e os chefes de missão diplomática de caráter permanente; d) o *habeas corpus*, sendo paciente qualquer das pessoas referidas nas alíneas anteriores; o mandado de segurança e o *habeas data* contra atos do Presidente da República, das Mesas da Câmara dos Deputados e do Senado Federal, do Tribunal de Contas da União, do Procurador-Geral da República e do próprio Supremo Tribunal Federal; (...)".

37. Constituição Federal: " Art. 102. Compete ao Supremo Tribunal Federal (...): (...) II - julgar, em recurso ordinário: a) o *habeas corpus* , o mandado de segurança, o *habeas data* e o mandado de injunção decididos em única instância pelos Tribunais Superiores, se denegatória a decisão; (...)".

Há de se verificar se esse suporte, ou seja, a autorização para que se produza um precedente, está na Constituição Federal ou em legislação infraconstitucional. Assim, o *critério de suporte* poderá ser constitucional ou *não* constitucional.

Esse critério é a pedra de toque na estipulação dos parâmetros de intensidade da força normativa dos precedentes, considerando o aspecto da ausência de *legitimidade* do Judiciário enquanto Poder, pois seus integrantes não são eleitos pelo povo[38], daí a necessidade da imposição de limites quanto à produção de normas jurídicas (decisões) de seus tribunais, que venham a alcançar situações futuras, a partir de precedentes.

É que, ao produzir precedentes com a pretensão de efeitos vinculantes, o Judiciário deixa de exercer aquilo que mais o identifica com a *jurisdição*, que é a atuação do órgão jurisdicional no caso concreto, com o olhar *para o passado* (análise das situações já ocorridas no plano dos fatos e que merecem uma decisão pelo campo do direito), e se embrenha num caminho de produção de normas de efeito geral (os precedentes) para que sejam utilizadas no *futuro*, sendo que a aptidão para essa atividade está afeta aos Poderes legitimamente eleitos pelo voto popular, no caso o Legislativo e Executivo, na produção de de leis no sentido amplo.

Ora, para que o Judiciário possa criar uma decisão com força normativa vinculante em casos futuros, é fundamental verificar, à míngua da origem popular do Poder, se ao menos há o respaldo dessa produção normativa na Constituição Federal, por ser o instrumento jurídico legitimador de condutas dos Poderes que mais se aproxima da vontade popular, no caso, o poder constituinte, ainda que

38. Constituição Federal: "Art. 1º (...) Parágrafo único. Todo o poder emana do povo, que o exerce por meio de representantes eleitos ou diretamente, nos termos desta Constituição".

derivado, embora o ideal fosse considerar somente o poder constituinte originário.

Daí a importância de se incluir na fixação de critérios da força normativa do precedente se o *suporte* é constitucional ou *não* constitucional.

A partir dessas premissas, é possível elaborar uma *gradação de força normativa* do precedente. Esse é o segundo passo na elaboração do método, qual seja, o da verificação da força normativa dos precedentes.

2.2 A intensidade da força normativa dos precedentes.

Rememorando os três critérios definidores da força normativa, cada um com suas duas possibilidades, tem-se o seguinte: I) *Critério hierárquico* a) superior ou b) *não* superior; II) *Critério funcional* a) autêntico ou b) *não* autêntico; e III) *Critério de suporte* a) constitucional ou b) *não* constitucional.

Portanto, cada critério se tem uma situação positiva e outra negativa. A acoplagem do precedente dentre essas duas possibilidades é que vai determinar a intensidade de sua força normativa, considerando o seguinte: tendo em vista que os três critérios indicam sempre uma possibilidade de configuração de um situação *positiva* e outra hipótese *negativa*, o que definirá a intensidade da força normativa do precedente será o somatório desses critérios (hierárquico, funcional e de suporte), em suas possibilidades (positiva ou negativa).

O parâmetro da intensidade da força normativa do precedente será medido pela referência *negativa* dos critérios hierárquico, funcional e de suporte, ou seja, o encaixe na hipótese do "não" em cada uma das possibilidades desses critérios, determinará se o precedente tem força máxima, força média, força mínima ou mesmo sem força normativa.

2.2.1 A força normativa máxima do precedente (efeito vinculante).

Para se ter uma *força normativa máxima*, o precedente *não* pode ter nenhuma situação negativa em seus três critérios, ou seja, o precedente com *força normativa máxima* é definido pelo critério da hierarquia superior, critério funcional autêntico e critério de suporte constitucional.

A consequência dessa *força normativa máxima* é a do *efeito vinculante da tese fixada*, pois o tribunal que produz o precedente nessa circunstância o faz por estar acima do primeiro e do segundo grau de jurisdição na organização judiciária nacional (critério hierárquico superior), exercendo a função de intérprete final do direito (critério funcional autêntico) por autorização da própria Constituição Federal (critério de suporte constitucional).

Ou seja, há nessa configuração uma legitimidade para o tribunal fixar teses e impor sua aplicação a todos os juízes e tribunais do país, exatamente porque a Constituição Federal atribuiu essa função de intérprete final do direito ao órgão judicial que se encontra em patamar hierárquico acima dos demais.

De acordo com esse método, são precedentes de *força normativa máxima*, com efeito vinculante das teses fixadas, I) as decisões do Supremo Tribunal Federal em controle concentrado de constitucionalidade; e II) os enunciados de súmula vinculante do Supremo Tribunal Federal em matéria constitucional.

Observe-se que tal método vai ao encontro do que está firmado na própria Constituição Federal, ao estabelecer que I) "[a]s decisões definitivas de mérito, proferidas pelo Supremo Tribunal Federal, nas ações diretas de inconstitucionalidade e nas ações declaratórias de constitucionalidade produzirão eficácia contra todos e *efeito vinculante*, relativamente aos demais órgãos do Poder Judiciário e à administração pública direta e indireta, nas esferas federal, estadual e municipal"[39]; e que II) "[o] Supremo Tribunal Federal poderá, de ofício ou por provocação, mediante decisão de dois terços dos seus membros, após reiteradas decisões sobre matéria constitucional, aprovar súmula que, a partir de sua publicação na imprensa oficial, terá *efeito vinculante* em relação aos demais órgãos do Poder Judiciário e à administração pública direta e indireta, nas esferas federal, estadual e municipal, bem como proceder à sua revisão ou cancelamento, na forma estabelecida em lei"[40] (destaquei em itálico a expressão *efeito vinculante*, presente em ambas as hipóteses).

A partir do momento em que se verifica uma *situação negativa* em qualquer um dos critérios, não mais se terá a força normativa máxima do precedente.

O número de situações negativas nos critérios (uma, duas ou três) determinará a gradação do precedente em força média, mínima ou sem força normativa, conforme se verá a seguir.

2.2.2 A força normativa média do precedente (efeito de persuasão).

Quando se tem *uma* situação *negativa* em qualquer um dos critérios, o precedente terá *força normativa média*.

Assim, ao se verificar que o critério da hierarquia não é superior quando da produção do precedente, ou então se o critério funcional não se mostra autêntico, ou mesmo se o critério de suporte não é constitucional; em qualquer dessas circunstâncias, bastando ocorrer uma delas, será *média* a intensidade da força normativa do precedente.

---

39. § 2º do inciso III do art. 102 da Constituição Federal.

40. Art. 103-A da Constituição Federal, incluído pela Emenda Constitucional nº 45, de 2004.

A consequência dessa *força normativa média* é a de um efeito de persuasão, é dizer, embora o precedente não seja vinculante, haverá uma aptidão para que juízes e tribunais devam seguir a tese ali fixada.

É possível que gere certo incômodo, dentro dessa classificação por mim sugerida, enquadrar certos precedentes na categoria de *força normativa média*, com efeito de *persuasão*, considerando que eles foram pensados para ter força vinculante. É o caso de acórdão do Supremo Tribunal Federal em julgamento de recurso extraordinário repetitivo e de acórdão do Superior Tribunal de Justiça em julgamento de recurso especial repetitivo.

Todavia, com essa percepção, rompe-se uma perspectiva que sempre me pareceu ilusória, qual seja, a de achar que todo e qualquer precedente terá efeito vinculante, independentemente de seu meio de produção. Essa generalização de efeito vinculante, além de ser tentativa de imposição da cultura do precedente, tão alheia ao nosso modo de pensar o Direito (*civil law*), carrega desaconselhável fórmula absoluta, ao querer atribuir efeito vinculante de um julgamento por simples previsão legal infraconstitucional, como faz atualmente o Código de Processo Civil.

Convém não esquecer que, para alcançarmos o patamar de assimilação da força normativa do precedente, será preciso em primeiro lugar que os tribunais fiquem atentos à imposição de coerência na construção de seus entendimentos, aptos a se converter em jurisprudência após a uniformização e consequente estabilidade do que se firmou[41]. Além disso, impõe-se ao órgão produtor do precedente com *força normativa média* a melhor estruturar a construção de sentido da norma jurídica (decisão) que se enquadre nessa circunstância. E isso ocorrerá com o desenvolvimento lógico das

41. Código de Processo Civil: "Art. 926. Os tribunais devem uniformizar sua jurisprudência e mantê-la estável, íntegra e coerente".

premissas que geram a decisão, pelo uso abalizado de bons fundamentos jurídicos, a fim de se firmar um precedente a ser adotado em casos futuros, nessa força de persuasão.

José Miguel Garcia Medina, a propósito, em lúcida percepção sobre o tema, defende que "(...) se mal firmado o 'precedente' (por ser mal fundamentado, por não se ter observado o contraditório ou não ter havido amplo debate previamente à sua edição, o que impediu que o 'precedente' fosse formado de modo mais completo), a tendência é de que tal 'precedente' seja repudiado, em maior ou menor grau, pelos juízes e Tribunais – e isso será imediatamente notado, à medida que sejam ajuizadas reclamações contra as decisões que não se submeterem aos precedentes"[42]; a isso ele denomina de *déficit qualitativo da decisão*, de modo a diminuir ou até prejudicar o reconhecimento substancial do precedente, reduzindo sua *força vinculante*[43].

2.2.3 A força normativa mínima do precedente (efeito de influência).

Outra situação que se pode apresentar nesse método é o da incidência de *duas* situações negativas em *dois* critérios, é dizer, tem-se a soma de dois apontamentos de *não* dentre os três critérios, seja o da hierarquia (*não* superior), seja o funcional (*não* autêntico), ou mesmo o de suporte (*não* constitucional). Essa conjunção de duas circunstâncias negativas ocasionará a intensidade *mínima* da força normativa do precedente.

A consequência dessa força normativa mínima é a de gerar mero *efeito de influência* do precedente, sem qualquer aspecto vinculante e muito menos de persuasão. Quando se fala em influência, o patamar é o de um ato emocional (ao

42. *Recursos e precedentes: prática nos tribunais*. São Paulo: Revista dos Tribunais (Thomson Reuters), 2023. p. 263.

43. Ob. cit., p. 268.

contrário do persuasivo, que engloba a lógica), na expectativa de que, com a exposição de valores no conteúdo da mensagem, isso possa gerar uma mudança natural de comportamento no destinatário.

São precedentes de *força normativa mínima*, a título de exemplo, o acórdão de qualquer tribunal no julgamento em incidente de assunção de competência e o acórdão de qualquer tribunal no julgamento de resolução de demandas repetitivas.

Embora aparentemente pareça sem sentido atribuir efeito *não vinculante* a um precedente que tem por fim fixar uma tese para aplicação em casos repetitivos, sejam processos individuais ou coletivos, e até casos futuros[44], é bom lembrar que nesse caso o tribunal não atua no plano do recurso, ou seja, como órgão de reexame de decisão judicial já pronunciada. Ele é provocado para fixar tese, a partir do incidente, cujo pedido de instauração será dirigido ao presidente de tribunal até mesmo pelo juiz da causa (por ofício), pelas partes, pelo Ministério Público ou pela Defensoria Pública (por petição)[45].

Por isso, diante desse poder, é preciso que o precedente reúna todas as condições para gerar influência, por seus fundamentos, nos destinatários da aplicação da tese fixada dessa forma.

E mais. A ausência de força normativa vinculante ou persuasiva não retira desse tipo de incidente sua aceitabilidade

---

44. Código de Processo Civil: "Art. 985. Julgado o incidente, a tese jurídica será aplicada: I - a todos os processos individuais ou coletivos que versem sobre idêntica questão de direito e que tramitem na área de jurisdição do respectivo tribunal, inclusive àqueles que tramitem nos juizados especiais do respectivo Estado ou região; II - aos casos futuros que versem idêntica questão de direito e que venham a tramitar no território de competência do tribunal, salvo revisão na forma do art. 986".

45. Código de Processo Civil: "Art. 977. O pedido de instauração do incidente será dirigido ao presidente de tribunal: I - pelo juiz ou relator, por ofício; II - pelas partes, por petição; III - pelo Ministério Público ou pela Defensoria Pública, por petição".

ou mesmo o estímulo para a aplicação da tese ali fixada. Basta lembrar que, mesmo sem força normativa vinculante ou persuasiva, um acórdão no julgamento de incidente de resolução de demandas repetitivas ou de incidente de assunção de competência, pode gerar esse efeito de influência para o juiz, quando a causa envolve o Poder Público, eis que, no caso da sentença proferida contra a Fazenda Pública, caso seja aplicado esse tipo de precedente, não ocorrerá a chamada remessa necessária, ou seja, a sentença não estará sujeita ao duplo grau de jurisdição independentemente de recurso[46]. Eis um elemento motivador para o juiz aplicar o precedente com força normativa mínima.

2.2.4 Precedente sem força normativa (efeito de orientação).

Por fim, no caso de incidência de *três* fatores negativos nos *três* critérios, o precedente não terá qualquer força normativa, servindo unicamente como *orientação*, termo aliás utilizado na hipótese prevista no inciso V do art. 927 do Código de Processo Civil, ao dizer que os juízes e tribunais observarão "a orientação do plenário ou do órgão especial aos quais estiverem vinculados".

É o que ocorre em julgamentos de plenário ou de órgão especial de tribunais de justiça e de tribunais regionais federais, justamente porque nessa situação se tem precedentes firmados em critério hierárquico *não* superior (são tribunais de segundo grau de jurisdição), além do critério funcional *não* autêntico (atuam nas instâncias ordinárias)

46. Código de Processo Civil: " Art. 496. Está sujeita ao duplo grau de jurisdição, não produzindo efeito senão depois de confirmada pelo tribunal, a sentença: I - proferida contra a União, os Estados, o Distrito Federal, os Municípios e suas respectivas autarquias e fundações de direito público; (...) § 4º Também não se aplica o disposto neste artigo quando a sentença estiver fundada em: (...) III - entendimento firmado em incidente de resolução de demandas repetitivas ou de assunção de competência; (...)".

e do critério de suporte *não* constitucional (a regra está no Código de Processo Civil).

Façamos a comparação desse tipo de precedente com o classificado como sendo de força normativa máxima, para aquilatar se efetivamente duas espécies tão distintas de precedentes devem ter o mesmo efeito.

Coloquemos um ao lado do outro.

Um julgamento do Supremo Tribunal Federal em controle concentrado de constitucionalidade, agindo como intérprete final da Constituição Federal, no qual se tem o critério hierárquico superior, o critério funcional autêntico e o critério de suporte constitucional.

O outro julgamento, de um órgão especial do tribunal de justiça ou de um tribunal regional federal, decorrente de um recurso ou mesmo de um incidente no âmbito das instâncias ordinárias, estando aí configurados o critério hierárquico *não* superior, o critério funcional *não* autêntico, e o critério de suporte *não* constitucional.

Percebe-se, com esses parâmetros, que a força normativa nas duas situações têm que ser diferenciadas.

3. A CONSEQUÊNCIA PRÁTICA NA DEFINIÇÃO DA INTENSIDADE DA FORÇA NORMATIVA DO PRECEDENTE, INCLUSIVE EM MATÉRIA TRIBUTÁRIA

Toda classificação, além de ter o cuidado quanto aos conceitos propostos e ser estruturada em critérios bem definidos (a linguagem e o método), deve igualmente ter um efeito prático, sob pena de o estudo se limitar a reles deleite acadêmico.

Ao elaborar esses critérios definidores da força normativa dos precedentes (hierárquico, funcional e de suporte) e seus parâmetros de intensidade, na gradação que vai da força máxima, passando pela média, depois mínima, até chegar ao precedente sem força normativa, com seus efeitos correspondentes – vinculante, de persuasão, de influência e de orientação –, a utilidade se apresenta justamente no campo das *decisões judiciais*, que materializa, no âmbito jurídico e dentro da Teoria do Direito, o nível prático, como nos ensina Gregorio Robles[47].

Desse modo, o juiz, diante de um precedente, analisa sua *força normativa* considerando sua intensidade, a fim de ponderar sobre o modo de interpretação e aplicação da tese em sua decisão judicial, sem a automaticidade (ou mera aplicação) que só se justifica quando se tem o efeito vinculante do precedente.

Para aclarar essa ponderação, basta citar uma situação, que aliás se mostra muito presente no âmbito do Direito Tributário, por envolver matéria de natureza constitucional na maioria das discussões nesse campo.

Todo juiz, e também os tribunais – com determinação mais cuidadosa por conta da chamada reserva de plenário –, em suas funções de julgamento, realizam o *controle de constitucionalidade* das leis e dos atos normativos, o chamado *controle difuso*, que os levam a deixar de aplicar determinada norma jurídica no caso concreto, por entender que essa norma não tem fundamento de validade na Constituição Federal.

Pois bem. Caso se atribua *efeito vinculante* a todo e qualquer precedente, sem distinção de força a partir de nítidos e fundamentados critérios classificatórios, o resultado

---

47. Gregorio Robles é um dos grandes pensadores da atualidade, e a construção de sua Teoria do Direito sob a perspectiva da Teoria Comunicacional do Direito traz uma fantástica proposição de esquemas a ser aplicada em qualquer um dos três níveis do âmbito jurídico, quais sejam, o sintático (Teoria formal do Direito), o semântico (Teoria da Dogmática Jurídica) e o prático (Teoria das Decisões Jurídicas). Cada um desses níveis correspondente exatamente a um volume de sua magnífica obra *Teoría del Derecho*.

seria o de *retirada* desse controle difuso de constitucionalidade pelo juiz ou tribunal. Algo no mínimo estranho no âmbito prático da elaboração de uma decisão judicial: impor ao julgador que se submeta a um precedente sem ter a possibilidade do exercício do controle difuso de constitucionalidade, em relação a uma norma jurídica que sequer foi produzida pelos Poderes Legislativo e Executivo.

Admitir que todo precedente possui efeito vinculante, qualquer um dentre as nove espécies apontadas anteriormente, levaria a essa situação surreal: o julgador controla a constitucionalidade da lei, mas não pode fazer esse controle em relação a uma simples orientação de tribunal, materializada numa decisão ali pronunciada em outro caso, simplesmente por ser um precedente.

É óbvio que, em se tratando de precedente firmado pelo Supremo Tribunal Federal em controle concentrado de constitucionalidade e nos enunciados de súmula vinculante em matéria constitucional, não cabe mais o controle difuso de constitucionalidade pelo julgador quanto a casos semelhantes nos quais se devam aplicar as teses ali fixadas, e justamente por isso se tem, nessas situações, precedentes com efeito vinculante.

Eis a razão da necessidade de se pensar em parâmetros de intensidade da força normativa dos precedentes, essa é a finalidade da proposta da classificação aqui defendida.

4. Precedentes: *sob* o sol ou *sobre* o sol?

Tentar compreender o precedente em nossa realidade e formular um método para trabalhar com sua força normativa, com certa margem de segurança, foi o que me levou a desenvolver as ideias aqui explanadas. Elas são o resultado dessa minha inquietação; oferto-as de bom grado, como contribuição doutrinária, em busca da efetivação das relevantes funções de quem se propõe a construir teorias no plano da linguagem na Teoria do Direito, quais sejam, as de ensejar a reflexão, o questionamento, para que nos posicionemos diante dos fenômenos jurídicos, de tal modo a nos garantir uma *sobreposição* da mirada, ao invés de nos submetermos ao que tentam impor, como é o caso dos tribunais caso entendam que todo precedente gera uma força normativa vinculante.

Aliás, sempre que se está diante de uma norma jurídica – e a decisão de um tribunal não escapa dessa categoria –, é de vital importância estudar o fenômeno da *incidência jurídica*, pois nessa situação, no dizer de Paulo de Barros Carvalho, pressupõe-se "a linguagem do direito positivo projetando-se sobre o campo material das condutas intersubjetivas, para organizá-las deonticamente"[48]; até porque, diz o referido jurista, "[a]s normas não incidem por força própria. Numa visão antropocêntrica, requerem o homem, como elemento intercalar, movimentando as estruturas do direito, extraindo de normas gerais e abstratas outras gerais e abstratas ou individuais e concretas e, com isso, imprimindo positividade ao sistema (...)"[49].

Daí a importância de se classificar a força normativa do precedente, buscando parâmetros seguros para identificar até que ponto ela pode ou não ser vinculante. É dizer, não devemos estar *sob* o precedente, e sim *sobre* esse fenômeno.

Eis a razão do destaque inicial dos versos de Caetano Veloso na canção *Força Estranha*, na qual o *eu lírico* da

---

48. *Direito tributário: fundamentos jurídicos da incidência*. 11. ed., rev. e atual. São Paulo: Noeses, 2021. p. 9. O título do livro, aliás, gerou o tema do XX Congresso Nacional de Estudos Tributários. Embora esse livro diga respeito ao fenômeno da incidência jurídica no âmbito tributário (resultado da tese de Paulo de Barros Carvalho para obtenção da titularidade em Direito Tributário, na Faculdade do Largo de São Francisco – USP), sua abordagem, plasmada no que há de melhor e mais profundo no âmbito da Teoria do Direito, alcança o fenômeno da incidência da norma jurídica em todos os seus níveis.

49. Ob. cit., p. 11.

história, um caminhante, percebe que a estrada está *sob o sol*. Todavia, ao aplicar a linguagem como algo que constrói a realidade, ele se convence de que, além do sol que ele consegue ver no alto, também é possível olhar e sentir – pelo calor – o sol *sobre* a estrada, uma representação daquele astro, um reflexo. Se ele quiser, inclusive, esse sol *sobre* a estrada será o próprio sol.

Colha-se a beleza do verso em forma de construção do convencimento próprio, quando o *eu lírico* da canção diz: *E o sol sobre a estrada é o sol sobre a estrada é o sol*. A repetição gera a criação dessa realidade: a imagem do sol sobre a estrada é o próprio sol.

Trabalhar com a intensidade da força normativa dos precedentes, a partir de uma classificação firmada em critérios, é mostrar que não nos limitamos a estar *sob* esse fenômeno. Na verdade, podemos e devemos colocar nosso olhar *sobre* os precedentes, avaliando seus efeitos, nem sempre vinculantes. Ficar *sob* seria aceitar uma empobrecida função da doutrina de mera caixa de ressonância das decisões dos tribunais, rotuladas de precedentes, seja qual for seu meio de produção. O *sobre* é o olhar científico que nos garante a não submissão pura e simples aos precedentes.

FECHANDO A CAIXA DE PANDORA: JURISDIÇÃO NÃO DECISÓRIA NO PROCESSO TRIBUTÁRIO

Marco Bruno Miranda Clementino[1]

> [...] o tributo é um combustível inflamável. Quando mal utilizado, é fogo com enorme capacidade destrutiva, o que se percebe das inúmeras sociedades destruídas no curso da história em função de seu uso descontrolado. É que, ao invadir a propriedade privada, o tributo interfere indiretamente no trabalho humano, podendo ser instrumento de opressão quando utilizado de forma excessiva. Quando isso ocorre, deixa-se de atender a uma necessidade coletiva para beneficiar um interesse individual, em subjugo ao de outro indivíduo. Deixa-se de financiar a razão para financiar o capricho.
>
> (Clementino, 2016, p. 194)

Conta a mitologia grega que Prometeu roubara o fogo de Zeus e o entregara aos mortais a fim de garantir a superioridade dos homens sobre os animais. Só que Zeus, como supremo mandatário dos deuses do Olimpo, proibira fosse o fogo entregue aos homens e, ante o descumprimento da

1. Professor Associado da UFRN, Doutor em Direito, Juiz Federal, Coordenador do IBET-Natal.

ordem por Prometeu, decidiu se vingar. Zeus então incumbiu Hefesto de fabricar, sob suas instruções, Pandora, a primeira mulher a viver entre os homens.

Hefesto contou com a ajuda de outros deuses, como Afrodite, Atena e Hermes na criação de Pandora, que foi aquinhoada com qualidades como graça, beleza, inteligência e meiguice, além de habilidades com a dança e o artesanato. Pandora recebeu também a capacidade de provocar desejos e de enganar. Foram-lhe, ademais, vestidas as melhores roupas e colocados os melhores enfeites.

Pandora foi ofertada por Zeus a Epimeteu, que descumpriu o conselho de seu irmão, Prometeu, de que não aceitasse nenhum presente daquele. Epimeteu casou-se com Pandora, que fora entregue com uma caixa cuja abertura era proibida. Curiosa, porém, abriu a caixa, que continha todos os males do mundo: a guerra, a discórdia, o ódio, a vingança, as doenças, as dores, os vícios, entre outros. Arrependida, Pandora fechou a caixa, mantendo presa a esperança, que também estava dentro dela.

Como tudo na mitologia, também a metáfora da caixa de Pandora comporta múltiplas vertentes de interpretação: i) é frequentemente mencionada como uma espécie de gatilho para disseminação de todos os males; ii) determinadas mazelas permanecem latentes, abafadas por circunstâncias não facilmente detectadas a olho nu, que escondem a sua magnitude; iii) o mito parece sinalizar para a importância da prevenção diante de consequências terríveis decorrentes de escolhas mal calculadas; iv) também é possível pensar na caixa de Pandora como um reflexo da curiosidade humana e nos riscos que envolvem a busca pelo desconhecido; v) o fechamento da caixa expressa a capacidade que a humanidade adquiriu de buscar convivência harmoniosa e sustentabilidade num ambiente conflituoso, assim como de lidar com a imperfeição.

Eis que, em 2016, a visita de um procurador da Fazenda Nacional ao juízo federal privativo local de execuções fiscais abria a caixa de Pandora em Natal, no Estado do Rio Grande do Norte. Na ocasião, algumas dezenas de execuções fiscais tramitavam, pulverizadamente, em desfavor de sociedade de economia mista municipal encarregada da coleta de resíduos sólidos, muitas delas redirecionadas ao ente municipal, com créditos tributários os quais, somados, remontavam, já àquela época, a quase duas centenas de milhões de reais.

Naquele encontro, o advogado público confessava ao juiz federal a sua preocupação com a dimensão ética que envolvia o inadimplemento tributário sistemático pelo ente municipal, argumentando violar a moralidade administrativa que uma pessoa jurídica de direito público deixe de cumprir deliberadamente com suas obrigações fiscais. Ao mesmo tempo, naquele despacho em gabinete, percebeu-se que a caixa de Pandora ocultava uma bomba relógio capaz de destruir a cidade do Natal por décadas: o montante total dos créditos ameaçava perigosamente as finanças públicas municipais, com potencial impacto devastador nos serviços públicos oferecidos à população e risco de violação generalizada de direitos fundamentais. Aquele conjunto de execuções fiscais pulverizadas camuflava um conflito profundo, entranhado na deficiente gestão pública municipal e corrosivo do ambiente de governança local.

Curiosamente, assim como ocorreu no mito de Pandora, ali também se correu para fechar a caixa. É que, no exercício mais clássico da jurisdição, a rigor, haveria a expectativa de que o juízo, ao determinar a incidência da Lei nº 6.830/1980, reunisse as execuções fiscais e, promovendo a consolidação do montante total devido, simplesmente amplificasse o emprego da força (normativa) a fim de que, mediante decisão, aplicasse o direito material ao caso e emitisse as respectivas consequências jurídicas. Em outras palavras, ante a constatação de um escancarado e – reconheça-se – vergonhoso inadimplemento de dezenas de créditos tributários de valores sobremodo elevados, seria intuitivo que o juízo fizesse uso de sua autoridade constitucional para adoção de medidas de caráter executório, visando ao cumprimento da ordem jurídica.

Isso, porém, implicaria deixar aberta a caixa de Pandora. Só que o juízo houve por bem fechá-la.

Na verdade, esse episódio real revela traços da plurivocidade do mito de Pandora, a começar pelo combustível inflamável envolvido: o tributo. Em interessantíssima obra dedicada à história da tributação, Charles Adams ilustra uma riqueza de fatos históricos relacionados à tributação nas mais diversas civilizações e proclama que "quando tributamos, lidamos com fogo e, sem controles apropriados e o devido cuidado, é possível queimarmos tudo o que construímos, de modo que as nossas esperanças por um mundo melhor podem se esvair com a fumaça" (ADAMS, 1999, p. 3)[2]. Desse modo, assim como na metáfora da caixa de Pandora tudo principiou com o roubo do fogo de Zeus, nesse caso o conflito também apresentada uma origem ígnea, sob um contexto particular e potencialmente destrutivo. Outrossim, tal como no mito, havia risco de que a esperança desvanecesse como fumaça e, se isso ocorresse, o direito à cidade dos natalenses estaria por um fio.

Charles Adams, outrossim, teve também a franqueza de estampar as inúmeras civilizações que tributaram adequadamente e prosperaram: "No mundo antigo, as modalidades corretas de tributos produziram a magnificência da Grécia, foram o coração da grandeza de Roma e até o sucesso e a

2. Tradução livre: *"When we tax we are dealing with fire, and without proper controls and care, we can easily burn down everything we have built, and our hopes for a better world can go up in smoke"*.

popularidade de César" (ADAMS, 1999, p. 3)[3]. Na verdade, esse aparente paradoxo encobre a íntima relação entre a tributação e a liberdade. Como lembram Klaus Tipke e Joachim Lang, "em nenhum outro setor do Direito defronta-se o cidadão com o Estado mais frequentemente do que o Direito Tributário. O cidadão ingressa desde o seu nascimento numa relação de direito tributário duradoura com o Estado, que se multiplica, tão logo inicia sua vida ativa, em sucessivas relações obrigacionais" (TIPKE; LANG, 2008, p. 53-54). Aliás, já tivemos a oportunidade de afirmar que o pagamento de tributos compõe o ciclo vital dos seres vivos, entre o nascimento, o crescimento, a reprodução e a morte. Aliás, mesmo antes disso, haja vista que o nascituro, se relação mantiver com signos de riqueza, submete-se à tributação (Clementino, 2016, p. 195). Tal como o fogo, tributo também pode ser fonte de desenvolvimento para a humanidade, desde que haja adequado controle de suas chamas.

No processo de positivação do direito tributário, a arena de combate ao incêndio é o processo judicial. É que, numa situação de inadimplemento de tributo pelo contribuinte, não se permite à administração tributária brasileira, ao contrário do que costuma ocorrer nas ordens jurídicas nacionais, efetuar a cobrança forçada do crédito, impondo-se o ajuizamento de uma execução fiscal, sob o rito da Lei nº 6.830/80. Assim, ainda que o controle da tributação seja realizado, de forma preponderante, por meio das atividades legislativa e administrativa, a função jurisdicional, no âmbito tributário, adquire peculiar importância, assumindo o processo judicial caráter exacional ou antiexacional. Em outras palavras, a autoexecutoridade típica da função administrativa é limitada no campo tributário, significando um apego atípico ao processo judicial.

---

3. Tradução livre: "*In the ancient world, the right kind of taxes produced the magnificence of Greece and were the heart of Rome's greatness and even Caesar's success and popularity*".

Muito por isso, naquele episódio de Natal, a caixa de Pandora terminou se abrindo diante do juiz federal, um dos bombeiros encarregados de controlar, com fundamento no devido processo legal, o alastramento do fogo tributário e seu potencial destrutivo à cidade. Todavia, é preciso ser meticuloso quando se deseja apagar o fogo que espalha de forma errática. O uso desmedido da força, em certas situações, pode significar o desabamento de certas estruturas, com risco de fraturas sociais ainda mais profundas e, portanto, ao fechar a caixa de Pandora, é preciso agir com estratégia na resolutividade do incêndio.

Na verdade, decidimos aqui ilustrar o ponto de vista deste texto com uma metáfora da metáfora. A caixa de Pandora consistiu numa alegoria para ilustrar metaforicamente um caso concreto que, por sua vez, inspirou a definição da problemática que aqui se pretende desenvolver, a partir da seguinte hipótese: o processo tributário comporta resolutividade de conflitos a partir de uma jurisdição não decisória. Para tanto, propomos um diálogo, sob a ótica do processo tributário, com a obra "Jurisdição sem decisão", recentemente publicada por Antonio do Passo Cabral (2023).

Não é de hoje que sustentamos ser legítima a aceitação da consensualidade no direito tributário, decerto mesmo antes das mais recentes modificações legislativas que vêm revolucionando, de forma muitíssimo positiva, a relação entre fisco e contribuinte. Ainda em 2017, indicávamos a existência de uma camada de relatividade no direito tributário suscetível de irradiar para o "colorido" do sistema multiportas. Em linhas gerais, embora admitíssemos a existência de um "núcleo absoluto inegociável" no direito tributário, afirmávamos haver espaço fora daquele "para construção dialogada de soluções criativas, em particular no âmbito do processo judicial, sob garantias constitucionais que, de tão amplas, podem facilmente respaldar a adoção legítima de ideias inovadoras" (Clementino, 2017,

p. 873). Em seguida, tratávamos da importância de uma jurisdição dialogada no ensejo do enfrentamento de conflitos tributários complexos e estruturais (Clementino, 2019). Mais adiante, demonstrávamos como a inovação judicial era indutora de um ambiente de cooperação e de consensualidade (Clementino; Moura; Fernandes, 2020).

O fato é que, nessas ocasiões, o objeto de análise era o direito material e não o processual, ainda que no âmbito de um processo judicial. Em outras palavras, embora a consensualidade, o diálogo e a cooperação (ou mesmo a inovação) compusessem os pressupostos teóricos da fundamentação, o foco estava no resultado: a busca de uma espécie de legalidade negociada no direito tributário, visando controlar o potencial destrutivo do fogo tributário e seu impacto e, por consequência, tornar possível uma tributação equilibrada capaz de estimular a prosperidade por meio, concomitantemente, do atendimento às necessidades coletivas e do estímulo à livre iniciativa.

O foco aqui é distinto: o impacto da consensualidade, desdobrada no dever de cooperação previsto na lei processual, na delimitação da própria função jurisdicional e, por conseguinte, na extensão das técnicas à disposição do juiz para equacionamento dos conflitos tributários. Se a temática é relevante no direito processual civil em geral, no campo da tributação ela se torna ainda mais instigante quando nos lembramos de que, nele, o processo judicial consiste em figura determinística compositiva do processo de positivação do direito nas hipóteses de inadimplemento de créditos tributários.

Na obra que publicou, com a qual nos propusemos a dialogar, Antonio do Passo Cabral (2023) ousou espancar três aporias do direito processual:

i) "As funções jurisdicionais contemporâneas são poderes normativos tipológicos [...] e as técnicas processuais que se estabelecem para seu desempenho são atípicas" (2023, p. 330). Assim, admite-se que o juiz recorra a instrumentos processuais previstos em lei para atuação de outros agentes visando resolver questões no plano lógico.

ii) O juiz pode exercer jurisdição consultiva e emitir outras formas de manifestação judicial opinativa, a exemplo de recomendações, estas com o objetivo de exortar comportamentos para corrigir ou prevenir ilícitos.

iii) Existe espaço para que o juiz pronuncie non liquet em certas situações.

Segundo o autor, decisão judicial "caracteriza-se pela efetiva aplicação do direito ao caso" e, portanto, "não são decisões os pronunciamentos que se limitam a conhecer os fatos e interpretar o direito, ainda que resolvendo questões no plano lógico, sem aplicar as normas jurídicas à situação concreta" (Cabral, 2023, p. 330). Sob essa premissa, ele admite a existência de uma jurisdição não decisória, na qual a vedação clássica ao non liquet não figura como impeditivo à resolução de conflitos por instrumentos atípicos.

A princípio, a temática poderia não parecer propriamente inovadora, mas certamente o é. Não há dúvida de que o Código de Processo Civil de 2015 descortinou um modelo de jurisdição que vinha se desenhando no Brasil desde alguns anos antes de sua entrada em vigor, notadamente a partir da Resolução nº 125/2010 do Conselho Nacional de Justiça (CNJ), que instituiu a Política Judiciária Nacional de tratamento adequado dos conflitos de interesses no âmbito do Poder Judiciário. Todavia, é igualmente certo que, até pouquíssimo tempo, ora a ideia de consensualidade se projetava diretamente sobre o direito material discutido em juízo, ora envolvia figuras típicas previstas na legislação processual, como os negócios jurídicos processuais. Aliás, quanto a esse último ponto, chega a ser incoerente, do ponto de vista ontológico, que se reduza o ambiente de consensualidade à tipicidade, haja vista a relação estreita que aquela detém com a ideia de liberdade.

Por isso mesmo, a ideia de consensualidade se expandiu para ampliar os horizontes também do exercício da função jurisdicional em si. Assim, o juiz assume a função de gestor ativo de conflitos (CLEMENTINO, 2018) e passa a exercer uma jurisdição de certo modo flexível e potencialmente inovadora, sob os refletores de uma interpretação funcional do princípio da cooperação voltada à resolutividade da litigiosidade contemporânea.

A propósito, a função jurisdicional tem sido cada vez mais desafiada por relações processuais cujo arquétipo se distingue do clássico conflito de interesses caracterizado pela lógica bipolar. As atuais condicionantes de tempo e espaço nas relações humanas, por influência de fatores como transnacionalização e digitalização da vida, têm impactado na produção de uma litigiosidade exponencial, cujo enfrentamento exige postura distinta daquela empregada na jurisdição tradicional. Hoje já se trabalha teoricamente com pressupostos como litigiosidade complexa, estrutural e sistêmica, cuja resolutividade exige estratégias distintas, mais flexíveis e adaptáveis à natureza dos conflitos envolvidos, a ponto de já se debater inclusive a existência de um direito processual de enfrentamento a catástrofes.

Essa jurisdição, flexível e adaptável, precisa se orientar por aquilo que denominamos de "paradoxo da geleia". Por que geleia? É que essa jurisdição exige, por um lado, uma viscosidade suficiente para ser imperativa quando necessário um comando normativo mais sólido, mas precisa ser mole a ponto de evitar que a dureza dos instrumentos, em vista da natureza de cada conflito, não se comporte como querosene lançado no incêndio. Essa jurisdição tem uma função: solucionar o conflito. Para tanto, num ambiente de litigiosidade complexa, o reducionismo às respostas prontas, por meio de figuras típicas, não conseguirá atingir o objetivo.

A jurisdição não decisória surge então para realização dessa necessidade humana, sob pena de deixar aberta a caixa de Pandora e aniquilar a esperança. Ora, se o ideal é que a caixa de Pandora não tivesse sido aberta e que, assim, conflitos não existissem, o fato é que eles se multiplicam na vida cotidiana e, se insuperáveis por mecanismos autocompositivos, a jurisdição deve atuar no respectivo enfrentamento sob a lógica heterocompositiva. No cardápio, todavia, há estratégias possíveis que transcendem o uso do monopólio estatal da força no sentido de declarar validamente a relação jurídica e resguardar sua eficácia. Ora, a normatividade, no contexto do paradoxo da geleia, cada vez mais assume níveis variáveis de cogência, por meio de soft law, de nudges (Thaler; Sunstein, 2008) ou mesmo estratégias simplesmente educativas ou cocriadas, o que permite a adoção de soluções cada vez mais criativas e menos determinísticas para conflitos sociais.

O juiz, nesse contexto, não será um elemento neutro, sem prejuízo de sua imparcialidade, podendo exercer a jurisdição de forma a estimular comportamentos. Ele protagoniza, pois, uma jurisdição não decisória, na qual atuará, com base no dever de cooperação previsto na própria lei processual, como um gestor ativo do conflito e como agente indutor da consensualidade.

No caso que ilustra este texto, ao fechar a caixa de Pandora com o objetivo de evitar a destruição da cidade do Natal, o juízo federal tomou uma decisão difícil, porém não menos necessária à resolução de um conflito com aquelas características: decidiu simplesmente não decidir. A partir de então, passou a recorrer a um conjunto de técnicas atípicas e não menos inovadoras, que podem ser assim classificadas segundo a natureza da estratégia:

i) O silêncio jurisdicional:

Caracteriza-se pela decisão discricionária, pelo juiz, de não decidir e paralisar momentaneamente a tramitação processual, sob a constatação de que essa seria a estratégia mais adequada de tratamento do conflito, haja vista a necessidade de engajamento dos atores processuais em torno de uma solução que contemple a complexidade do litígio ou quanto ao risco de respectivo aprofundamento em função da superficialidade imposta pelos limites da jurisdição decisória.

ii) A jurisdição consultiva:

Significa a possibilidade de o juiz manifestar uma opinião, de cunho jurídico, acerca de determinada matéria, sem que o pronunciamento esteja acompanhado de um comando impositivo fechado. Seu objetivo principal é prevenir litígios e concretizar segurança jurídica, elementos que integram o campo semântico da ideia de acesso à justiça, conforme desenhada no texto constitucional, no artigo 5º, XXXV. Ora, se a "ameaça a direito" não deve ser excluída da apreciação do Poder Judiciário, a prevenção também se insere na sua finalidade institucional.

A consulta jurisdicional, muito pela influência do caso que inspira este texto, foi recentemente contemplada, por meio do artigo 6º, XXI, da Resolução nº 350/2020 do CNJ (conforme redação da Resolução nº 499/2023, também do CNJ), como modalidade de cooperação judiciária:

> "Art. 6º. Além de outros definidos consensualmente, os atos de cooperação poderão consistir:
>
> XXI - Na formulação de consulta dirigida a outro magistrado ou órgão do Poder Judiciário (incluindo comitês, comissões e grupos de trabalho instituídos em seu âmbito) ou, ainda, no caso de cooperação interinstitucional, a pessoa, órgão, instituição ou entidade externa ao Judiciário, solicitando manifestação ou opinião em resposta, facultada a participação do consultor no processo, a critério do juízo consulente;"

Antonio do Passo Cabral (2023), a esse respeito, identifica suporte normativo para a jurisdição consultiva no artigo 30 da Lei de Introdução às Normas do Direito Brasileiro, que enuncia comando obrigatório, às autoridades públicas, de amplificação da segurança jurídica, inclusive por meio de respostas a consultas. Aliás, a LINDB revela-se um campo fértil para emprego da consulta, visando materializar conceitos jurídicos indeterminados como "consequências práticas", "obstáculos ao gestor", "regime de transição", entre outros referidos em seus enunciados introduzidos pela Lei nº 13.655/2018, cumprindo assim o objetivo de projetar segurança jurídica e eficiência na criação e na aplicação do direito.

Um atrativo da consulta é a possibilidade de um juiz recorrer a outro mais especializado em determinada matéria para auxiliar, em cooperação judicial, na gestão e na instrução processual. A estratégia pode ser bastante útil em litígios de complexidade transversal, envolvendo questões atinentes a mais de um ramo do direito. Não raras vezes, conflitos tributários podem estar relacionados a temas bastante específicos, que variam desde a tutela do meio ambiente ao lançamento de satélites, passando eventualmente por questões trabalhistas. Nesses casos, recorrer a consulta pode qualificar a gestão processual e até mesmo contribuir para o processo decisório.

iii) A jurisdição exortativa:

Implica a emissão de recomendações não vinculativas pelo juiz, que podem servir de estímulo à cooperação e ao engajamento das partes em torno da solução do litígio através de mecanismos autocompositivos. Ora, o recurso a estes pressupõe uma prévia escolha geralmente dificultada pela dúvida quanto ao desfecho do processo judicial por meio da adjudicação.

Com efeito, se por um lado a decisão informada é um princípio ético da conciliação e da mediação, conforme disposto no Código de Ética de Conciliadores e Mediadores Judiciais constante do Anexo III da Resolução nº 125/2010 do CNJ (com a redação da Emenda nº 01/2013), o fato é que as partes são estimuladas a comporem seus conflitos sem muita previsibilidade quanto a uma possível decisão judicial. Quando se trata de um conflito interpessoal não patrimonial, sobretudo com sentimentos envolvidos, é até importante que essa dúvida exista, a fim de restabelecer a harmonia entre os sujeitos envolvidos sem qualquer referencial externo. Entretanto, em conflitos patrimoniais e, principalmente, naqueles de direito público, essa dúvida pode colocar em xeque a legitimidade da estratégia empregada, não raras vezes com risco de comprometimento da isonomia.

A jurisdição exortativa também pode se prestar à redução do comportamento litigioso dos sujeitos processuais, estimulando maior foco em torno daquilo que efetivamente exige uma resposta heterocompositiva por parte do juízo. Em conflitos mais complexos, a resolutividade definitiva eventualmente pressupõe a redução progressiva de camadas de litigiosidade a fim de proporcionar uma resposta adjucativa delimitada à parcela do conflito em que outras alternativas se mostrem inviáveis.

iv) A jurisdição formativa:

Envolve a solução do litígio por meio da formação humana, inclusive com recurso a estratégias pedagógicas ou metodologias inovadoras. Não é incomum que a litigiosidade decorra da simples ignorância ou mesmo de falhas de comunicação. Nesse contexto, o mero reforço da cognoscibilidade pode desestimular a perpetuação do litígio ou mesmo auxiliar na busca de soluções autocompositivas.

A jurisdição formativa exige certa habilidade do juiz em proporcionar um espaço saudável de troca de conhecimentos entre as partes. Nesse contexto, a realização de audiências públicas, mas também de seminários acadêmicos vinculados ao processo ou mesmo de oficinas com emprego de metodologias inovadoras têm um potencial enorme de revelar às partes soluções criativas e menos traumáticas para o litígio.

v) A diplomacia jurisdicional:

Refere-se à captação de stakeholders que possam colaborar na apresentação de soluções para resolver problemas complexos e na realização de medidas necessárias para sua concretização. Por meio da diplomacia jurisdicional, não apenas o juiz busca atores sociais capazes de reforçar a legitimidade do processo judicial no enfrentamento do conflito, senão também para canalizar para dentro do processo uma visão pluralista, amplificando sua capacidade de articulação, seu poder de influência e, portanto, a sua autoridade.

vi) A jurisdição concertada:

Alude ao compartilhamento de competências entre juízos, seja por meio de delegação, seja por meio da prática de atos processuais conjuntamente. A consensualidade entre juízos consiste na base da jurisdição concertada, tornando possível o exercício da função jurisdicional em situações muito peculiares reveladoras da existência de competências trans jurisdicionais, identificadas como tais as situações em que litígios de complexidade sobremodo imbricada exigem que a respectiva solução seja desdobrada em competências compartimentadas pela lei em mais de um juízo.

Enfim, ao abrir a caixa de Pandora no caso que nos inspira, o juiz federal jamais antevira que decidir e aplicar a ordem jurídica ao caso concreto poderia resultar na destruição de uma cidade. No direito processual, a litigiosidade complexa e estrutural tem sido comumente tratada no contexto do processo coletivo. A realidade, no entanto, forjou uma visão diferente, exigindo que a caixa de Pandora fosse imediatamente fechada, inaugurando-se uma jurisdição inovadora, em que a adjudicação passou de elemento determinístico a um condicionante de conveniência e oportunidade.

No processo tributário, os benefícios de uma jurisdição exercida com essas características são inúmeros:

i) O silêncio jurisdicional pode induzir fisco e contribuintes a, pelo menos, visitarem as opções consensuais existentes e exercerem a criatividade na busca por soluções autocompositivas;

ii) A burocracia fiscal é um terrível produtor de conflitos e o silêncio jurisdicional pode estimular o diálogo em torno da compreensão de documentos fiscais herméticos e dos fundamentos de determinada autuação, assim como, por outro lado, da dinâmica da atividade econômica relacionada ao contribuinte e das razões fundantes de determinado comportamento pessoal ou empresarial do contribuinte;

iii) O silêncio jurisdicional tem um enorme potencial de resgatar uma espécie de empatia tributária mútua entre fisco e contribuintes;

iv) A jurisdição consultiva é bastante útil em situações nas quais fisco e contribuinte necessitam da sinalização jurisdicional para que, num ambiente de segurança jurídica, possam discricionariamente deliberar sobre eventual estratégia a empregar na solução do conflito;

v) A jurisdição consultiva permite a qualificação do processo tributário nas situações em que outros temas transversais precisem ser debatidos no processo tributário, com recursos a juízes especializados cuja *expertise* agrega valor ao processo decisório tradicional ou mesmo à capacidade das partes em contribuir cientificamente para a solução do litígio;

vi) A jurisdição exortativa, tal como ocorre com o silêncio jurisdicional, contribui para engajar fisco e contribuinte em torno de soluções autocompositivas;

vii) A jurisdição exortativa também permite a redução do comportamento litigioso entre as partes, evitando ou ajudando a expurgar conflituosidade artificial no processo tributário e proporcionando que a atenção seja direcionada para o foco do conflito;

viii) A jurisdição formativa é uma riqueza para o processo tributário, já que existe um denso componente de litigiosidade decorrente da mera desinteligência entre fisco e contribuinte, seja em função de uma tensão histórica existente nessa relação, seja porque a burocracia é uma terrível fonte causadora de conflitos;

ix) Por meio da jurisdição formativa, tanto o contribuinte tem a oportunidade de melhor compreender o funcionamento da administração tributária, como, por outro lado, o fisco pode melhor assimilar o *modus operandi* de setores da economia e mesmo de empresas, entendendo melhor suas dificuldades no cumprimento de obrigações tributárias e de deveres formais;

x) Com o emprego de metodologias inovadoras, soluções criativas e menos traumáticas podem ser reveladas e aceitas pelas partes para pôr termo ao litígio;

xi) no exercício da diplomacia jurisdicional, o juízo vai em busca em *stakeholders* para auxiliarem na construção de encaminhamentos legítimos para conflitos tributários complexos e de elevada sensibilidade social;

xii) através da jurisdição concertada, é possível o exercício de competências trans jurisdicionais que envolvam a matéria tributária, o que não é raro de acontecer, considerando que o fenômeno tributário se apropria de signos de riqueza das mais diversas áreas para obtenção de receitas públicas.

A cidade do Natal continua de pé e o processo que nos inspira permanece em tramitação. Seus detalhes não vêm ao caso. É certo, porém que fechar a caixa de Pandora tem se afigurado a decisão correta na salvaguarda da capacidade de gestão e governança das instituições municipais e na prevenção de traumas sociais cuja extensão seria imensurável.

Incrivelmente, ante a escolha legislativa pelo rito da execução fiscal como *iter* de seu processo de positivação, as estatísticas mostram que o direito tributário é o ramo mais litigioso do Brasil na atualidade. Isso significa que o país tem se arriscado com fogo e posto em perigo sua esperança de prosperidade. Nesse contexto, não apenas os conflitos tributários ganham em importância como fator condicionante do desenvolvimento, como também adquirem maior complexidade e impacto social, sob o influxo da exponencialização de relações e dos conflitos dela decorrentes. Ora, se o pagamento de tributos compõe o ciclo vital, o perigo de o fogo se alastrar tem acompanhado a complexidade da vida.

Para controlar o fogo, no processo tributário, não decidir pode ser a melhor decisão.

REFERÊNCIAS BIBLIOGRÁFICAS

ADAMS, Charles. *For good and evil: The impact of taxes on the course of civilization.* 2 ed. Lanham: Madison Books, 1999.

CABRAL, Antonio do Passo. *Jurisdição sem decisão: non liquet e consulta jurisdicional no direito brasileiro*. São Paulo: Juspodium, 2023.

CLEMENTINO, Marco Bruno Miranda. Centro Local de Inteligência da Justiça Federal potiguar: Legitimidade pelo diálogo. *Centro de Inteligência da JFRN.* Natal: Escola da Magistratura Federal da 5ª Região, 2018, p. 11-25.

CLEMENTINO, Marco Bruno Miranda. *Cooperação jurídica internacional penal-tributária e transnacionalidade.* São Paulo, Quartier Latin, 2016.

CLEMENTINO, Marco Bruno Miranda. Demandas estruturais em direito tributário. In: Paulo de Barros Carvalho; Priscila de Souza. (Org.). *Constructivismo lógico-semântico e os diálogos entre teoria e prática*. São Paulo: Noeses, 2019, p. 879-902.

CLEMENTINO, Marco Bruno Miranda. O direito tributário no sistema judicial multiportas. In: Paulo de Barros Carvalho; Priscila de Souza. (Org.). *Racionalização do Sistema Tributário*. São Paulo: Noeses, 2017, p. 867-890.

CLEMENTINO, Marco Bruno Miranda; MOURA, Frederico Araújo Seabra de; SOUZA, Tiago Fernandes de. *Inovação para estímulo à cooperação no ambiente fiscal*. Conjur, São Paulo, 01 jul. 2020.

THALER, Richard; SUNSTEIN, Cass. Nudge: impoving decisions about health, wealth and happiness. New Yoork, Penguin Books, 2008.

PLANEJAMENTO TRIBUTÁRIO - ALIENAÇÃO DE EMPRESAS NO EXTERIOR QUE DETÉM ATIVOS NO BRASIL

Marcos Vinicius Neder[1]

Larissa Pimentel de Lima[2]

1. INTRODUÇÃO

Neste artigo, analisaremos a possibilidade de tributação do ganho de capital auferido por não residente na chamada: *alienação indireta de participação societária,* que ocorre quando partes não residentes celebram negócio jurídico envolvendo a aquisição de sociedade no exterior, a qual por sua vez, detém investimentos em sociedade brasileira.

Com esse objetivo, faremos breves considerações iniciais sobre a regra geral de tributação do ganho de capital de não residentes na alienação de bens no Brasil. Analisaremos

1. Doutor em Direito pela Pontifícia Universidade Católica de São Paulo (PUC/SP). Advogado. Professor do IBET. Ex-Subsecretario da Receita Federal.

2. Mestre em Direito Tributário pela Pontifícia Universidade Católica de São Paulo (PUC/SP), Mestre em Direito Tributário Internacional (L.L.M) pela Vienna University of Economics and Business (WU). Advogada.

os elementos de conexão utilizados para a tributação no Brasil de operações realizadas por não residentes, bem como o verdadeiro alcance e finalidade do artigo 26 da Lei nº 10.833/2003, que trata incidência do imposto de renda retido na fonte, (IRRF), sobre o ganho de capital auferido por não residentes, na alienação de, "bens localizados no Brasil".

Ao nosso ver, não existe no ordenamento jurídico brasileiro, qualquer norma jurídica que verse, especialmente sobre a tributação de ganho de capital indireto: nem a Lei nº 10.833/2003, tampouco sua Exposição de Motivos, fizeram qualquer menção à alienação indireta de ativos brasileiros ou a alienação de sociedades no exterior que detenham ativos no Brasil.

Não obstante, temos verificado casos em que o fisco busca questionar o negócio jurídico ocorrido no exterior e pleitear a sua desconsideração para fins de autuação fiscal, sob o argumento de que a transação envolve abuso de forma, falta de substância, abuso da lei ou fraude.

Surge, então, o debate sobre a qualificação jurídica atribuída aos atos e negócios jurídicos que servem de pressuposto a ocorrência do fato jurídico tributário. A figura da simulação tem sido frequentemente invocada em matéria tributária, mesmo diante a estruturas formalmente válidas e, muitas vezes, desconsideradas pela fiscalização apenas com base na constatação de economia tributária na operação. Nesse breve estudo, buscar-se-á analisar os casos de desconsideração de estruturas societárias no exterior e possíveis limites à atuação das autoridades fiscais.

2. TRIBUTAÇÃO DE GANHO DE CAPITAL DE NÃO RESIDENTES NA ALIENAÇÃO DE BENS NO BRASIL

Em regra, o ganho de capital auferido por residente ou domiciliado no exterior, deve ser apurado e tributado de acordo com as regras aplicáveis aos residentes no País, (vide artigo 18 da Lei nº 9.249/95[3]). O ganho de capital é a diferença positiva entre o preço de alienação, de um bem ou direito, e o respectivo custo de aquisição.

Os artigos 741 e 745 do Regulamento de Imposto de Renda, (RIR/2018), aprovado pelo Decreto nº 9.580 de 2018, tratam da incidência do imposto de renda sobre os não residentes:

> *Art. 741. Ficam sujeitos à incidência do imposto sobre a renda na fonte, a renda e os proventos de qualquer natureza* ***provenientes de fontes situadas no País****, quando percebidos:*
>
> *I – pelas pessoas físicas ou jurídicas residentes ou domiciliadas no exterior" (Decreto-Lei nº 5.844, de 1943, art. 97, caput, alínea "a");*
>
> *[...]*
>
> *Art. 745. O ganho de capital auferido por residente ou domiciliado no exterior será apurado e tributado de acordo com as regras aplicáveis aos residentes no País, e ficará sujeito à incidência do imposto sobre a renda com a aplicação das alíquotas previstas no art. 153 [...]"*

De acordo com as regras mencionadas, o ganho de capital auferido por não residentes, só poderia ser tributado no Brasil se tanto a fonte de produção da renda, (ou seja, o ativo alienado), quanto a fonte de pagamento, (ou seja, o comprador), estivessem no Brasil. Assim, a legislação exigia elementos de conexão cumulativos cuja ocorrência deveria ser verificada simultaneamente para tributação de ganhos de capital auferidos por não residentes no Brasil.

Nesse sentido, conforme ensina Alberto Xavier[4]:

---

3. Art. 18. O ganho de capital auferido por residente ou domiciliado no exterior será apurado e tributado de acordo com as regras aplicáveis aos residentes no País.

4. XAVIER, Alberto. Direito Tributário Internacional no Brasil. Rio de Janeiro: Forense, 2010. p. 440.

> *"com efeito, a lei brasileira considerava indispensável para a tributação de residentes no exterior, na generalidade dos casos, a localização no Brasil da fonte da renda, no seu sentido financeiro de "fonte pagadora". Ora, num ganho de capital auferido por um residente no exterior de outro residente no exterior, a fonte pagadora localiza-se no país em que este último é residente e não no Brasil.*
>
> ***O fato de no Brasil se localizar o bem ou direito que é objeto da venda não era arvorado pela lei brasileira como elemento de conexão suficiente para efeito de imposto de renda**, ao invés do que sucede, por exemplo, para efeito de imposto de transmissão.*
>
> *E compreende-se que assim fosse, pois é a presença no território brasileiro da pessoa que efetua o pagamento do rendimento (e não dos bens ou direitos que vera a operação) que é essencial ao funcionamento eficiente do mecanismo da retenção na fonte."*

Apenas em 2003, com a edição da Medida Provisória n°135/2003, convertida na Lei n° 10.833/2003, que o imposto de renda sobre o ganho de capital de não residentes, passou a incidir também, nos casos em que fonte pagadora for domiciliado no exterior[5]. Assim, dispõe o artigo 26 que o representante brasileiro do adquirente é o responsável pelo pagamento do imposto de renda:

> *Art. 26. O adquirente, pessoa física ou jurídica residente ou domiciliada no Brasil, ou o procurador, quando o adquirente for residente ou domiciliado no exterior, fica responsável pela retenção e recolhimento do imposto de renda incidente sobre o ganho de capital a que se refere o art. 18 da Lei 9.249, de 26 de dezembro de 1995, auferido por pessoa física ou jurídica residente ou domiciliada no exterior que alienar bens localizados no Brasil."*

---

5. Sobre a introdução deste dispositivo por meio da Lei 10.833/03, Gerd W ROTHMANN comenta: "*esta modalidade de incidência do imposto de renda sobre ganhos de capital, até agora desconhecida pela legislação brasileira, foi criada por dispositivo introduzido de forma meio clandestina, de "contrabando", pois veio de "carona" numa verdadeira lex omnibus que, nos seus 94 artigos, "altera a legislação tributária", trata de várias matérias completamente distintas e dedica somente dois artigos aos ganhos de capital auferidos por não-residentes no Brasil, o que viola, frontalmente, o disposto na Lei Complementar 95/98*" (Tributação internacional sem sujeito passivo: nova modalidade de imposto de renda sobre ganhos de capital? Grandes questões atuais do direito tributário, 10. Tradução . São Paulo: Dialética, 2006, p. 107).

Segundo a Exposição de Motivos, o objetivo deste dispositivo legal é: "*reduzir a possibilidade de não pagamento pelo contribuinte não residente do imposto de renda incidente sobre os ganhos de capital apurados na alienação de seus bens localizados no Brasil, pois atualmente cabe ao alienante a apuração e recolhimento do tributo, o que dificulta a fiscalização do cumprimento da obrigação tributária, sobretudo pela não-residência do contribuinte em território brasileiro*".

Desde então, a norma em questão prevê que haverá tributação na fonte, (isto é, imposição do IRRF), sobre os ganhos de capital auferidos por não residentes que alienarem bens localizados no Brasil, ainda que o comprador e o vendedor estejam localizados no exterior.

3. ANÁLISE DO ALCANCE DO ARTIGO 26 DA LEI N° 10.833/2003

O estudo da norma legal introduzida pelo mencionado artigo 26 da Lei n° 10.833/2003, é particularmente importante à nossa análise, pois cabe ao intérprete identificar os elementos de "conexão" existentes, que suportam o poder tributário de um Estado para atingir fatos ocorridos fora do território que a legislou.

A lei tributária pode ser extraterritorial, desde que haja um elemento de conexão que estabeleça uma relação entre a respectiva soberania fiscal e determinados fatos econômicos. Os elementos de conexão eleitos pelo legislador não podem ultrapassar os limites do poder de tributação do Estado. Ou seja, o processo de escolha dos elementos de conexão deve preservar uma conexão razoável com a esfera de poder do Estado. Nesse sentido, segundo Ramon Tomazela Santos[6]:

---

6. SANTOS, Ramon Tomazela. O regime de tributação dos lucros auferidos no exterior na Lei nº 12.973/2014. Rio de Janeiro: Lumen Juris, 2017.p. 57

> *(...) o elemento de conexão eleito na construção da norma jurídica deve ser forte o suficiente para legitimar a tributação. Por isso, deve-se olhar com cautela os vínculos indiretos atualmente utilizados por determinados Estados na tentativa de ampliar a arrecadação fiscal, como ocorre com as regras brasileiras de tributação em bases universais.*

O artigo 26 da Lei n° 10.833/2003, possui como antecedente normativo, o fato previsto em "*alienar bens localizados no Brasil*", e como consequente jurídico, a responsabilidade de retenção e recolhimento do imposto de renda sobre o ganho de capital.

A doutrina costuma conceituar alienação como qualquer ato voluntário pelo qual se transmite direitos a outrem. Vale mencionar, no mesmo sentido, Henry Tilbery[7]: "*embora as opiniões sobre o conceito de 'alienação' não sejam uniformes, não há dúvida sobre a característica básica deste conceito, que é a transferência de um direito de um patrimônio para outro por ato de vontade*"

Para a sua subsunção no antecedente normativo do artigo 26, no objeto da alienação deve existir a alienação de "bens localizados no Brasil", que é justamente o elemento de conexão, para fins de tributação. Por consequência, a lei brasileira, não pode incidir na hipótese em que o objeto do negócio jurídico realizado no exterior não se envolve bem, localizado no Brasil.

É justamente por isso que o artigo 26 da Lei n° 10.833/2003 não alcança a chamada alienação, indireta de participação societária. A pretensão de tributar negócio jurídico ocorrido no exterior, sem qualquer previsão legal, extrapola os limites da jurisdição do Estado brasileiro e representa uma violação ao princípio da territorialidade material.

---

7. TILBERY, Henry. A tributação dos ganhos de capital – Nas vendas de participações societárias pelas pessoas físicas. Coordenação: Geraldo de Camargo Vidigal e Ives Gandra da Silva Martins. São Paulo: Resenha Universitária, 1978, p. 570).

É importante mencionar que, em 2021, por meio do Projeto de Lei: (PL) nº 2.337/2021, houve uma tentativa inédita de mudança legislativa para prever a tributação do ganho de capital do não residente, auferido em alienações indiretas. Esse seria o primeiro dispositivo doméstico com o propósito de criar uma norma antielisiva específica[8] e regulamentar uma conexão indireta entre o fato econômico, (negócio jurídico), no exterior e o ativo no Brasil, para fins de incidência tributária. No entanto, o dispositivo não foi aprovado na Câmara dos Deputados.[9]

4. EXISTÊNCIA DE SIMULAÇÃO NA ALIENAÇÃO INDIRETA DE PARTICIPAÇÃO SOCIETÁRIA

Atualmente, para operações de venda indireta de ações serem sujeitas ao IRRF no Brasil, o Fisco precisa encontrar provas suficientes para desconsiderar o negócio jurídico realizado pelas partes e tratá-lo como uma alienação direta de ativos localizados no Brasil.

A desconsideração de transações para fins tributários exige a comprovação, pelo fisco, da prática de atos ilícitos,

---

8. O objetivo deste dispositivo era primordialmente alcançar as hipóteses em que o valor de mercado da participação alienada no exterior decorra substancialmente dos ativos localizados no País. Desta forma, a tributação do ganho de capital indireto só é devida se, em qualquer momento em um período de 12 meses que antecederam a data da alienação, o valor de mercado dos ativos brasileiros corresponder a 50% ou mais do valor de mercado da offshore, e forem transferidos 10% ou mais de participação na offshore; ou se o valor de mercado da dos ativos brasileiros for superior a U$ 100 milhões e forem transferidos 10% ou mais de participação na offshore.

9. O PL 2337/21 previa se considera alienação indireta de ativos localizados no Brasil, a transferência, em uma ou mais operações ao longo de doze meses, da propriedade ou dos benefícios econômicos de participações societárias em empresas ou entidades não residentes no Brasil que possuam, direta ou indiretamente, ativos no Brasil se: i) nos doze meses que antecederem a transferência, o valor de mercado dos ativos no Brasil corresponder a 50% ou mais do valor de mercado da empresa ou entidade transferida e desde que sejam transferidos 10% ou mais da propriedade ou participações; ii) se o valor de mercado da participação for superior a U$ 100 milhões de dólares e se for transferido 10% ou mais.

como dolo, fraude ou simulação. Este entendimento foi recentemente reforçado pelo STF, ao julgar a ADI nº 2.446, em 11/4/2022, que discutiu a constitucionalidade do parágrafo único do artigo: 116 do CTN[10]. Nos termos dos fundamentos da Ministra Carmen Lúcia, a desconsideração de atos e negócios jurídicos apenas poderia ser utilizado nas situações em que estejam presentes atos ilícitos objetivando encobrir a realidade dos fatos, (dissimulação). Assim, não poderia ser utilizado pelo fisco para desconstituir planejamentos fiscais lícitos, em que não se enxerga a existência de razões econômicas, (além da economia de tributos).

Todavia, a grande dificuldade está em estabelecer os critérios necessários para a autoridade fiscal poder 'desconsiderar' os regulares efeitos dos atos e negócios praticados pelos contribuintes. Verifica-se muitas vezes que as autoridades fiscais não conseguem produzir provas diretas de uma estrutura ser criada de forma simulada, mas ainda assim lavram Auto de Infração, com base em provas indiretas da falta de substâncias dessas empresas.

Especificamente sobre alienação indireta de participação societária, há uma crescente tendência das autoridades fiscais no sentido de contestar atos e/ou negócios no exterior, envolvendo empresas "holdings", com base em falta de substância ou propósito negocial. Trata-se de situações em que o objeto do negócio jurídico envolve uma sociedade no exterior, mas cujo principal ativo é uma sociedade localizada no Brasil.

---

10. Art. 116. Salvo disposição de lei em contrário, considera-se ocorrido o fato gerador e existentes os seus efeitos: (...)
Parágrafo único. A autoridade administrativa poderá desconsiderar atos ou negócios jurídicos praticados com a finalidade de dissimular a ocorrência do fato gerador do tributo ou a natureza dos elementos constitutivos da obrigação tributária, observados os procedimentos a serem estabelecidos em lei ordinária. (Incluído pela Lcp nº 104, de 2001)

O Conselho Administrativo de Recursos Fiscais, (CARF), analisou poucas vezes a questão da tributação de ganhos de capital nas vendas indiretas de participações societárias de empresas brasileiras por não residentes. Em todos os casos, é possível notar, que as acusações fiscais estão fundamentadas na existência de simulação, o que, se confirmado, permite que os atos sejam desconsiderados pelas autoridades fiscais.

Em acórdão recente, nº 2402-011.061, publicado em 03/04/2023, o CARF confirmou autuação que exigiu IRRF, com base no art. 26 da Lei nº. 10.833/2003, sobre ganho de capital supostamente auferido por não residente. No caso, o comprador brasileiro adquiriu participação societária em uma holding espanhola, a qual detinha participação societária em duas empresas operacionais no Brasil. Os acionistas da holding espanhola também estavam sediados no exterior, em diversos países.

A fiscalização entendeu que a empresa espanhola adquirida era um mero veículo, sendo que os bens efetivamente alienados, eram as participações societárias das empresas no Brasil. Os principais argumentos levantados para justificar a falta de substância da empresa espanhola foram: (i) a ausência de funcionários ou dirigentes e (ii) o fato desta empresa possuir as duas empresas brasileiras, como única movimentação econômica. Além disso, o fisco juntou documentos que indicavam o interesse do comprador de adquirir as empresas operacionais no Brasil.

Em sua defesa, o contribuinte alegou, que a holding espanhola foi constituída em 1999 e não precisa, para suas atividades, de estrutura física ou mesmo de funcionários. Como a holding espanhola possuía investidores em diferentes países, esse tipo de estrutura é comum, pois viabiliza a reunião de diferentes investidores, em diferentes países.

No entanto, o CARF manteve a autuação, por entender que o interesse real da operação era a aquisição das empresas operacionais no Brasil, conforme ementa a seguir:

> *ASSUNTO: IMPOSTO DE RENDA RETIDO NA FONTE (IRRF)*
> *Ano-calendário: 2016*
>
> OPERAÇÃO SOCIETÁRIA. ALIENANTE. SEDE NO EXTERIOR. GANHO DE CAPITAL. IMPOSTO DEVIDO. RECOLHIMENTO. ADQUIRENTE. OBRIGATORIEDADE.
>
> *A apuração e recolhimento do imposto devido sobre o ganho de capital de pessoa jurídica com sede no exterior, são obrigações do adquirente, no momento do pagamento, crédito, entrega, emprego ou remessa do preço.*
>
> *PLANEJAMENTO TRIBUTÁRIO ABUSIVO. NEGÓCIO JURÍDICO TUTELADO. FINALIDADE TRIBUTÁRIA. DESCONSIDERAÇÃO. Tão somente o fato de as operações societárias sucederem-se dentro das formalidades legais não garante, por si só, o afastamento da incidência tributária supostamente tutelado pela respectiva operação.* ***Afinal, sem prejuízo da transação comercial propriamente, bem como dos demais efeitos jurídicos que lhes são próprios, ditos negócios poderão ser desconsiderados, para fins do restabelecimento da incidência tributária, deles excluídos indevidamente.***

Outro caso é o Acordão nº 2201-002.666, de 10.2.2015[11], em que se analisou a venda de duas holdings holandesas que detinham participação em empresa brasileira. A acusação fiscal argumentou que o real objeto da negociação era a empresa brasileira, e que as holdings haviam tido um curto prazo de existência, criadas alguns meses antes do negócio e extintas após a transferência da participação

---

11. Ementa: "IRRF. GANHO DE CAPITAL. ALIENAÇÃO DE BENS E DIREITOS SITUADOS NO BRASIL. SOCIEDADE ALIENANTE NO EXTERIOR. INTERPOSIÇÃO DE SOCIEDADES ESTRANGEIRAS. É responsabilidade do adquirente, na condição de responsável tributário, a retenção e o recolhimento do Imposto de Renda Retido na Fonte incidente sobre o ganho de capital de residentes ou domiciliados no exterior na alienação de bens situados no Brasil. **Devem ser desconsideradas as interposições de empresas no exterior, por meio de conduta planejada, para simular uma situação diferente da real alienação, sendo o ganho de capital apurado no momento em que a compra e venda foi definitivamente constituída.** (...)"

societária. O CARF manteve a autuação por entender que as empresas holandesas teriam sido interpostas apenas para evitar a incidência do IRRF sobre o ganho de capital auferido no Brasil, concluindo que as entidades deveriam ser desconsideradas.

No Acórdão nº. 2202-00.346, de 2.12.2009, o CARF examinou o caso em que uma pessoa jurídica domiciliada no Panamá alienou, para sociedade no Brasil, as ações de sociedade domiciliada no Uruguai, cujo principal ativo eram as ações em uma empresa de mineração no Brasil. A conclusão unânime dos julgadores foi a de que a operação fora "simulada" para evitar a tributação do ganho de capital no País. A despeito disso, como a autuação fora lavrada com erro de sujeição passivo, a exigência de IRRF foi cancelada.

Na análise do caso, o CARF levou em conta, diversos fatores para requalificar a transação como alienação de um ativo localizado no Brasil, entre eles: (i) o fato de a alienante no exterior anunciar o interesse em vender a participação no Brasil; (ii) o fato de as ações da empresa de mineração serem transferidas por pessoas físicas no Brasil para a sociedade no Uruguai poucos dias antes da alienação a um preço inferior ao da alienação realizada pela sociedade no Panamá. Finalmente, considerou-se que (iii) o único ativo da sociedade no Uruguai era a participação na empresa brasileira.

Apesar do número restrito de julgados sobre o assunto, podemos verificar que as autoridades fiscais têm-se utilizado dos seguintes aspectos para evidenciar simulações: (i) ausência de atividades na empresa estrangeira, (ii) número reduzido de funcionários na folha de pagamento da estrangeira, (iii) mesmo rol de diretores da empresa estrangeira e da controladora brasileira, (iv) falta de autonomia da empresa estrangeira, (v) alocação de lucros da empresa brasileira para a estrangeira e (vi) documentos que demonstrem que o objeto inicial da aquisição seria o ativo no Brasil

Embora nenhum destes aspectos individualmente considerados sejam suficientes para caracterizar uma simulação ou evidenciar a ausência de propósito negocial de uma operação, as autoridades fiscais e os julgadores administrativos normalmente fazem uso de uma combinação destes aspectos para suportar questionamentos fiscais e decisões administrativas.

Nesses litígios, identifica-se um debate racional, em que os sujeitos elaboram argumentos, indicam fatos e exibem provas tendentes a comprovar suas alegações de modo a possibilitar a demonstração da verdade. São descritas duas realidades opostas no processo. Por fim, o julgador, em presença dos elementos constantes do processo e das provas que produziu, acolhe uma das versões apresentadas ou opta por construir uma terceira, emitindo ao final um juízo sobre a controvérsia.

Nesse sentido, a comprovação da simulação por interposição de pessoa para se evitar a tributação do ganho de capital, deve estar demonstrada pelo auditor mediante a apresentação de provas convincentes. É necessário que o auditor relate, com clareza, os fatos ocorridos, as provas, e evidencie a relação lógica entre estes elementos de convicção e a conclusão advinda deles.

Observe-se que não é elemento suficiente para que se possa desconsiderar atos e contratos legítimos a simples ausência de outros fundamentos econômicos além da vantagem fiscal de não tributar o ganho no País. A simples aplicação de uma suposta "teoria do propósito negocial", não é suficiente para justificar a ampliação da tributação prevista no art. 26 da Lei nº 10.833/2003 para outros residentes no exterior distintos do alienante do ativo.

Como bem observa a Conselheira Livia Germano em seu voto no Acórdão nº 1401002.347[12], que versa sobre a tributação de ganho de capital de pessoa física residente no exterior, o "planejamento será lícito desde que cada ato analisado individualmente e também no conjunto com outros atos tenha uma função, ou seja, produza as consequências jurídicas que se espera daquele ato. É o que muitos chamam de "causa" do negócio. Assim, não se pode pretender tributar uma operação tal como a fiscalização entendia que ela devesse ter sido feita. O fato de uma operação não ter tido o "desfecho previsível" que a fiscalização esperava, não significa que ela não tenha tido "propósito negocial"".

Assim, a desconsideração de uma operação ou de uma empresa no exterior, com base em critérios de ausência de substância, deve ser devidamente motivada pelas autoridades fiscais e deve atribuir ao contribuinte o direito de produzir prova em contrário. Como regra geral, a tributação na fonte do ganho de capital de ativos no Brasil só deve alcançar o alienante do bem e não terceiros que se relacionem com o alienante.

5. CONCLUSÕES

O artigo buscou contribuir com o debate atual em torno do alcance do artigo 26 da Lei nº 10.833/2003, o qual alterou a sujeição passiva, atribuindo o recolhimento do imposto de renda ao adquirente, fonte pagadora, uma vez que o alienante, beneficiário do rendimento, é residente no Exterior.

A finalidade do art. 26 é facilitar a fiscalização e cobrança do imposto nos casos em que ocorre a alienação por não residentes de bens localizados no Brasil. Mas é uma regra excepcional que deve ser aplicada com muita cautela, eis que pode ocasionar bitributação da renda obtida

12. Acórdão nº 1401002.347, 10 de abril de 2018, CCI CONCESSOES LTDA.

pela alienação de ativos, ainda mais se o imposto de renda na fonte exigido no Brasil não puder ser compensado na jurisdição do alienante do bem.

Em nossa opinião, é ilegítimo e impraticável a aplicação deste dispositivo para fins da tributação do ganho de capital auferido por não residente na chamada, *alienação indireta de participação societária*. Afinal, não se deve admitir a incidência de imposto de renda no Brasil quando o ganho de capital foi auferido no *exterior*, em negócio jurídico realizado entre duas partes residentes no *exterior*, com pagamento do preço no *exterior* e objeto da alienação, uma sociedade localizada no *exterior*, unicamente porque esta sociedade possui ativo localizado no Brasil.

Essa pretensão do fisco de alcançar negócio jurídico no exterior, sem elemento de conexão forte o suficiente para legitimar a tributação, poderá desestimular os investimentos de capital estrangeiro, além de causar insegurança jurídica às sociedades brasileiras que não tem poder de decisão nos negócios do exterior.

Para facilitar a atuação do Estado no seu dever de comprovar os ilícitos presentes em estruturas simuladas no exterior, seria necessário promulgar uma legislação, não apenas com previsão de incidência tributária em casos de alienação indireta de empresa brasileira, mas também com dispositivo específico, estabelecendo critérios para que se possa coibir a elisão fiscal.

A APLICAÇÃO DO INCIDENTE DA DESCONSIDERAÇÃO DA PERSONALIDADE JURÍDICA EM SEDE DE EXECUÇÃO FISCAL PARA FINS DE RESPONSABILIZAÇÃO DE TERCEIRO ALHEIO À RELAÇÃO JURÍDICO-TRIBUTÁRIA

Marcus Lívio Gomes[1]

Karina Karatman Abreu de Oliveira[2]

1. A ESSÊNCIA DO INCIDENTE DA DESCONSIDERAÇÃO DA PERSONALIDADE JURÍDICA

O incidente desconsideração da personalidade jurídica (IDPJ), originada da *disregard doctrine*, resume-se a uma modalidade de intervenção de terceiros que, mediante o afastamento da personalidade jurídica de determinada sociedade, possibilita ao credor lesado que satisfaça o seu crédito através do patrimônio pessoal dos sócios-gestores e/ou

1. Professor Associado de Direito Tributário da UERJ. Associated Research Fellow at University of London (IALS). Advogado.

2. Bacharel em Direito pela Faculdade Ibmec Educacional. Pós-graduanda no LL.M de Direito Tributário e Contabilidade pela Faculdade Ibmec Educacional. Advogada.

administradores, quando comprovada a existência de ato de abuso ou manipulação fraudulenta por partes destes.

Via de regra, em caso de sociedades anônimas, seus integrantes, sujeitos distintos, autônomos e inconfundíveis, somente poderão ser responsabilizados até o limite da parte do capital social subscrito – ainda que pendente de integralização, ou, em caso de sociedades limitadas, ao total do capital social subscrito e ainda não integralizado, ficando a salvo seus patrimônios individuais.

Ocorre que, por vezes, a pessoa jurídica pode ser utilizada como instrumento para a prática de fraudes por parte daqueles que possuem poder de decisão em nome da sociedade empresária, ocasião na qual a sua finalidade é deturpada. Nesse inadequado cenário, surge para o ordenamento o dever de impor não só limites aos imprudentes gestores, mas também consequências para a prática de tais atos – e é justamente a partir desse cenário que surge o IDPJ.

Com o incidente em questão, os integrantes da pessoa jurídica, que antes tinham as suas respectivas responsabilidades limitadas ao capital social subscrito (em parte ou no todo), passam a estar sujeitos ao esvaziamento de seus patrimônios pessoais como forma de assegurar o ressarcimento de potencial lesão causada a terceiros.

No que tange às hipóteses de responsabilização dos sócios-gestores e administradores mediante o incidente ora em comento, o ordenamento pátrio consagra duas teorias básicas, quais sejam, (a) a teoria maior, que, em suma, se aplica no caso de desvirtuamento da personalidade jurídica, devendo ser comprovado o desvio da finalidade e a confusão patrimonial e (b) a teoria menor, caracterizada pelo simples inadimplemento das obrigações por parte da sociedade empresária e que independe de prova de fraude, prática abusiva ou confusão patrimonial.

Ou seja, enquanto a primeira (teoria maior), exige a instrução probatória para o deferimento da desconsideração da personalidade jurídica e a responsabilização de terceiros, com provas inequívocas da ilegalidade praticada, a segunda (teoria menor) entende que a mera demonstração da insolvência da sociedade empresária, apta a gerar o inadimplemento de suas obrigações, já é o suficiente para caracterizar a responsabilidade dos seus gestores.

Consoante disposto no artigo 50 do Código Civil (com a redação dada pela Lei nº 13.874, de 2019[3]), em se tratando de relação jurídica de natureza civil-empresarial, o legislador adotou como regra a **teoria maior** da desconsideração da personalidade jurídica.

A teoria menor, por sua vez, que pode, inclusive, alcançar administradores que não pertencem ao quadro societário da pessoa jurídica, é adotada pelo Código de Defesa do Consumidor (Lei nº 8.078/1990) e pela Lei de Crimes Ambientais (Lei nº 9.605/1998), sendo aplicável tão somente às relações consumeristas e aos ilícitos ambientais.

Com isso, seguindo as noções da teoria maior, o supracitado artigo 50 do Código Civil determina o preenchimento de alguns requisitos para fins de suscitação do IDPJ pelo credor, quais sejam: o comprovado **desvio de finalidade**, mediante ato intencional dos sócios-gestores ou administradores de fraudar terceiros com o uso abusivo da personalidade jurídica e/ou a **confusão patrimonial**, a qual, por sua vez, é configurada pela inexistência de separação entre o patrimônio da pessoa jurídica e os de seus gestores.

---

3. Art. 50. Em caso de abuso da personalidade jurídica, caracterizado pelo desvio de finalidade ou pela confusão patrimonial, pode o juiz, a requerimento da parte, ou do Ministério Público quando lhe couber intervir no processo, desconsiderá-la para que os efeitos de certas e determinadas relações de obrigações sejam estendidos aos bens particulares de administradores ou de sócios da pessoa jurídica beneficiados direta ou indiretamente pelo abuso.

Nesse cenário, cumpre ressaltar ainda que o Superior Tribunal de Justiça, de forma pacífica, entende que a dissolução irregular da sociedade empresária, aliada à falta de recursos para satisfazer o crédito exequendo, não são motivos suficientes para o deferimento da desconsideração da personalidade jurídica, tendo em vista que tais ocorrências não implicam necessariamente na existência de uso indevido da pessoa jurídica[4].

Referido posicionamento, em verdade, reforça o escopo da teoria maior acima delineada e eleita pelo legislador para nortear a aplicação do IDPJ em negócios jurídicos de natureza civil-empresarial, eis que afasta a aplicação do incidente diante de mera presunção de ilicitude/fraude em razão da insolvência do devedor – característica esta que, como visto alhures, pertence à teoria menor.

2. O INCIDENTE DA DESCONSIDERAÇÃO DA PERSONALIDADE JURÍDICA NO ÂMBITO TRIBUTÁRIO

No que se refere à aplicabilidade do incidente da desconsideração da personalidade jurídica no âmbito tributário, o cenário é um pouco mais complexo do que o exposto no tópico antecedente.

Isso porque, até a publicação do Código de Processo Civil de 2015 (Lei nº 13.105/2015), o rito da responsabilização de terceiros perante crédito desconhecido era incontroverso. Isto é, uma vez constatada a suficiência de provas

---

4. "a mera demonstração de inexistência de patrimônio da pessoa jurídica ou de dissolução irregular da empresa sem a devida baixa na junta comercial, por si sós, não ensejam a desconsideração da personalidade jurídica" (STJ, AgRg no AREsp 347.476/DF, Rel. Ministro Raul Araújo, QUARTA TURMA, julgado em 5/5/2016, DJe 17/5/2016).
No mesmo sentido: STJ, AgInt no AREsp nº 1006296/SP, Rel. Ministro Marco Aurélio Bellizze, TERCEIRA TURMA, julgado em 16/02/2017, DJe 24/02/2017.

acerca das hipóteses de responsabilidade previstas no Código Tributário Nacional, o juízo de primeira instância poderia deferir o redirecionamento do feito executivo ao suposto responsável – o qual, até então, sequer tinha conhecimento da dívida – sem que, para tanto, fosse aplicado qualquer rito específico de aferição de responsabilidade (o IDPJ, por exemplo).

Na prática, com a repentina inclusão do terceiro no polo passivo, o "novo responsável" pelo crédito tributário buscava afastar sua suposta responsabilidade por meio da arguição de exceção de pré-executividade (EPE), oportunidade em que procurava demonstrar a inexistência dos requisitos necessários à aplicação do artigo 135 do CTN[5].

Contudo, como sabido, o referido instrumento processual é extremamente limitado em termos de dilação probatória. Afinal, nos termos da Súmula nº 393[6] do Superior Tribunal de Justiça, a exceção de pré-executividade *"é admissível na execução fiscal relativamente às matérias conhecíveis de ofício que não demandem dilação probatória."*, não admitindo instrução probatória.

Dessa forma, como a análise da existência de atos praticados com excesso de poder ou infração à lei demanda a produção de provas, tais exceções eram rejeitadas de plano. A partir disso, o terceiro, que acabava se vendo sem alternativas, precisava proceder com a oposição de embargos à execução fiscal apenas para que pudesse ter início a análise

---

5. Art. 135. São pessoalmente responsáveis pelos créditos correspondentes a obrigações tributárias resultantes de atos praticados com excesso de poderes ou infração de lei, contrato social ou estatutos:
I - as pessoas referidas no artigo anterior;
II - os mandatários, prepostos e empregados;
III - os diretores, gerentes ou representantes de pessoas jurídicas de direito privado.

6. Súmula nº 393: A exceção de pré-executividade é admissível na execução fiscal relativamente às matérias conhecíveis de ofício que não demandem dilação probatória.

da responsabilidade arguida, incluindo, nessa ocasião, a apresentação de garantia integral do débito, nos termos do artigo 16, caput, da LEF[7] – em absoluta inobservância ao princípio da menor onerosidade ao executado, disposto no artigo 805 do CPC[8].

Observa-se, nesse cenário, que o terceiro, cuja execução fiscal fora redirecionada, sequer teve a oportunidade de participar do procedimento de lançamento e constituição do crédito tributário em exigência. Fato é que, no momento do lançamento, inexistia qualquer certeza acerca do seu real envolvimento nos atos que resultaram no crédito tributário inadimplido, de modo que obrigá-lo a ter um dispêndio financeiro com a contratação de garantia e com as demais custas processuais apenas para que a sua responsabilidade pudesse ser apurada mediante processo dotado de contraditório representa inequívoca privação de bens sem o devido processo legal, em direta violação ao artigo 5º, LIV, da Constituição (*"ninguém será privado da liberdade ou de seus bens sem o devido processo legal"*)[9].

Inquestionável é o fato de que é mais simples solicitar o redirecionamento da execução fiscal ao terceiro potencialmente responsável do que responsabilizar o contribuinte na fase do lançamento, onde durante o processo de apuração do crédito tributário há mais oportunidades de dilação probatória.

---

7. Art. 16 - O executado oferecerá embargos, no prazo de 30 (trinta) dias, contados: § 1º - Não são admissíveis embargos do executado antes de garantida a execução.

8. Art. 805. Quando por vários meios o exequente puder promover a execução, o juiz mandará que se faça pelo modo menos gravoso para o executado.
Parágrafo único. Ao executado que alegar ser a medida executiva mais gravosa incumbe indicar outros meios mais eficazes e menos onerosos, sob pena de manutenção dos atos executivos já determinados.

9. LÍVIO, Marcus, **Afinal, para que serve o IDPJ no rito da execução fiscal?** Revista Consultor Jurídico, 2023.

Apenas com a chegada do Código de Processo Civil de 2015, especificamente com os artigos 133 a 137[10], que foi introduzido ao ordenamento o incidente de desconsideração da personalidade Jurídica (IDPJ), tendo em vista que o diploma legal em questão buscou se adequar à regra prevista no artigo 50 do Código Civil citado alhures, bem como resguardar os preceitos constitucionais do contraditório e da ampla defesa.

A partir desse cenário, os Tribunais passaram a uma nova etapa no que tange à definição da aplicabilidade do IDPJ nas execuções fiscais – as quais, como sabido, são regidas pelo rito especial da Lei de Execuções Fiscais (LEF – Lei nº 6.830/1980) e pelo Código Tributário Nacional (CTN – Lei nº 5.172/1966), diplomas legais estes que não dispõem acerca da ferramenta de responsabilização em questão (IDPJ).

---

10. Art. 133. O incidente de desconsideração da personalidade jurídica será instaurado a pedido da parte ou do Ministério Público, quando lhe couber intervir no processo.
§ 1º O pedido de desconsideração da personalidade jurídica observará os pressupostos previstos em lei.
§ 2º Aplica-se o disposto neste Capítulo à hipótese de desconsideração inversa da personalidade jurídica.
Art. 134. O incidente de desconsideração é cabível em todas as fases do processo de conhecimento, no cumprimento de sentença e na execução fundada em título executivo extrajudicial.
§ 1º A instauração do incidente será imediatamente comunicada ao distribuidor para as anotações devidas.
§ 2º Dispensa-se a instauração do incidente se a desconsideração da personalidade jurídica for requerida na petição inicial, hipótese em que será citado o sócio ou a pessoa jurídica.
§ 3º A instauração do incidente suspenderá o processo, salvo na hipótese do § 2º.
§ 4º O requerimento deve demonstrar o preenchimento dos pressupostos legais específicos para desconsideração da personalidade jurídica.
Art. 135. Instaurado o incidente, o sócio ou a pessoa jurídica será citado para manifestar-se e requerer as provas cabíveis no prazo de 15 (quinze) dias.
Art. 136. Concluída a instrução, se necessária, o incidente será resolvido por decisão interlocutória. Parágrafo único. Se a decisão for proferida pelo relator, cabe agravo interno.
Art. 137. Acolhido o pedido de desconsideração, a alienação ou a oneração de bens, havida em fraude de execução, será ineficaz em relação ao requerente.

A controvérsia travada resume-se na multiplicidade de entendimentos inicialmente perpetrados pelas 1ª e 2ª Turmas da 1ª Seção do Superior Tribunal de Justiça acerca da *(im)*possibilidade de aplicação do incidente em matéria tributária.

O posicionamento resguardado pela 1ª Turma, reside, em suma, no fato de que as alterações trazidas pelo Código de Processo Civil enfrentariam um conflito quando cotejadas com a Lei de Execuções Fiscais e o Código Tributário Nacional.

Isso porque, o artigo 4º, inciso V, da LEF diz que o feito executivo pode ser promovido contra *"o responsável, nos termos da lei, por dívidas, tributárias ou não, de pessoas físicas ou pessoas jurídicas de direito privado"*[11], enquanto os artigos 134 e 135 CTN tratam da responsabilidade de terceiros apenas quando constatada a *"impossibilidade de exigência do cumprimento da obrigação principal pelo contribuinte"*[12].

---

11. Art. 4º - A execução fiscal poderá ser promovida contra:
V - o responsável, nos termos da lei, por dívidas, tributárias ou não, de pessoas físicas ou pessoas jurídicas de direito privado; e

12. Art. 134. Nos casos de impossibilidade de exigência do cumprimento da obrigação principal pelo contribuinte, respondem solidariamente com este nos atos em que intervierem ou pelas omissões de que forem responsáveis:
I - os pais, pelos tributos devidos por seus filhos menores;
II - os tutores e curadores, pelos tributos devidos por seus tutelados ou curatelados;
III - os administradores de bens de terceiros, pelos tributos devidos por estes; IV - o inventariante, pelos tributos devidos pelo espólio;
V - o síndico e o comissário, pelos tributos devidos pela massa falida ou pelo concordatário;
VI - os tabeliães, escrivães e demais serventuários de ofício, pelos tributos devidos sobre os atos praticados por eles, ou perante eles, em razão do seu ofício;
VII - os sócios, no caso de liquidação de sociedade de pessoas.
Parágrafo único. O disposto neste artigo só se aplica, em matéria de penalidades, às de caráter moratório.
Art. 135. São pessoalmente responsáveis pelos créditos correspondentes a obrigações tributárias resultantes de atos praticados com excesso de poderes ou infração de lei, contrato social ou estatutos:
I - as pessoas referidas no artigo anterior;

A partir de tais previsões legais, a 1ª Turma entendeu que seria possível cogitar a instauração do incidente de desconsideração da personalidade jurídica apenas quando o caso concreto não se enquadrasse em tais cenários (artigo 4º, inciso V, da LEF c/c artigos 134 e 135 do CTN), isto é, de forma subsidiária, tendo em vista a lacuna acerca do possível cenário fático do caso concreto deixada por ambos os textos normativos.

Nesse sentido, a 1ª Turma tem replicado entendimento favorável ao contribuinte no sentido de que *"o IDPJ mostra-se viável quando uma das partes na ação executiva pretende que o crédito seja cobrado de quem não figure na CDA e não exista demonstração efetiva da responsabilidade tributária em sentido estrito, assim entendida aquela fundada nos arts. 134 e 135 do CTN. [...] Equivocado o entendimento fixado no acórdão recorrido, que reconheceu a incompatibilidade total do IDPJ com a execução fiscal."*[13].

II - os mandatários, prepostos e empregados;
III - os diretores, gerentes ou representantes de pessoas jurídicas de direito privado.

13. TRIBUTÁRIO. PROCESSUAL CIVIL. INCIDENTE DE DESCONSIDERAÇÃO DA PERSONALIDADE JURÍDICA - IDPJ. ARTS. 133 A 137 DO CPC/2015. EXECUÇÃO FISCAL. CABIMENTO. NECESSIDADE DE OBSERVÂNCIA DAS NORMAS DO CÓDIGO TRIBUTÁRIO NACIONAL.
I - Consoante o decidido pelo Plenário desta Corte na sessão realizada em 09.03.2016, o regime recursal será determinado pela data da publicação do provimento jurisdicional impugnado. Aplica-se, in casu, o Código de Processo Civil de 2015.
II - A instauração do incidente de desconsideração da personalidade jurídica - IDPJ, em sede de execução fiscal, para a cobrança de crédito tributário, revela-se excepcionalmente cabível diante da: (i) relação de complementariedade entre a LEF e o CPC/2015, e não de especialidade excludente; e (ii) previsão expressa do art. 134 do CPC quanto ao cabimento do incidente nas execuções fundadas em títulos executivos extrajudiciais.
III - O IDPJ mostra-se viável quando uma das partes na ação executiva pretende que o crédito seja cobrado de quem não figure na CDA e não exista demonstração efetiva da responsabilidade tributária em sentido estrito, assim entendida aquela fundada nos arts. 134 e 135 do CTN. Precedentes.
IV - Equivocado o entendimento fixado no acórdão recorrido, que reconheceu a incompatibilidade total do IDPJ com a execução fiscal. V - Recurso Especial conhecido e parcialmente provido para determinar o retorno dos autos ao tribunal a quo

O entendimento perpetrado pela 2ª Turma, por sua vez, resume-se à incompatibilidade da Lei de Execuções Fiscais com as próprias regras do CPC inerentes ao incidente, tendo em vista que a primeira norma especial (LEF) não comportaria a automática suspensão do processo permitida pelo artigo 134, § 3º, do CPC[4] em casos de instauração do IDPJ, tampouco admitiria a apresentação de defesa sem prévia garantia do juízo (artigo 16, §1º da LEF[14]) (entendimento da 2ª Turma do STJ).

Por outro lado, parte da Procuradoria Geral da Fazenda Nacional tenta impelir entendimento similar ao resguardado pela 2ª Turma do Superior Tribunal de Justiça, isto é, de que a defesa em sede de execução fiscal deveria ocorrer somente através de embargos à execução, nos termos do artigo 16, *caput*, da LEF[10], ante a patente necessidade de prévia garantia do juízo.

Outra parcela da PGFN, por sua vez, entende que a utilização do IDPJ iria contra a celeridade processual inerente à execução fiscal, tendo em vista que seria necessário instaurar um incidente correlato ao feito executivo, suspendendo-o até o encerramento em definitivo do incidente em questão.

Ante o instável cenário jurisprudencial gerado em decorrência de precedentes fundados em argumentos dissonantes, o julgador que se depara com o pedido de redirecionamento da execução a terceiro que não integrou a relação tributária originária se encontra diante do seguinte "dilema" processual: (a) deferir o redirecionamento pleiteado de forma unilateral pela Fazenda Pública, sem sequer ouvir o

---

para o reexame do agravo de instrumento com base na fundamentação ora adotada. (STJ, REsp nº 1804913/RJ, Rel. Ministra Regina Helena Costa, julgado em 01.09.2020).

14. Art. 16 - O executado oferecerá embargos, no prazo de 30 (trinta) dias, contados:
§ 1º - Não são admissíveis embargos do executado antes de garantida a execução.

suposto responsável e, com isso, obrigá-lo a apresentar garantia ao débito apenas para que a sua responsabilidade possa ser apurada de forma adequada ou (b) instaurar o IDPJ para, oportunizando-se às partes o direito de produzir provas acerca das situações que resultariam na suposta responsabilidade, decidir se o terceiro deverá ser obrigado a reservar parte do seu patrimônio para poder discutir a legitimidade do débito tributário por meio da oposição dos embargos à execução[15].

É com base no conturbado cenário supracitado que o Superior Tribunal de Justiça, no final do mês de agosto de 2023, optou por afetar[16] a discussão acerca da necessidade de instauração de incidente de desconsideração de personalidade jurídica (IDPJ) para fins de atribuição de responsabilidade a terceiros no bojo de execuções fiscais.

Adicionalmente, ante a patente relevância do tema em questão, o Superior Tribunal de Justiça, sabiamente, determinou a suspensão de todos os casos que versem sobre a matéria em todo território nacional, adotando a sistemática de julgamentos de recursos repetitivos disciplinada no artigo 1.037, II, do CPC[17].

Segundo o Tribunal, a matéria em questão conta com *"notória multiplicidade de processos com idêntica questão de direito, inclusive em trâmite perante esta Corte, sendo necessária a uniformização do entendimento, tendo em vista*

15. LÍVIO, Marcus, **Afinal, para que serve o IDPJ no rito da execução fiscal?** Revista Consultor Jurídico, 2023.

16. Recursos Especiais nºs: 2.039.132, 2.013.920, 2.035.296, 1.971.965 e 1.843.631.

17. Art. 1.037. Selecionados os recursos, o relator, no tribunal superior, constatando a presença do pressuposto do caput do art. 1.036, proferirá decisão de afetação, na qual:
II - determinará a suspensão do processamento de todos os processos pendentes, individuais ou coletivos, que versem sobre a questão e tramitem no território nacional;

que a discussão é objeto de divergência entre as Turmas da Primeira Seção"[18].

O tema será julgado no âmbito do Tema nº 1.210 e buscará abordar a seguinte questão: *"Definição acerca da (in) compatibilidade do Incidente de Desconsideração de Personalidade Jurídica, previsto no art. 133 e seguintes do Código de Processo Civil, com o rito próprio da Execução Fiscal, disciplinado pela Lei n. 6.830/1980 e, sendo compatível, identificação das hipóteses de imprescindibilidade de sua instauração, considerando o fundamento jurídico do pleito de redirecionamento do feito executório"*.

Não há dúvidas de que a afetação da matéria é bem-vinda, especialmente à luz do princípio da segurança jurídica, uma vez que a atribuição de responsabilidade tributária a terceiros da forma que vem sendo feita, isto é, sem a devida instauração do incidente de desconsideração da personalidade jurídica, traz consequências nefastas ao contribuinte tido como responsável.

Como adiantado alhures, a partir do redirecionamento do feito executivo, o terceiro terá que suportar todos os ônus naturais de uma execução fiscal, tais como a contratação de advogados e a apresentação de garantia integral ao débito exequendo, para que possa se defender por meio de embargos do devedor.

Com a afetação da matéria, o Superior Tribunal de Justiça se debruçará sobre tema que constantemente causa preocupação nos contribuintes, tendo em vista as incontáveis decisões isoladas proferidas por suas Turmas, que, como sabido, tem gerado inequívoco cenário de insegurança jurídica ante a ausência de uniformização da jurisprudência pátria.

---

18. STJ, ProAfR no REsp nº 2.039.132/SP, Min. Relator Francisco Falcão, Primeira Seção, julgado em 28.08.2023.

Cumpre ressaltar, ainda, que a definição da aplicabilidade do IDPJ às execuções fiscais pelo STJ será crucial para outra temática que vem enfrentando resistência por parte daqueles que se tornam parte do feito executivo em razão do redirecionamento, qual seja: a responsabilização de terceiros por formação de grupo econômico de fato e/ou sucessão empresarial, ocasião na qual a responsabilidade ultrapassa as figuras dos sócios-gestores e administradores.

Isso porque, as hipóteses que ensejam o redirecionamento da responsabilidade, sejam elas vinculadas aos gestores ou a terceiros em decorrência de suposto grupo econômico ou sucessão, demandam verificação da existência de requisitos específicos para a constatação da responsabilidade em questão, não sendo razoável que o Poder Judiciário defira os pleitos de redirecionamento com base na mera presunção de responsabilidade muitas vezes arguida pelo devedor originário.

No tema do redirecionamento por formação de grupo econômico, a necessidade de definição do entendimento acerca da aplicação do IDPJ às execuções fiscais pelo STJ torna-se ainda mais imprescindível em razão da carência de marco normativo (lei específica) capaz de orientar os contribuintes e o próprio julgador dentro da matéria, o que faz com que o judiciário tenha que, constantemente, aplicar a Lei das S.A. em analogia para detectar a existência de formação de grupo.

3. A CONSTATAÇÃO DA FORMAÇÃO DE GRUPO ECONÔMICO OU SUCESSÃO EMPRESARIAL PARA FINS DE REDIRECIONAMENTO DA EXECUÇÃO FISCAL MEDIANTE O INCIDENTE DE DESCONSIDERAÇÃO DA PERSONALIDADE JURÍDICA.

Como adiantado alhures, ponto outro que vem enfrentando cenário de questionamento por parte dos contribuintes refere-se à responsabilização de terceiros – não limitados aos sócios-gestores e administradores – em razão da constatação, pelo credor, da formação de grupo econômico de fato e/ou ocorrência de sucessão empresarial envolvendo o devedor originário (artigos 124 e 133, do CTN[19]).

Referida temática tem auferido significante relevância pelo fato de que, assim como o IDPJ é essencial para a constatação da real responsabilidade dos sócios-gestores e administradores da sociedade, também é imprescindível para fins de verificação do cumprimento dos requisitos legais para a formação de grupo econômico (gestão comum, interesse integrado, relação hierárquica entre empresas, etc.) ou ocorrência de sucessão (aquisição de fundo de comércio / estabelecimento comercial, continuidade de exploração da mesma atividade econômica pelo sucessor, etc.).

Fato é que toda e qualquer hipótese de responsabilização de terceiros deve passar pela verificação da existência de requisitos específicos, os quais jamais poderiam ser apontados com segurança em ritos que não respeitam minimamente o contraditório.

Nesse sentido, a Lei nº 6.404/1976 (Lei das S.A.) dedica um capítulo específico para tratar de *"grupos de*

---

19. Art. 124. São solidariamente obrigadas:
I - as pessoas que tenham interesse comum na situação que constitua o fato gerador da obrigação principal; II - as pessoas expressamente designadas por lei.
Parágrafo único. A solidariedade referida neste artigo não comporta benefício de ordem.
Art. 133. A pessoa natural ou jurídica de direito privado que adquirir de outra, por qualquer título, fundo de comércio ou estabelecimento comercial, industrial ou profissional, e continuar a respectiva exploração, sob a mesma ou outra razão social ou sob firma ou nome individual, responde pelos tributos, relativos ao fundo ou estabelecimento adquirido, devidos até à data do ato:
I - integralmente, se o alienante cessar a exploração do comércio, indústria ou atividade;
II - subsidiariamente com o alienante, se este prosseguir na exploração ou iniciar dentro de seis meses a contar da data da alienação, nova atividade no mesmo ou em outro ramo de comércio, indústria ou profissão.

sociedades", caracterizados pela combinação de recursos ou esforços, mediante acordo formal, para a realização dos respectivos objetos ou pela participação de atividades ou empreendimento comuns (artigo 265[20]), conservando-se distintos o patrimônio e a personalidade de cada uma das sociedades integrantes do grupo (artigo 266[21]).

O artigo 243[22] da mesma lei ainda trata do que se convencionou chamar de "grupo econômico de fato", que são aqueles que, apesar da ausência de acordo formal, atuam sob influência significativa de uma mesma sociedade.

Como se vê, quis o legislador consignar expressamente que o reconhecimento de um grupo de sociedades não resulta na confusão entre os respectivos patrimônios, tampouco na perda de suas personalidades.

Há, ainda, outra importante questão que surge da leitura dos citados dispositivos da Lei nº 6.404/76, qual seja: é imprescindível, para a formação de grupos econômicos, uma relação (combinação de esforços) entre sociedades, apenas, ou também poderia restar caracterizado na figura de várias sociedades sob o controle comum de pessoas naturais?

---

20. Art. 265. A sociedade controladora e suas controladas podem constituir, nos termos deste Capítulo, grupo de sociedades, mediante convenção pela qual se obriguem a combinar recursos ou esforços para a realização dos respectivos objetos, ou a participar de atividades ou empreendimentos comuns.
§ 1º A sociedade controladora, ou de comando do grupo, deve ser brasileira, e exercer, direta ou indiretamente, e de modo permanente, o controle das sociedades filiadas, como titular de direitos de sócio ou acionista, ou mediante acordo com outros sócios ou acionistas.
§ 2º A participação recíproca das sociedades do grupo obedecerá ao disposto no artigo 244.

21. Art. 266. As relações entre as sociedades, a estrutura administrativa do grupo e a coordenação ou subordinação dos administradores das sociedades filiadas serão estabelecidas na convenção do grupo, mas cada sociedade conservará personalidade e patrimônios distintos.

22. Art. 243. O relatório anual da administração deve relacionar os investimentos da companhia em sociedades coligadas e controladas e mencionar as modificações ocorridas durante o exercício. [...]

Tal questão é de suma importância, uma vez que o texto da Lei das S.A. se refere à relação entre sociedades, contudo, os pedidos de redirecionamento de execuções fiscais são feitos muitas vezes sob a alegação de que o controle comum de várias sociedades, por pessoas naturais, implicaria a formação de grupo econômico.

Para Marlon Tomzaete[23], *"é a direção única o elemento caracterizador de um grupo de sociedades"*. Ainda segundo o ilustre doutrinador, essa direção única pode se dar através de uma sociedade de comando ou por um órgão colegiado.

Ressalta-se, por oportuno, que a legislação tributária brasileira não trata da figura dos "grupos econômicos", motivo pelo qual socorre-se à Lei das S.A., bem como à doutrina, para fins de compreensão da matéria. De acordo com Augusto Newton Chucri et al, *"a existência de um grupo econômico é, sozinha, questão irrelevante para o CTN: cada agrupada somente responderá por suas próprias obrigações tributárias"*[24].

Contudo, a ausência de legislação específica não tem impedido a apreciação do tema pelo Poder Judiciário, o que de certo modo é benéfico, pois impede-se (ou, pelo menos, tenta-se impedir) a prática de ilícitos; porém, por outro lado, decisões proferidas sem fundamento em lei específica, apenas com base em analogias, podem resultar no indesejado cenário em que o Judiciário atue como legislador.

Nesse sentido, em decisão proferida no âmbito do REsp nº 1.808.645/PE, sob a relatoria do eminente ministro Herman Benjamin, a 2ª Turma do STJ reconheceu que, no caso concreto analisado, houve sim a formação de "grupo

23. TOMAZETTE, Marlon. Curso de direito empresarial: teoria geral e direito societário – volume 1 – 10 ed. – São Paulo: Saraiva Educação. 2019. Pág. 653.

24. Execução Fiscal Aplicada: análise pragmática do processo de execução fiscal / Coordenador João Aurino de Melo Filho, autores Augusto Newton Chucri et al. – 10. Ed. ver. Ampl. E atual. – São Paulo: Juspodivm, 2023. Pág. 643.

econômico" apesar de a legislação tributária atual não versar sobre o tema.

Nas palavras do relator, *"o instituto jurídico em tela ('grupo econômico') não é disciplinado pelo Direito Tributário, pois, diferentemente do que ocorre na seara trabalhista, ou de defesa da ordem econômica, inexistem normas, na legislação específica (tributária), que confiram tratamento técnico-jurídico a esse tema"*. *"Isso não significa que a situação, em si — isto é, a constatação da existência de grupo econômico de fato, principalmente quando evidenciado o escopo de dissimular situações para eximir-se do cumprimento dos deveres de natureza fiscal —, deixe de ser solucionada pelo ordenamento jurídico."*

Ainda segundo o eminente ministro, o redirecionamento de execuções fiscais, após ser reconhecida a formação de grupo econômico, geralmente se faz através do *"enquadramento da situação a hipóteses descritas, de modo esparso, no artigo 50 do CC/2002 (desconsideração da personalidade jurídica); nos artigos 124, 128, 132, 133 e/ou 135 do CTN (responsabilidade solidária, sucessão empresarial ou responsabilidade pela prática de atos de infração à lei ou atos constitutivos societários)"*.

Em outra decisão do STJ, proferida pela 1ª Turma no AgInt no REsp nº 2.030.869/ES, a eminente ministra Regina Helena Costa destacou que, *"na execução fiscal, a ocorrência das hipóteses descritas nos artigos 134 e 135 do CTN autoriza o redirecionamento do processo executivo, sem a necessidade de instauração do incidente de desconsideração da personalidade jurídica [...]"*

A eminente relatora, reproduzindo as palavras do acórdão recorrido, mencionou que, naquele caso concreto, o contexto era de vínculo societário entre várias sociedades empresárias, com clara formação de grupo econômico, *"o que torna patente a responsabilidade das sociedades componentes deste grupo, bem como dos sócios, pelos débitos tributários das empresas que o compõem, tendo em vista a prática de ato ilícito [...]".*

Não há dúvida quanto à utilidade do instituto da desconsideração da personalidade jurídica a fim de se alcançar o patrimônio de pessoa natural ou jurídica com vistas à satisfação do crédito tributário. Entretanto, também não há dúvida quanto ao caráter excepcional de tal instituto, sendo imprescindível, para a sua instauração, a verificação de um dos requisitos do artigo 50 da Lei nº 10.406/2002[25] (Código Civil), quais sejam: o desvio de finalidade ou a confusão patrimonial.

Já no que tange aos artigos do 124, 128, 132, 133, 134 e 135 do CTN[26], geralmente invocados como fundamento

---

25. Art. 50. Em caso de abuso da personalidade jurídica, caracterizado pelo desvio de finalidade ou pela confusão patrimonial, pode o juiz, a requerimento da parte, ou do Ministério Público quando lhe couber intervir no processo, desconsiderá-la para que os efeitos de certas e determinadas relações de obrigações sejam estendidos aos bens particulares de administradores ou de sócios da pessoa jurídica beneficiados direta ou indiretamente pelo abuso.

26. Art. 124. São solidariamente obrigadas:
I - as pessoas que tenham interesse comum na situação que constitua o fato gerador da obrigação principal;
II - as pessoas expressamente designadas por lei.
Parágrafo único. A solidariedade referida neste artigo não comporta benefício de ordem.
Art. 128. Sem prejuízo do disposto neste capítulo, a lei pode atribuir de modo expresso a responsabilidade pelo crédito tributário a terceira pessoa, vinculada ao fato gerador da respectiva obrigação, excluindo a responsabilidade do contribuinte ou atribuindo-a a este em caráter supletivo do cumprimento total ou parcial da referida obrigação.
Art. 132. A pessoa jurídica de direito privado que resultar de fusão, transformação ou incorporação de outra ou em outra é responsável pelos tributos devidos até à data do ato pelas pessoas jurídicas de direito privado fusionadas, transformadas ou incorporadas. Parágrafo único. O disposto neste artigo aplica-se aos casos de extinção de pessoas jurídicas de direito privado, quando a exploração da respectiva atividade seja continuada por qualquer sócio remanescente, ou seu espólio, sob a mesma ou outra razão social, ou sob firma individual.
Art. 133. A pessoa natural ou jurídica de direito privado que adquirir de outra, por qualquer título, fundo de comércio ou estabelecimento comercial, industrial ou profissional, e continuar a respectiva exploração, sob a mesma ou outra razão social ou

para o redirecionamento de execuções fiscais, vale ressaltar que nenhum deles se encontra na seção que trata da *"responsabilidade por infrações"* (artigos 136 a 138[27]).

Ainda em relação aos mencionados dispositivos do CTN, numa brevíssima análise, os artigos 128 a 132[25] tratam da responsabilidade dos sucessores; os artigos 134 a 135[25] tratam da responsabilidade de pessoas naturais atuando nas condições ali descritas; e com relação ao artigo 124[25], está longe de ser pacífica a interpretação do que significa *"pessoas que tenham interesse comum na situação que constitua o fato gerador [...]"*.

Como se vê, os dispositivos do CTN geralmente invocados como fundamento para o redirecionamento de execuções fiscais em contexto de grupo econômico não foram

---

sob firma ou nome individual, responde pelos tributos, relativos ao fundo ou estabelecimento adquirido, devidos até à data do ato:
lo, fundo de comércio ou estabelecimento comercial, industrial ou profissional, e continuar a respectiva exploração, sob a mesma ou outra razão social ou sob firma ou nome individual, responde pelos tributos, relativos ao fundo ou estabelecimento adquirido, devidos até à data do ato: [...]
Art. 134. Nos casos de impossibilidade de exigência do cumprimento da obrigação principal pelo contribuinte, respondem solidariamente com este nos atos em que intervierem ou pelas omissões de que forem responsáveis: [...]

27. Art. 136. Salvo disposição de lei em contrário, a responsabilidade por infrações da legislação tributária independe da intenção do agente ou do responsável e da efetividade, natureza e extensão dos efeitos do ato.
Art. 137. A responsabilidade é pessoal ao agente:
I - quanto às infrações conceituadas por lei como crimes ou contravenções, salvo quando praticadas no exercício regular de administração, mandato, função, cargo ou emprego, ou no cumprimento de ordem expressa emitida por quem de direito;
II - quanto às infrações em cuja definição o dolo específico do agente seja elementar;
III - quanto às infrações que decorram direta e exclusivamente de dolo específico: [...]
Art. 138. A responsabilidade é excluída pela denúncia espontânea da infração, acompanhada, se for o caso, do pagamento do tributo devido e dos juros de mora, ou do depósito da importância arbitrada pela autoridade administrativa, quando o montante do tributo dependa de apuração.
Parágrafo único. Não se considera espontânea a denúncia apresentada após o início de qualquer procedimento administrativo ou medida de fiscalização, relacionados com a infração.

escritos com essa finalidade pelo legislador. Dessa forma, o risco de uma interpretação que tente justificar, com base em tais dispositivos, o redirecionamento de execuções, cujo pressuposto, nos casos que envolvem grupos econômicos, será sempre um ato ilícito.

Com isso não estamos a defender que o Judiciário se abstenha de exercer a jurisdição sempre que provocado a, em nome do Estado, punir ilícitos praticados através da utilização de grupos empresariais.

O alerta que se faz é para que o legislador atue com o intuito de preencher as lacunas que atualmente existem quando se trata da tributação de grupos econômicos. Em paralelo, há a necessidade de que os tribunais não banalizem o instituto do redirecionamento de execuções fiscais, evitando que tal medida seja tomada quando o argumento for tão somente a formação de grupo econômico, sem que restem demonstradas as condutas ilícitas hoje previstas em nosso ordenamento jurídico.

4. CONCLUSÃO

Ante minucioso cenário apresentado, não restam dúvidas de que o IDPJ, em que pese não encontrar expressa previsão na matéria tributária, isto é, no Código Tributário Nacional e na Lei de Execuções Fiscais, mas apenas no Código Civil e no Código de Processo Civil, deverá ser aplicado quando for suscitada a discussão acerca da possível responsabilidade de terceiros para fins do redirecionamento do feito executivo.

Afinal, como visto, a atribuição de responsabilidade tributária a terceiros, sem a devida instauração do incidente de desconsideração da personalidade jurídica, traz consequências nefastas ao contribuinte tido como responsável, tendo em vista que terá que suportar todos os ônus naturais de uma execução fiscal, tais como a contratação de advogados e a apresentação de garantia integral.

De igual modo, a instauração do IDPJ encontra verdadeira indispensabilidade nas discussões que versem sobre a formação de grupo econômico pelo devedor originário e o possível novo responsável, tendo em vista, sobretudo, a carência de marco normativo acerca da matéria. Referido cenário, somado à ausência de um processo dotado de contraditório (isto é, sem o IDPJ), faz com que, por vezes, o redirecionamento do feito executivo ocorra com base em verdadeira presunção – e não constatação – de formação de grupo econômico.

Dessa forma, a constante utilização de analogias, em especial da Lei das S.A., por parte dos julgadores para fins de definição da formação de grupo econômico, em que pese ter o seu lado positivo na busca ao combate contra a prática de ilícios, por outro lado, é capaz de provocar o indesejado cenário de usurpação de competências, em que o Judiciário se veja atuando na função de legislador.

"CASHBACK" TRIBUTÁRIO E DESIGUALDADE SOCIAL

Mariana Baeta[1]

INTRODUÇÃO

O direito tributário brasileiro é alvo de diversas críticas. A doutrina jurídica e a literatura econômica concordam que a estrutura fiscal do Brasil é inadequada para a construção de um ambiente economicamente saudável e efetivamente democrático[2-3]. Mais ainda: sabe-se que o

1. Advogada. Professora do Programa de Pós-Graduação em Direito Político e Econômico (Mestrado e Doutorado), bem como da Graduação em direito e Coordenadora de Educação Continuada da Faculdade de Direito da Universidade Presbiteriana Mackenzie- UPM - São Paulo/SP.Pós-doutora em direito pela Universidad de Salamanca, na Espanha. Doutora e Mestre pela PUC/SP ambos com bolsa de estudos, pela CAPES e CNPq respectivamente. DEA - *Diploma de Estudios Avanzados pela Universidad de Barcelona - España. Posgrado en Derecho Tributario Internacional - Universidad de Barcelona - España. MILE - Master in International Law and Economics - World Trade Institut - Bern Universität - Switzerland.* Coordenadora do OTT - Mack Observatório de Teses do Mackenzie. Autora de diversos artigos.

2. Sobre este ponto, ver: Nota Técnica do Instituto de Pesquisa Aplicada (IPEA, 2020) sobre os "Impactos setoriais e regionais de mudanças na tributação do consumo no Brasil".

3. No mesmo sentido: AFONSO, LUKIC e CASTRO (2022) apontam como causa da crise federativa a estrutura ultrapassada do ICMS.

sistema tributário brasileiro é regressivo, favorecendo a manutenção das desigualdades sociais.

Sobre a tentativa de romper o paradigma da regressividade, há uma vasta produção acadêmica que indica os mecanismos (i) causadores do fenômeno e (ii) as possíveis soluções, considerando a experiência internacional.

Entretanto, há escassa literatura sobre a intersecção entre direito tributário, raça e gênero. A ausência da análise do direito tributário e seus impactos no racismo e no machismo estruturais é sintoma de uma perspectiva fincada na neutralidade de gênero e racial e na branquitude: somente se vê racismo explicitamente, ignorando-se as formas veladas em que a estrutura jurídica e econômica perpetua as desigualdades raciais.

Em outras palavras, sob a ode de uma ciência neutra e positiva, defende-se que a ciência do direito tributário não deve tocar em pontos polêmicos relacionados ao racismo. Afinal, as diferenças econômicas são geradas pela classe social dos indivíduos, tendo pouca relevância a questão racial e de gênero, certo?

Como se verá adiante, com fundamento na teoria do racismo estrutural e do direito antidiscriminatório, a questão racial e de gênero também impacta diretamente na manutenção das desigualdades econômicas: mulheres negras, via de regra, têm mais dificuldades que brancos para conseguir um emprego, ainda que possuam a mesma formação acadêmica (IBGE, 2023).

Neste contexto, uma teoria do direito tributário que pretende incluir a legitimidade democrática no bojo de sua análise deve, necessariamente, enfrentar a questão racial e de gênero. É dizer, se as diferenças econômicas são causadas também pela raça e pelo gênero e se o direito tributário deve, tanto quanto possível, ser justo no tratamento das pessoas, a construção de uma teoria dogmática que insira o elemento racial e de gênero na análise jurídico-tributária é condição necessária para a legitimidade democrática do processo interpretativo.

Não basta não ser racista e machista, é premente construir uma teoria jurídico-tributária *antirracista* e *antimachista*, cujo escopo é combater o machismo e o racismo estrutural também através de instrumentos de política fiscal.

Este artigo, portanto, tem a finalidade de apontar subsídios epistemológicos para a formação de uma teoria do direito tributário antidiscriminatória.

Para tanto, no primeiro tópico, realizou-se uma análise sobre os problemas atuais do direito tributário brasileiro, indicando a existência de fenômenos que perpetuam as desigualdades raciais e de gênero no país. Na oportunidade, apontou-se que o sistema de tributação no Brasil é regressivo, posto que a maior parte de seus tributos incidem sobre o consumo, e é patrimonialista, porquanto permite que os governantes de ocasião transfigurem as regras jurídicas a sua vontade e sentimento particular. Todos estes desafios desaguam no aumento das desigualdades raciais e de gênero existentes.

No segundo tópico, buscou-se construir, ainda que de forma incipiente, uma teoria do direito tributário antidiscriminatória, cuja fundamentação epistemológica está na teoria do racismo estrutural e do direito antidiscriminatório. Viu-se, no ponto, como as instituições jurídicas, fundadas numa pseudotecnicidade, obnubilam o racismo e o machismo a partir de manifestações pretensamente neutras. Entretanto, a despeito da suposta neutralidade, a ausência de mecanismos que combatam o racismo e o machismo acaba por perpetuar a estrutura da branquitude, colocando as mulheres negras em categoria de subcidadãos.

Por fim, no terceiro tópico, tentou-se indicar formas pelas quais o direito tributário deverá atuar no combate ao racismo. Apontou-se como instrumentos modernos e sofisticados que servem para combater desigualdade sociais podem ser aliados no combate ao racismo e ao machismo por meio do direito tributário, com especial atenção ao "cashback" tributário.

A conclusão, naturalmente, é que há uma emergente necessidade de construir uma teoria do direito tributário antidiscriminatório, cujo bojo da atuação seja pensar em instrumentos fiscais para o cumprimento dos objetivos da República brasileira, dentre os quais se encontra a promoção do bem de todos, sem qualquer distinção de gênero ou raça (conforme determina o artigo 3º, inciso IV, da Constituição da República Federativa do Brasil de 1988).

1. A REGRESSIVIDADE E OS PROBLEMAS ATUAIS DO DIREITO TRIBUTÁRIO BRASILEIRO

1.1 Introdução ao tema

O atual sistema tributário brasileiro é (i) regressivo, pois concentra a maior parte de sua carga tributária sobre tributos indiretos, e (ii) patrimonialista, pois permite com que governos de ocasião alterem políticas fiscais de forma a promover os interesses do grupo dominante, fazendo com que o interesse público secundário se coloque à frente do interesse público primário.

Este tópico, portanto, visa a justamente expor estes problemas, correlacionando-os com a necessária conciliação entre tributação, democracia e combate ao racismo e ao machismo estrutural.

A construção de um direito tributário democrático passa, naturalmente, por identificar os principais gargalos do regime brasileiro de tributação. A existência de um sistema tributário que (i) privilegie os mais ricos (regressividade) e (ii) seja instrumento de dominação da classe dominante (patrimonialismo), leva a perpetuação da estrutura desigual que vigora atualmente.

1.2 Regressividade do sistema tributário brasileiro

Por regressividade queremos dizer a incidência de maior carga tributária sobre os mais pobres. É que, num sistema cuja tributação é focalizada no consumo, a parte superior da pirâmide econômica acaba tendo, proporcionalmente à renda e ao patrimônio, menor incidência tributária.

No Brasil, a regressividade é uma realidade posta. Como o presente trabalho tem natureza eminentemente jurídica, não será detalhada a forma pela qual a tributação no Brasil é regressiva, mas sim seus efeitos na construção de uma democracia fiscal. Entretanto, pelo rigor científico, serão necessárias algumas palavras acerca da regressividade do sistema. É que, a despeito de ser uma premissa do trabalho, é fundamental demonstrar, ainda que sucintamente, alguns aspectos desta premissa.

Em que pese o sistema tributário brasileiro seja calcado na capacidade contributiva, ou seja, quanto maior a demonstração de riqueza, maior deverá (deveria) ser a carga tributária efetiva, de acordo com o Comunicado nº 22 do Instituto de Pesquisa Econômica Aplicada (IPEA)

> o sistema tributário brasileiro faz exatamente o contrário – tributa mais os mais pobres. Os 10% mais pobres da população brasileira destinam 32,8% da sua – pouca – renda para o pagamento de tributos, enquanto para os 10% mais ricos, o ônus estimado é de 22,7% da renda. Utilizando o salário-mínimo como referência para classificar os níveis de renda, números ainda mais contundentes confirmam a regressividade da tributação no Brasil: famílias com renda de até dois salários-mínimos pagam 48,8% da sua renda em tributos; famílias com renda acima de 30 salários-mínimos, cerca de 26,3% (IPEA, 2009).

No mesmo Comunicado, o IPEA afirma que os contribuintes que ganharam até 2 (dois) salários-mínimos em 2008 tiveram que trabalhar 197 (cento e noventa e sete) dias para pagar tributos. Já os contribuintes que ganharam mais de 30 salários-mínimos no mesmo período tiveram que trabalhar apenas 106 (cento e seis) dias para pagar tributos. Confira-se (IPEA, 2009):

Tabela 01: Brasil - Distribuição da Carga Tributária Bruta segundo faixa de salário mínimo

Renda Mensal Familiar	Carga Tributária Bruta – 2004	Carga Tributária Bruta - 2008	Dias Destinados ao Pagamento de Tributos
até 2 SM	48,8	53,9	197
2 a 3	38,0	41,9	153
3 a 5	33,9	37,4	137
5 a 6	32,0	35,3	129
6 a 8	31,7	35,0	128
8 a 10	31,7	35,0	128
10 a 15	30,5	33,7	123
15 a 20	28,4	31,3	115
20 a 30	28,7	31,7	116
mais de 30 SM	26,3	29,0	106
CTB, segundo CFP/DIMAC	32,8	36,2	132

Assim, evidenciada a regressividade do sistema tributário brasileiro, passa-se a inferir as consequências que tal efeito pode gerar, do ponto de vista da democracia, na sociedade brasileira.

Em primeiro lugar, a regressividade gera aumento da desigualdade social. Afinal, os cidadãos que recebem menos assumem ônus tributário superior aos cidadãos com maior capacidade econômica.

Se um dado contribuinte adquire uma mercadoria, estarão embutidos no preço o ICMS, o IPI e o PIS/COFINS. Se contrata um serviço, troca-se apenas o ICMS e IPI pelo ISS. Ou seja, se um cidadão rico adquirir uma mercadoria a R$ 100,00 (cem reais) terá a mesma carga tributária que um cidadão pobre que adquiriu idêntica mercadoria. Desta forma, é possível inferir que o sistema tributário brasileiro é regressivo, pois a seletividade em função da essencialidade pouco colabora para que a capacidade contributiva efetiva do consumidor seja auferida.

Sobre este ponto, Roque Antônio Carrazza faz a seguinte afirmação sobre o princípio da seletividade em razão da essencialidade:

> Cumpre-se o *princípio da seletividade* comparando-se mercadorias e serviços. Nunca, evidentemente, discriminando contribuintes em função de raça, sexo, ocupação profissional etc., que a isto obsta o art. 5º, I, da CF. As mercadorias e os serviços de primeira necessidade devem, necessariamente, ser menos onerados por via de ICMS que os supérfluos ou suntuários.
>
> Detrás destas assertivas está presente, em última análise, o *princípio da capacidade contributiva*, pelo qual quem, em termos econômicos, tem mais há de ser mais onerado do que quem tem menos. (CARRAZZA, 2020, p. 466)

Em relação a esta afirmação, a administração pública não consegue, de forma clara e eficiente, definir o que é essencial. Por anos se tributou energia elétrica com alíquotas superiores às utilizadas usualmente (chegando, em certos casos, ao dobro)[4]. Neste contexto, a seletividade não é instrumento hábil para se aferir capacidade contributiva efetiva, vez que ricos consomem produtos que são consumidos por pobres – todos, ricos e pobres, compram bens essenciais.

Mas mais importante que a ausência de critérios relativos ao produto ou o serviço, nos parece fundamental refutar a ideia de que um instrumento visando o combate da regressiva que utilize balizas de gênero, classe social ou raça violaria o artigo 5º da CF/88. O texto constitucional brasileiro, naturalmente, inibe o *discrimen* negativo, isto é, a discriminação que gere efeitos negativos para certos

4. O Supremo Tribunal Federal decidiu, no julgamento das Ações Diretas de Inconstitucionalidade nºs 7111, 7113, 7116, 7119 e 7122, que a energia elétrica não pode ser considerada bem supérfluo, de forma que a sua alíquota de ICMS não pode ser superior àquela usualmente adotada para tributação dos itens não especificamente previstos na legislação estadual. As ADIs foram ensejadas pela existência de alíquotas superiores a alíquota usual de ICMS em diversos entes da federação. Assim, para fins estritos de essencialidade, os Estados que tinham uma alíquota de ICMS superior à alíquota usual consideravam energia elétrica como um bem supérfluo.

grupos de cidadãos. Entretanto, a discriminação positiva, *i.e.*, aquela que promove maior equidade entre grupos de cidadãos, na ideia de tratamento igual aos iguais e desigual aos desiguais na medida da sua desigualdade, não viola o artigo 5º da CF/88. Tanto é assim que o STF, ao julgar a constitucionalidade das cotas raciais em universidades públicas, fixou a seguinte tese (Ação Declaratória de Constitucionalidade nº 41):

> É constitucional a reserva de 20% das vagas oferecidas nos concursos públicos para provimento de cargos efetivos e empregos públicos no âmbito da administração pública direta e indireta. É legítima a utilização, além da autodeclaração, de critérios subsidiários de heteroidentificação, desde que respeitada a dignidade da pessoa humana e garantidos o contraditório e a ampla defesa.

Em outras palavras, a seletividade em função da essencialidade não considera, atualmente, questões de raça e gênero. A deformação desta técnica para evitar a regressividade é tamanha que produtos essenciais para a saúde menstrual, por exemplo, não recebem tratamento diferenciado em razão da seletividade. Considerando a disparidade de condições econômicas entre mulheres brancas e mulheres negras, a questão da pobreza menstrual ganha contornos de combate ao racismo. Sobre o tema, a Assembleia Legislativa do Estado de São Paulo publicou, somente em 2021, o Decreto Legislativo nº 2.512/2021, que isentou de ICMS as aquisições por órgãos da Administração Pública de "absorventes íntimos femininos, internos e externos, tampões higiênicos, coletores e discos menstruais, calcinhas absorventes e panos absorventes íntimos, NCM 9619.00.00", conforme prevê o Convênio CONFAZ nº 187/2021.

Ou seja, até 2021, a Administração Pública pagava (o ICMS está embutido no preço) 18% a 25% dos valores dos absorventes, adquiridos para a realização de políticas públicas de combate à pobreza menstrual, a título de ICMS. A interpretação era de que absorventes não eram essenciais para a população em geral.

Se as mulheres negras têm menor participação no mercado de trabalho, maior taxa de desemprego e estão, usualmente, em condições de informalidade (FEIJÓ, 2022), a incidência de ICMS sobre absorventes tende a agravar ainda mais as condições paupérrimas deste grupo marginalizado.

Em relação a discriminações negativas, ainda, Denise ABADE e Katharina MILLER (2023) apontam que o gênero é considerado como fator extralegal na construção da legalidade concreta, de forma negativa. Já em relação à utilização de discriminações positivas como forma de reduzir desigualdades sociais por meio do direito tributário, destaca-se a redução de tributos incidentes sobre pessoas com deficiência, como a política de isenção de IPVA praticada pelo Estado de São Paulo e que, recentemente, passou por uma tentativa de reformulação (BAETA NEVES & ABADE, 2022).

Enquanto o regime tributário brasileiro permanecer inerte frente à existência, na nossa sociedade, de preconceitos estruturais (como o racismo e o machismo estrutural), será inviável falar num direito tributário democrático, na exata medida em que a tributação refletirá a estrutura de poder preconceituosa que permeia a sociedade. Neste aspecto, é absolutamente necessário fixar a ideia de que

> o racismo é uma decorrência da própria estrutura social, ou seja, do modo "normal" com que se constituem as relações políticas, econômicas, jurídicas e até familiares, não sendo uma patologia social e nem um desarranjo institucional. O racismo é estrutural. Comportamentos individuais e processos institucionais são derivados de uma sociedade cujo racismo é regra e não exceção. O racismo é parte de um processo social que ocorre "pelas costas dos indivíduos e lhes parece legado pela tradição". Nesse caso, além de medidas que coíbam o racismo individual e institucionalmente, torna-se imperativo refletir sobre mudanças profundas nas relações sociais, políticas e econômicas. (ALMEIDA, 2019, p. 33).

A ideia de racismo estrutural parte da premissa de que as instituições não criam o racismo, nem tem natureza racista, mas reproduzem o racismo presente na sociedade (ALMEIDA, 2019, p. 31). A profundidade da ideia acima consiste no seguinte: uma instituição não tem no seu escopo de atuação a segregação racial; entretanto, por conta da diferença de condições e da própria diferença de subjetividade existente entre raças, aquela instituição replica o racismo porquanto é composta por pessoas pertencentes à branquitude e envoltas numa ideologia racializada (MOREIRA, 2019b, p. 40). Tratando especificamente sobre o direito tributário, pode-se inferir que a natureza axiológica deste ramo do direito não é racista; entretanto, uma vez que seus mecanismos de calibragem (p.ex., seletividade em função da essencialidade) não consideram as diferenças entre negros e brancos, dando tratamento igualitário a ambas as raças, ocorre uma reprodução do racismo estrutural.

A despeito de termos tratado do ICMS, a regressividade é comum a todos os tributos que incidem sobre o consumo (IPI, PIS/COFINS e ISS). Em relação especificamente ao IPI, o mesmo mecanismo de calibragem (seletividade em função da essencialidade) é utilizado para tentar diminuir a regressividade. Em relação ao ISS e PIS/COFINS, sequer há uma tentativa de diminuir este fenômeno: para o ISS, a variação de alíquota para cada serviço é exclusivamente determinada pelo município competente (dentro dos limites mínimos e máximos), sem qualquer critério; para o PIS/COFINS, as alíquotas alteram de acordo com o regime jurídico aplicável (cumulativo, não cumulativo, monofásico etc.), sendo, na maioria dos casos, irrelevante a natureza do serviço ou da mercadoria geradora de receita.

Portanto, considerando que a maior parte da tributação no Brasil é sobre o consumo, conclui-se que a regressividade é um fenômeno que contribui para a perpetuação das desigualdades raciais e de outras mazelas que impedem a implementação de uma democracia fiscal. Os mecanismos existentes atualmente para combater este efeito não fazem frente às novas realidades. É dizer, a existência de uma desigualdade calcada em critérios de raça, gênero e classe social é aprimorada pela regressividade e não pode ser combatida mediante instrumentos normativos que ignorem estes recortes. Um direito tributário democrático, como se verá adiante, passa necessariamente pela identificação destes recortes e pela construção de mecanismos normativos hábeis a sanar tais vícios do ordenamento jurídico brasileiro.

1.3 Direito tributário patrimonialista

De acordo com Raymundo FAORO (2012, p. 819), a formação histórica e política brasileira desaguou num modelo de Estado patrimonialista. O patrimonialismo pode ser sintetizado como a instrumentalização da máquina pública para a conquista de privilégios particulares. Mais especificamente, “Montesquieu, sob a visão de um contraste teorizado e idealizado, exprimiu bem a peculiaridade da ordem patrimonialista. Todos os Estados têm igual objeto: manter sua integridade; mas, sob esse escopo geral, há outros de natureza particular”. No direito público, esta definição de patrimonialismo foi insculpida na acepção de “interesse público secundário”:

> É que, além de subjetivar estes interesses, o Estado, tal como os demais particulares, é, também ele, uma pessoa jurídica, que, pois, existe e convive no universo jurídico em concorrência com todos os demais sujeitos de direito. Assim, independentemente do fato de ser, por definição, encarregado dos interesses públicos, o Estado pode ter, tanto quanto as demais pessoas, interesses que lhe são particulares, individuais, e que, tal como os interesses delas, concebidas em suas meras individualidades, se encarnam no Estado enquanto pessoa. Estes últimos *não são interesses públicos*, mas interesses individuais do Estado, similares, pois (sob prisma extrajurídico), aos interesses de qualquer

> outro sujeito. Similares, mas não iguais. Isto porque a generalidade de tais sujeitos pode defender estes interesses individuais, ao passo que o Estado, concebido que é para realização de interesses públicos (situação, pois, inteiramente diversa da dos particulares), só poderá defender seus próprios interesses privados quando, sobre não se chocarem com os interesses públicos propriamente ditos, coincidam com a realização deles. (BANDEIRA DE MELLO, 2007, p. 62-63)

Infere-se das duas passagens acima – a primeira, oriunda da ciência política e a segunda do direito administrativo – que: (i) o Estado brasileiro tem caráter patrimonialista, posto que por de trás das instituições, há e sempre houve uma forte presença particular; e (ii) a despeito deste patrimonialismo, o interesse público secundário (interesse particular do Estado, que, via de regra, representará o interesse do particular que se encontra em cargo estatal) só pode ser buscado quando coincidir com o interesse público *stricto sensu.*

Tomando em conta que a grande parte dos governos brasileiros jamais colocou o racismo no centro dos debates sobre públicos, é possível concluir que as políticas tributárias sempre perpetuaram a estrutura racista da sociedade brasileira.

Assim, a construção do fenômeno jurídico através de agentes fiscais é, naturalmente, matizada pelo pensamento branco dominante na sociedade brasileira. Sobre o ponto, convém lembrar, a título exemplificativo, que a interpretação jurídica dos agentes fiscais municipais acerca da imunidade de templos de qualquer natureza (alínea “b”, inciso VI, artigo 150, da CF/88). Ora, apegados a uma noção privada dos institutos públicos disponíveis, agentes fiscais importam seus preconceitos para o direito tributário e, por meio da introdução de normas individuais e concretas, transfiguram a legalidade tributária para inserir questões racistas como critérios jurídicos.

É sabido que a interpretação sobre normas de imunidade tributária deve, diante de seu caráter teleológico, ser ampla, com vistas sempre a alcançar o objetivo previsto pelo constituinte. É dizer, ao contrário do que ocorre nos casos de isenção (*ex vi* do artigo 111 do Código Tributário Nacional), as normas imunizantes devem ser cotejadas com a finalidade tuteladora de direitos fundamentais. Sobre a imunidade de templos de qualquer culto, a doutrina tende a ser defensora da ideia de amplitude semântica do termo "culto" (CARVALHO, 2018, p. 388; CARRAZZA, 2001, p. 619; SCHOUERI, 2018, p. 465-466).

Inobstante a sedimentação de interpretação garantidora da liberdade religiosa, ainda existem tentativas de retirar os terreiros de umbanda e candomblé do seio da acepção de "templos de qualquer culto". A título exemplificativo, toma-se o caso do Município de Vitória da Conquista, na Bahia, que somente em 2022 editou lei que veda a cobrança de Imposto Predial e Territorial Urbano (IPTU) sobre os terreiros de umbanda (BERGAMO, 2022). No mesmo sentido, em 2022 o Tribunal de Justiça do Estado de São Paulo julgou apelação interposta pelo Município de Santos que desconsiderou a imunidade tributária de um Centro de Umbanda, sob o fundamento de que "a autora não faz jus à imunidade tributária, tendo em vista que não comprovou que utiliza o imóvel tributado em suas atividades essenciais, inexistindo informação no cadastro do município que a propriedade era utilizada como templo de qualquer culto desde 2017"[5].

A argumentação ventilada pelas Administrações Municipais acima (Vitória da Conquista e Santos) consiste numa tentativa de desvirtuar a extensão da imunidade religiosa às religiões de matriz africana: por meio de argumentos

5. Conforme Apelação Cível nº 1005851-97.2022.8.26.0562; Relator: Raul De Felice; Órgão Julgador: 15ª Câmara de Direito Público; Foro de Santos - 1ª Vara da Fazenda Pública; Data do Julgamento: 03/11/2022; Data de Registro: 03/11/2022.

supostamente técnicos, permitindo-se a cobrança de IPTU sobre o terreno utilizado para as práticas religiosas.

Os fundamentos jurídicos sempre terão natureza técnica. Mais ainda: os agentes públicos sequer possuem ânimo racista. Apenas estão embrenhados numa sociedade cujo racismo é a regra.

Assim, para deslegitimar a luta e a fé das religiões de matriz africana e cobrar IPTU, as municipalidades apontam argumentos técnicos que, em outras situações – no caso de religiões tradicionalmente brancas –, não são utilizados (BAETA NEVES, 2022).

Logo, o patrimonialismo fiscal vai além da mera tentativa de cobrar tributos sobre valores indevidos em razão de interesse particular do agente. Na verdade, esta prática tão bem estruturada no Brasil implica também a ideia de perpetuação do racismo estrutural, na medida em que permite a inserção de opiniões pessoais dos governantes e dos agentes fiscais na legalidade concreta. Se o racismo é a regra, ainda que indiretamente, ele também é inserido no direito tributário. O exemplo da tentativa de impedir o acesso de religiões de matriz africana aos benefícios da imunidade tributária demonstra a perversidade deste patrimonialismo fiscal.

2. RACISMO E INTERPRETAÇÃO JURÍDICA

De acordo com Adilson José MOREIRA (2020, p. 280), pensar numa interpretação jurídica emancipatória evoca a necessidade de atribuir à exegese do direito mais do que a mera racionalidade na incidência de normas ao caso concreto. É dizer, o agente interpretativo deve ter em mente, sempre que possível, os objetivos constitucionais emancipatórios, cuja busca permanente é dever de todos, nos termos da CF/88.

Neste ponto, o autor afirma:

> A análise das relações racionais entre meios adequados e finalidades legítimas não perde a importância, mas certamente deve ser feita ao lado da consideração dos objetivos políticos estabelecidos no nosso texto constitucional. Pensamos que o compromisso constitucional com a eliminação da marginalização social requer que a interpretação jurídica também observe esse propósito, razão pela qual seu exercício deve ser feito a partir de um contexto mais amplo relacionado com os ideais emancipatórios presentes na Constituição Brasileira. (MOREIRA, 2020, p. 280).

Ora, o Sistema Constitucional Tributário deve ser analisado conjuntamente com todas as normas da CF/88. Naturalmente, não se deve ignorar as regras constitucionais que constroem e balizam a cobrança de tributos pelo Estado. Entretanto, a interpretação do ordenamento tributário não deve se esgotar no livro específico do texto constitucional sobre o tema: é necessário cotejar os objetivos fundamentais da república e os direitos fundamentais para formular uma interpretação que se coadune com a integralidade do espírito constitucional. Sobre a questão, convém retomar a ideia de interpretação como concretização, defendida por Konrad Hesse (1998, p. 61). Para o autor alemão, a interpretação constitucional deve concretizar os comandos constitucionais que imputam objetivos e garantem direitos fundamentais (HESSE, 1998, p. 61).

No ponto, a hermenêutica deve servir de instrumento ao cumprimento dos mandamentos constitucionais.

Observa-se, de pronto, uma concordância teórica, ainda que com bases epistemológicas distintas, da teoria do direito antidiscriminatório de Adilson José Moreira e da interpretação constitucional clássica, exemplificada na figura de Konrad Hesse.

Se a CF/88 colocou como objetivo a construção de uma sociedade livre, solidária e justa (inciso I do artigo 3º da CF/88), a erradicação da pobreza e da marginalização e a redução das desigualdades sociais e regionais (inciso II do artigo 3º da CF/88), com a promoção do bem de todos, sem qualquer preconceito de origem, raça, sexo, idade, cor ou outra discriminação negativa (inciso III do artigo 3º da CF/88), é dever do interpretador do texto constitucional inserir estes comandos no manejo da legislação para a realização da subsunção da norma ao fato jurídico.

Se tomamos como premissa a existência de uma sociedade racista, cuja mentalidade estruturada na branquitude permite a discriminação direta e indireta de negros, é fato que as regras constitucionais garantidoras de direitos fundamentais devem ser revisitadas sob esta ótica. Em outras palavras, para se garantir uma sociedade justa, livre de preconceitos e para reduzir desigualdades sociais, o hermeneuta deve enxergar a incidência tributária dentro do contexto racial inerente à sociedade brasileira e, a partir da verificação da importação de elementos preconceituosos na estrutura jurídico-tributária, garantir que a interpretação do direito tributário seja antirracista.

É dizer, para ser efetivamente democrática, a interpretação do direito tributário deve ir além da ideia de expurgar o racismo: deve, sobretudo, ser *antirracista*, incluindo o elemento da raça na análise jurídica sobre temas fundamentais. Um direito tributário orientado para a construção de uma democracia fiscal deve buscar combater as desigualdades sociais, sobretudo o racismo estrutural, o machismo, o classicismo, a homofobia, dentre outros.

Somente com a criação de mecanismos de calibragem eficientes é que um direito tributário democrático poderá se propor a tal papel. A importação da teoria da argumentação antirracista ao direito tributário é etapa fundamental para a construção de um ambiente fiscal efetivamente democrático.

Poder-se-ia objetar tal perspectiva sob o fundamento de que o direito tributário é alheio ao debate racial, porquanto trata-se de ramo do direito estritamente formal, rigorosamente a par de discussões de política racial. Estas objeções podem ser refutadas pela inexistência de neutralidade racial: o racismo estrutural é imanente a todas as estruturas jurídicas formais, razão pela qual mesmo um ramo supostamente neutro está permeado de diversas formas de desigualdade racial. Sobre a questão, adverte Adilson José Moreira:

> A defesa da neutralidade racial parece algo muito razoável para inúmeros juristas brancos, mas a vasta maioria das pessoas negras a compreende como mais uma estratégia para a manutenção de uma ordem social baseada na hegemonia branca. Mas eu não quero partir do pressuposto de que seus defensores atuam apenas de forma estratégica; afirmar isso seria perder a oportunidade de analisarmos a relevância da raça na experiência cotidiana e na percepção da realidade dos indivíduos. Muitos autores apontam que o pertencimento à raça branca insere a pessoa dentro de um sistema hierárquico e também dentro de uma perspectiva cognitiva particular. Muitos juristas brancos não conseguem entender a relevância da consciência racial porque a raça não aparece como um elemento central de suas identidades. Pessoas brancas não são confrontadas com o problema da classificação racial e como o tratamento recebido a partir da sua classificação como um outro absoluto. É claro que elas estão cientes de que não recebem o mesmo tratamento destinado a pessoas negras, mas muitas rapidamente apontam a classe social como origem desse problema. Elas olham para as pessoas brancas pobres e pensam que a classe social é a única coisa que as separa; a raça não entra dentro dessa lógica porque ela não aparece como algo significativo para elas. (MOREIRA, 2019a, p. 187-188).

Ora, o cerne da discussão sobre justiça tributária gira em torno da noção de classe social. As soluções postas para a regressividade, o patrimonialismo e a transparência fiscal buscam, nos moldes atuais, mitigar as desigualdades sociais entre ricos e pobres. Entretanto, é fundamental construir soluções também visando o combate ao racismo estrutural da sociedade brasileira. Como aponta Sílvio Almeida, a experiência jurídica nacional introduziu no seio da sociedade uma noção velada e indireta de racismo, mas que produz perplexidade ao verificarmos que se trata de uma verdadeira máquina de reprodução de estigmas baseados na raça, ainda que de forma velada:

> Particularmente no campo do direito, o antirracismo assumiu tanto a forma de militância jurídica nos tribunais a fim de garantir a cidadania aos grupos minoritários, como também a de produção intelectual, cujo objetivo foi forjar teorias que questionassem o racismo inscrito nas doutrinas e na metodologia de ensino do direito. Há vários exemplos de como as contradições do sistema jurídico foram utilizadas de forma estratégica, não apenas pelos juristas, mas também pelas pessoas que foram e ainda são sistematicamente prejudicadas pelo sistema. A história nos mostra como explorados e oprimidos estabeleceram modos de vida, estratégias de sobrevivência e de resistência utilizando-se das ferramentas do direito. No Brasil, Luiz Gama foi o grande exemplo desta luta antissistêmica, pois sabia que o direito era uma ferramenta dos senhores, a qual é preciso saber manejar para, no momento oportuno, voltá-la contra o próprio senhor. É importante reiterar que Luiz Gama não partilhava da ilusão de que o direito era o reino da salvação; era apenas uma das armas que, na luta pela liberdade, poderiam e deveriam ser utilizadas contra os senhores. (ALMEIDA, 2019, p. 91-92).

Vale dizer, não se nega a natureza positiva do direito, isto é, não se quer incorporar ao fenômeno da interpretação jurídica elementos metajurídicos. Tal expediente, a despeito de deslegitimar uma interpretação científica, levaria toda a doutrina e a jurisprudência ao caos, tendo em vista a potencialidade de destruição das bases epistemológicas do direito.

Mas, como apontado por Selznick e Nonet (2010), o direito contemporâneo é orientado para a solução de problemas, de forma que a segurança jurídica calcada na análise estritamente positiva da norma foi relegada a um papel subsidiário. Como se observa dos novos dogmas jurídicos, da importância do Judiciário na política, e do envolvimento da população nas decisões envolvendo temas importantes, o direito se transformou em importante instrumento de mudança social.

Importante ressaltar, entrementes, que a raça não é elemento metajurídico: quando o inciso III do artigo 3º da CF/88 inclui como objetivo da República a promoção do bem de todos, sem preconceitos de raça, dentre outros, insere na hermenêutica do direito o critério da raça como decisivo para a busca do bem geral da população. É dizer, o cumprimento do objetivo do dispositivo supracitado somente poderá ser alcançado se houver garantia de bem de todas as raças.

Logo, uma teoria do direito tributário que pretende incorporar a legitimidade democrática no bojo da análise deve, necessariamente, (i) apontar como a tributação perpetua o racismo estrutural – conforme evidenciado no primeiro tópico –, (ii) construir uma teoria jurídica antirracista – o que se pretendeu neste tópico – capaz de (iii) indicar quais os caminhos possíveis para o combate ao racismo por meio do direito tributário.

3. FORMAS CONCRETAS DE COMBATER A DESIGUALDADE RACIAL POR MEIO DO DIREITO TRIBUTÁRIO – "CASHBACK" TRIBUTÁRIO

Na experiência recente brasileira, a devolução personalidade de imposto, tal como elaborada no Estado do Rio Grande do Sul, demonstrou ser instrumento interessante para tanto. A devolução personalizada de tributo, também conhecida como "cashback", tem sido uma política pública cada vez mais discutida no Brasil como forma de combater as desigualdades sociais e garantir o princípio da capacidade contributiva. Essa iniciativa visa restituir parte dos impostos pagos pelos cidadãos de acordo com o seu perfil socioeconômico, ou seja, aqueles que possuem menor renda teriam uma devolução maior do que os de maior renda.

O termo "cashback" é uma forma informal para representar a devolução/isenção personalizada de tributos. A devolução/isenção personalizada é um instrumento para combater a regressividade da tributação sobre o consumo: o Estado devolve parte dos tributos arrecadados em cima do consumo dos contribuintes que se encaixam nos requisitos previamente delimitados. Na devolução personalizada, o combate à regressividade não se dá com foco na mercadoria ou no serviço, mas sim na pessoa que adquire a mercadoria ou toma o serviço. O foco deste instrumento é a capacidade econômica e a condição social do consumidor final do produto: a mercadoria consumida é pouco relevante para a determinação da devolução ou não. Basta que o consumidor final do produto se encaixe nos requisitos previstos na legislação para fazer jus à devolução.

A ideia do "cashback" é impedir que ricos tenham acesso aos benefícios fiscais pensados para diminuir a desigualdade social. Quando utilizamos apenas a seletividade em função da essencialidade, os ricos pagam a mesma carga tributária que os pobres nos produtos considerados essenciais. Esta medida faz com que as desigualdades sociais e econômicas não sejam devidamente combatidas pelo direito tributário.

Mais ainda: na seletividade, é impossível aferir a capacidade contributiva de cada consumidor final (contribuinte de fato) nem verificar questões relacionadas a gênero e raça.

Num "cashback" efetivamente justo, os requisitos para a devolução do imposto devem levar em consideração questões econômicas, sociais, de gênero e raça. Assim, a criação de um "cashback" tributário poderá servir de instrumento para a calibragem das desigualdades brasileiras. Ao elencar critérios socioeconômicos, de raça e de gênero, o "cashback" tributário funcionaria como mecanismo de distribuição de renda e impediria que aqueles ou aquelas com condições financeiras avantajadas e privilégios usufruíssem de benefícios destinados precipuamente à população mais desfavorecida.

As propostas de reforma tributária inserem o "cashback" como mecanismo de combate à regressividade. Entretanto, não há qualquer indicação dos critérios que deverão ser utilizados para determinar quais consumidores finais serão elegíveis para a proposta.

Na nossa visão, além do aspecto socioeconômico, deverá haver também recortes de raça e de gênero: mulheres negras devem ser devidamente enquadradas nos requisitos para o recebimento dos tributos devolvidos. Mulheres negras que se encontrem em situação socioeconômica combalida devem receber o valor dos tributos devolvidos em primeiro lugar, antes dos demais grupos.

De acordo com levantamento feito pelo IPEA em 2009, a mulher negra tinha uma renda per capita de cerca de 30,9% do homem branco, fato que evidência a desigualdade econômica quando feito o recorte de raça e gênero.

Ou seja, mulheres negras estão no grupo que tem a menor renda per capita no Brasil. Naturalmente, o "cashback" baseado apenas em critérios socioeconômicos abarcaria parte deste grupo. O recorte de raça e de gênero deve servir, entretanto, como forma simbólica para resguardar direitos fundamentais das mulheres negras.

A aferição de critérios puramente econômicos poderá criar distorções. Se uma mulher negra passar a ganhar mais e sair da faixa de devolução, poderá ser excluída do programa, de forma que o aumento de salário poderá sequer valer a pena.

Como visto, a construção de um direito tributário antirracista e antimachista deve ser encarada como uma posição teórica calcada no desenvolvimento de argumentos a favor de direitos de mulheres negras colocadas à margem da sociedade. Portanto, o feminismo negro deve servir de instrumento para a construção de mecanismos tributários aptos a diminuir a desigualdade racial e de gênero no Brasil.

Assim, o "cashback" consiste num forte mecanismo de construir um direito tributário antirracista e antimachista. A ideia de devolver os tributos incidentes sobre as aquisições de produtos e serviços de mulheres negras evidencia como a tributação pode servir de instrumento de aprimoramento de direitos fundamentais e objetivos da República.

Como aponta Sílvio Almeida, o conceito de raça não é estático:

> Seu sentido está inevitavelmente atrelado às circunstâncias históricas em que é utilizado. Por trás da raça sempre há contingência, conflito, poder e decisão, de tal sorte que se trata de um conceito relacional e histórico. Assim, a história da raça ou das raças é a história da constituição política e econômica das sociedades contemporâneas. (ALMEIDA, 2019, p. 18)

O mesmo autor aduz que a sociedade brasileira é estruturalmente racista, pois

> Em uma sociedade em que o racismo está presente na vida cotidiana, as instituições que não tratarem de maneira ativa e como um problema a desigualdade racial irão facilmente reproduzir as práticas racistas já tidas como "normais" em toda a sociedade. É o que geralmente acontece nos governos, empresas e escolas em que não há espaços ou mecanismos institucionais para tratar de conflitos raciais e sexuais. (ALMEIDA, 2019, p. 32)

A sociedade brasileira é estruturalmente racista, tendo em vista que as instituições que a compõe não possuem práticas efetivas de combate ao racismo, reproduzindo as discriminações raciais na sua organização. Somente é possível combater o racismo através de mecanismos efetivos para a diminuição das desigualdades de raça. Assim, somente se pode combater o racismo estrutural por meio de condutas efetivas antirracistas:

> É dever de uma instituição que realmente se preocupe com a questão racial investir na adoção de políticas internas que visem:

> a) promover a igualdade e a diversidade em suas relações internas e com o público externo – por exemplo, na publicidade;
>
> b) remover obstáculos para a ascensão de minorias em posições de direção e de prestígio na instituição;
>
> c) manter espaços permanentes para debates e eventual revisão de práticas institucionais;
>
> d) promover o acolhimento e possível composição de conflitos raciais e de gênero. (ALMEIDA, 2019, p. 32).

Os apontamentos sobre raça servem igualmente para as relações de gênero. Como a devolução personalizada de tributos se preocupa com a pessoa que arca com o ônus financeiro da incidência tributária e não com o produto consumido, há um enfrentamento direto das desigualdades sociais. Em suma, o “cashback” atua como mecanismo de calibragem da justiça tributária e representa um importante mecanismo que pode ser utilizado por uma perspectiva feminista e antirracista para diminuição das desigualdades na sociedade. O mecanismo, como visto, atua no combate à regressividade de forma efetiva, considerando o consumidor final (contribuinte de fato). Foi com esse espírito que o texto da PEC 45 divulgado na manhã do dia 06 de julho de 2023 tinha o seguinte dispositivo:

> Art. 156-A. Lei complementar instituirá imposto sobre bens e serviços de competência dos Estados, do Distrito Federal e dos Municípios.
>
> (...)
>
> § 5º Lei complementar disporá sobre:
>
> (...)
>
> VIII – hipóteses de devolução do imposto a pessoas físicas, inclusive os limites e os beneficiários, com o objetivo de reduzir as desigualdades de renda, gênero ou raça;

Entretanto, a versão final do texto da reforma retirou o “cashback” com base em gênero e raça. Como visto, a medida serviria para construir um direito tributário efetivamente antirracista e antimachista, posto que instituía uma verdadeira ferramenta de promoção da igualdade. Na nossa visão, a proposta de um "cashback" pautado em gênero e raça tornaria a tributação no consumo brasileira muito mais justa. A devolução parte ou a totalidade dos tributos incidentes sobre os bens e serviços consumidos por mulheres negras é claramente um mecanismo efetivo para a construção de um direito tributário antirracista e antimachista. Nos termos propostos pela reforma tributária, a ideia seria exatamente considerar mulheres negras como beneficiárias principais do "cashback". Entretanto, a ideia não avançou e somente marcadores socioeconômicos foram elegidos como critérios para determinação da devolução. Apesar da importância destes marcadores, a questão de gênero e raça também deveria ser levada em consideração, sobretudo em função dos fatos expostos acima.

A ideia por trás do "cashback" é justamente tornar mais justa a distribuição da carga tributária, que muitas vezes recai sobre os mais pobres de forma desproporcional. Isso ocorre porque, apesar de pagarem menos impostos em termos absolutos, a parcela da renda que é destinada ao pagamento de tributos é maior para os mais pobres do que para os mais ricos. Com a devolução personalizada de tributos, é possível corrigir essa distorção e promover a redistribuição de renda. Isso porque os recursos devolvidos podem ser utilizados pelos cidadãos para o consumo de bens e serviços, o que estimula a economia e gera empregos.

Além disso, o "cashback" também incentiva a formalização da economia e a redução da sonegação fiscal, já que os cidadãos passam a exigir notas fiscais e comprovantes de pagamento para poderem participar do programa. Dessa forma, a devolução de tributos acaba funcionando como um incentivo à cidadania fiscal, o que contribui para o fortalecimento da democracia e da transparência nas relações entre Estado e sociedade.

Apesar de seus benefícios, é importante ressaltar que a devolução personalizada de tributos não é uma medida que pode ser implementada isoladamente. É necessário que ela seja acompanhada por outras políticas públicas que visem à promoção da justiça social e da igualdade de oportunidades, como investimentos em educação, saúde e segurança pública, por exemplo.

Vale destacar que a devolução personalizada de tributos já é uma realidade em alguns países, como a Suécia e a Finlândia, onde o programa tem sido bastante bem-sucedido na redução das desigualdades sociais. No Brasil, a discussão em torno do tema ainda está em fase inicial, mas é uma medida que merece ser considerada como forma de tornar o sistema tributário mais justo e eficiente.

Como evidenciado no tópico dois, a hermenêutica negra é condição necessária para a construção de um ambiente democrático e para o cumprimento dos objetivos da República previstos no artigo 3º da CF/88.

Somente a partir destas considerações é que podemos falar em uma sociedade materialmente justa. Se o direito tributário continuar a importar os estigmas de raça sem qualquer controle interpretativo ou argumentativo, o resultado será de perpetuação destes estigmas através da tributação.

CONCLUSÃO

Este artigo pretendeu lançar as bases para a construção de uma teoria do direito tributário antirracista e antimachista sem, entretanto, esgotar o tema. Como foi evidenciado, as discussões entre as intersecções envolvendo raça e tributação são extremamente escassas no Brasil.

Há, portanto, uma necessidade fundamental de se levantar a hipótese de inclusão da raça na análise jurídico-tributária, como forma de combater o racismo. Em outras palavras, deve-se militar a favor de um direito tributário antirracista e não meramente alheio às discussões de raça.

Somente é possível falar em direito tributário democrático, isto é, com legitimidade democrática para arrecadar tributos aos cofres públicos, se a legislação, a doutrina e a jurisprudência oferecem mecanismos aptos a diminuir as desigualdades existentes entre brancos e negros. É tempo de superar a noção de que a desigualdade econômica é ocasionada apenas pelas condições sociais.

Combater as mazelas do direito tributário (regressividade, patrimonialismo e ausência de transparência) consiste em combater, ao fim e ao cabo, o racismo perpetrado pela estrutura tributária atual. A construção de um direito tributário calcado nestas bases passa, necessariamente, pela elaboração de políticas públicas voltadas ao combate das desigualdades sociais, raciais e de gênero. O "cashback" é, sem dúvidas, um instrumento efetivo e relevantíssimo para alcançar os objetivos da República.

REFERÊNCIAS

ABADE, D. ., & MILLER, K. . (2023). A influência do gênero nas decisões judiciais sobre corrupção como um fator extralegal de perpetuação de estereótipos: uma análise comparativa dos sistemas de justiça do Brasil, Espanha e Alemanha. Revista Científica Do CPJM, 2 (Especial), 40–78. Recuperado de https://rcpjm.emnuvens.com.br/revista/article/view/172

AFONSO, José Roberto R. LUKIC, Melina Rocha. CASTRO, Kleber Pacheco. ICMS: crise federativa e obsolescência. In REVISTA DIREITO GV | SÃO PAULO | V. 14 N.

3 | 986-1018 | SET-DEZ 2018. Ainda: MACEDO, Alberto. Como Desatar o Nó dos Tributos no Brasil?. 2. ed. São Paulo: 2022.

ALMEIDA, Sílvio. *Racismo Estrutural*. 1. ed. São Paulo: Pólen, 2019.

BANDEIRA DE MELLO, Celso Antônio. *Curso de Direito Administrativo*. 25. ed. São Paulo: Malheiros, 2007.

BERGAMO, Mônica. Decisão reconhece imunidade tributária de terreiros em cidade baiana. *Folha de São Paulo*, São Paulo, 2022, dia 21 de janeiro. Disponível em: https://www1.folha.uol.com.br/colunas/monicabergamo/2022/01/decisao-reconhece-imunidade-tributaria-de-terreiros-em-cidade-baiana.shtml. Acesso em 13 de junho de 2023.

Medida, oficializada em decreto municipal, foi comemorada por religiões de matriz africana.

CARRAZZA, Roque Antônio. Curso de Direito Constitucional Tributário. 16. ed. São Paulo: Malheiros, 2001.

__________. ICMS. 18. ed. São Paulo: Malheiros, 2020.

CARVALHO, Paulo de Barros. Direito Tributário, Linguagem e Método. 7. ed. São Paulo: Noeses, 2018.

FAORO, Raymundo. *Os donos do poder: formação do patronato político brasileiro*. 4. ed. Rio de Janeiro: Biblioteca Azul, 2012.

FEIJÓ, Janaína. A participação das mulheres negras no mercado de trabalho. *Blog do IBRE-FGV*, 26 de julho de 2022. Disponível em: https://blogdoibre.fgv.br/posts/participacao-das-mulheres-negras-no-mercado-de-trabalho. Acesso em 13 de junho de 2023.

HESSE, Konrad. Elementos de Direito Constitucional da República Federal da Alemanha. Tradução de Luís Afonso Heck. 1. ed. Porto Alegre: Sergio Antonio Fabris Editor, 1998.

IBGE, Instituto Brasileiro de Geografia e Estatística. Estudos e Pesquisas – Informação Demográfica e Socioeconômica n.41. Disponível em: https://biblioteca.ibge.gov.br/visualizacao/livros/liv101681_informativo.pdf. Acesso em 11 de junho de 2023.

IPEA. Instituto de Pesquisa Econômica Aplicada. Receita Pública. Quem paga e como se gasta no Brasil. Comunicado da Presidência n. 22, 30 jun.2009.

IPEA. Instituto de Pesquisa Econômica Aplicada. Impactos setoriais e regionais de mudanças na tributação do consumo no Brasil. São Paulo: IPEA, 2020. Disponível em: https://portalantigo.ipea.gov.br/agencia/images/stories/PDFs/conjuntura/cc48_nt_tributacao_do_consumo.pdf

JUSTEN FILHO, Marçal. (2018). Art. 20 da LINDB - Dever de transparência, concretude e proporcionalidade nas decisões públicas. Revista De Direito Administrativo, 13–41. https://doi.org/10.12660/rda.v0.2018.77648

BAETA NEVES, Mariana Barboza; ABADE, Denise Neves. Proteção de Direitos da Pessoa com Deficiência e a Proibição do Retrocesso Tributário. Revista Jurídica- Unicuritiba, v. 3, p. 728-754, 2022.

BAETA NEVES, Mariana Barboza. Comunicação Jurídica e Princípios Constitucionais

Tributários. In: XIX Congresso Nacional de Estudos Tributários: as conquistas comunicacionais no Direito Tributário atual, 2022, São Paulo. XIX Congresso Nacional de Estudos Tributários: as conquistas comunicacionais no Direito Tributário atual. São Paulo: Noeses, 2022. p. 1167.

MOREIRA, Adilson José. *Pensando como um negro – ensaio de hermenêutica jurídica*. 1. ed. São Paulo: Editora Contracorrente, 2019a.

__________. *Racismo Recreativo*. 1. ed. São Paulo: Pólen, 2019b.

________. *Tratado de Direito Antidiscriminatório*. 1. ed. São Paulo: Editora Contracorrente, 2020.

NONET, Philippe. SELNICK, Philip. *Direito e sociedade*: a transição ao sistema jurídico responsivo. 1. ed. Tradução de Vera Ribeiro. Rio de Janeiro: Revan, 2010.

SANTI, Eurico Marcos Diniz de. Kafka, Alienação e Deformidades da Legalidade – Exercício do Controle Social Rumo à Cidadania Fiscal. 2. ed. São Paulo: Editora Max Limonad, 2020.

SANTI, Eurico Marcos Diniz de, et al. Os 100 textos do Observatório de Jurisprudência do Tribunal de Impostos e Taxas de São Paulo. 1. ed. São Paulo: Editora Max Limonad, 2023.

SCHOUERI, Luís Eduardo. Direito Tributário. 8. ed. São Paulo: Saraiva Educação, 2018.

A RELEVÂNCIA DA PRODUÇÃO ANTECIPADA DE PROVAS NO PROCESSO TRIBUTÁRIO

Mariana Porto Koch[1]

RESUMO: A nova previsão do atual Código de Processo Civil quanto à produção antecipada de provas possibilita a verificação da extensão do crédito tributário, antes mesmo do lançamento tributário, permitindo ao agente fiscal o exame da viabilidade do auto de infração, bem como da possível execução fiscal, com fins de se atingir a verdade real, a prevenção de litígios tributários e a desjudicialização em matéria tributária. A produção antecipada de provas serve, portanto, para uma melhor qualidade do direito do contribuinte, assim como para dimensionar as chances de êxito em uma futura demanda.

Palavras-chave: Jurisdição tributária. Prova no direito tributário. Produção antecipada de prova. Princípios processuais.

ABSTRACT: The new provision in the current Code of Civil Procedure regarding the anticipated preparation of evidence enables the assessment of the extent of the tax liability even before the tax is formally assessed. This allows the fiscal agent to examine the feasibility of the infraction notice as well as the potential tax enforcement action, aiming to uncover the substantive truth, prevent tax disputes, and promote the extrajudicial resolution of tax matters. Therefore, the anticipated preparation of evidence serves to enhance the quality of the taxpayer's rights, as well as to gauge the likelihood of success in future litigation.

---

1. Graduada em Ciências Jurídicas e Sociais pela PUCRS (2007); Pós-graduada em Direito Internacional pela UFRGS (2009); Pós-graduada em Direito Tributário pelo IBET (2013); Mestre em Direito Concorrencial pela UFRGS (2019); Doutora em Direito Tributário pela UFRGS (2023).

Keywords: Tax Jurisdiction. Evidence in Tax Law. Anticipated Preparation of Evidence. Procedural Principles.

SUMÁRIO: 1. Introdução. 2. A necessidade da prevenção de conflitos tributários. 3. Produção antecipada de provas. 4. Quantificação do crédito e busca pela verdade real na jurisdição tributária. 5. Considerações finais. Referências.

1. INTRODUÇÃO

A produção da prova, principalmente por parte do contribuinte na relação jurídico-tributária, tende à demonstração da certeza e da verdade dos fatos por si alegados, o que se dará mediante o convencimento do órgão julgador. É notório que, em matéria tributária, a atividade probatória vem ganhando cada vez mais destaque, mormente diante da crescente complexidade dos fatos e atos jurídicos no mundo globalizado.

A própria noção de presunção legal em favor do ente público tributante, sob a justificativa de praticabilidade, de evitar evasão fiscal, bem como de eficácia da arrecadação, inverte o ônus da prova, dispensando maiores providências por parte da autoridade fiscal, ao mesmo tempo que impõe ao contribuinte o encargo de descaracterizar fatos presumidos, é deveras discutível, especialmente por inexistir um preceito constitucional que autorize a criação de qualquer presunção ou ficção absoluta em matéria tributária. Sendo assim, para fins de correta compreensão da constituição do fato jurídico tributário, tem-se por crucial a viabilização de um pleno exercício da atividade probatória pelo contribuinte, antes mesmo de qualquer discussão posta, o que poderá servir como filtro em direção à verdade real, ou, ainda, para se atingir uma obrigação tributária ausente de máculas.

O presente artigo tem por escopo analisar a possiblidade de utilização da produção antecipada de provas do Novo Código de Processo Civil antes mesmo do lançamento tributário pelo agente fiscal ou, ainda, pelo contribuinte, como meio de defesa em busca da verdade real. Nesse sentido, busca-se analisar a aplicabilidade e abrangência do instituto processual de acordo, tendo em vista a necessidade de se garantir a utilização de todos os meios de provas no processo administrativo tributário, bem como no processo judicial.

2. A NECESSIDADE DA PREVENÇÃO DE CONFLITOS TRIBUTÁRIOS

É consabido que o sistema de execuções fiscais brasileiro possui índices de recuperação muito baixos. O relatório sobre contencioso tributário no Brasil, publicado pelo INSPER ao final do ano de 2020[2], monitorou o nível de litigiosidade na União, nos Estados, no Distrito Federal e nos Municípios, com base em dados do ano de 2019, observando que o contencioso administrativo e judicial brasileiro na esfera tributária somou 75% do PIB (havendo um aumento de 2% com relação à apuração do ano anterior). Nesse contexto, conforme aponta o Relatório Justiça em Números 2020[3], os processos de execução fiscal representam 39% do total de casos pendentes e 70% das execuções pendentes no Poder Judiciário, com taxa de congestionamento de 87%. Em outras palavras, de cada 100 processos de execução fiscal que tramitaram no ano de 2019, apenas 13 foram baixados.

Se consideradas as execuções fiscais em curso, segundo o artigo do procurador do Estado do Rio Grande do Sul, Max Meller[4], observa-se que apenas 15% alcançam a penhora,

---

2. MESSIAS, Lorreine Silva *et al. Contencioso tributário no Brasil*: relatório 2020: ano referência 2019. São Paulo: Insper, Núcleo de Tributação, 2020. Disponível em: www.insper.edu.br/wp-content/uploads/2020/07/Contencioso_tributario_Relatorio2019_092020_v2.pdf. Acesso em: 01 nov. 2023.

3. CONSELHO NACIONAL DE JUSTIÇA (CNJ). *Justiça em números 2020*: ano-base 2020. Brasília: CNJ, 2020. Disponível em: https://www.cnj.jus.br/wp-content/uploads/2020/08/WEB_V2_SUMARIO_EXECUTIVO_CNJ_JN2020.pdf. Acesso em: 01 nov. 2023.

4. MOLLER, Max. *Sanção política e regime especial de fiscalização*. 2014. Disponível em: https://issuu.com/andersoncruz/docs/revista_05052014. Acesso em: 01 nov. 2023.

somente 2,6% realizam leilão e apenas 0,2% são satisfeitas pela arrematação. Logo, verifica-se um sério problema de contingenciamento, uma vez que a vida útil desses processos é de, em média, 10 anos na esfera judicial, e, se contar a fase administrativa, somam em média 19 anos.

Composta inicialmente por 20 juristas, foi criada uma comissão temporária pelos presidentes do Senado, Rodrigo Pacheco, e do Supremo Tribunal Federal, Ministro Luiz Fux, com o objetivo de elaborar anteprojetos para atualizar procedimentos tributários e administrativos.

O direito processual moderno vem cada vez mais se preocupando com uma necessária duração razoável das demandas de toda ordem, o que está ilustrado na própria dicção dos artigos 4º, 6º e 139, II, do Código de Processo Civil de 2015. Em que pesem as imperiosas formalidades e garantias processuais que insculpem o princípio da justiça processual, não se pode mais fechar os olhos para uma emanente morosidade do Poder Judiciário e da própria Administração Pública, quando da efetividade da jurisdição ou da prolação de decisões[5].

A Subcomissão de Processo Administrativo, órgão fracionário da Comissão de Juristas, presidida pela Ministra Regina Helena Costa, do Superior Tribunal de Justiça (STJ), teve como foco de sua atuação a análise, o debate e a redação de uma proposta para o aprimoramento da legislação brasileira de processo administrativo, o que resultou na apresentação de importantes anteprojetos[6].

---

5. BARBOSA, Marcos Engel Vieira. Utilização da prova colhida de forma antecipada no processo tributário (administrativo e judicial). *In*: SANTOS, Ramon Tomazela (coord.). *Estudos de direito tributário*: 40 anos de Mariz de Oliveira e Siqueira Campos Advogados. São Paulo: Mariz de Oliveira e Siqueira Campos Advogados, 2018. p. 189-211.

6. PL 2481/2022 – Reforma da Lei nº 9.784/99 (Lei de Processo Administrativo); PL 2483/2022 – Dispõe sobre o processo administrativo tributário federal e dá outras providências; PL 2484/2022 – Dispõe sobre o processo de consulta quanto à aplicação da legislação tributária e aduaneira federal; PL 2485/2022 – Dispõe sobre a

Na ocasião, os juristas atuaram em três eixos principais: prevenção de conflitos tributários; estímulo à adoção de soluções consensuais em litígios tributários, incluindo a desjudicialização dos processos; e alterações para a harmonização das normas relativas ao processo administrativo tributário, como forma de fortalecer o contencioso administrativo por meio da previsão de garantias mínimas a serem observadas por todas as esferas da federação. O que se pretende, de forma unívoca e incontroversa, é reduzir a litigiosidade e a macro litigância fiscal, através da dinamização, unificação e modernização do processo administrativo e tributário nacional. Tais Anteprojetos apresentados no âmbito da Comissão de Juristas encontram-se em curso, aguardando o exame da Comissão Temporária, de modo que ainda não se tem uma definição concisa acerca do futuro do processo administrativo tributário no País.

Apesar disso, o requerimento dos contribuintes por uma reforma no processo administrativo vem de longa data, sobretudo com a ampliação de defesa na produção de provas; grande irresignação vem do fato de perícias técnicas ou contábeis não serem objeto das leis que regulam os processos administrativos tributários. Grande parte dessa insatisfação é movida pela constituição e cobrança de créditos tributários, pois talvez o contribuinte não tenha tido a oportunidade de produzir as provas pretendidas e sem ter clareza das reais chances de êxito, o que, muitas vezes, pode culminar em uma exorbitante condenação de honorários sucumbenciais.

---

mediação tributária na União e dá outras providências; PL 2486/2022 – Dispõe sobre a arbitragem em matéria tributária e aduaneira; PL 2488/2022 – Dispõe sobre a cobrança da dívida ativa da União, dos Estados, do Distrito Federal, dos Municípios e das respectivas autarquias e fundações de direito público, e dá outras providências; PL 2489/2022 – Dispõe sobre as custas devidas à União, na Justiça Federal de primeiro e segundo graus e dá outras providências; PL 2490/2022 – Dá nova redação ao art. 11 do Decreto-Lei nº 401, de 30 de dezembro de 1968.

Desse modo, o novo Código de Processo Civil[7] prevê, no seu artigo 381, uma alternativa para as demandas tributárias, pois o contribuinte ou a Fazenda poderão requerer a produção antecipada de provas e realizar a produção de prova pericial, com a participação da outra parte. Sendo a produção antecipada de provas um processo autônomo, com a cooperação do fisco e do contribuinte, poderá a mesma servir para uma decisão mais justa no processo administrativo, proporcionando o aperfeiçoamento do controle de legalidade exercido previamente ao ajuizamento da execução fiscal. Se o processo administrativo já tenha sido encerrado, a produção de provas poderá ser utilizada para embasar uma ação anulatória futura, embargos à execução ou fundamentar uma decisão de não contestar o débito judicialmente, aderir a parcelamentos ou negociar a realização de uma transação[8].

Por fim, o legislador preocupou-se em suprir às partes um direito autônomo à produção de provas. De forma que o Código de Processo Civil se preocupa em disponibilizar ferramenta de economia processual e prevenção de litígios, representando uma significativa alternativa aos contribuintes para avaliar as cobranças do Fisco, bem como à autoridade administrativa para avaliar a cobrança de um débito, sem que o mesmo seja afastado no decorrer do processo[9]. A produção antecipada de provas é uma opção prevista no novo Código de Processo Civil, que permite atingir resultados importantes na redução do contingenciamento.

---

7. BRASIL. Lei nº 13.105, de 16 de março de 2015. *Diário Oficial da União*, Brasília, 17 mar. 2015.

8. MANEIRA, Luis Eduardo. *A produção antecipada de provas e o processo tributário*. Jota, 19 de março de 2020. Disponível em: https://www.jota.info/opiniao-e-analise/colunas/pauta-fiscal/a-producao-antecipada-de-provas-e-o-processo-tributario-19032020. Acesso em: 25 out. 2023.

9. MANEIRA, Luis Eduardo. *A produção antecipada de provas e o processo tributário*. Jota, 19 de março de 2020. Disponível em: https://www.jota.info/opiniao-e-analise/colunas/pauta-fiscal/a-producao-antecipada-de-provas-e-o-processo-tributario-19032020. Acesso em: 25 out. 2023.

A introdução de tal inovação legislativa no sistema processual brasileiro reflete a admissão expressa do legislador de que a prova não se destina exclusivamente ao juiz, pois serve também à formação do convencimento das partes quanto às chances de sucesso ou insucesso em uma eventual demanda. A produção probatória trata-se de uma etapa relevante na reconstituição dos fatos controvertidos e, portanto, definição do resultado da ação. Dessa forma, a produção antecipada de provas possibilita que a parte realize uma análise da probabilidade de demanda, bem como da viabilidade de solução extrajudicial dos conflitos.

3. PRODUÇÃO ANTECIPADA DE PROVAS

O CPC/1973 previa a possibilidade de produção antecipada de provas por meio de ação cautelar nominada e, exatamente por se tratar de processo cautelar, seu cabimento era frequentemente associado à constatação de *periculum in mora*, a exemplo da possibilidade de perecimento da prova ou de falecimento da testemunha. Nada obstante, ainda na vigência do CPC/1973 já se defendia que o direito fundamental à prova, sendo um direito autônomo, autorizaria a sua produção antecipada ou imediata, seja em razão da urgência ou em decorrência do simples interesse na sua produção. Com a entrada em vigor do CPC/2015, a produção antecipada de provas perdeu a sua natureza de cautelar, tornando-se tão somente uma ação probatória autônoma, por meio da qual se produz uma prova antes do processo principal, sem necessidade de comprovação de perigo de dano.

Nessa senda, a produção antecipada de prova, redefinida pelo novo Código de Processo Civil, surge como uma possibilidade aos lesados. Ademais, a alteração do modelo processual concernente ao direito à prova, que se consagrou como um direito autônomo, no qual não apenas o juiz, mas também as partes, são destinatárias da prova, oportuniza a comprovação e quantificação do dano, antes mesmo do ajuizamento da ação indenizatória, o que poderá servir de instrumento de investigação em relação à viabilidade de uma demanda e facilitador de sua composição entre as partes[10].

A função da técnica é antecipar uma fase crucial da ação indenizatória, viabilizando a constatação da possibilidade da demanda ou, ainda, a composição da lide entre as partes. Importante ressaltar que a propositura da ação de produção antecipada de provas pressupõe que o titular tenha conhecimento da violação do seu direito, eis que, do contrário, não saberia qual prova produzir antecipadamente.

As provas possuem um papel fundamental em qualquer litígio por constituírem o "[...] meio de se chegar à cognição do suporte fático das pretensões litigiosas"[11]. José Carlos Barbosa Moreira ensina que, via de regra, o processo tende à solução de um conflito de interesses, sendo que a produção probatória, considerada um instrumento adequado para a reconstrução de fatos pretéritos, se revela um passo imprescindível na prestação efetiva da jurisdição[12].

Segundo Ricardo Mariz de Oliveira, "[...] prova é o meio instrumental de levar ao conhecimento do juiz o fato sobre o qual ele deve se pronunciar, para aplicar ou não a esse fato o direito cabível segundo a hipótese de incidência

---

10. GODOY, Luciano de Souza; CAROLO, Fernanda Ferraz. A produção antecipada de provas em litígios empresariais: reflexões sobre a estratégia. *In*: MEDEIROS NETO, Elias Marques de; SIMÃO FILHO, Adalberto (org.). *Direito dos negócios aplicados*. 1. ed. São Paulo: Almedina, 2015. v. 1. p. 255-270.

11. THEODORO JÚNIOR, Humberto. *O processo justo*: o juiz e seus poderes instrutórios na busca da verdade real. p. 3. Disponível em: http://www.amlj.com.br/artigos/118-o-processo-justo-o-juiz-e-seus-poderes-instrutoriosna-buscada-verdade-real. Acesso em: 20 ago. 2017.

12. BARBOSA MOREIRA, José Carlos Barbosa. Os poderes do juiz. *In*: MARINONI. Luiz Guilherme. *O processo civil contemporâneo*. Curitiba: Juruá, 1994. p. 93-98.

da norma jurídica em torno da qual as partes litigam"[13]. O direito constitucional de produzir prova não se restringe à garantia de acesso à Justiça, mas, sim, tem respaldo nos princípios do contraditório e da ampla defesa[14], previstos no artigo 5º, LV, da CF/88, sendo garantido às partes a utilização de todos os meios ou elementos que sejam capazes de influenciar na formação da convicção do juiz, conforme artigo 371[15] do CPC/2015.

Fabiana Del Padre Tomé[16] discorre sobre cinco sentidos para o termo prova, sendo que o que mais se enquadra no presente caso é aquele que define a prova como meio de demonstração: "[...] quaisquer recursos capazes de atestar a veracidade de um fato englobando desde demonstrações matemáticas até argumentos retóricos, todos direcionados ao convencimento do destinatário acerca da certificação de um fato"[17].

Dessa forma, a Fazenda Pública pode e deve agir de ofício, proporcionando todas as diligências averiguatórias e probatórias que sirvam para a revelação da verdade material. Segundo Raphael Frattari e Glauber Mesquita, "[...] mais do que um simples *ônus probatório*, mas sim o verdadeiro *dever probatório*, entendido como a obrigação inafastável de produzir a prova necessária para esclarecer os fatos,

---

13. OLIVEIRA, Ricardo Mariz de. A prova em questões tributárias. *In*: MACHADO, Hugo de Brito (coord.). *A prova em questões tributárias*. São Paulo: Malheiros, 2014. p. 561-582. p. 565.

14. BARBOSA, Marcos Engel Vieira. Utilização da prova colhida de forma antecipada no processo tributário (administrativo e judicial). Disponível em https://www.marizadvogados.com.br/wp-content/uploads/2018/10/NArt.16-2018.pdf. Acesso em: 01 nov. 2023.

15. O juiz apreciará a prova constante dos autos, independentemente do sujeito que a tiver promovido, e indicará na decisão as razões da formação de seu convencimento.

16. TOMÉ, Fabiana Del Padre. *A prova no direito tributário*. Prefácio de Paulo de Barros Carvalho. 4. ed. São Paulo: Noeses, 2016.

17. TOMÉ, Fabiana Del Padre. *A prova no direito tributário*. Prefácio de Paulo de Barros Carvalho. 4. ed. São Paulo: Noeses, 2016.

seja para confirmar a exigência do tributo, seja para infirmá-la", isso porque a Autoridade Administrativa está a serviço da sociedade e não do Ente Federativo, sendo assim, sua responsabilidade cuidar dos interesses de ordem pública[18].

De fato, grande parte dos litígios privados são solucionados após a apreciação das questões de fato elucidadas pela produção probatória[19], sendo producente que a própria prova anteceda ao litígio, como medida de aferição de sua viabilidade ou mesmo de possibilidade de composição. A evolução da teoria da prova, em consonância com a evolução da própria teoria do processo, revela que a busca da verdade real[20] sucedeu a busca da verdade formal como finalidade do processo e fundamento da sentença[21]. Com efeito, o processo deixa de ser um mero meio de endereçamento dos litígios, para se mostrar como um instrumento de pacificação social. A permissão de livre produção da prova e a demonstração de sua utilidade, tanto para a parte como para o juiz, cumprem os desígnios máximos da pacificação social, o que orienta a prestação jurisdicional de forma justa e efetiva.

Segundo Daniel Mitidiero, a colaboração no Processo Civil:

> Como princípio, o fim da colaboração está em servir de elemento para organização do processo justo idôneo e alcançar, "em tempo

---

18. FRATTARI, Raphael; MESQUITA Glauber. *A verdade material como garantia da tributação adequada no direito tributário brasileiro*: um estudo de caso. Publica Direito. Disponível em http://www.publicadireito.com.br/artigos/?cod=b8a0cabd92e8b9ab. Acesso em: 30 out. 2023.

19. TALAMINI, Eduardo. *Produção antecipada de prova*. Disponível em: http://www.migalhas.com.br/dePeso/16,MI235462,51045-Producao+antecipada+de+prova. Acesso em: 01 set. 2017.

20. PORTANOVA, Rui. *Princípios do processo civil*. Porto Alegre: Livraria do Advogado, 2013. p. 199.

21. THEODORO JÚNIOR, Humberto. *O processo justo*: o juiz e seus poderes instrutórios na busca da verdade real. p. 8. Disponível em: http://www.amlj.com.br/artigos/118-o-processo-justo-o-juiz-e-seus-poderes-instrutoriosna-buscada-verdade-real. Acesso em: 20 ago. 2017.

> razoável, decisão de mérito justa e efetiva" (art. 6º do CPC/2015). Isso significa desde logo encarar o *diálogo* como ferramenta essencial para condução do processo[22], *evitar o desperdício* da atividade processual, *preferir decisões de mérito* em detrimento de decisões processuais para o conflito[23], *apurar a verdade* das alegações das partes a fim de que se possa bem aplicar o direito e *empregar as técnicas executivas* adequadas para a realização dos direitos.[24] [grifo no original].

O artigo 378 do CPC propõe a existência de um dever específico de colaboração das partes para com o juiz na esfera da prova, ao prescrever que "[...] ninguém se exime do dever de colaborar com o Poder Judiciário para o descobrimento da verdade"[25]. Verifica-se nítida exigência de colaboração baseada no texto da Constituição Federal em matéria de prova. A regra é clara, ao estabelecer um

---

22. FICARELLI, Beatrice. Fase preparatoria del processo civile e case management giudiziale. Napoli: Edizioni Scientifiche Italine, 2011. p. 177, *apud* MITIDIERO, Daniel. *Colaboração no processo civil*: pressupostos sociais, lógicos e éticos. 3. ed. rev., atual. e ampl. de acordo com o novo Código de Processo Civil. São Paulo: Revista dos Tribunais, 2015. p. 104-106.

23. SILVA, Paula Costa e. Acto e processo. Coimbra: Coimbra Editora, 2003. p. 589, *apud* MITIDIERO, Daniel. *Colaboração no processo civil*: pressupostos sociais, lógicos e éticos. 3. ed. rev., atual. e ampl. de acordo com o novo Código de Processo Civil. São Paulo: Revista dos Tribunais, 2015. p. 104-106. Fredie Didier Junior trata da "primazia do mérito" fora do princípio da colaboração. Parece, porém, que os deveres de esclarecimento e prevenção visam justamente evitar decisões terminativas, isto é, que não enfrentem o mérito da causa. Nessa linha, a necessidade de prestigiar o mérito em detrimento de soluções formais para o litígio encontra-se igualmente nos domínios da colaboração. Em outras palavras, a primazia do mérito é um estado de coisas que se procura promover, portanto, inerente à colaboração. Em outras palavras, a primazia do mérito é um estado de coisas que se procura promover com os deveres de esclarecimento e de prevenção. É um estado de coisas, portanto, inerente à colaboração. DIDIER JR., Fredie. *Curso de direito processual* civil. 17. ed. Salvador: Juspodivm, 2015. v. I. p. 136-137

24. MITIDIERO, Daniel. *Colaboração no processo civil*: pressupostos sociais, lógicos e éticos. 3. ed. rev., atual. e ampl. de acordo com o novo Código de Processo Civil. São Paulo: Revista dos Tribunais, 2015. p. 104-106.

25. CARPES, Arthur. *A prova do nexo de causalidade na responsabilidade civil.* Coordenação de Luiz Guilherme Marinoni, Sérgio Cruz Arenhart e Daniel Mitidiero. São Paulo: Revista dos Tribunais, 2016. p. 113. (Coleção O Novo Processo Civil).

dever geral, de maneira que todos estão subordinados a essa colaboração[26].

Ainda, a alteração da verdade ficta pela verdade real é congruente com o movimento pendular de evolução da teoria geral do processo que, nos dias de hoje, se desloca do formalismo extremo para um processo mais instrumental, o qual prioriza o resultado à forma, buscando um processo justo que valha como instrumento de pacificação social.

Sobre prova e convicção, os ensinamentos de Luiz Guilherme Marinoni e Sérgio Cruz Arenhart[27] são elucidativos ao fazerem a seguinte inferência: considerando que a jurisdição tem por escopo uma justa composição da lide, ou atuação da vontade concreta do direito, então inegável que tais preceitos apenas serão atingidos através da efetiva busca pela verdade sobre os fatos que permeiam a demanda. Logo, a busca pela denominada verdade material enxerga na prova um dos seus instrumentos processuais de efetivação mais importantes, ao formar o convencimento do juiz acerca da veracidade das informações postas[28].

Frisa-se que o direito autônomo à prova e a possibilidade de sua produção antecipada, sem o requisito de urgência, já eram defendidos na doutrina antes da alteração legislativa[29]. Veja-se que tal teoria se consolidou pela

---

26. MARINONI, Luiz Guilherme; ARENHART, Sérgio Cruz; MITIDIERO, Daniel. *Novo curso de processo civil*. Tutela dos direitos mediante procedimento comum. 3. ed. rev., atual. e ampl. São Paulo: Revista dos Tribunais, 2017. v. 2. p. 262.

27. MARINONI, Luiz Guilherme; ARENHART, Sérgio Cruz. *Prova e convicção*: de acordo com o CPC de 2015. 3. ed. rev., atual. e ampl. São Paulo: Revista dos Tribunais, 2015. p. 32.

28. LENT, Friedrich. Diritto processuale civile tedesco. Napoli: Morano, 1962. p. 197, *apud* MARINONI, Luiz Guilherme; ARENHART, Sérgio Cruz. *Prova e convicção*: de acordo com o CPC de 2015. 3. ed. rev., atual. e ampl. São Paulo: Revista dos Tribunais, 2015.

29. YARSHELL, Flavio Luiz. *Antecipação da prova sem o requisito da urgência e direito autônomo à prova*. São Paulo: Malheiros, 2009. p. 320.

inserção dos incisos II e III do artigo 381[30] do novo Código de Processo Civil, que comprovam a finalidade da antecipação da prova para seu tradicional uso cautelar.

Sabe-se que novo Código extinguiu as cautelares típicas; porém, conservou no inciso I do artigo 381 a previsão da urgência para a produção antecipada de provas periciais ou orais, por exemplo. O inciso II do mesmo dispositivo prevê a possibilidade de antecipação da prova quando oportunizada a autocomposição ou outro meio adequado de solução de conflito. Segundo Marcos Engel Vieira Barbosa, essa é a principal inovação dessa parte do novo Código, "[...] pois dá-se autonomia absoluta à produção da prova e quebra-se o antigo paradigma formado na doutrina clássica no sentido de que o juiz seria o único destinatário da prova produzida"[31]. Percebe-se que o novo Código de Processo Civil incentiva a autocomposição, sem que o Judiciário tenha que resolver os conflitos por meio de uma ação de cognição[32]. O inciso III, por sua vez, dispõe sobre a hipótese de antecipação da prova quando capacite as partes

30. "Art. 381. A produção antecipada da prova será admitida nos casos em que:
I – haja fundado receio de que venha a tornar-se impossível ou muito difícil a verificação de certos fatos na pendência da ação;
II – a prova a ser produzida seja suscetível de viabilizar a autocomposição ou outro meio adequado de solução de conflito;
III – o prévio conhecimento dos fatos possa justificar ou evitar o ajuizamento de ação.
§ 1º O arrolamento de bens observará o disposto nesta Seção quando tiver por finalidade apenas a realização de documentação e não a prática de atos de apreensão." BRASIL. Lei nº 13.105, de 16 de março de 2015. *Diário Oficial da União*, Brasília, 17 mar. 2015.

31. BARBOSA, Marcos Engel Vieira. Utilização da prova colhida de forma antecipada no processo tributário (administrativo e judicial). *In*: SANTOS, Ramon Tomazela (coord.). *Estudos de direito tributário*: 40 anos de Mariz de Oliveira e Siqueira Campos Advogados. São Paulo: Mariz de Oliveira e Siqueira Campos Advogados, 2018. p. 189-211.

32. BARBOSA, Marcos Engel Vieira. Utilização da prova colhida de forma antecipada no processo tributário (administrativo e judicial). *In*: SANTOS, Ramon Tomazela (coord.). *Estudos de direito tributário*: 40 anos de Mariz de Oliveira e Siqueira Campos Advogados. São Paulo: Mariz de Oliveira e Siqueira Campos Advogados, 2018. p. 189-211.

a formarem a sua convicção se uma ação futura seja viável ou temerária[33]. Assim, a prova "[...] poderá justificar o ajuizamento ou não da demanda, ou ainda o emprego de outro meio de solução de litígio"[34].

Desse modo, na hipótese de antecipação de prova de caráter contencioso, recebida a inicial, serão os outros interessados citados para acompanhar a colheita da prova[35]. Nesse procedimento os interessados não poderão se defender (artigo 382, § 4°), isso porque a prova é apenas obtida e não produzida. Assim, os interessados são citados para participarem da colheita da prova e não para se defenderem. Todavia, poderão solicitar a produção de outras provas que se relacionem ao mesmo fato (artigo 382, § 3°)[36].

Recentemente, no julgamento do REsp 2.037.088[37], a Terceira Turma do Superior Tribunal de Justiça (STJ) decidiu, por unanimidade, que a regra do parágrafo 4º do artigo 382 do Código de Processo Civil (CPC) não comporta interpretação meramente literal, sob pena de se incorrer em grave ofensa aos princípios do contraditório, da ampla

---

33. BARBOSA, Marcos Engel Vieira. Utilização da prova colhida de forma antecipada no processo tributário (administrativo e judicial). *In*: SANTOS, Ramon Tomazela (coord.). *Estudos de direito tributário*: 40 anos de Mariz de Oliveira e Siqueira Campos Advogados. São Paulo: Mariz de Oliveira e Siqueira Campos Advogados, 2018. p. 189-211.

34. MARINONI, Luiz Guilherme; ARENHART, Sérgio Cruz; MITIDIERO, Daniel. *Novo curso de processo civil*. Tutela dos direitos mediante procedimento comum. 3. ed. rev., atual. e ampl. São Paulo: Revista dos Tribunais, 2017. v. 2. p. 495-496.

35. MARINONI, Luiz Guilherme; ARENHART, Sérgio Cruz; MITIDIERO, Daniel. *Novo curso de processo civil*. Tutela dos direitos mediante procedimento comum. 3. ed. rev., atual. e ampl. São Paulo: Revista dos Tribunais, 2017. v. 2. p. 318.

36. MARINONI, Luiz Guilherme; ARENHART, Sérgio Cruz; MITIDIERO, Daniel. *Novo curso de processo civil*. Tutela dos direitos mediante procedimento comum. 3. ed. rev., atual. e ampl. São Paulo: Revista dos Tribunais, 2017. v. 2. p. 318.

37. BRASIL. Superior Tribunal de Justiça. *REsp 2.037.088*. 10/08/2023. Disponível em:https://www.stj.jus.br/sites/portalp/Paginas/Comunicacao/Noticias/2023/10082023-Contraditorio-nao-pode-ser-totalmente-vedado-na-hipotese-de-producao-antecipada-de-prova.aspex. Acesso em: 25 out. 2023.

defesa, da isonomia e do devido processo legal. O ministro relator, Marco Aurélio Bellizze, explicou:

> Eventual restrição legal a respeito do exercício do direito de defesa da parte não pode, de modo algum, conduzir à intepretação que elimine, por completo, o contraditório. A vedação legal quanto ao exercício do direito de defesa somente pode ser interpretada como a proibição de veiculação de determinadas matérias que se afigurem impertinentes ao procedimento nela regulado.[38]

O relator aduziu que a vedação prevista em lei quanto ao exercício do direito de defesa deve se restringir à proibição de veiculação de determinadas matérias impertinentes ao procedimento em curso. Segundo Marco Aurélio Bellizze, as questões relacionadas ao objeto da ação e aos procedimentos definidos em lei podem ser arguidas pelo demandado, uma vez que o CPC garante às partes a indispensável oportunidade de se manifestarem antes da decisão, a fim de que as suas alegações possam ser sopesadas e influírem na convicção fundamentada do juízo. “Eventual restrição legal a respeito do exercício do direito de defesa da parte não pode, de maneira alguma, conduzir à intepretação que elimine, por completo, o contraditório – como se deu na hipótese dos autos”[39].

O Ministro Marco Aurélio Bellizze, ao rejeitar a interpretação literal da regra do CPC, esclarece ser necessário identificar o objeto específico da ação de produção antecipada de provas e também o conflito de interesses posto,

38. BRASIL. Superior Tribunal de Justiça. *REsp 2.037.088*. 10/08/2023. Disponível em: https://www.stj.jus.br/sites/portalp/Paginas/Comunicacao/Noticias/2023/10082023-Contraditorio-nao-pode-ser-totalmente-vedado-na-hipotese-de-producao-antecipada-de-prova.aspex. Acesso em: 25 out. 2023.

39. BRASIL. Superior Tribunal de Justiça. *REsp 2.037.088*. 10/08/2023. Disponível em: https://www.stj.jus.br/sites/portalp/Paginas/Comunicacao/Noticias/2023/10082023-Contraditorio-nao-pode-ser-totalmente-vedado-na-hipotese-de-producao-antecipada-de-prova.aspex. Acesso em: 25 out. 2023.

para, posteriormente, delimitar qual a extensão que contraditório será capaz de ser exercido.

Importante salientar que, na ação de produção antecipada de provas, há efetivos conflitos de interesse em torno da própria prova, cujo direito à produção constitui a causa de pedir deduzida e, por essa razão, é passível de ser contestado pela parte adversa. O ministro aduziu, "[...] na medida em que sua efetivação importa, indiscutivelmente, na restrição de direitos"[40].

Ainda, de acordo com Nathália Gonçalves de Macedo Carvalho:

> Essa possibilidade trazida pelo Novo Código de Processo Civil oportuniza uma litigiosidade mais séria, na medida em que os litigantes poderão, em caso de incerteza sobre a existência ou não de prova. A ausência do requisito da urgência torna a produção antecipada da prova mais próxima da fase do Discovery.
>
> É importante fazer ressalva de que o compartilhamento prévio das provas que ocorre no direito americano não se confunde com o sistema cooperativo e cooparticipativo do novo código.[41]

Esse procedimento serve como instrumento de melhor conhecimento da realidade fática de determinada relação controvertida, e, assim, das possibilidades de êxito de uma eventual demanda principal, proporcionando às partes adotarem uma fundamentada decisão sobre o ajuizamento ou não do processo principal, e, ainda, possam decidir em acordar. Rompe-se, consequentemente, com a tradicional

---

40. BRASIL. Superior Tribunal de Justiça. *REsp 2.037.088*. 10/08/2023. Disponível em: https://www.stj.jus.br/sites/portalp/Paginas/Comunicacao/Noticias/2023/10082023-Contraditorio-nao-pode-ser-totalmente-vedado-na-hipotese-de-producao-antecipada-de-prova.aspex. Acesso em: 25 out. 2023

41. CARVALHO, Nathália Gonçalves de Macedo. Introdução ao federal rules of evidence e os pontos de encontro com o Código de Processo Civil. *In*: DIDIER JR., Fredie (coord. geral). *Direito probatório*. Salvador: Juspodivm, 2015. v. 5. p. 861-872. p. 868. (Coleção Grandes Temas do Novo CPC).

noção de que o único destinatário da prova é o juiz, reconhecendo-se, também, as partes[42] como destinatárias[43].

Em relação à produção antecipada de prova na esfera administrativa, a autoridade administrativa federal prevê legislação sobre a temática, na Lei nº 9784/99, artigo 29[44]. Contudo, considerando que os processos administrativos possuem natureza sancionadora, punitiva ou disciplinar, de natureza penal, apesar de não acarretarem penas privativas de liberdade, exclusivas dos processos judiciais, é de extrema importância manter a autenticidade dos fatos alegados, respeitando o contraditório, a ampla defesa e o restante dos princípios constitucionais que constituem o devido processo legal[45].

Desse modo, pode-se utilizar incessantemente a produção antecipada de prova. A medida pode ser uma opção para não ajuizamento das ações judiciais descabidas, como, por exemplo, que afogam o poder judiciário. Percebe-se que a produção antecipada de provas se revela extremamente útil, tendo em vista a possibilidade de averiguação do êxito antes mesmo do lançamento tributário ou da propositura da demanda, bem como da possibilidade de se verificar a pertinência da autocomposição.

---

42. GODOY, Luciano de Souza; CAROLO, Fernanda Ferraz. A produção antecipada de provas em litígios empresariais: reflexões sobre a estratégia. *In*: MEDEIROS NETO, Elias Marques de; SIMÃO FILHO, Adalberto (org.). *Direito dos negócios aplicados*. 1. ed. São Paulo: Almedina, 2015. v. 1. p. 255-270.

43. MEDINA, José Miguel Garcia. *Direito processual civil moderno*. São Paulo: Revista dos Tribunais, 2015. p. 584.

44. "As atividades de instrução destinadas a averiguar e comprovar os dados necessários à tomada de decisão realizam-se de ofício ou mediante impulsão do órgão responsável pelo processo [...]." BRASIL. Palácio do Planalto. *Lei nº 9.784, de 29 de janeiro de 1999*. Regula o processo administrativo no âmbito da Administração Pública Federal. Disponível em: https://www.planalto.gov.br/ccivil_03/leis/l9784.htm. Acesso em: 30 out. 2023.

45. QUEIROZ, Paulo Deives Ferreira. *Apontamentos sobre produção antecipada de provas*. Migalhas, setembro de 2023. Disponível em: https://www.migalhas.com.br/amp/depeso/393145/apontamentos-sobre-producao-antecipada-de-provas. Acesso em: 27 out. 2023.

4. QUANTIFICAÇÃO DO CRÉDITO E BUSCA PELA VERDADE REAL NA JURISDIÇÃO TRIBUTÁRIA

Como visto, os créditos tributários são constituídos e cobrados em dívida ativa, sem que o contribuinte tenha tido a possibilidade de produzir todas as provas que entendia cabíveis e sem poder dimensionar as suas reais chances de êxito em um possível litígio. Então, o ente público tributante também irá perseguir um crédito tributário que, no decorrer do processo, pode vir a ser afastado, tendo em vista as provas produzidas no processo[46].

Assim, a produção de prova pericial pode ser essencial para a estimativa do crédito tributário, uma vez que, frequentemente, por exemplo, é necessária a análise aprofundada dos registros financeiros das empresas. A aferição do valor pode culminar no não lançamento pelo ente público ou no não ajuizamento das ações anulatórias pelos contribuintes, uma vez que, muitas vezes, não é possível saber se o êxito será maior que o valor gasto com advogados durante o processo, bem como será possível estimar a possível sucumbência.

Anda, a produção antecipada de prova será capaz de propiciar a formulação na petição de um pedido líquido, através da quantificação formulada em perícia. Cabe observar que o objetivo da liquidação é complementar a decisão ilíquida com o elemento faltante, no caso, o *quantum debeatur*[47]

Nessa ótica, a possibilidade de antecipação de tal prova pericial para quantificar a autuação fiscal ou dos embargos

---

46. MANEIRA, Luis Eduardo. *A produção antecipada de provas e o processo tributário*. Jota, 19 de março de 2020. Disponível em: https://www.jota.info/opiniao-e-analise/colunas/pauta-fiscal/a-producao-antecipada-de-provas-e-o-processo-tributario-19032020. Acesso em: 25 out. 2023.

47. BARBOSA, Marcos Engel Vieira. Utilização da prova colhida de forma antecipada no processo tributário (administrativo e judicial). *In*: SANTOS, Ramon Tomazela (coord.). *Estudos de direito tributário*: 40 anos de Mariz de Oliveira e Siqueira Campos Advogados. São Paulo: Mariz de Oliveira e Siqueira Campos Advogados, 2018. p. 189-211.

à execução é extremamente útil. Isso porque, àquele que demanda asseguração de prova não é exigido o ajuizamento da ação principal. De acordo com a doutrina processualista a qual compactua a jurisprudência, a propositura da asseguração de prova não implica qualquer restrição à esfera jurídica de nenhum interessado na lide, pois consiste em verdadeira preservação do direito fundamental à prova[48].

A referida produção antecipada de prova demonstra o direito autônomo da parte, sem estar vinculada obrigatoriamente a um provimento declaratório[49], com clara serventia para superar uma barreira que, hoje, faz com que o fisco muitas vezes autue sem ter todas as informações, culminando em um afogamento do poder judiciário. Esse direito autônomo, portanto, já discutido pela doutrina processual, foi reconhecido pelo novo Código de Processo Civil.

A busca pela verdade real pauta o processo civil moderno, que deixa em segundo plano as compreensões formalistas para priorizar a efetividade e, acima de tudo, sua consagração com um processo justo. Michelle Taruffo afirma que "[...] tem-se um processo justo quando são postas em prática todas as garantias processuais fundamentais, e em particular aquelas que concernem às partes"[50]. O mesmo autor, adiante, conclui que, haja vista a apuração da verdade dos fatos no processo ser possível e necessária, isso implica dizer que haverá processo justo "[...] se sistematicamente orientado a fazer com que se estabeleça a verdade

---

48. MARINONI, Luiz Guilherme; ARENHART, Sérgio Cruz; MITIDIERO, Daniel. *Novo Código de Processo Civil comentado*. 3. ed. rev., atual. e ampl. São Paulo: Revista dos Tribunais, 2017. p. 498.

49. GODOY, Luciano de Souza; CAROLO, Fernanda Ferraz. A produção antecipada de provas em litígios empresariais: reflexões sobre a estratégia. *In*: MEDEIROS NETO, Elias Marques de; SIMÃO FILHO, Adalberto (org.). *Direito dos negócios aplicados*. 1. ed. São Paulo: Almedina, 2015. v. 1. p. 255-270.

50. TARUFFO, Michelle. *Uma simples verdade*: o juiz e a reconstrução dos fatos. Tradução de Vitor de Paula Ramos. São Paulo: Marcial Pons, 2016. p. 141.

dos fatos relevantes para a decisão"[51], ao mesmo tempo que o processo será injusto "[...] na medida em que for estruturado de modo a obstaculizar ou limitar a descoberta da verdade, já que nesse caso o que se obstaculiza ou se limita é a justiça da decisão com que o processo se conclui"[52].

Pode-se dizer que o processo administrativo tributário tem experimentado mudanças em sua estrutura, se não em razão direta do trabalho do legislador infraconstitucional, ao menos em função da evolução doutrinária, guiada pelos princípios do devido processo legal, da verdade material e do formalismo moderado, e da interpretação e aplicação desses princípios, e outros pelo Conselho Administrativo de Recursos Fiscais – CARF[53], por exemplo.

Nesse sentido, o Conselho Administrativo de Recursos Fiscais (CARF) tem admitido a juntada de provas após a impugnação administrativa, bem como tem determinado a realização de diligências sobre fatos ou circunstâncias a respeito dos quais não tenha havido anterior prova adequada[54]. Infelizmente, essa não é a realidade da maioria dos tribunais administrativos. Ricardo Mariz de Oliveira trata sobre os limites em que a prova poderá ser apresentada no âmbito dos processos administrativos federais e que também deveriam ser aplicados nos processos administrativos fiscais estaduais e municipais:

---

51. TARUFFO, Michelle. *Uma simples verdade*: o juiz e a reconstrução dos fatos. Tradução de Vitor de Paula Ramos. São Paulo: Marcial Pons, 2016. p. 141.

52. TARUFFO, Michelle. *Uma simples verdade*: o juiz e a reconstrução dos fatos. Tradução de Vitor de Paula Ramos. São Paulo: Marcial Pons, 2016. p. 143.

53. CALDAS, Adriano Ribeiro. A prova no processo administrativo tributário. *Revista de Direito*, Viçosa, v. 6, p. 13-38, 2015. p. 34-35.

54. OLIVEIRA, Ricardo Mariz; FAJERSZTAJN, Bruno; SILVA, Fabiana Carsoni Alves Fernandes da. Questões controvertidas no processo administrativo fiscal – CARF. *In*: MARTINS, Ives Gandra da Silva (coord.). *Questões controvertidas no processo administrativo fiscal – CARF*. 18. ed. São Paulo: Revista dos Tribunais, 2012. v. 18. p. 368-419.

> Neste sentido, mesmo indo além dos rígidos limites da norma do art. 16 do Decreto n. 70235, pode-se sustentar com segurança que a apresentação de provas em qualquer fase do processo, caso necessárias a demonstrar a verdade dos fatos relevantes conforme o desenrolar das várias etapas processuais, e desde que não seja praticada com o intuito de obter qualquer vantagem maliciosa, deve ser aceita como imperativo da consecução do objeto maior das regras processuais, que é instrumentalizar a correta aplicação das normas substantivas pertinentes ao crédito tributário em discussão.
>
> Pode-se mesmo afirmar que a mencionada postura jurisprudencial não representa oposição aos frios limites contidos no art. 16, mas sua aplicação "cum grano salis", e com fundamento em princípios que são superiores às simples normas particulares, até mesmo porque iluminam a sua interpretação e aplicação.[55]

Assim, tendo em vista o princípio da verdade material como decorrência dos princípios da estrita legalidade e da tipicidade que orientam o direito tributário, impõe que, no contencioso administrativo, a Fiscalização deva agir com a finalidade de correção dos fatos inveridicamente alegados e ao aditamento de lacunas no que pertine às questões de fato, independentemente de provocações ou postulações dos litigantes. De outro modo, o princípio do formalismo moderado assegura que sejam exigidas as formalidades, no processo administrativo tributário, apenas nos casos estritamente necessários ao resguardo da segurança jurídica e ao controle de legalidade do ato administrativo de lançamento ou de imposição de penalidade, não devendo servir de barreira intransponível à busca da verdade material[56].

Nessa ótica, a asseguração da prova tem o objetivo de garantir o direito fundamental à prova e, assim, à garantia

---

55. BARBOSA, Marcos Engel Vieira. Utilização da prova colhida de forma antecipada no processo tributário (administrativo e judicial). *In*: SANTOS, Ramon Tomazela (coord.). *Estudos de direito tributário*: 40 anos de Mariz de Oliveira e Siqueira Campos Advogados. São Paulo: Mariz de Oliveira e Siqueira Campos Advogados, 2018. p. 189-211. p.189-211.

56. CALDAS, Adriano Ribeiro. A prova no processo administrativo tributário. *Revista de Direito*, Viçosa, v. 6, p. 13-38, 2015. p. 35.

ao direito de defesa e ao processo justo. Visa, portanto, garantir futura produção de certa prova ou assegurar a prevenção do litígio, recomendando o uso do processo judicial, ou, também, através da utilização de outra técnica de solução da controvérsia. Na asseguração de prova não cabe ao juiz valorar a prova colhida (artigo 381, § 2°, CPC)[57].

Michelle Taruffo relata que, tanto na Inglaterra quanto nos Estados Unidos, apesar de os respectivos sistemas processuais fruírem de normas e técnicas distintas, um elevadíssimo percentual de demandas não supera a fase do *pretrial*, devido ao êxito das técnicas de solução precoce da controvérsia[58].

Supera-se, portanto, a ideia da finalidade da prova como sendo exclusivamente para a formação e o convencimento do juiz. A prova objetiva e, também, o esclarecimento das partes, servindo como um mecanismo adequado à formação de uma convicção das mesmas para verificação a respeito das circunstâncias fáticas ligadas a uma determinada situação jurídica, a fim de "[...] fundamentar uma decisão da parte sobre sua posição (para demandar ou resistir, ou ainda, para buscar autocomposição)"[59].

5. CONSIDERAÇÕES FINAIS

Do ponto de vista da relação processual tributária, o direito autônomo à prova assegura, por um lado, ao ente

---

57. MARINONI, Luiz Guilherme; ARENHART, Sérgio Cruz; MITIDIERO, Daniel. *Novo Código de Processo Civil comentado*. 3. ed. rev., atual. e ampl. São Paulo: Revista dos Tribunais, 2017. p. 495.

58. TARUFFO, Michelle. *Processo civil comparado*: ensaios. Apresentação, organização e introdução de Daniel Mitidiero. São Paulo: Marcial Pons, 2013. p. 21-22. (Coleção Processo e Direito).

59. ALVES, André Bruni Vieira. Da admissibilidade na produção antecipada de provas sem o requisito da urgência. *In*: DIDIER JR., Fredie (coord. geral). *Direito probatório*. Salvador: Juspodivm, 2015. v. 5. p. 466-479. p. 471. (Coleção Grandes Temas do Novo CPC).

público tributante informações indispensáveis e capazes de formar convicção a respeito da conveniência de efetuar o lançamento tributário, e, por outro, ao contribuinte, garantias fundamentais de menor onerosidade na relação processual, bem como a facilitação de eventual discussão judicial legítima, e também a própria viabilização da autocomposição ou de outras formas de solução extrajudicial dos conflitos. Prevalece o pensamento de que a prova igualmente se faz sob a perspectiva e no interesse das partes, tratando-se de verdadeiro elemento intrínseco ao princípio, por vezes esquecido, da cooperação entre os sujeitos do processo.

Importante referir que a produção antecipada de provas visa não apenas aos interesses particulares dos litigantes, mas, principalmente, ao próprio interesse público, em finalidade maior para orientar e conformar todo exercício da função administrativa, evitando-se incorreções que, em tese, poderiam macular uma futura discussão judicial. Assim sendo, para a proteção provisória do interesse da arrecadação, tem cabimento a atuação da produção antecipada de provas ante a ineficácia do processo.

Ainda, o instituto da produção antecipada de prova previsto no novo Código de Processo Civil, ao permitir a produção da prova do dano, antes mesmo da ocorrência do auto de infração ou do ajuizamento da execução fiscal, é capaz de servir como uma medida de estímulo à desjudicializacao, assim como à própria composição de litígios dessa natureza.

A autonomia da produção da prova é consagrada pela própria dicção do Código de Processo Civil atualmente em vigor, que, muito influenciado pelos anseios da doutrina majoritária e construção da jurisprudência dominante, desprendeu os limites da atividade probatória da sua adstrição ao processo principal. Sob esse prisma, extirpando da ordem jurídica a figura da ação cautelar de exibição de documentos e seu respectivo provimento liminar, os incisos do artigo 381 passaram a prever que a produção antecipada da prova, manejada por processo autônomo, de cunho satisfativo, seria admitida quando facilitar a autocomposição ou outro meio legítimo de solução de conflitos, ou ainda quando permitir que um antecipado conhecimento dos fatos possa justificar ou evitar o ajuizamento de futura ação judicial, o que parece ser condições que caminham alinhadas ao princípio da cooperação entre os sujeitos do processo, da efetividade da jurisdição, da duração razoável do processo e, principalmente, do próprio processo justo. Afinal, o objeto do processo é justamente a composição da lide, o que poderá se dar, preferencialmente, através da autocomposição amigável, sem o desgaste de uma demanda judicial de cognição exauriente, ou ao menos ser facilitado com a perfectibilização da verdade material, feitos através da produção antecipada de prova.

Compactua-se com a compreensão de que a produção antecipada da prova tem por enfoque não apenas a jurisdição, ou a cognição do juízo, pois também se destina às partes e interessados no processo, na medida em que viabiliza que sejam previamente aferidas e mensuradas as chances de êxito ou perda em eventual litígio processual que se intente, o que poderá, inclusive, direcionar para uma solução consensual do conflito antes de instaurada a triangularização da relação processual. Esse enfoque derivado do instituto em questão foi o mote da construção do atual Processo Civil brasileiro, tendo sido um dos pilares orientadores de seu desenvolvimento.

Nesse contexto, a viabilização da produção antecipada da prova no âmbito do processo administrativo ou judicial tributário pode manifestar importantes avanços em direção a uma jurisdição justa e efetiva em matéria tributária. Como se pode facilmente inferir, o instrumento garante a facilitação de uma análise prévia da real probabilidade do êxito uma ulterior demanda judicial. Além disso, por se tratar de um instrumento que busca a verdade real, por dirimir ruídos quanto à materialidade dos fatos geradores, consequentemente tenderá à eventual composição amigável. Ainda, o instituto antecipa a garantia do crédito tributário exigido pelo ente tributante ao mesmo tempo que tende a reduzir a excessividade de ônus ao contribuinte, pois facilita a suspensão da exigibilidade desse crédito através da de decisão liminar ou tutela provisória, tudo antes mesmo da instauração da ação executiva, cuja apresentação de garantia é obrigatória, e cujo manejo é sabidamente custoso ao erário público, inclusive com baixo índice de efetividade.

Não obstante, uma antecipação da produção probatória evitaria vícios que maculam procedimentos especiais, tais como ações mandamentais ou até mesmo a defesa através de exceção de pré-executividades, pois daria conta de formar prova pré-constituída a ser futuramente utilizada de forma legítima nessas ocasiões. Também não se pode olvidar o fato de que o instrumento admitiria a produção de prova de forma irrestrita, o que facilitaria o deslinde do processo principal e evitaria nulidades decorrentes de cerceamento de defesa ou ofensas ao contraditório e à ampla defesa. Ainda, a utilização da prova antecipada no curso de processo administrativo fiscal agregaria conteúdo necessário ao debate, e ampliaria o leque de direitos fundamentais dos contribuintes, que o próprio texto constitucional busca efetivar sem distinções. Por fim, em decorrência lógica, a prova produzida de forma antecipada estaria fora da problemática de concomitância entre as esferas administrativa e judicial, cuja vedação está disposta no parágrafo único do artigo 38 da Lei nº 6.830/80.

Todas as hipóteses acima tratadas não esgotam as possibilidades de utilização do instrumento da produção antecipada da prova na discussão tributária, mas se prestam a evidenciar a importância desse instituto ao interesse de todos os sujeitos do processo, contribuindo para um sistema processual mais justo e efetivo, evitando-se incorreções formais, ônus excessivos, violações de direitos processuais, desconhecimento sobre a verdade.

Sente-se que não há dúvidas de que a produção antecipada de provas no âmbito do processo tributário se mostra um mecanismo jurídico imprescindível (a ambos os polos da relação processual) para a efetividade da tutela jurisdicional em direção à celeridade do processo, por permitir, em concomitância, a melhor aferição sobre questões fáticas relevantes, além da mitigação de fragilidades de direitos e ônus processuais das partes, bem como a facilitação da composição da lide, e, ainda, a prevenção de posturas descuidadas, infundadas ou até mesmo protelatórias.

Diante de um contexto de contencioso judicial e administrativo tributário desenfreado, cujos dados vem atingindo níveis quase que irreversíveis, beirando ao colapso do sistema processual, mostra-se crucial que o processo tributário seja pensado com vistas à facilitação da utilização do instrumento da produção antecipada de provas, que está previsto na norma processual justamente para que sua adequada e razoável aplicação permitisse a mudança desse paradigma.

REFERÊNCIAS

ALMEIDA, Ursula Ribeiro. Produção antecipada de prova sem urgência no direito ambiental: risco de dano ao meio ambiente. *Revista Jurídica da Escola do Ministério Público de São Paulo*, São Paulo, v. 6, p. 135-164, 2014.

ALVES, André Bruni Vieira. Da admissibilidade na produção antecipada de provas sem o requisito da urgência. *In*: DIDIER JR., Fredie (coord. geral). *Direito probatório*. Salvador: Juspodivm, 2015. v. 5. p. 466-479. (Coleção Grandes Temas do Novo CPC).

BARBOSA MOREIRA, José Carlos Barbosa. Os poderes do juiz. *In*: MARINONI. Luiz Guilherme. *O processo civil contemporâneo*. Curitiba: Juruá, 1994. p. 93-98.

BARBOSA, Marcos Engel Vieira. *Utilização da prova colhida de forma antecipada no processo tributário (administrativo e judicial)*. Disponível em https://www.marizadvogados.com.br/wp-content/uploads/2018/10/NArt.16-2018.pdf. Acesso em: 01 nov. 2023

BRASIL. Constituição Federal de 1998. *Diário Oficial da União*, Brasília, 05 out. 1988.

BRASIL. Lei nº 13.105, de 16 de março de 2015. *Diário Oficial da União*, Brasília, 17 mar. 2015.

BRASIL. Palácio do Planalto. *Lei nº 9.784, de 29 de janeiro de 1999*. Regula o processo administrativo no âmbito da Administração Pública Federal. Disponível em: https://www.planalto.gov.br/ccivil_03/leis/l9784.htm. Acesso em: 30 out. 2023.

BRASIL. Superior Tribunal de Justiça. *REsp 2.037.088*. 10/08/2023. Disponível em: https://www.stj.jus.br/sites/portalp/Paginas/Comunicacao/Noticias/2023/10082023-Contraditorio-nao-pode-ser-totalmente-vedado-na-hipotese-de-producao-antecipada-de-prova.aspex. Acesso em: 25 out. 2023.

BREDA, Felippe Alexandre Ramos. Ponderações sobre as discussões tributário-aduaneiras envolvendo o valor aduaneiro e a classificação fiscal. *Revista Dialética de Direito Tributário* (RDDT), São Paulo: Dialética, n. 203, p. 79-85, ago. 2012.

CALDAS, Adriano Ribeiro. A prova no processo administrativo tributário. *Revista de Direito*, Viçosa, v. 6, p. 13-38, 2015.

CALDAS, Adriano; JOBIM, Marco Félix. A produção antecipada de prova e o novo CPC. *In*: DIDIER JR., Fredie (coord. geral). *Direito probatório*. Salvador: Juspodivm, 2015. v. 5. p. 450-464. (Coleção Grandes Temas do Novo CPC).

CARPES, Artur. *A prova do nexo de causalidade na responsabilidade civil*. Coordenação de Luiz Guilherme Marinoni, Sérgio Cruz Arenhart e Daniel Mitidiero. São Paulo: Revista dos Tribunais, 2016. (Coleção O Novo Processo Civil).

CARVALHO, Nathália Gonçalves de Macedo. Introdução ao federal rules of evidence e os pontos de encontro com o Código de Processo Civil. *In*: DIDIER JR., Fredie (coord. geral). *Direito probatório*. Salvador: Juspodivm, 2015. v. 5. p. 861-872. (Coleção Grandes Temas do Novo CPC).

CARVALHO, Paulo de Barros. As decisões do Carf e a extinção do crédito tributário. *Revista Dialética de Direito Tributário* (RDDT). São Paulo: Dialética, n. 212, p. 90-102, maio 2013.

CASTRO, Rafael Silva e. Acerca da busca da verdade real e da preclusão no processo administrativo fiscal. *Revista Dialética de Direito Tributário* (RDDT), São Paulo: Dialética, n. 210, p. 88-99, mar. 2013.

CONSELHO NACIONAL DE JUSTIÇA (CNJ). *Justiça em números 2020*: ano-base 2020. Brasília: CNJ, 2020. Disponível em: https://www.cnj.jus.br/wp-content/uploads/2020/08/WEB_V2_SUMARIO_EXECUTIVO_CNJ_JN2020.pdf. Acesso em: 01 nov. 2023.

DABUL, Alessandra. *Da prova no processo administrativo tributário*. 4. ed. Curitiba: Juruá, 2023.

DIDIER JR., Fredie. *Curso de direito processual* civil. 17. ed. Salvador: Juspodivm, 2015. v. I.

DIDIER JR., Fredie. *Curso de direito processual civil*: introdução ao direito processual civil. Parte Geral e Processo de Conhecimento 1. 18. ed. rev., ampl. e atual. Salvador: Juspodivm, 2016.

DIDIER JR., Fredie. Produção antecipada de prova. *In*: ______ (coord. geral). *Direito probatório*. Salvador: Juspodivm, 2015. v. 5. p. 461-495. (Coleção Grandes Temas do Novo CPC).

FERRAGUT, Maria Rita. *As provas e o direito tributário*. Teoria e prática como instrumentos para a construção da verdade jurídica. 2. ed. São Paulo: Saraiva Jus, 2018.

FRATTARI, Raphael; MESQUITA Glauber. *A verdade material como garantia da tributação adequada no direito tributário brasileiro*: um estudo de caso. Publica Direito. Disponível em http://www.publicadireito.com.br/artigos/?cod=b8a0cabd92e8b9ab. Acesso em: 30 out. 2023.

GODOY, Luciano de Souza; CAROLO, Fernanda Ferraz. A produção antecipada de provas em litígios empresariais: reflexões sobre a estratégia. *In*: MEDEIROS NETO, Elias Marques de; SIMÃO FILHO, Adalberto (org.). *Direito dos negócios aplicados*. 1. ed. São Paulo: Almedina, 2015. v. 1. p. 255-270.

MANEIRA, Luis Eduardo. *A produção antecipada de provas e o processo tributário*. Jota, 19 de março de 2020. Disponível em: https://www.jota.info/opiniao-e-analise/colunas/pauta-fiscal/a-producao-antecipada-de-provas-e-o-processo-tributario-19032020. Acesso em: 25 out. 2023.

MARINONI, Luiz Guilherme; ARENHART, Sérgio Cruz. *Prova e convicção*: de acordo com o CPC de 2015. 3. ed. rev., atual. e ampl. São Paulo: Revista dos Tribunais, 2015.

MARINONI, Luiz Guilherme; ARENHART, Sérgio Cruz; MITIDIERO, Daniel. *Novo curso de processo civil*. Tutela dos direitos mediante procedimento comum. 3. ed. rev., atual. e ampl. São Paulo: Revista dos Tribunais, 2017. v. 2.

MARINONI, Luiz Guilherme; ARENHART, Sérgio Cruz; MITIDIERO, Daniel. *Novo curso de processo civil*. Tutela dos direitos mediante procedimento comum. 2. ed. rev., atual. e ampl. São Paulo: Revista dos Tribunais, 2016. v. 2.

MARINONI, Luiz Guilherme; ARENHART, Sérgio Cruz; MITIDIERO, Daniel. *Novo Código de Processo Civil comentado*. 3. ed. rev., atual. e ampl. São Paulo: Revista dos Tribunais, 2017.

MARINONI, Luiz Guilherme; ARENHART, Sérgio Cruz; MITIDIERO, Daniel. *Novo curso de processo civil*. Teoria do processo civil de acordo com o novo CPC – Lei 13.363/2016. 3. ed. rev., atual. e ampl. São Paulo: Revista dos Tribunais, 2017. v. 1.

MARTINS, Ives Gandra da Silva. Breves reflexões sobre o direito de defesa nos processos administrativos. *Revista Dialética de Direito Tributário* (RDDT). São Paulo: Dialética, n. 211, p. 88-90, abr. 2013.

MEDINA, José Miguel Garcia. *Direito processual civil moderno*. São Paulo: Revista dos Tribunais, 2015.

MESSIAS, Lorreine Silva *et al*. *Contencioso tributário no Brasil*: relatório 2020: ano referência 2019. São Paulo: Insper, Núcleo de Tributação, 2020. Disponível em: www.insper.edu.br/wp-content/uploads/2020/07/Contencioso_tributario_Relatorio2019_092020_v2.pdf. Acesso em: 01 nov. 2023.

MITIDIERO, Daniel. *Antecipação da tutela*: da tutela cautelar à técnica antecipatória. 3. ed. rev., atual. e ampl. São Paulo: Revista dos Tribunais, 2017.

MITIDIERO, Daniel. *Colaboração no processo civil*: pressupostos sociais, lógicos e éticos. 3. ed. rev., atual. e ampl. de acordo com o novo Código de Processo Civil. São Paulo: Revista dos Tribunais, 2015.

MITIDIERO, Daniel; MARINONI, Luiz Guilherme; ARENHART, Sérgio Cruz. *Novo curso de processo civil*: tutela dos direitos mediante procedimento comum. 3. ed. rev., atual. e ampl. São Paulo: Revista dos Tribunais, 2015. v. 2.

MOLLER, Max. *Sanção política e regime especial de fiscalização*. 2014. Disponível em: https://issuu.com/andersoncruz/docs/revista_05052014. Acesso em: 01 nov. 2023.

OLIVEIRA, Ricardo Mariz de. A prova em questões tributárias. *In*: MACHADO, Hugo de Brito (coord.). *A prova em questões tributárias*. São Paulo: Malheiros, 2014. p. 561-582.

OLIVEIRA, Ricardo Mariz; FAJERSZTAJN, Bruno; SILVA, Fabiana Carsoni Alves Fernandes da. Questões controvertidas no processo administrativo fiscal – CARF. *In*: MARTINS, Ives Gandra da Silva (coord.). *Questões controvertidas no processo administrativo fiscal – CARF*. 18. ed. São Paulo: Revista dos Tribunais, 2012. v. 18. p. 368-419.

PORTANOVA, Rui. *Princípios do processo civil*. Porto Alegre: Livraria do Advogado, 2013.

QUEIROZ, Paulo Deives Ferreira. *Apontamentos sobre produção antecipada de provas*. Migalhas, setembro de 2023. Disponível em: https://www.migalhas.com.br/amp/depeso/393145/apontamentos-sobre-producao-antecipada-de-provas. Acesso em: 27 out. 2023.

RAMOS, Vítor de Paula Ramos. Ônus da prova no processo civil: do ônus ao dever de provar. São Paulo: Revista dos Tribunais, 2015.

TALAMINI, Eduardo. *Produção antecipada de prova*. Disponível em: http://www.migalhas.com.br/dePeso/16,MI235462,51045-Producao+antecipada+de+prova. Acesso em: 01 set. 2017.

TARUFFO, Michelle. *Processo civil comparado*: ensaios. Apresentação, organização e introdução de Daniel Mitidiero. São Paulo: Marcial Pons, 2013. (Coleção Processo e Direito).

TARUFFO, Michelle. *Uma simples verdade*: o juiz e a reconstrução dos fatos. Tradução de Vitor de Paula Ramos. São Paulo: Marcial Pons, 2016.

THEODORO JÚNIOR, Humberto. *O processo justo*: o juiz e seus poderes instrutórios na busca da verdade real. Disponível em: http://www.amlj.com.br/artigos/118-o-processo--justo-o-juiz-e-seus-poderes-instrutoriosna-buscada-verdade-real. Acesso em: 20 ago. 2017.

TOMÉ, Fabiana Del Padre. *A prova no direito tributário*. Prefácio de Paulo de Barros Carvalho. 4. ed. São Paulo: Noeses, 2016.

TOMÉ, Fabiana Del Padre. A prova no processo administrativo federal. *In*: SANTI, Eurico Marcos Diniz de (coord.). *Curso de especialização em direito tributário*: estudos analíticos em homenagem a Paulo de Barros Carvalho. Rio de Janeiro: Forense, 2009. p. 565-570.

YARSHELL, Flavio Luiz. *Antecipação da prova sem o requisito da urgência e direito autônomo à prova*. 2008. Tese de Titularidade (Professor Titular de Direito Processual Civil) – Faculdade de Direito, Universidade de São Paulo, São Paulo, 2008.

YARSHELL, Flavio Luiz. *Antecipação da prova sem o requisito da urgência e direito autônomo à prova*. São Paulo: Malheiros, 2009.

COISA JULGADA TRIBUTÁRIA, MUDANÇA DO ESTADO DE DIREITO E PRECEDENTES VINCULANTES DO SUPERIOR TRIBUNAL DE JUSTIÇA - STJ

Mary Elbe Queiroz[1]

Antonio Carlos de Souza Júnior[2]

---

1. Advogada sócia de Queiroz Advogados Associados. Pós-Doutora pela Universidade de Lisboa e Doutora em Direito Tributário (PUC/SP). Mestre em Direito Público (UFPE). Pós-graduação em Direito Tributário: Universidade de Salamanca – Espanha e Universidade Austral – Argentina. Pós-graduação em Neurociência e Pós-graduanda em Psicologia Positiva (PUC/RS). Presidente do Instituto Pernambucano de Estudos Tributários – IPET. Presidente da Comissão Jurídica do Instituto Brasileiro de Desenvolvimento de Relações Internacionais - IBREI/COJUR. Presidente do Conselho de Notáveis do Instituto das Juristas Brasileiras – IJB. Membro Imortal da Academia Nacional de Ciências Econômicas e Políticas Sociais – ANE. Membro Grupo Mulheres do Brasil. Professora. Livros e artigos publicados e palestras no Brasil e exterior.

2. Advogado sócio de Queiroz Advogados Associados. Doutor em Direito Tributário (USP). Mestre em Direito (UNICAP). Pós-graduação em Direito Tributário pelo IBET/SP. Professor do Curso de Pós-graduação do IBET. Membro Fundador da Associação Brasileira de Direito Processual – ABDPro. Membro da Associação Norte Nordeste de Professores de Processo – ANNEP. Membro consultor da Comissão Especial de Direito Tributário do Conselho Federal da OAB.

INTRODUÇÃO

O tema da coisa julgada nas relações de trato sucessivo, especialmente no âmbito tributário, vem, ao longo das últimas duas décadas, sendo objeto de muitos debates doutrinários e "encontros/desencontros jurisprudenciais", que afetaram profundamente a prática jurídica tributária. Naturalmente, a questão foi selecionada para julgamento pelo Supremo Tribunal Federal nos Temas nº 881 e nº 885.

Em linhas gerais, a dificuldade em se chegar a um consenso sobre o tema decorre da baixa compreensão da comunidade jurídica (*senso comum jurídico*) sobre a existência de regimes distintos da coisa julgada, qual seja: (i) coisa julgada nas relações estáticas (período determinado); (ii) coisa julgadas nas relações estabilizadas processualmente com efeitos futuros (período indeterminado). Outro aspecto que dificulta a harmonia é a compreensão de que, no sistema jurídico brasileiro atual, a edição de alguns precedentes qualificados como vinculantes pela Constituição Federal, pela legislação processual civil e pela legislação tributária poderão modificar o estado de direito até então estabilizado, com possíveis consequências ao regime da coisa julgada nas relações com efeitos futuros.

A questão já foi analisada com profundidade em alguns estudos dos autores, motivo pelo qual não pretendemos retomar toda a discussão[3]. No entanto, com o objetivo

---

3. Cf. SOUZA JÚNIOR, Antonio Carlos de. *Coisa julgada nas relações tributárias sucessivas e a mudança do estado de direito decorrente do precedente do STF.* In: Novo CPC: doutrina selecionada. vol. 2: processo de conhecimento e disposições finais e transitórias. DIDIER JÚNIOR, Fredie *et al.* Salvador: Juspodivm, 2015. QUEIROZ, Mary Elbe. SOUZA JÚNIOR, Antonio Carlos de. *Necessidade de ação de modificação para sustação da coisa julgada nas relações de trato sucessivo.* In: Estudos de direito processual e tributário em homenagem ao ministro Teori Zavascki. Belo Horizonte: D'Plácido Editora, 2018. QUEIROZ, Mary Elbe. SOUZA JÚNIOR, Antonio Carlos de. *Coisa julgada nas relações tributárias sucessivas e a mudança do Estado de Direito decorrente do Precedente do STF: limites jurídicos para aplicação no âmbito do CARF.* In: Segurança jurídica: irretroatividade das decisões judiciais

de situar o leitor, o primeiro item do texto será dedicado a apresentar resumidamente das nossas conclusões sobre o regime da coisa julgada nas relações de trato sucessivo e o recente posicionamento do Supremo Tribunal Federal sobre a questão.

No passo seguinte da exposição, indicaremos alguns dispositivos da legislação (tributária e processual) e decisões dos Tribunais Superiores, os quais acolhem a edição de determinados pronunciamentos vinculantes como verdadeiras alterações jurídicas para fins de cabimento de ação rescisória por violação de norma jurídica, a possibilidade de impugnar o cumprimento de sentença e até mesmo revisar lançamentos e cancelar créditos tributários constituídos.

Finalmente, levantaremos alguns questionamentos sobre a possibilidade de um precedente vinculante do Superior Tribunal de Justiça ser enquadrado como uma mudança do estado de direito para fins de aplicação do art. 505, inciso I, do Código de Processo Civil.

1. RELAÇÕES DE TRATO SUCESSIVO E O REGIME JURÍDICO DA COISA JULGADA

A relação jurídica do ponto de vista temporal pode ser classificada como: (i) instantânea ou estática: aquela em que o fato jurídico é autônomo e todos os elementos da relação são referentes a um mesmo marco temporal ou; (ii) de trato sucessivo: na qual o fato jurídico tributário será renovado para os períodos subsequentes enquanto a mesma situação perdurar.

Em outras palavras, relações de trato sucessivo são aquelas decorrentes de diferentes eventos do mundo

---

prejudiciais aos contribuintes. Sacha Calmon Navarro Coelho (Coord.). Rio de Janeiro: Forense, 2013.p.147-174.

factual que se adequam a uma mesma hipótese de incidência, possibilitando sucessivas implicações da norma geral e abstrata aos fatos ocorridos e, consequentemente, o surgimento de várias normas individuais e concretas.

A relação de trato sucessivo projeta a sua eficácia para o futuro e, consequentemente, a sua tutela jurisdicional deve se adequar a esta particularidade sob pena de não ser efetiva. Por outro lado, o regime jurídico processual da coisa julgada deve também se amoldar a esta particularidade.

Tal regime diferenciado é tratado no art. 505 do CPC:

> Art. 505. Nenhum juiz decidirá novamente as questões já decididas relativas à mesma lide, salvo:
>
> I – se, tratando-se de relação jurídica de trato continuado, sobreveio modificação no estado de fato ou de direito, caso em que poderá a parte pedir a revisão do que foi estatuído na sentença;
>
> II – nos demais casos prescritos em lei.

A solução processual consiste na inserção de um mecanismo de sustação da eficácia da sentença em virtude da modificação do contexto fático ou jurídico em que foi proferida a decisão judicial.

No aludido contexto, da mesma forma que a alteração legislativa inova no mundo jurídico, permitindo que haja a sustação da eficácia futura da sentença qualificada pela coisa julgada individual, a decisão plenária do STF, nos moldes do art. 927 do CPC, assume a condição de ato criador do direito, constituindo também uma alteração no quadro de expectativa normativa, capaz de limitar ou expurgar possibilidades admitidas anteriormente.

Com isso, entende-se que tanto a alteração legislativa quanto a decisão proferida pelo plenário do Supremo Tribunal Federal podem ser caracterizadas como mudança de estado de direito.

Portanto, tanto do ponto de vista da mudança das expectativas normativas que lastreiam o sistema jurídico e vinculam as decisões, quanto da mudança superveniente das circunstâncias que embasaram a decisão anterior, a decisão plenária do STF, dada sua vinculação para as questões tributárias, enquadra-se verdadeiramente como modificação do estado de direito capaz de possibilitar a propositura da ação de modificação prevista no artigo 505, inciso I, do Código de Processo Civil.

Diante da importância da questão, o STF reconheceu a repercussão geral e afetou dois recursos para julgamentos (RE 949.297 e RE 955.227). Eles foram cadastrados como temas de julgamentos diferentes em virtude do tipo de decisão caracterizável como modificação do estado de direito. No RE 955.227, a discussão envolveu decisões plenárias proferidas em controle incidental de constitucionalidade antes e após a instituição do regime da repercussão geral. Por outro lado, no RE 949.297, a mudança do estado de direito é fundamentada em julgamento em sede de controle concentrado de constitucionalidade. Em virtude da clara conexão das questões, porém, foram julgados em conjunto, resultando na aprovação das seguintes teses:

> Tema: 885: 1. As decisões do STF em controle incidental de constitucionalidade, anteriores à instituição do regime de repercussão geral, não impactam automaticamente a coisa julgada que se tenha formado, mesmo nas relações jurídicas tributárias de trato sucessivo. 2. Já as decisões proferidas em ação direta ou em sede de repercussão geral interrompem automaticamente os efeitos temporais das decisões transitadas em julgado nas referidas relações, respeitadas a irretroatividade, a anterioridade anual e a noventena ou a anterioridade nonagesimal, conforme a natureza do tributo.

> Tema 881: 1. As decisões do STF em controle incidental de constitucionalidade, anteriores à instituição do regime de repercussão geral, não impactam automaticamente a coisa julgada que se tenha formado, mesmo nas relações jurídicas tributárias de trato sucessivo. 2. Já as decisões proferidas em ação direta ou em sede de repercussão geral interrompem automaticamente os efeitos temporais

das decisões transitadas em julgado nas referidas relações, respeitadas a irretroatividade, a anterioridade anual e a noventena ou a anterioridade nonagesimal, conforme a natureza do tributo.

2. PRECEDENTES DO STJ E SEUS IMPACTOS NO SISTEMA PROCESSUAL E NA LEGISLAÇÃO TRIBUTÁRIA

O Código de Processo Civil, como sabido, tratou de elencar no art. 927[4] dos tipos de pronunciamento com caráter vinculante dentro da estrutura de aplicação do próprio Poder Judiciário, isto é, estabeleceu um regime de vinculação dos tribunais e magistrados, bem como impôs ônus argumentativos para as partes e demais intervenientes do processo.

Nas hipóteses previstas nos incisos II e II, contudo, a vinculação, por expressa disposição constitucional, também se estende aos demais poderes, inclusive a Administração Tributária. Adicionalmente, no tocante aos precedentes produzidos pelo plenário do Supremo Tribunal Federal no julgamento de recursos extraordinários após à instituição do regime de repercussão geral (art. 927, inciso III), destacamos o recente precedente estabelecido no julgamento do Tema 881, no qual foi reconhecida a vinculação para Administração Tributária:

> **Trecho do voto condutor do Tema 881 do Min. Roberto Barroso**
>
> Assim, aproveito para afirmar ser necessário que esta Corte reconheça que a declaração de inconstitucionalidade, em sede de recurso extraordinário com repercussão geral, possui os mesmos

4. CPC. Art. 927. Os juízes e os tribunais observarão: I - as decisões do Supremo Tribunal Federal em controle concentrado de constitucionalidade; II - os enunciados de súmula vinculante; III - os acórdãos em incidente de assunção de competência ou de resolução de demandas repetitivas e em julgamento de recursos extraordinário e especial repetitivos; IV - os enunciados das súmulas do Supremo Tribunal Federal em matéria constitucional e do Superior Tribunal de Justiça em matéria infraconstitucional;(...)

> efeitos vinculantes e eficácia erga omnes atribuídos às ações de controle abstrato. Nesses casos, a resolução do Senado, a que faz menção o art. 52, X, da CF/1988, possuirá a finalidade de publicizar as decisões de inconstitucionalidade, não configurando requisito para a atribuição de efeitos vinculantes *erga omnes*.
>
> Aponto ainda que a superação da necessidade de resolução do Senado para a atribuição de efeitos vinculantes e eficácia erga omnes às decisões em controle de constitucionalidade não é novidade no âmbito desta Corte. Sob a égide da Constituição de 1967 alterada pela EC nº 1/1969, vigia o art. 42, VII, cuja redação era idêntica à do atual art.52, X, da Constituição de 1988[17]. No entanto, no Processo Administrativo nº 4.477/1972, em deliberação chancelada pelo despacho de 18.04.1977, esta Corte definiu que as decisões, em sede de controle abstrato de constitucionalidade, não seriam mais encaminhadas ao Senado Federal, mas apenas às autoridades prolatoras da legislação, para fins de comunicação. Esta Corte atribuiu, portanto, efeitos vinculantes *erga omnes* às suas próprias decisões em controle abstrato, o que foi positivado com a introdução do art. 175 no Regimento Interno, em 1980, e, posteriormente, com o art. 102, § 2º, na Constituição de 1988.
>
> Desse modo, entendo ser imprescindível que se reconheça a mutação do art. 52, X, da CF/1988, para as decisões proferidas em recurso extraordinário com repercussão geral. Apesar de a matéria de fundo, no presente caso, tratar da constitucionalidade de lei, e não de sua inconstitucionalidade, a nova interpretação do referido dispositivo constitucional é relevantíssima, sobretudo em matéria tributária. Isso porque, atualmente, a Administração Pública não se vincula automaticamente às decisões proferidas em repercussão geral e, em sendo ela quem constitui os créditos tributários, é bastante comum que autuações sejam feitas mesmo após esta Corte ter se manifestado pela inconstitucionalidade do tributo em sede de repercussão geral. Além disso, caso o Tribunal não entenda dessa forma, a própria decisão proferida neste recurso vinculará o Judiciário.
>
> Trata-se, portanto, de passo rumo à consolidação do processo de abstratização do controle difuso, resultando em uma maior integridade à teoria de precedentes, bem como no aprimoramento do controle de constitucionalidade brasileiro.

O tratamento dos precedentes do STF (em controle concentrado ou difuso) como uma mudança normativa também pode ser observado nos dispositivos atinentes ao cumprimento de sentença (art. 525, §§ 12 a 15, e art. 535,

§§ 5º a 8º)[5], o que, em uma interpretação sistemática, reforça o caráter modificativo de tais manifestações. Note-se, todavia, dada sua a excepcionalidade, que não houve uma equiparação com os precedentes repetitivos do Superior Tribunal de Justiça em matéria infraconstitucional.

No cabimento da ação rescisória por violação manifesta de norma jurídica (art. 966, inciso V), porém, o CPC estabeleceu no parágrafo 5º[6] do mesmo artigo uma equiparação

---

5. CPC. Art. 525. Transcorrido o prazo previsto no art. 523 sem o pagamento voluntário, inicia-se o prazo de 15 (quinze) dias para que o executado, independentemente de penhora ou nova intimação, apresente, nos próprios autos, sua impugnação. § 12. Para efeito do disposto no inciso III do § 1º deste artigo, considera-se também inexigível a obrigação reconhecida em título executivo judicial fundado em lei ou ato normativo considerado inconstitucional pelo Supremo Tribunal Federal, ou fundado em aplicação ou interpretação da lei ou do ato normativo tido pelo Supremo Tribunal Federal como incompatível com a Constituição Federal, em controle de constitucionalidade concentrado ou difuso.§ 13. No caso do § 12, os efeitos da decisão do Supremo Tribunal Federal poderão ser modulados no tempo, em atenção à segurança jurídica. § 14. A decisão do Supremo Tribunal Federal referida no § 12 deve ser anterior ao trânsito em julgado da decisão exequenda. § 15. Se a decisão referida no § 12 for proferida após o trânsito em julgado da decisão exequenda, caberá ação rescisória, cujo prazo será contado do trânsito em julgado da decisão proferida pelo Supremo Tribunal Federal. Art. 535. A Fazenda Pública será intimada na pessoa de seu representante judicial, por carga, remessa ou meio eletrônico, para, querendo, no prazo de 30 (trinta) dias e nos próprios autos, impugnar a execução, podendo arguir: § 5º Para efeito do disposto no inciso III do caput deste artigo, considera-se também inexigível a obrigação reconhecida em título executivo judicial fundado em lei ou ato normativo considerado inconstitucional pelo Supremo Tribunal Federal, ou fundado em aplicação ou interpretação da lei ou do ato normativo tido pelo Supremo Tribunal Federal como incompatível com a Constituição Federal, em controle de constitucionalidade concentrado ou difuso.
§ 6º No caso do § 5º, os efeitos da decisão do Supremo Tribunal Federal poderão ser modulados no tempo, de modo a favorecer a segurança jurídica. § 7º A decisão do Supremo Tribunal Federal referida no § 5º deve ter sido proferida antes do trânsito em julgado da decisão exequenda. § 8º Se a decisão referida no § 5º for proferida após o trânsito em julgado da decisão exequenda, caberá ação rescisória, cujo prazo será contado do trânsito em julgado da decisão proferida pelo Supremo Tribunal Federal.

6. CPC. Art. 966. A decisão de mérito, transitada em julgado, pode ser rescindida quando: V - violar manifestamente norma jurídica; § 5º Cabe ação rescisória, com fundamento no inciso V do caput deste artigo, contra decisão baseada em enunciado de súmula ou acórdão proferido em julgamento de casos repetitivos que não tenha considerado a existência de distinção entre a questão discutida no processo e o padrão decisório que lhe deu fundamento.§ 6º Quando a ação rescisória fundar-se na hipótese do § 5º deste artigo, caberá ao autor, sob pena de inépcia, demonstrar,

entre enunciados de súmula ou precedentes proferidos em julgamento de casos repetitivos. Ou seja, para o CPC, desconsiderar tais precedentes, sem apresentar uma distinção ou superação, equivale a uma violação manifesta de norma jurídica, visto que a interpretação vinculante de determinado dispositivo ou questão jurídica foi desconsiderada pela decisão judicial transitada em julgado[7].

Aliás, quando consideramos o tratamento dado pelos Tribunais Superiores aos efeitos da edição de julgados vinculantes nas relações definitivamente constituídas, verificamos uma tendência em se estabelecer a alteração jurisprudencial vinculante como um parâmetro modificativo do estado de direito. Vejamos:

No campo das relações estáticas, o STF tem se debruçado sobre o alcance do enunciado 343 da sua súmula. No julgamento do RE 590.809 (Tema: 136), a Corte entendeu quando a decisão estiver em harmonia com entendimento do STF vigente à época, não cabe ação rescisória em caso de posterior mudança de entendimento. Conclusão semelhante pode ser obtida do julgamento do Recurso Especial n° 1.001.779 (Tema 239[8]).

Ademais, devemos salientar que o STJ, no julgamento da Ação Rescisória n° 5,954, considerou passível de rescisão a decisão que à época da sua produção adotou solução

---

fundamentadamente, tratar-se de situação particularizada por hipótese fática distinta ou de questão jurídica não examinada, a impor outra solução jurídica.

7. No mesmo sentido: Cf. GOUVEIA FILHO, Roberto P. Campos. SOUZA JÚNIOR, Antonio Carlos de. *Ação modificatória em tempos de crise - 5ª parte*. Disponível em: https://emporiododireito.com.br/leitura/a-acao-modificatoria-em-tempos-de-crise-5-parte

8. Tese firmada: A Súmula 343, do Supremo Tribunal Federal, cristalizou o entendimento de que não cabe ação rescisória por ofensa a literal disposição de lei, quando a decisão rescindenda se tiver baseado em texto legal de interpretação controvertida nos tribunais. A ação rescisória resta cabível, se, à época do julgamento cessara a divergência, hipótese em que o julgado divergente, ao revés de afrontar a jurisprudência, viola a lei que confere fundamento jurídico ao pedido.

jurídica contrária ao contemporâneo entendimento majoritário do Tribunal Superior, firmado em julgamento de recursos repetitivos. Tudo a confirmar que, no campo jurisprudencial, a alteração ou edição de julgados de teses repetitivas têm influenciado o contexto jurídico das decisões judiciais, *v.g.*, os julgados estão sendo tomados como novos elementos jurídicos.

Desta feita, no contexto das relações estáticas, é possível concluir que a legislação processual, especialmente no campo do cabimento da ação rescisória, considera as manifestações vinculantes dos tribunais superiores como elemento fundamental para solução do caso concreto, isto é, observar a interpretação vinculante equivale a violar manifestamente a norma jurídica.

Infelizmente, o art. 505 do CPC não foi dotado de parágrafo semelhante ao art. 966, §5º, motivo pelo qual não se estabeleceu com clareza se o precedente vinculante do Superior Tribunal de Justiça pode ser considerado uma mudança do estado de direito para fins de definição dos marcos temporais da coisa julgada nas relações de trato sucessivo.

Seguindo a nossa na análise sobre a possibilidade de se caracterizar um precedente do Superior Tribunal de Justiça como uma mudança do estado de direito em matéria tributária, miramos a nossa investigação para os mecanismos de vinculação dos precedentes judiciais criados pela própria legislação tributária dos entes federativos, especialmente pela União.

Trata-se de medida salutar que busca concretizar o dever de a Administração Tributária fomentar ativamente a segurança jurídica e estabilizar a interpretação da legislação tributária, evitando-se cobrança indevidas e criação de litígios sobre tema pacificado pelos Tribunais Superiores. A referida tendência, inclusive, foi adequadamente abordada em recente projeto de alteração do Código Tributário

Nacional em tramitação no Senado Federal (Projeto de Lei Complementar nº 124/2022):

> Art. 194-B. O trânsito em julgado de controvérsia tributária decidida pelo Supremo Tribunal Federal, sob a sistemática da repercussão geral em matéria constitucional, ou pelo Superior Tribunal de Justiça, sob a sistemática dos recursos repetitivos em matéria infraconstitucional, favoravelmente a contribuintes ou responsáveis, terá eficácia vinculante para a Administração Tributária.
>
> Parágrafo único. No prazo máximo de 90 (noventa) dias, a contar do trânsito em julgado, a Fazenda Pública, por parecer devidamente fundamentado e publicizado:
>
> I – aplicará a orientação adotada pelo STF ou STJ em relação aos seus créditos tributários;
>
> II – indicará os casos em que a Fazenda Pública, tanto na esfera administrativa quanto na judicial, deixará de impugnar pleitos de contribuintes ou responsáveis;
>
> III – indicará os casos em que Fazenda Pública, tanto na esfera administrativa quanto na judicial, desistirá de impugnações ou recursos já formulados.

No âmbito da União, é possível identificar diversos mecanismos de vinculação de precedentes por meio de legislação administrativa própria como, por exemplo, os artigos 19 e 19-A da Lei nº 10.522/2002[9]. Aqui, é possível visualizar o precedente do Superior Tribunal de Justiça, em matéria infraconstitucional, como elemento de vinculação, consoante pode ser observado nos incisos do art. 19, inciso VI, e art. 19-A da Lei nº 10.522/2002:

> Art. 19. Fica a Procuradoria-Geral da Fazenda Nacional dispensada de contestar, de oferecer contrarrazões e de interpor recursos, e fica autorizada a desistir de recursos já interpostos, desde que inexista outro fundamento relevante, na hipótese em que a ação ou a decisão judicial ou administrativa versar sobre: (...)

---

9. Sobre o tema da heterovinculação dos precedentes pela legislação tributária: Cf. SOUZA JÚNIOR, Antonio Carlos de. *A conservação do ato irregular no direito tributário*. São Paulo: Noeses, 2022. p.334 e seguintes.

> VI - tema decidido pelo Supremo Tribunal Federal, em matéria constitucional, ou pelo Superior Tribunal de Justiça, pelo Tribunal Superior do Trabalho, pelo Tribunal Superior Eleitoral ou pela Turma Nacional de Uniformização de Jurisprudência, no âmbito de suas competências, quando:
>
> a) for definido em sede de repercussão geral ou recurso repetitivo; ou
>
> b) não houver viabilidade de reversão da tese firmada em sentido desfavorável à Fazenda Nacional, conforme critérios definidos em ato do Procurador-Geral da Fazenda Nacional;
>
> Art. 19-A. Os Auditores-Fiscais da Secretaria Especial da Receita Federal do Brasil não constituirão os créditos tributários relativos aos temas de que trata o art. 19 desta Lei, observado: (...)
>
> III - nas hipóteses de que tratam o inciso VI do caput e o § 9º do art. 19 desta Lei, a Procuradoria-Geral da Fazenda Nacional deverá manifestar-se sobre as matérias abrangidas por esses dispositivos.
>
> § 1º Os Auditores-Fiscais da Secretaria Especial da Receita Federal do Brasil do Ministério da Economia adotarão, em suas decisões, o entendimento a que estiverem vinculados, inclusive para fins de revisão de ofício do lançamento e de repetição de indébito administrativa.

Note-se que o precedente do Superior Tribunal de Justiça em material infraconstitucional e julgado em sede de recurso repetitivos possui o condão de alterar a dinâmica da tributação na medida em que pode vincular a Receita Federal do Brasil e a própria Procuradoria da Fazenda Nacional. Todavia, não é a simples edição do precedente que promove tal vinculação. A própria norma que instituiu o mecanismo de vinculação dispõe sobre as formalidades que devem ser observadas no âmbito da administração tributária.

Em suma, em exercício sistemático de interpretação da legislação processual e tributária, é possível concluir que apenas os precedentes do Superior do Tribunal de Justiça em recursos repetitivos em matéria estritamente infraconstitucional poderão ser qualificados como uma mudança do estado de direito, desde que assumam uma feição estritamente infraconstitucional e seja revestido das formalidades exigidas pela legislação.

3. PRECEDENTES DO STJ, A DEFINIÇÃO DA QUESTÃO INFRACONSTITUCIONAL E A MUDANÇA DO ESTADO DE DIREITO

Poder-se-ia concluir, considerando as reflexões acima, que os precedentes vinculantes e súmulas dos Tribunais Superiores, conforme o art. 927 do CPC, são modificações do estado de direito, elemento autorizativo da sustação da eficácia futura tal como demarcado no art. 505, inciso I, do mesmo diploma normativo.

No entanto, há uma questão de ordem constitucional que deve ser considerada para o enfretamento do tema, qual seja: a repartição constitucional das competências dos tribunais superiores, notadamente a divisão entre o Superior Tribunal de Justiça (matéria infraconstitucional) e Supremo Tribunal Federal (matéria constitucional).

Isso porque, no desenho institucional realizado pela Constituição Federal, o Superior Tribunal de Justiça (art. 105 da CF) ficou com a competência de uniformizar a interpretação da legislação infraconstitucional, especialmente no contexto do julgamento do recurso especial. Ao Supremo Tribunal Federal coube a função de guardião da constituição, especialmente exercida com o julgamento de ações diretas e recursos extraordinários (art. 102 da CF). O mencionado desenho possibilita, como sabido, a interposição simultânea de recursos especial e extraordinário, bem como o manejo do extraordinário em decorrência de decisão do STJ (CPC – art. 1.029 e seguintes).

Essa peculiaridade institucional permite que uma questão julgada em sede de recursos repetitivos pelo Superior Tribunal de Justiça (precedente vinculante conforme art. 927, inciso IV, do CPC) seja levada, por meio do recurso extraordinário, ao Supremo Tribunal Federal, que analisará a existência ou não de questão constitucional.

Quando o STF reputa ausente qualquer questão constitucional passível de exame, o recurso não será admitido e o precedente firmado no Superior Tribunal de Justiça assume a condição de questão exclusivamente infraconstitucional modificável apenas em virtude de uma superação do precedente ou alteração do quadro legislativo. Por outro lado, caso o STF entenda pela existência de questão constitucional e repercussão geral, o tribunal constitucional poderá chegar a uma conclusão diametralmente oposta ao precedente vinculante produzido pelo STJ.

O contexto acima suscita uma discussão se o precedente repetitivo do STJ poderá configurar, por si só, uma mudança do estado de direito ou necessitará de uma verificação posterior do STF sobre a existência de questão constitucional. Em outras palavras, após a edição do precedente do repetitivo do STJ, a modificação do estado de direito se opera ou deve aguardar a manifestação da corte sobre eventual questão constitucional suscitada em recurso extraordinário? E mais, caso o STF reconheça a existência de questão constitucional e repercussão geral, a configuração da mudança do estado de direito deveria aguardar o julgamento definitivo da questão pelo STF?

Entendemos que somente haverá a mudança do estado de direito em virtude de precedente vinculante editado pelo STJ quando o STF reconhecer a ausência de questão constitucional e/ou repercussão geral passível de atrair a competência do tribunal. Caso seja reconhecida a existência de questão constitucional/repercussão geral, a mudança do estado de direito somente ocorrerá após o julgamento da questão pelo plenário do STF, ainda que a solução jurídica adotada seja idêntica àquela editada pelo STJ.

Para ilustrar a questão, destacamos a discussão envolvendo a incidência do IPI na revenda de produtos importados. O Superior Tribunal de Justiça, em julgamento de recurso repetitivo (Tema 912[10]) ocorrido em 2015, definiu que os produtos importados estão sujeitos a uma nova incidência nas saídas para revenda do estabelecimento importador, mesmo que não tenha sido submetido a processo de industrialização no Brasil. Após o julgamento, o Supremo Tribunal Federal reputou existente questão constitucional e afetou o caso para julgamento no plenário, motivo pelo qual a questão foi julgada sob o regime de repercussão geral (Tema 906[11]) em 2020.

Como visto, a decisão do STF analisou a questão na ótica constitucional e concluiu pela possibilidade de incidência do IPI na revenda de produtos importados, isto é, o resultado foi no mesmo sentido do repetitivo firmado pelo STJ. Porém, a definição de qual o momento da modificação do estado de direito impacta diretamente o recolhimento do tributo, visto que existe um intervalo temporal de aproximadamente 5 anos entre a decisão do STJ e a do STF.

Asiim, o momento exato da modificação do estado de direito foi a decisão emanada pelo Supremo Tribunal Federal. Inclusive, no julgamento da Ação Rescisória nº 6.015, a Primeira Seção do Superior Tribunal de Justiça considerou que a mudança do estado de direito somente ocorreu com a publicação da ata de julgamento do precedente do STF submetido ao rito da repercussão geral (RE 946.648)[12].

10. Tema 912/STJ: Os produtos importados estão sujeitos a uma nova incidência do IPI quando de sua saída do estabelecimento importador na operação de revenda, mesmo que não tenham sofrido industrialização no Brasil.

11. Tema 906/STF: Violação ao princípio da isonomia (art. 150, II, da Constituição Federal) ante a incidência de IPI no momento do desembaraço aduaneiro de produto industrializado, assim como na sua saída do estabelecimento importador para comercialização no mercado interno.

12. O curioso é que, no caso, a ação rescisória nº 6.015 acabou fazendo a função da ação de modificação tratada no tópico seguinte, conforme pode ser observado no

O problema fica ainda mais complexo quando analisamos a possibilidade de a jurisdição constitucional ser provocada por uma ação direta (ADC, ADI e ADPF). Em tal situação, a modificação do estado de direito somente poderá ocorrer após o julgamento realizado pelo Supremo

---

item 10 da ementa a seguir: PROCESSUAL CIVIL E TRIBUTÁRIO. AÇÃO RESCISÓRIA. DECISÃO IMPUGNADA PROFERIDA EM AÇÃO COLETIVA. PRINCÍPIOS DA ISONOMIA TRIBUTÁRIA E DA LIVRE CONCORRÊNCIA. OFENSA. SÚMULA 343 DO STF. INAPLICABILIDADE. EXCEPCIONALIDADE. IMPOSTO SOBRE PRODUTOS INDUSTRIALIZADOS - IPI. PRODUTOS IMPORTADOS. SAÍDA DO ESTABELECIMENTO IMPORTADOR. INCIDÊNCIA. TEMA DEBATIDO EM RECURSO ESPECIAL REPETITIVO E EM REPERCUSSÃO GERAL. COISA JULGADA CONTRÁRIA À TESE VINCULANTE. EFICÁCIA. PUBLICAÇÃO DA ATA DE JULGAMENTO DO PRECEDENTE DO STF. INTERRUPÇÃO. (...) 6. A questão jurídica tratada na decisão rescindenda foi definida por esta Corte Superior, no julgamento do ERESP 1403532/SC (DJe de 18/12/2015), sob o rito dos recursos repetitivos - Tema 912 -, sendo que, posteriormente, o Supremo Tribunal Federal examinou a mesma temática, em repercussão geral, e fixou tese jurídica na mesma linha adotada pelo STJ: "É constitucional a incidência do Imposto sobre Produtos Industrializados - IPI no desembaraço aduaneiro de bem industrializado e na saída do estabelecimento importador para comercialização no mercado interno" (RE n. 946.648/SC, Tribunal Pleno, rel. Min. Marco Aurélio, rel. p/ acórdão Min. Alexandre de Moraes, julgado em 24/08/2020). 7. A matéria relativa aos efeitos temporais dos precedentes obrigatórios em relação às decisões judiciais contrárias ao entendimento firmado e transitadas em julgado antes da fixação da tese vinculante ganhou novos contornos com o julgamento dos Temas 881 (RE 949297 RG/CE, relator Ministro Edson Fachin) e 885 (RE 955227 RG/BA, relator Ministro Luís Roberto Barroso) do STF, que cuidam dos limites da coisa julgada em matéria tributária nas relações de trato sucessivo, diante de acórdãos em sedes de controle concentrado e de controle difuso de constitucionalidade, respectivamente. 8. A tese jurídica prevalecente na Corte Excelsa, mormente no Tema 885, é a de que os julgados proferidos sob o rito da repercussão geral, em razão de sua força vinculante, têm o condão de alterar o quadro jurídico estabelecido anteriormente, situação que autoriza a flexibilização da coisa julgada de acordo com a cláusula rebus sic stantibus, aplicável às relações de trato sucessivo, sendo certo que, nesse contexto, a modificação do status quo tem efeitos imediatos e automáticos, tornando despicienda a propositura de ação rescisória ou de ação revisional (art. 505, I, do CPC/2015). 9. Hipótese em que deve ser reconhecida a procedência parcial da ação rescisória, não sob o enfoque da validade do título judicial rescindendo, como pleiteado pela Fazenda Nacional, mas sim em razão de superveniente norma jurídica - precedente vinculante -, que interrompe a eficácia da coisa julgada, conforme o recentíssimo entendimento adotado pelo Supremo Tribunal Federal no julgamento dos Temas 881 e 885. 10. Pedido rescisório julgado parcialmente procedente para interromper os efeitos da coisa julgada a partir da data de publicação da ata de julgamento do RE 946.648/SC, submetido ao rito da repercussão geral, ocorrida em 09/09/2020. (AR n. 6.015/SC, relator Ministro Gurgel de Faria, Primeira Seção, julgado em 8/2/2023, DJe de 9/5/2023.)

Tribunal Federal, ainda que o mérito da ação não tenha sido apreciado.

CONCLUSÃO

O modelo processual civil brasileiro permite a formulação de pedidos com eficácia futura dentro das relações continuativas ou sucessivas, mas, igualmente, assevera que a eficácia futura da sentença, ainda que atingida pela coisa julgada, possa ser sustada em virtude de alteração de fato e de direito ocorrida supervenientemente. Para tanto, basta o interessado lançar mão da ação de modificação que possui o caráter mandamental e atinge os efeitos futuros da sentença a partir da ocorrência do ato modificativo.

A decisão plenária do Supremo Tribunal Federal, seja em julgamento sob o rito da repercussão geral seja no julgamento de ações diretas (art. 927, incisos I e IV, do CPC), constitui modificação do estado de direito, nos termos do art. 505, inciso I, do CPC e Temas 881 e 885 da RG do STF.

Somente haverá a mudança do estado de direito em virtude de precedente vinculante editado pelo STJ (art. 927, inciso IV, do CPC) se o STF reconhecer a ausência de questão constitucional e/ou repercussão geral passível de atrair a competência do tribunal ou ajuizamento de ação direta para discussão de questão idêntica sob o viés constitucional. Caso seja reconhecida a existência de questão constitucional/repercussão geral ou ajuizamento de ação direta, a mudança do estado de direito somente ocorrerá após o julgamento da questão pelo plenário do STF, ainda que a solução jurídica adotada seja idêntica àquela editada pelo STJ.

COMENTÁRIOS SOBRE A "LEI DO CARF"

Natanael Martins[1]

Felipe Romão de Paiva[2]

1. INTRODUÇÃO

A Lei nº 14.689/2023, conhecida informalmente como "Lei do CARF", retomou a previsão do critério de desempate de julgamentos pelo voto de qualidade de Conselheiros representantes do Fisco ao processo administrativo fiscal. A aprovação da lei foi resultado de um diálogo institucional entre a OAB e a Fazenda Nacional, do qual resultou a ideia de proteger o interesse público nas discussões do CARF, sem onerar excessivamente os contribuintes em casos de controvérsia resolvida pelo voto de qualidade. Pelo presente artigo, os autores pretendem fazer breves anotações sobre as mudanças verificadas em face da "Lei do CARF", bem como tratar de pontos específicos, propondo reflexões tendentes a aprimorar as discussões, sem a intenção de esgotar o debate.

---

1. Mestre em Direito Tributário pela PUC/SP. Sócio de MFT Advocacia Empresarial

2. Mestre em Direito Constitucional pela UFF. Advogado pleno de MFT Advocacia Empresarial.

2. VOTO DE QUALIDADE: FUNDAMENTOS DE SUA [RE]ADOÇÃO

Por ocasião da nova gestão federal, o Ministério da Fazenda apresentou no início do ano um pacote econômico composto por diversas medidas tributárias. Dentre as quais, incluiu-se a Medida Provisória nº 1160/2023, editada para retomar o voto de qualidade no CARF em caso de empate, buscando resolver os julgamentos de maneira favorável à Fazenda, em cuja exposição de motivos[3] constam as alegações de que os empates decididos em favor do contribuinte teriam provocado a reversão de entendimentos do Tribunal acerca de "*grandes temas tributários*", bem como suposta estimativa de perda anual equivalente a R$ 59 bilhões de reais, tendo em vista que, ao se sagrar vencida na via administrativa, a Fazenda está impedida de recorrer ao Judiciário, prejudicando, inclusive, a fixação de entendimentos vinculantes em matérias da alçada do STJ e do STF.

A iniciativa foi alvo de críticas, considerando que os motivos avocados não consubstanciam a relevância e urgência exigidas pela Constituição Federal como pressupostos à edição de medida provisória[4], exceção à tramitação ordinária via projeto de lei. Para que o Governo pudesse falar em derrotas injustificadas, Hamilton Dias de Souza muito bem ponderou que "*seria necessária a constatação de que foram irregulares, como ocorreria se o bloco dos Conselheiros indicados pela iniciativa privada votasse sistematicamente a favor do contribuinte, com o objetivo de forçar empates*". Ou que teria havido desvios mais graves, exigindo apurações inclusive na esfera penal. O citado jurista aprofundou a impugnação aos pressupostos, demonstrando que "*a regra*

---

3. Disponível em http://www.planalto.gov.br/ccivil_03/_ato2023-2026/2023/Exm/Exm-1160-23.pdf

4. CRFB. Art. 62. Em caso de relevância e urgência, o Presidente da República poderá adotar medidas provisórias, com força de lei, devendo submetê-las de imediato ao Congresso Nacional.

de desempate hoje em vigor não apresenta qualquer viés em favor dos contribuintes, pois, após a sua introdução [resolução favorável aos contribuintes em caso de empate, pela Lei 13.988/2020], a maioria absoluta dos processos do Tribunal continuou a ser decidida de modo unânime ou majoritário (94,7%), sendo que, dos casos restantes, apenas 1,9% foram automaticamente desempatados a favor do contribuinte e 3,4% são relativos a processos que não resultam de autos de infração e que ainda se sujeitam a voto de qualidade". Sendo que, "*nesse diminuto universo, é comum que os Conselheiros indicados pelo Fisco votem com os contribuintes e vice-versa, tal como ocorre nas votações por maioria, que responderam por 18,7% dos julgamentos realizados em 2022"*[5].

Assim, a retomada do voto de qualidade pela via da medida provisória teria fundamento exclusivamente arrecadatório, tratando-se de escolha de mera conveniência política, devendo, por isso, observar a regra do rito ordinário legislativo.

Nesse mesmo caminho seguiu a OAB, valendo-se da sua prerrogativa, para ajuizar a Ação Direta de Inconstitucionalidade 7.347 perante o Supremo Tribunal Federal[6], em face da Medida Provisória nº 1.160/2023, sob fundamento de violação ao princípio da legalidade[7]; de necessidade de lei para tratar da matéria[8]; ausência do pressuposto de-

5. SOUZA, Hamilton Dias de. Voto de qualidade: inconstitucionalidade por falta de pressuposto de fato. Disponível em https://www.conjur.com.br/2023-jan-17/dias-souza-voto-qualidade-falta-pressuposto-fato

6. Lei 9.868/1999. Art. 2o Podem propor a ação direta de inconstitucionalidade:
VII - o Conselho Federal da Ordem dos Advogados do Brasil;

7. CRFB. Art. 5º Todos são iguais perante a lei, sem distinção de qualquer natureza, garantindo-se aos brasileiros e aos estrangeiros residentes no País a inviolabilidade do direito à vida, à liberdade, à igualdade, à segurança e à propriedade, nos termos seguintes:
II - ninguém será obrigado a fazer ou deixar de fazer alguma coisa senão em virtude de lei;

8. CRFB. Art. 97. Somente a lei pode estabelecer:
II - a majoração de tributos, ou sua redução, ressalvado o disposto nos artigos 21, 26, 39, 57 e 65;

mocrático na edição da MP; e prevalência do princípio *"in dubio pro contribuinte"*, de que trata o artigo 112 do Código Tributário Nacional[9].

Tão problemáticos os vícios inerentes à medida, e devidamente alardeados perante o debate público, que refletiram em acordo entabulado com o Governo federal, formalizado nos autos da citada ADI em petição requerendo a concessão de medida cautelar[10], consistente em contrapartidas reconhecidas favoravelmente aos contribuintes, a qual, ainda que pendente de decisão pelo Ministro Relator Dias Toffoli, acabou sendo incorporada em paralelo, resultando na redação atual da Lei nº 14.689/2023.

Referido acordo foi possível graças ao diálogo institucional entre a OAB, o Ministério da Fazenda e a Procuradoria-Geral da Fazenda Nacional, tendo sido exaltado como fruto de uma ferramenta democrática para a resolução de temas constitucionais, que permitiu a interação entre os poderes e entre estes e a própria sociedade, de modo que todas as instituições tomaram posições ativas e abertamente responsáveis para a construção do significado material da Constituição.

Imbuídos do espírito otimista que consolidou as contrapartidas reconhecidas aos contribuintes, os Autores passarão a tratar de alguns pontos que chamam a atenção.

V - a cominação de penalidades para as ações ou omissões contrárias a seus dispositivos, ou para outras infrações nela definidas;
VI - as hipóteses de exclusão, suspensão e extinção de créditos tributários, ou de dispensa ou redução de penalidades.

9. CTN. Art. 112. A lei tributária que define infrações, ou lhe comina penalidades, interpreta-se da maneira mais favorável ao acusado, em caso de dúvida quanto:
I - à capitulação legal do fato;
II - à natureza ou às circunstâncias materiais do fato, ou à natureza ou extensão dos seus efeitos;
III - à autoria, imputabilidade, ou punibilidade;
IV - à natureza da penalidade aplicável, ou à sua graduação.

10. Disponível em https://s.oab.org.br/arquivos/2023/02/3835ff07-a710-4873-8635-bfe2c022a79e.pdf

3. EXCLUSÃO DE MULTAS E CANCELAMENTO DA REPRESENTAÇÃO FISCAL PARA FINS PENAIS: APLICAÇÃO A PROCESSOS DECIDIDOS INCLUSIVE SOB A VIGÊNCIA DA MP Nº 1.160/2023 E A PROCESSOS AINDA PENDENTES DE APRECIAÇÃO DE MÉRITO EM TRFS

Como primeiro desdobramento relevante, a previsão para a exclusão de multas e o cancelamento da representação fiscal para fins penais na hipótese de julgamentos empatados e decididos pelo voto de qualidade[11], inclusive aos casos já julgados pelo CARF e ainda pendentes de apreciação do mérito pelo Tribunal Regional Federal competente[12].

Segundo o Parecer do Senador Otto Alencar[13], exarado à ocasião de quando ainda tramitava o Projeto de Lei nº 2.384/2023, o voto de qualidade *"é necessário em decorrência da paridade de composição do Conselho e da impossibilidade de a Fazenda Nacional recorrer ao Poder Judiciário em caso de derrota na esfera administrativa"*, sendo que *"em caso de empate no julgamento, há certa razão do contribuinte em impugnar a exigência fiscal"*, de modo que *"devem ser ao menos afastadas as penalidades tributárias"*. Com isso, infere-se que o legislador entendeu por bem reconhecer o

---

11. Lei 14.689/2023. Art. 2º O Decreto nº 70.235, de 6 de março de 1972, passa a vigorar com as seguintes alterações:
"Art. 25.
§ 9º-A. Ficam excluídas as multas e cancelada a representação fiscal para os fins penais de que trata o art. 83 da Lei nº 9.430, de 27 de dezembro de 1996, na hipótese de julgamento de processo administrativo fiscal resolvido favoravelmente à Fazenda Pública pelo voto de qualidade previsto no § 9º deste artigo.

12. Lei 14.689/2023. Art. 15. O disposto no § 9º-A do art. 25 do Decreto nº 70.235, de 6 de março de 1972, aplica-se inclusive aos casos já julgados pelo Carf e ainda pendentes de apreciação do mérito pelo Tribunal Regional Federal competente na data da publicação desta Lei.

13. Disponível em https://legis.senado.leg.br/sdleg-getter/documento?dm=9436714&ts=1695388985273&rendition=stored-leg-signed-pdf&disposition=inline&_gl=1*11svi1b*_ga*NDA1NTkxMTE1LjE2ODQ0MzczMjc.*_ga_CW3ZH25XMK*MTY5ODE3ODYzMC4xNi4xLjE2OTgxODA1NDAuMC4wLjA.

empate do julgamento como evidência de que o lançamento fiscal em discussão resolvido pelo voto de qualidade é alvo de controvérsia que macula, no mínimo, a higidez do crédito tributário. Nesse contexto, não pareceu razoável manter as penalidades em face do sujeito passivo, muito menos a representação para fins penais, que carrega em si o dolo como pressuposto de sua aplicação.

O ponto inicial de atenção decorre do afastamento das penalidades, tendo sido referenciado na lei a multas em sentido amplo, sem discriminar se haveria alguma exceção, o que nos leva a crer que estão incluídas na desoneração multas tributárias de quaisquer espécies, sejam decorrentes de tributos lançados de ofício, sejam multas isoladas, bem assim as multas aduaneiras, estas bem lembradas pela ilustre Conselheira do CARF Liziane Angelotti Meira[14].

Outro ponto de destaque reside na extensão dos efeitos dada pelo artigo 15 da lei, ao contemplar também os casos já julgados pelo CARF e os processos judiciais pendentes de julgamento em segunda instância, medida que merece ser exaltada, dado os efeitos aplicáveis a casos ainda não transitados em julgados, à luz da retroatividade benigna, direito de índole fundamental previsto pelo artigo 5º, inciso XL da Constituição Federal[15], e pelo artigo 106, inciso II, alínea "c" do Código Tributário Nacional[16].

---

14. Meira, Liziane Angelotti. Lei 14.689/2023: no retorno do voto de qualidade, como ficaram as multas? Disponível em https://www.conjur.com.br/2023-out-10/territorio-aduaneiro-retorno-voto-qualidade-ficaram-multas

15. CRFB. Art. 5º. Todos são iguais perante a lei, sem distinção de qualquer natureza, garantindo-se aos brasileiros e aos estrangeiros residentes no País a inviolabilidade do direito à vida, à liberdade, à igualdade, à segurança e à propriedade, nos termos seguintes:
XL - a lei penal não retroagirá, salvo para beneficiar o réu;

16. CTN. Art. 106. A lei aplica-se a ato ou fato pretérito:
II - tratando-se de ato não definitivamente julgado:
c) quando lhe comine penalidade menos severa que a prevista na lei vigente ao tempo da sua prática.

Apesar de a Lei do CARF prever a retroatividade, e tendo em vista o princípio basilar de hermenêutica jurídica de que se deve considerar os comandos dispostos na literalidade da lei, fato é que não se deve passar despercebido o limite imposto à retroação dos efeitos aos casos somente até a segunda instância judicial, sem abranger as instâncias especiais do STJ e STF, desprovido de qualquer justificativa para tanto. Considerando que as Cortes são também responsáveis por julgar o mérito em face da legislação infraconstitucional e da Constituição Federal, respectivamente[17], inclusive sob efeitos vinculantes[18], entendemos questionável e contraditória referida limitação, cuja dicção literal aparenta não se sustentar em eventual análise judicial nesses termos.

---

17. CRFB. Art. 105. Compete ao Superior Tribunal de Justiça:
III - julgar, em recurso especial, as causas decididas, em única ou última instância, pelos Tribunais Regionais Federais ou pelos tribunais dos Estados, do Distrito Federal e Territórios, quando a decisão recorrida:
a) contrariar tratado ou lei federal, ou negar-lhes vigência;
b) julgar válida lei ou ato de governo local contestado em face de lei federal;
CRFB. Art. 102. Compete ao Supremo Tribunal Federal, precipuamente, a guarda da Constituição, cabendo-lhe:
III - julgar, mediante recurso extraordinário, as causas decididas em única ou última instância, quando a decisão recorrida:
a) contrariar dispositivo desta Constituição;
b) declarar a inconstitucionalidade de tratado ou lei federal;
c) julgar válida lei ou ato de governo local contestado em face desta Constituição.
d) julgar válida lei local contestada em face de lei federal.
b) julgar válido ato de governo local contestado em face de lei federal;
c) der a lei federal interpretação divergente da que lhe haja atribuído outro tribunal.

18. CPC. Art. 927. Os juízes e os tribunais observarão:
I - as decisões do Supremo Tribunal Federal em controle concentrado de constitucionalidade;
II - os enunciados de súmula vinculante;
III - os acórdãos em incidente de assunção de competência ou de resolução de demandas repetitivas e em julgamento de recursos extraordinário e especial repetitivos;
IV - os enunciados das súmulas do Supremo Tribunal Federal em matéria constitucional e do Superior Tribunal de Justiça em matéria infraconstitucional;

4. VOTO DE QUALIDADE E A QUESTÃO DOS RESPONSÁVEIS SOLIDÁRIOS

Como estamos a tratar, a Lei nº 14.689/2023 retomou o voto de qualidade em casos de empate, favorável ao Fisco, condicionado às contrapartidas postuladas em debate institucional sobre o tema, o qual foi exaltado por traduzir essencialmente o espírito democrático regente da República Federativa do Brasil[19].

Pois bem. Se o legislador teve o cuidado de desonerar o sujeito passivo principal das penalidades no contexto em que o crédito tributário é fundado em dúvidas, tendo em vista o empate à ocasião do julgamento, parece-nos natural a extensão desses efeitos aos sujeitos solidariamente responsabilizados pelo mesmo crédito, e, portanto, a quem também recai as mesmas penalidades, pela ótica de que o suposto dolo reconhecido ao devedor principal seria compartilhado pelos responsáveis solidários.

Ora, se há fundada dúvida sobre o crédito tributário ao ponto de desonerar as multas e cancelar a representação fiscal para os fins penais, haveria motivo para manter a sujeição passiva atribuída a responsáveis solidários?

Esta provocação que por ora fazemos advém de uma tentativa de dialogar com a opinião jurídica do ilustre procurador da Fazenda Nacional, Fabrício Sarmanho de Albuquerque, em artigo veiculado pelo Valor Econômico na edição do dia 18/10/2023[20], escrito a título da promulgação

19. CRFB. Art. 1º A República Federativa do Brasil, formada pela união indissolúvel dos Estados e Municípios e do Distrito Federal, constitui-se em Estado Democrático de Direito e tem como fundamentos:
I - a soberania;
II - a cidadania;
Parágrafo único. Todo o poder emana do povo, que o exerce por meio de representantes eleitos ou diretamente, nos termos desta Constituição.

20. Disponível em https://valor.globo.com/legislacao/coluna/uniao-consegue-aprovar-nova-lei-do-carf-falta-a-regulamentacao.ghtml

da Lei do CARF. Em breve síntese, o autor defende a necessidade de regulamentação da nova lei, dado que, por exemplo, a exoneração da multa e o cancelamento da representação fiscal para fins penais seria medida aplicável somente nos casos em que o voto de qualidade recaia sobre decisão de mérito, isto é, considerando a exigência fiscal em si, uma vez que a multa é acessória do valor do principal. Por esse raciocínio, o autor estabelece um critério de *distinguish* em que a responsabilidade solidária não estaria contemplada por essa desoneração, pois diria respeito a questão preliminar, por se tratar de ilegitimidade passiva, com fundamento legal nos artigos 337, inciso XI e 485, ambos do Código de Processo Civil[21].

Ainda que se queira considerar o debate em torno da ilegitimidade passiva como uma preliminar de mérito, a responsabilidade solidária vai além de mera preliminar, cingindo-se ao mérito. É o que acontece nas modalidades disposta pelo artigo 124, inciso I[22], quanto no artigo 135[23], ambos do Código Tributário Nacional, que, em linhas gerais, comungam do pressuposto de que teria havido relação direta e pessoal do sujeito tido por responsável solidário com o(s) ato(s) que deram azo à relação jurídica-tributária, especialmente quando tais atos dificultaram ou impediram

---

21. CPC. Art. 337. Incumbe ao réu, antes de discutir o mérito, alegar:
XI - ausência de legitimidade ou de interesse processual;
Art. 485. O juiz não resolverá o mérito quando:
VI - verificar ausência de legitimidade ou de interesse processual;

22. CTN. Art. 124. São solidariamente obrigadas:
I - as pessoas que tenham interesse comum na situação que constitua o fato gerador da obrigação principal;

23. CTN. Art. 135. São pessoalmente responsáveis pelos créditos correspondentes a obrigações tributárias resultantes de atos praticados com excesso de poderes ou infração de lei, contrato social ou estatutos:
I - as pessoas referidas no artigo anterior;
II - os mandatários, prepostos e empregados;
III - os diretores, gerentes ou representantes de pessoas jurídicas de direito privado.

a arrecadação de tributos, ou que teria sido resultante de atos praticados por sócios e/ou administradores com excesso de poderes ou infração de lei, contrato social ou estatutos. Ou seja, as responsabilidades de que tratam os citados artigos resultam de suposto ilícito por parte dos sujeitos, de cujo alegado dolo advém a imputação da responsabilidade pela obrigação tributária em face daquele que agiu no intuito de burlar o dever de recolher tributos[24]. Vale dizer, apenas os ilícitos tributários que acarretam sanções administrativas e penais são aqueles passíveis de responsabilização solidária, pela qual se estabelece relação jurídica de caráter sancionatório, sobre a qual repousa a discussão.

Veja que aqui não se trata de argumento pela ilegitimidade passiva, mas, sim, pela análise de mérito que envolve aferir e mensurar a extensão da responsabilidade tendo como parâmetro o próprio fato gerador, que é o mérito da exigência fiscal, do qual decorre a penalidade aplicada.

Assim, se a Lei nº 14.689/2023 impõe condição objetiva aos julgamentos no âmbito do CARF, de cuja decisão favorável ao Fisco em caso de empate emerge a inimputabilidade do agente, no que tange a multas e à representação fiscal para fins penais, é fato que os responsáveis solidários também devem ser beneficiados proporcionalmente à extensão da responsabilidade a eles recaída, máxime porque, *in casu*, a atribuição de responsabilidade solidária a terceiros, regra geral, funda-se na imputação de conduta dolosa a eles atribuída pela administração tributária no ato de lançamento[25].

Desse ponto se extrai o princípio *"in dubio pro contribuinte"*, que é aquele que impõe a busca por um estado ideal de coisas, mediante a máxima efetividade dos direitos

---

24. DARZÉ, Andréa M. Responsabilidade tributária Solidariedade e Subsidiariedade. São Paulo: Noeses, 2010, p. 96.

25. Vide, a propósito dessa afirmação, as diretrizes postas no PN COSIT/RFB nº 4/2018 sobre imputação de responsabilidade solidária a terceiros.

fundamentais que lhe são garantidos[26]. Referido princípio decorre da própria estrutura do processo administrativo fiscal, que é essencialmente acusatório, eis que voltado para a constrição do patrimônio dos contribuintes, eventualmente redirecionado para a constrição de sua liberdade, quando desborda para aspectos criminais, fruto de problemas tributários. Logo, tratando-se de processo sob o rito acusatório em que há empate no julgamento, a dúvida razoável deve refletir favoravelmente ao contribuinte[27]. Nesses termos, ao estabelecer o voto de qualidade favoravelmente ao Fisco, o legislador entendeu-se por desonerar a multa e cancelar a representação fiscal para fins penais, aplicando-se o princípio de forma mitigada.

A preponderância do princípio *"in dubio pro contribuinte"* é tamanha que o artigo 112, inciso II do Código Tributário Nacional[28] impõe a regra da interpretação benigna da penalidade ao contribuinte, em relação à natureza ou às circunstâncias materiais do fato, ou à extensão dos seus efeitos. De modo que, se as punições administrativas e penais aplicáveis àqueles acusados de transgredirem o ordenamento jurídico tributário são estendidas aos responsáveis solidários, os efeitos da exoneração da multa e do cancelamento da representação fiscal para fins penais também devem se estender em igual medida.

---

26. MARTINS, Natanael. O voto de qualidade e a questão da multa qualificada.

27. SCAFF. Fernando Facury. O governo errou no CARF. O princípio é *in dubio pro contribuinte*. Disponível em https://www.conjur.com.br/2023-jan-23/justica-tributaria-governo-errou-principio-in-dubio-pro-contribuinte

28. CTN. Art. 112. A lei tributária que define infrações, ou lhe comina penalidades, interpreta-se da maneira mais favorável ao acusado, em caso de dúvida quanto:
I - à capitulação legal do fato;
II - à natureza ou às circunstâncias materiais do fato, ou à natureza ou extensão dos seus efeitos;
III - à autoria, imputabilidade, ou punibilidade;
IV - à natureza da penalidade aplicável, ou à sua graduação.

5. PAGAMENTO A VISTA: EXCLUSÃO DE JUROS, POSSIBILIDADE DE USO DE PREJUÍZOS FISCAIS E DE USO DE PRECATÓRIOS

Outro desdobramento relevante diz respeito à exclusão dos juros SELIC, incidente sobre o valor de principal, de maneira proporcional ao atraso do pagamento, desde que o devedor reconheça o crédito tributário como devido e se manifeste interessado em quitá-lo no prazo de 90 dias, podendo ser parcelado em até 12 parcelas[29].

Além da exclusão dos juros, o artigo dispõe um verdadeiro rol de possibilidades admitidas pela Fazenda Pública ao pagamento do crédito tributário, como a utilização de créditos de prejuízo fiscal e de base de cálculo negativa, inclusive de pessoa jurídica controladora ou controlada, de forma direta ou indireta, ou mesmo de sociedades que sejam controladas diretamente ou indiretamente por uma mesma pessoa jurídica, sob condição resolutória de sua ulterior homologação pela Receita Federal do Brasil, no prazo máximo de 5 (cinco) anos.

Por fim, destacamos também a escolha do legislador em permitir o pagamento mediante uso de precatórios[30].

---

29. Lei 14.689/2023. Art. 2º O Decreto nº 70.235, de 6 de março de 1972, passa a vigorar com as seguintes alterações:
"Art. 25-A. Na hipótese de julgamento de processo administrativo fiscal resolvido definitivamente a favor da Fazenda Pública pelo voto de qualidade previsto no § 9º do art. 25 deste Decreto, e desde que haja a efetiva manifestação do contribuinte para pagamento no prazo de 90 (noventa) dias, serão excluídos, até a data do acordo para pagamento, os juros de mora de que trata o art. 13 da Lei nº 9.065, de 20 de junho de 1995.
§ 1º O pagamento referido no caput deste artigo poderá ser realizado em até 12 (doze) parcelas, mensais e sucessivas, corrigidas nos termos do art. 13 da Lei nº 9.065, de 20 de junho de 1995, e abrangerá o montante principal do crédito tributário.
§ 2º No caso de não pagamento nos termos do caput ou de inadimplemento de qualquer das parcelas previstas no § 1º deste artigo, serão retomados os juros de mora de que trata o art. 13 da Lei nº 9.065, de 20 de junho de 1995.

30. Lei 14.689/2023. Art. 25-A.
§ 1º O pagamento referido no caput deste artigo poderá ser realizado em até 12 (doze)

6. DISCUSSÃO JUDICIAL DA MATÉRIA: DISPENSA DE ENCARGOS LEGAIS E DE GARANTIAS A CONTRIBUINTES "ROTULADOS" COM CAPACIDADE DE PAGAMENTO; POSSIBILIDADE DE CELEBRAÇÃO DE NJP OU OUTRA SOLUÇÃO QUALQUER SOBRE ACEITAÇÃO DE GARANTIAS; E POSSIBILIDADE DE PROPOSTA ACORDO DE TRANSAÇÃO ESPECÍFICA PELO SUJEITO PASSIVO

---

parcelas, mensais e sucessivas, corrigidas nos termos do art. 13 da Lei nº 9.065, de 20 de junho de 1995, e abrangerá o montante principal do crédito tributário.

§ 3º Para efeito do disposto no § 1º deste artigo, admite-se a utilização de créditos de prejuízo fiscal e de base de cálculo negativa da Contribuição Social sobre o Lucro Líquido (CSLL) de titularidade do sujeito passivo, de pessoa jurídica controladora ou controlada, de forma direta ou indireta, ou de sociedades que sejam controladas direta ou indiretamente por uma mesma pessoa jurídica, apurados e declarados à Secretaria Especial da Receita Federal do Brasil, independentemente do ramo de atividade.

§ 4º O valor dos créditos a que se refere o § 3º deste artigo será determinado, na forma da regulamentação:

I – por meio da aplicação das alíquotas do imposto de renda previstas no art. 3º da Lei nº 9.249, de 26 de dezembro de 1995, sobre o montante do prejuízo fiscal; e

II – por meio da aplicação das alíquotas da CSLL previstas no art. 3º da Lei nº 7.689, de 15 de dezembro de 1988, sobre o montante da base de cálculo negativa da contribuição.

§ 5º A utilização dos créditos a que se refere o § 3º deste artigo extingue os débitos sob condição resolutória de sua ulterior homologação.

§ 6º A Secretaria Especial da Receita Federal do Brasil dispõe do prazo de 5 (cinco) anos para a análise dos créditos utilizados na forma do § 3º deste artigo.

§ 7º O disposto no caput deste artigo aplica-se exclusivamente à parcela controvertida, resolvida pelo voto de qualidade previsto no § 9º do art. 25 deste Decreto, no âmbito do Conselho Administrativo de Recursos Fiscais.

§ 8º Se não houver opção pelo pagamento na forma deste artigo, os créditos definitivamente constituídos serão encaminhados para inscrição em dívida ativa da União em até 90 (noventa) dias e:

I – não incidirá o encargo de que trata o art. 1º do Decreto-Lei nº 1.025, de 21 de outubro de 1969; e

II – será aplicado o disposto no § 9º-A do art. 25 deste Decreto.

§ 9º No curso do prazo previsto no caput deste artigo, os créditos tributários objeto de negociação não serão óbice à emissão de certidão de regularidade fiscal, nos termos do art. 206 da Lei nº 5.172, de 25 de outubro de 1966 (Código Tributário Nacional).

§ 10. O pagamento referido no § 1º deste artigo compreende o uso de precatórios para amortização ou liquidação do remanescente, na forma do § 11 do art. 100 da Constituição Federal."

Outro ponto que merece destaque diz respeito às medidas que privilegiam contribuintes adimplentes vencidos no CARF pelo voto de qualidade, sem ofender os princípios da igualdade e isonomia, quais sejam: (i) inscrição do crédito tributário em dívida ativa sem a inclusão do encargo de que trata o artigo 1º do Decreto-Lei nº 1.025/1969; (ii) possibilidade de concessão de "transação tributária específica"[31]; (iii) dispensa da apresentação de garantia para a discussão judicial dos créditos tributários mantidos pelo voto de qualidade aos contribuintes tidos com capacidade para pagamento; (iv) inexecução, quando exigidas, de garantias até o trânsito em julgado da medida judicial; e (v) possibilidade de celebração negócio jurídico processual ("NJP") para o aceite, avaliação, modo de constrição e substituição de garantias, em seu artigo [32].

---

31. Lei 14.689/2023. Art. 3º Os créditos inscritos em dívida ativa da União em discussão judicial que tiverem sido resolvidos favoravelmente à Fazenda Pública pelo voto de qualidade previsto no § 9º do art. 25 do Decreto nº 70.235, de 6 de março de 1972, poderão ser objeto de proposta de acordo de transação tributária específica, de iniciativa do sujeito passivo.

32. Lei 14.689/2023. Art. 4º Aos contribuintes com capacidade de pagamento, fica dispensada a apresentação de garantia para a discussão judicial dos créditos resolvidos favoravelmente à Fazenda Pública pelo voto de qualidade previsto no § 9º do art. 25 do Decreto nº 70.235, de 6 de março de 1972.
§ 1º O disposto no caput deste artigo não se aplica aos contribuintes que, nos 12 (doze) meses que antecederam o ajuizamento da medida judicial que tenha por objeto o crédito, não tiveram certidão de regularidade fiscal válida por mais de 3 (três) meses, consecutivos ou não, expedida conjuntamente pela Secretaria Especial da Receita Federal do Brasil e pela Procuradoria-Geral da Fazenda Nacional.
§ 2º Para os fins do disposto no caput deste artigo, a capacidade de pagamento será aferida considerando-se o patrimônio líquido do sujeito passivo, desde que o contribuinte:
I – apresente relatório de auditoria independente sobre as demonstrações financeiras, caso seja pessoa jurídica;
II – apresente relação de bens livres e desimpedidos para futura garantia do crédito tributário, em caso de decisão desfavorável em primeira instância;
III – comunique à Procuradoria-Geral da Fazenda Nacional a alienação ou a oneração dos bens de que trata o inciso II deste parágrafo e apresente outros bens livres e desimpedidos para fins de substituição daqueles, sob pena de propositura de medida cautelar fiscal; e
IV – não possua outros créditos para com a Fazenda Pública, presentes e futuros, em situação de exigibilidade.

7. INCENTIVOS À CONFORMIDADE TRIBUTÁRIA: OPÇÃO OU DEVER DA ADMINISTRAÇÃO TRIBUTÁRIA – CONSEQUÊNCIAS

Após lapidar os critérios de classificação de "bom contribuinte", o legislador do CARF cuidou da cultura de *conformidade tributária*, instituindo o chamado *"contribuinte conforme"*, aquele tido como regular no âmbito cadastral e fiscal, mediante aferição de que age de maneira compatível à lei, transmitindo e declarando informações consistentes ao Fisco[33]. E, uma vez atendidos tais pressupostos, como incentivo para estar conforme, o legislador entendeu por reconhecer a esses contribuintes o direito à autorregularização, impondo à Administração Tributária o *poder-dever* de (i) orientar os contribuintes em matéria tributária e aduaneira; (ii) não aplicar eventual penalidade administrativa; (iii) conceder prazos maiores para o recolhimento de tributos sem penalidades; e (iv) dar prioridade de análise em processos administrativos, inclusive de restituição, compensação ou de ressarcimento de créditos[34].

---

§ 3º Nos casos em que seja exigível a apresentação de garantia para a discussão judicial de créditos resolvidos favoravelmente à Fazenda Pública pelo voto de qualidade previsto no § 9º do art. 25 do Decreto nº 70.235, de 6 de março de 1972, não será admitida a execução da garantia até o trânsito em julgado da medida judicial, ressalvados os casos de alienação antecipada previstos na legislação.
§ 4º O disposto neste artigo não impede a celebração de negócio jurídico ou qualquer outra solução consensual com a Fazenda Pública credora que verse sobre a aceitação, a avaliação, o modo de constrição e a substituição de garantias.
§ 5º Caberá ao Procurador-Geral da Fazenda Nacional disciplinar a aplicação do disposto neste artigo.

33. Lei 14.689/2023. Art. 7º Para aplicação das medidas de incentivo à conformidade tributária, a Secretaria Especial da Receita Federal do Brasil considerará os seguintes critérios:
I – regularidade cadastral;
II – histórico de regularidade fiscal do sujeito passivo;
III – compatibilidade entre escriturações ou declarações e os atos praticados pelo contribuinte;
IV – consistência das informações prestadas nas declarações e nas escriturações.

34. Lei 14.689/2023. § 1º Como incentivo à conformidade tributária, deverão ser

Neste ponto, é importante destacar que o legislador empregou um tom impositivo à Administração Pública, a qual, sob a competência de exercer “função administrativa”, está autorizada a utilizar de suas prerrogativas quando, e na medida indispensável ao atendimento dos interesses públicos[35]. Ora, conjugando-se os interesses arrecadatórios e de “compliance”, o legislador entendeu legítimo privilegiar o contribuinte que é bom pagador e que age conforme a legislação tributária, ambos à luz do interesse público.

Desse modo, o legislador, certamente inspirado pelos critérios de lógica, prudência e razoabilidade, sob os princípios constitucionais da legalidade, impessoalidade, moralidade, publicidade e eficiência[36], *autorizou* a Administração Pública a adotar as medidas de autorregularização em prol desses contribuintes.

Mas, tratando-se de ônus decorrente da atribuição de um *poder-dever*, a Administração Pública não pode se furtar de deferir o tratamento especial quanto à autorregularização aos contribuintes que demonstram os pressupostos legais, para cuja verificação basta a aplicação dos critérios objetivos instituídos pelo artigo 7º, *caput*, da Lei nº 14.689/2023, seja de ofício, seja de iniciativa dos próprios contribuintes.

---

adotadas as seguintes medidas, com vistas à autorregularização:
I – procedimentos de orientação tributária e aduaneira prévia;
II – não aplicação de eventual penalidade administrativa;
III – concessão de prazo para o recolhimento de tributos devidos sem a aplicação de penalidades;
V – prioridade de análise em processos administrativos, inclusive quanto a pedidos de restituição, de compensação ou de ressarcimento de direitos creditórios; e
VI – atendimento preferencial em serviços presenciais ou virtuais.

35. MELLO, Celso Antônio Bandeira de. Curso de Direito Administrativo. 36 ed. Belo Horizonte: Fórum, 2023. P. 61

36. CRFB. Art. 37. A administração pública direta e indireta de qualquer dos Poderes da União, dos Estados, do Distrito Federal e dos Municípios obedecerá aos princípios de legalidade, impessoalidade, moralidade, publicidade e eficiência e, também, ao seguinte:

Aliás, a instituição da cultura de conformidade tributária vai ao encontro do movimento global preconizado pela Organização para a Cooperação e Desenvolvimento Econômico (OCDE), em prol do novo modelo de relação entre o Fisco e os contribuintes, pautado, dentre outras diretrizes, pela transparência, igualdade e conhecimento da realidade empresarial, conforme ressaltado em Parecer do Senador Otto Alencar[37].

Justamente por isso, não se pode perder de vista que as condições e efeitos relacionados à aplicação de incentivos à conformidade tributária demonstram que a norma se reveste de conteúdos de norma direito processual e material, isto é, norma de natureza híbrida, tão bem estudadas em Direito Penal, dado que regulam aspectos relacionados aos sujeitos, ao objeto e aos atos processuais, ao mesmo tempo em que vinculam à teoria do fato gerador e suas consequências, pelo que é possível sustentar-se, inclusive, a sua aplicação retroativa a casos ainda pendentes de julgamento, na linha do quanto aqui já dito sobre a aplicação retroativa do voto de qualidade.

8. CONCLUSÃO

A Lei nº 14.689/2023 foi promulgada após intenso debate inicialmente derivado da controvertida intenção de impor o voto de qualidade pela via oblíqua da Medida Provisória nº 1.160/2023, cujas polêmicas fomentaram o debate democrático sobre o tema, culminando na redação atual da lei ordinária, editada concorrentemente à referida MP. Apesar de retomado o desfecho favorável ao Fisco em caso de empate, as contrapartidas reconhecidas pareceram sopesar os

---

37. Disponível em https://legis.senado.leg.br/sdleg-getter/documento?dm=9436714&ts=1695388985273&rendition=stored-leg-signed-pdf&disposition=inline&_gl=1*11svi1b*_ga*NDA1NTkxMTE1LjE2ODQ0MzczMjc.*_ga_CW3ZH25XMK*MTY5ODE3ODYzMC4xNi4xLjE2OTgxODA1NDAuMC4wLjA.

efeitos deletérios da manutenção do crédito em contexto que repousa fundada dúvida acerca de sua exigibilidade.

A nova lei do CARF trouxe alterações substanciais e que merecem ser exaltadas, sem prejuízo da regulamentação de alguns pontos que se faz necessária. Através desse artigo, os autores pretenderam enriquecer o debate público sobre a nova lei, tecendo comentários sobre eventuais desdobramentos que podem surgir do tema, especialmente a extensão dos efeitos aos responsáveis solidários.

REFERÊNCIAS BIBLIOGRÁFICAS

Constituição da República Federativa do Brasil.

DARZÉ, Andréa M. Responsabilidade tributária Solidariedade e Subsidiariedade. São Paulo: Noeses, 2010, p. 96

MARTINS, Natanael. O voto de qualidade e a questão da multa qualificada. Disponível em https://www.ibet.com.br/o-voto-de-qualidade-e-a-questao-da-multa-qualificada-por-natanael-martins/

Meira, Liziane Angelotti. Lei 14.689/2023: no retorno do voto de qualidade, como ficaram as multas? Disponível em https://www.conjur.com.br/2023-out-10/territorio-aduaneiro-retorno-voto-qualidade-ficaram-multas

MELLO, Celso Antônio Bandeira de. Curso de Direito Administrativo. 36 ed. Belo Horizonte: Fórum, 2023. P. 61

NETO, Carlos Augusto Daniel; RIBEIRO, Diego Diniz. O artigo 19-E da Lei 10.522 e sua retroatividade. Disponível em https://www.conjur.com.br/2020-jun-03/direto-carf-artigo19-lei-10522-esua-retroatividade

NETO, Carlos Augusto Daniel. Lei 14.689/2023: a fantástica fábrica do metacontencioso tributário. Disponível em https://www.conjur.com.br/2023-out-11/direto-carf-lei-1468923-fantastica-fabrica-metacontencioso-tributario

Ordem dos Advogados do Brasil. Disponível em https://www.oab.org.br/noticia/60735/oab-nacional-e-fazenda-constroem-acordo-que-resguarda-contribuintes-em-julgamentos-no-carf

Parecer Normativo COSIT/RFB nº 4/2018

Senado Federal. Parecer Disponível em https://legis.senado.leg.br/sdleg-getter/documento?dm=9436714&ts=1695388985273&rendition=stored-leg-signed-pdf&disposition=inline&_gl=1*11svi1b*_ga*NDA1NTkxMTE1LjE2ODQ0MzczMjc.*_ga_CW3ZH25XMK*MTY5ODE3ODYzMC4xNi4xLjE2OTgxODA1NDAuMC4wLjA.

SOUZA, Hamilton Dias de. Voto de qualidade: inconstitucionalidade por falta de pressuposto de fato. Disponível em https://www.conjur.com.br/2023-jan-17/dias-souza-voto-qualidade-falta-pressuposto-fato

[1]OPERAÇÕES DE CRÉDITO DO AGRONEGÓCIO

Nereida Horta[2]

I - INTRODUÇÃO

A participação do setor do agronegócio brasileiro no PIB[3] total de 2023, deve ficar em torno de 24,4% do PIB do país, ou R$2,63 trilhões, baseado nos estudos realizados pelo CEPEA[4], da Esalq/USP em parceria com a CNA[5]. O desempenho do setor foi mais modesto que em anos anteriores, representando uma recuperação, no segundo semestre de 2023, de 0,27% que deve resultar em 0,50% no acumulado do ano. Esse desempenho foi sustentado pela safra recorde no campo e pelo crescimento da produção pecuária que implicou em maior demanda para os segmentos de insumos e agrosserviços.

---

1. Escola Superior de Agricultura "Luiz de Queiroz" da Universidade de São Paulo

2. *Advogada, Professora, ex-conselheira do CARF e Mestranda pelo IBDT.*

3. Produto Interno Bruto.

4. Centro de Estudos Avançados em Economia Aplicada. Disponível em: https://www.cepea.esalq.usp.br/br/pib-do-agronegocio-brasileiro.aspx#:~:text=Considerando%2Dse%20os%20desempenhos%20parciais,%2C5%25%20registrados%20em%202021. (Acessado em 1º/11/20223)

5. Confederação Nacional da Agricultura e Pecuária do Brasil.

Uma das principais condicionantes desse crescimento do PIB do agronegócio é a variedade de fontes de financiamento ou créditos rurais. Esse setor tem sofrido bastante intervenção do poder público principalmente em relação *à elevada regulamentação, direcionamento dos recursos, fixação dos juros, edição de programas de renegociação de dívida e concessão de subsídios explícitos e implícitos*. Porém, como a atuação do setor público não tem sido suficiente, vem sendo também impactada pelos recursos privados pela redução do subsídio público[6].

O crédito rural e financiamento do agronegócio evoluiu de R$304,9 bilhões, em 2018, para R$617, 7 bilhões, em 2022, com destaque representado por títulos de crédito do agronegócio em especial Letra de Crédito do Agronegócio (LCA), Cédula do Produto Rural (CPR) e Certificado de Recebimento do Agronegócio (CRA). Isso se deu pela modernização das legislações com o advento das Leis n. 13.986/2020 e 14.421/2022 que trouxe estímulos para contratação de operações no mercado de capitais[7].

Dado a importância das operações de créditos do agronegócios, iremos tratar das fontes de financiamentos utilizadas dentro das várias etapas da cadeia de produção do agronegócio, a saber: (i) aquisição de insumos que é quando os elementos são comprados para serem usados na produção; (ii) produção *é a etapa em que os insumos são*

---

6. SERVO, Fábio. Nota Técnica: Evolução do crédito rural nos últimos anos-safra. Carta de Conjuntura n. 43 – 2º Trimestre de 2019. Disponível em https://repositorio.ipea.gov.br/bitstream/11058/9286/1/cc_43_nt_evolu%C3%A7%C3%A3o%20do%20cr%C3%A9dito_rural.pdf; e, Crédito Rural e Financiamento ao Agronegócio - Aspectos Gerais, Federação Brasileira de Bancos (FEBRABAN), Disponível em: https://www2.camara.leg.br/atividade-legislativa/comissoes/comissoes-permanentes/capadr/apresentacoes-em-eventos/eventos-2023/RafaelBaldiFEBRABAN_Crditoruralefinanciamentoaoagronegciopanorama AP17052023.pdf (Acessados em 2/11/2023)

7. Crédito Rural e Financiamento ao Agronegócio - Aspectos Gerais, Federação Brasileira de Bancos (FEBRABAN), Disponível em: https://www2.camara.leg.br/atividade-legislativa/comissoes/comissoes-permanentes/capadr/apresentacoes-em-eventos/eventos-2023/RafaelBaldiFEBRABAN_Crditoruralefinanciamentoaoagronegciopanorama AP17052023.pdf (Acessados em 2/11/2023)

manuseados para gerar os grãos, carne, leite, dentre outros produtos agrícola, e *é nela que todo produto agrícola é gerado; (iii) processamento é a etapa em que os produtos são transformados para serem disponibilizados ao consumidor final*; (iv) a distribuição é a etapa em que o produto chega ao consumidor final; e (v) o consumidor final que pode estar no mercado doméstico ou externo, *é a última etapa*[8].

Com base na legislação, jurisprudência e doutrina, vamos tratar dos impactos tributários nas principais fontes de financiamentos do agronegócios.

II – OPERAÇÕES DE CRÉDITO

Segundo De Plácido e Silva, crédito é derivado do latim, *creditum, de credere* (confiar, emprestar dinheiro) *e em sua acepção econômica significa confiança que uma pessoa deposita em outra, a quem entrega coisa sua, para que, em futuro, receba dela coisa equivalente*. Em assim sendo, crédito constitui na espera do credor da coisa que vem substituir a coisa emprestada.

Crédito agrícola, consoante esse mesmo autor, "é o crédito concedido, sob garantia dos próprios bens agrícolas ou dos frutos que possam produzir, para fomento e proteção à lavoura e à pecuária. *Distingue-se, principalmente, por ser concessão que visa ao custeio das despesas relativas à exploração agrícola ou do numerário necessário para os objetivos da agricultura, no seu aspecto meramente reprodutivo*[9]".

Nos termos do Padrão Contábil das Instituições reguladas pelo Banco Central do Brasil (COSIF), Capítulo 1,

---

8. ESTADÃO. Summit Agro. Entenda a cadeia produtiva do agronegócio. 23 de janeiro de 2021. Disponível: https://summitagro.estadao.com.br/noticias-do-campo/entenda-a-cadeia-produtiva-do-agronegocio/ (acessado em 2/11/2023)

9. SILVA, De Plácido e. Vocabulário Jurídico – Edição Universitária. Rio de Janeiro: Forense, 1993, pp. 582 e 583.

item 2.5[10], as Operações de Créditos distribuem-se nas seguintes modalidades:

a) Empréstimos – são as operações realizadas sem destinação específica ou vínculo à comprovação da aplicação de recursos

b) Títulos descontados – operações de desconto de títulos

c) Financiamento – são as operações realizadas com destinação específica do recurso, vinculadas à comprovação da sua aplicação.

Empréstimo, para Orlando Gomes[11], é um contrato em que uma das partes recebe, para uso ou utilização, uma coisa que, depois de certo tempo, deve restituir ou dar outra do mesmo gênero, quantidade e qualidade. Uma das modalidades de empréstimo é o mútuo em que uma das partes empresta a outra coisa fungível, tendo a outra a obrigação de restituir igual quantidade de bens de mesmo gênero e qualidade.

Pelo mesmo autor, os empréstimos podem se realizar pela incorporação da dívida a um título formal em que se consubstancia o direito literal e autônomo do credor. *Os títulos de créditos, assim, desempenham na economia moderna, importante função, por serem meios práticos e prontos de realização do direito do credor, além de serem facilmente alienáveis. Documentam o crédito e provam integralmente a existência do direito que nele se incorpora.*

Dessa forma, as operações de créditos ocorrem pela confiança que uma pessoa deposita em outra, na concessão de recursos financeiros. Esses (recursos financeiros)

---

10. BANCO CENTRAL DO BRASIL. COSIF, disponível em: https://www3.bcb.gov.br/aplica/cosif.

11. GOMES, Orlando. Contratos. BRITO, Edvaldo (coord), AZEVEDO, Antônio Junqueira de; MARINO, Franciso de Paulo Crescenzo (atualizadores). Rio de Janeiro: Forense, 2009, pp. 384, 385, 389, 395 e 395.

podem ser dados para serem usados em determinado empreendimento, ou podem estar livres para serem usados pelo devedor no que lhe convier. Tem o devedor a obrigação de devolver o bem ou equivalente em mesmo gênero, quantidade e qualidade. O empréstimo pode ser formalizado num título de crédito.

Compreendidos os conceitos de operações de créditos, podemos explorar agora o impacto tributário das fontes de financiamentos obtidas nas diversas etapas da cadeia produtiva do agronegócio. Essas operações de crédito são: *'barter'*, CPR, LCA, CRA e Fundos de Investimento nas Cadeias Produtivas Agroindustriais (FIAGRO).

II.1 – OPERAÇÕES DE BARTER

Na primeira etapa do processo produtivo do agronegócio - aquisição de insumos, a modalidade mais comum de financiamento são os contratos de *barter*. Essas operações permitem que o produtor rural adquira os insumos e implementos necessários *à* sua produção agrícola, antes do plantio, mediante pagamento a ser realizado com a colheita, isto é, com parte dos produtos colhidos.

O termo *barter*, de origem inglesa, quer dizer, permuta, troca ou escambo. Tem sido muito reivindicada pelos produtores pela segurança negocial e proteção contra oscilações cambiais ou dos preços das commodities[12]. No contexto do agronegócio, é uma operação que requer participação de diversos agentes como empresas fornecedoras de insumos e/ou máquinas agrícolas, agroindústrias, trading *companies*, dentre outros.

12. REIS, Marcus. Barter como instrumento de financiamento do agronegócio. Migalhas,13 de março de 2017. Disponível em: https://www.migalhas.com.br/depeso/255432/barter-como-instrumento-de-financiamento-ao-agronegocio (Acessado em 4/11/2023).

O objetivo principal do *barter* é o financiamento dos insumos e implementos agrícolas a serem utilizados na produção rural em que o produtor recebe das empresas fornecedoras, os insumos ou maquinários necessários em contrapartida de entregar, futuramente, o resultado da sua produção – o produto rural ou commodities[13].

A operação de *barter* consiste na troca entre produtores rurais e empresas fornecedoras de insumos que trabalham em parceria com tradings ou, por exemplo, processadoras de produtos agrícolas. Logo, a estrutura mais comum de operação de *barter* envolve três partes na negociação: o produtor rural, o fornecedor de insumo e uma trading ou intermediária ou processadora de grãos.

O produtor rural celebra com uma *trading* ou processadora de grãos um contrato de compra e venda de sua produção futura. Tendo em mãos esse contrato, o produtor rural compra os insumos necessários do fornecedor que assume, perante a *trading* ou processadora, a posição de credor. É possível que a *trading* ou processadora faça um adiantamento de recursos ao produtor rural, sendo o montante depositado diretamente na conta corrente do fornecedor.

A operação é estruturada da seguinte forma:

- Produtor rural firma um contrato de venda da sua produção futura com *tradings* ou agroindústrias, comprometendo-se a entregar os produtos da sua colheita em troca de pagamento em dinheiro;
- Com esse contrato de venda futura em mãos, o produtor rural adquire insumos ou maquinário agrícola de fornecedores, pagando a prazo com

13. ÁVILA, Carlos Alberto Rosal de. A estruturação jurídica das operações de barter do agronegócio brasileiro. Trabalho de Conclusão de Curso (Bacharelado em Direito) – Universidade de Brasília. Brasília, 2017, p. 9. Disponível em: https://bdm.unb.br/bitstream/10483/17822/1/2017_CarlosAlbertoRosalDeAvila_tcc.pdf (Acessado em 3/11/2023).

base no fluxo de recebimento do contrato de venda futura. Geralmente, o produtor rural cede ao fornecedor o crédito que possui oriundo do contrato de venda futura;

- Na colheita, o produtor rural entrega os produtos às *tradings* ou agroindústrias que efetuam pagamento diretamente ao fornecedor de insumos, quitando, assim, a dívida contraída pelo produtor rural antes mesmo do plantio.

Em relação aos aspectos tributários, apesar de ser o objetivo da operação o financiamento que se dá com base na permuta de insumos por produtos colhidos, assim, não há adiantamento de recursos propriamente dito, logo, não há o que se falar em IOF[14], mas tributos sobre a renda e receitas.

Para o produtor rural, pessoa física, as receitas oriundas da venda de sua colheita deduzidas das despesas com a aquisição de insumos ou investimentos em maquinários, estarão sujeitas ao Imposto de Renda da Pessoa Física (IRPF) sobre atividade rural, nos termos do disposto na Lei n. 8.023/1990 e Instrução Normativa SRF n. 83/2001, às alíquotas constantes na Tabela Progressiva de que trata o art. 5º da Lei n. 14.663/2023.

Caso seja apurado prejuízo da atividade rural, esses poderão ser compensados nos anos subsequentes com a receitas da mesma atividade. *À opção da pessoa física, o resultado da atividade rural pod*e corresponder à vinte por cento (20%) da receita bruta no ano-base, segundo o art. 5º da Lei n. 8.023/2001. No caso de optar pela apuração do resultado com base no percentual de 20%, a pessoa física não poderá deduzir as despesas com insumos ou investimentos com maquinários

14. Imposto sobre Operações de Crédito, Câmbio e Seguro, ou relativas a Títulos ou Valores Mobiliários – IOF.

O produtor rural, pessoa jurídica, por sua vez, estará *sujeito ao Imposto de Renda da Pessoa Jurídica (IRPJ) e Contribuição Social Sobre o Lucro Líquido (CSLL)*, pelo regime do lucro real, sobre as receitas de vendas do produto colhido menos as despesas com aquisição de insumos e encargos de depreciação dos maquinários e equipamentos, à alíquota combinada de 34%. Caso apure prejuízo fiscal e base de cálculo negativa de CSLL, poderá compensar nos anos subsequentes com resultado operacional da atividade rural, quando não estará sujeito à limitação de 30% do lucro real apurado, ou outras atividades, nos termos do artigo 263 da Instrução Normativa RFB n. 1.700/2017.

Para a pessoa jurídica pode optar pelo recolhimento do IRPJ e da CSLL com base no lucro presumido, o resultado tributável corresponderá a 8% da receita bruta com atividade rural, para fins de IRPJ, e a 12%, para a CSLL, às alíquotas combinadas de 34%.

Além do IRPJ e CSLL, pelo regime do lucro real ou lucro presumido, o produtor rural, pessoa jurídica, também está sujeito à contribuição para o PIS (Programa de Integração Social) e à COFINS (Contribuição para o Financiamento da Seguridade Social) *à alíquota combinada de 9,25%*, pelo regime do lucro real, ou 3,65%, para o regime do lucro presumido. No entanto, no caso das receitas decorrentes da venda de produtos agrícolas, a suspensão ou alíquota zero para essas contribuições são aplicáveis conforme estabelecido pelo art. 1º e 9º da Lei n. 10.925/2004.

II.2 – OPERAÇÕES COM CPR

A Cédula do Produto Rural (CPR) foi instituída pela Lei n. 8.929/1994 com alterações posteriores, sendo as últimas pelas Leis n. 13.986/2020 e 14.421/2021. *É* um título representativo de promessa de entrega de produtos rurais emitidas por produtores rurais (pessoa física ou jurídica), cooperativas agropecuárias, associações de produtores rurais, pessoas físicas ou jurídicas que beneficiem ou promovam a primeira industrialização de produtos rurais. Consiste em um título de crédito, líquido e certo, exigível pela quantidade e qualidade de produto, no caso de liquidação física, ou pelo valor nela previsto que pode ser em moeda local ou estrangeira, no caso de liquidação financeira.

Em 2021, foi publicado o Decreto n. 10.828/2021 que regulamentou a CPR-Verde que possibilita a comercialização de serviços ecossistêmicos, isto é, serviços relacionados às atividades de conservação e recuperação de florestas nativas e de seus biomas mediante a emissão de uma CPR própria.

Com base no artigo 3º - A da Lei n. 8.929/1994 e alterações posteriores, a CPR pode ser emitida sob a forma física (cartular) ou eletrônica (escritural). No caso da emissão eletrônica, utiliza-se de processos eletrônicos ou digitais e *é registrada em* sistema eletrônico por entidade autorizada pelo Banco Central do Brasil (BACEN) para efetuar a escrituração. Nesses sistemas, todos os negócios executados com a CPR serão transcritos.

Quando a CPR é emitida na forma cartular, assumirá a forma escritural enquanto permanecer depositada em entidade autorizada pelo BACEN a exercer a atividade de depósito centralizado de ativos financeiros ou de valores mobiliários.

Dessa maneira, a CPR é um título de crédito em que o emitente (produtor rural, por exemplo) se compromete a entregar os produtos obtidos em determinada área demarcada e indicada no próprio título em contrapartida do recebimento de recursos correspondentes. O produtor rural pode, em vez de entregar os frutos de sua colheita, efetuar o pagamento em dinheiro mesmo, quando estamos diante de uma CPR com liquidação financeira.

Como ocorre a entrega de recursos no presente para contraprestação futura dos recursos com acréscimo de juros ou juros e atualização monetária, estamos diante de uma operação de crédito. Nesse caso, cabe verificarmos a incidência ou não do IOF sobre operações de crédito ou IOF/Crédito com base no art. 2º a 9º do Decreto n. 6.306/2007, cujo fato gerador é a entrega ou a colocação à disposição dos recursos que constitua objeto da obrigação ao interessado, a base de cálculo o valor entregue ou colocado à disposição e a alíquota de 0,0041% (pessoa jurídica) ou 0,0082% (pessoa física) ao dia limitado a 1,5% ou 3%, respectivamente, correspondente ao prazo de 365 dias.

Todavia, como já mencionado anteriormente, a CPR é registrada em sistema eletrônico por entidade autorizada pelo BACEN. Além disso, pode ser depositada em entidades também autorizadas pelo BACEN. Uma vez registrada ou depositada, a CPR torna-se negociável e está isenta do IOF, consoante artigo 3º-D da Lei n. 8.929/1994 e alterações posteriores. Dessa forma, quando o credor adquire a CPR diretamente junto à entidade que procedeu o registro, a qual atualmente é a B3 (Brasil, Bolsa, Balcão), e os recursos são entregues diretamente ao produtor rural ou emitente da CPR, não há incidência do IOF. Esse imposto é um custo relevante para o financiamento com uma alíquota correspondente a 0,0041% ou 0,0082%, limitado a 1,5% ou 3% sobre o valor disponibilizado.

Essa isenção está de acordo com o art. 63, parágrafo único, da Lei n. 5.172/1965 (Código Tributário Nacional – CTN), que estipula que a incidência do IOF/Crédito exclui a do IOF/Títulos ou Valores Mobiliários, e reciprocamente, quanto à emissão, ao pagamento ou resgate do título representativo de uma mesma operação de crédito. No caso da CPR, que é um título de crédito representativo de promessa de entrega de produtos (física) ou pagamento em dinheiro (liquidação financeira), quando negociada na B3, torna-se um valor mobiliário ou ativo financeiro. Portanto, sua aquisição, que envolve a compra de valor mobiliário ou ativo financeiro, mediante pagamento em dinheiro, exclui a operação de crédito. Assim, a isenção do IOF/Títulos ou Valor Mobiliário ocorre primeiro, o que, por sua vez, exclui a incidência do IOF/Crédito.

No que diz respeito ao IRRF aplicável ao rendimento auferido pelo investidor que adquiriu a CPR com liquidação financeira, em bolsa de valores, as regras variam de acordo com o investidor.

Para as pessoas físicas, tanto residentes ou domiciliadas no país ou no exterior, o rendimento é isento, consoante art. 55, III, e art. 88, parágrafo único da Instrução Normativa n. 1.585/2015.

No caso de investidores pessoas jurídicas, estar*ão* sujeitos à tributação pelas alíquotas 22,5% a 15%, conforme o prazo do investimento de 180 até acima de 720 dias, nos termos do art. 1º da Lei n. 11.033/2004.

Para os investidores estrangeiros, pessoa jurídica, não residentes ou domiciliados em paraíso fiscal ou região com regime fiscal privilegiado e registrado conforme a Resolução CMN n. 4.373/2014, incide IRRF à alíquota de 15%, consoante art. 89, II, da Instrução Normativa RFB n. 1.585/2015. Entretando, se o investidor estrangeiro for residente ou domiciliado em paraíso fiscal ou região com regime fiscal privilegiado, está sujeito às mesmas regras da pessoa jurídica residente no país (alíquotas de 22,5% a 15% de IRRF).

II.3 – OPERAÇÕES COM LCA

Instituída pelo art. 23 da Lei n. 11.076/2004 e alterações posteriores, a Letra de Crédito do Agronegócio (LCA) *são títulos de créditos vinculados a direitos creditórios originários de negócios* realizados entre produtores rurais, ou suas cooperativas, inclusive financiamentos ou empréstimos, relacionados com a produção, a comercialização, o beneficiamento ou a industrialização de produtos ou insumos agropecuários ou de máquinas e implementos utilizados na atividade agropecuária.

As LCA são emitidas pelas instituições financeiras autorizadas pelo BACEN[15], com lastro nos direitos creditórios acima listados, com prazo mínimo de vencimento de 12 (doze) meses, quanto atualizada anualmente por índice de preços; e, 90 (noventa) dias, quando não atualizada por índice de preços.

A grande vantagem desse título de crédito é que os rendimentos são isentos de imposto de renda, tanto na fonte como na Declaração de Ajuste Anual (DAA), quando auferidos por pessoas físicas, nos termos do art. 3º, IV, da Lei n. 11.033/2004 e alterações posteriores. Essa isenção se aplica a pessoas físicas residentes ou domiciliadas no exterior, segundo o art. 88, parágrafo único, da Instrução Normativa RFB n. 1.585/2015.

Em sendo investidores pessoas jurídicas, estarão sujeitos à tributação pelas alíquotas 22,5% a 15%, conforme o prazo do investimento de 180 até acima de 720 dias, nos termos do art. 1º da Lei n. 11.033/2004. Os investidores estrangeiros, pessoa jurídica, não residentes ou domiciliados em paraíso fiscal ou região com regime fiscal privilegiado e registrado conforme a Resolução CMN n. 4.373/2014, estão sujeitos ao IRRF à alíquota de 15%, consoante art. 89, II, da Instrução Normativa RFB n. 1.585/2015. Porém, para o investidor estrangeiro for residente ou domiciliado em paraíso fiscal ou região com regime fiscal privilegiado, está sujeito às mesmas regras da pessoa jurídica residente no país (alíquotas de 22,5% a 15% de IRRF).

II. 4 - OPERAÇÕES COM CRA

Foi instituída pelo art. 23 da Lei n. 11.076/2004, como a LCA, é um título de crédito de emissão exclusiva por

15. ANBIMA. Guia da LCI e da LCA. Disponível em: https://comoinvestir.anbima.com.br/wp-content/uploads/2017/08/14.pdf (Acessado em 3/11/2023).

companhias securitizadoras de direitos creditórios do agronegócio nos termos da Resolução da Comissão de Valores Mobiliários (CVM) n. 60/2021 dispõe sobre as companhias securitizadoras de direitos creditórios registradas na CVM e dos títulos por elas emitidos para negociação pública.

De acordo com o Anexo Normativo II da referida Resolução, o CRA deve ser vinculado a direitos creditórios originários de negócios realizados com produtores rurais, ou suas cooperativas, e terceiros, inclusive financiamentos ou empréstimos relacionados a produção, a comercialização, o beneficiamento ou a industrialização de produtos agropecuários, insumos agropecuários ou máquinas e implementos utilizados na atividade agropecuária.

Entendendo-se como comercialização, a atividade de compra, venda, exportação, intermediação, armazenagem e transporte de produtos in natura.

Nos termos do §4º do art. 2º do referido Anexo Normativo, direitos creditórios devem ser constituídos por:

I) direitos creditórios que tenham como devedores ou credores originais pessoas físicas ou jurídicas caracterizadas como produtores rurais ou suas cooperativas, independente da destinação dos recursos a ser dada pelo devedor ou pelo cedente;

II) títulos de dívida emitidos pelos terceiros, vinculados a uma relação comercial existente entre o terceiro e produtores rurais ou suas cooperativas;

III) títulos de dívida emitidos por produtores rurais, ou suas cooperativas; ou,

IV) direitos creditórios de negócios realizados entre distribuidores e terceiros, desde que explicitamente vinculados, por meio de instrumentos contratuais ou de títulos de crédito, a vendas do distribuidor aos produtores rurais, cabendo à companhia securitizadora.

Desse modo, um produtor rural, pessoa jurídica, necessitando de financiamento para suas atividades de aquisição de insumos ou produção, emite uma CPR, por exemplo, que é cedido a uma companhia securitizadora. Com os recursos, o produtor rural obtém insumos ou recursos para financiar sua produção em troca deve entregar o fruto colhido ou pagar o valor recebido com remuneração acordada em data futura. *É, assim, uma forma de se financiar sem se socorrer de instituição financeira*

A companhia securitizadora, por sua vez, utiliza os títulos como lastro para a emissão de CRA que será adquirido por investidores no mercado financeiro. O CRA representa uma promessa de pagamento em dinheiro (remunerado por juros) ao investidor que o compra, logo, constitui um título de crédito.

Essa intrincada emissão de títulos pode ser assim representada, de maneira mais simples:

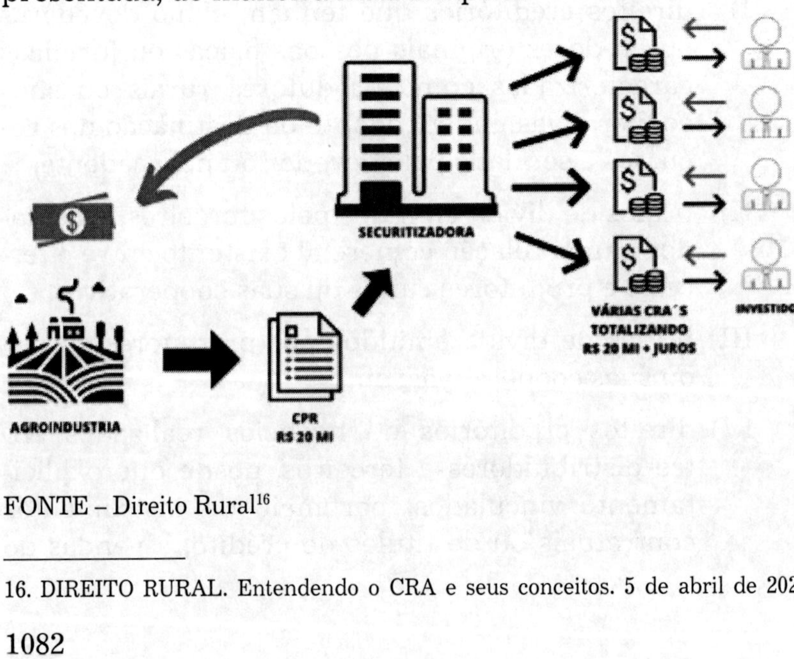

FONTE – Direito Rural[16]

16. DIREITO RURAL. Entendendo o CRA e seus conceitos. 5 de abril de 2021.

A empresa, no caso agroindústria, emitiu uma CPR, no valor de R$20 milhões, que foi cedida à companhia securitizadora, a qual emitiu CRAs no valor total de R$20 milhões lastreadas nessas CPRs. Vários investidores adquirem os CRAs. Ao final, na colheita, o produtor rural, pessoa jurídica, paga quita a CPR que implica quitação dos CRA, por consequência.

A grande vantagem desse investimento é a isenção do rendimento auferido pelos investidores pessoas físicas, pelo imposto de renda, tanto na fonte como na DAA, consoante o art. 3º, IV, da Lei n. 11.033/2004. Essa isenção se aplica a pessoas físicas residentes ou domiciliadas no exterior, segundo o art. 88, parágrafo único, da Instrução Normativa RFB n. 1.585/2015.

A tributação pelo IRRF dos investidores pessoas jurídicas e estrangeiros é a mesma mencionada para o LCA.

III.5 - FIAGRO

Os fundos de investimentos representam um instrumento de investimento coletivo que agrega recursos de vários poupadores e movimenta quantia elevadas, devem ser administrados por instituição financeira autorizada pelo BACEN e seus gestores e consultores devem ser autorizados pela CVM.

Como os demais fundos de investimentos, funcionam como uma alternativa para captação de recursos também. O financiamento se dá pelos recursos aportados pelos quotistas que são destinados a investimentos no agronegócio. Portanto, é uma nova fonte de financiamento do setor mediante captação no mercado de capitais ou financeiro, amplia o acesso a recursos dos poupadores, e, para os

---

Disponível em: https://direitorural.com.br/entendendo-o-cra-conceitos-e-diferencas/ (Acessado em 4/11/2023)

investidores, há diversificação de ativos e uma distribuição dos riscos dentre eles.

O FIAGRO foi instituído pela Lei n. 14.130/2021 alterando a Lei n. 8.668/1993, que tratava dos Fundos de Investimentos Imobiliários (FII). Consoante o art. 20-A da Lei n. 8.668/1993 e alterações posteriores, o FIAGRO poderão ser constituídos sob a forma de condomínio de natureza especial destinado à aplicação, isolada ou conjuntamente em:

I) imóveis rurais;

II) participação em sociedades que explorem atividades integrantes da cadeia produtiva do agronegócio;

III) ativos financeiros, títulos de crédito ou valores mobiliários emitidos por pessoas físicas ou jurídicas que integrem a cadeia produtiva do agronegócio;

IV) direitos creditórios do agronegócio e títulos de securitização emitidos com lastro em direitos creditórios do agronegócio, inclusive certificados de recebíveis do agronegócio e cotas de fundos de investimentos em direitos creditórios e de fundos de investimentos em direitos creditórios não padronizados que apliquem mais de 50% (cinquenta por cento) de seu patrimônio nos referidos direitos creditórios;

V) direitos creditórios imobiliários relativos a imóveis rurais, ativos financeiros emitidos por pessoas físicas e jurídicas que integrem a cadeia produtiva do agronegócio e títulos de securitização emitidos com lastro nesses direitos creditórios ou nos ativos financeiros emitidos por pessoas físicas e jurídicas que integrem a cadeia produtiva do agronegócio inclusive cédulas de produto rural físicas e financeiras, certificados de recebíveis do agronegócio e cotas de fundos de investimentos em direitos creditórios e de fundos de investimentos em direitos creditórios não padronizados que apliquem mais de 50% (cinquenta por cento) de seu patrimônio nos referidos direitos creditórios.

VI) Cotas de fundos de investimentos que apliquem mais de 50% (cinquenta por cento) de seu patrimônio nos ativos referidos nos itens I, II, III, IV e V anteriores.

Portanto, é um fundo de investimento destinado à aplicação em títulos e valores mobiliários, imóveis rurais, participação em sociedades que explorem atividades integrantes da cadeia produtiva agroindustrial e quaisquer outros ativos disponíveis no mercado financeiro e de capitais voltados ao agronegócio.

A Resolução CVM n. 39/2021 prevê um regime transitório, em caráter experimental, para o funcionamento dos FIAGROs enquanto não há uma legislação específica. Nos termos dessa Resolução, um FIAGRO pode ser constituído e registrado na CVM em categorias de fundos já existentes podendo ter características de um FII, um Fundo de Investimento em Direitos Creditórios (FIDC) ou em Fundos de Investimentos em Participações (FIP). Logo, ainda não temos regulamento que permita um FIAGRO ter todos os investimentos em carteira, será necessário constituir um fundo de investimento para deter cada um dos diversos ativos relativos a imóveis, direitos creditórios e participações societárias.

A tributação do FIAGRO é próxima ao FII, assim, as aplicações de sua carteira não estão sujeitas ao imposto de renda de fonte (IRRF). No entanto, quando o FIAGRO investir em operações de renda fixa ou de renda variável, seus ganhos ou rendimentos estão sujeitos à tributação pelo IRRF *às mesmas alíquotas* aplicáveis às pessoas jurídicas, consoante art. 16-A da Lei n. 8.668/1993, com exceção às aplicações efetuadas nos seguintes ativos: Certificado de Depósito Agropecuário (CDA), Warrant Agropecuário (WA), Certificado de Direitos Creditórios do Agronegócio (CDCA), LCA, CRA, CPR com liquidação financeira, letra hipotecárias, certificados de recebíveis imobiliários, letras de créditos imobiliários e cotas do FIAGRO admitidas para negociação em bolsas de valores[17].

Da mesma forma que a LCA e o CRA, a grande vantagem desse investimento é a isenção do rendimento auferido pelos investidores pessoas físicas, pelo imposto de renda, tanto na fonte como na DAA, consoante o art. 3º, III, e parágrafo único da Lei n. 11.033/2004. A isenção está sujeita às seguintes condições:

I) Que as cotas do FIAGRO sejam admitidas à negociação exclusivamente em bolsas de valores ou no mercado de balcão organizado;

II) Que o fundo tenha, no mínimo, 50 cotistas;

III) Que o cotista que deseja ser beneficiário da isenção não detenha cotas que representem 10% ou mais da totalidade das cotas emitidas pelo FIAGRO ou que suas cotas não lhe garantam direito ao recebimento de rendimento superior a 10% do total de rendimentos auferidos pelo fundo.

Caso o investidor seja pessoa jurídica, não se aplica a isenção anteriormente mencionada e os rendimentos estarão sujeitos à tributação, pelo IRRF, à alíquota de 20%. Esse IRRF será considerado como antecipação do imposto de renda devido na declaração de ajuste anual.

No caso de rendimentos auferidos pelo investidor estrangeiro, pessoa jurídica, não residente ou domiciliado em paraíso fiscal ou região com regime fiscal privilegiado, e registrado nos termos da Resolução n. 4.373/2014, há

17. Art. 20-F da Lei n. 14.130/2021 e art. 16-A e §1º da Lei n. 8.668/1993.

controvérsia se a tributação, pelo IRRF, seria à alíquota de 20% (conforme a Lei n. 8.668/1993) ou 15% (art. 89, II, e §2º da Instrução Normativa 1.585/2015[18]). Em sendo residente ou domiciliado em paraíso fiscal ou região com regime fiscal privilegiado, aplica-se a alíquota de 20% ao IRRF sobre rendimentos obtidos.

Em se tratando de investidor estrangeiro, pessoa física, segundo o parágrafo único do art. 88 da Instrução Normativa RFB n. 1.585/2015, aplica-se a mesma isenção das pessoas físicas residentes ou domiciliadas no país.

V - CONCLUSÃO

O agronegócio é um setor relevante para a economia brasileira, representando, em 2023, 24,4% do PIB do país. Não deve prosperar a não uniformidade nas decisões em relação ao frete, um custo ou despesa de suma importância para o setor do agronegócio. Como vimos, tanto pelo inciso II (insumo) como IX (vendas), conquanto seja dado direito ao crédito às despesas com frete, teremos luz na escuridão que está hoje o transporte das commodities para ser exportado ou consumido quanto ao desconto do crédito das contribuições ao PIS e COFINS.

VI - REFERÊNCIAS BIBLIOGRÁFICAS

ANBIMA. Guia da LCI e da LCA. Disponível em: https://comoinvestir.anbima.com.br/wp-content/uploads/2017/08/14.pdf (Acessado em 3/11/2023)

18. OLIVEIRA, Eduardo Alves de; Constantino, Leonardo; Carneiro, Lorhena. FIAGRO: Mercado Financeiro em Agronegócios. In Tributação e Contabilidade no Agronegócio, PEIXOTO, Marcelo, FERRARI, Bruna Camargo e DONIAK Jr., Jimir (coord). 1ª Edição. São Paulo: MP, 2023, p. 320 a 322.

ÁVILA, Carlos Alberto Rosal de. A estruturação jurídica das operações de barter do agronegócio brasileiro. Trabalho de Conclusão de Curso (Bacharelado em Direito) – Universidade de Brasília. Brasília, 2017, p. 9. Disponível em: https://bdm.unb.br/bitstream/10483/17822/1/2017_CarlosAlbertoRosalDeAvila_tcc.pdf (Acessado em 3/11/2023).

BANCO CENTRAL DO BRASIL. COSIF, disponível em: https://www3.bcb.gov.br/aplica/cosif

CENTRO DE ESTUDOS AVANÇADOS EM ECONOMIA APLICADA. Disponível em: https://www.cepea.esalq.usp.br/br/pib-do-agronegocio-brasileiro.aspx#:~:text=-Considerando%2Dse%20os%20desempenhos%20parciais,%2C5%25%20registrados%20em%202021. (Acessado em 1º/11/20223)

DIREITO RURAL. Entendendo o CRA e seus conceitos. 5 de abril de 2021. Disponível em: https://direitorural.com.br/entendendo-o-cra-conceitos-e-diferencas/ (Acessado em 4/11/2023)

GOMES, Orlando. Contratos. BRITO, Edvaldo (coord), AZEVEDO, Antônio Junqueira de; MARINO, Franciso de Paulo Crescenzo (atualizadores). Rio de Janeiro: Forense, 2009

OLIVEIRA, Eduardo Alves de; Constantino, Leonardo; Carneiro, Lorhena. FIAGRO: Mercado Financeiro em Agronegócios. In Tributação e Contabilidade no Agronegócio, PEIXOTO, Marcelo, FERRARI, Bruna Camargo e DONIAK Jr., Jimir (coord). 1ª Edição. São Paulo: MP, 2023

REIS, Marcus. Barter como instrumento de financiamento do agronegócio. Migalhas,13 de março de 2017. Disponível em: https://www.migalhas.com.br/depeso/255432/barter-como-instrumento-de-financiamento-ao-agronegocio (Acessado em 4/11/2023)

SERVO, Fábio. Nota Técnica: Evolução do crédito rural nos últimos anos-safra. Carta de Conjuntura n. 43 – 2º Trimestre de 2019. Disponível em https://repositorio.ipea.gov.br/bitstream/11058/9286/1/cc_43_nt_evolu%C3%A7%C3%A3o%20do%20cr%C3%A9dito_rural.pdf

SILVA, De Plácido e. Vocabulário Jurídico – Edição Universitária. Rio de Janeiro: Forense, 1993

NÃO CUMULATIVIDADE COMO ESTRUTURAÇÃO DO VALOR NEUTRALIDADE DO IBS: O PAPEL CARDEAL DA LEI COMPLEMENTAR PARA GARANTIA DOS CRÉDITOS.

José Alves Fogaça Neto[1]

José Mauro de Oliveira Junior[2]

Osvaldo Santos de Carvalho[3]

1. Bacharel em Direito e Consultor Tributária. Professor Seminarista do Curso de Especialização em Direito Tributário do IBET em Sorocaba/SP. Mestrando em Direito Tributário no Instituto Brasileiro de Estudos Tributários (IBET). Especialista em Direito Tributário pelo IBET. Graduado em Direito na Faculdade de Direito de Sorocaba-FADI.

2. Advogado tributarista. Professor Assistente no Mestrado em Direito Tributário do Instituto Brasileiro de Estudos Tributários (IBET). Professor Seminarista do Curso de Especialização em Direito Tributário do IBET em Presidente Prudente/SP. Mestre em Direito Tributário na Pontifícia Universidade Católica de São Paulo (PUC/SP). Especialista em Direito Empresarial com ênfase em Direito Tributário pela PUC/PR. Especialista em Direito Tributário pelo IBET. Graduado em Direito nas Faculdades Integradas Antônio Eufrásio de Toledo, em Presidente Prudente/SP.

3. Advogado, Consultor e Parecerista na área tributária. Professor do Mestrado em Direito Tributário do Instituto Brasileiro de Estudos Tributários (IBET). Professor

Resumo: O presente estudo[4] aborda a proposta de reforma tributária - PEC nº 45/2019 - aprovada pela Câmara dos Deputados em 07/07/2023[5] e enviada para análise e discussão no Senado Federal, que se mostra como primeiro projeto de alteração da forma de tributação sobre o consumo a avançar no Congresso Nacional, superando todas as outras propostas desde 1988.

O novo modelo de tributação sobre consumo proposto extingue cinco tributos: IPI, PIS, COFINS, ICMS e ISS os quais serão substituídos por dois Impostos sobre Valor Agregado (IVA) um que será fonte de receita para os Estados e Municípios (Imposto sobre Bens e Serviços - IBS) e o outro destinado à União (Contribuição sobre Bens e Serviços - CBS), ambos incidentes sobre todas as operações com mercadorias, tangíveis ou não, e serviços, estabelecendo que a arrecadação será para os entes federados do destino.

Conferencista da Especialização em Direito Tributário do Instituto Brasileiro de Estudos Tributários (IBET). Professor Convidado da Especialização em Direito Tributário da Pontifícia Universidade Católica de São Paulo (PUC/SP). Professor Convidado em diversos Cursos de Extensão em matéria tributária. Consultor-Colaborador da Fundação Instituto de Pesquisas Econômicas (FIPE). Atuou por 30 anos na Secretaria da Fazenda do Estado de São Paulo (SEFAZ/SP), desempenhando diversas funções, dentre elas a de Diretor da Consultoria Tributária e Juiz do Tribunal de Impostos e Taxas (TIT). Doutor em Direito Tributário pela Pontifícia Universidade Católica de São Paulo (PUC/SP). Mestre em Direito Tributário pela Pontifícia Universidade Católica de São Paulo (PUC/SP). Especialista em Direito Empresarial pela Associação Educacional Toledo (AET). Especialista em Administração Financeira e Contábil pela Instituição Toledo de Ensino (ITE). Graduado em Direito pela Instituição Toledo de Ensino (ITE). Graduado em Ciências Contábeis pela Instituição Toledo de Ensino (ITE).

4. O presente artigo foi finalizado em 03/11/2023 e, portanto, durante o período da plena tramitação da PEC nº 45/2019 no Congresso Nacional.

5. “O senador Eduardo Braga (MDB-AM) apresentou à Comissão de Constituição e Justiça (CCJ), nesta quarta-feira (25/10/23), seu relatório sobre a Reforma Tributária (PEC 45/2019) com um texto alternativo (substitutivo) à proposição inicial. O presidente da CCJ, Davi Alcolumbre (União-AP), concedeu vista coletiva para os demais senadores analisarem o conteúdo antes da discussão e da votação no colegiado, ambas previstas para o dia 7 de novembro, às 9h. Segundo Davi, um acordo com lideranças partidárias e com o presidente do Senado, Rodrigo Pacheco, busca devolver a PEC à Câmara dos Deputados até o dia 10 de novembro”. (Relatório da Reforma Tributária é apresentado na CCJ; votação será em 7/11. Agência Senado. Disponível em Acesso em https://www12.senado.leg.br/noticias/materias/2023/10/25/relatorio-da-reforma-tributaria-e-apresentado-na-ccj-votacao-sera-em-7-11. Acesso em: 26/10/2023)

Para alcançar esse novo modelo de tributação, a proposta prevê que lei complementar instituirá os referidos IVAs, criará o Conselho Federativo[6] para gestão dos tributos e repartição da arrecadação e garantirá a devolução de créditos acumulados do ICMS. O novo desenho constitucional da tributação sobre o consumo atribui ao instrumento normativo regulamentar papel de relevância jurídica que enseja a análise de conformação com a atual previsão contida no art. 146 da Constituição Federal.

1. INTRODUÇÃO

O subsistema tributário nacional, que completou 35 (trinta e cinco) anos em outubro de 2023, desde o início de sua vigência é alvo de críticas e sucessivas tentativas de reforma, especificamente sobre o modelo de tributação com relação ao consumo.

O desenho constitucional vigente estabelece cinco[7] tributos sobre o consumo, sendo três de competência da

---

6. O texto da PEC 45/2019 previu a criação do Conselho Federativo, porém, o Relator da PEC 45/2019 no Senado Federal, em seu Substitutivo pendente ainda de votação na Comissão de Constituição e Justiça do Senado (previsão de votação na Comissão no dia 07/11/2023), propôs a reformulação do conselho federativo previsto no texto da Câmara dos Deputados e passou a chama-lo de COMITÊ GESTOR, sem a iniciativa de propor lei, com controle externo pelos tribunais de contas, deliberação pela maioria absoluta de municípios e representação de 50% da população.

7. Para além dos tributos diretamente indicados que serão eliminados com a reforma tributária é necessário apontar que a Contribuição de Intervenção no Domínio Econômico (CIDE), tributo da espécie contribuição especial de competência exclusiva da União previsto na Constituição Federal (Artigo nº 149), de natureza extra fiscal e de arrecadação vinculada, também pode gravar as operações de consumo, como é caso da CIDE Combustíveis, instituída pela Lei nº 10.336/2001, incidente sobre a importação e comercialização de petróleo e seus derivados, gás natural e seus derivados, e álcool etílico combustível.
Importante destacar que a contribuição mencionada seria eliminada no projeto de reforma tributária contido na PEC nº 110/2019.

União (IPI[8], PIS[9] e COFINS[10]), o ICMS[11] de competência estadual e fonte de receita para 26 Estados e o Distrito Federal e o ISS[12] destinado a gravar as prestações de serviços em âmbito municipal e definidos em lei complementar[13].

Tal sistema é caracterizado por distorções que justificam os clamores reformistas, tendo em vista a regressividade que atinge diretamente os consumidores de menor renda, a complexidade intrínseca a cada uma das exações, por exemplo, a sistemática de cálculo por dentro do ICMS cuja consequência é a obscuridade acerca da real e efetiva carga tributária, a incidência de tributos sobre a base de cálculo de outros[14], e as sucessivas barreiras criadas pelas administrações estaduais para mitigar e até mesmo impedir a operacionalização da não cumulatividade garantida em plano constitucional para o ICMS e IPI.

Na recente história do subsistema tributário em vigência, cinco grandes propostas de reformulação da tributação sobre o consumo avançaram nas discussões do Congresso Nacional[15]: (i) PEC nº 175/1995; (ii) PEC nº 293/2004; (iii)

---

8. Art. 153, II, CF88

9. Art. 195, CF88

10. Art. 195, CF88

11. Art. 155, II, CF88

12. Art. 156, III, CF88

13. Lei Complementar nº 116/2003 contém a lista de serviços submetidos à incidência do ISS.

14. Tema 69 da Repercussão Geral. Inclusão do ICMS na base de cálculo do PIS e da COFINS. Recurso extraordinário nº 574.706 em que se discute, à luz do art. 195, I, b, da Constituição Federal, se o ICMS integra, ou não, a base de cálculo da contribuição para o Programa de Integração Social - PIS e da Contribuição para o Financiamento da Seguridade Social – COFINS.

15. ARAÚJO, José Evande Carvalho. *Reformas Tributárias: PECs prontas para a pauta - texto base da consultoria legislativa*. Disponível em: https://www2.camara.leg.br/atividade-legislativa/estudos-e-notas-tecnicas/fiquePorDentro/temas/sistema-tributario-nacional-jun-2019/texto-base-da-consultoria-legislativa-reformas-tributarias-pecs-prontas-para-a-pauta. Acessado em 22/10/2023.

PEC nº 233/2008; (iv) PEC Nº 45/2019; e PEC nº 110/2019, todas as propostas possuem em comum a extinção dos tributos incidentes sobre o consumo e a substituição por outro tributo mais amplo (IVA) cuja base de incidência abarca as mercadorias e serviços, tendo como um dos principais aspectos o objetivo de atingimento da não cumulatividade efetiva, isto é, o abandono ao denominado crédito físico para a adoção do sistema de creditamento financeiro, no qual todas as operações anteriores geram créditos para aproveitamento nas operações futuras.

Das proposições apresentadas, a PEC nº 45/2019 foi aprovada em votação realizada na Câmara dos Deputados em 07/07/2023, seguindo para análise do Senado Federal.

O texto aprovado altera a forma de tributação sobre o consumo extinguindo o PIS e a COFINS, que serão substituídos pela Contribuição Sobre Bens e Serviços (CBS), o IPI que também será incorporado à nova contribuição, mas sua função extrafiscal será mantida na forma do Imposto Seletivo (IS), destinado a gravar produtos nocivos à saúde e ao meio ambiente, e, por fim, elimina o ICMS e o ISS que serão sucedidos pelo Imposto Sobre Bens e Serviços (IBS).

O contexto da proposta de reforma tributária em tramitação enseja a análise de diversos aspectos contidos nos vários dispositivos alterados e propostos, sendo que para este estudo será objeto de análise mais detida a função da lei complementar no novo subsistema tributário, tendo em vista que caberá a esse instrumento normativo a instituição dos novos tributos, bem como garantir a não cumulatividade ampla para alcançar a neutralidade tributária, tal como estipulado no Parecer do Relator da PEC nº 45/2019 na Câmara dos Deputados.

No atual sistema constitucional tributário, consoante o teor do art. 146 da Constituição não é função precípua da lei complementar a instituição de tributos, de outro lado a não cumulatividade do ICMS encontra-se plasmada e garantida no texto constitucional sofrendo, porém, mitigação justamente em âmbito de legislação infraconstitucional, no caso em sede de lei complementar, haja vista as sucessivas prorrogações acerca do direito ao crédito de materiais de uso e consumo estipulados na Lei Complementar 87/96, estruturante do ICMS[16].

Para além disso, a proposta de reforma relega para lei complementar a definição da forma e o prazo para ressarcimento de créditos acumulados pelo contribuinte, não salvaguardando qualquer enunciado prescritivo na proposta de alteração constitucional acerca da devolução de tais créditos, e mais, prevê a compensação dos eventuais saldos credores existentes para além de 2032, e desde que homologados no âmbito do Conselho Federativo.

2. BREVE HISTÓRICO SOBRE A LEI COMPLEMENTAR TRIBUTÁRIA

O retrospecto normativo mostra que sob a égide da Constituição de 1946, especificamente com a Emenda Constitucional nº 4/1961, surgiu no direito positivo nacional o instrumento normativo cuja aprovação dependeria de maioria absoluta dos integrantes do Congresso Nacional, destinada a estabelecer a forma de organização do sistema parlamentar de governo[17].

Imperioso destacar que durante a vigência dessa ordem constitucional não havia sistematização tributária no altiplano constitucional, que somente seria positivada com

16. Art. 33. Na aplicação do art. 20 observar-se-á o seguinte: [...]
I – somente darão direito de crédito as mercadorias destinadas ao uso ou consumo do estabelecimento nele entradas a partir de 1º de janeiro de 2033;

17. Art. 22. Poder-se-á complementar a organização do sistema parlamentar de governo ora instituído, mediante leis votadas, nas duas Casas do Congresso Nacional, pela maioria absoluta dos seus membros.

a Emenda Constitucional nº 18/1965, ao prever em seu art. 1º que o subsistema tributário nacional era composto por impostos, taxas e contribuições de melhoria, regido nos termos da respectiva emenda e em leis complementares.

Somente com a promulgação da Constituição de 1967, na qual constavam os arts. 49 e 53[18] é que houve a positivação do instrumento normativo denominado de "lei complementar", que mantinha o rito específico para aprovação - maioria absoluta dos membros das duas Casas do Congresso Nacional -, destinada à complementação do texto constitucional, inclusive para disciplinar matérias tributárias (arts. 18, 19, §§1º e 4º, 20, §2º, 24, §2º, 25, II e 65, §3º), e tem-se nesse momento a fixação do aspecto formal de aprovação e o delineamento das matérias reservadas para a lei complementar[19].

A previsão constitucional de matéria reservada para o novel instrumento normativo propiciou o início da produção legislativa desse modal, sendo que no período de vigência da Constituição de 1967 e da Emenda Constitucional de 1969, verifica-se a aprovação de quatro leis complementares, sendo uma delas de conteúdo tributário, a Lei Complementar nº 4/1969 que instituiu a isenção do imposto sobre circulação de mercadoria.

A partir de 1969 até 1988 a produção de leis complementares se expandiu atingindo o total de cinquenta e quatro, sendo que treze possuíam conteúdo tributário (praticamente 1/4 delas), dentre as quais merecem destaque: (i) 24/1975 que dispõe sobre os convênios para a concessão de isenções do imposto sobre operações relativas à circulação de

18. Art. 53 - As leis complementares à Constituição serão votadas por maioria absoluta dos membros das duas Casas do Congresso Nacional, observados os demais termos da votação das leis ordinárias.

19. BORGES, José Souto Maior. *Lei complementar tributária*. São Paulo: Revista do Tribunais, 1975. p. 31/32.

mercadorias; (ii) 44/83 que alterou o Decreto-Lei nº 406/1968, que estabelecia normas gerais de Direito tributário; e (iii) 56/87 que estabeleceu nova redação à Lista de Serviços a que se refere o artigo 8° do Decreto-Lei nº 406/1968.

No atual ordenamento jurídico nacional – Constituição de 1988 – verifica-se edição de 142 leis complementares, sendo que 57[20] possuem conteúdo tributário geral ou específico em relação a tributos ou promovendo alteração em legislação já existente, o que denota as constantes alterações tributárias realizadas pelo legislador nacional (40% das leis complementares do sistema constitucional tributário vigente trata de matéria tributária).

Esse breve levantamento numérico traz à luz o elevado número de leis complementares com teor tributário e demonstra a relevância desse tipo normativo no direito positivo nacional, sendo instrumento de grande importância para a organização do subsistema tributário.

O protagonismo da lei complementar no atual subsistema tributário ressoa no projeto da reforma tributária contido na PEC nº 45/2019, eis que o Relatório da Comissão Mista da Câmara[21] e o texto da PEC aprovado na Câmara dos Deputados se referem ao instrumento normativo complementar mais de 50 vezes.

Evidentemente que por ocasião da aprovação da reforma tributária nas duas casas legislativas não se deseja que sejam aprovadas após um total de 57 leis complementares, mas sim que a edição seja realizada em número necessário

---

20. Lei Complementares publicadas até 22/10/2023: 127/07; 128/08; 131/2009; 133/2009; 138/10; 139/11; 143/13; 147/14; 148/14; 154/16; 155/16; 157/16; 158/17; 159/17;160/17; 162/18; 165/19; 167/19; 168/19; 169/19; 170/19; 171/19; 174/20; 175/20; 177/21; 178/21; 183/21; 186/21; 187/21; 188/21; 190/22; 192/22; 193/22; 194/22; 199/23.

21. RIBEIRO, Agnaldo. Relator da Comissão Mista da Reforma Tributária. *Relatório da Reforma Tributária PEC nº 45 e nº 110/2019*. Disponível em: https://legis.senado.leg.br/sdleg-getter/documento/download/30f745fa-926c-4e85-9a6c-6d31b18eff09. Acesso em 20/10/2023.

para complementar o novel texto constitucional tributário, principalmente no que tange à instituição do IBS e da CBS, que por sua identidade de incidência, base de cálculo e não cumulatividade ampla, não devem ser objeto de duas leis autônomas, sob pena de grave distorção das finalidades almejadas pela reforma, notadamente sob a perspectiva da segurança jurídica, uma vez que é imprescindível que se outorgue a mesma interpretação às regras aplicáveis a ambos os tributos que possuem uma mesma feição[22].

Isso porque o papel intercalar atribuído à lei complementar reforça o pacto federativo, porquanto permite a um só tempo a garantia da representatividade dos entes federados no processo de enunciação de normas estruturantes, bem como estabelece os limites do alcance da produção normativas dos demais entes da federação.

3. FUNÇÕES DA LEI COMPLEMENTAR TRIBUTÁRIA NO ATUAL CONTEXTO TRIBUTÁRIO

O sistema normativo é formado por duas espécies de veículos introdutores de normas[23], os primários que inserem atos inaugurais e os secundários vinculados àqueles e que, em regra, não possuem força para inaugurar o sistema,

---

22. A PEC nº 45/19 prevê a seguinte redação para o art. 149-B da Constituição Federal:
Art. 149-B. Os tributos previstos no art. 156-A e no art. 195, V, terão:
I – os mesmos fatos geradores, bases de cálculo, hipóteses de não incidência e sujeitos
passivos;
II – as mesmas imunidades;
III – os mesmos regimes específicos, diferenciados ou favorecidos de tributação; e
IV – as mesmas regras de não cumulatividade e de creditamento.
Parágrafo único. Para fins do disposto no inciso II, serão observadas as imunidades previstas no
art. 150, VI, não se aplicando a ambos os tributos o disposto no art. 195, § 7º.

23. CARVALHO, Paulo de Barros. *Curso de Direito Tributário* . 32.ª edição revista e atualizada, Editora Noeses, 2022, p. 60-63.

isto é, não podem dispor sobre materialidades e estabelecer relações jurídicas que não estejam previamente fixadas em normas primárias.[24]

A Constituição é o instrumento primeiro e soberano de introdução de normas no sistema que delimitam e norteiam a produção dos outros instrumentos normativos, notadamente aqueles de conteúdo tributário, estabelecendo os limites de autuação dos Entes Federados no exercício competencial de instituição de tributos.

Tendo em vista que a Constituição fixa a regra-matriz dos tributos e suas demais regras estruturantes, o próprio sistema exige que os contornos e especificidades típicas de cada exação sejam objeto de instrumento normativo para articular normas de harmonização e equilíbrio entre a Constituição e as demais legislações.

Nessa linha, a Constituição atribui à lei complementar esse papel intercalar[25], e, para isso, estabelece que a tramitação do projeto e a aprovação serão realizados nas duas casas do Congresso e o texto somente ingressará no ordenamento se aprovado por maioria absoluta[26] da Câmara dos Deputados e Senadores.

Outro aspecto específico se refere às matérias afetadas à lei complementar, que são aquelas expressa ou implicitamente determinadas pela Constituição Federal revelando

---

24.Eurico Marcos Diniz de Santi adota a denominação "norma primária dispositiva": Têm-se, portanto, normas primárias estabelecedoras de relações jurídicas de direito material decorrentes de (i) ato ou fato lícito, e (ii) de ato ou fato ilícito. A que tem pressuposto antijurídico denominamos norma primária sancionadora, pois veicula uma sanção – sentido de obrigação advinda do não cumprimento de um dever jurídico – enquanto que a outra, por não apresentar aspecto sancionatório, convencionamos chamar norma primária dispositiva.
Santi, Eurico Marcos Diniz de. Lançamento Tributário. 2ª ed. Revista e Ampliada. Mas Limonad. 1996. P. 43/44:

25. ANDERLE, Ricardo. O papel da lei complementar na solução de conflitos de competência. IBET, São Paulo, 2017.p.1116

26. Art. 69. As leis complementares serão aprovadas por maioria absoluta.

a posição de sobrenível da legislação destinada a conter os temas selecionados pelo legislador constituinte devido à sua função de complementar as regras constitucionais, sendo-lhe vedado extrapolar o alcance dos temas previstos na constituição[27].

Nesse sentido, nos termos do art. 146[28] da Constituição Federal a lei complementar tributária possui as seguintes funções: (i) dispor sobre conflitos de competência, em matéria tributária, entre a União, os Estados, o Distrito Federal e os Municípios; (ii) regular as limitações constitucionais ao poder de tributar; (iii) estabelecer normas gerais em matéria de legislação tributária.

A disposição já se encontrava na Constituição de 1967 – art. 18, § 1º - a partir da qual foi construída a interpretação de que a lei complementar teria função dúplice[29], qual seja,

---

27. CARRAZZA, Roque Antônio. Curso de Direito Constitucional Tributário. São Paulo, 2019. p.812

28. Art. 146. Cabe à lei complementar:
I - dispor sobre conflitos de competência, em matéria tributária, entre a União, os Estados, o Distrito Federal e os Municípios;
II - regular as limitações constitucionais ao poder de tributar;
III - estabelecer normas gerais em matéria de legislação tributária, especialmente sobre:
a) definição de tributos e de suas espécies, bem como, em relação aos impostos discriminados nesta Constituição, a dos respectivos fatos geradores, bases de cálculo e contribuintes;
b) obrigação, lançamento, crédito, prescrição e decadência tributários;
c) adequado tratamento tributário ao ato cooperativo praticado pelas sociedades cooperativas.
d) definição de tratamento diferenciado e favorecido para as microempresas e para as empresas de pequeno porte, inclusive regimes especiais ou simplificados no caso do imposto previsto no art. 155, II, das contribuições previstas no art. 195, I e §§ 12 e 13, e da contribuição a que se refere o art. 239.[...]

29. "A segunda corrente, a que chamaríamos dicotômica, vê neste texto constitucional a outorga de competência ao Congresso Nacional para que edite normas gerais de direito tributário, com os seguintes conteúdos:
a) preceitos reguladores de conflitos de competência em matéria tributária; e
b) normas que regulem limitações constitucionais ao poder de tributar.
Esta segunda corrente atribui um campo delimitado, preciso, circunscrito e reduzido às normas gerais, ao contrário da primeira, que quer ver nas normas gerais um

emitir norma gerais sobre direito tributário, sendo que tais normas seriam destinadas a dispor sobre conflitos de competência entre União, Estados, Distrito Federal e os Municípios e regular as limitações constitucionais ao poder de tributar.

Essa posição decorre da interpretação sistemática do texto constitucional sob o aspecto de que as normas gerais têm por objetivo dispor sobre conflitos de competência e regular as limitações constitucionais ao poder de tributar em atenção à manutenção dos princípios da federação e preservação da autonomia municipal.

Nessa linha, o posicionamento do Professor Paulo de Barros Carvalho defende que o efeito dúplice não é uma característica da lei complementar, mas sim das normas gerais postas por tal enunciado. Confira-se:

> Por esse motivo, preocupado em manter o esquema federativo e autonomia dos Municípios, o constituinte atribuiu à lei complementar, com sua natureza ontológico-formal, a incumbência de servir de veículo introdutor de normas destinadas a prevenir conflitos e, consequentemente, invasões de competência (art. 146, I, da Carta Magna). [...] No que diz respeito especificamente à matéria tributária, foi-lhe atribuída a função de introduzir no ordenamento jurídico normas gerais de direito tributário, voltadas à regulação de matéria necessária para evitar conflitos de competência entre as entidades tributantes, bem como para regular as limitações constitucionais ao poder de tributar, atuando como mecanismo de ajuste que assegura o funcionamento do sistema.[30]

De outra ponta, a corrente tricotômica, reforçada com a promulgação da Constituição de 1988 em que se introduz a disposição do inciso III do art. 146, no sentido de que

---

verdadeiro superdireito, intermediando entre a Constituição e a lei ordinária." (ATALIBA, Geraldo. *Conteúdo e alcance da competência para editar normas geras de direito tributário. In* Revista de informação legislativa, v. 19, n. 75, p. 83-106, jul./set. 1982, p. 83.)

30. CARVALHO, Paulo de Barros. *Direito tributário, linguagem e método.* São Paulo: Noeses, 2018, p.400 e 407.

à lei complementar desempenharia três funções distintas plasmadas nos incisos I, II e III do art. 146, sendo que a veiculação de normas gerais sobre matéria tributária corresponderia a função independente.

Nessa linha, Professor Alcides Jorge Costa é incisivo ao comentar o art. 18, § 1º da Constituição de 1967 que previa as três funções para a lei complementar da mesma forma que o atual inciso III do art. 146 da Constituição:

> A redação deste parágrafo deixa claro que as normas gerais não se referem nem aos conflitos de competência, nem as limitações constitucionais do poder de tributar. Se assim não fosse, não haveria necessidade do legislador constitucional referir-se, em separado, às normas gerais, às limitações constitucionais do poder de tributar e aos conflitos de competência.
>
> [...]
>
> A Constituição de 1988 deixou ainda mais expresso tudo isso. [...]
>
> O texto deixa bem claro e fora de qualquer dúvida qual o âmbito de atuação das normas gerais de direito tributário. [...]
>
> O texto da atual Constituição, como o art. 18, § 1º, da Constituição de 1967 (mesmo considerada a Emenda Constitucional n. 1/69, que praticamente era outra Constituição) deixa claro, claríssimo diria, que as normas que dispõem sobre conflitos de competência e normas que regulam as limitações constitucionais ao poder de tributar não são normas gerais, dado que o conteúdo destas está expresso no art. 146, III.[31]

A divergência doutrinária repousa fundamentalmente no alcance da expressão "normas gerais em matéria de legislação tributária", sendo esse o ponto fulcral de crítica, tendo em vista tratar-se de termo indefinido e vago.

Temos que por normas gerais deve-se atribuir a significação de normas que possuem generalidade relativa à própria matéria veiculada, isto é, deve conter linhas que

31. COSTA, Alcides Jorge. Sistema Tributário Nacional e a Estabilidade da Federação Brasileira. São Paulo: Noeses, 2012, p. 10-11.

delimitam a ação dos entes na instituição e cobrança de tributos, de forma que seja atingida uniformização que, consequentemente, acarretará a segurança jurídica para os contribuintes, destinatários das normas de condutas positivadas.

Tal generalidade, ao nosso sentir, se faz presente nas leis complementares nacionais direcionadas para todos os entes, assim como para aquelas de alcance federal, aquelas destinadas à União, isto porque enquanto destinada à harmonização do sistema tributário, o seu papel é de informar o ente para construção de legislação conformada às tais regras gerais.

Nesse espeque, nota-se que essa função é desempenhada, por exemplo, pela lei complementar nº 87/1996 que apesar de reproduzir as regras gerais contidas no art. 155, § 2º da Constituição Federal contém balizas que norteiam toda a atividade legislativa acerca do ICMS para os estados e Distrito Federal.

Nesse contexto, a generalidade típica da lei complementar tributária que veicula normas gerais diz, necessariamente com seu conteúdo, e não efetivamente com seus destinatários.

4. FUNÇÕES DA LEI COMPLEMENTAR TRIBUTÁRIA NO CONTEXTO DA REFORMA TRIBUTÁRIA

A proposta de reforma tributária, aprovada pela Câmara dos Deputados, estabelece nova sistemática de tributação sobre o consumo a partir da modificação da estrutura constitucional extinguindo IPI, PIS, COFINS, ICMS e ISS, conferindo à lei complementar a instituição de novos tributos sobre o consumo, um mister não comum ao instrumento normativo, embora previsto no atual sistema tributário, como no caso da competência residual da União - art.

154, I- , e para a instituição de empréstimos compulsórios, nos termos do art. 148, I e II.

A Proposta de Emenda Constitucional nº 45/2019 como anteriormente já sublinhado contém mais de 50 referências diretas à lei complementar, dentre as quais se destaca aquela que atribui a esse instrumento normativo à instituição do Imposto Sobre Bens e Serviços (IBS), conforme art. 156-A, sob o título "Seção V-A DO IMPOSTO DOS ESTADOS, DO DISTRITO FEDERAL E DOS MUNICÍPIOS" e da Contribuição sobre Bens e Serviços (CBS – art. 195, V).

Imprescindível não deixar de anotar que o texto da reforma não atinge a redação do atual art. 146 da Constituição Federal, a pedra fundamental da lei complementar tributária quer seja no seu aspecto nacional ou federal, e, principalmente no que se refere às suas funções, dentre as quais as teorias dicotômica e tricotômica não consideram como função a instituição de tributos.

Nesse sentido, José Souto Maior Borges [32]ao empreender profundo estudo acerca da previsão contida no art. 24, II da Constituição anterior, que outorgava aos municípios a competência para instituir impostos sobre "serviços de qualquer natureza não compreendidos na competência tributária da União ou dos Estados, definidos em lei complementar"[33], concluiu que:

(a) não seria sinônimo de instituir ou disciplinar imposto, posto que reservado à lei ordinária da pessoa jurídica de direito público interno

---

32. BORGES. José Souto Maior. Aspectos fundamentais da competência municipal para instituir o ISS. In: TÔRRES, Heleno Taveira (coord.). ISS na Lei Complementar n. 116/2003 e na Constituição. São Paulo: Manole, 2004

33. Redação mantida no art. 156, III da Constituição de 1988:
Art. 156. Compete aos Municípios instituir impostos sobre: [...]
III - serviços de qualquer natureza, não compreendidos no art. 155, II, definidos em lei complementar.

> constitucionalmente competente; (b) não poderia livremente restringir a competência tributária municipal, cujos contornos já se encontrariam rigidamente demarcados pela própria Constituição; (c) tratar-se-ia, propriamente, de uma "hipótese específica de cabimento da edição de norma geral de direito tributária, genericamente prevista no art. 18, §1º"; (d) seu exercício não poderia amesquinhar a autonomia financeira dos Municípios; (e) cuidou-se de previsão excepcional, à época não estabelecida para nenhum outro tributos, para atender a "necessidade de obviar conflitos do exercício da competência tributária municipal com o da competência tributária das outras pessoas constitucionais (p. ex., ISS com IPI, ISS com ICM, etc.); e, por conseguinte, (f) atrairia o mesmo regime jurídico do art. 18, §1º, anteriormente comentado.

Nota-se que o sentido atribuído pelo autor diz com a utilização da lei complementar como instrumento de resolução de conflitos de competência, preservando assim a autonomia de cada ente tributante.

A arguta análise empreendida por citado autor na vigência da Constituição anterior ainda ecoa no atual sistema legislativo, nos termos do art. 146 da Lei Maior ainda vigente, e para o qual não houve proposta de alteração.

Eis o ponto fulcral da proposta da reforma no que se refere à instituição do IBS, o caput do art. 156-A estabelece regra de estrutura no sentido de que o novel tributo é de competência dos estados, Distrito Federal e municípios, mas a instituição não é conferida a cada um dos entes em destaque, restando-lhes apenas a fixação do percentual de alíquota que comporá o percentual efetivo do tributo.

É imperioso destacar que todos os estados possuem representação no Congresso Nacional, e os municípios por sua vez estão ao largo do processo legislativo, isto é, ainda que o rito de aprovação da lei complementar mantenha-se intacto, isto é, a sua aprovação depende de maioria absoluta, faltará nesse processo de aprovação a participação efetiva dos municípios.

Tem-se que de uma só vez os municípios foram alijados em sua competência e à lei complementar será cometida a função de instituir tributo, em um movimento que eleva o instrumento normativo para além de seu desiderato previsto no art. 146 da Constituição.

Na análise do presente estudo colocamos sob recorte metodológico a figura da lei complementar tal qual se apresenta na proposta de reforma que se mostra como lei de feição nacional, afinal seus enunciados se voltarão para todos os entes da federação.

Ainda para atender o recorte proposto nas análises do presente ensaio, calha destacar que um dos pilares do IBS é a não cumulatividade ampla, sendo que para isso o projeto prevê no inciso VIII do § 1º do art. 156-A a seguinte redação:

> Art. 156-A. Lei complementar instituirá imposto sobre bens e serviços de competência dos Estados, do Distrito Federal e dos Municípios.
>
> § 1º O imposto previsto no caput atenderá ao seguinte:
>
> [...]
>
> VIII – com vistas a observar o princípio da neutralidade, será não cumulativo, compensando-se o imposto devido pelo contribuinte com o montante cobrado sobre todas as operações nas quais seja adquirente de bem, material ou imaterial, inclusive direito, ou de serviço, excetuadas exclusivamente as consideradas de uso ou consumo pessoal, nos termos da lei complementar, e as hipóteses previstas nesta Constituição;
>
> [...]

A redação proposta inova também ao positivar o princípio da neutralidade tributária do IBS que será alcançada pela não cumulatividade, ressalvando apenas as entradas destinadas a uso e consumo pessoal, conforme parâmetros definidos em lei complementar.

Nesse espeque de inovação o projeto prevê o ressarcimento dos créditos acumulados na sistemática do IBS, na forma e prazo estabelecido em lei complementar.

Por sua vez, é de se notar, e se preocupar, que a proposta passa ao largo de se assegurar uma efetiva garantia adicional para os contribuintes quando propõe no art. 134 do Ato das Disposições Constitucionais Transitórias, a compensação dos créditos homologados pelos estados e Distrito Federal, informados ao Conselho Federativo do Imposto sobre Bens e Serviços e saldo remanescente do creditamento das aquisições de ativo imobilizado existentes ao final de 2032.

Identificadas as funções diretas e conexas à não cumulatividade, passamos a análise mais detalhada desses aspectos.

5. A NÃO CUMULATIVIDADE E A NEUTRALIDADE NA PROPOSTA DA REFORMA TRIBUTÁRIA

Conforme apontado no item anterior, o VIII do § 1º do art. 156-A do projeto de reforma tributária propõe a não cumulatividade mediante a compensação do imposto devido pelo contribuinte com o montante cobrado sobre todas as operações nas quais seja adquirente de bem, material ou imaterial, inclusive direito, ou de serviço, excetuadas exclusivamente as consideradas de uso ou consumo pessoal.

Na atual previsão acerca da não cumulatividade do ICMS o inciso I do § 2º do art. 155 da Constituição Federal prevê que ICMS será não cumulativo, compensando-se o que for devido em cada operação relativa à operação de circulação de mercadorias ou prestação de serviços com o montante cobrado nas anteriores pelo mesmo ou outro Estado ou pelo Distrito Federal, sendo essa redação reproduzida no art. 19 da Lei Complementar nº 87/1966 e complementada pelo art. 20 da mesma lei que garante a compensação do créditos inclusive para os bens destinado ao uso consumo do estabelecimento.

A metodologia adota para a concretização da não cumulatividade no atual subsistema tributário e no vindouro implica no processo operacional de subtração do montante devido na operação daquele valor que gravou a operação anterior, conforme esclarecem Geraldo Ataliba e Cléber Giardino:

> "O esquema constitucional, portanto - ao mencionar 'abatimento' – pode ser visto como um processo matemático de dedução no qual, por imposição constitucional, o montante de ICM devido é o 'minuendo' e o montante do ICM anteriormente cobrado é o 'subtraendo'. (Não é de surpreender, assim, que tenham prosperado as expressões 'débito', 'crédito', 'conta corrente', etc., para indicar este fenômeno, todas elas tradutoras, numa linguagem leiga, do procedimento jurídico da compensação)."[34]

Sob tal perspectiva, como já nos posicionamos em outra oportunidade de que a não cumulatividade configura uma técnica[35] de apuração do valor devido do ICMS apu-

---

34. ATALIBA, Geraldo e GIARDINO, Cléber. Abatimento Constitucional – *Princípio da não-cumulatividade*. Revista de Direito Tributário. São Paulo, nº 29/30, p. 117.

35. "Acerca da condição principiológica da não cumulatividade José Eduardo Soares de Melo e Luiz Francisco Lippo identificam a natureza principiológica da não cumulatividade, assim apregoando:
A não cumulatividade tributária, de fato, é um princípio jurídico constitucional. É um comando normativo repleto de valores extraídos dos anseios da sociedade constituído e permeado de forte conteúdo axiológico. Foi a partir da vontade do povo brasileiro que o legislador constituinte encontrou os argumentos necessários para disciplinar a instituição de tributos cuja característica
essencial para a apuração do quantum debeatur deve ser o confronto matemático entre a soma dos montantes do imposto registrado em cada relação correspondente às

rado por meio da compensação do imposto já que não é elemento essencial integração da hipótese de incidência do ICMS propriamente dita, operando-se em momento posterior à configuração do débito tributário[36], mas mesmo assim repercutindo no ônus tributário de modo, em regra, em se tratando de tributo que grava o consumo a carga tributária efetiva deve ser suportada pelo consumidor.

Dessa maneira, constata-se que em termos de previsão constitucional não há diferença enquanto sistemática, mas sim no que se refere à garantia do creditamento de forma mais ampla, ainda que a sistematização tenha sido atribuída à lei complementar, em verdadeira salvaguarda da neutralidade tributária, que nos termos da proposta está positivada em âmbito constitucional.

É imperioso destacar que o enunciado da neutralidade é essencialmente pertencente à seara do subsistema econômico; todavia, ela também permeia o subsistema jurídico-tributário, vez que sua fluidez se dá nesse quadrante por meio da não cumulatividade. Dessa maneira pode-se afirmar que a neutralidade tributária é um dos valores perseguidos pelo nosso ordenamento jurídico, que objetiva a diminuição dos efeitos da tributação sobre a decisão dos agentes econômicos, evitando distorções e consequentes ineficiências na atividade econômica.

---

operações comerciais realizadas com os produtos e mercadorias e serviços do estabelecimento do contribuinte, e a soma dos montantes do imposto registrado em cada relação correspondente às mercadorias, produtos e serviços adquiridos pelo mesmo contribuinte, em dado período. Ou seja, esse princípio constitucional deve necessariamente ser observado à luz do Direito, não resta dúvida. Assim, tratando-se basicamente de uma operação matemática, como se verá adiante, haveremos de encontrar no interior da Constituição Federal o seu conteúdo jurídico." (CARVALHO, Osvaldo Santos de. *Não cumulatividade do ICMS e princípio da neutralidade tributária*. São Paulo: Saraiva, 2013. p. 132.)

36. CARVALHO, Osvaldo Santos de. *Não cumulatividade do ICMS e princípio da neutralidade tributária*. São Paulo: Saraiva, 2013. p. 133.

À primeira vista a positivação da neutralidade pode parecer estranha à finalidade da não cumulatividade, a partir da afirmação de que se trata de aspecto relacionado à economia, todavia, o entrelaçamento dos diversos subsistemas[37] - tributário e econômico – permite que seja estabelecido o diálogo sistêmico, tendo como vetor o tema tributação, com o objetivo de estudá-la, especialmente, sob o ponto de vista da neutralidade tributária, correlacionando-a com a não cumulatividade do ICMS.

Nos termos delineados pela proposta da reforma a efetividade da não cumulatividade para alcançar a neutralidade dependerá também da construção da lei complementar prevista na parte final VIII do § 1º do art. 156-A.

Eis o ponto de inquietação, afinal os últimos 35 anos de vigência do subsistema tributário mostra com clareza

---

37. Niklas Luhmann oferece-nos um denso estudo sobre uma teoria da sociedade, a partir de uma análise sistémica. Frisamos que não se trata de um tratadista da Teoria do Direito, podendo ser conceituado como um Teórico dos Sistemas, que oferece um referencial interessante para o estudo sobre o processo de autocriação (autopoieses) da sociedade e dos subsistemas que a compõem. [...]
Na perspectiva luhmanniana, a função do direito não é garantir comportamentos e sim assegurar as expectativas normativas contrafáticas (diferente das expectativas cognitivas), cujo código binário é o licito/ilícito ou direito/não direito, garante seu fechamento operacional e garante sua identidade perante o sistema, mas é por meio da abertura cognitiva decorrente de seus programas condicionais (leis, contratos, etc) é que valores podem ser adjudicados ao código binário[...].
Luhmann, para justificar as relações existentes entre os sistemas, mobiliza o conceito de acoplamento estrutural para dizer que apesar de autônomos os subsistemas não estão isolados no sistema social, de forma que os eventos externos no ambiente não poderiam determinar os acontecimentos internos, mas por meio dos acoplamentos estruturais podem se abrir cognitivamente ao ambiente, mantendo seu fechamento operativo.
O subsistema jurídico não desempenha sua função apenas para si, mas também para os outros subsistemas, é o que Luhmann chama de oferecer prestações aos demais subsistemas e vice-versa, como, por exemplo, o subsistema jurídico confere legitimação às decisões políticas, com a aplicação das leis e, de seu lado, o político oferece as premissas decisórias, as leis, e o reforço da eficácia das decisões jurídicas, os meios coercitivos: prisões, polícia etc.
O subsistema jurídico permite-se "irritar-se" (na linguagem de Luhmann) internamente, a partir de sua própria estrutura, pelo sistema político ou econômico, por exemplo. Não se trata de qualquer input ou determinação do subsistema econômico ao jurídico.

que a despeito de expressa previsão em lei complementar, as limitações são crédito do ICMS foram inseridas sistematicamente e prorrogadas para impedir a plena aplicação pragmática da não cumulatividade, isso num movimento legitimamente realizado pelo Congresso Nacional.

Dessa maneira ainda que o texto da PEC contenha a previsão do direito ao crédito do imposto, porém, meramente continuando a atribuir a lei complementar a sistematização do direito ao crédito, o que deveria ser uma "dupla" garantia ao contribuinte, pode ser tornar uma releitura desastrosa do atual cenário.

Evidente que tal mitigação não é deseja, a uma pela relativização do direito ao crédito, e a duas porque esvazia a posição de sobrenível da lei complementar que deve ser preservada integralmente.

Nesse ponto, em posição diametralmente oposta ao atual cenário, para além da previsão constitucional acerca da neutralidade e da não cumulatividade ampla, é imprescindível que a lei complementar prevista no inciso VIII do § 1º do art. 156-A a ser editada reúna todas as condições para harmonização, equilíbrio e garantia das previsões constitucionais.

6. O RESSARCIMENTO DE CRÉDITOS ACUMULADOS GERADOS SOB A SISTEMÁTICA DO IBS

Nos termos da não cumulatividade é garantida ao contribuinte a compensação entre o imposto devido por ocasião da saída mercadoria e o montante cobrado na operação de aquisição, exceto quando a operação subsequente é desonerada do ICMS, hipótese na qual é vedado o crédito da operação de entrada ou é exigido o estorno.

A vedação retromencionada é excetuada quando há expressa previsão para a manutenção dos créditos, ainda que a saída subsequente esteja sujeita à isenção, à não incidência e nas operações de exportação, conforme o teor do inciso II e alínea "a", do § 2º do art. 155 da Constituição Federal, sendo essa previsão constitucional a origem de saldos credores acumulados do ICMS, que em razão da atividade desenvolvida pelo contribuinte podem não ser objeto de compensação escritural, tendo em vista que o montante de imposto devido ou é inexistente ou nunca superior aos créditos.

A PEC prevê no § 6º do art. 156-A que a concessão de isenção e a imunidade impedem a apropriação de créditos das operações anteriores, por sua vez o inciso III do mesmo artigo ressalva as exportações da incidência do IBS, garantido expressamente a manutenção dos créditos.

Para melhor visualização do cenário atual e da proposta da reforma tributária, segue abaixo quadro comparativo contendo a redação vigente da Constituição Federal acerca da manutenção do crédito e o texto proposto, sendo que os excertos não foram reproduzidos na ordem que constam originalmente nos artigos citados para propiciar a comparação direta. Confira-se:

ICMS: Manutenção de crédito	IBS: Manutenção de crédito
Art. 155 [...] § 2º O imposto previsto no inciso II atenderá ao seguinte:	Art. 156-A. § 1º O imposto previsto no caput atenderá ao seguinte:

II - a isenção ou não incidência, salvo determinação em contrário da legislação: a) não implicará crédito para compensação com o montante devido nas operações ou prestações seguintes; b) acarretará a anulação do crédito relativo às operações anteriores;	§ 6º A isenção e a imunidade do imposto previsto no caput: I – não implicarão crédito para compensação com o montante devido nas operações seguintes; e II – acarretarão a anulação do crédito relativo às operações anteriores, salvo, na hipótese da imunidade, quando determinado em contrário em lei complementar.
X - não incidirá: a) sobre operações que destinem mercadorias para o exterior, nem sobre serviços prestados a destinatários no exterior, assegurada a manutenção e o aproveitamento do montante do imposto cobrado nas operações e prestações anteriores;	III – não incidirá sobre as exportações, assegurada ao exportador a manutenção dos créditos relativos às operações nas quais seja adquirente de bem, material ou imaterial, ou de serviço, observado o disposto no § 5º, III; [...] § 5º Lei complementar disporá sobre: [...] III – a forma e o prazo para ressarcimento de créditos acumulados pelo contribuinte;

A PEC reduz a ocorrência da geração de saldos credores ao excluir a isenção como hipótese passível de creditamento, ao passo que preserva a manutenção dos créditos decorrentes da operação de exportação, mas não reproduz a garantia de aproveitamento dos referidos créditos, optando por prever que a forma e o prazo de ressarcimento serão disciplinados por lei complementar.

O termo "ressarcimento" é, sem dúvida, uma inovação, mas que não garante efetivamente o aproveitamento, afinal, em regra, ressarcimento se refere à devolução em espécie, enquanto "aproveitamento" é termo de espectro mais amplo permitindo outras formas de utilização.

Ainda sob essa perspectiva, a proposta prevê que na hipótese das operações imunes, a garantia de manutenção ficará a cargo do legislador complementar.

Em arremate, a redação da PEC nº 45/2019 mitiga as hipóteses geradoras de saldos credores acumulados e esvazia a garantia constitucional do aproveitamento dos créditos mantidos, ainda assim a manutenção continua prevista na Constituição, contudo, a devolução, o ressarcimento ou a restituição somente ocorrerão nos termos delineados na legislação complementar, o que pode gerar distorção da neutralidade tributária positivada no caput do art. 156-A a depender de como a lei complementar respectiva venha a ser editada impondo restrições à fruição de referidos créditos acumulados, na medida em que os saldos represados representam custo para o contribuinte.

Vale ressaltar que atualmente os parágrafos 1º e 2º do art. 25 da Lei Complementar nº 87/1996 preveem que os créditos acumulados podem ser a imputados a outro estabelecimento do mesmo titular ou transferidos para outros contribuintes, desde que, em ambos os casos, os destinatários estejam localizados no mesmo estado do estabelecimento detentor do crédito.

Apesar da coincidência em relação ao destino dos créditos acumulados, quando se trata de créditos decorrentes de exportação, a garantia da forma de aproveitamento do crédito acumulado está determinada na Lei Complementar, por sua vez, para os demais saldos acumulados - não decorrentes de exportação -, cabe a cada estado estabelecer em lei ordinária a forma de como ocorrerá a imputação ou a transferência.

Não obstante a previsão contida na Lei Complementar nº 87/1996 acerca da forma de recuperação dos créditos acumulados decorrentes de exportação, os estados contêm em suas legislações procedimentos administrativos voltados para a comprovação da geração continuada de toda e qualquer espécie de saldos, isto é, impõem que todos os saldos acumulados estão sujeitos à homologação para que sejam denominados de créditos acumulados e se tornarem passíveis de utilização, geralmente para aquisição de insumos de produção, mercadorias para revenda ou ativo imobilizado, quitação do ICMS-importação, e, por fim, a transferência para outros contribuintes.

A sistemática utilizada atualmente pelos estados se revela como um sério entrave na devolução de tais créditos, visto que a administração pública não se manifesta sobre os pedidos de apropriação de forma ágil[38], por este motivo, muitas vezes necessária a busca da intervenção do Poder Judiciário para que a administração pública analise o pedido administrativo de apropriação dos créditos acumulados[39]

38. O artigo 33 da Lei Estadual nº 10.177/98 regulamenta o processo administrativo no âmbito da Administração Pública Estadual – São Paulo. Dispõe:
"Artigo 33 - O prazo máximo para decisão de requerimentos de qualquer espécie apresentados à Administração será de 120 (cento e vinte) dias, se outro não for legalmente estabelecido.
§1º. Ultrapassado o prazo sem decisão, o interessado poderá considerar rejeitado o requerimento na esfera
administrativa, salvo previsão legal ou regulamentar em contrário.

39. Tributário - Mandado de Segurança Apreciação de requerimentos de apropriação de créditos de ICMS.
Decurso de extenso lapso temporal sem prolação de decisão pela administração tributária Inadmissibilidade Transcurso do prazo de 120 (cento e vinte) dias estatuído pelo art. 33 da Lei Estadual 10.177/98 Direito à obtenção de resposta em prazo razoável - Sentença concessiva da ordem mantida Apelação e reexame necessário desprovidos" (TJSP; Apelação / Remessa Necessária 1014482-47.2020.8.26.0482; Relator (a): Souza Meirelles; Órgão Julgador: 12ª Câmara de Direito Público; Foro de Presidente Prudente - Vara da Fazenda Pública; Data do Julgamento: 19/11/2020; Data de Registro: 20/11/2020).
REEXAME NECESSÁRIO. MANDADO DE SEGURANÇA. PEDIDO DE CONCESSÃO DE REGIME ESPECIAL. Hipótese em que o pedido do mandamus se limita à apreciação do pedido de concessão de Regime Especial pela autoridade coatora. Pedido pendente de apreciação há quase um ano. Artigo 33 da Lei nº 10.177/1998 prevê que a autoridade administrativa dispõe do prazo de 120 (cento e vinte) dias para apreciar pedido de concessão de Regime Especial. Sentença mantida. Reexame necessário não provido" (TJSP; Remessa Necessária Cível 1055765-13.2019.8.26.0053; Relator (a): Camargo Pereira; Órgão Julgador: 3ª Câmara de Direito Público; Foro Central - Fazenda Pública/Acidentes - 2ª Vara de Fazenda

7. A COMPENSAÇÃO DOS CRÉDITOS GERADOS SOB A SISTEMÁTICA DO ICMS

O art. 134 do Ato das Disposições Constitucionais Transitórias do projeto da reforma tributária prevê que os saldos credores do ICMS existentes ao final de 2023, passíveis de aproveitamento ou ressarcimento, nos termos da legislação em vigor, poderão ser utilizados para compensação com IBS, desde que previamente homologados pelo ente federativo.

No entanto, o texto da PEC nº 45/2019 passa ao largo da restituição do ICMS retido por substituição tributária garantida por decisão proferida no Tema 201 da Repercussão Geral - STF[40], assim como não contém qualquer previsão acerca dos créditos reconhecidos no âmbito do contencioso administrativo ou judicial.

Deste modo, o texto da PEC desenha um tortuoso caminho que o contribuinte terá que percorrer para usufruir dos créditos, qual seja: (i) observar a legislação vigente do ICMS, quando da geração dos respectivos saldos; (ii) submeter tais créditos à homologação do estado; (iii) aguardar a manifestação da administração; (iv) na falta da resposta, o crédito é considerado homologado; (v) para os créditos decorrentes de aquisição de ativo imobilizado permanecerá a sistemática de cálculo da parcela mensal de 1/48, decorrente da relação entre as saídas ou prestações isentas ou não tributadas sobre o total das operações de saídas ou prestações efetuadas no mesmo período; e (vi) para dos

Pública; Data do Julgamento: 26/10/2020; Data de Registro: 26/10/2020).

40. Tema 201. Título: Restituição da diferença de ICMS pago a mais no regime de substituição tributária.
Descrição: Recurso extraordinário em que se discute, à luz do art. 150, § 7º, da Constituição Federal, a constitucionalidade, ou não, da restituição da diferença do Imposto sobre Circulação de Mercadorias e Serviços - ICMS pago a mais no regime de substituição tributária, quando a base de cálculo efetiva da operação for inferior à presumida.

demais casos de saldos credores a utilização será em longos 20 anos (240 meses).

Neste contexto, a homologação deverá ser realizada no prazo estabelecido em lei complementar, e, caso a administração estadual não se manifeste sobre o pedido, o crédito é considerado homologado. Ocorre que o § 3º do mesmo artigo 134 supramencionado, prevê que os créditos homologados serão informados pelos estados e Distrito Federal para o Conselho Federativo para operacionalização da compensação, todavia, na hipótese de sequer ter havido manifestação do ente acerca da homologação, a previsão sobre a chancela tácita é totalmente vazia, pois não operará qualquer efeito prático no que tange ao aproveitamento do crédito.

Avançando na análise do disposto encontra-se no texto da PEC nº 45/2019 a previsão que os créditos homologados e informados ao Conselho Federativo serão corrigidos pelo IPCA a partir de 2033, e caberá à lei complementar dispor sobre: (i) parcelamento da compensação; (ii) a forma de transferência dos créditos para terceiros; e (iii) o ressarcimento, para o caso de impossibilidade de compensação com o IBS.

Ainda que a utilização dos saldos não esteja adequadamente prevista no texto da proposta da reforma, é necessário reconhecer que há um discreto avanço na garantia de devolução em comparação ao atual cenário, para qual cada estado promove a regulamentação, o que causa séria distorção e total falta de uniformização.

Assim, eventuais ajustes durante o processo de discussão da PEC nº 45/2019 no Congresso poderiam garantir maior efetividade no processo de devolução dos créditos, por exemplo: (i) a fixação de compensação mais célere para mitigar os efeitos da correção sugerida pelo IPCA, que é totalmente distante do índice de atualização dos débitos tributários realizado pela SELIC; (ii) a garantia de comunicação do contribuinte para o Conselho Federativo acerca do silêncio da administração estadual sobre a homologação; (iii) a previsão sobre o ressarcimento dos créditos do ICMS retido por substituição; e (iv) a garantia da compensação mediante informação do contribuinte sobre os créditos reconhecidos em âmbito do contencioso administrativo ou judicial.

Estabelecidas e contempladas essas reclamadas e necessárias regras estruturais no texto constitucional por meio de ajustes ao texto aprovado na Câmara dos Deputados, caberia à lei complementar a ser editada oportunamente estabelecer a forma de comunicação e compensação dos créditos de maneira uniforme para todos os estados, em estreita consecução dos ditames contidos na proposta da reforma tributária.

8. CONCLUSÃO

O texto da PEC nº 45/2019 representa importante avanço na discussão sobre a forma de tributação do consumo no subsistema tributário nacional, sendo o novo desenho constitucional tributário proposto representado por dois IVAs, de um lado o IBS que substituirá o ICMS e o ISS destinado a prover recursos para os estados, Distrito Federal e municípios, proporcionando maior e efetiva participação da municipalidade na arrecadação, reforçando a sua autonomia financeira, e, por outro lado a CBS que substituirá o IPI, PIS e a COFINS.

A proposta de substituição do ICMS de competência de 26 estados e o Distrito Federal, e a eliminação do ISS de competência de 5.570 municípios pelo IBS, transforma toda a experiência acerca da instituição, arrecadação e repartição de receita, exigindo enorme esforço de adaptação, até por isso, é previsto um período de 10 anos de transição para o novo modelo.

Ao propor profunda mudança na tributação sobre o consumo, para além da necessária alteração constitucional, o legislador elege no ordenamento jurídico um veículo introdutor de normas que tenha melhores condições de conferir aos novos IBS e CBS necessária feição nacional, especialmente em decorrência de colher do procedimento legislativo mais complexo, que poderia dotá-lo de maior representatividade democrática.

Tal papel será desempenhado pela lei complementar, cujo processo legislativo reclama quórum qualificado de aprovação na Câmara e no Senado, bem como é destinada a conter temas selecionados pelo legislador constitucional, com isso seu raio de atuação é justamente a posição intercalar entre a Constituição Federal e as demais legislações.

Nesse processo de positivação seus enunciados contêm, em regra, normas gerais direcionadas tanto para administração tributária quanto para o contribuinte, em fiel, cumprimento à previsão contida no inciso III do art. 146 da Constituição Federal.

O texto da PEC nº 45/2019 atribui função que não é típica em nosso direito para a lei complementar, qual seja, a instituição do IBS e CBS, o que revela o total e novo protagonismo desse instrumento normativo, para o qual também é destinado a positivação de outros temas de suma relevância, como a não cumulatividade e garantia de devolução de créditos tributários.

Nessa linha, a lei complementar prevista na PEC nº 45/2019 desempenhará função mais específica que atualmente lhe é cometida, afinal a generalidade relativa à própria matéria veiculada e a uniformização da legislação para que os demais entes atuem, será substituído por um nível de concretude muito maior, tendo em vista que a partir da previsão constitucional o legislador complementar positivará normas que atuarão diretamente na estruturação do IBS e da CBS.

Conforme indicado ao longo do texto, para que tal finalidade seja alcançada é necessário que o texto constitucional proposto seja ajustado em sua tramitação no Congresso Nacional para garantir a efetividade almejada pelo novo subsistema tributário, cujo funcionamento dependerá diretamente da lei complementar.

A proposta de reforma tributária não impõe apenas a profunda e sensível mudança na tributação sobre consumo, mas também mobiliza a figura da lei complementar como instrumento normativo instituidor de tributos, cuja função agora se expande sobremaneira e deverá ser um dos pilares de sustentação do novo subsistema tributário.

REFERÊNCIAS BIBLIOGRÁFICAS

ARAÚJO, José Evande Carvalho. *Reformas Tributárias: PECs prontas para a pauta - texto base da consultoria legislativa*. Disponível em: https://www2.camara.leg.br/atividade-legislativa/estudos-e-notas-tecnicas/fiquePorDentro/temas/sistema-tributario-nacional-jun-2019/texto-base-da-consultoria-legislativa-reformas-tributarias-pecs-prontas-para-a-pauta. Acessado em 22/10/2023.

ATALIBA, Geraldo e GIARDINO, Cléber. *Abatimento Constitucional – Princípio da não-cumulatividade*. Revista de Direito Tributário. São Paulo, nº 29/30, p. 117.

BARRETO, Paulo Ayres. *Constructivismo Lógico-Semântico e a Regra-Matriz de Incidência Tributária: Sua relevância Metodológica. In Constructivismo Lógico-Semântico: Homenagem aos 35 anos do Grupo de Estudos de Paulo de Barros Carvalho. 1ª ED. São Paulo. Noeses, 2020.*

BORGES, José Souto Maior. *Lei Complementar tributária.* São Paulo, Ed. Revista dos Tribunais, EDUC, 1975.

CARVALHO, Paulo de Barros; AQUINO, Sérgio Serafim. *A natureza da hierarquia entre lei complementar e lei ordinária em matéria tributária*. Revista da Faculdade de Direito

UFPR, Curitiba, PR, Brasil, v. 65, nº 1, p. 81-99, jan./abr. 2020. ISSN 2236-7284. Disponível em: <https://revistas.ufpr.br/direito/article/view/67676>. Acesso em: 30 abr. 2020. DOI: http://dx.doi.org/10.5380/rfdufpr.v65i1.67676.

CARVALHO, Paulo de Barros. *Direito Tributário: Linguagem e método*. 6ª ed. São Paulo: Noeses, 2015.

CARVALHO, Paulo de Barros. *Direito tributário: Fundamentos jurídicos da incidência*. 11ª ed., revista e atualizada. São Paulo 2021.

CARVALHO, Paulo de Barros. *Curso de Direito Tributário*. 32ª ed., revista e atualizada. São Paulo 2022.

CARVALHO, Osvaldo Santos de Carvalho e OLIVEIRA Junior, José Mauro de. As consequências da ADC 49 para o ICMS. In SOUZA, Priscila e CARVALHO, Paulo de Barros. Coordenadores. Meio século de tradição, coordenação de Paulo de Barros Carvalho e organização de Priscila de Souza).

CARVALHO, Osvaldo Santos de. *Não cumulatividade do ICMS e princípio da neutralidade tributária*. São Paulo: Saraiva, 2013.

CARRAZA, Roque Antonio. *ICMS*. 16ª ed., São Paulo: Malheiros Editores, 2012.

__________. *Curso de Direito Constitucional Tributário*. 32ª ed., revista, ampliada e atualizada. Malheiros, 2019.

IVO, Gabriel. *A relação entre a lei complementar e a lei ordinária*. Disponível em: <https://www.ibet.com.br/a-relacao-entre-a-lei-complementar-e-a-lei-ordinaria-por-gabriel-ivo/>. Acesso em: 30 abr. 2023.

MENDES Moreira, André. *Neutralidade, Valor Acrescido e Tributação*. 3ª ed. revista. Fórum, 2023. Edição do Kindle.

TRIBUTAÇÃO AMBIENTAL E ENERGIA RENOVÁVEL

Paulo Roberto Lyrio Pimenta[1]

1. DELIMITAÇÃO DA ANÁLISE

O uso da energia renovável tem sido objeto de acordos e compromissos internacionais subscritos por diversos países. É reconhecida a sua importância como um importante mecanismo para a realização do desenvolvimento sustentável.

Para estimular a produção e a utilização deste tipo de energia, o direito tributário tem sido manipulado, por meio da concessão de incentivos fiscais.

O presente estudo ocupa-se das possibilidades e dos instrumentos que podem ser manejados pelos entes federados, na órbita tributária, para incentivar o uso dessa modalidade de energia.

---

1. Professor Titular de Direito Financeiro e de Direito Tributário da Universidade Federal da Bahia. Estágio Pós-doutoral na Ludwig-Maximilians-Universität (Universidade de Munique, Alemanha). Doutor em Direito pela PUC-SP. Juiz Federal na Bahia. Professor da UCSAL.

2. REGIME JURÍDICO-CONSTITUCIONAL APLICÁVEL À ENERGIA RENOVÁVEL

A regulamentação constitucional sobre as fontes de energia é veiculada por uma série de enunciados prescritivos.

Em primeiro lugar, o art. 20, VIII estabelece que "são bens da União: VIII – os potenciais de energia hidráulica".

Em seguida, o art. 21 confere competência à União, para:

> "XII - explorar, diretamente ou mediante autorização, concessão ou permissão:
>
> a).....
>
> b) os serviços e instalações de energia elétrica e o aproveitamento energético dos cursos de água, em articulação com os Estados onde se situam os potenciais hidroenergéticos;"

No art. 22, IV a Carta prevê que é competência privativa da União legislar sobre "águas, energia, informática, telecomunicações e radiodifusão"

Por fim, o art. 176 determina que os potenciais de energia hidráulica são de propriedade da União:

> "Art. 176. As jazidas, em lavra ou não, e demais recursos minerais e os potenciais de energia hidráulica constituem propriedade distinta da do solo, para efeito de exploração ou aproveitamento, e pertencem à União, garantida ao concessionário a propriedade do produto da lavra.
>
> § 4º Não dependerá de autorização ou concessão o aproveitamento do potencial de energia renovável de capacidade reduzida".

Analisando-se tais enunciados, verifica-se que inexiste um tratamento constitucional específico para a energia renovável. Entretanto, a Carta estabeleceu um dever de proteção (para este tipo de energia), como será adiante demonstrado.

3. A TUTELA CONSTITUCIONAL DO MEIO AMBIENTE

O meio ambiente não representou um tema objeto de regulamentação constitucional até o final dos anos sessenta do século passado. O contexto econômico e social do período posterior à segunda guerra mundial explica a existência de uma preocupação das Cartas elaboradas nessa época com o desenvolvimento econômico. O importante era estabelecer condições para que fosse assegurada uma reconstrução, notadamente nos países diretamente atingidos com o conflito bélico.

No direito constitucional positivo brasileiro, evoluiu-se de uma ausência de regulamentação sobre a matéria para um amplo sistema de proteção. A Constituição de 1824 não apresentava nenhuma referência aos recursos naturais,[2] determinando em seu art. 169, que versava sobre as Câmaras Municipais, que "o exercício de suas funções municipais, formação das posturas policiais, aplicação de suas rendas e todas as suas particulares e úteis atribuições serão decretadas por uma Lei regulamentar". A Lei nº 1 de 1º de outubro de 1828 regulamentou tais competências, dentre as quais incluiu alguns temas relacionados ao meio ambiente, como, por exemplo, "plantação de árvores para preservação de seus limites".[3]

---

2. Paulo de Bessa Antunes critica a postura da Carta de 1824, com acerto, asseverando que "muito embora os produtos primários fossem essenciais à economia da época, a Constituição não estabeleceu nenhum mecanismo que fosse capaz de garantir a sustentabilidade dos recursos". (*Direito Ambiental*, 12ªed., Rio de Janeiro, Lumen Juris, 2010, p.59).

3. Cf. Paulo de Bessa Antunes, op. cit., p.60.

A Constituição de 1891 outorgou em seu art.34, nº 29, competência legislativa à União para legislar sobre minas e terras de sua propriedade, contudo, este dispositivo não estava relacionado com qualquer interesse em preservação ambiental. Com o advento da Carta de 1934 as competências federais foram ampliadas, conferindo-se à União faculdade para legislar sobre "bens de domínio federal, riquezas do subsolo, mineração, metalurgia, água, energia hidrelétrica, florestas, caça e pesca e sua exploração" (art. 5º, XIX, "j"). Essa ampliação de competência, como anota Paulo de Bessa Antunes, possibilitou a edição de uma legislação infraconstitucional preocupada com a proteção do meio ambiente, dentro de um contexto de conservação de recursos econômicos.[4]Dessa forma, foi elaborado o Código de Águas de 1934 e o antigo Código Florestal, datado do mesmo ano. Assim, observa-se que, muito embora a Carta em epígrafe não contivesse nenhuma referência expressa à tutela ambiental, o sistema de repartição de competências por ela instaurado possibilitou a elaboração de um conjunto de leis infraconstitucionais que acabaram buscando a preservação de recursos naturais.

Com a outorga da Carta de 1937 nenhuma modificação significativa, relacionada ao tema em estudo, foi implementada. O art. 16, XIV conferiu competência à União para legislar sobre "os bens do domínio federal, minas, metalurgia, energia hidráulica, águas, florestas, caça e pesca e sua exploração", mantendo, destarte, o modelo constitucional anterior.

De igual modo, a promulgação da Constituição de 1946 não modificou, de forma substancial, as competências da União nos temas relativos à infra-estrutura, que repercutem na matéria ambiental. O art. 5º, XV, "l" novamente conferiu à União competência para legislar sobre "riquezas do subsolo, mineração, metalurgia, águas, energia elétrica, florestas, caça e pesca".

---

4. Op. cit., p.61.

Esse quadro foi bastante alterado com o advento do Texto de 1967, que outorgou competência à União (art.8º, XVII) para legislar sobre: a)direito agrário; b) normas gerais de segurança e proteção da saúde; c)águas e energia elétrica; d)jazidas, minas e outros recursos minerais; e) metalurgia; f)florestas, caça e pesca; g)regime dos portos e de navegação de cabotagem, fluvial e lacustre. Além disso, estabeleceu que competia ao ente central explorar, diretamente ou mediante autorização ou concessão "os serviços de instalações de energia elétrica de qualquer origem ou natureza" (art. 8º, XV, "b"). A análise desses dispositivos revela que, embora novamente a preservação do meio ambiente não tivesse representado uma preocupação do texto constitucional, a outorga de competências à União acabou alcançando a regulação desta matéria, o que representou uma tutela indireta do meio ambiente natural.

Quando veio a lume a Emenda nº 01, de 17 de outubro de 1969, ocorreu apenas uma pequena modificação no que se refere às competências legislativas da União em relação à energia, que foi subdividida em elétrica, térmica, nuclear ou de qualquer natureza (art. 8º, XVII, "i"). Além disso, o art. 172, integrante da ordem econômica, estabeleceu que "a lei regulará, mediante levantamento ecológico, o aproveitamento agrícola de terras sujeitas a intempéries e calamidades. O mau uso da terra impedirá o proprietário de receber incentivos e auxílios do Governo". Aparece, então, pela primeira vez, uma referência em sede constitucional à "ecologia".

Esse contexto sofreu profundas modificações com a promulgação da Carta de 1988, a qual, além de conter um capítulo próprio para as questões ambientais (Título VIII, Capítulo VI), contém um leque grande de dispositivos relacionados, direta ou indiretamente, com esta matéria.[5] As-

5. Para Raul Machado Horta, as referências constitucionais ao meio ambiente podem ser agrupadas em quatro classes: a) regra de garantia – é o enunciado relativo à matéria, localizado no título destinado aos direitos e garantias fundamentais (art.

sim, a matéria é mencionada expressamente no elenco dos direitos fundamentais, (art. 5º, XXIII, LXXIII), na indicação dos bens da União (art. 20, III, IV, V, VI, VII, VIII, IX, X, XI, §§1º e 2º; art. 176), na repartição de competências entre os entes federados (arts. 21, XII, "b", "f"; XIX, XXIII, "a", "b" e "c"; XXV; 22, IV, XII, XXVI; 23, III, IV, VI, VII, VIII, IX e XI; 24,VI, VII e VIII), incentivos regionais (art. 43, §2º, IV e §3º), delimitação da competência exclusiva do Congresso Nacional (art.49, XIV e XVI), da competência do conselho de Defesa Nacional (art. 91, §1º, III), como objeto de tutela pela via da ação civil pública (art. 129, III), como princípio da ordem econômica (art. 170, VI),[6] como critério a ser considerado na atuação indireta do Estado sobre a ordem econômica (art. 174, §3º), como critério que compõe o conceito constitucional de função social da propriedade (art. 186, II),no âmbito da competência do sistema único de saúde (art. 200, VII e VIII) e na conceituação das terras dos índios (art.231). Além disso, a Carta dedicou um capítulo (Capítulo II, Título VIII) ao espaço urbano (meio ambiente artificial) e uma regulamentação específica sobre o patrimônio cultural (art.216), que compõe o meio ambiente cultural. Evidencia-se, destarte, que o meio ambiente perpassa praticamente quase toda a Carta Constitucional, o que releva a importância que foi dada a este tema no atual Texto.[7] É curioso notar, ainda, que os dispositivos que ver-

5º, LXXIII); b) regras de competência – dizem respeito às atribuições conferidas aos entes federados para legislar, preservar ou defender o meio ambiente (ex: art. 23,VI); c) regras gerais – identificam definições de princípios ou de conduta (ex: art. 170,VI) e d)regras específicas – são aquelas que se aglutinam no capítulo VI, que versa exclusivamente sobre o meio ambiente (*Estudos de Direito Constitucional*, Belo Horizonte, Del Rey, 1995, p.308-309).

6. Como princípio da ordem econômica, a defesa do meio ambiente apresenta, para Eros Roberto Grau, a natureza de princípio constitucional impositivo e de norma-objetivo, servindo de fundamento para a realização de políticas públicas (*A Ordem Econômica na Constituição de 1988*, 3ªed., São Paulo, Malheiros, 1997, p.261).

7. Sobre o assunto, leciona Paulo de Bessa Antunes: "a Lei Fundamental reconhece que os problemas ambientais são de vital importância para a nossa sociedade, seja porque são necessários para a atividade econômica, seja porque considera a

sam sobre tributação não contemplam qualquer alusão a esta matéria, o que não significa, entretanto, uma impossibilidade de uso do tributo para tutelar o meio ambiente, como será oportunamente estudado.

Dentre os dispositivos que se referem ao meio ambiente, os enunciados do art. 225 merecem uma análise especial, pois nestes residem o núcleo da tutela dispensada pela Carta ao tema em pauta.[8]

O art. 225 reza que "todos têm direito ao meio ambiente ecologicamente equilibrado, bem de uso comum do povo e essencial à sadia qualidade de vida, impondo-se ao Poder Público e à coletividade o dever de defendê-lo e preservá-lo para as presentes e futuras gerações".

O dispositivo deve ser interpretado em três partes, como sugere Cristiane Derani: a)[9]outorga de um direito fundamental, b)descrição dos deveres fundamentais do Estado e da coletividade; c)indicação de alguns instrumentos necessários à efetivação desse direito.

Indiscutivelmente, foi previsto pelo texto constitucional um direito fundamental,[10] situado fora do catálogo do art. 5º, que, segundo a lição de Robert Alexy, pode ser qualificado como um "direito fundamental completo"

---

preservação de valores cuja mensuração é extremamente complexa. Vê-se, com clareza, que há, no contexto constitucional, um sistema de proteção ao Meio Ambiente que ultrapassa as meras disposições esparsas. Aqui reside a diferença fundamental entre a Constituição de 1988 e as demais que a precederam. Em 1988, buscou-se estabelecer uma harmonia entre os diferentes dispositivos voltados para a defesa do Meio Ambiente" (Op. cit., p. 63).

8. José Afonso da Silva, *Direito Ambiental Constitucional*, 9ªed., p. 49.

9. *Direito Ambiental Econômico*, 3ªed., São Paulo, Saraiva, 2008, p. 245.

10. A expressão "direito fundamental" é problemática. Há diversas correntes sobre o significado desta categoria jurídica. No presente trabalho,os direitos fundamentais serão tomados como direitos subjetivos dos indivíduos perante o Estado, de estatura constitucional, na linha do que sustenta determinada corrente doutrinária alemã (Pieroth, Bodo;Schlink, Bernard; *Grundrechte Staatsrecht II*, 26ªed. München, C.F. Müller, 2010, p.14; Badura, Peter. *Staatsrecht*, 4ªed. München, Beck, 2010, p. 94-95).

(*Grundrecht als Ganzes*), pois é formado por um conjunto de posições jurídicas distintas.[11] Assim, compreende

> um direito a que o Estado se abstenha de determinadas intervenções no meio ambiente (direito de defesa), um direito a que o Estado proteja o titular do direito fundamental contra intervenções de terceiros que sejam lesivas ao meio ambiente (direito a proteção), um direito a que o Estado inclua o titular do direito fundamental nos procedimentos relevantes para o meio ambiente (direito a procedimentos) e um direito a que o próprio Estado tome medidas fáticas benéficas ao meio ambiente (direito a prestação fática).[12]

Logo, quando se fala em direito ao meio ambiente ecologicamente equilibrado, não se está referindo a um direito específico, e sim a um leque, um conjunto de direitos subjetivos, de status constitucional, baseados na solidariedade, exigíveis por todos[13] perante o Estado.[14]

Esse grupo de direitos está imbricado, associado a um grupo de deveres fundamentais,[15] conexos com direitos fundamentais, expressos e implícitos, materiais e procedi-

11. *Theorie der Grundrechte*, Nomos, Baden-Baden, 1994, p. 404.

12. Robert Alexy, op. cit., p.404.

13. Brasileiros ou não. Nesse sentido, posiciona-se Paulo de Bessa Antunes: " 'Todos', tal como presente no artigo 225, tem o sentido de qualquer indivíduo que se encontre em território nacional, independentemente de sua condição jurídica perante o ordenamento jurídico". (Op. cit., p. 65).

14. O Supremo Tribunal Federal já se posicionou sobre a natureza do direito ao meio ambiente. No Julgamento do Mandado de Segurança nº 22.164, a Corte admitiu que o direito ao meio ambiente ecologicamente equilibrado representa um direito de terceira geração, baseado no princípio da solidariedade (STF, MS nº 22.164, Rel. Min. Celso de Mello, DJ17/11/1995).

15. A teoria dos deveres fundamentais é uma construção doutrinária alemã. Entende-se que os deveres fundamentais são aqueles que são impostos aos indivíduos pela Constituição, os quais devem ser satisfeitos perante a comunidade estatal. (Cf. Albrecht Randelzhofer, *Grundrechte und Grundpflichten.*, p.605. In: Handbuch der Grundrechte, tomo II. Detlef Merten; Hans-Jürgen Papier (org). Heidelberg, C.F. Müller, 2006, p.595-623). Trata-se de um conceito separado do de direitos fundamentais. Não é um dever qualquer imposto ao cidadão pelo direito. É imprescindível que se trate de um dever previsto, de forma direta ou indireta, pela Constituição, e não pela legislação infraconstitucional.

mentais, genéricos e específicos. Em outros termos, o direito em pauta compreende obrigações de não fazer (ex: não poluir, não degradar) e de fazer (ex: preservar), de conteúdos diversificados.[16]Por tais motivos, pode-se afirmar que o direito fundamental em estudo é um exemplo de direito-dever.[17]

Para efetivar esse direito completo, a Constituição Federal previu nos parágrafos do art. 225 alguns instrumentos voltados para a proteção ambiental, pois esta foi mencionada como um fim a ser alcançado.[18]Vale dizer, a Carta determinou o fim e escolheu alguns meios, o que não exclui a possibilidade de adoção de outros instrumentos. Esse conjunto de tarefas representa o instrumental conferido para o Estado efetivar um direito fundamental, no entanto, outras poderão ser por ele exercitadas, embora não estejam expressamente previstas pelo art. 225 do CF. Não se deve esquecer que este dispositivo é o núcleo da tutela ambiental constitucional, que a este não se reduz. Ademais, uma série de atividades, compreendidas no âmbito do poder de polícia administrativa, também poderão ser exercitadas com o escopo de proteger o meio ambiente. Outrossim, algumas funções, reguladas em outros setores do texto constitucional, também poderão ser exercitadas para tutela o meio ambiente, como, por exemplo, a exigência de tributos.

---

16. Outro não é o entendimento de Antonio Herman Benjamin: "o texto constitucional brasileiro estatui, a um só tempo, deveres substantivos e instrumentais, genéricos e específicos, expressos e implícitos, todos igualmente relevantes, vinculantes e herdeiros das qualidades atemporais de sua exigibilidade e da transindividualidade de seus beneficiários". (*Direito Constitucional Ambiental Brasileiro*, p.133. In: Direito Constitucional Ambiental Brasileiro, 3ªed. Canotilho, J.J. Gomes; Leite, José Rubens Morato (org), São Paulo, Saraiva, 2010, p. 77-150)

17. Nesse sentido manifestam-se Ingo Sarlet e Tiago Fensterseifer (*Direito Constitucional Ambiental*, São Paulo, RT, 2011, p. 140).

18. Calha observar aqui a lição de Cristiane Denari: "o art. 225 da Constituição declara um fim a ser perseguido e indica algumas medidas fundamentais que devem ser observadas durante este percurso, porém o caminho propriamente dito está aberto". (Op. cit., p. 252).

Desse modo, para realizar o direito fundamental mencionado no *caput* do art. 225, o Texto Magno estabeleceu as seguintes ações, ou seja, os caminhos a serem seguidos: a) proteção e manutenção dos ecossistemas, visando a garantia da sua integridade (incisos I, Ii e III); b)uso sustentável dos recursos naturais, a ser atingido por meio de medidas que compatibilizem a exploração dos recursos naturais com formas de atuação mais racionais, evitando o efeito social da produção (incisos IV, V e VII e §2º); c)medidas preventivas e compensatórias em face de práticas degradantes (§§2º, 3º e 6º).[19]Isso significa que a preservação do meio ambiente pode ser perseguida pelo Estado por meio do exercício de diferentes funções (reguladora, preventiva, de incentivo, etc.).

Vale observar, por fim, que a Carta qualificou o meio ambiente como um "bem de uso comum de povo", o que não significa romper com a separação entre os bens públicos e privados, muito menos alterar a classificação dos primeiros. Os bens jurídicos ambientais admitem titularidade de pessoa jurídica de direito público ou privado, em nosso ordenamento. A referência constitucional deve ser compreendida como uma vinculação de qualquer bem ambiental ao direito consagrado pelo art. 225, que impõe um dever de conservação, de zelo em relação ao meio ambiente. Vale dizer, o regime jurídico aplicável aos bens ambientais (público ou privado) é alterado, pois necessariamente o bem estará afetado. É o caso, por exemplo, da propriedade agrária, que implica na titularidade do solo. A Constituição Federal prescreveu em relação a esta a obrigação de observar a função social (art.186), cujo conceito inclui a preservação ambiental. Deste modo, o direito de propriedade é modificado, eis que vinculado a determinadas condições.

---

19. Cf. Cristiane Derani, op. cit., p. 255-256.

Por tais motivos, tais bens passam a ser qualificados como *bens de interesse público*, como defende José Afonso da Silva, que são aqueles "subordinados a um peculiar regime jurídico relativamente a seu gozo e disponibilidade e também a um particular regime de polícia, de intervenção e de tutela pública".[20]

A tutela ao meio ambiente é veiculada, ainda, pelo art. 170, VI, da CF, segundo o qual, constitui princípio da ordem econômica a *"defesa do meio ambiente, inclusive mediante tratamento diferenciado conforme o impacto ambiental dos produtos e serviços e de seus processos de elaboração e prestação"* Esse mandamento constitucional estabelece um regime diferenciado para produtos e processos de produção que importem na elaboração de bens e na prestação de serviços que sejam mais favoráveis ao meio ambiente, ou seja, que apresentem um nível de contaminação mais reduzido ou que não gerem qualquer degradação ambiental.[21] Como a energia renovável se enquadra nessa hipótese constitucional, deve ser submetida a um tratamento diferenciado por parte dos Poderes Públicos.

Acresça-se, ainda que o combate à poluição é um dever de todos os entes federados, prescrito pelo art. 23, VI do Texto Maior. Sendo assim, as medidas que importam em promoção de fontes renováveis de energia se enquadram nesse dever constitucional, devendo ser implementadas pela União, Estados, Municípios e Distrito Federal.

Do exposto, conclui-se, portanto, que existe uma determinação constitucional no sentido de que as energias renováveis devem merecer por parte do Poder Público um tratamento diferenciado, razão por que devem ser objeto

---

20. Op. cit., p. 85.

21. Paulo Caliendo, *Extrafiscalidade Ambiental e o Incentivo às Energias Renováveis*, p. 15.

de medidas, de políticas públicas que incentivem a sua produção, a fim de se efetivar a tutela ao meio ambiente.

4. A TRIBUTAÇÃO COMO INSTRUMENTO DE PROTEÇÃO AO MEIO AMBIENTE

4.1 O conceito de "meio ambiente

De que forma a tributação pode ser utilizada como meio de tutela do meio ambiente?

A resolução deste problema passa necessariamente pela fixação de algumas premissas.

Em primeiro lugar, é preciso definir um sentido para a expressão "meio ambiente", para fins de tributação ambiental

O estudo dos tributos ambientais requer, imprescindivelmente, o estabelecimento de um conceito sobre o "meio ambiente", pois, dependendo da extensão deste, o instrumento tributário poderá ser utilizado em maior ou menor escala, para realizar fins diferenciados. Se o tributo ambiental importa em uso de determinado instrumento para realizar certo fim, é imprescindível identificar, de forma bem delimitada, a área em que a tutela será objetivada, para que se possa investigar a possibilidade de elaboração de normas tributárias indutoras nesta órbita.

A matéria é objeto de controvérsias doutrinárias,[22] existindo sobre o assunto basicamente dois grupos de teorias: restritivas e ampliativas. A corrente restritiva limita o conceito de meio ambiente aos recursos naturais de uso

22. A própria expressão "meio ambiente" é criticada pela doutrina. Afirma-se que se trata de um pleonasmo, pois como o meio é o centro de algo, já estaria incluído no sentido do signo "ambiente", que significa o local onde os seres vivos habitam.

comum (ar atmosférico, águas, o mar, solo, subsolo, os elementos da biosfera, a flora e a fauna). Já as concepções ampliativas sustentam que a expressão atinge, também, o meio ambiente artificial, cultural e do trabalho. Em outros termos, tais concepções defendem que se trata de um conjunto que alcança os elementos naturais e os produzidos pelo homem. José Afonso da Silva adere a essa corrente, asseverando que o meio ambiente é "a interação do conjunto de elementos naturais, artificiais e culturais que propiciem o desenvolvimento equilibrado da vida em todas as suas formas".[23] Mesmo posicionamento é perfilhado por Cristiane Derani ao afirmar que "meio ambiente deixa-se conceituar como um espaço onde se encontram os recursos naturais, inclusive aqueles já reproduzidos (transformados) ou degenerados (poluídos), como no caso do meio ambiente urbano".[24]

O ordenamento brasileiro traçou o seguinte conceito sobre meio ambiente, previsto pelo art. 3º, I da Lei nº 6.938/81: "o conjunto de condições, leis, influências e interações de ordem física, química e biológica, que permite, abriga e rege a vida em todas as suas formas". Esse conceito jurídico-positivo adere, portanto, à concepção restritiva, contudo, restou superado pela regulamentação dada à matéria pela Constituição Federal de 1988, consoante será adiante analisado. Sobre o assunto o Supremo Tribunal Federal já se posicionou, afirmando que a defesa do meio ambiente "traduz conceito amplo e abrangente das noções de meio ambiente natural, de meio ambiente cultural, de meio ambiente artificial (espaço urbano) e de meio ambiente laboral".[25]

Quando se examina o uso do tributo como instrumento de proteção ambiental, todavia, o conceito amplo sobre o

23. *Direito Ambiental Constitucional*, 9ªed., São Paulo, Malheiros, 2011, p. 20.

24. *Direito Ambiental Econômico*, 3ªed., São Paulo, Saraiva, 2008, p. 52.

25. STF, ADIN-MC nº 3.540, Rel. Min. Celso de Mello, DJ 03/02/2006.

meio ambiente é inadequado, pois ele não possibilita identificar as específicas atividades estatais que devem ser realizadas para a proteção ambiental. Ademais, as responsabilidades concretas e as obrigações pela tutela ambiental não podem ser deduzidos dessa extensa definição.[26] Caso se admitisse esse sentido da expressão, nesta poderiam ser incluídos quase todos os tributos, pois mantêm alguma relação com algum tipo de meio ambiente. Assim sendo, seria difícil traçar o próprio conceito de tributo ambiental. Cabe observar que o sistema jurídico já prevê vários tributos relacionados ao meio ambiente cultural, artificial e do trabalho, que jamais foram qualificados como ambientais. Por fim, caso fosse possível admitir um conceito tão amplo, seria aberto um leque grande e perigoso para que o Poder Público, sob o pretexto de proteção do meio ambiente, pudesse criar uma série de exações com finalidades diversas, desvirtuando, desse modo, o objetivo visado com a exigência dos tributos ambientais.

Por conseguinte, falar em tributação ambiental significa reduzir o uso do tributo para a proteção da natureza. Vale dizer, a tributação em pauta importa em utilizar o tributo para a realização de uma tutela jurídica sobre os elementos naturais, e não dos construídos pelo homem, que compõem o que se denomina de meio ambiente artificial, cultural e do trabalho.[27]

---

26. Frank Balmes, *Verfassungsmässigkeit und rechtliche systematisierung von Umweltsteuern*, Köln, Lohmar, 1997, p. 38.

27. O meio ambiente artificial compreende o espaço urbano, relativo ao conjunto das edificações e dos equipamentos públicos. Já o cultural, consiste no patrimônio histórico, artístico, arqueológico, paisagístico e turístico que, embora também seja elaborado pelo homem, tem um significado especial, em face do valor que adquiriu. Já o meio ambiente do trabalho também é o local de trabalho do trabalhador, que desfruta de uma proteção especial, embora seja, a rigor, uma forma de ambiente artificial. (Cf. José Afonso da Silva, op. cit., p. 22-23).

4.2 Instrumentos de tutela

Os instrumentos destinados à proteção ambiental são todos os mecanismos, regulados ou não pelo ordenamento jurídico, que se destinam a evitar a realização de comportamentos não favoráveis, reprimir comportamentos nocivos ou estimular a prática de condutas benéficas ao meio ambiente, por meio do uso da coação, do convencimento, ou da persuasão. Todos perseguem o mesmo fim: a tutela ambiental. Eles podem ser divididos em duas classes: a) instrumentos jurídicos; b)instrumentos econômicos.[28]

Os instrumentos jurídicos - denominados na Alemanha de *Ordnungsrechtliche Instrumente* - são meios previstos pelo sistema jurídico de cada país para forçar a realização de determinada conduta, evitando ou reparando o dano provocado no meio ambiente. Sendo assim, são regulados por fontes formais (veículos introdutórios de normas jurídicas) do direito e apresentam como ponto em comum a presença da coação. Vale dizer, em tais situações o ordenamento ameaça com a possibilidade do uso da sanção negativa, para obter a prática da conduta desejada. Por conseguinte, o descumprimento da norma jurídica protetora ambiental importará na prática de um ato ilícito, ensejando a aplicação de uma sanção administrativa.

Tais instrumentos administrativos (regulatórios), também denominados de instrumentos diretos, são medidas ou estratégias estabelecidas pela legislação ambiental, à qual deve se submeter todo aquele que desejar realizar um comportamento suscetível de degradar o meio ambiente.

---

28. Ao lado desses instrumentos, Ana Yábar Sterling menciona os acordos voluntários, que representariam uma terceira modalidade. São pactos celebrados com objetivo de melhoria ambiental, relacionada com as atividades de produção, transporte e distribuição de produtos contaminantes. (*Instrumentos Jurídico-públicos de Protección del Medio Ambiente*, p.129. In: La Protección Fiscal del Medio Ambiente, Ana Yábar Sterling; Pedro Manuel Herrera Molina (coord). Madrid/Barcelona, Marcial Pons, 2002, p.127-183).

Assim, constituem medidas estabelecidas pelo Poder Público, as quais se destinam a regular os produtos ou processos de fabricação, regular a realização de determinadas atividades em certas zonas, etc. Destarte, exercem uma atuação direta sobre o indivíduo, pressionando-o a realizar uma conduta, sob pena de lhe ser aplicada uma sanção negativa. Para o destinatário da norma, portanto, não há qualquer possibilidade de substituir o comportamento regulado pela norma jurídica. Se ele não o observar, será submetido à sanção.

Como exemplos destes instrumentos, podem-se citar os regulamentos, licenças ambientais, proibições, normas sobre níveis máximos ou mínimos de poluição, o zoneamento, auditoria ambiental, bem como outros atos administrativos que resultam do exercício do poder de polícia administrativa.

De outro lado, existem os instrumentos econômicos - também denominados de instrumentos indiretos, instrumentos de direcionamento indireto ou instrumentos de mercado - que surgiram na economia a partir da década de setenta do século passado, que consistem em incentivos financeiros para convencer alguém a não realizar uma conduta nociva ou a realizar uma conduta favorável ao meio ambiente, incidindo sobre o sistema de preços. O mecanismo utilizado é o estímulo financeiro. Como observa, acertadamente, Bernd Hansjürgens, "o decisivo para os instrumentos de estímulo econômico é que, diferentemente do instrumental jurídico, os sujeitos econômicos privados podem decidir se aceitam ou não o incentivo financeiro".[29]Assim, complementa Frank Balmes, esses "'novos" instrumentos desejam, ao invés da ordem motivada ou

29. *Umweltabgaben im Steuersystem*, Baden-Baden, Nomos, 1992, p.34. *In verbis*: "Entscheidend für ökonomische Anreizinstrumente ist, dass (im Unterschied zum rechtlichen Instrumentarium) die privaten Wirtschaftssubjekte entscheiden können, ob sie dem finanziellen Anreiz folgen oder nicht"

manipulada, influenciar na formação da vontade. Com isso, o Estado moderno se coloca para fortalecer a cooperação, a participação e a aceitação".[30]

Sendo assim, em tais situações existe para os sujeitos que realizam atividade econômica uma maior flexibilidade, pois eles podem se submeter ou não à conduta objetivada com o incentivo financeiro, sem o risco de estarem submetidos à aplicação de uma sanção, caso façam a opção pela conduta contrária. Ocorre, por conseguinte, uma estimação dos custos e benefícios acerca das condutas alternativas para os agentes econômicos,[31] para que eles possam decidir, livremente, sobre o comportamento a ser praticado.

Duas situações, então, podem surgir: é oferecida uma vantagem financeira para que o sujeito econômico não pratique mais uma atividade degradante, ou é imputado um ônus financeiro sobre determinada conduta, para que o agente a substitua por outra. Em qualquer dos casos, existe uma tentativa de persuadir, de convencer o agente econômico a atuar favoravelmente ao meio ambiente.

Restam para os agentes econômicos, então, três alternativas, como assinala Ana Yábar Sterling, Professora da Universidade Complutense de Madri: a)seguir contaminando e arcar com o ônus financeiro; b)estabelecer sistemas de redução, no âmbito da empresa, substituindo o processo de produção por outro mais favorável ao meio ambiente; c) destinar parte do excedente da sua produção para investigar processos produtivos menos contaminantes, mediante licenças negociáveis, depósitos, etc.[32]

---

30. *Verfassungsmässigkeit und rechtliche Systematisierung von Umweltsteuern*, Köln, Josef Eul, 1997, p. 23.

31. Cf. Ana Yábar Sterling, op. cit., p. 128.

32. Op. cit., p. 128.

Há instrumentos econômicos de diversas modalidades, a saber: a)ajudas financeiras; b)sistemas de consignação; c)cargas; d) sistemas de criação de mercado; e)tributos ambientais.[33]

5. TRIBUTOS AMBIENTAIS

A exemplo do que ocorre em outros países, no Brasil também reina divergência sobre o conceito de tributo ambiental. Em clássico estudo elaborado sobre o assunto, José Marcos Domingues de Oliveira sustenta que o tributo ambiental tanto pode ser utilizado com o propósito de arrecadar receitas para o custeio das atividades a serem desempenhadas no campo ambiental, como para estimular a prática de condutas benéficas ao meio ambiente ou desestimular a realização de atividade poluidora.[34]Regina Helena Costa comunga com esse entendimento, ao formular conceito amplo sobre o instituto. Para a autora, a tributação ambiental importa na utilização de instrumentos tributários para arrecadar receitas para a prestação de serviços públicos de natureza ambiental, ou com finalidade extrafiscal.[35]Essa trilha é seguida por Denise Lucena Cavalcante, ao defender que o traço característico do tributo em pauta

---

33. Setor prestigiado da doutrina cita, ainda, outra modalidade de instrumento econômico: os incentivos pelo cumprimento de regulamentações, que seriam de dois tipos, taxas pela não conformidade e as garantias do bom fim. Os primeiros são pagamentos que são efetuados pelo contaminador que não observou o regulamento de conteúdo ambiental. Já as citadas garantias, consistem na compra de bônus ou de títulos por parte dos potenciais contaminadores, exigida pela Administração em face da edição de uma nova regulamentação com o propósito de se adiantar ao provável descumprimento desta. (Cf. Ana Yábar Sterling, op. cit., p.133). Parece-nos que tais instrumentos são jurídicos, pois são implementados sem o uso da persuasão. Ademais, partem da existência de um pressuposto: a existência da norma geral e abstrata, veiculada pelo regulamento administrativo.

34. *Direito Tributário e Meio Ambiente*, 2ªed., Rio de Janeiro, Renovar, 1999, p.38.

35. *Apontamentos sobre a Tributação Ambiental no Brasil*, p.313. In: Direito Tributário Ambiental. Heleno Taveira Torres (org.). São Paulo, Malheiros, 2005, p. 312-332.

é a produção de seus efeitos na proteção do meio ambiente.[36] A autora defende, ainda, que a extrafiscalidade não é um traço característico desta figura.[37]No mesmo sentido caminha Simone Martins Sebastião.[38]Posição semelhante parece ser defendida por Lise Vieira da Costa Tupiassu, ao sustentar a criação de tributos ambientais de caráter extrafiscal e o uso dos impostos ordinários, que apresentam função fiscal, para proteger o meio ambiente.[39]

Conceito ainda mais extenso é formulado por Jorge Henrique de Oliveira Souza, que engloba na expressão "tributo ambiental" todas as exações que, pela sua materialidade, vinculação de receitas ou orientação de condutas, se destinam à preservação ambiental.[40]De igual maneira, Paulo Henrique do Amaral também apresenta um conceito muito amplo, ao admitir os critérios da finalidade, do destino da receita e a estrutura do tributo para qualificar os tributos ambientais.[41]

Posição original é encampada por Heleno Torres.[42] Para ele, a relação entre as competências tributária e ambiental é que pode justificar a criação de um tributo ambiental, todavia, desde que também se faça presente um "motivo" constitucional e que este repercuta na regra matriz de incidência do tributo.[43] O "motivo constitucional" seria a preservação e conservação do meio ambiente. É importante

---

36. *Sustentabilidade Financeira em Prol da Sustentabilidade Ambiental*, p. 179.

37. *Idem*, p. 177.

38. *Tributo Ambiental – Extrafiscalidade e Função Promocional do Direito*, p. 258.

39. *Tributação Ambiental: a utilização de instrumentos econômicos e fiscais na implementação do direito ao meio ambiente saudável*, p. 133-134.

40. *Tributação e Meio Ambiente*, Belo Horizonte, Del Rey, 2009, p. 141.

41. *Direito Tributário Ambiental*, p. 204.

42. *Da Relação entre Competências Constitucionais Tributária e Ambiental – os Limites dos Chamados "Tributos Ambientais"*, p. 96-156.

43. *Idem*, p. 99.

observar que o conceito de motivo, para o autor, é o de finalidade, e não de causa do tributo.[44]Dessa forma, o Professor Titular da USP utiliza um critério finalístico para definir a figura em exame.

Esse entendimento apresenta um ponto bastante valioso, ao chamar a atenção para a necessidade da presença de uma competência ambiental para a instituição do tributo em exame.

Parece-nos que o direcionamento (indução) de comportamentos favoráveis ao meio ambiente é um traço indissociável do conceito de tributos ambientais, convém reafirmar mais uma vez. Como essa modalidade de tributo constitui um instrumento econômico destinado à internalização dos custos, convém salientar, é estruturado com base no princípio do poluidor-pagador.[45]

Por força da aplicação desse princípio, deve prevalecer a função de prevenção e precaução na defesa do meio ambiente.[46] Tais objetivos são atingidos mediante a presença na figura tributária do fim de incentivar ou desincentivar a prática de comportamentos. Ainda que a arrecadação do tributo seja vinculada ao custeio de medidas de proteção do meio ambiente, isso não será suficiente para qualificá-lo como ambiental, pois o destino da receita não integra a estrutura da exação. Ademais, o risco de desvio de receitas torna a admissão de um tributo ambiental com finalidade

44. *Da Relação entre Competências Constitucionais Tributária e Ambiental – os Limites dos Chamados "Tributos Ambientais"*, p.100-104. In: Direito Tributário Ambiental. Heleno Taveira Torres (org.). São Paulo, Malheiros, 2005, p. 96-156.

45. Todavia, os princípios que estruturam cada figura tributária também são aplicáveis o tributo ambiental, como será adiante examinado.

46. A propósito, observa Stefan Bach que os tributos ambientais devem perseguir fins de indução (*Lenkungsziele*), e não motivações fiscais. Por conseguinte, não são estruturados com base no critério de repartição da carga fiscal. (*Wirtschaftliche Auswirkungen und rechtlich-institutionelle Aspekte einer* ökologischen *Steuerreform*, Steuer und Wirtschaft, nº 03, 1995, p. 270).

fiscal algo muito problemático. Ao se admitir a extensão do conceito para atingir esse tipo de tributo (fiscal), estar-se-á abrindo, também, a possibilidade para a instituição de outros tipos de tributos, qualificados pelo destino da receita (ex: tributo educacional, tributo da saúde, etc), aumentando de forma aleatória a carga tributária .

Por tais motivos, defende-se que o caráter direcionador e o efeito estruturante é a nota típica dos tributos ambientais por ser o mais apto e idôneo ao alcance da tutela ambiental. Recusa-se, assim, qualquer possibilidade de criação de tributos ambientais com fins fiscais (financeiros), à luz do nosso ordenamento.

Por conseguinte, pensamos que, em sentido estrito, tributo ambiental é aquele que tem finalidade (fim) de estimular a realização de condutas de preservação do meio ambiente, no âmbito da prevenção, estruturando tais comportamentos. Para que esse desiderato seja alcançado, a norma tributária agrava determinado comportamento (poluidor), incentivando a realização de uma conduta que preserve o meio ambiente.[47]

Como a função indutora também pode se fazer presente em norma de ônus fiscal,[48] estabelecida dentro do regime previsto para um tributo, em tal situação a indução será uma mera função acessória da exação. É o que ocorre, por exemplo, quando determinado agravamento de alíquota de um tributo indireto é previsto para o caso de comercialização de um produzo que degrada o meio ambiente. Em tais situa-

47. Horst Zimmermann e Bernd Hansjürgens assinalam, sobre o tema, que o puro tributo ambiental encarece determinado comportamento poluidor, através do tributo, oferecendo um incentivo aos sujeitos econômicos. (*Umweltabgaben*, Economica, Berlin, 1993, p. 4).

48. As normas de benefício fiscal não se enquadram na categoria de tributos ambientais, em sentido estrito, porque as medidas de desoneração não podem ser qualificadas como tributo. Ademais, tais benefícios irão integrar o regime de tributos direcionados a fins diversos da preservação do meio ambiente.

ções, quando uma norma tributária indutora integrar o regime aplicável a um tributo ordinário (tributo clássico), visando com isso tutelar o meio ambiente, ocorrerá a inserção de um elemento ecológico no âmbito de um tributo ordinário, que não poderá ser por isso qualificado de "ambiental".

Conclui-se, portanto, no sentido de que o critério necessário à identificação do tributo ambiental é a presença da finalidade de direcionamento e do efeito estruturante: estimular a prática de comportamentos benéficos para o meio ambiente ou desestimular a realização de condutas que o degradam. Em sentido estrito, considera-se tributo ambiental aquele direcionado ao alcance deste fim, por meio da extrafiscalidade direcionadora, apresentando o efeito estruturante (*Gestaltungswirkung*) como o predominante.

Essa finalidade seria o único traço característico dos tributos ambientais? Em outros termos, a aplicação do princípio do poluidor pagador, por meio de uma norma tributária, seria suficiente para conformar, estruturar um tributo ambiental?

A resposta indubitavelmente é negativa, como será a seguir examinado.

O princípio do poluidor pagador não é o único que estrutura a figura em pauta. Como o tributo ambiental é compatível com algumas espécies tributárias, como será adiante estudado, será necessária, também, a observância da estrutura da respectiva exação, traçada pela Constituição Federal. Assim, por exemplo, se o tributo ambiental vier a consistir em uma taxa ambiental, o princípio da equivalência deverá ser obervado. Para os impostos, aplicar-se-á a capacidade contributiva. Destarte, o modelo constitucional da espécie tributária deverá ser observado no momento da criação de um tributo ambiental.

Isso significa que a estrutura do tributo ambiental é dupla, pois deverá observar o princípio do poluidor pagador e também aquele estruturante da figura tributária em que vier a se revestir. Assim, os perfis constitucionais das espécies tributárias não poderão ser abandonados no momento da criação do tributo epigrafado.

Portanto, há uma *dupla conformação* nos tributos ambientais.

Daí decorre a presença necessária de uma *materialidade específica*: um ato de contaminação ambiental. Nos impostos ambientais, o aspecto material da hipótese de incidência tributária consistirá em um ato de degradação ambiental. Nas taxas ambientais, a degradação deverá estar relacionada diretamente com a prestação de um serviço público ou o exercício do poder de polícia. Em relação às contribuições especiais ambientais, a materialidade também deverá consistir em um comportamento poluidor. Eis, assim, um outro traço que compõe o perfil da figura em pauta.

A presença de uma *competência constitucional ambiental* é indispensável para a configuração do tributo ambiental.[49] No caso brasileiro, as regras de outorga de competência ambiental, que poderão ser aplicadas para a criação de um tributo ambiental, foram veiculadas pelo art. 225 da Carta Magna.

6. INSERÇÃO DE ELEMENTOS ECOLÓGICOS EM TRIBUTOS ORDINÁRIOS

Além da instituição de tributos ambientais, a doutrina defende, como forma de proteção ao meio ambiente por meio do instrumento tributário, a introdução nos tributos ordinários

49. Esse tema foi tratado pioneiramente no Brasil por Heleno Taveira Torres (*Da Relação entre Competências Constitucionais Tributária e Ambiental – os Limites dos Chamados "Tributos Ambientais"*. In: TORRES, Heleno Taveira. Direito Tributário Ambiental, p. 96-156.

(clássicos) de elementos tributários ambientais.[50] Esses elementos significam a inserção do interesse ambiental no âmbito dos tributos clássicos, modificando qualquer dos aspectos das suas regras matrizes de incidência, a forma de sua gestão ou a adoção de medidas de simplificação fiscal.[51]

Examinando o tema, Joachim Lang defende que em tais situações são as normas tributárias de finalidade fiscal (*Fiskalzecknormen*), e não as indutoras (*Lenkungsnormen*), que prestam um relevante serviço para a proteção do meio ambiente.[52] Em tais casos, para Lang, normas fiscais, com fim acessório ecológico, são utilizadas. O Professor da Universidade de Colônia, apoiado em D. Dickertmann, traça uma diferenciação entre hipóteses tributárias com finalidade de proteção ambiental (*Steuertatbestände mit umweltschützenden Zielsetzungen*) e hipóteses com mera referência à proteção ambiental (*Steuertatbestände mit lediglich umweltschützenden Bezügen*), para afirmar que essa distinção é fundamental para interpretação da norma e para a sua justificação.[53]

Em verdade, porém, não é possível afirmar, antecipadamente, que a inserção de elementos ambientais no sistema tributário equivale à utilização de normas fiscais com efeitos acessórios de proteção ambiental. Tudo vai depender da função (indução ou arrecadatória) e do efeito da norma tributária (estruturante ou de ônus). Alguns elementos tributários poderão decorrer do uso ou não das normas fiscais.

Sendo assim, assiste razão a Pedro Manuel Herrera Molina, quando separa os elementos em estudo em dois

50. Cf. Pedro Manuel Herrera Molina, op. cit., p.129-130, Jorge Jiménez Hernández, op. cit., p. 110-116.

51. Pedro Manuel Herrera Molina, op. cit., p. 129.

52. *Der Einbau umweltpolitischer Belange in das Steuerrecht*, p.66. In: Umweltschutz durch Abgaben und Steuern/ 7. Trierer Kolloquium zum Umwelt-und Technikrecht vom 22. bis 24. September 1991. Heidelber, Decker´s Verlag, 1992, p. 55-89.

53. Op. cit., p. 75.

grupos: a) os que introduzem uma quebra na estrutura normativa do tributo para criar incentivos; b) aqueles que protegem o meio ambiente, realizando, também, o princípio da capacidade contributiva.[54] Ao primeiro grupo pertencem os elementos inseridos por normas indutoras, enquanto os demais são introduzidos por normas de finalidade fiscal.

Os principais elementos[55] utilizados para proteger o meio ambiente são os seguintes: 1) uso de técnicas de desoneração; 2)implementação de deduções; 3)modificação da estrutura dos impostos indiretos sobre bens e serviços.

Um exemplo de uso de técnica de desoneração é o emprego de amortizações, ou seja, a possibilidade de recuperação do capital usado em despesas com a aquisição de bens destinados a proteger o meio ambiente, o qual poderá ser contabilizado como custo ou encargo, em cada período de apuração do imposto.[56]Trata-se de um incentivo fiscal, que altera a base de cálculo do tributo, a qual deixa de mensurar o fato jurídico tributário.

Com relação às deduções, são utilizadas no âmbito dos tributos diretos, nos quais se faculta ao contribuinte deduzir da base imponível do tributo determinadas despesas destinadas à preservação ambiental, bem como que se destinem a desenvolver novas tecnologias para obter níveis de proteção ambiental superiores aos patamares legais.[57] Ou-

54. *Derecho Tributario Ambiental*, p. 129.

55. Além destes, a lei poderá utilizar outros instrumentos para inserir o interesse ambiental no âmbito de um tributo fiscal, como, por exemplo, a dedutibilidade das provisões relacionadas com os danos ambientais, concessão de prazos especiais para compensar as bases imponíveis negativas, isenções, etc (Cf. Pedro Manuel Herrera Molina, op. cit., p. 303-330).

56. Na Espanha, no âmbito do Imposto sobre Sociedades, a lei prevê a possibilidade de amortização de instalações anti-contaminantes de tratamentos de fluidos, com um coeficiente de 15% e no período máximo de 14 anos(Cf. Jorge Jiménez, Op. cit., p. 111).

57. Jorge Jiménez, op. cit., p.113. Herrera Molina cita, na Espanha, a possibilidade de realizar esse tipo de dedução no âmbito do Imposto sobre Sociedades (Op. cit., p. 306).

tras deduções também poderão ser admitidas, como, por exemplo, as realizadas em favor de entidades que se dediquem à proteção do meio ambiente.[58]Na Alemanha desde o ano de 1955 são admitidas deduções no Imposto sobre a Renda, relacionadas à proteção do meio ambiente, as quais atualmente são reguladas pela lei instituidora do tributo e por seu regulamento.[59]

Outro caminho para inserir elementos tributários ambientais é a modificação da tributação incidente sobre bens e serviços que importem em deterioração ambiental. Em tais casos, poderá o legislador inserir no sistema uma norma tributária de agravação, fazendo uso, portanto, de uma norma indutora. Logo, esse tipo de tributo apresentará uma função indutora acessória, podendo ser qualificado, em sentido amplo, como tributo ambiental.

7. MODALIDADES DE TRIBUTOS AMBIENTAIS

Determinada proposta doutrinária utiliza vários critérios para separar os tributos ambientais, a saber: i)perfil da exação; ii)função; iii)aplicação das receitas.[60]Com base no primeiro critério, que, em verdade, se refere à conexão da hipótese com a degradação ambiental, pode-se separar os tributos ambientais nas seguintes modalidades: a) Tributo *input* – são aqueles que oneram a matéria prima utilizada; b)Tributo *output* – encarecem o produto elaborado, incidindo, portanto,sobre o consumo de bens nocivos ao

---

58. Jorge Jiménez sugere que a lei deve impedir a dedução de todos os gastos que tiverem importado direta ou indiretamente numa lesão ao meio ambiente. (Op. cit., p. 114).

59. Cf. Michael Rodi, *Steuervergünstigen als Instrument der Umweltpolitik*, Steuer und Wirtschaft nº 03, 1994, p.206. (p.204-213); Heinrich Wihelm Kruse, Öko-Steuern *und* Öko-Abgaben, Betriebs-Berater (BB), caderno 45, 05/11/1998, p. 2286.

60. Dietrich Dickertmann, *Erscheinungsformen und Wirkungen von Umweltabgaben aus* ökonomischer *Sicht*, DStJG 15, 1993, p.41, (p. 34-63).

meio ambiente. Com isso, busca-se reduzir a demanda por tais bens; c)Tributo sobre o processo de fabricação (tributo sobre a tecnologia) – oneram determinado processo de fabricação de bens; d)Tributo sobre a emissão bruta – são os que gravam a produção ou o consumo de emissões que contaminam o ar, o solo ou a água. O objetivo desta exação é a redução da concentração de poluentes ou a alteração do uso de matéria-prima ou do processo de fabricação.[61]

No que se refere à função, os tributos podem ser separados em indutores e fiscais.[62] Por fim, quanto à aplicação da receita, três modalidades podem existir: a) tributos ambientais cujas receitas são direcionadas ao orçamento geral; b)tributos ambientais com receitas dirigidas ao orçamento ou a um Fundo, sendo vinculadas à realização de políticas públicas ambientais; c)tributos com receitas vinculadas e um determinado grupo.[63]

8. TRIBUTAÇÃO AMBIENTAL E ENERGIA RENOVÁVEL

Como a tributação ambiental pode ser manejada para promover a utilização da energia renovável? Três opções podem ser buscadas. A primeira, é a criação de tributos ambientais que gravem, onerem a utilização de energia derivada de combustíveis fosseis ou a elaboração de produtos com este tipo de material (ex: plástico). A segunda forma é a inserção de elementos ecológicos nos atuais tributos ordinários. Nesse caso, a lei tributária, no âmbito de um regime jurídico previsto para determinado tributo, estabelece um ônus para a utilização da energia não renovável. Exemplo: aumenta a alíquota para a produção de um produto derivado de um combustível fóssil. Além disso, a lei pode

61. Dietrich Dickertmann, op.cit., p. 42.

62. Dietrich Dickermann, op. cit., p. 41.

63. Dietrich Dickermann, op. cit., p. 44.

conceder isenção para a utilização da energia renovável ou para a fabricação de equipamentos necessários à utilização desta energia.

Atualmente, por exemplo, quase todos os Estados concedem isenção de ICMS na utilização da energia renovável, incentivando, destarte, a sua utilização.

Com relação à possibilidade de criação de um tributo ambiental relacionado a este contexto, esbarra em obstáculos atualmente existentes no sistema constitucional tributário. Isso porque, o imposto ambiental só pode ser instituído no exercício de competência residual tributária (art.154, I, CF). As demais espécies tributárias são inadequadas para serem utilizadas nesse quadro. A taxa, não poderá ser instituída, porque os seus pressupostos constitucionais (art.145, II) não estarão presentes, seja em face da ausência de uma prestação de serviço público específico e divisível, seja diante do não exercício do poder de polícia. De igual modo, a contribuição de melhoria não tem qualquer relação com o problema em pauta. A mesma conclusão é aplicável aos empréstimos compulsórios (art. 148).

Quanto às contribuições especiais (sociais, em sentido amplo), uma das suas espécies poderá ser utilizada: a contribuição de intervenção no domínio econômico. A União poderá criar esta figura, desde que obedeça para isso aos respectivos requisitos constitucionais (Art.149,CF)

No que se refere à inserção de elementos ecológicos, poderá ocorrer no âmbito dos impostos indiretos, onerando a produção ou a comercialização de produtos elaborados mediante a utilização de combustível não renovável. É possível, por exemplo, estabelecer uma alíquota mais alta para o IPI incidente sobre os produtos acondicionados em material plástico, pois este tem alto nível de contaminação ambiental, eis que derivado de petróleo, combustível fóssil. De igual modo, as operações de circulação de mercadorias elaboradas pro meio de processos nos quais combustíveis não renováveis foram utilizados, podem ser objeto de alíquotas mais gravosas.

Por outro lado, a lei pode conceder isenções ou estabelecer hipóteses de redução de base de cálculo de IPI na elaboração de equipamentos destinados à utilização de energia solar (ex: painéis de energia solar fotovoltaica). Tais equipamentos podem ser gravados, ainda, com uma alíquota mais baixa de ICMS quando forem comercializados.

Destarte, existe um leque amplo de possibilidades para a utilização da tributação ambiental para incentivar a energia renovável.

9. CONCLUSÕES

1)A tutela ao meio ambiente veiculada pelo art. 170, IV, da CF estabelece um regime diferenciado para produtos e processos de produção que importem na elaboração de bens e na prestação de serviços que sejam mais favoráveis ao meio ambiente, ou seja, que apresentem um nível de contaminação mais reduzido ou que não gerem qualquer degradação ambiental. Como a energia renovável se enquadra nessa hipótese constitucional, deve ser submetida a um tratamento diferenciado por parte dos Poderes Públicos;

2) A tributação ambiental importa em utilizar o tributo para a realização de uma tutela jurídica sobre os elementos naturais, e não dos construídos pelo homem, que compõem o que se denomina de meio ambiente artificial, cultural e do trabalho;

3)Os instrumentos destinados à proteção ambiental são todos os mecanismos, regulados ou não pelo ordenamento jurídico, que se destinam a evitar a realização de comportamentos não favoráveis, reprimir comportamentos nocivos ou estimular a prática de condutas benéficas ao meio ambiente, por meio do uso da coação, do convencimento, ou da persuasão. Todos perseguem o mesmo fim: a tutela ambiental. Eles podem ser divididos em duas classes: a) instrumentos jurídicos; b) instrumentos econômicos;

4) Em sentido estrito, tributo ambiental é aquele que tem finalidade (fim) de estimular a realização de condutas de preservação do meio ambiente, no âmbito da prevenção, estruturando tais comportamentos. Para que esse desiderato seja alcançado, a norma tributária agrava determinado comportamento (poluidor), incentivando a realização de uma conduta que preserve o meio ambiente;

5) Além da instituição de tributos ambientais, a doutrina defende, como forma de proteção ao meio ambiente por meio do instrumento tributário, a introdução nos tributos ordinários (clássicos) de elementos tributários ambientais. Esses elementos significam a inserção do interesse ambiental no âmbito dos tributos clássicos, modificando qualquer dos aspectos das suas regras matrizes de incidência, a forma de sua gestão ou a adoção de medidas de simplificação fiscal;

6) A tributação ambiental pode ser utilizada para promover a utilização da energia renovável por meio de três modalidades. A primeira, é a criação de tributos ambientais que gravem, onerem a utilização de energia derivada de combustíveis fosseis ou a elaboração de produtos derivados deste tipo de combustível A segunda forma é a inserção de elementos ecológicos nos atuais tributos ordinários. Nesse caso, a lei tributária, no âmbito de um regime jurídico previsto para determinado tributo, estabelece um ônus para a utilização da energia não renovável. Além disso, a lei pode conceder isenção para a utilização da energia renovável ou para a fabricação de equipamentos necessários à utilização desta energia.

SUGESTÕES PARA QUE A PEC Nº 45-A, DE 2019, SE APROXIME DO QUE DELA SE ESPERA

Rafael Pandolfo[1]

I. INTRODUÇÃO

A Reforma Tributária está sendo concretizada pela Proposta de Emenda à Constituição nº 45-A, de 2019 (PEC nº 45-A). Após aprovação pela Câmara dos Deputados no dia 7 de julho de 2023, aguarda-se a votação no Senado Federal.[2]

No dia 25 de outubro do corrente ano, o senador-relator Eduardo Braga (MDB-AM) entregou parecer sobre a tramitação da Reforma Tributária e um novo projeto de

---

1. Especialista em Direito das Empresas e da Economia (FGV) e em Direito Tributário pelo Instituto Brasileiro de Estudos Tributários (IBET); mestre e doutor em Direito Tributário (PUC-SP); coordenador do IBET no Rio Grande do Sul; professor conferencista do IBET; professor no curso de pós-graduação da Escola Superior do Ministério Público do Rio Grande do Sul; membro da Comissão Especial de Direito Tributário do Conselho Federal da OAB, do Instituto de Pesquisas Tributárias (IPT), do Instituto de Estudos Tributários (IET) e da Fundação Escola Superior de Direito Tributário (FESDT); autor de artigos e livros sobre Direito Tributário; membro titular do Conselho Administrativo de Recursos Fiscais (CARF) entre março de 2011 e maio de 2015 e presidente da Comissão Especial de Direito Tributário da OAB-RS entre janeiro de 2016 e dezembro de 2018.

2. Data do fechamento do artigo: 3 de novembro de 2023.

texto normativo, o qual pretende retificar alguns pontos do texto oriundo da Câmara dos Deputados.

Tanto o parecer quanto o substitutivo do relator serão analisados pela Comissão de Constituição e Justiça do Senado Federal antes de se proceder à votação. Espera-se que tudo isso ocorra em meados de novembro para que a tramitação legislativa seja concluída na Câmara dos Deputados ainda em 2023.

Os presentes apontamentos são centrados no texto proveniente da Câmara dos Deputados, mas dialogam com as inovações trazidas pela proposta do senador Eduardo Braga.[3] Entretanto, mais do que uma simples análise de um ou de outro texto, o propósito dos presentes apontamentos é, de maneira simples e objetiva, destrinchar alguns dos principais pontos da Reforma Tributária e indicar algumas sugestões para que o conteúdo normativo do texto aprovado se aproxime dos objetivos que dele se esperam, dentro dos quais se destacam a simplificação, a redução do número de tributos, a não cumulatividade plena, a segurança jurídica e a neutralidade arrecadatória.

Enfim, os tópicos a seguir representam pontos de atenção e poderão levar ao aprimoramento da reforma tributária tanto no plano constitucional quanto na elaboração das respectivas legislações infraconstitucionais.

II. SUGESTÕES

1. NÃO CUMULATIVIDADE: RESTRIÇÕES AO CRÉDITO

O regime não cumulativo pleno parece, em um primeiro momento, estar assegurado na parte inicial do inciso VIII

3. Salvo indicação em sentido contrário, os dispositivos normativos referidos ao longo deste artigo dizem respeito à PEC nº 45-A, oriunda da Câmara dos Deputados.

do § 1º do art. 156-A da PEC nº 45-A.[4] A redação contida no final desse inciso, no entanto, pode frustrar expectativas. Isso porque ressalva do direito ao crédito as operações consideradas de "uso e consumo pessoal".

A restrição desperta dúvidas e preocupações. A primeira é se o termo "pessoal" qualifica o uso e o consumo, ou apenas o consumo. Para evitar qualquer controvérsia, o melhor, talvez, fosse utilizar o plural (pessoais), em vez do singular (pessoal).[5]

A segunda é que o texto deveria esclarecer, de maneira objetiva, se a exceção ora analisada está relacionada às operações destinadas ao uso e/ou consumo da *pessoa jurídica* ou ao uso e/ou consumo *dos sócios*.[6]

Noutros termos, "pessoal" aqui deve ser entendido como uma alusão aos sócios ou à própria pessoa jurídica contribuinte? Eventos ligados ao RH, por exemplo, gerariam crédito? Serviços advocatícios, contábeis, despesas com treinamento, entre outras, dariam direito ao crédito?

Importante lembrar que os pagamentos que atendam exclusivamente aos interesses de sócios ou acionistas sequer despesas dedutíveis podem ser considerados, devendo

---

4. "Art. 156-A. [...] VIII – com vistas a observar o princípio da neutralidade, será não cumulativo, compensando-se o imposto devido pelo contribuinte com o montante cobrado sobre todas as operações nas quais seja adquirente de bem, material ou imaterial, inclusive direito, ou serviço, excetuadas exclusivamente as consideradas de uso ou consumo pessoal, nos termos da lei complementar, e as hipóteses previstas nesta Constituição;".

5. A gramática recomenda que, em casos como esse, seja repetido o adjetivo ("uso pessoal ou consumo pessoal") ou que se coloque o adjetivo no plural ("uso e consumo pessoais"), a fim de não deixar qualquer dúvida que se pretende adjetivar ambos os substantivos. Caso não se pretenda adjetivar ambos, a frase precisa ser reescrita a fim de evitar essa ambiguidade (CUNHA; CINTRA, 2017, p. 285-288).

6. Na obra *Imposto sobre bens e serviços*, coordenada por Eurico Santi e Nelson Machado (2023, p. 197), o estudo do texto-base da Lei Complementar do IBS refere que "uso e consumo pessoal" diria respeito tanto ao sujeito passivo quanto aos sócios, dirigentes ou empregados.

ser enquadrados como distribuição disfarçada de lucros e/ou pagamento de pró-labore.

Além disso, não parece ser a solução mais adequada a delegação à Agência Tributária Nacional (ATN) a fim de que defina os critérios para aproveitamento de crédito relativo aos bens de uso e consumo pessoal, seja pela afronta à Legalidade, seja pelas discussões judiciais que nascerão com fundamento na validade formal e material desses critérios infralegais.[7] Mesmo que essa delegação tenha sido cogitada em um primeiro momento, a ideia parece ter perdido força, porque não foi consagrada após a tramitação na Câmara dos Deputados, nem o foi no substitutivo do Senado Federal, que poucas alterações realizou nesse ponto.

De todo modo, a abertura semântica da parte final do inciso VIII do § 1º do art. 156-A já causa preocupação. Além do termo "uso e consumo pessoal" ser ambíguo, a PEC nº 45-delega à lei complementar a regulamentação dessa previsão. A tímida evolução implementada pelo substitutivo do Senado dá a entender que a lei complementar deverá estabelecer as hipóteses enquadradas como uso e consumo.[8] Mesmo assim, o território de incertezas é muito grande. O texto constitucional não deve deixar frestas para restrições discricionárias à não cumulatividade do IBS e da CBS, sob pena de presenciarmos uma crescente redução desse direito de crédito, tal qual ocorreu com os regimes não cumulativos de PIS/COFINS.

---

7. Essa sugestão de delegação à ATN aparece, por exemplo, no estudo do texto-base da Lei Complementar do IBS obra coordenada por Eurico Santi e Nelson Machado (2023, p. 197).

8. A expressão "uso ou consumo pessoal, *nos termos da lei complementar*", contida na parte final do inciso VIII, foi substituída por "uso ou consumo pessoal *especificadas na lei complementar*". Ademais, retirou-se da parte inicial do inciso o "com vistas a observar o princípio da neutralidade" e passou-se essa previsão para enunciado do próprio § 1º do art. 156-A.

Recomenda-se, assim, que a exceção contida na parte final do inciso VIII do § 1º do art. 156-A da PEC nº 45-A seja suprimida. Um excepcional desvio no creditamento porventura realizado pela pessoa jurídica deve ser combatido mediante a lavratura do respectivo auto de infração que identifique a conduta abusiva, e não por meio de uma redação que parece suscitar mais dúvidas quanto ao alcance do direito ordinário ao crédito do que certezas quanto ao impedimento de sua inadequada fruição.

2. NÃO CUMULATIVIDADE: A MORATÓRIA DOS SALDOS CREDORES DE ICMS

O art. 134 das disposições transitórias da PEC nº 45-A dispõe que os saldos credores de ICMS existentes ao final de 2032 (último ano de cobrança desse imposto estadual), quando homologados pelo respectivo ente, serão compensados com o IBS, nas seguintes condições: (a) no prazo de 48 (quarenta e oito) meses pelo prazo remanescente, apurado nos termos do art. 20, § 5º, da Lei Complementar nº 87, de 13 de setembro de 1996, para os créditos relativos à entrada de mercadorias destinadas ao ativo permanente; ou (b) em 240 (duzentos e quarenta) parcelas mensais, iguais e sucessivas, nos demais casos.[9]

Em síntese, os saldos credores de bens destinados ao ativo serão compensados em até quatro anos, enquanto o saldo credor decorrente das demais operações demorará vinte anos para ser compensado.

O prazo exacerbado equivale a um empréstimo compulsório e revela-se claramente inconciliável com a aludida não cumulatividade plena.

9. No substitutivo, não houve alterações nesse ponto.

Recomenda-se, por isso, a supressão a qualquer limite temporal à fruição do direito de crédito do saldo credor de ICMS.

3. NÃO CUMULATIVIDADE: BENS DE CAPITAL

O art. 156-A, § 5°, inciso VI, prescreve que lei complementar *poderá* estabelecer a redução do impacto dos tributos criados sobre a aquisição de bens de capital pelo contribuinte. Chama atenção a utilização do modal deôntico “poderá”, em vez de “deverá”. Será, então, uma faculdade?[10] Poderá o legislador nacional não estabelecer, se assim o desejar, qualquer instrumento de mitigação do impacto dos tributos (IBS e CBS) sobre a aquisição de bens de capital pelas empresas?

Além disso, prescrever a forma como “poderá ser reduzido o impacto” não significa neutralidade. Pelo contrário, deixa transparecer que a aquisição de bem de capital não gerará crédito amplo e que o impacto da IBS e da CBS incidentes nessas operações poderá, portanto, ser de algum modo mitigado.

Acerca desse ponto, é de se valorizar a iniciativa do senador Eduardo Braga, cujo parecer indica que o seu substitutivo tem a “intenção de desonerar, de maneira ampla, as aquisições de bens de capital”.

Nesse sentido, o substitutivo prevê que lei complementar disporá sobre “a forma de desoneração da aquisição de bens de capital pelos contribuintes, que poderá ser implementada por meio de: (a) crédito integral e imediato do imposto; (b) diferimento; ou (c) redução em 100% (cem por cento) das alíquotas do imposto” (art. 156-A, § 5º, V do substitutivo).

---

10. A respeito dos modais deônticos e das regras jurídicas, *vide*: Pandolfo (2020, p. 5-17).

Sendo assim, em comparação ao texto da Câmara dos Deputados, o substitutivo prevê um significativo aprimoramento: muda o *poderá* pelo *deverá*, assegurando a desoneração dos bens de capital.

A forma como a desoneração poderá ser implementada precisa ser esclarecida, em virtude do verbo utilizado. As hipóteses previstas nas alíneas do inciso V são meras sugestões ou *numerus clausus*? Se forem taxativas, sugere-se a substituição do modal deôntico permitido (*podem*) pelo obrigatório (*devem*).

4. NÃO CUMULATIVIDADE: O EFETIVO RECOLHIMENTO NA ETAPA ANTERIOR

O inciso II do § 5° do art. 156-A admite que o crédito de IBS/CBS fique condicionado à verificação do efetivo recolhimento dos tributos incidentes sobre a operação anterior. A regra representa inequívoco retrocesso ao sistema atual de apuração do crédito do ICMS, por exemplo.[11]

Não se pode partir da fraude como parâmetro de normatividade para restringir o crédito. Fraudes devem ser combatidas caso a caso com um sistema de inteligência fiscal eficiente.

Recomenda-se que seja assegurado o direito ao crédito relativo a todo o tributo incidente na operação anterior, independentemente da verificação do seu efetivo recolhimento, a fim de se assegurar o princípio da neutralidade.

11. A respeito desse ponto, nenhum aprimoramento foi feito no substitutivo do senador Eduardo Braga.

5. NÃO CUMULATIVIDADE: OS REGIMES EXCEPCIONAIS DE TRIBUTAÇÃO

Com o intuito de simplificar a tributação, o inciso VI do § 1º do art. 156-A da PEC determina que os entes federativos definam a sua alíquota de IBS, a qual será a mesma para todas as operações com bens ou serviços.[12] Todavia, há exceções à alíquota única. O texto prevê três regimes excepcionais de tributação:

1. *Regimes específicos de tributação* (art. 156-A, § 5°, V):[13] conforme o texto oriundo da Câmara dos Deputados, lei complementar *disporá* sobre regimes específicos de tributação para combustíveis e lubrificantes; serviços financeiros; operações com bens imóveis; planos de saúde; concurso de prognósticos; operações contratadas por entes públicos da administração pública direta (inclusive autarquias e fundações públicas); cooperativas; serviços de hotelaria; parques de diversão, restaurantes e aviação regional.

Importante atentar que o modal deôntico utilizado é de obrigação ("disporá"), razão pela qual, para esses setores, haveria alíquotas específicas, bases de cálculo próprias e/ou regras de creditamento diferenciadas. Para essa última hipótese, o texto prevê que o direito ao crédito assegurado pelo inciso VIII do § 1º do art. 156-A poderá ser desconsiderado, descortinando, nesse aspecto, um regime mais gravoso do que o sistema atual.[14]

---

12. Essa autonomia dos entes ficaria restrita inicialmente, pois, até 2078, a alíquota estabelecida pelos estados e municípios não poderá ser inferior à alíquota de referência fixada pelo Senado Federal, cujo percentual deverá assegurar a arrecadação preexistente (arts. 156-A, § 8º e 195, § 15º da CF combinados com os arts. 129, §§ 2º e 3º, e 130, § 6º do ADCT).

13. No substitutivo do senador Eduardo Braga, esse regime é previsto no § 6° do mesmo artigo.

14. Por exemplo, na sistemática atual, as aquisições feitas de fornecedores sujeitos ao recolhimento cumulativo de PIS/COFINS (3,65%) não retiram o direito ao crédito dos adquirentes sujeitos ao regime não cumulativo (9,25%). Assim, a restrição

Ademais, alíquotas e bases de cálculo diferenciadas não garantem carga tributária menor, mas, apenas, uma forma diferente de apuração do tributo. Conforme consta no relatório do senador Eduardo Braga, diferentemente dos regimes diferenciados (adiante analisados), *os regimes específicos não precisam ter tributação favorecida*. Nas palavras do relator:

> É importante diferenciar os regimes específicos dos diferenciados. Aqueles, ao contrário destes, não têm como objetivo reduzir o ônus fiscal sobre os setores que abrangem, mas apenas adaptar as regras tributárias a situações e características particulares dos bens e serviços em questão. Em outras palavras, os regimes específicos podem ter regras diferentes, sem que haja renúncia de receita tributária (BRASIL, 2023b, p. 8).

O substitutivo ainda traz uma significativa mudança: substitui o modal deôntico obrigatório (*deverá*) pelo permitido (*poderá*).[15] Na exposição de motivos, indica-se que essa alteração tem como objetivo trazer maior flexibilidade para que o Congresso Nacional defina as alíquotas e os regramentos próprios dos setores ali arrolados, seja para um regime de transição mais harmônico entre o sistema atual e o futuro, seja para adaptar o regime tributário às especificidades de determinados setores.

Essa alteração promovida pelo substitutivo acarreta mais incerteza no que concerne aos regimes específicos de tributação, transformando o respectivo dispositivo em mero *aconselhamento constitucional* desprovido de força normativa.

---

geral do direito ao crédito em decorrência de regimes tributários específicos deve ser revista, pois revela-se mais gravoso que o sistema atual.

15. Em relação ao rol da PEC 45-A, o rol do substitutivo traz poucas mudanças. Apenas retira as operações contratadas por entes públicos brasileiros e inclui "operações alcançadas por tratado ou convenção internacional".

O ideal seria uma previsão normativa que trouxesse maior previsibilidade aos setores econômicos arrolados, os quais, até a edição de eventual lei complementar, estarão em uma indesejável situação de insegurança jurídica.

2. *Cesta Básica Nacional de Alimentos* (art. 8° das disposições transitórias): trata-se de tratamento favorecido instituído pela própria PEC, pois o texto normativo *cria* esse regime, não deixando ao arbítrio superveniente do legislativo instituí-lo ou não. A dificuldade, nesse ponto, parece estar ligada à definição de uma cesta básica *nacional* de alimentos, tendo em vista a diversidade cultural e natural do nosso país.

Todavia, nesse ponto andou bem o substitutivo, pois prevê que a Cesta Básica Nacional "considerará a diversidade regional e cultural da alimentação do País e garantirá a alimentação saudável e nutricionalmente adequada".

Por outro lado, o substitutivo propõe a criação da "Cesta Básica estendida" (art. 8º, § 2º das disposições transitórias), sobre a qual haverá incidência do IBS e da CBS com alíquota reduzida em 60%. Além disso, estabelece a devolução dos valores recolhidos às famílias de baixa renda por meio de *cashback*, uma salutar iniciativa.

3. *Regimes diferenciados de tributação futuramente definidos em lei complementar* (art. 9°, *caput* das disposições transitórias): a lei complementar que instituir o imposto de que trata o art. 156-A e a contribuição de que trata o art. 195, V, ambos da Constituição Federal, *poderá* prever os regimes diferenciados de tributação para os setores de educação, saúde e transporte coletivo de passageiros, bem como para outros setores sociais relevantes relacionados ao agronegócio, à cultura e à segurança nacional. Esses regimes diferenciados poderão ter redução das alíquotas de IBS e CBS, as quais vão de 60% a 100%, além de isenções tributárias e/ou concessão de crédito presumido, a depender do setor.

Algumas observações se fazem necessárias. De um lado, a aparente antinomia existente entre a autorização prevista no *caput* e a obrigação contida nos parágrafos que o sucedem. Significa que a lei complementar *poderá* (ou não) instituir esses regimes diferenciados e, *se o fizer, deverá* seguir as reduções e isenções já estabelecidas pelo texto da PEC? O ponto merece elucidação.

Noutra margem, poder-se-ia interpretar, pela redação adotada, que *nem todas as operações relacionadas às atividades referidas pelo § 1º estariam agraciadas com as alíquotas reduzidas, mas apenas aquelas operações definidas por lei complementar*. Não se estaria, assim, diante de desoneração setorial plena advinda do texto constitucional. Nessa hipótese, por exemplo, o legislador infraconstitucional poderia excluir algumas atividades de ensino desse regime, bem como definir quais medicamentos ou quais receitas geradas pelos serviços de saúde estariam sujeitas ao tratamento diferenciado.

Além de algumas pequenas alterações no rol de regimes diferenciados de tributação, o substitutivo do relator Eduardo Braga traz uma inédita e importante previsão relativa aos regimes diferenciados de tributação. A proposta estabelece a *possibilidade* de lei complementar prever uma alíquota especial, reduzida em 30% (trinta por cento), para a prestação de serviços de profissão intelectual, de natureza científica, literária ou artística, desde que sejam submetidas à fiscalização por conselho profissional.[16]

A desoneração dependerá da definição conferida ao tema pelo legislador infraconstitucional, mas estará limitada ao percentual de trinta por cento. Considerando a

---

16. Trata-se do § 10 do art. 9º das disposições transitórias do substitutivo: "A lei complementar estabelecerá as operações beneficiadas com redução de 30% (trinta por cento) das alíquotas dos tributos de que trata o *caput* relativas à prestação de serviços de profissão intelectual, de natureza científica, literária ou artística, desde que sejam submetidas [à] fiscalização por conselho profissional".

alíquota de IBS/CBS em 27,5%, conforme previsão do ministro da Fazenda, Fernando Haddad,[17] as sociedades constituídas por esses profissionais estarão sujeitas a uma alíquota final de 19,25%, após a redução.

Assim, a carga tributária diretamente incidente sobre as operações desses contribuintes, quando optantes pelo lucro presumido, pulará de 3,65% (PIS/COFINS, sem considerar o custo do ISS calculado por profissional habilitado), para 19,25%. Para os optantes pelo lucro real, a carga sairá de 9,25% e chegará aos mesmos 19,25%. No primeiro caso, um aumento em mais de 500%; no segundo, um aumento de mais de 200%.

Deve-se lembrar que boa parte desses contribuintes tem como clientes pessoas físicas. O repasse do tributo destacado na nota, conforme a nova sistemática criada, impactará diretamente no preço dos serviços pagos pelos consumidores finais.

Ademais, assim como todas as outras reduções do regime diferenciado (art. 9º, § 10º do substitutivo), essa redução de 30% poderá ser revista a cada cinco anos, hipótese na qual as alíquotas dessas sociedades profissionais poderão atingir 27,5%, em vez de 19,25%.

Também não se pode perder de vista que as empresas que exploram atividades desportivas, educacionais, produções jornalísticas e audiovisuais, bem como atividades ligadas à saúde terão redução de 60% das alíquotas de IBS e de CBS, ou seja, o dobro da redução prevista para as sociedades de profissão legalmente regulamentadas. A diferenciação não encontra fundamento, seja na capacidade econômica dos agentes, seja na relevância das respectivas atividades para a sociedade.

---

17. Percentual revelado em entrevista concedida no dia 2 de novembro. A respeito, *vide*: MARTELLO (2023).

Para concluir, recomenda-se que o texto traga segurança de concretização e de benefícios às exceções previstas. Em primeiro lugar, devem ser alterados os respectivos modais deônticos, a fim de que todas as exceções previstas pelo texto constitucional sejam *obrigações*, e não meras autorizações. Ainda, é preciso assegurar que os regimes excepcionais se apliquem a todas as operações realizadas pelos contribuintes que integram os setores referidos pelo art. 9º do ADCT.

6. GARANTIA DO RESSARCIMENTO DE CRÉDITOS

A PEC nº 45-A delega integralmente ao legislador complementar a prerrogativa de definir a forma e o prazo para ressarcimento dos créditos acumulados pelo contribuinte (art. 156-A, § 5º, III).[18] A autorização em nada difere da sistemática atual. Se o prazo vier a ser reduzido, isso será resultado de novo debate legislativo. Mas nada, quanto ao prazo, é assegurado pela proposta de texto constitucional, nem mesmo pelo substitutivo que tramita no Senado Federal.

A redução desse prazo, aliás, no que diz respeito ao saldo credor de PIS/COFINS, poderia ocorrer imediatamente e sem a necessidade de aprovação de uma emenda constitucional. Bastaria uma simples Medida Provisória.

Recomenda-se que o texto da PEC nº 45-A fixe um teto (prazo máximo) para restituição, assegure a correção dos saldos credores, bem como garanta a transferência do saldo credor a terceiros, tal como ocorre com o saldo credor do ICMS exportação.

---

18. "Art. 156-A. [...] § 5º Lei complementar disporá sobre: [...] III – a forma e o prazo para ressarcimento de créditos acumulados pelo contribuinte;". O mesmo dispositivo é previsto no substitutivo.

7. RESTITUIÇÕES E O ART. 166 DO CÓDIGO TRIBUTÁRIO NACIONAL (CTN)

O modo como o IBS e a CBS estão sendo desenhados e a natureza indireta de, pelo menos, um dos impostos que por ele serão substituídos (ICMS) podem levar a Fazenda à aplicação do art. 166 do CTN, nos casos de restituição. Isso dificultaria e, em alguns casos, inviabilizaria a devolução dos novos tributos, quando arrecadados equivocadamente ou em afronta ao ordenamento jurídico.

Recomenda-se que o texto da PEC nº 45-A PEC assegure, de maneira simplificada e incondicionada, a restituição de indébitos de IBS e CBS.

8. REDUÇÃO DO NÚMERO DE TRIBUTOS

A versão final da PEC nº 45-A apresenta a criação de quatro novos tributos: o Imposto sobre Bens e Serviços (IBS), a Contribuição sobre Bens e Serviços (CBS), o Imposto Seletivo (IS) e, no apagar das luzes, foi inserida a Contribuição sobre Produtos Primários e Semielaborados (CPPS). Essas exações substituirão o PIS/COFINS, o ISS, o ICMS e o IPI. Se considerarmos que a distinção entre o PIS e a COFINS está adstrita ao código de arrecadação, eliminaremos quatro tributos, os quais serão substituídos por outros quatro.

Considerando o esforço demandado por uma emenda constitucional que altera radicalmente o texto constitucional e as competências dos entes federados, esperava-se uma simplificação mais relevante quanto ao número de tributos.

Nesse ponto, andou bem o substitutivo ao suprimir essa desnecessária contribuição.[19] Recomenda-se, assim,

19. O substitutivo prevê que se mantenham as contribuições para o Programa de Formação do Patrimônio do Servidor Público (art. 20 das disposições transitórias)

que a CPPS seja efetivamente eliminada da PEC nº 45-A, o que permitirá uma redução efetiva do número de tributos.

9. TRIBUTAÇÃO DE OPERAÇÕES COM BENS, DIREITOS E SERVIÇOS: REFINANDO O ARQUÉTIPO CONSTITUCIONAL

A competência tributária para criação do IBS e da CBS encontra-se desenhada no art. 156-A da PEC nº 45-A. Seu *caput* estabelece que uma lei complementar instituirá imposto sobre bens e serviços, enquanto o seu § 1º, inciso I, amplia a abrangência desses tributos para qualquer operação com bens materiais, imateriais e direitos.

O inciso II do mesmo parágrafo § 1º, por outro lado, determina que os tributos incidirão sobre a importação, ainda que o importador não seja contribuinte habitual do imposto.

O contraste entre as duas materialidades anteriormente referidas parece indicar que operações internas (inciso I) estarão sujeitas ao IBS e à CBS apenas *quando forem realizadas por contribuinte habitual.* Seria recomendável, no entanto, que esse ponto fosse explicitado pelo texto da PEC nº 45-A, bem como se deverá haver finalidade econômica. Embora pressuposta, o texto também nada refere sobre a *onerosidade* das operações que estarão sujeitas ao IBS e à CBS.

O § 7º do art. 156-A, por sua vez, estipula que uma lei complementar poderá definir como serviço qualquer operação que não seja classificada como operação com bens. Essa definição pela negação não é recomendável, seja por premissa epistemológica, seja pela ambiguidade que ela carrega, seja por estender ao legislador infraconstitucional

---

e, após o período de transição, eventual perda da arrecadação seja compensada com reajuste da alíquota de IBS.

a prerrogativa de definir os limites da própria competência tributária. O § 7º pode ser visto como um (perigoso) cheque em branco a ser futuramente preenchido e sacado contra o contribuinte, ensejando intermináveis controvérsias quanto aos limites dessa delegação.

Recomenda-se, assim, o fechamento da porta contida no § 7º anteriormente referido, bem como sejam explicitadas a onerosidade e a necessidade de habitualidade na realização das operações pelo contribuinte (retratando uma atividade econômica), excepcionada a importação (art. 156-A, I e II).[20]

10. O IBS E O ASPECTO ESPACIAL

Grande parte da simplificação trazida pela tributação do consumo idealizada pela reforma esteve sempre relacionada à federalização da exação, hipótese na qual o local da ocorrência do fato jurídico possui menor relevância.

A criação de um imposto (IBS) repartido entre Estados e Municípios exigirá a elaboração de complexos elementos de conexão ligados tanto à pretensão dos entes públicos, quanto à observância das alíquotas parciais consideradas pelos contribuintes. Isso trará à tona a discussão sobre a materialidade de cada operação (necessária à definição do Estado e do Município competentes), agravada pela velocidade exponencial com que novos negócios e operações são criados. Esse custo decorre da bipartição da tributação sobre o consumo e parece politicamente inevitável.

11. CARGA TRIBUTÁRIA

Há diversos dispositivos no texto da PEC nº 45-A que asseguram carga tributária e arrecadação mínimas,

---

20. Acerca desses pontos, nenhuma inovação foi trazida no substitutivo.

equivalentes aos parâmetros atuais, como, por exemplo: o art. 156-A, §§ 8° e 10°, e os arts. 129, § 3º e 130, § 6º, das disposições transitórias.

Por outro lado, não existia, no texto oriundo da Câmara dos Deputados, qualquer enunciado prevendo um teto ou vedando o aumento da carga tributária.

Visando à correção dessa lacuna, o substitutivo prevê, no artigo 130 das disposições transitórias, o Teto de Referência da União e o Teto de Referência Total. Em síntese, o objetivo é fazer com que a Reforma Tributária não leve a uma carga tributária superior à média dos últimos dez anos.

O teto de arrecadação seria calculado com base na média da receita dos impostos a serem extintos (ICMS, ISS, IPI, PIS e Cofins) entre 2012 e 2021, apurada à proporção do Produto Interno Bruto (PIB). Por conseguinte, a alíquota de referência dos novos tributos será reduzida caso seja excedido o teto de referência. Não obstante, o texto deixa claro que não haverá restituição dos tributos caso sejam excedidos os Tetos de Referência (art. 130, § 7º das disposições transitórias).

12. A CARGA TRIBUTÁRIA SOBRE OS SERVIÇOS

O texto aprovado pela Câmara previu a possibilidade de criação, por lei complementar, dos seguintes *regimes diferenciados ao setor de serviços*: (a) serviços de educação; (b) serviços de saúde; (c) serviços de transporte coletivo de passageiros rodoviário, ferroviário e hidroviário, de caráter urbano, semiurbano, metropolitano, intermunicipal e interestadual; (d) serviços relacionados a produções artísticas, culturais, jornalísticas e audiovisuais nacionais e atividades desportivas; (e) serviços relacionados à segurança e à soberania nacional, à segurança da informação e à segurança cibernética.

Importa recordar que esses "regimes diferenciados" poderão ou não ser instituídos pelo Congresso Nacional, mas, se o forem, eles serão notadamente favorecidos em relação ao regime geral e aos regimes específicos (art. 156-A, § 5°, V),[21] principalmente em razão da redução de alíquotas (entre 60% e 100%).

A proposta do relator Eduardo Braga reorganizou a forma de disposição do rol do art. 9º das disposições gerais e fez alterações pontuais no setor de serviços.[22] Ademais, o substitutivo submeteu todas as hipóteses de tratamento diferenciado a uma avaliação quinquenal de custo-benefício, permitindo que a lei fixe regime de transição para a alíquota padrão (§ 10º), para a qual se prevê o percentual de 27,5%.

Contudo, o problema central para os prestadores de serviço em geral remanesce: a folha de salários representa seu principal custo, mas não gera crédito de IBS/CBS. Nesse sentido, a criação de um regime próprio para os prestadores de serviço em geral parece uma lacuna ainda não preenchida pelo texto da reforma.

De outra parte, a grande inovação do substitutivo aos regimes diferenciados foi atender a reivindicações e prever uma redução intermediária de 30% para a prestação de serviços de profissão intelectual, de natureza científica, literária ou artística, desde que sejam submetidas à fiscalização por conselho profissional. Não obstante, conforme explicado no item 5, mesmo com essa redução intermediária, a carga tributária ao setor de serviços intelectuais poderá aumentar em mais de 500%.

---

21. No substitutivo, o rol dos regimes específicos consta no § 6º do art. 156-A.

22. Quais sejam: (a) manteve, nesse rol, a redução de alíquota para os serviços de transporte coletivo de passageiros rodoviário e metroviário de caráter urbano, semiurbano e metropolitano, mas realocou as demais hipóteses em regime específico; e (b) incluiu serviços de comunicação institucional.

Tendo essa conjuntura em vista, recomenda-se a criação de um grande regime para o setor de serviços, o que permitirá a compatibilização do novo modelo tributário a esse importante segmento da economia.

13. OS NEGÓCIOS JURÍDICOS VIGENTES

Será imprescindível acomodar o repasse dos novos tributos ao valor previamente definido em contratos. Parece evidente que os contratos futuros terão cláusula prevendo que, ao valor do serviço, serão acrescidos o IBS e a CBS incidentes. E quanto aos contratos vigentes?

Sobre esse ponto, o texto da Câmara dos Deputados silencia, mas vale destacar duas questões. A primeira é o Parecer do Conselho Federal da OAB,[23] relativo ao projeto de lei da CBS – que também se aplica ao IBS –, no sentido de que é necessária a instituição de uma previsão normativa, estabelecendo que os novos tributos serão acrescidos ao preço dos negócios já contratados. A segunda é o texto do senador Eduardo Braga, o qual trouxe previsão a respeito desse ponto.

O substitutivo prevê, nas disposições transitórias, que lei complementar *poderá* estabelecer instrumentos de ajustes nos contratos firmados anteriormente à promulgação da emenda constitucional da Reforma Tributária. Chama a atenção a utilização do modal deôntico de *faculdade*. Melhor seria prever a obrigatoriedade do estabelecimento desse necessário regime de transição.

Por outro lado, também seria mais apropriado que se previsse regime de transição para os contratos firmados entre a Emenda Constitucional e as leis instituidoras dos tributos, pois ainda haverá debates legislativos para definição

23. Trata-se da "Nota Técnica PEC 45/2019", elaborada pelo Conselho Federal da Ordem dos Advogados do Brasil (2023).

da alíquota de IBS/CBS e para a instituição (ou não) de diversos regimes excepcionais.

Ademais, é preciso analisar o impacto, sobre os consumidores, dos contratos firmados antes do advento dos novos tributos, para os quais talvez deva ser estudado um regime de transição que leve em conta os negócios jurídicos já existentes.

14. CONDENAÇÕES JUDICIAIS E PRECATÓRIOS

Os pagamentos realizados pelas pessoas jurídicas de direito público, através de precatórios, ensejarão o recolhimento do IBS e da CBS. Nessa hipótese, os tributos serão integralmente suportados pela parte autora da ação, o que poderá resultar em uma redução de mais de um quarto do valor recebido. Essa situação será reproduzida nos honorários sucumbenciais pagos aos escritórios de advocacia por meio de precatório.

Nas demais condenações judiciais, deverá ser estabelecida controvérsia entre as partes para saber se o valor da condenação é líquido (devendo o condenado pagar ao autor o montante fixado pela condenação, acrescido do IBS e da CBS), ou se ele é bruto, hipótese na qual o valor pago pelo condenado já pressupõe os tributos sobre ele incidentes.

Recomenda-se, dessa maneira, a criação de regra esclarecendo que o valor das condenações judiciais deverá considerar o IBS e a CBS sobre eles incidentes, tanto no pagamento dos precatórios quanto nas demais condenações judiciais ao pagamento de quantia certa.

15. IMPOSTO SELETIVO: SAÚDE, MEIO AMBIENTE E ZONA FRANCA DE MANAUS

Conforme o texto aprovado na Câmara dos Deputados, o Imposto Seletivo (IS) incidiria sobre a produção, a comercialização ou a importação de bens e serviços prejudiciais à saúde ou ao meio ambiente, nos termos da lei (art. 153, VIII).

Todavia, mesmo sendo saudável e benéfico ao meio ambiente, determinado produto ainda poderia ser tributado pelo IS, como forma de assegurar o tratamento favorecido da Zona Franca de Manaus e das Áreas de Livre Comércio (art. 92-B das disposições transitórias). Essa extrafiscalidade, portanto, integraria a materialidade do IS.

Essa função protetiva do IS em relação à Zona Franca de Manaus foi corretamente suprimida no substitutivo do Senado Federal. A indicação do parecer é no sentido de que não cabe o desvirtuamento do novo imposto para esse fim, ainda mais considerando que pode ser instituída Contribuição de Intervenção no Domínio Econômico (CIDE), para que se cumpra com a finalidade de se assegurar o tratamento diferenciado da região. Trata-se de importante e lúcida iniciativa do relator no Senado.

Ademais, outro problema que poderá ser corrigido pelo substitutivo diz respeito à delegação à lei ordinária para a definição da materialidade do IS. O art. 153, inciso VIII da PEC nº 45-A, delegou à lei ordinária a função de definir o que é prejudicial à saúde e ao meio ambiente para fins de incidência do IS. A matéria, ao que parece, seria própria de lei complementar, conforme o art. 146, inciso III, alínea "a" da CF, pois esses elementos são intrínsecos à materialidade do imposto.

Essa correção foi iniciada pelo substitutivo, o qual prevê que as atividades de produção, extração, comercialização ou importação de bens e serviços prejudiciais à saúde ou ao meio ambiente serão definidas em *lei complementar*.

Nesse ponto, importa notar que o substitutivo trouxe mais um verbo à materialidade ao IS: a *extração* de bens e serviços prejudiciais à saúde ou ao meio ambiente. A respeito dessa nova materialidade, foi previsto que o imposto será cobrado, independentemente da destinação, mesmo que ao mercado externo. Nesse caso, todavia, a alíquota máxima será de 1% (um por cento) do valor de mercado do produto.

Apesar de elogiável à sustentabilidade, os casos concretos de tributação pelo IS, certamente, ensejarão discussões judiciais acerca dos critérios aplicados para enquadramento de um bem e/ou serviço como prejudicial à saúde e ao meio ambiente. Importante lembrar que o Supremo Tribunal Federal (STF) tem ingressado na análise de matéria semelhante, ligada à essencialidade (ICMS), de modo que a situação deverá se repetir.

Recomenda-se que a materialidade do tributo seja taxativamente definida em lei complementar, bem como que se definam balizas constitucionais mais específicas à futura legislação infraconstitucional relativa a esse novo imposto. É preciso que a oneração pelo IS seja excepcional e atinja, apenas, bens e serviços inquestionavelmente prejudiciais à saúde e ao meio ambiente.

16. CONFLITOS DE COMPETÊNCIA JURISDICIONAL

A única previsão de competência jurisdicional trazida pelo texto da PEC nº 45-A diz respeito à solução de litígios entre os entes federados e o Conselho Federativo do IBS. Delegou-se a competência ao Superior Tribunal de Justiça (art. 105, inciso I, alínea "j").[24]

Conflitos dessa ordem, entretanto, estão umbilicalmente ligados ao pacto federativo e à autonomia da União, dos Estados e do Distrito Federal (art. 60, § 4º, inciso I da CF). Dessa maneira, a alteração da competência para o STF soaria muito mais harmônica com a Carta Constitucional (art. 102, I, "f" da CF).

24. Previsão mantida no substitutivo.

Por outro lado, o texto não esclarece o órgão jurisdicional competente para julgar temas relacionados ao IBS e à CBS. Ao que parece, os litígios que envolvam a CBS deveriam ser julgados pela Justiça Federal, ao passo que os do IBS poderiam ser enfrentados pela Justiça Comum. No entanto, a análise da CBS pela Justiça Federal e do IBS pelas Justiças Estaduais também poderá gerar entendimentos conflitantes sobre temas regulamentados pelo mesmo dispositivo constitucional, ou por desdobramentos infraconstitucionais equivalentes.

A defesa dos direitos e das garantias dos contribuintes é indissociável da existência de um percurso que defina, de antemão, os órgãos jurisdicionais competentes à análise de irresignações trazidas pelas empresas e pelos cidadãos. É importantíssimo que, ao texto da PEC nº 45-A, sejam acrescidos dispositivos que definam esse arquétipo de modo preciso, sobretudo no que diz respeito ao IBS.

17. UM NOVO TRIBUNAL ADMINISTRATIVO

O IBS terá um procedimento administrativo próprio (art. 156-A, § 5º, VII).[25] Isso leva a crer que o julgamento dos respectivos procedimentos administrativos tributários deverá ser estendido a um novo tribunal administrativo, ou deslocado para um tribunal administrativo federal – embora o mais correto seria dizer *nacional*. De outra sorte, tópicos equivalentes serão analisados no âmbito da CBS, na medida em que, ao que tudo indica, as normas de apuração dos tributos deverão ser as mesmas.

A cisão da tributação do consumo em dois novos tributos gera complexidade, e toda atenção quanto à unidade na aplicação e na interpretação não será demasiada. O enfrentamento dos temas ligados à cobrança e à restituição

---

25. Previsão mantida no substitutivo.

dessas exações por um mesmo órgão julgador é recomendável e deve ser um ponto de atenção.

Nesse sentido, de modo a uniformizar a interpretação do contencioso administrativo no que concerne ao IBS e à CBS, o substitutivo prevê que lei complementar poderá prever a integração do contencioso administrativo desses tributos (art. 156-B, § 8º). Previsão semelhante deveria ser consagrada para o contencioso judicial, abordado no item antecedente.

18. REFORMA ADMINISTRATIVA: PROCURADORIAS E ADMINISTRAÇÕES TRIBUTÁRIAS

A reforma administrativa das Procuradorias e Administrações Fazendárias é, inquestionavelmente, a outra face da moeda na qual está cunhada a PEC nº 45-A. Em 10 anos, não haverá mais fiscalização, regulamentação, apuração, nem cobrança (judicial e administrativa) de ISS ou de ICMS, as quais representam, inequivocamente, o grande contingente do contencioso administrativo-fiscal.

Estados e Municípios ficarão apenas com a cobrança de tributos incidentes sobre o patrimônio, ao passo que as discussões relativas ao IBS serão, em grande parte, reproduzidas nos questionamentos referentes à CBS. Isso abre espaço para reduções significativas nas estruturas atualmente existentes. Um debate franco sobre esse ponto e sobre o funcionamento do novo modelo deve, desde já, ser iniciado. Afinal, o ganho de eficiência no campo administrativo talvez seja tão ou mais relevante que o suscitado ganho tributário.

III. CONCLUSÕES

1 – O arcabouço normativo que substitui um sistema de tributação do consumo deve refletir, da maneira mais clara possível, os compromissos assumidos perante os agentes econômicos que integram esse sistema. Superados os debates, remanescerá apenas o texto jurídico com os significados que dele poderão ser construídos.

2 – No caso da PEC 45-A, entende-se como indispensáveis alguns ajustes para que a "não cumulatividade ampla" não seja paulatinamente mitigada. Esses ajustes foram indicados ao longo do texto e estão ligados aos seguintes pontos: amplitude e indeterminação do critério *uso e consumo pessoal*; postergação da utilização dos saldos credores de ICMS existentes no final de 2032; desoneração ampla dos bens de capital; desatrelamento do direito de crédito ao recolhimento dos tributos na etapa anterior; fixação de um prazo máximo para o ressarcimento dos créditos acumulados.

3 – O ambiente econômico brasileiro é amplo e complexo. Uma visão reformista excessivamente reducionista sacrificará importantes segmentos da economia, como o dos prestadores de serviços. O sistema deve se moldar à capacidade contributiva e às peculiaridades dos agentes econômicos, e não o contrário.

4 – A reforma tributária também deve assegurar, de maneira incondicional, a restituição dos tributos pagos indevidamente, sob pena de se transformar em estímulo às afrontas constitucionais e ao confisco. Da mesma forma, o caminho jurisdicional que deverá ser trilhado pelos contribuintes contra cobranças indevidas precisa estar delineado desde o texto constitucional. A unicidade na interpretação e no julgamento administrativo e judicial das controvérsias também é fundamental à estabilidade do novo sistema.

5 – A criação de um teto para arrecadação poderá conferir tranquilidade aos contribuintes na implementação do novo sistema de tributação do consumo.

6 – Um novo sistema de tributação do consumo deve conter regras de adaptação aos negócios jurídicos existentes, às expectativas juridicamente tuteláveis, e não deve gerar instabilidade nem custos desnecessários aos agentes econômicos, conforme situações abordadas no presente artigo.

7 – A reforma administrativa das Procuradorias e Administrações Fazendárias é, inquestionavelmente, a outra face da moeda na qual está cunhada a PEC nº 45-A.

REFERÊNCIAS

BRASIL. Ministério da Fazenda. *Alíquota-padrão da tributação do consumo de bens e serviços no âmbito da Reforma Tributária*. Brasília, DF, 2023a. Disponível em: https://www.gov.br/fazenda/pt-br/acesso-a-informacao/acoes-e-programas/reforma-tributaria/estudos/8-8-23-nt-mf_-sert-aliquota-padrao-da-tributacao-do-consumo-de-bens-e-servicos-no-ambito-da-reforma-tributaria-1.pdf. Acesso em: 3 nov. 2023.

BRASIL. Senado Federal. *Relatório Legislativo das Propostas de Emenda à Constituição nºs 45, de 2019; 110, de 2019; e 46, de 2022*. Relator: Senador Eduardo Braga. Brasília, DF, 2023b. Disponível em: https://legis.senado.leg.br/sdleg-getter/documento?dm=9489617&ts=1698870153265&rendition=stored-leg-signed-pdf&disposition=inline. Acesso em: 3 nov. 2023.

CONSELHO FEDERAL DA ORDEM DOS ADVOGADOS DO BRASIL. *Nota Técnica PEC 45/2019*: Altera o Sistema Tributário Nacional e dá outras providências. Brasília, DF, 2023. Disponível em: https://www.oab.org.br/noticia/61164/oab-defende-reforma-tributaria-com-regime-especifico-para-sociedades-profissionais. Acesso em: 3 nov. 2023.

CUNHA, Celso; CINTRA, Lindley. *Nova Gramática do Português Contemporâneo*. 7. ed. Rio de Janeiro: Lexikon, 2017.

MARTELLO, Alexandro. Reforma tributária: Haddad admite que novas exceções elevam alíquota padrão do IVA para até 27,5%. *g1*, São Paulo, 2 nov. 2023. Disponível em:

https://g1.globo.com/economia/noticia/2023/11/02/reforma-tributaria-haddad-admite-que-novas-excecoes-elevam-aliquota-padrao-do-iva-para-ate-275percent.ghtml. Acesso em: 3 nov. 2023.

PANDOLFO, Rafael. *Jurisdição constitucional tributária*: reflexos nos processos administrativo e judicial. 2. ed. São Paulo: Noeses, 2020.

SANTI, Eurico Marcos Diniz de; MACHADO, Nelson (coord.). *Imposto sobre bens e serviços*. 2. ed. São Paulo: Editora Max Limonad, 2023.

IMPACTOS DA REFORMA TRIBUTÁRIA NO SETOR DE TECNOLOGIA: SIMPLE AGREEMENT FOR FUTURE EQUITY (SAFE) E RODADAS DE INVESTIMENTO INTERNACIONAL COM *HOLDINGS* EM DELAWARE E CAYMAN:

Raphael Furtado e Silva[1]

Juan Lopez Valek[2]

INTRODUÇÃO

I. O objeto da pesquisa

1. Master or Laws na London School of Economics and Political Science (LSE). Mestre em Direito Tributário na Universidade de São Paulo (USP). Coordenador do Curso de Extensão em Planejamento Tributário do IBET. Advogado no Brasil.

2. Master of Laws na New York University (NYU). Graduado em Direito pela Universidad de Las Americas Puebla (UDLAP). Associado senior do time tributario do Mayer Brown LLP em Nova Iorque, admitido para prática em Direito no Estado de Nova Iorque e no México.

As últimas décadas ficaram marcadas por profundas transformações na economia global impulsionadas pelo avanço da tecnologia da informação e da internet. Durante esse período se popularizou o termo *startup*, que podemos definir como empresas que desenvolvem produtos ou serviços inovadores que solucionam um problema real dos consumidores dos mais diversos mercados, cuja característica marcante é seu potencial para ganhar escala rapidamente sem que ocorra um aumento proporcional dos custos.

Como a *startup* usualmente nasce com a pretensão de ganhar escala rapidamente, um ponto-chave é como ocorrerá a captação de recursos para financiar o seu crescimento. No jargão do ecossistema de *startups*, fala-se em rodadas de investimento (*fundraising*) *pre-seed*, Series A, B, C etc., cujas características variam de acordo com o estágio de desenvolvimento da *startup*, valor do investimento e perfil de investidores.

A captação de recursos (seja para *startups* ou grandes multinacionais) podem ocorrer por meio de capital, dívida ou, o que vem se tornando cada vez mais comum, por mecanismos/instrumentos que mesclam elementos de capital e dívida, buscando endereçar as vantagens de ambos os modelos.

No âmbito do ecossistema de startups, popularizou-se um modelo contratual criado nos Estados Unidos da América (EUA) em 2013 chamado de *Simple Agreement for Future Equity*, mais conhecido pelo acrônimo SAFE. Mesclando elementos de capital e dívida, suas cláusulas permitem que um investidor disponibilize de forma imediata capital para a *startup*, ficando com o direito de ter um desconto no *valuation* de futuros aportes. Ou seja, o investidor que entra nos estágios iniciais fica com a opção de participar de rodadas de investimento futuras pagando um valor menor do que os investidores que somente entraram nas rodadas posteriores.

No Brasil, o racional do SAFE foi adotado utilizando-se uma estrutura jurídica (brasileira) de mútuo conversível em ações. Também é muito utilizada uma estrutura de rodada de investimentos internacional, em que o fundador brasileiro da *startup* constitui duas camadas de holdings *offshore* (normalmente nas Ilhas Cayman e em Delaware-EUA). A rodada de investimentos ocorre nas Ilhas Cayman, seguindo o modelo contratual do SAFE, conferindo participação societária na *startup* brasileira.

Confira-se um organograma com a estrutura descrita:

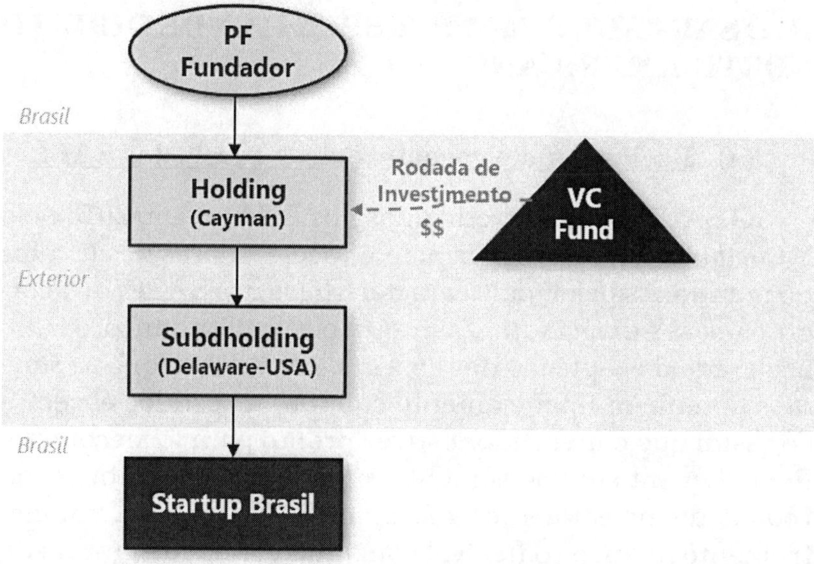

O objeto do presente artigo é avaliar impactos (sob a perspectiva brasileira) da estrutura de rodada de investimentos internacional decorrentes das reformas tributárias que já estejam aprovadas ou em discussão avançada no Congresso Nacional, notadamente a Lei nº 17.711, publicada em 31.10.2023, e do Projeto de Lei nº 4.523/2023, na versão aprovada pela Câmara dos Deputados em 25.10.2023.

Para atingir tal objetivo, no tópico 2 investigaremos a origem e funcionamento do SAFE, com foco em uma perspectiva de direito norte-americano. No tópico 3, abordaremos quais são os principais aspectos tributários na adaptação do SAFE à estrutura de mútuo conversível, diferenciando se a *startup* está constituída como uma sociedade limitada ou sociedade anônima. No tópico 4, analisaremos de forma crítica os impactos das alterações legislativas para as rodada de investimentos internacional. No tópico 05, apresentaremos nossas conclusões.

II. O SAFE SOB SUMA PERSPECTIVA DE DIREITO NORTE-AMERICANO

(a) Background e características gerais dos SAFE

O SAFE foram introduzidos nos EUA no ano 2013 pelo *Y-Combinator*, uma das principais aceleradoras de *startups* do mundo. As principais características dos SAFE, de acordo com a *Y-Combinator*, são que ele facilita um processo acelerado de captação de recursos, permitindo que as *startups* obtenham financiamento com um investidor específico assim que o investidor estiver pronto para fornecer esse financiamento (e não somente quando o startup abra uma rodada de investimento). Assim, os SAFE viraram um instrumento financeiro flexível com uma variedade grande de termos e um guia de usuário detalhada que permite que as *startups* economizem custos com advogados e tempo negociando os termos do financiamento.

O primeiro SAFE introduzido pela *Y-Combinator* foi um instrumento *pre-money*[3] qual objetivo era atuar como uma "ponte" que permitia que as *startups* levantassem uma

3. Uma avaliação *"pre-money"* é a avaliação da empresa imediatamente antes de a empresa receber o investimento no financiamento em questão (sem incluir os SAFE).

pequena quantia de dinheiro antes de levantar uma rodada de financiamento. Em resposta aos desenvolvimentos no financiamento das startups desde 2013, em 2018 a *Y-Combinator* introduziu uma versão adicional de um SAFE *"post-money"*[4] destinado ao uso por empresas dos EUA e três versões diferentes de SAFE *"post-money"* destinadas ao uso por empresas formadas no Canadá, Cayman e Cingapura, além de uma carta lateral opcional para cada país.

Os SAFE *"post-money"* permitem que os financiamentos baseados em SAFE fossem tratados como *seed rounds* independentes, em vez de pontes de curto prazo. Como resultado, enquanto o SAFE estiver em vigor, a *startup* não precisará fazer qualquer pagamento para os titulares de SAFE, até que a conversão ou um evento de liquidez seja acionada. Um SAFE não tem data de vencimento e terminará somente quando ocorrer um *trigger event* (de acionamento, de liquidez ou dissolução).

Embora possa variar de acordo com cada caso, os mecanismos mais relevantes da SAFE *post-money* são apresentados a seguir:

- Uma *startup* e um investidor negociam as disposições do SAFE e concordam com o preço de compra e o limite de avaliação no qual a SAFE será convertida em ações preferenciais (o "limite de avaliação pós-dinheiro" ou *Post-Money Valuation Cap)*[5] mediante a ocorrência de um "evento de acionamento" (*trigger event*). Como os termos de um SAFE geralmente levam em conta os interesses da startup e dos investidores por igual, a principal característica que uma *startup* e um

4. Uma avaliação *"post-money"* é apenas a avaliação imediatamente após a realização do investimento (incluindo os SAFE).

5. Outras iterações do SAFE incluem formulários com um desconto, um limite de avaliação e tanto um desconto quanto um limite de avaliação.

investidor precisam negociar é o *valuation cap* (limite de avaliação) que determinará o desconto para a conversão do SAFE em capital da *startup*[6]. A SAFE é então finalizada e o investidor fornece o dinheiro acordado para a *startup*.

- O evento de conversão típico é quando uma *startup* decide vender ações preferenciais em uma rodada de investimento. Nesse cenário, os SAFE em circulação são automática e obrigatoriamente convertidas em ações preferenciais e a SAFE é extinta. O preço usado para calcular o número de ações preferenciais a serem emitidas para o titular da SAFE é geralmente igual ao valor máximo de avaliação "pós-dinheiro" (*post-money*) dividido pela capitalização da empresa no momento do evento de acionamento (incluindo quaisquer opções não emitidas).

- Se, em vez de abrir uma rodada de investimento, a *startup* efetuar uma combinação de negócios (mediante incorporação) com outra empresa ou realizar uma oferta inicial de ações (i.e., vendendo suas ações em bolsas de valores) o SAFE inclui um recurso que acionaria um evento de liquidez e confere ao titular da SAFE o direito de receber o que for maior entre o retorno de seu preço de compra ou as ações ordinárias da empresa resultante da combinação de negócios (em caso de incorporação da *startup*) ou ações ordinárias da empresa listada em bolsa.

- A *startup* também tem a opção de oferecer a seus investidores uma carta de acompanhamento com direitos "pro-rata" que permitiriam que um titular da SAFE comprasse ações adicionais da *startup* na rodada em que a SAFE fosse convertida.

---

6. Vide https://www.ycombinator.com/documents; acesso em Novembro 2, 2023.

- No caso de uma *startup* falir (um evento de dissolução), o titular da SAFE tem o direito de receber seu investimento de volta; no entanto, o SAFE funciona como uma ação preferencial pelo que é classificado como "júnior" para o pagamento de dívidas pendentes, no mesmo nível com os pagamentos a outros detentores do SAFE e acionistas preferenciais, e sênior (com preferência) para pagamentos a acionistas ordinários.

Em geral, as ações preferenciais emitidas para um titular de uma SAFE ("Ações Preferenciais SAFE") são emitidas como uma série separada de ações preferenciais que espelham as ações preferenciais emitidas em tal rodada de financiamento. Assim, as Ações Preferenciais SAFE têm direitos, privilégios, preferências, senioridade, múltiplo de liquidação e restrições idênticos aos das ações preferenciais padrão, mas o valor de liquidação, o preço de conversão inicial e o valor dos dividendos são calculados com base no preço por ação das Ações Preferenciais SAFE.

(b) <u>Tratamento tributário federal norte-americano dos SAFE</u>

i. *Questões preliminares*

Apesar do seu uso comum no mercado desde 2013, a caracterização fiscal dos SAFE nos EUA não é clara. Para entender o motivo, devemos primeiro discutir brevemente a abordagem fiscal dos EUA de «substância sobre a forma» e fornecer uma visão geral das possíveis caracterizações que poderiam ser aplicadas a um SAFE. Para fins de nossa análise, assumiremos que a *startup* que emite a SAFE é tributada como uma corporação (uma "C-corp") para fins de imposto de renda federal nos EUA.

Como uma questão preliminar, deve-se observar que uma *startup* dos EUA está sujeita ao imposto de renda federal dos EUA sobre sua renda mundial (i.e. onde quer que essa renda seja obtida) à alíquota fixa de 21%. Uma *startup* dos EUA que possua ações em uma entidade brasileira também pode estar sujeita a tributação sobre a renda obtida por meio dessa entidade brasileira, mesmo que nenhuma distribuição seja feita para a *startup* dos EUA.

Uma *startup* dos EUA pode ser financiada inteiramente com capital ou com uma combinação de capital e dívida. O financiamento de *startup* dos EUA com capital resulta em dois níveis de impostos, um pago em nível corporativo sobre a renda tributável auferida pela corporação e um segundo nível de imposto, ou um imposto retido na fonte, sobre a distribuição dessa renda por meio de um dividendo.

Por outro lado, financiar uma *startup* com dívida pode ser benéfico para a *startup* porque, sujeito a certas limitações importantes, os pagamentos de juros feitos pela *startup* podem ser deduzidos do lucro tributável. Essas considerações são menos importantes na fase inicial de uma empresa startup, pois as *startup* geralmente não esperam ter lucro tributável ou *cash-flow* (i.e., caixa-líquido) para fazer pagamentos de dividendos nos primeiros anos de operação.

Do lado do investidor, uma pessoa física dos EUA pode preferir tratar um investimento em uma startup como capital a fim de se beneficiar da isenção de ações qualificadas de pequenas empresas ("*Qualified Small Business Stock*", mais conhecida por seu acrônimo QSBS) que permite que determinados investidores em novas empresas eliminem o imposto em um valor equivalente até US$ 10 milhões dos ganhos de capital ou 10x o valor do investimento inicial (o que for maior), se as ações forem mantidas por mais de 5 anos. Da mesma forma, os investidores não americanos titulares de ações em uma *startup* americana geralmente não estão sujeitos a impostos americanos sobre a venda dessas ações, desde que a startup não detenha ativos imobiliários significativos.

Por outro lado, o financiamento de dívida pode permitir, no entanto, uma repatriação de ganhos mais eficiente do ponto de vista fiscal quando um investimento em ações não se qualifica para as regras de QSBS, uma vez que o montante principal da dívida pode ser reembolsado sem impostos nos EUA, diferentemente dos dividendos (os pagamentos de juros, no entanto, estariam sujeitos a imposto retido na fonte de 30%, a menos que o investidor não americano tenha direito a uma alíquota menor de acordo com um tratado). No entanto, os investimentos em instrumentos de dívida que não pagam juros regularmente podem resultar em renda fictícia, especialmente de acordo com as regras de *original issue discount.*

ii. ***Tratamento como dívida ou como capital***

A legislação tributária dos EUA segue uma abordagem de substância sobre forma para determinar se um instrumento é dívida ou capital, o que significa que determinados instrumentos que foram rotulados como dívida já foram caracterizados como capital pelos tribunais e pelo Internal Revenue Service ("IRS" – equivalente à Receita Federal), e vice-versa. Por exemplo, o IRS tratou um instrumento de dívida conversível como capital quando a probabilidade de conversão da dívida em capital era muito alta.

Os tribunais e o IRS têm usado uma análise de múltiplos fatores para determinar se um instrumento é dívida ou capital. Os fatores comumente discutidos pelo IRS e pelos tribunais incluem os seguintes: (1) o rótulo colocado no instrumento; (2) a ausência ou a existência de uma data de vencimento fixa; (3) se há uma promessa incondicional por escrito de pagar à vista, ou em uma data específica, uma quantia certa em dinheiro; (4) a fonte de pagamentos do instrumento; (5) os direitos de execução do detentor; (6) até que ponto o detentor do instrumento tem o direito de participar da administração do emissor do instrumento; (7) até que ponto os direitos do detentor estão subordinados aos credores gerais do emissor; (8) o tipo de instrumento que as partes pretendiam criar; (9) até que ponto há uma identidade de interesse entre o detentor do instrumento e os detentores de ações do emissor; (10) se o emissor é pouco capitalizado e o índice de endividamento do emissor; e (11) se o instrumento deve ser tratado como dívida ou patrimônio para fins não tributários, incluindo fins regulatórios, de agência de classificação ou de contabilidade financeira.

Como mencionado acima, de acordo com uma SAFE, os investidores fornecem dinheiro a uma empresa em troca do direito contratual de receber ações em uma data futura. Embora nem todas as características citadas acima se apliquem aos SAFE, algumas características de uma SAFE são semelhantes a um investimento em capital. Por exemplo, as SAFE não têm uma data de vencimento - elas só expiram mediante um evento desencadeador; os investidores não recebem um retorno fixo e não têm direito a nenhum pagamento sobre sua SAFE até que ela seja convertida em ações; o fato de que as SAFE são subordinadas a outros detentores de dívida e, portanto, participam do risco da empresa em um nível mais alto do que os investidores de dívida tradicionais; e, geralmente, a intenção do investidor e da startup é considerar o investimento como ações.

Não obstante, os SAFE também têm certas características semelhantes às da dívida, tais como o fato de que as SAFE não oferecem direitos de voto, o que é típico para os detentores de dívida; são superiores às ações ordinárias e são protegidas na prioridade em que são pagas com os recursos da liquidação; e não são rotuladas como capital no acordo da SAFE. No entanto, no cômputo geral, a substância econômica de uma transação envolvendo o uso de SAFE é geralmente considerada mais próxima do capital porque os titulares de SAFE não têm direito a nenhum retorno fixo antes da conversão em capital da empresa e no geral as partes pretendem que o instrumento não constitua dívida para fins fiscais.

O fato de serem tratadas como ações também proporciona aos investidores o benefício de se qualificarem para o QSBS e de tratarem a conversão de SAFE em ações como uma reorganização isenta de impostos e as novas ações emitidas com a mesma base e período de retenção contínuo para fins de QSBS e ganhos de capital.

Embora seja geralmente aceito no mercado que um SAFE não deve ser tratado como um instrumento de dívida para fins fiscais, há outras caracterizações alternativas que podem ser aplicadas e que merecem ser analisadas.

iii. Outras hipóteses ("Alternative characterizations")

Além dos instrumentos simples de dívida e capital, o sistema tributário dos EUA prevê um tratamento tributário específico para determinados instrumentos financeiros, como *warrants* e *forward contracts*.

Em termos gerais, um *warrant* é um instrumento financeiro que dá ao titular o direito de comprar um bem no futuro mediante o pagamento de um preço estabelecido. Embora um SAFE seja semelhante a um *warrant* no sentido de que dá aos investidores o direito de adquirir ações no futuro, um SAFE difere de um *warrant* porque a propriedade a ser entregue é variável; não há período de exercício fixo; a propriedade futura não existe e só será emitida mediante o *trigger event;*e o investidor não tem opção com relação a se deseja adquirir as ações, entre outros fatores.

De maneira geral, um *forward contract* é um contrato entre duas partes para trocar bens em uma data fixa e a um preço fixo. Os SAFE diferem dos *forward contract* pelo fato de que a propriedade a ser entregue ainda não existe e a data de entrega é variável e pode nunca ser acionada, entre outros fatores.

Com base no exposto acima, e embora ainda existam algumas dúvidas, o consenso geral é que um SAFE clássico deve ser tratado como um investimento em capital. No entanto, as startups e os investidores devem estar cientes de que o tratamento fiscal de um SAFE nos EUA pode mudar se os termos negociados forem mais indicativos de tratamento de dívida ou se assemelharem a outros tipos de instrumentos financeiros. Isso é particularmente relevante na área *cross-border*, onde podem ser necessárias grandes mudanças nos termos de um SAFE para acomodar investidores não americanos.

III. A ADAPTAÇÃO BRASILEIRA DO SAFE: O MÚTUO CONVERSÍVEL EM AÇÕES

(a) Aspectos Gerais

Tendo em vista o amplo sucesso do modelo SAFE nos Estados Unidos, especialmente para investimentos em *startups* ainda em estágio inicial de investimentos, advogados brasileiros que se dedicam à assessoria jurídica de *startups* buscaram adaptar o SAFE ao modelo jurídico brasileiro. Diversos escritórios de advocacia divulgam "minutas padrão" que, em essência, permitem o imediato aporte de recursos, com regras de conversão em capital definidas pelas partes. Daí se dizer que adaptação do SAFE ao sistema jurídico brasileiro resulta no uso de um mútuo (empréstimo) conversível em ações.

Vale destacar o trabalho capitaneado pela Comissão Sobre os Aspectos Jurídicos do Empreendedorismo e das Startups da OAB-RJ que está elaborando uma minuta padrão chamada "Modelo de Acordo de Investimento em Startup" (MAIS). Inspirada no SAFE, pretende ser uma minuta padrão para investimentos *early-stage* (*seed* e *pre-seed*), sem pretender substituir modelos de contratos de investimento utilizados em investimentos em estágios mais avançados (tais como fundos de *venture capital*)[7].

Sob o ponto de vista tributário, existem dois aspectos essenciais a serem levados em consideração para adaptar o SAFE ao Brasil. O primeiro, é que existe uma discussão sobre a incidência de IOF em operações conhecidas como Adiantamento para Futuro Aumento de Capital (AFAC), que possui pontos de aproximação e distanciamento com o mútuo conversível em ações. O segundo é que se a *startup* estiver estruturada como uma sociedade limitada, há uma controvérsia se o aumento de capital (que normalmente precisa ser com ágio na subscrição de quotas) é um evento tributável para fins de imposto de renda.

Vejamos cada um deles de forma separada:

(b) Não incidência de IOF-Crédito

Apesar de não regulado expressamente no Código Civil ou na Lei das S/A, o AFAC é corriqueiramente visto na prática empresarial. Pode ser definido como uma transferência de valores pelos sócios para a sociedade investida com intuito de posterior aumento de capital a posteriori, condicionado à deliberação formal por seus sócios em momento oportuno e futuro. Ou seja, os sócios transferem imediatamente os valores para a sociedade que precisa dos recursos financeiros (para pagar empregados, fornecedores, credores, imposto etc.) e posteriormente formaliza-se um aumento de capital no valor dos recursos transferidos.

O AFAC distancia-se de um contrato de mútuo, sujeito à incidência do IOF nos termos do artigo 13 da Lei nº 9.779/99[8]. Isso porque uma característica essencial do con-

7. Vide mais detalhes sobre o projeto e a minuta de contrato proposta em https://www.startup-mais.com.br/, acesso em 05 de novembro de 2023.

8. "Art. 13. As operações de crédito correspondentes a mútuo de recursos financeiros entre pessoas jurídicas ou entre pessoa jurídica e pessoa física sujeitam-se à

trato do mútuo é a restituição dos respectivos valores, nos termos do artigo 586 do Código Civil[9]. No AFAC não ocorre restituição aos sócios (que emprestaram os recurso), mas a conversão dos valores em aumento de capital (da sociedade que recebeu os recursos), de modo que seria descabido falar na incidência de IOF.

No entanto, diversos autos de infração foram lavrados pelas autoridades fiscais para a cobrança de IOF-Crédito sobre AFACs. A fiscalização comumente busca apontar elementos que justificariam a descaracterização dos AFACs e a requalificação destes como operações de crédito, incluindo: a ausência de comprovação do objetivo de aumento de capital por meio de compromisso formal e irrevogável, o fato de não ser fixado prazo razoável para que ocorra a capitalização e a posterior devolução dos valores aos sócios ou acionistas sem a efetiva conversão em capital.

Usualmente os autos de infração de AFAC são baseados nos seguintes atos administrativos:

(*i*) *Ato Declaratório Normativo CST n° 09, de 11.06.1976:*Tal ato previa que seriam considerados empréstimos ativos os adiantamentos de recursos feitos por uma pessoa jurídica para futuro aumento de capital de outra, mesmo que entre a prestadora e a beneficiária haja o comprometimento,

---

incidência do IOF segundo as mesmas normas aplicáveis às operações de financiamento e empréstimos praticadas pelas instituições financeiras.
§ 1º Considera-se ocorrido o fato gerador do IOF, na hipótese deste artigo, na data da concessão do crédito.
§ 2º Responsável pela cobrança e recolhimento do IOF de que trata este artigo é a pessoa jurídica que conceder o crédito.
§ 3º O imposto cobrado na hipótese deste artigo deverá ser recolhido até o terceiro dia útil da semana subseqüente à da ocorrência do fato gerador".

9. "Art. 586. O mútuo é o empréstimo de coisas fungíveis. O mutuário é obrigado a restituir ao mutuante o que dele recebeu em coisa do mesmo gênero, qualidade e quantidade."

contratual e irrevogável, de que tais recursos sejam transformados em participação de capital.

(ii) *Parecer Normativo CST n° 17, de 20.08.1984:*Segundo este Parecer, no caso em que a pessoa jurídica fizer adiantamento de recursos financeiros, sem remuneração, para sociedade coligada, interligada ou controlada não seria exigível o disposto no artigo 21 do Decreto-Lei nº 2.065/1983, o qual estabelecia que "*nos negócios de mútuo contratados entre pessoas jurídicas coligadas, interligadas, controladoras e controladas, a mutuante deverá reconhecer, para efeito de determinar o lucro real, pelo menos o valor correspondente à correção monetária calculada segundo a variação do valor da ORTN*".

Adicionalmente, o parágrafo único do artigo 21 do Decreto-Lei nº 2.065/1983, determina que, em tais negócios previstos no caput, seria afastada a aplicação das regras de Distribuição Disfarçada de Lucros (DDL) dispostas nos artigos 60 e 61 do Decreto-Lei nº 1.598/1977.Para tanto, deveriam ser observados os seguintes requisitos sob pena de o AFAC ser equiparado a um contrato de mútuo, ficando a mutuante obrigada a reconhecer a correção monetária do valor mutuado e podendo restar caracterizada hipótese de Distribuição Disfarçada de Lucros:

(ii.1) O adiantamento deve se destinar, especifica e irrevogavelmente, ao aumento do capital social da beneficiária - isto é, com destinação contratualmente estipulada de forma irrevogável para aumento de capital; e

(ii.2) A capitalização deve se processar, obrigatoriamente, por ocasião (***a***) do primeiro ato formal da sociedade coligada, interligada ou controlada,

> que ocorra imediatamente após o recebimento dos recursos financeiros, seja Assembleia Geral Extraordinária (AGE), para as sociedades por ações, ou alteração contratual, para as demais sociedades; ou (***b***) não ocorrendo um destes eventos, no prazo máximo de até 120 dias contados a partir do encerramento do período-base em que a sociedade coligada, interligada ou controlada tenha recebido os recursos financeiros.

A orientação do Parecer Normativo CST n° 17/84 foi parcialmente incorporada à Instrução Normativa SRF n° 127/88 (que apenas não repetiu o prazo de 120 dias), posteriormente revogada pela Instrução Normativa SRF nº 79/00, quando extinta a obrigação da correção monetária do balanço.

A jurisprudência administrativa oscilou bastante sobre o tema. Em fevereiro de 2022, a CSRF proferiu os Acórdãos nº 9303-012.909 e nº 9303-012.913, nos quais prevaleceu o entendimento no sentido de que inexiste norma específica para descaracterizar a operação como AFAC e reenquadrá-la como mútuo para fins de incidência do IOF-Crédito. O voto vencedor foi proferido pela Conselheira Tatiana Midori Migiyama, com interessante análise sobre a inaplicabilidade dos atos administrativos acima mencionados ao IOF-Crédito.

Para a referida Conselheira, o Parecer Normativo CST n° 17/1984 não teria relação com o IOF-Crédito e sim com o Imposto de Renda (evitar práticas de DDL e a regra de atualização monetária do balanço). Assim, com o fim da atualização monetária do balanço, a Instrução Normativa SRF n° 127/88 - que tinha parcialmente reproduzido as orientações do parecer – teria sido tacitamente revoada. Adicionalmente, o Ato Declaratório Normativo CST n° 09/76 também não possuiria ponto de contato com a legislação do IOF, estando relacionado com o cálculo da reserva de manutenção do capital de giro próprio para fins de imposto de renda.

O A juridicidade do voto da Conselheira Tatiana Midori Migiyama tem ecoado em decisões administrativas mais recentes[10]. Reitere-se, no entanto, que os casos analisados pela jurisprudência administrativa não eram relacionados à mútuos conversíveis em ações.

No entanto, o fato é que toda essa celeuma em torno do AFAC acaba sendo um ponto de notável insegurança jurídica sobre a incidência de IOF no financiamento de *startups* por investidores. Exemplificativamente, em um cenário em que ocorra um lapso temporal de alguns anos entre a disponibilização de recursos (em um mútuo conversível em ações) e a efetiva conversão em capital), poderia ocorrer a leitura – incorreta - de que houve um neste período, sendo devido IOF.

Tal intepretação mostra-se incorreta, visto que a existência de um lapso temporal até que ocorra a conversão em capital não altera o fato de que os valores sempre se destinaram à capitalização dos recursos, simplesmente alterando o *valuation* que o investidor terá no momento de conversão em capital. Faltará, portanto, o elemento essencial do contrato de mútuo, que consiste na obrigatoriedade de retorno do valor principal dos recursos aos credores.

Para conferir maior segurança jurídica ao ecossistema de *startups*, seria interessante que a Receita Federal esclarecesse a não incidência de IOF em tais estruturas de mútuo conversível em ações que buscam replicar, em seus aspectos relevantes, os contratos SAFE.

(C) O subscrição de capital com ágio para equalizar participações societárias e o artigo 38, I, do Decreto-Lei nº 1.598/77

Quando uma *startup* decide receber uma injeção de capital em uma rodada de investimento (*i.e.*, os recursos irão

10. Acórdão nº 3301-012.379, de 22.03.2023.

para a empresa– e não para os fundadores), haverá uma discussão – de cunho comercial – sobre qual será o valor do aporte e qual o percentual que os novos investidores irão ficar da nova *startup*. Uma vez definido tais valores, deve ser definido para fins societários qual será o valor da emissão, que normalmente ocorre com ágio na subscrição.

Um exemplo numérico simples ajuda a esclarecer a questão. Suponha que a *startup* esteja constituída como sociedade limitada e possua capital social de R$ 10.000 (dez mil reais), divididos em 10.000 quotas de R$ 1,00 cada. Ainda nesse exemplo, considere que o sócio fundador da *startup* acordou em efetuar uma rodada de investimento na qual determinado investidor injetará R$ 100.000 (cem mil reais) em troca de 15% de participação societária na *startup*.

Se a *startup* fizer uma nova emissão de quotas a R$ 1,00 cada que seja totalmente subscritas pelo investidor, o capital social resultante seria de R$ 110.000 (i.e., 10.000 + 100.000). O sócio fundador teria 10.000 quotas (de um total de 110.000), ficando com apenas 9% de participação societária. O investidor teria 100.000 quotas (de um total de 110.000), ficando com 91% de participação societária. Note-se que o percentual de participação societária ficaria diferente do que foi acordado pelas partes.

Para equalizar a participação societária aos termos acordados pelas partes, a emissão de quotas deve ocorrer com o chamado "ágio na subscrição". No exemplo dado, o aumento de capital social ocorrerá com a emissão de 1.765 quotas, cujo valor nominal será de R$ 1,00 mas o preço "pago" por cada quota será de R$ 56,65, gerando um ágio um "ágio na subscrição" de R$ 98.235 (55,65 x 1.765). O sócio fundador manterá 10.000 quotas (de um total de 11.765), ficando com 85% de participação societária, e o investidor terá os 15% restantes.

O "ágio na subscrição" nada mais é do que um rótulo para o valor da subscrição que supera o valor nominal. Para fins contábeis e societários, haverá o registro de tais valores em uma conta de patrimônio líquido, distinta do capital social. No entanto, não sendo um "lucro", "renda" ou "faturamento" da *startup*, seria descabido pensar na incidência de IRPJ, CSLL, PIS e COFINS sobre tais valores.

Ocorre que o artigo 38, I, do Decreto-Lei nº 1.598/77[11] dispôs que não seria computada na base de cálculo do imposto de renda o valor que o contribuinte – com a forma de companhia – recebesse como ágio na emissão de ações. Como o termo técnico "companhia" e "ações" são específicos de sociedades anônimas (i.e., não se aplica a outros tipos societários, como a sociedade limitada), isso levou a Receita Federal a decidir na Solução de Consulta da 8ª Região Fiscal nº 195, de 23.6.1997, que o ágio na subscrição de cotas (de uma sociedade limitada) seria tributável[12].

A fragilidade da argumentação é gritante, pois confunde texto com norma jurídica. A construção da norma jurídica não pode levar em consideração somente o disposto no artigo 38, I, do Decreto-Lei nº 1.598/77, sem contemplar sua relação de coerência e hierarquia com o conceito constitucional e legal de renda. Os valores recebidos pela sociedade a títulos e aumento de capital são meras transferências de capital, não sendo, sob qualquer ângulo que se analise, renda passível de tributação pelo IRPJ e CSLL.

---

11. "Art 38 - Não serão computadas na determinação do lucro real as importâncias, creditadas a reservas de capital, que o contribuinte com a forma de companhia receber dos subscritores de valores mobiliários de sua emissão a título de:
I - ágio na emissão de ações por preço superior ao valor nominal, ou a parte do preço de emissão de ações sem valor nominal destinadas à formação de reservas de capital".

12. "Ementa: ÁGIO NA EMISSÃO DE QUOTAS. Serão computadas na determinação do lucro real as importâncias creditadas a reservas de capital, que o contribuinte com a forma de sociedade por quotas de responsabilidade limitada receber, dos subscritos de quotas de sua emissão, a título de ágio, quando emitidas por preço superior ao valor nominal."

Era de se esperar a existência de um grande contencioso na matéria, o que não ocorreu, existindo poucas decisões sobre o tema[13]. É que tendo em vista o entendimento restritivo da Receita Federal, os contribuintes simplesmente adotaram a prática de transformar a sociedade (de outro tipo societário) em sociedade anônima antes de efetuar o aumento de capital com ágio na subscrição, evitando qualquer questionamento da matéria.

Tal prática também pode ser adotada no ecossistema de *startups*. No estágio inicial, tende a ser mais vantajoso que a *startup* seja constituída como sociedades de responsabilidade limitada, que permite a opção pelo SIMPLES nacional. Eventuais acordos de investimento na modalidade SAFE/mútuo conversível podem ser celebrados com a previsão de transformação do tipo societário, enquadrando-se na previsão expressa do artigo 38, I, do Decreto-Lei nº 1.598/77.

Em verdade, seria adequado que a Receita Federal editasse ato normativo revendo o posicionamento de que o "ágio na subscrição" (de quotas) seria tributado nas sociedades limitadas. É que ao se admitirmos a tributação na subscrição de capital com ágio em sociedades limitadas e a não tributação em sociedades anônimas (na linha preconizada pela Receita Federal), a conclusão que se chega é que o legislador teria criado uma "opção fiscal" para o contribuinte optar pelas regras de sociedades limitadas ou sociedades anônimas.

Ocorre que é característico das "opções fiscais" que a economia tributária é permitida – e até induzida – pela própria legislação tributária, de modo que os contribuintes podem simplesmente optar pelo caminho menos oneroso. Trata-se, portanto, de previsão anacrônica, que não aumenta a arrecadação (porque o contribuinte irá optar

13. Acórdão CSRF nº 9101002.009, de 07.10.2014, e nº 3402003.196, de 23.08.2016.

por se transformar em sociedade anônima) e simplesmente gera complexidade ao ecossistema de negócios.

IV. RODADA DE INVESTIMENTO INTERNACIONAL COM ESTRUTURA DE CAYMAN SANDWICH: IMPACTOS DA REFORMA TRIBUTÁRIA

Paralelamente à estrutura de investimento no Brasil, se tornou popular entre os fundadores de *startups* brasileiras o chamado *"Cayman Sandwich"*. Nessa estrutura, há a constituição de uma sociedade *holding* em Cayman, que controla uma *holding* constituída pelas leis de Delaware-EUA que controla as *startups* operacionais (inclusive brasileiras). Naturalmente, uma estrutura que envolve três jurisdições traz determinadas complexidades, que fogem ao escopo do presente estudo, que se limita a analisar os impactos de propostas de reforma tributária.

Confira-se um diagrama da estrutura sob análise:

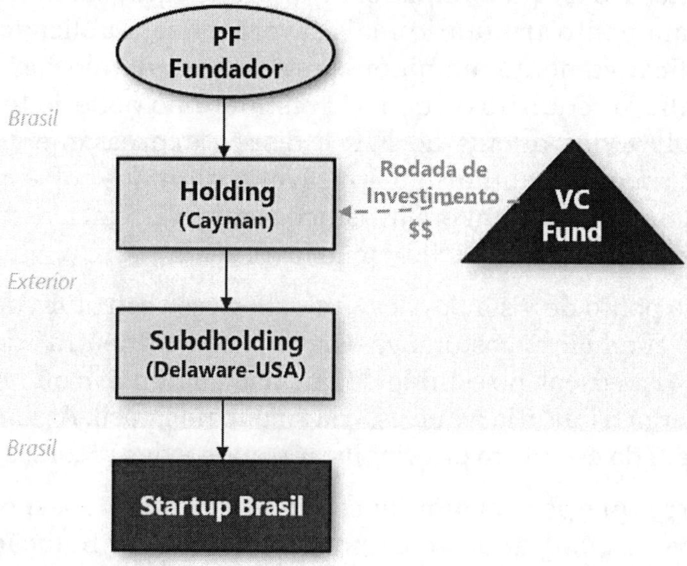

Sob o ponto de vista dos investidores, o aspecto mais relevante é que a estrutura internacional viabiliza que fundos internacionais de venture-capital executem os investimentos em Cayman, na qual possuem familiaridade com a interpretação dos Tribunais sobre as cláusulas de contratos SAFE (há inclusive uma versão específica *"post-money"*, como explicado no tópico 2), conhecimento técnico das rotinas regulatórias e, em alguns casos, condições favoráveis de tributação para os investidores não residentes.

Em relação a esse ponto, é digno de nota que o ordenamento brasileiro também oferece um ecossistema interessante para fundos de venture capital, que podem constituir no Brasil um Fundo de Investimento em Participações (FIP). Desde que determinados requisitos sejam cumpridos, há isenção de tributação no ganho da carteira do FIP (e.g., ganho de capital na venda de ações de uma *startup* investida) e na remessas aos investidores não residentes.

A lei nº 14.711, publicada em 31.10.2023, trouxe diversas alterações que simplificam que os requisitos para que o tratamento tributário mais favorável seja aplicado. Exemplificativamente, eliminou-se requisitos de alocação de portfólio, o requisito de que o investidor não poderia ter mais de 40% das quotas do FIP e dispõe expressamente que o tratamento tributário é aplicável aos fundos soberanos, mesmo que estejam em jurisdições que o Brasil classifica como jurisdições de tributação favorecida.

Sob o ponto de vista do sócio fundador, essa estrutura de *"Cayman Sandwich"* costumava ser vista como "neutra" do ponto de vista fiscal, no sentido de que não aumentava ou reduzia a carga tributária a que estaria sujeito no Brasil. Assim, a vantagem da estrutura era viabilizar o aporte dos recursos.

Ocorre que por ser um investimento *offshore* e, especialmente, enquadrando-se como jurisdição de tributação favorecida (i.e., a *holding* em Cayman) e submetida à regime fiscal privilegiado (i.e., a subholding em Delaware-EUA)[14] nos termos Instrução Normativa RFB nº 1.037/2010, essa estrutura tende a sofrer impactos significativos na reforma tributária que pretende tributar ativos *offshore*.

Pela versão do projeto de lei nº 4.173/23 aprovado pela Câmara dos Deputados em 25.10.2023, as *holdings* em jurisdição de tributação favorecida e submetida à regime fiscal privilegiado estarão sujeitos à tributação automática dos lucros em 31 de dezembro de cada ano, deixando de existir, para resultados auferidos a partir de 01.01.2024, a previsão (atualmente vigente) de que a tributação somente ocorre com a efetiva disponibilização[15].

Ainda de acordo com o texto do projeto de lei, não deverá ser computado no resultado da *holding* estrangeira o valor que corresponda à empresa brasileira, o que evita que o ganho auferido pela sociedade brasileira seja tributado

---

14. "Art. 1º Para efeitos do disposto nesta Instrução Normativa, consideram-se países ou dependências que não tributam a renda ou que a tributam à alíquota inferior a 20% (vinte por cento) ou, ainda, cuja legislação interna não permita acesso a informações relativas à composição societária de pessoas jurídicas ou à sua titularidade, as seguintes jurisdições:
(...)
XV - Ilhas Cayman;".
Art. 2º São regimes fiscais privilegiados:
(...)
VII - com referência à legislação dos Estados Unidos da América, o regime aplicável às pessoas jurídicas constituídas sob a forma de Limited Liability Company (LLC) estaduais, cuja participação seja composta de não residentes, não sujeitas ao imposto de renda federal; ou"

15. "Texto do Projeto de Lei Aprovado pela Câmara dos Deputados:
Art. 5º Os lucros apurados pelas entidades controladas no exterior por pessoas físicas residentes no País enquadradas nas hipóteses previstas neste artigo serão tributados em 31 de dezembro de cada ano, na forma prevista no art. 2º.
(...)
§ 5º Sujeitam-se ao regime tributário previsto neste artigo somente as controladas, diretas ou indiretas, que se enquadrarem em uma ou mais das seguintes hipóteses:
I - estejam localizadas em país ou dependência com tributação favorecida ou sejam beneficiárias de regime fiscal privilegiado, de que tratam os art. 24 e art. 24-A da Lei nº 9.430, de 27 de dezembro de 1996; ou".

em duplicidade[16]. No entanto, ainda pode ocorrer a tributação automática em decorrência de resultados auferidos na holding em *Cayman* que reflitam o resultado de *startups* operacionais de outros países, por exemplo.

Em face das novas alterações legislativas, os advogados que se dedicam à auxiliar *startups* e fundos de *venture capital* precisam avaliar as particularidades de cada caso concreto, antes de decidir qual estrutura jurídica para a rodada de investimentos se mostra mais adequada, inclusive avaliando reorganizações societárias para alterar a estrutura atualmente adotada.

V. CONCLUSÕES

O SAFE foram introduzidos nos EUA no ano 2013 pelo *Y-Combinator*, uma das principais aceleradoras de *startups*, com o objetivo de ser um instrumento contratual para permitir que *startups* obtivessem financiamento com um investidor específico de forma imediata, sem ter que esperar que a *startup* abrisse uma rodada de investimento. Por conta dessa característica de funcionar como uma espécie de "ponte" de curto prazo, é conhecido como SAFE *"pre-money"*.

Em 2018, a *Y-Combinator* divulgou novas versão do SAFE conhecida como *"pos money"* que permitem que os financiamentos baseados em SAFE sejam tratados como

16. Texto do Projeto de Lei Aprovado pela Câmara dos Deputados:
Art. 5º Os lucros apurados pelas entidades controladas no exterior por pessoas físicas residentes no País enquadradas nas hipóteses previstas neste artigo serão tributados em 31 de dezembro de cada ano, na forma prevista no art. 2º.
(...)
§ 13. Poderá ser deduzida do lucro da entidade controlada, direta ou indireta, a parcela correspondente aos lucros e dividendos de suas investidas que forem pessoas jurídicas domiciliadas no País e os rendimentos e ganhos de capital dos demais investimentos feitos no País, desde que sejam tributados pelo Imposto de Renda Retido na Fonte - IRRF por alíquota igual ou superior a quinze por cento, aplicando-se o disposto neste artigo também no momento da distribuição de dividendos pela entidade controlada para a pessoa física residente no País.

seed rounds independentes. Assim, enquanto o SAFE estiver em vigor, a *startup* não precisará fazer qualquer pagamento para os titulares de SAFE, até que um *"trigger event"* ocorra. Além disso, a *Y-Combinator* divulgou versões específicas para *startups* do Canada, Cayman e Cingapura, além de uma carta lateral opcional para cada país.

Os SAFE (em suas diferentes versões) são considerados instrumentos contratuais flexíveis e adequados para endereçar as principais discussões envolvendo *startups* e fundos de *investidores,* tendo se tornado dominante na prática de *venture capital* norte-americana. Apesar do seu uso comum no mercado desde 2013, a caracterização tributária dos SAFE nos EUA não é clara, existindo discussões se ele deve ser tratado como um instrumento de capital, dívida, e questões específicas envolvendo *warrants* e *forward agreements*.

No Brasil, advogados brasileiros que se dedicam à assessoria jurídica de *startups* buscaram adaptar o SAFE ao modelo jurídico brasileiro. De maneira geral, costuma-se falar que a adaptação do SAFE ao sistema jurídico brasileiro resulta em uma estrutura similar a um mútuo conversível em ações, existindo alguns pontos de atenção em relação ao IOF sobre a transferência dos recursos e incidência de imposto de renda no aumento de capital (que usualmente precisa ser feito com "ágio na subscrição").

Paralelamente, se tornou popular entre os fundadores de *startups* brasileiras o chamado *"Cayman Sandwich"*. Nessa estrutura, há a constituição de uma sociedade *holding* em Cayman, que controla uma *holding* constituída pelas leis de Delaware-EUA que controla as *startups* operacionais (inclusive brasileiras), e a rodada de investimento ocorre em Cayman. Sob o ponto de vista do sócio fundador, essa estrutura de *"Cayman Sandwich"* é "neutra" do ponto de vista fiscal, no sentido de que não aumentava ou reduzia a carga tributária a que estaria sujeito no Brasil. Assim, a vantagem da estrutura era viabilizar o aporte dos recursos.

Ocorre que por ser um investimento *offshore* e, especialmente, enquadrando-se como jurisdição de tributação favorecida (i.e., a *holding* em Cayman) e submetida à regime fiscal privilegiado (i.e., a subholding em Delaware-EUA)[17] nos termos Instrução Normativa RFB nº 1.037/2010, essa estrutura tende a sofrer impactos significativos na reforma tributária que pretende tributar ativos *offshore* de forma automática em 31 de dezembro de cada ano (i.e., independente da efetiva distribuição de dividendos aos sócios fundadores brasileiros)

Como o projeto de lei nº 4.173/23 já foi aprovado na Câmara dos Deputados (e agora segue para análise do Senado), advogados que se dedicam à auxiliar *startups* e fundos de *venture capital* precisam avaliar as particularidades de cada caso concreto, antes de decidir qual estrutura jurídica para a rodada de investimentos se mostra mais adequada, inclusive avaliando reorganizações societárias para alterar a estrutura atualmente adotada.

---

17. "Art. 1º Para efeitos do disposto nesta Instrução Normativa, consideram-se países ou dependências que não tributam a renda ou que a tributam à alíquota inferior a 20% (vinte por cento) ou, ainda, cuja legislação interna não permita acesso a informações relativas à composição societária de pessoas jurídicas ou à sua titularidade, as seguintes jurisdições:
(...)
XV - Ilhas Cayman;".
Art. 2º São regimes fiscais privilegiados:
(...)
VII - com referência à legislação dos Estados Unidos da América, o regime aplicável às pessoas jurídicas constituídas sob a forma de Limited Liability Company (LLC) estaduais, cuja participação seja composta de não residentes, não sujeitas ao imposto de renda federal; ou"

PRESCRIÇÃO INTERCORRENTE E EXECUÇÃO FISCAL

Renata Elaine Silva Ricetti Marques[1]

1. INTRODUÇÃO

Desde 2013 quando lançamos, eu e a Editora Noeses, o livro "Curso de Decadência e de Prescrição no Direito Tributário: Regras do Direito e Segurança Jurídica" que venho incansavelmente tratando sobre o tema "Prescrição Intercorrente".

Tenho total consciência que nos últimos 10 (dez) anos fui repetitiva, e aproveito o ensejo para apresentar minhas escusas. Mas a repetição e a ênfase que venho dando ao assunto se faz necessária quando se está na direção contrária da maioria da doutrina e principalmente dos Tribunais Superiores.

---

1. Pós-Doutora pela USP. Doutora e Mestre em Direito Tributário pela PUC/SP. Especialista pelo Instituto Brasileiro de Estudos Tributários (IBET). Coordenadora e Professora do Curso de Pós-Graduação *lato sensu* em direito Tributário da Escola Paulista de Direito (EPD). Presidente do Instituto Acadêmico de Direito Tributário e Empresarial - IADTE. Membro da Comissão de Direito Constitucional e Tributário da Ordem dos Advogados do Brasil - Subseção de Pinheiros. Sócia e Advogada do Ricetti Oliveira Advogados.

O assunto ganhou relevo em 12 de setembro de 2018, quando a primeira seção do Superior Tribunal de Justiça – (STJ) julgou o Recurso Especial 1.340.553/RS e decidiu como deveria ser a contagem do prazo de prescrição intercorrente, previsto no art. 40 da Lei 6.830/80, Lei de Execuções Fiscais – LEF.

O processo que estava submetido ao rito do Recurso Representativo de Controvérsia (RRC), nos termos do que dispõe o artigo 1036, § 1º do Código de Processo Civil (CPC) definiu cinco teses/precedentes que devem ser observadas pelas demais instâncias nos processos que tratam de prescrição intercorrente em matéria tributária e não tributária.

Na ocasião me manifestei por meio de vários artigos sobre a importância das teses, mas também me posicionei sobre a impossibilidade da contagem do prazo de 1 (um) ano de suspensão, para só então iniciar o prazo de (cinco) anos de prescrição de que trata o art. 174 do CTN. Pois, qualquer hipótese de suspensão ou interrupção no prazo de prescrição intercorrente depende da reserva de lei complementar, na função de normas gerais em matéria de legislação tributária, conforme art. 146, inciso III, alínea b, da Constituição Federal de 1988, isto é, depende de disposição expressa no CTN.

Me quedei ansiosa por alguns anos na expectativa do julgamento pelo Supremo Tribunal Federal (STF) do Recurso Extraordinário - RE 636.562/SC, em repercussão geral, que pretendia abordar novamente o tema sob a perspectiva constitucional em relação à possibilidade de o prazo de um ano de suspensão diante da natureza de lei ordinária da LEF e da necessidade de apenas lei complementar disciplinar o tema, bem como em relação aos prazos suspensivos e interruptivos declarados na decisão do STJ na interpretação da citada lei.

Contudo, em 22 de fevereiro de 2023, foi concluído o julgamento do Tema 390, Recurso Extraordinário - RE 636.562 – SC (*DJe* 06.03.2023), e infelizmente minha expectativa foram frustradas pois o STF manteve o posicionamento que já havia sido dado pelo STJ ao tema.

2. SOBRE O RECURSO EXTRAORDINÁRIO - RE 636.562 – SC

Referido Recurso Extraordinário foi interposto pela União contra acórdão proferido pelo TRF da 4ª Região, na Arguição de Inconstitucionalidade requerida nos autos do processo nº. 0004671-46.2003.404.7200, sob o fundamento de que o dispositivo invadiu a competência reservada à lei complementar (leia-se CTN), na instituição da hipótese de suspensão do prazo prescricional, ferindo assim as disposições do art. 146, III, "b", da Constituição Federal.

Os argumentos dos Desembargadores do Tribunal Regional Federal, acolhendo o pedido de inconstitucionalidade para dar interpretação conforme a Constituição ao art. 40, *caput* e § 4º, da Lei nº 6.830/80, foi a invasão de competência da referida lei ordinária de matéria reservada à lei complementar (prescrição na modalidade intercorrente), veja:

> TRIBUTÁRIO. PRESCRIÇÃO INTERCORRENTE. ARTIGO 40 DA LEI Nº 6.830/80. SUSPENSÃO DO PRAZO PRESCRICIONAL. TERMO INICIAL. ARGUIÇÃO DE INCONSTITUCIONALIDADE ACOLHIDA EM PARTE. 1. Tanto a Constituição de 1967 como a de 1988 conferiram apenas à lei complementar estabelecer normas gerais de direito tributário, nas quais se insere a prescrição. 2. A Lei nº 5.172/66 (Código Tributário Nacional) foi recepcionada como lei complementar pelas Constituições de 1967 e 1988. Em seu artigo 174, cuidou exaustivamente da prescrição dos créditos tributários, fixando prazo de cinco anos e arrolando todas as hipóteses em que este se interrompe. **Não tratou, porém, acerca da suspensão do lapso prescricional. 3. Não poderia o artigo 40 da Lei nº 6.830/80 instituir hipótese de suspensão do prazo prescricional, invadindo**

> **espaço reservado pela Constituição à lei complementar.** 4. Da interpretação conjunta do *caput* e do § 4º do artigo 40 da Lei nº 6.830/80, depreende-se que o início do prazo prescricional intercorrente apenas se dá após o arquivamento, que, de acordo com o parágrafo segundo do mesmo artigo, é determinado após um ano de suspensão. Assim, em primeiro lugar, não corre prescrição no primeiro ano (artigo 40, *caput*) e, em segundo, chega-se a um prazo total de seis anos para que se consume a prescrição intercorrente, o que contraria o disposto no CTN. 5. Acolhido em parte o incidente de arguição de inconstitucionalidade do § 4º e *caput* do artigo 40 da Lei nº 6.830/80 para, sem redução de texto, limitar seus efeitos às execuções de dívidas tributárias e, nesse limite, conferir-lhes interpretação conforme à Constituição, fixando como termo de início do prazo de prescrição intercorrente o despacho que determina a suspensão (artigo 40, *caput*).
>
> (Arguição de Inconstitucionalidade nº 0004671-46.2003.404.7200/SC, Rei. Des. Federal Luciane Amaral Corrêa Münch, Corte Especial, maioria, j. em 27/08/2010).

Vejo, no mesmo sentido a invasão de competência da lei ordinária (LEF) em matéria reservada à Lei Complementar (CTN), o *caput* do art. 40 da LEF, que estabelece a suspensão da prescrição diante da suspensão do processo de execução fiscal, não poderia ser aplicado ao direito tributário.

Isto se deve ao fato de o Código Tributário Nacional - CTN ter sido recepcionado como lei complementar e a Lei de Execuções Fiscais - LEF não.

O CTN, Lei nº 5.172, de 25 de outubro de 1966, oriunda do Projeto de Lei nº 4.834/54 (advindo do art. 7º do Ato Complementar 36, de 13 de março de 1967), publicado sob o fundamento de validade da Constituição Federal de 1946, foi recepcionado pela Constituição Federal de 1967, assim como pela Constituição Federal de 1988, com base no art. 34, § 5º, do Ato das Disposições Constitucionais Transitórias, que permite que as normas anteriores à promulgação da Constituição recebam o novo fundamento de validade (princípio da recepção), desde que seu texto seja compatível materialmente, sendo irrelevante a compatibilidade formal.

Destarte, os artigos do Código Tributário Nacional, que materialmente foram considerados compatíveis com a nova ordem constitucional em conformidade com os comandos estabelecidos no art. 146 da Constituição Federal, passaram a ser considerados normas gerais em matéria de legislação tributária, como se lei complementar fossem. Isto se deve ao fato de ser a Constituição Federal de 1988, a primeira Carta a prescrever expressamente a necessidade de as normas veiculadoras de decadência e de prescrição (e de prescrição intercorrente), em matéria tributária, serem objeto de lei complementar (art. 146, III, "b").

Diferentemente ocorreu com os comandos inseridos na lei ordinária nº 6.830, de 22 de setembro de 1980 – Lei de Execução Fiscal – LEF, cujo conteúdo é de direito processual, e não recebeu a mesma recepção, apesar de ter sido publicada sob a égide da Constituição Federal de 1967.

Apesar da LEF também regulamentar, em alguns de seus dispositivos, o instituto da prescrição continua sendo materialmente ordinária, ou seja, não tem a natureza de normas gerais, nos termos do citado art. 146, III, "b" da CF, por não tratar em seu conteúdo de normas de direito material de harmonização do sistema tributário, com o fim de dar unidade e homogeneidade à tributação praticada por todos os entes da federação[2],

Sem mencionar a própria essência do prazo de prescrição que é o *fim do limite do tempo da exigibilidade crédito*, o que vale dizer que uma causa suspensiva da prescrição está necessariamente *suspendendo a exigibilidade*

---

2. MARQUES, Renata Elaine Silva Ricetti. *Curso de decadência e de prescrição no direito tributário:* regras do direito e segurança jurídica. 5ª. ed. São Paulo: Noeses, 2021, *passim*.

do crédito, matéria reservada constitucionalmente à lei complementar.

O artigo da LEF, notadamente, pretendeu tratar da suspensão do processo, perfeitamente cabível em sua função processual (adjetiva), porém em uma associação de enunciados, terminou por tratar da prescrição na modalidade intercorrente, que em matéria tributária tem reserva especial de lei complementar.

Prescrição intercorrente, por ser uma modalidade de prescrição (ordinária – art. 174 do CTN), também depende de lei complementar (CTN) para sua regulamentação. Desse modo, o prazo de 1 (um) ano de suspensão da LEF não pode interferir ou servir de marco inicial para a contagem do 5 (cinco) anos do prazo prescricional.

A interpretação conforme a Constituição reclama que o prazo prescricional intercorrente seja de 5 (cindo) anos, contados do despacho do juiz que interrompe o prazo de prescricional nos termos do art. 174, parágrafo único, inciso I do CTN. E não 1 (um) ano de suspensão processual + 5 (cinco) anos de prescrição, e sim, tão somente 5 (cinco) anos após o prazo interrompido pelo despacho do juiz que ordena citação em execução fiscal.

Veja que o problema reside justamente na expressão "não correrá o prazo de prescrição", pois uma mera suspensão processual (direito processual) poderia ser realizada por meio da lei ordinária, sem, contudo, suspender o prazo de prescrição (direito material).

Ocorre que, os argumentos do TRF da 4ª Região bem como a coerência com relação à hierarquia do CTN em face da LEF, foram refutados no último dia 22/02/2023, quando foi concluído o julgamento do RE 636.562 – SC (Tema 390).

Os ministros do STF, por unanimidade, fixaram o entendimento pela desnecessidade de positivação da prescrição intercorrente por meio de lei complementar, ou seja, a lei processual poderá suspender o início da contagem do prazo de prescrição na modalidade intercorrente, isto significa afirmar que permanecerá para a contagem do prazo da prescrição intercorrente, a necessidade de primeiro se aguardar um ano de suspensão processual para iniciar a contagem do prazo de 5 (cinco) anos, ao que alude o art. 174 do CTN, como segue no trecho que peço vênia para transcrecer:

> 21. A despeito de a introdução da prescrição intercorrente tributária ter sido feita por lei ordinária, entendo que não há vício de inconstitucionalidade. Nesse caso, o legislador ordinário se limitou a transpor o modelo estabelecido pelo art. 174 do CTN, adaptando-o às particularidades da prescrição verificada no curso de uma execução fiscal. Em verdade, o tratamento dado ao tema por meio de lei ordinária nacional atende ao comando do art. 22, I, da CF/1988, porquanto compete à União legislar sobre direito processual. Tal competência garante, assim como o art. 146, III, do CF/1988, a uniformidade do tratamento da matéria em âmbito nacional e, por conseguinte, a preservação da isonomia entre os sujeitos passivos nas execuções fiscais em todo o País.
>
> 22. Tampouco se pode dizer que o prazo de suspensão de 1 (um) ano deveria estar previsto em lei complementar. Trata-se de mera condição processual para que haja o início da contagem do prazo prescricional de 5 (cinco) anos, de modo a ser possível constatar uma probabilidade remota ou improvável de satisfação do crédito tributário. Em outras palavras, cuida-se de um intervalo temporal razoável fixado por lei dentro do qual o credor deve buscar bens para submissão à penhora.
>
> 23. Não seria consistente com o fim do feito executivo que, na primeira dificuldade de satisfação do crédito, se iniciasse a contagem do prazo prescricional. O legislador, por isso, instituiu o prazo de 1 (um) ano como o período para que se caracterize a situação processual necessária para o início da fluência da prescrição intercorrente. Trata-se, portanto, de um pressuposto dessa espécie de prescrição. Essa natureza jurídica afasta o prazo de 1 (um) ano da exigência do art. 146, III, *b*, da CF/1988. Vale dizer: como requisito processual, deve ser disciplinado por lei ordinária nacional (art. 22, I, da CF/1988).

> 24. Não se está aqui a negar a necessidade de compatibilização entre o Código Tributário Nacional – lei complementar que trata de norma gerais de direito tributário – e a Lei de Execução Fiscal – lei ordinária de índole procedimental. O art. 40 da LEF não extrapola o dispositivo constitucional, porque, ao estabelecer o marco inicial para a prescrição intercorrente, apenas prevê um marco processual para a contagem do prazo, sem que deixe de observar o prazo de 5 (cinco) anos, estabelecido no CTN.[3]

Outro ponto que merece destaque, no sentido positivo do que decidido no Tema 390, é o entendimento que venho defendendo desde a primeira edição do livro de que prescrição intercorrente não é punição do credor e, sim, o fim de um limite temporal, tendo a mesma natureza jurídica da prescrição ordinária.

Definitivamente, não entendo que a decretação da prescrição decorra de uma punição pela inércia do titular da ação (elemento subjetivo), prescrição é norma temporal que impede a perpetuação do direito. Prescrição intercorrente é *uma das formas de aplicação da norma que determina o fim do prazo para exigibilidade do crédito*, é decorrência lógica e natural do conceito de prescrição e dos efeitos da interrupção (elemento objetivo).

Por isso não pode ser qualificada como uma prescrição "punitiva". O conceito de prescrição intercorrente não pode ficar atrelado a uma punição pela inércia do titular da ação, pois dessa forma estaríamos tratando de um critério subjetivo para analisar o tema, neste ponto concordo com os Ministros, *ex vi*:

> 9. Desse modo, a prescrição intercorrente tributária atende aos princípios da segurança jurídica e do devido processo legal, além de servir a uma política judiciária de não eternização dos litígios judiciais. Afasta-se, consequentemente, a noção de que constituiria uma punição do credor que não teria promovido o regular prosseguimento da execução fiscal. **Tanto não é assim que a**

3. Inteiro teor do acórdão, p. 19-21.

> **inércia do credor não é um requisito para a caracterização da prescrição intercorrente.** Também não se trata de um privilégio do devedor que não honra com as suas obrigações junto ao Estado. Fala-se, nesse caso, apenas e tão somente, em um meio executivo ineficaz para o atingimento do seu fim, pelo que se aplica um limite temporal para que a demanda não se perenize sem uma solução. [...]
>
> 10. A prescrição intercorrente, portanto, é intrínseca ao processo executivo, obedecendo, porém, à natureza jurídica do crédito subjacente à demanda. Nesse sentido, há uma relação necessária entre o prazo prescricional ordinário e o prazo prescricional intercorrente: se o prazo prescricional ordinário tributário é de 5 (cinco) anos, o prazo prescricional intercorrente deverá ser também de 5 (cinco) anos. **Essa relação decorre não somente da natureza jurídica da prescrição intercorrente**, como também se amolda à particularidade de que a prescrição tributária (ordinária ou intercorrente) **sempre extingue o crédito tributário, havendo um prazo único fixado pelo Código Tributário Nacional.** Vale dizer, ocorre a prescrição intercorrente quando há o exercício ineficaz da pretensão executória, em decorrência da não localização do devedor ou da não identificação de bens passíveis de penhora, por prazo superior ao previsto legalmente para deduzir a pretensão em juízo, salvo nas hipóteses em que a demora advém de culpa exclusiva dos mecanismos da justiça.[4]

Resumindo, expressou o voto do relator, indo ao encontro do nosso posicionamento, que prescrição intercorrente atende ao princípio da segurança jurídica e não pode servir como meio de eternização dos litígios judiciais, ademais, não é punição do credor e, sim, o fim de um limite temporal, tendo a mesma natureza jurídica da prescrição ordinária.

Isto porque como já destacamos, prescrição intercorrente parte de uma análise objetiva do CTN, não depende do subjetivismo da inércia. É uma espécie de prescrição, prevista do artigo 174 do CTN, que ocorrerá durante a cobrança judicial do crédito (execução fiscal) porque o prazo interrompido pelo despacho do juiz que ordenou a citação

---

4. Inteiro teor do acórdão, p. 12 e 13.

se esgotou (inciso I do parágrafo único do artigo 174 do CTN).

3. CONCLUSÃO

Prescrição intercorrente é uma espécie de prescrição, tem natureza de direito material e ocorrerá durante a cobrança judicial do crédito tributário (execução fiscal), porque o prazo interrompido pelo despacho do juiz que ordenou a citação, na referida ação, se esgotou (parágrafo único, inciso I do art. 174 do CTN). Prescrição intercorrente tributária tem previsão no CTN (lei complementar) e não na LEF (lei ordinária).

Resumindo, após a decisão do STF em Repercussão Geral no Tema 390, nada mudou, e as teses estabelecidas no Resp. 1.340.553/RS, permanecem inalteradas.

Colho o ensejo para registrar e reforçar que o meu entendimento mantém-se intacto de que apenas o Código Tributário Nacional pode disciplinar as formas suspensivas e interruptivas do prazo de prescrição, inclusive na modalidade prescrição intercorrente.

Nossa análise partiu do direito positivo e com base nele foi justificada. Escolhemos assim uma análise hermenêutica mais sintática e semântica, pois nosso compromisso é com o texto legislado e com a ciência.

REFERÊNCIA

MARQUES, Renata Elaine Silva Ricetti. *Curso de decadência e de prescrição no direito tributário*: regras do direito e segurança jurídica. 6ª ed. São Paulo: Noeses, 2023.

PLANEJAMENTO TRIBUTÁRIO NAS SUCESSÕES E O LOCAL DE INCIDÊNCIA DO ITCMD

Ricardo Anderle[1]

Naiara Viana de Melo[2]

O planejamento tributário nas sucessões, como o próprio nome sugere, consiste na antecipação do ato de levantamento dos bens que compõem o patrimônio de um sujeito ou de um grupo familiar para análise de medidas que envolvem a realização do ato de transmissão, em vida ou em decorrência da *causa mortis*, aos seus respectivos herdeiros ou, na parcela disponível, a um terceiro eleito, acompanhada do prévio conhecimento dos fatos-signos presuntivos de riqueza que podem ser objeto de incidência tributária em razão da transferência planejada.

Essa organização patrimonial traduz-se em medida preventiva de planejamento que pode ou não ser acompanhada da efetiva antecipação da transferência dos bens amealhados, a depender do caso concreto. O ato de planejar

1. Doutor em Direito Tributário pela PUC/SP. Mestre em Direito Econômico e Financeiro pela USP. Ex-conselheiro do CARF. Coordenador do IBET/Florianópolis.

2. Pós-graduada em Processo Civil. Especializanda em Direito Tributário pelo IBET.

implica na criação de estruturas e definição de instrumentos aptos a proporcionar o regular andamento dos negócios e a manutenção do patrimônio do indivíduo ou do grupo familiar, considerando (i) a modalidade e o custo de aquisição dos bens frente à destinação pretendida aos ativos; (ii) se as estruturas em que estão alocados os ativos são as mais adequadas a partir do exame das vantagens e dos riscos em mantê-los em pessoas físicas e/ou jurídicas; e, por óbvio, (iii) os reflexos tributários que recaem sobre tais ativos.

O objetivo do presente estudo é demonstrar que quando o assunto é a transmissão de bens *causa mortis* e, principalmente, a doação, não é incomum que a capacidade contributiva manifestada pelos contribuintes coincida com pretensões tributárias de diversos entes tributantes. Essa coincidência acentua um cenário de incerteza sobre como os contribuintes podem se planejar ao buscar a economia lícita de recursos.

Interessa-nos, dentro de nosso tema, compreender a precisão empreendida pelo legislador constitucional na demarcação da competência tributária para fins de incidência do ITCMD, com foco especial na análise das regras afeitas à escolha pelo contribuinte do domicílio em que pretenda realizar seus atos sucessórios.

ELEIÇÃO DO DOMICÍLIO DO DOADOR COMO FORMA DE PLANEJAMENTO TRIBUTÁRIO NAS SUCESSÕES

Ao tratar sobre as heranças e doações, a Constituição Federal atribuiu competência aos Estados e ao Distrito Federal para instituir impostos sobre dois campos de materialidade delimitados de acordo com a sua própria definição: (i) a transmissão *causa mortis;* e (ii) as doações, de quaisquer bens ou direitos[3]. A atribuição de competência

3. Art. 155. Compete aos Estados e ao Distrito Federal instituir impostos sobre:

às diversas unidades da Federação para legislar sobre as incidências tributárias que recaem sobre a transmissão desses bens, no entanto, desperta a possibilidade de um conflito de competência entre os Estados-Membros, não sendo raro que a transferência realizada seja objeto de aspiração tributária de duas ou mais unidades da Federação. É por isso que se elegeu como objeto de estudo, dentre o complexo e vasto tema dos planejamentos tributários nas sucessões, o aspecto espacial do ITCMD.

Antevendo os possíveis conflitos tributários, a própria Constituição Federal estabelece regras de definição de competência, a partir da natureza dos bens e direitos: se (i) móveis ou (ii) imóveis. Enquanto naqueles (i) o ITCMD compete ao Estado onde se processar o inventário ou arrolamento ou tiver domicílio o doador, nestes (ii) o ITCMD compete ao Estado da situação do bem[4].

O critério adotado nestes últimos casos confere baixa margem de liberdade para que dois ou mais Estados-Membros busquem exercer sua pretensão tributária sobre a mesma transmissão, diante da presunção da impossibilidade de que um mesmo bem esteja situado, simultaneamente, em dois territórios distintos. A mesma lógica se estende ao processamento de inventários, onde também parece valer a regra de que dois processos de inventário não podem coexistir, já que ainda que duas partes litigantes ingressem de forma concomitante com dois inventários em unidades da federação distintas, tal ato resultará, invariavelmente,

I - Transmissão causa mortis e doação, de quaisquer bens ou direitos; [...]

4. Art. 155. Compete aos Estados e ao Distrito Federal instituir impostos sobre:
I - transmissão causa mortis e doação, de quaisquer bens ou direitos; [...]
§ 1º O imposto previsto no inciso I:
I - relativamente a bens imóveis e respectivos direitos, compete ao Estado da situação do bem, ou ao Distrito Federal
II - relativamente a bens móveis, títulos e créditos, compete ao Estado onde se processar o inventário ou arrolamento, ou tiver domicílio o doador, ou ao Distrito Federal; [...]

no reconhecimento do instituto da litispendência com a determinação de seguimento de um único feito.

Os desafios se acentuam quando se está diante de operações de doações. Nesses casos, reforça-se, terá legitimidade ativa para a cobrança do ITCMD o Estado no qual o contribuinte tiver domicílio e, como o ordenamento jurídico brasileiro convive com o instituto da pluralidade de residências, não se descarta a possibilidade de que diversos Estados-Membros defendam que o doador mantinha domicílio em seus territórios, vendo-se este obrigado a cumprir normas e ser fiscalizado por diferentes órgãos, provocado pela exigência do imposto estadual sobre um mesmo fato.

Aqui a controvérsia reside normalmente em saber se o conceito de domicílio adotado pela Constituição Federal e por outros domínios do Direito deve ser equivalente para fins tributários e, ainda, identificar a linha interpretativa adotada pelas Administrações Tributárias ao avaliar a compreensão do termo. Para alcançar as conclusões pretendidas, na seara metodológica, adota-se uma abordagem pragmática, com foco nos pronunciamentos dos Estados de Santa Catarina e São Paulo.

Em primeiro lugar, tem-se que a definição é um tema caro ao Direito Tributário. Sempre que o legislador elege termos constantes da ordem jurídica para sobre eles fazer incidir hipóteses tributárias, há que se examinar se o termo, do ponto de vista tributário, é recepcionado com o mesmo sentido conferido pelo texto constitucional e pelo próprio Direito Privado.

Há que se ter em mente, no entanto, que o Direito positivo é um sistema uno, onde todas as normas jurídicas relacionam-se, de forma hierárquica e coordenada, entre si. No contexto desse sistema unitário, os cortes realizados (ramos do Direito, portanto) são apenas de foros de autonomia didática, e não científica. Assim, "pela simples razão de não poder existir regra jurídica independente da totalidade do sistema jurídico, a autonomia (no sentido de independência) de qualquer ramo do direito positivo é sempre e unicamente didática[5]". Esse caminho reforça que embora exista alguma desvinculação do Direito Tributário com relação às demais disciplinas do Direito, a autonomia entre os ramos é meramente didática.

Todavia, transportando para o caso objeto de estudo, enquanto a Constituição Federal não especifica o alcance do signo *domicílio* (apenas estabelecendo que o imposto estadual deve ser recolhido para a unidade da Federação onde possui *domicílio* o doador), o Código Civil prevê que, no caso de pessoa natural, define-se como domicílio o lugar onde ela estabelece a sua residência com ânimo definitivo[6]. Se a pessoa tiver diversas residências onde viva alternadamente, qualquer uma delas poderá ser considerada seu domicílio[7].

A legislação tributária, por sua vez, prestigia a prevalência do domicílio eleito pelo contribuinte perante o Fisco. Não havendo eleição, o lugar de residência habitual deverá prevalecer[8]. Não é demais esclarecer que essa escolha do domicílio tributário, no entanto, não consiste em ato discricionário do contribuinte, vez que "não existe uma liberdade para o sujeito passivo eleger um domicílio tributário desligado da realidade das coisas. Sua liberdade se limita

---

5. BECKER, Alfredo Augusto. *Teoria geral do direito tributário*. 4ª ed., São Paulo: Neses, 2007, p. 31.

6. Art. 70. O domicílio da pessoa natural é o lugar onde ela estabelece a sua residência com ânimo definitivo.

7. Art. 71. Se, porém, a pessoa natural tiver diversas residências, onde, alternadamente, viva, considerar-se-á domicílio seu qualquer delas.

8. Art. 127. Na falta de eleição, pelo contribuinte ou responsável, de domicílio tributário, na forma da legislação aplicável, considera-se como tal:
I - quanto às pessoas naturais, a sua residência habitual, ou, sendo esta incerta ou desconhecida, o centro habitual de sua atividade; [...]

pelas possibilidades que a realidade oferece. [...] O limite de sua liberdade é a não criação de obstáculo à atividade de fiscalização tributária [...]"[9].

Evidente, até aí, certa dissociação entre o Direito Civil e o Direito Tributário. Se bem atinarmos aos termos empregados pelo legislador, veremos que no Direito Privado o domicílio é aquele onde o contribuinte fixa residência de forma definitiva, enquanto para fins tributários a residência habitual somente é adotada como domicílio na hipótese de ausência de eleição do domicílio pelo próprio contribuinte.

As Administrações Fazendárias aventuram-se a solucionar, em tese, a problemática, reconhecendo, em alguns casos, que, na qualidade de domicílio eleito, o endereço indicado na Declaração de Imposto de Renda Pessoa Física - DIRPF é o elemento determinante para adequada determinação do domicílio tributário do contribuinte para fins de incidência do ITCMD.

Essa lógica interpretativa foi manifestada pelo Tribunal de Impostos e Taxas – TIT do Estado de São Paulo, no AIIM n. 4.065.748-6[10]. A infração apreciada dizia respeito ao não recolhimento de ITCMD, na qualidade de doador, devido pela operação de doação em dinheiro declarados na DIRPF no exercício de 2010. Ao ser notificado para esclarecimentos acerca da transmissão do bem, o contribuinte reconheceu as doações e apresentou comprovantes de residência do Estado de Minas Gerais, embora tenha indicado, em sua DIRPF, o domicílio no Estado de São Paulo.

Em matéria de defesa, o contribuinte alega que o endereço escolhido para relacionamento com o Fisco Federal

---

9. MACHADO, Hugo de Brito. *Comentários ao Código Tributário Nacional*. 2. ed. São Paulo: Atlas, 2008. v.II.

10. TIT-SP. Auto de Infração e Imposição de Multa n. 4.065.748-6. Delegado Tributário de Julgamento: Baltazar Garcia de Oliveira. DTJ-2/Campinas. Data de julgamento: 16/02/2016.

não implica eleição de domicílio perante o Estado de São Paulo, de modo que dever-se-ia aplicar, no caso concreto, a exceção prevista no Código Tributário Nacional em detrimento da regra geral relativa à eleição de domicílio, reconhecendo como domicílio fiscal o local da residência habitual do contribuinte – Minas Gerais, portanto.

Para a Câmara, no entanto, "houve a manifesta escolha pelo autuado do seu domicílio tributário em sua DIRPF, tendo restado assim definido o local onde o Fisco esperava encontrar o contribuinte". A compreensão adotada é a de que uma vez eleito o domicílio tributário pelo contribuinte, torna-se irrelevante sua residência, vis-à-vis a regra geral de eleição do domicílio tributário estabelecida na legislação tributária, concluindo que o Estado de São Paulo é o ente que possui legitimidade ativa para a cobrança do ITCMD.

Essas nuances também foram exploradas pelo Tribunal de Justiça de Santa Catarina. Na Apelação Cível n. 0901799-48.2017.8.24.0023[11], por exemplo, houve, em razão de uma doação realizada pela genitora em benefício de seu filho no ano de 2010, a quitação do ITCMD perante o Estado do Paraná, domicílio da doadora à época da liberalidade. No entanto, sua Declaração de Imposto de Renda do exercício de 2011 denunciava o Município de Xanxerê/SC como seu domicílio fiscal. Objetivando comprovar a mudança de domicílio para Curitiba, o contribuinte acostou contas de luz, notas fiscais de serviços médicos e apólice de previdência privada.

A Terceira Câmara de Direito Público, na oportunidade, por votação unânime, considerou que os documentos mencionados não são suficientes a demonstrar a mudança de endereço em ânimo definitivo, requisito imprescindível

---

11. TJSC. Apelação Cível n. 0901799-48.2017.8.24.0023. Relator: Desembargador Ronei Danielli. Órgão Julgador: Terceira Câmara de Direito Público. Data de julgamento: 30/04/2019.

para a caracterização do domicílio. A despeito do acervo probatório apresentado, para o Tribunal, "*as informações prestadas pelo contribuinte em Declaração de Imposto de Renda gozam de presunção de veracidade e de certeza, somente podendo ser elididas com provas cabais a demonstrar a existência de erro*". Assim, como no caso apreciado a DIRPF estabelecia como domicílio o Estado de Santa Catarina, esse foi reconhecido como ente competente para exigência do tributo[12].

Essa linha interpretativa proposta enuncia que, ao menos em tese, o ordenamento jurídico convive com a possibilidade de que haja dissonância entre o domicílio civil e o domicílio fiscal, prevalecendo este último para fins de definição do âmbito de incidência do ITCMD. Trata-se, no entanto, de um assunto complexo que convida à reflexão por diversos ângulos.

---

12. É interessante notar que a eleição do domicílio em referida obrigação acessória também é relevante para outras hipóteses de incidência tributária, como nos casos em que o Fisco permanece exigindo o Imposto sobre a Renda da pessoa física que transmite sua Declaração de Ajuste Anual informando que se encontra domiciliada no Brasil, mesmo que esta esteja residindo há anos fora do território nacional. Essa linha interpretativa esbarra na literalidade do texto legal que estabelece a não residência a partir do décimo terceiro mês independentemente da apresentação de qualquer comunicação formal à Receita Federal do Brasil. Nesses casos, afora alguns desdobramentos, de um lado, os contribuintes defendem que a apresentação de DIRPF não pode ser isoladamente considerada suficiente para evidenciar a condição de residente no Brasil em detrimento da renúncia tácita conformada mediante decurso do tempo ausente fisicamente do território nacional (presunção absoluta da legislação de regência). De outro, as autoridades fazendárias entendem que, nesses casos, muito embora o indivíduo esteja residindo no exterior, há uma espécie de manifestação individual de vontade deste em manter laços em território nacional materializada pela transmissão da declaração de rendimentos, suficiente para caracterizar o *status* de residente fiscal no Brasil (presunção relativa da legislação). O CARF, no Acórdão 2301-007.136/2020, pautado na constatação de que (i) o contribuinte descumpriu as obrigações acessórias relativas à alteração da condição de residência fiscal (apresentação de Comunicação/Declaração de Saída Definitiva do País), além de (ii) continuar apresentando a DIRPF anualmente - sempre com a informação de que residia no em território nacional -, conformou a relação de (dupla) residência do contribuinte e entendeu que os rendimentos auferidos pelo contribuinte, no Brasil e em Portugal, deveriam ser tributados em território nacional - ressalvando, ainda, a possibilidade de se aplicar o acordo firmado entre Brasil e Portugal para evitar a dupla tributação da renda.

O primeiro deles diz respeito à busca da intenção do Constituinte ao eleger o signo *domicílio* para fins de incidência do imposto sobre a transmissão de heranças e doações. Conquanto o termo seja uma expressão empregada pelo Direito Privado, faz-se necessário examinar se a compreensão que o signo designa no âmbito civil foi, ou não, acatada pelo texto constitucional. Para que se possa alcançar tal resposta, "a Constituição [...] há de ser lida em seu contexto e é neste que se investigará se houve, ou não, a adoção de um instituto de Direito Privado pelo Constituinte, na discriminação de competências[13]".

Para iniciar a reflexão sobre esse tema, é oportuno destacar que, embora a formação de sentido da norma passe por enunciados contidos em fragmentos esparsos e em diferentes graus da hierarquia jurídica, toda norma busca o fundamento de validade noutra hierarquicamente superior e, no ordenamento jurídico brasileiro, as normas que figuram no plano constitucional estão no topo da hierarquia. É por isso que, ainda que a Constituição Federal não tenha definido o que se entende por domicílio, dentre diversos outros signos, é necessário construir, a partir dela, um conceito mínimo para o termo, "fundado na referência discreta que o legislador fez ao termos que indicam as materialidades de tributos"[14].

A conclusão que se alcança, observando todo o contexto constitucional em que as atribuições dos entes estão inseridas, é a de que o Constituinte se valeu do conceito de domicílio empregado pelo Direito Privado objetivando não conferir (ou conferir baixa) margem de liberdade para

13. SCHOUERI, Luis Eduardo. *A lei complementar e a repartição de competências tributárias*. In: IX Congresso Nacional de Estudos Tributários. São Paulo: Noeses, p. 679-701, 2012. p. 682.

14. ANDERLE, Ricardo. *Conflitos de competência tributária entre o ISS, ICMS e IPI*. 1ª ed. São Paulo: Noeses, 2016. p. 39.

discussões fiscais relativas aos limites da competência tributária para exigência do imposto estadual.

A coerência dessa leitura parte da compreensão de que a definição de competência em matéria tributária se faz a partir da própria Constituição e, encarar a expressão *domicílio* empregada pelo texto constitucional de forma distinta daquela que estabelece a legislação civil para definir o âmbito de incidência do ITCMD, seria admitir que o Constituinte, de forma deliberada e consciente, criou dificuldades instransponíveis para a aplicação do tributo, optando por inviabilizar, ou, ao menos, tumultuar, a exigência do ITCMD pelo próprio Estado que ele, pela repartição de competência constitucional, elegeu competente.

Essa inviabilidade e tumulto, caso o Constituinte incorporasse como sinônimo do signo domicílio o endereço eleito pelo contribuinte, seriam materializados diante da facilidade de manipulação por parte do contribuinte da competência tributária e, consequentemente, da sujeição ativa da obrigação tributária, possibilitando que qualquer doador simplesmente indicasse em suas obrigações acessórias alguma unidade da Federação que estabeleça alíquotas menores às operações de transferência de bens sujeitas à incidência de ITCMD, ainda que, no momento da transmissão, ali não residisse de forma habitual e com ânimo definitivo.

Pensar nesses termos seria consentir que um Estado tribute determinada transmissão baseado no argumento de que o doador ali manteve domicílio em momento anterior ou posterior à transmissão, fundamentados por argumentos diversos, seja porque ali o doador amealhou o patrimônio que agora transmite, seja porque este indicou um novo endereço em sua DIRPF em razão de eventual mudança (não simulada) de domicílio após o ato de transferência. O raciocínio, portanto, seria de que o próprio texto constitucional escolhe contribuir para a guerra fiscal entre os Estados e, nesse espírito, fere o pacto federativo.

É adequado admitir, assim, que o signo *domicílio* incorporado pelo texto constitucional é o próprio conceito de domicílio civil, compreendido, nos termos do Direito Privado, como aquele lugar onde a pessoa física estabeleça a sua residência com ânimo definitivo *no momento da liberalidade*.

É por isso que, ao menos para fins de incidência do ITCMD, a legislação tributária não pode contemplar regra de eleição de domicílio sem ferir o critério adotado pela própria Constituição Federal para fins de definição de competência tributária. Essa particularidade é confirmada por Luis Eduardo Schoueri, ao disciplinar que "não é o domicílio fiscal, eleito pelo contribuinte, o hábil a fixar a competência tributária [...]. Se no direito privado se pode concluir qual o domicílio, este se estende às raias do direito tributário, verificando-se, afinal, a impossibilidade de dois Estados pretenderem tributar a mesma transmissão [...][15]".

O racional que aqui se emprega não se dissocia das noções adotadas no artigo 110 do Código Tributário Nacional, que estabelece que o legislador infraconstitucional não pode alterar, distorcer ou negligenciar conceitos, formas e institutos de Direito Privado para ampliar competências tributárias constitucionalmente previstas, não podendo redefinir conceitos, "sob pena de, com a "redefinição" acabar por ultrapassar os limites que o próprio constituinte impôs[16]".

Sem perder de vista o enfoque e sem que se busque esgotar todas as nuances que envolvem esse tema em particular, merece breve comentário ao artigo 110 do Código Tributário Nacional. É que as premissas fixadas acima revelam que a adequada solução para a problemática reside

15. SCHOUERI, Luís Eduardo; VASCONCELLOS, Roberto França de. Planejamento Fiscal e Sucessão. In: Planejamento Fiscal – Teoria e Prática, v. 2. São Paulo: Dialética, p. 87-106, 1998, p. 97.

16. SCHOUERI, Luis Eduardo. *A lei complementar e a repartição de competências tributárias*. In: IX Congresso Nacional de Estudos Tributários. São Paulo: Noeses, p. 679-701, 2012. p. 685.

no texto constitucional, ultrapassando, assim, os limites do Direito Privado. Quando o artigo supramencionado torna imperativa a integridade dos conceitos e das formas de Direito Privado que tenham sido utilizados por lei hierarquicamente superior para a definição da competência tributária, o faz de forma redundante e arrisca-se dizer desnecessária. A lógica de que o legislador ordinário não pode ampliar as competências tributárias estabelecidas no texto constitucional é simples e decorre do próprio princípio da supremacia constitucional - existisse ou não o artigo 110.

Retomando o raciocínio, se domicílio para fins tributários também deve ser entendido como local de residência habitual da pessoa física com ânimo definitivo, cabe expor quais as características que circundam a expressão ânimo definitivo. Eis, aqui, mais um conflito relacionado ao aspecto espacial do imposto estadual.

Sem ir muito além, a amplitude do termo apenas revela que domicílio é composto de dois elementos: um objetivo, que diz respeito ao ato de fixação em determinado local; e o outro subjetivo, que revela esse ânimo definitivo de permanência[17], de fixação espacial permanente da pessoa[18]. Sobre esse último, adianta-se que a definição de critérios ou indícios para sua configuração não foi objeto de interpretação pelo Poder Legislativo ou de análise criteriosa pelo Poder Judiciário que, conforme observa Luis Eduardo Schoeuri, se limita "à repetição do comando legal ou a associação a noções vagas e pouco elucidativas"[19].

---

17. GAGLIANO, Pablo Stolze; PAMPLONA FILHO, Rodolfo. *Novo Curso de Direito Civil*. 25 ed. São Paulo, SaraivaJur, 2023. p. 114.

18. DINIZ, Maria Helena. *Curso de Direito Civil Brasileiro*: Teoria Geral do Direito Civil. 39 ed. São Paulo, SaraivaJur, 2022. p. 86.

19. SCHOEURI, Luis Eduardo. *Regras de residência fiscal da pessoa física no direito comparado e no direito brasileiro*. Revista Tributária das Américas. vol. 5. 2012.

Para os que se aventuram a defini-lo, domicílio, enquanto lugar onde a pessoa estabelece residência com ânimo definitivo, consiste na conversão, em regra, do endereço em centro principal de seus negócios jurídicos. É insuficiente, portanto, para a sua configuração o simples ato material de residir, fazendo-se imprescindível a manifestação do "propósito de permanecer (*animus manendi*), convertendo aquele local em centro de suas atividades. Necessidade e fixidez são as suas características[20]". A amplitude da definição chama a atenção. Dela, no entanto, podem-se extrair algumas conclusões.

Primeiro, não há qualquer limitação temporal considerada suficientemente mínima capaz de demonstrar que a modificação de domicílio, eleita pelo contribuinte, se deu em caráter definitivo ou, ao contrário, de forma temporária. Nesse contexto, imaginemos a transferência de domicílio de um médico, natural e residente na cidade de Ouro Preto/MG, para a cidade de Campinas/SP, em decorrência da aprovação em um concurso público para o Hospital São Luiz Campinas. Durante o período em que ali residiu, com sua esposa e filhos, adquiriu um imóvel para a sua moradia e realizou a doação de valores, em espécie, aos seus genitores. Pensamos, agora, que após seis meses, o médico tenha sido surpreendido com a aprovação em novo concurso público prestado para o Hospital Santo Antônio, em Blumenau/SC, cidade em que passou a residir pelos anos subsequentes, indicando em suas respectivas obrigações acessórias posteriores.

Afirmar que a mudança de domicílio para o Estado de São Paulo, residência habitual do médico doador no momento da transmissão dos valores aos seus genitores, ocorreu com ânimo definitivo é matéria de fácil percepção,

---

20. GAGLIANO, Pablo Stolze; PAMPLONA FILHO, Rodolfo. *Novo Curso de Direito Civil*. 25 ed. São Paulo, SaraivaJur, 2023. p. 114.

ainda que essa somente tenha sido ali fixada por curto período de tempo. Não há, assim, outro ente competente para exigência do tributo se não o Estado de São Paulo.

Racional semelhante foi adotado pelo Tribunal de Justiça de Santa Catarina[21], em caso concreto em que o doador tinha domicílio no Município de Teresópolis, Estado do Rio de Janeiro, à época do negócio jurídico (janeiro/2010). A sequência de atos constitutivos de negócios jurídicos distintos foi, no caso apreciado, suficiente para comprovar o domicílio do doador no Estado do Rio de Janeiro no momento do fato gerador, a despeito do breve lapso temporal em que sucedeu o ato de doação e a eleição de novo domicílio. Na circunstância, a doação ocorreu em janeiro de 2010, após a venda de um imóvel localizado no Município do Rio de Janeiro, cujo valor recebido com a alienação motivou a aquisição de um imóvel no Estado de Santa Catarina em maio de 2010. De forma adicional, o endereço indicado como domicílio do doador na Declaração de Ajuste Anual (ano-calendário de 2009) foi alienado em outubro de 2010.

Alguns elementos presentes na hipótese denunciaram que o domicílio do doador permaneceu no Município de Teresópolis até o momento da venda do bem em outubro/2010: comprovantes de residência do doador, consumo de energia elétrica, de sua titularidade, em valor substancial; indicação do domicílio no instrumento da venda em outubro/2010. Esse itinerário foi suficiente para denunciar que a mudança para o Estado de Santa Catarina somente ocorreu em maio/2010 (data de aquisição da propriedade no Estado de Santa Catarina), depois de já ocorrida a doação, sendo o Estado do Rio de Janeiro, portanto, o ente competente para exigir o tributo.

21. TJSC. Apelação n. 0001042-40.2018.8.24.0057. Relator: Hélio do Valle Pereira. Órgão: Quinta Câmara de Direito Público. Data de julgamento: 06/12/2022.

As premissas fixadas nessa decisão com relação ao limite temporal são valiosas e introduzem o segundo aspecto: a subjetividade do termo. Enquanto figura relacionada intimamente com o *animus* do indivíduo, o ânimo definitivo somente poderá ser aferido a partir de fatos e circunstâncias individuais. A mera residência física por determinado período de tempo, assim, não configuraria indício automático da intenção do indivíduo. A mera indicação de endereço na DIRPF, isoladamente considerada, também não o é. Propriedade de imóveis? Exercício da profissão? Frequência médica regular? Todos esses são apenas signos presuntivos que abrem margem para uma imprescindível análise casuística e aprofundada sobre os fatos e circunstâncias relacionadas ao comportamento de cada indivíduo para fins da caracterização domicílio - *animus*[22].

Diante desse contexto, apesar de não consolidar os fatores determinantes para fins de caracterização do ânimo definitivo, ao analisar a divergência entre a correta fixação de domicílio em território nacional ou no exterior - circunstância que impediria a exigência do ITCMD, o Tribunal de Justiça do Estado de São Paulo[23] elencou itens que são capazes de demonstrar a ausência de *animus* do indivíduo em manter domicílio em território nacional: contrato de aquisição de imóvel, em nome dos doadores, em Portugal; transmissão de Declaração de Ajuste Anual onde consta endereço dos doadores em Portugal; seguro saúde; pacote de televisão; telefone; compra de dois veículos e titularidade de conta bancária.

Para o órgão, "esses documentos comprovam a residência com ânimo definitivo dos doadores, sendo desnecessária a expedição de ofício aos órgãos oficiais, já que os

---

22. SCHOUERI, Luís Eduardo. *Residência fiscal da pessoa física*. In: Revista de Direito Tributário Atual n. 28. São Paulo: IBDT/Dialética, p. 149-172, 2012, p. 172.

23. TJSP. Apelação n. 1004216-32.2017.8.26.0053. Relator: Claudio Augusto Pedrassi. Órgão Julgador: 2ª Câmara de Direito Público. Data de Julgamento: 05/12/2017.

documentos encartados aos autos esclarecem a dúvida". Assim, se suficientes para não caracterizar o domicílio em território nacional dada a ausência de ânimo definitivo, considera-se que também o são, portanto, para fins de fixação de domicílio estadual, na hipótese de eventual mudança[24].

De tudo o que foi visto, constrói-se a compreensão, distanciando-se da manifestação da intenção do contribuinte e estreitando uma vinculação com circunstâncias objetivas e externas, de que domicílio é o lugar onde o contribuinte estabelece de forma fixa e continuada, ainda que em período curto de tempo, o centro principal de seus negócios e interesses, em regra, econômicos, sociais, familiares e pessoais, determinado por circunstâncias que revelem não só a manutenção de uma acomodação residencial e profissional disponível em seu benefício, mas também sua efetiva e regular utilização.

A fixação de todas essas premissas é oportuna na medida em que possibilita que o contribuinte opere uma mudança de domicílio como alternativa de planejamento tributário para realização de eventuais operações de doação, mediante alteração também do Estado competente para tributá-lo. A medida pode ser perfectibilizada mediante fixação de domicílio, de forma (i) prévia à doação e (ii) desde que não simulada[25], em território estadual que estabeleça normas tributárias mais vantajosas à operação.

---

24. Ressalta-se, ainda, que no caso concreto, eram realizadas viagens frequentes pelos doadores ao Brasil, em razão de negócios e vínculos familiares. Estas, isoladamente consideradas, foram tidas como insuficientes para configurar o ânimo definitivo de se manterem no Brasil.

25. Reforça-se a necessidade de que o contribuinte transite na esfera da licitude por ocasião de seu planejamento tributário, em cuja circunstância se torna defeso ao Fisco imiscuir-se em deliberações internas. Não cabe à administração tributária julgar a pertinência das decisões tomadas no exercício de sua livre iniciativa, fazendo-se a exceção à possibilidade de desconsideração de cenários construídos exclusivamente com intuito de acobertar situações tributáveis.

Abrem-se parênteses para destacar que essas vantagens são inerentes à ausência de uniformidade no território nacional da base de cálculo e da alíquota do imposto estadual objeto de análise. Assim, a carga tributária que recai sobre o ato de transmissão poderá ser distinta a depender do Estado-Membro em que o contribuinte estabeleça domicílio e da legislação por ele adotada.

Com base nas regras da Constituição Federal e observando o limite máximo de alíquotas, são os próprios Estados responsáveis por estabelecer as situações que indicam em que o imposto é devido e como deve ser calculado. Como inexiste uniformidade nas alíquotas eleitas pelos legisladores estaduais, encontrando-se algumas fixas (São Paulo, por exemplo, adota 4%) e outras progressivas (em Santa Catarina, o imposto varia de 1% a 8%), cria-se um quadro com diferentes cargas de ITCMD, tornando os custos tributários na transmissão de heranças ou doações mais favoráveis em alguns Estados em detrimento de outros.

Aliado a tal consideração, destaca-se a possibilidade de que alguns Estados prescrevam, dentro do seu próprio território, alíquotas diferentes para cada uma das materialidades, transmissão *causa mortis* ou doação, sendo que, o valor da alíquota do ITCMD exigido nestes casos pode ser menor do que a alíquota que recai sobre aqueles. Todas essas previsões são estímulos à realização de planejamentos tributários nas sucessões.

Em adição à possibilidade de se planejar elegendo uma alíquota mais favorável, é importante observar também algumas vantagens associadas à base de cálculo do ITCMD. A primeira delas diz respeito à possibilidade de que o imposto estadual incida sobre uma base de cálculo menor no caso da doação das participações societárias quando comparada à base calculada sobre o valor dos imóveis. Não é incomum, portanto, considerando esse cenário, que as pessoas físicas constituam *holdings*. Essas, além de propiciarem a otimização de custos tributários e acomodação do patrimônio sob a perspectiva da proteção patrimonial, apresentam vantagens de várias ordens, como a "manutenção do patrimônio, concentração do voto, convergência de interesses, normatização do relacionamento entre os sócios, etc."[26].

A vantagem, da perspectiva tributária, pode ser melhor compreendida se conjugada com a análise dos termos empregados pela legislação paulista e da linha interpretativa adotada nos pronunciamentos das Administrações Tributárias do Estado de São Paulo.

Avançando nesse raciocínio, tem-se que o legislador, no corpo da Lei Estadual n. 10.705/2000, dispôs que a base de cálculo, sobre a qual recai o imposto incidente sobre a transmissão de qualquer bem ou direito por sucessão legítima ou testamentária ou por doação é o valor venal do bem ou direito transmitido[27], sendo que "considera-se valor venal o valor de mercado do bem ou direito na data da abertura da sucessão ou da realização do ato ou contrato de doação[28]".

De forma diversa, no caso de bens móveis, aqui incluídas as participações societárias, a lei autoriza expressamente, em caso de inexistência de negociação do título patrimonial em bolsa de valores, o uso do valor patrimonial das participações societárias para fins de definição da base de cálculo[29].

---

26. KIGNEL, Luiz; SETTI, Márcia; LONGO, José Henrique. *Planejamento Sucessório*. São Paulo: Noeses, 2023, p. 285

27. Art. 9º. A base de cálculo do imposto é o valor venal do bem ou direito transmitido, expresso em moeda nacional ou em UFESPs (Unidades Fiscais do Estado de São Paulo).

28. Art. 9º. [...] **§ 1º** - Para os fins de que trata esta lei, considera-se valor venal o valor de mercado do bem ou direito na data da abertura da sucessão ou da realização do ato ou contrato de doação.

29. Art. 14. No caso de bem móvel ou direito não abrangido pelo disposto nos artigos 9º, 10 e 13, a base de cálculo é o valor corrente de mercado do bem, título, crédi-

Ao interpretar os termos adotados pelo legislador estadual, considerando que a expressão *valor patrimonial* é indefinida no texto legal, os pronunciamentos administrativos e os pronunciamentos judiciais foram por caminhos distintos ao avaliar as operações de doações de participações societárias: os pronunciamentos administrativos, de um lado, pretendem empregar à expressão a atribuição de sentido de *valor patrimonial real*, ou seja, aquele valor patrimonial que mais se aproxima do valor de mercado[30]; de outro, os pronunciamentos judiciais entendem que o contribuinte deverá calcular o ITCMD devido ao ente federativo com base em seu *valor patrimonial contábil* – o que seria, portanto, favorável aos contribuintes. O raciocínio dessa última vertente merece refletidas considerações.

Ao apreciar a questão, o Tribunal de Justiça de São Paulo privilegia a compreensão de que a base de cálculo deve ser entendida como o valor patrimonial contábil[31]. O

---

to ou direito, na data da transmissão ou do ato translativo. [...]
§ 3º. Nos casos em que a ação, quota, participação ou qualquer título representativo do capital social não for objeto de negociação ou não tiver sido negociado nos últimos 180 (cento e oitenta) dias, admitir-se-á o respectivo valor patrimonial.

30. Essa foi a compreensão adotada, por exemplo, na Resposta à Consulta Tributária n. 27578/2023, publicada no dia 15/05/2023. Pela relevância, transcreve-se a ementa: ITCMD – Transmissão causa mortis – Sobrepartilha – Base de cálculo e acréscimos legais. I. O valor da base de cálculo é considerado na data da abertura da sucessão, devendo ser atualizado monetariamente, a partir do dia seguinte, segundo a variação da Unidade Fiscal do Estado de São Paulo – UFESP. II. Para efeitos de cálculo do ITCMD, o valor a ser atribuído às quotas sociais de empresas deve refletir o seu valor de mercado. III. Admite-se o valor patrimonial, desde que se leve em conta o valor patrimonial real, ou seja, aquele que mais se aproxima do valor de mercado (valor com que as referidas quotas de patrimônio seriam passíveis de ser negociadas no mercado - preço de venda). IV. Nos casos em que parte do ITCMD seja recolhida após o decurso dos prazos estabelecidos em legislação, os valores remanescentes sujeitam-se aos acréscimos legais.

31. TJSP. Apelação Cível n. 1005874-91.2016.8.26.0032. Relator: Maria Laura Tavares. Órgão Julgador: 5ª Câmara de Direito Público do Tribunal de Justiça de São Paulo. Data de Julgamento: 18/12/2017.
TJSP. Apelação Cível n. 1005873-09.2016.8.26.0032. Relator: Marcelo L Theodósio. Órgão Julgador: 11ª Câmara de Direito Público do Tribunal de Justiça de São Paulo. Data de Julgamento: 19/06/2018.

racional empregado comporta, em especial, duas reflexões. A primeira delas é relacionada à necessidade de adoção do valor patrimonial contábil meramente diante da ausência de previsão legal que determine que o valor patrimonial da quota a ser utilizado como base de cálculo do ITCMD seja o valor patrimonial real. Assim, note-se, a validade do uso do seu valor real contábil, para o Tribunal, decorre diretamente da ausência de previsão legal para que se utilize o valor patrimonial real. A segunda delas, por sua vez, diz respeito à ausência de vedação legal. Para o órgão, além de a legislação não esclarecer o alcance do termo, esta também não veda a utilização do valor patrimonial contábil da quota no cálculo do imposto estadual, devendo o critério ser aceito, portanto, quando adotado pelos contribuintes.

A lógica que acompanha a linha interpretativa desenhada pelo Tribunal de Justiça de São Paulo, muito embora favoreça e incentive a realização de planejamentos de atos sucessórios a partir da eleição, não simulada, do domicílio do doador, não se encontra livre de críticas, considerando, sobretudo, a necessidade de alinhamento das interpretações estaduais à materialidade e à base de cálculo do imposto estadual previstas no texto constitucional e na legislação complementar.

Rememoremos: o ITCMD trata-se de tributo que deve ser calculado sobre o valor venal do bem[32], não podendo ser superavaliado por expectativas de valor de um direito ainda não concretizado ou reduzido por critérios que não espelhem a real capacidade contributiva manifestada com

---

TJSP. Apelação Cível n. 1016005-31.2019.8.26.0482. Relator: Spoladore Dominguez. Órgão Julgador: 13ª Câmara de Direito Público do Tribunal de Justiça de São Paulo. Data de Julgamento: 15/06/2021.

32. Código Tributário Nacional:
Art. 38. A base de cálculo do imposto é o valor venal dos bens ou direitos transmitidos.

a operação de transmissão, já que a sua materialidade é a própria transferência do direito.

Assim, considerar como adequada a adoção da base de cálculo que represente o valor patrimonial contábil da sociedade apenas diante da inexistência (i) de norma jurídica estadual que esclareça a intenção do legislador ao adotar o termo ou (ii) de norma jurídica que vede a utilização do valor patrimonial contábil, não parece ser a melhor compreensão sobre a matéria, sobretudo à luz da hierarquia das normas, que não permite, por exemplo, que a legislação estadual sobreponha-se ao próprio texto constitucional ou à legislação complementar e altere, assim, as bases tributáveis – ainda que resulte em interpretação favorável ao contribuinte.

Essa controvérsia parece ser melhor delineada pelo Estado de Santa Catarina, ao prever expressamente[33] que o valor das ações, quotas, participações ou de quaisquer títulos representativos do capital social de sociedades empresárias, sociedades simples ou do patrimônio de empresário ou da empresa individual de responsabilidade limitada, não negociados em bolsa, será considerado o valor do patrimônio líquido ajustado pela reavaliação dos ativos e passivos ao valor de mercado na data do envio ao fisco das informações relativas ao imposto.

A legislação estadual ainda esclarece que na hipótese em que o valor declarado não refletir o valor real ajustado ao mercado dos bens e direitos integrantes do ativo ou das obrigações constantes no passivo das pessoas ali referidas,

---

33. Decreto n. 1.587 de 26 de novembro de 2021:
Art. 6°. A base de cálculo do imposto é o valor venal dos bens ou direitos, dos títulos ou dos créditos transmitidos ou doados.
(...)
§ 4° O valor das ações, quotas, participações ou de quaisquer títulos representativos do capital social de sociedades empresárias, sociedades simples ou do patrimônio de empresário ou da empresa individual de responsabilidade limitada, não negociados em bolsa, será o valor do patrimônio líquido ajustado pela reavaliação dos ativos e passivos ao valor de mercado na data do envio da DIEF-ITCMD.

o valor venal desses poderá ser arbitrado pela Fazenda Estadual como o valor médio praticado pelo mercado na praça onde localizado o bem, o direito, o título, o crédito, a ação ou a quota[34].

Merece ênfase, para encerrar, o destaque para mais uma alternativa de planejamento no momento da constituição de uma pessoa jurídica. Essa possibilidade comparece, ainda, em momento anterior às eventuais operações de doação, devendo ser ponderada no momento de aporte de imóveis, por exemplo, ao capital da pessoa jurídica constituída. Para que a vantagem possa ser ilustrada, destaca-se, nas próximas linhas, breves recortes sobre o sistema de tributação que acompanha o ato de integralização de bens em pessoa jurídica.

De acordo com a legislação tributária, se a pessoa jurídica auferiu ganho ou lucro na alienação de ações, seja em operação de compra e venda, incorporação ou de permuta por outras ações, o ganho ou lucro será submetido à tributação. Nesta hipótese, a base tributável será o resultado positivo verificado a partir do confronto entre o valor pago pela ação (custo de aquisição) e o valor da alienação[35]. É pressuposto, portanto, da apuração e tributação do

34. Decreto n. 1.587 de 26 de novembro de 2021:
Art. 6º. [...]
§ 6º A Fazenda Estadual poderá arbitrar como valor venal o valor médio praticado pelo mercado na praça onde localizado o bem, o direito, o título, o crédito, a ação ou a quota, se constatado que o valor declarado pelo sujeito passivo é inferior àquele.
§ 7º Na hipótese de o valor declarado nos moldes do § 4º deste artigo não refletir o valor real ajustado ao mercado dos bens e direitos integrantes do ativo ou das obrigações constantes no passivo das pessoas ali referidas, o valor venal desses poderá ser arbitrado pela Fazenda Estadual nos moldes do § 6º deste artigo

35. Lei n. 7.713/88:
Art. 2º O imposto de renda das pessoas físicas será devido, mensalmente, à medida em que os rendimentos e ganhos de capital forem percebidos.
Art. 3º O imposto incidirá sobre o rendimento bruto, sem qualquer dedução, ressalvado o disposto nos arts. 9º a 14 desta Lei. [...]
§ 2º Integrará o rendimento bruto, como ganho de capital, o resultado da soma dos ganhos auferidos no mês, decorrentes de alienação de bens ou direitos de qualquer

ganho de capital que exista, em um primeiro momento, a aquisição de certo bem ou direito a um determinado custo e que, no futuro, sua alienação seja realizada em preço que supere o respectivo custo de aquisição.

O legislador, no entanto, optou por conferir um tratamento simétrico para a redução de capital e integralização de capital, admitindo que as pessoas físicas possam transferir a pessoas jurídicas, bens e direitos pelo valor constante da respectiva declaração de bens ou pelo valor de mercado[36], sendo que a tributação será devida, à opção do contribuinte, se a transferência não se fizer pelo valor constante da declaração de bens[37].

Transportando essas noções para os atos de planejamento, note-se que, como medida lícita voltada à evitar a tributação sobre o ganho de capital no momento da integralização, as pessoas físicas podem transferir bens para estabelecimentos pelo valor constante em suas respectivas Declarações de Ajuste Anual. Em termos práticos, o bem detido pela pessoa física é retirado da sua declaração de bens, passando a constar, por valor idêntico, quotas/ações da sociedade empresarial. Neste cenário, não há ganho, há apenas meras movimentações patrimoniais sem qualquer elemento novo de riqueza - passível

---

natureza, considerando-se como ganho a diferença positiva entre o valor de transmissão do bem ou direito e o respectivo custo de aquisição corrigido monetariamente, observado o disposto nos arts. 15 a 22 desta Lei.
§ 3º Na apuração do ganho de capital serão consideradas as operações que importem alienação, a qualquer título, de bens ou direitos ou cessão ou promessa de cessão de direitos à sua aquisição, tais como as realizadas por compra e venda, permuta, adjudicação, desapropriação, dação em pagamento, doação, procuração em causa própria, promessa de compra e venda, cessão de direitos ou promessa de cessão de direitos e contratos afins.

36. Lei n. 9.249/95:
Art. 23. As pessoas físicas poderão transferir a pessoas jurídicas, a título de integralização de capital, bens e direitos pelo valor constante da respectiva declaração de bens ou pelo valor de mercado.

37. Lei n. 9.249/95:
Art. 23. [...]§ 2º Se a transferência não se fizer pelo valor constante da declaração de bens, a diferença a maior será tributável como ganho de capital.

de ser objeto de tributação - que se incorpore ao patrimônio. Ainda que se possa supor um acréscimo no momento da "troca", esse é meramente potencial – não há disponibilidade jurídica ou econômica da renda.

A economia da estrutura poderá repercutir efeitos, inclusive, em eventual ato de doação. Essa noção se associa às bases de cálculo favorecidas, conferidas por determinadas legislações estaduais, a exemplo do Estado de São Paulo, que conforme enunciado acima, (i) elegem o valor patrimonial como base de cálculo nas operações de doações de participações societárias e (ii) atribuem à expressão sentido de *valor patrimonial contábil.* Por essa lente, a base de cálculo eleita para o ato de doação das participações societárias poderá ser, em alguns casos, semelhante ao valor dos bens que foram aportados pelo mesmo custo histórico constante na declaração de bens da pessoa física na entidade. Trata-se de medida que representa resultado relevante para fins tributários, a depender dos termos da legislação estadual.

Esse temperamento não pode ser observado de forma isolada. Economias também representativas podem ser verificadas, em alguns casos, se adotado caminho inverso. Essa afirmação decorre da premissa de que o ganho de capital na alienação de imóveis é sujeito a reduções (FR1 e FR2) baseadas no tempo de propriedade do bem, não se descartando a hipótese de que, na transmissão a valor de mercado de imóveis que o falecido ou doador já era proprietário por longo período, os descontos significativos de ganho de capital incidente no momento da doação superem, do ponto de vista tributário, o valor que seria devido pelos herdeiros/donatários em subsequente transferência do bem.

TRIBUTAÇÃO DAS COOPERATIVAS

Rodrigo Forcenette[1]

1. NOÇÕES PRELIMINARES

As cooperativas surgiram em 1844, em Rochdale, bairro de Manchester, Inglaterra, mediante a iniciativa de tecelões que resolveram fundar uma sociedade ("Sociedade dos Probos Pioneiros de Rochdale") com o resultado de suas economias mensais. O momento era de crise, pós-revolução industrial, sendo que o alto índice de desemprego propiciava a exploração do trabalho pelos grandes grupos econômicos, que abusavam da classe proletariada impondo longas jornadas de trabalho mediante o pagamento de irrisórios salários.

A finalidade principal de criação do cooperativismo, nesta senda, foi o de fortalecer de pessoas com interesses

1. Rodrigo Forcenette, sócio/Diretor Executivo do Escritório Brasil Salomão e Matthes Advocacia, com atuação nas áreas Tributária, Cooperativismo e Regulatório (ANS). É mestre em Direito Tributário pela PUC/SP, LLM em Direito Empresarial pelo CEU LAW SCHOOL. Professor dos Cursos de Pós-graduação do IBET desde 2008. Coordenador Científico do Curso Tributação das Cooperativas organizado pela APET. Presidente da Comissão de Cooperativismos da 12. Subseção da OAB/SP. Autor de diversas obras científicas, coordenador e co-autor do livro "*Direito tributário cooperativo*", publicado pela MP Editora em São Paulo, 2007, ISBN 978-85-98848-60-0.

comuns (no caso, tecelões), seu desenvolvimento profissional através da criação de meios e condições capazes de viabilizar sua inserção no mercado. Uma associação destituída de intuito lucrativo.

Iniciava-se aí o movimento cooperativista, calcado na dignidade da pessoa humana, no trabalho, na solidariedade e igualdade de condições, no desenvolvimento social. De lá para cá essa forma de associativismo evoluiu, figurando hoje como uma das principais ferramentas de combate a problemas socioeconômicos mundo afora.

Desenvolveu-se, no Brasil em paralelo ao movimento sindical. Até sua disciplina atual, vários decretos e leis foram criados a respeito. Está, hoje, assegurado constitucionalmente[2]. A Constituição Federal de 1988, em seus artigos 3º, I e 174, § 2º, determina que **a lei deve apoiar e estimular o cooperativismo**, bem como outras formas de associativismo. O artigo 5º, inciso XVII, afasta a interferência estatal na sua criação e funcionamento.

Os dispositivos constitucionais vigentes dão mostra de que as cooperativas constituem importante instrumento voltado à consecução dos objetivos sociais preconizados por nosso Estado Democrático de Direitos.[3]

Juridicamente considerada, cooperativa é um modelo societário, uma forma de constituição de pessoa jurídica disciplinada pela lei federal 5.764/71, a qual, complementando os dispositivos constitucionais citados, define a política nacional do cooperativismo, instituindo o regime jurídico das sociedades cooperativas, trazendo uma disciplina

---

2. Artigos 5º, XVIII, 146, III, "c", 174, §§ 2º, 3º e 4º, 187, VI, 192, VIII e 199, § 1º.

3. Segundo os artigos 1º, 3º e 170, IV, da CF, a República Federativa do Brasil está baseada nos seguintes fundamentos: cidadania, dignidade da pessoa humana, valor social do trabalho, livre iniciativa, pluralismo político; apresentando como objetivos: liberdade, justiça social, solidariedade, desenvolvimento, redução de desigualdades, promoção do bem comum ou coletivo e não discriminação.

rígida e segura a respeito dos princípios e relações que se estabelecem nesta modalidade de associativismo.

Por referida lei, as cooperativas são sociedades, por essência, **destituídas de finalidade lucrativa**, formadas por pessoas que se obrigam a contribuir com bens e ou serviços para o **exercício de uma atividade econômica de proveito comum** (artigos 3º e 4º da lei).

São constituídas para **prestar serviços aos seus associados**, podendo, para tanto, adotar como objeto social, **qualquer gênero de serviço**, **operação ou atividade**, a teor do que vem estatuído no art. 5º da Lei 5.764/71.

Distinguem-se das demais sociedades, principalmente, pela adesão livre e voluntária com número ilimitado de associados, gestão livre e voluntária, participação econômica de seus membros, variabilidade do capital social representado por quotas-partes (limitado para cada associado), intercooperação, singularidade de voto[4], retorno das sobras líquidas do exercício, proporcionalmente às operações realizadas pelo associado, neutralidade política, religiosa, racial e social[5].

Destaca-se, dentre tais características, a singularidade de votos. O capital investido pelo associado não interfere na condução operacional da cooperativa, na medida em que cada cooperado tem o mesmo poder decisório. A determinação contribui para democratização das decisões tomadas em assembleia.

As cooperativas, diante de tais peculiaridades, devem receber um tratamento específico do Poder Público, notadamente no campo tributário.[6] Não podem ser tratadas

---

4. O capital investido pelo associado não interfere na condução operacional da cooperativa, na medida em que cada cooperado tem o mesmo poder decisório. A determinação contribui para democratização das decisões tomadas em assembleia.

5. Art. 4º da Lei 5.764/71.

6. A imposição é feita pela própria Constituição Federal, em seu artigo 146, III, "c".

como as demais pessoas jurídicas, como *Renato Lopes Becho* (BECHO, 1999) esclarece:

> "Dizer que uma cooperativa é uma empresa significa, para nós, dizer que há um grupo de pessoas que aportam capital, trabalho, dedicação, esforço e energia para consecução de um fim específico, de conteúdo econômico, buscando um objetivo direito ou indireto, para si ou para os seus.
>
> Uma atividade empresarial se diferencia pela finalidade e pela atuação de uma atividade pia, de natureza humanitária, caritária. Uma cooperativa não é uma instituição de caridade. É uma empresa.
>
> Entretanto, assim como as sociedades caritárias *não possuem finalidade lucrativa a cooperativa também não possui. Tanto é assim que, logo no artigo 3º da Lei 5.764/71 encontramos, na definição legal de cooperativa, sua finalidade distanciada do lucro, ao lado do reconhecimento de sua natureza econômica. Essa natureza diferenciará, com traços indeléveis, as cooperativas das instituições humanitárias.*
>
> E o meio econômico, assim, como afasta o nosso objetivo de estudo das associações pias, aproxima-o das demais empresas, civis e comerciais.
>
> Tanto aproxima que as ações de uma cooperativa mais aparentam atividade comercial ou civil, genericamente, do que de caridade.
>
> Porém, o objetivo não lucrativo das cooperativas é traço marcante para afastá-las das demais formas empresariais."

Daí, pois, a verificação de vantagens, numa análise comparativa, a outros modelos societários. **As cooperativas jamais poderão ser equiparadas às demais pessoas jurídicas de direito privado, notadamente no campo tributário**. A atividade praticada pelas cooperativas (atos cooperativos) se enquadra nos denominados "serviços desinteressados":

> "Dino Jarach foi quem melhor e mais expressivamente demonstrou a absoluta impossibilidade de o legislador escolher – onde se consagre o princípio da igualdade – quaisquer fatos, aleatoriamente, para exercerem a função de materialidade da hipótese de

> incidência tributária. É imperativo constitucional que o legislador escolha sempre fatos com consistência econômica, mensuráveis em termos de dinheiro, ou por forma que permita - de acordo com critérios legais - rápida e fácil conversão em dinheiro.
>
> Ora, serviço desinteressado - desempenhado em caráter afetivo, ou por razões religiosas, ou caritativas, ou ainda, em virtude de impulsos de SOLIDARIEDADE ou altruísmo - é algo de bem mais comum do que se supõe, porque, no plano afetivo, todos os serviços que prestamos familiarmente aos nossos pais, irmãos e demais aparentados e amigos, correspondem rigorosamente ao núcleo do conceito de serviço e, entretanto, jamais poderiam ser alcançados à categoria de serviços tributáveis. É que não são, nem podem ser remunerados. São inestimáveis por sua própria natureza. Têm valor ético, jamais material ou econômico. A mesma coisa se diga dos ministros religiosos e seus auxiliares, que desempenham atividades configuradoras, em tese, do conceito de serviço; entretanto jamais entrariam na categorização de tributáveis.
>
> (ATALIBA e BARRETO, 1986)

Os atos cooperativos configuram serviços desinteressados pois são destituídos de caráter lucrativo, por definição da própria legislação de regência (art. 3º da lei 5.764/71). São praticados no interesse de seus cooperados, independentemente de qualquer tipo de contraprestação.

Tais atos não implicam operação de mercado, consoante definição inserta no artigo 79 da lei 5.764/71.

> "Art. 79. Denominam-se atos cooperativos os praticados entre as cooperativas e seus associados, entre estes e aquelas e pelas cooperativas entre si quando associadas, para a consecução dos objetivos sociais.
>
> *Parágrafo único.* ***O ato cooperativo não implica operação de mercado, nem contrato de compra e venda de produto ou mercadoria.***"

Ou seja, não há troca de titularidade entre cooperativa e cooperado. A relação travada entre ambos é intrínseca, devendo ser considerada como se celebrada entre as mesmas pessoas. Nessa esteira, todos os atos praticados pela cooperativa "para" a consecução dos seus objetivos sociais deverão ser analisados em sua inteireza, dentro desta relação "cooperativa/cooperado", não sendo considerada com uma operação de mercado, ou seja, operação com terceiros. Leciona Roque Antônio Carrazza (CARRAZZA, 2002):

> "No ato cooperativo inexistem negócio mercantil e mutação de titularidade da coisa. É que a cooperativa atua em nome, por conta e em benefício do cooperado."

Indispensável, portanto, uma definição exata no estatuto social acerca dos objetivos a serem traçados pela cooperativa, de forma a evitar um possível desvirtuamento de sua atividade, ou melhor, uma má interpretação e qualificação dos atos que eventualmente vier a praticar. É imprescindível que se esclareça quais atos a cooperativa deverá realizar "para" os seus cooperados, "para" a consecução de seus objetivos sociais, de forma a viabilizar seu enquadramento no conceito de "ato cooperativo".

Novamente nos reportamos às lições do professor Renato Lopes Becho (BECHO, 2002):

> *"Também conhecidos por negócio fim ou internos, os negócios principais são aquelas operações para as quais a cooperativa foi criada. A entrega da produção para a cooperativa fazer a comercialização, o fornecimento de bens ao associado pela cooperativa de consumo,* a localização de trabalho para o cooperativado nas cooperativas de trabalho são exemplos de negócio fim. Esses negócios, indubitavelmente, estão inclusos no conceito de ato cooperativo. Chamam-se negócios internos porque acontecem no seio da sociedade, e também negócio-fim porque são a realização da finalidade da sociedade."[7] *(grifos nossos)*

Ou seja, a relação cooperativa/cooperado deve ser analisada em sua inteireza, como um ato único. O ato praticado

---

7. Posicionamento muito semelhante foi firmado pelo Min. Garcia Vieira no RESP 109.711-RS.

pela cooperativa é uma extensão do ato praticado pelo cooperado, e vice-versa. Por consequência, a discussão acerca da forma de tributação das cooperativas passará pelo enquadramento dos atos praticados por tais sociedades. Os atos tidos como "cooperativos" receberão tratamento especial da legislação tributária, ao passo que os demais, classificados como "não cooperativos", sujeitar-se-ão à tributação geral, conforme jurisprudência pacífica do Superior Tribunal de Justiça:

> "...No campo da exação tributária com relação às cooperativas a aferição da incidência do tributo impõe distinguir os atos cooperativos através dos quais a entidade atinge os seus fins e os atos não cooperativos; estes extrapolantes das finalidades institucionais e geradores de tributação; diferentemente do que ocorre com os primeiros. Precedentes jurisprudenciais. ..."[8]

A teor do artigo 87, os atos não cooperativos deverão ser contabilizados em separado, viabilizando sua efetiva tributação:

> Art. 87. Os resultados das operações das cooperativas com não associados, mencionados nos artigos 85 e 86, serão levados à conta do "Fundo de Assistência Técnica, Educacional e Social" e serão contabilizados em separado, de molde a permitir cálculo para incidência de tributos.

Cabe esclarecer que inexistem discussões travadas em nossos Tribunais acerca da incidência de tributos como IPTU, ITR, IPVA, ITBI, ITCMD, bem como taxas, contribuições de melhoria, além de contribuições previdenciárias em geral, sobre as sociedades cooperativas. Para tais exações a materialidade da hipótese de incidência tributária não sofre qualquer influência da qualificação do ato como cooperativo, exceto se a legislação de regência (norma

---

8. AgRg no RECURSO ESPECIAL Nº 761.326 – DF.

disciplinadora de cada tributo) por mera liberalidade ofertar algum benefício específico (atendendo o disposto no art. 174, §2º da CF).

O âmbito de discussão acerca da tributação do ato cooperativo fica voltado aos tributos IR, CSL, PIS, COFINS, ICMS e ISSQN, além de eventuais contribuições especiais (social e de intervenção no domínio econômico).

2. TRATAMENTO TRIBUTÁRIO DO ATO COOPERATIVO PRATICADO PELAS COOPERATIVAS

O artigo 146, III, "c", da Constituição Federal, estabelece que o ato cooperativo deverá receber adequado tratamento tributário, o que se dará através de lei complementar:

> Art. 146. Cabe à lei complementar:
>
> III - estabelecer normas gerais em matéria de legislação tributária, especialmente sobre:
>
> c) adequado tratamento tributário ao ato cooperativo praticado pelas sociedades cooperativas.

Pelo referido dispositivo caberia à legislação complementar definir, basicamente, os conceitos de:

i. Adequado
ii. Tratamento tributário
iii. Ato cooperativo
iv. Sociedades cooperativas

Estaríamos, com tal disposição, diante de uma imunidade tributária dos atos cooperativos? Ou determinação para concessão de isenção quando da instituição dos tributos por cada ente competente?

A discussão é tormentosa, pois, passados mais de 30 anos, referida legislação complementar não foi editada, não obstante inúmeros projetos pendentes de apreciação no Congresso Nacional. Diante de tal omissão, coube à doutrina e jurisprudência a tarefa de elucidar os conceitos em questão e seus respectivos efeitos tributários, mediante a aplicação do disposto na Lei 5.764/71, sem prejuízo de demais legislações esparsas.

Seguindo a teoria de Paulo de Barros Carvalho (Carvalho 2008, 181 e 182) imunidade é uma norma jurídica de estrutura, criada no plano constitucional que, ao discorrer sobre matéria tributária, delimita o campo de competência dos entes tributantes, impedindo que certos fatos ou pessoas sejam levados à tributação. Isenção também é uma norma jurídica de estrutura, mas criada no plano da legislação infraconstitucional que, discorrendo sobre matéria tributária, reduz o campo de abrangência e ou atuação da regra-matriz de incidência, atacando um de seus critérios ou aspectos, impedindo o nascimento da obrigação tributária com relação aos fatos por ela.

Tanto na imunidade quanto na isenção se parte do pressuposto que o fato deveria ser tributado. Não o é por expressa previsão legal (constitucional, se imunidade, lei específica do ente dotado de competência tributária se isenção).

Situação diversa ocorre com os casos de **não incidência tributária**. **Não são levados à tributação por não se adequarem às hipóteses de tributação**. Não há subsunção, enquadramento, do fato à norma (regra matriz), condição *sine qua non* para a incidência de determinada exação.

Para Celso Ribeiro Bastos (Bastos e Martins 2000, 122) "adequado tratamento deve-se entender a outorga de isenções tributárias para os casos em que a cooperativa atua dentro de seus objetivos, levando-se em conta que é propósito constitucional o apoio ao cooperativismo. Tomando-se em consideração que na atividade especulativa (sic) não há o espírito de lucratividade, conjugado com o mandamento que ordena conferir um tratamento adequado, tributariamente falando, ao ato cooperativo, tudo isso parece conduzir à inevitável conclusão de que a outorga de isenções em beneficio destas entidades é a forma que melhor preenche o desiderato constitucional."

Leciona Roque Antônio Carrazza (Carrazza 2002, 388) que "com lei complementar ou sem ela, parece-nos evidente que as pessoas políticas devem dispensar "adequado tratamento tributário ao ato cooperativo praticado pelas sociedades cooperativas". Entretanto, é a própria Constituição, sistematicamente interpretada e aplicada, que determina em que consiste tal tratamento tributário adequado. Esta lei complementar não poderá, V.g., considerar o 'ato cooperativo praticado pelas cooperativas', como sendo uma operação mercantil, de modo a permitir que sobre ela incida o ICMS (imposto incidente sobre operações relativas à circulação de mercadorias). O legislador complementar não está mais autorizado do que o legislador ordinário das várias pessoas políticas tributantes a captar, também neste passo, o desígnio constitucional."

O Supremo Tribunal Federal, em 1997, no RE 141.800/SP, através de sua Primeira Turma, seguindo voto do relator Min. Moreira Alves, entendeu que **o artigo 146, III, "c", não concedeu às cooperativas imunidade tributária**, razão pela qual, enquanto não for promulgada a lei complementar a que ele alude, não se pode dar às cooperativas o tratamento que julgar adequado, já que tratamento adequado não significaria, necessariamente, um tratamento privilegiado. A Constituição teria remetido ao legislador complementar a tarefa de conceder ao ato cooperativo um tratamento adequado, condizente às peculiaridades das cooperativas.

O mesmo entendimento foi assentado em 2004, em sessão plenária, no julgamento dos Mandados de Injunções de nº 701-2/DF, 702-1/DF e 703-9/DF, e pela Segunda Turma nos autos do AG. REG. na AC 2.209/MG, em 2010, na relatoria do Min. Joaquim Barbosa.

Em 2016, já sob o regime de repercussão geral, no RE 599.362/RJ (tema 323), o Pleno, em sede de Embargos de Declaração, analisando a incidência PIS sobre a atividade de cooperativas de trabalho médico, assim se manifestou:

> "...
>
> 2. O art. 146, III, c, da CF/88, **não confere imunidade tributária, não outorga, por si só, direito subjetivo a isenções tributárias relativamente aos atos cooperativos, nem estabelece hipótese de não incidência de tributos, mas sim pressupõe a possibilidade de tributação do ato cooperativo**, dispondo que lei complementar estabelecerá a forma adequada para tanto.
>
> 3. O tratamento tributário adequado ao ato cooperativo é uma questão política, devendo ser resolvido na esfera adequada e competente, ou seja, no Congresso Nacional.
>
> ..."

Entendeu-se que no caso específico das cooperativas de trabalho, em operação com terceiros (fornecimento de serviços ou produtos), atuam como entidades autônoma, com personalidade jurídica própria, e não na mera intermediação de seus associados, tendo, portanto, faturamento, resultado positivo e receita tributável.

Enfatizou-se neste julgado a necessidade de se estabelecer diferenciações entre as cooperativas, de acordo com as características de cada segmento do cooperativismo, a partir da atividade econômica desenvolvida por cada uma.

O Tribunal reconheceu a necessidade de se respeitar as peculiaridades das cooperativas com relação às demais sociedades de pessoas e de capitais. Para a Colenda Corte, até que sobrevenha a lei complementar, a definir o adequado tratamento tributário, "*legislação ordinária relativa a cada espécie tributária deve, com relação a ele, garantir a neutralidade e a transparência, evitando tratamento gravoso ou prejudicial ao ato cooperativo.*"

Reconheceu, ainda, que a Lei nº 5.764/71 foi recepcionada pela Constituição de 1988 com natureza de lei ordinária e que seu art. 79[9] apenas define o que é ato cooperativo, sem nada referir quanto ao regime de tributação. **Se essa definição repercutirá ou não na materialidade de cada espécie tributária, só a análise da subsunção do fato na norma de incidência específica, em cada caso concreto, dirá.**

Neste julgado, contudo, deixou-se de apreciar, sob o prisma constitucional, a natureza jurídica dos valores recebidos pelas cooperativas provenientes de terceiros (não cooperados), tomadores dos serviços ou adquirentes das mercadorias vendidas. **Os conceitos constitucionais de ato cooperado, receita da atividade cooperativa e cooperado, são temas que se encontram sujeitos à repercussão geral nos REs 597.315 e 672215 RG, temas 516 e 536, ainda pendentes de julgamento**.

Não obstante, incorreto dizer, no entendimento da Corte Suprema, que o ato cooperativo é imune, ou que recebe da Constituição Federal qualquer outra modalidade de benefício fiscal inviabilizando a cobrança de tributos.

Com esta decisão, em sede de repercussão geral, entendeu o STF que, pelas normas constitucionais, **possível a tributação do ato cooperativo praticado pelas cooperativas**, sendo medida de política fiscal recomendável a concessão de tratamentos adequados pelos entes tributantes. Isenções, reduções de base de cálculo, créditos, dentre outras medidas capazes de desencadear a neutralidade fiscal

9. Art. 79. Denominam-se atos cooperativos os praticados entre as cooperativas e seus associados, entre estes e aquelas e pelas cooperativas entre si quando associados, para a consecução dos objetivos sociais.
Parágrafo único. O ato cooperativo não implica operação de mercado, nem contrato de compra e venda de produto ou mercadoria

no cotidiano das cooperativas, deverão ser disciplinadas em leis específicas.

A apreciação da incidência de tributos ficou relegada à competência do STJ, mediante a verificação do enquadramento legal da atividade praticada pelas cooperativas no conceito de ato cooperativo definido pela lei 5.764/71. Ou seja, compete, em última instância, a este Superior Tribunal, definir se a atividade praticada por uma cooperativa estará sujeita à incidência de determinado tributo.

Destacamos, para referida análise, dispositivos contidos na Lei 5.764/71 que direta e indiretamente disciplinam a questão:

> Art. 3° Celebram contrato de sociedade cooperativa as pessoas que reciprocamente se obrigam a contribuir com bens ou serviços para o exercício de uma atividade econômica, de proveito comum, sem objetivo de lucro."
>
> Art. 4º As cooperativas são sociedades de pessoas, com forma e natureza jurídica próprias, de natureza civil, não sujeitas a falência, **constituídas para prestar serviços aos associados**, distinguindo-se das demais sociedades pelas seguintes características:..."
>
> Art. 5º - **As sociedades cooperativas poderão adotar por objeto qualquer gênero de serviço, operação ou atividade**, assegurando-se-lhes o direito exclusivo a obrigação do uso da expressão "cooperativa" em sua denominação.
>
> Art. 7º As cooperativas singulares se caracterizam pela prestação direta de serviços aos associados".
>
> Art. 79. **Denominam-se atos cooperativos os praticados entre as cooperativas e seus associados, entre estes e aquelas e pelas cooperativas entre si quando associados, para a consecução dos objetivos sociais**.
>
> Parágrafo único. **O ato cooperativo não implica operação de mercado**, nem contrato de compra e venda de produto ou mercadoria.

> Art. 87. **Os resultados das operações das cooperativas com não associados**, mencionados nos arts. 85[10] e 86[11] serão levados à conta do "Fundo de Assistência Técnica, Educacional e Social" e **serão contabilizados em separado, no molde a permitir cálculo para incidência de tributos.**
>
> Art. 111. **Serão considerados como renda tributável os resultados obtidos pelas cooperativas nas operações de que tratam os arts. 85, 86 e 88 desta Lei.**"

Estes dispositivos, em nosso sentir, preponderam na legislação para fins de apreciação do conceito de ato cooperativo e seus reflexos no campo tributário.

Ato cooperativo, pela interpretação dos referidos enunciados, seria aquele praticado pelas cooperativas, **de acordo com seu objeto social**, viabilizando o interesse de seus cooperados. Nos termos do art. 79 **não implica em operação de mercado, tampouco contrato de compra e venda de produto ou mercadoria**.

Qualquer atividade, serviço ou operação poderá figurar como objeto de uma cooperativa, conforme art. 5º, **desde que voltada aos interesses de seus cooperados**, visando fomentar a atividade que os levaram à esta modalidade de associação.

Nesta linha de compreensão, o STJ, no AgRg no REsp 622.794/MG, entendeu que atividade praticada pelas cooperativas deve ser compreendida a partir do seu estatuto

---

10. Art. 85. As cooperativas agropecuárias e de pesca poderão adquirir produto de não associados, agricultores, pecuaristas ou pescadores, para completar lotes destinados ao cumprimento de contratos ou suprir capacidade ociosa de instalações industriais das cooperativas que as possuem.

11. Art. 86. As cooperativas poderão fornecer bens e serviços a não associados, desde que tal faculdade atenda aos objetivos sociais e esteja de conformidade com a presente Lei.
Parágrafo Único. No caso de cooperativas de crédito e das seções de créditos das cooperativas agrícolas mistas, o disposto neste artigo só se aplicará com base em regras a serem estabelecidas pelo órgão normativo

social, documento que tem condão de traçar seus propósitos bem como os meios através dos quais serão alcançados:

> "1. O art. 21 da Lei 5.764/71 determina que o estatuto social, o qual estabelece a relação jurídica entre a cooperativa e seus associados, deve indicar, expressamente, a área de atuação e o objeto da cooperativa, de modo a permitir o fiel cumprimento de suas finalidades.
>
> 2. O estatuto social de uma cooperativa pressupõe o preenchimento de uma série de requisitos legais, entre os quais o dever de delimitar a área de atuação e o objeto da sociedade. Ressalta-se, ainda, que o referido documento deve ser submetido à aprovação do órgão competente, no caso, da Junta Comercial do Estado de Minas Gerais.
>
> 3. Desse modo, a suposta previsão, no estatuto, de relações com terceiros não cooperados que não ensejam a incidência do ISS, deve ser objeto de análise, caso a caso.

É, pois, o objeto social de uma cooperativa, respeitados os preceitos legais contidos na Lei 5.764/71, em especial princípios norteadores do cooperativismo, o documento-base a ser avaliado para fins de enquadramento da atividade a ser praticada no conceito de ato cooperativo.

Em uma cooperativa de taxistas, por exemplo, presume-se que o fundamento de sua criação esteja voltado à busca de clientes para seus cooperados. Nas cooperativas de consumo, a busca de melhores condições para viabilizar a aquisição de produtos por seus cooperados. Nas cooperativas de crédito, a prestação de serviços financeiros em prol de seus cooperados. Nas cooperativas de produção rural, meios e condições para que seus associados (produtores rurais) consigam produzir e, em consequência, levem seus produtos ao mercado.

Indispensável, portanto, uma definição exata no estatuto social acerca dos objetivos a serem traçados pela cooperativa, de forma a evitar um possível desvirtuamento de sua atividade, ou melhor, uma má interpretação e qualificação dos atos que eventualmente vier a praticar. É imprescindível que se esclareça quais atos a cooperativa deverá realizar "para" os seus cooperados, "para" a consecução de seus objetivos sociais, de forma a viabilizar o enquadramento dos mesmos no conceito de "ato cooperativo".

Ou seja, pela mensagem prevista no art. 79 da lei, não há troca de titularidade entre cooperativa e cooperado. A relação travada entre ambos é intrínseca, devendo ser considerada como se celebrada entre mesma pessoa. Nessa esteira, todos os atos praticados pela cooperativa "para" a consecução dos seus objetivos sociais deverão ser analisados em sua inteireza, dentro desta relação "cooperativa/cooperado", não sendo considerada com uma operação de mercado, ou seja, operação com terceiros. Leciona Carrazza (Carrazza, 2002):

> "No ato cooperativo inexistem negócio mercantil e mutação de titularidade da coisa. É que a cooperativa atua em nome, por conta e em benefício do cooperado."

Neste diapasão, a partir de uma análise lógico-sistemática, conclui-se que para consecução de seus objetivos sociais, as cooperativas não praticarão apenas operações internas, ou seja, não manterão relações apenas com seus cooperados, posto que indispensável seu relacionamento com o mercado.

As cooperativas precisarão buscar no mercado interessados na atividade praticada por seus cooperados, esta é sua razão de ser. É neste momento que a cooperativa celebrada com pessoas físicas e ou jurídicas contratos na qualidade de representante, mandatária, de seus cooperados. É o que a doutrina denomina de atos ou negócios externos, atos/negócios-meio.

Sobre o efeito fiscal destes atos-meio, a Terceira Turma do Conselho Administrativo de Recursos (CARF), no Recurso Especial 237.603, assim se manifestou:

SOCIEDADES COOPERATIVAS. ATO COOPERATIVO. ATO-MEIO.INTERPRETAÇÃO. A interpretação literal não é a única que deve ser empregada quando da análise de uma norma jurídica, tendo em vista que sua adequada aplicação também deve derivar de um estudo sistemático. Ao confrontar os artigos 79, 86, 87 e 111 da Lei nº 5.764/71 com os arts. 146, III, 'c' e 174, § 2º da Constituição Federal, bem como com as demais disposições da Lei nº 5.764/71, **é possível concluir que os atos-meio, por serem indispensáveis à consecução dos atos-fim, também devem ser considerados como cooperativos**.

FATOS GERAIDORES ATÉ OUTUBRO DE 1999. COOPERATIVA DE PRODUÇÃO E VENDA DE VINHO. ATO-MEIO. ESSENCIAL. ISENÇÃO. Numa cooperativa de produção e venda de vinho, também goza da isenção da COFINS, até os fatos geradores outubro de 1999, a receita proveniente da venda deste produto ao mercado, por ser tal operação essencial à realização do objeto social da sociedade e não se dissociar dos bens que cada associado, individualmente, produz. Embora uma interpretação literal do art. 79 da Lei n° 5.764/71 permita restringir os atos cooperativos apenas aos atos internos ou atos-fim, realizados entre a sociedade cooperativa e seus associados, a isenção se estende aos atos-meio quando estes são essenciais à realização daqueles e não vão além do que cada associado, individualmente, poderia oferecer a terceiros sem a intermediação da cooperativa".

(grifamos)

Importante registrar que a lei cooperativista não promove qualquer classificação do ato cooperativo praticado pelas cooperativas, sendo fruto da doutrina e jurisprudência a distinção entre ato-fim e ato-meio, negócio-interno e negócio-externo, ato principal e ato auxiliar, dentre outros.

Pela 5.764/71 os atos praticados pelas cooperativas serão enquadrados como 'ato cooperativo' ou 'ato não cooperativo'. E, nos termos do art. 111, será **tributável o resultado dos atos não cooperativos, devendo, para tanto, ser contabilizado em separado**.

As operações disciplinadas nos artigos 85, 86 e 88 são típicos atos não cooperativos, praticados com terceiros (não cooperados), embora voltados à consecução de objetivos sociais. Este enquadramento está voltado às situações em que a_cooperativa fornece seus bens e ou serviços a não associados. É o caso, por exemplo, em que uma cooperativa de lacticínios adquire leite de um não cooperado para fornecer ao seu contratante, de forma a garantir a quantidade mínima prevista em contrato, nos casos em que insuficiente a quantidade colhida perante seus cooperados. Ou quando uma cooperativa médica, operadora de planos de saúde, promove o atendimento de determinado beneficiário/contratante, através de um médico não cooperado, por falta de um especialista em seu quadro associativo, garantindo assim a cobertura prevista em contrato.

O resultado destes atos praticados com não cooperados seriam levados à tributação, nos termos do que dispõe a lei 5.764/71, conforme entendimento do STJ no já citado AgRg no Recurso Especial 761.326 – DF.

A Segunda Turma do STJ, em 2013, no AgRg no Ag 1292438/MG, no tocante às *"operações realizadas com terceiros não associados (ainda que, indiretamente, em busca da consecução do objeto social da cooperativa), consubstanciam 'atos não-cooperativos', cujos resultados positivos devem integrar a base de cálculo do imposto de renda."*

Vê-se, porém, que o art. 111 utiliza a expressão "renda tributável" e "resultado positivo", o que nos leva a intuir que estaria se referindo à incidência de imposto sobre a renda e contribuição sobre o lucro.

Daí a edição da súmula 262, segundo a qual *"incide o imposto de renda sobre o resultado das aplicações financeiras realizadas pelas cooperativas."* Aplicações financeiras, exceto no cotidiano das cooperativas de crédito[12],

12. STJ, AgRg no REsp 717.126/SC:"A Primeira Seção do STJ pacificou o entendimento de que toda movimentação financeira das cooperativas de crédito – incluindo a captação de recursos, a realização de empréstimos aos cooperados, bem como a efetivação de aplicações financeiras no mercado – constitui ato cooperativo. 3.

são atos considerados pelo STJ enquadrados como "não cooperativos".

Não obstante suposta restrição, a Primeira Turma do STJ, em 2004, a partir da interpretação da Lei 5.764/71, reconheceu a isenção de tributos incidentes sobre receita, faturamento e resultado dos atos cooperativos:

> ...
>
> 2. No campo da exação tributária com relação às cooperativas a aferição da incidência do tributo impõe distinguir os atos cooperativos através dos quais a entidade atinge os seus fins e os atos não cooperativos; estes extrapolantes das finalidades institucionais e geradores de tributação; diferentemente do que ocorre com os primeiros. Precedentes jurisprudenciais.
>
> 3. A cooperativa prestando serviços a seus associados, sem interesse negocial, ou fim lucrativo, goza de completa isenção, porquanto o fim da mesma não é obter lucro mas, sim, servir aos associados.
>
> 4. Os atos cooperativos não estão sujeitos à incidência da COFINS porquanto o art. 79 da Lei 5.764/71 (Lei das Sociedades Cooperativas) dispõe que o ato cooperativo não implica operação de mercado, nem contrato de compra e venda de produto ou mercadoria.
>
> 5. Se o ato cooperativo não implica operação de mercado, nem contrato de compra e venda de produto ou mercadoria, a revogação do inciso I do art. 6° da LC 70/91 em nada altera a não incidência da COFINS sobre os atos cooperativos. O parágrafo único, do art. 79, da Lei 5.764/71 não está revogado por ausência de qualquer antinomia legal.
>
> 6. A Lei 5.764/71, ao regular a Política Nacional do Cooperativismo e instituir o regime jurídico das sociedades cooperativas, prescreve, em seu art. 79, que constituem 'atos cooperativos os praticados entre as cooperativas e seus associados, entre estes e aquelas e pelas cooperativas entre si quando associados, para a consecução dos objetivos sociais', ressalva todavia, em seu art. 111, as operações descritas nos arts. 85, 86 e 88 do mesmo

---

Infere-se que, se as aplicações financeiras das cooperativas de crédito, por serem atos cooperativos típicos, não geram receita, lucro ou faturamento, o resultado positivo decorrente desses negócios jurídicos não sofre a incidência do Imposto de Renda."

> diploma, como aquelas atividades denominadas 'não cooperativas' que visam ao lucro.
>
> 7. É princípio assente na jurisprudência que: "Cuidando-se de discussão acerca dos atos cooperados, firmou-se orientação no sentido de que são isentos do pagamento de tributos, inclusive da Contribuição Social sobre o Lucro". (Min. Milton Luiz Pereira, Resp 152.546, DJU 03/09/2001, unânime)
>
> ...[13]

O entendimento seguiu linha defendida pela doutrina, da qual destacamos Waldírio Bulgarelli (Bulgarelli 1974, 40):

> "Por suas características e objetivos definidos minuciosamente pelo Direito Privado, não se ajustam às hipóteses da legislação tributária, caracterizando-se a não-incidência sobre suas operações com seus associados ."

Não há como mensurar faturamento, receita, resultado positivo em prol das cooperativas, quando da prática de atos cooperativos, pois tudo o que recebe é destinado aos cooperados, sendo-lhes repassados na proporção de sua produção, após realizados todos os dispêndios necessários à prática de sua atividade (aluguel, pessoal, serviços administrativos, etc...).

Não por outra razão é que o Conselho Federal de Contabilidade, através de suas normas técnicas, qualifica os valores transitados pelo caixa das cooperativas como meros ingressos:

> NBC T 10 - DOS ASPECTOS CONTÁBEIS ESPECÍFICOS EM ENTIDADES DIVERSAS.
>
> ...
>
> item 10.8.1.2 - "*Entidades Cooperativas são aquelas que exercem as atividades na forma de lei específica, por meio de atos cooperativos, que se traduz* ***na prestação de serviços aos seus***

13. RESP 523554/MG , Primeira Turma, Relator Min. Luiz Fux, DJ de 25/02/2004.

> ***associados, sem objetivo de lucro****, para obterem em comum melhor resultado para cada um deles em particular. Identificam-se de acordo com o objeto ou pela natureza das atividades desenvolvidas por elas, ou por seus associados".* (grifamos)
>
> item 10.8.1.2.1 - "*Caracterizam-se atos cooperativos as operações realizadas pela cooperativa com o mercado,* ***atuando como mandatária do cooperado****, na aquisição de insumos e colocação de produtos e serviços por eles produzidos ou prestados."* (grifamos)
>
> ...
>
> item 10.8.1.4 – "*A movimentação econômico-financeira decorrente dos atos cooperativos, na forma disposta no estatuto social, é definida contabilmente como ingressos e custeios dispêndios (conforme definido em lei).*"

Ingressos não são receitas, não se equiparam ao conceito de faturamento, consoante nos ensina Geraldo Ataliba (Ataliba 1978, 81):

> "O conceito de receita refere-se a uma espécie de entrada.
>
> Entrada é todo o dinheiro que ingressa nos cofres de determinada entidade. Nem toda entrada é receita. Receita é a entrada que passa a pertencer à entidade. Assim, só se considera receita o ingresso de dinheiro que venha a integrar o patrimônio da entidade que a recebe."

Os valores que transitam pelo caixa das cooperativas, em razão dos contratos que celebram em favor de seus cooperados, na qualidade de mandatária, cumprindo rigorosamente o disposto no objeto de seus estatutos sociais, são pertencentes, em sua integralidade, aos cooperados, sendo classificados, jurídica e contabilmente, ingressos. Receitas, faturamento, resultado positivo (por se tratarem de instituições sem fins lucrativos não se fala em LUCRO), serão apuradas quando da prática de atos não cooperativos, cujo resultado, a teor dos artigos 87 e 111, a de ser contabilizado em separado, viabilizando a tributação.

Em 2016, após o julgamento do STF (temas 177 e 323), **a Primeira Seção do STJ, no REsp 1.141.667/RS, representativo da controvérsia**, Rel. Ministro Napoleão Nunes Maia Filho, mantendo os precedentes anteriores, **reconheceu que aos "atos cooperativos típicos (praticados entre as cooperativas e seus associados), deve ser reconhecida a não incidência das contribuições destinadas ao PIS e a COFINS, bem como do IRPJ e da CSLL"**.

O tratamento, a partir do disposto na Lei 5.764/71, seria o de 'não incidência' e não 'isenção' como outrora mencionado. O entendimento, de igual sorte, também seria aplicável ao ISSQN[14] e ICMS[15].

O feito está sobrestado até julgamento do Recurso Extraordinário no Supremo Tribunal Federal, acerca do tema 536 (RE 672.215/CE). A decisão, contudo, tem sido aplicada no julgamento de outros recursos (REsp nº 597.983/RS; REsp nº 612.201/MG; REsp nº 635.799/SC; Ag nº 758.714/SC; e REsp nº 980.060/RJ), considerando a interpretação (não incidência) para o ato cooperativo realizado por diversos ramos do cooperativismo: agropecuário, saúde, crédito e trabalho.

14. STJ, REsp 1213479/AL: "Não é possível a tributação pelo ISS sobre a atividade prestada pela cooperativa - recebimento dos valores pagos pela prestação dos serviços, posteriormente repassados aos cooperados com as deduções das despesas operacionais - quer pela absoluta ausência de tipicidade (aspecto material), já que não há, nem nunca houve, previsão de incidência do imposto sobre essa atividade em quaisquer das listas anexas até hoje elaboradas (DL 406/68, LC 56/87 ou LC 116/03); quer pela gratuidade do serviço (aspecto dimensível), que obsta a quantificação do imposto por ausência do elemento "preço"."

15. O Min. Edson Fachin, do STF, em decisão monocrática proferida no **ARE 1015848/DF, 14/02/2017, entendeu que** "5. Não pode incidir o ICMS na circulação de mercadorias entre as cooperativas ou entre a cooperativa e seus cooperados, desde que a operação esteja ligada diretamente ao seu objetivo social e que esteja ausente a intenção de lucros." O processo foi remetido para o Tribunal de origem para, nos termos do art. 1036 do CPC, aguardar apreciação do tema 536 da sistemática da repercussão geral no RE-RG 672.215.

É certo, assim, que enquanto não houver um posicionamento sobre a matéria, elucidando o âmbito de discussão acerca da exata extensão do conceito de ato cooperativo, estar-se-á à mercê do tratamento concedido por cada legislação específica, bem como da compreensão do Fisco e Poder Judiciário no tocante o enquadramento da atividade praticada por determinada cooperativa (se enquadrada como ato cooperativo ou não cooperativo).

A Lei Complementar 70/91, instituidora da COFINS, por exemplo, estabelecia expressamente isenção aos atos cooperativos praticados pelas cooperativas, até que revogada pelo art. 93 da Medida Provisória nº 2.158-35/01:

> Art. 6º - São isentas da contribuição:
>
> I – as sociedades cooperativas que observarem ao disposto na legislação específica, quanto aos atos cooperativos próprios de suas finalidades;

Nos termos do art. 15 da MP 2.158-35/2001, poderão ser excluídos da base de cálculo do PIS e da COFINS:

> I - os valores repassados aos associados, decorrentes da comercialização de produto por eles entregue à cooperativa;
>
> II - as receitas de venda de bens e mercadorias a associados;
>
> III - as receitas decorrentes da prestação, aos associados, de serviços especializados, aplicáveis na atividade rural, relativos a assistência técnica, extensão rural, formação profissional e assemelhadas;
>
> IV - as receitas decorrentes do beneficiamento, armazenamento e industrialização de produção do associado;
>
> V - as receitas financeiras decorrentes de repasse de empréstimos rurais contraídos junto a instituições financeiras, até o limite dos encargos a estas devidos.

Destacamos, ainda, outros "tratamentos adequados" concedidos às sociedades cooperativas, no tocante os tributos PIS/COFINS: Lei 10.676/03, Art. 17 da Lei nº10.684/2003, arts. 30 e 30-A da Lei 11.051/04.

No que pertine ao Imposto sobre a Renda (IR), o Decreto 3.000/99 (RIR/99), na linha do disposto no artigo 111 da Lei 5.764/71, afasta a incidência sobre o resultado dos atos cooperativos:

> Art. 182. As sociedades cooperativas que obedecerem ao disposto na legislação específica **não terão incidência do imposto sobre suas atividades econômicas, de proveito comum, sem objetivo de lucro** (Lei nº 5.764, de 16 de dezembro de 1971, art. 3º, e Lei nº 9.532, de 1997, art. 69).
>
> Art. 183. **As sociedades cooperativas que obedecerem ao disposto na legislação específica pagarão o imposto calculado sobre os resultados positivos das operações e atividades estranhas à sua finalidade**, tais como (Lei nº 5.764, de 1971, arts. 85, 86, 88 e 111, e Lei nº 9.430, de 1996, arts. 1º e 2º):
>
> I - de comercialização ou industrialização, pelas cooperativas agropecuárias ou de pesca, de produtos adquiridos de não associados, agricultores, pecuaristas ou pescadores, para completar lotes destinados ao cumprimento de contratos ou para suprir capacidade ociosa de suas instalações industriais;
>
> II - de fornecimento de bens ou serviços a não associados, para atender aos objetivos sociais;
>
> III - de participação em sociedades não cooperativas, públicas ou privadas, para atendimento de objetivos acessórios ou complementares.

Desde 2005 as sociedades cooperativas (exceção às de consumo) que obedecerem o disposto na legislação específica, relativamente aos atos cooperativos, estão isentas da Contribuição Social sobre o Lucro Líquido (CSLL), nos termos dos artigos 39 e 48 da Lei 10.865/04.

Com relação ao ISSQN (imposto sobre serviços), muitos municípios têm concedido tratamento peculiar às cooperativas, por meio de isenções e ou adequação de base de cálculo com exclusão dos repasses efetivados a cooperados.

No tocante às contribuições previdenciárias, conforme disposto no art. 15 da Lei 8.212/91 "Equiparam-se a empresa, para os efeitos desta Lei, o contribuinte individual e a pessoa física na condição de proprietário ou dono de obra de construção civil, em relação a segurado que lhe presta serviço, **bem como a cooperativa**, a associação ou a entidade de qualquer natureza ou finalidade, a missão diplomática e a repartição consular de carreira estrangeiras. (Redação dada pela Lei nº 13.202, de 2015).

Pelo que depreende, a incidência tributária devida pelas cooperativas (conhecida cota patronal) não encontra na legislação qualquer especificidade, aplicando-se o inciso III do art. 22 da Lei nº 8.212/91[16], considerando-se a equiparação dada pelo parágrafo único do art. 15 da mesma lei, as cooperativas ficam sujeitas, dentre outras obrigações, ao recolhimento de 20% (vinte por cento) incidente sobre o total das remunerações pagas ou creditadas, a qualquer título, no decorrer do mês, aos segurados contribuintes individuais que lhes prestam serviços, **inclusive, aos cooperados eleitos para cargos de direção**.

A IN RFB 2.110/22, em seu art. 183, inciso II, dispõe que a remuneração paga ou creditada a cooperados pelos serviços prestados à própria cooperativa, inclusive aos cooperados eleitos para cargo de direção, estará sujeita ao cumprimento das obrigações acessórias previstas no art. 27 e das obrigações principais previstas nos arts. 43 e 49 da referida IN.[17]

Situação peculiar, contudo, deve ser aplicada quando do repasse efetivado aos seus cooperados pelas cooperativas, em razão da prestação de serviços aos contratantes de

---

16. Art. 22. A contribuição a cargo da empresa, destinada à Seguridade Social, além do disposto no art. 23, é de:
(...) III - vinte por cento sobre o total das remunerações pagas ou creditadas a qualquer título, no decorrer do mês, aos segurados contribuintes individuais que lhe prestem serviços;

17. Nesse sentidos Soluções de Consulta COSIT 2/2023 e 6/2023.

serviços por ela disponibilizados. É que nessas situações não figura a cooperativa como tomadora de serviços (mas sim o contrário), condição *sine qua non* para incidência de contribuições previdenciárias (cota patronal). Nesse diapasão o **STJ firmou entendimento no sentido de que não cabe às operadoras de planos de saúde (inclusive cooperativas) o recolhimento das contribuições previdenciárias referentes aos valores repassados aos médicos que prestam serviços a seus clientes** (AgRg no REsp 1.481.547/ES AgRg no REsp 1.375.479/RJ, AgRg no REsp nº 1.427.532/SP, AgRg no REsp 1333585/RJ, REsp 987.342/PR).

Em situações como tal (repasse de produção ao cooperado pelas cooperativas de trabalho), observamos, deverá ser realizada pelas cooperativas a retenção de 20% sobre o valor recebido pelo cooperado, respeitado o limite do salário de contribuição, por imposição do § 1º do art. 4º da Lei nº 10.666/03.[18]

Por fim, como bem adverte Fábio Pallaretti Calcini (CALCINI, 2020), não obstante a ausência de disposição legal específica (matéria previdenciária), pelos efeitos do art. 79 da Lei 5.764/71, não seria devido nas operações entre cooperados e cooperativas agropecuárias o denominado "*Funrural*", contribuição prevista nos arts. 22-A e 25, da Lei n. 8.212/91, bem como art. 25, da Lei n. 8.870/94.

Como o art. 79 da Lei n. 5.764/71 dispõe que atos cooperativos são "os praticados entre as cooperativas e seus associados, entre estes e aquelas e pelas cooperativas entre si quando associados, para a consecução dos objetivos sociais", e que "não implica operação de mercado, nem contrato de compra e venda de produto ou mercadoria", não haveria incidência de Funrural nas operações entre cooperados (pessoa física ou jurídica) e as cooperativas.

---

18. Nesse sentido: Ato Declaratório Executivo 14, de 02/06/2015 e Ato Declaratório Interpretativo nº 5/15

Nessa linha destacamos precedentes do CARF, 2ª Seção, Ac. 2301-005.151, Rel. Cons. Fabio Piovezan Boza, j. 03/10/2017:

> "CONTRIBUIÇÃO PREVIDENCIÁRIA INCIDENTE SOBRE A ENTREGA À COOPERATIVA DA PRODUÇÃO RURAL DE PRODUTOR PESSOA FÍSICA. "FUNRURAL". ART. 25 DA LEI Nº 8.212, DE 1991, NA REDAÇÃO DADA PELA LEI Nº 10.256, DE 2001. ATO COOPERATIVO. AUSÊNCIA DE COMERCIALIZAÇÃO. Não há comercialização na entrega dos produtos rurais pelos segurados especiais à cooperativa (ato cooperativo), motivo pelo qual não é devida, nessas operações, a contribuição previdenciária prevista no art. 25 da Lei nº 8.212, de 1991, na redação dada pela Lei nº 10.256, de 2001 ("Funrural").

Assim como do TRF da 4ª Região, APELREEX 5002422-42.2014.404.7203, Primeira Turma, Relator Des. Dr. Jorge Antônio Maurique, j. 29/05/2015:

> "TRIBUTÁRIO. LEGITIMIDADE ATIVA. CONTRIBUIÇÃO INCIDENTE SOBRE A COMERCIALIZAÇÃO DA PRODUÇÃO RURAL DA PESSOA FÍSICA. EMPRESA ADQUIRENTE DA PRODUÇÃO RURAL. INEXIGIBILIDADE. CONTRIBUIÇÃO INCIDENTE SOBRE A COMERCIALIZAÇÃO DA PRODUÇÃO RURAL DA PESSOA JURÍDICA. INEXIGIBILIDADE. EFEITO REPRISTINATÓRIO. REPETIÇÃO DO INDÉBITO LIMITADA À DIFERENÇA. ATO COOPERADO E NÃO-COOPERADO. DISTINÇÃO. INCIDÊNCIA. (...) 7. Os atos cooperativos típicos são aqueles praticados entre a cooperativa e seus associados para a consecução dos objetivos sociais, segundo definido pelo artigo 79 da Lei nº 5.764/71. 8. Os atos não cooperativos, a contrário senso, são aqueles praticados com não associados, mas que guardam relação com os objetivos sociais da cooperativa. Na prática de tais atos a sociedade cooperativa atua como qualquer outra pessoa jurídica, devendo a receita gerada servir de base à tributação, consoante preconiza o art. 111 da Lei n.º 5.764/71. 9. A entrega da mercadoria pelo produtor rural à cooperativa, da qual é associado, não se confunde com a comercialização do produto por ela realizada, que constitui o fato gerador da contribuição previdenciária."

A matéria, não obstante referidos precedentes, merecerá melhor reflexão e certamente demandará um posicionamento de nossas Cortes Superiores.

3. CONSIDERAÇÕES FINAIS

No entendimento do STF, o ato cooperativo praticado pelas sociedades cooperativas, não recebeu da Constituição Federal qualquer tratamento tributário específico, cabendo referida tarefa à lei complementar, bem como entes tributantes (União, Estados, Municípios e Distrito Fedral), mediante medida de política fiscal, de acordo com o espírito deste instituto jurídico (cooperativas).

Os conceitos constitucionais de ato cooperado, receita da atividade cooperativa e cooperado, são temas que se encontram sujeitos à repercussão geral nos REs 597.315 e 672215, temas 516 e 536, ainda pendentes de julgamento.

Para os membros da Suprema Corte, o legislador ordinário de cada ente político poderá garantir benefícios, especificidades, neutralidade tributária, através de isenções, reduções de base de cálculo, dentre outros, às cooperativas, até que sobrevenha a lei complementar a que se refere o art. 146, III, c.

Cabe ao STJ, mediante a aplicação da Lei nº 5.764/71 e leis específicas de cada tributo, instituir o regime jurídico das sociedades cooperativas e do ato cooperativo, aferindo seus possíveis reflexos tributários. Este Superior Tribunal vem entendendo que a tributação da atividade praticada pelas cooperativas estará vinculada ao seu enquadramento como "ato cooperativo". Tributados serão apenas os resultados provenientes de atos não cooperativos, os quais deverão ser contabilizados em separado, nos termos do que dispõe o art. 111 da Lei 5.764/71.

Inexistem discussões acerca da incidência de tributos como IPTU, ITR, IPVA, ITBI, ITCMD, bem como taxas, contribuições de melhoria, além de contribuições previdenciárias em geral, sobre as sociedades cooperativas, pois a materialidade dessas exações não sofre qualquer afetação (em tese) pela prática de atos cooperativos.

O âmbito de discussão acerca da tributação do ato cooperativo e não cooperativo fica restrito aos tributos IR, CSL, PIS, COFINS, ICMS, ISSQN e contribuições especiais (social e intervenção no domínio econômico), cuja análise deverá ser efetivada caso a caso, mediante enquadramento da atividade praticada pelas cooperativas nos termos do objeto social defino em seu estatuto, reconhecimento de suas especificidades, face à legislação de regência de cada exação.

BIBLIOGRAFIA

ATALIBA, Geraldo. 1978. ISS - Base Imponível - O preço do Serviço - Estudos e Pareceres de Direito Tributário. São Paulo: Revista dos Tribunais.

ATALIBA, Geraldo; BARRETO, Aires Fernandino.ISS na Constituição - Pressupostos Positivos - Arquétipo do ISS. Revista de Direito Tributário. São Paulo, jut-set, 1986, n. 37, ano 10.

BECHO, Renato Lopes. Tributação das Cooperativas. Ed. Dialética., 2ª ed., São Paulo, 1999, p. 112/113.

_____. Problemas atuais do cooperativismo, Coordenador Renato Lopes Becho, Ed. Dialética, p. 265. 2002

BASTOS, Celso Ribeiro e Ives Gandra Martins. 2000. Comentários à Constituição do Brasil. São Paulo: Saraiva.

BULGARRELLI, Waldírio. 1974. Regime Tributário das Cooperativas (À luz da nova Lei Cooperativista n° 5.764, 16 de dezembro de 1971). São Paulo: Saraiva.

CALCINI, Fabio Pallaretti. Não cabe tributação e/ou retenção do Funrural entre cooperado e cooperativas. 2020. Revista Consultor Jurídico (CONJUR), https://www.conjur.com.br/2020-abr-10/direito-agronegocio-nao-cabe-tributacao-funrural-entre-cooperado-cooperativas

CARVALHO, Paulo de Barros. 2008. Curso de Direito Tributário. São Paulo: Saraiva.

CARRAZZA, Roque Antônio. 2002. Curso de Direito Constitucional Tributário. São Paulo: Malheiros.

O PRECEDENTE FIRMADO NO JULGAMENTO DO TEMA 881 E 885 DO STF E SEUS REFLEXOS NO REGIME DE COISA JULGADA TRIBUTÁRIA

Rodrigo G. N. Massud[1]

Sumário: 1. Fim da coisa julgada tributária? 2. Jurisdição tributária, coisa julgada e as noções de imutabilidade/indiscutibilidade no contexto do "direito jurisprudencial"; 3. Entendimento firmado nos Temas 881 e 885 do STF e seus efeitos no tempo diante das coisas julgadas individuais; 3.a. O desdobramento dos Temas 881 e 885 do STF no julgamento da AR 6015 pelo STJ e o futuro da ação rescisória.

1. FIM DA COISA JULGADA TRIBUTÁRIA?

Comecemos pelo final, e talvez mais evidente: não há que se falar em fim da coisa julgada, seja no plano individual e concreto, muito menos no plano geral e abstrato do instituto, como chega a cogitar algumas análises técnicas após o julgamento dos TEMAS 881 e 885 pelo STF, a

1. Mestre e Doutorando em Direito Tributário pela PUC-SP. Pós-Graduado em Direito Processual Civil e em Direito Tributário pela PUC-SP/Cogeae. Professor no IBET e na PUC-SP/Cogeae. Advogado.

propósito inclusive do denominado *"Programa Especial de Regularização Tributária do Fim da Coisa Julgada"* (PERT-Fim), objeto do Projeto de Lei 512/23[2].

Em verdade, o que há é um misto de incompreensão e insatisfação – perfeitamente legítimas – quanto a dispensa de ação rescisória (ou qualquer outro instrumento) para a limitação temporal dos efeitos (normativos) da coisa julgada, em determinadas circunstâncias, o que acaba por afetar sobremaneira o contencioso tributário.

Ponto crucial que acaba levando a essa incompreensão, nos parece, encontra-se na (equivocada) equiparação metodológica entre "direito legislado" e "direito jurisprudencial", realizada pelo próprio STF ao afirmar que:

> "(...) a decisão em controle concentrado ou em repercussão geral, que seja contrária à coisa julgada do contribuinte, em relações jurídicas tributárias de trato sucessivo, **termina por corresponder à norma jurídica nova ao contribuinte**. **Tal situação equivale à instituição de novo tributo**, que, por razões de segurança jurídica na tributação, deve observar a irretroatividade, a anterioridade anual e a noventena, e, no caso das contribuições para a seguridade social, a anterioridade nonagesimal."

A solução alcançada, portanto, parte de um indigitado sincretismo metodológico, com diversas outras consequências jurídicas, mas que ainda assim em nada afeta as coisas julgadas formadas nas ações repressivo-corretivas (anulatórias), muito menos repressivo-reparadoras (repetições de indébito), as quais continuam dependendo de instrumentos impugnativos próprios para afastar o conteúdo ou eficácia das respectivas decisões. Nesse sentido, aliás, o acórdão do STF faz a relevante distinção:

> "(...) o presente Tema de repercussão geral não guarda identidade com o precedente firmado no RE-RG 730.462, de relatoria

2. https://www.camara.leg.br/propostas-legislativas/2348767, consultado em 03/11/2023.

do Ministro Teori Zavascki, Tribunal Pleno, j. 28.05.2015, DJe 9.09.2015 (...). O discrímen dos casos está nos efeitos futuros de sentença proferida quanto às relações jurídicas de trato continuado em que o vício de inconstitucionalidade foi aferido de forma incidental. Logo, aqui não se cuida de reforma ou desfazimento das dimensões objetiva ou subjetiva de sentença judicial transitada em julgada."

Por outro lado, mesmo nas ações preventivas propriamente afetadas nos TEMAS 881 e 885 do STF, nota-se que a coisa julgada, apesar de mitigada em algum de seus aspectos, não é afetada em sua validade e vigência (vigor) em relação aos fatos geradores passados (relações jurídicas consolidadas no tempo).

Desse modo, há que se analisar os contornos da coisa julgada, seus objetos, eficácias (técnico-processuais) e efeitos na jurisdição tributária, a fim de melhor compreensão dos reflexos produzidos pelos TEMAS 881 e 885.

2. JURISDIÇÃO TRIBUTÁRIA, COISA JULGADA E AS NOÇÕES DE IMUTABILIDADE/INDISCUTIBILIDADE NO CONTEXTO DO "DIREITO JURISPRUDENCIAL"

Numa perspectiva estritamente processual, jurisdição é atividade estatal que se constitui sob a forma de dever-poder. No campo tributário, especificamente, concretiza-se (a jurisdição) a partir da emanação de decisões destinadas a: 1) pôr fim às disputas instauradas em torno da exigibilidade de determinada exação (porção do pedido imediato); e 2) realizar o direito material (tributário) tido por ameaçado ou violado (porção do pedido medito).

Tem-se, de um lado, o conteúdo (ou natureza) da decisão de mérito que compõe, com foro de definitividade, dada controvérsia instaurada entre Fisco e contribuinte; e, de outro lado, o efeito (ou eficácia) dessa decisão no plano da efetivação e concretização do direito material ameaçado ou violado. Em síntese, nos referimos ao ato de "dizer" e de "realizar" o direito material tido por ameaçado ou violado (binômio conteúdo-eficácia do ato-decisão), identificados na parte dispositiva da tutela jurisdicional.

Por outro lado, numa perspectiva analítica complementar, eminentemente normativa, há que se compreender a tutela jurisdicional enquanto ato-norma, quando então surpreendemos o conteúdo normativo e o efeito normativo (binômio conteúdo-efeito do ato-norma), identificados no fundamento da tutela jurisdicional[3].

Ou seja, o mesmo fenômeno comunicacional (ato de fala jurisdicional) despertando diferentes perspectivas de análise.

Numa grande síntese integrativa, em termos práticos, tem-se o seguinte quadro nas diferentes lides tributárias: *i)* proibição de lançamento(s) futuro(s) relativamente a dada regra de incidência abstrata, enquanto efeito normativo que decorre da eficácia (declaratória negativa) do ato de declarar a inexistência da relação jurídico-tributária; *ii)* proibição de prosseguimento da cobrança de determinada relação jurídico-tributária em particular, enquanto efeito normativo que decorre da eficácia (desconstitutiva) do ato de anular um lançamento concreto; *iii)* reparação do dano patrimonial mediante veiculação dos meios necessários para a repetição do indébito tributário, enquanto efeito normativo que decorre da eficácia (condenatória) do ato de

---

3. "*Pelo enfoque analítico-constructivista, portanto, a tutela jurisdicional, na condição de ato de aplicação do direito (normas abstratas e gerais), é estudada a partir de seu conteúdo normativo, ou seja, (i) das normas que efetivamente veicula; (ii) e da forma pela qual regula a conduta de seus destinatários, isto é, de seus específicos 'efeitos normativos'.*
Quando falamos em 'efeitos normativos' da tutela jurisdicional, queremos referir a forma pela qual a conduta das partes é direta ou indiretamente influenciada pelo provimento exarado (...)." (PRIA, Rodrigo Dalla. "Direito Processual Tributário." São Paulo: Noeses, 2020, p. 163).

condenar. Assim, a cada conteúdo decisório atribui-se uma eficácia[4] [5].

Surge a partir de então a coisa julgada, entendida como a qualidade (e não mero efeito da sentença[6]) que reveste o ato decisório final compositivo da controvérsia jurídica, tornando-o imutável, nos limites objetivos e subjetivos da lide, refletida no dispositivo do julgado.

Daí decorre duas parciais conclusões: (i) a tutela jurisdicional é fenômeno linguístico que possui diversos aspectos de análise, compreendendo tanto a parte dispositiva que aplica as regras processuais (ato-decisão), como a parte da fundamentação que aplica as regras materiais (ato-norma); e (ii) a imutabilidade própria da *res judicata*, apesar de se dirigir ao dispositivo do julgado, se traduz numa garantia constitucional (CF/88, art. 5º, XXXVI), cuja função é estabilizar a relação conflituosa em toda a sua extensão.

Os efeitos normativos do ato-norma no tempo futuro, vale dizer, a regulação da conduta das partes nas relações continuativas, por sua vez, está intimamente conectada à

---

4. Lembremos aqui da relação bimembre conflito-jurisdição, segundo a qual temos as: i) tutelas preventivas nos conflitos edificados a partir de uma ameaça de lesão – crise de incerteza quanto à incidência abstrata; ii) tutelas repressivo-corretivas nos conflitos edificados a partir de uma lesão concreta – crise de legalidade num dado lançamento; e iii) tutelas repressivo-reparadoras nos conflitos edificados a partir de um dano patrimonial – crise de inadimplemento.

5. Para complementação do conteúdo a respeito desses apontamentos sugerimos a leitura dos seguintes textos: PRIA, Rodrigo Dalla Pria, https://www.conjur.com.br/2021-mar-09/opiniao-processo-positivacao-acoes-conflitos-tributarios e CONRADO, Paulo Cesar, https://www.conjur.com.br/2021-mar-02/paulo-conrado-processo-tributario-instrumentalidade.

6. Confusão essa desfeita em âmbito nacional por Liebman (*In: Eficácia e autoridade da sentença*. 2ª ed. Forense: Rio de Janeiro, 1981) e denunciada, dentre outros, por Barbosa Moreira (*In: Direito Processual Civil: Ensaios e Pareceres*. Rio de Janeiro: Borsoi, 1971) e Botelho de Mesquita (*In: A coisa julgada*. Rio de Janeiro: Forense, 2006).

realidade fática e jurídica[7], nunca plenamente esgotada e acabada. Por assim ser, pode ser revista (CPC, art. 505, I), sendo preciso conciliar a segurança e estabilidade, com a adaptação e evolução.

Como se vê, o estudo da coisa julgada é indissociável da investigação do conteúdo, eficácia e efeitos normativos da própria tutela jurisdicional tributária sobre a qual incide o estado de imutabilidade, em suas diferentes dimensões processuais e materiais.

Assim, no que diz respeito às tutelas preventivas, categoria processual diretamente afetada pelos TEMAS 881 e 885 do STF, deve-se ressaltar que o conteúdo declaratório-negativo da decisão passada em julgado, que reconhece a inexistência de relação jurídico-tributária, possui natural eficácia prospectiva, gerando, consequentemente, efeitos normativos que visam regular as condutas futuras de índole continuativas, afinal, a jurisdição declaratória decorre de um interesse de agir preventivo (ameaça de lesão), tutelando e se dirigindo à crise de incerteza sobre o "porvir".

Os limites objetivo-temporais da coisa julgada sobre ela (tutela declaratória) incidente abrangerão, portanto, o conteúdo-eficácia do ato-decisão, alcançando as situações jurídicas de mesma natureza que se verificarem após o trânsito em julgado, até que sobrevenha alteração no estado de fato ou de direito (CPC, art. 505, I), ou seja, até que se comprometa os efeitos normativos do ato-norma.

Vale lembrar que, por ser um sistema que se escora nas ideias de segurança jurídica e legalidade estrita, o Direito Tributário tem no binômio imutabilidade/indiscutibilidade, ínsitos à noção de coisa julgada, importantes aliados na busca da tão desejada pacificação das relações conflituosas entre Fisco e contribuinte. Isso explica a razão pela qual

7. Refletida nos fundamentos do caso concreto a partir das causas de pedir próxima e remota.

algumas análises chegam a afirmar o fim da coisa julgada após o julgamento dos TEMAS 881 e 885.

Mas, como visto, enquanto instituto vocacionado a perenizar o conteúdo-eficácia do ato-decisão (o "dizer" e "realizar"), refletido no dispositivo da tutela jurisdicional, a coisa julgada permanece intacta.

Ocorre que, com a evolução da nossa prática jurídica, o "direito legislado" passou a conviver com o chamado "direito jurisprudencial" (o precedente passa a ser tratado como se lei fosse), de modo que os conceitos legais acabam(ram) se descolando dos enunciados prescritivos gerais e abstratos para, a partir de então, se aproximar de uma prática judicante que impôs mudanças na compreensão do fenômeno jurídico.

Essa evolução, aliada à equiparação metodológica entre esses diferentes paradigmas jurídicos, igualmente explica as críticas em torno da dispensa de ação rescisória (ou qualquer outro instrumento) para fins de adequar os efeitos normativos do ato-norma na jurisdição declaratória.

Os problemas que essa nova realidade acabou trazendo são particularmente tão sentidos no campo processual-tributário, ramo que acaba por intercalar modelo fortemente marcado por uma concepção de segurança jurídica dedutiva, pautada na estrita legalidade (ou tipicidade fechada), com os influxos desse "novo" "direito jurisprudencial".

Isso é o que se projeta no julgamento dos TEMAS 881 e 885 do STF e que nos faz refletir acerca das noções de imutabilidade/indiscutibilidade próprias ao modelo de segurança jurídica e legalidade conhecido até então, ajustando-se um modelo estático de coisa julgada a um modelo dinâmico de produção normativa e valorização de precedentes.

3. ENTENDIMENTO FIRMADO NOS TEMAS 881 E 885 DO STF E SEUS EFEITOS NO TEMPO DIANTE DAS COISAS JULGADAS INDIVIDUAIS

No dia 08/2/2023, concluía-se a sessão de julgamento no Plenário do STF no qual se fixou as teses debatidas nos TEMAS 881 e 885 (chamados processos da coisa julgada):

> *"1. As decisões do STF em controle incidental de constitucionalidade, anteriores à instituição do regime de repercussão geral, não impactam automaticamente a coisa julgada que se tenha formado, mesmo nas relações jurídicas tributárias de trato sucessivo. 2. Já as decisões proferidas em ação direta ou em sede de repercussão geral* ***interrompem automaticamente os efeitos temporais das decisões transitadas em julgado nas referidas relações****, respeitadas a irretroatividade, a anterioridade anual e a noventena ou a anterioridade nonagesimal, conforme a natureza do tributo."*

Ou seja, de acordo com os julgados, os tributos desonerados pela coisa julgada passariam a ser devidos automaticamente, para o futuro, após o precedente vinculativo em sentido contrário[8], respeitados os princípios da irretroatividade e anterioridade (anual ou nonagesimal, conforme o caso).

Desse modo, fatos geradores anteriores ao precedente vinculativo não poderiam ser exigidos, assim como não poderiam ser objeto de repetição de indébito, mantendo-se com isso a higidez (validade) da coisa julgada, que seria afetada apenas em sua vigência e eficácia futura.

Assim é que se coloca o debate entre igualdade e segurança jurídica, ou previsibilidade e estabilidade, que sem dúvida são valores que o direito busca realizar, constituindo

---

8. O inverso também se mostraria verdadeiro, de modo que o contribuinte com coisa julgada desfavorável também poderia deixar de pagar para frente o tributo até então tido por constitucional.

pautas axiológicas essenciais para a regulação das condutas intersubjetivas.

De um lado estaria o valor segurança jurídica, representado pelas coisas julgadas individuais detidas em favor dos contribuintes, desonerando-os do pagamento de tributos para o futuro, nas relações de índole continuativa, conferindo-lhes estabilidade. E, de outro lado, o valor igualdade ou isonomia, representado pelos precedentes vinculativos contrários produzidos pelo STF, tanto no controle difuso (TEMA 885) como no concentrado (TEMA 881), conferindo previsibilidade às condutas gerais futuras.

Veja-se, desde logo, que apesar dos "sinais opostos", não há(veria) que se falar em antinomia jurídica, na medida em que os planos normativos não se confundem: o precedente vinculativo opera no âmbito normativo geral e abstrato, enquanto a coisa julgada no âmbito individual e concreto.

Mas, conforme decidido pelo STF, o precedente contrário à coisa julgada *"equivale à instituição de novo tributo, que, por razões de segurança jurídica na tributação, deve observar a irretroatividade, a anterioridade anual e a noventena"*, de modo que acabou-se conferindo o mesmo estatuto normativo da lei em sentido estrito ao precedente, implicando com isso num distorcido sincretismo metodológico, já referido.

Tal distorção se deve não por conta da importação dos princípios da anterioridade e irretroatividade tributária no tratamento dos precedentes (o que, aliás, poderia ser perfeitamente acomodado mediante simples modulação de efeitos ao julgamento), mas sim pela aplicação da mesma lógica subsuntiva, própria das leis em sentido estrito (silogismo lógico-dedutivo entre texto de lei e caso), aos precedentes, cuja lógica de convocação é absolutamente distinta, exigindo um juízo de adequação e comparação próprio de um sistema *stare decisis* e que impõe variadas técnicas de aproximação, distinção e superação de julgados[9].

A problemática desse quadro, no campo do contencioso tributário, verifica-se nessa implicação normativa automática entre causa e efeito, num ambiente de forte oscilação jurisprudencial, operando na base do silogismo lógico-dedutivo entre tese jurídica geral e dispositivo de julgados individuais.

Não obstante essa indigitada operação, há que se destacar a indissociável peculiaridade do precedente: ele (precedente) é conotativo em relação à tese jurídica, mas denotativo em relação ao caso, numa espécie de interdefinidade onde a conotação se define a partir da denotação, ou seja, sua particular produção normativa não decorre de uma tradicional atividade legiferante inaugural e, portanto, seu potencial prescritivo é condicionado pela resolução de um dado conflito em concreto.

Esse o contexto pelo qual se exigiria um procedimento de fundamentação adequado nesse cálculo de relações entre o precedente vinculativo e a coisa julgada individual, realizado por um terceiro equidistante, numa típica função judicativa nos conflitos que se projetam, por sua natureza, para o futuro.

De todo modo, o julgamento dos TEMAS 881 e 885 pelo STF, a par da dispensa de qualquer instrumento rescisório ou revisional, procurou preservar as relações estabilizadas e consolidadas no passado, não atingindo e nem desfazendo a validade da coisa julgada em relação aos fatos geradores

9. Pertinente, aqui, a observação de LENIO STRECK: *"Despiciendo lembrar que, mesmo no sistema de precedentes da common law, uma vez construído um precedente, este não se transforma numa norma abstrata. Nem mesmo sua aplicação é simplesmente dedutivista – realizada através do vetusto modelo de subsunção. A construção do precedente precisa ser reconstruída no caso posterior."* (STRECK, Lenio Luiz. "Jurisdição constitucional e decisão jurídica." São Paulo: Revista dos Tribunais, 3ª edição, 2013, p. 736).

anteriores ao precedente vinculativo contrário (efeitos *ex nunc*), o que se fez mediante a incorporação das garantias tributárias da irretroatividade e anterioridade.

Nesses termos, tratando-se de interrupção dos efeitos temporais da coisa julgada, tal como constante na tese dos TEMAS 881 e 885, a Procuradoria Geral da Fazenda Nacional publicou nota, na forma de perguntas e respostas[10], afirmando que:

> *"(...) A ação rescisória se tornou, então, desnecessária?*
>
> *Como exposto, o que está em discussão nos Temas ns.º 881 e 885 são apenas os fatos geradores ocorridos após a decisão do Supremo Tribunal Federal que define o precedente vinculante (efeitos ex nunc). Alterado o panorama jurídico com o advento do precedente obrigatório, a coisa julgada deixa de produzir seus naturais efeitos, por isso não se tem rescisão ou desconstituição da coisa julgada, nem para o passado, nem para o futuro. Tem-se a simples cessação da sua eficácia para frente. A ação rescisória continua a ter a sua aplicação dirigida ao passado, que, como dito, não é alcançado pelos Temas ns.º 881 e 885 do STF, desde que ainda haja prazo para o seu ajuizamento."*

Assim sendo, em que pese a dispensa da ação rescisória para a cessação da eficácia futura da sentença declaratória (aquela que desonerou o contribuinte para os fatos geradores futuros), ainda assim há que se exigir o instrumento impugnativo/rescisório caso se pretenda atingir fatos geradores passados, sobretudo nas hipóteses de sentença anulatória ou condenatória, as quais se limitam a determinados períodos/fatos geradores circunscritos no tempo, sendo que, em relação aos provimentos condenatórios (indébitos tributários), há que se observar o regime impugnativo especial prescrito no art. 535, §§ 5º, 7º e 8º do CPC[11], enquanto

---

10. https://www.gov.br/fazenda/pt-br/assuntos/noticias/2023/fevereiro/pgfn-divulga-nota-sobre-julgamento-de-efeitos-da-coisa-julgada-em-materia-tributaria.

11. *"Art. 535 (...).*
§ 5º Para efeito do disposto no inciso III do caput deste artigo, considera-se também

perdurar o estado de pendência de cumprimento do título executivo[12].

3.a O desdobramento dos TEMAS 881 e 885 do STF no julgamento da AR 6015 pelo STJ e o futuro da ação rescisória

Conforme constou no trecho final da nota PGFN a respeito dos TEMAS 881 e 885, *"a ação rescisória continua a ter sua aplicação dirigida ao passado, que, como dito, não é alcançado pelos Termas nsº 881 e 885..."*

Mas desde já nos surge questionamento sobre qual passado seria esse se os fatos geradores passados ficaram resguardados por meio dos princípios tributários da irretroatividade e anterioridade?

Nesses termos, no mesmo dia 08/2/2023 em que o STF concluía o julgamento dos TEMAS 881 e 885, o STJ igualmente concluía, em sua Primeira Seção, o julgamento da AR 6015[13], em que se discutia a rescisão de coisa julgada que havia afastado o IPI na revenda de produtos importados.

E, no debate do cabimento da ação rescisória, estabeleceu-se grande divergência, na medida em que a

---

inexigível a obrigação reconhecida em título executivo judicial fundado em lei ou ato normativo considerado inconstitucional pelo Supremo Tribunal Federal, ou fundado em aplicação ou interpretação da lei ou do ato normativo tido pelo Supremo Tribunal Federal como incompatível com a *Constituição Federal , em controle de constitucionalidade concentrado ou difuso. (...)*
§ 7º A decisão do Supremo Tribunal Federal referida no § 5º deve ter sido proferida antes do trânsito em julgado da decisão exequenda.
§ 8º Se a decisão referida no § 5º for proferida após o trânsito em julgado da decisão exequenda, caberá ação rescisória, cujo prazo será contado do trânsito em julgado da decisão proferida pelo Supremo Tribunal Federal."

12. Massud, Rodrigo G. N. "Impacto do precedente na análise do pedido administrativo de compensação", *in* "XIX Congresso Nacional de Estudos Tributários: as conquistas comunicacionais no Direito Tributário Atual". São Paulo: Noeses, 2022, p. 1423/1438.

13. Íntegra da sessão em: https://youtu.be/HDoLpL56z1w.

jurisprudência formada no STJ a partir do RE 590.809 (TEMA 136), afastaria o cabimento da rescisória fundada em alteração jurisprudencial. E ainda, o julgamento dos TEMAS 881 e 885 teria afastado a necessidade de rescisória após a alteração jurisprudencial.

De um lado, o min. Relator GURGEL DE FARIA utilizava os TEMAS 881 e 885 do STF para justificar o cabimento da rescisória, indo além do próprio TEMA 136 (que excepcionava a Súmula 343 e admitia o cabimento da rescisória apenas quando houvesse controle concentrado, não existente no caso do IPI-revenda)[14].

Por outro lado, a divergência aberta pelo min. MAURO CAMPBELL e reforçada pela min. REGINA COSTA, sustentava que, ao convocar os TEMAS 881 e 885 do STF para solucionar a situação da AR 6015 (IPI-revenda de importado), outra não poderia ser a conclusão senão o não cabimento da rescisória.

Isso porque, sustentou a divergência, os TEMAS 881 e 885 do STF teriam firmado diretriz no sentido exatamente da desnecessidade da ação rescisória para o futuro, o que acarretaria a falta de interesse/utilidade no provimento rescisório (desconstitutivo).

Desse modo, seja com base na Sumula 343 (e jurisprudência que se seguiu após o TEMA 136), seja a partir dos TEMAS 881 e 885, não haveria que se falar no cabimento da rescisória, já que a coisa julgada teria seus efeitos temporais cessados automaticamente, não sendo possível cobrança retroativa, em nome da anterioridade e irretroatividade.

---

14. Conforme justificado no voto do min. Gurgel de Faria, em função da particularidade tratada no caso – *"a ação originária tinha natureza coletiva, proposta por sindicato, como substituto processual, o que imprime ao caso uma singularidade especial (...)"* –, restou justificada, em nome da livre concorrência e isonomia, *"em caráter excepcional, o afastamento da Súmula 343 do STF."*

Tal entendimento, segundo a min. REGINA COSTA, implicaria inclusive na de judicialização e redução do acervo de rescisórias.

Contudo, o min. GURGEL DE FARIA, relator da AR 6015, afirmou na sessão de julgamento que seria melhor aguardar os embargos de declaração para (re)avaliar essa questão do inter-relacionamento com os TEMAS 881 e 885 do STF.

Além do mais, afastou a Súmula 343 ao caso (IPI-revenda de importado) *"em caráter excepcional"*, dada as particularidades em julgamento (decisão rescindenda formada em ação de natureza coletiva).

Tal qual formulado o cenário atual, parece haver certa contradição, conforme apontado pela min. REGINA COSTA, em reconhecer a cessão automática (para o futuro) da coisa julgada, garantindo-se a anterioridade e irretroatividade, e, ainda assim, manter o cabimento da ação rescisória.

Isso porque, sobrevindo o precedente vinculativo contrário à coisa julgada, o tributo passa(ria) a ser exigido a partir de então, respeitada a irretroatividade e anterioridade.

Fica então uma questão em aberto, a ser respondida num futuro breve: qual seria o interesse de agir ou utilidade no manuseio das rescisórias, nas relações continuativas que se projetam para o futuro? A partir daí é que (res)surgiria o debate em torno do fim da coisa julgada.

INTRODUÇÃO AOS PROBLEMAS DO CONTROLE DA CONSTITUCIONALIDADE - AS AÇÕES RESCISÓRIAS ENVOLVENDO MATÉRIA CONSTITUCIONAL

Sacha Calmon Navarro Coêlho[1]

A comunhão dos sistemas de controle de constitucionalidade das leis está a produzir no Brasil algumas disfunções:

a) De um lado, já que no sistema difuso os efeitos do julgado operam entre as partes, se quer estendê-los a outras partes que estejam discutindo idêntica *quaestio juris*, mediante a adoção da súmula vinculante, versão mais complexa do *stare decisis*, que, em princípio, não agride a índole do sistema, embora sua origem esteja no *common law*. A

1. Advogado, Coordenador do curso de especialização em Direito Tributário das Faculdades Milton Campos, Ex-Professor Titular das Faculdades de Direito da Universidade Federal de Minas Gerais (UFMG) e Universidade Federal do Rio de Janeiro (UFRJ). Ex-Juiz Federal. Ex-Procurador Chefe da Procuradoria Fiscal de Minas Gerais. Ex-Presidente da Associação Brasileira de Direito Financeiro (ABDF) no Rio de Janeiro. Autor do "Curso de Direito Tributário Brasileiro" (Forense). scalmon@sachacalmon.com.br

cláusula de repercussão geral aposta a certos recursos extraordinários, vai na mesma direção. A dificuldade aqui é saber distinguir o que é igual, quase igual e aparentemente igual, porém diverso!

b) De outro lado, o efeito *erga omnes*, típico das decisões do sistema concentrado, como vigente na Europa, supriria naturalmente a falta deste, nas decisões tomadas no sistema difuso.

c) De sobredobro, no processo difuso, basta haver uma decisão interpartes declarando a constitucionalidade de dada lei, para que o Estado, com o apoio do STJ, promova ações rescisórias, como se fora um *recurso baseado na uniformização da jurisprudência*, com espeque no princípio da igualdade, mas com ofensa à segurança jurídica, visando a *desconstituir* os feitos transitados em julgado com a tese de que a lei envolvida era inconstitucional.

Curiosamente, a Advocacia-Geral da União e as Procuradorias dos Estados-Membros, quando suas leis, especialmente as tributárias, são declaradas inconstitucionais, pleiteiam que o efeito seja *inter partes* (âmbito pessoal da norma jurisdicional) e que valham *ex nunc* e até *pro futuro* (âmbito temporal da norma jurisdicional constitucional). São despropósitos, mas às vezes a Suprema Corte acolhe-as à luz de "relevante interesse público", na medida em que pode, por força de lei, "modular" os efeitos de suas decisões.

d) Por último, mas não menos importante a tese de que as decisões da Suprema Corte, quer as pronunciadas no sistema difuso, quer as prolatadas no sistema concentrado – o que é grave – possuem sempre efeito *ex tunc*. A combinação desse efeito com a possibilidade de rescisórias, mesmo sem a disposição de norma, como predicado no CPC, é simplesmente devastadora para a segurança jurídica dos jurisdicionados, sem falar na *inutilização do processo difuso de controle de constitucionalidade*, sendo preferível a adoção do modelo concentrado de controle em plenitude, ou seja, incorporando a técnica do controle da lei específica discutida numa lide mediante exceção de inconstitucionalidade, com a remessa da exceção para a Corte Suprema e a suspensão do feito até o pronunciamento desta última. Provisoriedade por provisoriedade, a exceção é melhor que a *difusão da competência*, vez que, de todo modo, ter-se-ia que esperar a palavra, última e final, da Corte máxima sobre todos os casos. É que as decisões entre partes estão a gerar, como já dito, a *desconstituição de todas as decisões tribunalícias ou monocráticas*, em sentido contrário.

e) A possibilidade de se conferir a um recurso extraordinário (controle difuso) a cláusula de "repercussão geral" está a gerar disfunções, porquanto paralisa, por anos a fio, nas instâncias inferiores, a juízo delas próprias, as ações em andamento que sejam similares ou aparentadas, como se fosse uma mistura de avocatória (imprópria) e "exceção de inconstitucionalidade" (igualmente imprópria).

O PROBLEMA DA EFICÁCIA RÁPIDA

A história é mestra, ensina. Vimos como surgiu nos EUA o controle difuso de controle de constitucionalidade das leis; sorrateiramente, autocontido, discreto. Só se devia analisar a antinomia entre a lei e a Constituição, se fosse necessário para a decisão de um *caso concreto*, com efeito entre as partes. Todavia, por isso que o direito norte-americano é, em grande parte, derivado do *common law* inglês, o *precedente judicial* sempre gozou de grande estima. Ao estudarmos a experiência inglesa, ficou clarificado a *inexistência de códigos* naquelas terras. O que valia e vale são os *books* (coleção de decisões judiciais), que substituem os códigos e leis escritas dos países de *civil law*, como eles dizem. Em sendo assim, o Direito é feito pelos juízes mais do que pelo legislador. Os precedentes são como leis. Inexiste *interpretação da lei*. A *quaestio juris* está imbricada nos *fatos* que são apreciados. Inexiste, portanto, uma distinção radical entre *questão de fato* e *questão de direito*. Uma se mistura com a outra.

O *stare decisis* surge nos EUA, então, como um corolário direto do *common law*. Trata-se de um *precedente de Direito Constitucional*. Decididamente, não é uma *súmula vinculante* (lei judicial). Ocorre que, juntamente com o *stare decisis*, surgem como que conjuminados o *a certiorari* e o *distinguishing*, ambos já presentes no direito comum anglo-saxão. O *a certiorari* e um juízo de admissibilidade antes que uma avocatória, sendo raríssimos os casos em que a Corte, ela própria, fez subir um caso de modo a apreciar a constitucionalidade da lei ou procedimento ínsito no caso. Poderá avocar sim, se provocada, digamos pelo Presidente da República ou pelo Secretário Geral de Justiça. No miolo, o *a certiorari* é um processo pelo qual um juiz ou uma Corte do *common law* decide se há um caso a merecer a apreciação do Poder Judiciário, sem mais nem menos. Um presidiário na Flórida pode, *v.g.*, fazer um arrazoado à Corte Suprema, para que ela conheça o seu caso, pois nele está envolvida uma contrariedade à Constituição ou a uma sua emenda.

O *writ of certiorari*, dessarte, é uma petição em que se alega a existência de um *caso constitucional*, digno de apreciação. A Suprema Corte, então, por quatro votos dentre os nove ali possíveis, decide se o caso merece apreciação. Do mesmo modo que um Tribunal do Bronx decide se um caso criminal oferecido pela Promotoria deve ser apreciado. Se não contiver provas prévias suficientes, será repelido. É tudo muito subjetivo, porém prudente, conforme os precedentes...

No caso da Suprema Corte norte-americana, os juízes, em analisando um *writ of certiorari*, podem perfeitamente fazer evoluir a jurisprudência da Constituição (*living Constitution*).

Por outro lado, o *distinguishing* (distinguo), ou distinção, é uma técnica advocatícia típica do *common law*, adaptada à maravilha ao direito norte-americano. Consiste em fazer aflorar uma faceta diferente do caso submetido às Cortes, de modo que deva ser apreciado, por não ser *igual* ou ao menos *semelhante* às centenas de casos já decididos segundo dado precedente tido por aplicável para resolver a controvérsia. O "distinguo" tão elaborado em Bizâncio (distinções bizantinas, sutis), a ponto de se tornar um termo pejorativo, tanto como a "questão fradesca" e a "chinesisse" (apego extremo ao mínimo detalhe) é manejado pelos advogados ingleses e americanos do norte com extrema perícia, já que a metodologia judicial desses países é a do case, e não a da lei escrita. O problema deles é saber se o "caso y" está coberto pelos precedentes "z" ou "x". Quando assim não for, deve ser *pioneiramente decidido* (formando, em consequência, um novo precedente).

Como se pode depreender, o *common law* evolui constantemente. A interpretação dos precedentes confunde-se com a aplicação do direito, em que pese o grande e crescente número de leis escritas nos EUA e na Inglaterra. O direito progride apesar do *stare decisis* (*stare decisis et quieta non movere* ou não se mova o estado da jurisprudência mansa e tranquila), por força dos *writs of certiorari* e do *distinguishing.*

A coisa toda é lógica e coerente com a índole do sistema. Os americanos adotaram o *stare decisis* porque: **a)** são racionais e organizados; **b)** aprendem com a experiência;

c) o instituto está conforme a lógica do precedente, no *common law*; e **d)** não possuem controle direto e concentrado.

Nós que adotamos o sistema romano-germânico comum aos países da Europa continental, ou sistema do *civil law* na terminologia anglo-saxã, devemos ter muitos cuidados antes de adotar o *precedente obrigatório* nos esquadros do controle difuso, porque o *precedente* substituiria a lei (lei judicial), num país que se inadmite possa o juiz legislar e a parte entrar com o *writ of certiorari* ou o *distinguo* (entre nós, juntando-se os dois institutos, mas com eles não se confundindo, já existiu, a "questão de relevância federal", que era apreciada pelo STF como preliminar para a admissibilidade do recurso extraordinário). A experiência se mostrou desastrosa, por três motivos: **a)** foram milhares as questões de relevância; **b)** foram milhares as rejeições sem fundamentação condigna; **c)** não aliviou o trabalho da Corte, que se demitia do seu mister de zelar pela Constituição, perdendo todo o seu tempo no indigno trabalho de rejeitar os recursos extraordinários.

A uma, a súmula vinculante ampla só pode ser dada em questões ditas de direito, como por exemplo:

- **a)** todos os funcionários públicos civis têm direito ao aumento de 5% concedido aos militares pela Lei n.º 2.323;
- **b)** é devida a contribuição denominada Cofins, cuja lei instituída está conforme a lei constitucional;
- **c)** é inconstitucional o empréstimo compulsório, instituído pelo Decreto-lei n. 10.000, sobre a aquisição de combustíveis.

É de se admitir que decisões desse jaez obriguem a Administração e os juízes, aplicando-se imediatamente a todos os casos postos em juízo.

Se a súmula demorar a ser feita, grande já estará a multidão de casos no aparato jurisdicional. Para que tanto trabalho jogado fora?

Se a súmula vier rápido, ao revés, uma multidão de casos novos inundará o Judiciário de 1.º grau. Nesse caso os juízes monocráticos deveriam ser apenas juízes de instrução. Examinariam os pressupostos processuais e as condições da ação, a prova do fato e o símile: Feito isso, não julgariam, decidiriam aplicando a súmula vinculante. O recurso versaria somente sobre o cabimento da ação e a matéria de fato.

Dá-se que no processo difuso de controle de constitucionalidade das leis, dadas a morosidade do processo, as possibilidades recursais e os incidentes processuais, o processo que ocasionará o caso líder (*leading case*), somente chegará à Corte depois de, no mínimo, 36 meses. A esta altura, o congestionamento do Judiciário já estará alentado e, demais disso, ainda não terá ocorrido a prescrição para entrar com ações novas, aumentando extraordinariamente a litigiosidade nos estamentos judiciais de 1.ª e 2.ª instâncias. A taxa de ingresso na justiça atingiria praticamente a totalidade dos justiçáveis. Ações de execução seriam milhares, milhões em matéria tributária.

A duas, a possibilidade de ações rescisórias de julgados já tramitados com tese oposta à da Suprema Corte potencializaria ainda mais a taxa de litigiosidade, em decorrência da súmula vinculante obrigatória, até porque o Brasil, ao contrário dos EUA, que têm uma Constituição sintética, a possui analítica e caudalosa. Entre nós, os *Direitos Fundamentais*, o *Direito Administrativo*, o *Penal*, o *Financeiro*, o *Político* e o *Tributário* estão profundamente constitucionalizados, o que, praticamente, *in potentia*, os torna geradores de recursos extraordinários (controle difuso e profuso). Digo isto com preocupação.

As súmulas devem existir sim, mas com efeitos vinculantes estritos e somente nas questões de direito (direito em tese).

A súmula, por exemplo, poderia servir para guiar o juiz na sentença ou para lhe permitir, antecipar a tutela por evidência, obstando demandas protelatórias.

A súmula deverá servir ao administrador, para agir obrigatoriamente conforme o direito, quando da emissão de atos administrativos normativos ou mesmo à hora da aplicação da lei aos casos concretos.

A INCONGRUÊNCIA DAS AÇÕES RESCISÓRIAS

Um movimento, todavia, ganha corpo no Brasil, gerando a multiplicação de feitos. Trata-se de rescisórias que se dizem lastreadas no princípio da igualdade, mesmo contra os princípios da coisa julgada e da segurança jurídica.

Todos os feitos são revisíveis e rescindíveis, com espeque numa mera decisão entre partes em encerros de recurso extraordinário. É desfeita a coisa julgada, sem maiores cerimônias e, o que é pior, com efeito *ex tunc*.

Toda vez que o STF, exercendo o controle difuso, disser entre as partes que a lei é inconstitucional, todas as sentenças monocráticas e acórdãos transitados em julgado, ao suposto de que a lei era constitucional, devem ser rescindidos?

Mais ainda, quando, em idênticas circunstâncias, o STF diz que a lei e constitucional, todas as sentenças e acórdãos – supondo-se inocorrente o prazo de prescrição da ação – que transitaram em julgado, ao suposto de que a lei era inconstitucional, devem ser rescindidas? A coisa julgada vale menos que a decisão administrativa em prol do cidadão?

Em Direito Tributário, como já se sabe, a obrigação é *ex lege* ou heterônoma, para usar a terminologia de *Kelsen*.

A lei tributária não pode alcançar o ato jurídico perfeito, a coisa Julgada e o direito adquirido (CF/1988, art. 5.º, XXXVI). E o art. 150, III, a prescreve que não se podem cobrar, ou seja, exigir tributos em relação a fatos geradores ocorridos *antes do início da vigência da lei que os houver instituído ou aumentado*.

Contudo o nosso Direito Tributário prescreve não apenas a irretroatividade da lei, mas também das *decisões administrativas e judiciais*, aplicativas da lei.

Entre nós, não apenas a lei, mas todo o Direito Tributário está marcado pela irretroatividade (legislação, administração e jurisdição) em prol dos justiçáveis, ao suposto de que o Direito muda continuamente, seja pela inovação legislativa, seja pela inovação de sua interpretação pelo Judiciário, seja pela alteração dos critérios de aplicação da lei pela Administração.

Com efeito, para nos lembrarmos de *Kelsen*, a lei é *geral* e *abstrata*. Projeta normas gerais em abstrato. Mais precisos são a sentença judicial e o ato administrativo. Ambos são *atos de aplicação da lei* com um teor de concreção muito maior. Por isso, Kelsen dizia que eram normas individuais as que recaíam concretamente sobre certas e determinadas pessoas ou classes de *pessoas, normatizando condutas humanas*. Pois, não se diz, que o ato administrativo define ou ajuda a definir *situações jurídicas individuais*?

Por outro lado, é comum ouvirmos que "a sentença é lei entre as partes".

Pleno de sabedoria, o nosso Direito Tributário, tanto como o alemão, impede a retroatividade da sentença e do ato tributário.

Dispõe o CTN, art. 156, *verbis*:

> Art. 156 Extinguem o crédito tributário:

> [...]
>
> IX – a decisão administrativa irreformável, assim entendida a definitiva na órbita administrativa, que não mais possa ser objeto de ação anulatória;
>
> X – a decisão judicial passada em julgado.
>
> Parágrafo único. A lei disporá quanto aos efeitos da extinção total ou parcial do crédito sobre a ulterior verificação da irregularidade da sua constituição, observado o disposto nos arts. 144 e 149.

Extinto o crédito, como previsto no artigo acima transcrito, toda alteração judicial ou administrativa em sentido contrário ao entendimento anterior, que determinou a extinção do crédito, não o ressuscita, aplica-se "para o futuro" Em síntese, descabe *revisão administrativa* e *ação rescisória* para desfazer o ato jurídico perfeito e a coisa julgada em matéria fiscal, seja por erro de direito, seja por erro formal. Não é outro, desta vez, restrito à esfera administrativa, o sentido do art. 100 do CTN e o seu importantíssimo parágrafo único.

> Art. 100. São normas complementares das leis, dos tratados e das convenções internacionais e dos decretos:
>
> I – os atos normativos expedidos pelas autoridades administrativas;
>
> II – as decisões dos órgãos singulares ou coletivos de jurisdição administrativa, a que a lei atribua eficácia normativa;
>
> III – as práticas reiteradamente observadas, pelas autoridades administrativas;
>
> IV – os convênios que entre si celebram a União, os Estados, o Distrito Federal e os Municípios.
>
> Parágrafo único. A observância das normas referidas neste artigo exclui a imposição de penalidades, a cobrança de juros de mora e a atualização do valor monetário da base de cálculo do tributo.

Vale dizer, quando o *ato administrativo normativo* (com alto grau de abstração) traduzir a lei de modo posteriormente declarado *inidôneo*, mesmo assim o contribuinte fica resguardado do erro de interpretação da Fazenda que o terá induzido a errar ou quando nada, a agir de certo modo, posteriormente declarado incorreto, injurídico ou ilegal.

Em parecer conjunto com a Profa. *Misabel Derzi* e o Prof. *Humberto Theodoro Júnior*, restou pensada e escrita a doutrina que ora se dá a estampa:

> A *lei nova* ou a decisão judicial posterior, quer ao lançamento, quer à extinção do crédito tributário, só possuem eficácia *ex nunc* - ou melhor - *ad futuram*. São peculiaridades do Direito Tributário, que, se é marcado pelos princípios da capacidade contributiva, da justiça e da igualdade no momento da elaboração de suas normas, é igualmente imantado pelos princípios da *previsibilidade, da certeza e da segurança do direito* no concernente à *aplicação e aos efeitos dessas mesmas normas fiscais* relativamente aos contribuintes. Daí se extrai a força dos princípios da imutabilidade das decisões favoráveis transitadas em julgado, da anterioridade e da irretroatividade material (o que não pode retroagir, a rigor, não é apenas a lei geral ou a sentença - norma em sentido individual - *mas o próprio direito que venha a ser revelado* pela lei nova, o ato administrativo e a decisão judicial posteriores a certos fatos ou atos já integralmente realizados).
>
> O que dissemos a respeito da extinção da obrigação tributária por decisão administrativa, irreformável da autoridade administrativa, não mais passível de ação anulatória, pela própria Administração, há de ser repisado, com maior ênfase, no que se refere à extinção da obrigação tributária em razão de decisão judicial transitada em julgado (coisa julgada formal e material), favorável ao sujeito passivo.
>
> Nessa hipótese, nem mesmo a ação rescisória - quando se tratar de interpretação da norma tributária, ou seja, de pura *quaestio juris* - tem o condão de fazer renascer um crédito tributário já extinto, pois a obrigação tributária (a relação jurídica) legalmente inexiste. Inexiste não porque a sentença rescindenda assim determinara, mas senão porque uma lei complementar da Constituição - lei material - determinou este efeito para a sentença definitiva: *o fim da obrigação e do crédito tributário correspondente.*
>
> Há, portanto, *limite material* em Direito Tributário oponível ao cabimento da ação rescisória. Pode-se dizer, sem medo de errar, que, em matéria tributária, pelas mesmas razões que impedem

o refazimento do lançamento por erro de direito e decretam a extinção da obrigação por autorrevisão administrativa (certa ou errada), inexiste pressuposto (carência de ação) para a ação rescisória de sentença transitada em julgado, em razão de interpretação diversa do direito aplicada à espécie. Aqui, mais do que em qualquer outro ramo do direito pátrio, têm cabimento as Súmulas n. 343 e 134 do Supremo Tribunal Federal e do Superior Tribunal de Justiça (ex-Tribunal Federal de Recursos).

Em página de grande sensibilidade, a Profa. Misabel Derzi[2] completa:

Têm razão os germânicos, que extraem do princípio do Estado de *Direito, consagrado em sua Constituição, a irretroatividade do Direito* (não apenas das leis, mas também dos atos administrativos e da jurisprudência). Ora, ao assegurar a Constituição brasileira que a lei não retroagirá, respeitando-se a coisa julgada, a expressão lei, utilizada no art. 5.º, XXXVI, tem alcance muito mais amplo para significar a inteligência da lei em determinado momento, ou seja, certa leitura da lei, abrangendo assim, os atos que a ela se conformam, emanados do Poder Judiciário e do Executivo. A lei posta pelo Poder Legislativo pode comportar mais de uma interpretação, de modo que a lei que vige, em determinado momento, é a lei segundo uma de suas interpretações possíveis. A certa altura, sem nenhuma mudança literal da fórmula legislativa, que conserva os mesmos dizeres, altera-se a interpretação que da mesma lei fazem os tribunais, os quais passam a decidir conforme outra interpretação. Surge, assim, sem lei nova como ato emanado do Poder Legislativo, espécie de lei nova proclamada pelo Poder Judiciário. A irretroatividade da lei alcança, portanto, a irretroatividade da inteligência da lei aplicada a certo caso concreto, que se cristalizou por meio da coisa julgada. A limitação imposta às leis novas quanto à irretroatividade abrange também os atos judiciais, uma vez que uma decisão judicial é sempre tomada segundo certa leitura ou interpretação da lei. Interpretação nova, ainda que mais razoável, não pode atingir uma sentença já transitada em julgado. Não podem retroagir as decisões judiciais, ainda que a título de uniformização jurisprudencial. O instituto da coisa julgada é necessária garantia de segurança e estabilidade das relações jurídicas como ainda de praticidade, pois tornar-se-ia inviável a

---

2. DERZI, Misabel Abreu Machado. *Limitações Constitucionais ao Poder de Tributar.* Rio de Janeiro: Forense, 2010. 8. ed.

> aplicação do direito se, a cada evolução e mutação jurisprudencial, devessem ser rescindidas as decisões anteriores, para que se proferissem novas decisões, com base na nova lei, simples nova inteligência da lei. Assim, no direito nacional, como em todos os países que se enquadram dentro do princípio do Estado de Direito, a decisão judicial nova que interpreta de maneira diferente uma norma jurídica não retroage, nem enseja rescisão de sentença transitada em julgado.

Entre nós causou grande inquietação a questão da contribuição social sobre os lucros das pessoas jurídicas. Diversos tribunais federais consideraram inconstitucional a Lei n.º 7.689, de 15 de dezembro de 1988, que a instituíra a referida contribuição social, e inúmeros acórdãos transitaram formal e materialmente em julgado.

Mais tarde o Supremo Tribunal Federal considerou inconstitucionais partes da lei apenas, validando-a quase que inteiramente e mantendo a partir de dada época a tributação (fez valer o princípio da anterioridade, dizendo-a válida de dada data em diante).

Ocorre que vários contribuintes, pessoas jurídicas, deixaram por anos a fio de recolher o tributo, por isso que cobertos pela coisa julgada. De repente, a procuradoria da Fazenda Nacional se pôs a aforar ações rescisórias para anular ditos julgados e cobrar os tributos não pagos.

Súmula n.º 343 do Supremo Tribunal Federal:

> Não cabe ação rescisória por ofensa a literal disposição de lei quando a decisão rescindenda se tiver baseado em texto legal de interpretação controvertida nos tribunais.

Súmula n.º 134 do Tribunal Federal de Recursos:

> Não cabe ação rescisória por violação de literal disposição de lei se, ao tempo em que foi prolatada à sentença rescindenda, a interpretação era controvertida nos Tribunais, embora posteriormente se tenha fixado favoravelmente à pretensão do autor.

UM CASO CONCRETO – DISTINÇÕES NECESSÁRIAS PARA O AFORAMENTO DE RESCISÓRIAS

Na hipótese da Lei n.º 7.689/1988, cuja constitucionalidade foi reconhecida pelo Supremo Tribunal Federal, algumas premissas devem ser destacadas:

a) a coisa julgada, na hipótese, refere-se a assunto que envolve obrigação tributária, abrangendo interesses multitudinários, porque estabelecida em grande número de demandas iguais propostas nos mais variados, pontos do território nacional;

b) o dissídio jurisprudencial em torno da constitucionalidade ou não da Lei n.º 7.689/1988 foi notório e profundo;

c) o pronunciamento em favor do qual se operou a coisa julgada filiou-se à tese da inconstitucionalidade da Lei n. 7.689 e por isso liberou inúmeros contribuintes do encargo de recolher a contribuição por ela instituída;

d) o posicionamento do Supremo Tribunal Federal, pela inconstitucionalidade parcial da mesma lei, veio a dar-se, posteriormente, em feito entre partes diversas e sob a modalidade de controle constitucional difuso ou *incidenter tantum*.

Ora, desse quadro impõem-se, de plano, algumas conclusões relevantes, que não podem ser esquecidas:

Em primeiro lugar, o julgamento do STF que se utilizou para lastrear a ação rescisória era de eficácia restrita às partes do processo em que foi proferido.

Em segundo lugar, como já registramos, a Súmula n.º 343 do STF afasta o cabimento da rescisória por violação de literal disposição de lei, quando exista divergência interpretativa da lei nos tribunais (que é a hipótese de que tratamos concretamente) Não obstante, o STF também já firmou o entendimento de que a referida Súmula n.º 343 do STF não se aplica aos temas constitucionais. Tal entendimento, porém, é imprestável à situação cogitada. É curial distinguir entre rescisórias de sentença anterior *à declaração de constitucionalidade* pelo STF e rescisórias de sentença anterior *à declaração de inconstitucionalidade* pelo STF.

É que o Pretório Excelso tem decidido, realmente, que aquela Súmula não deve ser observada quando o acórdão rescindendo aplicou lei posteriormente declarada inconstitucional. Isto porque, afirmou o Pleno da Suprema Corte, "lei inconstitucional não produz efeito e nem gera direito, desde o seu início", "assim sendo, perfeitamente comportável é a ação rescisória" (RE n.º 89.108/GO, Rel. Min. Cunha Peixoto, ac. de 28.08.1980, *RTJ* 101/209).

Em outros termos, o afastamento da Súmula n.º 343 ocorre quando o acórdão rescindendo tenha ofendido regra constitucional, mediante aplicação de norma inferior inconstitucional, e então, a ação rescisória vise justamente a restabelecer a aplicação da regra maior objeto da ofensa – *RTJ* 114/361 e 125/267.

Na hipótese *sub cogitatione*, porém, o acórdão que se pretende afirmar ofensivo à literalidade da lei não negou aplicação a nenhuma norma constitucional, mas, sim, a uma lei ordinária, por considerá-la inconstitucional. O dissídio pretoriano e a incidência, ou não, da lei se passaram, em face dá norma infraconstitucional.

Estabeleceu-se, assim, a coisa julgada não contra a regra da Carta Magna, mas contra a lei infraconstitucional, a que se recusou aplicação. Não é esta a situação que, a nosso sentir tem levado o Supremo Tribunal Federal a deixar de aplicar o Enunciado n.º 343 de sua Súmula. Ao contrário, por ser o caso radicalmente distinto, lhe é integralmente aplicável a referida Súmula n.º 343.

Acresce ainda, como veremos a seguir, que, no plano infraconstitucional, o Código Tributário Nacional atribui às decisões judiciais, desfavoráveis à Fazenda Pública, que transitam em julgado, o caráter desconstitutivo ou extintivo do crédito tributário. Há, portanto, literal disposição de lei, considerada materialmente complementar à Constituição – o Código Tributário Nacional –, que é um impedimento intransponível à viabilidade da ação rescisória.[3]

Reza o art. 146 do CTN:

> Art. 146. A modificação introduzida, de ofício ou em consequência de decisão administrativa ou judicial, nos critérios jurídicos adotados pela autoridade administrativa no exercício do lançamento somente pode ser efetivada, em relação a um mesmo sujeito passivo, quanto a fato gerador ocorrido posteriormente à sua introdução.

Esta é uma regra de ouro para garantir o contribuinte, pois, já vimos, o lançamento é amplamente revisível por ato *ex officio* da Fazenda Pública, mormente nos casos dos tributos sujeitos a homologação – e que são maioria – dado que, a qualquer tempo, enquanto não estiver precluso o *poder-dever* da Administração de operar o lançamento, o contribuinte pode ser visitado e revisitado pela fiscalização tributária *à la godaça*, irrestritamente.

Embora José Souto Maior Borges e Castanheira Neves tenham demonstrado as dificuldades para separar a questão de direito da questão de fato, e Hugo de Brito Machado tenha preconizado um poder amplo de revisão do Fisco com esforço no *princípio da legalidade*, ficamos com a lei.

---

3. THEODORO JUNIOR, Humberto; DERZI, Misabel; COÊLHO, Sacha Calmon Navarro. *Da impossibilidade jurídica de ação rescisória anterior à declaração de constitucionalidade pelo Supremo Tribunal Federal.* Parecer.

Seguimos no particular a orientação majoritária da doutrina brasileira e a jurisprudência dos povos cultos.

O lançamento tributário já definitivamente constituído é irrevisível pela Administração em caso de *erro de direito* ou de valoração jurídica dos fatos. Entre nós, ganhou foros de cidade a irrevisibilidade por erro na interpretação da lei ou por alteração nos critérios de sua aplicação, quando com erronia agiu a própria Administração. O CTN diz que tais critérios jurídicos podem ser alterados pela Administração ao produzir lançamentos, mas relativamente a fatos geradores posteriores a alteração. E agrega: no concernente *a um mesmo contribuinte*. Restringiu o alcance a tão somente os lançamentos já expedidos contra dado e especificado contribuinte? Estamos com a Profa. *Misabel Derzi* quando predica a irretroatividade do Direito todo: da lei, da jurisprudência, das decisões administrativas com fundamentação jurídica constante (reiteração) adotadas pelo Estado (o conteúdo normativo dessas decisões é evidente, tanto que são consideradas *normas* pelo art. 100 do CTN. O parágrafo único desse artigo libera o contribuinte quando erra obedecendo-as).

Sendo a obrigação tributária *ex lege*, se o lançamento é privativo da autoridade administrativa e se o autocontrole dos atos administrativos existe, a *revisibilidade* é *ampla*. Agora, o que se não admite é a revisão de lançamento já definitivo, por erro de qualquer espécie imputável à Administração. Nesse caso, mesmo que ainda não ocorrida a preclusão dos lançamentos suplementares retificadores, a Fazenda encontra-se peada. O lançamento irrevisível equivale à decisão judicial transitada em julgado (coisa julgada material e formal).

A tese não tem nada de novidadeira. Outros países adotam as mesmas regras, e aquele que especialmente nos inspirou quando da feitura do Código é extremamente explícito, para não dizer casuístico valora mais a *segurança* que a *legalidade*. Em separata da ABDF,[4] Ricardo Lôbo Torres observa:

> A inspiração para a norma transcrita buscou-a o legislador no direito germânico. Em sua nova versão, estampada no art. 176 do Código de 1977 (Abgabenordnung 77), aquela regra, sob o título de "proteção da confiança nas hipóteses de anulação e alteração de lançamento" (*Vertrauensschutz bei der aufhebung und Anderung von Steuerbescheiden*), tem o seguinte teor: "Na anulação ou alteração de ato de lançamento notificado, não pode ser considerado em detrimento do contribuinte o fato de: 1. a Corte Constitucional Federal declarar a nulidade, de uma lei, em que até então se baseava o lançamento; 2. um tribunal superior federal não aplicar uma norma em que até então se baseava o lançamento, por considerá-la inconstitucional; 3. ter-se alterado a jurisprudência de um tribunal superior qual havia sido aplicada pela autoridade fiscal nos lançamentos anteriores".

Doutra parte, o STF sufraga a tese da irrevisibilidade do lançamento definitivamente constituído pela Administração sob a alegação de erro de direito ou mudança nos critérios jurídicos de interpretação.[5]

A doutrina não discrepa:

> Uma primeira ordem de limites baseia-se na distinção entre *erro de direito* e *erro de fato* e tem o seu assento legal no art. 146 do CTN... Assim, o erro de fato legitima a alteração do lançamento pela prática dos adequados atos de anulação ou lançamento suplementar. Ao invés, a modificação de critérios jurídicos só pode prevalecer quanto a fatos geradores ocorridos posteriormente à sua introdução, o que o mesmo é dizer-se, não pode servir de fundamento a modificação do lançamento anterior.[6]
>
> A lei não se pode admitir ignorada dos funcionários fiscais encarregados de proceder ao lançamento, e, assim, o erro de direito

4. TORRES, Ricardo Lôbo. *Revista da ABDF*, 2.º trimestre de 1996.

5. RE n.º 60.633/RJ, 3.ª Turma, de 16.06.1967, *RDP* 4/199; RE n.º 73.443/SP, 1.ª Turma, de 24.02.1972, *RDP* 20/202; RE n.º 100.481/SP, 2.ª Turma, de 04.04.1986, *RTJ* 122/636.

6. XAVIER, Alberto. *Do lançamento no direito tributário brasileiro*. São Paulo: Resenha Tributária, 1977. p. 333.

> que estes cometem no exercício de suas atribuições não justifica a alteração da situação individual criada pelo lançamento em favor do contribuinte, pois é presumido que os agentes do fisco tivessem tido presentes todos os elementos jurídicos em vigor ao tempo em que o efetuaram.[7]
>
> A prática, a doutrina e a legislação, na proteção da certeza jurídica, não admitem, em princípio, que seja feita revisão do lançamento pela superveniência de outros critérios jurídicos.[8]
>
> A orientação fiscal poderá variar com relação a outros contribuintes, mas nunca quanto àquele que já adquiriu, por ato administrativo regular, direito público subjetivo de não recolher determinado tributo. Entender o contrário seria implantar o regime do arbítrio e da insegurança nas relações entre o fisco e o contribuinte, em manifesta contradição com a índole de nosso sistema jurídico.[9]

A banalização das ações rescisórias em casos que tais torna o *processo difuso de controle da constitucionalidade das leis* totalmente dispensável, pois todas as decisões do sistema judiciário, onde difusamente se exerce o controle de constitucionalidade, passam a ser provisórias, o que traduz enorme desperdício de tempo e racionalidade, inutilizando a serventia da *difusão do poder de controle da constitucionalidade das leis*. A ser assim, melhor seria acabar com o controle difuso, adotando-se, por inteiro, o controle concentrado, como no velho mundo se faz.

CONTRASTES EM FACE DO SISTEMA DIFUSO

Na Europa continental as Cortes Constitucionais são acessadas pelos jurisdicionados por dois caminhos: o da ação direta e o da exceção.

---

7. CANTO, Gilberto de Ulhôa. *Temas de direito tributário*. Rio de Janeiro: Alba, 1964. v. I, p. 370.

8. NOGUEIRA, Ruy Barbosa. *Teoria do lançamento tributário*. São Paulo: Resenha Tributária, 1964. p. 133.

9. DÓRIA, A. R. Sampaio. Decisão administrativa. Efeitos e revogabilidade. Coisa julgada. Limites objetivos em matéria fiscal. RT 363/48.

a) Pelo método da ação direta, vimos já, não há propriamente lide. Cá temos, nós também, a ação direta de inconstitucionalidade e até a ação direta declaratória de constitucionalidade.

b) Pelo método da exceção, os juízes e tribunais, quando *incidenter tantum* surge a questão da inconstitucionalidade de uma lei atinente à espécie em julgamento, param o processo e, por força da *exceção de inconstitucionalidade da lei*, remetem-na às Cortes Constitucionais. Depois, ficam a esperar o resultado, retomando o processo após o pronunciamento dos únicos órgãos capazes de pronunciar a constitucionalidade ou a inconstitucionalidade das leis, *i.e.*, as referidas Cortes Constitucionais, cujas decisões obrigam sempre *erga omnes*, como é do feitio do controle concentrado de constitucionalidade.

O sistema é, pois, mais racional, evitando a entropia jurisdicional que entre nós estão a causar as ações rescisórias do tipo que vimos de comentar.

Como consabido, inventou-se no Brasil – acham alguns que desnecessariamente – a *ação direta de constitucionalidade* como sucedâneo ou *Ersatz* do instituto da avocatória, que se não confunde, como vimos, com o *a certiorari*. É um meio de intervenção do Executivo e do Legislativo no processo jurisdicional, quando o direito se torna conflitante e controverso constitucionalmente nos diversos Tribunais Regionais Federais e nos Tribunais de Justiça dos Estados, nos encerros do sistema difuso de controle de constitucionalidade. Melhor, quando dadas leis ou atos normativos estiverem sendo declarados *incidenter tantum*, caso a caso, ora constitucionais, ora inconstitucionais, por mais de um tribunal o conflito jurisprudencial, pode fazer aflorar ADCs, perante o Supremo Tribunal Federal. A Corte, bem sopesando os efeitos dos julgados, poderá declarar em que tempo produzirão eficácia: as decisões sempre *erga omnes* poderão ter efeitos *ex tunc*, *ex nunc* (somente a partir da publicação da decisão) e até mesmo pro-futuro. Está prevista, ainda, o que é positivo, como vimos de ver ao perlustrar as experiências da Europa Continental, especialmente da Corte alemã, o juízo de inconstitucionalidade sem pronúncia da nulidade e, finalmente, o efeito vinculante das decisões para o Judiciário e a Administração em geral. Cabe, no entanto, distinguir efeito vinculante (imediato) da súmula vinculante (mediato). Assim sendo a ação direta de constitucionalidade é uma técnica de antecipação para evitar, depois, as rescisórias.

CREATOR ECONOMY E NÔMADES DIGITAIS: DESAFIOS TRIBUTÁRIOS DA NOVA GERAÇÃO DE EMPREENDEDORES

Thiago Gontijo Vieira[1]

INTRODUÇÃO

Quem nunca sonhou em ter a oportunidade de viajar o mundo inteiro, conhecendo novas culturas e países, sem ter que largar o seu trabalho para trás? Essa é a realidade dos nômades contemporâneos, chamados de digitais, que conciliam uma vida em constante mudança com o trabalho à distância, desvinculado dos espaços físicos tradicionais.

Essa oportunidade pode ser aproveitada pelos profissionais que atuam na *Creator Economy*, em especial os criadores de conteúdo e influenciadores digitais, empreendedores que atuam virtualmente por meio da internet,

1. Mestrando em Direito pela Universidade Nove de Julho (UNINOVE). Graduado em Direito pelo Centro Universitário de Brasília (UniCEUB). Especialista em Direito Tributário pelo Instituto Brasileiro de Estudos Tributários (IBET). Professor do IBET. Assessor de Relações Institucionais no Conselho Nacional de Justiça (CNJ). Foi assessor e Coordenador de Difusão da Informação do Supremo Tribunal Federal (STF). Analista Judiciário no STF. Endereço eletrônico: thiago.gontijo@yahoo.com.

monetizando recursos como resultado do acesso e engajamento de seus seguidores.

Antes da covid-19 (2020-2022), apesar dos inegáveis avanços dos sistemas de tecnologia da informação e ferramentas eletrônicas de comunicação remota, a maior parte das relações profissionais dependiam da presença física das pessoas em seus locais de trabalho.

A partir da pandemia, porém, as sociedades e governos foram lançados a um processo disruptivo de virtualização das relações sociais, econômicas, ambientais e jurídicas, como condição para a continuidade da vida em atenção às restrições sanitárias de distanciamento e isolamento impostas a todos.

Mais do que uma transformação tecnológica, portanto, a pandemia marcou uma revolução *cultural* nas sociedades, em escala global, superando a histórica dependência do escritório físico.

Nesse novo contexto de vida *online*, com previsão da fusão do mundo físico com o digital (metaverso), as pessoas passam cada vez mais tempo conectadas à internet, consumindo e produzindo conteúdos eletrônicos, além de interagindo em uma amplitude cada vez maior, tanto em relações pessoais quanto de trabalho, por meio de plataformas e redes sociais.

A partir desse cenário, o objeto de estudo (*Creator Economy*) se insere na Sociedade Digital, que representa o conjunto de atividades sociais e econômicas que se realizam no ambiente da internet.

Os criadores de conteúdo e influenciadores digitais são potenciais adeptos do *neo* nomadismo, pois suas atividades profissionais podem ser realizadas de qualquer lugar do mundo, bastando uma conexão de qualidade à internet e um ambiente adequado e saudável de trabalho.

Mais do que uma nova modalidade de teletrabalho, a conjugação dessas características representa um estilo de vida, que alia viagens internacionais e a descoberta contínua do novos lugares e culturas.

Esses novos arranjos sociais e econômicos levam a novos desafios, especialmente fiscais, considerando que a ausência de um domicílio permanente, e a contínua migração de um país para outro pode gerar conflitos tributários, seja pela ausência de recolhimento de exações regularmente devidas, seja pela múltipla tributação estatal sobre um mesmo fato imponível, com efeito de dupla tributação.

Diante da crescente abrangência desse tema, o objetivo deste estudo é lançar luz sobre os regimes tributários aplicáveis aos empreendedores digitais brasileiros que atuam como criadores de conteúdo *online*, no âmbito da *Creator Economy*, quando esses profissionais residirem no exterior, com base em vistos regulares de nômades digitais.

A metodologia utilizada foi a empírica-indutiva, por meio da análise de obras e artigos relacionadas ao objeto da pesquisa, além do estudo de estatísticas e dados disponibilizados em relatórios técnicos.

Como resultado, busca-se contribuir tanto para segurança jurídica dos criadores de conteúdo, quanto para o planejamento fiscal de suas atividades, para uma adequada aplicação das regras tributárias nacionais, evitando-se a dupla tributação.

1. SOCIEDADE DIGITAL

Em 1995, Ethan Katsh (1995, p. 57) já vislumbrava que as barreiras físicas da distância geográfica iriam ser superadas, à medida em que as tecnologias da informação avançassem. Essa nova realidade viabilizaria interações *online* entre pessoas, o trabalho remoto e a prestação de serviços à distância. Para o autor, no "futuro", iriam surgir diversos outros tipos de negócio e relações jurídicas, em decorrência da ampliação das capacidades comunicativas.

Essa visão está alinhada com o que veio a ser intitulado de Quarta Revolução Industrial (Klaus Schwab, 2016, p. 42), que representa um movimento que vai muito além da Revolução Digital, pois incorpora a transformação de sistemas inteiros, a partir da fusão das tecnologias da Indústria 3.0 com os domínios físicos, digitais e biológicos, de maneira célere, ampla e profunda.

Transformação digital representa "uma evolução disruptiva para uma forma inteiramente nova de trabalhar e pensar. E esse processo pode exigir uma transformação completa das partes sociais para novas formas de funcionamento", no contexto tanto das empresas e organizações privadas quanto dos governos, formuladores de políticas públicas e acadêmicos (Siebel, 2021).

Klaus Schwab e Thierry Malleret (2020, p. 152-153), ainda em 2020, apontaram que "a velocidade e a amplitude da Quarta Revolução Industrial foram e continuam sendo notáveis", especialmente a partir da pandemia de covid-19, que iria acelerar ainda mais a inovação, catalisando as mudanças tecnológicas já em curso e potencializando todo e qualquer negócio, mesmo aqueles que não são fundados diretamente no mundo digital.

O isolamento e as restrições sanitárias impuseram a necessidade de expansão do mundo digital, em medidas inicialmente temporárias, que se tornaram soluções permanentes. Essa transformação pode ser observada tanto em relação a atividades cotidianas (conversas *online*, *streaming*, conteúdos digitais), quanto em termos de mudanças mais profundas na estrutura organizacional de todas as instituições, públicas e privadas.

É necessário se promover um reinício disruptivo (*macro reset*) das sociedades, governos, empresas e demais organizações, o que impactará as três forças seculares que moldam o mundo atual: interdependência, velocidade e complexidade (Schwab; Malleret, 2020, p. 28; 32-35; 153).

Os desafios da atual revolução industrial "só poderão ser combatidos por meio da cooperação e da transparência" (Schwab e Davis, 2018, p. 316). No atual cenário de revolução digital, são consideráveis "a velocidade da inovação dos modelos de negócio e em termos de ruptura, [...] sobretudo porque apresentam-se com potencial para alterar até mesmo arcabouços regulatórios anteriormente estabelecidos", em um processo cada vez mais disruptivo (Benacchio; Maciel, 2020, p. 45).

Essas mudanças devem estar associadas a oportunidades de desenvolvimento sustentável, a serem implementadas por meio de novas configurações legislativas que garantam o aproveitamento do potencial inovativo da transformação digital, com reformulação de modelos de negócio tradicionais, bem como a promoção da inovação tecnológica, social e cultural (Hoffmann-Riem, 2022, p. 8).

E quem são as pessoas integrante da Sociedade Digital? Pode-se dizer que é toda a *população digital*, formada por 5,3 bilhões de usuários conectados à internet em todo o planeta, o que representa 65,7% da população mundial (8,06 bilhões).

Desse conjunto de pessoas *online*, mais de 93% utilizam pelo menos uma plataforma de mídia social (4,95 bilhões), em dados de outubro de 2023. No mundo, diariamente, as pessoas utilizam a internet por 6h 41min, sendo que 36% desse tempo é despendido em mídias sociais, totalizando 2h e 24min (Kemp, 2023a, p. 10)[2].

---

2. No cálculo, considera-se o tempo médio diário despendido em mídias e plataformas digitais na internet, qualquer que seja o tipo de dispositivo (celular, computador, por exemplo), por usuários com idade entre 16 e 64 anos.

Ao se olhar para o Brasil, de uma população de pouco mais de 203 milhões (IBGE, 2023), mais de 89% das pessoas estão conectadas à internet (181,8 milhões), principalmente com uso de dispositivos móveis (celulares). Desse total, quase 84% das pessoas acessam plataformas e mídias sociais, ou seja, 152,4 milhões de brasileiros.

Quanto ao tempo de uso da internet, o Brasil ostenta um dos maiores do mundo, chegando à média de 9h e 32min por dia, sendo que 39,5% desse período é gasto em mídias sociais, totalizando 3h e 46min (Kemp, 2023b, p. 17; 24). Em termos comparativos, os brasileiros (3h 46min) passam 57% a mais de tempo usando mídias sociais do que o restante do mundo (2h 24min).

Esses dados sobre a realidade do Brasil demonstram que o mercado da *Economia Criativa* no país pode ser ainda mais efetivo do que no restante do mundo, com potencial para promover engajamentos e conversões lucrativas para os profissionais e empresas parcerias.

Nesse contexto, prevê-se que o *Metaverso* (Rijmenam, 2022) criará uma nova e promissora onda de oportunidades de negócio, especialmente para criadores de conteúdos digitais, que se empoderarão em plataformas abertas e descentralizadas, maximizando seus lucros também em razão também das baixas taxas de utilização dos novos ambientes. De fato, "na sociedade contemporânea não é possível mais separar o mundo físico da realidade virtual" (Lelis, 2019b, p. 164).

Por natureza, o metaverso representa uma economia criativa, que demanda a criação de novos mundos virtuais, com jogos, vídeos, músicas e artes imersivos e volumétricos; ambientes científicos, inovativos e educacionais com realidade aumentada; além de avatares que mimetizam a realidade humana. É no âmbito dessa nova Sociedade Digital globalizada que se insere a *Creator Economy*, a seguir estudada.

2. CREATOR ECONOMY

A nova geração de empreendedores independentes que criam conteúdo *online* e atuam como influenciadores digitais está inserida na *Creator Economy* (O QUE É, 2023). Trata-se de um modelo de negócio autônomo construído com base na internet, que faz uso de plataformas digitais[3] e redes sociais para gerar acessos e engajamento de seguidores, gerando monetizações por meio de publicidade e compartilhamento de produtos e serviços *online*, em escala global e sem as limitações de fronteiras nacionais.

Essa economia está inserida no âmbito da *Creative Economy*, que as Nações Unidas definem como um mercado vital para o desenvolvimento sustentável, baseado em atividades que usam a criatividade e o capital intelectual como insumos primários para a criação ou o aprimoramento tanto de produtos ou serviços tangíveis, quanto de bens intangíveis, tais como objetos intelectuais ou artísticos com conteúdo criativo e valor econômico e social para o mercado (UNITED NATIONS, 2022, p. 12; 27).

Para se ter uma ideia do potencial econômico desse mercado (*Creative Economy*), pesquisa realizada pelo *Goldman Sachs* prevê que o volume de recursos movimentados irá praticamente dobrar nos próximos anos, saltando de 250 bilhões de dólares, no ano de 2023, para 480 bilhões em 2027, montante que representa mais de 2,4 trilhões de reais[4] (THE, 2023).

De acordo com o banco de investimento, o surgimento dos criadores de conteúdo é um dos mais relevantes

3. Ranqueadas de acordo com a quantidade de usuários ativos por mês, as plataformas digitais e redes sociais mais acessadas do mundo são, nessa ordem: (1) Facebook: 3,03 bilhões; (2) Youtube: 2,49 bilhões; (3) WhatsApp: 2,00 bilhões; (4) Instagram: 2,00 bilhões; (5) WeChat: 1,33 bilhões; e (6) TikTok: 1,22 bilhões (STATISTA, 2023).

4. Em 3/11/2023, o Banco Central do Brasil apresentava a cotação de 4,8904 reais para a compra de 1 Dólar EUA (BCB, 2023).

fenômenos da era digital, marcada pela redução de barreiras para a produção e difusão de conteúdo *online*, bem como pela expansão do consumo de bens digitais ou produtos físicos adquiridos por intermédio de plataformas eletrônicas (THE, 2023).

Em todo o mundo, estima-se que existam em torno de 50 milhões de pessoas atuando nesse ecossistema, tanto em atividades *diretas* de criadores de conteúdo, a exemplo dos influenciadores digitais em si, quanto *indireta* de profissionais que trabalham no apoio à produção, gerenciamento e difusão das mídias, tais como designers, editores e administradores de canais e comunidades (THE, 2023).

De todo modo, apenas 4% das pessoas desse grupo se enquadram como profissionais (2 milhões de pessoas), com base em um critério de faturamento igual ou superior a 100 mil dólares por ano (THE, 2023), o equivalente a pouco mais de 40 mil reais por mês.

Como delimitação, deixa-se claro que o escopo do presente estudo é a atuação dos empreendedores *diretos* da *Creator Economy*, aqueles que se tornam pessoalmente a sua própria marca, de maneira autônoma, produzindo, divulgando e monetizando conteúdo e publicidade *online*.

No Brasil, esses profissionais podem atuar como pessoa física ou jurídica, própria ou de terceiros. Na primeira, a pessoa natural pode ser um autônomo ou um profissional liberal. Na segunda, é possível que o empreendedor seja proprietário de sua própria empresa, com ou sem sociedade com outros profissionais. Esse modelo de atuação repercutirá no regramento tributário, sendo mais vantajosa a atuação empresarial (Sousa, 2019, p. 119).

A principal fonte de receita dos influenciadores digitais advém do *marketing de influência*, por meio de publicidade de produtos e serviços *online* de marcas parcerias, com divulgação de vídeos e outras mídias a seus seguidores.

Estima-se que 70% de suas receitas decorram dessas atividades de *branding*.

Diretamente, além desses contratos, os profissionais também podem (i) licenciar para uso, locar ou ceder bens digitais, tais como *e-books*, cursos e mentorias, em negociação direta com os seguidores, sem intermediação de plataformas; (ii) permutar produtos e serviços, físicos ou digitais, em troca da divulgação dos itens em seus perfis sociais; bem como (iii) angariar transferências em dinheiro, feitas pelos seguidores, como troca pelo acesso a conteúdo digitais exclusivo (THE, 2023).

Esclarece-se que o comércio eletrônico indireto (Emerenciano, 2003, 61) não será objeto de estudo nesta investigação, pois envolvem bens físicos da economia tradicional comercializados por meio de canais informatizados, tais como livros impressos e outros objetos.

Por sua vez, *indiretamente*, os empreendedores digitais monetizam recebendo recursos distribuídos por plataformas, como resultados de participações em (i) cessão, a plataformas, de direitos de comercialização de licenças de uso bens digitais, tais como *e-books*, cursos e mentorias; (ii) participações em comércio eletrônico de bens digitais ou físicos que foram promovidos pelo criador; (iii) receitas de anúncios divulgados em seus canais, sites e blogs, por cliques e tempo de visualização; (iv) royalties de direitos de autor, por desempenho de vídeos e outras mídias, de acordo com visualizações e engajamentos; e (v) receitas residuais, tais como por participações em assinaturas de usuários premium, e por interações pagas com seguidores durante transmissões ao vivo, a exemplo do *Super Chat* e do *Super Stickers* do *Youtube*.

O quadro abaixo ilustra essas classificações.

Figura 1 – Criadores de conteúdo digital e modalidades de receita

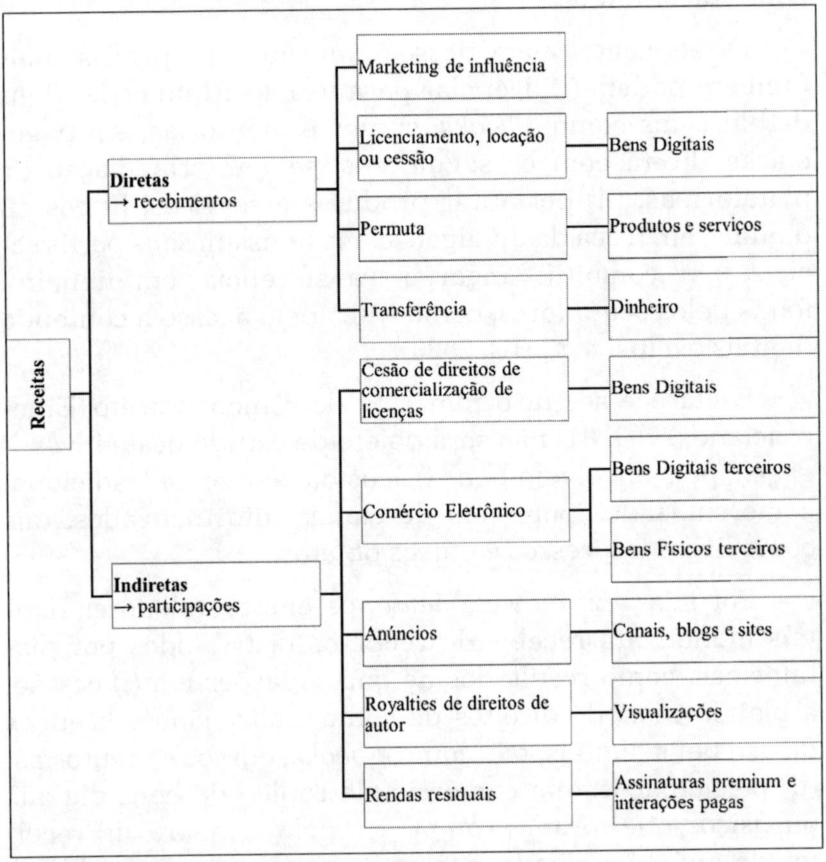

Fonte: quadro de classificação elaborado pelo autor.

Essas classificações serão utilizadas no tópico 4 para se analisar o regime tributário aplicável a cada uma das fontes de receita.

3. NÔMADES DIGITAIS

Em uma visão sociológica, *nômade* é um “povo ou tribo que, por ser errante, não tem sede fixa” (Diniz, 2022, p. 367), ideia que é extensível ao indivíduo com habitação cambiante, que não se estabelece em lugar algum, em geral pertencente a um grupo que não se restringe a limites territoriais ou fronteiras nacionais (Nômade, 2023).

O elemento central desse conceito é a ausência do intuito de permanência em determinada localidade, de modo que suas moradias físicas são tidas como temporários pelo nômade, que possui a intensão de seguir migrando de um local para o outro.

É justamente nesse contexto tecnológico de liberdade, flexibilidade e ausência de barreiras territoriais que se insere o *nômade digital*, conceituado por Souza (2019, p. 15-20) como aquela pessoa que se apropria da internet para trabalhar em ambientes remotos, de qualquer lugar do mundo, conciliando uma vida em constante movimento.

O nômade moderno "não se fixa em local de trabalho específico e se vale das tecnologias digitais para trabalhar [...], executando seu mister de maneira *online*", sem a necessidade de estar presente em instalações físicas determinadas (Almeida Junior e Braga, 2023, p. 106).

Tsugio Makimoto e David Manners (1997, p. 2-3) vislumbraram esse futuro hiperconectado há décadas. Por meio da obra *Digital Nomad*, os autores previram que as novas tecnologias nos proporcionariam todas as facilidades de nossa casa e escritório em qualquer lugar, disponíveis na palma de nossas mãos.

O nomadismo moderno, digital, representa um estilo de vida com elevada mobilidade de pessoas que exploraram livremente diferentes locais do mundo [e quem sabe do universo], sem a necessidade de um endereço fixo de residência ou trabalho (Schlagwein, 2018).

Os neonômades aliam o prazer em viajar e descobrir novos lugares com as facilidades do trabalho remoto, com relevantes implicações para indivíduos, negócios, governos e sociedades.

Essa visão de mundo está alinhada com a denominada *Sociedade 5.0*, apresentada pelo Laboratório *Hitachi-U-Tokyo*, que funde a realidade física com o *ciberespaço* para criar um ambiente de conhecimento imersivo sobre a sociedade, orientado a dados, capaz de equilibrar desenvolvimento econômico com avanço social, além de disponibilizar bens e serviços que atendam às necessidades patentes e latentes das sociedades, independentemente da localidade, idade, sexo ou idioma (Hitachi-Utokyo, 2020, p. 1-2).

Para a instituição japonesa, o ciberespaço também disponibilizará um escritório virtual, o que conferirá uma maior flexibilidade geográfica para as pessoas possam viver e trabalhar em lugar do mundo; é uma inovação na forma de organização das cidades e dos espaços de convivência social (Hitachi-Utokyo, 2020, p. 64).

Ainda que existisse entusiasmo em torno do nomadismo digital antes da pandemia de covid-19, foi a partir de 2020 que se testemunhou a massificação do trabalho remoto. Empregados e empreendedores de todo o mundo passaram a usufruir das oportunidades do teletrabalho, com flexibilização de regras e obrigações de trabalho que antes exigiam a presença física de seus funcionários nas empresas (Greene e Sanderson, 2023).

Até mesmo em órgãos governamentais, houve a promoção de significativos avanços normativos e tecnológicos que contribuíram para a prestação *online* de serviços públicos, a exemplo do Poder Judiciário (Vieira, 2023). A Justiça deixou de ser um lugar, restrito aos estabelecimentos físicos das varas e tribunais, para se tornar um serviço virtual, prestado à distância de qualquer lugar (Susskind, 2016, p. 266).

Os profissionais da *Economia Criativa* são potenciais adeptos do nomadismo digital, pois suas atividades podem ser realizadas de qualquer lugar, em plataformas *online*, bastando uma boa conexão à internet e um ambiente agradável de vida.

De todo modo, é preciso alertar para os riscos e desafios para a manutenção de um ambiente de trabalho decente e que atenda a direitos fundamentais dos trabalhadores, "em situações dignas, em ambientes sadios e de forma que as condições de seguridade e equidade" sejam preservadas" (Barzotto e Alles, 2023, 5), assegurando o cumprimento dos direitos humanos dos trabalhadores (Stürmer e Alves, 2023, p. 7).

4. TRIBUTAÇÃO DA NOVA GERAÇÃO DE EMPREENDEDORES DIGITAIS

O escopo deste ensaio gira em torno das atividades profissionais realizadas por empreendedores digitais brasileiros que atuam como criadores de conteúdo em plataformas e redes sociais *online*, quando esses profissionais residirem no exterior, com base em vistos regulares de nômades digitais.

Como premissas, restringe-se que os produtos e serviços aqui analisados são apenas os digitais, que atraem um regime próprio de tributação. Não serão apreciados, pois, negócios jurídicos envolvendo a economia tradicional.

4.1 Bens e serviços digitais e tributação

Os bens digitais são constituídos por "conjuntos organizados de instruções, [...] armazenados em forma digital, podendo ser interpretados por computadores e por outros dispositivos assemelhados que produzam funcionalidades predeterminadas" (Emerenciano, 2002, 103).

A existência dos bens digitais não é tangível de forma direta pelos sentidos humanos, dependendo de circulação por redes teleinformáticas, uma vez que não se encontram aderidos a suporte físico. Trata-se de direitos intelectuais, que "são aqueles referentes às relações entre as pessoas e as coisas (bens) imateriais que criam e trazem a lume [...]" (Emerenciano, 2003, 85).

Efetivamente, "os bens digitais trazem uma nova faceta de negócio que envolve uma espécie de fusão entre serviço e mercadoria, o que remete à dualidade de tributação na origem ou no destino em relação aos serviços e produtos do *e-commerce*" (Scaff e Scaff, 2021, 327).

Esses bens se enquadram como softwares sem suporte físico, estando submetidos ao mesmo regime jurídico de *Direito Autoral* (Emerenciano, 2003, 84-85), nos termos do artigo 2 da Lei 9.609/1998 ("O regime de proteção à propriedade intelectual de programa de computador é o conferido às obras literárias pela legislação de direitos autorais e conexos vigentes no País, observado o disposto nesta Lei"), representando bens intelectuais (artigo 49).

São bens digitais os conteúdos produzidos e transmitidos pelos criadores, tais como vídeos, *livestreaming*, áudios, músicas, *e-books*, cursos, mentorias e artes, que possuem natureza imaterial, sendo fruto da propriedade intelectual (Urbieta, 2022, p. RB-9.2).

Esses bens não podem ser objeto de venda, vez que o direito titularizado pelo autor diz respeito à criação e utilização da obra e não ao *corpus mechanicum* no qual se exterioriza", mas sim de licenciamento para uso, locação ou cessão (Emerenciano, 2003, 93-94; e 150). Além dos itens mencionados, destaca-se que criptomoedas e NFTs (*Non-Fungible Tokens)* também são considerados bens digitais (Cazarim, 2022, p. 145).

E no que tange aos *serviços digitais*, são aqueles prestados *online*, por meio da internet, sem envolver atividades que demandem atividades no mundo físico. Exemplo relevante é o marketing de influência (branding), prestado pelos *Digital Influencers*, considerada a principal fonte de renda desses profissionais.

Partindo dessas premissas, pergunta-se: no Brasil, estará sujeito a tributação o cidadão brasileiro que vive em outro país regularmente como nômade digital, produzindo e comercializando produtos e serviços eletrônicos em plataformas *online* por meio de trabalho remoto?

Como conceito preliminar, retoma-se lição de Paulo de Barros Carvalho (2014, p. 135) de que a norma tributária integra o quadro das regras de conduta, "pois define por inteiro a situação de fato, sobre qualificar deonticamente os comportamentos inter-humanos por ela alcançados".

Robson Maia Lins (2019, p. 397-398) ensina que o fato antecedente prescreve uma hipótese na "qual a situação do mundo da vida que dará ensejo ao pagamento do tributo", o que significa que a ausência de identidade entre os elementos do fato concreto e da hipótese fulminam o intento de tributação.

Além da natureza eletrônica das atividades, os nômades ostentam a qualidade de não possuírem uma residência definitiva no Brasil, pelo menos no que tange à pessoa natural, uma vez que vivem em outros países, igualmente sem a pretensão de definitividade.

Nada impede que o nômade digital formalize e mantenha aberta uma *pessoa jurídica* no Brasil, que passará a ser o centro tanto de suas atividades tanto para receitas diretas quanto indiretas, mesmo que a pessoa natural viva no exterior, atuando *online* e com clientes em todo o mundo.

Mateus de Souza (2019, p. 119-124) aponta que a formalização de uma empresa pode ser vantajosa para os nômades digitais, em razão da existência no Brasil de diversas categorias empresárias escalonadas conforme o faturamento, bem como da possibilidade de vinculação a regimes unificados e favorecidos de tributação, com emissão regular de notas fiscais, a exemplo do Microempreendedor Individual (MEI), do Empresário Individual (EI), da Empresa Individual de Responsabilidade Limitada (EIRELI) e da Sociedade Limitada (LTDA).

Nesses casos, qualquer que seja (i) o país de residência temporária do profissional, (ii) a origem territorial dos recursos, (iii) a moeda de suas fontes de receita, e (iv) o local geográfico de seus clientes, *a tributação ocorrerá no Brasil*, o que ameniza os riscos de cobrança em duplicidade em outros países.

Por oportundo, destaca-se ainda que as atividades de exportação de bens e serviços no Brasil possuem proteções contra a tributação, bem como são beneficiadas por incentivos fiscais, o que acaba por reduzir a carga tributária dos nômades digitais.

4.2 Domicílio e nômades digitais

Se os fatos econômicos praticados pelos nômades digitais representem hipóteses de incidência tributária, a questão é saber onde os tributos deverão ser recolhidos, se nacionalmente ou no país estrangeiro em que a pessoa estiver habitando no momento do fato.

Partindo da premissa de migração contínua, a fixação do domicílio fiscal do nômade é um desafio normativo. Essa dificuldade se torna ainda maior quando se trata de criadores de conteúdo digital, pois o seu local de trabalho e de realização das atividades é *online*.

As regras tradicionais de direito *civil* (Lei nº 10.406/2002 – Código Civil, artigos 70 e seguintes) não aplicam à situação apreciada, pois os criadores nômades não possuem a intenção de permanecer em nenhum local com "ânimo definitivo", vivendo em constante migração, de um local para o outro, nem mesmo exercem suas atividades profissionais em espaços físicos, mas sim em ambientes virtuais.

Igualmente, as normas gerais de domicílio *tributário* (Lei nº 5.172/1966 – Código Tributário Nacional, artigos 127 e seguintes) são insuficientes para regular a realidade digital, uma vez que leva em consideração elementos de residência habitual, centro habitual de atividades e sede de pessoa jurídica.

Esses critérios estão presos ao plano físico da existência; é preciso se avançar para um modelo de fixação de domicílio que leve em consideração as novas realidades do mundo digital.

Nelson Nery Junior (2022, p. RL-2.10) defende a adoção de um *domicílio eletrônico*, inserido na noção de espaço virtual, que não se vincula a nenhum lugar do mundo físico, sensível. O conceito adota os seguintes critérios:

(a) Domicílio que se estabelece num não lugar onde acontecem fenômenos jurídicos;

(b) Um não lugar que – conquanto tenha existência apenas virtual – se destina ao encontro de pessoas e que se presta à realização de relações jurídicas como centro da atividade de alguém; e

(c) Um lugar de prestação de serviços que se oferece pela internet, centro das atividades de alguém.

Em suma, o domicílio eletrônico representa um ambiente na internet "desterritorializado" que viabiliza a prática de atos e atividades, bem como o encontro de pessoas e a prestação de serviços, em um novo processo civilizatório de relações sociais a partir do espaço digital, marcado pelo caráter difuso, aberto e colaborativo (Fiorillo, 2014, p. 123).

Nesse espaço virtual, o domicílio da pessoa natural ou jurídica seria fixado pela local das atividades *online*, independentemente da localização física dos sujeitos envolvidos. O intitulado *metaverso* (Azevedo e Souza, 2022, p. RB-1.2), portanto, surge como um novo desafio para o sistema de direito civil, que passa a admitir como "fatos jurídicos, sensíveis às indagações da civilidade, ocorrências que se manifestam no campo virtual" (Nery Junior, 2022, p. RL-2.2).

4.3 Receitas diretas: recebimentos

Reiterando o conteúdo apresentado no tópico 2 (*Creator Economy*), *diretamente*, os criadores de conteúdos digitais monetizam os seus trabalhos por (i) marketing de influência *online*; (ii) licenciamento para uso, locação ou cessão de bens digitais, tais como *e-books*, cursos e mentorias, em negociação direta com os seguidores, sem intermediação de plataformas; (iii) permuta de produtos e serviços, físicos ou digitais, em troca da divulgação dos itens em seus perfis sociais; bem como (iv) transferências em dinheiro, feitas pelos seguidores, como pagamento pelo acesso a conteúdo digital exclusivo.

Nessas atividades, o maior dilema dos nômades é saber se deve recolher impostos, se sim, quais, bem como onde e como pagá-los (Souza, 2019, p. 119).

No que tange ao imposto estadual do *ICMS*, trata-se de gênero que incorpora pelo menos seis impostos autônomos, com critérios materiais relacionados a (i) mercadorias; (ii) transporte; (iii) comunicação; (iv) lubrificantes, combustíveis e energia elétrica; (v) minerais; e (vi) importação (Emerenciano, 2003, 129; 191). A hipótese de incidência que, teoricamente, mais se aproximaria dos bens e serviços digitais é a relativa à circulação de "mercadorias".

Ocorre que, nenhuma das atividades de monetização acima apresentadas se subsume aos critérios materiais da exação, seja pela ausência de "operações de circulação", seja pelo fato de os bens digitais não representarem "mercadorias" (Emerenciano, 2003, 154; 157). Irrelevante, portanto, analisar eventuais diferenças entre o regime da pessoa física e jurídica.

Ainda que os estados tenham editado atos infralegais (Convênios n°s 181/2015 e 106/2017) prevendo a tributação de operações com bens digitais, essa possiblidade deve ser rechaçada, pois a materialidade do ICMS não permitir a tributação dessas operações (Carpinetti e Conca, 2018, p. 6).

Aliás, o Supremo Tribunal Federal (STF), no julgamento da Ação Declaratória de Inconstitucionalidade (ADI) nº 5.659/MG (Brasil, 2021a), reconheceu que as operações relacionadas a bens digitais não estão sujeitas à incidência do ICMS.

Para o Tribunal, negócios jurídicos digitais estariam sujeitos ao imposto municipal do ISS, por se tratar de regime análogo ao aplicável aos softwares (subitem 1.05 da lista anexa à LC nº 116/2003 – "licenciamento e a cessão de direito de uso de programas de computação").

Essa posição do Supremo é controversa, porquanto criou uma generalização que desconsidera as especificidades da realidade dos produtos e serviços digitais. Em outras palavras, entende-se que diversas atividades digitas não estarão sujeitas nem ao ICMS nem ao ISS, não sendo tributadas por nenhum imposto sobre o consumo.

Em continuidade, com relação ao *ISS*, as atividades digitais em análise podem ser consideradas como fato gerador do tributo municipal?

Trata-se de exação que tem como núcleo material a prestação de serviços de qualquer natureza, em caráter residual em relação aos serviços tributados pelo ICMS, e desde que os serviços estejam definidos em lei complementar (CF, artigo 156).

Na definição dos serviços, a LC nº 116/2003 prevê que o imposto, "de competência dos Municípios e do Distrito Federal, tem como fato gerador a prestação de serviços constantes da lista anexa, ainda que esses não se constituam como atividade preponderante do prestador" (artigo 1º).

Como recorte metodológico, adota-se a materialidade do Imposto sobre Serviços (ISS) que exige a "prestação de esforço humano a terceiros, com conteúdo econômico e sem relação de emprego, em caráter negocial, sob regime de direito privado, tendente a obtenção de um bem material ou imaterial compreendendo exclusivamente obrigações de fazer" (Emerenciano, 2003, p. 171).

A partir desse conceito, exige-se que os serviços sejam prestados por humanos, tendo tenham caráter negocial de direito privado, bem como conteúdo econômico, sem envolver relações de emprego, e desde que seja uma obrigação de fazer, representando situação de não incidências os fatos que representam obrigações de dar, entregar ou ceder um bem, justamente o caso de negócios realizados na era da economia digital (Albanezi, 2022, 140-141).

Pois bem, quanto à *primeira atividade* (marketing de influência), entende-se que o serviço cumpre os requisitos conceituais de enquadramento, além de estar incluído ou no item 17.06 (Propaganda e publicidade, inclusive promoção de vendas, planejamento de campanhas ou sistemas de publicidade, elaboração de desenhos, textos e demais materiais publicitários), ou no item 17.25 (Inserção de textos, desenhos e outros materiais de propaganda e publicidade, em qualquer meio), este último incluído por meio da LC nº 157/2016, especificando que a publicidade poderia ser realizada por *qualquer meio*, físico ou digital.[5]

5. Nesse mesmo sentido, de "as atividades publicitárias realizadas pelos influenciadores digitais no Instagram são serviços para fins tributários" (Rodrigues, 2021, p. 76).

Quanto à *segunda* (licenciamento para uso, locação ou cessão de bens digitais), tais como *e-books*, cursos e mentorias, em negociação direta com os seguidores, sem intermediação de plataformas, considera-se que se trata de negócios jurídicos que não se enquadram no critério material do ISS, alinhando-se ao entendimento de Adelmo da Silva Emerenciano (2003, p. 175), de que essas operações não são obrigações de fazer, mas sim de permitir o uso, locação ou a cessão.

A mesma solução se aplica à terceira (permuta) e quarta (transferências), por ausência de obrigações de fazer. Com efeito, somente o *marketing de influência* estaria sujeito ao imposto do ISS, devendo ser afastada a tributação nos demais casos.

Essas últimas situações representam fatos, ainda que jurídicos, não sujeitos à tributação pelo ISS, afinal, "os parâmetros utilizados para fins de definição de serviços na economia digital não podem ser modificados com o intuito de abarcar negócios que não se enquadram perfeitamente sob o conceito de serviço ou mercadoria" (Albanezi, 2022, 141).

De mais a mais, nenhuma das atividades em questão se amoldaria à hipótese de incidência nem do Imposto de Importação (II), nem no Imposto de Exportação (IE), ao fundamento de que o pressuposto de entrada e saída de bens móveis e tangíveis de fronteiras físicas é inatingível no mundo virtual (Emerenciano, 2003, p. 188-189).

Por fim, toda a renda auferida com essas atividades estará sujeita ao Imposto de Renda (IR), salvo aquelas que não representem ganhos ou acréscimos patrimoniais.

4.4 Receitas indiretas: participações

Como apresentado no tópico 2 (*Creator Economy*), as receitas *indiretas* decorrem de recursos repassados pelas plataformas, como resultados de participações em (i) cessão, a plataformas, de direitos de comercialização de licenças de uso bens digitais, tais como *e-books*, cursos e mentorias; (ii) comércio eletrônico de bens digitais ou físicos de terceiros, que foram promovidos pelo criador; (iii) receitas de anúncios divulgados em seus próprios canais, sites e blogs; (iv) royalties de direitos de autor em relação às mídias divulgadas; e (v) rendas residuais.

Essas atividades são realizadas diretamente pela plataforma, sendo o criador de conteúdo beneficiado indiretamente das operações em razão dos repasses financeiros. Se os fatos em questão forem enquadrados no critério material de eventual hipótese tributária, os sujeitos passivos seriam as próprias plataformas, que realizam ou intermediam as transações e operações associadas, afastada a tributação dos criadores de conteúdo.

Desse modo, os empreendedores estarão sujeitos apenas à tributação sobre a *renda*, ainda que indiretamente auferida. A incidência ocorrerá tanto no país da fonte pagadora, quanto no local fiscal do beneficiário, que poderá variar a depender do tipo de conta cadastrada na plataforma: se jurídica, será o endereço fiscal da empresa; e se física, será o domicílio fiscal do nômade digital, como pessoa natural, no momento da disponibilização da renda (Souza, 2019, p. 124).

No Brasil, a regra-matriz do Imposto de Renda (IR) prevê que o contribuinte é tributado "pela totalidade dos lucros e rendimentos obtidos dentro ou fora das fronteiras brasileiras", em bases mundiais, o que resulta em dupla tributação sobre o mesmo fato tributário (Emerenciano, 2003, 67-68).

A extraterritorialidade diz respeito ao critério espacial do imposto de renda, que se admite sejam fixados em locais que extrapolam o próprio âmbito de vigência da lei instituidora, como o imposto sobre renda auferida no exterior (Britto, 2014).

Por exemplo, um *brasileiro* que exerce suas atividades na Estônia com visto de nômade digital não estará obrigado a recolher impostos no país europeu se estiver lá vivendo por até 183 dias, consecutivamente. Porém, a partir do dia seguinte (184º dia), o profissional será considerado um residente fiscal, devendo declarar e pagar impostos no país (Estônia, 2023).

Situação análoga ocorre com um *estrangeiro* que viva no Brasil como nômade digital, com visto regular (Brasil, 2021b), ainda que trabalhe remotamente produzindo conteúdo digital para usuários internacionais, será considerado residente fiscal no país somente se ficar pelo menos 184 dias, consecutivos ou não, durante o período de 12 meses, nos termos da Instrução Normativa (IN) nº 208/2002, artigo 2º, e da Resolução nº 45/2021.

Ainda de acordo com essa normativa, a partir da qualificação como residente fiscal, o nômade digital estrangeiro passará a estar sujeito à tributação no Brasil, ainda que seus rendimentos sejam auferidos por atividades no exterior, inclusive *online*, quer os recursos sejam ou não transferidos para o país, com riscos de dupla tributação em relação às incidências em seu país de origem. Essa qualidade de residente, de todo modo, confere ao nômade estrangeiro o direito de abrir empresas no Brasil.

Nas situações sujeitas a mais de uma tributação sobre o mesmo rendimento, por diferentes países (local da residência fiscal e país da fonte de renda), será preciso analisar se os Estados possuem acordo de não bitributação, ou eventuais entendimentos de compensação e reciprocidade, para se evitar o efeito de duplicidade na cobrança de impostos sobre a renda.

O Brasil possui acordo com 38 países (Acordos, 2023), que buscam ou evitar a dupla tributação ou amenizar os seus efeitos, por meio da concessão de créditos para dedução e compensação entre os fiscos locais (Emerenciano, 2003, 68).

Para se exemplificar, passa-se à análise da plataforma de monetização *AdSense* (GOOGLE, 2023), responsável pelo Youtube. No cadastro inicial, de pessoa física ou jurídica, cada usuário deve selecionar o país ou território onde mora (domicílio), local que usado pela plataforma para verificar a identidade da pessoa e garantir o recebimento de pagamentos. De acordo com o portal, "essa informação não pode ser alterada" posteriormente.

No portal de ajuda do Youtube, são apresentados os Requisitos fiscais dos EUA para ganhos do YouTube (Requisitos, c2023). De acordo com a página, as receitas geradas nessa plataforma são consideradas ganhos em dólar nos Estados Unidos da América (EUA), independentemente da localização no mundo dos criadores de conteúdo. Com efeito, a Google deve reter o IR na fonte, caso as deduções sejam aplicáveis.

Para fins de tributação, a multinacional classifica os ganhos de acordo com a *origem* geográfica dos espectadores (usuários do *Youtube*) que geraram a monetização, entre (1) internos, quando os acessos foram provenientes dos EUA, ou (2) externos, nos casos em que os acessos foram realizados a partir de quaisquer outros locais do mundo.

Para criadores localizados fora dos EUA, a exemplo dos nômades digitais, a multinacional só é obrigada a reter na fonte o IR americano sobre a parcela dos ganhos decorrentes de acessos *internos*, devendo os ganhos externos serem tributados de acordo com as leis fiscais locais de cada país.

Nesses casos, a taxa de retenção na fonte vai ser de 0% a 30% da receita gerada com espectadores nos EUA, podendo variar a depender da existência de acordos fiscais entre o governo americano e o país de origem do criador, que reduzam ou eliminem a *dupla tributação*.

A título de exemplo (United, 2023), se o criador for um nômade digital com domicílio fiscal no Brasil, a dedução na fonte em relação receita gerada com espectadores nos EUA será a máxima (30%), uma vez não há acordo fiscal entre os países.

Por sua vez, mesmo que o criador seja um brasileiro, porém vivendo como nômade digital com domicílio fiscal em Barbados, Portugal ou Estônia, a dedução será de apenas 5%, pois esses países possuem acordo fiscal com o governo estadunidense (United, c2017-2023).

Após as devidas retenções, os recursos poderão ser enviados a outros países por meio de transferência internacional.

Por fim, a Google é obrigada a recolher e compartilhar com o governo americano informações fiscais de todos os criadores digitais, independentemente do local em que esteja, devendo os criadores apresentar seus dados diretamente à plataforma por meio de declarações.

CONCLUSÕES

O mundo vivencia o fenômeno da *Sociedade Digital*, que representa a integração das comunidades em ambientes *online* sem as barreiras físicas da distância geográfica e as fronteiras nacionais, fruto da evolução disruptiva de novas tecnologias que viabilizaram a integração entre os mundos virtual e físico.

Essa nova sociedade é "habitada" pela *população digital*, formada por 5,3 bilhões de usuários conectados à internet em todo o planeta, o que representa 65,7% da população mundial, usuários transnacionais de conteúdos, produtos e serviços internacionais, que convivem em plataformas e redes sociais cada vez mais integradas à realidade física.

A *Creator Economy* está inserida nesse ambiente de "Metaverso", viabilizando que empreendedores independentes criem conteúdo *online* e atuem como influenciadores digitais, gerando acessos e engajamento monetizáveis, em escala global. Atualmente, são mais de 50 milhões de pessoas em todo o mundo atuando nesse ecossistema, apesar de apenas um percentual 4% ser enquadrado como profissional (2 milhões de pessoas).

Os criadores de conteúdo e influenciadores digitais podem gerar receitas direta ou indiretamente. Na primeira, o marketing de influência representa a principal fonte de recursos, somados a outras atividades, realizadas em contatos diretos do empreendedor com os usuários. Na segunda, os empreendedores digitais monetizam recebendo recursos distribuídos por plataformas, como resultados de participações das atividades por elas gerenciadas.

Os profissionais da *Economia Criativa* são potenciais adeptos do nomadismo digital, pois suas atividades podem ser realizadas de qualquer lugar, em plataformas *online*, bastando uma boa conexão à internet e um ambiente agradável de vida.

O nomadismo moderno, digital, representa um estilo de vida com elevada mobilidade de pessoas que exploraram livremente diferentes locais do mundo [e quem sabe do universo], sem a necessidade de um endereço fixo de residência ou trabalho.

Nos casos em que os empreendedores digitais residirem no exterior, com base em vistos regulares de nômades digitais, surge o desafio de se definir o domicílio fiscal para fins de tributação, com definição de um planejamento tributário que seja regular e representa oportunidades de eficiência para os sujeitos envolvidos, de modo a se evitar situações de evasão fiscal e de dupla tributação.

Por fim, foi demonstrado o regime tributário incidente tanto nas receitas diretas quanto indiretas, como forma de contribuir para o planejamento fiscal das atividades dos criadores de conteúdo, bem como para uma adequada aplicação das regras tributárias nacionais, evitando-se a dupla tributação.

REFERÊNCIAS

ACORDOS para evitar a dupla tributação e prevenir a evasão fiscal. *Receita Federal do Brasil*, 2023. Disponível em: https://www.gov.br/receitafederal/pt-br/acesso-a-informacao/legislacao/acordos-internacionais/acordos-para-evitar-a-dupla-tributacao/acordos-para-evitar-a-dupla-tributacao. Acesso em: 3 nov. 2023.

ALBANEZI, T. B. A possibilidade de tributação das atividades da economia digital pelo ISS à luz da Constituição federal e a posição do STF acerca do tema. *In*: *Revista brasileira de direito tributário e finanças públicas*, v. 16, n. 91, p. 131-154, mar./abr. 2022.

ALMEIDA JUNIOR, J. T. M.; BRAGA, R. P. O direito do trabalho na era digital: teletrabalho, nômades digitais e proteção de dados. *In*: *Manual de direito na era digital*: trabalho. Indaiatuba: Foco, 2023, p. 95-121.

AZEVEDO E SOUZA, B. *Metaverso e Direito*. São Paulo: Revista dos Tribunais, 2022. *E-book*. Disponível em: https://proview.thomsonreuters.com/launchapp/title/rt/monografias/295061050/. Acesso em: 3 nov. 2023.

BARZOTTO, L. C; ALLES, M. S. As relações de trabalho e o nomadismo digital: uma nova cultura de controle laboral e o sobretrabalho. *In*: Revista de direito do trabalho e seguridade social, v. 49, n. 229, p. 96-112, maio/jun. 2023. url: https://bd.tjdft.jus.br/jspui/handle/tjdft/55533

BCB. Site do Banco Central do Brasil, 2023. Disponível em: https://www.bcb.gov.br/. Acesso em: 3 nov. 2023.

BENACCHIO, M.; MACIEL, R. M. A LGPD sob a perspectivada regulação do poder econômico. *In:* LIMA, C. R. *Comentários à Lei Geral de Proteção de Dados*. São Paulo: Almedina, 2020. p. 39-67.

Brasil. Conselho Nacional de Imigração. *Resolução Normativa nº 45*, de 9 de setembro de 2021. Dispõe sobre a concessão de visto temporário e de autorização de residência para imigrante, sem vínculo empregatício no Brasil, cuja atividade profissional possa ser realizada de forma remota, denominado "nômade digital". Brasília, DF: CNIG, 2021b. Disponível em: https://portaldeimigracao.mj.gov.br/pt/nav-guiada/rn-45. Aceso em: 3 nov. 2023.

BRASIL. Supremo Tribunal Federal (Tribunal Pleno). *Ação Declaratória de Inconstituciona-lidade 5.659/MG*, Relator: Ministro Dias Toffoli, julgada em 24 de fevereiro de 2021a. Disponível em: https://portal.stf.jus.br/processos/detalhe.asp?incidente=5132886. Acesso em: 13 out. 2023.

BRITTO, L. G. *O lugar e o tributo*. São Paulo: Noeses, 2014.

CARPINETTI, A. C.; CONGA, G. É possível a incidência do ICMS sobre operações com bens digitais?. *In*: *Revista dos Tribunais*, v. 107, n. 992, p. 149-167, jun. 2018.

CARVALHO, P. B. *Direito tributário: fundamentos jurídicos da incidência*. 9ª ed. São Paulo: Saraiva, 2014.

CAZARIM, I. C. NFTs e smart contracts: o futuro dos bens digitais. *In*: *Revista brasileira de direito contratual*, v. 4, n. 13, p. 139-150, out./dez. 2022.

DINIZ, Maria H. *Dicionário jurídico universitário*. São Paulo: Editora Saraiva, 2022. *E-book*. Disponível em: https://integrada.minhabiblioteca.com.br/reader/books/9786555598636/pages/. Acesso em: 1º nov. 2023.

EMERENCIANO, A. S. *Tributação no Comércio Eletrônico*. (Doutorado em Direito Econômico e Financeiro). Faculdade de Direito, Pontifícia Universidade Católica (PUC-SP),

São Paulo, 2002. Disponível em: https://www.academia.edu/39521771/TRIBUTA%C3%87%C3%83O_DOS_BENS_DIGITAIS. Acesso em: 3 nov.2023.

EMERENCIANO, A. S. *Tributação no Comércio Eletrônico*. São Paulo: IOB, 2003.

ESTONIA Digital Nomad Visa. *ETIAS*, Estonia Digital Nomad Visa Eligibility And Application, 2023. Disponível em: https://www.etias.org/blog/estonia-digital-nomad-visa-eligibility-and-application. Acesso em: 3 nov. 2023.

FIORILLO, C. A. *Princípios constitucionais do direito da sociedade da informação:* a tutelajurídica do meio ambiente digital. 1. ed. São Paulo: Saraiva, 2014.

GOOGLE. *Adsense*, 2023. Valorizamos seu conteúdo. Disponível em: https://adsense.google.com/start/. Acesso em: 3 nov. 2023.

GREENE, A; SANDERSON, T. *Remote Works*. Oakland, CA: Berrett-Koehler Publishers, 2023. *E-book*. Disponível em: https://learning.oreilly.com/. Acesso em: 1º nov. 2023.

LELIS, H. R. Economia criativa e inovação tecnológica: uma análise comparativa dos aspectos legais e econômicos ligados aos setores criativos do Brasil e do Reino Unido. *In: Revista paradigma* [recurso eletrônico], v. 28, n. 1, p. 159-180, jan./abr. 2019. url: https://revistas.unaerp.br/paradigma/article/view/1113/1281. Acesso em: 3 nov. 2023.

HITACHI-UTOKYO Laboratory. *Society 5.0*: a people-centric super-smart society. Tokyo: Springer, 2020. *E-book*. Disponível em: https://link.springer.com/book/10.1007/978-981-15-2989-4. Acesso em: 15 de abr. de 2023.

HOFFMANN-RIEM, W. *Teoria geral do direito digital:* transformação digital: desafios para o direito. 2. ed. Rio de Janeiro: Forense, 2022.

IBGE. *Censo 2022.* Rio de Janeiro: Instituto Brasileiro de Geografia e Estatística, 2023. Disponível em: https://censo2022.ibge.gov.br/panorama/. Acesso em: 1º nov. 2023.

KATSH, E. M. *Law in a Digital World.* Oxford: Oxford Univesity Press, 1995.

KEMP, Simon. *Digital 2023:* October Global Statshot Report. Singapura: Kepios, 19 out. 2023a. 304 p. Disponível em: https://datareportal.com/reports/digital-2023-october-global-statshot. Acesso em: 1º nov. 2023.

KEMP, Simon. *Digital 2023*: Brazil. Singapura: Kepios, 12 fev. 2023b. 124 p. Disponível em: https://datareportal.com/reports/digital-2023-brazil. Acesso em: 1º nov. 2023.

LINS, Robson Maia. *Curso de direito tributário brasileiro* 1. ed. São Paulo: Noeses, 2019.

MAKIMOTO, T.; MANNERS, D. Digital Nomad. 1. ed. New York: John Wiley & Sons, 1997.

MARTINEZ, F.; MARTINS, R. De influenciadores a empresários: criadores de conteúdo abrem suas próprias empresas para depender menos das redes sociais. **G1**, 31 maio 2022. Disponível em: https://g1.globo.com/empreendedorismo/noticia/2022/05/31/de-influenciadores-a-empresarios-criadores-de-conteudo-abrem-suas-proprias-empresas-para-depender-menos-das-redes-sociais.ghtml. Acesso em: 3 nov. 2023.

NERY JUNIOR, N. *Código Civil comentado* [livro eletrônico]. 4. ed. São Paulo: Thomson Reuters Brasil, 2022. Disponível em: https://proview.thomsonreuters.com/launchapp/title/rt/codigos/100083938/. Acesso em: 1º nov. 2023.

NÔMADE. *In: MICHAELIS*, Dicionário Brasileiro da Língua Portuguesa, Online. São Paulo: Editora Melhoramentos Ltda, 2023. Disponível em: https://michaelis.uol.com.br/busca?id=okXAX. Acesso em: 1º nov. 2023.

O QUE É creator economy?. *Sebrae*, Planejamento Estratégico, 18 abr. 2023. Disponível em: https://sebrae.com.br/sites/PortalSebrae/o-que-e-creator-economy,9a37941d02597810VgnVCM1000001b00320aRCRD. Acesso em: 3 nov. 2023.

REQUISITOS fiscais dos EUA para ganhos do YouTube. *Youtube*, c2023. Disponível em: https://support.google.com/youtube/answer/10391362?hl=pt#zippy=%2Cisto-significa-que-me-v%C3%A3o-ser-aplicados-impostos-no-meu-pa%C3%ADs-de-resid%C3%AAncia-e-nos-eua%2Co-que-%C3%A9-a-reten%C3%A7%C3%A3o-na-fonte. Acesso em: 3 nov. 2023.

RIJMENAM, M. V. *Step into the metaverse: how the immersive internet will unlock a trillion-dollar social economy.* Hoboken: John Wiley & Sons, 2022.

RODRIGUES, L. S. *DIREITO TRIBUTÁRIO E REDES SOCIAIS: estudo sobre a possibilidade de incidência do Imposto sobre Serviços nas atividades realizadas pelos influenciadores digitais no Instagram.* 29 abr. 2021. 105 p. Monografia (Bacharel em Direito) – Universidade Federal de Ouro Preto, Minas Gerais. 2021. Disponível em: https://www.monografias.ufop.br/bitstream/35400000/3063/6/MONOGRAFIA_DireitoTribut%C3%A1rioRedes.pdf. Acesso em: 3 nov. 2023.

SCAFF, F. F. SCAFF, L. C. M. O regime jurídico do ICMS no e-commerce. *In*: *Tributação e novas tecnologias*: software, criptomoedas, disponibilização de conteúdos, inteligência artificial. Indaiatuba, SP: Foco, 2021, p. 323-334.

SCHLAGWEIN, D. The History of Digital Nomadism. *6th International Workshop on the Changing Nature of Work* (CNOW). At: San Francisco, dez. 2018. Disponível em: https://www.researchgate.net/publication/329182172_The_History_of_Digital_Nomadism. Acesso em: 1º nov. 2023.

SCHWAB, K. *A Quarta Revolução Industrial.* São Paulo: Edipro, 2016.

SCHWAB, K; MALLERET, T. *Covid-19*: the great reset. Geneva: Forum, 2020.

SCHWAB, K.; DAVIS, N. *Aplicando a quarta revolução industrial.* São Paulo: Edipro, 2018.

SIEBEL, T. M. *Transformação Digital.* Rio de Janeiro: Editora Alta Books, 2021. *E-book.* Disponível em: https://integrada.minhabiblioteca.com.br/reader/books/9788550816876/pages/. Acesso em: 3 de dez. de 2022.

SOUZA, M. *Nômade Digital:* Um Guia Para Você Viver e Trabalhar Como e Onde Quiser. 1. ed. São Paulo: Autêntica Business, 2019.

STATISTA. *Most popular social networks worldwide as of October 2023, ranked by number of monthly active users.* Hamburgo, Alemanha: Statista, 2023. Disponível em: https://www.statista.com/statistics/272014/global-social-networks-ranked-by-number-of-users/. Acesso em: 3 nov. 2023.

STÜRMER, G; ALVES, A. Direito ao trabalho e os nômades digitais: as relações de trabalho em ebulição e as modernas interpretações às garantias jusconstitucionais. *In*: *Revista de direito do trabalho e seguridade social*, v. 49, n. 229, p. 113-130, maio/jun. 2023. url: https://bd.tjdft.jus.br/jspui/handle/tjdft/55536

SUSSKIND, R. *The future of law:* facing the challenges of information technology. Oxford: Clarendon Press, 1996.

THE creator economy could approach half-a-trillion dollars by 2027. *Goldman Sachs,* 19 abr. 2023. Disponível em: https://www.goldmansachs.com/intelligence/pages/the-creator-economy-could-approach-half-a-trillion-dollars-by-2027.html. Acesso em: 1º nov. 2023.

UNITED NATIONS. *Creative economy outlook:* the international year of creative economy for sustainable development: pathway to resilient creative industries. Geneva: United Nations, 2022. Disponível em: https://unctad.org/system/files/official-document/ditctsce2022d1_en.pdf. Acesso em: 3 nov. 2023

UNITED States Corporate Withholding taxes. *PWC*, PricewaterhouseCoopers, c2017-2023. Disponível em: https://taxsummaries.pwc.com/united-states/corporate/withholding-taxes. Acesso em: 3 nov. 2023.

UNITED States Income Tax Treaties - A to Z. *IRC*, Treasury secretary per Internal Revenue Code, 27 out. 2023. Disponível em: https://www.irs.gov/businesses/international-businesses/united-states-income-tax-treaties-a-to-z. Acesso em: 3 nov. 2023.

URBIETA, C. R. O fato gerador nos metaversos. *In:* AZEVEDO E SOUZA, B. *Metaverso e Direito*. São Paulo: Revista dos Tribunais, 2022. p. RB-9.1-9.5. *E-book*. Disponível em: https://proview.thomsonreuters.com/launchapp/title/rt/monografias/295061050/v1/page/RB-9.1. Acesso em: 1º nov. 2023.

VIEIRA, T. G. Democratização do acesso à justiça: inovação em benefício de toda a sociedade. *JOTA*, 9 maio 2023. Disponível em: https://www.jota.info/opiniao-e-analise/colunas/regulando-a-inovacao/democratizacao-do-acesso-a-justica-inovacao-em-beneficio-de-toda-a-sociedade-09052023. Acesso em: 10 maio 2023.

VISTO para nômades digitais: Países que fornecem. *KeepNomad*, 13 jun. 2023.Disponível em: https://keepnomad.com/visto-para-nomades-digitais-paises-que-fornecem/. Acesso em: 3 nov. 2023.

NEGÓCIOS JURÍDICOS PROCESSUAIS EM MATÉRIA TRIBUTÁRIA E A BUSCA PELO PROCESSO JUSTO

Valter de Souza Lobato[1]

Vinícius Andre de Oliveira Soares[2]

1. INTRODUÇÃO

O presente artigo tem o propósito de investigar as maneiras com que a celebração de negócios jurídicos processuais, em matéria tributária, pelos sujeitos da relação jurídica processual, pode apresentar-se como uma poderosa ferramenta para a solução de parte dos problemas verificados no atual contencioso tributário judicial brasileiro.[3]

---

1. Professor de Direito Financeiro e Tributário da Universidade Federal de Minas Gerais (UFMG). Doutor e Mestre em Direito pela UFMG. Presidente da Associação Brasileira de Direito Tributário (ABRADT). Coordenador da Liga Acadêmica de Direito Financeiro e Tributário da UFMG. Advogado e Consultor.

2. Bacharelando em Direito pela Universidade Federal de Minas Gerais (UFMG). Diretor acadêmico-científico da Liga Acadêmica de Direito Financeiro e Tributário da UFMG. Pesquisador.

3. Um dos autores do presente, em outra oportunidade, já tangenciou o tema. Ver

Será necessário, primeiro de tudo, relatar pesquisas empíricas que oferecem um dimensionamento da magnitude dos problemas hoje enfrentados pelo contencioso tributário judicial no país. Após isso, caberá tecer breves considerações sobre o novo paradigma do processo civil brasileiro. Esses apontamentos serão essenciais para que, na sequência, compreenda-se bem os contornos dos negócios jurídicos processuais (nas matérias em geral, sem ainda descer-se à matéria tributária) e, também, para que se compreenda o sentido em que se pode dizer que tais negócios processuais são capazes de promover um processo justo.

Aprofundando, será então o momento de descer-se ao estudo dos negócios jurídicos processuais especificamente em matéria tributária (especialmente no atinente às execuções fiscais). Tal aprofundamento mostra-se necessário, porquanto a matéria tributária, dadas as suas peculiaridades, oferece complicações adicionais. Será necessário atingir a constatação de que os negócios processuais não esbarram em impedimentos incontornáveis na matéria tributária, podendo ser aplicados, contanto que tomados os devidos cuidados para seu controle neste subsistema. Na sequência, será comentado brevemente o tratamento infralegal que tem sido dispensado aos negócios processuais em matéria tributária.

Tudo isso para concluir que a possibilidade de celebração de negócios jurídicos processuais, em matéria tributária, apresenta-se como um valioso meio de se promover a justeza do processo na medida em que prestigia a instrumentalidade e a efetividade da tutela jurisdicional, a celeridade processual e, ainda, o princípio da cooperação e a confiança nas relações jurídicas processuais.

LOBATO, Valter de Souza; TEIXEIRA, Tiago Conde; ALMEIDA, Rafael Caldeira. Transação tributária e negócio jurídico processual. In:
SARAIVA FILHO, Oswaldo Othon de Pontes. (Org.). *Transação e arbitragem tributárias*. 1ed.Belo Horizonte: Fórum, 2023, v. 2, p. 79-95.

2. CENÁRIO DO CONTENCIOSO TRIBUTÁRIO BRASILEIRO

Como um dos autores do presente já observou em outra oportunidade[4], o contencioso tributário brasileiro (judicial e administrativo), segundo os dados mais recentes do Instituto de Ensino e Pesquisa (INSPER)[5], alcança o aterrador importe de 5,44 trilhões de reais.

Trata-se de situação sem paralelo em nações minimamente competitivas. Em relação à Organização para a Cooperação e o Desenvolvimento Econômico (OCDE), por exemplo, o contencioso administrativo médio é de 0,28% do PIB. Na América Latina (excluindo o Brasil) a mediana fica em 0,19% do PIB. No Brasil, apenas o contencioso tributário administrativo federal está em 15,9% do PIB.[6]

Por consequência lógica, níveis elevados de contencioso tributário são sintomáticos de insegurança jurídica e, ao mesmo tempo, ajudam a agravá-la. Se as discussões administrativas e judiciais se avolumam, é certo que a confiança sistêmica é mitigada, pois a relação entre contribuinte e fisco passa a se resolver pelo litígio e pela desconfiança.

De relevo as contribuições da DERZI[7], firme em LUHMANN, para quem a confiança sistêmica representa não mera esperança, mas expectativa confiável (neste caso,

---

4. LOBATO, Valter de Souza; FONSECA, Pedro Henrique Esteves. O contencioso tributário brasileiro do diagnóstico à reforma do sistema processual: relações institucionais tributárias e compliance. In: BOSSA, Gisele Barra; CARMIGNANI, Zabetta Macarini; BRIGAGÃO, Gustavo; TORRES, Heleno Taveira. (Org.). *Cooperative compliance e medidas de redução do contencioso tributário: das boas práticas à criminalização de condutas*. 1.ed. São Paulo: Almedina, 2022, v., p. 215-234.

5. BRASIL, Conselho Nacional de Justiça. *Contencioso tributário no Brasil: Relatório 2020 – Ano de Referência 2019*. Brasília: CNJ, 2020.

6. Ibidem.

7. DERZI, Misabel Abreu Machado. *Modificações da Jurisprudência no Direito Tributário: proteção da confiança, boa-fé objetiva e irretroatividade como limitações constitucionais ao poder judicial de tributar*. São Paulo: Editora Noeses, 2009, p. 48.

no Estado). É que, para a autora, somente a manutenção da confiança, da segurança e das estabilidades nas relações sociais pode fazer com que o Direito sobreviva; que as relações sociais sobrevivam.

Níveis elevados de contencioso tributário demonstram que os atores (contribuintes e Estado) do sistema estão em permanente desacordo sobre a sua própria aplicação e interpretação. Não é o desacordo, *per se*, que fragiliza a confiança sistêmica, mas o conjunto persistente de litígios, de duração desarrazoada, sem pacificação judicial.

Especificamente sobre o contencioso tributário judicial, o Instituto de Ensino e Pesquisa (INSPER), por demanda do Conselho Nacional de Justiça (CNJ), produziu valiosa radiografia. No *Diagnóstico do Contencioso Judicial Tributário Brasileiro - 5ª Edição*[8], o instituto busca responder 74 perguntas, agrupadas em 12 hipóteses. Vejam os dados essenciais para o deslinde deste trabalho, especialmente aqueles tocantes às execuções fiscais.

A partir da análise do fluxo e das etapas de tramitação dos processos tributários existentes no sistema judicial brasileiro, foi possível identificar que o tempo médio de tramitação das execuções fiscais é de 771 dias[9], com tempo médio de 201 dias entre o ajuizamento e o despacho inicial, de 508 dias entre o ajuizamento e a penhora e de 218 dias entre a penhora e a expropriação dos bens.

Constatou-se, ainda, a baixa efetividade do instituto da penhora de bens nas execuções fiscais, aclarando que apenas 0,5% das inscrições em dívida ativa da União estão integralmente garantidas e, se considerado o valor exigido, apenas 12% foi integralmente garantido.

---

8. BRASIL, Conselho Nacional de Justiça. *Diagnóstico do contencioso judicial tributário brasileiro: relatório final de pesquisa*. Brasília: CNJ, 2022.

9. O dado contrasta com a pesquisa Justiça em Números do CNJ, que identificou trâmite alargado em 8 anos e 1 mês. Ver: BRASIL, Conselho Nacional de Justiça. *Justiça em Números: 2021*. Brasília: CNJ, 2021.

Ainda no que toca à efetividade das execuções fiscais, importa destacar que apenas em 2% destes feitos ocorre a expropriação de bens, à proporção que ocorre a decretação de indisponibilidade de bens em 12,6% delas e apenas 9% são julgadas extintas pela satisfação do débito.

A partir da análise dos meios de defesa, denotou-se que os embargos à execução fiscal representam 5,4% dos processos judiciais tributários, dos quais 8,2% foram precedidos por exceção de pré-executividade - o que, tendencialmente, indica a baixa utilização das exceções, por estreito que é o seu cabimento.

Não obstante, foi possível inferir também que 22% das exceções de pré-executividade com mérito apreciado foram julgadas procedentes em primeira instância. Corretamente, constata-se que, como "as EPE'S veiculam matérias cognoscíveis de ofício ou que não demandam dilação probatória, são processos que poderiam ter sido evitados caso houvesse meios de diálogo entre as partes, na esfera administrativa, sem a provocação do Judiciário".[10]

Enfim, fica claro a inaceitável morosidade e inefetividade que o sistema processual tem apresentado na tentativa de solucionar litígios de fundo tributário. Não raro, chega-se ao cúmulo de os recursos despendidos superarem os valores discutidos, podendo a solução judicial não se mostrar interessante nem para o Fisco, nem para o contribuinte.

3. O NOVO PARADIGMA DO PROCESSO CIVIL BRASILEIRO

O processo civil brasileiro, alinhando-se à tendência global de superação da visão liberal herdada do século XIX, têm passado, nos últimos anos, por um intenso movimento

10. BRASIL, Conselho Nacional de Justiça. *Diagnóstico do contencioso judicial tributário brasileiro: relatório final de pesquisa.* Brasília: CNJ, 2022, p. 287.

reformador. Foi nesse contexto que foi editado o Novo Código de Processo Civil (NCPC). Longe de ater-se à valorização das formas, a nova de codificação mostra-se atenta ao resultado prático da resposta jurisdicional. Assume-se o compromisso com a celeridade processual e com uma justiça humanizada, e utiliza-se dos expedientes da desburocratização do processo e do prestígio a meios alternativos de solução de conflitos, na lição de THEODORO JR.[11]

Ganham destaque a instrumentalidade e a efetividade do processo. Estes dois conceitos entrelaçam-se, pois, "para ser efetivo no alcance das metas de direito substancial, o processo tem de assumir plenamente sua função de instrumento".[12] A ideia é que de pouco adianta a serviência cega e irrestrita às formas, ao procedimento previsto em lei, se, ao final, não se estiver garantindo aos litigantes o direito a que fazem jus no plano material. É claro que não se deve chegar ao extremo de negar-se qualquer importância às formas, o que não se mostraria consentâneo com a necessidade de segurança jurídica no desenrolar do processo. As formas, antes, passam a se justificar na medida (e somente na medida) em que garantam "o adequado debate em contraditório e com ampla defesa".[13]

Atento à concepção instrumental do processo, o legislador fez incluir no NCPC disposições que repudiam o rigorismo na observância das formas, por assim dizer. Na análise aguda de THEODORO JR.[14], pode-se citar (i) o art. 277, que estatui que, "quando a lei prescrever determinada forma, o juiz considerará válido o ato se, realizado de outro

---

11. THEODORO JÚNIOR, Humberto. *Curso de Direito Processual Civil - Teoria Geral do Direito Processual Civil - Vol. 1*. 58.ed., rev., atual. e ampl. Rio de Janeiro: Forense, 2017, p. I.

12. Idem, p. I.

13. Idem, p. I.

14. Idem, p. I.

modo, lhe alcançar a finalidade"; o art. 282, § 1º, que reza que o ato de pronunciamento de nulidade "não será repetido nem sua falta será suprida quando não prejudicar a parte"; (iii) o art. 282, § 2º, onde se lê que, "quando puder decidir o mérito a favor da parte a quem aproveite a decretação da nulidade, o juiz não a pronunciará nem mandará repetir o ato ou suprir-lhe a falta"; e (iv) o art. 283, que prevê que "o erro de forma do processo acarreta unicamente a anulação dos atos que não possam ser aproveitados, devendo ser praticados os que forem necessários a fim de se observarem as prescrições legais".

Importante ter-se em mente que tais disposições não esgotam o sentido da concepção instrumental do processo. Consistem, apenas, em hipóteses tópicas de aplicação da instrumentalidade (que podem dela deduzidas) que o legislador houve por bem fixar. Como ainda será visto, há, inclusive, uma maneira de os próprios sujeitos componentes da relação jurídica processual, tendo em vista a instrumentalidade e a efetividade da prestação jurisdicional, virem a suplantar os procedimentos previstos em lei.

Já não se mostra mais suficiente falar em devido processo legal. É necessário ir além e buscar-se o processo justo.[15] Entende-se por processo justo "aquele que, com a celeridade possível, mas com respeito à segurança jurídica (contraditório e ampla defesa), proporciona às partes o resultado desejado pelo direito material".[16] Vê-se que somente atentando-se à instrumentalidade e à efetividade do processo e, portanto, repensando-se a importância das formas no processo, é que se pode garantir um processo justo.

Cumpre notar que a promoção da justiça no processo não pode significar a aceitação de que valores externos ao sistema jurídico sejam tidos em conta. Aportes de outros

15. Idem, p. i.

16. Idem, p. i.

sistemas que não o jurídico são bem-vindos, mas somente por obra do legislador, "selecionados e filtrados pelos conversores internos, em operações fechadas às heterodeterminações externas"[17] (fechamento operacional e abertura cognoscitiva do sistema jurídico, como em LUHMANN[18]). Isso sob pena de o Direito misturar-se com outros ambientes e, assim, tornar-se imprestável para a planificação de comportamentos, como bem alerta DERZI.[19]

Portanto, a justiça a ser promovida no processo não pode ser outra, senão aquela encerrada no próprio ordenamento, de forma que "justo e injusto medem-se, no processo, pelos padrões objetivos próprios do direito, e não pela ótica subjetiva e intimista da moral".[20] Acerta ÁVILA quando pontua que tais padrões objetivos identificam-se com os deveres de proporcionalidade e de razoabilidade (consectários, respectivamente, dos princípios da liberdade e da igualdade), "que irão definir, ao lado de outros critérios, o que é um processo adequado e justo".[21]

Enfim, pode-se dizer que processo justo é aquele que, pautando-se por critérios de justiça encerrados no próprio ordenamento, atenta-se à instrumentalidade e à efetividade do processo, de modo que a tutela jurisdicional satisfaça

17. DERZI, Misabel de Abreu Machado; BUSTAMANTE, Thomas da Rosa de. A análise econômica de Posner e a ideia de estado de direito em Luhmann: breves considerações críticas. *Rev. Fac. Direito UFMG, Número especial em memória do Prof. Washington Peluso*, p. 327-352, 2013, p. 344.

18. LUHMANN, Niklas. *Confianza*. Santiago: Anthropos, 1996.

19. DERZI, Misabel. Justiça Prospectiva no Imposto sobre a Renda. In: *Revista Internacional de Direito Tributário* n. 05, ABRADT. Belo Horizonte: Del Rey, 2006.

20. THEODORO JÚNIOR, Humberto. *Curso de Direito Processual Civil - Teoria Geral do Direito Processual Civil - Vol. 1*. 58.ed., rev., atual. e ampl. Rio de Janeiro: Forense, 2017, p. i.

21. ÁVILA, Humberto. O que é "devido processo legal"? *Revista de processo*, v. 33, n. 163, p. 50-59, set. 2008.

o direito existente no plano material. É o que se exige do processo justo, ao menos num plano material.[22]

Já num plano procedimental, como alerta THEODORO JR., requer-se que o processo consagre: "a) o direito de acesso à Justiça; b) o direito de defesa; c) o contraditório e a paridade de armas (processuais) entre as partes; d) a independência e a imparcialidade do juiz; e) a obrigatoriedade da motivação dos provimentos judiciais decisórios; f) a garantia de uma duração razoável, que proporcione uma tempestiva tutela jurisdicional".[23] Por ora, chama-se atenção para duas dessas exigências, que serão especialmente relevantes para o deslinde deste trabalho.

Primeiro, sobre a exigência da garantia de uma duração razoável, que proporcione uma tempestiva tutela jurisdicional. Atento a essa exigência, o poder constituinte derivado reformador fez incluir, por meio da Emenda Constitucional nº 45 de 2004, o inciso LXXVIII no art. 5º da Constituição, onde se lê que "a todos, no âmbito judicial e administrativo, são assegurados a razoável duração do processo e os meios que garantam a celeridade de sua tramitação".

Ora, como já visto, no plano material, requer-se que o processo seja efetivo. Acontece que se, no plano procedimental, não for assegurada a duração razoável do processo, não se chegando tempestivamente à tutela jurisdicional, então não se poderá falar em efetividade e tampouco em justeza da tutela. Mesmo que as exigências do direito material pareçam ter sido atendidas, elas na verdade não o terão sido, porquanto a oportunidade temporal da solução do conflito importa para a satisfação das exigências do

---

22. THEODORO JÚNIOR, Humberto. *Curso de Direito Processual Civil - Teoria Geral do Direito Processual Civil - Vol. 1*. 58.ed., rev., atual. e ampl. Rio de Janeiro: Forense, 2017, p. i.

23. Idem, p. i.

direito material. "Ainda que afinal se reconheça e proteja o direito violado, o longo tempo em que o titular, no aguardo do provimento judicial, permaneceu privado de seu bem jurídico, sem razão plausível, somente pode ser visto como uma grande injustiça".[24]

Segundo, sobre a exigência do contraditório e da "paridade de armas" (processuais) entre as partes. Se, antes, para poder-se dizer atendido o contraditório, era suficiente que as partes fossem ouvidas previamente ao pronunciamento judicial sobre questões a serem decididas, hoje tal requisito não é mais bastante, em face do modelo de processo erigido pela Constituição de 1988. O contraditório há de ser pleno e efetivo, sendo indispensável que "o litigante não só tenha assegurado o direito de ser ouvido em juízo; mas há de lhe ser reconhecido e garantido também o direito de participar, ativa e concretamente, da formação do provimento com que seu pedido de tutela jurisdicional será solucionado".[25]

O legislador processual implementou o contraditório por meio de três dispositivos, que devem ser lidos conjuntamente: os arts. 7º, 9º e 10 do CPC[26], como lembrou THEODORO JR.[27] O primeiro predica que "é assegurada às partes paridade de tratamento em relação ao exercício

---

24. Idem, p. i.

25. Idem, p. i.

26. Art. 7º É assegurada às partes paridade de tratamento em relação ao exercício de direitos e faculdades processuais, aos meios de defesa, aos ônus, aos deveres e à aplicação de sanções processuais, competindo ao juiz zelar pelo efetivo contraditório.
Art. 9º Não se proferirá decisão contra uma das partes sem que ela seja previamente ouvida. Parágrafo único. O disposto no caput não se aplica: I - à tutela provisória de urgência; II - às hipóteses de tutela da evidência previstas no art. 311, incisos II e III; III - à decisão prevista no art. 701.
Art. 10. O juiz não pode decidir, em grau algum de jurisdição, com base em fundamento a respeito do qual não se tenha dado às partes oportunidade de se manifestar, ainda que se trate de matéria sobre a qual deva decidir de ofício.

27. THEODORO JÚNIOR, Humberto. *Curso de Direito Processual Civil - Teoria Geral do Direito Processual Civil - Vol. 1.* 58.ed., rev., atual. e ampl. Rio de Janeiro: Forense, 2017, p. i.

de direitos e faculdades processuais, aos meios de defesa, aos ônus, aos deveres e à aplicação de sanções processuais, competindo ao juiz zelar pelo efetivo contraditório". Trata-se de consagração da igualdade. E, como leciona KLAUS TIPKE, "a igualdade, que se distingue da identidade, é sempre relativa. O que é completamente igual é idêntico. O princípio de que o igual deve ser tratado igualmente não quer dizer idêntico, mas relativamente igual".[28] O aludido art. 7º, então, é melhor compreendido como um comando para que, no bojo do processo estruturado em contraditório, confira-se tratamento desigual às partes na medida em que elas se desigualem (relativamente a algo, como, *v.g.*, à capacidade econômica).

A propósito - e isto é da maior importância -, saliente-se a impropriedade do termo "paridade de armas", uma vez que remete a uma visão combativa de processo. Se, antes, a cooperação entre os sujeitos do processo era algo dependente de sua boa vontade, com o advento do NCPC, tornou-se norma princípio do ordenamento, a nortear o desenrolar do processo em todas as suas fases. Reza o art. 6º do *codex* que "todos os sujeitos do processo devem cooperar entre si para que se obtenha, em tempo razoável, decisão de mérito justa e efetiva". Eis o chamado "princípio cooperativo".

É nesse contexto paradigmático de um processo justo, *i.e.*, atento à necessidade de instrumentalidade e efetividade, além de célere, estruturado em contraditório pleno e efetivo e, ainda, cooperativo, que o legislador processual previu a possibilidade de pactuação, pelos sujeitos do processo, de negócios jurídicos processuais.

---

28. TIPKE, Klaus. Princípio de Igualdade e Idéia de Sistema no Direito Tributário. *Estudos em homenagem ao Profº Ruy Barbosa Nogueira*, Brandão Machado Coord. São Paulo: Saraiva, 1984, pp. 515/527, p. 519.

4. NEGÓCIO JURÍDICO PROCESSUAL NO NOVO CÓDIGO DE PROCESSO CIVIL

4.1 Definição e requisitos

Na melhor definição de DIDIER JR., "negócio processual é o fato jurídico voluntário, em cujo suporte fático se reconhece ao sujeito o poder de regular, dentro dos limites fixados no próprio ordenamento jurídico, certas situações jurídicas processuais ou alterar o procedimento". Aduzem MARINONI, ARENHART e MITIDIERO que se deve entender por *contratualização do processo* "todos os acordos realizados na pendência de um processo judicial que disciplinam o modo como o magistrado deverá conduzir a tramitação da causa visando à prestação da tutela jurisdicional".[29]

Importante ter-se claro que a celebração de negócio jurídico processual não consiste, em si, em meio alternativo de solução de conflito (ainda que possa com eles ser cumulada, como ainda se verá), como vem dizendo irrefletidamente parte da doutrina. Isso porque, quando se diz "meio alternativo de solução de conflito" neste contexto, alude-se a meios de solução alternativos ao judicial (às demais "portas" do sistema multiportas), o que não é cogitado, tratando-se de negócio processual. É certo que os negócios processuais proporcionam muitas das benesses comumente reconhecidas aos meios alternativos de solução de conflitos, como cooperação e celeridade, mas acontece que, diferentemente deles, atuam sobre normas procedimentais do processo e, portanto, sobre a própria relação jurídica processual, mesmo que tenham sido celebrados previamente

29. MARINONI, Luiz Guilherme; ARENHART, Sérgio Cruz; MITIDIERO, Daniel. *Novo Curso de Processo Civil - Vol. 1 - Teoria do Processo Civil.* São Paulo: Editora Revista dos Tribunais, 2015, p. 524.

à sua formação ou mesmo administrativamente (o que são possibilidades, como ainda será visto).

O Código de Processo Civil de 1973 já trazia a previsão do que podia-se chamar de negócios jurídicos processuais típicos, como (i) no art. 111, que previa que as partes poderiam "modificar a competência em razão do valor e do território, elegendo foro onde serão propostas as ações oriundas de direitos e obrigações"; e (ii) no art. 333, que possibilitava a distribuição do ônus da prova de maneira diversa à estipulada legalmente, desde que a convenção não recaísse "sobre direito indisponível da parte" ou, então, tornasse "difícil a uma parte o exercício do direito"; entre outros.[30]

Contudo, foi somente com a previsão do art. 190 do NCPC que as partes passaram a dispor de maior criatividade na celebração de tais negócios, podendo ir além das hipóteses típicas, *i.e.*, contempladas por expressa previsão legal. São exemplos de negócios jurídicos processuais atípicos: "acordo de instância única, acordo de ampliação ou redução de prazos, acordo para superação de preclusão, acordo para superação de bem penhorado, acordo de rateio de despesas processuais, dispensa consensual de assistente técnico"[31] etc.

PAULO MENDES bem ilustra a que vem o aludido dispositivo:

> O endereço de tais inovações parece ser bem claro: proporcionar adequação e tempestividade processuais. Adequação, pois o processo civil deve ser apto a dar respostas idôneas de acordo

30. FRATINI, Danielle Eugenne Migoto Ferrari. *Negócio jurídico processual em matéria tributária no Estado de São Paulo*. Orientador: Juliana Furtado Costa Araujo. 2022. 110 f. Dissertação (mestrado profissional em Direito) - Fundação Getúlio Vargas, Escola de Direito de São Paulo, 2022, p. 16. Disponível em: https://bibliotecadigital.fgv.br/dspace/bitstream/handle/10438/32781/Disserta%C3%A7%C3%A3o_Danielle%20EugenneMigotoFerrariFratini.pdf?sequence=3&isAllowed=y.

31. DIDIER JR., Fredie. *Curso de Direito Processual Civil, parte geral e processo de conhecimento*. 19.ed. Salvador: Ed. JusPodivm, 2017, p. 430.

> com as peculiaridades da relação substancial em julgamento. (...) Tempestividade, pois um dos grandes males com que o processo civil se depara atualmente é a excessiva morosidade, muitas vezes decorrente de incidentes desnecessários que geram um tempo patológico até a solução da demanda.[32]

Lê-se no dispositivo que, "versando o processo sobre direitos que admitam autocomposição, é lícito às partes plenamente capazes estipular mudanças no procedimento para ajustá-lo às especificidades da causa e convencionar sobre os seus ônus, poderes, faculdades e deveres processuais, antes ou durante o processo". Saltam aos olhos três requisitos que o dispositivo traz para a sua aplicação.

Em primeiro lugar, o negócio processual será possível se o processo versar sobre direitos que admitam autocomposição. Por mais que o objeto do negócio jurídico processual não seja o direito do plano material, senão apenas as normas procedimentais, o legislador processual não ignorou que tais negócios podem "acabar afetando a solução do mérito da causa. Um negócio sobre prova, por exemplo, pode dificultar as chances de êxito de uma das partes".[33] Sendo esta a razão de ser do dispositivo no ordenamento, por assim dizer, é de se perguntar sobre a razoabilidade de levar este primeiro requisito às suas últimas consequências.

Uma interpretação teleológica do dispositivo é bem-vinda, de forma que, se tomados os devidos cuidados para que não se influa de maneira relevante na solução do mérito, nada obsta a celebração de negócios processuais em processos cujo direito de fundo não admita autocomposição. Nem se diga que uma tal interpretação estaria a extrapolar as possibilidades semânticas do dispositivo, pois

---

32. DE OLIVEIRA, Paulo Mendes. Negócios processuais e o duplo grau de jurisdição. In: CABRAL, Antonio do Passo; NOGUEIRA, Pedro Henrique. (Org.). *Negócios Processuais. Coleção grandes temas do novo CPC. Vol.* 1. 1ed.Salvador: Juspodivm, 2015, v., p. 417-444. Pp. 425-426.

33. Idem, p. 437.

em momento algum ele a rechaça expressamente. Isto sem contar que a própria possibilidade de celebração de negócios jurídicos processuais, muito mais do que depender do art. 190, parece decorrer do próprio modelo de processo insculpido no NCPC (justo, efetivo, célere, contraditorial e cooperativo).

Seja como for, tenha-se em mente que a questão de saber se o direito de fundo admite ou não autocomposição não se confunde com a questão de ser ele indisponível ou não. Na lição de DIDIER JR., "o direito em litígio pode ser indisponível, mas admitir solução por autocomposição. É o que acontece com os direitos coletivos e o direito aos alimentos".[34] No mesmo sentido, PASSO CABRAL:

> A indisponibilidade sobre o direito material não leva necessariamente à indisponibilidade sobre as situações jurídicas processuais, até porque a convenção processual pode reforçar a proteção que o ordenamento jurídico atribui aos bens com algum grau de indisponibilidade.[35]

Em coerência com esta constatação, foi editado o Enunciado n. 135 do Fórum Permanente de Processualistas Civis, que registra que "a indisponibilidade do direito material não impede, por si só, a celebração de negócio jurídico processual".

Em segundo lugar, as partes devem ser plenamente capazes. Este requisito não oferece maiores dificuldades, cabendo apenas comentar que o negócio jurídico processual, negócio jurídico que é, insere-se na teoria geral do negócio jurídico. Assim, no plano da validade, mais do que

---

34. Idem, p. 438.

35. PASSO CABRAL, A. A Resolução nº 118 do Conselho Nacional do Ministério Público e as convenções processuais. In: CABRAL, Antonio do Passo; NOGUEIRA, Pedro Henrique. (Org.). *Negócios Processuais. Coleção grandes temas do novo CPC. Vol. 1.* 1ed.Salvador: Juspodivm, 2015, v., p. 541-558. Pp. 550-551.

a parte ser capaz, deve o objeto ser lícito, possível, determinado ou determinável, além de o negócio possuir forma prescrita ou não defesa em lei, sob pena de nulidade.[36] Não havendo forma prescrita em lei para os negócios jurídicos processuais atípicos, percebe-se que a sua forma é livre. Nada impede, ademais, que se cogite da aplicação dos vícios dos negócios jurídicos, ou mesmo da resolução ou revisão do negócio (arts. 478 e 479 do CC/02, respectivamente), se constatada onerosidade excessiva.[37]

Em terceiro e último lugar, o objeto da convenção das partes deve adstringir-se aos seus ônus, poderes, faculdades e deveres processuais. Evidente que seja assim: da mesma forma que não se pode alienar bem pertencente a terceiro, não podem as partes dispor de ônus, poder, faculdade ou dever processual que não seja seu. Assim é que não é dado às partes dispor sobre poderes do juiz ou, visto de outro ângulo, sobre "matéria de ordem pública inerente à função judicante".[38]

Ademais, é digna de nota a menção do art. 190 a que o negócio jurídico processual pode ser celebrado "antes ou durante o processo". Se antes do processo, a única possibilidade que se abre é a de o negócio ser firmado pela via administrativa ou na fase de inscrição em Dívida Ativa, por exemplo. Se durante, tanto poderá o negócio ser firmado administrativa como judicialmente.[39] Em todo caso, é im-

---

36. PEREIRA, Caio Mário da Silva. *Instituições de Direito Civil: Teoria Geral de Direito Civil.* Revisão e atualização de Maria Celina Bodin de Moraes. 32.ed. [2. Reimpr.]. Rio de Janeiro: Forense, 2019, pp. 411 e ss.

37. Idem, p. 442.

38. THEODORO JÚNIOR, Humberto. *Curso de Direito Processual Civil - Teoria Geral do Direito Processual Civil - Vol. 1.* 58.ed., rev., atual. e ampl. Rio de Janeiro: Forense, 2017, p. i.

39. FRATINI, Danielle Eugenne Migoto Ferrari. *Negócio jurídico processual em matéria tributária no Estado de São Paulo.* Orientador: Juliana Furtado Costa Araujo. 2022. 110 f. Dissertação (mestrado profissional em Direito) - Fundação Getúlio Vargas, Escola de Direito de São Paulo, 2022, pp. 29 e ss. Disponível em: https://

perioso que o negócio jurídico se refira a um processo judicial, pois o objeto da convenção será sempre norma procedimental do processo, como já visto. Sobre a possibilidade de celebração de negócios jurídicos processuais pela via administrativa, observou FRATINI que, "em que pesem, na maioria das vezes, os embates serem expostos nos autos judiciais, demandando-se a presença do Magistrado para intervir e instaurar um contraditório sobre a questão controvertida, é possível e até mesmo desejável que as partes entrem em acordo sobre o procedimento a ser adotado sem a necessidade da intervenção judicial, de forma consensual na seara administrativa".[40]

Por fim, é de se atentar a que, embora o art. 190 limite-se a mencionar que "é lícito às partes" celebrar negócio jurídico processual atípico, nada impede que também o juiz figure como parte no negócio. Tal possibilidade existe para determinados negócios processuais típicos, como a fixação de calendário processual (art. 191, NCPC) e a organização compartilhada do processo (art. 357, § 3º, NCPC).[41] Já no plano dos negócios processuais atípicos, nada obsta esta mesma possibilidade, até porque, muito pelo contrário de haver prejuízo, ganha-se com a fiscalização imediata do negócio jurídico pelo juiz, como observou DIDIER JR.[42] E, novamente, isto sem contar que a própria possibilidade de celebração de negócios processuais parece decorrer do próprio modelo de processo entalhado no NCPC, e não apoiar-se meramente no art. 190.

---

bibliotecadigital.fgv.br/dspace/bitstream/handle/10438/32781/Disserta%C3%A7%C3%A3o_Danielle%20EugenneMigotoFerrariFratini.pdf?sequence=3&isAllowed=y.

40. Idem, p. 30.

41. DIDIER JR., Fredie. *Curso de Direito Processual Civil, parte geral e processo de conhecimento*. 19.ed. Salvador: Ed. JusPodivm, 2017, p. 427.

42. Idem, p. 432.

4.2 Controle judicial

Lê-se no parágrafo único do art. 190 do CPC que, “de ofício ou a requerimento, o juiz controlará a validade das convenções previstas neste artigo, recusando-lhes aplicação somente nos casos de nulidade ou de inserção abusiva em contrato de adesão ou em que alguma parte se encontre em manifesta situação de vulnerabilidade”. Trata-se da consagração do controle judicial dos negócios jurídicos processuais.

Como observou CONRADO[43], os negócios jurídicos processuais são marcados pela característica da plasticidade, de forma que a possibilidade de sua celebração, ao menos num plano abstrato, não demonstra limites precisos. As suas possibilidades devem sempre ser buscadas no caso concreto, sendo certo que uma mesma convenção poderá se legitimar para alguns casos, mas não para outros, sem que se possa (necessariamente) falar em afronta à isonomia. É elucidativo o exemplo que dá o autor:

> Se estamos falando de bem de família que serve de moradia apenas do devedor, poderíamos inferir que ele está abrindo mão da proteção legal em nome de uma vantagem que lhe é mais interessante (aspecto que poderia vir inserido, inclusive, como cláusula no NJP). Sem nenhum problema, portanto.
>
> Agora, pensemos que, além do devedor, o mesmo imóvel serve de moradia para um núcleo familiar plural — cônjuge, filhos etc. O NJP, nessa situação, estaria dispondo sobre aspecto processual (penhora) fora dos limites legais (impenhorabilidade) — o que, em princípio, não seria um problema, afinal, o NJP serve para isso mesmo —, mas de modo a abranger mais do que o plano do processo concreto e suas partes: estariam sendo atingidos terceiros e a proteção legal que os recobre. Aqui, embora o conteúdo do NJP seja o mesmo, a cena oferecida pelo caso cria um limite, um impeditivo.[44]

---

43. CONRADO, Paulo Cesar. *Limites do negócio jurídico processual: como avaliá-los?* Revista Consultor Jurídico. 3 de abril de 2022. Disponível em: https://www.conjur.com.br/2022-abr-03/processo-tributariolimites-negocio-juridico-processual-avalia-los.

44. Idem.

O que é certo que o controle judicial não deve adentrar no mérito da convenção, *i.e.*, não lhe é dado recusar aplicação ao negócio com fundamento no que seria mais proveitoso para as partes, *v.g.*, em termos de celeridade ou eficiência. Tal como sucede nos negócios jurídicos materiais, o que se prestigia é a liberdade de autorregramento dos sujeitos, e as molduras contingenciadoras da vontade das partes não podem se identificar senão com os limites objetivamente colocados pelo ordenamento. Mas quais são esses limites?

O negócio jurídico processual é, antes de mais nada, negócio jurídico, enquanto tal inserindo-se no estudo da teoria geral dos negócios jurídicos. Sendo assim, valem aquelas considerações pertinentes ao plano de validade dos negócios em geral: se algum dos agentes for incapaz, ou se o negócio tiver objeto ilícito, impossível, indeterminado e indeterminável, ou, ainda, se deixar de observar forma prescrita ou adotar forma vedada por lei, será o caso de nulidade. Nesta hipótese, caberá ao juiz negar aplicação ao negócio processual, por expressa previsão do parágrafo único do aludido art. 190.

Também as demais considerações pertinentes aos negócios jurídicos em geral poderão conduzir à nulidade ou anulabilidade (veja-se que o dispositivo fala em "de ofício *ou a requerimento*") do negócio processual, conforme a hipótese. Isto abarca não só a menção do próprio dispositivo à hipótese de "inserção abusiva em contrato de adesão" como, também, todos os vícios do negócio jurídico (erro, dolo, coação etc.).

Ainda, o dispositivo demonstra sua preocupação com situações em que "alguma parte se encontre em manifesta situação de vulnerabilidade", prevendo, para esses casos, a negação de aplicação do negócio pelo juiz. Trata-se de mero reforço de algo que, se já não podia ser depreendido da teoria geral dos negócios jurídicos, explica-se pelo princípio do contraditório. Como já comentado, o princípio do contraditório (pleno e efetivo) exige que as partes possuam o que impropriamente se convencionou chamar de "paridade de armas" (processuais). Esta previsão está encartada no art. 7º do NCPC, onde se lê que "é assegurada às partes paridade de tratamento em relação ao exercício de direitos e faculdades processuais, aos meios de defesa, aos ônus, aos deveres e à aplicação de sanções processuais, competindo ao juiz zelar pelo efetivo contraditório".

A verdade é que a isonomia estará sempre a orientar o controle judicial dos negócios processuais. É escorreita a manifestação de ABREU:

> De um lado, a igualdade pode servir como parâmetro de limitação e controle da viabilidade de certos negócios processuais, mediante contraditório prévio e decisão fundamentada. Nessa medida, a lente da igualdade pode funcionar como limite para a aplicabilidade de certas avenças, seja nos chamados negócios pré-processuais - efetivados antes mesmo do surgimento de determinado conflito interindividual -, seja nos negócios lavrados durante o iter procedimental (ou no momento de aplicação em concreto de previsão de negócio processual presente em contrato anterior), já após instaurado o conflito e no que diz respeito ao ato específico. De outro lado, a exigência de igualdade diante da decisões judiciais (e, portanto, de respeito aos precedentes) pode gerar problemas de ordem prática bastante importantes, seja relativamente à aplicação uniforme do regime de controle de negócios processuais, seja na possibilidade de que decisões proferidas em processos nos quais haja alguma restrição procedimental em face de negócio jurídico processual venham a dar ensejo à formação de precedentes judiciais.[45]

Enfim, é lícito dizer que o controle judicial dos negócios jurídicos processuais afigura-se de grande relevância, porquanto tais negócios possuem uma margem de atuação bastante ampla - bem mais ampla, por exemplo, que

45. ABREU, R. S. B. A igualdade e os negócios processuais. In: CABRAL, Antonio do Passo; NOGUEIRA, Pedro Henrique. (Org.). *Negócios Processuais. Coleção grandes temas do novo CPC. Vol. 1.* 1ed.Salvador: Juspodivm, 2015, v., p. 193-214. Pp. 205-206.

a da transação. Dá margem, portanto, para abusos, vícios, afrontas ao contraditório e à própria isonomia - a requerer um controle judicial sempre atento.

4.3 Prestígio à justeza do processo

É fácil notar as benesses proporcionadas pela celebração de negócios jurídicos processuais, ou melhor, a forma com que estes prestigiam o modelo de processo consagrado no Novo Código de Processo Civil. Na medida em que se possibilita às partes estipular mudanças no procedimento para ajustá-lo às especificidades da causa e convencionar sobre os seus ônus, poderes, faculdades e deveres processuais, prestigia-se:

Primus - a instrumentalidade e a efetividade da tutela jurisdicional. É justamente tendo em mente que o processo não pode servir a outro fim, senão o de satisfazer as exigências do direito material, que as partes convencionam, p. ex., suplantar procedimentos legais que, consideradas as especificidades da causa, revelam-se desnecessários;

Secundus - a celeridade da prestação jurisdicional. Não são raros os casos em que, devido à delonga do processo, a tutela dispensada torna-se inútil. O direito material pode até parecer ter sido atendido, mas, como já visto, na verdade não o terá sido. As partes, então, suplantando rigorismos desnecessários, evitam o cometimento de tais injustiças;

Tertius - o princípio da cooperação. É cediço que a via judicial de solução de conflitos, entre todas as possibilitadas pelo ordenamento, é a via dotada de maior heteronomia. Mas, pelo menos, "traz-se" para dentro da relação processual a possibilidade e o estímulo ao diálogo e à cooperação, o que, a propósito, labora em favor da confiança;

Contanto que, na celebração de negócios jurídicos processuais, seja respeitado o contraditório, notadamente em sua faceta da "paridade de armas" (processuais), o que se alcança em ampla medida é o processo justo.

4.4 Especificidades na matéria tributária

Como visto, o Novo Código de Processo Civil parece trazer como requisito da celebração de negócios jurídicos processuais a circunstância de o processo versar sobre direitos que admitam autocomposição. Numa primeira aproximação, pode isso parecer um obstáculo à celebração de negócios processuais em processos tributários. Contudo, aprofundando-se a análise, este falso problema é logo afastado.

4.4.1 A matéria tributária admite autocomposição

Desde 1966, a transação, *modalidade de autocomposição*, possui previsão legal em matéria tributária. Trata-se do art. 171 do CTN, que, além de prever a transação, cuida de colocar os seus contornos gerais. Lê-se no dispositivo que "a lei pode facultar, nas condições que estabeleça, aos sujeitos ativo e passivo da obrigação tributária celebrar transação que, mediante concessões mútuas, importe em determinação de litígio e consequente extinção de crédito tributário".

A regulação do dispositivo tardou, mas ingressou no ordenamento jurídico, com ares de definitividade, com a Lei nº 13.988/2020 (em que se converteu a Medida Provisória nº 899/19). Para além da regulação legal, diversos diplomas infralegais vêm cuidando de disciplinar o instituto.[46]

---

46. Destacam-se a Portaria PGFN/ME nº 6.757/22, que substituiu a Portaria PGFN nº 9.917/2020 e regulamenta a transação dos créditos inscritos em dívida ativa (individual e por adesão); a Portaria ME nº 247/2020, que regulamenta a transação do contencioso tributário (administrativo e judicial) relativa a controvérsias jurídicas relevantes e disseminadas e a transação do contencioso tributário de pequeno valor (limite de 60 salários-mínimos); a Portaria PGFN nº 9.924/2020, que regulamenta a transação extraordinária (Covid-19); a Portaria AGU nº 249/2020, que regulamenta

Poder-se-ia argumentar que, a aceitar-se a possibilidade de autocomposição em matéria tributária, estar-se-ia indo de encontro ao "princípio da supremacia do interesse público sobre o privado" ou, então, ao "princípio da indisponibilidade do interesse público", que decorreria daquele primeiro. O argumento não procede, por duas razões.

Primeiro, à luz de uma concepção crítica, moderna e constitucionalmente adequada do chamado "princípio da supremacia do interesse público sobre o privado", um argumento tão radical em desfavor da possibilidade de autocomposição em matéria tributária mostra-se de todo questionável. No pensamento de ÁVILA:

> O esclarecimento dos fatos na fiscalização dos tributos, a determinação dos meios empregados pela administração, a ponderação dos interesses envolvidos, pela administração ou pelo Poder Judiciário, a limitação da esfera privada dos cidadãos (ou cidadãos contribuintes), a preservação do sigilo etc. são, todos esses casos, exemplos de atividades administrativas que não podem ser ponderadas em favor do interesse público e em detrimento dos interesses privados envolvidos. A ponderação deve, primeiro, determinar quais os bens jurídicos envolvidos e as normas a eles aplicáveis e, segundo, procurar preservar e proteger, ao máximo, esses mesmos bens. Caminho bem diverso, portanto, do que direcionar, de antemão, a interpretação das regras administrativas em favor do interesse público, o que quer que isso possa vir a significar.[47]

Segundo, deve-se ter em conta a distinção entre o interesse público primário e secundário, para então se perguntar: de qual deles se está dispondo? A depender da

---

a transação de créditos administrados pela Procuradoria-Geral Federal e dos créditos cuja cobrança compete à Procuradoria-Geral da União; e a Portaria PGF AGU nº 498/2020, que tem por objeto a realização de acordos ou transações em juízo para terminar o litígio.

47. ÁVILA, Humberto. Repensando o princípio da supremacia do interesse público sobre o interesse particular. In: SARMENTO, Daniel (Org.). *Interesses públicos versus interesses privados: desconstruindo o princípio da supremacia do interesse público*. Rio de Janeiro: Lumen Juris, 2005, p. 215.

resposta, pode ser que o chamado "princípio da indisponibilidade do interesse público", ao contrário de violado, esteja sendo na verdade prestigiado, *i.e.*, cumprido na maior medida possível ante as possibilidades fáticas e jurídicas.[48] Quem melhor explica é FRATINI:

> Isso porque o interesse público primário nem sempre coincide com o interesse público secundário. Quando a Fazenda Pública atua para cobrar o crédito tributário, além de fazê-lo no interesse da coletividade, também o faz em seu próprio interesse, como parte da relação processual, residindo aí o interesse público secundário.
>
> Contudo, por vezes, é possível que o interesse público primário se sobreponha ao interesse público secundário, pois é mais interessante a resolução do conflito e a redução da litigiosidade do que uma eventual arrecadação integral do débito devido, no caso da transação tributária, ou da vitória, em caso de disputa processual que pode ser resolvida mediante um negócio jurídico processual.[49]

De fato, os negócios jurídicos processuais, ainda mais se utilizados conjuntamente com a transação, promovem o interesse público primário. As benesses são evidentes. É notória a potencialidade para oferecer soluções mais rápidas, eficientes e econômicas, muitas vezes complementares entre si. Ressalte-se que a eficiência constitui princípio condicionante do próprio exercício da função pública, constando expressamente no caput do art. 37 da Constituição. Além disso, permite-se uma maior valorização das vontades das partes, principalmente do contribuinte, o

---

48. ALEXY, Robert. *Teoría de los derechos fundamentales*. Trad. Ernesto Garzón Valdés. Madri: Centro de Estudios Constitucionales, 1993.

49. FRATINI, Danielle Eugenne Migoto Ferrari. *Negócio jurídico processual em matéria tributária no Estado de São Paulo*. Orientador: Juliana Furtado Costa Araujo. 2022. 110 f. Dissertação (mestrado profissional em Direito) - Fundação Getúlio Vargas, Escola de Direito de São Paulo, 2022, p. 20. Disponível em: https://bibliotecadigital.fgv.br/dspace/bitstream/handle/10438/32781/Disserta%C3%A7%C3%A3o_Danielle%20EugenneMigotoFerrariFratini.pdf?sequence=3&isAllowed=y.

qual se encontra em posição hipossuficiente em relação à Administração Pública.

A esse respeito, sustentam BECHO e FEDERIGHI que os ganhos de eficiência da utilização da transação tributária não se limitam a fins eminentemente fiscais, como o aumento da arrecadação. Com efeito, elencam como ganhos de eficiência extrafiscais (i) a redução do número de processos pendentes de julgamento perante o Poder Judiciário; (ii) a redução do tempo envolvido para a solução dos litígios; e (iii) a busca de "soluções consensuais não extremadas, aumentando com isso a confiança do contribuinte no Fisco".[50]

Certo é que, respeitados os limites trazidos pelas leis e demais regulamentações concernentes à matéria, a utilização conjunta desses instrumentos consensuais permite potencializar benefícios em favor do contribuinte e do ente público e, em muitos casos, facilitar a concretização de acordos que não seriam admitidos com a aplicação isolada de um dos institutos. Não se perca de vista que a morosidade do Poder Judiciário, endêmica no país, compromete em muito a garantia constitucional da duração razoável do processo.

A título exemplificativo:[51] determinado contribuinte se encontra em recuperação judicial e, sendo assim, seus débitos tributários efetivamente são classificados como de difícil recuperação por parte do Fisco. Ademais, tal contribuinte sinaliza interesse em celebrar acordo para diminuição de

---

50. BECHO, Renato Lopes; FREDERIGHI, André Catta Preta. Análise econômica da transação tributária: fundamentos de justificação e elementos de crítica. In: SEEFELDER FILHO, Claudio et al. *Comentário sobre a transação tributária à luz da Lei 13.988/20 e alternativas de extinção do passivo tributário*. São Paulo: Thomson Reuters, p. 388-389.

51. Um dos autores do presente já comentou este exemplo em outra oportunidade. Ver LOBATO, Valter de Souza; TEIXEIRA, Tiago Conde ; ALMEIDA, Rafael Caldeira . Transação tributária e negócio jurídico processual. In:
SARAIVA FILHO, Oswaldo Othon de Pontes. (Org.). Transação e arbitragem tributárias. 1ed.Belo Horizonte: Fórum, 2023, v. 2, p. 79-95.

seu passivo tributário, atualmente sob discussão em execuções fiscais devidamente garantidas por penhora.

Conforme preceitua o art. 11, § 5º, da Lei nº 13.988/2020, a transação tributária se mostra como instrumento viável de contrato entre Fisco e contribuinte, no que diz respeito à celebração de acordo que reduza a dívida tributária em questão. Frente a essa situação, cumpre destacar que não há lesão ao princípio da isonomia, presente no art. 150, II, da Constituição. Seria incorreto pensar que um executado que se encontra sem nenhuma capacidade contributiva deveria arcar com o mesmo ônus tributário em comparação a outro que, propositalmente, deixa de pagar os tributos devidos.

Retornando ao caso hipotético sob exame, em conjunto com a aplicação da transação, seria viável a celebração de um negócio jurídico processual com vistas a buscar a substituição ou mesmo a liberação célere das penhoras que estavam afetadas à dívida. Essa liberalidade encontra-se prevista na Portaria PGFN nº 742, bem como em diversas portarias que cuidam de modalidades de transação.

A título exemplificativo, cita-se o artigo 15 da Portaria PGFN/ME nº 6.757/2022 e, de forma mais específica, o artigo 14 da Portaria PGFN nº 1.696/2021, respectivamente:

> Art. 15. Sem prejuízo da possibilidade de celebração de Negócio Jurídico Processual para equacionamento de débitos inscritos em dívida ativa da União e do FGTS, nos termos de regramento próprio, é vedada a transação que: [...]
>
> Art. 4º Sem prejuízo da possibilidade de celebração de Negócio Jurídico Processual que verse sobre a aceitação, avaliação, substituição e liberação de garantias, nos termos da Portaria PGFN nº 742, de 21 de dezembro de 2018, a adesão às modalidades de negociação previstas nesta Portaria implica manutenção automática dos gravames decorrentes de arrolamento de bens, de medida cautelar fiscal e das garantias prestadas administrativamente ou nas ações de execução fiscal ou em qualquer outra ação judicial.

O contribuinte, portanto, poderia utilizar os instrumentos de forma conjunta com vistas a permitir maior liquidez dos seus ativos, inclusive com a possibilidade de redirecionamento das penhoras para outros débitos inscritos em dívida ativa do Poder Público.

4.4.2 Subsidiariamente: interpretação teleológica do art. 190 do novo código de processo civil

Mesmo que se aceite que a matéria tributária inadmite a autocomposição, ainda assim os negócios jurídicos processuais em matéria seriam possíveis. Como já sustentado, é necessário proceder-se a uma interpretação teleológica do art. 190 do NCPC, notadamente do seu requisito de o processo versar sobre direitos que admitam autocomposição.

Lembre-se: por mais que a atuação do negócio processual dê-se sobre normas procedimentais, e não sobre o direito de fundo (para o que interessa aqui, significa dizer que ele não atua sobre o crédito tributário em discussão), o legislador processual não ignorou que tais negócios podem acabar vindo a influir sobre a solução do mérito da causa. Esta a razão de ser do requisito no ordenamento, por assim dizer.

Logo, não se pode concluir, de uma leitura do aludido art. 190, que qualquer negócio jurídico será impossível no bojo de processos cujo direito de fundo não admita autocomposição. Valendo-nos da metáfora de ÁVILA, conceber o dispositivo dessa maneira é concebê-lo como "uma "bengala" para o intérprete positivista que só enxerga normas onde encontra dispositivos que lhes servem de suporte físico".[52]

Uma tal interpretação analógica depende da escorreita compreensão daquilo no que consiste o negócio jurídico processual, e de como o instituto se distingue da transação.

---

52. ÁVILA, Humberto. O que é "devido processo legal"? *Revista de processo*, v. 33, n. 163, p. 50-59, set. 2008, p. 57.

O negócio jurídico processual não visa à extinção, nem mesmo à redução do crédito tributário discutido junto ao Fisco - objeto por excelência da transação -, mas sim a celebração de acordos para o ajuste de eventos processuais no curso do litígio tributário.

Poder-se-ia argumentar que, mesmo não sendo o propósito do negócio processual influir sobre o crédito tributário, ainda assim este poderia acabar alterando-se (quer para mais, quer para menos). O argumento é correto, mas somente se precisamente delimitado o seu alcance. Ora, se o escopo de atuação do negócio jurídico processual sequer compreende ou pode compreender, por definição, o direito material de fundo, então a influência sobre a solução de mérito não pode ser presumida; deve, antes, ser comprovada para que se cogite da invalidação de eventual negócio processual firmado.

E é claro que a influência do negócio jurídico na solução de mérito há de ser relevante (leia-se: juridicamente relevante), não sendo lícito apelar-se para análises à moda *regressus ad infinitum*, afeitas a uma compreensão causalista ou mecanicista do direito.

4.4.3 Os caminhos infralegais do negócio jurídico processual em matéria tributária

Deixando-se, por ora, de lado os apontamentos teóricos, o fato é que os negócios jurídicos processuais vêm sendo reconhecidos e disciplinados na matéria tributária por atos infralegais.

No processo tributário, havendo interesse público, a Fazenda Pública será parte apta a celebrar negócio jurídico processual, conforme revela o Enunciado nº 256 do Fórum Permanente de Processualistas Civis. Nesse mesmo sentido caminha o artigo 19, § 12, da Lei nº 10.522/2002.

Vislumbra-se, assim, um notório passo a permitir o estabelecimento de diálogo entre o Fisco e o contribuinte, privilegiando a manifestação de vontade das partes, ao passo que se torna possível a apresentação de proposta de negociação por parte do contribuinte para regularizar os débitos inscritos em dívida ativa da União e do FGTS.

Alguns normativos da PGFN já contemplaram, de alguma forma, o negócio jurídico processual (Portarias PGFN nºs 985/2016, 565/2017, 360/2018 e 515/2018). Contudo, é a Portaria PGFN nº 742/2018 que versa especificamente sobre a celebração de negócio jurídico processual na execução fiscal.

Cumpre frisar a estrita proibição trazida no art. 1º, § 1º, desta portaria, a qual se expressa nos seguintes termos: "[é] vedada a celebração de NJP que reduza o montante de créditos inscritos ou implique renúncia às garantias e privilégio do crédito tributário".

No mesmo sentido, GAJARDONI[53], em escrito anterior ao próprio advento do NCPC, salientava que a flexibilização procedimental não tinha o condão de compreender as garantias constitucionais em âmbito processual, bem como que os negócios jurídicos processuais encontrariam seu fundamento no princípio da instrumentalidade das formas.

5. CONSIDERAÇÕES FINAIS

Diagnósticos do contencioso tributário judicial brasileiro relatam números desanimadores. Desanimadores, mas que devem animar a doutrina na busca de soluções para os problemas da morosidade e da inefetividade da tutela jurisdicional. É a isso que, singelamente, este trabalho se propôs: a iluminar um possível caminho na solução de

53. GAJARDONI, Fernando da Fonseca. *Flexibilização procedimental: um novo enfoque para o estudo do procedimento em matéria processual, de acordo com as recentes reformas do CPC*. São Paulo: Atlas, 2008, pp. 100-105.

tais problemas, qual seja o dos negócios jurídicos processuais - a que a doutrina, surpreendentemente, tem falhado em dispensar a devida atenção.

A possibilidade de celebração de negócios jurídicos processuais revela-se uma verdadeira promotora do que se pode chamar de um processo justo, na medida em que prestigia a instrumentalidade e a efetividade da tutela jurisdicional, a celeridade processual e, ainda, o princípio da cooperação e a confiança nas relações jurídicas processuais.

Superada a questão de saber que os negócios jurídicos processuais, a princípio, óbice algum encontram na matéria tributária, é de se concluir que o contencioso tributário judicial brasileiro, em franco sufocamento, pode ao menos contentar-se com a possibilidade de celebração de tais negócios. Certamente que os apontamentos teóricos aqui feitos não dão conta de toda a magnitude dos problemas apresentados pelo sistema processual - até porque os porque os próprios negócios jurídicos processuais não dão. Mas consistem em um primeiro passo.

A TRIBUTAÇÃO DAS ENTIDADES FECHADAS DE PREVIDÊNCIA COMPLEMENTAR

Wagner Balera[1]

Fábio Lopes Vilela Berbel[2]

I. INTRODUÇÃO

O STF, por maioria, reconheceu a constitucionalidade da discussão da incidência do PIS/COFINS sobre as receitas das Entidades Fechadas de Previdência Complementar ("EFPC"), atribuindo, outrossim, a essa lide a repercussão geral (Tema nº 1.280).

Nesse ensaio, não pretendemos analisar a constitucionalidade dessa incidência, mas apenas identificar, com precisão e acuidade, quais seriam as receitas dessas entidades, que, superada a constitucionalidade da incidência, suportariam o PIS/COFINS.

Isso se faz necessário, porque não raro a EFPC é comparada às instituições financeiras ou seguradoras, justificando a adoção dos regimes jurídicos dessas àquela. Ao

---

1. Professor Titular da PUC/SP.

2. Doutor em direito previdenciário pela PUC/SP.

discernir as diferenças, fixando com exatidão a realidade jurídica suportada pela EFPC, colaboraremos com o deslinde da discussão.

II. EFPC

Entidade de Previdência Complementar é a pessoa jurídica habilitada pelo órgão fiscalizador para a gestão de planos de previdência privada. Essas entidades se qualificam pela espécie da habilitação; se autorizadas à gestão de planos fechados, as entidades se qualificam como Entidades Fechadas de Previdência Complementar – EFPC; se liberadas à administração de planos abertos, as entidades se caracterizam como Entidades Abertas de Previdência Complementar – EAPC.

A Lei Complementar nº 109/01 não admite que uma mesma pessoa jurídica se habilite na gestão de planos fechados e abertos, mesmo quando possua as condições societárias necessárias para as modalidades. Assim, a carteira das entidades multipatrocinadas ou com multiplanos deve ser homogênea, composta exclusivamente de planos fechados ou abertos de previdência privada.

A homogeneidade não atinge a espécie do plano, ocupando-se apenas do gênero. A EFPC legitima-se, portanto, a gerir planos patrocinados e não patrocinados, desde que todos sejam fechados. A mesma capacidade é conferida à EAPC, que se encontra habilitada na gestão simultânea de todos os planos abertos, sejam eles individuais ou coletivos, patrocinados ou não patrocinados.

O § 1º do artigo 31 da Lei Complementar nº 109/01 enuncia que as EFPC podem se organizarem sob a forma de fundação ou sociedade civil sem fins lucrativos. O artigo 36 da Lei Complementar nº 109/01 habilita à gestão de planos abertos apenas as pessoas jurídicas constituídas como sociedades anônimas. O § 1º do artigo 77 da Lei Complementar nº 109/01 excepciona, contudo, o artigo 36, autorizando sociedade civil sem fins lucrativos à gestão de planos abertos, desde que habilitadas na vigência da Lei nº 6.435/77.

A exceção enunciada no § 1º do artigo 77 da Lei Complementar nº 109/01 não se justifica no direito adquirido, tampouco no ato jurídico perfeito. Entendemos que esses fenômenos estáticos não atingem o regime jurídico, mas apenas os direitos subjetivos e as normas jurídicas individuais e concretas. A descaracterização não relativiza os efeitos do enunciado, que, além de vigente, é eficaz.

As sociedades civis sem fins lucrativos habilitadas na vigência da Lei nº 6.435/77 para a gestão de planos abertos de previdência privada podem, portanto, manter sua natureza societária, não obstante o enunciado do artigo 36 da Lei Complementar nº 109/01. As EAPC constituídas após a vigência dessa lei complementar não têm opção societária senão a sociedade anônima:

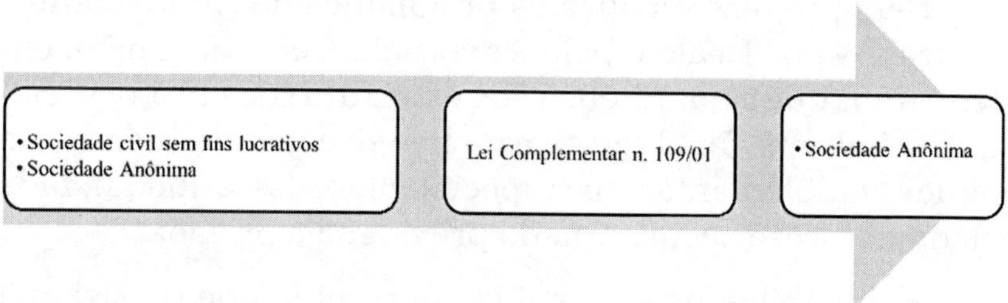

A possibilidade jurídica de EFPC e EAPC organizadas como sociedades civis sem fins lucrativos foi abalada pela entrada em vigor do Código Civil de 2002, que revogou a existência dessa modalidade societária, preservando a ausência de lucratividade como característica da associação e da fundação.

Os órgãos fiscalizadores das EFPC[3] e EAPC[4], observando parecer jurídico da Advocacia Geral da União[5],

3. Artigo 1º da Portaria n. 02/04 da SPC. As entidades fechadas de previdência complementar, regidas por lei complementar, não estão obrigadas a promover em seus estatutos as adaptações a que se refere o art. 2.031 da Lei n. 10.406, de 10 de janeiro de 2002.

4. Artigo 2º da Resolução n. 53/01 do CNSP. As EAPC/SFL poderão continuar operando na forma Jurídica original, ficando mantida a estrutura organizacional administrativa prevista nos respectivos estatutos sociais sob a égide da Lei nº 6.435/77.

5. Processos n. 00400.000962/2004-98.

instruíram as entidades constituídas na forma de sociedades civis sem fins lucrativos a manterem a modalidade societária, porque o Código Civil de 2002, lei geral, não revogou o § 1º do artigo 31 e o § 1º do artigo 77 ambos da Lei Complementar nº 109/01, lei especial.

Outros argumentos, em paralelo, sustentaram a manutenção da condição de sociedade civil sem fins lucrativos inobstante a extinção dessa modalidade pelo Código Civil. Reale[6], por exemplo, sustentou a manutenção na hierarquia da Lei Complementar nº 109/01, que não poderia ser revogada por lei ordinária (Código Civil). Ademais, o Código Civil[7], adverte Reale[8], admite expressamente legislações paralelas na regulamentação das relações securitárias.

Sem prejuízo da eficácia pragmática dos fundamentos utilizados por Reale e pela Advocacia-Geral da União, entendemos que a manutenção da estrutura societária – sociedade civil sem fins lucrativos – não decorre da hierarquia de lei complementar, da especialidade dessa modalidade ou da natureza securitária da previdência privada.

A possibilidade se justifica na completude do sistema jurídico, porque o Código Civil não impediu a estrutura societária das entidades gestora, mas tão-somente omitiu do seu rol. A omissão não importa em inexistência, pois não há exclusividade na codificação. Os enunciados da Lei Complementar nº 109/01 coexistem ao Código Civil; não se faz necessária a aferição da vigência, porque não há inadequação estática e dinâmica entre os enunciados.

---

6. REALE, Miguel. *As entidades abertas de previdência complementar sem fins lucrativos e o Código Civil de 2002, in Revista dos Tribunais Vol. 95, n. 843*. São Paulo: Revista dos Tribunais. 2006, p. 115.

7. Artigo 777 do Código Civil. O disposto no presente Capítulo aplica-se, no que couber, aos seguros regidos por leis próprias.

8. Op. Cit. (REALE 2006), p. 118.

A habilitação pressupõe exclusividade de objeto societário. As entidades gestoras não podem praticar outra atividade econômica senão a administração de planos de previdência privada. A Lei Complementar nº 109/01 admite duas exceções à regra da exclusividade, uma no âmbito das EFPC e outra na seara das EAPC. Em ambos os casos, contudo, a autonomia previdenciária é preservada, porque a lei complementar pressupõe a segregação financeira do plano de previdência privada.

As EFPC que operavam, simultaneamente à administração do plano de previdência privada, serviços assistências à saúde podem manter essa atividade, desde que segreguem o custeio desse serviço, mantendo seu patrimônio separado do fundo de pensão do plano de previdência privada[9].

A despeito de se justificar em contexto iniciado pela Lei nº 6.435/77, entendemos que essa exceção não se explica no ato jurídico perfeito ou no direito adquirido, porque esses fenômenos não atingem o regime jurídico, mas apenas as normas individuais e os direitos subjetivos. Essa conclusão se confirma no § 1º do artigo 76 da Lei Complementar nº 109/01 que impôs a extinção dos serviços assistenciais de natureza financeira, embora a legalidade na constituição.

A exceção enunciada no *caput* do artigo 76 da Lei Complementar nº 109/01 é mera opção legislativa "para resguardar o interesse principal das entidades e dos participantes que estabelecem vínculos com as entidades de previdência complementar, almejando conforto quando aposentado ou inválido"[10].

---

9. Artigo 76 da Lei Complementar n. 109/01. As entidades fechadas que, na data da publicação desta Lei Complementar, prestarem a seus participantes e assistidos serviços assistenciais à saúde poderão continuar a fazê-lo, desde que seja estabelecido um custeio específico para os planos assistenciais e que a sua contabilização e o seu patrimônio sejam mantidos em separado em ralação ao plano previdenciário.

10. BALERA, Wagner (Coord). *Comentários à Lei de Previdência Privada*. São Paulo: Quartier Latin. 2005), p. 308.

A outra ressalva à especificidade societária das entidades gestoras apreende as EAPC. O parágrafo único do artigo 36 autoriza as sociedades seguradoras que operam exclusivamente no ramo vida na administração de plano de previdência privada. Essa autorização não importa em identidade entre os objetos; enquanto as relações securitárias são regidas pela legislação securitária, as relações previdenciárias são disciplinadas pela legislação específica.

Esse enunciado tem dupla função. Além de excepcionar a regra da especificidade do objeto societário das EAPC, confirma as diferenças entre o seguro e a previdência. Fossem fenômenos idênticos o enunciado seria inadequado, porque diferenciaria situações iguais.

O parágrafo único do artigo 40 da Lei Complementar nº 109/01 elege condição semelhante à prevista no artigo 76, porque impõe às seguradoras que administram plano de previdência privada a segregação financeira, demonstrando, de forma discriminada, as atividades previdenciárias e as de seguro. Essa segregação se justifica na característica financeira de cada objeto; enquanto na previdência o desequilíbrio é suportado pelos sócios (participantes, assistidos, patrocinadores), no seguro é suportado pelo segurador.

A autorização concedida pelo órgão fiscalizador e regulador às EFPC e a EAPC não importa em direito adquirido ou ato jurídico perfeito. Verificado o descumprimento de disposição de ordem pública ou a prática de atos contrários aos fins declarados nos seus estatutos e nas regras de regulação, o Poder Executivo, na forma do artigo 1.125 do Código Civil, poderá, a qualquer tempo, casar a autorização concedida, seja a sociedade nacional ou estrangeira.

A faculdade conferida ao Poder Público não é arbitrária, mas discricionária. Assim, o exercício da revogação pressupõe motivação e devido processo legal. Havendo contestação pela entidade gestora, sobretudo quanto à motivação, caberá ao Judiciário a análise dos fundamentos apresentados pelo Poder Público[11].

A cassação da autorização importa na impossibilidade da manutenção da atividade econômica autorizada. Se a entidade gestora for nacional e não praticar outra atividade econômica – seguro no ramo vida (EAPC) e serviços assistenciais à saúde (EFPC) – a cassação importará em dissolução da sociedade. Se a entidade for estrangeira, a cessação da autorização implicará apenas no encerramento das atividades, "pois, sendo estrangeira, a pessoa jurídica não é atingida pelo decreto do Governo brasileiro"[12].

II.1 Natureza Jurídica

A entidade gestora, apesar de administrar planos de previdência privada, não se classifica, necessariamente, como pessoa jurídica de direito privado. A qualidade jurídica não é definida pela condição do instituidor ou dos contribuintes do plano administrado (patrocinador, participante e assistido)[13], mas pelas características ontológicas da entidade.

A Lei Complementar nº 109/01 autoriza a gestão de planos fechados de previdência privada por fundações. Sem embargo de críticas[14], entendemos, com Di Pietro[15], que as

11. WALD, Arnold. *Comentários ao Novo Código Civil.* Livro II. Vol. XIV. Coord. Sálvio de Figueiredo Teixeira. Rio de Janeiro. Forense. 2005, p. 693.

12. PEIXOTO, Carlos Fulgêncio da Cunha. *Sociedade por Ações: Comentários ao Decreto-Lei n. 2.627, de 26 de setembro de 1940, com as alterações da Lei n. 4.728, de 14 de julho de 1965 – Lei do Mercado de Capitais.* Vol. II. São Paulo: Saraiva. 1972, p. 271.

13. REALE, Miguel. *Questões de Direito Privado.* São Paulo: Saraiva. 1997, p. 71.

14. JUSTEN FILHO, Marçal. *Curso de Direito Administrativo.* São Paulo: Saraiva. 2008, p. 195 a 197. MEIRELLES, Hely Lopes. *Direito Administrativo Brasileiro.* 9ª ed. São Paulo: Malheiros. 1993, p. 350.

15. DI PIETRO, Maria Sylvia Zanella. *Direito Administrativo.* 7ª ed. São Paulo: Atlas. 2007, p. 404: "Quando o Estado institui pessoa jurídica sob a forma de fundação, ele pode atribuir a ela regime jurídico administrativo, com todas as prerrogativas e sujeições que lhe são próprias, ou subordiná-la ao Código Civil, neste

fundações podem ser pessoas jurídicas de direito público, desde que criadas a partir de lei e submetidas ao regime jurídico administrativo. Nem todas as fundações públicas, diferentemente do apreendido em Bandeira de Mello, assumem essa condição jurídica, pois o sistema admite a existência de fundações públicas de direito privado[16].

A submissão ao regime de direito privado não é característica da entidade gestora, que, outrossim, pode se submeter às regras de direito público. Equivoca-se, portanto, Reis ao afirmar que "as entidades fechadas de previdência complementar possuem natureza privada"[17], porque fundações de direito público podem, se autorizadas, assumirem a gestão de planos fechados de previdência privada.

A Fundação de Previdência Complementar do Servidor Público do Poder Executivo – Funpresp-Exe tem natureza jurídica pública, adotando originalmente a personalidade jurídica de direito público, na forma da Lei nº 12.618/12. No entanto, sem descaracterizar sua natureza pública, a Lei nº 14.463/22 alterou sua personalidade jurídica, atribuindo-a a de direito privado.

último caso, com derrogações por normas de direito público. Em um e outro caso se enquadram na noção categorial do instituto da fundação, como patrimônio personalizado para a consecução de fins que ultrapassam o âmbito da própria entidade. Em cada caso concreto, a conclusão sobre a natureza jurídica da fundação – público ou privada – tem que ser extraída do exame da sua lei instituidora e dos e dos respectivos estatutos. Ainda que a legislação federal considere a fundação como pessoa jurídica de direito privado, nada impede que a lei instituidora adote regime jurídico-publicístico, derrogando, no caso concreto, as normas gerais estabelecidas pelo Decreto-lei nº 200/67, com as alterações introduzidas pela Lei nº 7.596/87, da mesma forma como tem sido feito em relação às sociedades de economia mista e empresas públicas, instituídas, estas últimas especialmente, sob formas inéditas, não previstas em qualquer lei anterior que discipline as sociedades comerciais. Trata-se de aplicar o art. 2º, § 2º, da Lei de Introdução ao Código Civil, em consonância com o qual "a lei nova que estabeleça disposições gerais ou especiais a par das já existentes não revoga nem modifica a lei anterior".

16. MELLO, Celso Antônio Bandeira de. *Curso de Direito Administrativo*. 15ª ed. São Paulo: Malheiros. 2003p. 179 a 180.

17. REIS, Adacir. *A Natureza Jurídica das Entidades Fechadas de Previdência Complementar*, *in* REIS, Adacir (Org.). *Fundos de Pensão: Aspectos Jurídicos Fundamentais*. São Paulo: ICSS/SINDAP. 2009, p. 53.

O equívoco de Reis[18] decorre do significado atribuído ao adjetivo "privada". Quando relacionado ao substantivo "previdência", esse adjetivo não significa "não estatal" ou "não público", mas "facultativo" e "contratual". Ademais, a natureza jurídica do plano, se social ou privado, é incapaz de determinar a natureza jurídica da entidade gestora, porque o sistema jurídico admite a gestão de planos sociais por pessoas jurídicas de direito privado, e a gestão de planos privados por pessoas jurídicas de direito público.

II.2 Espécies de EFPC

As entidades previdenciárias podem ser classificadas por diversos critérios. O primeiro, e talvez o mais importante, é a partir da natureza jurídica do plano administrado, se aberto ou fechado. Isso porque, apesar entidade e plano não se confundirem, a Lei Complementar nº 109/01 não admite que a entidade administre simultaneamente planos abertos e fechados:

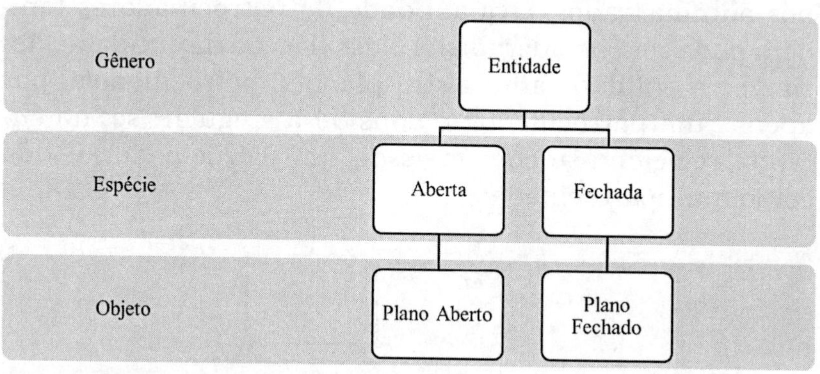

Apesar de não poder administrar planos de características jurídicas distintas, a entidade, seja ela aberta ou fechada, pode administrar mais de um plano de previdência privada.

---

18. Idem, p. 56.

Se administrar apenas um plano, a entidade é comum, e se administrar mais de um plano, a entidade é multiplano:

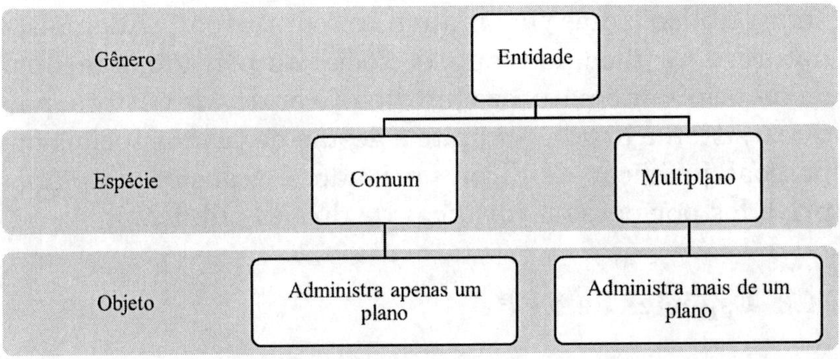

O inciso I do artigo 34 da Lei Complementar nº 109/01 atribui essa classificação apenas as entidades que administram planos fechados. No entanto, não identificamos óbice em adotá-la também para as entidades abertas, sobretudo diante da sua finalidade didática.

Afora a natureza jurídica do plano e o número de planos administrados, a quantidade de patrocinadores também pode ser considerada na classificação da entidade. Assim, se a entidade administra plano(s) patrocinado(s) por apenas um patrocinador, é considera singular; se, no entanto, relaciona-se com mais de um patrocinador, é tida como multipatrocinada:

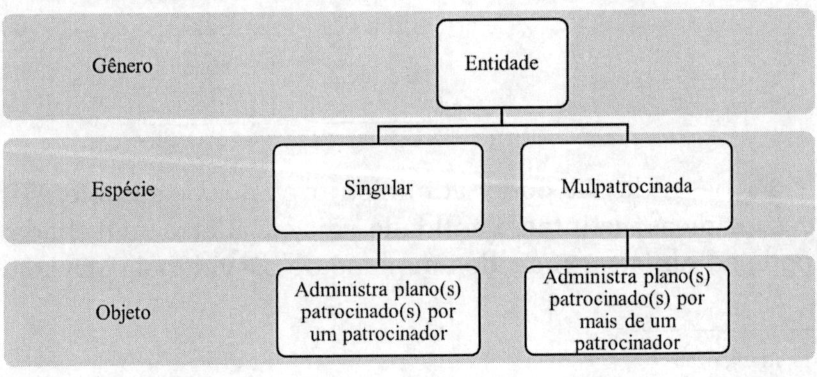

A entidade multiplano não é necessariamente multipatrocinada, tampouco a comum é singular, simplesmente porque um patrocinador pode patrocinar mais de um plano previdenciário, bem como dois ou mais patrocinadores podem patrocinar o mesmo plano, com ou sem solidariedade.

Assim, a entidade que administra um plano patrocinado por dois patrocinadores é comum e multipatrocinada, e a que administra dois planos patrocinados pelo mesmo patrocinador é multiplano e singular, *v.g.*.

Por fim, sem prejuízo de outras classificações, podemos classificar a entidade a partir da sua natureza e personalidade jurídicas. Nessa seara, as entidades podem ser públicas ou privadas, e adotarem personalidade jurídica de direito público ou privada:

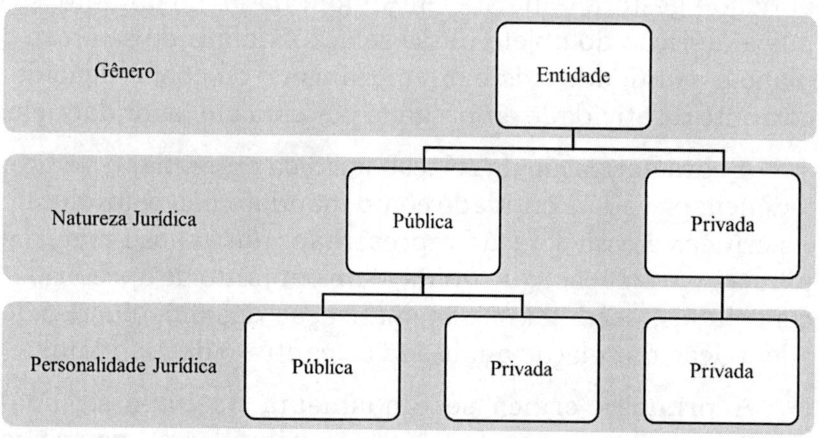

Enquanto a entidade de natureza privada sempre adota a personalidade jurídica de direito privado, a pública pode adotar a personalidade de direito público ou privado. No entanto, importante salientar que após a Lei nº 14.4463/22 não existem entidades públicas com personalidade jurídica de direito público.

III. FUNÇÃO DA EFPC

III.1 Natureza Jurídica da Gestão

A qualificação jurídica da relação entre o plano de previdência privada e a entidade gestora pressupõe o conhecimento das investigações elaboradas no contexto dos fundos de investimento. A relação jurídica entre os fundos e a sociedade gestora é classificada como contrato de mandato ou de comissão[19]. A diferença entre esses dois contratos é inoportuna, sobretudo porque entendemos ser a comissão um reflexo mercantil do mandato[20].

A semelhança entre a gestão do fundo de investimento e a relação jurídica entre o plano de previdência privada e a entidade gestora é inevitável. A identidade, no entanto, supõe a aferição do objeto dessa relação, definindo se entre o plano e a entidade existe um mecanismo de cooperação decorrente da atividade empregada por essa em favor daquele.

A caracterização da relação jurídica entre plano de previdência privada e entidade como mandato não é absoluta[21]. As críticas a essa solução representam um valioso material para a investigação, que unida a um conjunto de apreensões conceituais, permitem a sistematização das dificuldades de adequação da relação analisada ao contrato de mandato.

A primeira crítica se fundamenta na impossibilidade de reconhecer nas faculdades atribuídas às partes as

19. HERMIDA, Alberto J. Tapia. *Institutional Investors and Corporate Control in Spain, in* BAUS, Richard. *Institutional Investor and Corporate Governance.* New York: Gruyter. 1993, p. 457.

20. MIRANDA, Francisco Pontes de. *Tratado de Direito Privado.* Vol. XLIII. 3ª ed. Rio de Janeiro: Editor Borsoi. 1972, p. 293.

21. COSTI, R. *La Struttura dei Fondi Comuni d'Investimento nell"ordenamento Giuridico Italiano e nello Schema di Reforma dele Società Commerciali, in Riv. Soc.* 1968, p. 280 a 292.

essenciais do contrato de mandato, porque a posição do participante não se identifica com a do mandante. O participante, ao contrário do mandante, não participa da administração, sendo-lhe negado o controle da entidade gestora ou a revogação do contrato.

Refutamos a crítica, que entendemos aplicável somente à relação entre os fundos de investimento e a sociedade gestora. Posicionamo-nos assim porque entendemos que o participante age indiretamente da administração do plano, limitando as faculdades da entidade gestora por meio do conselho deliberativo[22].

Apesar do artigo 35 da Lei Complementar n. 109/01 enunciar expressamente que os conselhos deliberativo e fiscal são órgão da entidade gestora, entendemos que integram a estrutura societária dos planos de previdência privada. Confirmamos essa conjectura na pragmática das entidades que administram vários planos de um ou de vários instituidores/averbadores, respectivamente, multiplanos ou multipatrocinados.

Nem todos os planos administrados pela entidade gestora se interessam pelas mesmas metas financeiras e atuarias. Essa identidade justifica política de rentabilidade individualizada, especificada em face da necessidade de cada plano. Se admitirmos que o conselho deliberativo é órgão da entidade gestora, autorizaremos a generalização da política de investimento e, eventualmente, a exclusão da representatividade de algum plano.

A vinculação dos conselhos deliberativo e fiscal ao plano de previdência privada justifica interpretação sistemática do § 7º do artigo 35 da Lei Complementar n. 109/01 que autoriza a remuneração dos membros desses conselhos. Essa remuneração, se autorizada, não deve ser paga pela entidade

22. COMPARATO, Fábio Konder; SALOMÃO FILHO, Calixto. *O Poder de Controle na Sociedade Anônima*. 4ª ed. Rio de Janeiro: Forense. 1998p. 161.

gestora, mas pelo plano de previdência privada, porque, enquanto a entidade se apresenta como mandatária, o conselho deliberativo se posiciona como representante.

A legitimidade do conselho deliberativo não foi suficiente para superar as críticas quanto à caracterização da relação como mandato, porque esse conselho constitui o *facere,* detalhadas nas competências típicas das entidades gestoras. Apesar de esse aspecto não descaracteriza a relação mandamental, trata-se, apesar da origem voluntária, de mandato *ex lege,* em que a entidade gestora atua como mandatária necessária do plano[23].

A segunda crítica à classificação da relação como mandato se justifica na natureza dos atos desempenhados pela entidade gestora. Nessa seara, a relação não pode ser considerada mandato, porque a entidade gestora não se relaciona com terceiros, mas prática tão-somente atos materiais de direção técnica e decisão interna. A fundamentação utilizada na descaracterização confunde, no entanto, mandato e representação, esquecendo de que o objeto do mandato não pressupõe vinculação alguma do mandatário com terceiros.

As objeções apresentadas são incapazes de refutar a natureza mandamental da relação entre o plano de previdência privada e a entidade gestora, sobretudo se compreendida no sentido amplo. A subsunção nas categorias jurídicas de novas figuras exige certa flexibilidade, a partir da limitação da essência do instituto com o que se pretende a identificação. Assim, a identificação proposta possui eficácia instrumental, proporcionando a seleção positiva das fontes necessárias para completar a investigação da relação.

A assimilação ao mandato permite, pois, precisar de maneira aceitável a natureza da relação ente plano de previdência privada e entidade gestora, sobretudo desde

---

23. Op. Cit. (COSTI), p. 289 a 290.

o ponto de vista da integração do regimente aplicável às prestações assumidas pela entidade. Não obstante, a assimilação não explica a posição funcional da entidade gestora no plano, justificando considerações acerca do caráter orgânico dessa posição.

III.2 Regime Jurídico

A definição das obrigações da entidade gestora é obstada pela ausência de normas específicas. Superamos esse obstáculo por meio da aplicação subsidiária das normas jurídicas que regem as relações de mandato e comissão. Esse método não importa na identidade absoluta, sobretudo porque algumas formas de mandato são totalmente inadequadas às relações mantidas pelas entidades com os planos.

III.2.i Obrigações da EFPC

A Lei Complementar n. 109/01 confia às entidades gestoras funções de diversas naturezas. Todavia, pela metodologia, atentamo-nos, nesse momento, apenas sobre as funções mais relevantes, que se interessam pelo desenvolvimento ordinário do plano de previdência privada. As obrigações assumidas pela entidade, a partir da perspectiva adotada, são: i) administração; ii) responsabilidade contábil.

As funções administrativas correspondem às atribuídas a todo mandatário, constituindo o *core* das atividades desempenhadas pelas entidades gestoras. A amplitude de seu conteúdo justifica a distinção entre administração interna e externa.

A administração interna consiste nas relações dos planos de previdência privada com os sujeitos – participante, patrocinador, assistido etc. – vinculados. Objetiva atividade de caráter contábil e burocrático, simplificada em operações de mensuração e aplicação de direitos. Integram essa função, entre outras, a concessão da prestação, o dimensionamento do direito acumulado e as operações de resgate e portabilidade.

A despeito do valor das funções internas, entendemos que as atividades externas são mais relevantes, porque importam à efetividade das expectativas assumidas pelos planos de previdência privada. Essas atividades versam substancialmente na acumulação e investimento dos aportes e de seus rendimentos, objetivando resultados suficientes à satisfação das metas financeiras eleitas pelo instituidor.

Qualificamos essa função como obrigação de meio, porque a entidade gestora não garante o resultado, mas apenas se obriga na execução da tarefa. A administração, no entanto, deve se pautar nos critérios de segurança, rentabilidade, diversificação e congruência de prazos adequados aos interesses financeiros eleitos pelos planos. A atuação da entidade gestora corresponde à atividade de um perito no desempenho de uma prudente administração em idênticas circunstâncias:

> Los Fondos de Pensiones no deben participar en la promoción de proyectos empresariales arriesgados ni suscribir valores de companhias de dudosa solvência o incierto futuro (seguridade); han de procurar obtener el mayor rendimento posible de las inversiones cimpliendo el princípio anterior (rentabilidade); debem evitar arriesgar cantidades significativas en una sola companhia o proyecto, de forma que el eventual fracasso de alguna inversión quede sobreadamente compensado con el éxito de otras (diversificación) y han de efectuar las inversiones de modo que sean susceptibles de realização en atención a los momentos en que las prestaciones deban ser satisfechas (plazos)[24].

A discricionariedade da entidade gestora na administração externa não se limita apenas no plano axiológico.

---

24. ROYES, Francisco Moreno; ALEGRE, José Santidrian; PIYOL, Antonio Santidrian. *Los Planes e Fondos de Pensiones. Comentários al Reglamento*. Madrid: CND. 1988, p. 119.

Além dos limites impostos pela legislação, as funções da entidade são limitadas pelo conselho deliberativo do plano, que modela os investimentos dos ativos restritos ao plano. A inobservância dessas limitações impõe responsabilidade à entidade, justificando, ademais, ressarcimento em decorrência de eventuais danos.

A natureza das diretrizes do conselho deliberativo e sua aplicação na administração do plano de previdência privada se assemelham ao regime que disciplina o sentido e alcance das instruções dirigidas pelo mandante ao mandatário. A margem de discricionariedade da entidade gestora depende, pois, do conteúdo das instruções recebidas.

Ao negligenciar as instruções, a entidade gestora assume os riscos do resultado, indenizando o plano em razão do insucesso. Se, ao contrário, o insucesso decorrer da observação das instruções do conselho deliberativo, a entidade gestora estará isenta de responsabilidade, salvo se o insucesso decorrer de variações do mercado ou qualquer outra contingência que poderiam ter sido evitadas pela entidade gestora.

Ademais, o descumprimento dos limites da discricionariedade, ou a má-fé na execução de diretrizes inadequadas aos interesses do plano importam, além de responsabilidade para a entidade gestora, infrações legais ou regulamentares, que regulam os investimentos ou as condições gerais das operações, em consonância com o disposto no parágrafo único[25] do artigo 696 do Código Civil.

A administração externa não se limita às atividades de investimento dos ativos do plano, compreendendo, também, o exercício dos direitos derivados dos títulos e demais bens integrados ao plano. Integram, igualmente, essa face da administração todos os atos e negócios requeridos para o adequado desenvolvimento financeiro do plano.

---

25. Parágrafo único do artigo 696 do Código Civil: Responderá o comissário, salvo motivo de força maior, por qualquer prejuízo que, por ação ou omissão, ocasionar ao comitente.

A outra obrigação atribuída à entidade gestora é a responsabilidade contábil. Não se trata do típico dever de informação imposto ao mandatário, mas de uma função essencialmente contábil e periódica. Afora, a contabilidade é um dever do próprio plano de previdência privada, ainda que assumido instrumentalmente pela entidade gestora.

A relação jurídica entre o plano de previdência privada e a entidade gestora, apesar das especificidades, opera semelhantemente ao mandato ou à comissão. A discricionariedade das funções assumidas pela entidade é limitada institucionalmente pelo ordenamento jurídico, ou voluntariamente pelo plano, que por meio de seu representante (conselho deliberativo) direciona a entidade no desenvolvimento de suas funções.

A entidade gestora não integra, portanto, o plano de previdência privada, tampouco assume a propriedade de seus ativos. A relação é meramente instrumental.

III.2.ii Direitos das Entidades Gestoras

Em contraprestação à atividade desenvolvida, a entidade gestora tem direito a uma taxa, definida dentro dos limites enunciados pelas normas jurídicas. Em garantia do interesse dos contribuintes, o ordenamento jurídico fixa a quantia máxima, ou enuncia parâmetros para a fixação.

A onerosidade não descaracteriza a relação de mandato, porque, como adverte Miranda, o "mandato é contrato unilateral, ou bilateral, em que há *prestação de serviço*, ou *de obra*, e poder de *representação* ou outro poder"[26]. Esse conteúdo justifica a eventual onerosidade, impedindo que a presença da taxa descaracterize a relação mandamental verificada entre a entidade gestora e o plano de previdência privada.

---

26. Op. Cit. (MIRANDA 1972), p. 9.

O valor da taxa é definido pelo plano e entidade gestora, observado o limite máximo, no convênio de adesão. No momento da constituição, o plano é representado pelo instituidor ou averbador; nas negociações futuras, sobretudo decorrente da substituição de gestão, a representação do plano é atribuída ao seu conselho deliberativo. A negociação é pressuposta da novação; as alterações unilaterais, sejam movidas pelo plano, sejam advogadas pela entidade, são ilegais.

O artigo 42 da Resolução MPAS/CPC n. 01/78 limitava a remuneração da entidade gestora, para os planos de previdência privada fechados, em 15% do total das contribuições vertidas no exercício social. Não obstante, o artigo 43 dessa resolução resguardava ao órgão fiscalizador excepcionar esse limite, bem como facultar aos instituidores ou averbadores o custeio parcial ou total das despesas administrativas.

A Resolução CGPC n. 29/09 revogou os limites enunciados pela Resolução MPAS/CPC n. 01/78. Para os planos fechados regulamentados pela Lei Complementar n. 109/01, a resolução não limitou o valor das despesas administrativas, atribuindo ao conselho deliberativo a sua fixação. Sem embargo, a Resolução CGPC n. 29/09 enunciou parâmetros e critérios a serem observados na fixação dos limites, sobretudo porque as despesas do plano são afetadas pelo "(a) tamanho do plano, (b) as características e opções de investimentos do plano, (c) o comportamento dos participantes e (d) a rotatividade do portfólio"[27].

Para os planos fechados regidos pela Lei Complementar n. 108/01, a Resolução CGPC n. 29/09, por meio do artigo 6º, limitou os gastos com a administração do plano em 1% do montante dos recursos garantidores dos planos de

---

27. RABELO, Flávio Marcilio. *Gestão e Desempenho dos Fundos de Pensão no Brasil: Análise do Custeio*. 2001, p. 13, *in http://www.abrapp.org.br*, acessado em 27/11/2010.

benefícios no último dia do exercício, ou 9% da soma das contribuições e dos benefícios dos planos no exercício:

> Art. 6º O limite anual de recursos destinados pelo conjunto dos planos de benefícios executados pela EFPC de que trata a Lei Complementar nº 108, de 2001, para o plano de gestão administrativa, observado o custeio pelo patrocinador, participantes e assistidos, é um entre os seguintes:
>
> I – Taxa de administração de até 1% (um por cento); ou
>
> II – Taxa de carregamento de até 9% (nove por cento).
>
> Parágrafo único. O Conselho Deliberativo da EFPC deve estabelecer o limite de que trata o caput.
>
> A definição do custo administrativo pressupõe, além desses critérios, a identificação do equilíbrio financeiro da entidade gestora, sobretudo porque se constituem em sociedades ou fundações sem fins lucrativos. O valor repassado pelo plano fechado não pode gerar prejuízo, tampouco lucro à entidade; deve ser fixado na medida exata da compensação das despesas. Portanto, o custeio administrativo é o exato valor que não impõe prejuízo ou lucro à entidade gestora, preservando seu equilíbrio original.

Nos planos abertos de previdência privada, o custo administrativo é limitado especificamente pelo órgão fiscalizador, quando da aprovação do plano instituído pela entidade gestora. Nesse caso, diferentemente dos planos fechados, o custo administrativo não se identifica exatamente com a despesa do plano, porque as entidades abertas objetivam lucro em contraprestação à gestão do plano.

IV. O ATIVO DO PLANO COMO DIREITO DE PROPRIEDADE DOS PARTICIPANTES

IV.1 A Natureza Jurídica dos Direitos dos Participantes e Assistidos

A caracterização da posição dos participantes e assistidos justifica a conclusão, como ocorreu na doutrina italiana ao investigar os fundos de investimento, de que a propriedade atribuída se apresenta desfocada, resultando num mero *nomen iuris* carente de significação. O direito que se confere aos participantes e assistidos não integra o instituto da propriedade, porque ausentes as faculdades próprias do domínio, como a disposição.

Definida a propriedade como o direito de usar, gozar e dispor de uma coisa[28] seria impossível classificar nesse conceito os direitos conferidos aos participantes e assistidos. Essa impossibilidade justifica a descaracterização desses direitos como direitos reais, semelhantemente ao que acontece nos direitos de crédito, cujo conteúdo consiste, fundamentalmente, na faculdade de exigir a prestação pactuada[29].

A abordagem do problema reclama a determinação do sujeito dos bens e direitos afetos ao plano de previdência privada. Diante da sua hipotética carência de personalidade jurídica, essa titularidade corresponderia à entidade gestora.

Não obstante, não haveria um verdadeiro direito subjetivo da entidade gestora, mas um direito-função, porque a atribuição de legitimidade se opera pelo interesse dos participantes e assistidos. Estar-se-ia, assim, diante de uma propriedade fiduciária similar ao do instituto do *trust* ou da afetação.

Sztajn reconhece essa estrutura nos fundos de investimentos, a partir da caracterização condominial germânica[30]. O patrimônio do fundo não pertence à comunhão, mas à instituição financeira incumbida da gestão. O negócio firmado

---

28. Artigo 1.228 do Código Civil Brasileiro. "O proprietário tem a faculdade de usar, gozar e dispor da coisa, e o direito de reavê-la do poder de quem quer que injustamente a possua ou detenha".

29. JAGER, Pier Giusto. *Sui Fondi Comuni d'Investimento*. Riv. Soc., 1968, p. 1112, *apud* BARTOLI, Saveiro. *Trust e Fondi Comuni d'Investimento nella Cartolarizzazione del Patrimonio Immobiliare Pubblico, in http://www.dircomm.it/2005/n.2/01.html*, acessado em 29/10/2010.

30. SZTAJN, Rachel. *Cotas de Fundos Imobiliários: Novo Valor Mobiliário, in Revista de Direito Mercantil Vol. 93*, São Paulo. 1994, p. 105.

entre os condôminos (investidores) e a instituição financeira é fiduciário, implicando na existência de um patrimônio separado (afetação) e de uma propriedade resolúvel[31].

IV.2 O Direito dos Participantes e Assistidos como Direito Pessoal de Propriedade

Os planos de previdência privada assumem aportes que são investidos nos mercados financeiro e de capitais, cuja adequada administração pela entidade gestora permite, em momento futuro, a consecução da finalidade de previdência que preside essa instituição, mediante o reconhecimento e pagamento das prestações contratadas no regulamento.

No *core* do esquema administrativo desenhado pela Lei Complementar n. 109/01 se encontra a entidade gestora, em cuja caracterização legal se pretende juntar a qualificação técnica e a solvência adequada para cumprir com as responsabilidades do plano. A transferência de gestão à entidade se justifica no próprio interesse dos participantes e assistidos, que pretendem com o plano a proteção previdenciária suplementar ou complementar.

Não identificamos possibilidade de administrar uma massa patrimonial pertencente a uma quantidade substancial de pessoas sem recorrer à fórmula eleita pela Lei Complementar n. 109/01, que impõe a profissionalização da gestão do plano de previdência privada por meio das entidades habilitadas. Assim, é indubitável que a aplicação dos modelos de condomínio regulados pelo Código Civil conduziria o plano a resultados notoriamente insatisfatórios.

O fato de os planos previdenciários carecerem de personalidade jurídica impõe definição acerca da titularidade

---

31. Idem, p. 108.

da massa patrimonial integrada. Verifico três alternativas; conferir a titularidade: i) à entidade gestora; ii) aos participantes e assistidos; iii) ao plano de previdência privada. Não identifico a possibilidade de a titularidade ser atribuída aos patrocinadores, porque nem mesmo quando esses se retiram o patrimônio lhes é liquidado.

A pragmática atribui, não obstante nossas críticas, a titularidade à entidade gestora. Não raro, o patrimônio dos planos e atribuído à entidade, como se fosse ela a sua titular.

A escolha se justifica no não reconhecimento da personalidade jurídica do plano, decorrente da compreensão do conceito de pessoa jurídica em nosso direito. Confirmada a ausência de personalidade jurídica do plano, a solução adotada seria conferir aos participantes a titularidade de um direito real, e não de crédito. Essa consequência, como adverte Freitas, impede a caracterização do plano de previdência privada como condomínio, mesmo na forma germânica, pois:

> Se reconhece o fundo como condomínio, ainda que do tipo alemão, a propriedade dos bens que lhe compõe o patrimônio seria da coletividade e não poderia pertencer ao administrador, ainda que numa relação de negócio fiduciário atípico. Por outro lado, se admite a existência de negócio fiduciário e reconhece que a propriedade pertence ao administrador do fundo, ainda que para atender a uma função de guarda e gestão, não poderia sustentar a existência de condomínio, ainda que do tipo germânico[32].

Semelhante resultado poderia ser obtido se os recursos patrimoniais integrados no plano, administrados pela entidade, fossem caracterizados como patrimônio de afetação.

Os defensores da tese da propriedade da entidade gestora, cujo fundamento inicial era a improcedência da qualificação como direito de propriedade do direito atribuído

32. FREITAS, Ricardo de Santos. *Natureza Jurídica dos Fundos de Investimento.* São Paulo: Quartier Latin. 2006, p. 183.

aos participantes, reconhecem a inexistência nesse suposto de uma verdadeira titularidade dominial, senão um direito-função, porquanto que as faculdades decorrentes são exercidas no interesse dos participantes e assistidas. Essa construção doutrinária esquece, no entanto, que a propriedade é caracterizada pelo ordenamento jurídico como um direito potestativo.

O reconhecimento da afetação é inadequado à constatação da copropriedade, sem embargo da negação da sua personalidade. Confirmada a ausência desse fenômeno, a titularidade não poderia ser atribuída à entidade gestora, mas aos respectivos coproprietários.

Se a propriedade fosse da entidade, mesmo que afetada aos interesses previdenciários dos participantes, a retirada de patrocinador, alcunhada pela Resolução CNPC n. 51/22 de transferência de gerenciamento, implicaria em alienação, cessão ou doação dos ativos integralizados no plano transferidos à outra entidade.

Sucede que o inciso IV do artigo 2º dessa resolução, expressamente determina que ao transferir o gerenciamento do plano de uma entidade para outra, a transferência não implica em nenhuma outra consequência senão a troca da entidade gestora:

> Art. 2º Para fins do disposto nesta Resolução, entende-se por:
>
> IV - Transferência de gerenciamento: operação que consiste na transferência de gestão de um plano de benefícios de uma entidade para outra, mantidos os mesmos patrocinadores e abrangendo a totalidade dos seus participantes e assistidos e a integralidade de seus ativos e passivos, incluindo os direitos e obrigações previstos no regulamento do plano de benefícios.

Noutro vértice, a comunidade dos recursos integrados no plano aparece ordenada pela finalidade previdenciária, supondo a necessidade de investigação da natureza jurídica dos direitos dos participantes e assistidos. Essa circunstância implica no caráter instrumental, de tal maneira que a afetação impede que os participantes e assistidos possam exercer as faculdades próprias da copropriedade[33].

Enquanto em uma situação de condomínio os condôminos mantêm relação direta com a coisa, percebendo a utilidade decorrente do exercício de seus direitos, na copropriedade decorrente de aportes verificados pelas partes no exercício de uma atividade, a configuração dos direitos dos condôminos pressupõe o conhecimento do fim comum. Assim, o direito ao uso da coisa se transforma, em geral, no direito a exigir os benefícios obtidos pela referida atividade.

Em consonância com a posição que se atribui aos participantes e assistidos, encontram-se os direitos "políticos", especificados, por exemplo, no direito de controle e vigilância, e os direitos de informação, materializados na transparência da gestão. As exigências das finalidades dos planos de previdência privada justificam, em razão da condição instrumental dos recursos patrimoniais afetos aos fundos de pensão, a especial configuração de direitos dos participantes e assistidos.

Fixada a natureza pessoal dos direitos patrimoniais dos participantes e assistidos sobre uma cota ideal do plano de previdência privada, analisamos a especificação da sua natureza jurídica. Nesse sentido, alerto que a Lei Complementar n. 109/01, tampouco a Constituição Federal, tratam especificamente dessa questão.

O vácuo impõe a caracterização desses direitos como um direito de propriedade, sobretudo porque a Lei Complementa n. 109/91 estabelece obrigações do plano com os assistidos e com os participantes por meio dos direitos acumulados. A obrigação é contábil; a finalidade do cálculo dos

33. PESCATORE, S. *Attività e Comunione nell Strutture Societarie*. Milán: Giufree. 1974.

limites dos compromissos assumidos pelo plano, portanto, não pode ser exercida para defender o direito de crédito como os direitos concedidos aos participantes e assistidos.

Contribuem para esta conclusão, o fato inquestionável de que a propriedade está longe de ser estruturada de modo unitário pelo direito. Não há uma propriedade, mas várias, porque o interesse da sociedade é que apropriação dos bens comporte estatutos em harmonia com os fins perseguidos. O direito de propriedade é um dos mais flexíveis e matizados que figuram nas diferentes categorias jurídicas; sua plasticidade é infinita.

Assim, o direito admite propriedades móveis e imóveis, bem como distintas formas de propriedade incorpórea, intelectual, industrial e outras. Não obstante a evolução semântica do direito de propriedade, a adequação do direito dos participantes e assistidos nessa categoria jurídica exige adaptação inspiradas na regulação dos institutos previdenciários.

As contribuições integralizadas nos planos de previdência privada ocasionam, portanto, o nascimento de uma espécie de copropriedade que, por recair sobre uma massa patrimonial integrada por diversos elementos – imóveis, valores negociáveis ou meros direitos de crédito, como os depósitos bancários – deve ser entendida em sentido *lato*, como uma situação de titularidade coletiva.

A fórmula enunciada pelo artigo 1.228 do Código Civil perde paulatinamente seu pretendido caráter genérico, porque a propriedade, segundo a natureza de seu objeto e do negócio que lhe origina, possui em cada caso um conteúdo específico, como adverte Penadés:

> En nuestro Derecho la situación normativa del fenómeno jurídico al que seguimos llamando propriedade es cada vez más compleja. Se há producido una diversificación de estatutos y de regímenes de la propriedade que se resisten a una unificación conceptual o

que cuando *malgré tout*, se reducen a una unidad conceptual, producen una imagen confusa, carente de coherencia íntegra[34].

V. CONCLUSÕES

Os recursos integralizados pelos patrocinadores e participantes por meio de contribuições normais ou extraordinárias pertencem exclusivamente a esses, e não são vertidas como prêmios à EFPC, mas capitalizadas numa espécie de copropriedade. As receitas decorrentes das inversões dessas contribuições integram esse mesmo patrimônio, não se comunicando com o patrimônio da EFPC que o administra.

A EFPC não é proprietária do plano de previdência privada, tampouco das contribuições integralizadas por patrocinadores ou participantes, ou dos ativos e investimentos adquiridos por meio desses recursos. A EFPC é mera mandatária do plano, atuando exclusivamente na sua gestão, nos limites do regulamento.

Em contraprestação a esse serviço, contratado numa relação jurídica típica de mandato, a EFPC é remunerada pela comunhão formada pelos participantes e/ou patrocinador. Assim, as contribuições capitalizadas pelos participantes e patrocinadores, quiçá os bens e direitos adquiridos por meio desses recursos, ou a rentabilidade desses investimentos constituem patrimônio ou receita da EFPC.

A única receita da EFPC, enquanto gestora do plano de previdência complementar, é a taxa de gestão, decorrente da contraprestação do mandato. A EFPC pode auferir outras receitas, se autorizada a prestar serviços assistenciais e sanitários.

---

34. PENADÉS, V.L. Montés. *La Propriedad Privada en el Sistema del Derecho Civil Contemporáneo*. Madrid: Tecnos. 1980, p. 152.

Impressão e acabamento

psi7 | book7

psi7.com.br book7.com.br